suhrkamp taschenbuch
wissenschaft 666

Die Soziologie verharrt zur Zeit vor einer Theorieschwelle. Klassiker werden mit alexandrinischem Eifer aufgearbeitet, und Theoriebezeichnungen, die sich mit Begriffen wie Handlung, Struktur, System, Interaktion, Evolution verbinden lassen, werden miteinander kombiniert. Fortschritte zeichnen sich jedoch kaum ab, und vor allem fehlt seit dem Tode von Parsons jeder Anschluß an die sehr rasch fortschreitende interdisziplinäre Diskussion. Aus dieser Theoriekrise werden nur sehr viel komplexere Theorieangebote heraushelfen können.
Niklas Luhmann versucht, über den bezeichneten Diskussionsstand in der Soziologie hinauszuführen. Er geht davon aus, daß ein Paradigmawechsel in der allgemeinen Systemtheorie auch für die Theorie sozialer Systeme neue Chancen eröffnet und die üblichen Einwände gegen einen »technologischen« Einsatz des Systembegriffs ausräumt. Systeme lassen sich in einem sehr radikalen Sinne als selbstreferentielle Systeme begreifen. Von Selbstreferenz ist dabei nicht nur auf der Ebene der Elemente (Autopoiesis) die Rede. Nach dieser Theoriewende kann man soziale Systeme als solche Systeme begreifen, die alles, was sie als Einheit verwenden – seien es ihre Elemente, ihre Prozesse, ihre Strukturen, ihre Teilsysteme und nicht zuletzt sich selbst –, als Einheit erst konstituieren. Zugleich nimmt die Systemtheorie an, daß dazu eine Reduktion von Umweltkomplexität erforderlich ist.
Das Buch versucht, eine bisher in der Soziologie kaum erreichte begriffliche Komplexität und Interdependenz mit den Mitteln der normalen Sprache darzustellen. Die Einheit der Theorie liegt in der Abgestimmtheit einer großen Zahl von Begriffsentscheidungen, die zum Teil im Rückblick auf die soziologische Tradition und zum Teil im Anschluß an Vorgaben aus der Kybernetik, der Biologie, der Kommunikationstheorie und der Evolutionstheorie gewonnen sind. Luhmann sieht in diesem Kombinationsversuch eine wesentliche Voraussetzung für weitere Arbeiten an einer Theorie der modernen Gesellschaft. Mit einfacheren Mitteln dürfte ein zureichendes Verständnis der heutigen Lage des Gesellschaftssystems kaum zu gewinnen sein.

Niklas Luhmann (1927-1998) war seit 1968 Professor für Soziologie an der Universität Bielefeld.

Niklas Luhmann
Soziale Systeme

Grundriß einer allgemeinen Theorie

Suhrkamp

19. Auflage 2025

Erste Auflage 1987
suhrkamp taschenbuch wissenschaft 666

Umschlag nach Entwürfen von Willy Fleckhaus und Rolf Staudt
Druck und Bindung: C. H. Beck, Nördlingen
Printed in Germany
ISBN 978-3-518-28266-3

Suhrkamp Verlag GmbH
Torstraße 44, 10119 Berlin
info@suhrkamp.de
www.suhrkamp.de

Inhalt

Vorwort

Die Soziologie steckt in einer Theoriekrise. Eine im ganzen recht erfolgreiche empirische Forschung hat unser Wissen vermehrt, hat aber nicht zur Bildung einer facheinheitlichen Theorie geführt. Als empirische Wissenschaft kann die Soziologie den Anspruch nicht aufgeben, ihre Aussagen an Hand von Daten zu überprüfen, die der Realität abgewonnen sind, wie immer alt oder neu die Schläuche sein mögen, in die man das Gewonnene abfüllt. Sie kann gerade mit diesem Prinzip jedoch die Besonderheit ihres Gegenstandsbereiches und ihre eigene Einheit als wissenschaftliche Disziplin nicht begründen. Die Resignation geht so weit, daß man dies gar nicht mehr versucht.

Dieses Dilemma hat den Theoriebegriff selbst gespalten. Teils versteht man unter Theorie empirisch testbare Hypothesen über Beziehungen zwischen Daten, teils begriffliche Anstrengungen in einem weitgefaßten, recht unbestimmten Sinne. Ein Mindesterfordernis ist zwar beiden Richtungen gemeinsam: Eine Theorie muß Vergleichsmöglichkeiten eröffnen. Im übrigen ist jedoch umstritten, durch welche Art von Selbsteinschränkungen man sich das Recht verdienen kann, sein Unternehmen Theorie zu nennen. Dieser Streit und diese Unsicherheit sind zugleich Wirkung und Ursache des Fehlens einer facheinheitlichen Theorie, an der man sich wie an einem Musterbeispiel, wie an einem »Paradigma« orientieren könnte.

Vorherrschend kehren diejenigen, die sich für allgemeine Theorie interessieren, zu den Klassikern zurück. Die Einschränkung, durch die man sich das Recht verdient, den Titel Theorie zu führen, wird durch Rückgriff auf Texte legitimiert, die diesen Titel schon führen oder unter ihm gehandelt werden. Die Aufgabe ist dann, schon vorhandene Texte zu sezieren, zu exegieren, zu rekombinieren. Was man sich selbst zu schaffen nicht zutraut, wird als schon vorhanden vorausgesetzt. Die Klassiker sind Klassiker, weil sie Klassiker sind; sie weisen sich im heutigen Gebrauch durch Selbstreferenz aus. Die Orientierung an großen Namen und die Spezialisierung auf solche Namen kann sich dann als theoretische Forschung ausgeben. Auf abstrakterer Ebene entstehen auf diese Weise Theoriesyndrome wie Handlungstheorie, Systemtheorie, Interaktionismus, Kommunikationstheorie, Strukturalismus, dialektischer Materialismus – Kurzformeln für Komplexe von Namen und Gedanken. Neuheitsgewinne kann man dann von Kombinationen erwarten. Dem Marxismus wird etwas Systemtheorie injiziert. Interaktionismus und Strukturalismus sind, so stellt sich heraus, gar nicht so verschieden, wie man angenommen hatte. Webers »Gesellschaftsgeschichte«, ein auch für Marxisten möglicher Begriff, wird mit Hilfe der Parsons'schen Kreuztabelliertechnik systematisiert. Handlungstheorie wird als Strukturtheorie, Strukturtheorie als Sprachtheorie, Sprachtheorie als Texttheorie, Texttheorie als Handlungstheorie rekonstruiert. Angesichts solcher Amalgamierungen wird es dann wieder möglich und nötig, sich um ein Wiedergewinnen der eigentlichen Gestalt der Klassiker zu bemühen. Jedes biographische Detail bringt auf die Spur und ermöglicht die Sicherstellung des Klassikers quer zu dem, was als Theorie aus ihm abgeleitet wird.

All das ist nicht uninteressant und nicht unfruchtbar. Je weiter aber die Klassiker in die Geschichte des Faches zurücktreten, desto notwendiger wird es werden, theoretische und biographische, abstrakte und konkrete Disposition über sie zu unterscheiden. Wird man sie aber, wenn man sie schon so zerreißt, entbehren können? Eine Soziologie der Soziologie könnte dazu die Einsicht beisteuern, daß bei tribalen Verhältnissen die Orientierung an Genealogien unerläßlich ist. Man darf dann aber wohl fragen, ob es bei tribalen Verhältnissen, die sich selbst als Pluralismus beschreiben, bleiben muß und ob die genealogische Einführung von Einschränkungen die einzige Möglichkeit ist, die Inanspruchnahme des Titels Theorie zu rechtfertigen.

Als Resultat verwirrt den Beobachter vor allem die rasch zunehmende Komplexität dieser Theoriediskussion. Je besser man die Leitautoren kennt und je höher man die Ansprüche an die Analyse ihrer Texte im Kontext ihrer Sekundärliteratur schraubt, je mehr man sich mit Kombinationsspielen befaßt und je mehr man Emphasenwechsel (zum Beispiel De-Subjektivierung oder Re-Subjektivierung) aus einem Theorierahmen in einen anderen transportiert, desto komplexer wird das Fachwissen, das die weitere Forschung tragen muß. Die Einheit der Soziologie erscheint dann nicht als Theorie und erst recht nicht als Begriff ihres Gegenstandes, sondern als pure Komplexität. Das Fach wird nicht nur intransparent, es hat seine Einheit in seiner Intransparenz. Die Komplexität wird nur perspektivisch angeschnitten, und jeder Vorstoß variiert mehr, als er kontrollieren kann. Selbst wenn man also mit einer Ausschöpfung des Gedankenguts der Klassiker früher oder später rechnen müßte, hätte man mit der selbsterzeugten Dunkelheit immer noch genug zu tun.

Es geht also um ein Verhältnis von Komplexität und Transparenz. Man könnte auch sagen: um ein Verhältnis von intransparenter und transparenter Komplexität. Der Verzicht auf Erstellung einer facheinheitlichen Theorie entrinnt diesem Problem nicht. Er vermeidet nur, es zu stellen. Genau damit beginnt aber die Arbeit an einer solchen Theorie. Sie setzt ihr Gegenstandsverhältnis als Verhältnis von intransparenter zu transparenter Komplexität. Sie reklamiert für sich selbst *nie*: *Widerspiegelung* der kompletten Realität des Gegenstandes. *Auch nicht: Ausschöpfung* aller Möglichkeiten der Erkenntnis des Gegenstandes. Daher *auch nicht*: *Ausschließlichkeit* des Wahrheitsanspruchs im Verhältnis zu anderen, konkurrierenden Theorieunternehmungen. *Wohl aber: Universalität* der Gegenstandserfassung in dem Sinne, daß sie als soziologische Theorie *alles* Soziale behandelt und nicht nur Ausschnitte (wie zum Beispiel Schichtung und Mobilität, Besonderheiten der modernen Gesellschaft, Interaktionsmuster etc.).

Theorien mit Universalitätsanspruch sind leicht daran zu erkennen, daß sie selbst als ihr eigener Gegenstand vorkommen (denn wenn sie das ausschließen wollten, würden sie auf Universalität verzichten müssen). Damit sind, und das gilt für alle »global theories« (auch zum Beispiel für die Quantenphysik), bestimmte Sektionen der klassischen Wissenschaftstheorie außer Kraft gesetzt; so vor allem alles, was mit unabhängiger Bestätigung (confirmation) des Wahrheitsanspruchs der Theorie zu tun hat. Man wird also immer sagen können, ich hätte in den falschen Apfel gebissen – nicht vom Baume der Erkenntnis. Jeder Streit kann damit ins Unentscheidbare getrieben werden. Aber man kann dann wohl verlangen, daß der Kritiker für den Aussagenbereich der Theorie adäquate Alternativen entwickelt und sich nicht mit dem Hinweis auf seine Theorie begnügt, wonach im Verblendungszusammenhang des Spätkapitalismus die Wirklichkeit nicht begriffen werden könne.

Theorien mit Universalitätsanspruch sind also selbstreferentielle

Theorien. Sie lernen an ihren Gegenständen immer auch etwas über sich selbst. Sie nötigen sich daher wie von selbst, sich selbst einen eingeschränkten Sinn zu geben – etwa Theorie als eine Art von Praxis, als eine Art von Struktur, als eine Art von Problemlösung, als eine Art von System, als eine Art von Entscheidungsprogramm zu begreifen. Die Differenz zu anderen Sorten von Praxis, Struktur usw. ist im Gegenstandsbereich auszumachen. So kann eine universale Theorie, und zwar auch und gerade als eine Theorie der Differenzierung, sich selbst als Resultat von Differenzierung begreifen. Ihre Einschränkung, die *für sie* den Titel Theorie rechtfertigt, liegt in dieser Nichtbeliebigkeit des Sicheinlassens auf Selbstreferenz.

Damit ist bereits Grundsätzliches zum Theorieprogramm dieses Buches gesagt. Die Absicht ist, eine Art Schwelle zu nehmen, vor der die heute üblichen Theoriediskussionen in der Soziologie stagnieren. Diese Schwelle läßt sich mit drei Differenzangaben markieren:

(1) Es geht um die seit Parsons nicht mehr gewagte Formulierung einer fachuniversalen Theorie. Das dazu gehörige Gegenstandsreich ist aber nicht mehr substantialisierend als ein Weltausschnitt (faits sociaux) vorausgesetzt, den die Soziologie von außen betrachtet. Es ist auch nicht nur als ein Korrelat ihrer analytischen Begriffsbildung angenommen im Sinne des »analytischen Realismus« von Parsons. Es ist vielmehr gedacht als die Gesamtwelt, bezogen auf die Systemreferenz sozialer Systeme, das heißt bezogen auf die für soziale Systeme charakteristische Differenz von System und Umwelt.

(2) Ein weiterer, darin implizierter Aspekt besteht in der Differenz von asymmetrisch und zirkulär angelegten Theorien. Universale Theorie betrachtet ihre Gegenstände und sich selbst als einen ihrer Gegenstände als selbstreferentielle Verhältnisse. Sie setzt keine unhinterfragbaren erkenntnistheoretischen Kriterien voraus, sondern setzt, wie neuerdings auch viele Philosophen und Naturwissenschaftler, auf eine naturalistische Epistemologie. Das heißt wiederum: ihr eigenes Erkenntnisverfahren und ihr Annehmen oder Verwerfen von dafür geltenden Kriterien ist für sie etwas, was in ihrem eigenen Forschungsbereich, in einer Disziplin des Teilsystems Wissenschaft der modernen Gesellschaft geschieht.

(3) Spätestens hier ist mit dem üblichen »Dezisionismus«-Vorwurf zu rechnen. Er ist nicht ganz unberechtigt. Systeme haben eine Fähigkeit zur Evolution nur, wenn sie Unentscheidbares entschei-

den können. Das gilt auch für systematische Theorieentwürfe, ja selbst für Logiken, wie man seit Gödel nachweisen kann. Aber das läuft keineswegs auf Willkür einiger (oder gar aller) Einzelentscheidungen hinaus. Dies wird durch Negentropie oder Komplexität verhindert. Es gibt nämlich noch eine dritte Schwellenmarkierung. Eine soziologische Theorie, die die Fachverhältnisse konsolidieren will, muß nicht nur komplexer, sie muß sehr viel komplexer werden im Vergleich zu dem, was die Klassiker des Fachs und ihre Exegeten und selbst Parsons sich zugemutet hatten. Das erfordert andere theorietechnische Vorkehrungen, was Haltbarkeit und Anschlußfähigkeit nach innen und nach außen betrifft, und erfordert nicht zuletzt den Einbau einer Reflexion auf Komplexität (also auch eines Begriffs der Komplexität) in die Theorie selbst. Das Schwellenproblem liegt mithin auch in einem sehr viel höheren, sich selbst reflektierenden Grade begrifflicher Komplexität. Das schränkt die Möglichkeiten der Variation sehr ein und schließt jede Art von arbiträren Entscheidungen aus. Jeder Schritt muß eingepaßt werden. Und selbst der Willkür des Anfangs wird, wie im System Hegels, im Fortschreiten des Theorieaufbaus die Willkür genommen. So entsteht eine selbsttragende Konstruktion. Sie brauchte nicht »Systemtheorie« zu heißen. Aber wenn man die anderen Konstruktionsmerkmale konstant halten und den Systembegriff eliminieren wollte, müßte man etwas erfinden, was seine Funktion wahrnehmen, seinen Theorieplatz einnehmen könnte; und dieses würde dem Systembegriff sehr ähneln.

Diese Differenzen zum Fachüblichen machen vollauf verständlich, weshalb die Soziologie vor einer solchen Schwelle zurückstaut, schäumt und ohne klaren Duktus Komplexität ansammelt. Ein Weiterkommen ist jedoch nur möglich, wenn man in diesen Hinsichten – und zwar in allen, denn sie hängen zusammen – ein andersartiges Theoriedesign anstrebt. Dafür gibt es in der Soziologie selbst kaum Vorbilder. Wir werden daher an fachfremde, interdisziplinär erfolgreiche Theorieentwicklungen anknüpfen müssen und wählen hierfür Ansätze zu einer Theorie selbstreferentieller, »autopoietischer« Systeme.

Im Unterschied zu gängigen Theoriedarstellungen, die, wenn überhaupt, einige wenige Begriffe der Literatur entnehmen, sie in kritischer Auseinandersetzung mit vorgefundenen Sinngebungen definieren, um dann damit im Kontext der Begriffstraditionen zu arbeiten, soll im folgenden versucht werden, die Zahl der benutzten Begriffe zu erhöhen und sie *mit Bezug aufeinander* zu bestimmen. Das geschieht mit Begriffen wie: Sinn, Zeit, Ereignis, Element, Relation, Komplexität, Kontingenz, Handlung, Kommunikation, System, Umwelt, Welt, Erwartung, Struktur, Prozeß, Selbstreferenz, Geschlossenheit, Selbstorganisation, Autopoiesis, Individualität, Beobachtung, Selbstbeobachtung, Beschreibung, Selbstbeschreibung, Einheit, Reflexion, Differenz, Information, Interpenetration, Interaktion, Gesellschaft, Widerspruch, Konflikt. Man wird rasch sehen, daß herkömmliche Theoriebezeichnungen wie Handlungstheorie, Strukturalismus in dieser Gemengelage untergehen. Wir behalten »Systemtheorie« als Firmenbezeichnung bei, weil im Bereich der allgemeinen Systemtheorie die wichtigsten Vorarbeiten für den angestrebten Theorietypus zu finden sind.

Die Arbeit mit diesen Begriffen erfolgt also nicht ohne Bezug (und nicht selten: mit kontrastierendem Bezug) auf vorgefundenes Theoriegut, aber die Begriffe sollen sich, soweit möglich, aneinander schärfen. Jede Begriffsbestimmung muß dann als Einschränkung der Möglichkeit weiterer Begriffsbestimmungen gelesen werden. Die Gesamttheorie wird so als ein sich selbst limitierender Kontext aufgefaßt. Bei einer großen Zahl solcher Begriffe wird es, zumindest für eine einzelne textliche Darstellung, unmöglich, jeden Begriff mit jedem anderen zu verknüpfen. Es gibt bevorzugte Zusammenhangslinien, die zugleich bestimmte Begriffspositionen zentralisieren – zum Beispiel: Handlung/Ereignis, Ereignis/Element, Ereignis/Prozeß, Ereignis/Selbstreproduktion (Autopoiesis), Ereignis/Zeit. Die Theorie schreibt sich entlang solchen Vorzugslinien selbst, ohne damit andere kombinatorische Möglichkeiten definitiv auszuschließen. Die Darstellung der Theorie praktiziert mithin, was sie empfiehlt, an sich selbst: Reduktion von Komplexität. Aber reduzierte Komplexität ist für sie nicht ausgeschlossene Komplexität, sondern aufgehobene Komplexität. Sie hält den Zugang zu anderen Kombinationen offen – vorausgesetzt, daß ihre Begriffsbestimmungen beachtet oder theoriestellenadäquat ausgewechselt werden. Wenn freilich das Begriffsbestimmungsniveau aufgegeben werden würde, würde auch der Zugang zu anderen Möglichkeiten der Linienziehung im Nebel verschwinden, und man hätte es wieder mit unbestimmter, unbearbeitbarer Komplexität zu tun.

Diese Theorieanlage erzwingt eine Darstellung in ungewöhnlicher

Abstraktionslage. Der Flug muß über den Wolken stattfinden, und es ist mit einer ziemlich geschlossenen Wolkendecke zu rechnen. Man muß sich auf die eigenen Instrumente verlassen. Gelegentlich sind Durchblicke nach unten möglich – ein Blick auf Gelände mit Wegen, Siedlungen, Flüssen oder Küstenstreifen, die an Vertrautes erinnern; oder auch ein Blick auf ein größeres Stück Landschaft mit den erloschenen Vulkanen des Marxismus. Aber niemand sollte der Illusion zum Opfer fallen, daß diese wenigen Anhaltspunkte genügen, um den Flug zu steuern.

Abstraktion darf jedoch weder als reine Artistik noch als Rückzug auf eine »nur analytisch« relevante, formale Wissenschaft mißverstanden werden. Niemand wird ja bestreiten wollen, daß es so etwas wie Sinn, Zeit, Ereignisse, Handlungen, Erwartungen usw. in der wirklichen Welt gibt. Das alles ist zugleich erfahrbare Realität und Bedingung der Möglichkeit der Ausdifferenzierung von Wissenschaft. Die entsprechenden Begriffe dienen der Wissenschaft als Sonden, mit denen das theoretisch kontrollierte System sich der Realität anpaßt; mit denen unbestimmte Komplexität in bestimmbare, in wissenschaftsintern verwertbare Komplexität überführt wird. Im Anschluß an Saussure, Kelly und andere könnte man auch formulieren: Begriffe formieren den Realitätskontakt der Wissenschaft (und das heißt wie immer so auch hier: eingeschlossen den Kontakt mit ihrer eigenen Realität) als Differenzerfahrung. Und Differenzerfahrung ist Bedingung der Möglichkeit von Informationsgewinn und Informationsverarbeitung. Punkt für Punkt kann es Entsprechungen von Begriff und Realität geben, etwa zwischen dem Sinnbegriff und dem Phänomen Sinn, ohne das keine Menschenwelt bestehen könnte. Entscheidend ist jedoch, daß die Wissenschaft, Systeme bildend, über solche Punkt-für-Punkt Entsprechungen hinausgeht; daß sie sich nicht darauf beschränkt, zu copieren, zu imitieren, widerzuspiegeln, zu repräsentieren; sondern daß sie Differenzerfahrungen und damit Informationsgewinnung organisiert und dafür adäquate Eigenkomplexität ausbildet. Dabei muß der Wirklichkeitsbezug gewahrt bleiben; aber andererseits darf die Wissenschaft, und besonders die Soziologie, sich von der Wirklichkeit auch nicht düpieren lassen.

Abstraktion ist, so gesehen, eine erkenntnistheoretische Notwendigkeit. Sie bleibt ein Problem beim Schreiben von Büchern und eine Zumutung für den Leser. Dies gilt besonders, wenn die Theorie einen Komplexitätsgrad erreicht, der sich nicht mehr linearisieren läßt. Dann müßte eigentlich jedes Kapitel in jedem anderen neu begonnen und zu Ende geführt werden. Dialektische Theorien versuchen es trotzdem noch mit Linearisierung, so zuletzt etwa selbst Sartres Critique de la raison dialectique. Sie bekommen es dann aber mit dem Problem der Übergänge zu tun und sehen sich hier der Versuchung ausgesetzt, schlicht auf Aktion zu setzen.

Der im folgenden präsentierte Versuch kennt dieses Schicksal und muß deshalb Wert darauf legen, es zu vermeiden. Er entwickelt in einer azentrisch konzipierten Welt und einer azentrisch konzipierten Gesellschaft eine polyzentrische (und infolgedessen auch polykontexturale) Theorie. Er versucht gar nicht erst, Theorieform und Darstellungsform in Einklang zu bringen. Das Buch muß zwar in der Kapitelsequenz gelesen werden, aber nur, weil es so geschrieben ist. Die Theorie selbst könnte auch in anderen Sequenzen dargestellt werden, und sie erhofft sich Leser, die dafür hinreichend Geduld, Phantasie, Geschick und Neugier mitbringen, um auszuprobieren, was bei solchen Umschreibversuchen in der Theorie passiert.

Die Theorieanlage gleicht also eher einem Labyrinth als einer Schnellstraße zum frohen Ende. Die für dieses Buch gewählte Kapitelfolge ist sicher nicht die einzig mögliche, und das gilt auch für die Auswahl der Begriffe, die als Themen für Kapitel hervorgehoben werden. Auch in den Fragen, welche Begriffe überdisziplinär und systemvergleichend eingeführt werden und welche nicht und in welchen Fällen Bezugnahmen auf theoriegeschichtliches Material wichtig sind und in welchen nicht, hätte ich andere Entscheidungen treffen können. Das gleiche gilt für das Ausmaß, in dem Vorgriffe und Querverweisungen den nichtlinearen Charakter der Theorie in Erinnerung halten, und für die Auswahl des notwendigen Minimum.

Während die Theorie, was die Begriffsfassungen und die Aussagen inhaltlich angeht, sich wie von selbst geschrieben hat, haben Arrangierprobleme mich viel Zeit und viel Überlegung gekostet. Dank einer Unterstützung durch die Deutsche Forschungsgemeinschaft habe ich mich ein Jahr auf diese Aufgabe konzentrieren können. Ich hoffe, daß die Lösung befriedigt.

Bielefeld, im Dezember 1983 Niklas Luhmann

Zur Einführung: Paradigmawechsel in der Systemtheorie

»Systemtheorie« ist heute ein Sammelbegriff für sehr verschiedene Bedeutungen und sehr verschiedene Analyseebenen. Das Wort referiert keinen eindeutigen Sinn. Übernimmt man den Systembegriff ohne weitere Klärung in soziologische Analysen, entsteht eine scheinbare Präzision, die der Grundlage entbehrt. So kommt es zu Kontroversen, bei denen man nur vermuten oder aus der Argumentation rückschließen kann, daß die Beteiligten Verschiedenes meinen, wenn sie von System sprechen.

Zugleich kann man beobachten, daß das Forschungsfeld, das mit »allgemeiner Systemtheorie« bezeichnet wird, sich rasant entwikkelt. Verglichen mit der soziologischen Theoriediskussion, die am Vorbild der Klassiker haftet und dem Pluralismus huldigt, findet man in der allgemeinen Systemtheorie und in damit zusammenhängenden interdisziplinären Bemühungen tiefgreifende Veränderungen, vielleicht sogar »wissenschaftliche Revolutionen« im Sinne von Kuhn. Die soziologische Theoriebildung könnte viel gewinnen, wenn sie an diese Entwicklung angeschlossen werden könnte. Umdispositionen in der allgemeinen Systemtheorie, vor allem im letzten Jahrzehnt, kommen den soziologischen Theorieinteressen stärker entgegen, als man gemeinhin sieht. Sie erzwingen aber auch einen Grad der Abstraktion und Komplikation, der in soziologischen Theoriediskussionen bisher nicht üblich war. In diesem Buch wollen wir versuchen, diesen Zusammenhang herzustellen, diese Lücke zu schließen.

Für eine erste Vorwegorientierung dürfte es genügen, drei Analyseebenen zu unterscheiden und die Frage zu stellen, wie sich ein »Paradigmawechsel« auf der Ebene der allgemeinen Systemtheorie auf die allgemeine Theorie sozialer Systeme auswirkt. Die Skizze auf Seite 16 verdeutlicht das Vorhaben.

Von System im allgemeinen kann man sprechen, wenn man Merkmale vor Augen hat, deren Entfallen den Charakter eines Gegenstandes als System in Frage stellen würde. Zuweilen wird auch die Einheit der Gesamtheit solcher Merkmale als System bezeichnet.

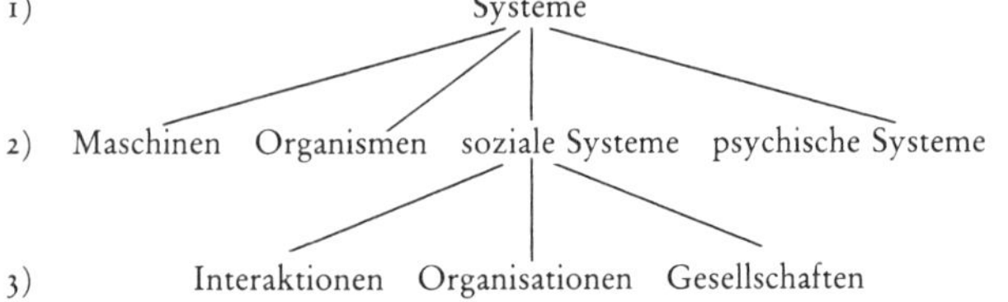

Aus der allgemeinen Systemtheorie wird dann unversehens eine Theorie des allgemeinen Systems[1]. Dies Problem wiederholt sich auf allen Konkretisierungsstufen mit den jeweils entsprechenden Einschränkungen. Im folgenden vermeiden wir diesen Sprachgebrauch. Wir wollen den Begriff (oder das Modell) eines Systems nicht wiederum System nennen, weil wir ja auch nicht bereit sind, den Begriff (oder das Modell) eines Organismus, einer Maschine, einer Gesellschaft wiederum Organismus, Maschine, Gesellschaft zu nennen. Wir lassen uns, anders gesagt, auch durch die höchsten Abstraktionslagen einer Theorie nicht dazu bringen, Erkenntnismittel (Begriffe, Modelle usw.) mit der Gegenstandsterminologie zu belegen – und zwar deshalb nicht, weil eine solche Entscheidung in konkreteren Forschungsbereichen dann doch nicht durchzuhalten ist. Die Aussage »es gibt Systeme« besagt also nur, daß es Forschungsgegenstände gibt, die Merkmale aufweisen, die es rechtfertigen, den Systembegriff anzuwenden; so wie umgekehrt dieser Begriff dazu dient, Sachverhalte herauszuabstrahieren, die unter diesem Gesichtspunkt miteinander und mit andersartigen Sachverhalten auf gleich/ungleich hin vergleichbar sind.

Eine solche *begriffliche* Abstraktion (die auf Theorie abzielt) ist von der *Selbstabstraktion* des Gegenstandes (die auf Struktur abzielt) zu unterscheiden. Die begriffliche Abstraktion ermöglicht Vergleiche. Die Selbstabstraktion ermöglicht Wiederverwendung derselben Strukturen im Gegenstand selbst. Beides muß man streng auseinanderhalten. Dann, und nur dann, kann man aber auch Überschneidungen feststellen. Es kann Systeme geben, die begriffliche Abstraktionen zur Selbstabstraktion verwenden, das heißt Strukturen dadurch gewinnen, daß sie ihre Merkmale mit den Merkmalen an-

1 Unversehens- oder auch sehr bewußt. So z. B. bei Jean-Louis Le Moigne, La théorie du système général: théorie de la modélisation, Paris 1977. Für Le Moigne liegt die Einheit des allgemeinen Systems in der Funktion eines artifiziellen Objekts, als Modell für Objekte schlechthin zu dienen.

derer Systeme vergleichen. Man kann also prüfen, wie weit begriffliche Abstraktionen auf Selbstabstraktionen in den Gegenständen aufruhen und insoweit auf Strukturvergleich hinauslaufen.

Das Abstraktionsschema der drei Ebenen der Systembildung benutzen wir als begriffliches Schema. Es dient zunächst dem Vergleich verschiedener Möglichkeiten, Systeme zu bilden. Bei der Ausarbeitung dieses Vergleichs stößt man aber auf Selbstabstraktionen im Gegenstandsbereich. Es ist möglich und kommt vor, daß Systeme Merkmale des Systembegriffs z. B. die Unterscheidung von innen und außen, auf sich selbst anwenden. Insofern geht es nicht lediglich um ein analytisches Schema. Vielmehr dient uns der Vergleich der Systeme auch als Prüfverfahren für die Frage, wie weit die Systeme auf Selbstabstraktion beruhen und dadurch gleich bzw. ungleich sind.

Die Unterscheidung der drei Ebenen der Systembildung läßt auf Anhieb typische »Fehler« oder zumindest Unklarheiten in der bisherigen Diskussion sichtbar werden. Vergleiche zwischen verschiedenen Arten von Systemen müssen sich an eine Ebene halten[2]. Dasselbe gilt für negative Abgrenzungen. Schon durch diese Regel werden zahlreiche unergiebige Theoriestrategien eliminiert. Es ist zum Beispiel wenig sinnvoll zu sagen, Gesellschaften seien keine Organismen, oder im Sinne der Schultradition zwischen organischen Körpern (bestehend aus zusammenhängenden Teilen) und gesellschaftlichen Körpern (bestehend aus unzusammenhängenden Teilen) zu unterscheiden. Ebenso »schief« liegt der Versuch, auf der Grundlage von Interaktionstheorien allgemeine Theorien des Sozialen zu konstruieren. Das gleiche gilt für die neuerdings aufkommende, durch die Erfindung der Computer stimulierte Tendenz, den Maschinenbegriff auf der Ebene der allgemeinen Systemtheorie zu verwenden[3] (was eine ebenso ungerechtfertigte Ablehnung provoziert). Die Unterscheidung von Ebenen soll fruchtbare Vergleichshinsichten festlegen. Aussagen über Gleichheiten können dann auf die nächst-

2 Ohne dies als Prinzip zu formulieren, hält sich zum Beispiel Donald M. MacKay, Brains, Machines and Persons, London 1980, an diese Regel.

3 Etwa im Anschluß an A. M. Turing, Computing Machinery and Intelligence, Mind 59 (1950), S. 433-460. Siehe auch Edgar Morin, La Méthode Bd. 1, Paris 1977, S. 155 ff. Kritisch hierzu mit Hinweis auf die ungelösten Selbstreferenz-Probleme Alessandro Pizzorno, L'incomplétude des systèmes, Connexions 9 (1974), S. 33-64; 10 (1974), S. 5-26 (insbes. S. 61 ff.).

höhere Ebene überführt werden. Zum Beispiel sind soziale Systeme und psychische Systeme gleich insofern, als sie Systeme sind. Es mag aber auch Gleichheiten geben, die nur für Teilbereiche einer Vergleichsebene gelten. Zum Beispiel lassen sich psychische und soziale Systeme, nicht aber Maschinen und Organismen durch Sinngebrauch charakterisieren. Dann muß man in Richtung auf Problemstellungen einer allgemeineren Theorie fragen, was in Maschinen und Organismen als funktionales Äquivalent für Sinn benutzt wird.

Die Zuordnung bestimmter Systemarten zu bestimmten Ebenen mag zunächst mehr oder weniger intuitiv erfolgen. Sie läßt sich, wenn Forschungserfahrungen dazu zwingen, korrigieren. Das gilt ebenfalls für die zunächst induktiv gewonnene Liste der Systemarten. Solche Korrekturen können aber nur vorgenommen werden, wenn die Ebenendifferenz als solche intakt bleibt. Kollabiert auch die Ebenendifferenz – so zum Beispiel, wenn man »Leben« als Grundbegriff und nicht als Spezifikum von Organismen verwendet – ist die Regression auf einfachere Formen von Theorie unvermeidlich.

Die folgenden Untersuchungen halten sich strikt an die Ebene einer allgemeinen Theorie sozialer Systeme. Sie bieten zum Beispiel keine Gesellschaftstheorie – Gesellschaft verstanden als umfassendes Sozialsystem und damit als einen Fall unter anderen[4]. Auch die allgemeine Systemtheorie wird nicht für sich vorgeführt. Dennoch muß ihr hinreichende Aufmerksamkeit gewidmet werden, denn unsere Leitidee ist die Frage, wie ein Paradigmawechsel, der sich auf der Ebene der allgemeinen Systemtheorie abzeichnet, sich auf die Theorie sozialer Systeme auswirkt.

Auch für das, was wir vorgreifend »Paradigmawechsel« genannt haben, kann eine grobe Orientierung genügen. Wir schließen nicht

4 Wir schließen uns hiermit einer in der Soziologie immer wieder vertretenen Auffassung an, Soziologie könne oder solle sich nicht als Wissenschaft von der Gesellschaft begreifen – so z. B. Leopold von Wiese, System der Allgemeinen Soziologie als Lehre von den sozialen Prozessen und den sozialen Gebilden der Menschen (Beziehungslehre), 2. Aufl., München 1933, oder kürzlich besonders akzentuiert Friedrich H. Tenbruck, Emile Durkheim oder die Geburt der Gesellschaft aus dem Geist der Soziologie, Zeitschrift für Soziologie 10 (1981), S. 333-350. Wir tun dies freilich aus entgegengesetzten Gründen: nicht um Gesellschaftstheorie (wegen Prämissenüberlastung) *auszuschließen*, sondern um sie (mit soziologisch noch klärbaren Prämissen) *einzuschließen*.

an die Versuche an, herauszubekommen, was Kuhn gemeint haben mag, als er den Begriff des Paradigmas einführte; sie gelten heute als hoffnungslos. Wichtig ist uns nur eine Unterscheidung[5], nämlich die von *Supertheorie*[6] und *Leitdifferenz*.

Supertheorien sind Theorien mit universalistischen (und das heißt auch: sich selbst und ihre Gegner einbeziehenden) Ansprüchen[7]. Leitdifferenzen sind Unterscheidungen, die die Informationsverarbeitungsmöglichkeiten der Theorie steuern. Diese Leitdifferenzen können die Qualität eines beherrschenden Paradigmas gewinnen, wenn sie eine Supertheorie so organisieren, daß praktisch die gesamte Informationsverarbeitung ihnen folgt. So ist zum Beispiel die Supertheorie Evolution durch Darwin und Nachfolger auf die Differenz von Variation und Selektion umgestellt worden. Vorher hatte man die Gesamtheit der Evolutionsresultate durch ihnen entsprechende Einheiten, durch den Anfang (arché, Grund) oder durch eine superintelligente Vorsehung zu begreifen versucht und entsprechend Evolution als Entwicklung oder als Schöpfung aufgefaßt. Ab Darwin werden diese Auffassungen von Einheit, die nur die Unterscheidung gegen unbestimmtes anderes zulassen, ersetzt durch die Einheit einer Differenz (Variation/Selektion, später Variation/Selektion/Restabilisierung, zum Teil auch: Zufall/Notwendigkeit, Ordnung/Unordnung). Wenn eine Supertheorie sehr hohe Differenz-Zentralisierung erreicht, ist auch ein Paradigmawechsel möglich.

Systemtheorie ist eine besonders eindrucksvolle Supertheorie. So umstritten sie ist: einen gewissen Reifungsprozeß kann man ihr nicht absprechen, und dies führen wir darauf zurück, daß sie auf eine Geschichte zurückblicken kann, die durch supertheoretische Ambitionen, Differenz-Zentralisierungen und Paradigmawechsel gekennzeichnet ist. Ob und inwieweit diese Entwicklung als »Fortschritt« bezeichnet werden kann oder gar zur Akkumulation von Wissen geführt hat, ist eine sehr viel schwieriger zu entscheidende Frage.

5 Für die ich in der wissenschaftswissenschaftlichen Literatur keine Belege oder Parallelen gefunden habe.

6 Nahestehend etwa »research tradition« by Larry Laudan, Progress and its Problems: Toward a Theory of Scientific Growth, Berkeley 1977.

7 Eine knappe Skizze in: Niklas Luhmann, Soziologie der Moral, in: Niklas Luhmann/Stephan H. Pfürtner (Hrsg.), Theorietechnik und Moral, Frankfurt 1978, S. 8-116 (9 ff.).

Blickt man etwa ein Jahrhundert zurück, so werden in dem, was man jetzt erst Systemtheorie zu nennen beginnt, zwei Umdispositionen sichtbar, die die Fundamente betreffen. In beiden Fällen wird die vorgefundene Begrifflichkeit nicht einfach für unwahr oder für unbrauchbar erklärt; sie wird mit gezielten Veränderungen erweitert, wird in die neue Theorie überführt und so »aufgehoben«. Die neue Theorie ist jeweils inhaltsreicher als die vorangegangene, sie erreicht höhere Komplexität; und aus genau diesem Grunde wird sie für die Behandlung sozialer Sachverhalte allmählich angemessener.

Eine Tradition, die aus der Antike überliefert war und älter ist als die begriffliche Verwendung des Terminus »System«[8], hatte von Ganzheiten gesprochen, die aus Teilen bestehen. Das Problem dieser Tradition war, daß das Ganze doppelt gedacht werden mußte: als Einheit und als Gesamtheit der Teile. Man konnte dann zwar sagen, das Ganze *sei* die Gesamtheit der Teile oder *sei mehr* als die bloße Summe der Teile; aber damit war nicht geklärt, wie das Ganze, wenn es nur aus Teilen plus Surplus bestehe, auf der Ebene der Teile als Einheit zur Geltung gebracht werden könne. Da man im Bereich der sozialen Verhältnisse annahm, daß die Gesellschaften aus individuellen Menschen bestehen wie ein Ganzes aus Teilen, konnte man die Antwort an Hand von Einsichten über das Zusammenleben von Menschen formulieren. Die Menschen mußten in der Lage sein, das Ganze, in dem sie leben, zu erkennen, und sie mußten bereit sein, ihr Leben nach dieser Erkenntnis einzurichten. Das

8 Zur Terminologiegeschichte, die erst um etwa 1600 beginnt, vgl. z. B. Otto Ritschl, System und systematische Methode in der Geschichte des wissenschaftlichen Sprachgebrauchs und der philosophischen Methodologie, Bonn 1906; Mario G. Losano, Sistema e struttura nel diritto Bd. 1, Torino 1968; Alois von der Stein, Der Systembegriff in seiner geschichtlichen Entwicklung, in: Alwin Diemer (Hrsg.), System und Klassifikation in Wissenschaft und Dokumentation, Meisenheim am Glan 1968, S. 1-13; Hans Erich Troje, Wissenschaftlichkeit und System in der Jurisprudenz des 16. Jahrhunderts, in: Jürgen Blühdorn/Joachim Ritter (Hrsg.), Philosophie und Rechtswissenschaft: Zum Problem ihrer Beziehungen im 19. Jahrhundert, Frankfurt 1969, S. 63-88; Friedrich Kambartel, »System« und »Begründung« als wissenschaftliche und philosophische Ordnungsbegriffe bei und vor Kant, in: Blühdorn/Ritter a.a.O. S. 99-113. Bemerkenswert auch E. Fahlbusch, Konfessionalismus, in: Evangelisches Kirchenlexikon Bd. II, Göttingen 1958, Sp. 880-884. Durchaus vorherrschend sind dabei klassifikatorische und erkenntnistheoretische Interessen, die ihrerseits aber durch Verunsicherungen und Komplexitätszuwächse bedingt waren, die ihrerseits teils durch den Buchdruck, teils durch den Konfessionsstreit ausgelöst waren.

konnte als Bedingung ihres Teilseins angesehen werden, als Bedingung ihrer Teilnahme, ihrer Partizipation und damit ihrer Natur. Das Risiko dieser Zuspitzung auf Erkenntnis (die irren konnte) und auf Willen (der abweichen konnte) ließ sich als Moment der allgemeinen Korruption bzw. Imperfektion der Natur begreifen, die es ihrerseits erforderlich machte, herrschende und beherrschte Teile zu differenzieren. Dabei galt dann auch für die herrschenden Teile in besonderer Zuspitzung das Problem: daß sie rechte Einsicht und rechten Willen haben mußten, um das Ganze im Ganzen »repräsentieren« zu können.

Die gesellschaftlichen Voraussetzungen und die Wissensgrundlagen dieses Konzepts haben sich im Übergang zur modernen Gesellschaft tiefgreifend gewandelt. Die zuletzt gefundene, im 18. Jahrhundert ausgearbeitete Fassung hatte die Kategorie des Allgemeinen benutzt. Das Weltganze bzw. das Ganze der Menschheit habe als Allgemeines im Menschen präsent zu sein. Die daran anschließende Diskussion hatte es dann mit der *Form* zu tun, in der Welt oder Menschheit im Menschen präsent zu sein habe. Darauf suchte man mit dem Vernunftbegriff, dem Sittengesetz oder ähnlichen Apriorismen, mit dem Begriff der Bildung oder auch mit dem Begriff des Staates eine Antwort zu finden. Der alte Sinn für Unzulänglichkeit, für Korruptibilität der Verhältnisse unter dem Mond wurde durch Idealisierung überwunden. So konnte denn auch von den gesellschaftlichen Verhältnissen weitestgehend abstrahiert, schließlich sogar »Herrschaftsfreiheit« postuliert werden als Grundbedingung der ungehemmten Präsenz des Allgemeinen im Menschen. Das Allgemeine wurde als makellos und als risikolos, als kompensationsunbedürftig gedacht, so sehr die Französische Revolution dagegen sprach; und es konnte so mit Realisierungsanspruch auftreten. Geist bzw. Materie sollten den langen Weg der Realisation des Allgemeinen im Besonderen antreten.

Dies alles ist heute Gegenstand von Erinnerungen mit mehr oder weniger mahnenden Obertönen[9]; und in der Tat ist diese Denkgeste nicht eigentlich ersetzt worden, sondern nur erschafft. Es ist auch kaum zu sehen, wie man eine Anstrengung dieser Art nochmals überbieten könnte. Wenn aber unsere Annahme richtig ist, daß dies alles bedingt und motiviert war durch das Schema vom Ganzen und

9 Vgl. z. B. Michael Theunissen, Selbstverwirklichung und Allgemeinheit: Zur Kritik des gegenwärtigen Bewußtseins, Berlin 1982.

seinen Teilen, so müßte man sehen, ob nicht zunächst dieses Schema ersetzt werden müßte, bevor man nach einer Leitsemantik sucht, die die Figur des »Allgemeinen im Besonderen« ersetzen könnte. Vor diesem historischen Hintergrund stellt sich die Frage, ob und wie die genau dafür zuständige Systemtheorie sich vom Paradigma des Ganzen und seiner Teile gelöst hat.

Im ersten Schub wird die traditionelle Differenz von *Ganzem und Teil* durch die Differenz von *System und Umwelt* ersetzt. Mit diesem Umbau, für den Ludwig von Bertalanffy als prominenter Autor steht, hat man die Theorie des Organismus, die Thermodynamik und die Evolutionstheorie zueinander in Beziehung setzen können[10]. In der theoretischen Beschreibung erscheint dann eine Differenz von offenen und geschlossenen Systemen. Geschlossene Systeme werden als Grenzfall definiert: als Systeme, für die die Umwelt ohne Bedeutung oder nur über spezifizierte Kanäle von Bedeutung ist. Die Theorie befaßt sich mit offenen Systemen.

Das, was mit der Differenz von Ganzem und Teil gemeint war, wird als Theorie der Systemdifferenzierung reformuliert und so in das neue Paradigma eingebaut. Systemdifferenzierung ist nichts anderes als die Wiederholung der Differenz von System und Umwelt innerhalb von Systemen. Das Gesamtsystem benutzt dabei sich selbst als Umwelt für eigene Teilsystembildungen und erreicht auf der Ebene der Teilsysteme dadurch höhere Unwahrscheinlichkeiten durch verstärkte Filterwirkungen gegenüber einer letztlich unkontrollierbaren Umwelt. Danach besteht ein differenziertes System nicht mehr einfach aus einer gewissen Zahl von Teilen und Beziehungen zwischen Teilen; es besteht vielmehr aus einer mehr oder weniger großen Zahl von operativ verwendbaren System/Umwelt-Differenzen, die jeweils an verschiedenen Schnittlinien das Gesamtsystem als Einheit von Teilsystem und Umwelt rekonstruieren. Differenzierung wird so nach dem allgemeinen Muster von Systembildung behandelt, und die Frage, in welchen Formen und bis zu welcher Komplexität Systemdifferenzierung möglich ist,

10 Einen guten Überblick vermitteln I. V. Blauberg/V. N. Sadovsky/E. G. Yudin, Systems Theory: Philosophical and Methodological Problems, Moskau 1977, S. 15 ff. Vgl. auch Ernst von Weizsäcker (Hrsg.), Offene Systeme I: Beiträge zur Zeitstruktur von Information, Entropie und Evolution, Stuttgart 1974; Alfred Kuhn, The Logic of Social Systems: A Unified, Deductive, System-Based Approach to Social Science, San Francisco 1974; Fred Emery, Futures we are in, Leiden 1977; Jacques Eugène, Aspects de la théorie générales des systèmes: Une recherche des universaux, Paris 1981.

kann rückgebunden werden an die Ausgangsdifferenz, die das Gesamtsystem konstitutiert.

Ein Zentralproblem des Schemas von Ganzem und Teil kann jetzt besser gelöst werden. Immer schon hatte man gefordert, daß Teile im Verhältnis zum Ganzen homogen sein müßten. Das mußte dann heißen, daß Zimmer, aber nicht Bausteine, Teile des Hauses sind, und Kapitel, aber nicht Buchstaben, Teile des Buches. Andererseits galten individuelle Menschen als Teile der Gesellschaften. Es gab kaum theoretisch gesicherte Kriterien der Homogenität, um so mehr, als es für dieses Denken schwierig war, die Begriffe Teil und Element zu unterscheiden[11]. Außerdem schloß nach diesem Paradigma eine Realteilung andere (ebenfalls mögliche) aus. So konnte eine geschichtete Gesellschaft nicht anders gedacht werden als geteilt in Schichten (zum Beispiel nicht mit gleichem Realitätswert als geteilt nach Stadt/Land oder nach Funktionsschwerpunkten)[12]. In all diesen Hinsichten bietet die Theorie der System/Umwelt-Differenzierung bessere Analysemöglichkeiten; und zwar sowohl ein genaueres Verständnis von Homogenität als auch Verständnis für die Möglichkeiten, unterschiedliche Gesichtspunkte der Ausdifferenzierung von Teilsystemen zugleich zu verwenden.

Die damit angedeuteten Vorteile einer Umstellung auf die Leitdifferenz von System und Umwelt machen sich auch in der Soziologie bemerkbar. Die klassische Soziologie hat man mit Recht durch eine »intra-unit orientation« gekennzeichnet[13] – auch und gerade in ihrem Differenzierungskonzept. Demgegenüber bevorzugen neuere Theorieentwicklungen, soweit sie überhaupt systemtheoretisch orientiert sind, umweltbezogene Systembegriffe, vor allem in der Organisationsforschung. Die Umstellung auf »offene Systeme« ist allerdings in der Soziologie nicht ganz tendenzfrei angekommen.

11 Ein bemerkenswerter Versuch ist: Uuno Saarnio, Der Teil und die Gesamtheit, Actes du XIème Congrès International de Philosophie Bruxelles 1953 Bd. 5, Amsterdam – Louvain 1953, S. 35-37.

12 Vgl. hierzu die Unterscheidung zweier verschiedener Ausgangspunkte für Hierarchisierungen, nämlich Ganzes/Teil und Zentrum/Peripherie, die zu sehr verschiedenen Ordnungsvorstellungen führen, bei Gerhard Roth, Biological Systems Theory and the Problem of Reductionism, in: Gerhard Roth/Helmut Schwegler (Hrsg.), Self-organizing Systems: An Interdisciplinary Approach, Frankfurt 1981, S. 106-120 (111 f.).

13 So Gianfranco Poggi, A Main Theme of Contemporary Sociological Analysis: Its Achievements and Limitations, The British Journal of Sociology 16 (1965), S. 283-294.

Sie hat hier eine Kritik des »status quo« der sozialen Verhältnisse begünstigt und sich mit Tendenzen zur »Reform« sozialer Strukturen, zu Planung, Management und Kontrolle verbündet – nicht zuletzt deshalb, weil ihr Hauptanwendungsfeld im Bereich der organisierten Sozialsysteme lag[14]. Das Umweltverhältnis wurde im Input/Output-Schema begriffen, die Strukturen als Regeln der Transformation, die Funktionen als eben diese Transformation, die man durch Variation der Strukturen beeinflussen zu können hoffte[15].

Während dieses Paradigma offener Systeme innerhalb der Systemtheorie als durchgesetzt und anerkannt gelten kann, ist ein daran anschließender Schritt von überbietender Radikalität erst in den letzten beiden Dekaden zur Diskussion gestellt worden. Es handelt sich um Beiträge zu einer *Theorie selbstreferentieller Systeme*. Zur Zeit gibt es weder ausreichend durchgearbeitete, noch allgemein wahrgenommene, geschweige denn akzeptierte Theoriegrundlagen; aber es ist genug sichtbar, um Konsequenzen für eine Theorie sozialer Systeme abschätzen zu können. Außerdem fordert gerade diese offene Situation dazu auf, mit Arbeiten auf dem Gebiet sozialer Systeme zu einer allgemeinen Theorie selbstreferentieller Systeme beizutragen.

Ein erster Entwicklungsschub hatte den Begriff der Selbstorganisation benutzt und um 1960 mit drei größeren Symposien einen gewissen Höhepunkt erreicht[16]. Der Begriff Selbstorganisation bezog sich jedoch – zurückblickend muß man sagen »nur« – auf die Strukturen eines Systems. Deren Änderung mit eigenen Mitteln galt zunächst begreiflicherweise als ein besonders schwieriges und damit als ein systemtheoretisch besonders reizvolles Problem. Es erreicht

14 Vgl. den schon skeptischen Rückblick von Michael Keren, Ideological Implications of the Use of Open Systems Theory in Political Science, Behavioral Science 24 (1979), S. 311-324. Diese Beschränkung auf Veränderung von *Organisationen* hat im übrigen Anlaß gegeben, der Systemtheorie in Bezug auf *Gesellschaften* Dethematisierung, also (!) Konformismus vorzuwerfen. Auch dieser Streit ließe sich auflösen, wenn man unterschiedliche Systemreferenzen auseinanderhalten würde.

15 Ganz typisch hierfür etwa: Fernando Cortés/Adam Przeworski/John Sprague, Systems Analysis for Social Scientists, New York 1974.

16 Vgl. Marshall C. Yovits/Scott Cameron (Hrsg.), Self-organizing Systems, Oxford 1960; Marshall C. Yovits/George T. Jacobi/Gordon D. Goldstein (Hrsg.), Self-organizing Systems, Washington 1962; Heinz von Foerster/George W. Zopf (Hrsg.), Principles of Self-organization, Oxford 1962.

jedoch bei weitem nicht all das, was heute unter Selbstreferenz verstanden wird. Inzwischen hat der Bezug auf Einheit – sei es des Systems, sei es seiner Elemente – den Bezug auf Struktur zurückgedrängt (obwohl natürlich nicht ausgeschlossen).

Die Theorie selbstreferentieller Systeme behauptet, daß eine Ausdifferenzierung von Systemen nur durch Selbstreferenz zustandekommen kann, das heißt dadurch, daß die Systeme in der Konstitution ihrer Elemente und ihrer elementaren Operationen auf sich selbst (sei es auf Elemente desselben Systems, sei es auf Operationen desselben Systems, sei es auf die Einheit desselben Systems) Bezug nehmen. Systeme müssen, um dies zu ermöglichen, eine Beschreibung ihres Selbst erzeugen und benutzen; sie müssen mindestens die Differenz von System und Umwelt systemintern als Orientierung und als Prinzip der Erzeugung von Informationen verwenden können. Selbstreferentielle Geschlossenheit ist daher nur in einer Umwelt, ist nur unter ökologischen Bedingungen möglich[17]. Die Umwelt ist ein notwendiges Korrelat selbstreferentieller Operationen, weil gerade diese Operationen nicht unter der Prämisse des Solipsimus ablaufen können[18] (man könnte auch sagen: weil alles, was in ihr eine Rolle spielt, einschließlich des Selbst selbst, per Unterscheidung eingeführt werden muß). Die (inzwischen klassische) Unterscheidung von »geschlossenen« und »offenen« Systemen wird ersetzt durch die Frage, wie selbstreferentielle Geschlossenheit Offenheit erzeugen könne.

Auch hier kommt es also zu einer »Aufhebung« der älteren Grunddifferenz in einer komplexeren Theorie, die es jetzt ermöglicht, über die Einführung von Selbstbeschreibungen, Selbstbeobachtungen, Selbstsimplifikationen in Systeme zu sprechen. Man kann jetzt die System/Umwelt-Differenz aus der Perspektive eines Beobachters (zum Beispiel: des Wissenschaftlers) unterscheiden von der System/Umwelt-Differenz, wie sie im System selbst verwendet wird, wobei der Beobachter wiederum nur als selbstreferentielles System gedacht werden kann. Reflexionsverhältnisse dieser Art revolutionieren nicht nur die klassische Subjekt-Objekt-Epistemologie; sie

17 Hierzu grundsätzlich Heinz von Foerster, On Self-Organizing Systems and Their Environment, in: Yovits/Cameron, a.a.O., S. 31-48.

18 Hierzu überzeugend Heinz von Foerster, On Constructing a Reality, in: Wolfgang F. E. Preiser (Hrsg.), Environmental Design Research Bd. 2, Stroudsbourg Pa. 1973, S. 35-46.

entdogmatisieren und »naturalisieren« nicht nur die Wissenschaftstheorie; sie erzeugen auch ein sehr viel komplexeres Objektverständnis durch ein sehr viel komplexeres Theoriedesign.
Im Kontext der System/Umwelt-Theorie waren noch relativ einfache Theorieverhältnisse möglich. So konnte diese Theorie zum Beispiel als bloße Erweiterung der Kausalbeziehungen interpretiert werden: Man habe bei allen Kausalerklärungen sowohl interne als auch externe Faktoren zu berücksichtigen; System und Umwelt fänden sich zu einer Art Co-Produktion zusammen. Die Theorie selbstreferentieller Systeme unterläuft dieses Kausalmodell. Sie betrachtet Kausalität (ebenso wie logische Deduktion und jede Art von Asymmetrisierung) als eine Art Organisation der Selbstreferenz; und sie »erklärt« die Differenz von System und Umwelt dadurch, daß nur selbstreferentielle Systeme sich die Möglichkeit schaffen, Kausalitäten durch Distribution auf System und Umwelt zu ordnen. Eine solche Theorie erfordert Formbegriffe, die auf der Ebene der Relationierung von Relationen angesiedelt sind.
Für die Ausarbeitung einer Theorie selbstreferentieller Systeme, die die System/Umwelt-Theorie in sich aufnimmt, ist eine neue Leitdifferenz, also ein neues Paradigma erforderlich. Hierfür bietet sich die Differenz von Identität und Differenz an[19]. Denn Selbstreferenz kann in den aktuellen Operationen des Systems nur realisiert werden, wenn ein Selbst (sei es als Element, als Prozeß oder als System) durch es selbst identifiziert und gegen anderes different gesetzt werden kann. Systeme müssen mit der Differenz von Identität und Differenz zurechtkommen, wenn sie sich als selbstreferentielle Systeme reproduzieren; oder anders gesagt: Reproduktion ist das

19 Wer genau liest, wird bemerken, daß von *Differenz* von Identität und Differenz die Rede ist und nicht von *Identität* von Identität und Differenz. An dieser Stelle schon zweigen die folgenden Überlegungen von der dialektischen Tradition ab – bei allen Ähnlichkeiten, die im folgenden dann immer wieder auffallen mögen. Einer der wenigen Autoren, die den modernen Funktionalismus bis auf dieses Grundproblem hinführen, ist Alfred Locker, On the Ontological Foundations of the Theory of Systems, in: William Gray/Nicholas D. Rizzo (Hrsg.), Unity Through Diversity: A Festschrift for Ludwig von Bertalanffy, New York 1973, Bd. 1, S. 537-572. Aber Locker verschmilzt im letztgültigen Gesichtspunkt Funktionalismus und Dialektik: »In the ultimate respect functionality leads to a unification, i. e. an identity of identity and difference« (S. 546). Ich ziehe es vor, Dialektikern zu überlassen, klar zu machen, wie diese letzte Identität zu verstehen ist. Für die funktionalistische Systemtheorie genügt es, von (jeweils kontingent gewählten) Differenzen auszugehen. Wir kommen darauf aus Anlaß von Selbstreferenzproblemen nochmals zurück. Vgl. unten Kapitel 11.

Handhaben dieser Differenz. Dies ist zunächst kein theoretisches, sondern ein durchaus praktisches Problem; und es ist nicht nur für Sinnsysteme relevant[20]. Eine Wissenschaft, die solchen Systemen gewachsen sein will, muß dann aber Begriffe auf entsprechendem Niveau bilden, und nur für sie ist demzufolge die Differenz von Identität und Differenz ein Leitfaden der Theoriebildung, ein Paradigma.

In der allgemeinen Systemtheorie provoziert dieser zweite Wechsel des Paradigmas bemerkenswerte Umlagerungen – so von Interesse an Design und Kontrolle zu Interesse an Autonomie und Umweltsensibilität, von Planung zu Evolution, von struktureller Stabilität zu dynamischer Stabilität. Im Paradigma vom Ganzen und seinen Teilen mußte man irgendwo unerklärbare Eigenschaften unterbringen – sei es als Eigenschaften des Ganzen (das mehr ist als die Summe seiner Teile), sei es als Eigenschaften einer hierarchischen Spitze, die das Ganze repräsentiert[21]. In der Theorie selbstreferentieller Systeme wird dagegen alles, was zum System gehört, (einschließlich etwaiger Spitzen, Grenzen, Mehrwerte usw.) in die Selbstherstellung einbezogen und damit für den Beobachter entmystifiziert[22]. Damit sind Entwicklungen eingeleitet, die die Systemtheorie in neuer Weise für die Soziologie interessant machen könnten.

Daß die Anstöße für diese beiden Schübe nicht von der Soziologie ausgegangen sind, liegt auf der Hand. Stimulierend haben zunächst die Thermodynamik und die Biologie als Theorie des Organismus, später auch Neurophysiologie, Zellentheorie und Computertheorie gewirkt; ferner natürlich interdisziplinäre Zusammenschlüsse wie Informationstheorie und Kybernetik. Die Soziologie blieb nicht nur als mitwirkende Forschung ausgeschlossen; sie hat sich in diesem interdisziplinären Kontext auch als lernunfähig erwiesen. Sie

20 Man denke an Untersuchungen zur Diskriminierfähigkeit von Immunsystemen des Organismus. Vgl. etwa N. M. Vaz/F. J. Varela, Self and Non-Sense: An Organism-centered Approach to Immunology, Medical Hypotheses 4 (1978), S. 231-267.

21 Beide Möglichkeiten lassen sich besonders in der politischen Semantik gut verfolgen, etwa in der Form von Loyalitätsverpflichtungen gegenüber dem »Gemeinwohl« oder in der Form eines unreduzierbaren Momentes von Willkür (Souveränität) der Staatsspitze.

22 Diese anti-hierarchische oder besser: meta-hierarchische Blickweise fällt besonders am Konzept der Autopoiesis auf. Das ist oft notiert worden. Vgl. etwa Gerhard Roth, a.a.O.

kann mangels eigener grundlagentheoretischer Vorarbeiten nicht einmal beobachten, was geschieht[23]. Sie bleibt daher auf Beschäftigung mit selbstproduzierten Daten und, was Theorie angeht, auf Beschäftigung mit selbstproduzierten Klassikern angewiesen. Das Beispiel zeigt zugleich, daß nicht jede Art selbstreferentieller Schließung eine komplexere Umweltsicht ermöglicht. Wie immer bei Steigerungszusammenhängen wird man nach den besonderen Bedingungen fragen müssen, unter denen Systeme solche Zusammenhänge realisieren und dadurch an Evolution teilnehmen können.

Vor diesem aktuellen wissenschaftsgeschichtlichen Hintergrund verstehen sich die folgenden Überlegungen als ein Versuch, die Theorie sozialer Systeme auf der Grundlage des Entwicklungsstandes der allgemeinen Systemtheorie zu reformulieren. Die allgemeine Systemtheorie soll an der Begegnung mit soziologischen Materialien bewährt werden, und ineins damit sollen die Abstraktionsgewinne und Begriffsbildungserfahrungen, die interdisziplinär bereits vorliegen oder sich abzeichnen, für soziologische Forschung nutzbar gemacht werden. Eines der wichtigsten Resultate dieser Zusammenführung mit Gewinn, so hoffe ich, auf beiden Seiten besteht in der radikalen Verzeitlichung des Elementbegriffs. Die Theorie der sich selbst herstellenden, autopoietischen Systeme kann in den Bereich der Handlungssysteme nur überführt werden, wenn man davon ausgeht, daß die Elemente, aus denen das System besteht, keine Dauer haben können, also unaufhörlich durch das System dieser Elemente selbst reproduziert werden müssen. Das geht über ein bloßes Ersatzbeschaffen für absterbende Teile weit hinaus und ist auch mit Hinweis auf Umweltbeziehungen nicht zureichend erklärt. Es geht nicht um Anpassung, es geht nicht um Stoffwechsel, es geht um einen eigenartigen Zwang zur Autonomie, der sich daraus ergibt, daß das System in jeder, also in noch so günstiger Umwelt schlicht aufhören würde zu existieren, wenn es die momenthaften Elemente, aus denen es besteht, nicht mit Anschlußfähigkeit, also mit Sinn, ausstatten und so reproduzieren würde. Da-

23 Die Ausnahme, die für die Theorie des allgemeinen Handlungssystems von Talcott Parsons zu konzedieren ist, belegt zugleich die Grundthese: daß eigene Theorie eine Bedingung für Lernfähigkeit im interdisziplinären Kontext ist, so wie auf der Ebene der allgemeinen Systemtheorie selbstreferentielle Geschlossenheit mit Offenheit für Umweltkomplexität korreliert.

für kann es verschiedene Strukturen geben; aber nur solche, die sich gegen diesen radikalen Trend zur sofortigen (nicht nur: zur allmählichen, entropischen) Auflösung durchsetzen können.

Kapitel 1

System und Funktion

I

Die folgenden Überlegungen gehen davon aus, daß es Systeme gibt. Sie beginnen also nicht mit einem erkenntnistheoretischen Zweifel. Sie beziehen auch nicht die Rückzugsposition einer »lediglich analytischen Relevanz« der Systemtheorie. Erst recht soll die Engstinterpretation der Systemtheorie als eine bloße Methode der Wirklichkeitsanalyse vermieden werden. Selbstverständlich darf man Aussagen nicht mit ihren eigenen Gegenständen verwechseln; man muß sich bewußt sein, daß Aussagen nur Aussagen und wissenschaftliche Aussagen nur wissenschaftliche Aussagen sind. Aber sie beziehen sich, jedenfalls im Falle der Systemtheorie, auf die wirkliche Welt. Der Systembegriff bezeichnet also etwas, was wirklich ein System ist, und läßt sich damit auf eine Verantwortung für Bewährung seiner Aussagen an der Wirklichkeit ein.

Dies soll zunächst nur als Markierung einer Position festgehalten werden. Verglichen mit dem Problemniveau der erkenntnistheoretischen bzw. wissenschaftstheoretischen Diskussion sind damit nur sehr grobschlächtige Hinweise gegeben. Sie deuten nur den Weg an, auf dem wir zu erkenntnistheoretischen Problemstellungen zurückkehren müssen, nämlich den Weg über eine Analyse realer Systeme der wirklichen Welt. Es muß also zunächst eine direkt wirklichkeitsbezogene Systemtheorie ausgearbeitet werden. Geschieht dies unter dem Anspruch universeller Geltung für alles, was System ist, erfaßt diese Theorie auch Systeme des Analyse- und Erkenntnisverhaltens. Sie kommt demnach selbst als einer unter vielen anderen ihrer Gegenstände in der wirklichen Welt vor. Sie zwingt sich selbst, sich selbst als einen ihrer Gegenstände zu behandeln. Sie kann sich selbst dann mit anderen ihrer Gegenstände vergleichen. Ein solcher Vergleich übernimmt Kontrollfunktionen: Die Systemtheorie muß sich eignen, ihn zu führen und gegebenenfalls aus ihm zu lernen. Es ergibt sich daraus eine Art Mitbetreuung der Erkenntnistheorie durch die Systemtheorie und daraus, rückwirkend, eine Art Eignungstest der Systemtheorie: Sie muß auch diese Aufgabe neben anderen lösen können.

Diese Anforderungen kulminieren in der Notwendigkeit, die Systemtheorie als Theorie selbstreferentieller Systeme anzulegen. Schon das soeben skizzierte Vorgehen impliziert Selbstreferenz in dem Sinne, daß die Systemtheorie immer auch den Verweis auf sich selbst als einen ihrer Gegenstände im Auge behalten muß; und dies nicht nur bei der Behandlung dieses Spezialgegenstandes der Systemtheorie als Arbeitsprogramm des Wissenschaftssystems, sondern durchgehend, da sie in ihrem gesamten Forschungsprogramm die Anwendung bzw. Nichtanwendung auf sich selbst mitbeachten muß. Die klassische Erkenntnistheorie ist dagegen durch die Absicht charakterisiert, Selbstreferenzen als bloße Tautologien und als Öffnung für schlechthin Beliebiges zu vermeiden. Wenn es überhaupt unter dem Gesichtspunkt von »Erkenntnistheorie« ein einheitliches Wissenschaftsprogramm gegeben hat, ist dies das Kennzeichen. Die Gründe dafür sind sehr ernst zu nehmen. Es sind aber Gründe, die in der allgemeinen Systemtheorie ebenfalls auftauchen. Sie hängen mit der Differenz von System und Umwelt zusammen und besagen, daß es weder ein ausschließlich selbstreferentiell erzeugtes System noch ein System mit beliebiger Umwelt geben kann. Diese Bedingungen wären instabil in dem Sinne, daß in ihnen jedes beliebige Ereignis Ordnungswert gewinnen würde[1]. Daraus folgt, daß Selbstreferenz nur als Modus des Umgangs mit einer nichtbeliebig strukturierten Umwelt vorkommt und anders nicht vorkommen kann. Dies aber ist nicht ein speziell Erkenntnis betreffender, sondern ein allgemeiner Sachverhalt, und die auf Erkenntnis spezialisierten Systeme könnten vielleicht durch Analyse andersartiger Systeme lernen, wie sie sich selbst auf diesen Sachverhalt einrichten können. Das betrifft nicht zuletzt die heute viel diskutierten Möglichkeiten einer Logik selbstreferentieller Systeme.

Unsere These, daß es Systeme gibt, kann jetzt enger gefaßt werden: Es gibt selbstreferentielle Systeme. Das heißt zunächst nur in einem ganz allgemeinen Sinne: Es gibt Systeme mit der Fähigkeit, Beziehungen zu sich selbst herzustellen und diese Beziehungen zu differenzieren gegen Beziehungen zu ihrer Umwelt[2]. Diese These um-

1 Vgl. etwa Henri Atlan, Du bruit comme principe d'auto-organisation, Communications 18 (1972), S. 21-36; neu gedruckt in ders., Entre le cristal et la fumée: Essai sur l'organisation du vivant, Paris 1979.

2 Wir formulieren an dieser Stelle »differenzieren gegen« und nicht »unterscheiden von«, um die Implikation von Bewußtsein zu vermeiden. Das gilt vor allem für bio-

faßt das Faktum System und die Bedingungen seiner Beschreibung und Analyse durch andere (ebenfalls selbstreferentielle) Systeme. Damit ist jedoch noch nichts gesagt über das Abstraktionsniveau theoretisch-begrifflicher Analyse, die vom Wissenschaftssystem aus möglich ist. Man muß auch hier Systemreferenzen unterscheiden. Das Wissenschaftssystem kann andere Systeme unter Gesichtspunkten analysieren, die für diese selbst nicht zugänglich sind. Es kann in diesem Sinne latente Strukturen und Funktionen aufdecken und thematisieren. Umgekehrt findet man häufig und gerade auch in der Soziologie die Situation, daß Systeme in ihrer Selbstbehandlung Formen des Zugriffs auf Komplexität entwikkeln, die der wissenschaftlichen Analyse und Simulation nicht zugänglich sind. Man spricht dann etwa von »black box«. Das Verhältnis von relativen Unter- bzw. Überlegenheiten der fremd- bzw. selbstanalytischen Möglichkeiten variiert historisch; es hängt vom Stande wissenschaftlicher Theoriebildung ab und ist angesichts rapider Theorieentwicklungen vor allem in der allgemeinen Systemtheorie gegenwärtig schwer zu fixieren.

Relativ sichere Anhaltspunkte gewinnt man, wenn man davon ausgeht, daß die Systemtheorie auf sehr verschiedenartige Systeme bezogen werden kann. Entsprechend gibt es unterschiedliche Allgemeinheitsstufen »der« Systemtheorie. Neben einer allgemeinen Systemtheorie lassen sich systemtypspezifische Theorien ausarbeiten. In diesem Sinne schränken wir im folgenden die Untersuchung ein auf eine Theorie sozialer Systeme. Damit wird die (viel kritisierte) Direktanalogie von sozialen Systemen und Organismen bzw. Maschinen ausgeschlossen, nicht jedoch die Orientierung an einer allgemeinen Systemtheorie, die umfassendere Ansprüche einzulösen versucht. Methodisch gesehen wählen wir also nicht den Weg der Analogie, sondern den Umweg der Generalisierung und Respezifikation. Der Weg der Analogie würde dazu verführen, Ähnlichkeiten für wesentlich zu halten. Der Umweg der Generalisierung und Respezifikation ist in dieser Hinsicht eher neutral zu halten; er wird jedenfalls die Analyse stärker für Differenzen zwischen den Systemtypen sensibilisieren. Wir werden vor allem den nichtpsychischen Charakter sozialer Systeme zu betonen haben.

logische und neurophysiologische Forschungen über selbstreferentielle Systeme. Aber natürlich wird man für den Bereich sozialer Systeme von »unterscheiden können« sprechen können.

Man darf jedoch nicht davon ausgehen, daß der Rückgang auf die allgemeinste Ebene derjenigen Aussagen, die für Systeme schlechthin gelten, zur bestmöglichen Abstraktion der Prämissen weiterer Analyse führt. Das hieße: sich unreflektiert einer Art Gattungslogik anvertrauen, die die begrifflichen Erfordernisse der Konstruktion von Gattungen für die Wesensmerkmale der Sachen selbst hält. Es gibt aber keine sachimmanente Garantie für eine Koinzidenz von Allgemeinheiten und Wesensformen. Allgemeinheiten können trivial sein. Will man die Ergiebigkeit von Verallgemeinerungen kontrollieren, muß man die Begriffe der allgemeinsten Analyseebene, die man benutzt, nicht als Merkmalsbegriffe, sondern als Problembegriffe anlegen. Die allgemeine Systemtheorie fixiert dann nicht die in allen Systemen ausnahmslos vorzufindenden Wesensmerkmale. Sie wird vielmehr in der Sprache von Problemen und Problemlösungen formuliert, die zugleich begreiflich macht, daß es für bestimmte Probleme unterschiedliche, funktional äquivalente Problemlösungen geben kann. In die Gattungsabstraktion wird somit eine funktionale Abstraktion eingebaut, die ihrerseits einen Vergleich der unterschiedlichen Systemtypen anleitet[3].

In diesem Sinne orientieren wir die allgemeine Theorie sozialer Systeme an einer allgemeinen Systemtheorie und begründen damit die Verwendung des Begriffs »System«. Für die Theorie sozialer Systeme werden ihrerseits, und deshalb sprechen wir von »allgemein«, Universalitätsansprüche erhoben. Das heißt: Jeder soziale Kontakt wird als System begriffen bis hin zur Gesellschaft als Gesamtheit der Berücksichtigung aller möglichen Kontakte. Die allgemeine Theorie sozialer Systeme erhebt, mit anderen Worten, den Anspruch, den gesamten Gegenstandsbereich der Soziologie zu erfassen und in diesem Sinne universelle soziologische Theorie zu sein. Ein solcher Universalitätsanspruch ist ein Selektionsprinzip. Er bedeutet, daß man Gedankengut, Anregungen und Kritik nur akzeptiert, wenn und soweit sie sich ihrerseits dieses Prinzip zu eigen machen. Hieraus ergibt sich eine eigentümliche Querlage zu den

3 Auch ohne explizite Festlegung auf funktionalen Problembezug findet man Vergleiche über ganz heterogene Systemtypen hinweg häufig so angelegt. Siehe zum Beispiel in Bezug auf das Problem des mit den Systemstrukturen und -prozessen variierenden Zukunftshorizontes Edgar Taschdjian, Time Horizon: The Moving Boundary, Behavioural Science 22 (1977), S. 41-48. Die bewußt gehaltene funktionale Perspektive würde aber dazu anregen, die Unterschiede der Problemlösungen und die dafür bestehenden Gründe stärker zu betonen.

klassischen soziologischen Kontroversen: Statik versus Dynamik, Struktur versus Prozeß, System versus Konflikt, Monolog versus Dialog oder, projiziert auf den Gegenstand selbst, Gesellschaft versus Gemeinschaft, Arbeit versus Interaktion. Solche Kontrastierungen zwingen jede Seite zum Verzicht auf Universalitätsansprüche und zur Selbstbewertung ihrer eigenen Option; bestenfalls zu Behelfskonstruktionen mit Einbau des Gegenteils in die eigene Option. Solche Theorieansätze sind nicht nur undialektisch gedacht, sie verzichten auch vorschnell auf eine Ausnutzung der Reichweite systemtheoretischer Analyse. Seit Hegel und seit Parsons kann man dies wissen.

Andererseits heißt Anspruch auf Universalität nicht Anspruch auf ausschließliche Richtigkeit, auf Alleingeltung und in diesem Sinne auf Notwendigkeit (Nichtkontingenz) des eigenen Ansatzes. Wollte eine universalistische Theorie diesem Irrtum der Selbsthypostasierung verfallen, und das liegt nahe, weil sie die Prinzipien, mit denen sie arbeitet, voraussetzen muß, würde sie sehr bald über Selbstreferenz eines Besseren belehrt werden. Sobald sie sich unter ihren Gegenständen wiederentdeckt, sobald sie sich selbst als Forschungsprogramm eines Teilsystems (Soziologie) eines Teilsystems (Wissenschaft) des Gesellschaftssystems analysiert, wird sie genötigt, sich selbst als kontingent zu erfahren. Notwendigkeit und Kontingenz ihres »Selbst« wird für sie dann erkennbar als Artikulationsdifferenz der Selbstreferenz. Es liegt im Sinne des soeben skizzierten Forschungsprogramms, dies vorab zu berücksichtigen. Dies kann durch die Unterscheidung von Universalitätsansprüchen und Ausschließlichkeitsansprüchen geschehen; oder auch durch die Einsicht, daß strukturell Kontingentes als operativ Notwendiges eingesetzt werden muß mit der Folge einer ständigen Kontingenzabsorption durch Erfolge, Gewohnheiten, commitments im Wissenschaftssystem.

II

Die allgemeine Systemtheorie kann gegenwärtig nicht als eine konsolidierte Gesamtheit von Grundbegriffen, Axiomen und abgeleiteten Aussagen vorgestellt werden. Sie dient einerseits als Sammelbezeichnung für sehr verschiedenartige Forschungsunternehmen, die ihrerseits insofern allgemein sind, als sie ihren Anwendungsbereich und dessen Grenzen nicht spezifizieren. Andererseits haben solche Forschungen ebenso wie systemtypspezifische Forschungen (zum Beispiel auf dem Gebiet der datenverarbeitenden Maschinen) zu Problemerfahrungen geführt sowie zu Versuchen, diese Erfahrungen begrifflich zu konsolidieren. Es sind diese Problemerfahrungen und die ihnen entsprechenden Formulierversuche, die die Wissenschaftslandschaft zu verändern beginnen bis hin zu den Umgründungen, die wir in der Einleitung vorgestellt haben. An sie schließen wir im folgenden an[4].

Der Forschungsstand erlaubt es nicht, mit einem Bericht über gesicherte Ergebnisse zu beginnen und diese Ergebnisse im Sinne von »applied systems research« in die Soziologie zu übernehmen. Er ermöglicht es aber, die Grundkonzepte über das hinaus zu verdichten, was in der Literatur geläufig ist, und sie in einen Zusammenhang zu bringen, der zugleich Probleminteressen und Erfahrungen der soziologischen Forschung berücksichtigt.

1. Als Ausgangspunkt jeder systemtheoretischen Analyse hat, darüber besteht heute wohl fachlicher Konsens, die *Differenz von System und Umwelt* zu dienen[5]. Systeme sind nicht nur gelegentlich und nicht nur adaptiv, sie sind strukturell an ihrer Umwelt orientiert und könnten ohne Umwelt nicht bestehen. Sie konstituieren und sie erhalten sich durch Erzeugung und Erhaltung einer Differenz zur Umwelt, und sie benutzen ihre Grenzen zur Regulierung dieser Differenz. Ohne Differenz zur Umwelt gäbe es nicht einmal Selbstreferenz, denn Differenz ist Funktionsprämisse selbstreferentieller Operationen[6]. In diesem Sinne ist *Grenz*erhaltung (boundary maintenance) Systemerhaltung.

Grenzen markieren dabei keinen Abbruch von Zusammenhängen. Man kann auch nicht generell behaupten, daß die internen Interde-

4 Für einen aktuellen Forschungsbericht und für Hinweise auf sozialwissenschaftliche Anwendungsmöglichkeiten vgl. Stein Bråten, Systems Research and Social Science, in: George J. Klir (Hrsg.), Applied Systems Research: Recent Developments and Trends, New York 1978, S. 655-685. Vgl. ferner R. Felix Geyer/Johannes van der Zouwen (Hrsg.), Sociocybernetics, 2 Bde., Leiden 1978.

5 Die Differenz von System und Umwelt läßt sich abstrakter begründen, wenn man auf die allgemeine, primäre Disjunktion einer Theorie der Form zurückgeht, die *nur* mit Hilfe eines Differenzbegriffs definiert: Form und anderes. Vgl. dazu Ph. G. Herbst, Alternatives to Hierarchies, Leiden 1976, S. 84 ff., und grundlegend: George Spencer Brown, Laws of Form, 2. Aufl., New York 1972.

6 Hierzu wie in der Einleitung bereits zitiert: von Foerster a.a.O. (1973).

pendenzen höher sind als System/Umwelt-Interdependenzen[7]. Aber der Grenzbegriff besagt, daß grenzüberschreitende Prozesse (zum Beispiel des Energie- oder Informationsaustausches) beim Überschreiten der Grenze unter andere Bedingungen der Fortsetzung (zum Beispiel andere Bedingungen der Verwertbarkeit oder andere Bedingungen des Konsenses) gestellt werden[8]. Dies bedeutet zugleich, daß die Kontingenzen des Prozeßverlaufs, die Offenheiten für andere Möglichkeiten, variieren je nachdem, ob er für das System im System oder in seiner Umwelt abläuft. Nur soweit dies der Fall ist, bestehen Grenzen, bestehen Systeme. Wir kommen darauf unter 7. ausführlicher zurück.

Die Umwelt erhält ihre Einheit erst durch das System und nur relativ zum System. Sie ist ihrerseits durch offene Horizonte, nicht jedoch durch überschreitbare Grenzen umgrenzt; sie ist selbst also kein System[9]. Sie ist für jedes System eine andere, da jedes System nur sich selbst aus seiner Umwelt ausnimmt. Entsprechend gibt es keine Selbstreflexionen und erst recht keine Handlungsfähigkeit der Umwelt. Die Zurechnung auf Umwelt (»externale Zurechnung«) ist ihrerseits eine Systemstrategie. Das alles heißt jedoch nicht, daß die Umwelt vom System abhängt oder daß das System über seine Umwelt nach Belieben disponieren könnte. Vielmehr schließt die Komplexität des Systems und der Umwelt – wir kommen darauf zurück – jede totalisierende Form von Abhängigkeit in der einen oder anderen Richtung aus.

Eine der wichtigsten Konsequenzen des System/Umwelt-Paradigmas ist: daß man zwischen der *Umwelt* eines Systems und *Systemen*

7 So z. B. Karl W. Deutsch, The Nerves of Government: Models of Political Communication and Control, New York 1963, S. 205.

8 »The definition of norms in systematic terms requires that we encounter normative differences as we cross boundaries, and leads us to suspect that we might also discover normative differences as we cross the boundaries of subsystems«, formulieren für soziale Systeme Robert L. Kahn et al., Organizational Stress: Studies in Role Conflict and Ambiguity, New York 1964, S. 161.

9 Anders eine nach wie vor verbreitete Auffassung. Siehe z. B. George J. Klir, An Approach to General Systems Theory, New York 1969, S. 47 ff.; Karl W. Deutsch, On the Interaction of Ecological and Political Systems: Some Potential Contributions of the Social Sciences to the Study of Man and His Environment, Social Science Information 13/6 (1974), S. 5-15. Zur Kritik vor allem R. C. Buck, On the Logic of General Behaviour Systems Theory, in: Herbert Feigl/Michael Scriven (Hrsg.), The Foundations of Science and The Concepts of Psychology and Psychoanalysis. Minnesota Studies in the Philosophy of Science, Bd. I, Minneapolis 1956, S. 223-238 (234 f.).

in der Umwelt dieses Systems unterscheiden muß. Diese Unterscheidung hat eine kaum zu überschätzende Bedeutung. So muß man vor allem die Abhängigkeitsbeziehungen zwischen Umwelt und System unterscheiden von den Abhängigkeitsbeziehungen zwischen Systemen. Diese Unterscheidung torpediert die alte Herrschaft/Knechtschaft-Thematik. Ob und wie weit sich Verhältnisse ausbilden lassen, in denen ein System ein anderes dominiert, ist nicht zuletzt abhängig davon, wie weit beide Systeme und wie weit das System ihrer Beziehungen von der jeweiligen Umwelt abhängen. In diesem Sinne war denn auch die »absolute« Herrschaft, von der ältere Reichsmodelle ausgingen, nie starke, nie determinierende Herrschaft, sondern mehr ein Modus der Systembeschreibung, der eine gewisse Verfügungsgewalt des Systems über sich selbst zum Ausdruck brachte.

Die Systeme in der Umwelt des Systems sind ihrerseits auf ihre Umwelten hin orientiert. Über fremde System/Umwelt-Beziehungen kann jedoch kein System ganz verfügen, es sei denn durch Destruktion[10]. Daher ist jedem System seine Umwelt als verwirrend komplexes Gefüge wechselseitiger System/Umweltbeziehungen gegeben, zugleich aber auch als eine durch das eigene System selbst konstituierte Einheit, die eine nur selektive Beobachtung erfordert.

2. Die Differenz von System und Umwelt zwingt als Paradigma der Systemtheorie dazu, die Differenz von Ganzem und Teil durch eine Theorie der Systemdifferenzierung zu ersetzen[11]. Systemdifferenzierung ist nichts weiter als Wiederholung der Systembildung in Systemen. Innerhalb von Systemen kann es zur Ausdifferenzierung weiterer System/Umwelt-Differenzen kommen. Das Gesamtsystem gewinnt damit die Funktion einer »internen Umwelt« für die Teilsysteme, und zwar für jedes Teilsystem in je spezifischer Weise. Die System/Umwelt-Differenz wird also redupliziert, das Gesamt-

10 Hier lassen sich Überlegungen zur relativen Vorteilhaftigkeit *interner* Systemdifferenzierung anknüpfen, die wir jedoch einstweilen unberücksichtigt lassen, um die Analyse nicht allzu sehr zu komplizieren.

11 Wir sehen im Augenblick, um die Darstellung zu vereinfachen, davon ab, daß ein erneuter Paradigmawechsel mit einer Theorie selbstreferentieller Systeme eine neue Leitdifferenz, nämlich die von Identität und Differenz, an die Stelle des Paradigmas System/Umwelt zu setzen beginnt. Wir können davon absehen, weil sich dadurch an der Theorie der Systemdifferenzierung nichts ändert. Sie wird nur in einen abstrakter ansetzenden Theorierahmen überführt.

system multipliziert sich selbst als Vielheit interner System/Umwelt-Differenzen. Jede Differenz von Teilsystem und interner Umwelt ist wiederum das Gesamtsystem– aber dies in je verschiedener Perspektive. Deshalb ist Systemdifferenzierung ein Verfahren der Steigerung von Komplexität – mit erheblichen Konsequenzen für das, was dann noch als Einheit des Gesamtsystems beobachtet werden kann.

Es liegt im Sinn von Differenzierung, daß sie als Einheit gesehen werden kann, als unitas multiplex. Die Differenz hält gewissermaßen das Differente auch zusammen; es ist eben different, und nicht indifferent. In dem Maße, als die Differenzierung auf ein einheitliches Prinzip gebracht wird (zum Beispiel als Hierarchie), kann man deshalb die Einheit des Systems auch am Konstruktionsprinzip seiner Differenzierung ablesen. Das System gewinnt durch Differenzierung an Systematizität, es gewinnt neben seiner bloßen Identität (in Differenz zu *anderem*) eine Zweitfassung seiner Einheit (in Differenz zu *sich selbst*). Es kann seine Einheit als Primat einer bestimmten Form der Differenzierung, etwa als Gleichheit seiner Teilsysteme, als bloße Serie, als Rangordnung, als Differenz von Zentrum und Peripherie, als Ausdifferenzierung von Funktionssystemen erreichen. Dabei sind anspruchsvollere (unwahrscheinlichere) Formen der Systemdifferenzierung zugleich zentrale evolutionäre Errungenschaften, die, wenn gelungen, Systeme auf einem höheren Niveau der Komplexität stabilisieren.

Seit den 60er Jahren gibt es Tendenzen, Systemdifferenzierung als »Hierarchie« zu beschreiben. Damit ist kein Instanzenzug und keine Weisungskette von oben nach unten gemeint. Vielmehr bedeutet Hierarchie in diesem Zusammenhang nur, daß Teilsysteme wiederum Teilsysteme ausdifferenzieren können und daß auf diese Weise ein transitives Verhältnis des Enthaltenseins im Enthaltensein entsteht[12]. Die Rationalitätsvorteile der Hierarchisierung liegen

12 Vgl. z. B. Herbert A. Simon, The Architecture of Complexity, Proceedings of the American Philosophical Society 106 (1962), S. 467-482; auch in: ders., The Sciences of the Artificial, Cambridge Mass. 1969; Gordon Bronson, The Hierarchical Organization of the Central Nervous System: Implications for Learning Processes and Critical Periods in Early Development, Behavioural Science 10 (1965), S. 7-25; Donna Wilson, Forms of Hierarchy: A Selected Bibliography, General Systems 14 (1969), S. 3-15; Lancelot L. Whyte/Albert G. Wilson/Donna Wilson (Hrsg.), Hierarchical Structures, New York 1969; John H. Milsum, The Hierarchical Basis for Living Systems, in: George J. Klir (Hrsg.), Trends in General Systems Theory, New York 1972, S. 145-

auf der Hand. Sie hängen aber davon ab, daß weitere Teilsysteme nur innerhalb von Teilsystemen gebildet werden können. Das ist jedoch eine unrealistische Annahme[13]. Sie mag für Organisationen in hohem Maße gelten, weil sie hier durch formale Regeln sichergestellt werden kann. Für gesamtgesellschaftliche Systeme kann man zwar von einem Grundschema der Differenzierung – sei es segmentierend, sei es stratifikatorisch, sei es funktional differenzierend – ausgehen; aber das heißt sicherlich nicht, daß weitere Systembildungen nur innerhalb der damit etablierten Grobeinteilung möglich sind[14].

Deshalb muß man auf der Ebene der allgemeinen Theorie sozialer Systeme begrifflich zwischen Differenzierung und Hierarchisierung unterscheiden. Hierarchisierung wäre danach ein Sonderfall von Differenzierung[15]. Hierarchisierung ist eine Art von Selbstsimplifikation der Differenzierungsmöglichkeiten des Systems[16]. Sie erleichtert außerdem die Beobachtung des Systems[17] (einschließlich der wissenschaftlichen Analyse). Wenn er eine Hierarchie voraussetzen kann, kann der Beobachter die Tiefenschärfe seiner Wahrnehmung und Beschreibung danach regeln, wieviel hierarchische Ebenen er erfassen kann. Man kann jedoch nicht davon ausgehen, daß die Evolution Komplexität mehr oder weniger zwangsläufig in die Form von Hierarchie bringt. Ganz offensichtlich haben auch andere Formen einer sehr viel chaotischeren Differenzierung Möglichkeiten gefunden, sich zu bewähren und zu überleben.

187; E. Leeuwenberg, Meaning of Perceptual Complexity, in: D. E. Berlyne/K. B. Madson (Hrsg.), Pleasure, Reward, Preference: Their Nature, Determinants and Role in Behaviour, New York 1973, S. 99-114; Howard H. Pattee (Hrsg.), Hierarchy Theory: The Challenge of Complex Systems, New York 1973; M. A. Pollatschek, Hierarchical Systems and Fuzzy-Set Theory, Kybernetes 6 (1977), S. 147-151; Eugène a.a.O. (1981), S. 75 ff.

13 Besonders in der Stadt- und Raumplanung wird immer wieder darauf hingewiesen – vor allem im Anschluß an Christopher Alexander, A City is not a Tree, Architectural Forum 122 (1965), Aprilheft S. 58-62, Maiheft S. 58-61.

14 Ein gutes, sorgfältig ausgearbeitetes Beispiel hierfür gibt Gunther Teubner, Organisationsdemokratie und Verbandsverfassung, Tübingen 1978.

15 Und wiederum ein Sonderfall ist derjenige, den wir Stratifikation nennen. Er ist gegeben, wenn die primären Subsysteme ihrerseits in ein Rangverhältnis gebracht werden.

16 »hierarchical constraints as self-simplification of initially chaotic, very complex systems«, formuliert Howard H. Pattee, Unsolved Problems and Potential Applications of Hierarchy Theory, in: Pattee, a.a.O., S. 129-156 (135).

17 Vgl. dazu besonders Leeuwenberg, a.a.O.

3. Die Umstellung auf die Differenz von System und Umwelt hat tiefgreifende Konsequenzen für das Verständnis von Kausalität. Die Trennlinie von System und Umwelt kann nicht als Isolierung und Zusammenfassung der »wichtigsten« Ursachen im System begriffen werden, sie zerschneidet vielmehr Kausalzusammenhänge, und die Frage ist: unter welchem Gesichtspunkt? Stets wirken an allen Effekten System und Umwelt zusammen – im Bereich sozialer Systeme allein schon deshalb, weil es ohne das Bewußtsein psychischer Systeme kaum zu Kommunikation kommen kann. Daher ist zu klären, warum und wie Ursächlichkeit auf System und Umwelt verteilt wird.

Ohne voreilig Kriterien für eine solche Verteilung anzubieten, können wir das Problem zumindest genauer formulieren und es mit anderen Momenten der Systemtheorie verknüpfen. Wir tun dies mit Hilfe des Begriffs der *Produktion* (und seiner Derivate: Reproduktion, Selbstreproduktion, Autopoiesis). Von Produktion wollen wir sprechen, wenn *einige*, aber *nicht alle* Ursachen, die zum Bewirken bestimmter Wirkungen nötig sind, unter Kontrolle durch ein System eingesetzt werden können. Wesentlich am Begriff ist nicht die technische Berechenbarkeit oder gar die maschinelle Durchführbarkeit (dies kann jedoch ein Auswahlgesichtspunkt der Systembildung sein), sondern dies »einige, aber nicht alle«. Diese Differenz ermöglicht Selektion, und Selektion ermöglicht Bewährung. Es kann daher infolge Evolution (oder später auch mit Hilfe von Planung) ein Komplex von »produktiven Ursachen« zusammenkommen und, wenn einmal zusammengekommen, in der Lage sein, geeignete Umweltursachen hinzuzuassoziieren. Man denke etwa an die Möglichkeiten, die Bevölkerungsverdichtungen in Siedlungen, später in Städten bieten und an die damit aufkommende Mythologie der Machbarkeit[17a].

Um Produktion zu begreifen, muß man deshalb nicht von Naturgesetzen ausgehen, sondern von den Vorteilen der Selektion. Nur wenn, und gerade weil man darauf verzichtet, die Gesamtheit der Ursachen zu »beherrschen«, kommt es zu Abstraktionen, die selbstorganisierend und autoreproduktiv realisiert werden; nur auf diesem Wege entsteht auch ein Überschuß an Produktions*möglichkeiten*, zum Beispiel ein Überschuß an Fortpflanzungsmöglichkei-

17a Vgl. Christian Meier, Die Entstehung des Politischen bei den Griechen, Frankfurt 1980, S. 435 ff., zum »Könnens-Bewußtsein« des klassischen Griechentums.

ten organischer Systeme, in Bezug auf die dann wiederum selektive Faktoren Evolution bewirken können.
4. Die Differenz System/Umwelt muß von einer zweiten, ebenfalls konstitutiven Differenz unterschieden werden: der Differenz von *Element* und *Relation*. In jenem wie in diesem Falle muß man die *Einheit* der Differenz als *konstitutiv* denken. So wenig wie es Systeme ohne Umwelten gibt oder Umwelten ohne Systeme, so wenig gibt es Elemente ohne relationale Verknüpfung oder Relationen ohne Elemente. In beiden Fällen ist die Differenz eine Einheit (wir sagen ja auch: »die« Differenz), aber sie wirkt nur als Differenz. Nur als Differenz macht sie es möglich, Informations-Verarbeitungsprozesse anzuschließen.
Trotz dieser formalen Ähnlichkeit ist es wichtig (und unter anderem eine Voraussetzung für den Begriff der Komplexität), daß man die beiden Distinktionen sorgfältig unterscheidet[18]. Es gibt deshalb zwei verschiedene Möglichkeiten, die Dekomposition eines Systems zu betrachten. Die eine zielt auf die Bildung von Teilsystemen (oder genauer: internen System/Umwelt-Beziehungen) im System. Die andere dekomponiert in Elemente und Relationen. Im einen Falle geht es um die Zimmer des Hauses, im anderen Falle um die Steine, Balken, Nägel usw. Die erste Art der Dekomposition wird in einer Theorie der *Systemdifferenzierung* fortgeführt. Die andere mündet in eine Theorie der *Systemkomplexität*. Erst diese Unterscheidung macht es sinnvoll und nichttautologisch zu sagen, daß mit Zunahme der Differenzierung oder mit einer Änderung von Formen der Differenzierung die Systemkomplexität zunehme[19].
Elemente können gezählt und die Zahl der mathematisch möglichen Relationen zwischen Elementen kann auf Grund ihrer Zahl

18 Eine ähnliche, aber weniger genaue, noch dem Denken in Ganzen und Teilen verhaftete Unterscheidung benutzt Andras Angyal, The Structure of Wholes, Philosophy of Science 6 (1939), S. 25-37. Auch Angyal zieht die Konsequenz, daß es nicht möglich ist, Systeme als Mengen von Elementen mit Relationen zu definieren. Ganz vorherrschend geschieht jedoch genau dies, und das macht es unmöglich, die Begrifflichkeit von »System« und »Komplexität« analytisch zu trennen. Siehe als ein Beispiel unter vielen Raymond Boudon, A quoi sert la notion »structure«? Essai sur la signification de la notion de structure dans les sciences humaines, Paris 1968, S. 30 ff., 93 ff.
19 Für Analysen, die diesen Aufriß benutzen, vgl. Niklas Luhmann, Gesellschaftsstruktur und Semantik, Bd. 1, Frankfurt 1980, insbes. die Zusammenfassung S. 34.

errechnet werden. Die Zählung reduziert jedoch die Beziehungen zwischen Elementen auf einen quantitativen Ausdruck. Qualität gewinnen Elemente nur dadurch, daß sie relational in Anspruch genommen, also aufeinander bezogen werden. Das kann in realen Systemen von einer (relativ geringen) Größe ab nur selektiv geschehen, das heißt nur unter Weglassen anderer, auch denkbarer Relationen. Qualität ist also nur möglich durch Selektion; aber Selektion ist notwendig durch Komplexität. Wir kommen darauf bei der Erörterung des Begriffs der Komplexität zurück.

Oft wird von Elementen so gesprochen, als seien sie lediglich analytisch identifizierbar; ihre Einheit sei Einheit nur für Zwecke der Beobachtung, der Planung, des designs. Dieser Sprachgebrauch ist jedoch erkenntnistheoretisch nie zureichend reflektiert worden (ebenso wenig wie die dazugehörige Rede von »nur analytischen« Systemen, Strukturen etc.). Er scheint auf den mathematischen Weltentwurf der frühen Neuzeit zurückzugehen, in dessen Rahmen in der Tat gilt, daß Maßeinheiten, Maßstäbe und Aggregationen willkürlich und nur für Zwecke der Verwendung gewählt werden können. Sobald man die quantitative Theorie in Richtung auf Qualifikation überschreitet, kann man jedoch nicht länger außer acht lassen, daß und wie das System selbst die Elemente, aus denen es besteht, als Elemente qualifiziert.

Ebenso unhaltbar ist jedoch die traditionelle Gegenposition: die Vorstellung eines letztlich substantiellen, ontologischen Charakters der Elemente. Anders als Wortwahl und Begriffstradition es vermuten lassen, ist die Einheit eines Elementes (zum Beispiel einer Handlung in Handlungssystemen) nicht ontisch vorgegeben. Sie wird vielmehr als Einheit erst durch das System konstituiert, das ein Element als Element für Relationierungen in Anspruch nimmt[20]. Diese De-ontologisierung und Funktionalisierung des Elementansatzes ist in der modernen Wissenschaftsbewegung durch die Mathematisierung der Naturwissenschaften in Gang gebracht worden. Was man zählen kann, kann man auch weiter auflösen, sofern ein operativer Bedarf dafür besteht. Aber auch die Handlungstheorie hat, ohne Mathematik als Theorietechnik in Anspruch zu nehmen, sich dieser Perspektive angeschlossen. Auch Handlungen verdanken ihre Einheit dem Relationsgefüge des Systems, in dem sie als

20 Hier liegen zugleich die Grundlagen für das Konzept selbstreferentieller Systeme, auf das wir weiter unten zurückkommen werden.

Handlungen konstitutiert werden[21]. Wir kommen darauf zurück.

Im Verhältnis zum scholastischen Relationsbegriff, der als geringwertig betrachtet wurde, weil die Relation sich auf etwas anderes als sich selbst bezieht, führt diese Wendung zu einer Aufwertung des Ordnungswertes von Relationen. Vor allem aber relativiert sie den Elementbegriff. Würde man die Frage stellen, was Elemente (zum Beispiel: Atome, Zellen, Handlungen) »sind«, würde man immer auf hochkomplexe Sachverhalte durchstoßen, die der Umwelt des Systems zugerechnet werden müssen. Element ist also jeweils das, was für ein System als nicht weiter auflösbare Einheit fungiert (obwohl es, mikroskopisch betrachtet, ein hochkomplex Zusammengesetztes ist). »Nicht weiter auflösbar« heißt zugleich: daß ein System sich nur durch Relationieren seiner Elemente konstituieren und ändern kann, nicht aber durch deren Auflösung und Reorganisation. Man braucht diese Beschränkung, die für das System selbst konstitutiv ist, bei der Beobachtung und Analyse von Systemen nicht hinzunehmen. Wenn man sie unterläuft und zum Beispiel auf eine neurophysiologische Analyse von Handlungen abzielt, muß man jedoch die System/Umwelt-Differenz, die für das System selbst gilt, aufheben und auf andere Ebenen der Systembildung überwechseln.

Theoretisch umstritten scheint zu sein, ob die Einheit eines Elements als Emergenz »von unten« oder durch Konstitution »von oben« zu erklären sei. Wir optieren entschieden für die zuletzt genannte Auffassung. Elemente sind Elemente nur für die Systeme, die sie als Einheit verwenden, und sie sind es nur durch diese Systeme. Das ist mit dem Konzept der Autopoiesis formuliert[21a]. Eine der wichtigsten Konsequenzen ist: daß Systeme höherer (emergenter) Ordnung von geringerer Komplexität sein können als Systeme niederer Ordnung, da sie Einheit und Zahl der Elemente, aus denen sie bestehen, selbst bestimmen, also in ihrer Eigenkomplexität unabhängig sind von ihrem Realitätsunterbau. Das heißt auch: daß die

21 So mit aller Deutlichkeit Talcott Parsons, The Structure of Social Action, New York 1937, S. 43: »Just as the units of a mechanical system in the classical sense, particles, can be defined only in terms of their properties, mass, velocity, location in space, direction of motion, etc., so the units of action systems also have certain basic properties (hier hätte gesagt werden müssen: Relationen) without which it is not possible to conceive of the unit as »existing«.

21a Vgl. Näheres unten S. 60 ff.

notwendige bzw. ausreichende Komplexität eines Systems nicht »materialmäßig« vordeterminiert ist, sondern für jede Ebene der Systembildung mit Bezug auf die dafür relevante Umwelt neu bestimmt werden kann. Emergenz ist demnach nicht einfach Akkumulation von Komplexität, sondern Unterbrechung und Neubeginn des Aufbaus von Komplexität. Entsprechend gilt uns die Einheit der Handlung nicht als ein psychologischer, sondern als ein soziologischer Tatbestand; sie kommt nicht durch Dekomposition des Bewußtseins in nicht weiter auflösbare Mindesteinheiten zustande, sondern durch soziale Prozesse der Zurechnung[22].

5. Auf die Relation zwischen Elementen bezieht sich der systemtheoretisch zentrale Begriff der *Konditionierung*. Systeme sind nicht einfach Relationen (im Plural!) zwischen Elementen. Das Verhältnis der Relationen zueinander muß irgendwie geregelt sein[23]. Diese Regelung benutzt die Grundform der Konditionierung. Das heißt: eine bestimmte Relation zwischen Elementen wird nur realisiert unter der Voraussetzung, daß etwas anderes der Fall ist bzw. nicht der Fall ist. Wenn immer wir von »Bedingungen« bzw. von »Bedingungen der Möglichkeit« (auch im erkenntnistheoretischen Sinne) sprechen, ist dieser Begriff gemeint.

In diesem Sinne können Relationen zwischen Elementen sich wechselseitig konditionieren; die eine kommt nur vor, wenn die andere auch vorkommt. Es kann sich aber auch um das Vorhandensein bestimmter Elemente handeln, um die Präsenz eines Katalysators oder um die Realisierung höherstufiger Relationen zwischen Relationen, etwa von »Formen« im Sinne der Marx'schen Theorie. Ein Minimalfall von System ist demnach die bloße Menge von Relationen zwischen Elementen. Sie ist konditioniert durch eine Einschlie-

22 Zur entgegengesetzten Auffassung käme man mit einer Formulierung von Edgar Morin, La Méthode Bd. II, Paris 1980, S. 311: ». . . les qualités émergentes globales des organisation du »bas« deviennent les qualités de base élémentaires pour l'édification des unités complexes du niveau supérieur«. Diese Auffassung läßt sich dann aber noch durch ein zirkuläres (kybernetisches) Hierarchiekonzept abschwächen.

23 W. Ross Ashby führt schon hier (wo m. E. der Systembegriff genügen würde), den Begriff der Organisation ein: »The hard core of the concept (Organisation, N. L.) is, in my opinion, that of »conditionality«. As soon as the relation between two entities A and B becomes conditional on C's value or state then a necessary component of »organization« is present. Thus *the theory of organization* is partly co-extensive with the theory of functions of more than one variable« (Principles of the Self-organizing System, zit. nach dem Neudruck in: Walter Buckley (Hrsg.), Modern Systems Research for the Behavioural Scientist, Chicago 1968, S. 108-118, 108).

ßungs-/Ausschließungsregel sowie durch Bedingungen der Zählbarkeit, z. B. Konstanthalten der Reihung während des Zählens. Wir nehmen an, ohne das theoretisch sicher begründen zu können, daß Systeme mindestens Mengen von Relationen zwischen Elementen sein müssen, daß sie sich aber typisch durch weitere Konditionierungen und damit durch höhere Komplexität auszeichnen. Erfolgreiche Konditionierungen, mit denen erreicht wird, daß das, was durch sie möglich ist, auch entsteht, wirken dann als *Einschränkungen* (constraints). Man kann auf sie, obwohl sie kontingent eingeführt sind, nicht verzichten, ohne daß das, was durch sie möglich wurde, entfällt.

6. Mit dem nächsten Schritt führen wir das Problem der *Komplexität* ein und wiederholen sodann die Analyse der System/Umwelt-Beziehungen mit den Anreicherungen, die sich aus der Berücksichtigung von Komplexität ergeben[24].

Komplexität ist derjenige Gesichtspunkt, der vielleicht am stärksten die Problemerfahrungen der neueren Systemforschung zum Ausdruck bringt[25]. Er wird in dieser Erfahrungen katalysierenden Funktion zumeist undefiniert verwendet[26]. Das erschwert jedoch ein kontrollierbares Arbeiten mit dem Begriff. Wir wählen, nicht ohne Anhaltspunkte in der Literatur, einen problemorientierten Begriff und definieren ihn auf der Basis der Begriffe Element und Relation[27]. Das hat den Vorteil, daß der Begriff auch auf Nichtsysteme (Umwelt, Welt) anwendbar ist und daß er, weil ohne Verwendung des Systembegriffs definiert, die systemtheoretischen Analysen durch zusetzbare Gesichtspunkte anreichern kann. Wir

24 Für einen Überblick über die vielen und recht heterogenen Fassungen dieses Begriffs vgl. Devendra Sahal, Elements of an Emerging Theory of Complexity per se, Cybernetica 19 (1976), S. 5-38.

25 Auch I. V. Blauberg/V. N. Sadovsky/E. G. Yudin, Systems Theory: Philosophical and Methodological Problems, Moskau 1977, S. 84 f. sehen im Problem der Komplexität den einzigen Konsenspunkt von ansonsten höchst verschiedenartigen Systemtheorien. Ebenso Helmut Willke, Systemtheorie: Eine Einführung in die Grundprobleme, Stuttgart 1982, S. 10 ff. Vgl. auch Gilbert J. B. Probst, Kybernetische Gesetzeshypothesen als Basis für Gestaltungs- und Lenkungsregeln im Management, Bern 1981, mit neuerer Literatur aus diesem Bereich.

26 Für das Vermeiden von Definitionen könnte es natürlich auch strengere Gründe geben; zum Beispiel den Grund der Selbstreferenz: Die Komplexität ist für eine begriffliche Wiedergabe zu komplex.

27 Vgl. für Hinweise Niklas Luhmann, Komplexität, in ders., Soziologische Aufklärung, Bd. 2, Opladen 1975, S. 204-220.

bewahren jedoch den Zusammenhang mit der Systemtheorie durch die vorstehend skizzierte These, daß das, was jeweils als Element fungiert, nicht unabhängig von Systemen bestimmt werden kann. Dies umfaßt die geläufige These, daß »organisierte Komplexität« nur durch Systembildung zustandekommen kann; denn »organisierte Komplexität« heißt nichts anderes als Komplexität mit selektiven Beziehungen zwischen den Elementen[28].

Geht man von dieser grundbegrifflichen (aber gleichwohl stets systemrelativen) Differenz von Element und Relation aus, dann sieht man sofort: Bei Zunahme der Zahl der Elemente, die *in einem System* oder *für ein System als dessen Umwelt* zusammengehalten werden müssen[29], stößt man sehr rasch an eine Schwelle, von der ab es nicht mehr möglich ist, jedes Element zu jedem anderen in Beziehung zu setzen[30]. An diesen Befund kann eine Bestimmung des Begriffs der Komplexität angeschlossen werden: Als komplex wollen wir eine zusammenhängende Menge von Elementen bezeichnen, wenn auf Grund immanenter Beschränkungen der Verknüpfungskapazität der Elemente nicht mehr jedes Element jederzeit mit jedem anderen verknüpft sein kann. Der Begriff »immanente Beschränkung« verweist auf die für das System nicht verfügbare Binnenkomplexität der Elemente, die zugleich deren »Einheitsfähigkeit« ermöglicht. Insofern ist Komplexität ein sich selbst bedingender Sachverhalt: Dadurch, daß schon die Elemente komplex konstituiert sein müssen, um als Einheit für höhere Ebenen der Systembildung fungieren zu können, ist auch ihre Verknüpfungsfähigkeit limitiert, und dadurch reproduziert sich Komplexität als unausweichliche Gegebenheit auf jeder höheren Ebene der Systembildung. Diese Selbstreferenz der Komplexität wird dann, wie hier

28 Vgl. Warren Weaver, Science and Complexity, American Scientist 36 (1948), S. 536-544; Todd R. La Porte, Organized Social Complexity: Challenge to Politics and Policy, Princeton 1975. Vgl. auch Anatol Rapoport, Mathematical General System Theory, in: William Gray/Nicholas D. Rizzo (Hrsg.), Unity Through Diversity: A Festschrift for Ludwig von Bertalanffy, New York 1973, Bd. 1, S. 437-460 (438): »The system-theoretic view focuses on emergent properties which these objects or classes of events have by virtue of being systems, *i. e. those properties which emerge from the very organization of complexity*« (Hervorhebung durch mich, N. L.).

29 »Zusammengehalten werden müssen« soll hier heißen, daß es für das System Situationen gibt, in denen eine Vielheit der Elemente als Einheit zu behandeln ist.

30 Für eine (seltene) Berücksichtigung dieses Sachverhaltes in der soziologischen Literatur siehe z. B. William M. Kephart, A Quantitative Analysis of Intragroup Relationships, American Journal of Sociology 55 (1950), S. 544-549.

vorgreifend angedeutet werden soll, als Selbstreferenz der Systeme »internalisiert«.

Komplexität in dem angegebenen Sinne heißt Selektionszwang, Selektionszwang heißt Kontingenz, und Kontingenz heißt Risiko. Jeder komplexe Sachverhalt beruht auf einer Selektion der Relationen zwischen seinen Elementen, die er benutzt, um sich zu konstituieren und zu erhalten. Die Selektion placiert und qualifiziert die Elemente, obwohl für diese andere Relationierungen möglich wären. Dieses »auch anders möglich sein« bezeichnen wir mit dem traditionsreichen Terminus Kontingenz. Er gibt zugleich den Hinweis auf die Möglichkeit des Verfehlens der günstigsten Formung.

Durch Selektionszwang und durch Konditionierung von Selektionen läßt sich erklären, daß aus einer Unterschicht von sehr ähnlichen Einheiten (z. B. wenigen Arten von Atomen, sehr ähnlichen menschlichen Organismen) sehr verschiedenartige Systeme gebildet werden können. Die Komplexität der Welt, ihrer Arten und Gattungen, ihrer Systembildungen entsteht also erst durch Reduktion von Komplexität und durch selektive Konditionierung dieser Reduktion. Nur so erklärt sich weiter, daß die Dauer dessen, was dann als Element fungiert, mit der Selbstregeneration des Systems abgestimmt werden kann.

Damit ist die abstrakte Theorie komplexer Zusammenhänge an den Punkt geführt, an dem evolutions- und systemtheoretische Erklärungen einrasten müssen. Welche Beziehungen zwischen Elementen realisiert werden, kann nicht aus der Komplexität selbst deduziert werden; das ergibt sich auf jeder Ebene der Systembildung aus der Differenz von System und Umwelt und aus den Bedingungen ihrer evolutionsmäßigen Bewährung. Andererseits läßt sich in umgekehrter Blickrichtung das Problem der System/Umwelt-Differenz mit Hilfe des Komplexitätsbegriffs klären. Die Einrichtung und Erhaltung einer Differenz von System und Umwelt wird deshalb zum Problem, weil die Umwelt für jedes System komplexer ist als das System selbst. Den Systemen fehlt die »requisite variety« (Ashby), die erforderlich wäre, um auf jeden Zustand der Umwelt reagieren bzw. die Umwelt genau systemadäquat einrichten zu können. Es gibt, mit anderen Worten, keine Punkt-für-Punkt-Übereinstimmung zwischen System und Umwelt (ein Zustand, der im übrigen die Differenz von System und Umwelt aufheben würde). Eben deshalb wird es zum Problem, diese Differenz trotz eines Komplexitätsgefälles einzurichten und zu erhalten. Die Komplexitätsunterlegenheit muß durch Selektionsstrategien ausgeglichen werden. Daß das System zur Selektion gezwungen ist, ergibt sich schon aus der eigenen Komplexität. Welche Ordnung in der Relationierung seiner Elemente gewählt wird, ergibt sich aus der Komplexitätsdifferenz zur Umwelt. Beide Aspekte lassen sich analytisch in dieser Weise aufschlüsseln. Sie bilden jedoch nur zwei Seiten ein und desselben Sachverhaltes, denn nur durch Selektion einer Ordnung kann ein System komplex sein[31].

Die These, daß die Umwelt für jedes System komplexer ist als das System selbst, setzt keine Konstanz des Komplexitätsgefälles voraus. Generell gilt zum Beispiel, daß Evolution nur bei dafür hinreichender Komplexität der Systemumwelten möglich und in diesem Sinne Co-evolution von Systemen und Umwelten ist. Höhere Komplexität in Systemen wird erst möglich, wenn die Umwelt keine Zufallsverteilung aufweist, sondern ihrerseits durch Systeme in der Umwelt selektiv strukturiert ist[32]. Man muß also das Komplexitätsverhältnis zwischen Umwelt und System als ein Steigerungsverhältnis auffassen und nachfragen, von welchen Faktoren die Steigerbarkeit und Neubalancierung abhängt.

Die damit vorgeschlagene Kombination von Komplexitätsproblem und Systemtheorie erzwingt eine erneute Behandlung des Komplexitätsbegriffs. In welchem Sinne kann man von Komplexitätsdifferenz, Komplexitätsgefälle, Reduktion von Komplexität sprechen, wenn Komplexität als Selektionsnotwendigkeit definiert ist[33]? Die Literatur befaßt sich mit den Schwierigkeiten der Messung bei einem offensichtlich mehrdimensionalen Begriff[34]. Unser Problem

31 Als Einleitung zu »Scope and Reduction« heißt es bei Kenneth Burke, A Grammar of Motives, 1945, Neudruck Cleveland 1962, S. 59: »Men seek for vocabularies that will be faithful *reflections* of reality. To this end, they must develop vocabularies that are *selections* of reality. And any selection of reality must, in certain circumstances, function as a deflection of reality. Insofar as the vocabulary meets the needs of reflection, we can say that it has the necessary scope. In its selectivity, it is a reduction. Its scope and reduction become a deflection when the given terminology, or calculus, is not suited to the subject matter which it is designed to calculate«.

32 Vgl. F. E. Emery/E. L. Trist, Towards a Social Ecology: Contextual Appreciation of the Future in the Present, London-New York 1973, S. 45 ff.

33 Renate Mayntz hat mich zuerst auf dieses Problem aufmerksam gemacht.

34 Vgl. z. B. die Zerlegung in mehrere, getrennt zu messende Dimensionen bei Todd R. La Porte, Organized Social Complexity: Explication of a Concept, in ders. (Hrsg.),

betrifft jedoch die Vorfrage der Relationierbarkeit des in sich selbst komplex gebauten Begriffs der Komplexität.

Messung und Vergleich können sowohl von der Zahl der Elemente als auch von der Zahl der zwischen ihnen verwirklichten Relationen ausgehen. Von höherer bzw. geringerer Komplexität (Komplexitätsdifferenz, Komplexitätsgefälle) kann man immer dann sprechen, wenn in beiden Hinsichten geringere Komplexität vorliegt. Das ist im Verhältnis eines Systems zu seiner Umwelt der Fall. Von Reduktion der Komplexität sollte man dagegen in einem engeren Sinne immer dann sprechen, wenn das Relationsgefüge eines komplexen Zusammenhanges durch einen zweiten Zusammenhang mit weniger Relationen rekonstruiert wird[35]. Nur Komplexität kann Komplexität reduzieren. Das kann im Außenverhältnis, kann aber auch im Innenverhältnis des Systems zu sich selbst der Fall sein. So bewahrt ein Mythos, beschränkt durch die Möglichkeiten mündlicher Erzählung, die Welt und Situationsorientierung eines Volksstammes[36]. Der Komplexitätsverlust muß dann durch besser organisierte Selektivität (zum Beispiel: gesteigerte Anforderungen an Glaubwürdigkeit) aufgefangen werden. Auch Reduktion der Komplexität geht, wie jede Relationierung, von Elementen aus. Aber der Begriff der Reduktion bezeichnet nur noch eine Relationierung der Relationen.

Theoriegeschichtlich gesehen, ist diese komplizierte Fassung des Reduktionsproblems dadurch notwendig geworden, daß man den ontologischen Begriff des Elements als einfachste, nicht weiter dekomponierbare Seinseinheit (Atom) aufgeben mußte. Solange eine solche, Seinsgarantie gewährende Einheit angenommen wurde, konnte man Reduktion der Komplexität einfach als Rückführung auf solche Einheiten und ihre Relationen auffassen. In diesem Sinne wird noch heute viel Streit über »Reduktionismus« unterhalten. Die Theoriegrundlage dafür ist jedoch entfallen, seitdem man zugeben mußte, daß Elemente immer durch das System konstituiert

Organized Social Complexity: Challenge to Politics and Policy, Princeton N. J. 1975, S. 3-39.

35 Für diese Einschränkung spricht auch die Geschichte der Formel, etwa die Verwendung bei Jerome S. Bruner et al., A Study of Thinking, New York 1956.

36 Eric A. Havelock spricht in Bezug auf die homerischen Epen von einer »tribal encyclopedia« – siehe Preface to Plato, Cambridge Mass. 1963; ders., The Greek Concept of Justice, Cambridge Mass. 1978.

werden, das aus ihnen besteht, und ihre Einheit nur der Komplexität dieses Systems verdanken[37]. Dann muß man die Annahme einer ontologischen Asymmetrie von »Einfachem« (Undekomponierbarem, also Unzerstörbarem) und »Komplexem« (Dekomponierbarem, also Zerstörbarem) aufgeben. An die Stelle der daran entlanglaufenden Probleme, wie aus solchen »Teilen« ein »Ganzes« entsteht und worin dessen Mehrwert zu sehen ist, tritt ein ganz anderes Komplexitätsverständnis, das vollständig als Differenz von Komplexitäten formuliert werden muß. Man hat die unfaßbare Komplexität des Systems (bzw. seiner Umwelt), die entstünde, wenn man alles mit allem verknüpfen würde, von der bestimmt strukturierten Komplexität zu unterscheiden, die ihrerseits dann aber nur kontingent seligiert werden kann; und man hat die Umweltkomplexität (in beiden Formen) von der Systemkomplexität (in beiden Formen) zu unterscheiden, wobei die Systemkomplexität geringer ist und dies durch die Ausnutzung ihrer Kontingenz, also durch ihr Selektionsmuster wettmachen muß. In beiden Fällen ist die *Differenz* von zwei Komplexitäten das eigentlich Selektion erzwingende (und insofern: Form gebende) Prinzip; und wenn man nicht von Zuständen, sondern von Operationen spricht, ist beides *Reduktion von Komplexität*, nämlich Reduktion einer Komplexität durch eine andere[38].

Unter dem Gesichtspunkt dieser (aus Komplexität folgenden) Reduktionsnotwendigkeiten hat man einen zweiten Komplexitätsbegriff gebildet. Komplexität in diesem zweiten Sinne ist dann ein Maß für Unbestimmbarkeit oder für Mangel an Information. Komplexität ist, so gesehen, die Information, die dem System fehlt, um

37 Blauberg et al. (1977) a.a.O., S. 16 ff. geben eine gute Darstellung dieser Wende, führen sie aber nicht bis zur Konsequenz einer Theorie selbstreferentieller Systeme fort. Ähnlich, aber unter Einbeziehung von Selbstreferenzproblemen, Yves Barel, Le paradoxe et le système: Essai sur le fantastique social, Grenoble 1979, insb. S. 149 ff.

38 Nur anmerkungsweise sei schon an dieser Stelle darauf hingewiesen, daß es zu weiteren Differenzen zwischen Komplexitätsverhältnissen kommt, sobald ein System Selbstbeschreibungen (bzw. Umweltbeschreibungen) anfertigt. Die Kybernetik spricht hier von »Modellen«. Siehe nur Roger C. Conant/W. Ross Ashby, Every Good Regulator of a System must be a Model of that System, International Journal of Systems Science 1 (1970), S. 89-97. Dann muß die Komplexität, die einer Systemplanung zu Grunde liegt, gegen die strukturierte Komplexität des Systems als *deren* Reduktion und diese wiederum als Reduktion der unbestimmbaren Gesamtkomplexität des Systems begriffen werden.

seine Umwelt (Umweltkomplexität) bzw. sich selbst (Systemkomplexität) vollständig erfassen und beschreiben zu können[39]. Aus der Sicht der Einzelelemente, zum Beispiel für bestimmte Handlungen oder Informationsverarbeitungsprozesse des Systems, wird Komplexität nur in diesem zweiten Sinne, also nur als Selektionshorizont relevant. Und diese Zweitfassung kann in Sinnsystemen benutzt werden, um die Komplexität des Systems in das System wiedereinzuführen – als Begriff, als unbekannte und gerade dadurch wirksame Größe, als Angstfaktor, als Begriff für Unsicherheit oder Risiko, als Planungs- und Entscheidungsproblem, als Ausrede. Die Unterscheidung der beiden Komplexitätsbegriffe zeigt mithin an, daß Systeme ihre eigene Komplexität (und erst recht: die ihrer Umwelt) nicht erfassen und doch problematisieren können. Das System produziert ein und reagiert auf ein unscharfes Bild seiner selbst.

Es lohnt, an dieser Stelle eine Erinnerung an Kant einzufügen. Kant hatte mit dem Vorurteil eingesetzt, daß Vielheit (in der Form von Sinnesdaten) gegeben und Einheit konstituiert (synthetisiert) werden müsse. Erst das Auseinanderziehen dieser Aspekte, also erst das Problematisieren von Komplexität, macht das Subjekt zum Subjekt – und zwar zum Subjekt des Zusammenhangs von Vielheit und Einheit, nicht nur zum Hersteller der Synthese. Die Systemtheorie bricht mit dem Ausgangspunkt und hat daher keine Verwendung für den Subjektbegriff. Sie ersetzt ihn durch den Begriff des selbstreferentiellen Systems. Sie kann dann formulieren, daß jede Einheit, die in diesem System verwendet wird, (sei es die Einheit eines Elements, die Einheit eines Prozesses oder die Einheit eines Systems) durch dieses System selbst konstituiert sein muß und nicht aus dessen Umwelt bezogen werden kann.

7. Diese Zusammenschließung von Komplexitätsproblematik und Systemanalyse bewährt sich an einer genaueren Interpretation der

39 Vgl. z. B. Lars Löfgren, Complexity Descriptions of Systems: A Foundational Study, International Journal of General Systems 3 (1977), S. 97-214; Henri Atlan, Entre le cristal et la fumée: Essai sur l'organisation du vivant, Paris 1979, insbes. S. 71 ff.; ders., Hierarchical Self-Organization in Living Systems: Noise and Meaning, in: Milan Zeleny (Hrsg.), Autopoiesis: A Theory of Living Organization, New York 1981, S. 185-208. Vgl. auch Robert Rosen, Complexity as a System Property, International Journal of General Systems 3 (1977), S. 227-232, für den Komplexität die Notwendigkeit einer Mehrheit von Systembeschreibungen je nach Interaktionsbezug bedeutet.

Funktion von Systemgrenzen[40]. Systeme haben Grenzen. Das unterscheidet den Systembegriff vom Strukturbegriff[41]. Grenzen sind nicht zu denken ohne ein »dahinter«, sie setzen also die Realität des Jenseits und die Möglichkeit des Überschreitens voraus[42]. Sie haben deshalb nach allgemeinem Verständnis die Doppelfunktion der Trennung und Verbindung von System und Umwelt[43]. Diese Doppelfunktion läßt sich an Hand der Unterscheidung von Element und Relation verdeutlichen, und damit wird sie zugleich auf die Komplexitätsthematik zurückbezogen. Elemente müssen, wenn Grenzen scharf definiert sind, entweder dem System oder dessen Umwelt zugerechnet werden. Relationen können dagegen auch zwischen System und Umwelt bestehen. Eine Grenze trennt also Elemente, nicht notwendigerweise auch Relationen; sie trennt Ereignisse, aber kausale Wirkungen läßt sie passieren.

Dieser an sich alte und unumstrittene Begriff der Grenze ist Voraussetzung für neuere Entwicklungen in der Systemtheorie, die die Unterscheidung von geschlossenen und offenen Systemen nicht mehr als Typengegensatz auffassen, sondern als Steigerungsverhältnis[44]. Mit Hilfe von Grenzen können Systeme sich zugleich schließen und öffnen, indem sie interne Interdependenzen von System/Umwelt-Interdependenzen trennen und beide aufeinander

40 Theoretische Behandlungen des Grenzbegriffs sind selten und zumeist wenig ergiebig. Für wichtigere Beiträge vgl. etwa Roy R. Grinker (Hrsg.), Toward a Unified Theory of Human Behaviour: An Introduction to General Systems Theory, New York 1956, insbes. S. 278 ff., 307 ff.; P. G. Herbst, A Theory of Simple Behaviour Systems, Human Relations 14 (1961), S. 71-93, 193-239 (insbes. S. 78 ff.); Vilhelm Aubert, Elements of Sociology, New York 1967, S. 74 ff.; Raimondo Strassoldo, Temi di sociologia delle relazioni internazionali: La società globale, Ecologia delle potenze, La teoria dei confini, Gorizia 1979, insbes. S. 135 ff. Viel Material ferner in: Confini e regioni: Il potenziale di sviluppo e di pace delle periferie: Atti del convegno »Problemi e prospettive delle regioni di frontiera«, Gorizia 1972, Trieste 1973; Peter G. Brown/Henry Shue (Hrsg.), Boundaries: National Autonomy and its Limits, Totowa N.J. 1981.

41 So Jiri Kolaja, Social Systems in Time and Space: An Introduction to the Theory of Recurrent Behavior, Pittsburgh 1969.

42 Vgl. Renè Descartes, Les principes de la philosophie II, 21, zit. nach Œuvres et lettres, éd. de la Pléiade, Paris 1952, S. 623.

43 Vgl. für territoriale Grenzen z. B. Guillaume de Greef, La structure générale des sociétés Bd. 2, Brüssel-Paris 1908, z. B. S. 246, 250; Jean-François Lemarignier, Recherches sur l'hommage en marche et les frontières féodales, Lille 1945; Roger Dion, Les frontières de la France, Paris 1947.

44 Vgl. vor allem Edgar Morin, La Méthode, Bd. 1, Paris 1977, insbes. S. 197 ff.

beziehen[45]. Grenzen sind insofern eine evolutionäre Errungenschaft par excellence; alle höhere Systementwicklung und vor allem die Entwicklung von Systemen mit intern-geschlossener Selbstreferenz setzt Grenzen voraus.

Grenzen können für diese Funktion des Trennens und Verbindens als besondere Einrichtungen ausdifferenziert werden. Sie nehmen dann genau diese Funktion durch spezifische Selektionsleistungen wahr. Die Eigenselektivität der Grenzeinrichtungen, Grenzzonen, Grenzstellen reduziert dann nicht nur die externe, sondern auch die interne Komplexität des Systems[46] mit der Folge, daß ein über Grenzen vermittelter Kontakt keinem System die volle Komplexität des anderen vermitteln kann, selbst wenn die Informationsverarbeitungskapazität an sich dafür ausreichen würde[47]. Die jeweils interne Organisation der selektiven Relationierung mit Hilfe von ausdifferenzierten Grenzorganen führt dann dazu, daß Systeme füreinander unbestimmbar werden und neue Systeme (Kommunikationssysteme) zur Regulierung dieser Unbestimmbarkeit entstehen. Beim abstrakten Grenzbegriff, beim Begriff einer bloßen Differenz zwischen System und Umwelt, kann man nicht entscheiden, ob die Grenze zum System oder zur Umwelt gehört. Die Differenz selbst ist, logisch gesehen, etwas Drittes[48]. Nimmt man dagegen das Problem des Komplexitätsgefälles als Interpretationshilfe hinzu, kann man Grenzen auf die Funktion der Stabilisierung dieses Gefälles beziehen, für die nur das System Strategien entwickeln kann. Es handelt sich dann vom System aus gesehen um »self-generated

45 Das heißt in etwas genauerer Formulierung: daß es sowohl intern als auch extern ausbalancierte Verhältnisse zwischen Abhängigkeiten und Unabhängigkeiten geben muß; daß diese beiden Verhältnisse in einem nichtbeliebigen Verhältnis zueinander stehen, das unter anderem Reduktion von Komplexität leisten muß. Diese etwas stärker aufgliedernde Formulierung zeigt das Bemühen der Theorie, Gegenstände in Relationen und Relationen zwischen Relationen aufzulösen; sie zeigt zugleich, wie komplex geschichtet die Sachverhalte sind, auf die sich der Begriff der Selektion bezieht.

46 Vgl. hierzu speziell für organisierte Sozialsysteme Niklas Luhmann, Funktionen und Folgen formaler Organisation, Berlin 1964, S. 220 ff.

47 Vgl. hierzu Donald T. Campbell, Systematic Error on the Part of Human Links in Communication Systems, Information and Control 1 (1958), S. 334-369; J. Y. Lettvin et al., What the Frog's Eye Tells the Frog's Brain, Proceedings of the Institute of Radio Engineers 47 (1959), S. 1940-1951.

48 Dazu Herbst, a.a.O., S. 88 ff. mit der Konsequenz einer Triadisierung des grundbegrifflichen Ansatzes. Die oben im Text skizzierten Überlegungen dienen, theoriebautechnisch gesehen, dazu, die Triadisierung an dieser Stelle zu vermeiden.

boundaries«[49], um Membranen, Häute, Mauern und Tore, Grenzposten, Kontaktstellen.

Neben der Konstitution von systemeigenen Elementen ist demnach die Bestimmung von Grenzen das wichtigste Erfordernis der Ausdifferenzierung von Systemen. Grenzen können als hinreichend bestimmt gelten, wenn offen bleibende Probleme des Grenzverlaufs oder der Zuordnung von Ereignissen nach innen und außen mit systemeigenen Mitteln behandelt werden können – also wenn ein Immunsystem die eigene Operationsweise benutzen kann, um im Effekt zwischen intern und extern zu diskriminieren oder wenn das Gesellschaftssystem, das aus Kommunikationen besteht, durch Kommunikation entscheiden kann, ob etwas Kommunikation ist oder nicht. Für einen (wissenschaftlichen) Beobachter mag dann immer noch analytisch unklar bleiben, wie die Grenzen verlaufen, aber das rechtfertigt es nicht, die Abgrenzung von Systemen als eine allein analytische Bestimmung anzusehen[50] (anders natürlich, wenn es um Abgrenzung von Untersuchungsobjekten geht!). Ein an Realität interessierter Beobachter bleibt hier auf die operativen Bestimmungsmöglichkeiten des Systems angewiesen.

In entwicklungsdynamischer Perspektive gesehen sind Grenzen steigerbare Leistungen. Diesen Aspekt haben wir mit dem Begriff der *Ausdifferenzierung* von Systemen bezeichnet. Die Grenzbildung unterbricht das Kontinuieren von Prozessen, die das System mit seiner Umwelt verbinden. Die Steigerung der Grenzleistung besteht in der Vermehrung der Hinsichten, in denen dies geschieht. Die damit erzeugten Diskontinuitäten können durchaus geregelte Diskontinuitäten sein, die einem System die Berechnung seiner Umweltkontakte ermöglichen. Und Beobachter des Systems kön-

49 Im Sinne von Roger G. Barker, Ecological Psychology: Concepts and Methods for Studying the Environment of Human Behaviour, Stanford Cal. 1968, S. 11 f. Vgl. auch ders., On the Nature of the Environment, Journal of Social Issues 19/4 (1963), S. 17-38.

50 Die gegenteilige Auffassung findet man häufig vertreten. Vgl. z. B. Alfred Kuhn, The Study of Society: A Unified Approach, Homewood Ill. 1963, S. 48 ff.; David Easton, A Framework for Political Analysis, Englewood Cliffs N. J. 1965, S. 65. Sie formuliert mit Betonung, daß auch beobachtende Systeme und erst recht Wissenschaften selbstreferentielle Systeme sind, die alles, was sie bestimmen, mit sich selbst abstimmen. Aber das gilt ganz allgemein und führt noch nicht zu einer ausreichenden Charakterisierung des Gegenstandes, mit dem der Beobachter oder die Wissenschaft sich beschäftigt.

nen auch bei deutlicher Ausdifferenzierung mehr Kontinuitäten zwischen System und Umwelt und mehr durchlaufende Prozesse (zum Beispiel: sozialisationsbestimmte Handlungen) wahrnehmen, als das System selbst seiner Praxis zu Grunde legt.
Die Hinsicht, in der Grenzen unter Leistungsdruck gesetzt werden, die Hinsicht also, in der eine anspruchsvollere Bestimmung und Erhaltung von Grenzen erforderlich wird, ergibt sich aus der oben bereits vorgestellten Unterscheidung von Gesamtumwelt und Systemen in der Umwelt des Systems. Systemgrenzen grenzen immer eine Umwelt aus; die Anforderungen, die daran gestellt werden, variieren aber, wenn das System in seiner eigenen Umwelt verschiedene andere Systeme (und deren Umwelten) unterscheiden und seine Grenzen auf diese Unterscheidung einstellen muß. Im einfachsten Falle behandelt es seine Umwelt als ein anderes System. So sind Staatsgrenzen häufig als Grenzen im Verhältnis zu einem anderen Staat konzipiert. Das wird jedoch zunehmend illusorisch, wenn Beziehungen zu einem ökonomischen, einem politischen, einem wissenschaftlichen, einem erzieherischen »Ausland« nicht mehr durch dieselben Grenzen definiert werden können[51]. Bei solchen Anforderungen verlagert sich die Grenzdefinition nach innen, und es bewähren sich selbstreferentiell-geschlossene Systeme, die ihre Grenzen durch ihren Operationsmodus bestimmen und alle Umweltkontakte durch andere Realitätsebenen vermitteln lassen.
8. Die begriffliche Unterscheidung von System(begriff) und Komplexität(sbegriff) ist für die folgenden Analysen zentral – gerade weil sie sich mit komplexen Systemen beschäftigen. Wer zwischen System und Komplexität nicht unterscheiden kann, verbaut sich den Zugang zum Problemkreis der Ökologie. Denn die Ökologie hat es mit einer Komplexität zu tun, die kein System ist, weil sie nicht durch eine eigene System/Umwelt-Differenz reguliert ist[52]. Eben darauf beruht die Schwierigkeit, in diesem Falle die *Einheit* der Vielheit zu begreifen; sie stellt sich nicht als selbstreferentielles System her, sondern wird erst durch Beobachtung bzw. Eingriff konstituiert. Wir kommen darauf zurück[53].

51 Hierzu auch Niklas Luhmann, Territorial Borders as System Boundaries, in: Raimondo Strassoldo/Giovanni Delli Zotti (Hrsg.), Cooperation and Conflict in Border Areas, Mailand 1982, S. 235-244.

52 Die Begriffsbildung »ecosystem« verkennt diesen wichtigen Sachverhalt. Man sollte statt dessen lieber von eco-complex sprechen.

53 Vgl. unten Kapitel 10.

An dieser Stelle soll nur noch an Beispielen, und zwar zunächst am Begriff der *Anpassung*, gezeigt werden, wie das Zusammenspiel von Systemanalyse und Komplexitätsanalyse das klassische Begriffsarsenal der Systemtheorie umstrukturiert und zur Theorie selbstreferentieller Systeme überleitet. Ursprünglich hatte dieser Begriff ein einfaches System/Umwelt-Verhältnis bezeichnet. Danach hatte sich ein System, um überleben zu können, seiner Umwelt anzupassen. Der Reiz zur Umkehrung lag dann auf der Hand: Auch die Umwelt könne dem System angepaßt werden und müsse zumindest für Systementwicklungen geeignet sein[54]. Auf Theorieebene führt diese Umkehrung zunächst in eine zirkuläre Tautologie: Systeme können sich der Umwelt anpassen, wenn die Umwelt dem System angepaßt ist, und umgekehrt.

Ist dieses Stadium der fruchtbaren Tautologie einmal erreicht, muß man sich nach Abhilfe umsehen. Da annähernd gleichzeitig auch das Verständnis für die Probleme strukturierter Komplexität zugenommen hatte, lag es nahe, darauf zurückzugreifen. Diese Theorieentwicklung hat dann Anstöße gegeben für den Übergang vom Paradigma System/Umwelt zum Paradigma Selbstreferenz.

Komplexe Systeme müssen sich nicht nur an ihre Umwelt, sie müssen sich auch an ihre eigene Komplexität anpassen. Sie müssen mit internen Unwahrscheinlichkeiten und Unzulänglichkeiten zurechtkommen. Sie müssen Einrichtungen entwickeln, die genau darauf aufbauen, etwa Einrichtungen, die abweichendes Verhalten reduzieren, das erst dadurch möglich wird, daß es dominierende Grundstrukturen gibt. Komplexe Systeme sind mithin zur Selbstanpassung gezwungen, und zwar in dem Doppelsinne einer eigenen Anpassung an die eigene Komplexität[55]. Nur so ist zu erklären, daß Systeme den Veränderungen ihrer Umwelt nicht bruchlos folgen können, sondern auch andere Gesichtspunkte der Anpassung berücksichtigen müssen und letztlich an Selbstanpassung zu Grunde gehen.

Weiter verändert sich, wenn man von komplexen Systemen handelt, der Begriff der *Selektion*. Selektion kann jetzt nicht mehr als Veranlassung eines Subjekts, nicht handlungsanalog begriffen wer-

54 Vgl. Lawrence J. Henderson, The Fitness of the Environment: An Inquiry into the Biological Significance of the Properties of Matter, New York 1913.

55 Siehe auch: adaptation de soi à soi bei Edgar Morin, La Méthode Bd. 2, Paris 1980, S. 48.

den. Sie ist ein subjektloser Vorgang, eine Operation, die durch Etablierung einer Differenz ausgelöst wird. Auch hierin ist Darwin der wichtigste Vorläufer dadurch, daß er die evolutionäre Selektion nicht von einem Ordnungswillen her, sondern von der Umwelt her begriffen hat. Die Kontingenzphilosophie und der Pragmatismus haben darauf aufgebaut und diesem Selektionsverständnis die größtmögliche ontologische Reichweite gegeben, und auch die Soziologie hat sich dadurch beeindrucken lassen[56]. Seitdem gilt Selektion als Grundbegriff jeder Ordnungstheorie, und man vermeidet dabei den Rückgriff auf ein System, das die Entstehung von Ordnung auf Grund überlegener eigener Ordnungsmacht erklärt[57]. An die Stelle dieser Rückführung setzen wir die Rückführung auf Differenz. Alle Selektion setzt Einschränkungen (constraints) voraus. Eine Leitdifferenz arrangiert diese Einschränkungen, etwa unter dem Gesichtspunkt brauchbar/unbrauchbar, ohne die Auswahl selbst festzulegen. Differenz determiniert nicht was, wohl aber daß seligiert werden muß. Zunächst scheint es dabei vor allem die System/Umwelt-Differenz zu sein, die erzwingt, daß das System sich durch eigene Komplexität selbst zur Selektion zwingt. Ähnlich wie im semantischen Raum von »Anpassung« ist also auch im semantischen Raum von »Selektion« die Theorie selbstreferentieller Systeme vorbereitet.

9. Das nächste Zentralthema heißt *Selbstreferenz*. Es gewinnt erst in der neuesten Systemforschung eine rasch zunehmende Beachtung, auch unter Titeln wie Selbstorganisation oder Autopoiesis[58]. Auch

56 Robert K. Merton zitiert in einer frühen Arbeit F. C. S. Schiller. Siehe Science, Technology and Society in Seventeenth Century England, 2. Aufl. New York 1970, S. 229. Zu Mertons Selektionsverständnis vgl. auch Manfred Kopp/Michael Schmid, Individuelles Handeln und strukturelle Selektion: Eine Rekonstruktion des Erklärungsprogramms von Robert K. Merton, Kölner Zeitschrift für Soziologie und Sozialpsychologie 33 (1981), S. 257-272; Michael Schmid, Struktur und Selektion: E. Durkheim und M. Weber als Theoretiker struktureller Evolution, Zeitschrift für Soziologie 10 (1981), S. 17-37.

57 Vgl. dazu Robert B. Glassman, Selection Processes in Living Systems: Role in Cognitive Construction and Recovery From Brain Damages, Behavioural Science 19 (1974), S. 149-165.

58 Vgl. zu »Selbstorganisation« Hinweise oben Einleitung Anm. 16; zu Autopoiesis vor allem Humberto R. Maturana, Erkennen: Die Organisation und Verkörperung von Wirklichkeit: Ausgewählte Arbeiten zur biologischen Epistemologie, Braunschweig 1982, und Milan Zeleny (Hrsg.), Autopoiesis: A Theory of Living Organization, New York 1981. Ferner etwa: Manfred Eigen, Selforganization of Matter and the

in soziologischen Theorien, die nicht deutlich als Systemtheorie firmieren, dringen entsprechende Begriffe ein[59]. Dabei wird der Begriff der Selbstreferenz (Reflexion, Reflexivität) von seinem klassischen Standort im menschlichen Bewußtsein oder im Subjekt gelöst[60] und auf Gegenstandsbereiche, nämlich auf reale Systeme als Gegenstand der Wissenschaft, übertragen. Damit gewinnt man zugleich eine gewisse Distanz zu den rein logischen Schwierigkeiten der Selbstreferenz. Diese bedeuten dann nur noch: daß es in der wirklichen Welt Systeme gibt, deren Beschreibung durch andere Systeme in diesen (!) zu unentscheidbaren logischen Widersprüchen führt[61].

Der Begriff Selbstreferenz bezeichnet die Einheit, die ein Element, ein Prozeß, ein System für sich selbst ist. »Für sich selbst« – das heißt: unabhängig vom Zuschnitt der Beobachtung durch andere. Der Begriff definiert nicht nur, er enthält auch eine Sachaussage, denn er behauptet, daß Einheit nur durch eine relationierende Operation zustandekommen kann; daß sie also zustandegebracht werden muß und nicht als Individuum, als Substanz, als Idee der eigenen Operation immer im voraus schon da ist.

Evolution of Biological Macromolecules, Die Naturwissenschaften 58 (1971), S. 465-523; Heinz von Foerster, Notes pour une épistemologie des objets vivants, in: Edgar Morin/Massimo Piatelli-Palmarini (Hrsg.), L'unité de l'homme: Invariants biologiques et universaux culturels, Paris 1974, S. 401-417; Klaus Merten, Kommunikation: Eine Begriffs- und Prozeßanalyse, Opladen 1977; Peter M. Hejl et al. (Hrsg.), Wahrnehmung und Kommunikation, Frankfurt 1978; Niklas Luhmann, Identitätsgebrauch in selbstsubstitutiven Ordnungen, besonders Gesellschaften, in: Odo Marquard/Karlheinz Stierle (Hrsg.), Identität. Poetik und Hermeneutik Bd. VIII, München 1979, S. 315-345; Niklas Luhmann/Karl Eberhard Schorr, Reflexionsprobleme im Erziehungssystem, Stuttgart 1979; Francisco J. Varela, Principles of Biological Autonomy, New York 1979; Yves Barel a.a.O. (1979).

59 Siehe die zentrale Position des Begriffs des reflexive monitoring of action bei Anthony Giddens, Central Problems in Social Theory: Action, Structure and Contradiction in Social Analysis, London 1979, hier freilich noch gebunden an die Vorstellung eines subjektiven Trägers (agent).

60 Diese Positionsbestimmung bedürfte mancher Qualifizierungen. Die wohl wichtigste ist: daß im Bewußtseinsbezug der Selbstreferenz im Mittelalter immer auch ein Bezug auf sentire und in der Neuzeit das »Genießen des Genusses« mitlief, und daß darin ein (wenngleich unterbewerteter) Verweis auf Existenz (also nicht nur: auf Erkenntnis) einbeschlossen war. Vgl. etwa Joseph de Finance, Cogito Cartésien et réflexion Thomiste, Archives de Philosophie 16 (1946), S. 137-321; Wolfgang Binder, »Genuß« in Dichtung und Philosophie des 17. und 18. Jahrhunderts, in ders., Aufschlüsse: Studien zur deutschen Literatur, Zürich 1976, S. 7-33.

61 Hierzu ausführlich Kapitel 8.

Der Begriff kann und muß sehr allgemein gefaßt werden – je nachdem, was man mit »Selbst« meint und wie man die Referenz auffaßt. Man kann zum Beispiel von sich selbst intendierenden Akten sprechen (wobei Intendieren das Konstituens des Aktes ist) oder von sich selbst enthaltenden Mengen (wobei das Enthalten das Konstituens der Menge ist). Die Referenz verwendet dann genau die Operation, die das Selbst konstituiert, und wird unter dieser Bedingung entweder überflüssig oder paradox. Sie wird paradox, wenn die Möglichkeit des Verneinens hinzugenommen wird und man die Verneinung entweder auf das referierende oder auf das referierte Selbst beziehen und zwischen diesen beiden Möglichkeiten auf Grund der Selbstreferenz nicht entscheiden kann. Paradoxwerden heißt: Verlust der Bestimmbarkeit, also der Anschlußfähigkeit für weitere Operationen. Selbstreferenz ist demnach an sich nichts Schlimmes, Verbotenes, zu Vermeidendes[62] (oder genau dazu passend: etwas, was nur im Subjekt zugelassen werden darf und hier eingesperrt bleiben muß); aber wenn Selbstreferenz zu Paradoxen führt, müssen Zusatzvorkehrungen für Anschlußfähigkeit getroffen werden.

Dies Problem verweist auf Systembildung. Es bereichert zugleich über das Problem der Komplexität hinaus das analytische Instrumentarium der Systemtheorie. Selbstreferenz hat in der Form des Paradoxes unbestimmbare Komplexität. Selbstreferentiell operierende Systeme können mithin nur komplex werden, wenn es ihnen gelingt, dieses Problem zu lösen, sich also zu entparadoxieren.

Ein System kann man als selbstreferentiell bezeichnen, wenn es die Elemente, aus denen es besteht, als Funktionseinheiten selbst konstituiert[63] und in allen Beziehungen zwischen diesen Elementen eine Verweisung auf diese Selbstkonstitution mitlaufen läßt, auf diese Weise die Selbstkonstitution also laufend reproduziert. In diesem Sinne operieren selbstreferentielle Systeme notwendigerweise im Selbstkontakt, und sie haben keine andere Form für Umweltkontakt als Selbstkontakt. Darin ist die These der Rekurrenz ein-

62 Vgl. dazu auch C. P. Wormell, On the Paradoxes of Self-Reference, Mind 67 (1958), S. 267-271; Lars Löfgren, Unfoldment of Self-reference in Logic and Computer Science, in: Finn V. Jensen/Brian H. Mayoh/Karen K. Møller (Hrsg.), Proceedings from the 5th Scandinavian Logic Symposium, Aalborg 1979, S. 250-259.

63 Diese Aussage haben wir bei der Einführung der Begriffe Element und Relation vorweggenommen.

geschlossen als These der indirekten Selbstreferenz der Elemente: Die Elemente ermöglichen eine über andere Elemente laufende Rückbeziehung auf sich selbst, etwa eine Verstärkung der neuronalen Aktivität oder eine über Erwartung anderen Handelns laufende Handlungsbestimmung. Selbstreferentielle Systeme sind auf der Ebene dieser selbstreferentiellen Organisation *geschlossene* Systeme, denn sie lassen in ihrer Selbstbestimmung keine anderen Formen des Prozessierens zu. So haben soziale Systeme keine Verwendung für Bewußtsein, und personale Systeme keine Verwendung für Frequenzänderungen im neuronalen System (womit natürlich nicht geleugnet ist, daß das Nichtverwendete Bedingung der Möglichkeit des Systems, nämlich infrastrukturelle Bedingung der Möglichkeit der Konstitution der Elemente ist).

Um deutlich zu machen, wie sehr dieser Begriff von basaler Selbstreferenz sich von einer älteren Diskussion über »Selbstorganisation« unterscheidet, haben Maturana und Varela dafür die Bezeichnung »Autopoiesis« vorgeschlagen[64]. Die Tragweite dieses begrifflichen Revirements und ihr Verhältnis zu Problemen, wie sie in der Bewußtseinsphilosophie und der Lebensphilosophie (Fichte, Schelling) diskutiert worden sind, sind gegenwärtig noch nicht sicher zu beurteilen. Jedenfalls ist für die Systemtheorie ein weitführender Schritt damit getan, den Selbstbezug von der Ebene der Strukturbildung und Strukturänderung auf die Ebene der Konstitution von Elementen zu übertragen.

Autopoiesis setzt nicht zwingend voraus, daß es diejenige Art der Operationen, mit denen das System sich selbstreproduziert, in der Umwelt des Systems überhaupt nicht gibt. In der Umwelt lebender Organismen gibt es andere lebende Organismen, in der Umwelt von Bewußtsein anderes Bewußtsein. In beiden Fällen ist der systemeigene Reproduktionsprozeß jedoch nur intern verwendbar. Man kann ihn nicht zur Verknüpfung von System und Umwelt benutzen, also nicht anderes Leben, anderes Bewußtsein gleichsam anzapfen und ins eigene System überführen. (Organtransplantation ist ein mechanischer Eingriff und nicht ein Fall, den wir hier ausschließen: daß das Leben selbst Leben hereinholt.) Bei sozialen Systemen liegt dieser Sachverhalt in doppelter Hinsicht anders: Einerseits gibt es außerhalb des Kommunikationssystems Gesellschaft überhaupt keine

64 Vgl. die Hinweise oben Anm. 58.

Kommunikation. Das System ist das einzige, das diesen Operationstypus verwendet, und ist insofern real-notwendig geschlossen. Andererseits gilt dies für alle anderen sozialen Systeme nicht. Sie müssen daher ihre spezifische Operationsweise definieren oder über Reflexion ihre Identität bestimmen, um regeln zu können, welche Sinneinheiten intern die Selbstreproduktion des Systems ermöglichen, also immer wieder zu reproduzieren sind.

Beachtet man diesen wichtigen Unterschied, kann man sich fragen, ob es überhaupt sinnvoll ist, ihn auf der Ebene der allgemeinen Systemtheorie mit Hilfe eines allgemeinen Begriffs des autopoietischen Systems zu überbrücken. Wir halten diesen allgemeinen Begriff für möglich, ja für notwendig – teils weil er die Zusammenfassung einer Reihe von Aussagen über solche Systeme ermöglicht; teils weil er auf einen Evolutionszusammenhang verweist, in dem sich die schärfere Sonderstellung des Gesellschaftssystems einerseits und dessen interne Abgrenzungsprobleme andererseits herausgebildet haben.

Eine der wichtigsten Konsequenzen liegt auf dem Gebiet der Erkenntnistheorie: Wenn auch die Elemente, aus denen das System besteht, durch das System selbst als Einheiten konstituiert werden (wie komplex immer der »Unterbau« als Energie, Material, Information sein mag), entfällt jede Art von basaler Gemeinsamkeit der Systeme. Was immer als Einheit fungiert, läßt sich nicht von außen beobachten, sondern nur erschließen. Jede Beobachtung muß sich daher an Differenzschemata halten, die Rückschlüsse darauf ermöglichen, was im Unterschied zu anderem als Einheit fungiert. Kein System kann ein anderes analytisch dekomponieren, um auf Letztelemente (Substanzen) zu kommen, an denen die Erkenntnis letzten Halt und sichere Übereinstimmung mit ihrem Objekt finden kann. Vielmehr muß jede Beobachtung ein Differenzschema verwenden, wobei die Einheit der Differenz im beobachtenden und nicht im beobachteten System konstituiert wird. Dies schließt Selbstbeobachtung keineswegs aus, aber Selbstbeobachtung muß von der Einheit der Reproduktion der Einheiten des Systems (Autopoiesis) sorgfältig unterschieden werden.

Die selbstreferentielle, auf der Ebene der Elemente »autopoietische« Reproduktion hat sich an diejenige Typik der Elemente zu halten, die das System definiert. Insofern: *Re*produktion! So müssen in Handlungssystemen immer wieder Handlungen reproduziert werden, und nicht Zellen, Makromoleküle, Vorstellungen usw. Genau das wird durch die Selbstreferenz der Elemente gesichert[65]. Damit sind gewisse Variationsschranken gesetzt. Ashby hat in diesem Sinne von »essential variable« des Systems gesprochen[66]. In Betracht kommen als Elemente komplexer Systeme jedoch nur Komplexe, die dadurch noch nicht festgelegt sind, also Elemente, für die es nicht nur eine festliegende Ausführung gibt. Nur bei hinreichender Offenheit in gegebenem Rahmen können Strukturen entwickelt werden, die näher bestimmen (einschränken), welche Position und welche Funktion einzelne Elemente wahrnehmen.

Für den Gesamtbereich der umweltoffenen (zum Beispiel psychischen oder sozialen) Systeme verändert sich mit diesem Übergang von »Selbstorganisation« zu »Autopoiesis« das Grundproblem, auf das die Theorie sich bezieht. Solange man vom Problem der Strukturbildung und Strukturänderung ausging und darin die Dynamik der Systeme sah, konnte man lerntheoretischen Ansätzen einen grundlagentheoretischen Rang einräumen[67]. Das Problem lag dann in den besonderen Bedingungen, unter denen die *Wiederholung* einer ähnlichen Handlung bzw. die *Erwartung der Wiederholung* eines ähnlichen Erlebens wahrscheinlich ist. Für eine Theorie autopoietischer Systeme stellt sich dagegen vorrangig die Frage, wie man überhaupt von einem Elementarereignis zum nächsten kommt; das Grundproblem liegt hier nicht in der *Wiederholung*, sondern in der *Anschlußfähigkeit*. Hierfür erweist sich die Ausdifferenzierung eines selbstreferentiell-geschlossenen Reproduktionszusammenhangs als unerläßlich, und erst in bezug auf ein dadurch gebildetes System lassen sich Probleme der Strukturbildung und Strukturänderung formulieren. Strukturen müssen, anders gesagt, die Anschlußfähigkeit der autopoietischen Reproduktion ermöglichen, wenn sie nicht ihre eigene Existenzgrundlage aufgeben wollen, und das limitiert den Bereich möglicher Änderungen, möglichen Lernens.

65 Wir werden das im Anschluß an Whitehead deutlicher ausarbeiten, wenn wir die Temporalität der Elemente sozialer Systeme (Ereignisse) analysieren werden. Vgl. unten Kap. 8 III.

66 Vgl. auch Arvid Aulin, The Cybernetic Laws of Social Progress: Towards a Critical Social Philosophy and a Criticism of Marxism, Oxford 1982, S. 8 f.

67 Zum Teil sogar in der Form, daß man individuelles Lernen als Basisprozeß eines Strukturwandels im sozialen System ansah. Siehe dazu Michael Schmid, Theorie sozialen Wandels, Opladen 1982, S. 37 ff.

Eine wichtige strukturelle Konsequenz, die sich aus einem selbstreferentiellen Systemaufbau zwangsläufig ergibt, muß besonders erwähnt werden. Es ist der *Verzicht auf Möglichkeiten der unilateralen Kontrolle*. Es mag Einflußdifferenzen, Hierarchien, Asymmetrisierungen geben, aber kein Teil des Systems kann andere kontrollieren, ohne selbst der Kontrolle zu unterliegen; und unter solchen Umständen ist es möglich, ja in sinnhaft orientierten Systemen hochwahrscheinlich, daß jede Kontrolle unter Antezipation der Gegenkontrolle ausgeübt wird. Die Sicherstellung einer trotzdem noch asymmetrischen Struktur (etwa: in den systeminternen Machtverhältnissen) bedarf daher immer besonderer Vorkehrungen[68].

Zum Teil wird diese Problematisierung von Kontrolle ausgeglichen durch Akzentuierung von *Selbstbeobachtung*. Beobachtung heißt in diesem Zusammenhang, das heißt auf der Ebene der allgemeinen Systemtheorie, nichts weiter als: Handhabung von Unterscheidungen[69]. Nur im Falle psychischer Systeme setzt der Begriff Bewußtsein voraus (man könnte auch sagen: entsteht aus Anlaß von Beobachtungen das systemeigene Medium Bewußtsein). Andere Systeme müssen ihre eigenen Möglichkeiten des Beobachtens gewinnen. Selbstbeobachtung ist demnach die Einführung der System/Umwelt-Differenz in das System, das sich mit ihrer Hilfe konstituiert; und sie ist zugleich operatives Moment der Autopoiesis, weil bei der Reproduktion der Elemente gesichert sein muß, daß sie als Elemente des Systems und nicht als irgendetwas anderes reproduziert werden.

Dies Konzept des selbstreferentiell-geschlossenen Systems steht nicht im Widerspruch zur *Umweltoffenheit* der Systeme; Geschlossenheit der selbstreferentiellen Operationsweise ist vielmehr eine Form der Erweiterung möglichen Umweltkontaktes; sie steigert dadurch, daß sie bestimmungsfähigere Elemente konstituiert, die Komplexität der für das System möglichen Umwelt. Diese These

68 An dieser Stelle zeigt sich besonders deutlich der in der Einleitung erwähnte Umbau der Systemtheorie von design und Kontrolle auf Autonomie.

69 Der Sprachgebrauch knüpft insofern an die Logik von Spencer Brown an. Vgl. z. B. Humberto R. Maturana, Autopoiesis, in: Zeleny a.a.O. (1981), S. 21-33 (23): »The basic cognitive operation that we perform as observers is the operation of distinction. By means of this operation we define a unity as an entity distinct from a background, characterize both unity and background by the properties with which this operation endows them, and define their separability«.

steht im Widerspruch sowohl zur klassischen Entgegensetzung von Theorien geschlossener und offener Systeme[70] als auch zum Begriff der Autopoiesis von Maturana, der zur Herstellung von System/Umweltbeziehungen einen Beobachter als ein anderes System erfordert[71]. Wenn man jedoch die Begriffe Beobachtung und Selbstbeobachtung auf der Ebene der allgemeinen Systemtheorie ansetzt und, wie angedeutet, mit dem Begriff der Autopoiesis verbindet, wird Selbstbeobachtung zur notwendigen Komponente autopoietischer Reproduktion. Gerade auf dieser Grundlage ergibt sich dann die Möglichkeit, organische und neurophysiologische Systeme (Zellen, Nervensysteme, Immunsysteme usw.) von Sinn konstituierenden psychischen und sozialen Systemen zu unterscheiden. Für all diese Systembildungsebenen gilt das Grundgesetz der Selbstreferenz, aber für die erstgenannte Gruppe in einem radikaleren, ausschließlicheren Sinne als für Sinnsysteme. Auch Sinnsysteme sind vollständig geschlossen insofern, als nur Sinn auf Sinn bezogen werden und nur Sinn Sinn verändern kann. Wir kommen darauf zurück[72]. Aber anders als bei Nervensystemen sind Systemgrenzen und Umwelten in sinnhafte Strukturen und Prozesse einbeziehbar. Sie nehmen für die Prozesse selbstreferentieller Systeme (nicht: an sich!) Sinn an, so daß solche Systeme mit der Differenz von System und Umwelt intern operieren können. Sinn ermöglicht bei allen internen Operationen ein laufendes Mitführen von Verweisungen auf das System selbst und auf eine mehr oder weniger elaborierte Umwelt; die Wahl des Orientierungsschwerpunktes kann dabei offen gehalten und den anschließenden Operationen überlassen werden, die zugleich Sinn mit Verweisungen nach außen und nach innen reproduzieren. Man sieht hieran deutlich den evolutionären Gewinn der Errungenschaft »Sinn« auf der Basis einer nicht mehr zu stoppenden Selbstreferentialität des Systemaufbaus: Er liegt in einer neuartigen Kombination von Geschlossenheit und Umweltoffenheit des Systemaufbaus; oder mit anderen Worten: in der Kombination von System/Umwelt-Differenz und selbstreferentiellem Systemaufbau.

70 Vgl. programmatisch: Ludwig von Bertalanffy, General Systems Theory, General Systems 1 (1956), S. 1-10.

71 Siehe z. B. Humberto Maturana, Stratégies cognitives, in: Morin/Piatelli-Palmarini a.a.O. S. 418-432 (426 ff.) und dazu die kritischen Einwände von Henri Atlan ebenda. S. 443.

72 Siehe Kapitel 2.

Innerhalb dieses Sonderbereichs der Sinnsysteme, der uns im folgenden wiederum nur ausschnittweise, nämlich für den Fall sozialer Systeme, interessieren wird, kann die Zuordnung von Sinn zur Umwelt (zum Beispiel: externale Zurechnung von Kausalität) benutzt werden, um das in aller Selbstreferenz steckende Problem der Zirkularität zu lösen. Die Selbstreferenz und die damit gegebenen Interdependenzen aller Sinnmomente bleibt erhalten; aber der Umweltbezug wird intern als Interdependenzunterbrecher eingesetzt[73]: Das System asymmetrisiert — sich selbst!

10. Selbstreferenz ihrerseits setzt ein Prinzip voraus, das man als *multiple Konstitution* bezeichnen könnte. Wir werden diesen Gedanken später unter dem Gesichtspunkt der »doppelten Kontingenz« ausführlicher behandeln und beschränken uns hier bei einer Skizze der allgemeinen systemtheoretischen Grundlagen auf wenige Bemerkungen.

In der Literatur spricht man auch von Dialog oder von mutualistic (und als solchen: »meaning-tight«) systems[74] oder von Konversation[75]. Gemeint ist jeweils das Erfordernis von (mindestens) zwei Komplexen mit divergenten Perspektiven zur Konstitution dessen, was im System als Einheit (Element) fungiert; was umgekehrt heißt: daß diese Einheit für die Analyse des Systems nicht in Richtung auf die Divergenz der sie konstituierenden Komplexe hin aufgelöst werden kann. Man kann allerdings die Rückwirkung dieser mutualistisch-dialoghaften, konversationellen Einheit und ihrer »Sprache« auf die sie konstituierenden Komplexe untersuchen, kann zum Beispiel fragen, in welchem Maße und in welchen Grenzen sie deren »Individualisierung« erlaubt. Man fühlt sich entfernt an »Dialektik« erinnert; aber es ist durchaus nicht gesagt, daß die Konsti-

73 Siehe hierzu auch Norbert Müller, Problems of Planning Connected with the Aspect of Reflexivity of Social Processes, Quality and Quantity 10 (1976), S. 17-38 (22 ff.).

74 So Stein Bråten a.a.O. (1978), S. 658 f. Vgl. auch ders., Competing Modes of Cognition and Communication in Simulated and Self-Reflective Systems, Ms. Oslo 1978.

75 So Gordon Pask in zahlreichen Veröffentlichungen. Siehe insbes. Conversation, Cognition and Learning, Amsterdam 1975; Conversation Theory: Applications in Education and Epistemology, Amsterdam 1976; ders., Revision of the Foundations of Cybernetics and General Systems Theory, VIIIth International Congress on Cybernetics 1976, Proceedings Namur 1977, S. 83-109; ders., Organizational Closure of Potentially Conscious Systems, in: Zeleny a.a.O., S. 265-308.

tution der Einheit die Negation eines Widerspruchs zwischen den perspektivisch differenten Komplexen erfordert; es kann sich ebensogut, worauf Parsons für die Theorie des allgemeinen Handlungssystems abstellt, um Komplementarität des Erwartens verschiedenartigen Verhaltens handeln.

Die These der multiplen Konstitution hat in der Systemtheorie den Effekt, den Kommunikationsbegriff tiefer zu legen und im Zusammenhang damit den Komplexitätsbegriff anders zu bestimmen als in der Tradition. Diese Umdisposition im Verhältnis zu älteren Denkmitteln ist so wichtig, daß wir darauf besonders eingehen müssen[76]. Von Kommunikation kann man, wie immer die technische Ausstattung des Prozesses aussehen mag, nur sprechen, wenn die Änderung des Zustandes von Komplex A mit einer Änderung des Zustandes von Komplex B korrespondiert, obwohl beide Komplexe andere Möglichkeiten der Zustandsbestimmung hätten. Insofern heißt Kommunizieren Beschränken (sich selbst und den anderen unter Beschränkungen setzen)[77]. In eine Theorie komplexer Systeme kann dieser Kommunikationsbegriff nur eingebaut werden, wenn man die alte Vorstellung aufgibt, daß Systeme aus Elementen *und* Relationen zwischen den Elementen bestehen. Sie wird ersetzt durch die These, daß der Vollzug von Relationierungen aus Komplexitätsgründen Selektionen erfordert, so daß er zu den Elementen nicht einfach hinzuaddiert werden kann. Der Vollzug der Relation dient der Qualifizierung der Elemente im Hinblick auf einen Ausschnitt ihrer Möglichkeiten. Das System enthält, mit anderen Worten, als Komplexität einen Möglichkeitsüberschuß, den

76 Eine sehr klare Darstellung findet man bei W. Ross Ashby, Principles of Self-Organizing Systems, in: Heinz von Foerster/George W. Zopf (Hrsg.), Principles of Self-Organization, New York 1962, S. 255-278, neu gedruckt in: Walter Buckley (Hrsg.), Modern Systems Research for the Behavioural Scientist, Chicago 1968, S. 108-118, (insbes. 109). Mehr Sinn für die Rätselhaftigkeit dieses Ausgangspunktes: daß es mindestens zwei »Etwasse« sein müssen, die nur gemeinsam eine Differenz erzeugen, also Information gewinnen können, zeigt Gregory Bateson, Geist und Natur: Eine notwendige Einheit, dt. Übers., Frankfurt 1982, S. 87 f.

77 Üblicherweise wird formuliert: Die Kommunikation *setze* solche Beschränkungen *voraus*; sie setze z. B. eine Sprache voraus und Normen, die das Annehmen bzw. Ablehnen von Mitteilungen regulieren. Auch das ist richtig. Aber im Hinblick auf unsere These der Selbstreferenz muß man mit berücksichtigen, daß diese Beschränkungen ihrerseits nur im Wege der Kommunikation aufgebaut werden, so daß es genau genommen heißen muß: Kommunikation ermöglicht durch Sich-Beschränken sich selbst.

es selbstselektiv reduziert[78]. Diese Reduktion wird in kommunikativen Prozessen vollzogen, und dafür benötigt das System eine »mutualistische« Grundorganisation – das heißt: eine Zuordnung seiner Elemente zu kommunikationsfähigen Komplexen.
Dies Erfordernis der multiplen Konstitution von selbstreferentiell prozessierbaren Einheiten kompliziert außerdem erneut die System/Umwelt-Thematik. Das, was wir vorsorglich unbestimmt »Komplexe mit divergenten Perspektiven« genannt hatten, muß in der Konstitution von Elementen und von Relationen zwischen Elementen des Systems vorausgesetzt, es kann also nicht als Kombinat solcher Elemente und Relationen begriffen werden. Es kann also kein Teil des Systems sein, sondern gehört dessen Umwelt an. Das gilt für die Zellen des Gehirns in Bezug auf das Nervensystem und für Personen im Falle sozialer Systeme[79]. Wir werden diese Sonderproblematik unter dem Gesichtspunkt von »Interpenetration« später wieder aufnehmen[80].

11. Eine der wichtigsten Konsequenzen des Übergangs zu einer Theorie selbstreferentieller Systeme betrifft die operative Ebene bzw. die Systemprozesse. Selbstreferenz heißt auf der Ebene der Elemente: daß diese sich durch Rückbezug auf sich selbst miteinander verhaken und dadurch Zusammenhänge bzw. Prozesse ermöglichen. Dies kann jedoch nur bei hinreichender Gleichartigkeit der Elemente geschehen. Es kann deshalb, um dies an Extremfällen zu verdeutlichen, keine Systemeinheit von mechanischen und bewußten, von chemischen und sinnhaft-kommunikativen Operationen geben. Es gibt Maschinen, chemische Systeme, lebende Systeme, bewußte Systeme, sinnhaft-kommunikative (soziale) Systeme; aber es gibt keine all dies zusammenfassenden Systemeinheiten. Der Mensch mag für sich selbst oder für Beobachter als Einheit

78 Nach Ashby übrigens: nur für einen Beobachter, der die Möglichkeiten auf Grund der eigenen selbstreferentiellen Organisation hineinprojiziert. Dies halte ich für ein Relikt der klassischen Gleichschaltung von Epistemologie und Theorie der Modalitäten und für eine vermeidbare Komplikation der Sachaussagen ebenso wie des erkenntnistheoretischen Apparates der Systemtheorie.

79 Diese auf den ersten Blick befremdliche, in jedem Fall »unanschauliche« Theorieentscheidung ließe sich nur vermeiden, wenn man System und Umwelt nicht für eine vollständige Dichotomie hält, sondern etwas Drittes zuläßt, das weder dem System noch seiner Umwelt angehört. Wir halten den Nachteil einer solchen Disposition für bedenklicher als den bloßen Verstoß gegen Gewohnheit und Anschaulichkeit.

80 Kapitel 6.

erscheinen, aber er ist kein System. Erst recht kann aus einer Mehrheit von Menschen kein System gebildet werden. Bei solchen Annahmen würde übersehen, daß der Mensch das, was in ihm an physischen, chemischen, lebenden Prozessen abläuft, nicht einmal selbst beobachten kann[81]. Seinem psychischen System ist sein Leben unzugänglich, es muß jucken, schmerzen oder sonstwie auf sich aufmerksam machen, um eine andere Ebene der Systembildung, das Bewußtsein des psychischen Systems, zu Operationen zu reizen. Autopoietische Reproduktion ist mithin auf eine hinreichende Homogenität der Systemoperationen angewiesen, und diese definiert die Einheit einer bestimmten Systemtypik. Man kann Sachverhalte natürlich unter anderen Gesichtspunkten zusammenfassen und beobachten; aber man kann selbstreferentielle Systemkonstitution nicht beobachten, wenn man sich nicht an die dadurch vorgegebene Prozeß- und Systemtypik hält.

12. Auf der Grundlage selbstreferentieller Systemverhältnisse kann eine immense Ausweitung der Grenzen struktureller Anpassungsfähigkeit und entsprechender Reichweite systeminterner Kommunikation in Gang gebracht werden. Das Prinzip dieser Ausweitung läßt sich am besten begreifen, wenn man vom Informationsbegriff ausgeht. Eine Information kommt immer dann zustande, wenn ein selektives Ereignis (externer oder interner Art) im System selektiv wirken, das heißt Systemzustände auswählen kann. Das setzt die Fähigkeit zur Orientierung an Differenzen (im Zugleich oder im Nacheinander) voraus, die ihrerseits an einen selbstreferentiellen Operationsmodus des Systems gebunden zu sein scheint. »A ›bit‹ of information«, heißt es bei Bateson[82], »is definable as a difference which makes a difference«. Das bedeutet, daß die Differenzen *als solche* zu wirken beginnen, wenn und soweit sie in selbstreferentiellen Systemen als Informationen behandelt werden können.

Darin liegt eine immense Ausweitung möglicher Kausalitäten und eine Verlagerung der Strukturproblematik in deren Kontrolle. Die Ausweitung geht in zwei Richtungen: Zum einen kann mit der Befähigung zur Informationsverarbeitung jetzt auch Nichtvorhan-

81 Selten, daß etwas so Selbstverständliches eigens festgestellt und in seiner theoretischen Relevanz erkannt wird. Vgl. aber Michel Serres, Le point de vue de la biophysique, Critique 32 (1976), S. 265-277.

82 Gregory Bateson, Steps to an Ecology of Mind, San Francisco 1972, S. 315. Vgl. auch S. 271 f., 189 f.

denes wirken; Fehler, Nullwerte, Enttäuschungen gewinnen Kausalität, sofern sie im Schema einer Differenz erfaßt werden können. Zum anderen können nicht nur Ereignisse, sondern auch Bestände, Strukturen, Kontinuitäten Kausalitäten anregen, sofern an ihnen Differenzen zur Erfahrung gebracht werden können. Das Unverändertbleiben mag somit Ursache von Veränderungen werden[83]. Strukturkausalität ermöglicht Selbstbestimmung. Systeme können Möglichkeiten der Wirkung auf sich selbst speichern und mit Hilfe von Differenzschemata nach Bedarf abrufen[84]. Wohlgemerkt: Die Struktur wirkt nicht als solche, nicht auf Grund einer ihr innewohnenden Kraft. Sie geht nur in Differenzerfahrungen ein, die ihrerseits Information ermöglichen, ohne notwendigerweise schon zu determinieren, was daraufhin geschieht. So schafft ein System sich als eigene Kausalbasis eine eigene Vergangenheit, die es ihm ermöglicht, zum Kausaldruck der Umwelt in Distanz zu treten, ohne daß allein durch die interne Ursächlichkeit schon festgelegt wäre, was in Konfrontation mit Außenereignissen geschieht. Man sieht die Tragweite dieser evolutionären Errungenschaft, wenn man bedenkt, daß lebende Systeme für die Autonomie des Lebens auf genetische Determination angewiesen bleiben.

Mit all dem geht der Operationsmodus selbstreferentieller Systeme zu Formen der Kausalität über, die ihn selbst einer zugriffsicheren Außensteuerung weitgehend entziehen. Alle Wirkungen, die man von außen im System oder mit dem System erzielen will, setzten voraus, daß das System auch den Anstoß von außen als Information, das heißt als Differenzerfahrung wahrnehmen und in sich in dieser Weise zur Wirkung bringen kann. Solche Systeme, die sich selbst Kausalität beschaffen, lassen sich dann auch nicht mehr »kausal erklären« (es sei denn: im Reduktionsschema eines Beobachters), und dies nicht nur aus Gründen der Undurchsichtigkeit ihrer

83 Dies wird energisch bestritten von Kenneth D. MacKenzie, Where is Mr. Structure?, in: Klaus Krippendorff (Hrsg.), Communication and Control in Society, New York 1979, S. 73-78. Aber die daraus folgende These, daß Strukturen, kausal gesehen, überflüssig sind, ist wohl kaum akzeptabel. Kausalität ist ein universalistischer Schematismus, und das heißt: daß alles, was sie ermöglicht, in ihr begriffen, nämlich als Ursache ausgewiesen werden muß.

84 Hier liegen Zugänge zu einer Theorie des *Gedächtnisses*, die Gedächtnis als *ausdifferenzierte Strukturkausalität* auffassen würde. Oder auch zu einer Theorie des *Schmerzes* mit ähnlichen Funktionen für organische Systeme. Zu Konsequenzen für soziale Kommunikation Paul Ridder, Die Sprache des Schmerzes, Konstanz 1979.

Komplexität, sondern aus Gründen der Logik. Sie setzen sich selbst als Produktion ihrer Selbstproduktion voraus[85].

III

Ein weiteres Thema, das alle Probleme multipliziert, haben wir bisher ausgespart: die Zeit.

Jede realitätsbezogene Systemtheorie muß davon ausgehen, daß nicht alles so bleibt, wie es ist. Es gibt Änderungen, es gibt in Systemen Spezialsensibilisierung für Änderungen, und es gibt daher für einige Systeme Zeit im Sinne eines Aggregatbegriffs für alle Änderungen. Wir lassen offen, was Zeit »ist«, weil man bezweifeln kann, ob irgendein Begriff von Zeit, der über das bloße Faktum des Sichänderns hinausgreift, ohne Systemreferenz festgelegt werden kann. Andererseits wird uns ein bloß chronologischer Zeitbegriff im Sinne eines Maßes von Bewegung im Hinblick auf ein Früher und ein Später nicht genügen, weil er die Probleme, die Systeme in der Zeit und mit der Zeit haben, nicht ausreichend rekonstruieren kann. Wir gehen deshalb von diesen Problemen aus und stützen uns dabei auf die Leitgesichtspunkte der System/Umwelt-Differenz, der Komplexität und der Selbstreferenz.

1. Der Zusammenhang von Komplexität und Selektion, von dem wir ausgehen, ist keine Zustandsbeschreibung. Er impliziert bereits Zeit, er kommt nur durch Zeit und nur in der Zeit zustande. Zeit ist der Grund für den Selektionszwang in komplexen Systemen, denn wenn unendlich viel Zeit zur Verfügung stünde, könnte alles mit allem abgestimmt werden. So gesehen, ist »Zeit« das Symbol dafür, daß immer, wenn etwas Bestimmtes geschieht, auch etwas anderes geschieht, so daß keine Einzeloperation je eine volle Kontrolle über ihre Bedingungen gewinnen kann. Außerdem ist Selektion selbst ein Zeitbegriff: sie steht bevor, ist erforderlich, wird dann vollzogen und ist dann geschehen. Selektion nimmt insofern Zeit in An-

85 Diese These steht an der Stelle, wo man früher das Bedürfnis empfand, zwischen »mechanistischen« und »geisteswissenschaftlichen« Theorien und Methoden zu unterscheiden. Die erkenntnistheoretischen Konsequenzen sind zur Zeit noch unausgelotet, werden aber diskutiert. Siehe z. B. Magoroh Maruyama, Heterogenistics and Morphogenetics; Toward a New Concept of the Scientific, Theory and Society 5 (1978), S. 75-96.

spruch, um sich in einer schon temporalisierten Umwelt zu behaupten. Selektion ist, könnte man sagen, die Dynamik der Komplexität. Jedes komplexe System muß sich daher auf Zeit einstellen – wie immer dies Erfordernis dann in eine für das System operativ faßbare Form gebracht wird.

2. Für diesen basalen, operativen Ansatz der Zeitlichkeit von Systemen ist alles, was als »Änderung« bezeichnet werden kann, bereits ein Sonderproblem, ein abgeleitetes Problem. Es betrifft nur Strukturen. Nur in Bezug auf Änderungen haben die Begriffe Reversibilität und Irreversibilität Sinn. Änderungen können entweder *reversibel* oder *irreversibel* sein. Die Grenze ist nicht scharf zu ziehen, da ein Rückgängigmachen zumeist einen Aufwand an Zeit und an Kosten und das Inkaufnehmen gewisser Irreversibilitäten erfordert. Aber das Problem: daß *beides* vorkommt, wird durch diese Unschärfe nicht berührt, sondern nur bestätigt. Was immer die Zeit »sein« mag: Sie zwingt nicht zur Irreversibilität.

Sofern die Zeit selbst zunächst nur an Änderungen gegeben ist, ist sie daher ihrerseits reversibel und irreversibel gegeben. Die Irreversibilität der Zeit ist, so wird heute oft angenommen, ihrerseits eine Abstraktion aus einem Reversibles und Irreversibles umfassenden Raum/Zeit-Kontinuum; sie ist als Abstraktion aber nicht etwa nur ein Begriff, sondern ein Faktum der makroskopischen Ordnung der Natur[86]. Ursprünglich ist aber die Zeit selbst (und deshalb, wie wir später sehen werden, die Gegenwart) unscharf gegeben und läßt Raum für ein Umlagern von Irreversibilitäten in Reversibilitäten höherer Ordnung und umgekehrt.

Trotzdem wird auf Grund jener Ordnungsvorgaben der makrophysikalischen Welt die Darstellung und Erfahrung von Zeit in Metaphern der Irreversibilität bevorzugt. Das hat bis zur Vorstellung einer zweiten Welt mit gegenläufiger Zeit geführt, die für uns unzugänglich ist, weil alles, was aus dieser Welt in unsere hinein will, nach unserer Zeit in jene zurückkehrt[87]. Offenbar muß die Zeit durch Evolution asymmetrisiert werden, um Ordnung zu ermöglichen.

86 Vgl. Ilya Prigogine, Irreversibility as a Symmetry Breaking Factor, Nature 246 (1973), S. 67-71: Eine ursprüngliche (selbstreferentielle?) Symmetrie wird durch das Entstehen von Irreversibilität zeitlich asymmetrisiert.

87 Vgl. Ludwig Boltzmann, Vorlesungen über Gastheorie Bd. 2, Leipzig 1898, S. 253 ff.

Jedenfalls präsentiert sich die Zeit nicht als indifferent in Bezug auf ein Vorwärts oder Rückwärts von jedem Zeitpunkt aus. Die Möglichkeit der Rückkehr oder der Wiederherstellung widerspricht nicht der Zeit, sie überlagert sich aber einem »an sich« irreversiblen Zeitverlauf. Nur soweit die Zeit als irreversibel erscheint, kann sie als laufende Gegenwart auf eine Differenz von Zukunft und Vergangenheit hin ausgelegt werden. Das führt dann zu einer (nicht mehr für alle Systeme geltenden) Ausdifferenzierung einer besonderen Zeitdimension, an die weitere evolutionäre Errungenschaften anschließen können. Von unserem Ausgangspunkt her erscheint diese Bevorzugung der Irreversibilität demnach als erklärungsbedürftig, und eine Erklärung für die Funktion des einseitigen Irreversibilisierens der Zeit müßten Systemtheorie und Evolutionstheorie bereitstellen können.

3. Angesichts des Komplexitätsgefälles im Verhältnis zur Umwelt kann ein komplexes System sich, auch zeitlich gesehen, nicht nur auf Punkt-für-Punkt-Entsprechungen zur Umwelt stützen. Es muß auf *vollständige Synchronisation mit der Umwelt verzichten* und muß die damit gegebenen Risiken der momentanen Nichtentsprechung abfangen können. »The processes which maintain this distinctiveness cannot presume to involve only instantaneous adjustment, but *take time*«[88]. Im Verhältnis von System und Umwelt müssen also Zeitverschiebungen eingerichtet werden können: Das aufeinander Passende, sich Korrigierende, sich Ergänzende braucht nicht notwendigerweise gleichzeitig zu geschehen oder kontinuierlich aufeinander zu folgen. Systeme können Reaktionen vorbereiten, können sie für Eventualitäten bereithalten; sie können auf momenthafte Chancen oder Störungen mit langen Prozessen reagieren oder auch die Reaktion aufschieben, ohne zwischenzeitlich zu zerfallen. Die Lösung dieses Zeitproblems ist nur unter bestimmten strukturellen Voraussetzungen möglich, denen Systeme, die in einer variationsreichen Umwelt bestehen wollen, genügen müssen; sie erfordert vor allem eine Limitierung interner Interdependenzen[89]. Das geht an die Adresse von Komplexität und Selbstreferenz!

88 So an grundsätzlicher Stelle Talcott Parsons, Some Problems of General Theory in Sociology, in: John C. McKinney/Edward A. Tiryakian (Hrsg.), Theoretical Sociology: Perspectives and Developments, New York 1970, S. 27-60 (30).

89 Vgl. W. Ross Ashby, Design for a Brain, 2. Aufl. London 1954; Herbert A. Simon,

Die Notwendigkeit dieser Differenzierung ergibt sich aus der Komplexität kombinatorischer Möglichkeiten großer Systeme. Die logische Möglichkeit, jedes Element mit jedem anderen zu verknüpfen, kann kein System realisieren. Das ist der Ausgangspunkt aller Reduktion von Komplexität[90]. Entweder muß ein System sehr klein bleiben, wenn es sich alle kombinatorischen Möglichkeiten offenhalten oder gar alle zugleich realisieren will; oder es muß Selektionsverhältnisse ordnen und verstärken. Dies geschieht durch *Reflexivität des Selektionsprozesses.* Er richtet sich zunächst auf sich selbst, bevor er im Konkreten, das heißt auf der Ebene der Letztelemente des Systems, endgültig wählt. Dafür stehen zwei verschiedene Formen zur Verfügung: *Struktur* und *Prozeß.* Beide setzen sich wiederum wechselseitig voraus, denn Strukturierung ist unter anspruchsvolleren (nicht rein zufallsbestimmten) Bedingungen ein Prozeß, und Prozesse haben Strukturen. Sie unterscheiden sich durch ihr Verhältnis zur Zeit.

Die eigentümliche Zeitlichkeit von Struktur und Prozeß bedarf genauerer Bestimmung. Es wäre falsch, Strukturen einfach als zeitlos und Prozesse als zeitlich aufzufassen. Ebenso wenig paßt der Gegensatz von Statik und Dynamik oder der Gegensatz von Konstanz und Wandel[91]. Die Differenz von Struktur und Prozeß dient vielmehr der Rekonstruktion der ursprünglichen (= umweltbedingten) Differenz von Reversibilität und Irreversibilität in einer irreversibel angesetzten Zeit[92].

Strukturen halten Zeit reversibel fest, denn sie halten ein begrenztes Repertoire von Wahlmöglichkeiten offen. Man kann sie aufheben oder ändern oder mit ihrer Hilfe Sicherheit für Änderungen in an-

The Architecture of Complexity, Proceedings of the American Philosophical Society 106, 1962, S. 467-482; neu gedruckt in ders., The Sciences of the Artificial, Cambridge Mass. 1969, S. 84-118.

90 Siehe hierzu auch Friedrich Valjavec, Identité sociale et évolution: Elements pour une théorie de processes adaptifs, thèse, Paris 1980, S. 67 ff.

91 Auch Talcott Parsons betont die Notwendigkeit einer Unterscheidung dieser Dichotomien im Hinblick darauf, daß Strukturen sich wandeln und Prozesse hohe Konstanz (sei es Langfristigkeit, sei es Wiederholbarkeit) aufweisen können. Vgl. Some Considerations on the Theory of Social Change, Rural Sociology 26 (1961), S. 219-239.

92 Siehe hierzu die Erfahrung des Historikers: daß Strukturen eine andere Zeit (und nicht einfach: längere Dauer) haben als Prozesse: Reinhart Koselleck, Darstellung, Ereignis und Struktur, in ders., Vergangene Zukunft: Zur Semantik geschichtlicher Zeiten, Frankfurt 1979, S. 144 ff.

deren Hinsichten gewinnen[93]. Prozesse markieren dagegen die Irreversibilität der Zeit. Sie bestehen aus irreversiblen Ereignissen[94]. Sie können nicht rückwärts laufen. Beide Arrangements dienen, aber auf je verschiedene Weise, in sachlicher Hinsicht der Selektivitätsverstärkung, der Vor-Auswahl von Wahlmöglichkeiten. Strukturen fassen die offene Komplexität der Möglichkeit, jedes Element mit jedem anderen zu verbinden, in ein engeres Muster »geltender«, üblicher, erwartbarer, wiederholbarer oder wie immer bevorzugter Relationen. Sie können durch diese Selektion weitere Selektionen anleiten, indem sie die Möglichkeiten auf jeweils überschaubare Konstellationen reduzieren. Prozesse kommen dadurch zustande (und der Prozeßbegriff soll hier dadurch definiert sein), daß konkrete selektive Ereignisse zeitlich aufeinander aufbauen, aneinander anschließen, also vorherige Selektionen bzw. zu erwartende Selektionen als Selektionsprämisse in die Einzelselektion einbauen. Die Vorselektion des Seligierbaren wird daher im Falle von Struktur als Geltung erfahren, im Falle von Prozessen dagegen als Sequenz konkreter Ereignisse. Beide Arrangements reflexiver Selektion dirigieren mithin die Selektion ins relativ Voraussetzungsreiche, also Unwahrscheinliche, und nehmen *dafür* Zeit in Anspruch. Mehr als minimale Systemgröße und geringe Komplexität der Einzelsysteme läßt sich nur erreichen, wenn Systeme über beide Möglichkeiten der Selektivitätsverstärkung, über Strukturarrangements und über Prozeßarrangements verfügen, und wenn ihnen dafür hinreichende Zeit zur Verfügung steht[95].

Ein System, das über eigene Strukturen und Prozesse verfügt, kann *alle* Elemente, die es produziert und reproduziert, diesen Formen

93 Hier schließen die (ebenfalls zeitorientierten) Erörterungen über kognitive bzw. normative Erwartungsstrukturen an, die weiter unten folgen werden. Dieser Unterschied betrifft die Enttäuschung/Änderung von Erwartungen.

94 Aber nicht wie aus fertigen Stückchen, die durch den Prozeß nur zusammengesetzt werden, sondern aus Ereignissen im Sinne selbstreferentieller Elemente, die sich durch Bezug auf sich selbst mit anderen Ereignissen verknüpfen. Dazu grundlegend Alfred N. Whitehead, Prozeß und Realität: Entwurf einer Kosmologie, dt. Übers. Frankfurt 1979. Ausführlicher unten Kap. 8, III.

95 Mit dieser Betonung des Konstitutionszusammenhanges der Differenz von Struktur und Prozeß setzen wir uns gegen Theorien ab, die für entweder Strukturen oder Prozesse einen entweder logischen oder ontologischen, entweder analytischen oder empirischen Primat in Anspruch nehmen. Ein erheblicher Teil der soziologischen Kontroversliteratur ist durch solche Prioritätsstreitigkeiten zustandegekommen.

der Selektivitätsverstärkung zuordnen. Dadurch kann es seine eigene Autopoiesis regulieren. Diese Erfassung der Gesamtheit möglicher Elemente durch die Formen der Selektivitätsverstärkung kann jedoch unter Umweltbedingungen nicht zu exklusiv gehandhabt werden. Sie fungiert nur als Differenzschema. Das heißt: im Hinblick auf Strukturen hat man mit konformen und mit abweichenden Ereignissen, im Hinblick auf Prozesse mit wahrscheinlichen und mit unwahrscheinlichen Ereignissen zu rechnen. Der Ordnungsgewinn liegt darin, daß das System sich an diesen Differenzen orientieren und seine Operationen darauf einstellen kann.

4. Im einzelnen gibt es sehr verschiedenartige Formen der Lösung des Problems, Zeit zu gewinnen. Im Verhältnis zueinander sind sie funktional äquivalent; sie können sich daher unter komplizierten strukturellen Vorbedingungen wechselseitig entlasten, aber auch ergänzen. Sie haben je für sich immanente Schranken der Ausbaufähigkeit, aber ihre Kombination ermöglicht unabsehbares Fortschreiten der Evolution.

Es kann Einrichtungen geben, die es ermöglichen, erfolgreiche »Erfahrungen« für Wiederverwendung zu speichern. Die Strukturen (zum Beispiel: Gedächtnis), die das ermöglichen, abstrahieren von den Zeitpunkten des Auftretens von Gefahren oder Chancen. Sie reagieren auf das Zeitproblem auf der Ebene der *Jederzeitigkeit*. Einfachste Vorformen liegen in Systemen vor, die genügend eigene Komplexität für weitere Entwicklung besitzen, diese Chance aber nur in Kombination mit einer günstigen Umwelt realisieren können[96]. Ihre Möglichkeiten sind sozusagen bis auf weiteres stillgestellt und bereitgehalten für den Zeitpunkt, in dem eine Zufallskombination von System und Umwelt ihnen die Chance gibt, sich zu realisieren.

Zweitens ist an *Schnelligkeit* zu denken: an Einrichtungen, die es dem System ermöglichen, den eigenen Prozessen größeres Tempo zu geben im Vergleich zu den für sie relevanten Prozessen der Umwelt. Tempoüberlegenheit ihrerseits kann zu sehr verschiedenen Zwecken benutzt werden – zum Beispiel zur Simulation von möglichen Umweltverläufen und zur Vorbereitung auf Eventualitäten, zum Fliehen und Einholen, aber auch zum Vermeiden von allzu

96 Siehe hierzu die Überlegungen zu »conditionality« als Grundeigenschaft von »Organisation« bei W. Ross Ashby, Principles of the Self-Organizing System, a.a.O.

scharfer, umweltabhängiger Spezialisierung. Der Schnellere kann zwischendurch etwas anderes tun.

Eine dritte Art der Problemlösung könnte man als *Aggregation und Integration von Zeitverhältnissen* bezeichnen. Sie setzt die Fähigkeit zu punktuellem Zugriff auf übermäßig komplexe Sachverhalte voraus, auf die wir im nächsten Kapitel unter dem Titel »Sinn« zurückkommen werden. Sie ist also nur von psychischen und von sozialen Systemen zu erwarten, die ihre Komplexitätsverhältnisse auf die Form von Sinn bringen können. Im Prinzip geht es um die Fähigkeit, zeitlich Inaktuelles zu aktualisieren unter Übernahme des Risikos, falsch zu erinnern bzw. falsch zu antezipieren. Der Aufbau solcher Möglichkeiten produziert dann als Rahmenbedingung eine Aggregatvorstellung der Zeit, eine Interpretation der Irreversibilität im Sinne einer Differenz von Vergangenem und Künftigem und eine Ausnutzung der Gegenwart zur Integration von zeitbezogen erfaßten Diskrepanzen. Der klassische Titel hierfür, »prudentia« als das Merkmal, das den Menschen vom Tier unterscheidet[97], hatte zugleich mitbedeutet, daß dieses Potential der Aktualisierung des Inaktuellen unter scharfen Beschränkungen der richtigen Verwendung steht. Ebenso wichtig ist: daß es einerseits Schnelligkeit erspart, andererseits auf anderen Prozeß- und Systemebenen Schnelligkeit voraussetzt. Der Igel und seine Frau besaßen als soziales System prudentia im Verhältnis zum Hasen: Sie konnten schnell hochselektiv kommunizieren, während der Hase nur schnell laufen konnte. Älteren Gesellschaften schien eine solche prudentia zu genügen. Erst in hochkomplexen Gesellschaften, erst in der neueren Zeit wird das Interesse an zeitübergreifender prudentia durch ein Interesse an Beschleunigungen überholt: Das 18. Jahrhundert entdeckt, daß der Geschmack schneller urteilen kann als die Vernunft, weil er seine Kriterien individualisieren und durch Selbstbeobachtung legitimieren kann.

5. Ist die relative zeitliche Autonomie eines Systems durch die eine oder andere Kombination von Distanzierungsmitteln gesichert, kann ein System die Zeitdimension auch benutzen, um die Probleme der eigenen Komplexität (im Unterschied zu: Problemen im Verhältnis zur Umwelt) besser zu lösen, und vor allem: um die

97 Vgl. Cicero, de officiis Buch I Kap. IV, II. zitiert nach der Ausgabe von Loeb's Classical Library Bd. XXI, London 1968.

eigene Komplexität durch Verwendung von Zeit zu steigern. Wir wollen dies als *Temporalisierung der Komplexität*[98] bezeichnen. Temporalisierung der eigenen Komplexität ist Anpassung des Systems an die Irreversibilität der Zeit. Dadurch, daß das System die Zeitdauer der eigenen Elemente verringert oder gar auf bestandslose Ereignisse reduziert, kann es die Irreversibilität der Zeit mitmachen; es ist ihr nicht ausgeliefert, es kann sie copieren und läßt dann intern nur noch Strukturen zu, die in der Lage sind, entstehende und vergehende Elemente zu verknüpfen. Ein temporalisiertes System zwingt sich, anders gesagt, durch die Art, wie es seine Elemente konstituiert, die Irreversibilität der Zeit zu beachten.

Temporalisierung der Komplexität führt zu einer selektiven Ordnung der Verknüpfung der Elemente im zeitlichen Nacheinander. Abstrakter formuliert: die Kapazität zu selektiver Relationierung kann immens erweitert werden, wenn ein System auch geordnete Verschiedenheit der Verknüpfung im Nacheinander, also einen Wechsel der Relationierungsmuster je nach internen und externen Anforderungen, einrichten kann. Das erfordert einerseits eine Abstraktion der Strukturen, die dies noch ermöglichen: Sie können mit den elementaren Relationen selbst nicht identisch sein; und andererseits eine Temporalisierung der Letztelemente des Systems: Sie müssen als Ereignisse oder als Information oder als Handlungen zeitpunktbezogen identifiziert und damit der Irreversibilität der Zeit ausgeliefert werden. Die Abstraktion der Strukturen ermöglicht, die Temporalisierung der Elemente erzwingt die laufende Änderung der Relationierungsmuster. Eine Handlung bleibt nicht einfach Information, ein Ereignis bleibt nicht einfach Ereignis. Temporalisierte Elemente lassen sich auch durch Wiederholung nicht verstärken; sie sind von vornherein darauf angelegt, daß *etwas anderes* anschließt. Sie können nur »augenblickliche« Verknüpfungen aktualisieren und schaffen daher von Moment zu Moment neue Situationen, in denen Wiederholung oder Veränderung zur Disposition steht. Systeme dieser Art sind daher immanent unruhig, sind einer endogen erzeugten Dynamik ausgesetzt und zwingen sich genau dadurch selbst, hiermit kompatible Strukturen zu lernen.

Temporalisierung der Komplexität kommt, wie bereits gesagt, durch Temporalisierung der Elemente des Systems zustande. Das

98 Vgl. Niklas Luhmann, Temporalization of Complexity, in: R. Felix Geyer/Johannes van der Zouwen (Hrsg.), Sociocybernetics Bd. 2, Leiden 1978, S. 95-111.

System wird aus instabilen Elementen gebildet, die nur kurze Zeit dauern oder sogar, wie zum Beispiel Handlungen, überhaupt keine eigene Dauer haben, sondern im Entstehen schon wieder vergehen. Chronologisch gesehen nimmt natürlich jedes Element eine gewisse Uhrzeit in Anspruch; aber die Zeitlänge, für die es als nicht weiter auflösbare Einheit behandelt wird, wird vom System selbst bestimmt; sie hat verliehenen, nicht seinshaften Charakter. Entsprechend besteht ein hinreichend stabiles System aus instabilen Elementen; es verdankt seine Stabilität sich selbst, nicht seinen Elementen; es baut sich auf einer gar nicht »vorhandenen« Grundlage auf und ist gerade in diesem Sinne ein autopoietisches System[99].

Trotzdem *besteht* ein solches System aus seinen Elementen, also aus Ereignissen. Es hat außerhalb der Ereignisse keine Basis für Dauer (und deshalb erleben wir Gegenwart zwangsläufig als kurz). Man kann daher die Ereignisse nicht vom System trennen, nicht einmal sinnvoll vom System unterscheiden; das Ereignis »is separate not from the whole, but in the whole«[100]. Die theoretisch richtige Differenz ist nicht: Element (Ereignis)/System, auch nicht Element (Ereignis)/Prozeß, sondern Element (Ereignis)/Relation.

Die eindrucksvollste Konsequenz dieser Theorie der Temporalisierung ist: daß sich eine neuartige *Interdependenz von Auflösung und Reproduktion* der Elemente ergibt. Systeme mit temporalisierter Komplexität sind auf *ständigen Zerfall angewiesen*. Die laufende Desintegration schafft gleichsam Platz und Bedarf für Nachfolgeelemente, sie ist notwendige Mitursache der Reproduktion. Sie stellt außerdem frei verfügbare Materialien bereit, die sich aus dem Zerfall ergeben, etwa labile chemische oder psychische Bindungsfähigkeit. In einer treffenden Formulierung heißt es bei Zeleny: »Putting aside the notion of origin and examining an ongoing system, observe that disintegration ›produces‹ the substrate necessary for production, production ›produces‹ the catalyst necessary for itself

99 In der bisherigen Literatur zu »Autopoiesis« ist dieser Zusammenhang von Minimaltemporalität und Selbstreproduktion nicht zureichend behandelt worden. Gerade hier sehe ich die besonderen Möglichkeiten eines spezifisch soziologischen Einflusses auf die allgemeine Systemtheorie. Denn mehr als bei anderen Arten von autopoietischen Systemen ist für Handlungssysteme evident, daß sie *nur* aus Elementen von *sehr kurzer Dauer* bestehen und ihre Stabilität gerade nicht aus einer Gemengelage von relativ kurzfristigen und relativ langfristigen Bestandsstücken gewinnen können.

100 Robert M. MacIver, Social Causation, Boston 1942, S. 64.

and the links necessary for bonding, and bonding ›produces‹ the stuff necessary for disintegration«[101].

Daraus folgt, daß temporalisierte Systeme schnell (»heiß«) sein müssen, daß sie Geschlossenheit und Diskriminierfähigkeit (Selbstbeobachtung) aufbringen müssen und daß das, was erhalten wird, eben diese Geschlossenheit und Diskriminierfähigkeit ist – und zwar in Formen, die den Tempoanforderungen genügen können. Man kann dann auch sagen, daß die eigentliche Systemleistung in der *Konditionierung*[102] *der Interdependenz von Auflösung und Reproduktion* besteht. Als Struktur kommt dann nur in Betracht, was diese Interdependenz entfalten, nämlich ausweiten und einschränken kann.

Für Systeme mit temporalisierter Komplexität wird somit *Reproduktion* zu einem Dauerproblem. Dieser Theorie geht es also nicht, wie klassischen Gleichgewichtstheorien, um Rückkehr in eine stabile Ruhelage nach Absorption von Störungen, sondern um die Sicherung der unaufhörlichen Erneuerung der Systemelemente; oder in kurzer Formulierung: nicht um statische, sondern um dynamische Stabilität. Alle Elemente verschwinden, sie können sich als Elemente in der Zeit nicht halten, sie müssen also laufend neu hervorgebracht werden und dies auf Grund der Konstellation von Elementen, die im Moment aktuell ist. Reproduktion heißt also nicht einfach: Wiederholung der Produktion des Gleichen, sondern reflexive Produktion, Produktion aus Produkten[103]. Um deutlicher zu akzentuieren, daß nicht die unveränderte Erhaltung des Systems gemeint ist, sondern ein Vorgang auf der Ebene der Elemente, der für jede Erhaltung und Änderung des Systems unerläßlich ist, wollen wir die Reproduktion der ereignishaften Elemente als *Operation* bezeichnen. Immer, wenn im folgenden von »Operationen« eines Systems die Rede ist, ist dies gemeint.

6. Aus den Überlegungen zur autopoietischen Reproduktion unter der Bedingung temporalisierter Komplexität ergibt sich der Begriff der systemimmanenten *Entropie*. Für einen Beobachter ist ein System entropisch, wenn eine Information über ein Element keinerlei

101 Milan Zeleny, What is Autopoiesis?, in ders., a.a.O. (1981), S. 4-17 (9).

102 im oben unter II 5 eingeführten Sinne.

103 Dieses Verständnis von Reproduktion hat Tradition, war jedenfalls längst vor Marx eingeführt. Vgl. z. B. Johann Jakob Wagner, Philosophie der Erziehungskunst, Leipzig 1803, S. 48: »Aus Produkten produciren heißt reproduciren«.

Rückschlüsse auf andere zuläßt. Das System ist für sich selbst entropisch, wenn im Prozeß der Reproduktion, also des Ersetzens entfallender Elemente, jedes mögliche Nächstelement gleichwahrscheinlich ist. Anders gesagt: Im Falle der Entropie fehlt jede Engführung der Anschlußfähigkeit, und es fehlt damit auch der Zeitgewinn, der daraus resultiert, daß nicht alles in Betracht kommt. Der Begriff bezeichnet mithin den Grenzfall, in dem die Reproduktion des Systems aus sich selbst heraus zum Zufall wird.

7. Systeme mit temporalisierter Komplexität haben Eigenschaften, die man auf darunterliegenden Realitätsebenen nicht findet. Sie zwingen sich selbst zum laufenden Wechsel ihrer Zustände dadurch, daß sie die Dauer der Elemente, aus denen sie bestehen, minimieren. Sie kombinieren auf diese Weise, zeitlich gesehen, Stabilität und Instabilität und, sachlich gesehen, Bestimmtheit und Unbestimmtheit. Jedes Element (Ereignis, Handlung usw.) ist dann *bestimmt und unbestimmt zugleich*: bestimmt in seiner momentanen Aktualität und unbestimmt in seinem Anschlußwert (der seinerseits aber ebenfalls im Moment mitaktualisiert werden muß). Dadurch, daß diese *Kombination* durch Ausdifferenzierung eines entsprechenden Systems *garantiert wird*, werden Ordnungsleistungen möglich, *die sich darauf stützen*.

So ist zum Beispiel ein System, das sich selbst zwingt, seine Zustände laufend zu ändern, genötigt, seiner Umwelt Informationen zu entnehmen, die es ermöglichen, anschließende Zustände (*intern* anschließende Zustände!) zu bestimmen. Die Selbstreferenz allein gibt, wenn alle Elemente nur Ereignisse sind, dafür keine ausreichenden Hinweise. Erst recht gilt das für »Zwecke«, für Selbsterhaltungstriebe oder was immer sonst Theorien postuliert haben, um aus der Systembeschreibung selbst eine Antwort auf diese Frage abzuleiten. Solche Antworten laufen, wie eine lange Theoriegeschichte lehrt, auf Tautologien hinaus. An deren Stelle wird hier die System/Umwelt-Theorie gesetzt. Das heißt: Temporalisierung der Komplexität bedeutet Abhängigkeit von einem anspruchsvolleren internen Arrangement und zugleich und dadurch: erhöhte Abhängigkeit von Umweltinformationen. Die Ausdifferenzierung des Systems wird dadurch gesteigert. Es wird durch endogen erzeugte »Reizbarkeit« sensibler für ausgewählte Aspekte seiner Umwelt.

Ein zweites emergentes Merkmal betrifft interne Orientierung an der eigenen Instabilität. Temporalisierung ist nur in selbstreferentiellen Systemen möglich. Das heißt aber auch: daß die Effekte der Temporalisierung in die Selbstreferenz eingebaut werden. Das System wird nicht nur unruhig, es wird auch durch seine Unruhe beunruhigt[104]. Die Unruhe über die Unruhe mag die Unruhe vergrößern. Daraus folgt die Frage, ob es Schranken der Selbstinstabilisierung gibt, bei deren Überschreiten das System sich auf Destruktion hin entwickelt, und wie diese Schranken gegebenenfalls kontrolliert werden. Man kann sich dies Problem (und sogar das daran anschließende Problem des Auswechselns solcher Schranken) am Problem der Preise verdeutlichen, nach denen im Wirtschaftssystem Tauschgeschäfte abgewickelt werden. Preise müssen bis zu einem gewissen Grade instabilisiert werden, müssen sich von Moment zu Moment ändern können, um außerhalb des Systems erzeugte Schwankungen in Angebot und Nachfrage im System kommunizierbar zu machen. Bei starrem Preisgefüge (und bei interner Reaktion auf genau diese Starrheit im Sinne einer selbsterzeugten Gewißheit) würde das System die eigenen Operationsgrundlagen zunehmend umweltfremd fixieren. Andererseits wirft die Zulassung von Instabilität Probleme ihrer Schranken auf, besonders wenn man wiederum interne Reaktionen auf Instabilität in Rechnung stellt. Die Formulierung solcher Schranken hatte sich zunächst einer direkten Bezugnahme auf moralische Wertungen bedient und sich damit an der Systemreferenz Gesellschaft orientiert. Preise sollten »gerecht« sein. Nachdem dieser Gedanke mit der stärkeren gesellschaftlichen Ausdifferenzierung des Wirtschaftssystems aufgegeben werden mußte, wird als Ersatz entweder eine rein ökonomische (»marktwirtschaftliche«) oder eine politische Lösung favorisiert, die beide dazu tendieren, die Instabilitäten anderen Systemebenen und/oder anderer Systeme, also Geldkosten bzw. kollektiv bindende Entscheidungen hierfür in Anspruch zu nehmen, wodurch dann die systeminternen Reaktionen auf Stabilitäten bzw. Instabilitäten entsprechend mitverlagert werden.

Wenn Temporalisierung auf diese Weise zur Komprimierung von

104 Die ersten theoretischen Formulierungen dieser Selbstreferenz, die das Problem steigert und verstärkt, sind der Anthropologie des 17. Jahrhunderts zu danken, die dem späteren Neuhumanismus manches voraus hatte. Vgl. dazu Niklas Luhmann, Frühneuzeitliche Anthropologie: Theorietechnische Lösungen für ein Evolutionsproblem der Gesellschaft, in ders.: Gesellschaftsstruktur und Semantik Bd. 1, Frankfurt 1980, S. 162-234.

Bestimmtheit und Unbestimmtheit in momenthaften Elementen, zur internen Verarbeitung basaler Instabilität, zur Beunruhigung durch Unruhe und zu zeitübergreifenden, Veränderung voraussetzenden Strukturen führt, bekommt nicht nur die Zeit selbst für das System eine neuartige Relevanz. Auch die Zusammenhänge zwischen zeitlicher Abfolge und sachlicher Verschiedenheit stellen neuartige Anforderungen. Wir hatten schon gesagt, daß es ein primäres Moment von Zeitlichkeit zu sein scheint, daß anderswo etwas anderes geschieht. Und auch die Abfolge ist nur wahrnehmbar, wenn das Folgende von dem abweicht, was gerade gewesen ist. Dieses Aufeinanderangewiesensein von Zeitbezug und Sachbezug scheint sich mit Temporalisierung der Komplexität und Momentierung der Elemente zu verstärken. Zeitdifferenz und sachliche Verschiedenheit trennen sich schärfer und sind zugleich stärker voneinander abhängig. Man kann vermuten, daß dies eine evolutionäre Ausgangslage ist, in der sich, zunächst als grandiose Vereinfachung, Sinn bildet und durch Formzwang erreicht, daß in allem, was Operation werden kann, Verweisungen in sachliche und Verweisungen in zeitliche Richtung zusammengeschlossen sein müssen.

Die alteuropäische Tradition hatte hierfür den Begriff der »Bewegung« bereitgestellt. Ihre Physik war bis Newton Bewegungsphysik. Noch Hegels System kommt nicht ohne den Bewegungsbegriff aus. Damit war ein Phänomen durch einen Begriff so aufgewertet, daß es eine genauere Analyse der Interdependenz von zeitlichen und sachlichen Bedingungen für Systemoperationen blockierte. Die Problematik dieser Problemlösung mit Hilfe der Bewegungsmetapher wird erst heute erkennbar in dem Maße, als man andere Möglichkeiten der Konzeptualisierung temporalisierter Komplexität entwickelt.

Wir können dies hier nicht weiter ausführen. Die strukturelle Bedeutung solcher Temporalisierungen läßt sich kaum überschätzen, und im Vergleich dazu liegt der Stand soziologischer Forschung weit zurück. Von innen heraus unruhige Systeme sind ihrerseits Voraussetzung für höhere Ebenen der Systembildung. Die Temporalisierung der Komplexität beginnt weit unterhalb der Menschenwelt. Was auf so unruhigem Untergrund gebaut werden kann, muß Fluktuation in Stabilität überführen können. Aber das ist nicht das einzige Problem. Für die dann noch möglichen Systeme, und wir denken natürlich vor allem an soziale Systeme, gehört eine dynamische Umwelt mit den dafür nötigen Voraussetzungen zur Bedingung der Einrichtung und Erhaltung eigener Komplexität. Wir werden darauf unter dem Gesichtspunkt von »Interpenetration« zurückkommen.

IV

Mit den bisherigen Überlegungen haben wir Problembezüge vorangestellt und strukturelle Festlegungen der Theorie sorgfältig vermieden. Wir haben auch keine »Modelle« vorgestellt, um jeden Anschein von Strukturbestimmungen zu vermeiden. Wir haben uns darauf beschränkt, das Problemverständnis der Systemtheorie anzureichern. Das ist eine Konsequenz des Konzepts selbstreferentieller Systeme. Es geschieht zugleich, um Ausgangspunkte für *funktionale Analysen* zu gewinnen.

Die Methode funktionaler Analyse, die wir durchgehend voraussetzen werden, basiert ihrerseits auf dem Informationsbegriff. Sie dient der Informationsgewinnung (ob auch der »Erklärung«, hängt ab von der Fassung, die man diesem Begriff gibt). Sie reguliert und präzisiert Bedingungen, unter denen Differenzen einen Unterschied ausmachen. Es handelt sich, mit anderen Worten, um einen für spezifische Intentionen eingerichteten Sonderhorizont der Lebenswelt, der das, was bei aller Informationsverarbeitung sowieso geschieht, nämlich das Abtasten von Differenzen, unter bestimmte Bedingungen setzt und damit in eine bestimmte Form bringt. Funktionale Analyse ist mithin eine Art Theorietechnik, ähnlich wie die Mathematik; und sie müßte mit der Mathematik dem Verdikt Husserls[105] verfallen, hätten wir nicht die Grundlagen dieses Verdikts, die Annahme eines ursprünglich-sinnstiftenden Subjekts, bereits weggeräumt.

Wie bei jeder Methodenwahl, ja bei jeder Epistemologie, gibt es deutliche Affinitäten zu bestimmten Begriffsdispositionen der Theorie. Hier zielt die Affinität auf Erkenntnisinteressen, die mit Begriffen wie Komplexität, Kontingenz, Selektion angezeigt sind. Die funktionale Analyse benutzt Relationierungen mit dem Ziel, Vorhandenes als kontingent und Verschiedenartiges als vergleichbar zu erfassen. Sie bezieht Gegebenes, seien es Zustände, seien es

105 In: Die Krisis der europäischen Wissenschaften und die transzendentale Phänomenologie, Husserliana Bd. VI, Den Haag 1954.

Ereignisse, auf Problemgesichtspunkte, und sucht verständlich und nachvollziehbar zu machen, daß das Problem so oder auch anders gelöst werden kann. Die Relation von Problem und Problemlösung wird dabei nicht um ihrer selbst willen erfaßt; sie dient vielmehr als Leitfaden der Frage nach anderen Möglichkeiten, als Leitfaden der Suche nach funktionalen Äquivalenten.

Probleme sind nur dann Probleme, wenn sie nicht isoliert, nicht Stück für Stück bearbeitet und gelöst werden können. Gerade das macht ihre Problematik aus. Es gibt Probleme also nur als Problem-Systeme (bzw. als Systemprobleme)[106]. Alle Funktionsorientierung richtet sich deshalb auf einen unauflösbaren (nur: zerstörbaren) Zusammenhang. Wir werden viel von »Ausdifferenzierung« von Funktionseinrichtungen sprechen; das heißt aber niemals Herauslösung oder Abtrennung vom ursprünglichen Zusammenhang, sondern nur: Etablierung funktionsbezogener Differenzen innerhalb des Systems, auf dessen Probleme sich die Funktionseinrichtungen beziehen. Ausdifferenzierung funktionaler Subsysteme heißt zum Beispiel: Etablierung neuer System/Umwelt-Differenzen innerhalb des Ursprungssystems. Die Funktionsorientierung behält mithin den »holistischen« Zug älterer Systemtheorien bei, aber sie kombiniert ihn mit der Fähigkeit zu hoher Problemspezifikation. Dies gilt sowohl für die Ebene realer Systeme, die sich durch Orientierung an Funktionen strukturieren, als auch für die Ebene der wissenschaftlichen Analyse solcher Systeme.

Die Ergiebigkeit der funktionalen Methode und der Erklärungswert ihrer Resultate hängen davon ab, wie die Beziehung zwischen Problem und möglicher Problemlösung spezifiziert werden kann. Spezifizieren heißt: engere Bedingungen der Möglichkeit angeben, und für empirische Wissenschaft heißt dies: Rekurs auf Kausalität. Allerdings besteht die funktionale Methode nicht einfach im Aufdecken von Kausalgesetzlichkeiten mit dem Ziele, bei Vorliegen bestimmter Ursachen bestimmte Wirkungen als notwendig (bzw. ausreichend wahrscheinlich) erklären zu können. Der Erkenntnisgewinn liegt gleichsam quer zu den Kausalitäten, er besteht in ihrem Vergleich. Man kann ihn erzielen, auch wenn Kausalitäten zunächst nur hypothetisch als noch nicht ausreichend erforscht unterstellt

106 Russel L. Ackoff, Redesigning the Future: A Systems Approach to Societal Problems, New York 1974, S. 21, schlägt hierfür den Fachausdruck »mess« vor. Das heißt praktisch, alle Planungen mit einem Fluch zu beginnen.

werden[107]. Man muß dann nur die pure Hypothetizität der Kausalannahmen nicht vergessen, sondern in den Vergleich einbringen. Man kommt dann zu Aussagen wie: Wenn (es wirklich zutrifft, daß) Inflationen Verteilungsprobleme relativ konfliktfrei lösen (mit welchen Nebenfolgen immer), sind sie ein funktionales Äquivalent für politisch riskantere, weil konfliktreichere staatliche Planung[108]. Und erst auf Grund eines solchen Aussagengerüstes erscheint es dann als lohnend, die zu Grunde liegenden Kausalitäten empirisch zu erforschen[109]. In diesem Sinne ist die funktionale Methode letztlich eine vergleichende Methode, und ihre Einführung in die Realität dient dazu, das Vorhandene für den Seitenblick auf andere Möglichkeiten zu öffnen[110]. Sie ermittelt letztlich Relationen zwischen Relationen: Sie bezieht etwas auf einen Problemgesichtspunkt, um es auf andere Problemlösungen beziehen zu können. Und »funktionale Erklärung« kann demzufolge nichts anderes sein als die Ermittlung (im allgemeinen) und Ausschaltung (im konkreten) von funktionalen Äquivalenten.

Hiergegen ist wiederholt eingewandt worden, daß die Beziehung zwischen funktionalen Äquivalenten, auf die alles ankommt, ungeklärt bleibe bzw. auf eine bloße Addition hinauslaufe: A sei als

107 Das muß natürlich geschehen, sofern es darum geht, Kausalverhältnisse funktional zu analysieren. Umstritten ist der Erkenntnisgewinn. Vgl. z. B. Rainer Döbert, Systemtheorie und die Entwicklung religiöser Deutungssysteme: Zur Logik des sozialwissenschaftlichen Funktionalismus, Frankfurt 1973, S. 50 ff.; Klaus Grimm, Niklas Luhmanns »soziologische Aufklärung« oder Das Elend der aprioristischen Soziologie, Hamburg 1974, S. 29 ff.; Hans Joachim Giegel, System und Krise: Kritik der Luhmannschen Gesellschaftstheorie, Frankfurt 1975, S. 24 ff.; Alberto Febbrajo, Funzionalismo strutturale e sociologia del diritto nell' opera di Niklas Luhmann, Milano 1975, S. 50 ff. Die Übereinstimmung in dieser Kontroverse scheint mir größer zu sein als die Differenzen. Die Auffassungsunterschiede dürften im wesentlichen auf die Frage zurückgehen, ob man Wissenschaft als Suche nach möglichst guten Erklärungen begreift oder als eigentümliche Form der Steigerung und Reduktion von Komplexität.

108 Dies Beispiel auf Grund von Tom Baugartner/Tom R. Burns, Inflation as the Institutionalized Struggle over Income Distribution, Acta Sociologica 23 (1980), S. 177-186.

109 Der vorherrschende Trend soziologischer Forschung verzichtet freilich auf eine solche methodologisch-theoretische Konstruktion und beschränkt sich darauf, unbehagliche Kausalitäten, latente Funktionen usw. einfach bloßzustellen. Man nennt das »kritisch« oder »progressiv«. Das führt aber nur zu der Frage, wie denn die zu Grunde liegenden Probleme anders gelöst werden können.

110 Hierzu näher Niklas Luhmann, Funktion und Kausalität, in ders., Soziologische Aufklärung Bd. 1, Opladen 1970, S. 9-30.

Problemlösung möglich und auch B und auch C und ...«[111]. Dies trifft jedoch nicht zu. Entscheidend ist, daß die Hinzufügung durch den Problemgesichtspunkt begrenzt wird, so daß nicht Beliebiges, sondern nur Einiges und oft nur Weniges in Betracht kommt. Wenn man zum Beispiel bei der Anfertigung eines Filmes Unterschiede von Licht und Schatten benötigt, braucht man nicht auf die Sonne zu warten, sondern kann künstliche Lichtquellen einsetzen; weitere Möglichkeiten sind nicht leicht ersichtlich und jedenfalls nicht immer zahlreich verfügbar. Die Leistung der funktionalen Orientierung liegt in der Ausweitung und Limitierung des Möglichen.

Die eigentliche Theorieleistung, die den Einsatz funktionaler Analysen vorbereitet, liegt demnach in der Problemkonstruktion. Daraus ergibt sich der Zusammenhang von funktionaler Analyse und Systemtheorie[112]. Die klassische Version dieses Zusammenhanges hatte das Letztproblem als Problem des Bestandes oder der Stabilität des Systems aufgefaßt. Das ist nicht unrichtig, aber unzureichend. Die im Vorstehenden genannten Themen der System/Umwelt-Differenz, der Komplexität, der Selbstreferenz und der zeitlichen Kombination von Irreversibilität und Reversibilität (Prozeß und Struktur) können unter methodischen Gesichtspunkten als Artikulation des Bestandproblems aufgefaßt werden – als Artikulation mit dem Ziel, bessere und vor allem komplexere Möglichkeiten der Analyse und des Vergleichs zu erschließen[113]. Vor allem ist jedoch die Wende zu beachten, die mit dem Konzept des selbstreferentiellen, autopoietischen Systems durchgeführt ist: Es geht nicht mehr um eine Einheit mit bestimmten Eigenschaften, über deren Bestand oder Nichtbestand eine Gesamtentscheidung fällt; sondern es geht um Fortsetzung oder Abbrechen der Reproduktion von Elementen durch ein relationales Arrangieren eben dieser Elemente. Erhaltung ist hier Erhaltung der Geschlossenheit und der Unaufhörlichkeit der Reproduktion von Elementen, die im Entstehen schon wieder verschwinden.

111 So z. B. Charles Larmore, Function and System in the Social Sciences, in: E. Rudolph/E. Stöve (Hrsg.), Geschichtsbewußtsein und Rationalität, Stuttgart 1982, S. 225-252 (232).

112 Siehe Niklas Luhmann, Funktionale Methode und Systemtheorie, in ders., Soziologische Aufklärung Bd. 1, a.a.O. S. 31-53.

113 Auch hierfür gibt es im übrigen Möglichkeiten des Rückgriffs auf Forschungstraditionen, die älter sind als die Systemtheorie. Vgl. namentlich die Beiträge in: Hans Ebeling (Hrsg.), Subjektivität und Selbsterhaltung, Frankfurt 1976.

Als Vergleichsdirektive bestimmt, bezeichnet der Funktionsbegriff jedoch einen Sachverhalt, der über das bloße Kontinuieren der selbstreferentiellen Reproduktion (»Bestandserhaltung«) hinausgeht. Auf Organismen angewandt besagt der Begriff mehr als bloß »Leben«[114]. Er bezeichnet eine Vergleichsintention, eine Kontingenzausweitung, eine Beobachtungsperspektive. Damit ist offengehalten, ob und in welchem Umfange selbstreferentielle Systeme imstande sind, sich selbst zu beobachten, zu beschreiben und dabei Funktionsbezüge zu entdecken.

Eine »System*theorie*« und eine funktionale *Methodologie* verorten die funktionale Analyse zunächst in der Systemreferenz des Wissenschaftssystems. Das ist empirisch wie historisch berechtigt. Der Sachverhalt »funktionale Analyse« kommt hier faktisch vor. Das Wissenschaftssystem bedient sich keineswegs nur der funktionalen Analyse, aber mindestens seit dem 17. Jahrhundert gibt es im Wissenschaftssystem die These, daß der Funktionsbezug das eigentlich fruchtbare Prinzip der Selektion (!) wissenschaftlich relevanter Daten sei[115]. Wir nennen die dafür geltenden Regeln in dieser Systemreferenz auch »funktionale Methode«. Mit der Systemreferenz Wissenschaft sind funktionalistisch orientierte Selbstanalysen personaler und vor allem sozialer Systeme (einschließlich wiederum: des Wissenschaftssystems) nicht ausgeschlossen, ebensowenig wie »Konversation« zwischen Wissenschaftssystem und anderen Systemen über funktionale Analysen und ihre Ergebnisse. Die Überführung in Selbstanalyse kann auch partiell erfolgen. Sie kann zum Beispiel nur die Problemlösungsbeziehung als solche erfassen und die Verunsicherung des Bestehenden durch Vergleich mit funktional äquivalenten anderen Möglichkeiten vermeiden bzw. durch Wertsetzung blockieren. Sie kann funktionale Äquivalente in die Form von »unmöglichen Alternativen« bringen und sie so zur Legitimation des immer schon praktizierten Handelns benutzen.[115a] Auch die Abstraktion der Problemerschließung ist für die Über-

114 Vgl. dazu Francisco G. Varela, Principles of Biological Autonomy, New York 1979, S. 64 f.

115 »Je ... ne diray que ce qui sera necessaire pour faire comprendre mes raisonnements sur les usages et sur les fonctions«, heißt es z. B. bei Guillaume Lamy, Discours anatomiques, 1. Aufl. Brüssel 1679, S. 10.

115a Vgl. Nils Brunsson, The Irrationality of Action and Action Rationality: Decisions, Ideologies and Organizational Actions, Journal of Management Studies 19 (1982), S. 29-44 (34).

nahme der analytischen Technik ein Problem. In dem Maße, als die Problembezüge der funktionalen Analyse abstrahiert und radikalisiert werden, wird es anderen Systemen schwerer fallen, sie auf sich selbst anzuwenden; und selbst die Wissenschaft schirmt sich, gegenwärtig jedenfalls noch, durch die Dogmatik einer »Wissenschaftstheorie« gegen funktionale Selbstanalyse ab.

Ein System wie die Wissenschaft, das andere Systeme beobachtet und funktional analysiert, benutzt im Verhältnis zu diesen Systemen eine inkongruente Perspektive. Es zeichnet nicht einfach nach, wie diese Systeme sich selbst und ihre Umwelt erleben. Es dupliziert nicht einfach die vorgefundene Selbstsicht. Vielmehr wird das beobachtete System mit einem für es selbst nicht möglichen Verfahren der Reproduktion und Steigerung von Komplexität überzogen. Einerseits benutzt die Wissenschaft bei ihrer Analyse begriffliche Abstraktionen, die dem konkreten Milieuwissen und der laufenden Selbsterfahrung des beobachteten Systems nicht gerecht werden. Auf Grund solcher Reduktionen wird, und das rechtfertigt sie, mehr Komplexität sichtbar gemacht, als dem beobachteten System selbst zugänglich ist. Als Technik wissenschaftlicher Beobachtung und Analyse läßt die funktionale Methode ihren Gegenstand also komplexer erscheinen, als er es für sich selbst ist. In diesem Sinne überfordert sie die selbstreferentielle Ordnung ihres Gegenstandes. Sie untergräbt seine intuitiven Evidenzen. Sie irritiert, verunsichert, stört und zerstört möglicherweise, wenn die natürliche Lethargie ihren Gegenstand nicht ausreichend schützt.

Diese Überforderung ist jeder Beobachtung immanent[116]. Ihr wird innerhalb von Interaktionssystemen zum Beispiel mit Selbstdarstellungstechniken und mit Takt entgegengewirkt. Für wissenschaftliche Analyse fehlen institutionelle Bremsen dieser Art. An ihre Stelle treten Kommunikationsschwierigkeiten. Dies allgemeine Problem gewinnt im Falle von funktionaler Analyse eine spezifische Ausprägung, und zwar in doppelter Hinsicht. Zum einen kann die funk-

116 Vgl. hierzu die Forschungen über Attributionsdivergenzen zwischen actor und observer, etwa Edward E. Jones/Richard E. Nisbett, The Actor and the Observer: Divergent Perceptions of the Causes of Behavior, in: Edward E. Jones et al., Attribution: Perceiving the Causes of Behavior, Morristown N. J. 1971, S. 79-94; Harold H. Kelley, An Application of Attribution Theory to Research Methodology for Close Relationships, in: George Levinger/Harold L. Raush (Hrsg.), Close Relationships: Perspectives on the Meaning of Intimacy, Amherst 1977, S. 87-113 (96 ff.).

tionale Analyse über »latente« Strukturen und Funktionen aufklären – das heißt: Relationen behandeln, die für das Objektsystem nicht sichtbar sind und vielleicht auch nicht sichtbar gemacht werden können, weil die Latenz selbst eine Funktion hat[117]. Zum anderen versetzt die funktionale Analyse Bekanntes und Vertrautes, also »manifeste« Funktionen (Zwecke) und Strukturen in den Kontext anderer Möglichkeiten. Das setzt sie dem Vergleich aus, und behandelt sie als kontingent ohne Rücksicht darauf, ob das Objektsystem selbst einen entsprechenden Umbau ins Auge fassen könnte oder nicht. In beiden Hinsichten – Latenz und Kontingenz – überfordert also die Analyse ihr Objekt, und der systemtheoretische Begriffsapparat macht dies möglich.

Der Selbstbezug, auch die Selbstthematisierung der Systeme, erscheint dann auf dem Bildschirm der funktionalen Analyse als Selbstsimplifikation des Objektsystems[118], die ihrerseits die Funktion einer notwendigen (aber nicht unbedingt: so und nicht anders notwendigen) Reduktion von möglicher Komplexität erfüllt. Der Grund für die Notwendigkeit von Reduktionen liegt in der Struktur des Komplexitätsproblems, nämlich darin, daß Komplexität zur Selektion bevorzugter Relationierungsmuster zwingt. Die funktionale Analyse löst sich dadurch, daß sie Objektsysteme thematisiert, scheinbar von dieser Notwendigkeit ab. Sie rekonstruiert die Kontingenzen des Systems, obwohl diese als solche gar nicht ausgenutzt werden können. Sie unterstellt ihrem Objekt Freiheitsgrade, die ihm selbst nicht zur Verfügung stehen. Sie kompensiert aber diese Realitätsüberschätzung dadurch, daß sie genau darin ihr letztes Bezugsproblem sieht. Sie reflektiert den Zumutungsgehalt ihrer Analyse in ihrer Begrifflichkeit. Im Komplexitätsproblem kommt die Differenz von Selbstreferenz im Objekt und Selbstreferenz in der Analyse, von beobachtetem und beobachtendem System zur Reflexion.

117 Dies ist, im Unterschied zu dem nächsten Punkt oben im Text, ein viel erörtertes Thema. Vgl. etwa Robert K. Merton, Social Theory and Social Structure, 2. Aufl. New York 1957, S. 60 ff.; Clyde Kluckhohn, Navajo Witchcraft, Cambridge Mass. 1944, S. 46 ff.; Harry M. Johnson, Sociology, New York 1960, S. 66 ff. Wir kommen im Kapitel über Struktur (Kap. 8, XV) hierauf zurück.

118 Vgl. hierzu Richard Levins, The Limits of Complexity, in: Howard H. Pattee (Hrsg.), Hierarchy Theory: The Challenge of Complex Systems, New York 1973, S. 109-127 (113): »Our argument in general terms is . . . that the dynamics of an arbitrary complex system will result in a simplified structuring of that complexity«.

Das rechtfertigt es, die funktionale Analyse in der Systemtheorie am Problem der Komplexität zu orientieren statt am Problem der Erhaltung von Beständen. Dies ist eine Konsequenz, die den Funktionalismus auf das Problemniveau bringt, das durch den in der Einleitung behandelten Paradigmawechsel in Richtung auf System/Umwelt-Konzept und Theorie selbstreferentieller Systeme gefordert ist. Damit begründet auch die funktionale Analyse die Wahl ihres letzten Bezugsproblems selbstreferentiell – nämlich als Orientierung an einem Problem, das einerseits gegenstandsimmanent gedacht werden kann, aber zugleich in besonderem Maße durch die Analyse selbst zum Problem wird. Mit der Wahl eines Problems, das die Einheit der Differenz von Erkenntnis und Gegenstand formuliert, geht die funktionale Methode über eine bloße Methodenentscheidung hinaus und beansprucht, Theorie der Erkenntnis zu sein.

Für Erkenntnisgewinn durch funktionale Analyse gibt es zwar keine absoluten Garantien – weder in der Theorie noch in der Methode des richtigen Vorgehens[119]. Aber es gibt mindestens einen wichtigen Anhaltspunkt. Man kann vermuten, daß Einsichten um so größeren Erkenntniswert besitzen, je verschiedener die Sachverhalte sind, an denen sie bestätigt werden können. Das Funktionieren trotz Heterogenität ist deshalb selbst eine Art Beweis. Die vorherrschende Wissenschaftstheorie und Methodologie hat, fasziniert durch die Voraussetzung einer Parallellage von Aussagestruktur und Gegenstandsstruktur, dieses Erkenntnissicherungsverfahren vernachlässigt[120]. Das hat zu der verbreiteten Skepsis im Hinblick auf den methodologischen Ertrag funktionaler Analyse geführt. Revidiert man jene auch in anderen Hinsichten überholte erkenntnistheoretische Prämisse im Übergang zu einer evolutionstheoretischen Epistemologie, kann man auch die methodologische Leistung der funktional-vergleichenden Analyse anders einschätzen.

Nach einer alten, einsichtigen Regel treten Wahrheiten in Zusammenhängen auf, Irrtümer dagegen isoliert. Wenn es der funktiona-

119 Im 18. Jahrhundert bereits war die These geläufig, daß für das Ansetzen eines ungewöhnlichen, sehr Verschiedenartiges übergreifenden Vergleichs ingenium, Witz, Einbildungskraft oder Ähnliches, in jedem Fall eine *nur individuell gegebene* Fähigkeit erforderlich sei. Vgl. Alfred Baeumler, Das Irrationalitätsproblem in der Ästhetik und Logik des 18. Jahrhunderts bis zur Kritik der Urteilskraft, Halle 1923, Neudruck Darmstadt 1967, S. 141 ff.

len Analyse gelingt, trotz großer Heterogenität und Verschiedenartigkeit der Erscheinungen Zusammenhänge aufzuzeigen, kann dies als Indikator für Wahrheit gelten, auch wenn die Zusammenhänge nur für den Beobachter einsichtig sind. Jedenfalls wird es bei dieser Technik des Einsichtgewinns schwerer und schwerer, die Überzeugung festzuhalten, die Ergebnisse könnten auf eine fehlerhafte Methode, auf Irrtum, auf reine Imagination zurückzuführen sein. Damit ist keineswegs gesagt, daß die semantische Form, in der sie präsentiert werden, der Realität »entspricht«; wohl aber, daß sie Realität »greift«, das heißt, sich als Ordnungsform im Verhältnis zu einer ebenfalls geordneten Realität bewährt.

120 Siehe aber die Bedeutung dieses Gedankens der »convergent confirmation« bzw. der »triangulation« in der psychologisch inspirierten Epistemologie von Campbell – z. B. Donald T. Campbell/Donald W. Fiske, Convergent and Discriminant Validation by the Multitrait-multimethod Matrix, Psychological Bulletin 56 (1959) S. 81-105; Donald T. Campbell, Natural Selection as an Epistemological Model, in: Raoul Naroll/Ronald Cohen (Hrsg.), A Handbook of Method in Cultural Anthropology, Garden City N. Y. 1970, S. 51-85 (67 ff.). Die Anregung geht auf die Funktionale Psychologie von Egon Brunswik zurück, benutzt aber auch spärliche methodologische Quellen.

Kapitel 2

Sinn

I

Auch das zweite Kapitel greift noch über den engeren Bereich der Theorie sozialer Systeme hinaus und behandelt ein Thema, das psychische und soziale Systeme gemeinsam betrifft – psychische Systeme als konstituiert auf der Basis eines einheitlichen (selbstreferentiellen) Bewußtseinszusammenhanges und soziale Systeme als konstituiert auf der Basis eines einheitlichen (selbstreferentiellen) Kommunikationszusammenhanges. Andere Systemarten werden nicht mehr berücksichtigt.

Psychische und soziale Systeme sind im Wege der Co-evolution entstanden. Die jeweils eine Systemart ist notwendige Umwelt der jeweils anderen. Die Begründung dieser Notwendigkeit liegt in der diese Systemarten ermöglichenden Evolution. Personen können nicht ohne soziale Systeme entstehen und bestehen, und das gleiche gilt umgekehrt[1]. Die Co-evolution hat zu einer gemeinsamen Errungenschaft geführt, die sowohl von psychischen als auch von sozialen Systemen benutzt wird. Beide Systemarten sind auf sie angewiesen, und für beide ist sie bindend als unerläßliche, unabweisbare Form ihrer Komplexität und ihrer Selbstreferenz. Wir nennen diese evolutionäre Errungenschaft »Sinn«.

Schon der »Behaviorismus« hatte die einseitig auf Bewußtsein bezogene Fassung des Sinnbegriffs überwunden – freilich nur mit Hilfe des Gegenbegriffs »behavior«, der seinerseits nicht ausreicht, weil er (1) zu stark einschränkt und (2) Konsens und Verhaltensabstimmung als Sinngrundlage ungebührlich hervorhebt[2]. Statt hier

1 Daraus folgt allerdings nicht der Schluß, den eine bis heute nachwirkende Tradition aus dieser Notwendigkeit gezogen hatte: daß der Mensch als animal sociale Teil der Gesellschaft sei, die Gesellschaft also »aus Menschen bestehe«. Von dieser Prämisse aus hätte die im ersten Kapitel skizzierte Systemtheorie nicht entwickelt werden können. Wer an dieser Prämisse festhält und mit ihr ein Humanitätsanliegen zu vertreten sucht, muß deshalb als Gegner des Universalitätsanspruchs der Systemtheorie auftreten.

2 Man kann die Konsequenzen dieser Abweichung vom richtigen Wege einer »naturalen« Sinn-Theorie gut an der Philosophie von John Dewey studieren. Vgl. z. B. Experience and Nature, Neudruck der 2. Aufl. New York 1958, S. 179. Meaning ... is not a psychic existence; it is primarily a property of behavior«. Schon »property« ist

anzuschließen, ist es besser, allen Objektbezug, der ja immer etwas ausschließt, zunächst zu vermeiden, und den Sinnbegriff als »differenzlosen« Begriff, der sich selbst mitmeint, einzuführen[2a]. Was Sinn ist (die Frage, was Sinn leistet, stellen wir im Moment zurück), läßt sich am besten in der Form einer phänomenologischen Beschreibung vorführen[3]. Eine Definition zu versuchen, würde dem Tatbestand nicht gerecht werden, da bereits die Frage danach voraussetzt, daß der Fragende weiß, worum es sich handelt[4].

Das Phänomen Sinn erscheint in der Form eines Überschusses von Verweisungen auf weitere Möglichkeiten des Erlebens und Handelns. Etwas steht im Blickpunkt, im Zentrum der Intention, und anderes wird marginal angedeutet als Horizont für ein Und-so-weiter des Erlebens und Handelns. Alles, was intendiert wird, hält in dieser Form die Welt im ganzen sich offen, garantiert also immer auch die Aktualität der Welt in der Form der Zugänglichkeit[5]. Die Verweisung selbst aktualisiert sich als Standpunkt der Wirklichkeit, aber sie bezieht nicht nur Wirkliches (bzw. präsumtiv Wirkliches) ein, sondern auch Mögliches (konditional Wirkliches) und Negatives (Unwirkliches, Unmögliches). Die Gesamtheit der vom sinn-

unangemessen, und erst recht die Zurechnung auf das Verhalten selbst, das sich selbst ja nur mit Bezug auf etwas anderes Sinn geben kann.

2a Dieser Vorschlag wird diskutiert, wird aber überwiegend im Interesse eines emphatischen, gegen bloße Natur abgrenzbaren Sinnbegriffs abgelehnt. Siehe z. B. Gerhard Sauter, Was heißt: nach Sinn fragen? Eine theologisch-philosophische Orientierung, München 1982; Jochen Köhler, Die Grenze von Sinn: Zur strukturalen Neubestimmung des Verhältnisses Mensch–Natur, Freiburg 1983.

3 Die Sprache dieser Beschreibung suggeriert eine psychische Systemreferenz. Davon muß und kann jedoch abstrahiert werden. Husserl hatte in Richtung auf eine Theorie des transzendentalen Subjekts abstrahiert. Wir abstrahieren in Richtung auf übergreifende Gültigkeit für personale und für soziale Systeme. Das heißt: Begriffe wie Intention, Verweisung, Erwartung, Erleben, Handeln bezeichnen in der folgenden Darstellung Elemente bzw. Strukturen, die sowohl zu psychischen als auch zu sozialen Systemen aufgeordnet werden können. Die Terminologie legt uns auf dieser Ebene der Theoriebildung also noch nicht auf eine dieser Systemreferenzen unter Ausschließung der anderen fest.

4 So Jan Smedslund, Meanings, Implications and Universals: Towards a Psychology of Man, Scandinavian Journal of Psychology 10 (1969), S. 1-15. Smedslund verzichtet mit diesem Argument dann aber vorschnell auch auf den Versuch einer phänomenologischen Beschreibung.

5 Vgl. Edmund Husserl, Ideen zu einer reinen Phänomenologie und phänomenologischen Philosophie Bd. I, in: Husserliana Bd. III, Den Haag 1950, S. 57 ff., 100 ff.; ders., Erfahrung und Urteil: Untersuchungen zur Genealogie der Logik, Hamburg 1948, S. 23 ff.

haft intendierten Gegenstand ausgehenden Verweisungen gibt mehr an die Hand, als faktisch im nächsten Zuge aktualisiert werden kann. Also *zwingt* die Sinnform durch ihre Verweisungsstruktur den nächsten Schritt zur *Selektion.* Diese Zwangsläufigkeit der Selektion geht mit in das Sinnbewußtsein und für soziale Systeme mit in die Kommunikation über Sinnhaftes ein, so daß die pure Faktizität des aktuellen Lebensvollzugs weder dem Bewußtsein noch der Kommunikation letzte Anschlußsicherheit mitgeben kann.

Mit einer etwas anderen Formulierung läßt sich auch sagen: Sinn stattet das je aktuell vollzogene Erleben oder Handeln mit redundanten Möglichkeiten aus[6]. Dadurch wird die Unsicherheit der Selektion zugleich auch wieder kompensiert. Redundanz hat eine Sicherheitsfunktion. Man kann sich Fehlgriffe leisten, weil die Möglichkeiten damit noch nicht erschöpft sind. Man kann zum Ausgangspunkt zurückkehren und einen anderen Weg wählen.

Bei einem Rückblick auf das, was oben zum Thema Komplexität gesagt worden ist, ist unschwer zu erkennen, *daß diese Formvorschrift Sinn auf das Problem der Komplexität bezieht.* Damit kehren wir von der phänomenologischen Beschreibung zur problembezogenen funktionalen Analyse zurück. Mit *jedem* Sinn, mit *beliebigem* Sinn wird unfaßbar hohe Komplexität (Weltkomplexität) appräsentiert und für die Operationen psychischer bzw. sozialer Systeme verfügbar gehalten. Sinn bewirkt dabei einerseits: daß diese Operationen Komplexität nicht vernichten können, sondern sie mit der Verwendung von Sinn fortlaufend regenerieren. Der Vollzug der Operationen führt nicht dazu, daß die Welt schrumpft; man kann nur *in der Welt* lernen, sich als System mit einer Auswahl aus möglichen Strukturen einzurichten. Andererseits reformuliert jeder Sinn den in aller Komplexität implizierten Selektionszwang, und jeder bestimmte Sinn qualifiziert sich dadurch, daß er bestimmte Anschlußmöglichkeiten nahelegt und andere unwahrscheinlich oder schwierig oder weitläufig macht oder (vorläufig) ausschließt[7].

6 Das ist in gewisser Weise eine »Copie« der neurophysiologischen Redundanzen für eine andere Systemebene. Siehe dazu Donald M. MacKay, The Place of »Meaning« in the Theory of Information, in: Colin Cherry (Hrsg.), Information Theory: Third London Symposium, Butterworths 1956, S. 215-224; neu gedruckt in ders., Information, Mechanism and Meaning, Cambridge Mass. 1969, S. 79-93.

7 Wer diesen Aspekt betont, definiert den Begriff auf der gleichen Funktionslinie wie hier, aber inhaltlich etwas enger. So Jürgen Frese, Sprechen als Metapher für Handeln, in: Hans-Georg Gadamer (Hrsg.), Das Problem der Sprache, Achter Deutscher Kon-

Sinn ist mithin – der Form, nicht dem Inhalt nach – Wiedergabe von Komplexität, und zwar eine Form der Wiedergabe, die punktuellen Zugriff, wo immer ansetzend, erlaubt, zugleich aber jeden solchen Zugriff als Selektion ausweist und, wenn man so sagen darf, unter Verantwortung stellt.

Ebenso wie das Problem der Komplexität tritt auch das Problem der *Selbstreferenz* in der Form von Sinn wieder auf. Jede Sinnintention ist selbstreferentiell insofern, als sie ihre eigene Wiederaktualisierbarkeit mitvorsieht, in ihrer Verweisungsstruktur also sich selbst als eine unter vielen Möglichkeiten weiteren Erlebens und Handelns wieder aufnimmt. Sinn kann überhaupt nur durch Verweisung auf jeweils anderen Sinn aktuale Realität gewinnen; es gibt insofern keine punktuelle Selbstgenügsamkeit und auch kein »per se notum«. Schließlich wird insofern das allgemeine Problem der Selbstreferenz copiert, als es auch im Bereich des Sinnhaften unergiebig wird, in der bloßen Selbstbezüglichkeit oder in kurzgeschalteten Tautologien zu zirkulieren. Diese Möglichkeit ist nicht ausgeschlossen, sondern mitangezeigt. Man kann denken: diese Rose ist eine Rose, ist eine Rose, ist eine Rose. Aber ergiebig ist die Benutzung eines rekursiven Weges nur, wenn sie sich von bestimmten Bedingungen abhängig macht, also nicht immer auf jeden Fall sofort erfolgt. Interdependenzen müssen, um Aufbauwert für komplexe Systeme zu gewinnen, der allgemeinen Bedingung des Konditioniertseins genügen.

Der Sinnzwang, der allen Prozessen psychischer und sozialer Systeme auferlegt ist, hat Konsequenzen auch für das *Verhältnis von System und Umwelt.* Nicht alle Systeme verarbeiten Komplexität und Selbstreferenz in der Form von Sinn; aber für die, die dies tun, gibt es *nur* diese Möglichkeit. Für sie wird Sinn zur Weltform und übergreift damit die Differenz von System und Umwelt. Auch die Umwelt ist für sie in der Form von Sinn gegeben, und die Grenzen zur Umwelt sind Sinngrenzen, verweisen also zugleich nach innen und nach außen. Sinn überhaupt und Sinngrenzen insbesondere

greß für Philosophie Heidelberg 1966, München 1967, S. 45-55 (51): »Der Sinn eines Aktes ist das als eine bestimmte Situation gegebene Ensemble der Möglichkeiten, an diesen Akt weitere Akte anzuschließen; d. h. der Sinn eines Aktes ist die Mannigfaltigkeit der Anschließbarkeiten, die er eröffnet. Das ist gleichbedeutend mit: Der Sinn eines Aktes ist sein Bezug auf eine oder mehrere Stellen in dem System, in dem er sich als Funktion erfüllt.«

garantieren dann den unaufhebbaren Zusammenhang von System und Umwelt, und dies in der für Sinn eigentümlichen Form: durch redundantes Verweisen. Kein Sinnsystem kann sich in der Umwelt oder in sich selbst endgültig verlieren, da immer Sinnesimplikate mitgegeben sind, die über die Grenze zurückverweisen. Die Ausdifferenzierung des Systems mit Hilfe besonderer Sinngrenzen artikuliert einen weltuniversalen Verweisungszusammenhang mit der Konsequenz, daß für das System feststellbar ist, womit es sich selbst und womit es seine Umwelt intendiert. Aber die Grenze selbst ist durch das System bedingt, so daß die Differenz des Systems zur Umwelt ihrerseits als Leistung des Systems reflektiert, nämlich in selbstreferentiellen Prozessen thematisiert werden kann.

Sinn korrespondiert als evolutionäres Universale schließlich auch mit der These der *Geschlossenheit selbstreferentieller Systembildungen.* Geschlossenheit der selbstreferentiellen Ordnung wird hier gleichbedeutend mit *endloser Offenheit der Welt.* Diese Offenheit wird nämlich durch die Selbstreferentialität von Sinn konstituiert und durch sie laufend reaktualisiert. Sinn verweist immer wieder auf Sinn und nie aus Sinnhaftem hinaus auf etwas anderes. Systeme, die an Sinn gebunden sind, können daher nicht sinnfrei erleben oder handeln. Sie können die Verweisung von Sinn auf Sinn nicht sprengen, in der sie selbst unausschließbar impliziert sind. Innerhalb der sinnhaft-selbstreferentiellen Organisation der Welt verfügt man über die Möglichkeit des Negierens, aber diese Möglichkeit kann ihrerseits nur sinnhaft gebraucht werden. Auch Negationen haben, nur dadurch sind sie anschließbar, Sinn. Jeder Anlauf zur Negation von Sinn überhaupt würde also Sinn wieder voraussetzen, würde in der Welt stattfinden müssen. Sinn ist also eine unnegierbare, eine differenzlose Kategorie. Ihre Aufhebung wäre im strengsten Sinne »annihilatio« – und das wäre Sache einer undenkbaren externen Instanz.

»Sinnlosigkeit« kann deshalb nie durch Negation von Sinnhaftigkeit gewonnen werden[8]. Sinnlosigkeit ist ein Spezialphänomen, es ist überhaupt nur im Bereich der Zeichen möglich und besteht in einer Verwirrung von Zeichen. Ein Durcheinanderbringen von Objekten ist niemals sinnlos, ein Trümmerhaufen zum Beispiel ist sofort als solcher erkennbar, und zumeist sieht man auch gleich mit,

8 Wie oft behauptet wird – so z. B. mit Entschiedenheit von Heinrich Gomperz, Über Sinn und Sinngebilde, Verstehen und Erklären, Tübingen 1929, S. 32 ff.

ob er auf Alter oder Erdbeben oder »Feindeinwirkung« zurückzuführen ist.

Mit dieser These universeller, selbstreferentieller Formbindung allen sinnhaften Prozessierens[9] ist natürlich nicht gesagt, daß es außer Sinn nichts gibt. Das würde den systemtheoretischen Rahmenbedingungen der Analyse der Funktion von Sinn widersprechen, und das widerspräche auch direkt zugänglichen Erfahrungsgehalten, die in literarischen und philosophischen Traditionen mit Titeln wie Genuß, Faktizität, Existenz benannt worden sind. Nicht zuletzt wäre an die religiöse Erfahrung der Transzendenz zu erinnern. An die Stelle solcher Titel, deren Sinn das nicht decken kann, was sie meinen, könnte heute die Einsicht treten, daß die Genese und Reproduktion von Sinn einen Realitätsunterbau voraussetzt, der seine Zustände ständig wechselt. Sinn entzieht diesem Unterbau dann Differenzen (die als Differenzen nur Sinn haben), um differenzorientierte Informationsverarbeitung zu ermöglichen. Allem Sinn ist dadurch temporalisierte Komplexität und Zwang zur laufenden Aktualitätsverlagerung aufgenötigt[10], ohne daß der Sinn selbst diesem Unterbau entsprechend vibriert. Die Vibrationen werden durch emergente selbstreferentielle Systeme ausgeschaltet[11].

Wie immer man diesen Sachverhalt deuten und die Deutungen auf Grund von Forschungen ändern wird: Er muß in selbstreferentiell-geschlossenen Sinnsystemen sinnhaft formuliert werden. Sinnsystemen ist zwar im Prinzip alles zugänglich, aber alles nur in der Form von Sinn. Universalität heißt auch in dieser Hinsicht nicht Ausschließlichkeit. Aber alles, was in der Welt der Sinnsysteme rezi-

9 Man könnte sich hier an den obersten Grundsatz aller synthetischen Urteile erinnert fühlen. (»Ein jeder Gegenstand steht unter den notwendigen Bedingungen der synthetischen Einheit des Mannigfaltigen der Anschauung in einer möglichen Erfahrung«; und: »Die Bedingungen der *Möglichkeit der Erfahrung* überhaupt sind zugleich Bedingungen der *Möglichkeit der Gegenstände der Erfahrung*« Kant, Kritik der reinen Vernunft B 197). Im Unterschied zu Kant thematisieren wir Komplexität (Einheit des Mannigfaltigen) im Hinblick auf *Selektion*, nicht dagegen (oder jedenfalls nicht in erster Linie) im Hinblick auf Möglichkeiten urteilsmäßiger Synthese.

10 Auch die Transzendentaltheorie hatte sich deshalb genötigt gesehen, mit Bewegungsbegriffen zu arbeiten, über deren Herkunft sie letztlich die Rechenschaft schuldig bleibt.

11 Den gleichen Sachverhalt belegt Gregory Bateson mit dem nicht ungefährlichen Titel »mind«, in der deutschen Übersetzung sogar »Geist«. Siehe: Mind and Nature: A Necessary Unity, deutsch: Geist und Natur: Eine notwendige Einheit, Frankfurt 1982.

piert und bearbeitet werden kann, muß diese Form von Sinn annehmen; sonst bleibt es momenthafter Impuls, dunkle Stimmung oder auch greller Schreck ohne Verknüpfbarkeit, ohne Kommunikabilität, ohne Effekt im System.

II

Es ergäbe ein ganz unzureichendes Bild, wollte man bei dieser statisch wirkenden Beschreibung von Sinn stehen bleiben. Auch die Einbeziehung der Zeitdimension in die Phänomenologie von Sinn, etwa mit Hilfe des Begriffs der Bewegung, würde immer noch den Eindruck hinterlassen, Sinn sei als eine Gegebenheit faßbar, von der man feststellen könne, ob sie vorliege oder nicht. In alles Sinnerleben, und damit auch in jede Art von Beschreibung und begriffliche Arbeit, die dieses Phänomen zu fixieren sucht, ist jedoch als Grundtatbestand ein Moment der Unruhe eingebaut. Sinn zwingt sich selbst zum Wechsel. Ob das Resultat dann als Fluß, als Prozeß, als Bewegung faßbar ist, ist bereits eine Frage der semantischen Verarbeitung, die dem eigentlichen Sachverhalt schon nicht mehr voll gerecht wird; schon hier muß man deshalb bei allen interkulturellen Vergleichen vorsichtig sein, denn Kulturen können schon in der Semantik der Erstverarbeitung dieses Selbstveränderungszwanges divergieren.

Bis weit in die Neuzeit hinein war die Welt mit Hilfe eines Dingschemas beschrieben worden[12]. Das, was die Einheit eines Sinnelementes stiftet, wurde vorausgesetzt. Sinn wurde, so könnte man sagen, benutzt, aber nicht verstanden. Als Weltbeschreibung war das Dingschema universal gültig. Entsprechend fungierte als Leitdifferenz die Unterscheidung von res corporales/res incorporales. Sie ermöglichte die Totalisierung des Schemas. So konnten Seele und Intellekt, Vergängliches und Unvergängliches einbezogen werden. Mit dem Begriff der Idee konnte man das Dingschema copieren für Verwendung in mentalen Operationen. Die Welt selbst wurde als universitas rerum gesehen und in ihrem Werden und Vergehen als Natur. Die Festigkeit dieser Vorstellungsweise läßt

12 Die folgenden Ausführungen könnten korrelativ zur sozialstrukturellen Evolution des Gesellschaftssystems als Wissenssoziologie der Evolution von Sinn ausgearbeitet werden. Sie dienen an dieser Stelle jedoch nur dem Abstreifen von möglichen und historisch verständlichen Vorverständnissen.

sich noch an ihrer Auflösung seit dem späten Mittelalter und ihren Rekonsolidierungen ablesen: Die Auflösung setzt beim Problem der Erkenntnis an und nicht am Ding selbst; sie nimmt damit einen für die gesamte Denkgeschichte der Neuzeit sehr folgenreichen Umweg.

So kam denn die sinninhärente Überforderung und Unruhe zunächst nicht am Ding zum Vorschein, sondern am Menschen, der sich eben damit von der Dingwelt absetzt. Es ist frühneuzeitliche Tradition, dieses Moment der Unruhe im Kontext einer Anthropologie zu interpretieren, es also mit Begriffen wie Bewußtsein oder plaisir zu beschreiben, die dem Menschen zugerechnet werden. Es war für den take off zur modernen Weltauffassung wichtig, daß damit etwas zu Negierendes noch als Natur gefaßt und fixiert war (woraus man Verbesserungsziele und Zivilisationskritik zugleich ableiten konnte)[13]. Die darauf folgende Engführung auf Bewußtsein hin wird dem Sachverhalt jedoch nicht gerecht. Einerseits gibt es schon in neurophysiologischen Systemen (und vielleicht müßte man auch sagen: in Atomen und Sonnen) entsprechende basale Unruhe. Andererseits ist die gesamte Welt der sozialen Kommunikation darauf eingerichtet, daß Monotonie ausgeschlossen ist und man nur kommunizieren kann, indem man Themen und Beiträge wechselt. Wenn nichts zu sagen ist, muß man eben etwas erfinden. Keinesfalls darf man das, was man vorher gesagt hat, solange wiederholen, bis etwas Neues aufgenötigt wird. Dies läßt sich nicht auf Bewußtsein reduzieren; oder wenn, dann ebensogut auf Neurophysiologie usw. Im übrigen hat das Bewußtsein ja auch die Erfahrung, wie mühsam es sein kann, Kommunikation in Gang zu halten. Aus diesen Gründen gehen wir ohne jeden Versuch einer reduktiven »Erklärung« von einem Grundsachverhalt basaler Instabilität (mit der Folge »temporalisierter« Komplexität) aus und halten fest, daß jedenfalls alle Sinnsysteme, seien es psychische oder soziale Systeme, dadurch geprägt sind.

Sinn ist also basal instabil, nur so kann Realität für Zwecke emergenter Systembildung als Sinn behandelt werden. Dies hat zwingende Konsequenzen für den Aufbau sozialer Systeme, auf die wir im folgenden bei der Behandlung von Themen wie Kommunika-

13 Hierzu ausführlicher Niklas Luhmann, Frühneuzeitliche Anthropologie: Theorietechnische Lösungen für ein Evolutionsproblem der Gesellschaft, in ders., Gesellschaftsstruktur und Semantik Bd. 1, Frankfurt 1980, S. 162-234.

tion, Handlung, Ereignis und Struktur ausführlich zurückkommen werden. Zuvor sollte jedoch, soweit möglich, geklärt werden, was allein dadurch schon vorgegeben ist, daß Sinn überhaupt basal instabil, unruhig, mit eingebautem Zwang zur Selbständerung gebildet werden muß.

Die sinnspezifische Strategie des Auffangens und Prozessierens der eigenen Instabilität scheint in der *Verwendung von Differenzen für anschließende Informationsverarbeitung* zu liegen[14]. Was jeweils variiert, ist nicht einfach der »Gegenstand« einer Intention. Das Sinnprozessieren ist vielmehr ein ständiges Neuformieren der sinnkonstitutiven Differenz von Aktualität und Möglichkeit. Sinn ist laufendes Aktualisieren von Möglichkeiten. Da Sinn aber nur als Differenz von gerade Aktuellem und Möglichkeitshorizont Sinn sein kann, führt jede Aktualisierung immer auch zu einer Virtualisierung der daraufhin anschließbaren Möglichkeiten. Die Instabilität des Sinnes liegt in der Unhaltbarkeit seines Aktualitätskerns; die Restabilisierbarkeit ist dadurch gegeben, daß alles Aktuelle nur im Horizont von Möglichkeitsanzeigen Sinn hat. Und Sinn haben heißt eben: daß eine der anschließbaren Möglichkeiten als Nachfolgeaktualität gewählt werden kann und gewählt werden muß, sobald das jeweils Aktuelle verblaßt, ausdünnt, seine Aktualität aus eigener Instabilität selbst aufgibt. Die Differenz von Aktualität und Möglichkeit erlaubt mithin eine zeitlich versetzte Handhabung und damit ein Prozessieren der jeweiligen Aktualität entlang von Möglichkeitsanzeigen. Sinn ist somit die Einheit von Aktualisierung und Virtualisierung, Re-Aktualisierung und Re-Virtualisierung als ein sich selbst propellierender (durch Systeme konditionierbarer) Prozeß.

Wie dies läuft, wird erst voll verständlich, wenn man eine zweite Differenz mit in Betracht zieht. Im Anschluß an Spencer Brown wollen wir, wenn die Operation gemeint ist, von Unterscheidung (distinction) und Bezeichnung (indication) sprechen[15]. Die entsprechenden semantischen Resultate heißen: Differenz und Identität. Die Differenz von Differenz und Identität wird gleichsam quer zur Differenz von Aktualität und Möglichkeit eingesetzt, um diese in der Operation zu kontrollieren. Das Mögliche wird als Differenz verschiedener Möglichkeiten (einschließlich derjenigen, die gerade

14 Dies schließt, worauf wir sogleich zurückkommen werden, die Verwendung von sich selbst als Differenz zur Welt ein.

15 Siehe George Spencer Brown, Laws of Form, 2. Aufl. New York 1972.

aktualisiert ist und auf die man zurückkommen kann) aufgefaßt, und die zu aktualisierende Möglichkeit wird dann in ihrer Identität als dies-und-nichts-anderes bezeichnet. Diese Bezeichnung eliminiert das Nichtzuaktualisierende nicht, aber sie versetzt es in den Zustand momentaner Inaktualität. Es kann im Zuge der Re-Virtualisierung als Möglichkeit erhalten und in neue Horizonte mitübernommen werden.

Insgesamt ist Sinn also ein Prozessieren nach Maßgabe von Differenzen, und zwar von Differenzen, die als solche nicht vorgegeben sind, sondern ihre operative Verwendbarkeit (und erst recht natürlich: ihre begriffliche Formulierbarkeit) allein aus der Sinnhaftigkeit selbst gewinnen. Die Selbstbeweglichkeit des Sinngeschehens ist Autopoiesis par excellence. Auf dieser Grundlage kann dann jedes (wie immer kurze) Ereignis Sinn gewinnen und Systemelement werden. Damit ist nicht so etwas wie »rein geistige Existenz« behauptet, wohl aber Geschlossenheit des Verweisungszusammenhanges der Selbstreproduktion. Insofern sind auch Sinnbewegungen in ihrer Funktion, Informationsgewinn und Informationsverarbeitung zu ermöglichen, autonom konstituiert. Sie haben eine eigene Reichweite, eine eigene Komplexität, ein eigenes Tempo. Aber sie existieren natürlich nicht im Leeren und auch nicht in einem Reich des Geistes für sich selbst. Sie würden die Zerstörung des Lebens oder dessen chemischer und physischer Grundlagen nicht überdauern. Aber diese Abhängigkeit ist, im Unterschied zu den oben genannten Differenzschemata, keine operative Prämisse des Sinngeschehens selbst. Sinn gewährleistet somit denjenigen Eigenschaftskomplex, der für die Bildung von Systemelementen notwendig ist, nämlich die Möglichkeit, sich durch Beziehung auf andere Systemelemente bestimmen zu lassen. Selbstreferenz, Redundanz und Überschuß an Möglichkeiten gewährleisten die dafür erforderliche Unbestimmtheit. Und Orientierung an semantisch fixierten Differenzen steuert diesen autopoietischen Prozeß der Sinnbestimmung, indem sie zugleich mitberücksichtigt und der Tatsache Form gibt, daß durch jede Selektion von Nachfolgeaktualitäten etwas anderes ausgeschlossen wird[15a].

15a Yves Barel, Le paradoxe et le système: Essai sur le fantastique social, Grenoble 1979, S. 185 f. nennt dies Abdrängen ins (vorläufig) Ausgeschlossene »potentialisation«. Emergenz neuer Formen läßt sich dann als Rückgriff auf bisher potentialisierte Sinnbestände erklären.

III

Wir hatten Sinn als ein Prozessieren nach Maßgabe von Differenzen bezeichnet. Wir könnten auch sagen: ein Sich-selbst-Prozessieren. Diese Fassung des Sinn-Problems gibt Anlaß, genauer zu bestimmen, was denn prozessiert wird. Zugestanden, daß alles, was im Sinn prozessiert wird, Sinn haben muß, bleibt dennoch die Frage, wie diese Aussage aus der bloßen Tautologie hinausgebracht werden kann. Hierzu eignet sich der Begriff der *Information.*

Als Information soll hier ein *Ereignis* bezeichnet werden, *das Systemzustände auswählt.* Das ist nur an Hand von Strukturen möglich, die die Möglichkeiten begrenzen und vorsortieren. Information setzt also Struktur voraus, ist aber selbst keine Struktur, sondern nur das Ereignis, das den Strukturgebrauch aktualisiert[16]. Ereignisse sind, wir kommen darauf ausführlich zurück[17], zeitpunktfixierte Elemente. Sie kommen nur einmal und nur in einem für ihr Erscheinen nötigen Kleinstzeitraum (specious present) vor. Sie sind durch dies zeitliche Vorkommen identifiziert, sind also unwiederholbar. Eben dadurch eignen sie sich als Elementareinheit von Prozessen[18]. Gerade das läßt sich nun an Informationen gut belegen. Eine Information, die sinngemäß wiederholt wird, ist keine Information mehr. Sie behält in der Wiederholung ihren Sinn, verliert aber ihren Informationswert. Man liest in einer Zeitung: die DM sei aufgewertet worden. Wenn man dasselbe dann in einer anderen Zeitung nochmals liest, hat diese Aktivität keinen Informationswert mehr (sie ändert den eigenen Systemzustand nicht mehr), obwohl sie strukturell dieselbe Selektion präsentiert. Andererseits geht die Information, obwohl sie als Ereignis verschwindet, nicht verloren. Sie hat den Systemzustand geändert, hat damit einen Struktureffekt hinterlassen, und das System reagiert dann auf diese geänderten Strukturen und mit ihnen[19].

16 Gegenmeinungen findet man häufig, aber zumeist ohne explizite Entscheidung der Frage, ob Information Struktur *oder* Ereignis ist. Siehe z. B. Gernot Böhme, Information und Verständigung, in: Ernst von Weizsäcker (Hrsg.), Offene Systeme I: Beiträge zur Zeitstruktur von Information, Entropie und Evolution, Stuttgart 1974, S. 17-34 (18).

17 Vgl. Kap. 8 III.

18 Man muß sich nur die Verwirrung in einem Prozeß vorstellen, wenn Dasselbe nochmal vorkommen könnte und der Prozeß dann einerseits weiterliefe und zugleich (aber eben nicht zugleich) seine eigene Wiederholung begänne!

19 Als »Gedächtnis« erscheint dieser *Zusammenhang* von Informationsereignis und

Die Zeit selbst zwingt, mit anderen Worten, dazu, Sinn und Information zu unterscheiden, obwohl alle Sinnreproduktion über Information läuft (und insofern auch Informationsverarbeitung heißen kann) und alle Information Sinn hat[20]. Ermöglicht wird diese Unterscheidung durch den Begriff der *Änderung eines Systemzustandes.* Information ist also immer Information eines Systems (was natürlich einschließen kann: mehrere Systeme zugleich). Bei der Charakterisierung derjenigen Systeme, die Informationen gewinnen und verarbeiten können, muß man aber noch ein weiteres Merkmal hinzufügen, das indirekt dann auch zur Bestimmung des Informationsbegriffs dient. Es muß sich um *selbstreferentiell operierende Systeme* handeln, also um Systeme, die bei der Änderung ihrer eigenen Zustände immer selbst mitwirken müssen. Anderenfalls würde es sich um eine schlichte Systemänderung durch Außeneinwirkung handeln. Nur selbstreferentiellen Systemen erscheint eine Außeneinwirkung als Bestimmung zur Selbstbestimmung und damit als Information, die den inneren Kontext der Selbstbestimmung verändert, ohne die Strukturgesetzlichkeit zu beseitigen, daß das System alles, was daraus folgt, mit sich selbst aushandeln muß. Informationen sind mithin Ereignisse, die Entropie einschränken, ohne damit das System festzulegen[21].

Information reduziert Komplexität insofern, als sie eine Selektion bekanntgibt und damit Möglichkeiten ausschließt. Sie kann gleichwohl Komplexität auch erhöhen. Dies geschieht zum Beispiel, wenn die ausgeschlossene Möglichkeit eine negative Erwartung war: Man hatte gedacht, daß Pfarrer immer Männer sind, und stellt nun fest: dieser Pfarrer ist eine Frau. Soll man Pfarrin sagen? Handkuß? Außerdem gibt es natürlich den Fall, daß die Information ein

geänderter Operationsweise nur einem *Beobachter.* Das System selbst reproduziert sich nur in der Gegenwart und braucht dazu kein Gedächtnis. Es kann sich unter Umständen aber selbst beobachten und sich selbst dann ein »Gedächtnis« oder sogar ein »schlechtes Gedächtnis« zuschreiben. Aus der Selbstbeobachtung kann man dann wieder aktuell überraschende Information über den eigenen Zustand gewinnen. Das ändert aber nichts daran, daß es das, was als Gedächtnis bezeichnet wird, *nur für einen Beobachter gibt.* Wer das nicht akzeptiert, kann den hier vorgestellten Informationsbegriff nicht verwenden. Vgl. hierzu auch Humberto R. Maturana, Erkennen: Die Organisation und Verkörperung von Wirklichkeit, Braunschweig 1982, S. 60 ff.

20 Für eine ähnliche Position siehe vor allem Donald M. MacKay, Information, Mechanism and Meaning, Cambridge Mass. 1969.

21 »constraint on entropy« formuliert auch Klaus Krippendorff in ders. (Hrsg.), Communication and Control in Society, New York 1979, S. 439.

neues Objekt vorstellt, für das ein Möglichkeitsschema erst mit der Information und vorerst vielleicht nur sehr abstrakt konstituiert werden kann. Jedenfalls kann Information Unsicherheit nicht nur mindern, sondern auch steigern[22]; und nur dadurch ist eine Evolution von Sinnformen mit höherer Kapazität für Informationsgewinnung und Informationsverarbeitung möglich.

Mit Hilfe sinnhafter Informationsverarbeitung gewinnt das Verhältnis von System und Umwelt eine Fassung, die mit hoher Komplexität und Interdependenz kompatibel ist. Information ist nur im System, nur dank dessen Selbstreferenz, nur dank dessen Auffassungsschema möglich. Sie kann gleichwohl durch das System der Umwelt zugerechnet werden. Sie erscheint als Selektion aus einem Möglichkeitsbereich, den das System selbst entwirft und für relevant hält; aber sie erscheint als Selektion, die nicht das System, sondern die Umwelt vollzieht. Sie wird erlebt, nicht erhandelt. Das System kann auf diese Weise Distanz von der Umwelt gewinnen und sich gerade dadurch der Umwelt aussetzen. Es kann sein Verhältnis zur Umwelt konditionieren und dabei doch der Umwelt die Entscheidung überlassen, wann welche Bedingungen gegeben sind. Man hat zum Beispiel die Vorentscheidung getroffen[23], daß eine Quantität, und zwar das Gewicht, relevant sein soll, stellt dann fest, daß das Glas Marmelade nur 430 Gramm enthält, und ist dann immer noch frei, sich zu beschweren, die Marmelade dem Händler zurückzugeben, solche Marmelade künftig nicht mehr zu kaufen oder gar nicht zu reagieren.

Wenn Sinn und Information als evolutionäre Errungenschaften zur Verfügung stehen, kann mithin eine eigene Sinnevolution in Gang kommen, die ausprobiert, welche Schemata der Informationsgewinnung und -verarbeitung sich in ihren Anschlußqualitäten (vor allem: prognostisch und handlungsmäßig) bewähren. Erst durch

22 Vgl. dazu Harold M. Schroder/Michael J. Driver/Siegfried Streufert, Human Information Processing, New York 1967.

23 Diese Vorentscheidung wird in der Literatur häufig (etwas überpointiert) als *Frage* gekennzeichnet, auf die der Informationsbegriff dann eine *Antwort* gibt. Entscheidend ist aber nur, daß ein Differenzschema festgelegt wird (bzw. im Moment des Informationsanfalls (wenn man z. B. einen Betrunkenen schwanken sieht) gebildet werden kann. Entsprechend könnte man »Erfahrung« definieren als Fähigkeit, überraschende Informationen als *vertraut* zu empfinden und ihnen ein Differenzschema zuordnen zu können, das ihnen einen Informationswert verleiht, mit dem man arbeiten kann. (Der Kellner hat Jeans an, man ist also im falschen Restaurant).

eine solche Sinnevolution kann Sinn selbst Form und Struktur gewinnen. Alle weiteren Ausführungen dieses Kapitels setzen voraus, daß eine solche Sinngeschichte bereits Strukturen konsolidiert hat, über die wir heute wie selbstverständlich verfügen.

IV

Kein sinnkonstituierendes System kann also der Sinnhaftigkeit aller eigenen Prozesse entfliehen. Sinn aber verweist auf weiteren Sinn. Die zirkuläre Geschlossenheit dieser Verweisungen erscheint in ihrer Einheit als Letzthorizont alles Sinnes: als *Welt*. Die Welt hat infolgedessen die gleiche Unausweichlichkeit und Unnegierbarkeit wie Sinn. Jeder Versuch, sie gedanklich zu überschreiten, weitet sie nur aus; er muß Sinn und Welt in Anspruch nehmen und somit das sein, was nicht zu sein er sich bemüht. Husserl hat diesen Sachverhalt, ohne die Selbstreferenz allen Sinnes durchzuanalysieren, mit der Metapher des »Horizontes« umschrieben.

Alle Beweise für diese Aussage müssen sie schon voraussetzen, sie können nicht anders operieren als durch Reflexionen auf Welt in der Welt. Wir gehen deshalb von einer phänomenologischen Beschreibung der Sinnerfahrung und des Sinn/Welt-Konstitutionszusammenhanges aus, gründen diese Beschreibung aber nicht auf die ihr vorausliegende Existenz eines extramundanen Subjekts (von dem jeder in sich selbst weiß, daß es als Bewußtsein existiert), sondern fassen sie als Selbstbeschreibung der Welt in der Welt. Die historische Semantik der Weltbegriffe hat diesen Doppelstatus der Welt als sich selbst als Beschreibung enthaltend und zugleich transzendierend auf mannigfache Weise reflektiert – zum Beispiel als sõma toũ kósmou, als machina mundi oder auch als Verhältnis zu einem Gott, der als Zentrum der Welt überall und als Grenze der Welt nirgendwo erfahrbar ist.

Alles Selbstbeobachten und Selbstbeschreiben ist letztlich ein Unterscheiden, eine distinguierende Operation. Die Selbstbeschreibung der Welt muß deshalb durch eine Leitdifferenz charakterisiert werden. Hierfür kommt als letztgültige Form nur die Unterscheidung von Sinn und Welt in Betracht. Die *Einheit* der sinnhaften Konstitution von Welt (der welthaften Konstitution von Sinn) wird für die phänomenologische Beschreibung als *Differenz* artikuliert und kann in dieser Form zur Informationsgewinnung dienen.

Das Verhältnis von Sinn und Welt kann auch mit dem Begriff der Dezentrierung beschrieben werden[24]. Als Sinn ist Welt überall zugänglich: in jeder Situation, in beliebiger Detaillierung, in jedem Punkt auf der Skala von konkret zu abstrakt. Von jedem Ausgangspunkt kann man sich zu allen anderen Möglichkeiten der Welt fortbewegen; eben dies besagt die in allem Sinn angezeigte Welt. Dem entspricht ein azentrischer Weltbegriff[25].

Zugleich ist die Welt aber auch mehr als die bloße Summe aller Möglichkeiten, sinnhafte Verweisungen nachzuvollziehen. Sie ist nicht nur die Summe, sie ist die Einheit dieser Möglichkeiten. Das heißt vor allem: daß der Welthorizont jeder Differenz ihre eigene Einheit als Differenz garantiert. Damit hebt er auch die Differenzen aller Einzelsystemperspektiven auf, indem für jedes System die Welt die Einheit der eigenen Differenz von System und Umwelt ist. In je bestimmten Vollzügen fungiert die Welt somit als »Lebenswelt«. Sie ist so zugleich das momentan Unbezweifelte, das Vorverständigtsein, die unproblematische Hintergrundsüberzeugung[26] und diese tragende Meta-Gewißheit, daß die Welt irgendwie alles Auflösen und alles Einführen von Unterscheidungen konvergieren läßt. Sie ist momentan und überhaupt vorauszusetzende Geschlossenheit der Zirkularität sinnhafter Selbstreferenz.

Diese Einheitsleistung setzt nur die Geschlossenheit der selbstreferentiellen Zusammenhänge voraus. Sie ist nichts anderes als diese Geschlossenheit. Sie ist also ohne thematische Bündelung, ohne Hierarchisierung und erst recht ohne praktisch-teleologische Konvergenz der Weltprozesse möglich. Die Beschreibung der Welt in der Welt kann zwar sehr wohl durch solche Interpretamente geleitet sein. Die Geschichte der Weltsemantik ist die Geschichte solcher

24 Hier ist nicht Piagets Begriff der Dezentrierung eines egozentrisch bestimmten Weltbildes gemeint, da wir nicht vom Subjekt ausgehen. Dennoch liegen Zusammenhänge auf der Hand. Psychische und soziale Systeme können durch Lernen bzw. Evolution deshalb Distanz zu sich selbst gewinnen, weil jeder Sinn einen dezentrierten Zugang zur Welt eröffnet. Piaget setzt den hier benutzten Begriff als Bedingung der Möglichkeit egozentrischer Dezentrierung voraus.

25 Zu dessen Ausbildung vgl. Arthur O. Lovejoy, The Great Chain of Being: A Study of the History of an Idea, Cambridge Mass. 1936, Neudruck 1950, S. 108 ff.

26 Dies wird im allgemeinen mit Lebenswelt bezeichnet; siehe z. B. Jürgen Habermas, Theorie des kommunikativen Handelns Bd. 1, Frankfurt 1981, S. 106. Dazu kritisch Ulf Matthiesen, Das Dickicht der Lebenswelt und die Theorie kommunikativen Handelns, München o. J. (1983).

27 So eine verbreitete Auffassung, die als Alternative zur Definition von Sinn durch

Versuche, und sie korrelieren offensichtlich mit der Komplexität des Gesellschaftssystems. Dies gilt für hierarchisierende ebenso wie für universalgeschichtlich-prozessuale Deutungen, für das Dingschema, für die Vorstellung einer series rerum als Ordnung der Perfektionen und ebenso für die »Temporalisierung« dieser Ordnung durch heilsgeschichtliche oder fortschrittsgeschichtliche Theorien. Die Differenzen, die solche Semantiken orientieren (oben/unten, früher/später), setzen aber ihrerseits Welt als Einheit der Differenz voraus; und sie sind nur so lange stabil, als sie den Strukturen und Erfahrungen zu entsprechen vermögen, die in der historischen Lage des Gesellschaftssystems faktisch den Ausschlag geben.

Der allem Sinn immanente Weltbezug schließt es aus, daß wir Sinn als *Zeichen* definieren[27]. Man muß Verweisungsstruktur und Zeichenstruktur sorgfältig unterscheiden[28]. Die Funktion eines Zeichens erfordert immer Verweisung auf etwas Bestimmtes unter Ausschluß von Selbstreferenz. Sie erfordert Asymmetrisierung einer basalen, rekursiven Selbstreferenz. Es gibt, anders gesagt, weder ein Weltzeichen noch ein sich selbst bezeichnendes Zeichen. Beides, Universalität und Selbstreferenz, ist aber unabdingbare Eigenschaft von Sinn. Sinn ist daher der fundierende Sachverhalt: Ein Zeichen muß Sinn haben, um seine Funktion erfüllen zu können, aber Sinn ist kein Zeichen. Sinn bildet den Kontext aller Zeichenfestlegung, die conditio sine qua non ihrer Asymmetrisierung, aber als Zeichen genommen würde Sinn nur als Zeichen für sich selbst, also als Zeichen für die Nichterfüllung der Funktion des Zeichens stehen können.

V

Sinn ist demnach eine allgemeine Form der selbstreferentiellen Einstellung auf Komplexität, die nicht durch bestimmte Inhalte (unter Ausschließung anderer) charakterisiert werden kann. Die hiermit angezeigte Struktur ist in älteren Gesellschaftssystemen anders aufgefaßt worden – mit Nachwirkungen, die bis in die heutige Dis-

subjektive Intention angeboten wird. Vgl. z. B. Charles K. Warriner, The Emergence of Society, Homewood Ill. 1970, S. 66 ff.

28 Vorbereitet ist diese Unterscheidung in den Husserlschen Analysen des Verhältnisses von Ausdruck und Anzeichen. Vgl. Logische Untersuchungen II, 1, 3. Aufl. Halle 1922, S. 23 ff.

kussion über den Sinnbegriff spürbar sind. Die alteuropäische Tradition hatte einen auf Gutheit und Perfektion bezogenen Realitätsbegriff gepflegt und dem die »wesentlichen« Sinnbezüge zugeordnet[28a]. Damit waren Grenzen der Kompatibilität und aus der Ordnung herausfallende Phänomene, war im Übergang zur Neuzeit zuweilen auch eine an ihrer Ordnung scheiternde, verfallende Welt signalisiert. Die Neuzeit hat entsprechende Vorentscheidungen in die Theorie des Subjekts übernommen. Wenn Sinn, wie zumeist, mit Bezug auf das Subjekt definiert wird, wirkt diese Tradition nach, die aus ihrem Leitbegriff das Unwillkommene, »Sinnlose« ausschließt[29]. Das Allgemeinste wird dann im Hinblick auf eine immanente Normativität der Faktizität des Subjekts respezifiziert. Der Schritt vom differenzlosen Grundbegriff (wenn ein solcher überhaupt angenommen wird) zu den operativen Begriffen der Sinn-Theorie wird als ein Sprung vom Ganzen zum Teil vollzogen und impliziert damit einen (zu schnellen!) Verzicht auf Universalitätsansprüche. Sie werden durch »Kritik« ersetzt, mit der der Standpunkt des Subjekts sich zur Universalität wieder aufrundet.

28a Diese Auffassung hat Wolfgang Hübner, Perfektion und Negation, in: Harald Weinrich (Hrsg.), Positionen der Negativität, Poetik und Hermeneutik VI, München 1975, S. 470-475, kritisch diskutiert. Siehe auch ders., Die Logik der Negation als ontologisches Erkenntnismittel, ebda. S. 105-140. Sicher: im Bereich der Negationsbegriffe und auch im Bereich der philosophischen Theorien gab es sehr viel mehr als bloß Perfektionsmetaphysik. Aber Vorstellungen wie Kosmos, Perfektion, Schöpfung aufs Gute hin hatten gleichsam einen Plausibilitätsvorsprung, dem gegenüber Skepsis zum Beispiel zwar als Formulierung, nicht aber als Theorie möglich war. Das zeigt sich nicht zuletzt auch am religiösen Vorbehalt im Begriff der »annihilatio«.

29 Siehe etwa Paul Hofmann, Das Verstehen von Sinn und seine Allgemeingültigkeit: Untersuchungen über die Grundlagen des apriorischen Erkennens, Berlin 1929; ders., Sinn und Geschichte: Historisch-systematische Einleitung in die Sinn-erforschende Philosophie, München 1937. Mit der Ablehnung des Subjekt-Bezugs verbindet sich in der neueren Philosophie zumeist die Rückkehr zu ontologischen Fragestellungen; siehe z. B. Max Müller, Über Sinn und Sinngefährdung des menschlichen Daseins, Philosophisches Jahrbuch 74 (1966), S. 1-29. Vor das eigentliche Problem des Zwangs zu sinnhafter Situationsauffassung führen eher die sozialwissenschaftlichen Forschungen. Siehe z. B. Peter McHugh, Defining the Situation: The Organization of Meaning in Social Interaction, Indianapolis 1968.

Zu bedauern ist vor allem, daß unter dem Titel »Subjekt« der Zusammenhang von Selbstreferenz und Sinn nicht mehr streng genug gedacht wird. Sonst müßte auch die Subjekt-Theorie sich an der Geschlossenheit selbstreferentieller Systeme orientieren mit der Konsequenz, daß es auch für sie nichts mehr geben kann, was nicht als Sinn erscheint. Die Rede von »Sinnverlust«, »Sinngefährdung«, »Sinnlosigkeit des Daseins« (in der Moderne!) müßte dann auch von diesem Theorieansatz aufgegeben werden.

Kosmologien oder Subjekte – in jedem Falle lief die Respezifikation von Sinn über ausgezeichnete Teile der Welt, die eigene Konturen beanspruchen konnten und Chaotisches, Sinnloses nicht ausschlossen, sondern nur nach »außerhalb« verwiesen. Man kann auch sagen: Der bevorzugte Sinn hatte es mit privilegierten Wesenheiten, privilegierten Zeiten und Plätzen, privilegierten Vorstellungen (Evidenzen) zu tun, die Ordnung zu garantieren hatten. Er wurde zugleich repräsentativ eingesetzt für das Ganze. Das Vokabular der Kosmologie oder der Subjektivität wurde mit Orientierungswert versehen, mit einem Rest von Defekten, die dann der Welt oder der Gesellschaft angelastet werden mußten[30]. Entsprechend erschien das, was wir als Weltdimensionen vorstellen wollen, nämlich Sachlichkeit (realitas), Zeitlichkeit und Sozialität, als eingeordnet in den Kosmos oder als Bewußtseinsstruktur des Subjekts. Mit dem Dingschema dominierte die Sachdimension das, was als »Realität« beschrieben werden konnte, und davon zeugen auch noch die Verlegenheiten des Subjekts, das sich herauszulösen sucht und sich dann doch immer wieder »Verdinglichung« vorzuwerfen hat. Diese Denkweise harmonierte mit den Schichtungsstrukturen der alten Welt und mit der sie auflösenden bürgerlichen Gesellschaft. Sie kann heute nicht adäquat fortgesetzt werden. Jeder Ansatz würde der Kritik verfallen und wäre vorausbelastet mit dem Wissen, daß dies so ist.

Nach der Kritik des ins Extrem getriebenen Subjektivismus hatte sich schließlich ein »hermeneutischer« Sinnbegriff etabliert, der auf verstehende Einordnung in einen übergeordneten Zusammenhang abstellt – so wie Texte in einem umfassenderen Kontext verstanden werden müssen. Damit wird die »Erfahrung der Sinnlosigkeit« formulierbar als Versagen dieser Einordnung, als Isolierung des Jeweiligen, als Zufallsabhängigkeit. Gerade die Soziologie muß sich jedoch außerstande sehen, diesen Sinnbegriff zu übernehmen. Sie hatte seit ihrem Beginn oder spätestens seit Durkheim versucht, diese Erfahrung der Sinnlosigkeit und Zufälligkeit unter Titeln wie Anomie auf die Gesellschaft als das umfassende System zurückzurechnen. Wenn der gesellschaftliche Kontext des Erlebens und Handelns, den man als Sinngeber in Anspruch zu nehmen hätte, gerade die Erfahrung der Sinnlosigkeit produziert (oder jedenfalls

30 Vgl. zu »scope and reduction« das oben, Kapitel 1, Anmerkung 31, wiedergegebene Zitat von Kenneth Burke.

mitermöglicht), ist offensichtlich ein anderer Sinnbegriff gefragt. Man müßte sonst Sinn-im-Kontext als sinnlos erklären, und das zwänge zur Reflexion auf den Sinn der Sinnlosigkeit.

Auf methodologischer Ebene hebt dieser Sinnbegriff die These einer Sondermethodologie für Sinnsachverhalte auf[31]. *Für* sinnkonstituierende Systeme hat alles Sinn; *für sie* gibt es keine sinnfreien Gegenstände. Die Newton'schen Gesetze und das Erdbeben von Lissabon, die Planetenbewegungen und die Irrtümer der Astrologen, die Frostempfindlichkeit der Obstbäume und die Schadensersatzforderungen der Landwirte: alles hat Sinn. Nur im Sinnbereich, das heißt in der Welt, können sinnkonstituierende Systeme differenzieren, ob sie es mit Systemen zu tun haben, für die das gleiche gilt, oder mit Systemen, die ihrerseits »sinnfrei« auf sich selbst und ihre Umwelt reagieren. Zunächst gibt es also keinen Grund, eine besondere Methodologie für Sinngegenstände zu fordern. Erst innerhalb der sinnhaft konstituierten Welt wird man über die Sozialdimension *allen* Sinnes aufmerksam darauf, daß *einige andere* Systeme auch sinnhaft erleben und andere nicht.

Erst bei sozialer Reflexivität, erst wenn es um das Erleben des Erlebens und Handelns anderer Systeme geht, kommt die besondere Form der Sinnverarbeitung in Betracht, die man »Verstehen« nennt. Sinnerfassen selbst ist noch kein Verstehen in diesem anspruchsvollen Sinne[32]. Vielmehr kommt Verstehen nur zum Zuge, wenn man Sinnerleben bzw. sinnhaftes Handeln auf andere Systeme mit einer eigenen System/Umwelt-Differenz projiziert. Erst mit Hilfe der System/Umwelt-Differenz transformiert man Erleben in Verstehen, und auch dies nur dann, wenn man mitberücksichtigt, daß die anderen Systeme sich selbst und ihre Umwelt ebenfalls sinnhaft unterscheiden. Der gleiche Sachverhalt läßt sich auch vom Begriff des Beobachtens aus formulieren. Beobachten ist jedes Operieren mit einer Unterscheidung[33], Beobachten ist also auch die Basisoperation von Verstehen. Verstehen kommt jedoch nur

31 Eine ebenso oft bestrittene wie fortgeführte Auffassung. Vgl. nur Jürgen Habermas, Theorie des kommunikativen Handelns Bd. 1, Frankfurt 1981, S. 152 ff. Siehe auch die Literaturangaben oben Anm. 2a.

32 Wir entfernen uns hier vom alltäglichen Sprachgebrauch im Interesse einer genaueren Bestimmung der »operation called ›Verstehen‹«. Alltäglich sagt man auch, man verstehe, wieso an der Südküste Islands Holz zu finden ist, obwohl auf der Insel keine Bäume wachsen.

33 Vgl. S. 63.

zustande, wenn man eine bestimmte Unterscheidung, nämlich die von System und Umwelt (und nicht nur: Form/Hintergrund, Text/Kontext) verwendet und in diese Unterscheidung geschlossen-selbstreferentiell reproduzierten Sinn hineinprojiziert. Erst Sinnbegriff, System-Umwelt-Konzept und Selbstreferenz zusammengenommen klären den Anwendungsbereich der Sondermethodologie für Verstehen.

Beim Rückgang auf einen allgemeineren, die Schranken des Verstehens überschreitenden, schlechthin universalen Sinnbegriff stellt sich aber die Frage nach der »Funktionsfähigkeit« eines solchen Begriffs, der nicht mehr auf (schon vorhandene) Subjekte oder Kontexte Bezug nimmt. Wir müssen zum einen die Funktionsweise genauer beschreiben. Das geschieht mit Hilfe des Begriffs der (selbstreferentiellen) *Differenz*. Wir müssen zum anderen die Dekomposition des Abstractums »Sinn« klären. Das wird mit Hilfe des Begriffs der *Sinndimension* geschehen.

Wir können damit auch den Subjektbegriff aufgeben. Die Dominanz der Sachdimension wird dadurch nicht etwa wiederhergestellt; sie wird aber nicht durch ein ihr entgegengesetztes Subjekt aufgehoben, sondern dadurch, daß wir Sachverweisungen nur als eine von mehreren Sinndimensionen ansehen. Sie werden nicht einem Subjekt gegenübergestellt, aber sie haben sich, soll Sinn hinreichend komplex sein, komplizierten Interdependenzen mit zeitlichen und sozialen Sinnverweisungen zu fügen.

VI

Man begreift die Funktionsweise von Sinn nicht zureichend, wenn man sie auf eine Sinnvolles legitimierende Identität bezieht – sei es den an sich perfekten Kosmos, sei es das Subjekt, sei es den sinngebenden Kontext. Dieser Identität wird dann die Unterscheidung von Sinnvollem und Sinnlosem abgenötigt, die sie als Identität nicht leisten kann. Die Herkunft der Unterscheidung bleibt dunkel, bleibt ein Problem der Theodizee.

Wir gehen statt dessen davon aus, daß in aller Sinnerfahrung zunächst eine *Differenz* vorliegt, nämlich die Differenz von *aktual Gegebenem* und auf Grund dieser Gegebenheit *Möglichem*. Diese Grunddifferenz, die in allem Sinnerleben zwangsläufig reproduziert wird, gibt allem Erleben Informationswert. Im Fortgang des

Sinngebrauchs stellt sich heraus, daß dies und nicht das der Fall ist; daß man so und nicht anders weitererlebt, kommuniziert, handelt; daß die Verfolgung bestimmter weiterer Möglichkeiten sich bewährt oder nicht bewährt. Es ist die Grunddifferenz von Aktualität und Möglichkeitshorizont, die es ermöglicht, Differenzen zwischen den offenen Möglichkeiten zu redifferenzieren; sie zu erfassen, zu typisieren, zu schematisieren und der dann folgenden Aktualisierung Informationswert abzugewinnen. Identitäten wie Worte, Typen, Begriffe werden auf dieser Grundlage eingeführt, um Differenzen zu organisieren[34]. Sie dienen als Sonde, um abzutasten, was sich im Unterschied zu anderem bewährt; und dann natürlich: um Bewährtes festzuhalten und zu reproduzieren.

Am Anfang steht also nicht Identität, sondern Differenz. Nur das macht es möglich, Zufällen Informationswert zu geben und damit Ordnung aufzubauen; denn Information ist nichts anderes als ein Ereignis, das eine Verknüpfung von Differenzen bewirkt – a difference that makes a difference[35]. Hier liegt der Grund dafür, daß wir auch die *Dekomposition des Sinnes schlechthin* nicht nur als Differenz, sondern als *Dekomposition in Differenzen vorfinden.* Wir werden diesen Befund durch den Begriff der *Sinndimensionen* bezeichnen und unterscheiden *Sachdimension, Zeitdimension* und *Sozialdimension.* Jede dieser Dimensionen gewinnt ihre Aktualität aus der Differenz zweier Horizonte, ist also ihrerseits eine Differenz, die gegen andere Differenzen differenziert wird. Jede Dimension ist ihrerseits wieder sinnuniversell gegeben, enthält also, formal gesehen, keine Einschränkung dessen, was in der Welt möglich ist. Man kann insofern auch von Weltdimensionen sprechen.

Außerdem leistet diese Differenzierung der Differenzen, diese Dekomposition in drei Sinndimensionen einen ersten Schritt zur Enttautologisierung der Selbstreferenz von Sinn. Sinn hat Sinn, das

34 Eine der Quellen dieser Einsicht ist bekanntlich Saussure: Begriffe »sont purement différentiels, définis non pas positivement par leur contenu, mais négativement par leur rapports avec les autres termes du système. Leur plus exacte caractéristique est d'être ce que les autres ne sont pas« (Ferdinand de Saussure, Cours de linguistique générale, zit. nach der Auflage Paris 1973, S. 162). Dabei ist Begrifflichkeit im Verhältnis zu dem, was Identität schlechthin leistet, bereits eine leistungsstarke Spezialisierung, die ein Arbeiten mit gewagteren Differenzen ermöglicht.

35 Nach Gregory Bateson, Steps to an Ecology of Mind, San Francisco 1972, S. 489. Vgl. auch S. 271 f., 315. Wir kommen im Kapitel über Kommunikation darauf zurück.

bleibt (und entsprechend werden Aussagen wie: Aller Sinn hat Sinn, nur Sinn hat Sinn, nicht in Frage gestellt). Zugleich wird aber die Selbstreferenz des Sinns dimensional respezifiziert, und zwar mit Hilfe jener dimensionsspezifischen Differenzen. Die Zukunft ist Zukunft nur als Zukunft einer Gegenwart-mit-Vergangenheit; aber sie ist nicht die Vergangenheit und geht auch nicht (wie das Kreismodell suggeriert hatte) letztlich in sie über. Mein Konsens ist Konsens nur in Bezug auf Deinen Konsens, aber mein Konsens ist nicht Dein Konsens, und es gibt auch keinerlei Sachargumente oder Vernunftgründe, die dieses Zusammenfallen (wiederum: aus der Sachdimension heraus) letztlich sicherstellen könnten[36]. Die Selbstreferenzen müssen, wenn die Sinnevolution diese Trennung einmal etabliert hat, innerhalb der Dimension artikuliert werden. Die Gegenhorizontorientierung, die in jeder Sinndimension die Selbstreferenz respezifiziert, kann nicht durch Horizonte einer anderen Dimension erbracht werden. Man kann zum Beispiel Zukunft nicht durch Konsens ersetzen und Konsens nicht durch den Sachinnenhorizont der Systeme (für den zum Beispiel die Psychoanalyse zuständig zu sein beansprucht). In dem Maße aber, in dem die Differenz der Sinndimensionen (= die Differenz der dimensionsspezifischen Differenzen) etabliert ist, können Interdependenzen zwischen den Dimensionen zur Konditionierung und Enttautologisierung der Selbstreferenzen dienen. Die Zirkel werden unterbrochen. Die Sachwelt zwingt dazu, die Zeit asymmetrisch zu denken. Die Zeit zwingt dazu, das Verhältnis von Außenwelt und Innenwelt asymmetrisch zu denken als Komplexitätsgefälle. Und nur auf diese Weise wird der Welt sinnhaft strukturierte Komplexität abgewonnen, in der die Operationen der Sinnsysteme ihren Platz finden können.

Statt mit der ontologisch metaphysischen Tradition Sinn sogleich auf Bevorzugtes (Sinnvolles) hin zu respezifizieren, hält das Konzept der Sinndimensionen *im ersten Schritt* der Respezifikation *die Universalität des Geltungsanspruchs mit Einschluß aller Negationsmöglichkeiten* noch fest. An allem Sinn, mag er positiv oder negativ formuliert sein, sind diese drei Sinndimensionen zugänglich als

36 Damit ist auch ausgeschlossen, daß man einfache Sachverhalte (etwa simple sensations im Sinne von Locke) durch Konsens von Beobachtern definieren könnte. Dazu C. West Churchman, The Design of Inquiring Systems: Basic Concepts of Systems and Organization, New York 1971, S. 97 ff.

Formen weiterer Verweisung. Die primäre Dekomposition von Sinn überhaupt liegt dann in diesen drei Dimensionen, und alles weitere wird zur Frage ihrer Rekombination[37].

Von *Sachdimension* soll die Rede sein im Hinblick auf alle *Gegenstände sinnhafter Intention* (in psychischen Systemen) oder *Themen sinnhafter Kommunikation* (in sozialen Systemen). Gegenstände oder Themen in diesem Sinne können auch Personen oder Personengruppen sein. Die Sachdimension wird dadurch konstituiert, daß der Sinn die Verweisungsstruktur des Gemeinten zerlegt in »dies« und »anderes«. Ausgangspunkt einer sachlichen Artikulation von Sinn ist mithin eine *primäre Disjunktion*, die etwas noch Unbestimmtes gegen anderes noch Unbestimmtes absetzt[38]. Die weitere Exploration wird damit dekomponiert in einen Fortgang nach innen und einen Fortgang nach außen, in eine Orientierung durch den Innenhorizont bzw. eine Orientierung durch den Außenhorizont[39]. Damit entsteht »Form« im Sinne einer Möglichkeit, Grenzen zu überschreiten und daraus die Konsequenzen zu ziehen.[40] Alles kann so behandelt werden. Insofern ist die Sachdimension universal. Zugleich zwingt sie die jeweils nächste Operation in eine Richtungswahl, die – für den Moment jedenfalls – sich der Gegenrichtung entgegensetzt, ohne deren Zugänglichkeit zu annullieren. Insofern ermöglicht die Sachdimension Anschlußoperationen, die zu entscheiden haben, ob sie noch bei demselben verweilen oder zu anderem übergehen wollen.

»Innen« und »Außen« werden als gebündelte Verweisungen in der Form von Horizonten zusammengefaßt. Bei dieser Form der Aggregation von Möglichkeiten müssen wir einen Moment verweilen. Sie symbolisiert einerseits die Endlosigkeit des Und-so-weiter möglicher Aktualisierung und andererseits die Unergiebigkeit des aktuellen Vollzugs dieser Unendlichkeit. Der Horizont ist keine Grenze, man kann ihn nicht überschreiten. Irgendwann muß man umkehren, und der Gegenhorizont gibt dafür die Richtung an.[41]

37 Ein Versuch der Durchführung für den Fall des Rechts (generalisierte Verhaltenserwartungen) ist: Niklas Luhman, Rechtssoziologie, 2. Aufl. Opladen 1983.

38 Siehe hierzu Ph. G. Herbst, Alternatives to Hierarchies, Leiden 1976, S. 86 ff.

39 Hierzu Edmund Husserl, Erfahrung und Urteil a.a.O., S. 26 ff.

40 Diesen Ausgangspunkt wählt George Spencer Brown, Laws of Form, 2. Aufl., New York 1972.

41 Vgl. als ausführlichere Analysen etwa Helmut Kuhn, The Phenomenological Concept of »Horizon«, in: Marvin Farber (Hrsg.), Philosophical Essays in Memory of

»Umkehren« heißt im übrigen: daß alle Verfolgung von Intentionen oder Themen immer als Annäherung und nie als Entfernung von einem Horizont erfahren wird. Bei noch so eingehender Beschäftigung mit einem Objekt rückt dessen Außenwelt nicht in eine immer größere Ferne, und man muß auch nicht all die vollzogenen Sequenzen des Erlebens und Handelns rückläufig abspulen lassen, um den Gegenhorizont wieder zu Gesicht zu bekommen. Er ist immer mitrepräsentiert und immer direkt zugänglich in einer Unmittelbarkeit der Umkehr, die durch die einfache Dualität selbst gesichert ist.

Es gehört zu den schlimmsten Eigenschaften unserer Sprache (und die Gesamtdarstellung der Systemtheorie in diesem Buche ist aus diesem Grunde inadäquat, ja irreführend), die Prädikation auf Satzsubjekte zu erzwingen und so die Vorstellung zu suggerieren und schließlich die alte Denkgewohnheit immer wieder einzuschleifen, daß es um »Dinge« gehe, denen irgendwelche Eigenschaften, Beziehungen, Aktivitäten oder Betroffenheiten zugeschrieben werden. Das Dingschema (und entsprechend: die Auffassung der Welt als »Realität«) bietet aber nur eine vereinfachte Version der Sachdimension. Dinge sind Beschränkungen von Kombinationsmöglichkeiten in der Sachdimension[41a]. Am Ding lassen sich deshalb entsprechende Erfahrungen sammeln und versuchsweise reproduzieren. In dieser Form geben Dinge handliche Anhaltspunkte für den Umgang mit Weltbezügen. Sie vertuschen aber auch, daß es stets und zwangsläufig zwei Horizonte sind, die an der sachlichen Konstitution von Sinn mitwirken; und daß entsprechend Doppelbeschreibungen, die nach außen und nach innen profilieren, nötig wären, um Sachsinn zu fixieren[42]. Wir werden daher immer wieder Anlaß haben, darauf hinzuweisen, daß der primäre Gegenstand der

Edmund Husserl, Cambridge Mass. 1940, S. 106-123; C. A. van Peursen, L'horizon, Situation 1 (1954), S. 204-234; Carl F. Graumann, Grundlagen einer Phänomenologie und Psychologie der Perspektivität, Berlin 1960, insbes. S. 66 ff.; Karl Schuhmann, Die Fundamentalbetrachtung der Phänomenologie: Zum Weltproblem in der Philosophie Edmund Husserls, Den Haag 1971, insbes. S. 47 ff.

41a »La notion des choses extérieures est une restriction des combinaisons«, heißt es kontingenzbewußt im Monsieur Teste – Paul Valéry, Œuvres Bd. 2, Paris, éd. de la Pleiade, 1960, S. 65.

42 Auch Gregory Bateson, für den Doppelbeschreibung ein theoretisch zentraler Begriff ist, weist auf dieses Problem hin. Siehe Geist und Natur: Eine notwendige Einheit, dt. Übers. Frankfurt 1982, S. 81.

Systemtheorie nicht ein Gegenstand (oder eine Gegenstandsart) »System« ist, sondern die Differenz von System und Umwelt.

Die *Zeitdimension* wird dadurch konstituiert, daß die Differenz von Vorher und Nachher, die an allen Ereignissen unmittelbar erfahrbar ist, auf Sonderhorizonte bezogen, nämlich in die Vergangenheit und die Zukunft hinein verlängert wird. Die Zeit wird dadurch von der Bindung an das unmittelbar Erfahrbare gelöst, sie streift allmählich auch die Zuordnung zur Differenz von Anwesendem und Abwesendem ab[43], sie wird zu einer eigenständigen Dimension, die nur noch das Wann und nicht mehr das Wer/Was/Wo/Wie des Erlebens und Handelns ordnet. Die Zeit wird neutral in Bezug auf Anwesend und Abwesend, und Abwesendes kann dann ohne Rücksicht auf die Zeit, die man braucht, um es zu erreichen, als gleichzeitig aufgefaßt werden. Jetzt wird eine einheitliche, vereinheitlichende Zeitmessung möglich, und in der Zeitsemantik lassen sich dann auch die Zeitpunktsequenzen von den Vergangenheit/Gegenwart/Zukunft-Verhältnissen trennen und zu ihnen in Beziehung setzen.

Auch die Zeit ist dann zwischen nur ihr zugeordneten Sonderhorizonten aufgespannt, die Unerreichbares markieren und bezugsfähig machen: zwischen Vergangenheit und Zukunft. Zeit ist demnach für Sinnsysteme[44] die Interpretation der Realität im Hinblick auf eine Differenz von Vergangenheit und Zukunft. Dabei ist der Horizont der Vergangenheit (und ebenso: der Zukunft) nicht etwa der Anfang (bzw. das Ende) der Zeit. Diese Vorstellung des Anfangs bzw. Endes schließt der Horizontbegriff gerade aus. Vielmehr fungieren die gesamte Vergangenheit und ebenso die gesamte Zukunft als Zeithorizont – ob sie nun chronologisiert und entsprechend linearisiert vorgestellt werden oder nicht. Ohnehin ist es unmöglich, irgendwo in der Vergangenheit oder in der Zukunft zu erleben oder

43 Es muß unterstrichen werden, daß dies ein sehr langsamer Entwicklungsprozeß war und daß selbst innovative Zeitdenker wie Augustin die ferne Vergangenheit und die ferne Zukunft noch im Dunkel des weit Abwesenden zusammenfließen sahen. Überhaupt scheint das Ineinssetzen von Fernzukunft und Fernvergangenheit in mystischen Randzonen der zugänglichen Welt die noch lange vorhaltende Dominanz des Schemas anwesend/abwesend, nah/fern zu symbolisieren.

44 Der Einschub »für Sinnsysteme« soll hier nochmals darauf hinweisen, daß die Zeitdimension als Verweisungsstruktur von Sinn etwas interpretiert und in der selbstreferentiellen Organisation von Sinnsystemen prozessierbar macht, was auch ohne Sinn Zeit wäre.

zu handeln, und es kann auch nicht möglich werden, weil sich mit dem Voranschreiten in der Zeit die Zeithorizonte verschieben. Zukünfte und Vergangenheiten können, und in dieser Hinsicht sind sie völlig gleich, nur intendiert bzw. thematisiert, nicht aber erlebt oder behandelt werden.

Die Zeitspanne zwischen Vergangenheit und Zukunft, in der das Irreversibelwerden einer Veränderung sich ereignet, wird als Gegenwart erfahren. Die Gegenwart dauert so lange, wie das Irreversibelwerden dauert. Bei genauerem Zusehen erkennt man, daß immer zwei Gegenwarten gleichzeitig gegeben sind und daß erst deren Differenz den Eindruck des Fließens der Zeit erzeugt[45]. Die eine Gegenwart fällt punktualisiert an: Sie markiert an irgendetwas (z. B. am Uhrzeiger, an Geräuschen, an Bewegungen, am Wellenschlag), daß immer etwas sich irreversibel verändert. Die Veränderungsfrequenz der Welt ist hoch genug, daß sie als Unausweichlichkeit des Zeitgeschehens symbolisiert werden kann. Die andere Gegenwart dauert und symbolisiert damit die in allen Sinnsystemen realisierbare Reversibilität. Die Selbstreferenz ermöglicht eine Rückwendung zu vorherigen Erlebnissen bzw. Handlungen und zeigt diese Möglichkeit laufend an: Ein Ding ist noch da, wo man es verlassen hatte; ein Unrecht kann wiedergutgemacht werden. Der endgültige Abschluß einer Handlung kann hingehalten werden, kann aufgeschoben werden mit einer präsentierten Intention, die auf das Irreversibelwerden noch wartet. Diese beiden Gegenwarten polarisieren sich wechselseitig als Differenz von Ereignissen und Beständen, von Wandel und Dauer, und das wiederum ermöglicht das Präsentwerden einer am irreversiblen Ereignis noch sichtbaren Vergangenheit und schon sichtbaren Zukunft in einer noch dauernden Gegenwart. Nur so kann man laufend wissen, daß etwas Vergangenes ins Unwiederholbare entschwindet und etwas Zukünftiges gerade einzutreffen beginnt. Der Kontrast dieses Umschlags zu einem gleichzeitigen Dauern der selbstreferentiellen Grundorganisation wird als Kontrast erfahrbar und wird zumeist als Kontinuität einer Bewegung oder als Fließen der Zeit symbolisiert. Aber das ist

45 Hierzu ausführlicher: Niklas Luhmann, Temporalstrukturen des Handlungssystems: Zum Zusammenhang von Handlungs- und Systemtheorie, in: Wolfgang Schluchter (Hrsg.), Verhalten, Handeln und System: Talcott Parsons' Beitrag zur Entwicklung der Sozialwissenschaften, Frankfurt 1980, S. 32-67.

nur eine Metapher, die dem Leben hilft, sich in der Zeit zurechtzufinden, die aber für analytische Zwecke nicht ausreicht.

Über die Präsentation als Zeit und ihr Vokabular wird mithin in die sinnhaft-selbstreferentielle Organisation psychischer und sozialer Systeme eingebracht, daß es ihr vorausliegende Irreversibilitäten und zugleich eine gegenläufige Selbstbezüglichkeit gibt, die etwas an sich selbst vorläufig dem Irreversibelwerden entzieht. Dabei sind Metaphorik und Analytik der Zeit offen und plastisch genug, um im Laufe der gesellschaftlichen Entwicklung sich höherer Komplexität anpassen zu können. Entlang der doppelten Differenz von Vergangenheit und Zukunft und irreversiblem bzw. reversiblem Gegenwartsgeschehen variiert die historische Semantik der Zeit[46]. Keine dieser Variationen kann jedoch den Sinnbezug der Zeit und die Sinnhaftigkeit der Zeit selbst sprengen, da selbstreferentielle Systeme geschlossene Systeme sind und Sinn nur auf Sinn verweisen kann.

Schließlich ist festzuhalten, daß in der besonderen Sinndimension Zeit *Geschichte* konstituiert werden kann. Unter Geschichte soll hier nicht einfach die faktische Sequenz der Ereignisse verstanden werden, derzufolge Gegenwärtiges als Wirkung vergangener Ursachen bzw. als Ursache künftiger Wirkungen verstanden werden kann. Das Besondere an der Sinngeschichte ist vielmehr, daß sie wahlfreien Zugriff auf den Sinn von vergangenen bzw. künftigen Ereignissen ermöglicht, also ein Überspringen der Sequenz. Geschichte entsteht durch Entbindung von Sequenzen. Ein Sinnsystem hat in dem Maße Geschichte, als es sich durch freigestellte Zugriffe limitiert – sei es durch bestimmte vergangene Ereignisse (die Zerstörung des Tempels, die Krönung des Kaisers durch den Papst, die Niederlage von Sedan; oder im kleineren: die Hochzeit, der Abbruch des Studiums, die erste Verurteilung zu einer Gefängnisstrafe, das »coming out« des Homosexuellen), sei es durch Finalisierung der Zukunft. Geschichte ist demnach immer: gegenwärtige Vergangenheit bzw. gegenwärtige Zukunft; immer: Abstandnahme von der reinen Sequenz; und immer: Reduktion der dadurch gewonnenen Freiheit des sprunghaften Zugriffs auf alles Vergangene und alles Künftige.

46 Vgl. hierzu Niklas Luhmann, Temporalisierung von Komplexität: Zur Semantik neuzeitlicher Zeitbegriffe in ders., Gesellschaftsstruktur und Semantik Bd. 1, Frankfurt 1980, S. 235-300.

Die *Sozialdimension* betrifft das, was man jeweils als seinesgleichen, als »alter Ego« annimmt, und artikuliert die Relevanz dieser Annahme für jede Welterfahrung und Sinnfixierung. Auch die Sozialdimension hat weltuniversale Relevanz; denn wenn es überhaupt ein alter Ego gibt, ist es, so wie das Ego auch, für alle Gegenstände und für alle Themen relevant.

Es ist vorab wichtig, jede Verquickung von Sozialdimension und Sachdimension zu vermeiden. Dies war und ist der Kardinalfehler des Humanismus. Der Mensch war dabei in verschiedenen Versionen auf Grund seines Unterschiedes vom Tier begriffen, mit Sozialität (animal sociale) und Zeitlichkeit (memoria, phantasia, prudentia) ausgestattet und so schließlich zum Subjekt erklärt worden. Selbst die Subjekt-Theorie setzt noch ein einziges Innen/Außen-Verhältnis an die Stelle, wo Sachdimension und Sozialdimension im Sinne verschiedener Doppelhorizonte zu unterscheiden wären[47]. Der Mensch bleibt damit jedoch immer – das kann man an den Tendenzen zur Re-anthropologisierung der Transzendentalphilosophie und ihres Subjekt-Begriffs ablesen – ein bevorzugter Gegenstand, neben dem es andere gibt. Entsprechend reproduziert der Humanismus einen Begriff der Natur und bekommt es dann mit dem Dilemma des eigenen Eingeschränktseins zu tun.

Die Unterscheidung von Sachdimension und Sozialdimension darf nicht als Unterscheidung von Natur und Mensch mißverstanden werden. Der theoretische Fortschritt liegt gerade in der Vermeidung dieser humanistischen Engführung. Gegenüber jeder sachlichen Artikulation von Sinn hat die Sozialdimension eine auf alles durchgreifende Eigenständigkeit. Sie ergibt sich daraus, daß neben der Ego-Perspektive auch eine (oder viele) Alter-Perspektive(n) Berücksichtigung finden. Jedem Sinn kann dann auch eine Verweisung ins Soziale abverlangt werden. Das heißt: Man kann allen Sinn daraufhin abfragen, ob ein anderer ihn genau so erlebt wie ich oder anders. Sozial ist also Sinn nicht qua Bindung an bestimmte Objekte (Menschen), sondern als Träger einer eigentümlichen Reduplizierung von Auffassungsmöglichkeiten. Entsprechend stehen die Begriffe Ego und Alter (alter Ego) hier nicht für Rollen oder Personen oder Systeme, sondern ebenfalls für Sonderhorizonte, die

47 Siehe die an sich so bestechende Unterscheidung von Transzendenz und Introszendenz bei Paul Hofmann, Sinn und Geschichte: Historisch-systematische Einleitung in die Sinn-erforschende Philosophie, München 1937, S. 5 f. u. ö.

sinnhafte Verweisungen aggregieren und bündeln. Auch die Sozialdimension wird mithin durch einen Doppelhorizont konstituiert; sie wird in dem Maße relevant, als sich im Erleben und Handeln abzeichnet, daß die Auffassungsperspektiven, die ein System auf sich bezieht, von anderen nicht geteilt werden. Und auch hier heißt die Horizonthaftigkeit von Ego und Alter Unabschließbarkeit weiterer Exploration[48]. Da somit ein Doppelhorizont auch in dieser Hinsicht konstitutiv ist für die Eigenständigkeit einer Sinndimension, läßt sich Soziales nicht auf die Bewußtseinsleistungen eines monadischen Subjekts zurückführen. Daran sind alle Versuche einer Theorie der subjektiven Konstitution von »Intersubjektivität« gescheitert[49].

Eher wird die beim Konsens/Dissens-Problem ansetzende sozialpsychologische Forschung dem Phänomen gerecht[50]. Wenn Soziales an Sinnthemen als Verweisung auf (möglicherweise unterschiedliche) Auffassungsperspektiven erfahren wird, läßt sich diese Erfahrung gerade nicht mehr einem Subjekt zurechnen. Die Differenz ist auch hier als Doppelhorizont konstitutiv für das, was als Sinn in der Schwebe gehalten wird. Ein Ich allein könnte so gar nicht leben.

Ähnlich wie es in der Sachdimension den Stimulus der primären Disjunktion und in der Zeitdimension das »querliegende« Problem der Reversibilität/Irreversibilität gibt, das es überhaupt erst mög-

48 Hier wäre es angebracht, erneut auf die Idee des Diskurses (Habermas) und auf das Fehlen zeitlicher Schranken einzugehen.

49 Am eindrucksvollsten zuletzt im grandiosen Ringen Husserls mit diesem Versuch. Vgl. Edmund Husserl, Cartesianische Meditationen, Husserliana Bd. I, Den Haag 1950, S. 121 ff., und aus dem Nachlaß: Zur Phänomenologie der Intersubjektivität, Husserliana Bd. 13-15, Den Haag 1973. Dazu Alfred Schütz, Das Problem der transzendentalen Intersubjektivität bei Husserl, Philosophische Rundschau 5 (1957), S. 81-107.

50 Insbesondere ist an das ABX-Modell von Newcomb zu denken, das Konsensfragen an Hand von Sachorientierungen aufwirft. Vgl. Theodore M. Newcomb, An Approach to the Study of Communicative Acts, Psychological Review 60 (1953), S. 393-404; ders., The Study of Consensus, in: Robert K. Merton/Leonard Broom/Leonard S. Cottrell Jr. (Hrsg.), Sociology Today, New York 1959, S. 277-292; und dazu Johannes Siegrist, Das Consensus-Modell: Studien zur Interaktionstheorie und zur kognitiven Sozialisation, Stuttgart 1970. Vgl. ferner Leon Festinger, A Theory of Social Comparison Processes, Human Relations 7 (1954), S. 117-140; Joseph N. Capella, A Dynamic Mathematical Model of Mutual Influence According to Information Processing Theory, in: Klaus Krippendorff (Hrsg.) Communication and Control in Society, New York 1979, S. 347-365.

lich macht, Erfahrungen zeitdimensional zu ordnen, gibt es auch für die Sozialdimension ein solches Problem: Es besteht im Gegensatz von Konsens und Dissens. Nur wenn sich Dissens als Realität oder als Möglichkeit abzeichnet, hat man Anlaß, den Doppelhorizont des Sozialen als im Moment besonders wichtige Orientierungsdimension einzuschalten; und nur in dem Maße, als dies besonders oft oder in spezifischen Sinnzusammenhängen besonders deutlich geschieht, entsteht in der gesellschaftlichen Evolution eine besondere Semantik des Sozialen, die ihrerseits als Theorie dieser Differenz wieder konsens- bzw. dissensfähig sein kann[51]. Auch hier wird mithin durch ein dimensionsspezifisches Arrangement eine vorausliegende Differenz sinnmäßig traktierbar gemacht, also den operativen Möglichkeiten selbstreferentieller Systeme angepaßt. Die Sozialdimension ermöglicht dann, wenn einmal verfügbar, einen ständig mitlaufenden Vergleich dessen, was andere erleben können bzw. erleben würden und wie andere ihr Handeln ansetzen könnten.

So wie in der Sachdimension das Dingschema die Weltbezüge vereinfacht an die Hand gibt, so wird die Sozialdimension auf Moral reduziert. Der Realistik entspricht die Moralistik der Weltauffassung. In beiden Fällen wird das »und so weiter« der Verweisung in die Horizonte anderen Erlebens und Handelns ersetzt durch Kombinationsbeschränkungen. Die Moral bezeichnet die Bedingungen, unter denen Personen einander und sich selbst achten bzw. mißachten können[51a]. Sie storniert die darüber hinausreichenden Möglichkeiten in dem Versuch, die soziale Konvenienz wenn nicht unter ein »Sittengesetz« so doch unter absehbare Bedingungen der wechselseitigen Einschränkung zu bringen.

Für komplexer werdende Gesellschaften wird eine Gesamtprogrammierung der Sozialdimension in der Form von Moral zunehmend inadäquat – teils, weil die Toleranzzone der Moral zu weit ausgedehnt werden muß, und teils, weil alles Ausgeschlossene mo-

51 Hier ist besonders an die aus der antiken Tradition stammende Doppelkonzeption von (für Interaktionssysteme gedachter) *Freundschaft* und (für Gesellschaftssysteme gedachter) *Gemeinschaft* zu denken, die dann eher metasemantisch über Vorstellungen des gemeinsamen Lebens in der Stadt oder über Verhaltenscodes der Oberschicht rückintegriert wurden. Dazu näher: Niklas Luhmann, Wie ist soziale Ordnung möglich?, in: ders., Gesellschaftsstruktur und Semantik Bd. 2, Frankfurt 1981, S. 195-285.

51a Eingehender dazu in Kapitel 6, VII im Zusammenhang mit Interpenetration.

ralisch diskreditiert werden muß; und praktisch: weil beides zugleich geschieht und die Moral dadurch pluralisiert wird. Das heißt nicht, daß Moral nach und nach verschwindet. Im Alltagsleben ist die Orientierung an Bedingungen für Achtung und Mißachtung ebenso unentbehrlich wie die Orientierung an Dingen. Nur reicht die Problematik der Sozialdimension weit darüber hinaus, und alle Moral findet sich letztlich in Horizonten relativiert, in denen weiter gefragt werden kann, warum jemand so erlebt, so urteilt, so handelt, wie es geschieht, und was dies für andere bedeutet.

VII

Husserl hatte nur phänomenologisch beschrieben, daß die Welt, obwohl unendlicher Horizont, ihre eigene Bestimmbarkeit garantiere. Das führt direkt zur Vorstellung der Typik bzw. Typengebundenheit allen Erlebens und Handelns, mit der dann die phänomenologische Soziologie weitergearbeitet hat[52]. Eine Selbstterferenz des Unendlichen in Richtung auf Spezifikation kann als bloßer Erfahrungsgehalt und als Bedingung der Erfahrbarkeit aber nicht zureichend begriffen werden. Die hier vorgestellte dimensionale Dekomposition der Welt auf Grund von Sinn und die Zuordnung eines konstitutiven Doppelhorizontes zu jeder Dimension ermöglicht weitere Schritte der Analyse; sie ermöglicht vor allem einen deutlicheren Aufriß der Bedingungen der Möglichkeit des Bestimmens von Sinn.

Im Einklang mit evolutionstheoretischen Grundvorstellungen nehmen wir nicht an, daß die Welt sich selbst zur Bestimmtheit respezifiziert; wir gehen vielmehr davon aus, daß es Mechanismen geben muß, die, aus welchen Anlässen immer sie in Tätigkeit treten, hinreichende Bestimmtheit produzieren. Für diesen Prozeß der laufenden Selbstbestimmung von Sinn formiert sich die Differenz von Sinn und Welt als Differenz von Ordnung und Störung, von Information und Rauschen. Beides ist, beides bleibt erforderlich. Die Einheit der Differenz ist und bleibt Grundlage der Operation. Das kann nicht genug betont werden. Eine Präferenz für Sinn gegen Welt, für Ordnung gegen Störung, für Information gegen Rauschen

52 Vgl. Edmund Husserl, Erfahrung und Urteil, a.a.O., insbes. S. 398 ff.: Alfred Schutz, Collected Papers, 3 Bde., Den Haag 1962 ff., passim, insbes. Bd. III, S. 92-115; Alfred Schutz/Thomas Luckmann, Strukturen der Lebenswelt, Neuwied 1975.

ist nur eine Präferenz. Sie macht das Gegenteil nicht entbehrlich. Insofern lebt der Sinnprozeß von Störungen, nährt sich von Unordnung, läßt sich durch Rauschen tragen und erfordert für alle technisch präzisierten, schematisierten Operationen ein »ausgeschlossenes Drittes«[53]. Die Typik der Wesensformen, an der das Alltagsverhalten sich dann faktisch orientiert, ist das Resultat vorgängiger Sinnbestimmungen, die weder im Sinne einer Ontologie der Wesensformen der Welt, noch im Sinne einer Konstitutionstheorie dem Subjekt zugerechnet werden können. Sie ergeben sich vielmehr daraus, daß die sinnbezogenen Operationen selbstreferentieller Systeme durch Auslöseprobleme (primäre Disjunktion, Irreversibilität, Dissens) gereizt und die Doppelhorizonte der Sinndimension dadurch unter Optionsdruck gesetzt werden.

Jede Operation wird durch diesen Bezugsrahmen dazu angehalten, ihren gemeinten Sinn in dem Gefüge der Dimensionen und ihrer Horizonte zu verorten. Sie muß entsprechende Bestimmungen vollziehen – nicht so sehr um der eigenen Bestimmtheit willen, sondern deshalb, weil anderenfalls keine weiteren Operationen angeschlossen werden könnten. Bestimmungsoptionen sind ein Erfordernis des systemmäßigen Zusammenschlusses, und eine entsprechende Vorsorge für Anschlußfähigkeit wird über Selbstreferenz jeder Operation auferlegt: Die Wahl der Bestimmungsrichtung dient zwar dem Anschließen *weiteren* Erlebens oder Handelns, aber sie erscheint gleichwohl als Erfordernis *jeglicher* Operation, weil jede Operation aus den Anschlußmöglichkeiten auf sich selbst zurückschließt und sich selbst nur so bestimmen kann.

Beim Rückleiten der Vorsorge für Anschlußfähigkeit auf die einzelne sinnbezogene Operation bewährt sich offenbar eine stärkere *Schematisierung* der Optionen in den einzelnen Dimensionen. Jedenfalls hat die empirische Forschung eine Reihe von Schematismen aufgedeckt, die solche Zuordnungen und auch das Wechseln der Zuordnungen erleichtern[54]. In der *Sachdimension* fungiert als Hauptschematismus die Differenz von *externaler und internaler*

53 Es gehört zum »Stil« der Methode von Edgar Morin, darauf immer wieder hinzuweisen. Vgl. auch Henri Atlan, Entre le cristal et la fumée: Essai sur l'organisation du vivant, Paris 1979; Michel Serres, Der Parasit, dt. Übers. Frankfurt 1981; Jean-Pierre Dupuy, Ordres et Désordres: Enquête sur un nouveau paradigme, Paris 1982.

54 Vgl. auch Niklas Luhmann, Schematismen der Interaktion, in: ders., Soziologische Aufklärung Bd. 3, Opladen 1981, S. 81-100.

Zurechnung (Attribution)[55]. Sie stellt klar, ob die Anknüpfung weiterer Operationen von externen oder von internen Ursachen auszugehen habe. Je nach Zurechnungsrichtung unterscheidet ein Sinnsystem dann in Bezug auf sich selbst und in Bezug auf andere Systeme *Erleben* und *Handeln*: Wird die Sinnselektion der Umwelt zugerechnet, gilt die Charakterisierung Erleben, und die Anknüpfung für weitere Maßnahmen wird in der Umwelt des Systems gesucht (obwohl das System als erlebend beteiligt war!). Wird dagegen die Sinnselektion dem System selbst zugerechnet, dann gilt die Charakterisierung Handeln (obwohl solches Handeln ohne Bezug auf die Umwelt gar nicht möglich ist)[56].

Durch die Unterscheidung von Erleben und Handeln wird es möglich, Sinnreproduktion und Systemreproduktion zu differenzieren. Die Zurechnung als Erleben, was Erleben von Handeln miteinschließt, dient der Sinnreproduktion, jener weiterlaufenden Aktualisierung und Virtualisierung, von der wir unter II gesprochen haben. Die Zurechnung als Handeln, was Erleben vorbereitendes, Erleben suchendes Handeln einschließt, dient der Reproduktion des sozialen Systems, indem sie Ausgangspunkte für weiteres Handeln festlegt. Man kann auch sagen: Erleben aktualisiert die Selbstreferenz von Sinn, Handeln aktualisiert die Selbstreferenz sozialer Systeme, und beides wird durch Attributionsleistungen auseinandergehalten und rückverbunden. Da es hier immer um sinnhaftes, also erlebbares Handeln geht, ist Sinnreproduktion immer auch Voraussetzung für Systemreproduktion; durch Handeln kann man sich nicht dem Erleben entziehen (obwohl natürlich: der Beobachtung durch andere). Auch ist mitzuberücksichtigen, daß man sehr wohl auch auf Erleben (und nicht nur: auf Handeln) durch Handeln reagieren kann – es fängt an zu regnen, und man spannt den Schirm auf. Trotz dieser Überschneidungen ist die differentielle Attribu-

55 Vgl. Julian B. Rotter, Generalized Expectancies for Internal versus External Control of Reinforcement, Psychological Monographs 80 (1966), S. 1-28. Zu neueren Forschungen etwa E. Jerry Phares, Locus of Control in Personality, Morristown N. J. 1976; John H. Harvey/William John Ickes/Robert F. Kidd (Hrsg.), New Directions in Attribution Research, Hillsdale N. J. 1976; Wulf-Uwe Meyer, Internale-externale Bekräftigungskontrolle, Ursachenzuschreibung und Erwartungsänderungen: Einige Anmerkungen, in: Rosemarie Mielke (Hrsg.), Interne/externe Kontrollüberzeugung, Bern 1982, S. 63-75.

56 Hierzu eingehender Niklas Luhmann, Erleben und Handeln, in ders., Soziologische Aufklärung Bd. 3 a.a.O., S. 67-80.

tion eine wichtige und unerläßliche Regulierung. Sie ermöglicht im vagen und weiten Bereich sinnhaften Erlebens die Ausdifferenzierung von hochselektiven Handlungssystemen, die ihre Selektionen sich selbst zurechnen lassen.

Man sieht hierin deutlich, wie der Schematismus Komplexität reduziert, Verweisungen kappt und Anknüpfung erleichtert. Das Miteinanderfungieren der beiden Horizonte »innen« und »außen« bleibt erhalten und behält auch die Möglichkeit der Umwendung. Deshalb kann es auch immer wieder Zurechnungsdissens geben: Dem einen erscheint als Handeln, was der andere primär als Reaktion auf Erleben erfährt. Trotzdem leistet der Schematismus eine unentbehrliche Verständigungshilfe und eine Vereinfachung des Prozessierens von sinn-offenen Zusammenhängen, die für die Erhaltung komplexer Systeme unentbehrlich ist. Diese erscheinen sich wechselseitig im je eigenen Rahmen selbstreferentieller Interpretation als Handlungssysteme und bewähren in der Interaktion dies als brauchbare Verkürzung der Wirklichkeit. Wir kommen im Kapitel über »doppelte Kontingenz« darauf zurück.

Entsprechendes gibt es für die *Zeitdimension.* Auch hier wird die Schematisierung durch Zurechnungsprozesse vermittelt, und zwar scheint der entscheidende Unterschied in der Frage zu liegen, ob die Zurechnung sich auf konstante oder auf variable Faktoren bezieht[57]. Je nach dieser Vorentscheidung wird über eine andere Weiterbehandlung des Gegenstandes oder des Ereignisses entschieden, und Schwierigkeiten mit der Weiterbehandlung können rückläufig die Vorentscheidung problematisieren.

In der *Sozialdimension* schließlich werden Ego und Alter für Zurechnungszwecke personalisiert bzw. mit bestimmten sozialen Systemen identifiziert. Sie erhalten, ungeachtet ihres jeweiligen Fungierens als Ego und als Alter für ein alter Ego, Identitäten, Namen und Adressen. Gleichwohl meint der soziale Schematismus nicht diese Systeme als sachliche Gegebenheiten der Welt, er betrifft viel-

57 Diese Unterscheidung geht auf Fritz Heider zurück. Sie ist bisher hauptsächlich im Zusammenhang mit Untersuchungen über Leistungsmotivation benutzt worden. Siehe etwa Bernard Weiner, Achievement Motivation and Attribution Theory, Morristown N.J. 1974. Auch in neueren Forschungen über Zurechnungsdifferenzen zwischen Handelnden und Beobachtern spielt diese Unterscheidung eine Rolle. Siehe richtungsweisend Edward E. Johnes/Richard E. Nisbett, The Actor and the Observer: Divergent Perceptions of the Causes of Behavior, in: Edward E. Jones et al., Attribution: Perceiving the Causes of Behavior, Morristown N.J. 1971, S. 79-91.

mehr nur ihr Fungieren als Ego bzw. Alter und die daraus sich ergebenden Konsequenzen. Sprachlich wird diese Distanz zur Sachdimension durch Personalpronomina ausgedrückt, die wechseln mit dem, der sie benutzt, und trotzdem auf etwas nicht mit der Rede Wechselndes bezogen werden können. Der Sachbezug ermöglicht es dann, die Konsequenzen des Zurechnungsschematismus festzuhalten, die soziale Schematisierung ermöglicht dagegen *beiden* Partnern, *beide* Perspektiven, die des Ego und die des Alter, miteinander oder nacheinander zu verwenden und jeweils zu entscheiden, in wessen Perspektive was gemeint ist. Somit kann bei feststehenden und übereinstimmend erfaßten Systemidentitäten Dissens darüber entstehen, ob ein Ich die Zurechnung von Selektionen übernimmt, die ihm als einem Du zugedacht werden. Schematisierung bedeutet hier, daß die soziale Zurechnung über einer feststehenden Sachwelt in der Schwebe gehalten und selbstreferentiell prozessiert werden kann und daß Dissens auf dieser Ebene nicht notwendig sogleich auch Dinge, Personen oder Ereignisse der Sachdimension auflöst.

Auch hier ist, wie in den anderen Fällen, offensichtlich, daß die Schematisierung grob verkürzt und vereinfacht, um Anschlüsse zu ermöglichen. So wenig wie es Erleben ohne Handeln gibt oder Konstanz ohne Variabilität, so wenig gibt es ein Ego ohne Bezug auf ein Alter und ohne Vermittlung zu der Erfahrung, daß Alter ein alter Ego ist. Aber das weitere Prozessieren erfordert es, diese wechselbezüglichen Relationierungen auf einen Punkt zu verkürzen, Informationen entsprechend zu raffen und Unsicherheiten zu absorbieren, damit im weiteren Verlauf etwas Bestimmtes für Neurelationierungen zur Verfügung steht. Gerade das ständige Fluktuieren der Verknüpfungen im Kommunikationsprozeß wie im Gehirn erfordert ausreichende momentane Eindeutigkeit, die auch riskiert werden kann, weil sie sich bei Bedarf wieder auflösen läßt. Die Schematismen zwingen zu unrealistischen Optionen und strukturieren damit, ohne sie zu determinieren, die laufende Selbstsimplifikation des Systems.

Daß die Schematisierung in jeder Dimension über Zurechnung vermittelt wird, bedeutet schließlich, daß sie in allen Kommunikationsprozessen vorausgesetzt werden muß. Über den Schematismus und über die durch ihn eröffneten Optionen wird nicht kommuniziert. Das Vorausgesetzte wird in der Kommunikation nicht mehr zur Disposition gestellt, sondern schlicht praktiziert. Das beschleunigt den Kommunikationsprozeß und entlastet ihn von Anreizen zu tief treffenden Negationen. Wenn jemand »Ich« sagt, wird nicht mehr eigens darüber verhandelt, ob er nicht eigentlich sich als (abhängiges) Du eines anderen Ich vorführt. Tempogewinn und Flüssigkeit des Prozessierens bei Offenhalten rückgreifender Thematisierungen – das sind die Funktionen der Schematismen. Sie haben insgesamt also wieder einen funktionalen Bezug zu den Zeitproblemen, die mit der Differenzierung von System und Umwelt aufgeworfen sind[58].

VIII

Sachdimension, Zeitdimension und Sozialdimension können nicht isoliert auftreten. Sie stehen unter Kombinationszwang. Sie können getrennt analysiert werden, aber sie erscheinen in jedem real gemeinten Sinn selbdritt. Im Anschluß an diese Voraussetzung kann die Analyse in zwei Richtungen weitergeführt werden. Beide Anschlußüberlegungen geraten jedoch rasch in Abhängigkeit von gesellschaftstheoretischen Analysen und können deshalb hier nur kurz angedeutet werden.

Der erste Leitgesichtspunkt ist: daß die Unterscheidbarkeit der drei Dimensionen und das Ausmaß ihrer Differenzierung gegeneinander selbst Ergebnis der soziokulturellen Evolution ist, also mit der Gesellschaftsstruktur variiert[59]. Die wohl wichtigste evolutionäre Errungenschaft, die ein solches Auseinandertreten der Sinndimensionen bewirkt, liegt in der Einführung von Schrift[60]. Durch Schrift wird Kommunikation aufbewahrbar, unabhängig von dem lebenden Gedächtnis von Interaktionsteilnehmern, ja sogar unabhängig von Interaktion überhaupt. Die Kommunikation kann auch Nichtanwesende erreichen, und der Zeitpunkt ihres Ankommens kann

58 Vgl. oben, Kapitel 1, S. 72 ff.

59 Vgl. hierzu auch Niklas Luhmann, Gesellschaftliche Struktur und semantische Tradition, in ders., Gesellschaftsstruktur und Semantik Bd. 1, Frankfurt 1980, S. 35 ff.

60 Dies wiederum ist ein zunächst sehr langsam anlaufender Prozeß, in dem die Alphabetisierung der Schrift eine besondere Schwelle markiert, weil sie (1) rasches Lernen und damit universelle Verbreitbarkeit ermöglicht und (2) Regionalsprachen gegeneinander differenziert, also Übersetzungen erzwingt. Vgl. dazu besonders Eric A. Havelock, Origins of Western Literacy, Toronto 1976; ders., The Literate Revolution in Greece and Its Cultural Consequences, Princeton N.J. 1982.

nahezu beliebig gewählt werden, ohne daß man, um diesen Effekt zu erreichen, fallweise Interaktionsketten (Boten, Gerüchte, Erzähler) bilden müßte. Kommunikation wird, obwohl sie nach wie vor Handeln erfordert, in ihren sozialen Effekten vom Zeitpunkt ihres Erstauftretens, ihrer Formulierung abgelöst. Damit kann die Variationsfähigkeit beim Schriftgebrauch gesteigert werden, weil sie vom unmittelbaren Druck der Interaktion entlastet ist: Man formuliert für unabsehbare soziale Situationen, in denen man nicht anwesend zu sein braucht. Das bedeutet auch, daß Sachorientierungen und Sozialorientierungen stärker gegeneinander differenziert werden können und in diesem Sinne »Philosophie« (= Kommunikation aus Freude an der Sache selbst) möglich wird[61]. Höhere Freiheitsgrade, höhere Kontingenz, höhere Invarianz und höhere Änderbarkeit greifen Hand in Hand. Schriftlich Fixiertes steht zunächst fest; man ändert es nur, wenn man es ändern will; aber genau das kann man dann wollen.

Mit dem Auseinanderziehen dieser Dimensionen schafft die soziokulturelle Evolution sich erst den Artikulationsrahmen für die durch sie selbst erzeugte Komplexität. Die zunehmende Differenzierung kann formal beschrieben werden als zunehmende Eigenständigkeit der Doppelhorizonte, die jeweils eine Dimension konstituieren. So nimmt die Prägnanz und Unterschiedlichkeit der Horizonte Vergangenheit und Zukunft, die für das alte Denken letztlich im Dunkel des Weltrandes zusammenfielen, zu in dem Maße, als sachliche Differenzen anders, nämlich auf den Unterschied von Innen und Außen, abgebucht werden können. Die ursprünglich sachbezogen gemeinte Terminologie von varietas, praesens, novus wird dann auf Zeitbezug umgesetzt[62]. Nach Vollzug dieser Differenzierung werden neue Kombinationen möglich – etwa in der Form von Wissenschaften, die, beginnend im 18. Jahrhundert, aus Gleichzeitigem (also empirisch!) Rückschlüsse auf Ungleichzeitiges ziehen.

Auch die Sozialdimension gewinnt in Differenz zur Sachdimension erst allmählich an Eigenständigkeit, vor allem durch Umformung

61 Dies betont Erich A. Havelock, Preface to Plato, Cambridge Mass. 1963. Vgl. auch Jack Goody/Ian Watt, The Consequences of Literacy, Comparative Studies in Society and History 5 (1963), S. 305-345.

62 Siehe hierzu Walter Freund, Modernus und andere Zeitbegriffe des Mittelalters, Köln, Graz 1957.

der dem Menschen zugedachten Position. Am Leitfaden der semantischen Interpretation des menschlichen Individuums wird nur sehr allmählich und nur in dem Maße, als gesellschaftsstrukturelle Veränderungen es erfordern, die sinnkonstituierende Relevanz der Sozialdimension entdeckt auf dem Umwege über eine Auszeichnung des Menschen, die dann beibehalten und trotzdem nivelliert werden muß. Der Mensch wird zunächst als besondere Art von Tier mit zeit- und sozialbezogenen Eigenschaften, dann als Glanzstück und Zweck der Schöpfung und schließlich als weltbezogen lebendes Individuum aufgefaßt. In der begleitenden philosophischen Theorie wird diese Differenzierung von Sachdimension und Sozialdimension vorbereitet durch die neuzeitliche Reflexion auf die Unendlichkeit des Innenhorizontes am Spezialfall des je eigenen Bewußtseins. Diese Reflexion setzt zunächst Ich und Welt als zwei Unendlichkeiten kongruent (wenn auch mit inverser, über Negation vermittelter Formulierung); sie erfordert dann aber – das Ich muß sozusagen aus seiner inneren Verlorenheit zurückgeholt werden, und dies kann nicht durch die Sachwelt geschehen, die nur Entfremdung bewirkt – ein anderes Ich: ein Du[63]. Das Ich gewinnt, so könnte ein semantisches Korrelat dieser gesellschaftsstrukturell ausgelösten Entwicklung formuliert werden, seine ichspezifische aktuale Unendlichkeit, seine transfinite Selbstheit nur in der Kontrastierung zu einem anderen Ich (Du) gleicher Art, das ihm jede ontologische Selbstfixierung verwehrt, dadurch daß *es sie beobachtet*[64].

63 Diese Deutung folgt weitgehend Gotthard Günther. Günther entwickelt jedoch die Reflexionsstufen, die auf eine neuartige aktuale Unendlichkeit des Selbstbewußtseins zurückführen, als autonomes Geschehen der Reflexion auf Reflexion. Er kann deshalb die »Deduktion des Du« nicht leisten, das Du wird ab extra eingeführt. Im hier formulierten Text ist dagegen vorausgesetzt, daß die neuzeitliche Bewußtseinsphilosophie das Terrain für eine stärkere Ausdifferenzierung der Sozialdimension zwar vorbereitet; daß sie aber, solange sie sich durch ihren Ausgangspunkt in der Sachdimension, nämlich in einer Differenz von Denken und Sein (Günther: urphänomenale Situation »Ich denke etwas«) bestimmen läßt, die Eigenständigkeit der Sozialdimension und die *ihr zugeordnete Unendlichkeit ichhafter Innenhorizonte nicht formulieren kann*. Die Formulierungen Günthers finden sich vor allem in: Metaphysik, Logik und die Theorie der Reflexion, Archiv für Philosophie 7 (1957), S. 1-44, neu gedruckt in ders., Beiträge zur Grundlegung einer operationsfähigen Dialektik Bd. 1, Hamburg 1976, S. 31-74.

64 Daß Selbstbeobachtung, Selbstbeschreibung, Selbstbiographierung den gleichen Auflösungseffekt haben können, und zwar besonders dann, wenn sie vor anderen und für andere (z. B. für den Druck) zelebriert werden, ist oft notiert worden. Siehe z. B. Georges Gusdorf, La découverte de soi, Paris 1948, insbes. S. 69 ff. Auch hier ist dann

Die besondere Form des Beobachtens, die für die Sozialdimension angemessen ist, hatten wir oben (unter V) als Verstehen charakterisiert. Verstehen erfordert Beobachtung mit Hilfe der System/Umwelt-Differenz; es erfordert, daß man das zu verstehende System als System auffaßt, das sich an einer eigenen Umwelt sinnhaft orientiert. Da sinnhafte Orientierung immer Welt impliziert, kann ein verstehendes System nicht vermeiden, daß es sich selbst in der Umwelt des verstandenen Systems wiederbegegnet. Auf diese Weise kommt es zu Ego/alter Ego-Spiegelungen. Das verstehende System sieht sich selbst als alter Ego seines alter Ego. Man kann vermuten, daß jede soziale Beziehung, zumindest rudimentär, zu Verstehensversuchen provoziert. Zumindest ist über Verstehen das Verhalten anderer besser zugänglich, besser beobachtbar, besser erwartbar. Somit liegt in der Verstehensprovokation, in der Leistungsüberlegenheit des Verstehens, im Verstehen selbst derjenige Mechanismus, der die Sozialdimension gegen Sachdimension und Zeitdimension ausdifferenziert und letztlich eine speziell dafür geeignete Semantik ausformuliert. Damit wird die Konsens/Dissens-Differenz zugleich wichtiger und weniger wichtig – wichtiger, weil nur sie die Sozialdimension informationsträchtig artikuliert, und weniger wichtig, weil sie eben nur die Sozialdimension artikuliert.

Erst dieser letzte Interpretationsschritt registriert die Selbständigkeit der Sozialdimension allen Sinnes – im Unterschied zu der sie nur vorbereitenden Hervorhebung des Menschen und zu der für stratifizierte Gesellschaften sich eignenden Auffassung des Sozialen als bevorzugte Kommunikation unter bevorzugt (»gut«) lebenden Lebewesen. Natürlich »bewirken« diese Deutungsmodifikationen für sich allein nicht das Ausdifferenzieren der Sozialdimension; aber sie sind empirische Indikatoren dafür, daß entsprechende Veränderungen sich vollziehen und ins semantische Repertoire der Gesellschaft so gut es geht eingearbeitet werden müssen.

Die allgemeine Selbstreferenz allen Sinnes, die besagt, daß alles Sinnerleben sich in ein Darüberhinaus projiziert und sich darin wiederfindet, wird durch die Differenzierung der Sinndimensionen spezifiziert. Man findet in dem Maße, als diese Differenzierung sich einlebt, dimensionsspezifische Selbstreferenzen; und wenn diese

das Resultat das Durchstoßen in die Tiefe des Selbst-Horizontes, in der die Selbstbeobachtung schließlich nichts Bestimmtes vorfindet, sondern nur noch sich selbst beobachten kann.

ausgebildet sind, verstärkt das die Differenzierung der Sinndimensionen. Im Laufe der Sinnbildungsgeschichte entstehen dann besondere Semantiken, die diese Differenzierungsleistungen betreuen – vor allem eine von der Sachordnung unterscheidbare Semantik der Zeit und eine Semantik des Sozialen, die sich spätestens im 18. Jahrhundert von der Vorstellung löst, sie betreue nur das besondere Sachding Mensch, sie behandele das, worin der Mensch sich vom Tier unterscheide.

Es ist an dieser Stelle nicht möglich, diese Differenzierungsgeschichte nachzuzeichnen, ihren Zusammenhang mit dem Strukturwandel des Gesellschaftssystems zu klären und zu zeigen, welche Rolle in diesem Zusammenhang die dimensionsspezifisch ausformulierte Selbstreferenz spielt[65]. Es muß hier genügen, den Ausgangspunkt für eine detailliertere Hypothesenbildung festzuhalten.

So spiegelt die Zeit sich in der Zeit mit Hilfe der Dimensionshorizonte Zukunft und Vergangenheit. Das heißt nicht nur, daß jeder Zeitpunkt seine eigene Zukunft und seine eigene Vergangenheit hat und genau dadurch in der Zeitdimension Einmaligkeit besitzt. Wenn dies erfahren wird, sieht man auch, daß jede Zukunft und jede Vergangenheit eines jeden Zeitpunktes in Zeitpunkte aufgelöst werden kann, für die das gleiche gilt. Damit öffnet sich eine beliebig ausweitbare Unendlichkeit in der Zeit – und dies nicht nur in der einen Doppelrichtung auf den Anfang und das Ende der Zeit hin, sondern für jeden Zeitpunkt in den Horizonten eines jeden Zeitpunktes besonders. »Die Zeit« ist dann bestenfalls eine chronologische Konvention, ein Aggregatausdruck für die Gesamtheit der in der Zeit aufbrechenden Zeitmöglichkeiten. Wenn so viel Zeit in die Zeit hineingelegt wird, wird man fragen müssen, wie so hohe Komplexität dann wieder reduziert wird und wie diese Reduktionen konditioniert sind. Oder, um dasselbe in einer anderen Terminolo-

65 Vgl. für die Zeitdimension dazu: Niklas Luhmann, Weltzeit und Systemgeschichte, in ders., Soziologische Aufklärung Bd. 2, Opladen 1975, S. 103-133; ders., The Future Cannot Begin, in ders., The Differentiation of Society, New York 1982, S. 229-254; ders., Zeit und Handlung: eine vergessene Theorie, in ders., Soziologische Aufklärung Bd. 3, Opladen 1981, S. 101-125; ders., Temporalisierung von Komplexität: Zur Semantik neuzeitlicher Zeitbegriffe, in ders., Gesellschaftsstruktur und Semantik Bd. 1, Frankfurt 1980, S. 235-301. Für die Sozialdimension insbes. Niklas Luhmann, Wie ist soziale Ordnung möglich? in ders., Gesellschaftsstruktur und Semantik Bd. 2, Frankfurt 1981, S. 195-285.

gie zu formulieren: Durch selbstreferentielles Verzeitlichen der Zeit entsteht eine unendliche Wiederholung der Zeit in der Zeit, und im Anschluß daran der Bedarf für eine historische Semantik der Zeit, die für bestimmte Epochen, bestimmte Gesellschaften, bestimmte Sozialsysteme gültige Akzente setzt bei gleichzeitigem Wissen um das beliebige Auflösevermögen der Zeit in der Zeit. Die Zeit selbst wird historisiert, und alle Temporalsemantik muß sich damit abfinden, muß sich darauf einstellen.

Exakt die gleichen Verhältnisse lassen sich in der Sozialdimension beobachten. Auch hier spiegeln sich Perspektiven in Perspektiven: Ich weiß, daß Du weißt, daß ich weiß ...; ich rechne Dir Dein Handeln zu, wohl wissend, daß Du mir zurechnest, daß ich Dir Dein Handeln zurechne. Auch hier fällt der dimensionsspezifische Verweisungszusammenhang in sich ins Unendliche auseinander. Und es gibt Konsenspunkte so wie Zeitpunkte nur vor dem Horizont solcher Möglichkeiten, das heißt konventionell.

In der Sachdimension macht man mit den Innen/Außenhorizonten der Dinge die gleiche Erfahrung. Indem jeder Horizont diese Doppelung in sich wieder erscheinen läßt, verunendlicht sich die Welt ins beliebig Große und ins beliebig Kleine. Das erscheint im Weltbild der Moderne als Aufhebung aller äußeren Grenzen und als Auflösung aller Elemente, aller letzten Haltepunkte. Nur die Götter verfügen über die Elemente, hatte man früher gedacht und daran (wenn auch unerreichbare) Rahmensicherheiten gefunden. Mit den Elementen sind dann aber auch die Götter verschwunden, und die Sachverhältnisse müssen demzufolge als bodenlose Konstruktion, als wahrscheinlich gewordene Unwahrscheinlichkeit begriffen werden.

Dies innere Unendlichwerden trennt die einzelnen Sinndimensionen schärfer als jede Bestimmung von Sinn, die ja letztlich immer alle Dimensionen in Anspruch nimmt. Dadurch führt die Entwicklung von Selbstreferenz in den einzelnen Dimensionen zu einem stärkeren Auseinanderziehen und zu einem Abschwächen wechselseitiger Implikationen. Zeit zum Beispiel kann dann nicht als Ursache auftreten, und das Wesen einer Sache allein garantiert noch keine Dauer. Vor allem führt das Realisieren dimensionsspezifischer Selbstreferenzen zu jenem Auflösen aller natürlichen Anhaltspunkte und zu rekombinatorischen Sinngewinnen, die dann aber sich selbst Festigkeit verleihen müssen. Wir werden zu überlegen haben, was dies bedeutet und welche Semantik dann noch adäquat ist, wenn ein Komplexwerden der Gesellschaft eine solche Entwicklung auslöst.

Daß dies Auseinanderziehen und relative Verselbständigen der Sinndimensionen ein empirisch-historischer Prozeß ist, belegt nochmals die selbstreferentielle Konstitution der Gesellschaft als des Sozialsystems par excellence und weiter die selbstreferentielle Konstitution von Sinn schlechthin. Im einzelnen heißt Zunahme der Differenzierung: daß Negationen in der einen Dimension nicht notwendigerweise Negationen in der anderen implizieren. Das blockiert zunehmend Konsenspflichten in Bezug auf Sachverhalte einerseits[66] und »Konsensustheorien der Wahrheit«[67] andererseits. Ein Bezug auf Zukunft scheint jetzt nahezu beliebige Negationen von Sachverhalten in der Gegenwart zuzulassen; auch Zeitdimension und Sachdimension geben einander also mehr Spielraum, und entsprechend wird »Zeitbindung« als notwendige Funktion sozialer Mechanismen, etwa der Sprache diskutiert[68].

Hiermit korreliert innerhalb des semantischen Apparats die größere Deutlichkeit und Tiefenschärfe in den jeweiligen Doppelhorizonten Innen/Außen, Vergangenheit/Zukunft, Ego/Alter. Die jeweils zuständige Dichotomie trägt einerseits die Ausdifferenzierung der Sinndimension und wird andererseits durch sie auf höhere Komplexität gebracht. Das Auflöse- und Rekombinationsvermögen in Bezug auf Sachverhalte nimmt ebenso zu wie der Umfang des historischen Bewußtseins, und im gleichen Zuge wächst das, was man als reflektierte soziale Sensibilität bezeichnen könnte. Dadurch wird es schwieriger, die Sinndimensionen noch miteinander zu vermitteln, und es drängt sich auf, Komplexität nur noch je nach Kontext als entweder sachliche oder zeitliche oder soziale Komplexität zu den-

66 Symptomatisch dafür die Auffassung von »commitment« als Medium und als Variable in der Parsons'schen Theorie des sozialen Handlungssystems. Vgl. Talcott Parsons, On the Concept of Value-Commitments, Sociological Inquiry 38 (1968), S. 135-160.

67 Daß der Wahrheitsbegriff selbst in diesem Prozeß ausgewechselt werden muß, macht die Sache allerdings komplizierter, als diese grob vereinfachte Formulierung erkennen läßt.

68 Vgl. z. B. Alfred Korzybski, Science and Sanity: An Introduction to Non-aristotelian Systems and General Semantics, 1933, Neudruck der 3. Aufl. Lakeville Conn. 1949.

ken mit der Folge, daß die Reduktionsstrategien entsprechend diversifiziert werden[69].

So weit getriebene Differenzierungen sind heute nicht nur analytisch möglich. Sie gehören auch als eine Art Hintergrundbewußtsein zur Sinnrealität der gegenwärtigen Gesellschaft. Eine Folge ist die viel beklagte Erosion des Kulturguts traditionaler Gesellschaften. Eine andere Folge sind Legitimations- und Begründungsschwierigkeiten überall. Zusammenfassungen – etwa in Form der Gegenüberstellung von Perfektion/Imperfektion oder Ideal/Wirklichkeit –, die in jeder Dimension zugleich absichern, scheinen sich aufzulösen. Damit wird der Sinnbezug der Dimensionen keineswegs gelockert. Deren Interdependenzen bleiben bestehen, sie nehmen nur neue Formen an, deren Bewährung weithin noch aussteht. An der Stelle von Kompaktannahmen, die in allen Dimensionen zugleich binden, scheint ein kombinatorisches Bewußtsein gefordert zu sein, das sich am besten vielleicht durch Optionsbelastungen charakterisieren läßt: Wenn man sich in sachlicher Hinsicht festlegt (zum Beispiel »investiert«), hat das in zeitlicher und in sozialer Hinsicht nichtbeliebige Folgen. Wenn Zukunftshorizonte variieren, etwa infolge eines zu raschen Fluktuierens der Verhältnisse stärker an die Gegenwart heranrücken, hat das Konsequenzen sowohl für Konsenschancen (man kann die kurzfristig Benachteiligten nicht mehr »abfinden«, alle wollen alles sofort) als auch für das, was sachlich in so kurzer Zeit noch möglich ist. Die Vielfalt dieser und anderer kombinatorischer Probleme schließt die Möglichkeit nicht aus, Konstellationen zu untersuchen und dabei zu hochgeneralisierten Aussagen zu kommen. Aber es gibt für die damit bewußt gemachten Optionsbelastungen keine Gesamtformel des Guten und Richtigen mehr, weil ihre Ausgangspunkte von Dimension zu Dimension variieren und auf verschiedenen Wegen Konsequenzen von Strukturentscheidungen des Gesellschaftssystems in die Sinnhaftigkeit des Erlebens und Handelns überspielen. Dem System fehlt die Vernunft. Deren Restauration wäre angesichts des Kontingenzüberschusses, der Sinn ist und als Sinn ständig reproduziert wird, nur im Wege des Oktroi möglich. Das ist auch ein Aspekt der einstweilen noch gegebenen Freiheit für Funktionssysteme, ihre

69 Es gibt aber auch genau hierauf bezogene Problemlösungen. Man denke an die erhöhte *Konsens*fähigkeit von Kunstdaten der Statistik, die *Sach*dimension und *Zeit*dimension vermitteln.

Möglichkeiten auszuprobieren, und ein Aspekt der Offenheit für evolutionäre Entwicklungen. Mehr als je tendiert Sinn gerade unter diesen selbstreferentiellen Bedingungen nicht zur Planung, sondern zur Evolution.

IX

Die nächste, die Erörterung des Sinnbegriffs abschließende These lautet: daß selbstreferentielles Prozessieren von Sinn *symbolische Generalisierungen* erfordert. Der Begriff Symbol/symbolisch soll dabei das Medium der Einheitsbildung bezeichnen, der Begriff Generalisierung ihre Funktion der operativen Behandlung einer Vielheit. Ganz grob skizziert handelt es sich darum, daß eine Mehrheit einer Einheit zugeordnet und durch sie symbolisiert wird. Dadurch entsteht eine Differenz von operativer (oder prozessualer) und symbolischer Ebene, die ein selbstreferentielles Operieren überhaupt erst ermöglicht[70].

Die Anregungen zu dieser Begriffsbildung und mit ihnen der Terminus »Generalisierung« entstammen der psychologischen Forschung. Ihr Ausgangspunkt war die Auflösung des Reiz/Reaktions-Schemas durch die Theorie psychischer Systeme mit der Einsicht, daß Umweltzustände oder -ereignisse systemintern global erfaßt, also generalisiert repräsentiert sein müssen, weil die sensorische bzw. motorische Kapazität zu einer detaillierten Behandlung Punkt-für-Punkt nicht ausreiche[71]. Parallel dazu hat Parsons einen Handlungsbegriff ausgearbeitet, der eine sinnhaft-symbolische Generalisierung schon auf der Ebene der »unit acts« erfordert, aus denen Systeme zusammengesetzt werden. Eine Handlung ist danach nur durch symbolisch-generalisierende Identifikation der Einheit des Zusammenhangs ihrer Komponenten möglich. Sie ist schon als Element von Systembildungen ein emergentes Phänomen, das

70 Parsons würde in Bezug auf Generalisierung sagen: die Kommunikation überhaupt erst ermöglicht. Siehe z. B. The Social System, Glencoe Ill. 1951, S. 10 f.; Talcott Parsons/Robert F. Bales/Edward A. Shils, Working Papers in the Theory of Action, Glencoe Ill. 1953, S. 31 ff.

71 Vgl. bereits I. P. Pavlov, Conditioned Reflexes: An Investigation of the Physiological Activity of the Cerebral Cortex, o. O. (Oxford U. P.) 1927, S. 110 ff.; ferner etwa Clark L. Hull, Principles of Behavior, New York 1943, S. 183 ff.; Roger Brown, Words and Things, Glencoe Ill. 1958, S. 286 ff.; Eleanor J. Gibson, A Re-examination of Generalization, Psychological Review 66 (1959), S. 340-342; Franz Josef Stendenbach, Soziale Interaktion und Lernprozeß, Köln-Berlin 1963, S. 90 ff.

nur durch Symbolgebrauch zustandegebracht werden kann. Sinn und Generalisierung fallen in diesem Argument zusammen. Die Theorie selbstreferentieller Systeme, die ihrerseits Anregungen sowohl aus einer genaueren Analyse der Interdependenzen in sensorischen und motorischen Prozessen als auch aus einer stärkeren Betonung der »Subjekt«-Referenz im Handlungsbegriff erhalten hat, faßt diese beiden Theorieentwicklungen zu einer neuen Synthese zusammen.

Fragt man nämlich genauer, wie Sinn auf der Ebene selbstreferentieller Systemprozesse benutzt werden kann, dann stößt man auf ein Erfordernis, das man als Notwendigkeit der Selbstsymbolisierung oder der Selbstabstraktion bezeichnen könnte. Jede sinnhaft erfaßte Gegebenheit muß nicht nur im Moment voll präsent sein und damit Erleben bzw. Handeln »erfüllen« können; sie muß außerdem auch den Selbstbezug organisieren, also dafür Vorsorge treffen können, daß sie bei Bedarf wieder verfügbar sein kann, und dies in (mehr oder weniger) andersartigen Situationen, zu anderen Zeitpunkten, mit möglicherweise anderen Partnern sozialer Kommunikation. Dieses Wiederverfügbarsein wird über symbolische Generalisierungen in das konkrete Erleben und Handeln eingearbeitet. Es ist als Verfügbarkeit für andere auch, aber nicht nur, Voraussetzung möglicher Kommunikation. Der Sinn wird dabei einerseits voll und konkret und insofern unwiederholbar und unübertragbar erfaßt; er wird zugleich aber auch auf Einheitskondensate bezogen, die das Komplexe gegenständlich bzw. thematisch erreichbar machen. Durch symbolische Generalisierungen werden, anders gesagt, dem Erlebnisfluß Identitäten aufgeprägt – Identitäten im Sinne von jeweils reduktiven Beziehungen zu sich selbst.

All dies ist schon auf der Ebene konkreter, bekannter Dinge und Ereignisse gesichert. Man erkennt am Geräusch, daß die Mülleimer geleert worden sind. Man geht heraus und kennt unter vielen Mülleimern den seinen sofort wieder, ohne daß es dazu eines Wortes, eines Namens oder gar eines Begriffs bedarf. Die Worte und Namen würden zum Beispiel das Herauskennen des eigenen Mülleimers nicht garantieren können, und Begriffe könnten allenfalls dazu beitragen, zweifelhafte Fälle oder Gebrauchsweisen auf den eigentlichen Sinn zu beziehen. Symbolische Generalisierungen entstehen also bereits im konkreten Umgang mit Objekten und Ereignissen, sie dienen dem Vorhalten der Wiederzugänglichkeit, und erst bei Bedarf für höherstufige Aggregationen stellen sich auch Pauschalbezeichnungen, Typenvorstellungen und Heterogenes übergreifende Begriffe ein. Diese können dann nur mit Hilfe von Sprache in die sinnhafte Welt eingebaut werden.

Die Konsequenzen für Begriff und Theorie der Sprache können wir hier nicht ausarbeiten. Der Begriff der symbolischen Generalisierung des Selbstbezugs von Sinn ersetzt den Begriff des Zeichens, der bis heute die Theorietradition beherrscht. Niemand wird bestreiten wollen, daß Worte (wie auch Dinge) als Zeichen verwendet werden können, also als Hinweis auf etwas, das unabhängig von der Sprache existiert. Die Sprache selbst kann jedoch nicht als eine bloße Vernetzung von Zeichen begriffen werden, denn sie hat keineswegs nur, ja nicht einmal vorwiegend diese Funktion, auf etwas Vorhandenes hinzuweisen. Sprache ist auch nicht nur ein Mittel der Kommunikation, denn sie fungiert in psychischen Systemen auch ohne Kommunikation. Ihre eigentliche Funktion liegt in der Generalisierung von Sinn mit Hilfe von Symbolen, die – im Unterschied zur Bezeichnung von *etwas anderem* – das, was sie leisten, *selbst sind.* Nur in ihrer Funktion als Kommunikationsmedium, und das scheint evolutionsmäßig gesehen die ursprüngliche Funktion zu sein, ist die Sprache an Codierung, also an akustische bzw. optische Zeichen für Sinn gebunden.

Die bisherige (vor allem psychologische) Forschung hatte den Begriff der Generalisierung funktional auf System/Umwelt-Verhältnisse bezogen. Generalisierung in diesem Sinne ist ein Instrument für die Bewältigung des Komplexitätsgefälles zwischen Umwelt und System. Wir fügen dem zwei weitere Überlegungen an, die mehr auf Sinnprobleme als solche bezogen sind. Generalisierung hat auch die sinnspezifische Funktion, die Mehrheit der Sinndimensionen zu überbrücken und sie an jedem besonderen Sinnmoment zugänglich zu halten. Sinn wird in allen Dimensionen, wenn man so sagen darf, angeneralisiert. Man geht dabei von einer gewissen Dauer aus (und seien es Bruchteile von Sekunden) und von einer gewissen Unabhängigkeit von kleineren Schwankungen in den Sachbezügen (der Topf mit dem abgeschlagenen Henkel bleibt ein Topf), und man unterstellt Konsensfähigkeit. In anderen Worten: Alle Sinndimensionen halten ein beliebiges Auflösevermögen bereit, etwa mit Hilfe genauerer Zeitmessung oder mit Präzisierung der Frage, wer gleichsinnig erlebt; und Generalisierung stoppt die immer weiter mögliche Auflösung je nach den Bedürfnissen der Sinnverwendung irgendwo. Erst über Generalisierung, die rudimentär in allem Sinn angelegt ist, kann Selbstreferenz entstehen, und erst über Generalisierung können lokale »Sinnstücke« herausgehoben werden, denen man sich momentan primär zuwendet und die alle Sinndimensionen appräsentieren, sie aber nicht primär zum Thema machen.

Zweitens erlaubt die Sinngeneralisierung, alle logischen Probleme praktisch zu lösen. Auch ein Widerspruch, auch eine Paradoxie hat Sinn. Nur so ist Logik überhaupt möglich. Man würde sonst beim ersten besten Widerspruch in ein Sinnloch fallen und darin verschwinden. Nur unter Einbeziehung aller Widersprüche kann die Sinnwelt den Charakter selbstreferentieller Geschlossenheit erreichen, und nur so ist sie Korrelat des selbstreferentiell-geschlossenen Kommunikationssystems der Gesellschaft. Wir kommen auf eine genauere Analyse der Sonderfunktion von Widersprüchen im Kapitel 9 zurück. Im Augenblick sei nur festgehalten, daß Sinngeneralisierung Horizonte präsenthält, die es immer und unabweisbar ermöglichen, angesichts von Differenz (oder in besonderer Zuspitzung: angesichts von Widersprüchen) auf die Sinneinheit der Differenz (bzw. des Widerspruchs) zurückzukommen[72].

Das bedeutet nicht zuletzt, daß eine Logik, die solche Sachverhalte für ihre Zwecke reformulieren will, mit einer Mehrheit von Ebenen bzw. mit einer Typenhierarchie arbeiten muß (was immer das bedeuten mag). Wenn Kalkül oder Kommunikation an Generalisierungen anschließt, wenn zum Beispiel von Geld die Rede ist, kann nicht zugleich auf die operativen Differenzschemata des Prozessierens von Sinn, auf Aktualisierung/Virtualisierung und Unterscheidung/Bezeichnung im oben unter II erläuterten Sinne Bezug genommen werden. Die Generalisierungen sind Kürzel mit hoher Unabhängigkeit gegen die Art und Weise ihres Zustandekommens – so wie auch Vorstellungen des Bewußtseins nicht auf die neurophysiologischen Prozesse Bezug nehmen können, denen sie ihr Vorkommen verdanken. Die Unabhängigkeit verdankt sich den

72 Ich nehme nicht an, daß dies allein schon Grund genug ist, die hier vorgestellte Konzeption als »dialektisch« zu charakterisieren. Aber sicher müßte eine gewissenhafte Diskussion ihres Verhältnisses zu den großen Theorieleistungen des 19. Jahrhunderts (Hegel, Marx, Darwin), die alle mit Differenz anfangen und nach Einheit suchen, an diesem Punkte ansetzen.

Anschlüssen, die durch sie möglich werden. Sie läßt sich durch die Horizontauffüllungen, die sie ermöglicht, tragen und stellt sich dann in der dadurch gewonnenen Form dem operativen Prozessieren von Sinn als Struktur zur Verfügung.

Um auf der Grundlage des soeben Gesagten bessere Formuliermöglichkeiten zu gewinnen, führen wir den Begriff der *Erwartung* ein[73]. Symbolische Generalisierungen verdichten die Verweisungsstruktur jeden Sinnes zu Erwartungen, die anzeigen, was eine gegebene Sinnlage in Aussicht stellt. Und ebenso gilt das Umgekehrte: Die in konkreten Situationen benötigten und bewährbaren Erwartungen führen und korrigieren die Generalisierungen. An Hand von Erwartungen, die man gerade erprobt oder die man ohne erheblichen Orientierungsverlust nicht aufgeben könnte, entscheidet man, wie weit man Generalisierungen treibt. Wer in ein Warenhaus geht und der ersten besten Verkäuferin mitteilt, er möchte »etwas« kaufen, würde sehr rasch die Erfahrung machen, daß er zu hoch generalisiert hatte und respezifizieren muß.

Im Bereich der Theorie sozialer Systeme werden wir es hauptsächlich mit Verhaltenserwartungen zu tun haben. Die Strukturen dieser Systeme lassen sich deshalb als generalisierte Verhaltenserwartungen definieren[74]. Im Rahmen einer allgemeinen Theorie sinnhaft-selbstreferentieller Systeme ist dies jedoch ein Sonderfall, und selbst soziale Systeme operieren mit einer Vielzahl von Erwartungen, die sich auf außermenschliche Sachverhalte beziehen: Sie

73 Der Rückgriff auf »Erwartungen« hat in der Psychologie vor allem im Zusammenhang mit Generalisierung, in der Soziologie auch im Zusammenhang mit der Rollentheorie Eingang in die Literatur gewonnen. Vgl. etwa K. MacCorquodale/P. E. Meehl, Preliminary Suggestions as to a Formalization of Expectancy Theory, Psychological Review 60 (1953), S. 55-63; Georg A. Kelly, The Psychology of Personal Constructs, New York 1955, insbes. Bd. 1, S. 46 ff.; Ralph M. Stogdill, Individual Behavior and Group Achievement, New York 1959, S. 59 ff.; Johan Galtung, Expectations and Interaction Processes, Inquiry 2 (1959), S. 213-234; Frank Rosenblatt, Perceptual Generalization over Transformation Groups, in: Marshall C. Yovits/Scott Cameron (Hrsg.), Self-organizing Systems, Oxford 1960, S. 63-96; Martha Foschi, On the Concept of »Expectations«, Acta Sociologica 15 (1972), S. 124-131; ferner die Bedeutung des Begriffs im Kontext des »General Statement« in: Talcott Parsons/Edward A. Shils (Hrsg.), Toward a General Theory of Action, Cambridge Mass. 1951, S. 11 f., 14 ff., oder bereits Max Weber, Über einige Kategorien der verstehenden Soziologie, in ders., Gesammelte Aufsätze zur Wissenschaftslehre, 3. Aufl. Tübingen 1968, S. 427-474, insbes. S. 440 ff.

74 Darauf kommen wir in Kapitel 8 eingehend zurück.

setzen zum Beispiel das Funktionieren der Uhren, der Autos, der Technologien usw. voraus.

Der Erwartungsbegriff weist darauf hin, daß die Verweisungsstruktur der Sinngegenstände oder Sinnthemen nur in verdichteter Form verwendet werden kann. Ohne diese Verdichtung läge die Selektionslast für Anschlußoperationen zu hoch. Erwartungen bilden sich mithin durch Zwischenselektion eines engeren Repertoires von Möglichkeiten, im Hinblick auf die man sich besser und vor allem rascher orientieren kann. Entsprechend werden symbolische Generalisierungen, durch die die Identität der Dinge, Ereignisse, Typen oder Begriffe sich bestimmt, im Erwartungsnetz gehalten und refabriziert. Sie dienen der Organisation, oder besser: der laufenden Reorganisation des Erwartens und nehmen dabei je nach dem Verlauf des Erlebens und Handelns Material aus den zu Grunde liegenden Verweisungsschichten der Sinnzusammenhänge auf oder lassen allzu selten Gebrauchtes absinken.

Die Generalisierung von Erwartungen auf Typisches oder Normatives hin hat mithin eine Doppelfunktion: Sie vollzieht einerseits eine Selektion aus der Gesamtheit angezeigter Möglichkeiten und reproduziert so die im Sinn angelegte Komplexität, ohne sie zu vernichten; und sie überbrückt Diskontinuitäten in sachlicher, zeitlicher und sozialer Hinsicht, so daß eine Erwartung auch dann noch brauchbar ist, wenn die Situation sich geändert hat: Das gebrannte Kind scheut jedes Feuer. Es liegt deshalb nahe, daß Selektion durch Bewährung erfolgt; daß also diejenigen Verweisungen zu Erwartungen verdichtet werden, die sich generalisieren und zur Überbrückung von Diskontinuitäten verwenden lassen. Als Selektion ist die Generalisierung *Einschränkung* des Möglichen und zugleich Sichtbarmachen *anderer* Möglichkeiten. Als Einheit dieser beiden Aspekte führt Generalisierung zur Entstehung strukturierter Komplexität (organized complexity).

Die These eines Bewährungszusammenhanges von Selektion mit Überbrückung von sachlich/zeitlich/sozialen Diskontinuitäten soll erklären, wie redundante Komplexität ausgenutzt wird für evolutionäre Aufbauprozesse. Sie ersetzt, theoriegeschichtlich gesehen, die Annahme, daß Erwartungen immer schon evaluativ oder »kathektisch« auf Objekte bezogen seien[75]. Es mag sein, daß eine

75 Vgl. Parsons/Shils a.a.O., (1951), S. 11 f., 14 ff.; Neal Gross/Ward S. Mason/Alexander W. McEachern, Explorations in Role Analysis: Studies of the School Superin-

Selektion erfolgreicher Verweisungen nicht ohne Bewertung zustandekommen kann bzw. sich als Bewertung in Bewußtsein und Kommunikation festsetzt. Aber das ist dann nur ein Ausdruck für bzw. ein Nachsteuern von Bewährungen. Theoretisch und vor allem funktional interessiert der zu Grunde liegende Sachverhalt: daß überhaupt Sinnüberschüsse *selektiv benutzt werden müssen*, und daß dieses »Müssen« ein *Können ist im Sinne der Auswahl von Erwartungen, die Diskontinuitäten übergreifen und sich in diesem Sinne als Generalisierungen bewähren können.*

X

Wir haben den Sinnbegriff, dessen Darstellung hiermit abgeschlossen ist, formal innerhalb einer Theorie sozialer Systeme eingeführt, haben aber betont, daß der Sinnbezug aller Operationen sowohl für psychische als auch für soziale Systeme eine unerläßliche Notwendigkeit ist. Beide Arten von Systemen sind im Wege der Co-evolution entstanden. Die eine ist nicht ohne die andere möglich und umgekehrt. Sie haben sich, wenn man so sagen darf, am Sinn ausdifferenziert. Sinn ist die eigentliche »Substanz« dieser emergenten Ebene der Evolution. Es ist daher falsch (oder milder: ist ein falsch gewählter Anthropozentrismus), wenn man der psychischen, das heißt der bewußtseinsmäßigen Verankerung eine Art ontologischen Vorrang vor der sozialen zuspricht. Es ist überhaupt verfehlt, für Sinn einen »Träger« zu suchen. Sinn trägt sich selbst, indem er seine eigene Reproduktion selbstreferentiell ermöglicht. *Und erst die Formen dieser Reproduktion differenzieren psychische und soziale Strukturen.*

Wie dies speziell für soziale Systeme gemeint ist, wird erst im Rahmen der Erörterung des Kommunikationsbegriffs (Kap. 4) und des Ereignis/Struktur-Zusammenhanges (Kap. 8) deutlich werden. Im

tendency Role, New York 1958, S. 58 ff.; Stogdill a.a.O., S. 63; Foschi a.a.O., insbes. S. 126. Zum Zusammenhang von »Kathexis« und »Komplexität« bemerkenswerte Passagen in Parsons' The Theory of Symbolism in Relation to Action, in: Working Papers a.a.O., S. 31-62 (41 f.). Parsons geht davon aus, daß normative und kathektische Objektbeziehungen komplexe Objekte fordern, weil nur diese hinreichende Substitutionsmöglichkeiten unter wechselnden Bedingungen bieten könnten. Von der hier vertretenen Position aus müßte man dagegen umgekehrt sagen, daß die gelungene Organisation komplexer Objekte durch Normierungen unterstützt und durch Gefühle »belohnt« wird.

Vorgriff auf diese Einzelerörterungen muß hier jedoch der Grundgedanke zumindest vorgestellt werden. Im Ergebnis unterscheiden psychische und soziale Systeme sich danach, ob Bewußtsein oder Kommunikation als Operationsform gewählt wird. Diese Wahl ist nicht für das Einzelereignis möglich, denn am Einzelereignis schließen Bewußtsein und Kommunikation sich nicht aus, fallen vielmehr häufig mehr oder weniger zusammen. Die Wahl liegt in der Betätigung sinnhafter Selbstreferenz, das heißt darin, über welchen weiteren Sinn sich aktualer Sinn auf sich selbst bezieht. Sinn kann sich in eine Sequenz einfügen, die am körperlichen Lebensgefühl festgemacht ist und dann als Bewußtsein erscheint[76]. Sinn kann sich aber auch in eine Sequenz einfügen, die das Verstehen anderer involviert und dann als Kommunikation erscheint. Ob Sinn als Bewußtsein oder als Kommunikation aktualisiert wird, zeigt sich nicht »erst nachher«, sondern bestimmt schon die jeweilige Aktualität des Sinns selbst, da Sinn immer selbstreferentiell gebildet wird und dabei immer die Verweisung auf Anderes als Weg der Verweisung auf sich selbst einbezieht.

Es gibt zwar hochkomplexe evolutive Voraussetzungen der Sinnbildung, aber es gibt keinen privilegierten Träger, kein ontisches Substrat von Sinn. Weder Bewußtsein noch Kommunikation ist ein Kandidat für eine solche Rolle. Erst die Form der Vernetzung, die zugleich Bedingung der Möglichkeit von Aktualität und Bedingung der Möglichkeit autopoietischer Reproduktion ist, hebt Bewußtsein bzw. Kommunikation ab. Nur an der Verweisung auf Anderes kann Bewußtsein sich selbst realisieren, und dasselbe gilt mit andersartigen Bezügen auch für Kommunikation. »Träger« ist mithin, wenn man diesen Ausdruck beibehalten will, eine *Differenz* in den Sinnverweisungen, und diese Differenz hat ihrerseits ihren Grund darin, daß alle Aktualisierung von Verweisungen *selektiv* sein muß.

76 Hierzu instruktiv Husserls Analysen zur Konstitution des Zeitbewußtseins: Edmund Husserl, Vorlesungen zur Phänomenologie des inneren Zeitbewußtseins, Jahrbuch für Philosophie und phänomenologische Forschung 9 (1928), S. 367-496. Das, was oben »Festmachen am körperlichen Lebensgefühl« genannt ist, kommt allerdings erst in der Spätphilosophie Husserls deutlich heraus. In *dieser* Frage ist nicht zuletzt die *Differenz von biologischen Systemen* (des eigenen Organismus) *und psychischem System entscheidend.* Die *Einheit* und *Autonomie* des Bewußtseins sind *dadurch bedingt, daß es nicht in der Lage ist, seine Körpervorgänge bewußtseinsmäßig nachzuvollziehen.*

Die Schwierigkeit, dies einzusehen, liegt darin begründet, daß jedes Bewußtsein, das dies einzusehen versucht, selbst ein selbstreferentiell geschlossenes System ist und sich deshalb nicht aus dem Bewußtsein hinausbegeben kann. Vom Bewußtsein her kann auch Kommunikation nur bewußt betrieben und auf weiter mögliches Bewußtsein hin angelegt werden. *Aber für die Kommunikation selbst gilt dies nicht.* Sie ist überhaupt nur möglich als ein die Geschlossenheit des Bewußtseins transzendierendes Ereignis: als Synthese von mehr als dem Inhalt nur eines Bewußtseins. Dies wiederum kann man sich (oder: ich jedenfalls mir) bewußt machen, und darüber kann man auch kommunizieren (ohne im eigenen Bewußtsein sicher zu sein, daß es gelingt).

XI

Eine Theorie, die im Ansatz des Sinnbegriffs psychische und soziale Systeme, Bewußtsein und Kommunikation untergreift und auf eine basale Selbstreferenz zurückbezieht, hat Konsequenzen für das, was man im Anschluß an die Tradition »Metaphysik« nennen könnte. Diese Konsequenzen liegen auf zwei Ebenen, und sie beziehen diese beiden Ebenen aufeinander, nämlich auf der inhaltlichen Ebene der Darstellung metaphysischer Theorien und auf der »geistesgeschichtlichen« Ebene der Darstellung ihres Werdeganges und dessen Korrelation mit gesellschaftsstrukturellen Entwicklungen.

Will man den Terminus beibehalten, so könnte man Metaphysik charakterisieren als Lehre von der Selbstreferenz des Seins. Das Sein stellt in sich selbst Beziehungen zu sich selbst her; das Physische etwa benutzt Physisches, nämlich Physiker »in order to see itself«[77]. Auf der Ebene, auf der man dies beobachtet, treibt man Meta-Physik, denn sie ist der Physik nachgeordnet: Zumeist nennt man, um tautologische Formulierungen und/oder Detailanalysen zu vermeiden, das Sein, sofern es Selbstreferenz herstellt, Denken. Dann kann man auch sagen: es gehe in der Metaphysik um Sein und Denken, um das Denken des Seins.

77 George Spencer Brown, Laws of Form, London 1969, Neudruck 1971, S. 105. Vgl. ferner den Tagungsband, der hierin sein Leitthema hat, von Gerhard Roth/Helmut Schwegler (Hrsg.), Self-organizing Systems: An Interdisciplinary Approach, Frankfurt 1981.

Im klassischen System der ontologischen Metaphysik wird der binäre Schematismus der Logik eingesetzt, um Sein und Denken zu trennen und zu verknüpfen. Einerseits ermöglicht sich das Denken auf der Ebene des sprachlichen Formulierens Distanz, Abweichung, Widerspruch; andererseits dient die Logik mit dem Widerspruchsverbot dem Ausmerzen dessen, was im Denken vom Sein abweicht. Das Denken wird sich als Bewußtsein bewußt und charakterisiert sich selbst, soweit es vom Sein abweicht, negativ, nämlich als Fehler, als Täuschung[78]. Dies zu wollen, ist dann Sünde. Die strukturelle Engführung, die die Geschlossenheit und Alternativenlosigkeit dieses Konzepts begründet, besteht darin, daß die Logik als binärer Schematismus dem Denken zugeordnet *und zugleich zur Ordnung des Verhältnisses von Denken und Sein benutzt wird.* Die positive Wertung des Seins erfordert dann eine negative Wertung des von ihm abweichenden Denkens und ein Re-adjustieren des Denkens im Sinne einer Anpassung an das Sein[79]. Die Engführung der Struktur steht mithin im Dienste eines primär adaptiven Denkbegriffs. Sie ist deshalb, wissenssoziologisch gesehen, für eine Gesellschaft plausibel, die sich einer »Natur« gegenübersieht, die sie nicht beherrschen und nicht selbst erzeugen kann; sie ist Ausdruck eines bereits wahrgenommenen, aber noch relativ geringen Grades der Ausdifferenzierung des Gesellschaftssystems.
Im Übergang zur neuzeitlichen Gesellschaft, das heißt, im Übergang von stratifikatorischer zu funktionaler Differenzierung des Gesellschaftssystems haben sich die Plausibilitätsgrundlagen dieses Metaphysik-Konzepts geändert, und zwar in genau der Hinsicht, auf die es hier ankommt. Mehr und mehr steht die Gesellschaft in einer kontinuierlichen Auseinandersetzung mit einer selbstgeschaffenen Realität: mit Personen, die das, was sie sind, durch Sozialisation und Erziehung sind; und mit einer physisch-chemisch-organischen Natur, die im Zusammenhang mit technischen Prozessen dirigiert wird. Man ist also an der Erzeugung der Probleme, mit denen man sich zu befassen hat, immer schon beteiligt und hat in

78 Vgl. hierzu und speziell zur Rückführung auf unreflektierte Zweiwertigkeit Gotthard Günther, Metaphysik, Logik und die Theorie der Reflexion, a.a.O.

79 Daß die Konzeption ganz so einfach nicht durchgeführt wird, ist natürlich zuzugeben. Die wohl wichtigste Modifikation liegt darin, daß man auch dem Sein die Möglichkeit des Negativen zubilligt – aber nur in der Form des Verfehlens einer an sich vorgesehenen Perfektion (steresis, privatio).

gewisser Weise das, was man nicht will, immer schon gewollt. Auf diese Sachlage müßte Metaphysik, wenn sie überhaupt möglich bleiben soll, ihr Konzept der Selbstreferenz des Seins einstellen.

Auf der Basis der neuzeitlichen Subjekt-Metaphysik, die von der Subjektität des Bewußtseins ausging, sind hierfür keine letztlich überzeugenden Vorstellungen entwickelt worden – vielleicht vor allem deshalb nicht, weil die Gegenüberstellung von Sein und Denken sich nicht zu einer Gegenüberstellung von Sein und subjektivem Bewußtsein fortentwickeln ließ. Man hat das versucht, hat insbesondere versucht, das dem Sein zu Grunde liegende Bewußtsein (»subiectum«) selbst seinslos zu denken. Aber das aus dem Sein in dieser Weise vertriebene, sich selbst suchende Subjekt spezialisierte sich auf Erkenntnistheorie oder wurde revolutionär – beides aufs Ganze gesehen unzulängliche Auswege. Die Ortlosigkeit und Unfixierbarkeit eines extramundanen Subjekts symbolisiert dann letztlich nur noch den Fehlbegriff der Theorie – und nicht mehr etwas, was ein bewußtes Ich in sich selbst entdecken kann.

Wir haben nicht darüber zu entscheiden, ob für die moderne Gesellschaft Metaphysik möglich ist. Die vorstehend skizzierte Sinntheorie gibt sich nicht als Metaphysik. Sie vermeidet mit Bedacht die Gleichsetzung (und ebenso: die Entgegensetzung) von Sinn und Sein. Sie formuliert weder eine Erste noch eine Letzte Philosophie der Selbstreferenz des Seins. Sie vermeidet auch eine fachliche Zuordnung zu »Philosophie«. Gleichwohl soll ein Zusammenhang nicht bestritten sein. Eine Theorie sinnhaft-selbstreferentieller Systeme liegt außerhalb des Ordnungsbereiches jeder Metaphysik klassischen Stils und ebenso außerhalb des Ordnungsbereichs der neuzeitlichen Subjekt-Metaphysik. Sie formuliert aber für ihren Bereich ein Konzept selbstbezogener Geschlossenheit, das auch die Formulierung dieses Konzepts in das formulierte Konzept wieder aufnimmt[80]. Ihre Relevanz für Metaphysik besteht in dieser Iso-

80 Auf die logischen Probleme, die hier auftreten, sei besonders hingewiesen. Sie betreffen nicht nur dieses »re-entry« von Theorien in ihren Objektbereich (vgl. Spencer Brown a.a.O., S. 69 ff., Francisco J. Varela, A Calculus for Self-reference, International Journal of General Systems 2 (1975), S. 5-24), sondern ganz allgemein die Verwendung des (notwendigerweise binären?) logischen Schematismus für die Strukturierung des (klassisch gesprochen:) Verhältnisses von Denken und Sein; also die Interpretation des Prinzips der Identität, des Widerspruchsverbots und des Satzes vom ausgeschlossenen Dritten. Für diesen Zusammenhang hat sich vor allem Gotthart Günther a.a.O. interessiert.

morphie der Problemstellung. Wenn dies funktionierende Wissenschaft ist, wird man metaphysische Theorien nicht mehr ohne Bezug auf solche Konzeptualisierungen entwickeln können. Zunächst ist es jedoch wichtiger, die Theorieentwicklung für den Bereich sinnhaft-selbstreferentieller Systeme voranzutreiben und zensierende Eingriffe zu vermeiden, die auf metaphysischen Positionen beruhen, die den neu sich stellenden Problemen nicht mehr angemessen sind.

Dies alles hat Konsequenzen für die Möglichkeit und Situierung wissenschaftlicher Analyse. Die alte Auffassung war: daß Wissenschaft auf eine entgegenkommende Rationalität des Gegenstandes angewiesen sei. Diese Auffassung ist durch die Transzendentalphilosophie in der als Ontologie vorliegenden Fassung aufgegeben worden. An ihre Stelle trat, korrelativ zur Einschließung der Selbstreferenz in das »Subjekt«, die These der Unerkennbarkeit der Realität »an sich«. Diese These wird durch die hier vollzogene Reobjektivierung des selbstreferentiellen Systems nicht für falsch erklärt, sondern nur generalisiert: Jedes selbstreferentielle System hat nur den Umweltkontakt, den es sich selbst ermöglicht, und keine Umwelt »an sich«. Aber eben dies »Sich-Ermöglichen« von Umwelt ist in einer strukturlosen, beliebigen, chaotischen Umwelt nicht möglich, weil es in einer solchen Umwelt keine »innen« überzeugenden Bewährungen und, evolutionär gesehen, keinen Bestand gewinnen kann[81]. Man kommt damit nicht auf das Postulat einer entgegenkommenden Rationalität oder Gesetzlichkeit der Natur zurück, aber Erkenntnis im besonderen und Systemverhalten im allgemeinen setzt strukturierte und in ausreichendem Maße zugriffsfeste Komplexität voraus.

Wenn man daraufhin die engere Frage stellt, wie sinnhaft-selbstreferentielle Systeme andere sinnhaft-selbstreferentielle Systeme beobachten und analysieren können, dürfte die Sinnanalyse selbst den Schlüssel dafür liefern. Sinngebrauch drängt in jedem Falle zur Generalisierung, zur Auszeichnung bewährbarer Erwartungen mit zugeordneter Risikoabsorption. Diese Selbstabstraktion oder Selbstsimplifikation von Sinn strukturiert das Material, das Sinnsysteme voraussetzen können, wenn sie in ihrer Umwelt auf Sinnsysteme

81 Dies ist gleichbedeutend mit der oben (Kap. 1, S. 31) bereits referierten These: daß es keine ausschließlich endogen bedingte Konstitution gibt. Die Umwelt muß zumindest »noise« liefern.

stoßen. Wohlgemerkt: die Umwelt kann durch Sinnsysteme nur, aber auch das ist innenbedingt, in der Form von Sinn erfahren und bearbeitet werden. Das gilt auch für physische, chemische, organische Systeme der Umwelt, die selbst nicht unter der Form von Sinn operieren. Sinnsysteme *in der Umwelt* sind ein Sonderfall, und für diesen Sonderfall gilt, daß nicht nur strukturierte Komplexität im allgemeinen, sondern sinnspezifische Generalisierungen die Voraussetzungen herstellen, unter denen die Umwelt für selbstreferentiell-geschlossen operierende Sinnsysteme beobachtbar, verständlich, analysierbar ist. Dies gilt, nochmals enger formuliert, auch für die wissenschaftliche Analyse, die ja ihrerseits, wenn ausdifferenziert, ein eigenes selbstreferentiell-geschlossenes Sinnsystem bildet, das sich (unter anderem) mit Sinnsystemen seiner Umwelt beschäftigt. Das kollidiert nicht mit einem in der Wissenschaft selbst in Anspruch genommenen Postulat der »Wertfreiheit«, denn dieses Postulat symbolisiert nur (was immer es in den umstrittenen konkreten Auslegungen besagen mag) die Bindung aller Operationen an die Selbstreferenz des Wissenschaftssystems; es leugnet damit nicht die generalisierten Strukturen und die sie stützenden normativen Mechanismen im Objekt[82].

82 Als Programm für das Prozessieren von selbstreferentiellen Bezügen im Wissenschaftssystem hat das Postulat der Wertfreiheit eine *methodische* Bedeutung. (Wir definieren Methoden als solche Programme!) Aber die Plausibilität, mit der dieses Postulat an Methoden herangetragen werden kann, hängt auch von den Gegenstandsbezügen und speziell von der Komplexität der Theorien im Wissenschaftssystem ab. Insofern ist es ein Schritt in Richtung auf Wertfreiheit, wenn man Theorien entwickelt, die die schlichte These einer normativen Konstitution des Sozialen aufgeben und zu präziseren Aussagen über die Funktion von Normen und Werten vordringen.

Kapitel 3

Doppelte Kontingenz

I

Der Begriff, der das Thema dieses Kapitels bezeichnet, leitet über zur Theorie sozialer Systeme. Er findet sich an prominenter Stelle im »General Statement« des Sammelbandes »Toward a General Theory of Action«[1], das eine Entwicklung allgemeiner Theorie in den Sozialwissenschaften programmatisch einleiten sollte. Bisher hat dieser Begriff und die ihm zugrunde liegende Problemkonstellation gleichwohl nicht die Beachtung gefunden, die ihm gebührt[2].

1 Hrsg. von Talcott Parsons und Edward Shils, Cambridge Mass. 1951, S. 3-29 (16). Die Formulierung lautet: »There is a *double contingency* inherent in interaction. On the one hand, ego's gratifications are contingent on his selection among available alternatives. But in turn, alter's reaction will be contingent on ego's selection and will result from a complementary selection on alter's part. Because of this double contingency, communication, which is the preoccupation of cultural patterns, could not exist without both generalization from the particularity of the specific situations (which are never identical for ego and alter) and stability of meaning which can only be assured by »conventions« observed by both parties«. In dieser Formulierung, die von einem Problem der Sozialdimension ausgeht, steht generalization für die Problemlösung in der Sachdimension und stability für die Problemlösung in der Zeitdimension. Eine spätere Formulierung nimmt auch das Thema der sozialen Reflexivität auf: The crucial reference points for analyzing interaction are two: (1) that each actor is *both* acting agent and object of orientation *both* to himself and to the others; and (2) that, as acting agent, he orients to himself and to others and, as object, has meaning to himself and to others, in *all* of the primary modes or aspects ... From these premises derives the fundamental proposition of the *double* contingency of interaction. Not only, as for isolated behaving units, animal or human, is goal outcome contingent on successful cognition and manipulation of environmental objects by the actors, but since the most important objects involved in interaction act too, it is also contingent on their interaction for intervention in the course of events«. (Talcott Parsons, Interaction: Social Interaction, International Encyclopedia of the Social Sciences Bd. 7, New York 1968, S. 429-441 (436). Für eine weitere Ausarbeitung vgl. vor allem James Olds, The Growth and Structure of Motives: Psychological Studies in the Theory of Action, Glencoe Ill. 1956.

2 Vgl. immerhin Solomon E. Asch, A Perspective on Social Psychology in: Sigmund Koch (Hrsg.), Psychology Bd. 3, New York 1959, S. 363-383; ferner Alfred Kuhn, The Logic of Social Systems, San Francisco 1974, S. 140 (mutual contingency, aber nur als Sonderfall sozialer Interaktion, die nach Kuhn auch bei einseitiger Kontingenz den Titel »sozial« verdient).

Das gilt nicht zuletzt für die weiteren Arbeiten von Parsons selbst[3]. Wir müssen deshalb die Begriffsfassung genau studieren, um erkennen zu können, in welchem Verhältnis sie zu den bisher erörterten theoretischen Konstellationen steht. Und wir werden sehen: Alles kommt wieder vor: System, Komplexität, Selbstreferenz, Sinn.

Parsons geht davon aus, daß kein Handeln zustandekommen kann, wenn Alter sein Handeln davon abhängig macht, wie Ego handelt und Ego sein Verhalten an Alter anschließen will. Der reine, nicht weiter elaborierte Zirkel selbstreferentieller Bestimmung läßt das Handeln unbestimmt, macht es unbestimmbar. Es handelt sich also nicht um eine bloße Verhaltensabstimmung, nicht um eine Koordination von Interessen und Intentionen verschiedener Akteure. Es geht vielmehr um eine Grundbedingung der Möglichkeit sozialen Handelns schlechthin. Ohne Lösung dieses Problems der doppelten Kontingenz kommt kein Handeln zustande, weil die Möglichkeit der Bestimmung fehlt. Deshalb nimmt Parsons die Lösung des Problems der doppelten Kontingenz in den *Begriff* von Handlung auf, und zwar in der Weise, daß er eine normative Orientierung mit Konsensunterstellung für ein unerläßliches Merkmal des Handelns hält. Daran knüpft das Vier-Funktionen-Schema an.

Der hier vorliegende Theoriegewinn darf nicht leichtfertig verspielt werden. Deshalb ist es wichtig festzuhalten, daß Parsons deutlich über bloße Konformitäts- oder Koordinationstheorien hinausgeht. Wir halten fest, daß das Problem der doppelten Kontingenz zu den Bedingungen der Möglichkeit von Handlungen gehört und daß daher die Elemente von Handlungssystemen, nämlich Handlungen, nur in diesen Systemen und nur durch Lösung des Problems der doppelten Kontingenz konstituiert werden können[4]. Um so wichtiger ist es, den Schritt vom *Problem* der doppelten Kontingenz zu Vorstellungen über die *Lösung* dieses Problems umsichtig zu vollziehen, und es ist diese Stelle, an der unsere Wege sich von Parsons trennen.

Parsons hatte, wie schon angedeutet, die Lösung in einem unter-

3 Hierzu Niklas Luhmann, Generalized Media and the Problem of Contingency, in: Jan J. Loubser et al. (Hrsg.), Explorations in General Theory in Social Science: Essays in Honor of Talcott Parsons, New York 1976, Bd. 2, S. 507-532.

4 Hier ist zugleich die Stelle markiert, die es ermöglicht, die weitere Analyse mit Hilfe des Konzepts autopoietischer Systeme durchzuführen. Wir kommen darauf weiter unten zurück. Vgl. S. 167 f.

stellten (aber hinreichend real gedeckten) Wertkonsens gesehen, in einer übereinstimmenden normativen Orientierung, in einem »shared symbolic system«, das wie ein »code« normativen Charakter habe. Dieser Vorschlag ist, theoriegeschichtlich gesehen, in einer Übergangszeit formuliert worden. Er setzt mit der Soziologie der ersten Hälfte dieses Jahrhunderts voraus, daß alle Gesellschaften Kultur tradieren und jede soziale Situation daher Kultur immer schon vorfindet. Die langfristigen Strukturen, die soziale Ordnung immer neu ermöglichen, liegen in diesem kulturellen Erbe, also in der Vergangenheit. Entsprechend ist das Problem der sozialen Ordnung nicht so sehr ein Problem der politischen Herrschaft, sondern ein Problem der Sozialisation. Der Begriff der Interpenetration, wie Parsons ihn verwendet, bringt diese Aspekte auf eine Formel. Damit ist die Problemstellung aber nur in die Vergangenheit verschoben. Man mag dann soziokulturelle Evolution immer noch als deviante Sozialisation begreifen, aber im Prinzip ist die Konstitution sozialer Systeme an einen immer schon vorhandenen kulturellen Code gebunden, obwohl sie auch dessen Entstehung und Funktion zu erklären hätte.

Zugleich weist die Formel der doppelten Kontingenz durch ihre immanente Zirkularität aber auch über diesen traditionellen Theorieansatz hinaus und verspricht etwas Neues. Nichts zwingt dazu, die Lösung des Problems der doppelten Kontingenz ausschließlich in schon vorhandenem Konsens, also ausschließlich in der Sozialdimension zu suchen. Es gibt funktionale Äquivalente, zum Beispiel solche der Zeitdimension. Alter bestimmt in einer noch unklaren Situation sein Verhalten versuchsweise zuerst. Er beginnt mit einem freundlichen Blick, einer Geste, einem Geschenk – und wartet ab, ob und wie Ego die vorgeschlagene Situationsdefinition annimmt. Jeder darauf folgende Schritt ist dann im Lichte dieses Anfangs eine Handlung mit kontingenzreduzierendem, bestimmendem Effekt – sei es nun positiv oder negativ. Wir kommen darauf zurück.

Mit dieser Erweiterung des Problemlösungsrahmens der Parsonsschen Theorie öffnet sich die Theorie zugleich stärker für Zufälle. Wir können anschließen an den »order from noise principle« der allgemeinen Systemtheorie[5]. Es braucht gar nicht schon festliegen-

5 nach Heinz von Foerster, On Self-Organizing Systems and Their Environments, in:

der Wertkonsens zu sein, das Problem der doppelten Kontingenz (das heißt: die leere, geschlossene, unbestimmbare Selbstreferenz) saugt geradezu Zufälle an, sie macht zufallsempfindlich, und wenn es keinen Wertkonsens gäbe, würde man ihn erfinden. Das System entsteht, etsi non daretur Deus.

Diese Umorientierung erfordert weitere Korrekturen an den Ausgangsformulierungen der Parsonsschen Theorie. Parsons hatte (in einem nicht genau bestimmten Sinne) an Handlungssubjekte gedacht, die sich mit selbstbestimmten (nicht nur: naturgegebenen) Bedürfnissen gegenübertreten und in der Befriedigung ihrer Bedürfnisse voneinander abhängig sind. Diese Problemfassung hat jedoch offene Flanken. Man wird fragen müssen, was eigentlich diese als Ego und Alter bezeichneten Handlungssubjekte (agents, actors) sind, wenn doch das, was an ihnen »organism« (später: »behavioral system«) und »personality« ist, erst im Handlungssystem ausdifferenziert wird, dem System also nicht vorgegeben ist. Und man wird fragen müssen, wie die Kontingenz zu begreifen ist, wenn doch alle bestimmte Ordnung erst auf Grund der Problemlage doppelter Kontingenz entsteht.

Um Antwortmöglichkeiten gewinnen zu können, verlagern wir die Problemstellung der doppelten Kontingenz zunächst auf die allgemeinere Theorieebene, auf der die Konstitution und das laufende Prozessieren von Sinn behandelt werden. Von Ego und Alter ist dann, wie im vorigen Kapitel schon angedeutet, zu sprechen im Hinblick auf ein offenes Potential für Sinnbestimmung, das dem, der es an sich selbst oder an anderen erlebt, jeweils horizontförmig gegeben ist. Das Problem der doppelten Kontingenz ist virtuell immer präsent, sobald ein Sinn erlebendes psychisches System gegeben ist. Es begleitet unfocussiert alles Erleben, bis es auf eine andere Person oder ein soziales System trifft, dem freie Wahl zugeschrieben wird. Dann wird es als Problem der Verhaltensabstimmung aktuell. Den Aktualisierungsanlaß bieten konkrete, wirkliche psychische oder soziale Systeme oder Spuren (z. B. Schrift), die solche Systeme hinterlassen haben. Zu einem Akutwerden doppelter Kontingenz genügt jedoch nicht die bloße Faktizität der Begegnung; zu einem motivierenden Problem der doppelten Kontingenz (und damit: zur Konstitution sozialer Systeme) kommt es nur,

Marshall C. Yovits Scott Cameron (Hrsg.), Self-Organizing Systems, Oxford 1960, S. 31-48.

wenn diese Systeme in spezifischer Weise erlebt und behandelt werden: nämlich als unendlich offene, in ihrem Grunde dem fremden Zugriff entzogene Möglichkeiten der Sinnbestimmung. Deshalb die Spezialterminologie Ego und Alter bzw. alter Ego. Die Begriffe Ego und Alter sollen mithin offen halten, ob es sich um psychische oder um soziale Systeme handelt; und sie sollen offen halten, ob diese Systeme einem bestimmten Prozessieren von Sinn zustimmen oder nicht.

Entsprechend müssen wir den Kontingenzbegriff erweitern, nämlich zurückführen auf seine ursprüngliche modaltheoretische Fassung. Der Begriff wird gewonnen durch Ausschließung von Notwendigkeit und Unmöglichkeit. Kontingent ist etwas, was weder notwendig ist noch unmöglich ist; was also so, wie es ist (war, sein wird), sein kann, aber auch anders möglich ist[6]. Der Begriff bezeichnet mithin Gegebenes (Erfahrenes, Erwartetes, Gedachtes, Phantasiertes) im Hinblick auf mögliches Anderssein; er bezeichnet Gegenstände im Horizont möglicher Abwandlungen. Er setzt die gegebene Welt voraus, bezeichnet also nicht das Mögliche überhaupt, sondern das, was von der Realität aus gesehen anders möglich ist. In diesem Sinne spricht man neuerdings auch von »possible worlds« der einen realen Lebenswelt[7]. Die Realität dieser Welt ist also im Kontingenzbegriff als erste und unauswechselbare Bedingung des Möglichseins vorausgesetzt.

Doppelte Kontingenz in diesem gegenüber Parsons modifizierten

6 Historisch geht diese Begriffsfassung auf Aristoteles zurück. Siehe aus der Vielzahl logisch-historischer Untersuchungen z. B. Storrs McCall, Aristotles' Modal Syllogisms, Amsterdam 1963, insbes. S. 66 ff.; A. P. Brogan, Aristotles' Logic of Statements about Contingency, Mind 76 (1967), S. 49-61; Albrecht Becker-Freyseng, Die Vorgeschichte des philosophischen Terminus »contingens«: Eine Untersuchung über die Bedeutung von »contingere« bei Boethius und ihr Verhältnis zu den Aristotelischen Möglichkeitsbegriffen, Heidelberg 1938; Hans Barth, Philosophie der Erscheinung Bd. I, Basel 1947, S. 326 ff.; Guy Jalbert, Nécessité et Contingence chez saint Thomas d'Aquin et chez ses prédécesseurs, Ottawa 1961; Celestino Solaguren, Contingencia y creación en la filosofía de Duns Escoto, Verdad y Vida 24 (1966), S. 55-100; Heinrich Schepers, Möglichkeit und Kontingenz: Zur Geschichte der philosophischen Terminologie vor Leibniz, Turin 1963; ders., Zum Problem der Kontingenz bei Leibniz: Die beste der möglichen Welten, in: Collegium Philosophicum: Studien J. Ritter zum 60. Geburtstag, Basel-Stuttgart 1965, S. 326-350.

7 So etwa Nicholas Rescher, Topics in Philosophical Logic, Dordrecht 1968, insbes. S. 229 ff.; Jon Elster, Logic and Society: Contradictions and Possible Worlds, Chichester 1978.

Verständnis hat eine zweifache Auswirkung. Sie ermöglicht die Ausdifferenzierung einer besonderen *Weltdimension* für sozial unterschiedliche Sinnperspektiven (Sozialdimension), und sie ermöglicht die Ausdifferenzierung besonderer *Handlungssysteme*, nämlich sozialer Systeme. Soziales ist danach an allem Sinn zugänglich als Problem der Gleichsinnigkeit oder Diskrepanz von Auffassungsperspektiven. Es ist zugleich ein besonderer Anlaß zur selektiven Akkordierung von Handlungen in Systemen, die sich von ihrer Umwelt unterscheiden können. Mit den Modifikationen am Parsons'schen Theorieansatz lassen sich Phänomenologie und Systemtheorie, Sinnanalyse und System/Umwelt-Analyse zusammenführen. Das bedarf nun freilich noch einer Ausarbeitung, die das Abstraktionsniveau der Parsons'schen Darstellung überschreiten muß.

II

Die Formulierung des Problems der doppelten Kontingenz wird dazu verführen, sich auf beiden Seiten, als Ego und als Alter, Menschen, Subjekte, Individuen, Personen als voll konkretisierte Existenzen vorzustellen. Das ist weder ganz falsch noch ganz richtig. Das Theorem der doppelten Kontingenz dient gerade dazu, eine solche allzu kompakte Prämisse aufzulösen. Das kann freilich nur geschehen, wenn ein Ersatzangebot gemacht wird. Wir verlagern einen wesentlichen Teil dieser Problematik auf das Kapitel über »Interpenetration«. Im Augenblick sind nur einige klärende Bemerkungen nötig, die sich auf die theoretischen Vorteile beziehen, die mit diesem Auflöse-Prozeß angestrebt werden.

Vor allem müssen wir uns von der traditionellen Behandlungsweise ablösen, die das Problem der doppelten Kontingenz (auch wenn sie es nicht so nannte) mit Begriffen wie »Wechselwirkung«, »Spiegelung«, »Reziprozität der Perspektiven« oder gar Reziprozität der Leistungen zu lösen versuchte. Die gesuchte Einheit wurde damit in einer Art symmetrischer Verklammerung des Verschiedenen gesehen. Das Soziale wurde dementsprechend als Beziehung zwischen Individuen gedacht, und dabei hatte man mitzudenken, daß die Individuen nicht entfallen können, ohne daß die Beziehung entfällt. Diese Vorstellung ist langsam und fast unmerklich inadäquat geworden, und zwar dadurch, daß die Eigenselektivität der Perspektiven und die Unerfaßbarkeit des Gegenüber mehr und mehr betont werden. Letztlich zerbricht jedes Symmetriemodell dieser Art am Problem der Komplexität und der notwendig-selektiven Komplexitätsreduktion, die jeweils systemintern-selbstreferentiell gesteuert wird.

Spricht man von Spiegelung, dann mag man in gewissem Umfange noch einrechnen, daß die Spiegel, die sich wechselseitig spiegeln, vergrößern oder verkleinern oder sonstwie verzerren, eine »subjektive« Komponente mit ins Spiel bringen. Die Metapher wird jedoch in dem Maße inadäquat, als die selbstbezügliche Selektion zunimmt; und sie wird vor allem dann inadäquat, wenn man bedenkt, daß der Zerrspiegel die Verzerrung des anderen Spiegels nicht miterfaßt. Das heißt: wenn man diese Metapher auf die Ebene der Beziehung zwischen selbstreferentiell operierenden Systemen übernimmt, löst sie sich auf. Die Spiegel zerbrechen. Ohne diese Metapher kann man aber auch die Reziprozität der Perspektiven nicht denken, und damit entfällt die Vorstellung einer wechselweise sich antezipierenden (»zweckvollen«) Wechselwirkung. Kurz: es wird fragwürdig, wie man überhaupt noch die Einheit einer Beziehung denken kann, die eine Mehrheit selbstreferentieller Systeme liiert. Die Beziehung wird selbst zur Reduktion von Komplexität. Das aber heißt: sie muß als emergentes System begriffen werden.

Ebensowenig, wenngleich aus ganz anderen Gründen, befriedigt der »symbolische Interaktionismus«. Diese Theorierichtung baut ein alter Ego als kontingent handelnd in das Ego ein und sieht, sehr zu recht, im Symbolgebrauch den Vermittlungsvorgang. Aber sie behandelt das Problem nur auf der einen Seite der Interaktion, unterstellend, daß es auf der anderen Seite dasselbe sei. Sie behandelt sozusagen nur die halbierte doppelte Kontingenz und bleibt damit Handlungstheorie. Soziale Systeme entstehen jedoch dadurch (und nur dadurch), daß *beide* Partner *doppelte* Kontingenz erfahren und daß die Unbestimmbarkeit einer solchen Situation für *beide* Partner *jeder* Aktivität, die dann stattfindet, strukturbildende Bedeutung gibt. Das ist mit dem Grundbegriff der Handlung nicht zu fassen.

Im Kontext einer Theorie sozialer Systeme, die auf dem Problembegriff der doppelten Kontingenz aufgebaut ist, kann der Differenzierung von sozialen und psychischen Systemen deutlicher Rechnung getragen werden. Situationen mit doppelter Kontingenz erfordern gewiß, um Kommunikation überhaupt in Gang bringen zu können, ein Mindestmaß wechselseitiger Beobachtung und ein Mindestmaß an auf Kenntnissen gegründeter Erwartungen. Zugleich ist durch die Komplexität solcher Situationen ausgeschlossen, daß die Beteiligten einander wechselseitig voll verstehen, und zwar verstehen für jede Variante des Systemvollzugs, die jeder für sich ins Auge faßt. In der üblichen soziologischen Sprache kann man dies damit ausdrücken, daß der Grad an wechselseitiger Kenntnis, der zur Reproduktion des sozialen Systems erforderlich ist, eine Variable ist, die von System zu System in unterschiedlichem Ausmaß aktualisiert wird, die mit dem Typus des sozialen Systems variiert und die insofern auch von der Typenvielfalt abhängt, die im Laufe der soziokulturellen Evolution entsteht. Wir haben also unterschiedliche Formen und Grade der »Personalisierung« sozialer Systeme in Betracht zu ziehen (bzw. eine analoge Variable, wenn es sich bei Ego und bei Alter nicht um psychische, sondern um soziale Systeme handelt). Das bedeutet Verzicht auf jede substanzialisierte Auffassung von Individuen oder Akteuren, die als Träger bestimmter Eigenschaften die Bildung sozialer Systeme ermöglichen. Statt dessen wird von der Ebene sozialer Systeme aus die Frage gestellt, wie weit die Beteiligten einander verstehen können müssen, um kommunizieren zu können.

Psychische Systeme, die von anderen psychischen oder von sozialen Systemen beobachtet werden, wollen wir *Personen* nennen. Der Begriff personales System ist demnach ein Begriff, der eine Beobachterperspektive involviert, wobei Selbstbeobachtung (sozusagen: Selbstpersonalisierung) eingeschlossen sein soll. Da man unterstellen kann, daß jede Theorie psychischer Systeme eine Beobachterperspektive aktualisiert, wird man von psychischen und von personalen Systemen fast gleichsinnig sprechen können. Dennoch bleibt die begriffliche Unterscheidung wichtig, da mit dem Begriff der Person die Relevanz für einen Beobachter stärker zum Ausdruck kommt. Wir sprechen nicht von »Psychisierung«, sondern von »Personalisierung« sozialer Systeme, wenn es darum geht, die Abhängigkeit der Reproduktion des kommunikativen Sozialsystems von den personalen Attributionen der Beteiligten zum Ausdruck zu bringen.

Ein weiteres, ebenfalls terminologisches Problem ist ebenfalls mit eingeführten, alltagsweltlich verständlichen Ausdrücken schwer zu lösen. Auch hier ist mehr Klarheit und mehr begriffliche Differenzierung, als Soziologen sich üblicherweise zumuten, für eine fruchtbare Analyse unerläßlich. Zum Unterbau, der im Theorem der doppelten Kontingenz vorausgesetzt ist, gehören hochkomplexe sinnbenutzende Systeme, die für einander nicht durchsichtig und nicht kalkulierbar sind. Dies können psychische oder soziale Systeme sein. Wir müssen von deren Unterschied einstweilen absehen und sprechen deshalb von »black boxes«[8]. Die Grundsituation der doppelten Kontingenz ist dann einfach: Zwei black boxes bekommen es, auf Grund welcher Zufälle immer, miteinander zu tun. Jede bestimmt ihr eigenes Verhalten durch komplexe selbstreferentielle Operationen innerhalb ihrer Grenzen. Das, was von ihr sichtbar wird, ist deshalb notwendig Reduktion. Jede unterstellt das gleiche der anderen. Deshalb bleiben die black boxes bei aller Bemühung und bei allem Zeitaufwand (sie selbst sind immer schneller!) füreinander undurchsichtig. Selbst wenn sie strikt mechanisch operieren, müssen sie deshalb *im Verhältnis zueinander* Indeterminiertheit und Determinierbarkeit unterstellen. Selbst wenn sie selbst »blind« operieren, fahren sie *im Verhältnis zueinander* besser, wenn sie sich wechselseitig Determinierbarkeit im System/Umwelt-Verhältnis unterstellen und sich daraufhin beobachten. Der Versuch, den anderen zu berechnen, würde zwangsläufig scheitern. Mit dem Versuch, ihn aus seiner Umwelt heraus zu beeinflussen, kann man Glück haben und Erfahrungen sammeln. Die Unberechenbarkeit wird mit Freiheitskonzessionen aufgefangen,[9] fast könnte man sagen »sublimiert«[10]. Die schwarzen Kästen erzeugen sozusagen Weißheit, wenn sie aufeinandertreffen, jedenfalls ausreichende Transparenz für den Verkehr miteinander. Sie erzeugen *durch ihr bloßes Unterstellen* Realitätsgewißheit, weil dies Unter-

8 Damit ist zugleich angedeutet, daß die folgende Argumentation auch auf die Ebene einer allgemeinen Systemtheorie transponiert werden kann, wenn man die Prämisse des sinnhaften Erlebens und Handelns wegläßt. Vgl. dazu und zum folgenden namentlich Ranulph Glanville, Inside Every White Box There Are Two Black Boxes Trying to Get Out, Ms. 1979; ders., The Form of Cybernetics: Whitening the Black Box, in: General Systems Research: A Science, a Methodology, a Technology, Louisville, Kentucky 1979, S. 35-42.

9 Siehe hierzu auch Donald M. MacKay, Freedom of Action in a Mechanistic Universe, Cambridge Engl. 1967.

10 Denn Sublimierung heißt: daß man das, worauf man verzichten *muß*, gänzlich vergißt und es daraufhin aufgewertet zurückerhält.

stellen zu einem Unterstellen des Unterstellens beim alter Ego führt[11]. Die Assimilierung von Sinnmaterialien an diese Ordnungsebene setzt, wir hatten oben bereits von »mutualistischer« Konstitution gesprochen,[12] zwei sich wechselseitig beobachtende selbstreferentielle Systeme voraus. Für die wenigen Hinsichten, auf die es in deren Verkehr ankommt, mag ihre Informationsverarbeitungskapazität ausreichen. Sie bleiben getrennt, sie verschmelzen nicht, sie verstehen einander nicht besser als zuvor; sie konzentrieren sich auf das, was sie am anderen als System-in-einer-Umwelt, als Input und Output beobachten können, und lernen jeweils selbstreferentiell in ihrer je eigenen Beobachterperspektive. Das, was sie beobachten, können sie durch eigenes Handeln zu beeinflussen versuchen, und am feedback können sie wiederum lernen. Auf diese Weise kann eine emergente Ordnung zustandekommen, die *bedingt ist* durch die Komplexität der sie ermöglichenden Systeme, die *aber nicht davon abhängt, daß diese Komplexität auch berechnet, auch kontrolliert werden kann.* Wir nennen diese emergente Ordnung soziales System.

Für alles, was wir später über Strukturen sagen werden, ist es wichtig, genau festzuhalten, welche Art von Einschränkungen hier ins Spiel kommt und welche Arten von Unsicherheit eliminiert oder doch kleingehalten werden. Ein soziales System baut nicht darauf auf und ist auch nicht darauf angewiesen, daß diejenigen Systeme, die in doppelter Kontingenz stehen, sich wechselseitig durchschauen und prognostizieren können. Das soziale System ist gerade deshalb System, weil es keine basale Zustandsgewißheit und keine darauf aufbauenden Verhaltensvorhersagen gibt. Kontrolliert werden nur die *daraus folgenden* Ungewißheiten in Bezug auf das *eigene* Verhalten der Teilnehmer[13]. Eingeschränkt (= strukturiert)

11 Dies Argument gegen jeden introspektiv begründeten Solipsismus (und als Ersatz für das Gottesargument bei Descartes) formuliert auch Heinz von Foerster a.a.O. (1960), S. 35: »If I assume that I am the sole reality, it turns out that I am the imagination of somebody else, who in turn assumes that *he* is the sole reality. Of course, this paradox is easily resolved, by postulating the reality of the world in which we happily thrive«. Nicht ganz so schnell und nicht ganz so einfach freilich! Was auf diese Weise entsteht, ist nicht die Anerkennung einer Realität out there, sondern nur die Konstitution einer Realität relativ auf die Ebene der Emergenz einer Ordnung des wechselseitigen (für jeden allein durchschaubaren!) Unterstellens.

12 Vgl. Kapitel 1, II unter 10.

13 Ein etwas längeres Zitat kann diesen Gesichtspunkt vielleicht verdeutlichen:

werden durch Systembildung die Möglichkeiten, sich in einer solchen Situation *im eigenen Verhalten abzusichern.* Nur so kommt eine autopoietische Reproduktion, kommt Handlung auf Handlung zustande. Die Unsicherheitsabsorption läuft über die Stabilisierung von Erwartungen, nicht über die Stabilisierung des Verhaltens selbst, was natürlich voraussetzt, daß das Verhalten nicht ohne Orientierung an Erwartungen gewählt wird.

Erwartungen gewinnen mithin im Kontext von doppelter Kontingenz Strukturwert für den Aufbau emergenter Systeme und damit eine eigene Art von Realität (= Anschlußwert). Das gleiche gilt, und hieran wird vollends deutlich werden, daß wir nicht mehr auf Parsons'schen Grundlagen formulieren, für alle semantischen Reduktionen, mit denen die beteiligten Systeme eine für ihre wechselseitige Beobachtung und Kommunikation ausreichende Transparenz erzeugen. Ich denke an Begriffe wie Person, Intelligenz, Gedächtnis, Lernen. »Person« ist die Bezeichnung dafür, daß man nicht beobachten kann, wie es zustande kommt, daß Erwartungen durch Zusammenhang in einem psychischen System an Wahrscheinlichkeit gewinnen (oder anders formuliert: für den Sicherheitsgewinn des Kennenlernens). »Intelligenz« ist die Bezeichnung dafür, daß man nicht beobachten kann, wie es zustande kommt, daß das selbstreferentielle System im Kontakt mit sich selbst die eine und nicht die andere Problemlösung wählt. »Gedächtnis« ist die Bezeichnung dafür, daß man nicht beobachten kann, wie der komplexe aktuelle Zustand eines Systems in den nächsten übergeht, so daß man statt dessen auf ausgewählte vergangene Inputs als Indikatoren zurückgreifen muß. »Lernen« ist die Bezeichnung dafür, daß man nicht beobachten kann, wie Informationen dadurch weitreichende Konsequenzen auslösen, daß sie in einem System partielle Strukturänderungen bewirken, ohne dadurch die Selbstidentifikation des Systems zu unterbrechen. Die Beispiele ließen sich vermeh-

»Now, of course, you are an awfully random thing because you burble out words. On the other hand, if I can establish a conversation with you, this is no longer the case. Why is it no longer the case? Because, of course, I am uncertain about what you will say next ... But, my main uncertainty about you is of a different sort, it's an uncertainty about what sort of inquiries I should make« – und diese Unsicherheit kann man selbst mit Hilfe von Konversation unter Kontrolle bringen. (Gordon Pask, A Proposed Evolutionary Model, in: Heinz von Foerster/George W. Zopf (Hrsg.), Principles of Self-Organization, Oxford 1962, S. 229-248 (230).

ren[14]. Sie zeigen, daß es vergeblich wäre, nach einem psychischen oder gar organischen Substrat von so etwas wie Person, Intelligenz, Gedächtnis, Lernen zu suchen. Es handelt sich um Kunstgriffe von Beobachtern, mit denen Nichtbeobachtbares gedeutet und auf die emergente Ebene des Zwischensystemkontaktes überführt wird. Geschieht dies und erfährt der Beobachtete dies, dann mag er dadurch angeregt werden, auch seine Selbstbeobachtung (die ja vor dem gleichen Problem steht) daran zu orientieren, und nach einer Weile guter Erfahrungen damit wird er glauben, eine Person zu sein, Intelligenz und Gedächtnis zu haben, lernen zu können usw. Und niemand kann ihm widersprechen, weil niemand ihn genauer, als diese Begriffe es zulassen, beobachten kann.

»Psychologisches« dieser Art gehört mithin mit zur emergenten Realität sozialer Systeme, die sich der Autokatalyse durch doppelte Kontingenz verdankt. Dies heißt keineswegs, daß es sich um eine Scheinwelt, um Fiktionen, um bloße Worte handele im Vergleich zu den harten Fakten der zu Grunde liegenden Systeme selbst. Es gibt im Emergenzverhältnis kein Mehr oder Weniger an Realität, keine abnehmende Realität, sondern nur unterschiedlich-selektive Anschlußfähigkeit. Es geht um Wiederherstellung von Transparenz trotz intransparenter Komplexität, und dies kann nur durch Emergenz neuer Ebenen der Systembildung erreicht werden.

Die auf diese Weise gewonnene relative Transparenz muß freilich bezahlt werden. Sie wird mit *Kontingenzerfahrung* bezahlt. Die Bodenlosigkeit des Strukturgewinns wird abgefunden mit dem Pauschalzugeständnis, daß es auch anders sein könnte. Die Kenntnis und Berechnung des Partners wird, weil unerreichbar, durch Freiheitskonzession ersetzt, und dann kann man sich auf Kenntnisse beschränken, die zur Handhabung der Kontingenzen beitragen. *Diese Reduktion wird*, und das ist eine theoretisch zentral liegende These von hoher integrativer Kraft, *am Erleben von Handlung festgemacht* und dadurch gerade über das Zugeständnis

14 Wir haben, abgesehen von »Person«, Beispiele gewählt, die George W. Zopf für die gleiche These verwendet. Siehe: Attitude and Context, in: Heinz von Foerster/George W. Zopf (Hrsg.), Principles of Self-Organization, Oxford 1962, S. 325-346 (327 ff.). Für »Bedürfnisse« würde im übrigen mutatis mutandis das Gleiche gelten. Bereits Hegel durchschaute Bedürfnisse als Abstraktion, bereits Parsons sah sich zur Generalisierung auf »need-dispositions« gezwungen. Eine auf den Bedürfnisbegriff fundierte Soziologie müßte daher zunächst einmal klären, woher sie den Mut nimmt, dies alles zu ignorieren. Naturalismus allein ist jedenfalls noch kein sinnvolles Programm.

von Freiheit gesteuert. Die Sinneinheit Handlung wird als Synthese von Reduktion und Öffnung für Auswahlmöglichkeiten konstituiert. Das festzuhalten und anschlußfähig zu reproduzieren, ist ihre Funktion. Deshalb erscheint das, was im Verkehr der black boxes miteinander geschieht, ihnen als *Handlung*. Handlung ist auf Systeme zugerechnete Selektion. Wie immer sie dann als Wahl unter Alternativen rationalisiert, als Entscheidung dargestellt, auf Motive bezogen werden mag: zunächst ist sie nichts weiter als aktualisierte Kontingenz und, vom Beobachter her gesehen, die ins Unberechenbare gepflanzte Erwartung. Wir kommen darauf im Kapitel über Kommunikation ausführlicher zurück.

Eine wichtige Konsequenz betrifft die Frage, unter welcher *Differenz* eigentlich ein System, das auf doppelte Kontingenz gebaut ist, *zunächst anläuft*. Im Kontext des modernen Individualismus und der Handlungstheorie liegt es nahe, hier von Eigennutzen des Handelnden bzw. seinen (wie immer subjektiv, wie immer irrational, uninformiert und irrig gesetzten) Zielen auszugehen. Das Theorem der doppelten Kontingenz führt jedoch zu einem anderen Ergebnis. Das System wird in Gang gebracht und orientiert sich daher zunächst durch die Frage, *ob der Partner eine Kommunikation annehmen oder ablehnen wird*, oder auf Handlung reduziert: *ob eine Handlung ihm nützen oder schaden wird*. Die Position des Eigeninteresses ergibt sich erst sekundär aus der Art, wie der Partner auf einen Sinnvorschlag reagiert. Die Verfolgung eigenen Nutzens ist eine viel zu anspruchsvolle Einstellung, als daß man sie generell voraussetzen könnte (und die entsprechenden Theorien sind auch sehr spät entwickelte Theorien)[15]. Dagegen käme kein soziales System in Gang, wenn derjenige, der mit Kommunikationen beginnt, nicht wissen kann oder sich nicht dafür interessieren würde, ob sein Partner darauf positiv oder negativ reagiert. Eine in dieser Hinsicht gänzlich unbestimmte Situation würde, wenn nicht jeder Kontakt sogleich abgebrochen wird, zunächst Bemühungen auslösen, die Voraussetzungen für die auf den Partner bezogene Differenz zu klären.

Schließlich muß mitberücksichtigt werden, daß die so generierte

15 Dieser Einwand trifft sowohl einen objektivistisch ansetzenden Utilitarismus als auch das Programm der »verstehenden Soziologie«. Er ergibt sich aus einer Vorordnung der Frage nach der Systemreferenz, präjudiziert damit also nicht Bemühungen um psychologische Erklärungen.

Kontingenzerfahrung weltwirksam wird. Sie läßt sich nicht an Intersystembeziehungen festhalten, nicht auf das emergente soziale Handlungssystem beschränken, weil die black boxes sich wechselseitig in jeweils ihrer Umwelt als Systeme-mit-Umwelt erfahren und behandeln. Jede Seite kann unterscheiden zwischen ihrer Umwelt bzw. der Welt schlechthin und Systemen-mit-Umwelt in ihrer Umwelt. Dadurch wird über das Handeln hinaus das umweltbezogene Erleben relevant – schon weil man auf den anderen hin nur handeln kann, wenn man weiß, wie man selbst in der Umwelt des anderen durch diesen erlebt wird. Das generalisierte Resultat des ständigen Operierens unter dieser Bedingung der doppelten Kontingenz ist schließlich die Sozialdimension allen Sinnes: daß man bei jedem Sinn fragen kann, wie er durch andere erfahren und verarbeitet wird.

Diese komplizierte Struktur der undurchsichtigen Systeme, die sich an einer Umwelt orientieren, in der Systeme vorkommen, die sich an einer Umwelt orientieren, zwingt dazu, die für jedes System konstitutive System/Umwelt-Differenz zu unterscheiden von Beziehungen zwischen bestimmten Systemen[16]. Dies ist der Bewährungshintergrund, vor dem die Evolution von Sinn und die Evolution der Unterscheidung von Erleben und (zurechenbarem) Handeln zu sehen ist. Jedes Sinnmoment bietet einen Vermittlungspunkt für verschiedene System/Umwelt-Referenzen, sozusagen eine Möglichkeit der ad hoc Integration. Zugleich klärt diese Überlegung den Zusammenhang von sinnimmanenter Sozialdimension und Bildung sozialer Systeme. Die Sozialdimension allen Sinnes betrifft die ganze Welt, die ganze Weiträumigkeit eigenen Erlebens und eingeschätzten fremden Erlebens im Ausgang vom jeweils konkreten Hier und Jetzt. Dieser Weltweite entspricht, daß sie auf marginal Mitgesehenes reduziert werden muß. Soziale Systeme bilden sich dagegen nur dort, wo Handlungen verschiedener psychischer oder sozialer Systeme aufeinander abgestimmt werden müssen, weil für die Selektion der einen Handlung die andere Voraussetzung ist oder umgekehrt. Die Konstitution der Sozialdimension ist notwendige, aber nicht hinreichende Bedingung für die Konstitution sozialer Systeme (so wie Erleben notwendige, aber nicht hin-

16 Dies hat schon recht früh auch Heinz Hartmann gefordert. Siehe seine Einleitung zu: Heinz Hartmann (Hrsg.), Moderne amerikanische Soziologie: Neuere Beiträge zur soziologischen Theorie, Stuttgart 1967, S. 85 ff.

reichende Voraussetzung für Handeln ist). Die Sozialdimension macht an allem Sinn Möglichkeiten des Divergierens von Systemperspektiven sichtbar. Was gemeinsam aufgefaßt wird, kann für die Beteiligten sehr Verschiedenes bedeuten. Diese Divergenz kann dann zur Bildung sozialer Systeme genutzt werden, sie kann dazu Anlaß bieten, sie kann mehr oder weniger dazu zwingen. In der Verschiedenartigkeit des Erlebens liegen Handlungsaufforderungen. Die doppelte Kontingenz erzeugt Aktionsdruck. Zugleich ist aber an der Differenz von Erleben und Handeln ablesbar, daß die Unterschiede in der Sichtweise und der Erlebnisverarbeitung noch nicht determinieren, wie gehandelt wird. Die Bildung sozialer Systeme hat noch ein Problem zu lösen: das mit aller Sinnbildung etablierte Problem der doppelten Kontingenz des sozialen Handelns.

III

Bevor wir das Problem der systemkonstituierenden doppelten Kontingenz weiter verfolgen, sei eine wissenschaftstheoretische, die Theorieform betreffende Reflexion eingeschaltet. Die Theorie, deren Ausarbeitung wir beginnen, ist nicht an Perfektion und Perfektionsmängeln orientiert, sondern an einem wissenschaftsspezifischen Interesse an Auflösung und Rekombination von Erfahrungsgehalten. Sie geht nicht davon aus, daß die Welt »in Ordnung« ist, aber Mängel aufweist, denen man mit Hilfe von Wissenschaft abhelfen könnte. Sie verfolgen keinen »social problems« Ansatz an Hand von Stabilitätsgefährdungen oder Devianzen, exponentiellen Entwicklungen oder Kriminalität. Daß es forschungswürdige Themen dieser Art gibt, wird natürlich nicht bestritten, aber sie bestimmen nicht den Ansatz der Theorie, nicht die Problemstellung. Es geht nicht um ein Anerkennungs- und Heilungsinteresse, auch nicht um ein Bestandserhaltungsinteresse, sondern zunächst und vor allem um ein analytisches Interesse: um ein Durchbrechen des Scheins der Normalität, um ein Absehen von Erfahrungen und Gewohnheiten und in diesem (hier nicht transzendentaltheoretisch gemeinten) Sinne: um phänomenologische Reduktion.

Das methodologische Rezept hierfür lautet: Theorien zu suchen, denen es gelingt, Normales für unwahrscheinlich zu erklären[17]. Dies kann in funktionalistischer Perspektive mit Hilfe von Pro-

17 Vgl. auch Niklas Luhmann, Die Unwahrscheinlichkeit der Kommunikation, in ders., Soziologische Aufklärung Bd. 3, Opladen 1981, S. 25-34.

blemstellungen geschehen, die es ermöglichen, normale Erfahrungsgehalte der Lebenswelt als immer schon gelungene, aber vielleicht auch anders mögliche Problemlösung darzustellen. Seit der beginnenden Distanzierung von einer religiösen Weltsetzung, seit dem 17. Jahrhundert gibt es für diese Aufbereitungstechnik eine Vielzahl von Beispielen. Descartes hatte gegen alle Plausibilität gemeint: Es gäbe keinerlei Zusammenhang zwischen einem gegenwärtigen Moment und dem vorangehenden und dem nachfolgenden Moment; Gott müsse daher die Welt von Moment zu Moment neu schaffen. An die Stelle dieser Problemlösung tritt dann später die These des weltgeschichtlichen historischen Bewußtseins, das sich in jeweils eigenen Zeithorizonten etabliert. Oder: Hobbes hatte gemeint, jeder Mensch fürchte den anderen und sei daher zu präventiver Feindseligkeit veranlaßt, was den anderen, wenn einkalkuliert, umso mehr zwinge zuvorzukommen. Bei einem so gestellten, ebenfalls kontrainduktiv formulierten Problem obliegt dann die creatio continua dem Staate. Ein anderer Autor meint: Wenn jemand einem anderen etwas gebe, gäbe es, wenn es später um Dankbarkeit oder um Entgelt gehe, keine Möglichkeit, sich über den Wert der Gabe zu verständigen. Hier läuft die Lösung über den Markt/Preis-Mechanismus. Ein letztes Beispiel bezieht sich auf Erziehung: Wie kann es überhaupt möglich sein, zur Freiheit zu erziehen, wenn dazu die Einwirkung des Erziehers auf den Zögling erforderlich ist[18]. In all diesen Fällen wäre es banal (aber eben das geschieht normalerweise), das Problem an die Lebenswelt, an die geschichtliche Faktizität, an die funktionierenden Institutionen zurückzuverweisen; denn es geht ja gerade um Rekonstruktion dieser Lebenswelt vor dem Hintergrund anderer Möglichkeiten.

An den Beispielen für frühe Fassungen einer Theorietechnik, die Normales für unwahrscheinlich erklärt, fällt ein Doppeltes auf. Sie sind alle mit Bezug auf Zeitprobleme gearbeitet, und sie beziehen sich alle auf Sonderprobleme bestimmter Funktionssysteme[19]. In beiden Hinsichten bleiben sie zunächst abhängig von Problemen,

18 Vgl. Ritter, Kritik der Pädagogik zum Beweis der Notwendigkeit einer allgemeinen Erziehungs-Wissenschaft, Philosophisches Journal 8 (1798), S. 47-85; Karl Salomo Zachariae, Über die Erziehung des Menschengeschlechts durch den Staat, Leipzig 1802, insbes. S. 98 ff.

19 Für das früheste Beispiel, für Descartes kann man dies vielleicht bezweifeln. Aber auch hier ist ein Funktionssystem spezifisch angesprochen, nämlich Religion: und die

die im Umbau des Gesellschaftssystems von einer ständischen Ordnung in ein funktional differenziertes System vordringlich behandelt und in neue semantische Formen gebracht werden müssen[20]. Auch die Frage, wie soziale Ordnung möglich ist, gewinnt im neuzeitlichen, wissenschaftsspezifischen Reflexionsstil analytische Schärfe[21], und speziell die Soziologie beginnt seit etwa hundert Jahren, ihre theoretische Integration an Hand einer solchen Fragestellung zu suchen[22].

In spezifisch soziologischen Problemstellungen kann man jene beiden Fragemuster ebenfalls unterscheiden, und entsprechend gibt es auch hier nette, hilfsbereite Theorien und solche, die durch das Wahrscheinlichwerden des Unwahrscheinlichen fasziniert sind. Die erstgenannte Variante hat die Tradition für sich, die zweite drängt sich auf, sobald man explizit fragt, wie soziale Ordnung möglich ist. Die in der Tradition ganz vorherrschende Auffassung sieht das Problem sozialer Ordnung in der Vermeidung oder Unterdrückung widerwärtigen Verhaltens, feindseliger, störender, schädlicher Aktivitäten, die verhindern, daß andere in sozialen Beziehungen zu ihrem Recht kommen, ihre Bedürfnisse befriedigen, sich wohl fühlen können. Pax et iustitia oder Sicherheit und Ordnung waren die Leitformeln und gute Polizey das Mittel. Für diese Auffassung gilt dann die Konstitution einer rechtlich politischen Ordnung (Hobbes) oder ein ausreichender Wertkonsens als unerläßliche Vorbedingung für die Bildung sozialer Systeme. Da diese

Frage ist, wie religiöse Orientierungen ihren Rang behalten können, wenn das Bewußtsein sich vorweg seiner Subjektivität schon vergewissert hat.

20 Hierzu näher Niklas Luhmann, Gesellschaftsstruktur und Semantik, Frankfurt Bd. 1 1980, Bd. 2 1981.

21 Vgl. hierzu ausführlicher Niklas Luhmann, Wie ist soziale Ordnung möglich?, in ders., Gesellschaftsstruktur und Semantik Bd. 2, Frankfurt 1981, S. 195-285.

22 Als Überblick vgl. Shmuel N. Eisenstadt/M. Curelaru, The Form of Sociology: Paradigms and Crises, New York 1976. Selbstverständlich gibt es in der Vorgeschichte und der expliziten Theorietradition der Soziologie auch weniger generelle Problembezüge, vor allem im Dreieck von Individualität, Kultur und (mehr oder weniger autoritativer, herrschaftsbestimmter) sozialer Ordnung und in Rationalitätsformeln für dieses Verhältnis. Vgl. hierzu etwa John O'Neill, The Hobbesian Problem in Marx and Parsons, in: Jan J. Loubser et al. (Hrsg.), Explorations in General Theory in Social Science: Essays in Honor of Talcott Parsons, New York 1976, S. 295-308; Roland Robertson, Aspects of Identity and Authority in Sociological Theory, in: Roland Robertson/Burkart Holzner (Hrsg.), Identity and Authority: Explorations in the Theory of Society, Oxford 1980, S. 218-265.

Vorbedingung immer schon erfüllt ist, »legitimiert« sie nur noch die bestehende Ordnung. Man kann von ihr ausgehen und die Grundlagenproblematik hiermit ausschließen. Kommen Fragen der Entstehung dieser Vorbedingungen auf, werden sie zuständigkeitshalber an Evolutions- oder an Sozialisationstheorien überwiesen.

Man wird sich jedoch fragen müssen, ob das Grundproblem der Konstitution sozialer Systeme wirklich in der Eliminierung des Schädlichen oder Nichtanpassungsbereiten liegt. Oder zugespitzt formuliert: Genügt es, soziale Ordnung als Boykottierung des Boykottierens zu begreifen, oder muß man nicht zu allererst wissen, wie sie überhaupt möglich und hinreichend wahrscheinlich ist? Die zweite Auffassung setzt mit der Frage nach »Bedingungen der Möglichkeit« an und sucht mit ihr eine abstraktere und zugleich breitere (zum Beispiel auch Konflikte als Systeme einbeziehende) Theoriegrundlage.

Diese Auffassung ist mit der Radikalisierung des Problems der doppelten Kontingenz vorbereitet. Sie artikuliert die Frage, »Wie ist soziale Ordnung möglich?« in einer Weise, die diese Möglichkeit zunächst als unwahrscheinlich vorführt[23]. Wenn jeder kontingent handelt, also jeder auch anders handeln kann und jeder dies von sich selbst und den anderen weiß und in Rechnung stellt, ist es zunächst unwahrscheinlich, daß eigenes Handeln überhaupt Anknüpfungspunkte (und damit: Sinngebung) im Handeln anderer findet; denn die Selbstfestlegung würde voraussetzen, daß andere sich festlegen, und umgekehrt. Zugleich mit der *Unwahrscheinlichkeit* sozialer Ordnung erklärt dieses Konzept aber auch die *Normalität* sozialer Ordnung; denn unter dieser Bedingung doppelter Kontingenz wird jede Selbstfestlegung, wie immer zufällig entstanden und wie immer kalkuliert, Informations- und Anschlußwert für anderes Handeln gewinnen. Gerade weil ein solches System geschlossen-selbstreferentiell gebildet wird, also A durch B bestimmt wird und B durch A, wird jeder Zufall, jeder Anstoß, jeder Irrtum produktiv. Die

23 Insofern bestehen Parallelen zu den Vorstößen der Ethnomethodologie, nämlich dem Versuch, die Selbstverständlichkeiten des Alltagslebens in Frage zu stellen und durch experimentellen Frontalangriff oder durch elaborierte Sprachlichkeit der wissenschaftlichen Meta-Formulierung als kontingent zu erweisen. Diese Bemühungen haben sich jedoch, so scheint es im Moment jedenfalls, auf ihre eigene Gestik festgelegt. Sie können das reflektieren und ihre eigene Gestikulation als Alltagsverhalten zelebrieren. Aber ein expressives Verhalten, wie reflektiert immer, präsentiert noch keine Theorie, sondern eben nur: Gestikulation.

Systemgenese setzt strukturierte Komplexität voraus im Sinne nichtbeliebiger Verteilungen. Ohne »noise« kein System. Aber unter dieser Bedingung ist das Entstehen von (wie immer kurzlebiger, wie immer konfliktreicher) Ordnung normal, wenn für diejenigen, die ihr Handeln festlegen, doppelte Kontingenz zur Erfahrung gebracht, also eine beidseitig kontingente Ego/Alter-Konstellation hergestellt werden kann.

Auf den ersten Blick mag erstaunen, daß die Verdoppelung der Unwahrscheinlichkeit (bezogen auf jede spezifische Verhaltenswahl) zur Wahrscheinlichkeit führt. Es handelt sich also nicht um ein schlicht lineares Problem der Vermehrung bzw. Verminderung. Wenn zusätzlich zur eigenen Verhaltensunsicherheit auch die Verhaltenswahl eines anderen unsicher ist und vom eigenen Verhalten mitabhängt, entsteht die Möglichkeit, sich genau daran zu orientieren und im Hinblick darauf das eigene Verhalten zu bestimmen. Es ist mithin die Emergenz eines sozialen Systems, die über Verdoppelung der Unwahrscheinlichkeit ermöglicht wird und dann die Bestimmung des je eigenen Verhaltens erleichtert.

IV

Wir müssen uns jetzt der Frage stellen, wieso das Problem der doppelten Kontingenz »sich selbst löst«; oder weniger zugespitzt formuliert: wie es dazu kommt, daß das Auftreten des Problems einen Prozeß der Problemlösung in Gang setzt.

Entscheidend dafür ist der selbstreferentielle Zirkel selbst: Ich tue, was Du willst, wenn Du tust, was ich will. Dieser Zirkel ist, in rudimentärer Form, eine neue Einheit, die auf keines der beteiligten Systeme zurückgeführt werden kann. Er mag in jedem der beteiligten Systeme präsent sein als Bewußtseinsinhalt bzw. als Kommunikationsthema; dabei ist aber immer schon vorausgesetzt, daß er auch in anderen Systemen präsent ist. Diese Voraussetzung entsteht, was immer ihre Realitätsbasis sein mag, nicht beliebig. Sie mag in Grenzfällen auf Irrtum beruhen (der andere hatte mich noch gar nicht gesehen oder noch nicht als möglichen Interaktionspartner eingeschätzt), aber wenn sie betätigt wird, schafft sie die entsprechende Realität – und sei es nur, daß sie dem anderen die Möglichkeit gibt, sich nicht darauf einzulassen und den Kontakt sofort zu beenden.

Wir brauchen die Anlässe nicht genauer zu analysieren: was entsteht, ist ohnehin neu und, was immer die Anlässe sein mögen, immer dasselbe: eine zirkulär geschlossene Einheit. In dieser Einheit hängt die Bestimmung jedes Elements von der eines anderen ab, und gerade darin besteht die Einheit. Man kann diesen Grundtatbestand auch als eine sich selbst konditionierende Unbestimmtheit charakterisieren: Ich lasse mich von Dir nicht bestimmen, wenn Du Dich nicht von mir bestimmen läßt.

Es handelt sich, wie man sieht, um eine extrem instabile Kernstruktur, die sofort zerfällt, wenn nichts weiter geschieht. Aber diese Ausgangslage genügt, um eine Situation zu definieren, die die Möglichkeit in sich birgt, ein soziales System zu bilden. Diese Situation verdankt ihre Einheit dem Problem der doppelten Kontingenz: auch sie ist daher nicht auf eines der beteiligten Systeme zurückzuführen[24]. Sie ist für jedes der beteiligten Systeme Moment des eigenen Umweltverhältnisses[25], zugleich aber Kristallisationskern für ein emergentes System/Umwelt-Verhältnis. Dies soziale System gründet sich mithin auf Instabilität. Es realisiert sich deshalb zwangsläufig als autopoietisches System. Es arbeitet mit einer zirkulär geschlossenen Grundstruktur, die von Moment zu Moment zerfällt, wenn dem nicht entgegengewirkt wird. Dies geschieht formal durch Enttautologisierung und, was Energie und Information betrifft, durch Inanspruchnahme von Umwelt.

Theoriegeschichtlich gesehen sind damit getrennt entstandene Begriffsbildungen zusammengeschlossen. Das Theorem der doppelten Kontingenz und die Theorie autopoietischer Systeme konvergieren, und diese Konvergenz macht es möglich, einen »subjektfrei« konzipierten Begriff des Handelns als Begriff für die Beobachtung der basalen Elemente sozialer Systeme einzusetzen.

Wir kommen darauf im Kapitel über Kommunikation und Handlung mit Einzelanalysen zurück. An dieser Stelle läßt sich jedoch schon festhalten, daß das Problem der doppelten Kontingenz allem

24 Ganz ähnlich Dag Østerberg, Meta-sociological Essay, Pittsburgh 1976, insbes. S. 71. Østerberg spricht in ähnlichem Sinne von »double dialectics« (a.a.O. S. 94) und betont im Zusammenhang damit ebenfalls die Neuheit, Einheit und Unableitbarkeit sozialer Situationen.

25 Aus dieser Perspektive behandelt Jürgen Markowitz soziale Situationen. Siehe: Die soziale Situation: Entwurf eines Modells zur Analyse des Verhältnisses zwischen personalen Systemen und ihrer Umwelt, Frankfurt 1979.

Verhalten der beteiligten Systeme, wie immer es organisch und psychisch bedingt sein mag, eine Zusatzqualität verleiht: Das Verhalten reduziert eben jene Unbestimmtheit, die aus der doppelten Kontingenz folgt. Es qualifiziert sich selbst unter diesem Aspekt als Handlung. Es fand sich im Raum der doppelkontingenten Unsicherheit freigesetzt, so daß jeder Vollzug Selektion und jede Selektion Limitierung bedeutet[26]. Auf der Ebene der Emergenz sozialer Systeme werden diejenigen Elemente erst konstituiert, aus denen diese Systeme sich produzieren, und diese Autopoiesis erfordert die Konstitution der Einheit des Systems als selbstreferentieller Zirkel.

»Reine« doppelte Kontingenz, also eine sozial vollständig unbestimmte Situation, kommt in unserer gesellschaftlichen Wirklichkeit zwar nie vor. Trotzdem eignet sich dieser Ausgangspunkt, um bestimmte Fragen weiter zu verfolgen. So kann man sich zum Beispiel überlegen: Wenn *alles* sich eignet, den Zirkel der Fremdbestimmung durch Selbstfestlegung zu unterbrechen, was eignet sich dann *besonders*? Wo liegen *Selektionsvorteile*, die es wahrscheinlich machen, daß bestimmte soziale Strukturen eher entstehen als andere?

Stellt man die Frage so, dann kann alles, was an Vorverständnis in die Situation eingeht, als Chance der Selektionssteuerung aufgefaßt werden. Zusätzlich kann man aber auch fragen (und sei es nur für den noch offenen Bereich der Restkontingenz), ob sich nicht allgemeinere Einsichten gewinnen lassen über die relative Durchsetzungschance von Sinnangeboten. Was taugt, mit anderen Worten, besonders, wenn es darum geht, in einer offenen Situation nächste Ereignisse vorzukonstruieren und sie durch Selbst- und Fremdfestlegung wahrscheinlicher zu machen?

In der Zeitdimension spielt sicher der *Tempovorteil* eine Rolle. Diejenigen Themen werden bevorzugt, zu denen man schnell etwas beitragen kann. Selektionsketten, die rascher operieren können, verdrängen solche, bei denen man erst lange überlegen muß, auf was man sich einläßt. Darin ist eingeschlossen, daß derjenige, dem

26 Eine genau dies fassende Szene beschreibt Jean Genet: »En soi-même Mario sentait un équilibre de choix. Il était au centre enfin de la liberté. Il était prêt à ... sauf que cette attitude ne pouvait durer longtemps. Se reposer sur la cuisse, détendre tel ou tel muscle sera déjà choisir, c'est-à-dire se limiter. Il devait donc garder son instabilité long temps si les muscles ne se fatiguaient vite« (Querelle de Brest, zit. nach Œuvres complètes Bd. 3, Paris 1953, S. 301).

zuerst etwas Operationalisierbares einfällt, im Vorteil ist[27]. Sachlich und sozial wird es vor allem auf *Anschlußfähigkeit* ankommen. Das heißt: als nächstes Ereignis wird dasjenige gewählt, was schon erkennen läßt, was als übernächstes in Betracht kommen könnte[28]. Wie schon bei der so umstrittenen Evolution des Lebens scheinen es also Tempounterschiede und Sequenzenbildungen zu sein, die ermöglichen, daß in Situationen, in denen dies zunächst eher unwahrscheinlich ist, trotzdem Strukturen entstehen.

Wie immer Fragen dieser Art beantwortet werden und ob so oder anders: Wichtig ist fur einen evolutionstheoretischen (bzw. morphogenetischen) Ansatz dieser Art, daß die Regeln, nach denen Selektionsvorteile sich durchsetzen und anderes, auch Mögliches dadurch inhibiert wird, keine »Ähnlichkeit« mit den dadurch aufgebauten Strukturen haben, also nicht etwa nach der Art von »Modellen« oder »Plänen« fungieren. So kann mit einfachsten Regeln ein hochkomplexes System gebaut werden, das zugleich dafür sorgt, daß eine schon erreichte Konsolidierung im weiteren Spiel als Selektionsvorteil mitwirkt. Neben Tempo und Anschlußfähigkeit und gerade deshalb, weil er Tempovorteile und Anschlußfähigkeit sichert, kommt dann immer auch der Status quo zum Zuge.

V

Wenn ein beteiligtes System eine Situation als doppelkontingent erfährt, hat das Auswirkungen auf sein Verhalten. Doppelte Kontingenz ist also ein Problem, das als Problem Wirkungen hat. Das Verhalten wird im Freiheitsraum anderer Bestimmungsmöglichkeiten zur Handlung. Ferner entstehen unter dem Eindruck doppelter Kontingenz Zeitgrenzen. Ein rein autistisch motiviertes Verhalten einer Einzelperson würde kontinuieren, wenn andere Personen ins Feld wechselseitiger Wahrnehmung treten oder es verlassen. Die Erfahrung doppelter Kontingenz ermöglicht und erzwingt dagegen eine Ultraperspektive, die den Verhaltenssequenzen eigene Zeit-

27 Beobachtungen hierzu bei Herbert A. Simon, Birth of an Organization: The Economic Cooperation Administration, Public Administration Review 13 (1953), S. 227-236.

28 Hier wird man sich an die alte Konversationsmaxime erinnern, Themen zu wählen, zu denen alle etwas beitragen können, statt nur sich selbst fortzeugende Selbstgespräche zu führen.

grenzen gibt, nämlich das Verhalten periodisch diszipliniert[29]. Das Problem doppelter Kontingenz hat mithin Eigenschaften eines autokatalytischen Faktors: Es ermöglicht, ohne selbst »verbraucht« zu werden, den Aufbau von Strukturen auf einer neuen Ordnungsebene, die durch jene Perspektive auf Perspektiven reguliert wird. Dabei ist, deshalb kann man von »Auto«-katalyse sprechen, das Problem der doppelten Kontingenz selbst Bestandteil des Systems, das sich bildet. Die Kontingenzerfahrung läßt Systembildungen anlaufen und ist ihrerseits nur dadurch möglich, daß dies geschieht und daß sie dadurch mit Themen, mit Informationen, mit Sinn gespeist wird[30].

Sobald durch Reaktion auf dies Eigenproblem der doppelten Kontingenz ein soziales System von der physisch-chemisch-organisch-psychischen Realität abhebt und eigene Elemente und eigene Grenzen bildet, *entsteht für dies System die Möglichkeit von Zufall.* Zufall wird bei der Emergenz von Systemen gleich mitproduziert, so daß dem System für seine eigene Reproduktion genügend Unordnung zur Verfügung steht. Zufall ist hier, wie immer, nicht als absolute Unbedingtheit und Ursachenlosigkeit gemeint, sondern nur als fehlende Koordination von Ereignissen mit den Strukturen eines Systems – eine »fehlende« Koordination, die als Negativum aber im System Wirkungen haben, Kausalprozesse auslösen kann.

Was Kontingenzerfahrung leistet, ist mithin die *Konstitution und Erschließung von Zufall für konditionierende Funktionen im System*[31], also die *Transformation von Zufällen in Strukturaufbau-*

29 Vgl. hierzu Otto E. Rössler, Mathematical Model of Proposed Treatment of Early Infantile Autism: Facilitation of the »Dialogical Catastrophe« in Motivation Interaction, in: J. I. Martin (Hrsg.), Proceedings of the San Diego Biomedical Symposium Febr. 1975, S. 105-110.

30 Kein unbedingt neuer Gedanke: «Les organes produisent les besoins et réciproquement les besoins produisent les organes«, heißt es im Rêve de d'Alembert; Diderot, Œuvres, (éd de la Pléiade), Paris 1951, S. 928. Die Formulierung vergnügt sich am Widerspruch, sie will aber eben damit ein Prozeßdenken provozieren, über das sie theoretisch noch nicht voll verfügt.

Auch die »Impetus-Theorie« hatte sich im Kontext eines anschaulich vorgegebenen Bewegungsverständnisses um ein ähnliches Problem bemüht und ihre Grundbegriffe erfunden, um sich erklären zu können, wie ein Akzidenz auf sein eigenes Subiectum zurückwirkt. Vgl. Anneliese Maier, Zwischen Philosophie und Mechanik, Rom 1958, S. 341 ff. (343); ferner ausführlich Michael Wolff, Geschichte der Impetustheorie: Untersuchungen zum Ursprung der klassischen Mechanik, Frankfurt 1978.

31 Vgl. oben, S. 44 f.

wahrscheinlichkeiten. Alles weitere ist eine Frage der Selektion dessen, was sich bewährt und was für weiteres verwendbar ist. Wo immer man sich unter dieser Bedingung wechselseitig erfahrener doppelter Kontingenz trifft, kann eine Fortsetzung des Kontaktes nur über die Abstimmung selektiver Verhaltensbestimmungen und dies nur über Systembildung erreicht werden. Der Zusammenhang von doppelter Kontingenz und Systembildung gibt keinerlei Bestandssicherheit mit auf den Weg. Er besagt noch nichts darüber, ob der Systemaufbau fortgesetzt oder abgebrochen wird. Er begründet zunächst nur die *Chance der Selektion* dessen, was (vorläufig) gelingt, befriedigt, fortsetzenswert erscheint. Er ermöglicht die Evolution spezifisch sozialer Ordnungen – wobei Evolution wiederum nur heißt: Aufbau und Destruktion strukturierter Ordnungen auf emergenten Niveaus der Realität.

Die Autokatalyse sozialer Systeme schafft sich ihren Katalysator, nämlich das Problem der doppelten Kontingenz selbst. Das wird deutlich, wenn man genauer analysiert, wie und weshalb es zu wechselseitigen Unbestimmbarkeiten im Verhalten kommt. Verhalten ist nicht an sich unbestimmbar, nicht von »Natur« aus »frei« im Sinne von: offen für willkürliche Bestimmung. Unbestimmbar wird das Verhalten anderer *erst in der Situation doppelter Kontingenz* und speziell für den, *der es vorauszusagen versucht*, um eigene Verhaltensbestimmungen anhängen zu können. In der Metaperspektive der doppelten Kontingenz ergibt sich dann eine *durch Voraussage erzeugte Unbestimmbarkeit.* Wie immer gewohnheitsmäßig und erwartbar ein Verhalten eingerichtet sein mag: wenn deutlich wird, daß eine darauf beruhende Voraussagbarkeit benutzt wird, um Komplementärverhalten zu motivieren, mag eben das ein Motiv werden, das voraussagbare Verhalten zu ändern, um der Voraussage ihre Grundlage zu entziehen und um das darauf beruhende Anschlußverhalten abzuhängen. Wenn nun Ego seinerseits weiß, daß Alter weiß, daß Ego sich um Voraussicht des Verhaltens von Alter bemüht, muß Ego auch den Effekt dieser Antezipation miteinbeziehen. Dies kann nicht in der Form von verfeinerter Voraussicht geschehen, weil diese das Problem nur neu ins Spiel bringen würde. Das Problem wiederholt sich auf allen Stufen der Reflexion des Problems: In dem Maße, als die Voraussage sich spezifiziert (und das heißt im wesentlichen: in dem Maße, als Anschlußinteressen sichtbar werden), gewinnt der andere eben dadurch die Möglichkeit, sich der Voraussage zu entziehen. Nur wenn, aber auch immer wenn vorausgesagt, kann er »anders« handeln bzw. die Erfüllung der Erwartung von Bedingungen abhängig machen. Die Voraussage ermöglicht, ja stimuliert so ihre eigene Widerlegung. Was immer an Bestimmungsmöglichkeiten auf der Hand lag, wird entleert und damit auf eine Neuformierung verwiesen. Die im Zirkel der wechselseitigen Rücksicht angelegte Selbstreferenz wird negativ – und eben damit fruchtbar.

Das Offensein für Neukonditionierung beruht auf derselben Bedingung wie die Negativität, nämlich auf der Doppelung der Kontingenz: Ego erfährt Alter als alter Ego. Er erfährt mit der *Nichtidentität der Perspektiven* aber zugleich *die Identität dieser Erfahrung* auf *beiden* Seiten. Für beide ist die Situation dadurch unbestimmbar, instabil, unerträglich. In *dieser* Erfahrung *konvergieren* die Perspektiven, und das ermöglicht es, ein Interesse an Negation dieser Negativität, ein Interesse an Bestimmung zu unterstellen. Damit ist, in Begriffen der allgemeinen Systemtheorie formuliert, ein »state of conditional readiness«[32] gegeben, eine Systembildungsmöglichkeit im Wartestand, die nahezu jeden Zufall benutzen kann, um Strukturen zu entwickeln.

Diese Annahme eines autokatalytisch wirkenden Grundproblems stellt sich in mehrfacher Weise quer zu verbreiteten Theorieprämissen. Sie verträgt sich nicht mit der Annahme einer Natur (im Sinne von etwas aus sich selbst heraus Gewachsenem), und sie verträgt sich nicht mit der Annahme eines a priori (im Sinne von etwas aus sich selbst heraus Geltendem). Sie setzt vielmehr im Sinne der Theorie selbstreferentieller Systeme emergente Ordnungsniveaus autonom, und zwar sowohl im Hinblick auf Ermöglichung »von unten« als auch auf Konditionierung »von oben« und erst recht im Hinblick auf alle Hypostasierungen solcher Abhängigkeitsrichtungen durch Begriffe wie Materie oder Geist. An die Stelle solcher Letztrückversicherungskonzepte tritt die Vorstellung eines Problems, das unter der Bedingung hinreichender Komplexität der vorliegenden Realität produktiv wird. Der Begriff der doppelten Kontingenz dient der genaueren Fassung dieses Problems für die Ebene der Emergenz sozialer Systeme; und er kanalisiert zugleich die

32 So Donald M. MacKay, Formal Analysis of Communicative Processes, in: Robert A. Hinde (Hrsg.), Non-verbal Communication, Cambridge Engl. 1972, S. 3-25 (12 f.).

Rückfrage nach dem, was hier hinreichende Komplexität der vorliegenden Realität heißt. Er kombiniert so – ganz anders, als man es früher vom Rollenbegriff erwartet hatte[33] – eine Theorie der Selbstregulierung sozialer Systeme mit einem Hinweis auf die Voraussetzung hinreichender biochemisch-organisch-psychischer Substrate für die Erfahrung und Problematisierung doppelter Kontingenz[34].

Wenn hier von Problemen gesprochen wird, geht es selbstverständlich nicht nur um Artefakte wissenschaftlicher Problematisierungskunst. So sehr der *Begriff* Problem, der *Begriff* doppelter Kontingenz, der *Begriff* Autokatalyse im systemspezifischen Kontext wissenschaftlicher Bemühungen gebildet wird und hier seinen Ort und seine Funktion, seine Bewährung und seinen Nachfolgebegriff finden muß, so sehr ist das damit *Gemeinte* ein realer Sachverhalt im Gegenstandsbereich der Analyse. Wir behaupten also: Es gibt Probleme – nicht nur für die Wissenschaft. Die Realität reagiert auf Probleme, die sich in ihr stellen, durch Selektion. Probleme sind faktisch wirksame Katalysatoren des sozialen Lebens. Es ist dies die Grundvorstellung, die durch die »Dialektik« (vielleicht etwas vorschnell) prozessualisiert worden war. Sie wird in der Systemtheorie zunächst durch Begriffe wie Komplexität, Selbstreferenz, Sinn angereichert und artikuliert.

VI

Akzeptiert man diese Vorstellung der doppelten Kontingenz als autokatalytisch wirkendes Problem, hat das tiefgreifende Konsequenzen für das auf diesen Grundlagen aufgeführte Theoriegebäude. Die Theorie behandelt eine freischwebend konsolidierte Realität, ein sich selbst gründendes Unternehmen, und das gibt ihr als Theorie einen eigentümlichen Stimmungsgehalt, ein besonderes Kolorit. Sie kann die Haltbarkeit sozialer Ordnung weder auf Natur gründen noch auf a priori geltende Normen oder Werte. Was tritt an deren Stelle?

Der seit dem 17. Jahrhundert hierzu angebotene Gedanke lautete zunächst, daß der Grund der Ordnung im Verborgenen und Uner-

33 Siehe z. B. Ralf Dahrendorf, Homo Sociologicus, 7. Aufl. Köln-Opladen 1968.

34 Diesen Aspekt und seine Konsequenzen für die Beziehung psychischer und sozialer Systeme werden wir unter dem Begriff der Interpenetration weiter ausarbeiten.

kennbaren liegen müsse. Latenz sei ein notwendiges Ordnungserfordernis. Die Hand, die alles steuere, bleibe unsichtbar. Die Ketten, an denen alles hänge, seien in unerkennbaren Höhen befestigt. Die Handlungsmotive würden ohne eigene Intention durch eine List der Vernunft zur Ordnung gebracht. Metaphern dieser Art waren zugleich Kompromißangebote an die Religionen, die auf je ihre Weise das Unerkennbare loben, bestimmen und formulieren mochten. Die Gesellschaft selbst könne jedoch nicht für eine der vielen Religionen optieren, ihr müsse eben deshalb die Generalformel der Unerkennbarkeit genügen. Das war zumindest scharf und richtig beobachtet. In der Tat braucht man, um das Kontinuieren der vorgefundenen Sozialordnung sicherzustellen, keinen Begründungskonsens, so wenig wie man eine Optik braucht, um sehen zu können. Aber das Ausmaß struktureller Änderungen, das man seit der Französischen Revolution und an den Folgen der Industrialisierung beobachten konnte, führte dann doch zum Plausibilitätsverlust. Wie weit konnte man versuchen, eine unsichtbare Hand zu korrigieren? Wie stark durfte man an den ins Unsichtbare gehängten Ketten schaukeln, ohne daß sie abrissen?
Die Soziologie jedenfalls, die es am Beginn ihrer Geschichte gleich mit diesen Fragen zu tun bekam, konnte sich nicht mehr mit dem Verweis ins Dunkle begnügen. Von ihr war eine andere Theorie verlangt. Üblicherweise wird im Anschluß an Weber und Durkheim auf einen fundierenden Wertkonsens, eine Zivilreligion, einen Legitimitätsglauben zurückgegriffen. Die Formulierungen variieren je nachdem, wie stark man politische Herrschaft als Ordnungsgarantie betont. Parsons hat dieses Konzept explizit auf doppelte Kontingenz bezogen und ihm damit die abschließende Fassung gegeben: »The double contingency implies the normative orientation of action, since alter's reaction of punishment and reward is superadded to alter's »intrinsic« or direct behavioral reaction to ego's original selection. If punishment or reward by alter is repeatedly manifested under certain conditions, this reaction acquires for ego the meaning of an appropriate consequence of ego's conformity with or deviation from the norms of a *shared symbolic system* ... Such a system, with its mutuality of normative orientation, is logically the most elementary form of culture. In this elementary social relationship, as well as in large-scale social system, culture provides the standards (value-orientation) which are applied

in evaluative processes. Without culture neither human personalities nor human social systems would be possible»[35]. Die Antwort ist klar, sie löst aber unser Problem nicht. Sie setzt voraus, daß in einem sozialen System, wenn es sich als überlebensfähig erweisen soll, hinreichender Wertkonsens und hinreichendes Einverständnis über das shared symbolic system erarbeitet wird. Die Möglichkeit, dies zu tun, wird vorausgesetzt. Parsons hätte »repeatedly«, nicht »shared symbolic systems« unterstreichen sollen.

Man sollte nämlich überlegen, ob nicht in neueren Theorieentwicklungen schon impliziert ist, daß in weitem Umfange Zeit und Geschichte an genau die Theoriestelle treten, wo früher Natur, Normen oder Werte als Sicherheitsspender fungierten. Dies geschieht teils versteckt (wie bei Parsons: »repeatedly«), teils in theoretisch nicht voll ausgewerteten Sachanalysen, zum Beispiel über Strategien bei der Anbahnung von Intimbeziehungen[36] oder beim Testen von Vertrauen[37]. Das 19. Jahrhundert hatte zunächst versucht, die nicht mehr überzeugenden *Aprioris* zu ersetzen durch Vertrauen in die *Richtung* des historischen Prozesses, Evolution als Fortschritt interpretierend. In dieser Form ist die Substitution von Zeit und Geschichte für Grundlagensicherheit mißlungen. Damit sind die Möglichkeiten aber nicht ausgeschöpft. Sieht man Zeit als Struktur eines Selektionsprozesses, der laufend Irreversibilitäten und Reversibilitäten ausbalanciert[38], erkennt man auf Anhieb, daß die Grundlagen jeder Selektion durch Selektion geschaffen und durch Benutzung im weiteren Selektionsprozeß zementiert werden, so daß die Wiederauflösung schwieriger, aber nie sicher unmöglich wird.

Um dies an einem Beispiel zu erläutern: Man hat die Bindungswirkung von Verträgen bisher hauptsächlich diskutiert unter dem Gesichtspunkt der Begründung einer Norm, die vorschreibt, daß Verträge zu halten seien (»pacta sunt servanda«). Die Schwierigkeiten

35 Toward a General Theory of Action a.a.O., S. 16.

36 Vgl. z. B. Murray S. Davis, Intimate Relations, New York 1973.

37 Vgl. Niklas Luhmann, Vertrauen: Ein Mechanismus der Reduktion sozialer Komplexität, 2. Aufl., Stuttgart 1973, insbes. S. 40 ff.

38 Vgl. oben, S. 117 f. Ferner ausführlicher Niklas Luhmann, Temporalstrukturen des Handlungssystems: Zum Zusammenhang von Handlungs- und Systemtheorie, in ders., Soziologische Aufklärung Bd. 3, Opladen 1981, S. 126-150. Wichtig hierzu ferner der Begriff des »time binding«, vorgeschlagen und in Bezug auf Sprache entwickelt von Alfred Korzybski, Science and Sanity: An Introduction to Non-aristotelic Systems and General Semantics, Neudruck der 3. Aufl. Lakeville Conn. 1949.

der unbedingt sicheren Begründung einer solchen Norm haben zu Umbesetzungsvorschlägen geführt. Durkheim hatte an diese Stelle das moralische Faktum Gesellschaft placiert, Kelsen die erkenntnistheoretische Hypothese einer Grundnorm. Die Erwartungen, die man an die Gründungskraft des Grundes richtete, wurde nicht geändert. In dieser Hinsicht zwingt erst die Theorie selbstreferentieller Systeme zu einer Umdisposition. Was als Rechtsform des Vertrags »gilt«, ist nur eine Rahmenbedingung für die Koordination von Selektionen, die sich selbst binden, indem sie sich wechselseitig aufeinander einlassen, einander benutzen, aufeinander aufbauen, Alternativen verwerfen. Dazu brauchen und haben sie Zeit. Im Symbolischen Interaktionismus spricht man hier von »negotiated order« oder »negotiated identities«[39]. Unerläßliche Bedingung ist, daß jede Selektion als kontingent erfahren wird und daß ein zeitliches Nacheinander erzeugt wird, so daß die Selektionen sich wechselseitig in Vorgriffen und Rückgriffen auf das, was von je ihrer Zeitstelle aus Zukunft und Vergangenheit ist, festlegen können. Die Grundlage der Bindung ist beides zusammen: Kontingenz und Zeit, und der Vertrag ist die Form, die dieses Zusammen (in Differenzierung gegen andere Arten von Zusammenkünften) ermöglicht[39a].

Abstrakter formuliert: Zeit ist nicht einfach das Maß einer Bewegung, die erkennbar, berechenbar, machbar und wiederholbar wird in dem Maße, als feststeht, welche Zustände sie in welche andere überführt. Zeit ist nicht einfach auf Naturgesetze angewiesene Chronologie. Auch ist Zeit nicht organisiert im Hinblick auf ein gutes Ende, das die Prozesse normalerweise erreichen. Zeit ist nicht einfach Teleologie. Zeit ist Asymmetrisierung von Selbstreferenz im Hinblick auf eine Ordnung von Selektionen, und im sozialen Bereich verzeitlicht sie die doppelte Kontingenz sozialen Handelns mit den darin spielenden Selbstreferenzen, um zu ermöglichen, daß unwahrscheinliche Ordnung so gut wie zwangsläufig entsteht, wo immer doppelte Kontingenz erfahren wird.

Mit einer Zusatzüberlegung läßt sich diese Einsicht in die Relevanz von Zeit nochmals auf das Problem der doppelten Kontingenz zurückbeziehen. Doppelte Kontingenz ist zunächst in symmetrischer

39 Vgl. z. B. Arthur Brittan, Meanings and Situations, London 1973, S. 26, 147 ff.

39a Eine genauere Analyse muß den Begriff der Interpenetration voraussetzen. Wir kommen darauf in Kapitel 6, IV zurück.

Form gegeben: für beide Seiten in prinzipiell gleicher Unsicherheit. Als Symmetrie ist sie ein in sich selbst zurücklaufendes Problem. Der andere ist ein alter *Ego*. Oder mit Gotthard Günther formuliert: »Das Du ›ist‹ immer das Ich in thematischer Umkehrung«[40]. Aber er ist nicht nur das, er ist auch *alter* Ego. Man kann seinem Handeln zuvorkommen, man kann es anschließen, wenn man seine zeitliche Lokalisierung ausnutzt. Das Problem stellt sich symmetrisch, die Problemlösung wird über Asymmetrisierung in die Wege geleitet, und Konsens bzw. Dissens sind dann Ergebnisse: Re-Symmetrisierungen. Sie sind wieder für beide Seiten in gleicher Weise Konsens bzw. Dissens.

VII

Die These, daß doppelte Kontingenz zwangsläufig zur Bildung von sozialen Systemen führt und in diesem Sinne als Dauerproblem (nicht nur: als Anstoß) autokatalytisch wirkt, soll weiter in der Form eines Theorievergleichs am Beispiel der Systemgrenzen erläutert werden. Wir wählen als Ausgangspunkt Simmels Exkurs über die soziale Begrenzung[41]. Gleich am Anfang dieses Exkurses findet sich die These: »Überall, wo die Interessen zweier Elemente demselben Objekt gelten, hängt die Möglichkeit ihrer Koexistenz daran, daß eine Grenzlinie innerhalb des Objekts ihre Sphären scheidet«. Mit dem Sicheinlassen auf soziale Beziehungen wird nach Simmel immer auch ein Prozeß der Grenzbestimmung in Gang gebracht. Die Grenzen, die Simmel meint, trennen aber nicht das soziale System von seiner Umwelt; sie durchschneiden die Objekte nach der Differenz: meine Einflußsphäre/deine Einflußsphäre, meine Rechte/deine Rechte; die Seite, die ich sehen kann/die Seite, die du sehen kannst. Die Interaktion wird also über eine Grenze hinweg formiert wie beim Tennis. Die Zone des Gemeinsamen mag mehr oder weniger breit gelagert sein, jeder mag in die Eigenarten des anderen mehr oder weniger weit eindringen;

40 So in: Metaphysik, Logik und die Theorie der Reflexion (1957), neu gedruckt in ders., Beiträge zur Grundlegung einer operationsfähigen Dialektik Bd. I, Hamburg 1976, S. 31-74 (67). Günther schließt hieraus auf die Notwendigkeit einer Diskontinuierung des Reflexionsstils, um endlose Iteration zu vermeiden. Wir stellen, statt dessen, auf etwas ab, was man Selbst-Asymmetrisierung realer Systeme nennen könnte.

41 in: Georg Simmel, Soziologie: Untersuchungen über die Formen der Vergesellschaftung, 2. Aufl. München 1922, S. 467-470.

aber letztlich muß ein Intimbereich des anderen geschont, muß ihm ein Recht auf Eigenheiten und Geheimnisse zugestanden werden. Black box also als moralisches Prinzip, als »Privateigentum am seelischen Sein«[42].

Diese Version zieht, systemtheoretisch gesprochen, nur die Systemreferenz der psychischen Systeme in Betracht. Die Eigenwelt der sozialen Systeme wird nicht gesehen, und das liegt am Fehlen des Theorems der doppelten Kontingenz. Unter der katalytischen Einwirkung des Problems der doppelten Kontingenz und der dadurch in Gang gebrachten Selektion entstehen ganz andere Grenzen. Sie trennen und verbinden nicht die Individuen, sondern sie konstituieren den Eigenbereich des sozialen Systems im Verhältnis zu dem, was für dieses System dann Umwelt wird. Was immer zur Lösung des Problems der doppelten Kontingenz beiträgt, gehört ins System. Was immer an Bewährungen oder an Anschlußselektionen anfällt, wird dem System selbst zugerechnet. Alles andere – vor allem natürlich die immensen Sinnmengen, über die man nie gesprochen hat – wird pauschal der Umwelt zugewiesen. So interessiert eine politische Partei sich nicht dafür, ob ihre Mitglieder sich morgens und abends oder auch mittags die Zähne putzen; nicht dafür, weshalb Blätter grün sind; nicht dafür, wie Sonnen es fertig bringen, im Gleichgewicht zu bleiben. Ein soziales System kann seine Sinngrenzen mehr oder weniger offen und durchlässig definieren, muß dann aber intern Selektionsregeln festlegen, mit deren Hilfe Themen akzeptiert oder verworfen werden können.

Dadurch, daß im Kommunikationsverlauf Selektionen an Selektionen anschließen, verdichtet sich ein Bereich des Annehmbaren und Zumutbaren, dessen Grenzen quer durch die Sinnwelt gezogen sind. Psychische Systeme werden dadurch zu Personen, das heißt zu Erwartungskollagen, die im System als Bezugspunkte für weitere Selektionen fungieren. Das mag mehr und auch weniger implizieren, als ihnen bewußt ist. Aber auch sonstige Sinnbestände wer-

42 Auch der umgekehrte Fall wird gesehen, daß ein Individuum sich in einem Kollektiv voll engagieren möchte, aber nur partiell anerkannt und aufgenommen wird. Und es könnte dies ein Fall sein, in dem Simmel als deutscher Jude selbst in seiner eigenen Theorie auftaucht: »Aus dieser Formung kann gelegentlich eine Tragik erwachsen, wenn zwar die Gruppe das Maß begrenzt, in dem sie ein Individuum sich zurechnet, innerhalb dieses letzteren aber keine entsprechende Begrenzung stattfindet, sondern es sich von sich aus ganz dahin gehörig fühlt, wo ihm nur eine partielle Zugehörigkeit eingeräumt wird« (a.a.O. S. 468).

den jeweils nur partiell inkorporiert nach Maßgabe der organisierenden Ideen, die sich im System bewährt haben. Bücher können Wohnzimmerdekorationen sein oder Verlagsprodukt, Bibliotheksbestände oder Kommunikationsthema bestimmter Wissenschaftskreise. Naturschutz hat einen sehr verschiedenen Sinn je nachdem, ob er im Landwirtschaftsministerium, im Innenministerium oder im Kultusministerium ressortiert, und je nachdem, ob es primär Förster, Polizisten oder Landschaftsgärtner sind, die sich damit befassen. Die abgearbeitete doppelte Kontingenz wirkt dann als Kommunikationserleichterung und als Kommunikationsbarriere zugleich; und die Festigkeit solcher Grenzen erklärt sich daraus, daß das Wiederzulassen völlig unbestimmter Kontingenzen zu den Unzumutbarkeiten gehört. Man kann die Grenzen immer noch verschieben, den Zumutbarkeitsbereich ausweiten oder einschränken; aber dies, nachdem das System einmal eine Geschichte hat, nur noch punktuell, nur noch für bestimmte Themen, nur noch ausnahmsweise.

VIII

Eine der wichtigsten Folgen doppelter Kontingenz ist die Entstehung von *Vertrauen* bzw. *Mißtrauen*[43]. Sie tritt auf, wenn das Sich-Einlassen auf Situationen mit doppelter Kontingenz als besonders riskant empfunden wird. Der andere kann anders handeln, als ich erwarte; und er kann, gerade wenn und gerade weil er weiß, was ich erwarte, anders handeln als ich erwarte. Er kann über seine Absichten im Unklaren lassen oder täuschen. Wenn diese Möglichkeit immer zum Verzicht auf soziale Beziehungen zwänge, käme es kaum und nur in einem sehr engen, kurzfristigen Sinne zur Bildung sozialer Systeme (wie etwa an den Rändern primitiver Gesellschaften im Verkehr mit Unbekannten – und gerade hier hat sich dann die Vertrauensinstitution des »Gastes« gebildet). Soll die Bildung sozialer Systeme eine immer präsente Angstschwelle überwinden, sind entsprechende »trotzdem«-Strategien erforderlich. Dabei kann es sich um Vertrauen oder um Mißtrauen handeln; und die erste Erleichterung besteht darin, daß dies zur Wahl steht und daß man nicht auf nur eine Verhaltensgrundlage angewiesen ist. Das Pro-

43 Hierzu ausführlicher Niklas Luhmann, Vertrauen, a.a.O.

blem wird durch eine Differenz gelöst, die zugleich bestimmte selektive Empfindlichkeiten und die Möglichkeit des Umschlags von Vertrauen in Mißtrauen einführt.

Vertrauen ist die Strategie mit der größeren Reichweite. Wer Vertrauen schenkt, erweitert sein Handlungspotential beträchtlich. Er kann sich auf unsichere Prämissen stützen und dadurch, daß er dies tut, deren Sicherheitswert erhöhen; denn es fällt schwer, erwiesenes Vertrauen zu täuschen (was natürlich nicht mehr gilt, wenn es sich nach sozialen Standards um bodenlose Leichtfertigkeit handelt). So wird ein größerer Kombinationsspielraum, also auch mehr Rationalität in der eigenen Verhaltenswahl zugänglich. Mißtrauen ist die stärker einschränkende (aber immer noch erweiternde) Strategie. Man läßt sich auf ein Risiko nur ein, wenn man für Eventualitäten vorgebeugt hat, zum Beispiel Sanktionen in der Hand hat oder gegen Schaden ausreichend versichert ist.

Diese Differenz in der Reichweite der Ordnungsleistung wird auch dadurch gestützt, daß das Vertrauen sich selbst den Umschlag in Mißtrauen nahelegt und sich dafür mit Kontrollempfindlichkeiten umgibt. »Blindes« Vertrauen gilt als dumm, als unerwünscht, als schädlich. Kleine Anzeichen für einen Mißbrauch des Vertrauens oder auch für bisher übersehene Eigenschaften genügen dann oft, um eine radikale Änderung der Beziehung auszulösen. Und daß man dies weiß, stabilisiert wiederum das auf Vertrauen gegründete soziale System. Der Gegenvorgang, der Übergang von Mißtrauen zu Vertrauen, hat ganz andere Probleme zu lösen; er wird nicht abrupt, sondern, wenn überhaupt, nur allmählich vollzogen. Er bleibt auf zusätzliche Stützen (zum Beispiel im Recht) angewiesen. Hier geht es nicht bergab, sondern mühsam bergauf in Richtung auf eine komplexere Sozialordnung[44].

Typische Merkmale der Autogenese sozialer Systeme aus doppelter Kontingenz lassen sich mithin gerade am Fall von Vertrauen und Mißtrauen studieren. Wichtig ist vor allem, daß Vertrauen und Mißtrauen nur im Bereich der doppelten Kontingenz auftreten können, also nicht mit allgemeinem Lebensoptimismus oder Le-

44 Siehe das eindringliche Werben um politisches Vertrauen am Ende der konfessionellen Bürgerkriege bei Hippolythus à Lapide, Dissertatio de ratione status in Imperio Nostro Romano-Germanico, Freistadt 1647, III, 4., S. 549 ff. Zugleich lehrt gerade dieses historische Beispiel, daß das Problem nicht durch Appelle, sondern nur durch öffentliches Recht zu lösen war.

benspessimismus, Furcht vor Krankheiten oder sonstigen Unglücken, Präferenz für Vertrautes etc. zu verwechseln sind. Vertrauen muß kontingent, das heißt freiwillig erwiesen werden. Es kann daher weder verlangt noch normativ vorgeschrieben werden. Es hat den sozialen Funktionswert von Vertrauen nur, wenn es die Möglichkeit des Mißtrauens sieht – und abweist; wenn es also auf der Negation des Gegenteils beruht. Ferner ist gerade hier die Zeitstruktur und Sequentialität des Aufbaus sozialer Beziehungen wichtig: Man fängt mit kleinen Risiken an und baut auf Bewährungen auf; und es erleichtert die Vertrauensgewähr, wenn sie auf beiden Seiten erforderlich wird, so daß das Vertrauen des einen am Vertrauen des anderen Halt finden kann.

Vor allem aber hat Vertrauen jenen *zirkulären*, sich selbst voraussetzenden und bestätigenden Charakter, der allen Strukturen eigen ist, die aus doppelter Kontingenz entstehen. Es macht Systembildungen möglich und gewinnt aus ihnen dann wieder die Kraft zu verstärkender, riskanterer Reproduktion[45]. Eben deshalb ist es auf *symbolische* Absicherung angewiesen: Es reagiert auf kritische Informationen nicht wegen der Fakten, die sie berichten, sondern weil sie als Indikatoren für Vertrauenswürdigkeit fungieren.

Mit all diesen Merkmalen ist das Vertrauen/Mißtrauen-Syndrom einerseits ein Sondertatbestand, der nur in besonderen Situationen relevant wird, in denen man sich auf vorweg nicht kontrollierbare Risiken einlassen – oder eben das Mitmachen ablehnen muß. Im Grunde haben aber alle Situationen mit doppelter Kontingenz diesen Charakter, da sie immer eine Sequenz des Sicheinlassens auf Selbstfestlegungen implizieren, die binden, bevor der andere sich entsprechend gebunden hat. Insofern ist Vertrauen ein universaler sozialer Tatbestand. Das wird nur überdeckt dadurch, daß es funktional äquivalente Sicherheitsstrategien und Situationen fast ohne Wahlfreiheit gibt, etwa im Bereich von Recht und Organisation[46]. Auch hier mag aber Vertrauen als eine Art redundante Sicherheits-

45 Vgl. hierzu am Beispiel von Tauschbeziehungen Peter M. Blau, Exchange and Power in Social Life, New York 1964, S. 94, 97 ff., 112 f., 315.

46 »Il n'y a aucun moyen de faire confiance à personne«, bemerkt Michel Crozier, Le phenomene bureaucratique, Paris 1963, S. 298, »dans un système où l'on ne peut se référer a un consensus indépendent«. Vgl. auch Rudolf Schottländer, Theorie des Vertrauens, Berlin 1957, S. 38 f. zu: Arbeitsorientierung als Ursache des Vertrauensschwundes.

grundlage erforderlich werden, wenn die üblichen Verhaltensregulierungen erschüttert werden. Nur wird man dann häufig eher zu Mißtrauen als zu Vertrauen greifen, weil es an Gelegenheiten gefehlt hatte, Vertrauen zu lernen und zu erproben.

IX

Wir kehren nunmehr zum allgemeinen Thema der doppelten Kontingenz zurück. In Situationen mit doppelter Kontingenz und folglich auch in allen Ordnungen, die daraus entstehen, liegt ein eindeutig selbstreferentieller Sachverhalt vor. Die Theorie des auf Bewußtsein basierten Subjekts hatte dies übersehen und hatte deshalb auch die entscheidenden Ambivalenzen in der begrifflichen Fassung dessen, was hier »selbst« heißt, nicht klären können.

Der Zusammenhang von doppelter Kontingenz und Selbstreferenz ist durch die Ego/alter Ego-Konstellation gesichert, und zwar in einem genauen und strengen Sinne. Wenn ein Ego ein Alter als alter Ego erlebt und in diesem Erlebniskontext handelt, weist jede Bestimmung, die Ego seinem Handeln gibt, auf sich selbst zurück. Sie wird durch Alter zurückgespiegelt, und dies nicht nur real, sondern auch in der Antezipation durch Ego, also in der Bestimmung selbst. Die Handlung weiß sich nicht nur als Vollzug ihrer Intention, sondern auch (und nicht selten primär!) als »für Dich«, »gegen Dich«, »vor Dir«, als für Wahrnehmung bestimmt, als Dokumentation ihrer eigenen Intention, die nicht als Intention der Dokumentation verstanden werden soll. Wie weit dabei die beteiligten Personen, ihre Moral und ihr Ansehen im Spiel sind, ist eine zweite Frage[47]. Personen sind für sich selbst immer schon hoch aggregierte Selbstreferenzen. Zunächst und vor allem anderen läuft der Prozeß basaler selbstreferentieller Bestimmung auf der Ebene der Einzelhandlungen an. Das »selbst«, um das es hier geht und auf das rückverwiesen wird, ist also nichts weiter als die Handlung, die ihren Sinn festgelegt hat und dabei sozusagen ertappt wird und dies mitberücksichtigt. Die basale Selbstreferenz wird auf diese Weise in den Sinnbestimmungsprozeß, der Handlungen erst konstituiert, immer schon eingebaut. Die Elemente bzw. Elementarereignisse, aus denen Systeme gebildet werden, kommen ohne solche Selbstre-

47 Zu Subtilitäten dieser reflektierten Selbstreferenz siehe Erving Goffman, The Presentation of Self in Everyday Life, 2. Aufl. Garden City N. Y. 1959.

ferenz gar nicht zustande, sie werden selbstreferentiell konstituiert und entwickeln erst auf dieser Grundlage ihre Strukturbaumöglichkeiten und ihr Raffinierungspotential.

Der primäre Selbstbezug ist also der der Elemente, die für selektive Kombination geschaffen und zur Verfügung gestellt werden. Da diese Selbstreferenz jedoch über ein alter Ego läuft, also durch einen dies bestimmte Handeln nicht selbst Vollziehenden vermittelt wird, ist immer auch eine andere Ebene der Selbstreferenz im Spiel, nämlich der Bezug auf das soziale System, das die basale Selbstreferenz erst ermöglicht und auf diese Weise selbst am Handlungsverlauf beteiligt wird. Zur Selbstreferenz gehört mithin einerseits: daß die Handlung sich selbst in der Perspektive des alter Ego kontrolliert; und andererseits: daß sie sich eben damit einem sozialen System zuordnet, in dem dies der Fall ist. Mit der Konstitution selbstreferentieller Handlungszusammenhänge entsteht also zugleich eine Selbstreferenz des sozialen Systems, nämlich die Miteinarbeitung des Geltungsbereichs der doppelten Kontingenz und seiner sachlichen, zeitlichen und sozialen Grenzen. Als Teilnehmer an sozialen Situationen kann man dann sehr wohl noch autistisch handeln, aber nur demonstrativ autistisch und im Miterfassen jener beiden selbstreferentiellen Zirkel: daß dies erstens die Handlung selbst in Richtung auf Demonstration deformiert (ob man das nun will oder nicht!) und daß dies zweitens im sozialen System einen bestimmten Stellenwert gewinnt, Reaktionen auslöst, Geschichte macht und so für den Akt selbst außer Kontrolle gerät. So ist die elementare Selbstreferenz Konstitutionsbedingung für soziale Selbstreferenz und umgekehrt; was nichts anderes besagt als: Elemente sind Elemente nur im System.

Jede Wirkung des Problems der doppelten Kontingenz läuft, sobald es sich stellt, über diese beiden selbstreferentiellen Zirkel und verknüpft sie miteinander. Dabei kontrollieren und korrigieren diese beiden Formen der Umleitung von Selbstreferenz über alter Ego und über soziales System sich wechselseitig. Um dies deutlicher zu erkennen, muß man darauf achten, daß das Problem der doppelten Kontingenz eine verschiedene Fassung erhält je nachdem, von welcher Selbstreferenz aus es gesehen wird.

Geht man vom Gegenüberstehen noch unbestimmter Handlungsintentionen aus, kann die elementare Selbstreferenz keine bestimmende Funktion gewinnen, weil sie bei der Inanspruchnahme eines alter Ego ins Unbestimmte ausfließt und damit auf sich selbst als Unbestimmtes zurückverwiesen wird. Zuerst und vor allem geht es dann um eine Unterbrechung und Erweiterung der kurzgeschlossenen elementaren Selbstreferenz des Handelns. Solange Ego nicht handeln kann, ohne zu wissen, wie Alter handeln wird, und umgekehrt, ist das System zu wenig bestimmt und dadurch blockiert. Das heißt für Sinnsysteme aber zugleich: hochsensibel zu sein für nahezu beliebige Bestimmungen. In dieser Lage wirkt doppelte Kontingenz, zeitlich gesehen, als Beschleuniger des Systemaufbaus. Aller Anfang ist leicht. Unbekannte signalisieren sich wechselseitig zunächst einmal Hinweise auf die wichtigsten Verhaltensgrundlagen: Situationsdefinition, sozialer Status, Intentionen. Damit beginnt eine Systemgeschichte, die das Kontingenzproblem mitnimmt und rekonstruiert. Mehr und mehr geht es daraufhin dann im System um Auseinandersetzung mit einer selbstgeschaffenen Realität: um Umgang mit Fakten und Erwartungen, an deren Erzeugung man selbst beteiligt war und die sowohl mehr als auch weniger Verhaltensspielraum festlegen als der unbestimmte Anfang. Die doppelte Kontingenz ist dann nicht mehr in ihrer ursprünglichen, zirkelhaften Unbestimmtheit gegeben. Ihre Selbstreferenz hat sich enttautologisiert; sie hat Zufall inkorporiert, ist dadurch gewachsen und erscheint an dem, was jetzt bestimmt oder doch bestimmbar ist, nur noch als »Auch-anders-möglich-Sein«. Damit kommt auch die zweite Selbstreferenz, die des Handelns als Element eines sozialen Systems, zum Zuge. Das Handeln gewinnt seine selektive Bestimmtheit mitsamt den begrenzten Möglichkeiten, anders zu sein, aus seiner Funktion als Element im sozialen System.

Somit verschieben, überlagern und ergänzen sich zwei verschiedene Fassungen des Problems der doppelten Kontingenz: eine kurzschlüssige, die nur Unbestimmtheit referiert, und eine strukturierte, die mit Konditionierungen und mit limitierten Alternativen rechnet und auf Systemvorgaben angewiesen ist. Beide Fassungen können im Prozeß der Systementwicklung ihre Führungsrolle wechseln; normalerweise fällt es einem bereits strukturierten System jedoch schwer, Unbestimmtheiten zu regenerieren oder gar in den Zustand der Erwartungslosigkeit zurückzukehren. Dies ist nicht zuletzt dadurch erschwert, daß für den Strukturaufbau Systemgeschichte in Anspruch genommen und Zeit als irreversibel erfahren wird. Die Wiederherstellung von Unbestimmtheit erfordert deshalb die Form des *Widerspruchs.* Sie kehrt nicht ins Geschichtslose zurück, sondern erzeugt nur Unsicherheit über das, was auf das Bisherige folgt. Wir kommen darauf im 9. Kapitel zurück.

Die Verlagerung des Problems aus der offenen in die strukturierte Form benutzt als Gleitschiene die in aller doppelten Kontingenz liegende Selbstreferenz. Insofern bleibt das zu Grunde liegende Problem identisch. Aber sie vermindert nach und nach die Anregbarkeit durch Zufälle und ersetzt sie durch strukturabhängige Problemlagen. Das System verliert die Offenheit für Beliebiges und gewinnt Sensibilität für Bestimmtes. Dadurch differenzieren sich Umwelt und System. Umwelt und System sind nicht mehr nahezu kongruent als Unterbestimmtheit und Offenheit für alles Mögliche. Vielmehr gewinnt das System dadurch, daß seine eigene Selektionsgeschichte sich einspielt, eine Umwelt, in der vieles möglich, aber nur weniges für es relevant ist. Nach außen hin entstehen Umwelthorizonte, die die Welt-im-übrigen präsentieren und vor denen die Themen und Gegenstände erscheinen, mit denen das System befaßt ist[48]. Nach innen bleibt doppelte Kontingenz als Innenhorizont erhalten, der die letztlich immer auch anders möglichen Handlungsmöglichkeiten aufnimmt und vor dem die alltagsfesten Erwartungen spielen, auf die man sich bei der komplementären Verhaltensabstimmung im System immer schon eingelassen hat. Die Probleme, auf die man sich aktuell einzulassen hat, werden dann aber durch diese Erwartungen, ihre Inkonsistenzen, ihre umweltabhängigen Variationen, ihre Enttäuschungen bestimmt. Die Offenheit der Ausgangssituation ist transformiert in Strukturprojektion und Enttäuschungsrisiko; und dies sowohl in Bezug auf die Umwelt als auch in Bezug auf das System selbst, beides aber in verschiedener Weise, so daß im System selbst System und Umwelt unterschieden werden müssen.

Den gleichen Sachverhalt kann man mit dem systemtheoretischen Begriff der *Konditionierung* fassen. Ohne jede Konditionierung von Zusammenhängen ist keine Systembildung möglich, denn nur durch Konditionierung läßt sich ein Bereich von Möglichkeiten gegen anderes abgrenzen[49]. Die reine doppelte Kontingenz konditio-

48 Siehe hierzu den Begriff des »enacted« environment bei Karl E. Weick, The Social Psychology of Organising, Reading Mass. 1969, S. 63 ff.

49 Das sucht Ashby mit dem Begriff »Organization« zu formulieren. Vgl. W. Ross Ashby, Principles of the Self-Organizing System, in: Heinz von Foerster/George

niert jedoch nur kurzschlüssig, nämlich durch Verweis auf Alter, der seinerzeit sich durch Rückverweisung auf Ego bestimmt. Für ein solches System wäre, trotz Konditionierung, alles möglich. Die Funktion der Konditionierung, Möglichkeitsräume abzugrenzen, wäre nicht erfüllt. Es handelte sich um ein ganz geschlossenes System, das zugleich ganz offen ist für jede weitere Konditionierung, die ihm zu einer Einschränkung seiner Möglichkeiten verhilft.

Die doppelkontingente Konditionierung hat demnach nur die Funktion, für weitere Konditionierungen sensibel zu machen. Sie schafft Zufallsempfindlichkeit und setzt damit Evolution in Gang. Ohne sie gäbe es keine sozio-kulturelle Evolution. Man mag einwenden (wie gegen das »status naturalis«-Argument naturrechtlicher Theorien), daß es solche Reinzustände doppelter Kontingenz nie gibt und auch historisch nie gegeben hat. Nie treffen Personen ohne jede Voraussetzung, ohne irgendwelche Erwartungen aufeinander; und sie können auch nur an Hand von Verhaltenstypen und an Hand von Erwartungen Kontingenz erleben im Sinne des »auch-anders-möglich-Seins«. Aber dieser Einwand bestätigt nur, daß die Gesellschaft ein autopoietisches System ist, das sich selbst bei seiner Reproduktion voraussetzen muß. Was als doppelte Kontingenz erfahren und reproduziert wird, sind eben jene Freiheitsgrade, die für die laufende Reproduktion auf der Basis temporaler Elementarereignisse unter sich ständig ändernden Bedingungen notwendig sind.

Mit Hilfe des Begriffs der Konditionierung läßt sich schließlich das Problem der *Reziprozität* neu fassen. Auch in der neueren Soziologie wird Reziprozität immer wieder als Grundbegriff verwendet oder als Bedingung für Sozialität schlechthin angesehen[50]. Es handelt sich aber nur um einen (sicherlich weit verbreiteten) Sonderfall von Konditionierung: Die Leistung des einen wird unter der Bedingung der Gegenseitigkeit von der Leistung des anderen abhängig gemacht – also doppelte Kontingenz reduziert auf doppelte Konditionierung. Das hat viele Vorteile für sich, zum Beispiel den der raschen Einsichtigkeit. Aber im Laufe der Entwicklung komplexe-

W. Zopf (Hrsg.), Principles of Self-Organization, New York 1962, neu gedruckt in: Walter Buckley (Hrsg.), Modern Systems Research for the Behavioral Scientist: A Sourcebook, Chicago 1968, S. 108-118 (108 f.).

50 Vgl. etwa Arthur Brittan, Meanings and Situations, London 1973, insbes. S. 33 ff.

rer Gesellschaften kommen auch Nachteile auf, und Vorteile können in Nachteile umschlagen, wenn die Struktur der Gesellschaft sich ändert. So ist Reziprozität in hohem Maße offen für schichtspezifische Wertung der Beiträge. Leistungen »von oben nach unten« zählen mehr als Leistungen »von unten nach oben«. Das ermöglicht die Anpassung der Reziprozität an die Erfordernisse stratifizierter Gesellschaften – und wird zum Störfaktor, wenn Funktionssysteme ausdifferenziert werden[51]. Eine Generalnorm der Reziprozität muß dann ausgedünnt werden[52] und trifft für viele Handlungsfestlegungen trotzdem nicht mehr zu.

X

Wir kommen auf die hiermit angedeuteten Themen, auf den Strukturbegriff und auf den Erwartungsbegriff in dem dafür vorgesehenen Kapitel ausführlich zurück. Im Moment interessiert nur, daß und wie doppelte Kontingenz artikuliert und dadurch verändert wird. Grund dafür ist letztlich, daß im Horizont einer solchen Kontingenzerfahrung alles, was geschieht, als Selektion geschieht und dadurch strukturbildend wirkt, wenn und soweit *andere Selektionen sich darauf einlassen.*

Die Analyse von doppelter Kontingenz führt also zurück auf das Thema Selektion. Die beiden vorangegangenen Kapitel hatten dieses Thema bereits eingeführt. Sowohl die Klärung des Begriffs der Komplexität als auch die Klärung des Sinnbegriffs hatten eine Art Selektionszwang hervortreten lassen: Immer dann, wenn die Zahl der zu verknüpfenden Elemente ein geringes Maß überschreitet, und immer dann, wenn Komplexes in der Form von Sinn erfahren wird, entstehen Selektionsnotwendigkeiten, entsteht eine faktische Selektivität all dessen, was realisiert wird. Es wird, ob als Selektion bewußt oder nicht, eine Auswahl getroffen aus der Gesamtheit von

51 Wenn zum Beispiel der »Souverän« an Reziprozität gebunden wäre, würde dies eine ständige Aufkündigung des Gehorsams zur Folge haben, wenn nach Meinung Einzelner er seinen Beitrag nicht ordentlich erbringt. *Dies* Problem kann, und darauf kommt es an, *nicht mehr durch schichtbezogene Überbewertung seines Beitrags gelöst werden.* Vgl. etwa Jean de Silhon, De la certitude des connaissances humaines, Paris 1661, insb. S. 203 ff., trotz: Reziprozität als oberste moralische Regel der Gesellschaft a.a.O., S. 111 ff.

52 Vgl. etwa Alvin W. Gouldner, The Norm of Reciprocity: A Preliminary Statement, American Sociological Review 25 (1960), S. 161-178 (171 f.).

Möglichkeiten der Relationierung bzw. der Verweisungen auf anderes, die im je aktuell gegebenen Sinn angezeigt sind. So weit kommt man, wenn man einen Einzelstandpunkt voraussetzt, von dem aus Komplexes bzw. Sinnhaftes unter dem Gesichtspunkt der Variation betrachtet wird. Die Analyse der doppelten Kontingenz führt darüber hinaus, dasjenige aufgreifend, was in den Ausführungen über allgemeine Systemtheorie als »mutualistische« oder »dialogische« Konstitution schon angedeutet war. Die Frage ist nun: was kann man zusätzlich, was kann man genauer über Selektion und Selektionszusammenhänge ausmachen, wenn man doppelte Kontingenz voraussetzen kann.

Die Konsequenzen für Selektion lassen sich unter zwei Gesichtspunkten zusammenfassen. Erstens werden *Selektionszusammenhänge* in die *Einzelselektion eingebaut*, da jedes Ego auch als Alter seines alter Ego fungiert und dies mitberücksichtigt. Dies ist keineswegs eine Vorausgarantie für Konsens oder auch nur für Stimmigkeit der Selektionszusammenhänge, da man sich in den Projektionen verschätzen oder sich auch bewußt auf Konflikt einlassen oder auf Auflösung hintreiben kann. Die Tragweite dieses Einbaus von Selektionszusammenhängen in Selektionen ergibt sich, und das ist der zweite Gesichtspunkt, in ganz anderer Hinsicht: daß nämlich *auch Selektionszusammenhänge seligiert werden können*. Die Selektion wird *doppelselektiv*: sie wählt unter den zur Wahl stehenden Möglichkeiten diese (und nicht andere); und sie wählt einen Möglichkeitsbereich, ein »Woraus« der Selektion, in dem erst sich eine bestimmbare Zahl von Alternativen mit deutlichen Tendenzen für bestimmte Optionen abzeichnen.

Diese Doppelselektivität kommt in der Systemtheorie nicht das erstemal zur Sprache. Wenn ein älterer Autor in Bezug auf Hofdienst im besonderen und Freundschaft im allgemeinen von necessità cercata spricht,[53] so ist genau dies gemeint: daß ein Kontaktbereich frei gewählt wird, in dem man dann den wechselseitigen Anpassungen ausgesetzt ist und den man nur als ganzen wieder aufgeben kann – nur um im nächsten Fall vor der gleichen Situation zu stehen. Das ist formulierte Lebenserfahrung und gerade darin überzeugend. Die Überführung in einen theoretischen Kontext eröffnet nur weiterrei-

53 So Matteo Peregrini, Difesa del savio in corte, Macerata 1634, S. 250. Vgl. auch Albert O. Hirschman, Exit, Voice, and Loyalty: Responses to Decline in Firms, Organizations, and States, Cambridge Mass. 1970.

chende Möglichkeiten begrifflicher Disposition. Dies gilt besonders, wenn Theoriefragen in hinreichenden Abstraktionslagen zur Entscheidung gestellt werden.

Für die theoretische Verknüpfung der Systemtheorie mit dem Theorem der doppelten Kontingenz ist entscheidend, wie man diese Selektion von Selektionsbereichen aufzufassen hat. Es liegt zunächst nahe zu sagen: Der Selektionsbereich ist ein (soziales) System, man wähle erst die Zugehörigkeit zu einem solchen System und dann in dem System Handlungen. Diese Auffassung würde jedoch dem oben ausgearbeiteten System/Umwelt-Konzept und den Resultaten der phänomenologischen Analyse von Sinn widersprechen; sie würde das, was als System vorausgesetzt ist, zu stark reifizieren. Dennoch ist der Ausgangspunkt nicht unrichtig, wir müssen ihn nur modifizieren. Als Selektionsbereiche werden nicht von der Welt im übrigen isolierte Systeme ausgewählt, sondern Reduktionsperspektiven für ein Verhältnis von System und Umwelt. Systeme werden gewählt – nicht wie eine Menge von Gegenständen, sondern als Ordnungsgesichtspunkte, von denen aus ein Verhältnis von System und Umwelt zugänglich ist. Sie werden gewählt als Reduktion von Komplexität, die immer vorausgesetzt werden muß (und trotzdem gewählt werden kann), wenn Selektionen orientiert werden sollen. Selektionsbereiche können nicht *als* Systeme gewählt werden in dem Sinne, daß die Umwelt damit nicht gewählt und aussortiert würde; sie können und müssen an Hand von Systemen identifiziert werden. Wir wollen, um diesen Theoriestandpunkt festhalten zu können, künftig von *Systemreferenzen* sprechen, wenn betont werden soll, daß Systeme als Reduktionsperspektiven für sich selbst und ihre Umwelt gewählt werden. Und wir sprechen von einer *Mehrheit von Systemreferenzen*, wenn der Selektions- und Kombinationscharakter dieser Orientierung auf systemzentrierte Reduktionen unterstrichen werden soll.

So ist der Tatsache Rechnung getragen, daß Systeme nur in Beziehung auf eine sehr viel komplexere Umwelt gebildet werden können und daß sinnhaft-selbstreferentielle Prozesse sich selbst als systemintern begreifen; als systemintern aber nur so, daß ihr Sinn sie an ihre Umwelt verweist und daß alles, was für sie Umwelt ist, auf sie selbst rückbezogen werden kann. Insofern produziert ein über doppelte Kontingenz zustandegebrachtes, sich selbst steuerndes Selektionsgeschehen zwar einen Begriff von sich selbst als systemintern; aber genau dies verweist immer auch auf Orientierung an einer Umwelt. Umwelt ist dann jeweils das, was nicht über die je aktuelle doppelte Kontingenz den Selektionsprozeß bestimmt, wohl aber für ihn Thema und Motiv werden kann. Wo doppelte Kontingenz die selektiven Akkordierungen überdeterminiert, beruht daher der Selektionsprozeß immer auch auf der Differenz von System und Umwelt. Und nur deshalb ist es möglich, Selektionsbereiche als spezifische Reduktionen für ein Verhältnis von System und Umwelt ihrerseits zu wählen. Man kann sie nur als Einheit wählen und nur als Einheit der Differenz von System und Umwelt.

Kapitel 4

Kommunikation und Handlung

I

Die Analyse selbstreferentieller Systembildung auf der Basis doppelter Kontingenz zwingt uns, die verbreitete Vorstellung, ein soziales System bestehe, wenn nicht aus Personen, so doch aus Handlungen, zu überprüfen. Die handlungstheoretische Fundierung kann als gegenwärtig vorherrschend angesehen werden. Sie scheint eine Möglichkeit zu bieten, subjektive und systemtheoretische Ausgangspunkte zu verknüpfen. Aber wie ist ein solcher »Ansatz« theoretisch zu denken, wie auszuführen? Sowohl Max Weber als auch Talcott Parsons operieren mit einer Einschränkung. Für Weber ist soziales Handeln ein besonderer Fall von Handeln, bestimmt durch die sozial gerichtete Intention. Für Parsons ist – und gegen Parsons' Weber-Auffassung wäre zu sagen, daß dies ein völlig anderes Konzept ist – die Bildung sozialer Systeme ein analytisch ausdifferenzierter Beitrag zur Emergenz von Handlung schlechthin. Soziale Systeme beruhen demnach auf einem Typ von Handlung oder auf einem Aspekt von Handlung, und über Handlung kommt sozusagen das Subjekt ins System. Man kann sich aber fragen, ob damit das Verhältnis von Handlung und Sozialität zutreffend erfaßt ist; und vor allem: ob es fruchtbar genug erfaßt ist.

Geht man von der Möglichkeit einer Theorie selbstreferentieller Systeme und von Komplexitätsproblemen aus, spricht viel dafür, das Einschränkungsverhältnis einfach umzukehren. Sozialität ist kein besonderer Fall von Handlung, sondern Handlung wird in sozialen Systemen über Kommunikation und Attribution konstituiert als eine Reduktion der Komplexität, als unerläßliche Selbstsimplifikation des Systems. Schon auf der Ebene der allgemeinen Systemtheorie spricht man von »mutualistischer« oder »dialogischer« Konstitution. Damit ist gemeint: Selbstreferenz auf der Ebene basaler Prozesse ist nur möglich, wenn mindestens zwei informationsverarbeitende Prozessoren vorhanden sind, die sich aufeinander und übereinander auf sich selbst beziehen können. Selbstreferenz setzt also eine entsprechend diskontinuierliche Infrastruktur voraus. Die dazu nötigen Einrichtungen können weder die Elemente noch Teilsysteme des sozialen Systems sein, denn Elemente wie Teilsysteme werden ja erst durch sie produziert. Die Systeme bestehen vielmehr nur aus den selektiven Akkordierungen, die das Zusammenwirken dieser Prozessoren produziert; und die Struktur dieser Systeme hat nur die Funktion, das permanente Changieren und Wiederfinden solcher Akkordierungen wahrscheinlich zu machen.

Diese Überlegung führt direkt zum Thema dieses Kapitels. Der basale Prozeß sozialer Systeme, der die Elemente produziert, aus denen diese Systeme bestehen, kann unter diesen Umständen nur Kommunikation sein. Wir schließen hiermit also, wie bei der Einführung des Elementbegriffs angekündigt[1], eine psychologische Bestimmung der Einheit der Elemente sozialer Systeme aus. Wie aber verhält sich dieser Kommunikationsprozeß zu den Handlungen, den Elementen des Systems, die er produziert? Besteht ein soziales System letztlich aus Kommunikationen oder aus Handlungen? Ist die letzte Einheit, bei deren Auflösung das Soziale verschwinden würde, eine erfolgreiche Kopplung verschiedener Selektionen, oder ist es die als Handlung zurechenbare Einzelselektion? Daß hier überhaupt eine Differenz, eine entscheidbare Frage vorliegt, muß man erst sehen lernen; und ebenso muß man lernen, der Versuchung zu widerstehen, sie einfach und rasch dadurch zu beantworten, daß man auf kommunikatives (= soziales) Handeln abstellt.

Wir vermuten in dieser Frage: Kommunikation oder Handlung als Letztelement, eine grundlegende Option, die den Stil der darauf aufgebauten Theorie, z. B. den Grad ihrer Abgehobenheit von Psychischem, entscheidend prägt. Wir müssen ihr daher einigen Raum widmen.

In der Literatur findet man beide Auffassungen vertreten, neben der üblichen handlungstheoretischen[2] auch die kommunikationstheoretische[3], und zumeist wenig Sinn für die Differenz. Diese Unklar-

1 Vgl. Kapitel 1, II unter 4.

2 Danach ist Kommunikation eine Art von Handlung neben anderen. Diese Auffassung wird typisch ohne Begründung eingeführt, so als ob sie die einzig denkmögliche wäre. Siehe z. B. Abraham A. Moles/Elisabeth Rohmer, Théorie des actes: Vers une écologie des actions, Paris 1977, S. 15 ff.

3 Vgl. insbes. die am Begriff der Konversation fixierte Theorie von Gordon Pask – etwa: Conversation, Cognition and Learning, Amsterdam 1975; Conversation Theory: Applications in Education and Epistemology, Amsterdam 1976; Revision of the Foundations of Cybernetics and General Systems Theory, Proceedings of the

heit hat ihre Gründe und ist nicht im Handstreich zu beseitigen. Ich sehe das Problem darin, daß Kommunikation und Handlung in der Tat nicht zu trennen (wohl aber zu unterscheiden) sind und daß sie ein Verhältnis bilden, das als Reduktion eigener Komplexität zu begreifen ist. Der elementare, Soziales als besondere Realität konstituierende Prozeß ist ein Kommunikationsprozeß. Dieser Prozeß muß aber, um sich selbst steuern zu können, auf Handlungen reduziert, in Handlungen dekomponiert werden. Soziale Systeme werden demnach nicht aus Handlungen aufgebaut, so als ob diese Handlungen auf Grund der organisch-psychischen Konstitution des Menschen produziert werden und für sich bestehen könnten; sie werden in Handlungen zerlegt und gewinnen durch diese Reduktion Anschlußgrundlagen für weitere Kommunikationsverläufe.

II

Voraussetzung für alles Weitere ist demnach eine Klärung des Kommunikationsbegriffs. Üblicherweise bedient man sich hierbei der Metapher »Übertragung«. Man sagt, die Kommunikation übertrage Nachrichten oder Informationen vom Absender auf den Empfänger. Wir werden versuchen, ohne diese Metapher auszukommen, denn sie würde uns mit problematischen Vorentscheidungen belasten.

Die Übertragungsmetapher ist unbrauchbar, weil sie zu viel Ontologie impliziert. Sie suggeriert, daß der Absender etwas übergibt, was der Empfänger erhält. Das trifft schon deshalb nicht zu, weil der Absender nichts weggibt in dem Sinne, daß er selbst es verliert. Die gesamte Metaphorik des Besitzens, Habens, Gebens und Erhaltens, die gesamte Dingmetaphorik ist ungeeignet für ein Verständnis von Kommunikation.

Die Übertragungsmetapher legt das Wesentliche der Kommunikation in den Akt der Übertragung, in die Mitteilung. Sie lenkt die Aufmerksamkeit und die Geschicklichkeitsanforderungen auf den

VIIIth International Congress on Cybernetics 1976, Namur 1977, S. 83-109; A Conversation Theoretic Approach to Social Systems, in: R. Felix Geyer/Johannes van der Zouwen (Hrgs.), Sociocybernetics Bd. 1, Leiden 1978, S. 15-26; Organizational Closure of Potentially Conscious Systems, in: Milan Zeleny (Hrsg.), Autopoiesis: A Theory of Living Organization, New York 1981, S. 265-308.

Mitteilenden. Die Mitteilung ist aber nichts weiter als ein Selektionsvorschlag, eine Anregung[4]. Erst dadurch, daß diese Anregung aufgegriffen, daß die Erregung prozessiert wird, kommt Kommunikation zustande.

Ferner übertreibt die Metapher die Identität dessen, was »übertragen« wird. Benutzt man sie, wird man verführt, sich vorzustellen, daß die übertragene Information für Absender und Empfänger dieselbe sei. Daran mag etwas Wahres sein, aber jedenfalls ist diese Selbigkeit nicht schon durch die inhaltliche Qualität der Information garantiert, sondern sie wird erst im Kommunikationsprozeß konstituiert. Die Identität einer Information muß im übrigen als vereinbar gedacht werden mit der Tatsache, daß sie für Absender und Empfänger sehr verschiedenes bedeutet. Schließlich suggeriert die Übertragungsmetapher, daß Kommunikation ein zweistelliger Prozeß sei, in dem der Absender dem Empfänger etwas mitteilt. Auch hier haben wir Vorbehalte anzumelden. Wir müssen deshalb zunächst die Terminologie reorganisieren.

Geht man vom Sinnbegriff aus, ist als erstes klar, daß Kommunikation immer ein selektives Geschehen ist. Sinn läßt keine andere Wahl als zu wählen. Kommunikation greift aus dem je aktuellen Verweisungshorizont, den sie selbst erst konstitutiert, *etwas* heraus und läßt *anderes* beiseite. Kommunikation ist Prozessieren von Selektion. Sie seligiert freilich nicht so, wie man aus einem Vorrat das eine oder das andere herausgreift. Diese Ansicht würde uns zur Substanztheorie und zur Übertragungsmetaphorik zurückbringen. Die Selektion, die in der Kommunikation aktualisiert wird, konstituiert ihren eigenen Horizont; sie konstituiert das, was sie wählt, schon als Selektion, nämlich als Information. Das, was sie mitteilt, wird nicht nur ausgewählt, es ist selbst schon Auswahl und wird deshalb mitgeteilt. Kommunikation muß deshalb nicht als zweistelliger, sondern als dreistelliger Selektionsprozeß gesehen werden. Es geht nicht nur um Absendung und Empfang mit jeweils selektiver Aufmerksamkeit; vielmehr ist die Selektivität der Information

4 Dieser Begriffsvorschlag bei Johann Jakob Wagner, Philosophie der Erziehungskunst, Leipzig 1803 (z. B. S. 55: »Alle Mitteilung ist Erregung«). Es ist kein Zufall, daß solche Vorstellungen aufgetaucht sind in einem transzendentaltheoretisch erweiterten und relationentheoretisch ausgearbeiteten Kontext, in dem man sich zugleich polemisch gegen das direkte Anstreben humaner Perfektion mit technischen Mitteln wendet und die Frage nach »Bedingungen der Möglichkeit« vorschaltet.

selbst ein Moment des Kommunikationsprozesses, weil nur im Hinblick auf sie selektive Aufmerksamkeit aktiviert werden kann.

Der seit Shannon und Weaver[5] übliche Informationsbegriff macht es leicht, dies zu formulieren. Information ist nach heute geläufigem Verständnis eine Selektion aus einem (bekannten oder unbekannten) Repertoire von Möglichkeiten. Ohne diese Selektivität der Information kommt kein Kommunikationsprozeß zustande (wie immer minimal der Neuigkeitswert des Mitteilungsaustausches gehalten werden kann, wenn Kommunikation um ihrer selbst willen oder zur bloßen Ausfüllung von Leerräumen im Zusammensein durchgeführt wird). Ferner muß jemand ein Verhalten wählen, das diese Information mitteilt. Das kann absichtlich oder unabsichtlich geschehen. Entscheidend ist, daß die dritte Selektion sich auf eine Unterscheidung stützen kann, nämlich auf die Unterscheidung der Information von ihrer Mitteilung. Da dies entscheidend ist und Kommunikation nur von hier aus verstanden werden kann, nennen wir (etwas ungewöhnlich) den Adressaten Ego und den Mitteilenden Alter.

Schon die Differenz von Information und Mitteilungsverhalten eröffnet weitreichende Möglichkeiten der Analyse. Da beides sinnhafte Deutungen verlangt, gerät der Kommunikant Alter dadurch in einen Zwiespalt. Seinem Selbstverständnis bieten sich zwei Anknüpfungen, die nicht miteinander in Übereinstimmung zu bringen sind. Was Information betrifft, so muß er sich selbst als Teil der Sinnwelt begreifen, in der die Information richtig oder falsch ist, relevant ist, eine Mitteilung lohnt, verstanden werden kann. Als jemand, der sie mitteilt, muß er sich selbst die Freiheit zusprechen, dies zu tun oder nicht zu tun. In der einen Hinsicht muß er sich selbst als Teil des wißbaren Weltwissens auffassen, denn die Information (sonst könnte er sie gar nicht handhaben) weist auf ihn zurück. In der anderen Hinsicht verfügt er über sich als selbstreferentielles System. Dieter Henrich nennt dies »Distanz zwischen seiner Subjektstellung und seiner Weltzugehörigkeit« und sieht in

5 Vgl. Claude E. Shannon/Warren Weaver, The Mathematical Theory of Communication, Urbana Ill. 1949. Daß der hier vorgestellte Informationsbegriff nur technischen Berechnungen dienen sollte und Sinnbezüge gänzlich außer Acht läßt, ist hinlänglich bekannt; aber daraus kann natürlich nicht geschlossen werden, daß es in Sinnkontexten auf Selektivität nicht ankäme.

dieser Distanz die Notwendigkeit einheitlicher Lebensdeutungen begründet[6].

Soziologisch gesehen, ist diese Distanz aber nichts ursprüngliches, und auch die Philosophie wußte nichts von ihr vor Kant. Wir sehen sie nicht als Faktizität der transzendentalen Situierung, sondern als Effekt der Tatsache, daß Ego das Verhalten Alters als Kommunikation auffaßt und ihm dadurch zumutet, diese Distanz anzunehmen. Es geht hier natürlich nicht um die Frage, wer zuerst auf den Gedanken kam, die Situation so zu sehen: Ego oder Alter. Entscheidend ist, daß erst die Sozialität der Situationsauslegung diese Aporie erzeugt. Dies erklärt auch, daß erst eine stärkere Ausdifferenzierung des Kommunikationssystems Gesellschaft das Bewußtsein dieser Aporie und entsprechende Bemühungen in der kulturellen Semantik hervorbringt. Auch diese Überlegung lehrt, daß es bei Kommunikation nie um ein Geschehen mit zwei Selektionspunkten geht – weder im Sinne der Übertragungsmetapher als Geben und Annehmen, noch im Sinne der Differenz von Information und Mitteilungsverhalten. Kommunikation kommt nur zustande, wenn diese zuletzt genannte Differenz beobachtet, zugemutet, verstanden und der Wahl des Anschlußverhaltens zu Grunde gelegt wird. Dabei schließt Verstehen mehr oder weniger weitgehende Mißverständnisse als normal ein; aber es wird sich, wie wir sehen werden, um kontrollierbare und korrigierbare Mißverständnisse handeln.

Kommunikation wird also im weiteren als dreistellige Einheit behandelt. Wir gehen davon aus, daß drei Selektionen zur Synthese gebracht werden müssen, damit Kommunikation als emergentes Geschehen zustandekommt. Es ist wichtig, dies ausdrücklich festzuhalten, denn der zu Grunde liegende Sachverhalt ist oft gesehen, aber dann doch in einer anderen Begrifflichkeit abgepackt worden. Bühler spricht zum Beispiel von drei »Leistungen« oder drei »Funktionen« der menschlichen Sprache, nämlich: (ich ändere die Reihenfolge) Darstellung, Ausdruck und Appell[7]. Die erste Bezeichnung meint die Selektivität der Information selbst, die zweite die Selektion ihrer Mitteilung, die dritte die Erfolgserwartung, die Erwartung einer Annahmeselektion. Das lenkt die Aufmerksamkeit

6 Vgl. Fluchtlinien: Philosophische Essays, Frankfurt 1982, insbes. S. 92.

7 Vgl. die Ausführungen über das »Organon-Modell« der Sprache in: Karl Bühler, Sprachtheorie: Die Darstellungsfunktion der Sprache, 2. Aufl. Stuttgart 1965, S. 24 ff.

nicht auf Bedingungen der emergenten Einheit, sondern auf Fragen der relativen Dominanz und des Wechsels der Dominanz einer der drei Funktionen. Bei Austin nimmt die gleiche Dreiteilung die Form einer Typologie unterscheidbarer Äußerungen (utterances) oder Sprachhandlungen (acts) an, nämlich lokutionäre, illokutionäre und perlokutionäre Akte[8]. Dadurch wird das Interesse auf Isolierbarkeit der entsprechenden Gestalten gelenkt. Auch diese Interessen wollen wir nicht ausschließen, halten sie aber für eher marginal im Vergleich zu der Frage nach den Bedingungen der Emergenz ihrer Einheit. Die Ausdifferenzierbarkeit von funktionsspezifischen Akten oder funktionalen Dominanzen des einen oder anderen Selektionshorizontes ist nur möglich, wenn zuvor schon die Einheit der kommunikativen Synthese als Normalsachverhalt gesichert ist.

Die Zusammenfassung von Information, Mitteilung und Erfolgserwartung in einem Akt der Aufmerksamkeit setzt »Codierung« voraus. Die Mitteilung muß die Information duplizieren, sie nämlich einerseits draußen lassen und sie andererseits zur Mitteilung verwenden und ihr eine dafür geeignete Zweitform geben, zum Beispiel eine sprachliche (und eventuell lautliche, schriftliche, etc.) Form. Auf die technischen Probleme einer solchen Codierung gehen wir nicht näher ein. Soziologisch wichtig ist vor allem, daß auch dies eine Ausdifferenzierung der Kommunikationsprozesse bewirkt. Ereignisse müssen nun in codierte und nichtcodierte unterschieden werden. Codierte Ereignisse wirken im Kommunikationsprozeß als Information, nichtcodierte als Störung (Rauschen, noise).

Die Codierung muß als operative Vereinheitlichung von Information und Mitteilung durch Alter und Ego gleichsinnig gehandhabt werden. Das erfordert eine dafür ausreichende Standardisierung
auch dies ein Unterschied zur Umgebung, der auffällt und Aufmerksamkeit auf sich zieht. (Artikulierte Rede stört den, der nicht angesprochen ist, mehr als bloße Geräusche). Mindestvoraussetzung für das Zustandekommen von (wie immer schlecht codierter) Kommunikation ist natürlich: daß als Ego ein System fungiert, das nicht vollständig durch die eigene Vergangenheit determiniert ist,

8 Vgl. John L. Austin, How to do Things with Words, Oxford 1962, insbes. S. 94 ff. Auch Austin (S. 99) spricht von Funktionen.

also überhaupt auf Information reagieren kann[9]. Im Unterschied zu bloßer Wahrnehmung von informativen Ereignissen kommt Kommunikation nur dadurch zustande, daß Ego zwei Selektionen unterscheiden und diese Differenz seinerseits handhaben kann. Der Einbau dieser Differenz macht Kommunikation erst zur Kommunikation, zu einem Sonderfall von Informationsverarbeitung schlechthin. Die Differenz liegt zunächst in der Beobachtung des Alter durch Ego. Ego ist in der Lage, das Mitteilungsverhalten von dem zu unterscheiden, was es mitteilt. Wenn Alter sich seinerseits beobachtet weiß, kann er diese Differenz von Information und Mitteilungsverhalten selbst übernehmen und sich zu eigen machen, sie ausbauen, ausnutzen und zur (mehr oder weniger erfolgreichen) Steuerung des Kommunikationsprozesses verwenden. Die Kommunikation wird sozusagen von hinten her ermöglicht, gegenläufig zum Zeitablauf des Prozesses. Der Ausbau der dadurch gegebenen Komplexitätschancen muß sich deshalb der Antezipation und der Antezipation von Antezipationen bedienen. Das gibt dem Erwartungsbegriff für alle soziologischen Analysen eine zentrale Stellung.

Daß Verstehen ein unerläßliches Moment des Zustandekommens von Kommunikation ist, hat für das Gesamtverständnis von Kommunikation eine sehr weittragende Bedeutung. Daraus folgt nämlich, daß Kommunikation *nur als selbstreferentieller Prozeß möglich ist*.

Wenn auf eine kommunikative Handlung eine weitere folgt, wird jeweils mitgeprüft, ob die vorausgehende Kommunikation verstanden worden ist. Wie immer überraschend die Anschlußkommunikation ausfällt, sie wird auch benutzt, um zu zeigen und zu beobachten, daß sie auf einem Verstehen der vorausgehenden Kommunikation beruht. Der Test kann negativ ausfallen und gibt dann oft Anlaß zu einer reflexiven Kommunikation über Kommunikation. Aber um dies zu ermöglichen (oder zumeist: zu erübrigen), muß ein Verstehenstest immer mitlaufen, so daß immer ein Teil der Aufmerksamkeit für Verstehenskontrolle abgezweigt wird. In diesem

9 Norbert Wiener, Time, Communication, and the Nervous System, Annals of the New York Academy of Sciences 50 (1947), S. 197-219 (202), formuliert dieses Erfordernis aus der Sicht der Kommunikationstheorie als Grenzfall: »If all I can do is to create, at the receiving end of a communication system, an enduring state completely characterized in terms of its own past, then I cease to convey information«.

Sinne spricht Warriner von »confirmation« als wesentlichem Moment aller Kommunikation[10]. Das impliziert Zeit. Man kann erst am Anschlußverhalten kontrollieren, ob man verstanden worden ist; man kann aber auch mit einiger Erfahrung seine Kommunikation vorher so einrichten, daß man erwarten kann, verstanden zu werden. In jedem Falle ist jede Einzelkommunikation, sonst würde sie gar nicht vorkommen, in den Verstehensmöglichkeiten und Verstehenskontrollen eines Anschlußzusammenhanges weiterer Kommunikationen rekursiv abgesichert. Sie ist Element nur als Element eines, wie immer minimalen, wie immer ephemeren, Prozesses.

Hierbei geht es zunächst nur um *basale Selbstreferenz*[11], also darum, daß der Prozeß aus Elementen (Ereignissen) bestehen muß, die durch Einbeziehung ihres Zusammenhanges mit anderen Elementen desselben Prozesses auf sich selbst Bezug nehmen. Basale Selbstreferenz ist zugleich die Voraussetzung von weiteren Strategien, die sie in besonderer Weise in Anspruch nehmen. Wenn man weiß und in Rechnung zu stellen hat, daß Verstehen kontrolliert wird, kann man Verstehen auch vortäuschen; und man kann das Vortäuschen von Verstehen durchschauen, aber gleichwohl vermeiden, dies Durchschauen in den Kommunikationsprozeß einfließen zu lassen; und man kann auf einer Metaebene darüber kommunizieren, daß über Vortäuschen und Durchschauen nicht kommuniziert werden darf, und dann auch auf diese Ebene wieder Verständigung kontrollieren. Vor allem aber gibt das laufende Konfirmieren der Kommunikation mehr oder weniger häufig Anlaß zur Kommunikation über Kommunikation. Nur diese Abzweigung wollen wir (im Unterschied zu *basaler* Selbstreferenz) *reflexive* Kommunikation nennen. Wir kommen auf diese höherstufige, explizite, daher auch riskantere und für Sonderfälle reservierte Kommunikationskontrolle weiter unten zurück[12].

Aus der Annahme, daß Kommunikation ein basal-selbstreferentieller Prozeß ist, der in jedem seiner Elemente drei verschiedenartige

10 Vgl. Charles K. Warriner, The Emergence of Society, Homewood Ill. 1970, S. 110 ff. Wichtig vor allem die Einsicht, daß gerade in dieser »confirmation« die Intersubjektivität des Prozesses realisiert und diesem wieder zu Grunde gelegt wird: »These acts of confirmation by both actors complete the communication process. Each actor then knows that the other knows that he knows what the other ›had in mind‹« (110).

11 Zu diesem Begriff siehe ausführlicher S. 600 f.

12 Vgl. S. 210 f.

Selektionen koordiniert, folgt systemtheoretisch: daß es für Kommunikation *kein entsprechendes Umweltkorrelat geben kann.* Der *Einheit* der Kommunikation entspricht nichts in der Umwelt. Kommunikation wirkt daher *notwendig ausdifferenzierend*[13], und das bloße Erfassen von Umweltkomplexität wird zu einem außerordentlich zeitraubenden Kommunikationsproblem. Natürlich bleibt alle Kommunikation qua Energiebedarf und Information von Umwelt abhängig, und ebensowenig ist zu bestreiten, daß jede Kommunikation über Sinnbezüge direkt oder indirekt auf die Systemumwelt verweist. Die Ausdifferenzierung bezieht sich strikt auf die Einheit und damit auf die Geschlossenheit des Zusammenhanges der Selektionen, auf die darin liegende Selektion der Selektionen, auf die dadurch bewirkte Reduktion der Komplexität. Ein Kommunikationssystem ist deshalb nie autark, es kann aber durch eigene Konditionierung kommunikativer Synthesen Autonomie gewinnen.

Auch in anderer Hinsicht beleuchtet diese Theorie kommunikativer Synthesen System/Umwelt-Beziehungen eigener Art. Ein System kann nicht nur über sich selbst kommunizieren, sondern ebenso leicht, ja vielleicht besser, über anderes. Es hat, anders als das Leben, keine raumgebundene Existenz. Man kann sich dies wie ein ständiges Pulsieren vorstellen: mit jeder Themenwahl expandiert und retrahiert das System, nimmt Sinngehalte auf und läßt andere fallen. Insofern arbeitet ein Kommunikationssystem mit sinngemäß offenen Strukturen. Trotzdem kann das System eigene Grenzen entwickeln und sich daran halten, weil die *Zumutbarkeit* der Kommunikation im System eingeschränkt werden kann[14]. Erst sekundär ergeben sich daraus dann wieder Schranken der Themenwahl oder auch Schranken der Ausdrucksformen, mit denen man in bestimmten Systemen zu rechnen hat. Es ist ungewöhnlich, wenn man in

13 Hieraus wiederum werden wir später folgern, daß die Gesellschaft, nämlich das jeweils umfassendste Sozialsystem, als ein operativ und selbstreferentiell geschlossenes System begriffen werden muß. Vgl. Kapitel 10.

14 So gesehen konnte die Einführung des Buchdrucks nur erfolgreich sein, wenn zugleich die Zumutbarkeitsgrenzen ausgedehnt, die unterstellbaren Interessen möglicher Leser erweitert und entsprechende Erziehungseinrichtungen nachgeliefert wurden. Hierzu Michael Giesecke, »Volkssprache« und »Verschriftlichung des Lebens« im Spätmittelalter – am Beispiel der Genese der gedruckten Fachprosa in Deutschland, in: Hans Ulrich Gumbrecht (Hrsg.), Literatur in der Gesellschaft des Spätmittelalters, Heidelberg 1980, S. 39-70.

einer Diplomarbeit die Aussage »Alles Kacke« findet; der Eindruck der Ungewöhnlichkeit setzt aber gerade die Verstehbarkeit der Aussage und ihre Zurechnung auf das System einer Prüfung voraus.

III

Der soeben vorgestellte Kommunikationsbegriff wird als solcher verständlich sein. Um seine Tragweite zu verdeutlichen, soll hier ein kleiner Exkurs eingeschaltet werden. Er betrifft die transzendentaltheoretische Wendung der phänomenologischen Analysen Husserls sowie deren Kritik durch Jacques Derrida.

Die Differenz von Information und Mitteilung, auf die das Verstehen sich bezieht und die sich ihrerseits auf Verstehen hin projiziert, erscheint in den Logischen Untersuchungen Husserls[15] als Differenz von Anzeichen und Ausdruck. Wir interessieren uns für den Unterschied dieser begrifflichen Disposition im Vergleich zur Theorie sozialer Systeme[16]. Der Begriff des Anzeichens meint immer das Anzeigen von etwas anderem – sei es, daß man in der Wahrnehmung etwas als Zeichen für etwas anderes nimmt, sei es, daß man eine Mitteilung als Zeichen für eine Mitteilungsabsicht und für die sie tragenden Vorstellungen nimmt. Alle Mitteilung muß über Anzeichen abgewickelt werden, aber es gibt Anzeichen auch außerhalb aller Kommunikation – so die Marskanäle als Zeichen für die Existenz intelligenter Marsbewohner. Ausdruckswert und damit Bedeutung haben Anzeichen jedoch nur, wenn und soweit sie im »einsamen Seelenleben« fungieren und dieses mit Sinn beleben.

In unsere Begriffssprache übersetzt, meint »Ausdruck« nichts anderes als die Autopoiesis des Bewußtseins, und »Sinn« bzw. »Bedeutung« meint die Notwendigkeit, hierfür in der Form einer intentionalen Beziehung auf etwas Struktur zu gewinnen. Es gibt demnach Zeichen mit Ausdruckswert und Zeichen ohne Ausdruckswert, und es gibt Ausdruck mit Zeichenverwendung und Ausdruck ohne Zeichenverwendung (letzteres beim bloßen Vollzug des »einsamen Seelenlebens«, bei innerer Rede). *Nur im Falle*

15 Edmund Husserl, Logische Untersuchungen Bd. 2, 1, 3. Aufl. Halle 1922, §§ 1-8. Wir ersparen uns angesichts der Kürze des Textes im Folgenden Detailbelege.

16 Auf die Theorie psychischer Systeme kommen wir in Kapitel 7 zurück.

von Kommunikation fällt beides zwangsläufig zusammen: In der kommunikativen Rede fungieren alle Ausdrücke als Anzeichen. Husserls philosophisches Interesse gilt jedoch nicht dem Anzeichen, sondern dem Ausdruck, das heißt dem, was das Bewußtsein in sich selbst für sich selbst vollzieht. Dies Interesse ist durch philosophiegeschichtliche Dispositionen vorbestimmt, es stützt sich aber auch auf eine unzureichende Erfassung der kommunikativen Realität. Kommunikation wird als Handlung, als Rede, als Kundgabe, als Mitteilung aufgefaßt (also nicht, wie hier vorgeschlagen, als Einheit aus Information, Mitteilung und Verstehen). Dies reduktive Verständnis von Kommunikation stützt den Rückzug der philosophischen Theorie auf das Eigenleben des Bewußtseins, das gelegentlich (aber nicht immer und nicht nur) sich zu kommunikativem Handeln motiviert. Zugleich muß, eben deshalb, dem Bewußtsein mehr abverlangt werden als nur: Operationsmodus psychischer Systeme zu sein. Es wird in transzendentaltheoretischem Verständnis als Subjekt angesetzt, das heißt: als subiectum für alles andere. Das Problem der »Intersubjektivität« wird damit unlösbar. Systemtheoretisch reformuliert heißt dies, daß diese Philosophie allein die Systemreferenz des psychischen Systems benutzt und diese Einseitigkeit (die es ihr ermöglicht, Einheit zu denken) durch eine transzendentaltheoretische Überhöhung zu kompensieren versucht.

Ganz anders die Kritik von Jacques Derrida[17]. Sie setzt im Spiel von Ausdruck und Anzeichen auf die Gegenposition über: auf das Zeichen als Zeichen. Die Transzendentalphilosophie und ihre Subjektzentrierung wird durch eine Semiologie mit Differenzzentrierung ersetzt. Das motiviert subtile Analysen des Zusammenspiels von Anwesenheit und Abwesenheit, mit denen Derrida sich beschäftigt. Uns verhilft dieser Ansatz dazu, bei der Analyse von Kommunikation von Differenz auszugehen, nämlich von der Differenz von Mitteilung und Information. Diese Differenz wird durch Zeichengebrauch verstehbar gemacht und zugleich als »différance« (im Sinne einer zeitlichen Verschiebung von Einheit und Differenz) temporalisiert. Das Zeitproblem wird zum Problem der Markie-

17 La voix et le phénomène, Paris 1967. Deutsche Ausgabe von Jochen Hörisch: Die Stimme und das Phänomen: Ein Essay über das Problem des Zeichens in der Philosophie Husserls, Frankfurt 1979.

rung durch Differenzen, und es tritt in dieser Form an die Stelle der alten Frage, wie das Subjekt zur Welt kommt.
Wir haben hier nicht zwischen philosophischen Theorien, zwischen Transzendentaltheorie und Semiologie zu entscheiden. Die hierbei erzeugten begrifflichen Sensibilitäten müssen nur überprüft werden, bevor sie in die empirischen Wissenschaften, die gleichwohl von den Theorieanstrengungen der Philosophie lernen können, übernommen werden. Für soziologische Theoriebildung wird vor allem die Einsicht wichtig sein, daß *beide* Positionen der hier skizzierten Kontroverse ein verkürztes Verständnis von Kommunikation zu Grunde legen. Mit dem Kommunikationsbegriff, den wir verwenden, sind diese Positionen zunächst abgehängt. Wir kommen daher weder auf eine subjekttheoretische (handlungstheoretische) noch auf eine zeichentheoretische (sprachtheoretische, strukturalistische) Grundstellung zurück, sondern müssen gegebenenfalls fallweise prüfen, welche von den Einsichten, die in diesen Theorieperspektiven gewonnen sind, sich als übernehmbar erweisen.

IV

Begreift man Kommunikation als Synthese dreier Selektionen, als Einheit aus Information, Mitteilung und Verstehen, so ist die Kommunikation realisiert, wenn und soweit das Verstehen zustandekommt. Alles weitere geschieht »außerhalb« der Einheit einer elementaren Kommunikation und setzt sie voraus. Das gilt besonders für eine vierte Art von Selektion: für die Annahme bzw. Ablehnung der mitgeteilten Sinnreduktion. Man muß beim Adressaten der Kommunikation das Verstehen ihres Selektionssinnes unterscheiden vom Annehmen bzw. Ablehnen der Selektion als Prämisse eigenen Verhaltens. Diese Unterscheidung ist theoretisch von erheblicher Bedeutung. Wir widmen ihr deshalb einen eigenen Abschnitt.
Wenn wir sagen, daß Kommunikation eine Zustandsänderung des Adressaten bezweckt und bewirkt, so ist damit nur das Verstehen ihres Sinnes gemeint. Das Verstehen ist jene dritte Selektion, die den Kommunikationsakt abschließt. Man liest: Tabak, Alkohol, Butter, Gefrierfleisch usw. gefährde die Gesundheit, und man ist (als jemand, der das hätte wissen und beachten können) ein anderer – ob man's glaubt oder nicht! Man kann es jetzt nicht mehr igno-

rieren, sondern nur noch glauben oder nicht glauben. Wie immer man entscheidet: die Kommunikation legt einen Zustand des Empfängers fest, der ohne sie nicht bestehen würde, aber nur durch ihn selbst bestimmt werden kann. Auf Annahme oder Ablehnung und auf weitere Reaktion kommt es daher beim Kommunikations*begriff* nicht an[18].

Als Veränderung des Zustandes des Empfängers wirkt Kommunikation wie eine Einschränkung: Sie schließt unbestimmte Beliebigkeit des jetzt noch Möglichen (Entropie) aus. In anderer Hinsicht weitet sie, und zwar gerade dadurch, Möglichkeiten aber auch aus. Sie provoziert (darf man sagen: co-provoziert?) die Möglichkeit der Ablehnung. »Jedes ausgesprochene Wort erregt den Gegensinn«[19], und zwar einen Gegensinn, den es ohne das ausgesprochene Wort gar nicht geben könnte. So ermöglicht Bestimmung immer auch Widerstand, und das kann man wissen und berücksichtigen, bevor man sich zur Kommunikation entschließt.

Annehmen und Ablehnen einer zugemuteten und verstandenen Selektion sind aber nicht Teil des kommunikativen Geschehens; es sind Anschlußakte. In der Kommunikation selbst ist der Gegensinn nur latent mitgegeben, nur als abwesend anwesend. Die Einheit der Einzelkommunikation ist, in dynamischer Hinsicht gesehen, nichts weiter als Anschlußfähigkeit. Sie muß Einheit sein und bleiben, damit sie in anderer Form wieder Differenz werden kann, nämlich Differenz von Annehmen und Ablehnen. Und auch die Frage, ob jemand die mitgeteilte Information als Prämisse seines eigenen Verhaltens übernimmt oder nicht, stellt sich nur im Hinblick auf weiteres Geschehen. Es sind dies Selektionen, mit denen die Kommunikation ihre Umwelt beeinflußt und/oder in sich selbst zurückkehrt. Zur Kommunikation gehört, daß sie eine soziale Situation schafft, die solche Anschlußentscheidungen erwarten läßt. Es ist intendierter Effekt, eine derart zugespitzte, aber offene Lage zu schaffen, und die Kommunikation kann Pressionselemente in sich

18 Das sollte keiner weiteren Erläuterung bedürfen, aber wir fügen vorsorglich noch hinzu: Anderenfalls wäre eine abgelehnte Kommunikation gar keine Kommunikation, wäre also Ablehnung von Kommunikation gar nicht möglich. Das wäre aber eine höchst unrealistische Begriffsbildung. Kommunikation zeichnet sich gerade dadurch aus, daß sie eine Situation für Annahme bzw. Ablehnung *öffnet.*

19 Aus Ottiliens Tagebuche. Die Wahlverwandtschaften, zit. nach Goethe's Werke, hrsg. von Ludwig Geiger, Bd. 5, 6. Aufl. Berlin 1893, S. 500.

aufnehmen, die den Empfänger mehr in Richtung auf Annahme als in Richtung auf Ablehnung drängen. Solche Pressionen laufen teils über Konfliktaussicht und Konfliktvermeidung, teils (und damit eng zusammenhängend) über symbolisch generalisierte Medien der Kommunikation. Darauf kommen wir zurück.

Der abstrakteste Ausdruck solcher Pressionen sind Sinnzeichen, die als Existenzaussage (bzw. entsprechende logische Operatoren, z. B. auch als Geltungsaussage) fungieren, vor allem also das »ist«. Sie verweisen über die Kommunikation hinaus auf unterstellte Notwendigkeiten der Annahme ihrer Selektion. Ontologien entstehen auf dieser Grundlage als Nebenprodukte der Kommunikation, und sie werden schließlich durch die ausgebauten Codes symbolisch generalisierter Kommunikationsmedien mehr oder weniger abgelöst. Sie geben sich, und das gilt mutatis mutandis auch für ihre Nachfolgesemantiken, gerade deswegen so hart, weil Kommunikation unausweichlich immer wieder die Freiheit reproduziert, anzunehmen oder abzulehnen[20].

Mit einer etwas anderen Formulierung kann man auch sagen: Kommunikation transformiere die Differenz von Information *und* Mitteilung in die Differenz von Annahme *oder* Ablehnung der Mitteilung, sie transformiere also ein »und« in ein »oder«. Dabei ist nach dem Theorem der doppelten Kontingenz zu beachten, daß nicht etwa Alter die eine und Ego die andere Differenz repräsentiert, sondern beide Differenzen auf beiden Seiten gesehen und gehandhabt werden müssen. Es handelt sich nicht um einen sozialen Stellungsunterschied, sondern um eine zeitliche Transformation. Kommunikation ist danach ein völlig eigenständiger, autonomer, selbstreferentiell-geschlossener Vorgang des Prozessierens von Selektionen, die ihren Charakter als Selektionen nie verlieren; ein Vorgang der laufenden Formveränderung von Sinnmaterialien, der

20 Wissenschaftlich gesehen ist (!) die »ist«-Sprache denn auch höchst irreführend, weil sie unfähig ist, mitauszudrücken, gegen welche Differenz das bezeichnet worden ist, was gewählt werden soll, und was demzufolge dazu bestimmt sein soll, verloren zu gehen. Die Sprache der Bürokratie mit ihren viel kritisierten Umständlichkeiten (»Mitteilung machen«, »Entscheidung treffen«, »Antrag stellen«, »zur Kenntnis nehmen« etc.) ist hierfür sehr viel besser geeignet. Sie operationalisiert Kontingenz, obwohl auch hier Differenz- und Alternativenbewußtsein nur abstrakt mitgeführt werden. Vgl. hierzu (im Anschluß an E. A. Singer) auch C. West Churchman, The Design of Inquiring Systems: Basic Concepts of Systems and Organization, New York 1971, S. 201 f.

Umformung von Freiheit in Freiheit unter wechselnden Konditionierungen, wobei unter der Voraussetzung, daß die Umwelt komplex genug und nicht rein beliebig geordnet ist, nach und nach Bewährungserfahrungen anfallen und in den Prozeß zurückübernommen werden. So entsteht in epigenetischer Evolution eine Sinnwelt, die ihrerseits unwahrscheinlichere Kommunikation ermöglicht.

Für die Weiterbehandlung der damit offenen (und laufend immer wieder geöffneten) Frage nach dem Annehmen bzw. Ablehnen eines kommunizierten Sinnvorschlags stehen in der Soziologie heute vornehmlich zwei Ansätze zur Verfügung. Vorherrschend wird das Problem unter dem Stichwort der *Transaktion* verbucht. Darunter versteht man Interaktionen, die auf Wertdifferenzen zwischen den Beteiligten reagieren, vor allem Tausch und Konflikt[21]. Weder Tauschtheorie noch Konflikttheorie haben jedoch als Universaltheorien im gleichen Maße überzeugen können wie Kommunikationstheorien. Man wird Transaktion in diesen beiden Formen daher am besten verstehen können, wenn man sie als Inanspruchnahme der Interaktionsebene für das Behandeln von Wertdifferenzen und für das Abwickeln von Befolgung bzw. Ablehnung auffaßt. Im Unterschied dazu behandelt die Theorie *symbolisch generalisierter Kommunikationsmedien* eher makrosoziologisch und noch innerhalb der allgemeinen Kommunikationstheorie den semantischen Vorgriff auf die Wahl zwischen Annahme und Ablehnung einer Kommunikation. Aber auch sie »erklärt« nicht zureichend, weshalb es trotz einer Steuerung durch Medien zu code-widrigem Verhalten und zu ineffizienter Kommunikation kommt, die ihr Ziel der Verhaltenssteuerung verfehlt. Man wird deshalb Transaktionstheorie und Medientheorie kombinieren müssen, um erfassen zu können, welche Folgen das Öffnen von Kommunikation für Annahme

21 Vgl. für prominente Beispiele John Thibaut/Harold H. Kelley, The Social Psychology of Groups, New York 1959; George C. Homans, Social Behavior: Its Elementary Forms, (1961), 2. Aufl. New York 1974; Thomas C. Schelling, The Strategy of Conflict, Cambridge Mass. 1960; Richard M. Emerson, Power-Dependence Relations. American Sociological Review 27 (1962), S. 31-41. Für eine deutliche Trennung von Kommunikation und Transaction aus verschiedenen Analysebereichen hat sich vor allem Alfred Kuhn eingesetzt. Siehe: The Logic of Social Systems, San Francisco 1974, S. 137 ff. Als bereits rückblickende Würdigungen vgl. auch Peter P. Ekeh, Social Exchange: The Two Traditions, London 1974, und John K. Chadwick-Jones, Social Exchange Theory: Its Structure and Influence in Social Psychology, London 1976.

oder Ablehnung eines Sinnvorschlags in sozialen Systemen hat. Eine Weiterführung dieses Themas würde mithin ausgearbeitete Gesellschaftstheorie und eine ausgearbeitete Interaktionstheorie voraussetzen. Wir kehren, statt auf diese Seitenwege zu geraten, in die allgemeine Kommunikationstheorie zurück.

V

Der differenz- und selektionsorientierte Kommunikationsbegriff macht Probleme und Schranken kommunikativen Verhaltens verständlich, die man seit Jahrhunderten beobachtet und beschreibt. Einmal in Kommunikation verstrickt, kommt man nie wieder ins Paradies der einfachen Seelen zurück (auch nicht, wie Kleist hoffte, durch die Hintertür). Dies wird typisch am (erst für die Neuzeit aktuellen) Thema der Aufrichtigkeit vorgeführt[22]. Aufrichtigkeit ist inkommunikabel, weil sie durch Kommunikation unaufrichtig wird. Denn Kommunikation setzt die Differenz von Information und Mitteilung und setzt beide als kontingent voraus. Man kann dann sehr wohl auch über sich selbst etwas mitteilen, über eigene Zustände, Stimmungen, Einstellungen, Absichten; dies aber nur so, daß man sich selbst als Kontext von Informationen vorführt, die auch anders ausfallen könnten. Daher setzt Kommunikation einen alles untergreifenden, universellen, unbehebbaren Verdacht frei, und alles Beteuern und Beschwichtigen regeneriert nur den Verdacht. So erklärt sich auch, daß dies Thema relevant wird im Zuge einer gesteigerten Ausdifferenzierung des Gesellschaftssystems, das dann mehr und mehr auf die Eigenart von Kommunikation reflektiert. Die Unaufrichtigkeit der Aufrichtigkeit wird zum Thema, sobald man die Gesellschaft erfährt als etwas, was nicht durch Naturordnung, sondern durch Kommunikation zusammengehalten wird[23].

Dies Problem ist zunächst als ein anthropologisches registriert worden; es geht aber auf ein allgemeines kommunikationstheoretisches Paradox zurück. Man braucht nicht zu meinen, was man sagt (zum

22 Vgl. z. B. Lionel Trilling, Sincerity and Authenticity, Cambridge Mass. 1972.

23 »J'appelle société les communications des hommes entre eux ...«, heißt es beim Physiokraten Nicolas Baudeau, Première Introduction à la philosophie économique ou analyse des états policés (1771), zit. nach der Ausgabe in: Eugène Daire (Hrsg.), Physiocrates, Paris 1846, Nachdruck Genf 1971, S. 657-821 (663).

Beispiel, wenn man »guten Morgen« sagt). Man kann gleichwohl nicht sagen, daß man meint, was man sagt. Man kann es zwar sprachlich ausführen, aber die Beteuerung erweckt Zweifel, wirkt also gegen die Absicht. Außerdem müßte man dabei voraussetzen, daß man auch sagen könnte, daß man nicht meint, was man sagt. Wenn man aber dies sagt, kann der Partner nicht wissen, was man meint, wenn man sagt, daß man nicht meint, was man sagt. Er landet beim Paradox des Epimenides. Er kann es nicht wissen, selbst wenn er sich Mühe gäbe, den Sprecher zu verstehen; also verliert die Kommunikation ihren Sinn.

Die Gründe für dieses Paradox der Inkommunikabilität liegen darin, daß der Verstehende auf Seiten des Kommunizierenden Selbstreferenz voraussetzen muß, um an ihr Information und Mitteilung scheiden zu können. Deshalb wird in jeder Kommunikation die Möglichkeit mitgeteilt, daß Selbstreferenz und Mitteilung divergieren. Ohne diesen Hintergrund wäre die Kommunikation nicht zu verstehen, und ohne Aussicht auf Verständnis würde sie gar nicht stattfinden. Man kann sich irren, man kann den anderen täuschen; aber man kann nicht davon ausgehen, daß es diese Möglichkeit nicht gäbe.

Kommunikation ist zwar, wie schon angedeutet, ohne Mitteilungsabsicht möglich, wenn es Ego gelingt, eine Differenz von Information und Mitteilung gleichwohl zu beobachten. Kommunikation ist unter der gleichen Bedingung auch ohne Sprache möglich, etwa durch ein Lächeln, durch fragende Blicke, durch Kleidung, durch Abwesenheit und ganz allgemein und typisch durch Abweichen von Erwartungen, deren Bekanntsein man unterstellen kann[24]. Immer aber muß die Mitteilung als Selektion, nämlich als Selbstfestlegung einer Situation mit wahrgenommener doppelter Kontingenz interpretierbar sein. Es fehlt daher an Kommunikation, wenn beobachtetes Verhalten nur als Zeichen für etwas anderes aufgefaßt wird. Rasches Gehen kann in diesem Sinne als Zeichen für Eile beobachtbar sein, so wie dunkle Wolken als Zeichen für Regen; es kann aber auch als Demonstration von Eile, Beschäftigtsein, Unansprechbar-

24 Daß im *Diskontinuieren* oder *Unterbrechen* erwarteter Verläufe *besondere Kommunikationschancen* stecken, muß für die Evolution ausdifferenzierter Kommunikationsformen von besonderer Bedeutung gewesen sein. Wir können diese Überlegung hier nur andeuten. Sie könnte bestätigen, daß Evolution in der Tat auf komplexitätsfördernde Vorfälle anspricht.

keit usw. aufgefaßt und mit der Absicht, eine solche Auffassung auszulösen, auch produziert werden.

Wir können mithin Intentionalität und Sprachlichkeit nicht zur Definition des Kommunikationsbegriffs verwenden[25]. Statt dessen stellen wir auf jenes Differenzbewußtsein ab: auf die in alle Kommunikation eingebaute Differenz von Information und Mitteilung. Die Kommunikation prozessiert sozusagen diese Differenz. Das macht zugleich deutlich, wie die Evolution von Sprache möglich ist und was damit gewonnen wird. Lange zuvor hatte es die Möglichkeit gegeben, etwas als Zeichen für anderes zu verwerten. Sprache artifizialisiert diese Möglichkeit, löst sie ab von der Bedingung naturgegebener Regelmäßigkeiten und kann sie dadurch ins so gut wie Beliebige vermehren. Andererseits ist bei sprachlicher Kommunikation die Absicht der Kommunikation unbestreitbar (wenngleich man oft bestreiten kann, gemeint zu haben, was man gesagt hat, und demzufolge auch sprachliche Kommunikation benutzen kann, um etwas absichtlich unabsichtlich mitzuteilen). Darin liegt eine erhebliche Einschränkung der Kommunikationsmöglichkeiten auf das, was man als Mitteilungsabsicht vertreten oder notfalls in die Form indirekter, absichtlich unabsichtlicher Kommunikation bringen kann. Das läßt zugleich die Differenz, die Eigenselektivität der Mitteilung im Verhältnis zur Selektivität der Information, schärfer hervortreten. Sprachliche Kommunikation bedarf also im Hinblick auf soziale Konvenienz verstärkter Kontrolle, und kontrollieren kann sein Sprachverhalten nur, wer auch schweigen kann[26].

Bei sprachlicher Kommunikation tritt denn auch die Abhängigkeit des Kommunikationsprozesses von der Beobachtungsgabe des Ego und von all ihren Ambivalenzen zurück. Ego muß die Differenz nicht nur sehen können, sie wird ihm unzweideutig aufgedrängt.

25 Das entspricht im übrigen ganz herrschender Auffassung. Zu viele wichtige Phänomene – gerade auch an der absichtsvollen und sprachlichen Kommunikation selbst, die sehr oft mehr und anderes mitteilt, als in Sprache gefaßt und beabsichtigt war – blieben ausgeblendet, würde man den Kommunikationsbegriff zu eng definieren.

26 Ein Thema, das im 17. und 18. Jahrhundert viel diskutiert wurde. Siehe z. B. Nicolas Faret, L'honeste homme, ou l'art de plaire à la Cour, Paris 1630, zit. nach der Ausgabe Paris 1925, S. 73 ff.; Jacques du Bosq, L'honneste femme, Neuauflage Rouen 1639, S. 56 ff.: Madeleine de Scuderi, De parler trop ou trop peu, et comment il faut parler, in dies., Conversations sur divers sujets Bd. I, Lyon 1680, S. 159-204; Jean-Baptiste Morvan de Bellegarde, Conduite pour se taire et pour parler, principalement en matière de religion, Paris 1696.

Alter spricht zu ihm über etwas. Und selbst wenn Alter über sich selbst oder über sein Sprechen sprechen wollte, er würde immer noch jene Differenz reproduzieren, nämlich etwas an sich selbst oder an seinem Sprechen als Information behandeln müssen, die er mitzuteilen wünscht. Angesichts von Sprachverhalten kann Ego sich also darauf verlassen, daß die Differenz, die Kommunikation konstituiert, bereits hergestellt ist. Er kann sich entsprechend entlastet fühlen. Seine Aufmerksamkeit ist freigestellt für das Verstehen dessen, was gesagt wird.

Man kann dies zusammenfassen in der These, daß Sprache die Ausdifferenzierung von Kommunikationsprozessen aus einem (wie immer anspruchsvollen, komplexen) Wahrnehmungskontext ermöglicht. Erst durch Ausdifferenzierung von Kommunikationsprozessen kann es zur Ausdifferenzierung sozialer Systeme kommen. Diese bestehen keineswegs nur aus sprachlicher Kommunikation; aber daß sie auf Grund sprachlicher Kommunikation ausdifferenziert sind, prägt alles, was an sozialem Handeln, ja an sozialen Wahrnehmungen sonst noch vorkommt. Zur Ausdifferenzierung trägt nicht nur die besondere phänomenale Prägnanz, Auffälligkeit und Abgehobenheit des Sprachverhaltens bei. Ebenso wichtig ist, daß Sprache die Reflexivität des Kommunikationsprozesses sicherstellt und damit Selbststeuerung ermöglicht.

Reflexiv sind Prozesse, die auch auf sich selbst angewandt werden können. Im Falle von Kommunikation heißt dies: daß über Kommunikation kommuniziert werden kann. Man kann den Kommunikationsverlauf in der Kommunikation thematisieren, kann fragen und erläutern, wie etwas gemeint gewesen war, kann um Kommunikation bitten, Kommunikation ablehnen, Kommunikationszusammenhänge einrichten usw. Zu Grunde liegt auch hier jeweils die Differenz von Information und Mitteilung; nur daß im Falle von reflexiver Kommunikation die Kommunikation selbst als Information behandelt und zum Gegenstand von Mitteilungen gemacht wird. Dies ist ohne Sprache kaum möglich[27], da das bloß Wahrgenommene als Kommunikation nicht eindeutig genug ist für weitere kommunikative Behandlung. Wie immer, so setzt auch hier das Reflexivwerden eines Prozesses hinreichende Ausdifferenzierung

27 Anders Klaus Merten, Kommunikation: Eine Begriffs- und Prozeßanalyse, Opladen 1977, der Reflexivität für das einzige generalisierbare Merkmal von Kommunikation schlechthin hält.

und funktionale Spezifikation voraus. Erst Sprache sichert Reflexivität im Sinne einer jederzeit vorhandenen, relativ problemlos verfügbaren, nicht weiter erstaunlichen Möglichkeit, den Kommunikationsprozeß auf sich selbst zurückzubeziehen.

Reflexivität kann dann ihrerseits dazu dienen, das Risiko höherer Komplexität und schärferer Selektivität zu kompensieren. Man kann unerwartete, ungewöhnliche Mitteilungen wagen, man kann sich knapper fassen und Verständnishorizonte ungeprüft voraussetzen, man kann unter völlig Unbekannten kommunizieren, wenn bei Zweifeln oder Verständigungsschwierigkeiten nachgefragt werden kann. Man braucht nicht alles schon in der direkten Kommunikation zu leisten, wenn zusätzlich jene Metaebene zur Verfügung steht, auf der man über Gelingen oder Mißlingen einer kommunikativen Verständigung kommunizieren kann.

In sprachlicher Kommunikation ist die reflexive Rückwendung auf die Kommunikation selbst so leicht verfügbar, daß es besonderer Sperren bedarf, um sie auszuschließen. Solche Sperren rasten ein bei bewußt metaphorischem Wort- oder Bildgebrauch, bei beabsichtigten Zweideutigkeiten, bei Paradoxien, bei humorvollen, witzigen Wendungen. Solche Sprachformen übermitteln zugleich das Signal, daß eine Rückfrage nach dem Warum und Wieso keinen Sinn hat. Sie funktionieren nur im Moment – oder sie funktionieren überhaupt nicht[28].

Die Überlegung dieses Abschnittes läßt erkennen, wie Steigerungsverhältnisse zustandekommen. Alles hängt davon ab, daß eine Ausgangsdifferenz installiert werden kann. Diese liegt in der Unterscheidung zweier selektiver Ereignisse, Information und Mitteilung, durch einen Beobachter. Wenn dies gesichert ist, kann weiteres daran anschließen, können in Bezug darauf Erwartungen gebildet, kann entsprechend spezialisiertes Verhalten, nämlich Sprechen, entwickelt und codiert werden. Begriffe können verschieden definiert werden, und speziell für den Kommunikationsbegriff gibt es große Zahlen recht verschiedenartiger Vorschläge[29].

28 Siehe John Gregory, A Comparative View of the State and Faculties of Man with those of the Animal World, 2. Aufl. London 1766, S. 145 f. Üblich ist heute die Kennzeichnung von Witz/Humor als eine Art Kurzschluß in der Ebenendifferenz logischer Typen. Dabei bleibt jedoch die Zeitstruktur, die notwendige Momenthaftigkeit, außer Acht.

29 Merten a.a.O. stellt in einem Anhang 160 Definitionen des Kommunikationsbegriffs zusammen.

Wir legen eine Fassung zu Grunde, die auf das abstellt, was Kommunikation erst ermöglicht, nämlich auf eine den Prozeß konstituierende, ihm Freiheit gebende Differenz.

VI

Kommunikation ist koordinierte Selektivität. Sie kommt nur zustande, wenn Ego seinen Eigenzustand auf Grund einer mitgeteilten Information festlegt. Kommunikation liegt auch dann vor, wenn Ego die Information für unzutreffend hält, den Wunsch, über den sie informiert, nicht erfüllen will, die Norm, auf den sie den Fall bezieht, nicht befolgen möchte. Daß Ego zwischen Information und Mitteilung unterscheiden muß, befähigt ihn zur Kritik und gegebenenfalls zur Ablehnung. Das ändert nichts daran, daß Kommunikation stattgefunden hat. Im Gegenteil: Wie oben erörtert, ist auch Ablehnung Festlegung des eigenen Zustandes auf Grund von Kommunikation. In den Kommunikationsvorgang ist mithin die *Möglichkeit* der Ablehnung *zwingend* miteingebaut.

Hiervon ausgehend können wir ein Elementarereignis von Kommunikation definieren als kleinste noch negierbare Einheit. Dies ist nicht logisch gemeint, sondern kommunikationspraktisch. Jeder Satz, jedes Verlangen eröffnet viele Möglichkeiten der Negation: nicht dies, sondern das; nicht so; nicht jetzt; usw. Diese Möglichkeiten bleiben als Sinnverweisungen offen, solange Ego nicht reagiert hat. Die Mitteilung selbst ist zunächst nur eine Selektionsofferte. Erst die Reaktion schließt die Kommunikation ab, und erst an ihr kann man ablesen, was als Einheit zustandegekommen ist. Eben deshalb kann Kommunikation nicht als Handlung begriffen werden; und dies auch und gerade dann nicht, wenn man nach der letzten, nicht weiter auflösbaren Einheit fragt. Wir kommen darauf unter VIII zurück.

Zunächst interessiert, daß Kommunikation nur selten als eine einzelne Einheit auftritt – als Warnruf; als Hilferuf; als Bitte, die sofort erfüllt werden kann; als Gruß; als Verständigung vor der Tür über das Problem, wer zuerst hindurchgeht; als Kauf einer Kinokarte. Einzelkommunikationen dieser Art sind oft sprachlos, oft nahezu sprachlos möglich, sind in jedem Falle aber stark kontextgebunden. Eine stärkere Ausdifferenzierung kommunikativen Geschehens erfordert die Verknüpfung einer größeren Zahl von Kommunikationseinheiten zu einem Prozeß – Prozeß hier in dem oben[30] bestimmten Sinne genommen als temporale Verknüpfung einer Mehrheit selektiver Ereignisse durch wechselseitige Konditionierung[31]. Ausdifferenzierung erfordert ein Prozessieren von Kommunikation mit Zugang zu neuartigen Selbstreferenzen. Der Kommunikationsprozeß kann in sich auf sich selbst reagieren; er kann Gesagtes bei Bedarf wiederholen, ergänzen, revidieren; er läßt Rede und Gegenrede zu; er kann reflexiv werden, indem er sich selbst als Kommunikationsprozeß behandelt. Die Ausdifferenzierung und relative Kontextunabhängigkeit setzt offenbar geordnete interne Nichtbeliebigkeiten voraus, denn nur so kann sie situative Verständnisvoraussetzungen abstreifen und aus sich selbst heraus verständliche Kommunikation ermöglichen. Aber wie kann Kommunikation überhaupt Prozeß werden?

Auch hier scheint wiederum eine besondere, funktionsspezifische Differenz als Bedingung der Möglichkeit zu fungieren, und zwar die *Differenz von Themen und Beiträgen*. Kommunikationszusammenhänge müssen durch Themen geordnet werden, auf die sich Beiträge zum Thema beziehen können[32]. Themen überdauern Beiträge, sie fassen verschiedene Beiträge zu einem länger dauernden, kurzfristigen oder auch langfristigen Sinnzusammenhang zusammen. Über einige Themen kann man ewig, über andere fast endlos reden. Auch reguliert sich über Themen, wer was beitragen kann. Themen diskriminieren die Beiträge und damit auch die Beiträger. So gehört zum Beispiel zu den Erforderlichkeiten geselliger Kommunikation, Themen zu wählen, zu denen alle Anwesenden etwas beitragen können: Themen, die niemanden verlocken, seine Individualität auszureizen, und jedem die Chance geben, einen hinreichend individuellen Beitrag zu leisten, in dem er selbst erkennbar wird[33].

Die Differenz von Themen und Beiträgen ist als »Ebenendifferenz« noch unzureichend charakterisiert. Inhaltlich wird dadurch Negier-

30 S. 73 f.

31 Wir vergessen nicht, daß die Einheit der Kommunikation selbst auf einer Verknüpfung selektiver Ereignisse beruht; aber das ist eine andere Frage.

32 Vgl. hierzu, mit Bezug auf personale Systeme und ihre Situationen, Jürgen Markowitz, Die soziale Situation, Frankfurt 1979, insbes. S. 69 ff. und zum Zwischenbegriff »Themenfeld« S. 115 f.

33 Friedrich D. E. Schleiermacher, Versuch einer Theorie des geselligen Betragens, in: Werke; Auswahl in vier Bänden, 2. Aufl. Leipzig 1927, Bd. 2, S. 1-31.

barkeit reguliert. Einerseits gibt es Thematisierungsschwellen, zum Beispiel im Hinblick auf Obszönitäten, religiöse Gefühle oder Bekenntnisse oder überhaupt Konfliktstoff[34]. Andererseits ist das Akzeptieren des Themas Voraussetzung dafür, daß Beiträge mit negativen Kommentaren versehen, inhaltlich abgelehnt, korrigiert, modifiziert werden können. Die Thematisierungsschwellen können gerade deshalb hoch liegen, weil man beim Akzeptieren des Themas mit zu vielen zu negierenden Beiträgen zu rechnen hätte. Die Ebenendifferenz löst somit allzu kompakte und dann unvermeidlich persönlich treffende Negationstendenzen auf; und es ist kein Zufall, daß die Literatur in der frühen Neuzeit dies zu beachten beginnt in dem Maße, als die Einzelpersonen in den Kommunikationszusammenhängen stärker hervortreten[35].

Themen haben, um Beiträge koordinieren zu können, einen sachlichen Gehalt: es mag um die Liebschaften einer Schauspielerin, um Börsenkurse und ihre Erklärung, um ein neues Buch, um die Kinder von Gastarbeitern gehen. Der Spezialisierung sind keine Grenzen gesetzt – außer solchen, die sich aus dem Interesse an Fortsetzung der Kommunikation ergeben. Themen haben aber auch einen zeitlichen Aspekt. Man kann sich an frühere Beiträge zum Thema erinnern. Themen sind alt oder neu, schon langweilig oder noch interessant, und all dies möglicherweise für verschiedene Teilnehmer in verschiedener Weise. Sie erreichen irgendwann einen Sättigungsgrad, von dem ab neue Beiträge nicht mehr zu erwarten sind. Ein altes Thema muß dann, um am Leben zu bleiben, neue Teil-

34 Hierzu umfangreiche Literatur vor allem in der zweiten Hälfte des 17. und der ersten Hälfte des 18. Jahrhunderts. Vgl. z. B. Claude Buffier, Traité de la société civile, Paris 1726, insbes. Bd. II, S. 91 ff.; François-Augustin Paradis de Moncrife, Essais sur la nécessité et sur les moyens de plaire, Amsterdam 1738, insbes. S. 190. Zu Thematisierungsschwellen für das Aufgreifen von Rechtsfragen vgl. auch Niklas Luhmann, Kommunikation über Recht in Interaktionssystemen, in ders., Ausdifferenzierung des Rechts, Frankfurt 1981, S. 53-72.

35 Hierzu allgemein: Pietro Toldo, Le Courtisan dans la littérature française et ses rapports avec l'œuvre de Castiglione, Archiv für das Studium der neueren Sprachen und Literaturen 104 (1900), S. 75-121; 313-330; 105 (1900), S. 60-85; Helmut Anton, Gesellschaftsideal und Gesellschaftsmoral im ausgehenden 17. Jahrhundert: Studien zur französischen Moralliteratur im Anschluß an J.-B. Morvan de Bellegarde, Breslau 1935; Christoph Strosetzki, Konversation: Ein Kapitel gesellschaftlicher und literarischer Pragmatik im Frankreich des 18. Jahrhunderts, Frankfurt 1978; Niklas Luhmann, Interaktion in Oberschichten, in ders., Gesellschaftsstruktur und Semantik Bd. 1, Frankfurt 1980, S. 72-161.

nehmer rekrutieren. Ein neues Thema mag dagegen für viele Teilnehmer zu neu sein, um überhaupt sinnvolle Beiträge stimulieren zu können[36].

Schließlich ist, wie das Beispiel »Geselligkeit« schon angedeutet hat, auch der soziale Aspekt der Themenwahl von Bedeutung. Damit ist nicht nur Kongenialität gemeint; nicht nur, daß die Themen den Teilnehmer und ihren Beitragsmöglichkeiten mehr oder weniger entgegenkommen. Vornehmlich aktualisiert sich die Sozialdimension darin, daß Kommunikationen als sichtbares Handeln die Teilnehmer mehr oder weniger binden. Das heißt: daß sie mit Kommunikationen auch etwas über sich selbst aussagen, über ihre Meinungen, ihre Einstellungen, ihre Erfahrungen, ihre Wünsche, ihre Urteilsreife, ihre Interessen. Kommunikation dient auch dem Sichpräsentieren, dem Sichkennenlernen; und sie kann dann im Effekt dazu führen, daß man in eine Form gezwungen wird und daß man schließlich das zu sein hat, als was man in der Kommunikation erschienen war: Der Verführer muß schließlich lieben[37].

Dieser Bindungseffekt tritt verschärft auf, wenn die Kommunikationsthemen moralische Obertöne annehmen oder gar Moralthemen sind. Die Moral regelt die Bedingungen wechselseitiger Achtung bzw. Mißachtung[38]. Mit Themen, die sich zur Moralisierung von Kommunikation eignen, kann man daher Achtung provozieren; man kann sich selbst als achtungswürdig vorführen und anderen den Widerspruch schwermachen; man kann testen, ob jemand Achtung verdient; man kann versuchen, andere im Netz der Achtungsbedingungen zu fangen, um sie dann im Netz abzuschleppen; man kann aber auch andere zu moralischen Selbstbindungen ver-

36 Die Zeitlage von Themen hat vor allem durch die modernen Medien der Massenkommunikation weitreichende, wenn nicht ausschlaggebende, die Themenwahl bestimmende Bedeutung gewonnen. Vgl. dazu Niklas Luhmann, Öffentliche Meinung, in ders., Politische Planung, Opladen 1971, S. 9-34, ders., Veränderungen im System gesellschaftlicher Kommunikation und die Massenmedien, in ders., Soziologische Aufklärung Bd. 3, Opladen 1981, S. 309-320.

37 Ein beliebtes Romanthema. Siehe etwa »Adolphe« von Benjamin Constant. Entsprechende Zeitverschiebungen werden auch in der empirischen Forschung festgestellt: Der Mann liebt zuerst und romantisch, die Frau etwas später und dann wirklich. Vgl. Bernard I. Murstein, Mate Selection in the 1970s, Journal of Marriage and the Family 42 (1980), S. 777-792 (785).

38 So jedenfalls ein soziologischer Moralbegriff. Siehe ausführlicher Niklas Luhmann, Soziologie der Moral, in: Niklas Luhmann/Stephan H. Pfürtner (Hrsg.), Theorietechnik und Moral, Frankfurt 1978, S. 8-116.

führen, um sie dann damit im Stich zu lassen; man kann Moralisierungen auch benutzen, um zu zeigen, daß man auf die Achtung bestimmter Partner keinen Wert legt. Je nachdem, wieviel Freiheit im Umgang mit Moral die Gesellschaft ermöglicht[39], kann Moral eher Durkheimsch zur Solidaritätsverstärkung dienen oder Kritik, Distanzgewinne und Konflikte akzentuieren.

Themen dienen also als sachlich-zeitlich-soziale Strukturen des Kommunikationsprozesses, und sie fungieren dabei als Generalisierungen insofern, als sie nicht festlegen, welche Beiträge wann, in welcher Reihenfolge und durch wen erbracht werden. Auf der Ebene von Themen lassen sich deshalb Sinnbezüge aktualisieren, die an der Einzelkommunikation kaum sichtbar zu machen wären. Deshalb ist Kommunikation schließlich typisch, wenngleich nicht notwendig, ein durch Themen gesteuerter Prozeß. Zugleich sind Themen Reduktionen der durch Sprache eröffneten Komplexität. Die bloße Sprachrichtigkeit der Formulierungen besagt nicht genug. Erst an Hand von Themen kann man die Richtigkeit eigenen und fremden kommunikativen Verhaltens im Sinne eines Zum-Thema-Passens kontrollieren. Insofern sind Themen gleichsam die Handlungsprogramme der Sprache[40]. Wenn es dann nur noch um die beste Art geht, Mäuse in Mausefallen zu fangen, kann man immer noch eine ganze Menge beitragen, aber nicht mehr Beliebiges; und man ist durch das Thema genug vororientiert, um seine Beiträge rasch wählen und das Passen der Beiträge anderer kontrollieren zu können; man kann an Hand der Qualen, die die Mäuse erleiden, die moralische Sensibilität der Teilnehmer testen und das Thema wechseln, wenn man den Eindruck hat, daß es für einen selbst und für die übrigen Teilnehmer erschöpft ist.

VII

Themen sind ablehnbar, Beiträge sind ablehnbar. Darüber hinaus muß man bei aller Kommunikation mit einer mehr oder weniger großen Verlustquote rechnen, mit Unverständlichkeiten, mit Aus-

39 Dies ist zum Teil (und für das bürgerliche Denken primär) eine Frage der Differenzierung von Moral und Recht; zum Teil aber auch eine Frage der sozialen Mobilität, der Leichtigkeit und relativen Folgenlosigkeit von Kontaktabbrüchen.

40 In einem Sinne, den wir unten, S. 429 ff., durch die Unterscheidung von Wert/Programm/Rolle/Person näher erläutern werden.

schußproduktion. Dies sind jedoch tragbare Schwierigkeiten, nur Restbestände einer viel tieferliegenden Problematik. Wir müssen, nachdem wir skizziert haben, wie Kommunikation funktioniert, nun sehr viel radikaler fragen, wie dieses Normalfunktionieren überhaupt möglich ist.

Gesehen im Kontext evolutionärer Errungenschaften muß kommunikativer Erfolg als zunächst äußerst unwahrscheinlich gelten[41]. Kommunikation setzt für sich bestehende Lebewesen mit je eigener Umwelt und je eigenem Informationsverarbeitungsapparat voraus. Jedes Lebewesen sichtet und bearbeitet, was es wahrnimmt, für sich. Wie ist unter solchen Umständen Kommunikation, das heißt koordinierte Selektivität, überhaupt möglich? Diese Frage wird durch unsere Erweiterung des Kommunikationsbegriffs von zweistelliger auf dreistellige Selektion noch verstärkt. Es geht nicht nur darum, daß Lebewesen sich aufeinander abstimmen; es geht nicht nur um einfache Kopplung ihres Verhaltens wie beim Tanz. Sie müssen Abstimmung suchen und finden im Hinblick auf Weltsachverhalte, die kontingent, also auch anders möglich sind. Wenn schon die Überwindung der doppelten Kontingenz unsicher ist, wie kann dann diese Unsicherheit eingesetzt werden, um Sicherheit über unsichere Weltsachverhalte zu gewinnen? Wie ist, anders gefragt, Kommunikation als *Informationsverarbeitung* überhaupt möglich?

Fragt man genauer nach, stößt man auf eine Mehrzahl von Problemen, ein Mehrzahl von Hindernissen, die die Kommunikation überwinden muß, damit sie überhaupt zustandekommen kann.

Versetzt man sich auf den Nullpunkt der Evolution zurück, so ist zunächst unwahrscheinlich, daß Ego überhaupt *versteht*, was Alter meint – gegeben die Trennung und Individualisierung ihrer Körper und ihres Bewußtseins. Sinn kann nur kontextgebunden verstanden werden, und als Kontext fungiert für jeden zunächst einmal das, was sein eigenes Wahrnehmungsfeld und sein eigenes Gedächtnis bereitstellt. Ferner schließt, wie oben schon beiläufig festgehalten, Verstehen immer auch Mißverstehen ein, und die Mißverstehenskomponente wird, wenn man sich nicht auf zusätzliche Voraussetzungen stützen kann, so hoch sein, daß eine Weiterführung der

41 Ich folge hier einem bereits publizierten Gedankengang. Siehe Niklas Luhmann, Die Unwahrscheinlichkeit der Kommunikation, in ders., Soziologische Aufklärung Bd. 3, Opladen 1981, S. 25-34.

Kommunikation unwahrscheinlich wird. (Das Problem wiederholt sich in jeder Anspruchslage der Kommunikation, nicht zuletzt in den Theoriediskussionen der Soziologie.)

Die zweite Unwahrscheinlichkeit bezieht sich auf das *Erreichen* von Adressaten. Es ist unwahrscheinlich, daß eine Kommunikation mehr Personen erreicht, als in einer konkreten Situation anwesend sind; und diese Unwahrscheinlichkeit wächst, wenn man zusätzlich die Anforderung stellt, daß die Kommunikation unverändert weitergegeben wird. Das Problem liegt in der räumlichen und in der zeitlichen Extension. Das Interaktionssystem der jeweils Anwesenden garantiert in praktisch ausreichendem Maße Aufmerksamkeit für Kommunikation. Über die Grenzen des Interaktionssystems hinaus können die hier geltenden Regeln jedoch nicht erzwungen werden. Selbst wenn die Kommunikation transportable und zeitbeständige Sinnträger findet, wird es jenseits von Interaktionsgrenzen unwahrscheinlich, daß sie überhaupt Aufmerksamkeit findet. Anderswo haben Leute etwas anderes zu tun.

Die dritte Unwahrscheinlichkeit ist die Unwahrscheinlichkeit des *Erfolgs*. Selbst wenn eine Kommunikation von dem, den sie erreicht, verstanden wird, ist damit noch nicht gesichert, daß sie auch angenommen und befolgt wird. Im Gegenteil: »Jedes ausgesprochene Wort erregt den Gegensinn«. Erfolg hat die Kommunikation nur, wenn Ego den selektiven Inhalt der Kommunikation (die Information) als Prämisse eigenen Verhaltens übernimmt. Annehmen kann bedeuten: Handeln nach entsprechenden Direktiven, aber auch Erleben, Denken, weitere Informationen Verarbeiten unter der Voraussetzung, daß eine bestimmte Information zutrifft. Kommunikativer Erfolg ist: gelungene Kopplung von Selektionen.

Diese drei Unwahrscheinlichkeiten sind nicht nur Hindernisse für das Ankommen einer Kommunikation, nicht nur Schwierigkeiten der Zielerreichung, sie wirken zugleich als Schwellen der Entmutigung. Wer eine Kommunikation für aussichtslos hält, unterläßt sie. Man muß daher zunächst erwarten, daß Kommunikation überhaupt nicht vorkommt oder, wenn sie vorkommt, durch Evolution wieder eliminiert wird. Ohne Kommunikation können sich jedoch keine sozialen Systeme bilden. Man müßte also Entropie erwarten, aber das Gegenteil trifft zu. Das Unwahrscheinlichkeitstheorem ist damit nicht widerlegt, es zeigt um so präziser an, wo die Probleme liegen, deren Lösung im Laufe der Evolution Kommunikation ermöglicht, Systembildung in Gang setzt, Unwahrscheinliches in Wahrscheinliches transformiert. Die immanenten Unwahrscheinlichkeiten des Kommunikationsprozesses und die Art, wie sie überwunden und in Wahrscheinlichkeiten transformiert werden, regeln zugleich den Aufbau sozialer Systeme. Man hat den Prozeß soziokultureller Evolution zu begreifen als Umformung und Erweiterung der Chancen für aussichtsreiche Kommunikation, als Konsolidierung von Erwartungen, um die herum die Gesellschaft dann ihre sozialen Systeme bildet; und es liegt auf der Hand, daß dies nicht einfach ein Wachstumsprozeß ist, sondern ein selektiver Prozeß, der bestimmt, welche Arten sozialer Systeme möglich werden, wie Gesellschaft sich gegen bloße Interaktion absetzt und was als zu unwahrscheinlich ausgeschlossen wird.

Man erkennt eine Art von Struktur in dieser evolutionären Selektion, wenn man sieht, daß jene Unwahrscheinlichkeiten sich nicht einfach nach und nach abarbeiten und Stück für Stück in ausreichende Wahrscheinlichkeit transformieren lassen. Sie verstärken und limitieren sich vielmehr wechselseitig. So bietet die Geschichte der soziokulturellen, auf Kommunikation gegründeten Evolution denn auch nicht das Bild eines zielstrebigen Fortschritts zu immer besserer Verständigung. Eher könnte man sie als eine Art hydraulisches Geschehen der Repression und Verteilung von Problemdruck begreifen. Wenn eines der Probleme gelöst ist, wird die Lösung der anderen um so unwahrscheinlicher. Die unterdrückte Unwahrscheinlichkeit weicht sozusagen in die anderen Probleme aus. Wenn Ego eine Kommunikation richtig versteht, hat er um so mehr Gründe, sie abzulehnen. Wenn die Kommunikation den Kreis der Anwesenden überschreitet, wird das Verstehen schwieriger und das Ablehnen leichter; es fehlt die Deutungshilfe und der Annahmedruck der konkreten Interaktion. Diese Probleminterdependenz wirkt ihrerseits selektiv auf das, was als Kommunikation durchkommt und sich bewährt. Sobald alphabetisierte Schrift es ermöglicht, Kommunikationen über den zeitlich und räumlich begrenzten Kreis der Anwesenden hinauszutragen, kann man sich nicht mehr auf die mitreißende Kraft mündlicher Vortragsweise verlassen; man muß stärker von der Sache selbst her argumentieren. Dem scheint die »Philosophie« ihren Ursprung zu verdanken[42]. Sie

42 Vgl. Eric A. Havelock, Preface to Plato, Cambridge Mass. 1963; ders., The Greek

ist »sophia« als das Geschick, das erforderlich ist, um in einer so angespannten Lage doch noch ernsthafte, bewahrenswerte und, auf die Reichweite des Alphabets bezogen, universelle Kommunikation zu ermöglichen.

Diejenigen evolutionären Errungenschaften, die an jenen Bruchstellen der Kommunikation ansetzen und funktionsgenau dazu dienen, Unwahrscheinliches in Wahrscheinliches zu transformieren, wollen wir *Medien* nennen[43]. In Entsprechung zu den drei Arten der Unwahrscheinlichkeit von Kommunikation muß man drei verschiedene Medien unterscheiden, die einander wechselseitig ermöglichen, limitieren und mit Folgeproblemen belasten. Das Medium, das das Verstehen von Kommunikation weit über das Wahrnehmbare hinaus steigert, ist die *Sprache*. Sprache ist ein Medium, das sich durch Zeichengebrauch auszeichnet. Sie benutzt akustische bzw. optische Zeichen für Sinn[43a]. Das führt in Komplexitätsprobleme, die durch Regeln für den Zeichengebrauch, durch Reduktion der Komplexität, durch Eingewöhnung einer begrenzten Kombinatorik gelöst werden. Der Grundvorgang bleibt jedoch die Regulierung der Differenz von Mitteilungsverhalten und Information. Als Zeichen gefaßt, kann diese Differenz der Kommunikation von Alter und Ego zu Grunde gelegt werden, und beide können durch gleichsinnigen Zeichengebrauch in der Meinung bestärkt werden, dasselbe zu meinen. Es handelt sich demnach um eine ganz spezielle Technik mit der Funktion, das Repertoire verständlicher Kommunikation *ins praktisch Unendliche auszuweiten* und damit sicherzustellen, daß nahezu beliebige Ereignisse *als Information* erscheinen und bearbeitet werden können. Die Bedeutung dieser Zeichentechnik ist kaum zu überschätzen. Sie beruht jedoch auf funktionaler

Concept of Justice: From Its Shadows in Homer to Its Substance in Plato, Cambridge Mass. 1978; ders., The Literate Revolution in Greece and Its Cultural Consequences, Princeton N.J. 1982.

43 Wie häufig, wenn eine umfassendere Theorie Teilstücke aus der bisherigen Forschung zusammenschließt, treten auch hier Terminologieprobleme auf. Der Ausdruck »Medien« ist vor allem in der Forschung über Massenkommunikation geläufig und in dieser Verwendung popularisiert worden. Daneben gibt es den spiritualistischen Gebrauch, bezogen auf Kommunikation mit ungewöhnlichen Partnern, ferner den Gebrauch innerhalb der Parsons'schen Theorie, bezogen auf Tauschvermittlung. Wir schlagen im Text eine eigenwillige, rein funktionale Neufassung vor.

43a Hiervon ist die oben S. 137 behandelte Funktion der Sprache für die Generalisierung der Selbstreferenz von Sinn zu unterscheiden, wenngleich in der Evolution beides nur zusammen entstehen kann.

Spezifikation. Man muß deshalb auch ihre Grenzen sehen. Weder ist Sinn als solcher ein Zeichen noch erklärt die Zeichentechnik der Sprache, welche Selektion von Zeichen im Kommunikationsprozeß Erfolg hat.

Auf Grund von Sprache haben sich *Verbreitungsmedien*, nämlich Schrift, Druck und Funk entwickeln lassen. Sie beruhen auf einer inkongruenten Dekomposition und Rekombination von sprachlich nicht weiter auflösbaren Einheiten[44]. Erreicht wird damit eine immense Ausdehnung der Reichweite des Kommunikationsprozesses, die ihrerseits zurückwirkt auf das, was sich als Inhalt der Kommunikation bewährt[45]. Die Verbreitungsmedien seligieren durch ihre eigene Technik, sie schaffen eigene Erhaltungs-, Vergleichs- und Verbesserungsmöglichkeiten, die aber jeweils nur auf Grund von Standardisierungen benutzt werden können. Dadurch wird, verglichen mit mündlicher, interaktions- und gedächtnisgebundener Überlieferung, immens ausgeweitet und zugleich eingeschränkt, welche Kommunikation als Grundlage für weitere Kommunikationen dienen kann.

Mit all diesen Entwicklungen von Sprach- und Verbreitungstechnik wird erst recht zweifelhaft, welche Kommunikation überhaupt Erfolg haben, das heißt zur Annahme motivieren kann. Bis weit in die Neuzeit hinein hat man auf gesteigerte Unwahrscheinlichkeit mit forcierten Bemühungen um eine Art Persuasivtechnik reagiert, so um Eloquenz als Erziehungsziel, um Rhetorik als besondere Kunstlehre, um Disputation als Konflikt- und Durchsetzungskunst. Selbst die Erfindung des Buchdrucks hat diese Bemühungen

44 Dies gilt ganz besonders für die Perfektion der Schrift durch das Alphabet. Vgl. dazu Eric A. Havelock, Origins of Western Literacy, Toronto 1976.

45 Ein neuerdings viel beachtetes Thema. Siehe neben den bereits genannten Arbeiten von Havelock auch Jack Goody/Ian Watt, The Consequences of Literacy, Comparative Studies in Society and History 5 (1963), S. 304-345; Walter J. Ong, The Presence of the Word, New Haven 1967; Elisabeth L. Eisenstein, The Printing Press as an Agent of Social Change: Communications and Cultural Transformations in Early-modern Europe, 2 Bde, Cambridge Engl. 1979; Michael Giesecke, Schriftsprache als Entwicklungsfaktor in Sprach- und Begriffsgeschichte, in: Reinhart Koselleck (Hrsg.), Historische Semantik und Begriffsgeschichte, Stuttgart 1979, S. 262-302; ders., ›Volkssprache‹ und ›Verschriftlichung‹ des Lebens im Spätmittelalter – am Beispiel der Genese der gedruckten Fachprosa in Deutschland, in: Hans Ulrich Gumbrecht (Hrsg.), Literatur in der Gesellschaft des Spätmittelalters, Heidelberg 1980, S. 39-70.

nicht obsolet werden lassen, sondern eher noch verstärkt[46]. Der Erfolg lag jedoch nicht in dieser eher konservativen Richtung, sondern in der Entwicklung von *symbolisch generalisierten Kommunikationsmedien*, die funktionsgenau auf dieses Problem bezogen sind[47].

Als symbolisch generalisiert wollen wir Medien bezeichnen, die Generalisierungen verwenden, um den Zusammenhang von Selektion und Motivation zu symbolisieren, das heißt: als Einheit darzustellen. Wichtige Beispiele sind: Wahrheit, Liebe, Eigentum/Geld, Macht/Recht; in Ansätzen auch religiöser Glaube, Kunst und heute vielleicht zivilisatorisch standardisierte »Grundwerte«. Auf sehr verschiedene Weise und für sehr verschiedene Interaktionskonstellationen geht es in all diesen Fällen darum, die Selektion der Kommunikation so zu konditionieren, daß sie zugleich als Motivationsmittel wirken, also die Befolgung des Selektionsvorschlages hinreichend sicherstellen kann. Die erfolgreichste/folgenreichste Kommunikation wird in der heutigen Gesellschaft über solche Kommunikationsmedien abgewickelt, und entsprechend werden die Chancen zur Bildung sozialer Systeme auf die entsprechenden Funktionen hindirigiert. Die weitere Erörterung muß der Gesellschaftstheorie überlassen bleiben. Die allgemeine Theorie sozialer Systeme und ihrer kommunikativen Prozesse kann aber dazu dienen, auf den hochselektiven Charakter dieser funktional privilegierten Kommunikationsweisen aufmerksam zu machen.

Sprache, Verbreitungsmedien und symbolisch generalisierte Kommunikationsmedien sind mithin evolutionäre Errungenschaften,

46 Siehe für den Bereich der katholischen Theologie etwa Walter J. Ong, Communications Media and the State of Theology, Cross Currents 19 (1969), S. 462-480. Zur Rhetorik z. B. Volker Kapp, Rhetorische Theoriebildung im Frankreich des 17. und frühen 18. Jahrhunderts, Zeitschrift für französische Sprache und Literatur 89 (1979) mit weiteren Hinweisen.

47 Begriff und Theorieentwicklung sind vor allem durch Talcott Parsons angeregt worden. Vgl. in deutscher Übersetzung Talcott Parsons, Zur Theorie der sozialen Interaktionsmedien, herausgegeben und eingeleitet von Stefan Jensen, Opladen 1980. Im Rahmen der Parsons'schen Theorie ist das Bezugsproblem der Medienbildung jedoch ein Tauschverhältnis zwischen (analytischen) Subsystemen des allgemeinen Handlungssystems. Zur Überführung in einen kommunikationstheoretischen Rahmen vgl. Niklas Luhmann, Einführende Bemerkungen zu einer Theorie symbolisch generalisierter Kommunikationsmedien, in ders., Soziologische Aufklärung Bd. 2, Opladen 1975, S. 170-192; ders., Macht, Stuttgart 1975; ders., Liebe als Passion: Zur Codierung von Intimität, Frankfurt 1982.

die, in Abhängigkeit voneinander, die Informationsverarbeitungsleistungen begründen und steigern, die durch soziale Kommunikation erbracht werden können. Auf diese Weise produziert und reproduziert sich Gesellschaft als soziales System. Wenn einmal Kommunikation in Gang gebracht und in Gang gehalten worden ist, ist die Bildung eines sie begrenzenden Sozialsystems unvermeidlich; und aus der Entwicklung sozialer Systeme ergeben sich diejenigen Stützbedingungen, die es ermöglichen, in Bezug auf an sich Unwahrscheinliches Erwartungen zu bilden und das Unwahrscheinliche damit ins hinreichend Wahrscheinliche zu transformieren. Auf der Ebene sozialer Systeme ist dies ein streng autopoietischer Prozeß, der das selbst produziert, was ihn ermöglicht.

Die Entwicklung dieser Medien betrifft nicht nur ein äußeres »Mehr« an Kommunikation, sie verändert auch die Art und Weise der Kommunikation selbst. Man kann den Ansatzpunkt der Veränderung fassen, wenn man bedenkt, daß Kommunikation die Erfahrung der Differenz von Mitteilung und Information voraussetzt. Diese Differenzerfahrung ist nicht unbedingt als eindeutiges Faktum gegeben, sie kann mehr oder weniger deutlich vorliegen. Nur so ist eine allmähliche Evolution in Richtung auf Ausdifferenzierung spezifisch kommunikativer (sozialer) Systeme möglich. An diesem Ansatzpunkt wirken die Medien auf die sozio-kulturelle Evolution ein. Mündliches Sprechen in Interaktion unter Anwesenden und die spätere Hochstilisierung dieses Sprechens zum oratorisch gewandten Reden setzen zwar einen Gegenstand der Rede voraus (und, wie man in den Rhetorik-Schulen lehrt: Sachkunde in Bezug auf diesen Gegenstand), aber sie können Mitteilung und Rede zur Wirkungseinheit verschmelzen, können Mangel an Information durch mitreißende Rede ausgleichen, können Sprechen und Hören und Annehmen rhythmisch-rhapsodisch synchronisieren, buchstäblich keine Zeit lassend für Zweifel. Erst die Schrift erzwingt eine eindeutige Differenz von Mitteilung und Information, und der Buchdruck verstärkt dann nochmals den Verdacht, der sich aus der Sonderanfertigung der Mitteilung ergibt: daß sie eigenen Motiven folgt und nicht nur Dienerin der Information ist. Erst Schrift und Buchdruck legen es nahe, Kommunikationsprozesse anzuschließen, die nicht auf die Einheit von Mitteilung und Information, sondern gerade auf ihre Differenz reagieren: Prozesse der Wahrheitskontrolle, Prozesse der Artikulation eines Verdachtes mit anschließender Universalisierung des Verdachts in psychoanalytischer und/oder ideologischer Richtung.

Schrift und Buchdruck erzwingen also die Erfahrung der Differenz, die Kommunikation konstituiert: Sie sind in diesem genauen Sinne kommunikativere Formen der Kommunikation, und sie veranlassen damit Reaktion von Kommunikation auf Kommunikation in einem sehr viel spezifischeren Sinne, als dies in der Form mündlicher Wechselrede möglich ist[48]. In diesen Überlegungsgang muß schließlich die Differenz von Themen und Beiträgen wiedereingeführt werden, die wir im vorigen Abschnitt vorgestellt haben. Sie ist Voraussetzung dafür, daß elementare Kommunikationsereignisse sich überhaupt zu Prozessen mit geordneter, ausdifferenzierter Selektivität formieren. Die gesellschaftliche Reproduktion von Kommunikation muß danach über die Reproduktion von Themen laufen, die ihre Beiträge dann gewissermaßen selbst organisieren. Die Themen werden nicht jeweils fallweise neu geschaffen, sind aber andererseits auch nicht durch die Sprache, etwa als Wortschatz, in ausreichender Prägnanz vorgegeben, (denn die Sprache behandelt alle Worte gleich und disponiert noch nicht über die Themafähigkeit in kommunikativen Prozessen). Es wird demnach ein dazwischenliegendes, Interaktion und Sprache vermittelndes Erfordernis geben – eine Art Vorrat möglicher Themen, die für rasche und rasch verständliche Aufnahme in konkreten kommunikativen Prozessen bereitstehen. Wir nennen diesen Themenvorrat *Kultur*[49] und, wenn er eigens für Kommunikationszwecke aufbewahrt wird, *Semantik*. Ernsthafte, bewahrenswerte Semantik ist mithin ein Teil der Kultur, nämlich das, was uns die Begriffs- und Ideengeschichte überliefert. Kultur ist kein notwendig normativer Sinngehalt, wohl aber eine Sinnfestlegung (Reduktion), die es ermöglicht, in themenbezogener Kommunikation passende und nichtpassende Beiträge oder

48 Die übliche Auffassung denkt genau umgekehrt, weil sie Kommunikation teleologisch interpretiert als angelegt auf Übereinstimmung. Dann muß natürlich mündliche Wechselrede (Dialog, Diskurs) als Idealform erscheinen und alle Technisierung der Kommunikation durch Schrift und Druck als Verfallserscheinung oder als Notbehelf.

49 Auf eine Diskussion dieses Kulturbegriffs im Vergleich zu anderen können wir uns an dieser Stelle nicht einlassen. Der terminologische Vorschlag im Text entfernt sich nicht allzu weit vom üblichen Sprachgebrauch. Archäologen würden gewiß auch Mausefallen selbst als Kultur ansehen, wir dagegen nur die im Objekt reproduzierte Möglichkeit, sie zum Gegenstand von Kommunikation zu machen.

auch korrekten bzw. inkorrekten Themengebrauch zu unterscheiden[50].

Diese terminologische Vereinfachung einer komplexen theoretischen Ableitung ermöglicht es, Fragestellungen zu formulieren, die es mit dem Verhältnis von Kultur (bzw. enger: Semantik) und Systemstrukturen in der gesellschaftlichen Entwicklung zu tun haben[51]. Um hierbei zu historisch verwertbaren Aussagen zu kommen, müßte der Hypothesenapparat jedoch sehr viel stärker angereichert werden, als dies auf der Ebene einer allgemeinen Theorie sozialer Systeme möglich ist. Es muß uns hier genügen, die Ausgangspunkte zu markieren.

VIII

Am Anfang dieses Kapitels hatten wir die Frage aufgeworfen, was eigentlich letztes, für soziale Systeme nicht weiter auflösbares Element für Relationierungen ist: Handlung oder Kommunikation? Zu dieser Frage kehren wir jetzt zurück. Wir werden versuchen, sie durch eine Klärung des Verhältnisses von Kommunikation und Handlung zu beantworten, und wir werden dabei zugleich zu klären versuchen, wie die Elemente sozialer Systeme konstituiert werden.

Als Ausgangspunkt ist festzuhalten, daß Kommunikation nicht als Handlung und der Kommunikationsprozeß nicht als Kette von Handlungen begriffen werden kann. Die Kommunikation bezieht mehr selektive Ereignisse in ihre Einheit ein als nur den Akt der Mitteilung. Man kann den Kommunikationsprozeß deshalb nicht voll erfassen, wenn man nicht mehr sieht als die Mitteilungen, von denen eine die andere auslöst. In die Kommunikation geht immer auch die Selektivität des Mitgeteilten, der Information, und die Selektivität des Verstehens ein, und gerade die Differenzen, die diese

50 Anders in der Terminologie, aber nicht in der Sache, Talcott Parsons, Culture and Social System Revisited, in: Louis Schneider/Charles Bonjean (Hrsg.), The Idea of Culture in the Social Sciences, Cambridge Engl. 1973, S. 33-46 (36).

51 Einige Einzelbeiträge hierzu in: Niklas Luhmann, Gesellschaftsstruktur und Semantik, 2 Bde., Frankfurt 1980-81. Siehe auch die bekannte These einer Auseinanderentwicklung von culture und social structure (diese allerdings nicht systemtheoretisch begriffen) von Daniel Bell, The Coming of Post-Industrial Society: A Venture in Social Forecasting, New York 1973, insbes. S. 477. Die konservative und die progressive Kalamitätenliteratur produziert laufend ähnliche Vorstellungen.

Einheit ermöglichen, machen das Wesen der Kommunikation aus.

Hinzukommt, daß in sozialen Systemen, die durch Kommunikation gebildet werden, nur Kommunikation als Mittel der Auflösung von Elementen zur Verfügung steht. Man kann Aussagen analysieren, in zeitliche, sachliche und soziale Sinnbezüge weiterverfolgen, kann im Detail immer kleinere Sinneinheiten bilden bis in die endlose Tiefe des Innenhorizontes hinein – aber all dies immer nur durch Kommunikation, also in sehr zeitaufwendiger und sozial anspruchsvoller Weise. Dem sozialen System steht keine andere Weise der Zerlegung zur Verfügung, es kann nicht auf chemische, nicht auf neurophysiologische, nicht auf mentale Prozesse zurückgreifen (obwohl all diese existieren und mitwirken). Anders gesagt: die Konstitutionsebene der Kommunikation kann nicht unterschritten werden, sie steht für ein je nach Bedarf immer weiter zu treibendes Auflösen zur Verfügung, aber sie kann die Form ihrer Einheitsbildung, das Verschmelzen von Information, Mitteilung und Verstehen nicht aufgeben, ohne ihre Operation zu beenden. Und daraus ergibt sich auch, daß die sozialen Systeme, die durch Kommunikation als Kommunikationssysteme gebildet werden, regulieren, in welche Richtung und wie weit Kommunikation getrieben werden kann, ohne langweilig zu werden[52]. Es gibt mithin einen eigenen Kommunikationshorizont, der ein Fortschreiten ermöglicht, aber nie erreicht wird und schließlich die Kommunikation abbremst und stoppt, wenn sie zu weit geht.

Die wichtigste Konsequenz dieser Analyse ist: *daß Kommunikation nicht direkt beobachtet, sondern nur erschlossen werden* kann[53]. Um beobachtet werden oder um sich selbst beobachten zu können, muß ein Kommunikationssystem deshalb als Handlungssystem ausgeflaggt werden. Auch die mitlaufende Selbstkontrolle, von der wir oben gesprochen hatten[54], funktioniert nur, wenn man am Anschlußhandeln ablesen kann, ob man verstanden worden ist oder nicht.

52 Auch hierzu Literatur hauptsächlich aus dem 17. und 18. Jahrhundert. Siehe als Beispiel Deslandes, L'art de ne point s'ennuyer, Amsterdam 1715, S. 91 ff.

53 Hier dürfte denn auch der Grund dafür liegen, daß Soziologen lieber vom Handlungsbegriff als vom Kommunikationsbegriff ausgehen. Siehe auch Warriner a.a.O. S. 106: »The basic problem in the theory of communication lies in the general reluctance of the social scientist to deal with what is not directly observable«.

54 Vgl. S. 198 f.

Außerdem ist Kommunikation, wenn man nicht schon Handlung hineinliest, ein symmetrisches Verhältnis mehrerer Selektionen. Auch das wird durch die Übertragungs-Metaphorik verdeckt. Kommunikation ist symmetrisch insofern, als jede Selektion die anderen führen kann und die Führungsverhältnisse laufend umgekehrt werden können. Mal liegt der Engpaß und der Schwerpunkt in dem, was verstanden werden kann; dann wieder sind neue Informationen vordringlich wichtig, und bald darauf schlägt das Mitteilungsbedürfnis als solches durch. Es gibt also keine ein für allemal festliegende Richtung der Selektionsverstärkung. Die Verhältnisse sind reversibel und insofern hochgradig anpassungsfähig. *Erst durch Einbau eines Handlungsverständnisses in das kommunikative Geschehen wird die Kommunikation asymmetrisiert*, erst dadurch erhält sie eine Richtung vom Mitteilenden auf den Mitteilungsempfänger, die nur dadurch umgekehrt werden kann, daß der Mitteilungsempfänger seinerseits etwas mitzuteilen, also zu handeln beginnt.

Entsprechend der Unterscheidung von Information und Mitteilung wird Handeln in zwei verschiedenen Kontexten sozial konstituiert: als Information bzw. als Thema einer Kommunikation oder als Mitteilungshandeln. Es gibt, anders gesagt, sehr wohl nichtkommunikatives Handeln, über das die Kommunikation sich nur informiert. Auch dessen soziale Relevanz wird jedoch durch Kommunikation vermittelt. Kommunikationssystemen steht es frei, über Handlungen oder über etwas anderes zu kommunizieren; sie müssen jedoch das Mitteilen selbst als Handeln auffassen, und nur in diesem Sinne wird Handeln zur notwendigen Komponente der Selbstreproduktion des Systems von Moment zu Moment. Deshalb ist es nie falsch, wohl aber einseitig, wenn ein Kommunikationssystem sich selbst als Handlungssystem auffaßt. Erst durch Handlung wird die Kommunikation als einfaches Ereignis an einem Zeitpunkt fixiert.

Auf der Basis des Grundgeschehens Kommunikation und mit ihren operativen Mitteln konstituiert sich ein soziales System demnach als Handlungssystem. Es fertigt in sich selbst eine Beschreibung von sich selbst an, um den Fortgang der Prozesse, die Reproduktion des Systems zu steuern. Für Zwecke der Selbstbeobachtung und Selbstbeschreibung wird die Symmetrie der Kommunikation asymmetrisiert, wird ihre offene Anregbarkeit durch Verantwort-

lichkeit für Folgen reduziert. Und in dieser verkürzten, vereinfachten, dadurch leichter faßlichen Selbstbeschreibung dient Handlung, nicht Kommunikation, als Letztelement.
Handlungen werden durch Zurechnungsprozesse konstituiert. Sie kommen dadurch zustande, daß Selektionen, aus welchen Gründen, in welchen Kontexten und mit Hilfe welcher Semantiken (»Absicht«, »Motiv«, »Interesse«)[55] immer, auf Systeme zugerechnet werden. Daß dieser Handlungsbegriff keine ausreichende Kausalerklärung des Handelns vermittelt, schon weil er Psychisches außer Acht läßt, liegt auf der Hand[56]. Es kommt in der hier gewählten Begriffsbildung darauf an, daß Selektionen auf Systeme, nicht auf deren Umwelten, bezogen werden und daß auf dieser Grundlage Adressaten für weitere Kommunikation, Anschlußpunkte für weiteres Handeln festgelegt werden, was immer als Grund dafür dient.
Was eine Einzelhandlung ist, läßt sich deshalb nur auf Grund einer sozialen Beschreibung ermitteln[57]. Das heißt nicht, daß Handeln nur in sozialen Situationen möglich wäre; aber in Einzelsituationen hebt sich eine Einzelhandlung aus dem Verhaltensfluß nur heraus, wenn sie sich an eine soziale Beschreibung erinnert. Nur so findet die Handlung ihre Einheit, ihren Anfang und ihr Ende, obwohl die Autopoiesis des Lebens, des Bewußtseins und der sozialen Kom-

55 Vor allem zur »Motiv«Terminologie gibt es wichtige Vorarbeiten, die dem hier vorgeschlagenen Handlungsbegriff entgegenkommen. Vgl. C. Wright Mills, Situated Actions and Vocabularies of Motive, American Sociological Review 5 (1940), S. 904-913, ausgearbeitet auch in Hans Gerth/C. Wright Mills, Character and Social Structure, New York 1953; ferner Kenneth Burke, A Grammar of Motives (1945), und ders., A Rhetoric of Motives (1950), zusammen neu gedruckt Cleveland, Ohio, 1962; Alan F. Blum/Peter McHugh, The Social Ascription of Motives, American Sociological Review 36 (1971), S. 98-109. Für die »Interesse«-Terminologie hat zumindest die historische Forschung gezeigt, daß sie nicht aus Interesse am Subjektiven, sondern aus Interesse an objektiver Berechenbarkeit entwickelt worden ist. Vgl. J. A. W. Gunn, »Interest Will Not Lie«: A Seventeenth Century Political Maxim, Journal of the History of Ideas 29 (1968), S. 551-564; ders., Politics and the Public Interest in the Seventeenth Century, London 1969, insbes. S. 35 ff.
56 Wir reagieren damit theoriegeschichtlich natürlich auf die Problematik, die in Max Webers Absicht liegt, Handeln durch Verstehen der Intentionen zu erklären.
57 Eine besonders im »Symbolischen Interaktionismus« ausgearbeitete These. Siehe zur Konstitution von »unit acts« im »stream of action« Charles K. Warriner, The Emergence of Society, Homewood Ill. 1970, S. 14 ff.; ferner Joel M. Charon, Symbolic Interactionism: An Introduction, an Interpretation, an Integration, Englewood Cliffs N. J. 1979, S. 111 ff.

munikation weiterläuft. Die Einheit kann, mit anderen Worten, nur im System gefunden werden. Sie ergibt sich aus Abzweigmöglichkeiten für anderes Handeln.

Schon daran läßt sich erkennen, daß alle Feststellung von Handlung eine Vereinfachung, eine Reduktion von Komplexität erfordert. Noch deutlicher wird dies, wenn man ein geläufiges Vorurteil beachtet, das auch Soziologen, obwohl sie es besser wissen könnten, oft mitvollziehen. Es besteht in der Zurechnung des Handelns auf konkrete Einzelmenschen – so als ob als »Agent« der Handlung immer ein Mensch und immer ein ganzer Mensch erforderlich sei. Daß es physische, chemische, thermische, organische, psychische Bedingungen der Möglichkeit von Handlung gibt, versteht sich von selbst, aber daraus folgt nicht, daß Handeln nur auf konkrete Einzelmenschen zugerechnet werden kann. Faktisch ist denn auch eine Handlung nie voll durch die Vergangenheit des Einzelmenschen determiniert. Zahlreiche Untersuchungen haben die Grenzen der Möglichkeit psychologischer Handlungserklärung aufgedeckt[58]. Zumeist dominiert – und dies gerade nach dem Selbstverständnis des psychischen Systems! – die Situation die Handlungsauswahl[59]. Beobachter können das Handeln sehr oft besser auf Grund von Situationskenntnis als auf Grund von Personkenntnis voraussehen, und entsprechend gilt ihre Beobachtung von Handlungen oft, wenn nicht überwiegend, gar nicht dem Mentalzustand des Handelnden, sondern dem Mitvollzug der autopoietischen Reproduktion des sozialen Systems. *Und trotzdem wird alltagsweltlich Handeln auf Individuen zugerechnet.* Ein so stark unrealistisches Verhalten kann nur mit einem Bedarf für Reduktion von Komplexität erklärt werden.

Am besten läßt sich die laufende Herstellung von Einzelhandlungen in sozialen Systemen begreifen als Vollzug einer mitlaufenden Selbstbeobachtung, durch die elementare Einheiten so markiert werden, daß sich Abstützpunkte für Anschlußhandlungen erge-

58 Um nur einen Beleg zu nennen, der für eine weitläufige Untersuchungsrichtung steht: Melvin L. Kohn/Robin M. Williams, Jr., Situational Patterning in Intergroup Relations, American Sociological Review 21 (1956), S. 146-174.

59 Im übrigen sind die Differenz von Personzurechnung und Situationszurechnung und der entsprechende Theorienstreit auch ihrerseits Vereinfachungen, die bereits kritisiert werden. Vgl. Walter Mischel, Toward a Cognitive Social Learning Reconceptualization of Personality, Psychological Review 80 (1973), S. 252-283.

ben[60]. Legt man die Logik der Form bildenden Operationen von George Spencer Brown zu Grunde, dann kann man die hier getroffenen Theorieentscheidungen mit Hilfe der Begriffe distinction, indication und re-entry erläutern und auf einem sehr abstrakten logischen Niveau anschlußfähig explizieren[61]. Die bei der Konstitution von Handlungen verwendete Unterscheidung ist die von System und Umwelt, innerhalb dieser Unterscheidung wird das System als Urheber der Selektion bezeichnet (und nicht die Umwelt), und Unterscheidung wie Bezeichnung werden als Operationen des Systems selbst (und nicht nur: eines externen Beobachters) vollzogen oder ihm zumindest als vollziehbar zugemutet. Auf diese Weise lassen sich Theorien und Forschungen recht heterogenen Ursprungs wie Logik der Form bildenden Operationen, Handlungstheorie, Systemtheorie und Attributionsforschung verknüpfen. Die Konsequenz ist, daß mindestens für soziale Systeme sich autopoietische Reproduktion und Operationen der Selbstbeschreibung und Selbstbeobachtung, die die System/Umwelt-Differenz im System selbst verwenden, nicht trennen lassen[62]. Die Unterscheidung behält ihren analytischen Wert – aber nur, um die Hypothese zu ermöglichen, daß soziale Systeme ihre Selbstreproduktion nur mit Hilfe von Selbstbeobachtungen und Selbstbeschreibungen durchführen können.

Zusätzlich ist das Moment der Temporalisierung im Auge zu behalten. Wie von allen Elementen in temporalisierten Systemen gefordert, kombinieren Handlungen Bestimmtheit und Unbestimmtheit[63]. Sie sind in ihrer momentanen Aktualität bestimmt, was immer man als Zurechnungsgrund dafür verantwortlich macht; und sie sind unbestimmt in Bezug auf das, was sie als Anschlußwert in sich aufnehmen. Dies kann zum Beispiel als Differenz von vorgestelltem und erreichtem Ziel aufgefaßt werden. Auch andere seman-

60 Siehe auch Abraham A. Moles/Elisabeth Rohmer, Théorie des actes: Vers une écologie des actions, Paris 1977, S. 30 ff.

61 Vgl. George Spencer Brown, Laws of Form, 2. Aufl. New York 1972; George K. Zollschan/Michael A. Overington, Reasons for Conduct and the Conduct of Reason: The Eightfold Route to Motivational Ascription, in: George K. Zollschan/Walter Hirsch (Hrsg.), Social Change: Explorations, Diagnoses, and Conjectures, New York 1976, S. 270-317.

62 Anders optiert für die allgemeine Theorie autopoietischer Systeme ihr Autor: Humberto Maturana. Vgl. oben, S. 64.

63 Vgl. Kapitel 1, II unter 10.

tische Formen, die den Sinn von Handeln traditionsfähig machen, müssen aber mindestens dies leisten: Bestimmtheit und Unbestimmtheit *im Moment zu kombinieren* und sie nicht als Gegenwart und Zukunft auseinanderfallen zu lassen.

Der gleiche Sachverhalt ist in der Sozialdimension erkennbar. Wenn eine Kommunikation als Mitteilungshandlung erscheint, ist sie im Moment für alle Beteiligten dieselbe und zwar *gleichzeitig dieselbe*[64]. Dadurch wird die soziale Situation synchronisiert[65]. Auch der Handelnde selbst ist in diese Synchronisation einbezogen; er kann zum Beispiel nicht mehr bestreiten, daß er gesagt hat, was er gesagt hat. *Alle* haben es im Moment mit dem *gleichen* Objekt zu tun, und daraus ergibt sich eine Multiplikation der Anschlußmöglichkeiten für den nächsten Moment. Die Schließung öffnet die Situation, die Bestimmung stellt Unbestimmtheit wieder her. Aber es kommt nicht zu einem Widerspruch und nicht zu einer Blockierung, weil das Geschehen asymmetrisch als Sequenz geordnet ist und so erlebt wird.

Der semantische Aufwand, der im Zusammenhang mit einer solchen Selbstbeschreibung des Kommunikationssystems als Handlungssystem getrieben werden muß, ist teils ein kulturgeschichtliches, teils ein situationsspezifisches Problem. Ob eine Semantik der Säfte und Kräfte ausreicht oder ob Interessen unterstellt werden müssen, ob man im Kontext von Beichte oder juristischen Verfahren »innere Zustimmung« zum eigenen Handeln ermitteln muß, um das Handeln fest und zugleich lose in der Umwelt zu verorten, ob das Handeln psychologisiert oder gar auf Faktoren zurückgeführt werden muß, die dem Handelnden nicht bewußt sind, sondern ihm erst auftherapiert werden müssen – all das hängt von Umständen ab, über die im sozialen System disponiert wird. Dem Handelnden mag dann mehr oder weniger erfolgreich die richtige Art der Selbstzurechnung beigebracht werden. So kann er rechtzeitig und möglichst schon vorher merken, wenn er handelt, und die soziale Kontrolle durch Selbstkontrolle entlasten.

64 Dies gilt nicht mehr (und muß daher durch Verstärkung der Deutlichkeit, z. B. der grammatischen und syntaktischen Richtigkeit kompensiert werden), wenn die Kommunikation nur schriftlich fixiert wird.

65 Mead hatte eine »Geste«, die diese Bedingung erfüllt, »significant symbol« genannt. Vgl. George H. Mead, A Behavioristic Account of the Significant Symbol, The Journal of Philosophy 19 (1922), S. 157-163; dt. Übers. in: George H. Mead, Gesammelte Aufsätze, Frankfurt 1980, S. 290-298.

Es dürfte vor allem zwei Gründe geben, die dafür sprechen, die Selbstbeschreibung des sozialen Systems auf Handlungen zu beziehen. Den einen Grund haben wir schon erwähnt: Handlungen sind einfacher zu erkennen und zu behandeln als Kommunikationen. Die Einheit der Handlung kommt nicht erst durch das Verstehen eines anderen zustande, und sie hängt auch nicht davon ab, daß der Beobachter eine Differenz von Information und Verhalten ablesen kann; er muß nur die Zurechnungsregeln handhaben können, die in bestimmten sozialen Systemen üblich sind. Gewiß: auch Handlungen müssen, um im sozialen System behandelbar zu sein, in Kommunikationsprozesse Eingang finden – sei es als Mitteilung, sei es als Information. Jede Selbstbeschreibung, jede Selbstbeobachtung eines sozialen Systems ist ihrerseits wieder Kommunikation und nur so möglich (denn andernfalls würde es sich nur um eine Beschreibung oder Beobachtung von außen, etwa durch eine Person handeln). Die Vereinfachung liegt darin, daß als Verknüpfungsstellen für Relationierungen nur Handlungen, nicht volle kommunikative Ereignisse dienen, daß man sich also mit einer Abstraktion begnügen kann, wenn es um Kommunikation über Handlung oder um einfaches Anschlußhandeln geht, und daß man dabei von den Komplexitäten des vollen kommunikativen Geschehens weitgehend absehen kann. Die Entlastung liegt vor allem darin, daß nicht (oder nur unter besonderen Umständen) geprüft werden muß, auf welche Information sich eine Mitteilung bezog und wer sie verstanden hat.

Auch den zweiten Vorteil hatten wir genannt. Er besteht darin, daß die Reduktion auf Handlung das zeitliche Asymmetrisieren sozialer Beziehungen erleichtert. Wir denken normalerweise Kommunikation immer schon zu sehr als Handlung und können uns daraufhin Kommunikationsketten wie Handlungsketten vorstellen. Die Wirklichkeit eines kommunikativen Ereignisses ist jedoch sehr viel komplexer. Es setzt die Handhabung der doppelten Kontingenz von Ego und Alter auf beiden Seiten voraus, es wird während einer gewissen Zeit in der Schwebe gehalten, mag Rückfragen bedeutsames Schweigen, Zögern erfordern, bevor es durch Verstehen zum Abschluß kommt; oder es mag, obwohl die Mitteilung als Handlung vorliegt, als Kommunikation scheitern. Demgegenüber erleichtert es die Orientierung, wenn man sich Handlungssequenzen wie Faktenketten vorstellen kann, in denen eine Handlung die andere ermöglicht, wenn sie punktuell fixiert werden kann. Während Kommunikation die Reversibilität im Zeitlauf festhalten – man kann sich schwer tun, zu verstehen, kann ablehnen, kann das Mitgeteilte zu korrigieren versuchen (auch wenn es als Mitteilungs*handlung* unbestritten vorgekommen ist) –, markieren Handlungen die Irreversibilität der Zeit und ordnen sich so im Verhältnis zueinander chronologisch ein.

Erst mit Hilfe einer solchen Punktualisierung und Asymmetrisierung kann sich ein autopoietisches Sozialsystem bilden. Nur so gewinnt das Problem der Anschlußfähigkeit erkennbare Konturen. Die Vor- und Rückgriffe der Kommunikation im Auswählen verständlicher Mitteilungen müssen also, obwohl sie Zeit übergreifen und obwohl das vorausgesetzt bleibt, auf einen Zeitpunkt bezogen werden: auf den Zeitpunkt, in dem der Mitteilende handelt. Ein soziales System konstituiert sich mithin als Handlungssystem, aber es muß dabei den kommunikativen Kontext des Handelns voraussetzen; beides also, Handlung und Kommunikation, ist notwendig und beides muß laufend zusammenwirken, um die Reproduktion aus den Elementen der Reproduktion zu ermöglichen[66].

Autopoietische Reproduktion heißt demnach nicht, daß eine bestimmte Handlung in geeigneten Fällen wiederholt wird (etwa daß man jedesmal, wenn man eine Zigarette anzünden will, zum Feuerzeug greift). Wiederholbarkeit muß zusätzlich noch durch Strukturbildung sichergestellt werden. Reproduktion heißt nur: Produktion aus Produziertem; und im Falle der autopoietischen Systeme besagt sie, daß das System sich mit der gerade aktuellen Aktivität nicht beendet, sondern weitermacht. Dies Weitermachen ist aber darin angelegt, daß Handlungen (mit Absicht oder gegen ihre Absicht) Kommunikationswert haben.

Einen weiteren Schritt können wir tun, wenn wir diese Einsicht

66 Vorsorglich sei noch angemerkt, daß diese Argumentation weder logisch noch theoretisch zwingend ist. Wie immer bei Funktionsangaben, lassen sich funktionale Äquivalente nicht ausschließen, hier also andere Möglichkeiten der Selbstbeobachtung, Selbstbeschreibung, Selbstsimplifikation. Die Reduktion auf Handlung hat sich zwar evolutionär derart bewährt und durchgesetzt, daß selbst die Soziologie sie zumeist unreflektiert mitvollzieht und soziale Systeme schlicht als Handlungssysteme auffaßt. Das wird mit der im Text präsentierten Theorie zugleich verständlich gemacht – und als kontingent behandelt. Man könnte sich vor allem historische Forschungen denken, die unvoreingenommen genug die Frage prüfen, ob und wie weit frühere Kulturen überhaupt in so entschiedener Weise nach einem Handlungsmodell gelebt haben.

über das wechselseitige Verhältnis von Kommunikation und Handlung verbinden mit dem Problem der Selbstbeobachtung bzw. Selbstbeschreibung. Schon auf der Ebene der allgemeinen Systemtheorie kann man feststellen, daß beliebige Komplexität durch strukturierende Selbstsimplifikation eingeschränkt wird. Wie weit es sich allgemein, so zum Beispiel auch für Makromoleküle oder gar für Objekte schlechthin[67] bewährt zu sagen, daß sie in sich eine Beschreibung ihrer selbst enthalten, können wir offen lassen. Soziale Systeme, unser Objektbereich, scheinen jedenfalls eine Selbstbeschreibung zu benötigen und zu entwickeln, indem sie die zu relationierenden Ereignisse auf Handlungen reduzieren, obwohl ihre eigene Wirklichkeit sehr viel reicher ist. Selbstbeobachtung ist zunächst ein Moment im Prozessieren der eigenen Informationsverarbeitung. Sie ermöglicht, darüber hinausgehend, Selbstbeschreibung, indem sie das fixiert, über was ein System kommuniziert, wenn es über sich selbst kommuniziert. Selbstbeobachtung ermöglicht, ja ernötigt vielleicht sogar Reflexion im Sinne einer Thematisierung der Identität (in Differenz zu anderem), die den Bereich, der sich selbst beobachtet, als Einheit für Relationierungen verfügbar macht.

Mit Hilfe einer Begrifflichkeit aus der Theorie selbstreferentieller Systeme[68], nämlich mit Hilfe der Vorstellung, daß Systeme mit ihren eigenen Operationen eine Beschreibung von sich selbst anfertigen und sich selbst beobachten können, läßt sich der Zusammenhang von Kommunikation, Handlung und Reflexion aus der Subjekttheorie (der Theorie von der Subjektität des Bewußtseins) herauslösen. Natürlich behaupten wir nicht, daß es ohne vorliegendes Bewußtsein soziale Systeme geben könnte. Aber die Subjektität, das Vorliegen des Bewußtseins, das Zugrundeliegen des Bewußtseins wird als *Umwelt* sozialer Systeme und nicht als deren *Selbstreferenz* aufgefaßt. Erst mit dieser Distanzierung gewinnen wir die Möglichkeit, eine wahrhaft »eigenständige« Theorie sozialer Systeme auszuarbeiten.

Die Reduktion der Selbstbeschreibung auf Handlung führt indes auf ein Problem, das wir an dieser Stelle nur anzeigen können, um

67 So z. B. Ranulph Glanville, A Cybernetic Development of Epistemology and Observation, Applied to Objects in Space and Time (as Seen in Architecture), Diss. Brunel University Ms. 1975.

68 Wir kommen darauf in Kapitel 10 ausführlicher zurück.

es später wieder aufzugreifen[69]. Gerade aus der Theorie selbstreferentieller Systeme würde folgen, daß die Selbstbeschreibung eines Systems das System als *Differenz zu seiner Umwelt* aufzufassen hätte. Selbstbeschreibung ist nicht nur eine Art Abzeichnen unter Weglassen der Details, nicht nur der Entwurf eines Modells oder einer Landkarte des Selbst; sie hat – oder jedenfalls so nur kann sie sich bewähren – zugleich die erfaßbare Komplexität zu steigern, indem sie das System als Differenz zu seiner Umwelt darstellt und an Hand dieser Differenz Informationen und Richtpunkte für Anschlußverhalten gewinnt. Die Reduktion auf Handlung scheint in die Gegenrichtung zu gehen; sie scheint auf Momente der bloßen Selbstreproduktion zu zielen – Selbstreproduktion als Stimulierung von Handeln durch Handeln. Diese Engführung scheint keinerlei Gewähr dafür zu bieten, daß die hier an Selbstbeschreibung gestellten Anforderungen erfüllt werden, gerade wenn man bedenkt, daß von Kommunikation (über Sinnthemen, die auf Umwelt verweisen) auf Handlung reduziert wird.

Auf dieses Dilemma hat die Tradition, ohne das Problem als solches zu formulieren, in der Weise reagiert, daß sie jeweils zwei Handlungsbegriffe angeboten hat; einen poietischen und einen praktischen, einen herstellungstechnischen und einen selbstwertgeladenen[70]. Wir finden uns damit in einer Semantik, in der man über »Rationalität« diskutiert hat. Auch das Rationalitätsthema zerfiel letztlich aber in eine Typologie unterschiedlicher Rationalitäten, deren Beziehung aufeinander nicht mehr unter Rationalitätsforderungen gestellt werden kann – etwa nach Art einer Rangordnung. Das scheint, theoriekonstruktionstechnisch gesprochen, ein Irrweg zu sein: Statt auf ein (Handlung transzendierendes) Grundproblem zurückzugehen, unterscheidet man zwei Typen; statt zu problema-

69 Im Kapitel »System und Umwelt«. Vgl. unten S. 277 ff.

70 Auch an dieser Stelle lohnt ein Seitenblick auf Parsons' Theorie des allgemeinen Handlungssystems. Parsons gewinnt sein Vierfunktionenschema durch eine Dekomposition des Handlungsbegriffs und reprojektiert das Schema dann auf die Welt (so in: A Paradigm of the Human Condition, in ders., Action Theory and the Human Condition, New York 1978, S. 352-433). Auf diese Weise wird die *Differenz* von System und Umwelt durch *Isomorphie* abgemildert, und *daraufhin* wird es möglich, mit Input/Output-Modellen, mit Modellen des double interchange usw. zu arbeiten. Dieser Vorschlag kann dann darauf verzichten, mit zwei verschiedenen Handlungsbegriffen zu kokettieren, den einen zur Kritik des anderen zu benutzen und dieser Kritik dann einen gesellschaftskritischen Anstrich zu geben.

tisieren, dualisiert man nur. Auch das Rationalitätsproblem müssen wir für eine spätere Behandlung zurückstellen. Der Ansatzpunkt dafür aber liegt an dieser Stelle. Er liegt in der Frage, wie man in die Selbstbeschreibung eines sozialen Systems, die auf Handlungszusammenhänge reduziert ist, die Differenz von Systemen und Umwelt einbauen und dadurch Informationspotential gewinnen kann. Oder knapper formuliert: wie es möglich ist, durch Reduktion von Komplexität erfaßbare Komplexität zu steigern.

IX

Die Antwort lautet: durch Konditionierung von Kommunikation, das heißt durch Bildung sozialer Systeme. Kommunikation ist dabei als eine Art Selbsterregung und Sinnüberflutung des Systems zu begreifen. Sie wird durch die Erfahrung der doppelten Kontingenz induziert, kommt unter dieser Bedingung so gut wie zwangsläufig zustande und führt daraufhin zur Ausbildung von Strukturen, die sich unter solchen Bedingungen bewähren. Man kann sich vorstellen, daß dies ein gleichsam leeres Evolutionspotential bereitstellt, das, wenn nichts Besseres verfügbar ist, jeden Zufall ausnutzen wird, um Ordnung aufzubauen. Insofern paßt dieses Konzept zu einer »order from noise«-Theorie.

Keine Frage: zu den Bedingungen der Möglichkeit kommunikativer Systembildung gehören hochkomplexe Umwelten. Vor allem müssen zwei gegenläufige Voraussetzungen sichergestellt sein: Die Welt muß einerseits dicht genug strukturiert sein, damit es nicht reiner Zufall ist, ob sich übereinstimmende Sachauffassungen herausbilden; die Kommunikation muß irgendetwas (auch wenn man nie wissen wird, was es letztlich ist) greifen können, was sich nicht beliebig auflösen oder in sich verschieben läßt[71]. Und andererseits muß es, auf eben der gleichen Grundlage, verschiedene Beobachtungen geben, verschiedene Situierungen, die laufend ungleiche Perspektiven und inkongruentes Wissen reproduzieren[72]. Diesen

71 Auch auf einer allgemeinen Theorieebene läßt sich formulieren, daß »clustered environments« Voraussetzung sind für höher organisierte Systemarten. Siehe z. B. F. E. Emery/E. L. Trist, Towards a Social Ecology: Contextual Appreciation of the Future in the Present, London 1973, S. 45 ff.

72 Die Konsequenzen lassen sich bis in Strukturprobleme sozialer Systeme hinein verfolgen. Siehe als ein Beispiel: Oliver E. Williamson, Markets and Hierarchies: Ana-

Voraussetzungen entspricht, daß Kommunikation nicht als systemintegrierende Leistung, nicht als Herstellung von Konsens begriffen werden kann. Das würde nämlich heißen: daß sie ihre eigenen Voraussetzungen untergräbt und sich nur durch hinreichenden Mißerfolg am Leben halten kann[73]. Was aber sonst, wenn nicht Konsens, ist das Resultat von Kommunikation?

Zu den wichtigsten Leistungen der Kommunikation gehört die Sensibilisierung des Systems für Zufälle, für Störungen, für »noise« aller Art. Mit Hilfe von Kommunikation ist es möglich, Unerwartetes, Unwillkommenes, Enttäuschendes verständlich zu machen. »Verständlich« heißt dabei nicht, daß man auch die Gründe zutreffend begreifen und den Sachverhalt ändern könnte. Das leistet die Kommunikation nicht ohne weiteres. Entscheidend ist, daß Störungen überhaupt in die Form von Sinn gezwungen werden und damit weiterbehandelt werden können. Man kann dann unterscheiden, ob die Störungen im Kommunikationsprozeß selbst auftreten, zum Beispiel als Druckfehler (der Begriff gibt Sinnlosem Sinn, man kann Druckfehler erkennen und beseitigen); oder ob sie in den Themen und Beiträgen der Kommunikation zu suchen sind, so daß man sie nicht einfach technisch korrigieren kann, sondern ihre Gründe ermitteln muß. Durch Kommunikation begründet und steigert das System seine Empfindlichkeit und setzt sich so durch Dauersensibilität und Irritierbarkeit der Evolution aus.

Als Korrektiv dieser Unruhe dient nicht so sehr Konsens; denn bei Konsens wäre die Gefahr des Irrtums, der Fehlleistung, des Stillstandes viel zu groß. Vielmehr entsteht, wenn Kommunikation in Betrieb gehalten wird, ein Doppelphänomen von *Redundanz* und *Differenz*; und darin liegt der Gegenhalt für das Unruheprinzip der Kommunikation. Der Begriff der Redundanz bezeichnet überzählige Möglichkeiten, die aber gleichwohl eine Funktion erfüllen. Wenn A durch Kommunikation B über etwas informiert und ihm die Information abgenommen wird, kann C und jeder weitere sich

lysis and Antitrust Implications, New York 1975, zur Ungleichverteilung von Wissen, zu »information impactness« und zur daraus folgenden relativen Vorteilhaftigkeit von Märkten und Hierarchien im Wirtschaftssystem.

73 Alle Konsenstheorien müssen sich denn auch die Frage gefallen lassen, die Helmut Schelsky einmal (mündlich) an Jürgen Habermas gerichtet hat: was denn *nach* dem Konsens der Fall sein würde.

sowohl an A als auch an B wenden, wenn er sich informieren will[74]. Es entsteht ein Überschuß an Informationsmöglichkeiten, der aber gleichwohl funktional sinnvoll ist, weil er das System von bestimmten Relationen unabhängiger macht und es gegen Verlustgefahr absichert. Das gleiche Wissen, die gleiche Einstellung ist jetzt mehrfach vorhanden. Dadurch allein schon kann der Eindruck der Objektivität, der normativen oder kognitiven Richtigkeit entstehen und eine entsprechend sichere Verhaltensgrundlage abgeleitet werden. Die Redundanz verhilft auch zum Herausfiltern dessen, was sich in vielen Kommunikationen bewährt, und bildet in diesem Sinne Struktur; das System wird unabhängiger davon, daß alle Kommunikation über individualisiertes Bewußtsein vermittelt werden muß und insofern nur psychisch Vorgekautes prozessieren kann.

Zugleich produziert Kommunikation aber auch Differenz. Liefe alles Prozessieren von Information nur auf Redundanz hinaus, wäre die Gefahr einer übereinstimmend akzeptierten Fehleinstellung viel zu groß. Daß die Gefahr nicht ausgeräumt werden kann, ist bekannt; die rasche Verbreitung eigentümlich engstirniger intellektueller Moden, die sich gerade dadurch für Kommunikation eignen, liefert immer wieder neues Anschauungsmaterial. Aber Kommunikationssysteme produzieren zugleich immer auch die Selbstkorrektur. Jede Kommunikation lädt zum Protest ein. Sobald etwas Bestimmtes zur Annahme angeboten wird, kann man es auch negieren. Das System ist nicht strukturell auf Annehmen, nicht einmal auf eine Präferenz für Annehmen festgelegt. Die Negation jeder Kommunikation ist sprachlich möglich und verständlich. Sie kann antezipiert und durch Vermeidung entsprechender Kommunikation umgangen werden; aber das ist nur eine Weise des Praktizierens der Differenz: ihre Rückverlagerung vom verstehenden Ego auf den mitteilenden Alter.

Kommunikation setzt auf diese Weise Systembildung in Gang.

74 Vgl. hierzu die Essays »Cybernetic Explanation« und »Redundancy and Coding« in: Gregory Bateson, Steps to an Ecology of Mind, San Francisco 1972, S. 405 ff., 417 ff. Auch hier sieht man übrigens, wie die Übertragungsmetapher die Problemstellung verengt und auf Konsens/Dissens zwischen zwei Partnern hindirigiert. »In a wider universe, i.e. that defined by the point of view of the observer, this no longer appears as »transmission« of information but rather as a spreading of redundancy. The activities of A and B have combined to make the universe of the observer more predictable, more ordered, more redundant« (Bateson a.a.O., S. 413).

Wenn immer sie in Gang gehalten wird, bilden sich thematische Strukturen und redundant verfügbare Sinngehalte. Es entsteht eine selbstkritische Masse, die Angebote mit Annahme/Ablehnungsmöglichkeiten hervorbringt. All das differenziert sich als Prozeß aus einer Umwelt aus, die in Themen paratgehalten, in Kommunikationen intendiert werden kann und Ereignisse produziert, die im System als Information weiterbehandelt werden können. Das System findet sich, soweit dafür gesorgt ist, daß Teilnehmer sich wechselseitig wahrnehmen, in einer Art Dauererregung, die sich selbst reproduziert, aber auch von außen stimuliert werden kann – ähnlich wie ein Nervensystem. Es gewinnt mit all dem eine eigene Komplexität, und es reproduziert zugleich Ordnung im Sinne reduzierter Komplexität. Es ermöglicht sich selbst die orientierte Fortsetzung der Kommunikation durch eine Selbstbeschreibung, die durch Reduktion von Kommunikation auf Handlung zustandekommt. Solche Systeme sind in einer Weise, die sich nicht direkt aus der biologischen Evolution ergibt, evolutiver Selektion ausgesetzt. Daß sie Zufallanlässe in sinnhafte Information umsetzen, ist für sie unvermeidlich; aber ob das, was sie dann als Redundanz und als Differenz erzeugen, sich in der Evolution bewährt und wie lange es sich bewährt, ist aus der Zwangsläufigkeit des Ordnungsaufbaus nicht abzuleiten.

Wenn Kommunikation in Gang kommt, entsteht mithin ein System, das eine besondere Art von Umweltverhältnis unterhält. Umwelt ist ihm nur als Information zugänglich, nur als Selektion erfahrbar, nur über Veränderungen (im System selbst oder in der Umwelt) erfaßbar. Gewiß gibt es zahllose weitere Umweltvoraussetzungen, vor allem natürlich die Existenz von Menschen mit Bewußtsein. Diese Bedingungen der Möglichkeit der Kommunikation gehen aber nicht automatisch in die Kommunikation mit ein: Sie können Thema der Kommunikation werden, aber sie müssen es nicht. Der Sachverhalt liegt also genau parallel zu der eigentümlichen Umweltlage von Bewußtseinssystemen. Auch hier werden nicht die physiologisch komplexen Prozesse der Wahrnehmung bewußt, sondern nur deren Produkte[75]. Mit solchen Reduktionen ergeben sich neue Freiheitsgrade für den Umgang mit der Umwelt.

75 Ein Sachverhalt, der in seiner erkenntnistheoretischen Tragweite selten hinreichend gewürdigt wird. Vgl. aber Michel Serres, Le point de vue de la bio-physique, Critique 32 (1976), S. 265-277.

Ohne den Unterschied von psychischen und sozialen Systemen, von Bewußtsein und Kommunikation zu betonen, formuliert auch Morin das Prinzip: »Nous sommes de fait condamnés à ne connaître qu'un univers de messages, et, au-delà, rien. Mais nous avons du même coup le privilège de lire l'Univers sous forme de messages«[76].

X

Auf die Frage, woraus soziale Systeme bestehen, geben wir mithin die Doppelantwort: aus Kommunikationen und aus deren Zurechnung als Handlung. Kein Moment wäre ohne das andere evolutionsfähig gewesen.

Wichtig ist es im Rückblick, sich vor Augen zu führen, daß wir eine mehrfach gereinigte Frage beantwortet haben. Die Fragestellung zielt nicht auf die Gesamtheit dessen, was zur Entstehung und Erhaltung sozialer Systeme erforderlich ist. Magnetismus und Magensäure, Luft, die die Stimmwellen trägt, und Türen, die man schließen kann, Uhren und Telephone: all das scheint mehr oder weniger erforderlich zu sein. Das Paradigma der System/Umwelt-Differenz lehrt aber, daß nicht alles, was erforderlich ist, zur Einheit des Systems zusammengefaßt werden kann.

Deshalb fragen wir nach den Letzteinheiten, aus denen ein soziales System besteht und durch deren Relationierung es sich von seiner Umwelt unterscheiden kann. Diese Frage hatte früher zwei einander entgegengesetzte Antworten stimuliert: eine substantielle oder ontologische und eine analytische. Die Einheit der Elemente sei vorgegeben (wie die Einheit der Handlung durch die Intention des Handelnden bei Max Weber), lautete die eine Antwort. Sie sei ein nur analytisches Konstrukt (wie der unit act bei Parsons), lautete die andere. Beide Antworten sind durch den zweiten Paradigmawechsel, durch den Übergang zur Theorie autopoietischer Systeme überholt. Was immer als Einheit fungiert, wird zur Einheit durch die Einheit eines selbstreferentiellen Systems. Es ist weder von sich her Einheit noch allein durch die Selektionsweise eines Beobachters, es ist weder objektive noch subjektive Einheit, sondern Bezugmoment der Verknüpfungsweise des Systems, das sich durch eben diese Verknüpfung reproduziert.

76 Edgar Morin, La Méthode Bd. 1, Paris 1977, S. 356.

In diese Theorie kann und muß dann die Differenz von Konstitution und Beobachtung wieder eingebaut werden. Das ist im Vorstehenden mit Hilfe der Unterscheidung von Kommunikation und Handlung geschehen. Kommunikation ist die elementare Einheit der Selbstkonstitution, Handlung ist die elementare Einheit der Selbstbeobachtung und Selbstbeschreibung sozialer Systeme. Beides sind hochkomplexe Sachverhalte, die als Einheit verwendet und auf das dazu nötige Format verkürzt werden. Die Differenz von Kommunikation im Vollsinne einer Selektionssynthese und zurechenbarem Handeln ermöglicht eine selektive Organisierung mitlaufender Selbstreferenz; und zwar in dem Sinne, daß man *Kommunikation* reflexiv nur handhaben (zum Beispiel bestreiten, zurückfragen, widersprechen) kann, wenn sich feststellen läßt, wer kommunikativ *gehandelt* hatte. Die Frage nach den Individuen, Atomen, Elementen, aus denen soziale Systeme bestehen, läßt sich deshalb nicht einfacher beantworten. Jede Vereinfachung an dieser Stelle wäre ein Verlust an Beziehungsreichtum, den eine allgemeine Theorie sozialer Systeme sich schwerlich leisten kann.

Kapitel 5

System und Umwelt

I

Das zentrale Paradigma der neueren Systemtheorie heißt »System und Umwelt«. Entsprechend beziehen sich der Funktionsbegriff und die funktionale Analyse nicht auf »das System« (etwa im Sinne einer Erhaltungsmasse, einer zu bewirkenden Wirkung), sondern auf das Verhältnis von System und Umwelt[1]. Der Letztbezug aller funktionalen Analysen liegt in der Differenz von System und Umwelt. Eben deshalb können Systeme, die ihre Operationen auf diese Differenz beziehen, sich an funktionalen Äquivalenzen orientieren: sei es, daß sie unter dem Gesichtspunkt eines eigenen Bedarfs eine Mehrheit von Umweltlagen als funktional äquivalent behandeln; sei es, daß sie interne Substitutionsmöglichkeiten bereithalten, um auf bestimmte Umweltprobleme mit hinreichender Sicherheit reagieren zu können. Die Äquivalenzen des Funktionalismus sind mithin das operative Gegenstück zum Komplexitätsgefälle zwischen Umwelt und System. Eine entsprechende Realitätswahrnehmung wäre ohne dies Komplexitätsgefälle weder sinnvoll noch möglich.

Mit diesen Überlegungen zum Zusammenhang von System/Umwelt-Differenz und Funktionsorientierung und selbst mit der klassischen Kontrastierung von Substanzbegriff und Funktionsbegriff (Cassirer) ist jedoch die Tragweite dieses Theorieansatzes noch nicht voll ausgeleuchtet. Der Begriff der Umwelt darf nicht als eine Art Restkategorie mißverstanden werden. Vielmehr ist das Umweltverhältnis *konstitutiv* für Systembildung. Es hat nicht nur »akzidentelle« Bedeutung, gemessen am »Wesen« des Systems[2]. Auch

1 Obwohl durch die Theorieentwicklung deutlich gefordert, findet man Feststellungen dieser Art relativ selten. Ein Beispiel: Pierre Delattre, Système, structure, fonction, évolution: Essai d'analyse épistémologique, Paris 1971, S. 73. Im übrigen hat vor allem die psychologische Theorie von Egon Brunswik funktionale Substitutionsmöglichkeiten im System als Erfordernis seiner Beziehung zur Umwelt herausgearbeitet. Siehe: The Conceptual Framework of Psychology, Chicago 1952, insbes. S. 65 ff.; ders., Representative Design and Probabilistic Theory in a Functional Psychology, Psychological Review 62 (1955), S. 193-217; ferner: Kenneth R. Hammond, The Psychology of Egon Brunswik, New York 1966.

2 Die Ontologie der Substanzen und Wesenheiten hatte deshalb überhaupt keinen

ist die Umwelt nicht nur für die »Erhaltung« des Systems, für Nachschub von Energie und Information bedeutsam[3]. Für die Theorie selbstreferentieller Systeme ist die Umwelt vielmehr Voraussetzung der Identität des Systems, weil Identität nur durch Differenz möglich ist. Für die Theorie temporalisierter autopoietischer Systeme ist die Umwelt deshalb nötig, weil die Systemereignisse in jedem Moment aufhören und weitere Ereignisse nur mit Hilfe der Differenz von System und Umwelt produziert werden können. Der Ausgangspunkt aller daran anschließenden systemtheoretischen Forschungen ist daher nicht eine Identität, sondern eine Differenz.

Dies führt zu einer radikalen De-Ontologisierung der Perspektive auf Gegenstände schlechthin – ein Befund, der mit den Ergebnissen der Analyse von Komplexität, Sinn, Selektionszwang und doppelter Kontingenz korrespondiert. Es gibt hiernach keine eindeutige Lokalisierung von »items« welcher Art auch immer in der Welt und auch keine eindeutige Zuordnung im Verhältnis zueinander. Alles, was vorkommt, ist *immer zugleich* zugehörig zu einem *System* (oder zu mehreren Systemen) und zugehörig *zur Umwelt anderer Systeme*. Jede Bestimmtheit setzt Reduktionsvollzug voraus, und jedes Beobachten, Beschreiben, Begreifen von Bestimmtheit erfordert die Angabe einer Systemreferenz, in der etwas als Moment des Systems oder als Moment seiner Umwelt bestimmt ist. Jede Änderung eines Systems ist Änderung der Umwelt anderer Systeme; jeder Komplexitätszuwachs an einer Stelle vergrößert die Komplexität der Umwelt für alle anderen Systeme.

Es ist nicht ganz leicht, sich dies bis in alle Verästelungen systemtheoretischer Analyse hinein präsent zu halten. Besonders die Kri-

Begriff für Umwelt. Das Umdenken wird im 18. Jahrhundert eingeleitet an Hand von Betrachtungen über die Bedeutung des *Milieus* für die Spezifikation von genuin unterbestimmten Formen (z. B. Menschen). Der Wandel läßt sich nicht zuletzt am Begriff des milieu (ursprünglich: Mitte) selbst ablesen. Vgl. J. Feldhoff, Milieu, Historisches Wörterbuch der Philosophie, Bd. 5, Basel 1980, Sp. 1393-1395; ferner Georges Canguilhem, La connaissance de la vie, 2. Aufl. Paris 1965, S. 129-154. Für die Schwierigkeit des Gedankens ist im übrigen die Länge der Lernzeit bezeichnend: Schon seit dem 16. Jahrhundert wuchern in Europa Wortbildungen, die mit »self-« »Selbst-« zusammengesetzt sind. Es hat gut zweihundert Jahre gebraucht, bis man merkte, daß dies Umwelt voraussetzt.

3 So die Theorie »offener Systeme« – siehe nur Ludwig von Bertalanffy, Zu einer allgemeinen Systemlehre, Biologia Generalis 19 (1949), S. 114-129.

tik der Systemtheorie unterschlägt sehr oft diesen Grundgedanken, wenn sie einen Anlaß zu haben meint, der Systemtheorie »Reifikation« oder Verkürzung der Realitätssicht vorzuwerfen. Dann hat man jedoch den theoretischen Ansatz grundlegend mißverstanden. Eine Differenz kann man nicht wie eine Sache behandeln, ihre »Reifikation« ist das Mißverständnis der Kritiker selbst. Als fundierende Differenz entzieht sie das, was sie unterscheidet, einer bewertenden Gewichtung. Man muß zwar die Systemreferenz angeben, die man (als Beobachter) jeweils im Auge hat, und man muß angeben, ob man jeweils das System oder dessen Umwelt meint[4]. Aber weder ontologisch noch analytisch ist das System wichtiger als die Umwelt; denn beides ist das, was es ist, nur im Bezug auf das jeweils andere.

So enthält denn auch die Aussage, Personen gehörten zur Umwelt sozialer Systeme, keine Gewichtung der Bedeutung von Personen für sich selbst oder für anderes. Nur die Überschätzung, die im Subjektbegriff lag, nämlich die These der Subjektität des Bewußtseins, wird revidiert. Sozialen Systemen liegt nicht »das Subjekt«, sondern die Umwelt »zu Grunde«, und mit »Zu Grunde liegen« ist dann nur gemeint, daß es Voraussetzungen der Ausdifferenzierung sozialer Systeme (unter anderen: Personen als Bewußtseinsträger) gibt, die nicht mitausdifferenziert werden.

Eine zweite Vorbemerkung bezieht sich auf die Verortung der System/Umwelt-Differenz in der Realität. Die Differenz ist keine ontologische, und darin liegt die Schwierigkeit des Verständnisses. Sie zerschneidet nicht die Gesamtrealität in zwei Teile: hier System und dort Umwelt. Ihr Entweder/Oder ist kein absolutes, es gilt vielmehr nur systemrelativ, aber gleichwohl objektiv. Es ist Korrelat der Operation Beobachtung, die diese Distinktion (wie auch andere) in die Realität einführt. Wir gehen dabei mit einer neu sich entwickelnden Epistemologie[5] von »naturalen« Operationen aus und nehmen für Beobachten, Beschreiben, Erkennen keine »meta-

4 Siehe die als »distinction« und »indication« eingeführten Grundbegriffe der Logik von George Spencer Brown, Laws of Form, 2. Aufl. New York 1972.

5 Vgl. Humberto R. Maturana, Erkennen: Die Organisation und Verkörperung von Wirklichkeit: Ausgewählte Arbeiten zur biologischen Epistemologie, Braunschweig 1982. Irritierend ist hier zunächst die These, daß eine System/Umwelt-Differenz nur einem Beobachter und nicht dem autopoietischen Prozeß selbst zugänglich ist. Dieser erste Eindruck wird dann aber korrigiert durch die Zulassung von Selbstbeobachtung.

physische«, subjektive Sonderstellung in Anspruch. Beobachten ist nichts weiter als das Handhaben einer Distinktion wie zum Beispiel System und Umwelt. Es ist keine schon auf Erkenntnisgewinn spezialisierte Operation, es ist keine Analyse. In diesem Sinne verfügen alle Systeme, von denen wir zu handeln haben, über Fähigkeit zur Selbstbeobachtung. Wenn man solche Systeme beobachtet, kann man daher miterfassen, wie sie selbst die Unterscheidung von System und Umwelt in Bezug auf sich selbst handhaben. Man kann sich entschließen, dies zu ignorieren und die Systemgrenzen anders ziehen; aber das bleibt dann eine recht willkürliche Operation, die sich rechtfertigen muß, wenn sie behaupten will, trotzdem Erkenntnis zu leisten. Zunächst liegt es näher, von einer wissenschaftlichen Theorie zu fordern, ihr eigenes Beobachtungsschema mit dem zur Deckung zu bringen, das im System selbst gehandhabt wird, also das System in Übereinstimmung mit ihm selbst zu identifizieren. Unsere Überlegungen jedenfalls halten sich an dieses Gebot und sehen darin den Realitätsbezug der Erkenntnis.

Die Differenz von System und Umwelt, die ein System praktiziert, überlagert sich einer durchlaufenden Realität und setzt diese voraus. So ist das Magnetfeld der Erde für Organismen und für deren Umwelt von Bedeutung, ohne daß es als Magnetfeld die Grenze zwischen Organismus und Umwelt »beachtet«. So ordnet ein kommunikatives Sozialsystem in Themen der eigenen Kommunikation zwar alles nach intern und extern, praktiziert also die eigene System/Umwelt-Distinktion als universell gültig, soweit es um die eigene Kommunikation geht. Es setzt als Bedingung der Möglichkeit dieser Praxis aber gleichzeitig voraus, daß physische, chemische, organische, psychische Realitäten in ihrer eigenen Ordnung diese Differenz unterlaufen, daß also Wärme gleichzeitig das System und seine Umwelt bewegt ohne Beachtung dieser Grenze; und daß Personen gleichzeitig im Sozialsystem und für sich selbst handeln, ohne daß die Grenze des Sozialsystems sie innerlich durchschneidet.

Diese These einer zu Grunde liegenden Realität entspricht einer Annahme, auf die wir uns oben[6] bereits eingelassen haben: daß alle Elemente auf der Grundlage einer vorausgesetzten Komplexität als emergente Einheiten konstituiert werden, die für das System selbst

6 S. 43 f.

nicht weiter auflösbar sind. Wir können dem jetzt hinzufügen, daß diese vorausgesetzte Komplexität, die Elementbildung ermöglicht, eben deshalb im *System* nur als *Umwelt* behandelt werden kann. In genau diesem Sinne ist das chemische System der Zelle für das Gehirn Umwelt des Gehirns und das Bewußtsein der Person für das soziale System Umwelt des sozialen Systems. Keine Dekomposition von neurophysiologischen Prozessen würde je auf die Einzelzelle als Letztelement stoßen und keine Dekomposition sozialer Prozesse je auf das Bewußtsein.

Sorgfältig angesetzte systemtheoretische Analysen sind nur möglich, wenn man solche Sachverhalte angemessen berücksichtigt. Das ist nicht möglich, wenn man sich genötigt fühlt, auf Grund einer Unterscheidung von »nur analytisch« gemeinten System/Umwelt-Differenzen und konkret vorliegenden System/Umwelt-Differenzen zu optieren. Mit Verabschiedung der »subjektiven« Erkenntnistheorie, die ein sicheres Fundament außerhalb der Realität zu haben meinte, fällt auch jene Unterscheidung analytisch/konkret[7]. Jedenfalls muß sie relativiert, nämlich auf die Realität zurückbezogen werden. Die unmittelbaren Operationen der Systeme verfolgen jeweils besondere Sinnbezüge auf Grund der gerade aktuellen Situation, sie tragen als Kommunikationen zum Beispiel etwas zur Klärung des Themas und zur Ermöglichung weiterer Kommunikationen bei. Die Differenz von System und Umwelt wird Beobachtungen zu Grunde gelegt, um eine Zurechnung dieser Operationen zum System bzw. zur Umwelt zu ermöglichen. Sie verfolgt ein höhergreifendes Ordnungsinteresse, zum Beispiel ein Kontrollinteresse oder ein Lerninteresse. Dabei kann es sich um Beobachtung von außen oder um Selbstbeobachtung handeln. Wissenschaft-

7 Wenn sie auftaucht, wird zumeist wissenschaftstheoriebrav für »analytisch« optiert. Vgl. z. B. A. D. Hall/R. E. Fagen, Definition of System, General Systems 1 (1956), S. 18-28 (20); Hubert M. Blalock/Ann B. Blalock, Toward a Clarification of System Analysis in the Social Sciences, Philosophy of Science 26 (1959), S. 84-92 (85); Alfred Kuhn, The Study of Society: A Unified Approach, Homewood Ill, 1963, S. 48 ff.; David Easton, A Framework for Political Analysis, Englewood Cliffs N. J. 1965, S. 65; Stefan Jensen, Bildungsplanung als Systemtheorie, Bielefeld 1970; Roger E. Cavallo, General Systems and Social Science Research, Boston 1979.
Sehr geschlossen vertritt auch die sowjetische Systemforschung ein rein analytisch-methodologisches Systemverständnis. Jedenfalls sollte die (unumstrittene) Freiheit der Themenwahl für wissenschaftliche Analysen nicht mit einer (sehr bestreitbaren) Freiheit zur Bestimmung der Objektgrenzen verwechselt werden.

liche Analyse ist ein Sonderfall von externer Beobachtung mit Spezialaufgaben des Erkenntnisgewinns. Sie würde ihren Aufgaben kaum gerecht werden, wollte sie sich auf rein analytische Distinktionen versteifen und davon absehen, daß in den Systemen, die ihr als Objekte vorliegen, Prozesse der Selbstbeobachtung ablaufen, die die Differenz von System und Umwelt in den Systemen selbst verfügbar machen.

Im Falle sozialer Systeme kann man nicht gut bezweifeln, daß die Differenz von System und Umwelt in den Systemen selbst verfügbar ist und zur Regulierung ihrer Operationen benutzt werden kann. Auch die Form der Selbstbeschreibung, die eine Selbstbeobachtung ermöglicht, kennen wir bereits. Sie benutzt die Reduktion von Kommunikation auf Handlung. Während Kommunikation Information einbezieht und sich deshalb immer dann, wenn die Information aus der Umwelt kommt, mit Umweltsinn anreichert, kann man für Handlungen leichter ausmachen, ob sie zum System gehören oder nicht. Der Sinn des Handelns mag auf Umwelt verweisen, man produziert zum Beispiel für einen Markt; aber die Selektion der Handlung selbst wird im System verortet, wird durch systemeigene Regeln gesteuert und in ihrer Verantwortung anders behandelt als Umwelthandeln. Speziell kommunikatives Handeln eignet sich also als operativer Vollzug der Differenz von System und Umwelt im System.

Die Anfertigung einer Beschreibung, die das soziale System auf einen Handlungszusammenhang reduziert, ist mithin Voraussetzung jeder Beobachtung, die die Differenz von System und Umwelt ins Spiel bringt, also zum Beispiel dem System Merkmale zuschreibt, durch die es sich von seiner Umwelt unterscheidet. Dies gilt für externe und für interne Beobachtung gleichermaßen[8]. Als interne Beobachtung (Selbstbeobachtung) kann nur gelten, was in den Kommunikationsprozessen des Systems zum Thema gemacht wird; denn das System ist sich selbst nur durch Kommunikation zugänglich. Schon die Beobachtung durch teilnehmende, an der Kommunikation mitwirkende, Handlungen beisteuernde psychi-

8 Speziell für wissenschaftliche Beobachtung ergibt sich daraus das Problem, von Handlung auf Kommunikation rückschließen zu müssen und etwas nicht (oder kaum, oder nur indirekt) Beobachtbares wie zum Beispiel Information als verifizierbares Datum behandeln zu müssen.

sche Systeme ist externe Beobachtung[9]. Die Unterscheidung von externer und interner Beobachtung setzt ihrerseits die System/Umwelt-Differenz schon voraus. Sie dient als Unterscheidung zur Beobachtung des Beobachtens; sie mag für eine Theorie und Methodologie der sog. »teilnehmenden Beobachtung« von Bedeutung sein, die ihrerseits beim Beobachten des Beobachtens voraussetzen muß, daß ihr Objekt Handlungsform annimmt.

Mit all dem ist noch nicht geklärt, wie sich über eine Selbstbeschreibung als Handlungssystem Umweltbeziehungen abwickeln lassen; oder: wie in eine derartige Systembeschreibung die System/Umwelt-Differenz eingebaut werden kann. Jedenfalls kann es nicht schlicht um »Anpassung« und ebensowenig nur um »Reduktion von Komplexität« gehen. Ein System, das eine Selbstbeschreibung enthält, kann die Differenz von System und Umwelt nicht nur in einer Richtung sehen und behandeln. Die andere ist stets mitimpliziert. Typisch haben sich an dieser Stelle daher zweiteilige Problemformeln bewährt, die versuchen, die Differenz von System und Umwelt als einen zu konditionierenden Gegensatz zu operationalisieren, etwa: Auflösung und Rekombination, Nutzen und Kosten, Variation und selektive Retention, Reduktion und Steigerung von Komplexität[10]. So werden an die Differenz von System und Umwelt weitere Differenzen, die sie voraussetzen, angeschlossen.

Für soziale Systeme, die sich als Handlungssysteme auffassen, muß dies auf den Basisprozeß zurechenbaren Handelns bezogen werden. Nur was gemacht werden kann, hat eine im System kontrollierbare Realität, und nur diese Realität zählt. Man muß sich die Umwelt dann als eine Verlängerung der Handlungssequenzen nach außen vorstellen: als Kontext der Bedingungen für und der Ergebnisse von Handlungen im System. Als theoretisches Konzept ist dieser Gedanke seit dem 17./18. Jahrhundert, seit Hobbes und Vico verfügbar zusammen mit einem neuartigen Handlungsbegriff. Eben damit werden dann auch jene Doppelformeln in Gang gesetzt. Wir kommen aus Anlaß der Erörterung des Input/Output-Schemas unter VII darauf zurück.

9 Die gegenteilige Meinung wird häufig vertreten, sie setzt aber voraus, daß man Personen in alter Weise als »Teile« sozialer Systeme behandelt. Siehe z. B. Henri Atlan, Entre le cristal et la fumée, Paris 1979, S. 96 f.

10 Vgl. als Beispiel für eine solche Umdeutung Michael Fuller/Jan J. Loubser, Education and Adaptive Capacity, Sociology of Education 45 (1972), S. 271-287.

II

Umwelt ist ein systemrelativer Sachverhalt. Jedes System nimmt nur sich aus seiner Umwelt aus. Daher ist die Umwelt eines jeden Systems eine verschiedene. Somit ist auch die Einheit der Umwelt durch das System konstituiert. »Die« Umwelt ist nur ein Negativkorrelat des Systems. Sie ist keine operationsfähige Einheit, sie kann das System nicht wahrnehmen, nicht behandeln, nicht beeinflussen. Man kann deshalb auch sagen, daß durch Bezug auf und Unbestimmtlassen von Umwelt das System *sich selbst totalisiert*. Die Umwelt ist einfach »alles andere«.

Dies alles heißt jedoch nicht, daß die Umwelt ein nur eingebildetes Gegenüber, eine bloße Erscheinung sei. Man muß vielmehr »die Umwelt« von den Systemen in der Umwelt unterscheiden. Die Umwelt enthält eine Vielzahl von mehr oder weniger komplexen Systemen, die sich mit dem System, für das sie Umwelt sind, in Verbindung setzen können. Denn für die Systeme in der Umwelt des Systems ist das System selbst Teil ihrer Umwelt und insofern Gegenstand möglicher Operationen. Wir haben uns deshalb schon auf der Ebene der allgemeinen Systemtheorie genötigt gesehen, System/Umwelt-Beziehungen von Intersystembeziehungen zu unterscheiden. Die letzteren setzen voraus, daß die Systeme sich wechselseitig in je ihrer Umwelt vorfinden.

Die weiteren Analysen der Differenz von System und Umwelt werden von der Annahme ausgehen, *daß die Umwelt immer sehr viel komplexer ist als das System selbst*. Dies ist bei allen Systemen, an die wir denken können, der Fall. Es gilt auch für das Gesamtsozialsystem der Gesellschaft. Um das auf Anhieb zu sehen, braucht man sich nur daran zu erinnern, daß die Gesellschaft lediglich aus Kommunikationen besteht und daß die hochkomplexe Einrichtung einzelner Makromoleküle, einzelner Zellen, einzelner Nervensysteme, einzelner psychischer Systeme zu ihrer Umwelt gehört – mit all den Interdependenzen, die zwischen diesen Systemen auf gleicher und auf artverschiedener Ebene bestehen. Keine Gesellschaft könnte gegenüber einer solchen Umwelt entsprechende Komplexität oder »requisite variety« aufbringen. Wie immer komplex ihre Sprachmöglichkeiten und wie immer feinsinnig ihre Themenstruktur: die Gesellschaft kann nie Kommunikation über alles ermöglichen, was in ihrer Umwelt auf all diesen Ebenen der Systembildung in allen

Systemen vorkommt. Sie muß deshalb, wie jedes System, in der Lage sein, eigene Komplexitätsunterlegenheit durch überlegene Ordnung auszugleichen.

Die Differenz von Umwelt und System stabilisiert, mit anderen Worten, ein Komplexitätsgefälle. Deshalb ist die Beziehung von Umwelt und System notwendig asymmetrisch. Das Gefälle geht in eine Richtung, es läßt sich nicht revertieren. Jedes System hat sich gegen die überwältigende Komplexität seiner Umwelt zu behaupten, und jeder Erfolg dieser Art, jeder Bestand, jede Reproduktion macht die Umwelt aller anderen Systeme komplexer. Gegeben eine Vielheit von Systemen ist mithin jeder Evolutionserfolg eine Vergrößerung der Komplexitätsdifferenz für andere Systeme im Verhältnis zu ihrer Umwelt und wirkt so selektiv auf das, was dann noch möglich ist.

Als Differenz genommen und an der Differenz von Umwelt und System festgemacht, hat das Komplexitätsgefälle selbst eine wichtige Funktion. Es erzwingt unterschiedliche Formen der Behandlung und Reduktion von Komplexität je nachdem, ob es sich um die Komplexität der Umwelt oder um die Komplexität des Systems handelt. Die Umwelt kann sozusagen großzügiger behandelt werden, kann mehr oder weniger pauschal abgewiesen werden. Es gilt eine Art umgekehrte Relevanzvermutung: Während interne Ereignisse/Prozesse für das System vermutlich relevant sind, also Anschlußhandeln auslösen, sind Ereignisse/Prozesse der Umwelt für das System vermutlich irrelevant; sie können unbeachtet bleiben. Das System gewinnt seine Freiheit und seine Autonomie der Selbstregulierung durch Indifferenz gegenüber seiner Umwelt. Deshalb kann man die Ausdifferenzierung eines Systems auch beschreiben als Steigerung der Sensibilität für Bestimmtes (intern Anschlußfähiges) und Steigerung der Insensibilität für alles übrige – also Steigerung von Abhängigkeit und von Unabhängigkeit zugleich.

Diese Formulierungen deuten schon an, daß das Umweltverhältnis des Systems durch die Struktur des Systems reguliert wird; daß also die Selektionsebene der Struktur dazu dient, Komplexitätsunterlegenheit zu kompensieren[11]. Man kann dies auch mit Hilfe des Zufallsbegriffs verdeutlichen. Wir wollen Einwirkungen der Umwelt auf das System oder des Systems auf die Umwelt dann als zufällig

11 Eben deshalb muß der *selektive* Charakter aller Strukturfixierung betont werden. Siehe bereits oben, S. 74.

bezeichnen, wenn sie nicht durch strukturelle Vorkehrungen mit der Vergangenheit bzw. der Zukunft des Systems verknüpft sind. Kein System kann Zufälle in diesem Sinne vermeiden, denn kein System hat genug Komplexität, um auf alles, was vorkommt, »systematisch« zu reagieren. Die Strukturwahl überläßt mithin vieles dem Zufall. Auch dies »dem Zufall überlassen« ist ein Mittel der Reduktion von Komplexität, das sich bewährt, wenn das, was dem Zufall überlassen bleibt, tatsächlich ad hoc behandelt werden kann[12].

Dies sind nur erste Anhaltspunkte für die Chance, die darin steckt, Komplexität in der Umwelt und im System unterschiedlich sehen und unterschiedlich behandeln zu können. Das Komplexitätsgefälle ist die Realitätsgrundlage, die der Differenz von Umwelt und System Erfolgschancen gibt. Die Differenz artikuliert zugleich das Komplexitätsgefälle, das durch sie geschaffen wird; und das macht es lohnend, die Differenz von Umwelt und System als Orientierungsstruktur ins System selbst einzuführen. Das System kann dann unterschiedliche Formen der Behandlung zu hoher Komplexität voneinander trennen und simultan handhaben je nachdem, ob sie sich auf das System oder auf die Umwelt beziehen. Es kann zum Beispiel – man denke an tribale Kulturen oder an Fakultäten – eigene Komplexität moralisch konditionieren und Umweltkomplexität nach dem strategischen Schema von Freund und Feind.

Über diese allgemeinen Überlegungen zum Komplexitätsgefälle gelangen wir hinaus, wenn wir mit in Betracht ziehen, daß das Komplexitätsgefälle auf mehreren Ebenen zugleich aktualisiert und abgearbeitet werden kann[13]. Auf der *operativen* Ebene prozessual eingesetzter Kausalität führt das Komplexitätsgefälle zur Selektion einer nach Ursachen und Wirkungen relevanten Umwelt im Hori-

12 Dies schließt natürlich nicht aus, daß Spezialvorkehrungen für Behandlung von Zufällen geschaffen werden und daß damit die Zufallstoleranz erhöht und zugleich systematisiert wird. So verzichten Warenhäuser darauf, jedem eintretenden Kunden einen Verkäufer zuzuordnen. Sie überlassen es, obwohl es sie interessiert, dem Zufall, ob ein Kunde die gesuchte Ware findet und ob er einen Verkäufer findet, der zuständig ist, gerade diese Ware zu verkaufen. Sie schaffen aber, um diese Zufälle zu reintegrieren, Informationsschalter, Wegweiser und durchgeplante Warenauslagen.

13 Anregend hierzu die Unterscheidung von technical, managerial und institutional levels bei Talcott Parsons, Some Ingredients of a General Theory of Formal Organization, in ders., Structure and Process in Modern Societies, New York 1960, S. 59-96.

zont der weiten Welt des überhaupt Möglichen[14]. Auf der Ebene der *Strukturbildung* macht das System sich unabhängig von Punkt-für-Punkt-Übereinstimmungen mit dieser relevanten Umwelt. Deren Relevanz wird generalisiert und respezifiziert und kommt in dieser Form dann eventuell für die interne Prozeßsteuerung in Betracht. Das erfordert Risikoübernahmen. Auf der Ebene der *Reflexion* bestimmt das System seine eigene Identität im Unterschied zu allem anderen. Hier gewinnt das Komplexitätsgefälle die reinste, abstrakteste Form: Identität im Unterschied zu allem anderen ist im Grunde nichts anderes als Bestimmung und Lokalisierung des Komplexitätsgefälles.

Ferner wissen wir, daß Komplexität immer Selektionsdruck und Kontingenzerfahrung erzeugt. Das Komplexitätsgefälle wird im System deshalb vorwiegend als Kontingenz der Umweltbeziehungen erfaßt und thematisiert[15]. Diese Thematisierung kann zwei verschiedene Formen annehmen je nachdem, wie die Umwelt gesehen wird: Wird die Umwelt als *Ressource* aufgefaßt, erfährt das System Kontingenz als *Abhängigkeit*. Wird sie als *Information* aufgefaßt, erfährt das System Kontingenz als *Unsicherheit*[16]. Die Thematisierungen schließen sich wechselseitig nicht aus, da auch Informationen als Ressourcen behandelt werden können und da in Bezug auf Ressourcen Informationsprobleme auftreten können; aber die systeminternen Formen des Kontingenzmanagements divergieren je nachdem, welche Thematisierung gewählt wird. Für das Ausfallen von Ressourcen wird man intern Redundanzen, Notfallsaggregate, Reservelager bereithalten[17]. Angesichts von Unsicherheiten mögen

14 An der Entwicklung der semantischen Fassung der Kausalkategorie läßt sich im übrigen deutlich ablesen, daß und wie einer stärkeren Ausdifferenzierung sozialer Systeme Rechnung getragen wird, nämlich durch Verzicht auf »Ähnlichkeit« von Ursachen und Wirkungen und durch Verzicht auf »Kontiguität«.

15 Dieser Aspekt ist speziell mit Bezug auf formal organisierte Sozialsysteme zu einem eigenen Forschungsansatz ausgearbeitet worden, der sog. »Kontingenztheorie«. Vgl. als Ausgangspunkt umfangreicher Weiterentwicklungen Paul R. Lawrence/Jay W. Lorsch, Organization and Environment: Managing Differentiation and Integration, Boston 1967.

16 Diese wichtige Unterscheidung findet sich bei Howard E. Aldrich/Sergio Mindlin, Uncertainty and Dependence: Two Perspectives on Environment, in: Lucien Karpik (Hrsg.), Organization and Environment: Theory, Issues and Reality, London 1978, S. 149-170. Vgl. auch Howard E. Aldrich, Organizations and Environments, Englewood Cliffs N. J. 1979, S. 110 ff.

17 Vgl. Martin Landau, Redundancy, Rationality, and the Problem of Duplication and

sich rein interne, umweltunabhängige Gewißheitsgrundlagen, selbstgeschaffene Evidenzen, Akten oder Protokolle empfehlen[18]. Fragen dieser Art sind bisher hauptsächlich im Hinblick auf formal organisierte Sozialsysteme behandelt worden[19], und Organisationen können in der Tat intern eine elaborierte Maschinerie des Problemausgleichs voraussetzen. Man muß aber nicht nur an diese Fallgruppe denken. Auch Ritualisierungen, religiöse und andere, haben eine ähnliche Funktion. Sie übersetzen externe Ungewißheiten in einen internen Schematismus, der nur stattfinden oder nicht stattfinden, aber nicht variiert werden kann und dadurch die Fähigkeiten zur Täuschung, zur Lüge, zu abweichendem Verhalten neutralisiert[20]. Ritualisierungen stellen geringe Ansprüche an die Komplexität des Systems. Sie scheinen daher solange als Behelf zu dienen, bis in der Form von Organisation hinreichend komplexe Systeme entstehen, die funktionale Äquivalente für Unsicherheitsabsorption[21] entwickeln können.

III

Ein Komplexitätsgefälle zwischen Umwelt und System kann nur entstehen und ausgebaut werden, wenn das System auch in der Zeitdimension ausdifferenziert wird. Auf sehr abstrakte Weise kann man sagen: es entsteht systemeigene Zeit, die aber gleichwohl in die Weltzeit passen muß. Zeit ist jedoch eine Sinndimension mit vielen Variablen (zum Beispiel Doppelhorizonte, Irreversibilität,

Overlap, Public Administration Review 27 (1969), S. 346-358. Vgl. auch Richard M. Cyert/James G. March, A Behavioral Theory of the Firm, Englewood Cliffs N. J. 1963, zu »organization slack« S. 36.

18 Vgl. William H. McWhinney, Organizational Form, Decision Modalities and the Environment, Human Relations 21 (1968), S. 269-281.

19 Siehe zu den bereits zitierten Arbeiten noch Robert B. Duncan, Characteristics of Organizational Environments and Perceived Environmental Uncertainty, Administrative Science Quarterly 17 (1972), S. 313-327, mit einem theoretischen Aufriß, der dem Unterschied von Sachdimension (simple/complex) und Zeitdimension (static/dynamic) folgt und zu dem Ergebnis führt, daß die Zeitverhältnisse wichtiger sind als die Sachverhältnisse für die Entstehung von Unsicherheit.

20 Vgl. hierzu Roy A. Rappaport, The Sacred in Human Evolution, Annual Review of Ecology and Systematics 2 (1971), S. 23-44; ders., Ritual, Sanctity and Cybernetics, American Anthropologist 73 (1971), S. 59-76.

21 Der Terminus stammt aus der Organisationstheorie. Siehe James G. March/Herbert A. Simon, Organizations, New York 1958, S. 165.

Zeitmaß, Knappheit, Tempo), so daß etwas genauer angegeben werden muß, in welchen Hinsichten eine zeitliche Ausdifferenzierung möglich ist und was ihre Konsequenzen sind[22].

Grundsätzlich muß die zeitliche Ausdifferenzierung von der Ausdifferenzierung systemeigener Elemente her begriffen werden. In dem Maße, als diese Elemente durch Zeitbezug definiert werden, also Ereignischarakter annehmen, tritt ein Doppeleffekt ein. Einerseits gilt hier, wie auch sonst, daß es auf der Basis der Elemente keine Punkt-für-Punkt-Zuordnungen zwischen System und Umwelt geben kann. Andererseits ist, eben deshalb, eine Identität der Zeitpunkte und ihrer Beziehungen in System und Umwelt erforderlich, also ein gleichmäßiges Fließen der Zeit. Alfred Schütz hatte von gemeinsamem Altern gesprochen[23]. Kein System kann schneller in die Zukunft vorrücken als andere und so die für Umweltkontakte erforderliche Gleichzeitigkeit verlieren. Selbst wenn »die Zeit«, Einstein zufolge, dies erlauben würde: das System würde an seiner Umwelt kleben bleiben. Die Differenz von Umwelt und System kann nur als gleichzeitige etabliert werden. Also setzt die laufende Verknüpfung von Umwelt und System eine gemeinsame Chronologie voraus[24]. Auch wenn man dies zugesteht, kann man jedoch an der Abstraktion der chronologischen Sinnformen ablesen, daß die Gemeinsamkeit der Zeit bei stärkeren Ausdifferenzierungen verdünnt werden muß.

Mit dem Erfordernis der Gleichzeitigkeit liegt außerdem fest, daß die jeweilige Gegenwart als Differenzpunkt zwischen Zukunft und Vergangenheit benutzt werden muß. Dadurch ist mit sichergestellt, daß die Zukunfts- und Vergangenheitshorizonte von System und Umwelt integrierbar bleiben, sich also zu Welthorizonten zusammenschließen lassen. Nur innerhalb dieser Welthorizonte und im Einklang mit dem Gleichfluß der Zeit kann sich die zeitliche Ausdifferenzierung von Sinnsystemen abspielen. Sie scheint vor allem darin zu bestehen, daß die Systeme eigene Relevanzgrenzen in Richtung auf Zukunft und Vergangenheit und eigene (je gegenwär-

22 Als gründliche Untersuchung dieses Themas vgl. Werner Bergmann, Die Zeitstrukturen sozialer Systeme: Eine systemtheoretische Analyse, Berlin 1981.

23 Vgl. Der sinnhafte Aufbau der sozialen Welt: Eine Einleitung in die verstehende Soziologie, Wien 1932, S. 111 ff.

24 Da die Umwelt als solche weder erlebnis- noch handlungsfähig ist, kann dies natürlich nur heißen, daß das System eine für die Umwelt und für es selbst geeignete, einheitliche Chronologie verwenden muß.

tig zu praktizierende) Regeln für die Verknüpfung künftiger und vergangener (eigener und umweltlicher) Ereignisse ausbilden.

Was ein System als eigene Zeit ausdifferenzieren kann, ergibt sich aus dem so ausgewählten Zusammenhang ausgewählter künftiger und vergangener Ereignisse. Es ist die Zeit, die man »haben« kann; die Zeit, die knapp werden kann; die Zeit der Eile und der Langeweile[25]. In ihrer Funktion, Zukünftiges und Vergangenes zu verknüpfen, kann die Gegenwart unter Druck geraten. Auch das Ausmaß an Reversibilität, das eine vorgesehene Integration von Zukünftigem und Vergangenem zuläßt, wird von System zu System variieren. Bei komplexeren sozialen Systemen kommt es überdies gleichzeitig zu Zeitdruck und zu unausgefüllter Zeit, zu Zeitdruck bei einigen Operationen und zu Wartezeiten bei anderen. All dies führt zu systemspezifischen Zeitproblemen, für die es in der Umwelt des Systems keine Entsprechungen gibt.

Zeitautonomie hat mithin für das System eigene Folgeprobleme, die eigene Lösungsansätze erfordern[26]. Sie ist andererseits eine unerläßliche Vorbedingung für Autonomie in Sachfragen. Müßte ein System auf Umweltereignisse, die es betreffen, immer in dem Zeitpunkt reagieren, in dem sie vorkommen, hätte es kaum Chancen zur Wahl seiner Reaktionsweisen. Nur Voraussicht einerseits und Verzögerung der Reaktion andererseits eröffnen einen Spielraum für eigene Strategien. Und vor allem: nur so kann es zum Einsatz von Reaktionen kommen, deren Vorbereitung im System selbst Zeit kostet. Mit all dem wird aber auch die Systemzeit zu einer wichtigen, oft ausschlaggebenden Beschränkung für die Wahl von Umweltkontakten und ersetzt dann oft die Orientierung an sachlichen Präferenzen.

All dies mag erklären, daß in komplexeren Gesellschaften das Interesse an bestimmten Zeitproblemen zunimmt und die Zeitsemantik entsprechend umformt. Das alte Interesse am »richtigen Zeit-

25 Alltagssprachlich und auch in der soziologischen Literatur wird leider dieser Begriff von »Zeit, die man haben oder nicht haben kann«, oft verquickt mit dem fundamentaleren Zeitbegriff, der die Zeitdimension allen sinnhaften Erlebens und Handelns bezeichnet, also die Einheit von Irreversibilität/Reversibilität und von Zukunft/Vergangenheit.

26 Vgl. auch Niklas Luhmann, Die Knappheit der Zeit und die Vordringlichkeit des Befristeten, in ders., Politische Planung, Opladen 1971, S. 143-164. Siehe ferner Barry Schwartz, Waiting, Exchange, and Power: The Distribution of Time in Social Systems, American Journal of Sociology 79 (1974), S. 841-870.

punkt« und an entsprechenden Markierungen im Kalender wird überformt durch ein Interesse an Beschleunigungen und an zeitsparenden Einrichtungen[27]. Schon im 16. Jahrhundert findet man dafür Belege, etwa im Zusammenhang mit Buchdruck und Systematisierungsbestrebungen zur Beschleunigung der Wissensverbreitung. Die Kritik der Zeitvergeudung nimmt zu und löst sich allmählich von den Grenzen der individuellen Lebenszeit. Die Eisenbahn macht schließlich das neue Tempo sichtbar; aber wichtiger ist wohl, daß der Arbeitsbegriff der monetären Ökonomie auch auf die Angehörigen der Oberschichten bezogen wird: auch sie fangen an zu arbeiten, und auch für sie wird daher die Zeit knapp. Die richtigen Zeitpunkte folgen dann nicht mehr aus der Natur, sondern aus Problemen der Synchronisation, aus der Logistik der Zeit selbst.

IV

Das Komplexitätsgefälle zwischen Umwelt und System findet seinen deutlichsten Ausdruck darin, daß, diese Differenz einmal gegeben, jede weitere Differenzierung verschieden erlebt und behandelt werden muß je nachdem, ob sie in der Umwelt oder im System stattfindet. Die soeben behandelte Differenz der Zeitrelevanzen ist hierfür nur ein Beispiel. Die Differenz von Umwelt und System ermöglicht es außerdem, Umweltdifferenzierung und Systemdifferenzierung zu unterscheiden; sie verschärft sich in dem Maße (wir nennen das auch »Ausdifferenzierung«), als Umweltdifferenzierung und Systemdifferenzierung verschiedenen Ordnungsgesichtspunkten folgen.

Jedes System hat in seiner Umwelt mit anderen Systemen zu rechnen. Je nachdem, wie tiefenscharf die Umwelt aufgenommen werden kann, erscheinen in ihr mehr und verschiedenartigere Systeme. Verfügt das System, von dem wir ausgehen, über die Fähigkeit zu verstehen, kann es die Systeme in *seiner* Umwelt aus *deren* Umwelt begreifen. Es löst damit die primär gegebenen *Einheiten* seiner Umwelt in *Relationen* auf. Dann erscheint dem System seine Umwelt als differenziert in verschiedene System/Umwelt-Perspektiven, die

27 Viele Hinweise bei Reinhart Koselleck, Vergangene Zukunft: Zur Semantik geschichtlicher Zeiten, Frankfurt 1979. Vgl. auch Niklas Luhmann, Temporalisierung von Komplexität: Zur Semantik neuzeitlicher Zeitbegriffe, in ders., Gesellschaftsstruktur und Semantik Bd. 1, Frankfurt 1980, S. 235-301.

sich wechselseitig überschneiden und insofern insgesamt die Einheit der Umwelt repräsentieren.
Angesichts eines solchen Befundes kann das System aggregierende Strategien entwickeln. Es kann die Systeme seiner Umwelt nach eigenen Differenzierungsschemata zusammenfassen und ordnen. Der vielleicht einfachste Fall ist die Differenzierung unter dem Gesichtspunkt, ob es sich in der Umwelt um ein System derselben Art handelt wie das System, von dem wir ausgehen, oder um ein System anderer Art. Für jeden Menschen beispielsweise heben sich andere Menschen deutlich aus der Umwelt heraus. Es gibt, daran anschließend, Tendenzen, diesen Bereich artgleicher Umwelt zu überschätzen, etwa Unbekanntes auf das Muster »Person« zurückzuführen. Auch soziale Systeme können gleiche Tendenzen und gleiche Präferenzen für artgleiche Umwelt entwickeln. So bevorzugen Organisationen den Verkehr mit Organisationen und behandeln andere Sektoren ihrer Umwelt (etwa ihre Klientel) oft so, als ob sie eine Organisation wären, Akten führen würden, Entscheidungen treffen könnten, auf Beschwerde reagieren müßten, usw. Kurz: wenn für die Umwelt die Differenzierungsschematik artgleich/artungleich gewählt wird, mag das bestimmte erwartbare Folgen haben.
Es gibt natürlich viele andersartige Differenzierungsmuster in Bezug auf Umwelt, etwa nah/fern oder Freund/Feind, konkurrierend/kooperierend oder, enger an die Operation des Systems anschließend, Lieferant und Abnehmer von Leistungen. Angesichts der Vielfalt solcher Möglichkeiten wird man Theorien über die Wahl von Differenzierungsmustern formulieren müssen. Eine dafür wichtige Fragestellung ist: wie stark die Differenzierungsstrategie gie auf Eigenarten des Systems bezugnimmt (etwa: artgleich/artungleich) oder wie weit sie von den Eigenarten des Systems abstrahieren kann (etwa: im Sinne einer »wissenschaftlichen« Typologie von Umweltsystemen). Hinter dieser Frage steckt offensichtlich das Problem des erreichbaren Objektivierungsgrades und die Frage nach dessen Bedingungen. Objektivierende Differenzierungsschemata setzen sicher hohe Systemkomplexität in den Systemen voraus, die sie entwickeln und verwenden können. Andererseits bedeutet Systemkomplexität keineswegs, daß das System als ganzes von selbstbezüglichen zu stärker objektivierenden Umweltdifferenzierungen übergeht. Höhere Komplexität scheint, wie jede Gesellschaftsanalyse zeigen könnte, nur zu bedeuten, daß *beide* Mög-

lichkeiten simultan und/oder alternativ zur Verfügung stehen. So kommt die moderne Gesellschaft nicht umhin, den Menschen als Besonderheit in ihrer Umwelt vor allen anderen Systemen auszuzeichnen, obgleich die (ebenfalls gesellschaftliche) wissenschaftliche Analyse in vielen Hinsichten die damit vorausgesetzte Systemeinheit längst aufgelöst hat.

Diese Fragen sind für die weitere Entwicklung einer Theorie sozialer Systeme sehr wichtig. Sie könnten aber nur mit Detailuntersuchungen weiterverfolgt werden, auf die wir an dieser Stelle verzichten müssen[28]. Uns kommt es hier auf eine vorausliegende Differenz an, die alle Verfeinerungen und Variierungen erst ermöglicht: auf die Differenz von externen und internen Differenzierungen. Dabei interessiert nicht mehr jede semantisch mögliche Unterscheidung, sondern nur die grundlegende Differenzierung von System und Umwelt.

Interne Differenzierungen (Systemdifferenzierungen) benutzen ein völlig anderes Verfahren. Während die Umweltdifferenzierung sich auf die Erfordernisse der *Beobachtung* der Umwelt durch das System bezieht und dadurch zugleich stimuliert und limitiert wird[29], ergibt sich die interne Differenzierung aus dem Prozeß der *autopoietischen Reproduktion*. Der Zusammenhang von Reproduktion und Differenzierung[30] wird einsichtig, wenn man Reproduktion nicht als identische oder fast identische Wiederholung des Gleichen (z. B. als Ersatz von Beständen) versteht, sondern als laufende Neukonstituierung anschließbarer Ereignisse. Dann impliziert Reproduktion immer auch Reproduktion der Reproduktionsmöglichkeit. Das aber heißt für soziale Systeme: Wiederherstellung der doppelten Kontingenz. Einerseits steht die Reproduktion unter der Bedingung von Anschlußfähigkeit, sie muß in die Situation passen; andererseits kann sie Möglichkeiten bieten, im System ein neues System mit eigener System/Umwelt-Differenz zu bilden – und vielleicht ein System, das länger dauern wird als das Ausgangssystem. Man sieht auf einer Party eine Dame eine Zigarette nehmen und kommt

28 In der soziologischen Tradition dürften vor allem die Anregungen zu einer Untersuchung von Klassifikationen, die Durkheim gegeben hat, wichtige Vorarbeiten enthalten.

29 Wir hatten, wie erinnerlich, Beobachtung durch Informationsaufnahme mit Hilfe einer Differenz definiert.

30 Eine umfangreiche Untersuchung dieses Zusammenhangs ist Yves Barel, La reproduction sociale: Systèmes vivants, invariance et changement, Paris 1973.

ihr (sie ist entsprechend langsam) mit dem eigenen Feuerzeug zuvor[31]. Eine eingewöhnte Systemdifferenzierung stabilisiert Reproduktionsmöglichkeiten über einschränkende Bedingungen der Verständlichkeit von Kommunikation und des Passens von Verhaltensweisen. Zugleich bieten aber die Sinnüberschüsse, die dabei mitreproduziert werden müssen, immer wieder Chancen zu innovativer Systembildung, das heißt: zur Einfügung neuer Differenzen und neuer Einschränkungen, also zur Steigerung der Einschränkbarkeit des Ausgangssystems durch Differenzierung. Nur so kann es zur Zunahme von Systemkomplexität kommen.

Interne Differenzierungen schließen an die Grenze des bereits ausdifferenzierten Systems an und behandeln den damit eingegrenzten Bereich als eine Sonderumwelt, in der weitere Systembildungen folgen können. Diese interne Umwelt weist nämlich besondere Komplexitätsreduktionen auf, die durch die Außengrenzen gesichert sind; sie ist relativ zur Außenwelt eine schon domestizierte, schon pazifizierte Umwelt mit verringerter Komplexität. Sie ist überdies artgleiche Umwelt, denn interne Differenzierung kann nur in artgleicher Weise erfolgen. Lebende Systeme können sich nur in lebende Systeme, soziale Systeme nur in soziale Systeme differenzieren. Gewisse Regulierungsleistungen können deshalb bei der weiteren Systembildung im Inneren vorausgesetzt werden. An sie können neue, unwahrscheinlichere Systembildungen angeschlossen werden. Systemdifferenzierung ist demnach Wiederholung der Systembildung in Systemen in Richtung auf Steigerung und Normalisierung der Unwahrscheinlichkeit. Man kann Systemdifferenzierung daher auch als reflexive Systembildung bzw. als reflexive Steigerung der Ausdifferenzierung des Systems kennzeichnen: Der

31 Man könnte auch, um ein zweites, weniger interaktionistisches Beispiel wenigstens anmerkungsweise anzudeuten, von hier aus die Diskussion über formale und informale Organisation erneut aufgreifen. Ein formal organisiertes Sozialsystem kann planmäßig formal differenziert werden; es bietet zwangsläufig aber auch Gelegenheiten zu informalen Systembildungen, die dann in ein ambivalentes Verhältnis zu den formalen Regeln geraten. Man kann so besser als in der älteren Organisationsforschung, die mit dem Gruppenbegriff gearbeitet hatte, herausbringen, daß es Zusammenhänge gibt zwischen laufender Reproduktion, Differenzierung, Wachstum nach innen, Komplexifikation und zunehmender Kanalisierung der Spontaneität weiterer Differenzierungen, und man wird im Gegensatz zur früher vorherrschenden Meinung vermuten können, daß nicht informale, sondern gerade formale Organisation die Mittel bietet, Elastizität und Anpassungsfähigkeit wiederzugewinnen.

Prozeß der Systembildung wird auf sich selbst angewandt und dadurch in seiner Funktionsrichtung gesteigert. Wie jede Bildung sozialer Systeme erfolgt auch systeminterne Systembildung autokatalytisch, das heißt: selbstselektiv. Sie setzt keine »Aktivität« des Gesamtsystems, auch keine Handlungsfähigkeit des Gesamtsystems voraus, geschweige denn einen Gesamtplan. Ebensowenig hilft es weiter zu sagen, daß das Gesamtsystem sich in Teilsysteme gliedere oder in Teilsysteme zerlegt werde. Das Gesamtsystem ermöglicht durch die eigene Ordnung nur die Selbstselektion des Teilsystems. Aber wenn sich Teilsysteme bilden, setzt das Anpassungsprozesse in Gang, weil dann für alles, was nicht als neuartiges Teilsystem ausdifferenziert wird, eine neuartige Umwelt entsteht. So ändert sich, um das Beispiel Durkheims aufzunehmen[32], die Lage der Familie, wenn in der Gesellschaft außer Familien noch andere, nämlich korporative Teilsysteme entstehen. Die Einheit des Gesamtsystems muß dann in der Art und Weise Ausdruck finden, in der jede dieser Arten von Teilsystemen ihre Beziehung zur Umwelt (die die anderen enthält) handhabt[33]; denn in differenzierten Systemen ist jedes Teilsystem zugleich es selbst und Umwelt für andere[34].

Obwohl Prozesse der internen Differenzierung nahezu beliebig anlaufen können und nicht durch eine zu »entwickelnde« Form dirigiert sind, scheint es doch eine Art Selektion zu geben, die das auswählt, was Bestand haben kann. So ließe sich möglicherweise erklären, daß es letztlich doch nur wenige Differenzierungsformen

32 Aus dem Vorwort zur zweiten Auflage von: Über die Teilung der sozialen Arbeit, Dt. Übers. Frankfurt 1977, S. 39 ff.

33 Insofern hat Talcott Parsons Recht mit der Annahme, daß alle Systemdifferenzierung einem binären Prinzip folge. Siehe: Comparative Studies and Evolutionary Change, in: Ivan Vallier (Hrsg.), Comparative Methods in Sociology: Essays on Trends and Applications, Berkeley 1971, S. 97-139 (100). Der Sachverhalt liegt jedoch komplizierter als Parsons meint. Er besteht nicht einfach darin, daß ein (funktional diffuses) System durch zwei (funktional spezifizierte) Systeme ersetzt wird. Vielmehr beruht die Binarität direkt auf der System/Umwelt-Differenz, nämlich darauf, daß diese Differenz jeder weiteren Ausdifferenzierung eine Doppelwirkung gibt: als neu sich bildendes System und als Umwelt für alle anderen.

34 In der alteuropäischen Begriffssprache hatte es an dieser Stelle geheißen: Jeder Teil ist zugleich Selbstzweck und Mittel für andere. Vgl. Thomas von Aquino, Summa Theologiae I q. 65 a. 2, zit. nach der Ausgabe Turin 1952 Bd. 1, S. 319; Immanuel Kant, Kritik der Urteilskraft §§ 65 und 66, insbes. die Einleitung zu §§ 66 – »innere Zweckmäßigkeit« – zit. nach der Ausgabe von Karl Vorländer, 3. Aufl. Leipzig 1902, S. 245 ff.

gibt, die in langfristig bestehenden Systemen durchgehalten werdenkönnen, so vor allem die Differenzierung in gleiche Einheiten (Segmentierung), die Differenzierung Zentrum/Peripherie, die Differenzierung konform/abweichend (offiziell/inoffiziell, formal/informal), die hierarchische Differenzierung und die funktionale Differenzierung. Durchhaltbar sind anscheinend nur Differenzierungsformen, die Prozesse der Abweichungsverstärkung (positiven feedback) zu ihren Gunsten mobilisieren und Renivellierungen verhindern können[35].

Eine Fülle von Forschungsfragen ließe sich im Anschluß hieran ausarbeiten und vor allem für die Gesellschaftstheorie fruchtbar machen. Eine genauere Klärung der Evolution mittels Überschußproduktion, Selektion und Stabilisierung für jede einzelne Differenzierungsform wäre Voraussetzung. Man müßte weiter klären, ob und wie weit mehrere Formen miteinander kombinierbar sind bzw. einander sogar genetisch voraussetzen (sei es als Startbedingung, sei es in der Selektion, sei es in der Stabilisierung durch positiven feedback). So wäre es nicht undenkbar, daß die Zentrum/Peripherie-Differenzierung Entwicklungsbedingung ist für das Entstehen mehrstufiger Hierarchien, dann aber mit ihnen in Konflikt gerät[36]. Ferner müßte miteinbezogen werden, daß Formen interner Differenzierung den Grad der Ausdifferenzierung des Gesamtsystems mitbestimmen. Beim Primat hierarchischer Differenzierung sind der Ausdifferenzierung dadurch Schranken gesetzt, daß die Spitze (oder das Herrschaftszentrum) der Hierarchie die Grenzbeziehungen des Systems muß kontrollieren können, weil sie sonst die Herrschaft verliert. Bei stärkerer Ausdifferenzierung und komplexeren Außenbeziehungen wird das unmöglich, was den Übergang zu funktionaler Differenzierung erzwingt, so wie umgekehrt ein Vorantreiben funktionaler Differenzierung die Ausdifferenzierung steigert und die Herrschaftszentren depossediert.

Systemdifferenzierung führt zwangsläufig zur Steigerung der Komplexität des Gesamtsystems. Und ebenso gilt umgekehrt: daß Systemdifferenzierung nur möglich ist, wenn das Gesamtsystem mehr

35 Vgl. hierzu Magoroh Maruyama, The Second Cybernetics: Deviation-Amplifying Mutual Causal Processes, General Systems 8 (1963), S. 233-241.

36 Siehe hierzu Shmuel N. Eisenstadt, The Political Systems of Empires, New York 1963. Obwohl unter anderen Gesichtspunkten verarbeitet, suggeriert das Material die hier skizzierte Fragestellung.

und verschiedenartigere Elemente konstituieren und über schärfer ausgewählte Relationen verknüpfen kann. Systemdifferenzierung heißt ja nicht nur, daß im System kleinere Einheiten gebildet werden; vielmehr wiederholt die Systemdifferenzierung die Gesamtsystembildung in sich selbst. Das Gesamtsystem wird rekonstruiert als interne Differenz von Teilsystem/Teilsystemumwelt, und dies für jedes Teilsystem auf je verschiedene Weise. Je nach interner Schnittlinie ist das Gesamtsystem dann mehrfach in sich selbst enthalten. Es multipliziert seine eigene Realität. So ist das moderne Sozialsystem Gesellschaft zugleich: politisches Funktionssystem und dessen gesellschaftsinterne Umwelt; wirtschaftliches Funktionssystem und dessen gesellschaftsinterne Umwelt; wissenschaftliches Funktionssystem und dessen gesellschaftsinterne Umwelt; religiöses Funktionssystem und dessen gesellschaftsinterne Umwelt; und so weiter.

Differenzierung ist aber nicht nur *Steigerung* der Komplexität; sie ermöglicht ineins damit auch neue Formen der *Reduktion* von Komplexität. Jedes Teilsystem übernimmt, wenn man so sagen darf, einen Teil der Gesamtkomplexität, indem es sich nur an der eigenen System/Umwelt-Differenz orientiert, mit dieser aber das Gesamtsystem für sich rekonstruiert. So kann das Teilsystem sich durch die Voraussetzung entlastet fühlen, daß viele Erfordernisse der Gesamtsystemreproduktion anderswo erfüllt werden. Seine Abhängigkeit vom Gesamtsystem wird entsprechend gedoppelt: es selbst ist Teil des Gesamtsystems und zugleich abhängig von der internen Umwelt und so auf anderen Wegen ebenfalls vom Gesamtsystem.

Ähnlich wie die Komplexität des Gesamtsystems wird auch dessen Selbstreferenz durch interne Differenzierung umstrukturiert. Denn einerseits fungiert jedes Teilsystem als Artikulation der Selbstreferenz des Gesamtsystems. Es kann sich nicht als »Teil« identifizieren, ohne aufs Ganze Bezug zu nehmen, und diese Bezugnahme ist *zirkulär*: sie setzt im Ganzen sich selbst voraus. Zugleich artikuliert jedes Teilsystem die Ganzheit aber auch als Differenz von Teilsystemen und systeminterner Umwelt, und diese Artikulation ist *asymmetrisch*, also folgenreich. Zirkularität und Asymmetrie setzen sich dann wechselseitig voraus. In der Praxis der laufenden kommunikativen Selbstreproduktion erfordert das einen ständigen Perspektivenwechsel, der seinerseits dadurch ermöglicht wird, daß diese Praxis aus temporalisierten Elementen (Ereignissen, Handlungen) besteht.

Aus diesem komplizierten Arrangement ergeben sich also Anforderungen an das, was in einem solchen Gesamtsystem dann noch über Differenzierungsschranken hinweg als Element fungieren kann. Stärker differenzierte Systeme müssen ihre Elemente temporalisieren, das heißt zeitpunktbezogen konstituieren und von Moment zu Moment reproduzieren; und sie müssen sie abstrakter fassen, um sie über Systemgrenzen hinweg verknüpfen zu können. Wir hatten dies Resultat in der Beschreibung der Selbstbeschreibung sozialer Systeme vorweggenommen. Die Selbstbeschreibung setzt – jedenfalls in der modernen Gesellschaft, in der und für die diese Theorie verfaßt wird – Reduktion auf Handlung voraus[37].

Daß die Umwelt als differenziert erfahren wird (externe Differenzierung), scheint zu den Notwendigkeiten der Systembildung zu gehören. Gegenüber einer gänzlich undifferenziert erfahrenen Umwelt könnten keine Reduktionsstrategien entwickelt werden. Das System braucht Differenzen in seiner Umwelt, um Information gewinnen und verarbeiten zu können[38]. Dagegen gehört interne Differenzierung nicht zu den Notwendigkeiten der Systembildung. Es gibt durchaus undifferenzierte Sozialsysteme, etwa Interaktionssysteme des Kontaktes unter Anwesenden, die keine weitere interne Systembildung vorsehen. Um diesen Fall besonders zu bezeichnen, wollen wir von einfachen Sozialsystemen sprechen. Nicht alle, aber viele Interaktionssysteme unter Anwesenden sind in diesem Sinne einfache Sozialsysteme. Und sehr typisch für Interaktionssysteme

37 Das soll, um Mißverständnissen vorzubeugen, natürlich nicht ausschließen, daß die moderne Gesellschaft mit der für sie möglichen Begrifflichkeit abstrakte Theorien verfaßt, die auch auf nichtmoderne Gesellschaftssysteme angewandt werden können. Man kann dann aber an der Semantik dieser älteren Gesellschaften ablesen, daß sie eine solche Theorie für sich selbst weder hätten anfertigen noch für angemessen hätten halten können. Von hier aus läßt sich im übrigen zeigen, daß die alte Streitfrage, ob moderne Theorien überhaupt in der Lage seien, traditionale Gesellschaften adäquat zu erfassen, sowohl mit ja als auch mit nein beantwortet werden kann – und zwar mit nein dann, wenn man die Forderung stellt, daß die heutige Beschreibung den Selbstbeschreibungen, die für diese Gesellschaften möglich gewesen wären, zu entsprechen habe.

38 Vgl. hierzu auch die kybernetischen Einsichten in die informationstechnischen Vorteile »diskreter« Zustände. Siehe z. B. W. Ross Ashby, Systems and Their Informational Measures, in: George J. Klir (Hrsg.), Trends in General Systems Theory, New York 1972, S. 78-97 (insbes. 81).

ist: daß sie intern nur mit Mühe dauerhafte Teilsysteme konsolidieren können. Es kommt gelegentlich zu Flüstergesprächen; oder auch zum bloßen Beisammenstehen oder Nebeneinandersitzen von Leuten, die sich mögen. Auch interne Konflikte können sich zeitweise ausdifferenzieren. Es gibt also Ansatzpunkte für weitere Differenzierung, aber sie können, allein schon aus Geräuschgründen, nicht sehr weit entwickelt werden.

Interne Differenzierung kann deshalb nicht als Wesensmerkmal sozialer Systeme begriffen werden; aber sie ist ein wichtiges Moment der Ausdifferenzierung sozialer Systeme. Durch interne Differenzierung werden die Außengrenzen zusätzlich in Anspruch genommen und dadurch verstärkt. Die internen System/Umwelt-Differenzen konvergieren an den Außengrenzen und sind nur haltbar, wenn die Außengrenzen die externe Umwelt fernhalten. Die Differenz zur Umwelt wird nochmals verstärkt, wenn die interne Differenzierungsschematik autonom gewählt wird und nicht an Umweltgegebenheiten (oder: vermeintliche Umweltgegebenheiten) anschließt. Ein Gesellschaftssystem, das nach dem Prinzip der Stratifikation vertikal differenziert ist, setzt dabei voraus, daß die gesellschaftliche Differenzierung sich nach den Arten von Personen richtet, nach deren »Qualität«, nach deren Bestimmung zum Leben in bestimmten Kasten oder bestimmten Ranggruppen. Mit dem Übergang zu funktionaler Differenzierung wird die Differenzierungsschematik autonom gewählt, sie richtet sich nur noch nach den Funktionsproblemen des Gesellschaftssystems selbst ohne irgendeine Entsprechung in der Umwelt; und deshalb wird jetzt die Orientierung am Menschen eine Ideologie, die nur noch für die Werte von Bedeutung ist, nach denen die gesellschaftlichen Prozesse sich richten sollen. Oder ein anderes Beispiel: Wenn Organisationsabteilungen nach unterschiedlichen Außengruppen, Kunden, betreuten Personenkreisen usw. eingerichtet werden, verstärkt das den Einfluß dieser Gruppen auf die Organisation; sie finden »ihre« Vertretung im System. Wird die Gliederung nach rein internen Gesichtspunkten gewählt, steigert das die Ausdifferenzierung des Organisationssystems.

In dem Maße, als ein System sich durch selbstreferentiell begründete Differenzierungsschemata von der Umwelt unabhängig macht, kann es auch seine Differenzierung von Umweltphänomenen eigenständig entwerfen – nicht in dem Sinne, daß es dadurch von der vorliegenden Umweltdifferenzierung unabhängig würde[39]; wohl aber so, daß es Umweltphänomene unter selbstgewählten Gesichtspunkten zusammenfassen und voneinander unterscheiden kann. In dieser Weise wirkt die Steigerung der Ausdifferenzierung des Systems auf die Möglichkeiten der Informationsgewinnung zurück. Das, was als Außengrenze des Systems fungiert, filtert nicht etwa mehr aus, es läßt im Gegenteil mehr durch; das System wird, wenn es anders als die Umwelt strukturiert ist, zugleich sensibler für die Umwelt, sofern nur die Differenzierungsschematik für diese Steigerungsfunktion adäquat gewählt wird.

Solche Zusammenhänge externer und interner Differenzierung setzen deren Differenz voraus. Diese Differenz ist aber kein einfaches, durch einen Gründungsakt etabliertes Faktum. Es handelt sich, und nur so ist ja auch Evolution möglich, um ein graduelles Phänomen. Die Graduierung kann jedoch nicht beliebig erfolgen; sie wiederholt und verstärkt den Grundvorgang einer Systembildung. Insofern entscheidet die Differenzierung der Differenzen über den Grad an »Systemheit« eines Systems – über Ausmaß und Intensität, mit denen ein System System ist.

V

Bei der System/Umwelt-Differenz und bei ihrer weiteren Differenzierung handelt es sich um Sachzusammenhänge, die auf der Ebene der allgemeinen Systemtheorie zu behandeln sind. Wir hatten unsere Überlegungen in den vorangegangenen Abschnitten jedoch bereits auf die besondere Welt sozialer Systeme zugeschnitten. Der nächste Schritt muß jetzt darin bestehen, deutlicher auszuarbeiten, wie auf dieser Ebene sozialer Systeme das Komplexitätsgefälle von System und Umwelt behandelt wird. Die Besonderheit sozialer Systeme besteht darin, daß diese sich in der Form von Sinn an Komplexität orientieren (Kapitel 2). Das bedeutet, daß die Differenz von Umwelt und System ausschließlich durch *Sinngrenzen* vermittelt wird. Dies gilt zwar auch für psychische Systeme. Aber ein psychi-

39 Im Gegenteil: das »Differentiation matching« wird auf dieser Grundlage zum Desiderat. Vgl. dazu Uriel G. Foa et al., Differentiation Matching, Behavioral Science 16 (1971), S. 130-142. Voraussetzung solcher Überlegungen ist: daß es keine »natürliche« Übereinstimmung der Differenzschematik gibt und daß das Problem keineswegs nur in einer nach richtig/falsch binär schematisierten Erkenntnis liegt.

sches System kann seine Grenzen noch in seinem Körper sehen, mit dem es lebt und stirbt. Für soziale Systeme entfallen solche Anhaltspunkte. Ersatz dafür bietet in gewissem Umfange das Prinzip der Territorialität. Es gibt Gruppen, die wie Tiere[40] sich mit ihrem Lebensraum identifizieren, ihn kennen, ihn verteidigen[41]. Aber für das soziale System dieser Gruppen haben, darüber ist man sich einig, die Grenzen »ihres« Territoriums nur noch symbolische Bedeutung[42]. Und im übrigen ist Territorialität, heute jedenfalls, ein für soziale Systeme ganz untypisches, eher exotisches, eher die normale gesellschaftliche Mobilität störendes Grenzprinzip. Territoriale Grenzen sind ein Sonderfall von Sinngrenzen. Aber was sind Sinngrenzen, und wie kommen sie zustande?

Erst die Radikalisierung der Systemtheorie im Hinblick auf Umweltbezug und Selbstreferenz ermöglicht es, auf diese Frage eine plausible Antwort zu geben. Sinngrenzen sind nicht nur eine äußere Haut, die wie ein Organ unter anderen gewisse Funktionen erfüllt. Sie ordnen vielmehr die Elemente, aus denen das System besteht und die es reproduziert, dem System zu. Jedes Element trifft, so gesehen, eine Zuordnungs- und damit eine Grenzentscheidung. Jede Kommunikation im sozialen System, und nicht etwa nur eine grenzüberschreitende Kommunikation nach außen, nimmt die Differenz zur Umwelt in Anspruch und trägt dadurch zur Bestimmung bzw. zur Veränderung der Systemgrenze bei. Umgekehrt haben Grenzvorstellungen eine Ordnungsfunktion für die Konstitution der Elemente; sie ermöglichen es, abzuschätzen, welche Elemente im System gebildet, welche Kommunikationen riskiert werden können.

40 Hierzu als Überblick C. R. Carpenter, Territoriality: A Review of Concepts and Problems, in: Anne Roe/George G. Simpson (Hrsg.), Behavior and Evolution, New Haven 1958, Neudruck 1967, S. 224-250.

41 Vgl. aus interaktionistischer Perspektive Philip D. Roos, Jurisdiction: An Ecological Concept, Human Relations 21 (1968), S. 75-84; Miles Patterson, Spatial Factors in Social Interaction, Human Relations 21 (1968), S. 351-361; Stanford M. Lyman/Marvin B. Scott, A Sociology of the Absurd, New York 1970, S. 89 ff.

42 Das zeigt im übrigen auch die historische Literatur über das Entstehen *linearer* Staatsgrenzen. Hinweise oben Kapitel 1, Anm. 43. Die Eindeutigkeit der Grenzen war, zunächst vor allem aus Gründen des kanonischen Rechts, zur Entscheidung von Fragen der Jurisdiktion erforderlich. Ein reisender Bischof hatte extra provinciam keine Zuständigkeit. Wäre es nur auf effektive Trennung des Lebensraums verschiedener Völker angekommen, hätten unwirtliche Zonen, Gebirge, Marken diese Funktion sehr viel besser erfüllt.

Man kann diese Wechselbeziehung zwischen Sinngrenze und Kommunikation deutlicher fassen, wenn man berücksichtigt, daß jede Kommunikation einen *Zumutungsgehalt* hat. Sie nimmt als mindestes Zeit und Aufmerksamkeit in Anspruch. Darüber hinaus drückt jede Mitteilung, wie immer vorsichtig, auch Annahmeerwartungen aus; und diese Erfolgserwartungen können, vor allem mit Hilfe symbolisch generalisierter Kommunikationsmedien, massiv verstärkt werden: Wer seine Liebe erklärt, nimmt fast schon das Recht in Anspruch, geliebt zu werden[43]. Wer es unternimmt, Kommunikation in Gang zu bringen oder das Themenrepertoire eines Systems um neue Elemente zu erweitern, wird daher gut tun, sich den Zumutungsgehalt der Kommunikation vor Augen zu führen und sich über ihre Chancen zu vergewissern: *Er erweitert Systemgrenzen.*

Wie so oft ist auch hier die ältere Literatur sensibler und aufschlußreicher als die heutige »Kommunikationsforschung«. Der Zusammenhang von Themen und Grenzen war ein zentraler Gegenstand der Literatur über gesellige Konversation gewesen. Um das System der geselligen Interaktion in den für es angemessenen Grenzen zu halten, schloß man zum Beispiel religiöse und politische, geschäftliche und familiale Themen aus, ferner auch alle Themen, bei denen es auf Gelehrsamkeit oder genaues Wissen ankam (Verbotsbegriff: Pedanterie!)[44]. Was übrig blieb, war auf raschen Wechsel der Themen im Hin und Her des Gesprächs abgestellt, also in bestimmter Weise strukturkonform ausgewählt.

Ferner kann man mit Hilfe dieses Zusammenhangs von Themen und Grenzen auch Prozesse des Alterns und Schrumpfens sozialer Systeme analysieren. Gerade Systeme, denen hohe Sensibilität abverlangt ist, erleiden einen Themenschwund, weil jeder schon weiß, daß der andere schon weiß, wie das Thema zu behandeln ist. Das

43 Ein viel diskutiertes Problem – vor allem im Hinblick auf die Strategien der Anwärmung und Vor-vergewisserung, die man praktizieren muß, bevor man seine Liebe erklärt, bzw. zugesteht, daß man liebt. Siehe z. B. das Doppelspiel des Zugestehens und der Verleugnung des Zugestehens in den ersten Briefen des Romans von Claude Crébillon (fils), Lettres de la Marquise de M. au Comte de R. (1732), zit. nach der Ausgabe Paris 1970. Ganz deutlich geht es hier um die Grenzen des Systems!

44 Speziell hierzu Klaus Breiding, Untersuchungen zum Typus des Pedanten in der französischen Literatur des 17. Jahrhunderts, Diss. Frankfurt 1970. Vgl. auch Daniel Mornet, Histoire de la littérature française classique 1660-1700: Ses caractères véritables, ses aspects inconnus, Paris 1940, S. 97 ff.

System schränkt seine Kommunikation dann ein auf das, was die Umwelt jeweils anregt, und behilft sich im übrigen mit monotonem Fortschreiben der bekannten Themen[45]. Durch die Frage (die sich jeder Beteiligte selbst stellen muß), was als Kommunikation wem zumutbar ist, wird Kommunikation auf Handlung umgesetzt. Man muß dies entscheiden und sich dabei sozial orientieren, bevor man sich handelnd an der Kommunikation beteiligt, und man muß durch kommunikatives Handeln hervortreten, wenn man unzumutbare Kommunikation abwehren will. Grenzziehung wird so letztlich an einen Prozeß des (stillschweigend antezipierenden, versteckten oder offenen) Aushandelns verwiesen; sie läuft über die Selbstsimplifikation des Systems, indem sie kommunikatives Handeln im System duldet oder nicht duldet.

Dieser Prozeß läßt sich durch Themenerwartungen führen. An akzeptablen Themen lassen sich dann die Grenzen des Systems ablesen. Neben direkten gibt es aber auch indirekte Themen/Grenzbestimmungen. Neben der Sachdimension bieten sowohl Zeitdimension als auch Sozialdimension Möglichkeiten der Grenzregulierung. Man kann die Kommunikationszeit verkürzen[46], zum Beispiel durch demonstrative Eile oder durch klug arrangierten Termindruck. Es muß dann alles so schnell geschehen, daß nichts mehr »ausdiskutiert« werden kann. Alles Ernsthafte und Schwierige wird vertagt[47]. Vor allem aber liegt es nahe, Themen und Sinngrenzen über Zulassung zur Teilnahme zu regulieren, zum Beispiel über soziale Schichtung oder über geprüfte Kompetenzen. Es gibt daher Systeme, und sie haben als »formale Organisation« in der modernen Gesellschaft eine nichtwegdenkbare Bedeutung gewonnen, die ihre Grenzen primär über Mitgliedschaftsrollen und Zulassung zur Mitgliedschaft regulieren und Themen als etwas behan-

45 Es liegt auf der Hand, hier an Ehen zu denken. Vgl. hierzu, das scheinbar Unvermeidliche bejahend, Elton Mayo, Should Marriage be Monotonous?, Harpers Magazine 151 (1925), S. 420-427. An der Kommunikation Liebender hatte dagegen immer verwundert, daß sie anscheinend ohne jede zeitliche und sachliche Schranke dauernd miteinander reden können, weil es ihnen nur darauf ankommt, das Beisammensein zu genießen.

46 Kürze kann auch oktroyiert sein, mit der Folge, daß Themen und Systeme, die eine gewisse Dauer erfordern, nur durch deviantes Verhalten produziert werden können: »No loitering« auf öffentlichen Toiletten!

47 Vor diesem Hintergrund wird verständlich, daß die gesellschaftliche Utopie der endlosen, offenen Diskussion in der Lage war, Unterdrücktes anzusprechen.

deln, was den Mitgliedern des Systems auf Grund der Mitgliedschaft zugemutet werden kann[48]. Über die Sozialdimension läßt sich schließlich regulieren, was als Handeln im System in Betracht kommt und welche Handlungen der Umwelt zuzurechnen sind. Damit gewinnen Systemgrenzen eine zusätzliche Präzision, die auf die Selbstbeschreibung des Systems als Handlungssystem zurückzuführen ist.

Wie diese Erläuterungen gezeigt haben werden, sind Sinngrenzen mehr als alle anderen Arten von Systemgrenzen abstraktionsfähig; sie sind zugleich mehr als alle anderen »self-generated boundaries«[49]. Sinngrenzen stehen im System selbst zur Disposition. Das heißt keineswegs, daß diese Disposition beliebig erfolgen könne; sondern nur, daß sie im System selbst reguliert werden muß. Dies geschieht im Verhältnis von Erwartungsstrukturen und Kommunikationsprozessen, auf das wir später (Kapitel 8) ausführlicher eingehen werden. Die Zumutung von Themen, die die Grenzen des Systems verändert, läßt sich durch die Vorgeschichte, durch das, was in der Situation gerade möglich ist, aber auch durch allgemeine Erwartungsstrukturen führen; und diese allgemeinen Erwartungsstrukturen können im Detail vorsehen, wie und worüber man im Supermarkt, auf dem Fußballfeld, an der Straßenbahnhaltestelle, am Mittagstisch in der Familie, bei der telephonischen Bestellung eines Flugtickets usw. kommuniziert. Und gerade Spontaneität mag dann in hochstandardisierten Formen erscheinen: etwa als Autoaufkleber.

VI

Die Differenz von System und Umwelt wird in der Konstitution eines jeden Sinnelements relevant. Sie kann auf dieser Grundlage

48 Sieht man Mitgliedschaftsregulierung als abstraktes, komplexitätsgünstiges Substitut für direkt benennende Themenregulierung, so wird verständlich, daß hier – und nur hier – ein Bedarf für »informale Organisation« auftritt. Die Mitglieder möchten, während sie ihre Aufgaben ausführen, gelegentlich auch über etwas anderes reden: über ihr neues Auto, ihre häuslichen Verhältnisse, ihre persönliche Einstellung zu Vorgesetzten, zur Arbeit, zu schwierigen Kollegen. Durch solche Seitenthemen werden die Grenzen des formalen Systems nicht verändert. Aber die informale Organisation kann, wie man aus umfangreicher Forschung weiß, für die Arbeitsmotivation von Bedeutung sein, die durch die formale Organisation allein nicht ausreichend sichergestellt werden kann.

49 Im Sinne von Barker. Vgl. oben Kapitel 1, Anm. 49.

aber auch Spezialthema besonderer Einrichtungen werden, die dann die Umweltsensibilität des Systems steigern und andere Einrichtungen für interne Funktionen freistellen. Das System wiederholt dann die System/Umwelt-Differenz, an der es sich durchgehend orientiert, intern in der Form struktureller Differenzierung. Auf der Basis räumlicher Organisation gibt es hierfür gut funktionierende Beispiele: Membranen, Häute, und auf dieser Grundlage Sondereinrichtungen wie bewegliche Glieder oder Augen und Ohren. Entscheidend ist schon auf dieser Realitätsebene, daß diese Einrichtungen Umweltbezüge haben, an denen nicht mehr jedes Element des Systems teilnimmt, und zugleich Einflußmöglichkeiten in das System haben, die der Umwelt als solcher nicht zur Verfügung stehen. Sie sind an das selbstreferentielle Kontaktnetz des Systems angeschlossen und können nur auf der Grundlage zirkulär-geschlossener interner Prozesse ihre Grenzfunktion erfüllen[50]. Sie erfüllen eigene Interpretationsleistungen, die im System anschließend wieder weginterpretiert werden – so daß man normalerweise gar nicht beobachtet, daß man nur durch das Auge sieht. Gibt es Ähnliches auf der Ebene der sozialen Systeme und der Sinngrenzen, oder haben wir es hier wieder mit sehr viel primitiveren Ordnungsformen zu tun?

Das Problem der *Spezifikation* von Umweltkontakten – als Einschränkung und Ausweitung der allgemeinen Situierung des Systems in der Umwelt – muß als ein zentrales Problem aller komplexen Systeme angesehen werden, als eine Art Schwelle in der Evolution höherer Komplexität. Auf der Ebene sozialer Systeme konzentriert dies Problem sich auf die *Fähigkeit zu kollektivem Handeln* und auf die dafür notwendigen Folgeeinrichtungen.

Das Thema hat eine lange Tradition, die hier nur knapp angedeutet werden kann. Bis ins 17. Jahrhundert hatte man mit einer Zwei-Körper-Lehre geantwortet und für beide Körper Handlungsfähigkeit unterstellt[51]. Der individuelle wie der soziale Körper schienen

50 In der Untersuchung solcher Einrichtungen lag denn auch der Anstoß für die Formulierung des Konzepts der Autopoiesis. Vgl. J. Y. Lettvin/H. R. Maturana/W. S. McCulloch/W. R. Pitts, What the Frog's Eye Tells the Frog's Brain, Proceedings of the Institute of Radio Engineers 47 (1959), S. 1940-1951.

51 Vgl. für diese heute schwer zugängliche Literatur etwa Ernst H. Kantorowicz, The King's Two Bodies: A Study in Medieval Political Theology, Princeton N. J. 1957; Pierre Michaud-Quantin, Universitas: Expressions du mouvement communautaire dans le moyen âge latin, Paris 1970; Paul Archambaud, The Analogy of the Body in

ihrer Natur nach handlungsfähig zu sein, und diese Natur erforderte, um das zu ermöglichen, Herrschaft über sich selbst (potestas in seipsum), was im Falle des sozialen oder politischen Körpers hieß: Herrschaft des politischen Regiments über die Individuen. Seit dem 17. Jahrhundert wurde die Prämisse naturaler Handlungsfähigkeit des sozialen Körpers bestritten und durch eine Vertragskonstruktion ersetzt, die zu erklären hatte, wie das Nichtselbstverständliche dennoch ermöglicht wurde. Das Zerbrechen dieses Konstrukts im Niedergang des Vernunftrechts hat die Nachfolge freigegeben, und in dieser Situation wurde es schließlich Sache der Soziologie, die Kritik des Vertrages zu wiederholen (zu übernehmen, muß man eigentlich sagen) und selbst Antworten zu suchen. Auch die Soziologie hat sich jedoch zunächst damit begnügt, kollektive Handlungsfähigkeit als Befund zu benennen und zu klären. Parsons hat dafür einen besonderen Begriff, »collectivity«, der teils durch Handlungsfähigkeit, teils durch besonders verdichtetes Wertbewußtsein definiert wird und wohl den Zusammenhang von beiden Gesichtspunkten treffen soll[52]. Es wird außerdem betont, daß ein Sozialsystem, das kollektive Handlungsfähigkeit erreichen will, interne Machtverhältnisse umstrukturieren und neue Entscheidungsebenen einziehen muß[53]. Auf Grund der System/Umwelt-Theorie rückt jedoch ein bisher marginaler Gesichtspunkt ins Zentrum der Analyse: die Funktion der Kollektivierung des Handelns als Umweltverhältnis des Systems. Es sind danach nicht Koordinationserfordernisse (wie eine politisch-gesellschaftliche Tradition gemeint hatte), sondern Positionsgewinne in Umweltbeziehungen, die zur Ausbildung von Einrichtungen kollektiven Handelns führen.

Renaissance Political Literature, Bibliothèque d'Humanisme et Renaissance 29 (1967), S. 21-53.
Die eigentliche Zielrichtung der Körpermetapher war im übrigen nicht die *Begründung* der Handlungsfähigkeit (die unterstellt wurde), sondern ihre *Bindung* an eine innere Ordnung des Ganzen. Entsprechend löst die Metapher sich auf, weil sie im Übergang zum Absolutismus zu heterogene (gemäßigte und radikale) Auffassungen übergreifen kann und im übrigen ein neuartiges Kunstvertrauen, etwa in Form einer Arzt/Patient-Analogie, in sich aufnimmt.

52 Vgl. Talcott Parsons, The Social System, Glencoe Ill. 1951, S. 41, 96 ff.; Talcott Parsons/Neil J. Smelser, Economy and Society, Glencoe Ill. 1956, S. 15.

53 Vgl. James S. Coleman, Loss of Power, American Sociological Review 38 (1973), S. 1-17; ders., Macht und Gesellschaftsstruktur, dt. Übers. Tübingen 1979.

Die Fähigkeit zu kollektivem Handeln ergibt sich keineswegs schon daraus, daß ein soziales System aus Handlungen besteht bzw. sich als Handlungssystem konstituiert. Damit ist zunächst nur gewährleistet, daß die Elemente des Systems im System als Handlungen behandelt werden, also zum Beispiel Anschlußhandlungen auslösen können. Das allein führt noch nicht zur Selektion bestimmter Handlungen als für das System verbindlich. Selbstverständlich hat alles Handeln Außenwirkungen; aber daraus allein folgt noch nicht, daß diese Außenwirkungen durch Selektionsprozesse im System, durch Einschränkung der Möglichkeiten des Systems, gesteuert werden können. So ist keineswegs gesagt, daß ein soziales System, das sich kurzlebig bildet, wenn Menschen vor einer Theaterkasse Schlange stehen, sich zu kollektivem Handeln aufrafft, wenn jemand sich vordrängt oder wenn die Theaterkasse nicht aufmacht. Es mag zu kollektivem Murren kommen, vielleicht auch zu Handlungen einzelner, die die stillschweigende Zustimmung anderer in Anspruch nehmen. Aber wie weit kann dies Handeln gehen, ohne die kollektive Deckung zu verlieren und ultra vires als Handeln einer Einzelperson dazustehen? Viel spricht dafür, daß diese Unsicherheit von vornherein jeden Vorstoß zur Kollektivierung der Handlungsbereitschaft erstickt: Jeder wartet ab, und je länger nichts geschieht, desto wahrscheinlicher wird, daß nichts geschieht.

Nicht jedes soziale System ist, mit anderen Worten, kollektiv handlungsfähig, obwohl jedes soziale System aus Handlungen besteht. Handlungen aggregieren sich nur unter besonderen Voraussetzungen zu einer kollektiv bindenden Entscheidungs- und Wirkungseinheit. Und wenn die Umwelt das System zur einheitlichen Aktion provoziert, ist die Frage, ob hinreichende Voraussetzungen vorliegen oder rasch genug nachentwickelt werden können. Selbst wo es schon Vorstellungen über kollektive Verantwortlichkeit gibt, die beinhalten, daß Mitglieder einer Gruppe füreinander einstehen und etwaige Missetaten Einzelner mitzubüßen haben, ist noch lange keine kollektive Handlungsfähigkeit sichergestellt; die Reaktion auf solche Lagen mag sich darauf beschränken, intern Handlungen nach Möglichkeit zu vermeiden, die Repressalien auslösen würden[54]. Die Organisation für kollektive Handlungsfähigkeit muß als

54 Vgl. dazu Sally F. Moore, Legal Liability and Evolutionary Interpretation: Some Aspects of Strict Liability, Self-help and Collective Responsibility, in: Max Gluckman (Hrsg.), The Allocation of Responsibility, Manchester 1972, S. 51-107.

eine der wichtigsten frühen evolutionären Errungenschaften sozialer Systeme angesehen werden, und zwar deshalb, weil sie durch interne Restriktionen das Außenverhältnis dieser Systeme entscheidend verbessern konnte.

Auch kollektives Handeln ist selbstverständlich Einzelhandeln, also jeweils eines der vielen Elementarereignisse im System. Es muß nur besonders ausgezeichnet sein durch Symbole, die verdeutlichen, daß das gesamte System dadurch gebunden wird. Dies kann auf sehr verschiedene Weise geschehen, etwa durch ad hoc Konsensus aller Anwesenden oder durch Ritualisierung der Handlung als alternativenlos, zum Beispiel bei der Beschwörung religiöser Mächte, die nur als kollektives Handeln überzeugt. Eine weitere Entwicklungsstufe wird erreicht, wenn die Symbole, die kollektives Handeln als solches markieren, relativ kontextfrei verfügbar sind und wenn sie, was dann erforderlich wird, den Inhalt der Entscheidung mehr oder weniger offen lassen. Die damit erreichten Freiheitsgrade setzen intern nochmals stärkere Restriktionen voraus. Die dafür gefundene Form ist die Hierarchie, die an ihrer Spitze das dauerhaft bereitgehaltene Amtspotential zu kollektivem Handeln symbolisiert.

Wir hatten Sinngrenzen mit Bezug auf den Zumutungsgehalt von Kommunikationen charakterisiert und können nun anfügen: Bereithalten der Fähigkeit zu kollektivem Handeln verändert die Sinngrenzen des Systems. Es kann nun Unterstützung verlangt werden für die Erfordernisse und Entscheidungen des kollektiven Handelns. Ein solches Verlangen ist zumindest verständlicher Bestandteil der Systemoperationen. Die Zustimmung kann gegeben, kann aber auch verweigert werden, und es kann im System konditioniert werden, zum Beispiel durch Bezugnahme auf Entscheidungskompetenzen, Mehrheitsprinzip, geregelte Verfahren, für welche kollektiv bindenden Handlungen Zustimmung zu erwarten oder zu unterstellen ist.

Man braucht nicht unbedingt sicher zu sein, daß Hierarchie die einzige Möglichkeit ist, dies Problem auf dem heute erforderlichen Niveau an Beweglichkeit zu lösen. Will man Hierarchisierungen vermeiden oder abschwächen, müßte man jedoch das Problem der korrespondierenden internen Konditionierungen anders lösen können; denn kollektive Handlung heißt immer kollektive Bindung, und dies heißt: daß die kollektive Handlung als Prämisse in den

Sinn anderer Handlungen des Systems übernommen und auf diese Weise Möglichkeiten limitieren wird. Nur dadurch unterscheidet sich kollektives Handeln von der puren Faktizität der jeweils ablaufenden, das System reproduzierenden normalen Einzelhandlungen.

Unser Ausgangspunkt war die System/Umwelt-Beziehung. Wir hatten nicht behauptet, daß die Fähigkeit zu kollektivem Handeln eine Ordnungsnotwendigkeit schlechthin sei; denn das trifft auf der Ebene sozialer Systeme schlechthin keineswegs zu. Aber es geht um eine wichtige Möglichkeit, die Disposition über System/Umwelt-Beziehungen von der allgemeinen Reproduktion des Systems zu trennen und sie zu konzentrieren auf eine funktionsspezifisch dafür bereitgestellte Einrichtung. Systeme, die über diese Möglichkeit verfügen, können ihren Einfluß auf ihre Umwelt kontrollieren und gegebenenfalls variieren. Sie benötigen dann auch entsprechende Ressourcen und entsprechende Informationen. Sie müssen die internen Verhaltensspielräume entsprechend konditionieren können. Und sie brauchen dann auch größeren Einfluß auf die Umwelt, um die internen Folgelasten durchziehen zu können. Das Umweltverhältnis muß auf einem Niveau höherer Systemkomplexität mit mehr Möglichkeiten und mit mehr Einschränkungen reproduziert werden. Man weiß, daß Gesellschaftssysteme, die keine Möglichkeit haben, kollektive Handlungsfähigkeit auszubilden, ein geringes Entwicklungsniveau nicht überschreiten können. Man weiß, daß die Ausdifferenzierung einer relativ autonomen Disposition über kollektives Handeln in sogenannten »politischen« Zentren eine bis in die Neuzeit problematische, immer wieder in Frage gestellte Errungenschaft war. Man weiß, daß die Entwicklung dieser Errungenschaft von Veränderungen in der religiösen Semantik begleitet und getragen war. Man weiß, welche Schwierigkeiten es bis in die Neuzeit hinein bereitet hat, sich eine kollektive Korporation überhaupt vorzustellen und ihr als »moralischer Person« Rechtsfähigkeit zu verleihen. An all dem ist die Unwahrscheinlichkeit einer solchen Errungenschaft abzulesen, die heute im Bereich des politischen Systems der Gesellschaft und im Bereich formal organisierter Sozialsysteme routinemäßig funktioniert. Daß im Anschluß daran »Legitimations«-Probleme diskutiert werden, belegt nur, daß die Errungenschaft als solche nicht mehr in Frage gestellt wird. Wer das will, muß sich entschließen, »Anarchist« zu sein.

Die Theorie »umweltoffener« Systeme, wie sie im Anschluß an Ludwig von Bertalanffy entwickelt worden ist, hatte es nahegelegt, das Außenverhältnis der Systeme mit den Begriffen Input und Output zu beschreiben[55]. Dies Begriffsschema hat zunächst viele Vorteile: Die Funktion des Systems kann mit seiner Transformationsleistung identifiziert werden, und als Struktur werden dann die internen Bedingungen dieser Transformation angesehen. Dies Modell ermöglicht die Neuformulierung einer Art Gleichgewichtstheorie in dem Sinne, daß ein Gleichgewicht besteht, wenn sowohl Inputs als auch Outputs weder im Übermaß (overload) noch zu wenig (deficit) prozessiert werden. Man kann sich dabei das »Innere« des Systems, das den »throughput« bewältigt, als sehr komplex und undurchschaubar (allenfalls simulierbar) vorstellen und doch beobachtbare Regelmäßigkeiten im Input- und Outputverhalten der Systeme »systemtheoretisch« erklären[56]. Das Input/Output-Schema läßt sich also mit einem »black box«-Konzept verbin-

55 Eine repräsentative Ausarbeitung ist: Fernando Cortés/Adam Przeworski/John Sprague, Systems Analysis for Social Scientists, New York 1974. Vgl. für weitere, weit streuende Beispiele etwa: John B. Knox, The Sociology of Industrial Relations, New York 1955, S. 144 ff.; Ralph M. Stogdill, Individual Behavior and Group Achievement, New York 1959, S. 13 f., 196 ff., 278 ff.; Talcott Parsons seit den 50er Jahren in vielen Veröffentlichungen, zum Beispiel Talcott Parsons/Neil J. Smelser, Economy and Society, Glencoe Ill. 1956 oder, vorgestellt mit der Formulierung »the most general case of systems analysis« in: An Approach to Psychological Theory in Terms of the Theory of Action, in: Sigmund Koch (Hrsg.), Psychology: A Study of a Science Bd. III, New York 1959, S. 612-711 (640); ferner Gabriel A. Almond, Introduction: A Functional Approach to Comparative Politics, in: Gabriel A. Almond/James S. Coleman (Hrsg.), The Politics of the Developing Areas, Princeton 1960, S. 3-64; P. G. Herbst, A Theory of Simple Behaviour Systems, Human Relations 14 (1961), S. 71-94, 193-239; David Easton, A Systems Analysis of Political Life, New York 1965; Niklas Luhmann, Lob der Routine, in ders., Politische Planung, Opladen 1971, S. 113-142; Robert E. Herriott/Benjamin J. Hodgkins, The Environment of Schooling: Formal Education as an Open System, Englewood Cliffs N. J. 1973. Siehe ferner für die (nicht notwendigerweise systemtheoretisch aufzufassende) Verwendung in der wirtschaftswissenschaftlichen Theorie: Wassily W. Leontief, The Structure of American Economy 1919-1939, 2. Aufl. New York 1951; ders., Studies in the Structure of the American Economy: Theoretical and Empirical Explorations in Input-Output Analysis, New York 1953.

56 Einige Autoren werden dadurch zu dem Schluß geführt, daß Input und Output überhaupt nur für die Perspektive eines Beobachters existieren, nicht aber für das System selbst. So z. B. Francisco J. Varela, Principles of Biological Autonomy, New York 1979.

den und auch mit Versuchen, unbekanntes und je verschiedenartiges Systemverhalten durch Variation der Außenbedingungen für Input und Output zu beeinflussen. Schließlich kann man sich systeminterne Strukturen und Strategien vorstellen, die Input oder Output aufeinander beziehen und mit wechselnden Problemorientierungen arbeiten, je nachdem, ob Engpässe im Input oder im Output auftreten, und je nachdem, ob sich im Inputbereich oder im Outputbereich Substitutionsmöglichkeiten ergeben.
Man versteht so die Attraktivität dieses Schemas für eine rationalistisch und steuerungstechnisch interessierte Systemtheorie. Andererseits verführt es zu einer strukturfunktionalistischen und dadurch zu einer stark verengten Betrachtungsweise. In den 50er und den 60er Jahren ist es in der Systemtheorie zu einer Hausse des Strukturalismus und zu einer Hausse des Input-Output-Schemas gekommen. Dies Zusammentreffen war kein Zufall. Beide Ansätze stützten sich wechselseitig. Man konnte Strukturen mit Hilfe des Input/Output-Schemas als Transformationsregeln begreifen, konnte ihre Variabilität prinzipiell zugestehen, sah sich dann aber gleichwohl genötigt, die konkreten Systemanalysen an jeweils als invariant angenommenen Strukturen zu orientieren. In diesem Sinne sprach man von Systemdynamik, meinte damit aber nur den Durchlaufprozeß und nicht die Selbstregulierung auf der Ebene der Strukturen[57].
Man muß sich ferner fragen, welche Voraussetzungen vorliegen müssen, damit Input und Output überhaupt bestimmbar sind – sei es für das System selbst, sei es für einen Beobachter. Die Gleichsetzung von »Umweltoffenheit« mit »Input und Output« hatte diese Problematik zunächst verdeckt, und im Bereich organisierter Sozialsysteme konnte die Anwendung der Theorie sich auf hinreichende Vorbedingungen stützen, ohne sie in Frage zu stellen. Wenn man jedoch der neueren Theorie autopoietischer, selbstreferentieller Systeme folgt und wenn man davon ausgeht, daß die Differenz zur Umwelt nicht nur ein Problem der Steuerung des grenzüber-

57 In diesem Sinne unterscheiden Cortés et al. a.a.O. S. 10, Dynamics und Diachrony. Gegen diesen Forschungsstand wenden sich dann vor allem Autoren, die für die Strukturebene Begriffe wie Morphogenese, Selbstorganisation, Selbstregulierung vorschlagen. Siehe für soziale Systeme vor allem Walter Buckley, Society as a Complex Adaptive System, in ders. (Hrsg.), Modern Systems Research for the Behavioral Scientist, Chicago 1968, S. 490-513.

schreitenden Verkehrs ist, sondern konstitutiv ist für die Reproduktion der Elemente und die Selbstidentifikation des Systems, führt das auf Zweifel an der Reichweite des Input/Output-Schemas[58]. So gibt es denn auch viele Aussagen über das Verhältnis von System und Umwelt, die sich nicht in das Input/Output-Schema pressen lassen, zum Beispiel die These, daß komplexe Systeme eine hinreichend komplexe Umwelt voraussetzen. Und es gibt in sozialen Systemen eine Art stillschweigende Umweltorientierung, etwa Rücksicht auf soziale Konvenienz, Rücksicht auf andere Rollen der Teilnehmer, die sich nicht auf die Leistungszusammenhänge des Inputs mit dem Output zurückführen läßt, schon deshalb nicht, weil sie die Umwelt als einheitlich und nicht als differenziert nach Inputquelle und Outputabnehmer voraussetzt. Diese Frage nach der (begrenzten) systemtheoretischen Relevanz des Schemas von Input und Output läßt sich verbinden mit der Frage, welche Bedeutung die Reduktion von Kommunikation auf Handlung für das Verhältnis von System und Umwelt hat. Wir hatten diese Frage oben[59] offen lassen müssen. Wir können sie jetzt im Sinne einer Entsprechung von Handlungsreduktion und Input/Output-Schema beantworten.

Über die Konstitution und Attribuierung des Sinnelements Handlung und über die Verknüpfung von Handlungen zu Prozessen, in denen jedes selektive Element die Selektivität der anderen stärkt, gibt das System dem eigenen Geschehen eine asymmetrische Form, synchron zum irreversiblen Ablauf der Zeit. Unter diese Prämisse gesetzt und von daher gesehen nimmt die Differenz von System und Umwelt eine Doppelform an: Sie erscheint gemäß der Asymmetrie des Prozesses als Inputgrenze und als Outputgrenze, und eine Verwechslung oder Verschmelzung beider Grenzen muß im System ausgeschlossen werden. Die Differenz dieser Grenzen wird im System zur Voraussetzung einer geordneten Erfassung der sie übergreifenden System/Umwelt-Differenz. Die Umwelt erscheint dann nach Maßgabe der Zeitstruktur des Systems als zerteilt in

58 Heute wird dieses Schema denn auch nur noch als eine unter mehreren Konzeptualisierungen des System/Umwelt-Verhältnisses präsentiert. Vgl. Jerald Hage, Toward a Synthesis of the Dialectic Between Historical-Specific and Sociological-General Models of the Environment, in: Lucien Karpik (Hrsg.), Organization and Environment: Theory, Issues and Reality, London 1978, S. 103-145. Die bloße Aufreihung mehrerer Möglichkeiten kann jedoch kaum befriedigen.

59 Siehe S. 235.

Zulieferung und Abnahme, und wenn diese Projektion irgendwie greift und Realitätsbezug findet, kann sie benutzt werden, um die Reduktion auf Handlung im System zu stärken und den Handlungsprozeß an Hand von Umwelterfordernissen zu steuern.
Aus der Perspektive des Handlungsprozesses gibt es einerseits *Bedingungen*, die vorliegen müssen, damit das Handeln überhaupt in Gang kommen und reproduziert werden kann – zum Beispiel geeignete Räume, Kommunikationsmittel, Objekte, die »behandelt« werden, motivationale Bereitschaften. All das muß *vorher* sichergestellt sein. Andererseits muß dem Handlungsprozeß eine Erwartungsstruktur unterlegt werden können, die auf *Ergebnisse* hinzielt – etwa herzustellende Werke, zu verändernde Zustände, und sei es nur: Desennuierung der Teilnehmer. Etwas dieser Art muß als Zustand *nach* dem Handeln erwartbar sein. In der Orientierung an solchem Vorher und Nachher, solchen Bedingungen und solchen Ergebnissen kann die Handlungsreduktion an Selektionssicherheit gewinnen[60]. Wenn die Umweltlage des Systems eine solche Asymmetrisierung stützt, wenn sie die Ergebniserwartungen honoriert und die Bedingungen liefert, kann das System durch Handeln eine Umsetzung von Input in Output vollziehen; es kann zumindest den eigenen Selektionsvollzug in dieser Richtung präzisieren. Das geschieht in der Form der *Programmierung* des Handelns, die Bedingungen der Richtigkeit des Handelns entweder an Hand von Auslösebedingungen oder an Hand von bezweckten Folgen oder an beiden Gesichtspunkten festmacht[61]. Entsprechend kann man Konditionalprogramme und Zweckprogramme unterscheiden[62].
Mit solchen Reduktionen – nicht nur auf Handlung schlechthin, sondern auf bestimmte oder doch rasch als richtig bestimmbare Handlungen – gewinnt die Differenz von System und Umwelt für das System eine »behandelbare« Form. In diese Form geht nie all das ein, was an Umweltvoraussetzung mitkonstituiert wird, wenn ein System sich ausdifferenziert. Das zu komplexe Umweltverhältnis gewinnt aber eine Zweitfassung für die Orientierung interner

60 Wir sagen hier ganz bewußt nicht: Legitimation, und auch nicht: Rationalität. Den Einsatz dieser Begriffe müssen wir weiteren Konditionierungen vorbehalten.

61 Siehe dazu im Verhältnis zu anderen Formen der Identifikation von Erwartungszusammenhängen auch unten, Kapitel 8 XI.

62 Vgl. Niklas Luhmann, Lob der Routine, in ders., Politische Planung: Aufsätze zur Soziologie von Politik und Verwaltung, Opladen 1971, S. 113-142.

Operationen, die Bewährungstests unterworfen und gegebenenfalls korrigiert werden kann. Zugleich wird ein System, das sich in dieser Richtung entwickelt, unabhängig von anderen Formen der internen Repräsentation von Umwelt – etwa solchen des guten Geschmacks oder der moralischen Standards.
Keineswegs alle sozialen Systeme benutzen diese Möglichkeit, sich selbst in ihrer Umwelt nach dem Input/Output-Schema zu rekonstruieren. Die Reduktion auf Handlung allein zwingt nicht dazu, sie ermöglicht es nur. Sie führt aber in dem Maße, als sie erreicht wird, zu einer deutlicheren Ausdifferenzierung derjenigen sozialen Systeme, die diesen Weg gehen. Die System/Umwelt-Differenz wird dadurch auf ein kombinatorisches Niveau gebracht, auf dem mehr Abhängigkeiten und mehr Unabhängigkeiten zugleich aktualisiert werden können. Das System wird von bestimmten Eigenschaften oder Vorgängen seiner Umwelt, nämlich solchen, die für den Input oder für die Aufnahme des Output relevant sind, abhängiger, von anderen Umweltaspekten dagegen unabhängiger. Es kann sich mehr Sensibilität, mehr Tiefenschärfe in der Umweltwahrnehmung und zugleich mehr Indifferenz leisten. Eins bedingt das andere. Und beides wird bedingt durch einen höheren Grad interner Autonomie. Das System kann (in begrenztem Maße) seinen Output variieren je nachdem, was als Input zur Verfügung steht. Es kann umgekehrt seinen Input variieren, ein Zuviel blockieren oder bei einem Zuwenig verstärkt suchen bzw. zu Substitutionen übergehen, um seinen Output konstant zu halten oder zu vergrößern. Autonomie heißt dann: wählen können in den Aspekten, in denen man sich auf Abhängigkeit von der Umwelt einläßt; und diese Wahlmöglichkeit wird vergrößert, wenn das System einen »Führungswechsel« von Input und Output organisieren kann, so daß es sich einmal durch Probleme und Engpässe der Inputgrenze und ein andermal durch Probleme und Engpässe der Outputgrenze bestimmen läßt. Intern läßt sich diese offene Lage im Zweck/Mittel-Schema abbilden, wobei die Zwecke die Wahl der Mittel und die Mittel die Wahl der Zwecke begrenzen. Die diffuse, aesthetisch-moralische Abstimmung mit der Umwelt wird dann durch artikulierte Wertgesichtspunkte ersetzt, die in der Lage sind, die Limitationen in der Wahl von Zwecken und Mitteln zu begründen[63].

63 Hierzu näher Niklas Luhmann, Zweckbegriff und Systemrationalität: Über die Funktion von Zwecken in sozialen Systemen, Neudruck Frankfurt 1973.

Die Einrichtung einer Art Zweitfassung des System/Umwelt-Verhältnisses durch ein Input/Output-Schema ermöglicht es, grenzüberschreitende Leistungen zu regulieren, zu differenzieren, zu kontrollieren. An der Output-Grenze entwickeln sich daraus Tendenzen zur Kollektivierung des Handelns. Leistungen, die an die Umwelt abgegeben werden, betreffen das ganze System; und wenn dies mehr oder weniger häufig »passiert«, liegt es nahe, die internen Kontrolleinrichtungen nachzuentwickeln, zum Beispiel die Möglichkeit repräsentativer Entscheidungen für das Gesamtsystem zu schaffen. In diesem Sinne sind Herrschaftspositionen zunächst und vor allem »Grenzstellen« des Systems, und sie können von da her die Forderung nach einer entsprechenden Ausstattung mit Macht und mit Kompetenzen legitimieren. Wir unterlaufen hiermit erneut die Vorstellung, »Hierarchie« sei eine »natürliche« Voraussetzung von Ordnung schlechthin.

An der Input-Grenze lassen sich entsprechende Differenzierungen ausmachen. Sie finden sich in der Ausdifferenzierung von Empfangs- oder Beschaffungsstellen für spezifische Umweltleistungen, zum Beispiel Informationen. Die Kommunikationsforschung spricht von »gates« und von »gate-keepers«, wenn sie die Selektionsleistung solcher Stellen beschreiben will. Der Vorteil ist nicht zuletzt: daß für interne und externe Anschlußprozesse Adressen zur Verfügung stehen und daß man in Bezug auf das Verhalten an diesen Stellen gesteigerte Erwartungen normalisieren kann.

Es liegt nahe, bei derartigen Sonderformen an Organisationen des politisch-administrativen Bereichs oder an Wirtschaftsorganisationen zu denken. Wir wählen, um dies Thema abzuschließen, ein weniger offensichtliches Beispiel. Man kann sich diesen komplizierten Zusammenhang von Steigerung der Ausdifferenzierung und der Autonomie, die auf internen Reduktionen und simplifizierenden Selbstbeschreibungen beruht und trotzdem leistungsfähiger mit der Umwelt verknüpft werden kann, auch am Unterschied von Sozialisation und Erziehung verdeutlichen. Sozialisation kommt ohne besondere Aufmerksamkeitsanforderungen durch Mitleben in einem sozialen Zusammenhang zustande. Sie setzt Teilnahme an Kommunikation voraus, und zwar speziell die Möglichkeit, das Verhalten anderer nicht nur als Faktum, sondern als Information zu lesen – als Information über Gefahren, über Enttäuschungen, über Koinzidenzen jeder Art, über Realisation eines Bezugs auf soziale

Normen, über das in einer Situation Angemessene. Dazu muß mehr vorliegen als nur attribuierte Selektion. Erziehung dagegen benutzt die Reduktion auf Handlung, um etwas zu erreichen, was die Koordination einer Vielzahl von Bemühungen voraussetzt, also nicht den Zufällen sozialisierender Ereignisse überlassen werden kann. Nur als Erziehung kann die Sozialisation in ein Input/Output-Schema gebracht werden. Man definiert die Zustände oder Verhaltensweisen, die man erreichen möchte, würdigt die Ausgangslage (Reifegrad, Begabung, Vorkenntnisse) als Bedingungen und wählt die pädagogischen Mittel, um das, was nicht von selbst geschieht, dennoch zu erreichen. Der Riesenaufwand von Interaktion und Organisation von Unterrichtssituationen, Schulklassen, Schulsystemen ist nur die Ausformulierung dieses Prinzips. Und am Resultat kann man deutlich ablesen, wie Sensibilität und Insensibilität der Erziehung für Umweltanforderungen zugleich zunehmen, wie sich im Erziehungssystem dann Autonomie ergibt (ob sie nun herbeigewünscht wird oder nicht) und wie der Leerraum notwendiger Innendetermination dann gefüllt werden muß – durch Ideale und durch Organisation, durch Ideologien und durch Professionspolitik, vor allem aber durch eigenständige Reflexionstheorien[64].
Ein Hinausgehen über bloße Sozialisation und über bloße ad hoc-Erziehung scheint in allen komplexeren Gesellschaften unausweichlich zu sein. Nur so können Kenntnisse und Fähigkeiten reproduziert werden, die nur durch lange Sequenzen koordinierter Einzelschritte erworben werden können. Nur so sind Prozesse der Spezialisierung und der auf Spezialisierung gegründeten Verteilung auf Rollen möglich. Das ist geläufig. Und ebenso geläufig ist eine Kritik der Lebensfremdheit von Schulen und der Unbrauchbarkeit des gelernten Wissens. Die Kritik richtet sich aber primär auf die Auswahl der Lehrpläne, auf politische Eingriffe, auf die Kultusbürokratie und neuerdings auf den auch hier wirksamen Kapitalismus. Sie müßte viel fundamentaler ansetzen, denn sie zielt auf die Folgeprobleme der Intentionalisierung des Erziehens selbst. Vor allem müßte stärker beachtet werden, daß eine pädagogisch stilisierte Handlung selbst wieder Kommunikation eben dieser Absicht wird. Dadurch wird eine Art Sekundärsozialisation im pädagogischen Kontext unausweichlich. Das Handeln tritt mit seinen Absichten,

64 Speziell hierzu: Niklas Luhmann/Karl Eberhard Schorr, Reflexionsprobleme im Erziehungssystem, Stuttgart 1979.

seinen Idealen, seinen Rollenzwängen ins System ein und wird im System erlebt und beurteilt. Es wird sozusagen mit den Schlingen der Selbstreferenz wieder eingefangen und gibt dem, der erzogen werden soll, die Freiheit, auf diese Absicht als solche zu reagieren – ihr aus bloßem Opportunismus zu folgen oder sich ihr soweit möglich zu entziehen. Die Erziehung strebt einen Output an. Sie beurteilt die vorliegenden Bedingungen wie Begabung, Vorkenntnisse, Schuldisziplin. Sie variiert die pädagogischen Mittel, um zur Wirkung zu kommen, in der Hoffnung auf Erfolg. Aber all das hat Sozialisationseffekte im System, die sich der Berechnung entziehen[65]. Sie transformieren Gleichheit in Ungleichheit. Sie motivieren und demotivieren. Sie schließen Erfolgserfahrungen an Erfolgserfahrungen und Mißerfolgserfahrungen an Mißerfolgserfahrungen an. Sie begünstigen Einstellungen, die es ermöglichen, speziell mit Erziehern, Lehrern, Schulen und Schulklassen zurechtzukommen. Die Autonomie eines ausdifferenzierten Input/Output-Arrangements muß dann herhalten, um die selbstgeschaffene Wirklichkeit zu korrigieren, um das kontraintuitive Verhalten der Realität zurückzudirigieren. Ein zu unwahrscheinlich strukturiertes System, das sich ganz mit der Transformation von Input in Output zu identifizieren sucht, bekommt es mit den Folgeproblemen der eigenen Steigerungsreduktionen zu tun.

Input und Output sind nur systemrelativ ansetzbare Ordnungsgesichtspunkte. Außerdem handelt es sich um stark reduzierte, punktualisierte Zugriffe auf Umwelt, um Reduktion der Umweltkomplexität an den Grenzen und durch die Grenzen des Systems. In den Kommunikationsprozessen des Systems können daraus zumutbare Themen werden, die die Sinngrenzen des Systems definieren. Daß dies in dieser Form annähernd vollständig und realitätsgerecht geschehen könnte, bleibt jedoch eine Illusion – bestenfalls eine gut funktionierende Illusion.

65 Für eine (allzu optimistische) Einschätzung vgl. Robert Dreeben, Was wir in der Schule lernen, Dt. Übers., Frankfurt 1980. Vgl. auch Niklas Luhmann/Karl Eberhard Schorr, Wie ist Erziehung möglich? Zeitschrift für Sozialisationsforschung und Erziehungssoziologie 1 (1980), S. 37-54.

Erst wenn Sinngrenzen die Differenz von System und Umwelt verfügbar halten, kann es *Welt* geben. Systeme, die Sinn konstituieren und verwenden, setzen sich damit der Welt aus. Sie erfahren ihre Umwelt und sich selbst und alles, was darin als Element fungiert, als Selektion in einem Horizont, der alle Möglichkeiten einschließt und weitere Möglichkeiten anzeigt, der ein Ende und ein Darüberhinaus anzeigt, der zugleich notwendig und von jedem Standort aus willkürlich begrenzt. Welt in diesem Verständnis ist das Korrelat der Identität von Sinn, sie ist in jedem Sinnelement ganz mitgegeben, und dies so, daß sie für alle Sinnelemente als dieselbe mitgegeben ist.

Den Begriff der Welt kann man natürlich sehr verschieden ansetzen, etwa als Gesamtheit des Heilsverderblichen außerhalb der eigenen Gruppe[66] oder als Gegenüber des (dann notwendig extramundanen) Subjekts[67]. Auch die (für Soziologen zunächst attraktive) Vorstellung einer »intersubjektiven« Konstitution von Welt[68] hilft nicht viel weiter; sie ist zu selbstverständlich und theoretisch nicht ergiebig genug. Wir setzen den Weltbegriff hier als Begriff für die *Sinneinheit der Differenz von System und Umwelt* ein und benutzen ihn damit als differenzlosen Letztbegriff. In diese Stellung gebracht, bezeichnet der Weltbegriff nicht eine (wie immer umfassende, totale) Sachgesamtheit, keine universitas rerum, die nicht differenzlos gedacht werden könnte[69]. Ursprünglich und phänomenologisch erfaßt ist die Welt als unfaßbare Einheit gegeben. Durch Systembildung und relativ auf Systembildung wird sie bestimmbar als Einheit einer Differenz[70]. In beiden Hinsichten gilt: Der Welt-

66 So Rev. John Hofer, Vorstand einer Hutteriten-Siedlung in Alberta, Canada (1981).

67 Siehe Welt als Bewußtseinskorrelat, als bloß intentionales Sein bei Edmund Husserl, Ideen zu einer reinen Phänomenologie und phänomenologischen Philosophie Bd. 1, Husserliana Bd. III, Den Haag 1950, S. 114 ff.

68 Vgl. Alfred Schutz, Das Problem der transzendentalen Intersubjektivität bei Husserl, Philosophische Rundschau 5 (1957), S. 81-107; Aron Gutwitsch, The Commonsense World as Social Reality: A Discourse on Alfred Schutz, Social Research 29 (1962), S. 50-72; Peter L. Berger/Thomas Luckmann, The Social Construction of Reality: A Treatise in the Sociology of Knowledge, Garden City, N. Y. 1966; Richard Grathoff/B. Waldenfels (Hrsg.), Sozialität und Intersubjektivität, München 1983.

69 Alle Versuche, dies zu tun, postulieren immer noch die Leere, das Nichts, das Chaos als Differenz zur Welt.

70 Wir müssen zumindestens anmerkungsweise daran erinnern, daß hier von sinnhaf-

begriff bezeichnet eine Einheit, die nur für Sinnsysteme aktuell wird, die sich von ihrer Umwelt zu unterscheiden vermögen und daraufhin die Einheit dieser Differenz reflektieren als Einheit, die zwei Unendlichkeiten, die innere und äußere, umfaßt. Welt in diesem Sinne wird also durch die Ausdifferenzierung von Sinnsystemen, durch die Differenz von System und Umwelt konstituiert. Insofern ist sie (anders als die phänomenal gegebene Welt) nichts Ursprüngliches, nichts Archehaftes, sie ist eine Abschlußeinheit als Anschlußvorstellung an eine Differenz. Sie ist Welt nach dem Sündenfall.

Die traditionelle Zentrierung des Weltbegriffs auf eine »Mitte« oder dann auf ein »Subjekt« hin wird damit aufgegeben[71], wird aber nicht einfach ersatzlos gestrichen. An ihre Stelle tritt die Zentrierung auf Differenz hin; oder genauer: auf die System/Umwelt-Differenzen hin, die sich in der Welt ausdifferenzieren und damit die Welt konstituieren. Jede Differenz wird so zum Weltzentrum, und gerade das macht die Welt nötig: Sie integriert für jede System/Umwelt-Differenz alle System/Umwelt-Differenzen, die jedes System in sich selbst und in seiner Umwelt vorfindet[72]. In diesem Sinne ist die Welt multizentrisch – aber so, daß jede Differenz die anderen dem eigenen System oder dessen Umwelt einordnen kann.

Das mag auf den ersten Blick gekünstelt aussehen. Andere Weltbegriffe bieten aber auch nicht besonders vertrauenswürdige Züge. Vor allem aber gewinnen wir mit diesem Weltbegriff die Möglichkeit, Forschungen vorschlagen zu können, die die Semantik von »Welt« mit der sozialstrukturellen Entwicklung des Gesellschaftssystems in Zusammenhang bringen. Denn diese Evolution ist, was immer sie sonst sein mag und wie immer sie zu bestimmen und zu erklären ist, Herausarbeitung von System/Umwelt-Differenz auf dem emergenten Niveau sozialer Systeme.

ten Systemen mit der Fähigkeit zur Selbstbeobachtung die Rede ist; und daß es außer System/Umwelt auch andere Welt gebende Beobachtungsschemata gibt, zum Beispiel Figur/Grund, dies und anderes.

71 Ein bekanntes Thema der »Welt«-Geschichte, vgl. etwa Arthur O. Lovejoy, The Great Chain of Being: A Study of the History of an Idea, 1936, Neudruck Cambridge Mass. 1950, S. 108 ff.

72 Fast könnte man eine der feierlichen Weltformeln des jüngeren Plinius wiederverwenden: »extra intra cuncta conplexus in se«. Vgl. Cajus Plinius Secundus, Naturalis Historia, (Hrsg. Mayhoff), Neudruck Stuttgart 1967, Buch II, 1. S. 128 f.).

Es ist daran zu erinnern, daß jedes Entweder/Oder künstlich eingeführt werden muß über einem Untergrund, auf den es nicht zutrifft[73]. Jede Differenz ist eine sich-oktroyierende Differenz. Sie gewinnt ihre Operationsfähigkeit, ihre Fähigkeit, Informationsgewinn zu stimulieren, durch Ausschluß dritter Möglichkeiten. Die klassische Logik folgt diesem Prinzip. Die Weltlogik kann dagegen nur eine Logik des eingeschlossenen ausgeschlossenen Dritten sein. Wie Logiken aussehen könnten, die dies berücksichtigen, ist ein seit Hegel viel diskutiertes Problem[74]. Wir müssen uns hier mit der Placierung des Problems begnügen.

73 Vgl. oben S. 54 f.

74 Diskutiert vor allem in Hinblick auf Architektur und Operationsfähigkeit einer solchen Logik. Leider ist der sog. »Positivismusstreit« ganz unterhalb des hier erforderlichen Denkniveaus geführt worden. Vgl. statt dessen Gotthart Günther, Beiträge zur Grundlegung einer operationsfähigen Dialektik, 3 Bde. Hamburg 1976-1980. Auch in allgemeinen Systemtheorien finden Probleme einer rekursiven, Selbstreferenz zulassenden, vielleicht »dialektischen« Logik zunehmende Beachtung. Siehe z. B. Heinz von Foerster, The Curious Behavior of Complex Systems: Lessons from Biology, in: Harold A. Linstone/W. H. Clive Simmonds (Hrsg.), Futures Research: New Directions, Reading Mass. 1977, S. 104-113; Francisco J. Varela, Principles of Biological Autonomy, a.a.O.

Kapitel 6

Interpenetration

I

Dies Kapitel handelt von einer besonderen Umwelt sozialer Systeme: von Menschen und ihren Beziehungen zu sozialen Systemen. Wir wählen den Ausdruck ›Mensch‹, um festzuhalten, daß es sowohl um das psychische als auch um das organische System des Menschen geht. Den Ausdruck ›Person‹ wollen wir in diesem Zusammenhang weitgehend vermeiden, um ihn für die Bezeichnung der sozialen Identifikation eines Komplexes von Erwartungen zu reservieren, die an einen Einzelmenschen gerichtet werden.

Das Thema des Menschen und seines Verhältnisses zur sozialen Ordnung hat eine alte Tradition, die wir hier nicht angemessen aufrollen können[1]. Diese Tradition lebt in ›humanistischen‹ Norm- und Wertvorstellungen fort. Da wir uns gegen sie abgrenzen wollen, ist es notwendig, die Bruchstellen genau zu bestimmen. Gerade wenn eine Tradition nicht kontinuieren kann, und das behaupten wir für alle Fälle einer radikalen Änderung der Gesellschaftsstruktur, ist es notwendig, die Differenz zu klären, um Möglichkeiten der Übersetzung zu finden.

Der Differenzpunkt ist: daß für die humanistische Tradition der Mensch innerhalb und nicht außerhalb der sozialen Ordnung stand. Er galt als Bestandteil der sozialen Ordnung, als Element der Gesellschaft selbst. Wenn er »Individuum‹ genannt wurde, so deshalb, weil er für die Gesellschaft ein nicht weiter auflösbares Letztelement war. Es war nicht daran zu denken, seine Seele und seinen Körper zu trennen und beides für sich weiter zu zerlegen. Solche Dekomposition hätte das zerstört, was der Mensch in der Gesellschaft und für die Gesellschaft ist. Entsprechend galt der Mensch nicht nur als abhängig von sozialen Ordnungen (was niemand bestreiten wird), sondern er wurde aufgefaßt als gebunden an eine Lebensführung in der Gesellschaft. Seine Existenzform war nur in der Gesellschaft zu verwirklichen. Im Laufe des Mittelalters trat an

1 Vgl. Niklas Luhmann, Wie ist soziale Ordnung möglich?, in ders., Gesellschaftsstruktur und Semantik: Studien zur Wissenssoziologie der modernen Gesellschaft Bd. 2, Frankfurt 1981, S. 195-285.

die Stelle des politischen (städtischen) der soziale Charakter der gesellschaftlichen Ordnung, aber damit wurde das Prinzip nicht geändert, sondern nur erweitert. Aus dem zoon politikon wurde das animal sociale. In beiden Fällen war die *Natur* (das Wachsenkönnen, das Form-verwirklichen-Können) des Menschen gedacht als bestimmt durch normative Anforderungen der *sozialen* Ordnung. Die *Natur* des Menschen war seine *Moral*, war seine Fähigkeit, im sozialen Leben Achtung zu gewinnen oder zu verlieren. Seine Perfektion war in diesem Sinne auf soziale Verwirklichung angelegt, was nicht ausschloß, daß sie an der Korruptibilität aller Natur auch scheitern konnte.

Die Semantik einer solchen Ordnung mußte im strikten Sinne ›naturrechtlich‹ sein. Sie mußte die Natur selbst als normierend begreifen. Das hatte nicht nur rechtsbegründende, sondern auch ontologische Aspekte. Die Realitätsebene, die noch als ›natürliches Sein‹ aufgefaßt werden kann, konnte nicht unterschritten werden. Daher war der Mensch natürliches Letztelement, die Gesellschaft wurde als städtisch entwickeltes Zusammenleben von Menschen begriffen, als Körper eigener Art, der aus körperlich nicht zusammenhängenden Körpern besteht, und darüber hinausgehend dann als Gesamtheit der Menschen, als Menschheit. Die Basis der Gemeinsamkeit lag in einem Begriff des Lebens, der die Qualifikation als ›gutes Leben‹ in sich aufnehmen konnte. Diese Darstellung vermittelte wieder Impulse normativer Art bis hin zu der neuhumanistischen Vorstellung Humboldts: der Mensch habe so viel Menschheit als möglich in sich selbst zu verwirklichen. Und wie hätte man als Mensch ein Interesse an Menschheit leugnen, wie hätte man entsprechende Zumutungen ablehnen können?

Ein erster Schritt der semantischen Rekonstruktion findet sich in den spätnaturrechtlichen (vernunftrechtlichen) Vertragslehren. Sie registrieren in gewisser Weise gesellschaftsstrukturelle Veränderungen, die mehr Beweglichkeit erfordern und voraussetzbare Bindungen (zum Beispiel an den häuslich-lokalen Lebenskreis) lockern[2]. Der Gedanke, die Gesellschaft als Vertrag anzusehen, formuliert für diese Übergangszeit eine neue Maxime: frei, aber fest. Die dann

2 Für eine sehr anschauliche Darstellung siehe Mervyn James, Family, Lineage, and Civil Society: A Study of Society, Politics, and Mentality in the Durham Region, Oxford 1974. Von unseren theoretischen Prämissen her ist vor allem die Bedeutung des Buchdrucks für solche Entwicklungen zu beachten.

folgenden gesellschaftsstrukturellen Entwicklungen, die politische und die industrielle Revolution, die Diversifikation der mit dem Menschen befaßten Wissenschaften sprengen auch dieses »frei, aber fest«. Biologie, Psychologie und Soziologie trennen sich; und die Wissenschaften selbst gewinnen Distanz zu den normativen Regulierungen des Rechts, zu den Religionsvorstellungen, zu den politischen Werten und Zielen. Schon im 19. Jahrhundert wirkt die ›Organismus-Analogie‹ als Konzept verkrampft[3] und, besonders angesichts der Fortschritte in der ›Biologie‹ als unnatürlich[4]. Seitdem beschäftigt man sich mit ihrer Kritik[5]. Der Humanismus zieht sich von Natur auf Geist zurück. Die Soziologie fragt nach den nichtvertraglichen Grundlagen der Bindungswirkung von Verträgen. Der Mensch ist von sich her nicht einmal mehr vertragsfähig. Er verdankt seine Sozialität – der Gesellschaft.

Statt sich in Bereichen mit verfallender Überzeugungskraft kontrafaktisch-normierend zu bewegen, dürfte es den Vorzug verdienen, die Differenz zu formulieren. Dies kann nicht mit einer bloßen Kritik der alteuropäischen Begriffsbildungen oder Analogieschlüsse geschehen. Das führt nur zur Abstraktion von Residuen der Tradition, die ihrerseits dann ›nonkonformistisch‹ vertreten werden müssen. So endet man schließlich in einer fragwürdigen Polemik gegen ›Konformismus‹ – nur um Konformität mit ›Nonkonformismus‹ zu erwarten. In dieser Situation bietet sich der Versuch an, von hoffnungslosen zu unwahrscheinlichen Konzeptualisierungen überzugehen.

Sieht man den Menschen als Teil der Umwelt der Gesellschaft an (statt als Teil der Gesellschaft selbst), ändert das die Prämissen aller Fragestellungen der Tradition, also auch die Prämissen des klassischen Humanismus. Das heißt nicht, daß der Mensch als weniger wichtig eingeschätzt würde im Vergleich zur Tradition. Wer das

3 Dies nicht zuletzt deshalb, weil auch der Argumentationswert von ›Analogie‹ nicht mehr so überzeugt wie in der Antike und im Mittelalter; und dies wiederum hängt mit dem Ende der Rhetorik zusammen.

4 Vgl. z. B. René Worms, Organisme et société, Paris 1895.

5 Vgl. für typische Beispiele: Paul Kellermann, Kritik einer Soziologie der Ordnung: Organismus und System bei Comte, Spencer und Parsons, Freiburg 1967; A. James Gregor, Political Science and the Uses of Functional Analysis, The American Political Science Review 62 (1968), S. 425-439. Für Konsequenzen auf dem Gebiet des Völkerrechts instruktiv: Gerhart Niemeyer, Law Without Force: The Function of Politics in International Law, Princeton 1941, insbes. S. 290 ff.

vermutet (und aller Polemik gegen diesen Vorschlag liegt eine solche Unterstellung offen oder versteckt zu Grunde), hat den Paradigmawechsel in der Systemtheorie nicht begriffen.
Die Systemtheorie geht von der Einheit der Differenz von System und Umwelt aus. Die Umwelt ist konstitutives Moment dieser Differenz, ist also für das System nicht weniger wichtig als das System selbst. Die Theoriedisposition ist in dieser Abstraktionslage noch völlig offen für verschiedenartige Wertungen. Die Umwelt mag manches enthalten, was für das System (unter welchen Gesichtspunkten immer) wichtiger ist als Bestandteile des Systems selbst; aber auch die gegenteilige Konstellation ist in der Theorie erfaßbar. Gewonnen wird mit der Unterscheidung von System und Umwelt aber die Möglichkeit, den Menschen als Teil der gesellschaftlichen Umwelt zugleich komplexer und ungebundener zu begreifen, als dies möglich wäre, wenn er als Teil der Gesellschaft aufgefaßt werden müßte; denn Umwelt ist im Vergleich zum System eben derjenige Bereich der Unterscheidung, der höhere Komplexität und geringeres Geordnetsein aufweist. Dem Menschen werden so höhere Freiheiten im Verhältnis zu *seiner* Umwelt konzediert, insbesondere Freiheiten zu unvernünftigem und unmoralischem Verhalten. Er ist nicht mehr Maß der Gesellschaft. Diese Idee des Humanismus kann nicht kontinuieren. Denn wer wollte ernsthaft und durchdacht behaupten, daß die Gesellschaft nach dem Bildes des Menschen, Kopf oben usw., geformt werden könnte.

II

Den Begriff ›Interpenetration‹ benutzen wir, um eine besondere Art von Beitrag zum Aufbau von Systemen zu bezeichnen, der von Systemen der Umwelt erbracht wird. Diese Lagerung des Begriffs in System/Umwelt-Verhältnissen muß sehr genau bestimmt werden – besonders, weil sich ein sehr unscharfes Verständnis von Interpenetration eingebürgert hat[6].

6 Bei Parsons erhält der Begriff deutliche Konturen aus der Gesamtarchitektur seiner Theorie, wenngleich auch hier manches umstritten ist. Vgl. dazu Stefan Jensen, Interpenetration – Zum Verhältnis personaler und sozialer Systeme, Zeitschrift für Soziologie 7 (1978), S. 116-129; Niklas Luhmann, Interpenetration bei Parsons, Zeitschrift für Soziologie 7 (1978), S. 299-302. Im übrigen bleibt der Begriff verschwommen,

Zunächst: Es geht nicht um die allgemeine Beziehung zwischen System und Umwelt, sondern um eine Intersystembeziehung zwischen Systemen, die wechselseitig füreinander zur Umwelt gehören. Im Bereich der Intersystembeziehungen soll der Begriff Interpenetration einen engeren Sachverhalt bezeichnen, der vor allem von Input/Output-Beziehungen (Leistungen)[7] unterschieden werden muß. Von *Penetration* wollen wir sprechen, wenn ein System die eigene *Komplexität* (und damit: Unbestimmtheit, Kontingenz und Selektionszwang) *zum Aufbau eines anderen Systems zur Verfügung stellt.* In genau diesem Sinne setzen soziale Systeme ›Leben‹ voraus. *Interpenetration* liegt entsprechend dann vor, wenn dieser Sachverhalt wechselseitig gegeben ist, wenn also beide Systeme sich wechselseitig dadurch ermöglichen, daß sie in das jeweils andere ihre vorkonstituierte Eigenkomplexität einbringen. Im Falle von Penetration kann man beobachten, daß das *Verhalten* des penetrierenden Systems durch das aufnehmende System mitbestimmt wird (und eventuell außerhalb dieses Systems orientierungslos und erratisch abläuft wie das einer Ameise ohne Kontakt zum Ameisenhaufen). Im Falle von Interpenetration wirkt das aufnehmende System auch auf die *Strukturbildung* der penetrierenden Systeme zurück; es greift also doppelt, von außen und von innen, auf dieses ein. Dann sind trotz (nein: wegen!) dieser Verstärkung der Abhängigkeiten größere Freiheitsgrade möglich. Das heißt auch: daß Interpenetration im Laufe von Evolution das Verhalten stärker individualisiert als Penetration.

Dies gilt besonders eklatant im Verhältnis von Menschen und sozialen Systemen. Der Begriff der Interpenetration bietet uns den Schlüssel für die weitere Analyse dieses Verhältnisses. Er ersetzt damit die Naturrechtslehren, aber auch soziologische Versuche, die grundbegrifflich mit der Rollentheorie, mit Bedürfnisbegriffen, mit Sozialisationstheorien gearbeitet hatten. Als Interpenetration kann dieses Verhältnis fundamentaler begriffen werden als mit den eben

wenn man damit ohne nähere Erläuterung nur das wechselseitige Sichüberschneiden von Systemen bezeichnet. Vgl. etwa Ronald L. Breiger, The Duality of Persons and Groups, Social Forces 53 (1974), S. 181-190; Richard Münch, Über Parsons zu Weber: Von der Theorie der Rationalisierung zur Theorie der Interpenetration, Zeitschrift für Soziologie 9 (1980), S. 18-53; ders., Theorie des Handelns: Zur Rekonstruktion der Beiträge von Talcott Parsons, Emile Durkheim und Max Weber, Frankfurt 1982.

7 Vgl. Kapitel 5, VII.

genannten soziologischen Konzepten. Interpenetration schließt sie nicht aus, sondern ein.

Wir erinnern: Komplexität besagt, daß eine Vielzahl von Elementen, hier Handlungen, nur selektiv verknüpft werden kann. Komplexität bedeutet also Selektionszwang. Diese Notwendigkeit ist zugleich Freiheit, nämlich Freiheit zu unterschiedlicher Konditionierung der Selektion. Die Bestimmung des Handelns hat daher normalerweise verschiedene Quellen, psychische und soziale. Die Stabilität (= Erwartbarkeit) von Handlungen bestimmter Art ist somit Resultat eines kombinatorischen Spiels, eines mixed-motive game. Evolution filtert das heraus, was sowohl psychisch als auch sozial akzeptabel ist, und zerstört dann wieder Handlungssorten, Handlungssituationen, Handlungskontexte und -systeme dadurch, daß sie ihnen die psychische oder die soziale Konditionierung entzieht. Man stelle sich nur vor, ein ›Bauherr‹ von 1883 würde heute versuchen, ein Haus zu bauen: Es würden ihm fast alle Anschlüsse für seine Erwartungen fehlen, nicht nur im technischen, sondern gerade im sozialen Bereich; und er selbst würde zur Verzweiflung werden für alle, die mit ihm zu tun haben.

Ein zentrales Moment dieser Konzeption kann nicht genug betont werden: Die interpenetrierenden Systeme bleiben füreinander Umwelt[8]. Das bedeutet: die Komplexität, die sie einander zur Verfügung stellen, ist für das jeweils aufnehmende System unfaßbare Komplexität, also Unordnung. Man kann deshalb auch formulieren, daß die psychischen Systeme die sozialen Systeme mit hinreichender Unordnung versorgen, und ebenso umgekehrt. Die Eigenselektion und Autonomie der Systeme wird durch Interpenetration also nicht in Frage gestellt. Selbst wenn man sich Systeme als volldeterminiert vorstellen müßte, würden sie durch Interpenetration mit Unordnung infiziert und der Unberechenbarkeit des Zustandekommens ihrer Elementarereignisse ausgesetzt. Alle Reproduktion und alle Strukturbildung setzt damit eine Kombination von Ordnung und Unordnung voraus: strukturierte eigene und unfaßbare fremde, geregelte und freie Komplexität. Der Aufbau sozialer Systeme (und ebenso Aufbau psychischer Systeme) folgt dem order

8 Dies gilt selbstverständlich auch für andere Fälle von Interpenetration. So ist zum Beispiel der (»eigene«) Organismus Umwelt des psychischen Systems, die Zellen des Gehirns Umwelt des Nervensystems, usw. Ebenso Alfred Kuhn, The Logic of Social Systems, San Francisco 1974, S. 40, für behavioral system und biological system.

from noise principle (von Foerster). Soziale Systeme entstehen auf Grund der Geräusche, die psychische Systeme erzeugen bei ihren Versuchen zu kommunizieren.

Die hier gewählte Begriffsfassung vermeidet mit Absicht den sehr viel einfacheren Weg, auf die Elemente abzustellen, aus denen die interpenetrierenden Systeme bestehen. Man könnte versucht sein, sich damit zu begnügen, zu sagen, daß Menschen und soziale Systeme sich in einzelnen Elementen, nämlich Handlungen, überschneiden. Handlungen seien Menschenhandlungen, zugleich aber möglicherweise auch Bausteine sozialer Systeme. Ohne menschliches Handeln gäbe es keine sozialen Systeme, so wie umgekehrt der Mensch nur in sozialen Systemen die Fähigkeit zum Handeln erwerben kann. Diese Auffassung ist nicht falsch, aber sie ist zu einfach. Der *Begriff* Element ist *kein Letztelement* systemtheoretischer Analyse; das haben wir sowohl am Begriff der Komplexität als am Begriff des selbstreferentiellen Systems herausgearbeitet. Entsprechend haben wir den Begriff des Elements entontologisiert[9]. Ereignisse (Handlungen) sind keineswegs Elemente ohne Substrat. Aber ihrer Einheit entspricht keine Einheit ihres Substrats; sie wird im Verwendungssystem durch Anschlußfähigkeit erzeugt[10]. Elemente werden durch die Systeme, die aus ihnen bestehen, selbst konstituiert, und in diesem Zusammenhang spielt der Umstand mit, daß Komplexität ein selektives Relationieren der Elemente erfordert. Man kann beim Verweis auf die Elemente also nicht stehen bleiben, so als ob es um Steinchen für ein Mosaik gehe; denn dahinter taucht sofort die Frage auf, wie die Fähigkeit des selektiven Konstituierens der Elemente zu erklären ist. Viel radikaler, als eine ›Handlungstheorie‹ es sehen und formulieren kann, greift die Systemtheorie auf strukturelle Bedingungen der Selektivität zurück.

Auf diese Frage bezogen soll der Begriff der Interpenetration nicht nur ein Sichüberschneiden in den Elementen bezeichnen, sondern

9 Vgl. Kapitel 1, II unter 4.

10 Die Parallelen, aber auch die Divergenzen, zu Kants Behandlung des Komplexitätsproblems werden hier besonders augenfällig. Auch Kant geht von Mannigfaltigkeit aus und fragt, wie man zur Einheit kommt. Aber da er die Antwort durch Hinweis auf Bewußtseinssynthesen geben will, wird die ganze Fragestellung psychologisiert; und da das wiederum nicht akzeptabel ist, muß der Transzendentalismus draufgesetzt werden. Heute neigt man dagegen dazu, die gesamte Fragestellung (Erkenntnistheorie eingeschlossen) zu re-naturalisieren, ohne damit in eine Ontologie zurückzukehren.

einen wechselseitigen Beitrag zur selektiven Konstitution der Elemente, der dann im Ergebnis zu einem solchen Überschneiden führt. Entscheidend ist, daß die Komplexität des Menschen sich erst im Hinblick auf soziale Systeme entwickeln kann und zugleich durch soziale Systeme benutzt wird, um ihr, wenn man so sagen darf, Handlungen zu entziehen, die den Bedingungen sozialer Kombinatorik genügen.

Es bleibt zwar richtig, daß interpenetrierende Systeme in einzelnen Elementen konvergieren, nämlich dieselben Elemente benutzen, *aber sie geben ihnen jeweils unterschiedliche Selektivität und unterschiedliche Anschlußfähigkeit, unterschiedliche Vergangenheiten und unterschiedliche Zukünfte.* Die Konvergenz ist, da es sich um temporalisierte Elemente (Ereignisse) handelt, nur je gegenwärtig möglich. Die Elemente bedeuten daher, obwohl sie als Ereignisse identisch sind, in den beteiligten Systemen verschiedenes: Sie wählen aus jeweils anderen Möglichkeiten aus und führen zu jeweils anderen Konsequenzen. Das heißt nicht zuletzt: daß die als nächstes sich ereignende Konvergenz *wieder Selektion ist;* daß also die Differenz der Systeme im Prozeß des Interpenetrierens reproduziert wird. Nur so ist überhaupt doppelte Kontingenz *als Kontingenz* möglich – das heißt: als etwas, das dank der Komplexität, die ihr zu Grunde liegt, jeweils auch anders möglich ist und mit dieser Verweisung auf andere Möglichkeiten in Rechnung gestellt werden muß.

Mit Hilfe dieser Konzeption können wir eine Frage, die wir bei der Behandlung des Problems der doppelten Kontingenz (Kapitel 3) offen lassen mußten, abschließend beantworten. Der Begriff der Interpenetration antwortet auf die Frage nach den Bedingungen der Möglichkeit von doppelter Kontingenz. Er vermeidet es, diese Antwort durch Verweis auf die Natur des Menschen zu geben; er vermeidet auch den Rückgriff auf die (angeblich alles fundierende) Subjektität des Bewußtseins. Er formuliert das Problem auch nicht als eines der (Subjekte voraussetzenden) ›Intersubjektivität‹. Die Ausgangsfrage ist vielmehr: welche Realitätsvorgaben vorliegen müssen, damit es hinreichend häufig und hinreichend dicht zur Erfahrung von doppelter Kontingenz und damit zum Aufbau sozialer Systeme kommen kann. Die Antwort heißt Interpenetration. Sie präzisiert zugleich die Prämissen der Frage, die sie beantwortet. Es geht nicht einfach um einen geschichteten Weltaufbau, bei dem die unteren Schichten zuerst fertiggestellt sein müssen, bevor weitergebaut werden kann. Vielmehr werden die Voraussetzungen mit der Evolution höherer Ebenen der Systembildung selbst erst in eine dafür geeignete Form gebracht. Sie entstehen durch Inanspruchnahme. Deshalb ist Evolution nur durch *Inter*penetration, das heißt nur durch *wechselseitige* Ermöglichung möglich. Evolution ist in diesem Sinne, systemtheoretisch gesehen, ein zirkulärer Prozeß, der sich in die Realität hinein (nicht: ins Nichts hinein!) konstituiert.

Auch die Notwendigkeit, Handlung und Kommunikation zu unterscheiden, gewinnt durch den Begriff der Interpenetration zusätzliche Sinnbezüge. Handlung erfordert individuelle Zurechenbarkeit als konstituierendes Moment, entsteht also durch ein Trennprinzip. Kommunikation kommt dagegen durch ein Zusammenfallen dreier verschiedener Selektionen zustande. Dies Zusammenfallen darf sich nicht nur hin und wieder, darf sich nicht nur zufällig ereignen; es muß regelmäßig und erwartbar reproduziert werden können. Dafür bildet sich im Falle hinreichender Bewährung ein eigenes System, ein soziales System, das aber die Fähigkeit zur Selektionsproduktion muß voraussetzen können. Mindestens zum Mitteilen und Verstehen, vielfach auch zur Erzeugung der Tatbestände, die im Kommunikationszusammenhang als Information fungieren, sind Menschen erforderlich. Interpenetration, nämlich Beisteuern von Komplexität zum Aufbau eines emergenten Systems, findet demnach in der Form von Kommunikation statt; und umgekehrt setzt jedes konkrete Ingangbringen von Kommunikation ein Interpenetrationsverhältnis voraus. Diese Zirkularität bringt erneut zum Ausdruck, daß soziale Systeme nur als selbstreferentielle Systeme entstehen können. Sie bestätigt außerdem, daß es nicht bestimmte, vorweg schon vorhandene Eigenschaften des Menschen sind, die die Bildung sozialer Systeme ermöglichen – etwa: zentral gesteuertes Nervensystem, beweglicher Daumen, Fähigkeit, differenzierte Laute zu erzeugen und die eigenen Laute selbst zu hören, usw.; sondern daß all dies soziale Systeme nur erzeugt, wenn und weil es als *temporalisierte Komplexität voraussetzbar* ist, die von Moment zu Moment ihre eigenen Zustände *seligiert* und *darin* beeinflußt werden kann.

Schließlich fügt sich diesen Überlegungen eine empirisch getestete Hypothese ein: Soziale Systeme, die auf komplexere psychische

Systeme zurückgreifen können, haben einen geringeren Strukturbedarf[11]. Sie können höhere Instabilitäten und rascheren Strukturwechsel verkraften. Sie können sich eher Zufällen aussetzen und können ihr Regelwerk dadurch entlasten. Auch dies ist nur einsichtig, wenn man Komplexität und Interpenetration richtig versteht, nämlich als mit Größe steigender Selektionszwang und als offene Konditionierbarkeit eben dieses Zwanges.

Man darf sich Interpenetration weder nach dem Modell der Beziehung zweier getrennter Dinge vorstellen noch nach dem Modell zweier sich teilweise überschneidender Kreise. Alle räumlichen Metaphern sind hier besonders irreführend. Entscheidend ist, daß *die Grenzen des einen Systems in den Operationsbereich des anderen übernommen werden können.* So fallen die Grenzen sozialer Systeme in das Bewußtsein psychischer Systeme. Das Bewußtsein unterläuft und trägt damit die Möglichkeit, Sozialsystemgrenzen zu ziehen, und dies gerade deshalb, weil sie nicht zugleich Grenzen des Bewußtseins sind. Das Gleiche gilt im umgekehrten Fall: Die Grenzen psychischer Systeme fallen in den Kommunikationsbereich sozialer Systeme. Kommunikation ist geradezu gezwungen, sich laufend daran zu orientieren, was psychische Systeme in ihr Bewußtsein bereits aufgenommen haben und was nicht. Und auch dies ist nur möglich, weil die Grenzen psychischer Systeme nicht zugleich Grenzen der kommunikativen Möglichkeiten sind. Jedes an Interpenetration beteiligte System realisiert in sich selbst das andere als dessen Differenz von System und Umwelt, ohne selbst entsprechend zu zerfallen. So kann jedes System im Verhältnis zum anderen eigene Komplexitätsüberlegenheit, eigene Beschreibungsweisen, eigene Reduktionen verwirklichen und auf dieser Grundlage eigene Komplexität dem anderen zur Verfügung stellen.

Die Systemleistung, die interpenetrierende Systeme füreinander erbringen, besteht also nicht im Input von Ressourcen, von Energie, von Information. Auch dies bleibt natürlich möglich. Ein Mensch sieht etwas und erzählt es, steuert also Information zum sozialen System bei. Was wir Interpenetration nennen, greift jedoch tiefer, ist kein Leistungszusammenhang, sondern ein Konstitutionszusammenhang. Jedes System stabilisiert die eigene Komplexität. Es

11 Vgl. Paul Stager, Conceptual Level as a Composition Variable in Small-Group Decision Making, Journal of Personality and Social Psychology 5 (1967), S. 152 bis 161.

erhält Stabilität, obwohl es aus ereignishaften Elementen besteht, also durch die eigene Struktur zum ständigen Wechsel der eigenen Zustände gezwungen ist. Es produziert so ein strukturbedingtes Zugleich von Dauer und Wechsel. Etwas zugespitzt könnte man auch sagen: jedes System stabilisiert die eigenen Instabilitäten. Es garantiert damit die laufende Reproduktion noch unbestimmter Potentialitäten. Deren Bestimmung kann konditioniert werden. Diese Konditionierung läuft immer selbstreferentiell, ist also immer Moment der autopoietischen Reproduktion der eigenen Elemente; sie nimmt dabei aber, gerade weil reine Selbstreferenz tautologisch wäre, immer auch Anstöße aus der Umwelt auf. Selbstreferentielle Systeme sind deshalb in der Lage, verfügbare Potentialitäten für den Aufbau von Systemen auf emergenten Realitätsniveaus freizuhalten und sich selbst auf die damit geschaffene Sonderumwelt einzustellen. Der Begriff Interpenetration zieht, so gesehen, die Konsequenzen aus dem Paradigmawechsel in der Systemtheorie: aus dem Übergang zur System/Umwelt-Theorie und zur Theorie selbstreferentieller Systeme. Er setzt diese theoretische Umdisposition auch insofern voraus, als er die Autonomie der interpenetrierenden Systeme begreift als Steigerung und Selektion von Umweltabhängigkeiten.

III

Von Interpenetration soll nur dann die Rede sein, wenn auch die ihre Komplexität beitragenden Systeme autopoietische Systeme sind. Interpenetration ist demnach ein Verhältnis von autopoietischen Systemen. Diese Eingrenzung des Begriffsbereichs macht es möglich, das klassische Thema Mensch und Gesellschaft aus einem weiteren Blickwinkel zu betrachten, der mit dem Wortsinn von »Interpenetrieren« nicht ohne weiteres gegeben ist.

So wie die Selbstreproduktion sozialer Systeme dadurch, daß Kommunikation Kommunikation auslöst, gleichsam von selber läuft, wenn sie nicht schlicht aufhört, gibt es auch am Menschen geschlossen-selbstreferentielle Reproduktionen, die sich bei einer sehr groben, hier aber ausreichenden Betrachtung als organische und als psychische Reproduktion unterscheiden lassen. Im einen Falle ist das Medium und die Erscheinungsform[12] das *Leben*, im anderen

12 Ich nenne »Erscheinungsform« zusätzlich, um auf die aus der Autopoiesis sich ergebende Möglichkeit der Beobachtung hinzuweisen.

Falle das *Bewußtsein.* Autopoiesis qua Leben und qua Bewußtsein ist Voraussetzung der Bildung sozialer Systeme, und das heißt auch, daß soziale Systeme eine eigene Reproduktion nur verwirklichen können, wenn die Fortsetzung des Lebens und des Bewußtseins gewährleistet ist.

Diese Aussage klingt trivial. Sie wird niemanden überraschen. Gleichwohl bringt das Konzept der Autopoiesis zusätzliche Perspektiven ins Bild. Sowohl für Leben als auch für Bewußtsein ist die Selbstreproduktion nur im geschlossenen System möglich. Das hatte der Lebensphilosophie wie der Bewußtseinsphilosophie die Möglichkeit gegeben, ihren Gegenstand »Subjekt« zu nennen. Trotzdem ist die Autopoiesis auf beiden Ebenen nur unter ökologischen Bedingungen möglich, und zu den Umweltbedingungen der Selbstreproduktion menschlichen Lebens und menschlichen Bewußtseins gehört Gesellschaft. Um diese Einsicht zu formulieren, muß man, wie bereits mehrfach betont, Geschlossenheit und Offenheit von Systemen nicht als Gegensatz formulieren, sondern als Bedingungsverhältnis. Das soziale System, das auf Leben und Bewußtsein beruht, ermöglicht seinerseits die Autopoiesis dieser Bedingungen, indem es ermöglicht, daß sie sich in einem geschlossenen Reproduktionszusammenhang ständig erneuern. Das Leben und selbst das Bewußtsein brauchen nicht zu »wissen«, daß dies sich so verhält. Aber sie müssen ihre Autopoiesis so einrichten, daß Geschlossenheit als Basis für Offenheit fungiert.

Interpenetration setzt Verbindungsfähigkeit verschiedener Arten von Autopoiesis voraus – in unserem Falle: organisches Leben, Bewußtsein und Kommunikation. Sie macht Autopoiesis nicht zur Allopoiesis; sie stellt gleichwohl Abhängigkeitsverhältnisse her, die ihre evolutionäre Bewährung darin haben, daß sie mit Autopoiesis kompatibel sind. Von hier aus wird besser verständlich, weshalb der Sinnbegriff theoriebautechnisch so hochrangig eingesetzt werden muß. Sinn ermöglicht die Interpenetration psychischer und sozialer Systembildungen bei Bewahrung ihrer Autopoiesis; Sinn ermöglicht das Sichverstehen und Sichfortzeugen von Bewußtsein in der Kommunikation und zugleich das Zurückrechnen der Kommunikation auf das Bewußtsein der Beteiligten. Der Begriff des Sinnes löst damit den Begriff des animal sociale ab. Es ist nicht die Eigenschaft einer besonderen Art von Lebewesen, es ist der Verweisungsreichtum von Sinn, der es möglich macht, Gesellschaftssysteme zu bilden, durch die Menschen Bewußtsein haben und leben können.

Dieser Sachverhalt wird klarer, wenn man die reine Selbstreproduktion als bloße Fortsetzung des Lebens, der Bewußtheit, der Kommunikation unterscheidet von den Strukturen, mit deren Hilfe dies geschieht. Die Autopoiesis ist Quelle einer für das System unbestimmbaren Komplexität. Die Strukturen dienen der bestimmenden Reduktion und ermöglichen genau dadurch auch die Reproduktion der Unbestimmtheit, die immer wieder am Bestimmen als Möglichkeitshorizont erscheint. Nur beides zusammen ermöglicht Interpenetration. Das Interpenetrationsverhältnis seligiert dann seinerseits die Strukturen, die für die interpenetrierenden Systeme deren Selbstreproduktion ermöglichen. Oder mit einer Formulierung von Maturana: »An autopoietic system is a system with a changing structure that follows a course of change that is continuously being selected through its interaction in the medium in which it realized its autopoiesis«, und daraus folge, »that an autopoietic system is either in continuous structural coupling with its medium or disintegrates«[13].

Der hier gemeinte Sachverhalt ist also nur über komplizierte Formulierungen zugänglich zu machen. Es sind *Differenz* und *Ineinandergreifen* von *Autopoiesis* und *Struktur* (die eine sich kontinuierlich reproduzierend, die andere sich diskontinuierlich ändernd), die für das Zustandekommen von Interpenetrationsverhältnissen zwischen *organisch/psychischen* und *sozialen* Systemen auf beiden Seiten unerläßlich sind. Das Begreifen dieser Sachlage setzt dies Zusammenspiel einer Mehrheit von Distinktionen voraus. Läßt man nur eine von ihnen außer Acht, wird man zurückkatapultiert in die alte und ewig unfruchtbare, ideologisch besetzte Diskussion über das Verhältnis von Individuum und Gesellschaft.

Mit diesen Begriffsentscheidungen sind alle Gemeinschaftsmytho-

13 Humberto R. Maturana, Man and Society, in: Frank Benseler/Peter M. Hejl/Wolfram K. Köck (Hrsg.), Autopoiesis, Communication, and Society: The Theory of Autopoietic System in the Social Sciences, Frankfurt 1980, S. 1-31 (12). Mit »medium« in diesem Zitat ist social system gemeint. Im übrigen sind jedoch die Ausführungen des Meisters über soziale Systeme und deren eigene Autopoiesis dadurch beeinträchtigt, daß er als Biologe auch soziale Systeme für lebende Systeme hält und sie als »collection (!) of interacting living systems« (S. 11) unzureichend erfaßt. Somit fehlt denn auch eine ausreichende Analyse des Sachverhalts, den wir hier als Interpenetration zu begreifen versuchen.

logien verabschiedet – oder genauer gesagt: auf die Ebene der Selbstbeschreibung sozialer Systeme abgeschoben. Wenn Gemeinschaft heißen soll: partielle Verschmelzung personaler und sozialer Systeme, so widerspricht dies dem Begriff der Interpenetration direkt. Um das herauszuarbeiten, wollen wir zwischen Inklusion und Exklusion unterscheiden. Interpenetration führt zur Inklusion insofern, als die Komplexität der beitragenden Systeme von den aufnehmenden Systemen mitbenutzt wird. Sie führt aber auch zur Exklusion insofern, als eine Mehrzahl von interpenetrierenden Systemen, um dies zu ermöglichen, sich in ihrer Autopoiesis voneinander unterscheiden müssen. Weniger abstrakt formuliert: Die Teilnahme am sozialen System fordert dem Menschen Eigenbeiträge ab und führt dazu, daß die Menschen sich voneinander unterscheiden, sich gegeneinander exklusiv verhalten; denn sie müssen ihren Beitrag selbst erbringen, müssen sich selbst motivieren. Gerade wenn sie kooperieren, muß gegen alle natürliche Ähnlichkeit geklärt werden, wer welchen Beitrag leistet. Durkheim hatte diese Einsicht als Unterschied von mechanischer und organischer Solidarität formuliert; aber es geht nicht um unterschiedliche Formen der Interpenetration, sondern darum, daß stärkere Interpenetration mehr Inklusion und mehr (wechselseitige) Exklusion erfordert. Das daraus resultierende Problem wird durch »Individualisierung« der Personen gelöst.

Es liegt außerhalb des Rahmens dieses Kapitels, Folgerungen für eine Theorie psychischer Systeme zu ziehen. Meine Vermutung ist jedoch, und dies wenigstens sei angedeutet, daß manche Themen und selbst Ambitionen der Philosophie des Bewußtseins in diesem Kontext wiederauftauchen werden. Wir streichen zwar die Behauptung, das Bewußtsein sei das Subjekt. Dies ist es nur für sich selbst. Trotzdem kann man nachvollziehen, daß die Autopoiesis im Medium des Bewußtseins geschlossen und zugleich offen ist. In jeder Struktur, die sie annimmt, adaptiert, ändert oder aufgibt, ist sie angeschlossen an soziale Systeme. Das gilt für »pattern recognition«, für Sprache und für alles andere. Sie ist trotz dieser Kopplung genuin autonom, weil nur das Struktur sein kann, was die Autopoiesis des Bewußtseins anleiten und in ihr sich reproduzieren kann. Damit findet man auch Zugang zu dem alle soziale Erfahrung transzendierenden Potential des Bewußtseins und zu einer Typik von Sinnbedarf, die dem Bewußtsein die eigene Autopoiesis im

Wechsel aller spezifischen Sinnstrukturen garantiert. Im Zusammenhang einer Untersuchung von »Lebensdeutungen« hat Dieter Henrich Glück und Not als solche Sinngebungen behandelt, die ein ganzes Bewußtsein durchdringen, ohne in bestimmten Sinnformen greifbar und korrigierbar zu sein[14].

IV

Geht man von diesem Befund aus, daß Interpenetration ein Verhältnis von autonomer Autopoiesis und strukturellen Kopplungen ermöglicht, kann man in einem nächsten Schritt den Begriff der »Bindung« einbeziehen und genauer bestimmen. Der Begriff soll auf das Verhältnis von Struktur und Interpenetration bezogen werden. Strukturbildung ist nicht im Leerraum und nicht nur auf Grund der Autopoiesis des strukturbildenden Systems möglich. Sie setzt »freie«, ungebundene Materialien oder Energien oder, abstrakter formuliert, noch nicht voll bestimmte Möglichkeiten der interpenetrierenden Systeme voraus. Bindung ist dann die Festlegung des Verwendungssinnes dieser offenen Möglichkeiten durch die Struktur eines emergenten Systems. Man kann an die Bindung neurophysiologischer Prozesse durch die Anforderungen des Gedächtnisses, also durch Speicherung von Information denken. In unserem Zusammenhang geht es natürlich um die Bindung psychischer Möglichkeiten durch soziale Systeme.

Eine Vielzahl von unkoordinierten Verwendungen ähnlicher Vorstellungen kann hiermit zusammengefaßt und vereinheitlicht werden. Zumeist wird der Begriff alltagssprachlich (oder grundbegrifflich?) eingeführt und ohne weitere Erläuterung benutzt. Eine oft benutzte Formulierung, »time-binding«, stammt von Korzybski und bezeichnet zunächst eine Leistung der Sprache, gleichen Sinn verfügbar zu halten[15]. Parsons bildet, ebenfalls ohne weitergehende Klärung, zwei verschiedene Begriffe, deren Beziehung offen blei-

14 Siehe Fluchtlinien: Philosophische Essays, Frankfurt 1982, S. 11 ff.

15 Alfred Korzybski, Science and Sanity: An Introduction to Non-aristotelian Systems and General Semantics (1933), Neudruck der 3. Aufl. Lakeville Conn. 1949. Siehe auch die Behandlung von time-binding als »most basic property of the nervous system« bei Karl H. Pribram, Languages of the Brain, Englewood Cliffs 1971 (Zitat S. 26); ferner die kosmologische Generalisierung im Gedanken der Bindung von Raum und Zeit bei Erich Jantsch, The Self-Organizing Universe: Scientific and Human Implications of the Emerging Paradigm of Evolution, Oxford 1980, S. 231 ff.

ben: value commitment als Medium des Sozialsystems für pattern maintenance und collectively binding decisions als Funktion der Politik. Unter dem Stichwort commitment findet man reiche soziologische und sozialpsychologische Forschung, die definitorisch auf eine Art Selbstverpflichtung des Individuums, auf ein Ausschalten von Kontingenz, eine Einschränkung der Wahlmöglichkeit oder auch auf Zeitbindung zurückgeführt wird, wobei zumeist auch das Sicheinlassen anderer (sozialpsychologisch) oder des sozialen Systems (soziologisch) in den Begriff eingeht[16]. Der Begriff bietet eine der positiven Generalisierungen, mit denen amerikanische Sozialwissenschaftler gerne operieren[17]; aber, genauer angesehen, sind commitments als solche weder eine unbedingt gute noch eine unbedingt schlechte Sache; sie können glücklich und unglücklich machen, helfen und schaden, und dies für psychische und für soziale Systeme.

Tendenziell verschieben sich heute, und das ist ein weiterer Zweig der Bindungsforschung, die Vorstellungen über die *Begründung* von Bindungen; sie verschieben sich aus der Berufung auf naturrechtlich geltende Supernormen (»pacta sunt servanda«) oder Mini-

16 Vgl. z. B. Thornton B. Roby, Commitment, Behavioral Science 5 (1960), S. 253-264; Helen P. Gouldner, Dimensions of Organizational Commitment, Administrative Science Quarterly 4 (1960), S. 468-490; Howard S. Becker, Notes on the Concept of Commitment, American Journal of Sociology 66 (1960), S. 32-40; Wilbert E. Moore/Arnold S. Feldman, Spheres of Commitment, in dies. (Hrsg.), Labor Commitment and Social Change in Developing Areas, New York 1960, S. 1-77; Clark Kerr et al., Industrialism and Industrial Man: The Problems of Labour and Management in Economic Growth, Cambridge Mass. 1960, insbes. S. 170 ff.; Amitai Etzioni, A Comparative Analysis of Complex Organizations: On Power, Involvement and Their Correlates, New York 1961; William Kornhauser, Social Bases of Political Commitment: A Study of Liberals and Radicals, in: Arnold M. Rose (Hrsg.), Human Behavior and Social Process: An Interactionist Approach, Boston 1962, S. 321-339; Alfred Kiesler (Hrsg.), The Psychology of Commitment: Experiments Linking Behavior to Belief, New York 1971; Rosabeth Moss Kanter, Commitment and Community, Cambridge Mass. 1972; Michael P. Johnson, Commitment: A Conceptual Structure and Empirical Application, Sociological Quarterly 14 (1973), S. 395-406; Paul C. Rosenblatt, Needed Research on Commitment in Marriage, in: George Levinger/Harold L. Raush (Hrsg.), Close Relationship: Perspectives on the Meaning of Intimacy, Amherst Mass. 1977, S. 73-86. Wie diese Belege zeigen sollen, ist der Begriff in den 60er Jahren in Mode gekommen auf der Suche nach einem Gegenhalt für die Loyalitäts- und Motivationskrisen des industriellen Zeitalters und hat dann eine Wende ins mehr Persönliche und Private genommen.

17 Speziell hierzu Ray Holland, Self and Social Context, New York 1977.

malerfordernisse jeder Ordnung (»wo käme man hin ...«) in zeitliche Sequenzen. Jedes Ereignis einer solchen Sequenz hat einen selektiven Effekt[18], scheidet Möglichkeiten aus und eröffnet andere. Dadurch werden rein faktisch Verantwortungen übernommen und Bindungen eingeführt, die dann im System normativ interpretiert und als Verpflichtungen behandelt werden können. So entsteht eine Ebene der Unbestreitbarkeiten, ein »negotiated order« bei fortdauerndem Dissens und trotz bewußter Differenzen. Die Differenzen werden nicht aufgehoben, sie werden nur für spezifische Anschlußoperationen neutralisiert.

In anderen Forschungszusammenhängen tauchen Begriffe wie »coupling« oder »bonding« auf[19]. Sie bezeichnen eine zeitweilige Verknüpfung von unabhängigen Einheiten. Dabei steht die Perspektive eines Beobachters im Vordergrund. Sie dringt nicht in das Innere der Einheiten ein, kann aber feststellen, daß sie sich gelegentlich zusammenschließen, in mehreren Variablen gleiche oder komplementäre Werte annehmen oder auch bei bestimmten Anlässen wie ein einheitliches System wirken.

Aus diesen vielen und unkoordiniert zustandegekommenen Theoriestücken läßt sich ein Grundgedanke herausdestillieren. Bindungen kommen durch Selektion zustande, und zwar durch Selektionen, die andere Möglichkeiten (mehr oder weniger sicher) ausschalten können. Es handelt sich weder um das Resultat einer naturhaften Inklination der Prozesse; noch sind Bindungen das Resultat der Anwendung von Wertungen oder Normen auf Sachverhalte, des Bejahens besserer Zustände usw. Sie mögen in einer De-

18 Vgl. z. B. Dean E. Hewes, The Sequential Analysis of Social Interaction, Quarterly Journal of Speech 65 (1979), S. 56-73; Ronald W. Manderscheid/Donald S. Rae/Anne K. McCarrick/Same Silbergeld, A Stochastic Model of Relational Control in Dyadic Interaction, American Sociological Review 47 (1982), S. 62-75.

19 Vgl. Robert B. Glassman, Persistence and Loose Coupling in Living Systems, Behavioral Science 18 (1973), S. 83-98; Karl E. Weick, Educational Organizations as Loosely Coupled Systems, Administrative Science Quarterly 21 (1976), S. 1-19. Zu »bonding« siehe etwa den Gebrauch bei Milan Zeleny, Self-organization of Living Systems: A Formal Model of Autopoiesis, International Journal of General Systems 4 (1977), S. 13-28, oder Ricardo B. Uribe, Modeling Autopoiesis, in: Milan Zeleny (Hrsg.), Autopoiesis: A Theory of Living Organization, New York 1981, S. 51-62. In der Soziologie hat Charles P. Loomis hierfür, ohne viel Resonanz zu finden, den Begriff des »systemic linkage« vorgeschlagen. Siehe: Tentative Types of Directed Social Change Involving Systemic Linkage, Rural Sociology 24 (1959), S. 383-390; ders., Social Systems: Essays on Their Persistence and Change, Princeton 1960.

fensivsemantik nachträglich so dargestellt werden, aber das erklärt weder ihre Genese noch ihre immanente Historizität. Die Entstehung von Bindungen ist in hohem Maße zufällig, das heißt: nicht durch die Vorteilhaftigkeit der Bindung selbst motiviert. Wenn aber die entsprechenden Selektionen abgelaufen sind, gewinnen sie eine sich selbst verstärkende Tendenz, die sich auf die Irreversibilität der Zeit stützt. Dies wird dann in der Form von Gefühl oder auch in der Form von rechtfertigenden Bewertungen nachgearbeitet. Man kann erklären, daß eine selektiv zustandegekommene Bindung nicht mehr zur Disposition steht. Man mag dann, wie zum Beispiel im Liebesmythos, gerade aus der Freiheit der Wahl die Stärke der Bindung herleiten. Aber das verlagert nur die Paradoxie der seligierten Bindung, der necessità cercata, der arbiträren Schicksalhaftigkeit in die Semantik, die das lobt, was ohnehin nicht zu ändern ist.

V

Verhältnisse der Interpenetration und Bindungen gibt es nicht nur zwischen Mensch und sozialem System, sondern auch zwischen Menschen. Die Komplexität eines Menschen wird für einen anderen von Bedeutung und umgekehrt. Wir wollen von zwischenmenschlicher Interpenetration sprechen, wenn es um genau diesen Sachverhalt geht[20], und wir müssen ihn einbeziehen, bevor wir auf Sozialisation zu sprechen kommen.

Der Begriff Interpenetration ändert sich bei dieser Verwendung nicht. Die Beziehung von Mensch zu Mensch ist damit auf den gleichen Begriff gebracht wie die Beziehung von Mensch und sozialer Ordnung[21]. Gerade am identisch gehaltenen Begriff zeigen sich dann unterschiedliche Phänomene je nachdem, auf welche Arten von Systemen er bezogen wird.

Selbstverständlich bleibt die Beziehung von Mensch zu Mensch ein soziales Phänomen. Nur als solches interessiert sie die Soziologie.

20 Zur Terminologie: In Abweichung von früherem Sprachgebrauch spreche ich hier nicht von interpersonaler Interpenetration, weil auch das Körperverhalten einbezogen werden muß und weil Psychisches nicht in der sozial konstituierten Form von Personalität vorausgesetzt werden soll.

21 Zur semantischen Tradition, auf die mit dieser doppelten Fragestellung angespielt ist, vgl. Niklas Luhmann, Wie ist soziale Ordnung möglich?, in ders., Gesellschaftsstruktur und Semantik Bd. 2, Frankfurt 1981, S. 195-285.

Das heißt nicht nur, daß die Bedingungen und Formen ihres Zustandekommens soziale sind, also von weiteren sozialen Bedingungen abhängen. Darüber hinaus gehen soziale Bedingungen und Formen auch in das ein, was Menschen sich wechselseitig als Eigenkomplexität zur Verfügung stellen. Nur dank des sozialen Systems Gesellschaft können Menschen so komplex sein wie sie sind – im Sinne des strikt formalen Begriffs von Komplexität[22]. Diese Bezugnahmen schließen nicht aus, daß man das Phänomen zwischenmenschlicher Interpenetration als solches studiert. Man muß dabei nur beachten, daß man ein stets historisch relatives Phänomen vor Augen hat – historisch relativ durch die in der Evolution sich ändernden sozialen Voraussetzungen der Konstitution von Menschen; historisch relativ also durch die jeweils vorauszusetzende Interpenetration von Menschen und sozialen Systemen.

Um besser formulieren zu können, wollen wir ein Verhältnis zwischenmenschlicher Interpenetration als *intim* bezeichnen – Intimität also im Sinne eines steigerungsfähigen Sachverhalts genommen. Intimität stellt sich ein, wenn mehr und mehr Bereiche des persönlichen Erlebens und des Körperverhaltens eines Menschen für einen anderen zugänglich und relevant werden und dieser Sachverhalt sich wechselseitig einspielt. Dies ist nur möglich, wenn doppelte Kontingenz durch persönliche Zurechnung operationalisiert wird. Das Verhalten des Alter läuft dann nicht einfach situationskonform ab; es wird als innengesteuerte Selektion erfahren – bedingt durch die Komplexität der Welt[23] des Alter und nicht einfach durch die Komplexität der Umwelt des Ego (in der Alter neben vielen anderen vorkommt). Alter wird erfahren als sich selbst in seiner Welt verortend. Diese Voraussetzung, daß er selbst aus seiner Welt her-

22 Hier wäre ein Vergleich mit anderen Formulierungen ähnlicher Aussagen angebracht. Vielfach wird heute der Begriff Individualität oder Identität an die Stelle placiert, wo oben im Text von Komplexität die Rede ist. Dann hat man aber das Problem, genau angeben zu müssen, was man meint, wenn man Individualität bzw. Identität für einen sozial steigerbaren Sachverhalt hält im Hinblick auf einen Vergleich von ›mehr‹ und ›weniger‹. (Auch für ›Komplexität‹ ist eine solche Klärung angesichts der Mehrdimensionalität des Begriffs schwierig genug, aber nicht so hoffnungslos wie bei Individualität/Identität.) Im übrigen ist der Unterschied zwischen beiden Theoriefassungen nicht so groß, wie es den Anschein haben könnte, denn auch der Begriff der Komplexität bezeichnet immer die Einheit des Komplexen und nicht die ausfließende Vielheit und Diversität als solche.

23 Welt im oben S. 283 ff. erläuterten Sinne, also im Sinne eines doppelhorizontigen System/Umwelt-Verhältnisses.

aus handelt, ermöglicht jene Art persönlicher Zurechnung, die Intimität begründet.

Die Genese von Intimität – evolutionsgeschichtlich und im Einzelfall – ist demnach nicht zureichend begriffen, wenn man sie mit dem Schema von Egoismus und Altruismus zu fassen sucht (wenngleich dieses Schema die Zurechnungsprozesse mitträgt und sozusagen Erkennungshilfe leistet). Entsprechend verfehlen Theorien, die mit der Vorstellung wechselseitiger Gratifikation arbeiten, das Problem. Man liebt, grob gesagt, nicht um der Geschenke willen, sondern um ihrer Bedeutung willen. Diese Bedeutung liegt nicht in der Verlagerung von Gratifikationen, nicht in der indirekten, über den anderen umgeleiteten Befriedigung eigener Bedürfnisse[24]. Sie liegt in der Interpenetration selbst, nicht in den Leistungen, sondern in der Komplexität des anderen, die man in der Intimität als Moment des eigenen Lebens gewinnt. Sie liegt in einer neuartigen, emergenten Wirklichkeit, die, wie die Semantik der Liebe seit dem 17. Jahrhundert zu sagen weiß, sich quer stellt zur üblichen Welt und sich eine eigene Welt schafft[25].

Im Gegensatz zu einer langen Tradition, die unter dem Titel der Freundschaft bis weit ins 18. Jahrhundert hinein fortgeschrieben wurde, ist es nicht möglich, in der Intimität persönlicher Beziehungen die Perfektionsform sozialer Systeme oder gar die eigentliche ›Mitte‹ der Gesellschaft zu sehen. Die Steigerung von Intimität ist durch eine funktionale Ausdifferenzierung entsprechender Kleinsysteme bedingt. Sie erfordert in wesentlichen Hinsichten untypisches oder sogar, wie man oft annimmt, nicht auf Dauer zu stellendes Verhalten. Intimität kann, wegen ihrer Abhängigkeit von spezifischen Formen der Zurechnung, nicht routiniert werden. Im Liebescode des 17. Jahrhunderts hatte man dies als Erfordernis des ›Exzesses‹ proklamiert, im 18. Jahrhundert wird es Raffinement, im 19. Jahrhundert Flucht vor der Arbeitswelt[26].

24 Diese Sicht findet man durchgehend im 18. Jahrhundert, aber auch bei heutigen Psychologen. Siehe z. B. (auf dem Wege zu einer entsprechenden Theorie der doppelten Kontingenz) Robert R. Sears, A Theoretical Framework for Personality and Social Behavior, American Psychologist 6 (1951), S. 476-483 – immerhin mit der (den oben im Text versuchten Formulierungen entgegenkommenden) Auffassung, daß Personen als ›potentiality for action‹ in Interaktion treten.

25 Hierzu ausführlich Niklas Luhmann, Liebe als Passion: Zur Codierung von Intimität, Frankfurt 1982.

26 Für einige recht willkürlich, aber typisch herausgegriffene Belege siehe (Charles)

Die stabile Komponente in all diesen Transformationen ist ein Interesse an sozialen Formen, die der zunehmenden Individualisierung der Einzelperson und der Anerkennung dieser Individualität in sozialen Kontakten Rechnung tragen können. Das Ich wird mit Sondermerkmalen, die nur ihm zuzurechnen sind, Gegenstand von Kommunikationen, in die es selbst verstrickt ist. Es stellt sich dar, es wird beobachtet – und zwar nicht nur im Hinblick auf Normerfüllung, sondern im Hinblick auf höchstpersönliche Eigenarten. Erst wenn dies Interesse an ichhafter Personalität sich gesellschaftlich und kulturell ausreichend durchgesetzt hat, kann es zur Ausdifferenzierung von Intimbeziehungen kommen, in die jeder sein Eigenstes hineingibt und es gebessert zurückerhält.
Mehr als man gemeinhin heute sieht, ist dieses Phänomen intimer zwischenmenschlicher Interpenetration erklärungsbedürftig. Wir greifen dafür auf attributionstheoretische Überlegungen zurück. Wer sich auf eine sozial nicht weiter gestützte, an sich sehr unwahrscheinliche Intimbeziehung zu zweit einläßt[27], muß Orientierungspunkte finden, die ihm den zunächst wahrscheinlichen Zerfall als unwahrscheinlich erscheinen lassen. Er kann sich bei diesem Bemühen, der Entropie entgegenzuwirken, nur auf die individuelle Person seines Partners beziehen. Alle anderen Ressourcen liegen außerhalb des Systems, das sich auf zwischenmenschliche Interpenetration spezialisiert. Daher liest er das Verhalten des anderen im Hinblick auf stabile persönliche Merkmale, die sich zugleich dazu eignen, die Zuwendung des Partners zu gerade dieser Intimbeziehung plausibel zu machen. Das Ich des anderen wird zum Bezugspunkt einer gewissermaßen paradoxen Attribution: Es muß stabile Dispositionen zu erkennen geben und zugleich die Bereitschaft, sich selbst in Richtung auf den anderen zu transzendieren, also nicht nur den eigenen Interessen und Gewohnheiten zu folgen[28].

Jaulnay, Questions d'amour ou conversations galantes: Dediées aux Belles, Paris 1671; Bussy Rabutin, Histoire amoureuse des Gaules, Neuausgabe Paris 1856, Neudruck Nendeln/Liechtenstein 1972, 4 Bde., insbes. Bd. 1, S. 347-398; Claude Crébillon (fils), Les égarements du cœur et de l'esprit (1736) zit. nach Œuvres complètes, London 1777, Bd. III; Jules Michelet, L'amour, Paris 1858.

27 Zu diesem Risiko siehe Philip E. Slater, On Social Regression, American Sociological Review 28 (1963), S. 339-364.

28 Vgl. zu diesen Anforderungen an dispositionale Attribution Harold H. Kelley, Personal Relationships: Their Structures and Processes, Hillsdale N. J. New York 1979, insbes. S. 93 ff.

Diese Paradoxie läßt sich nur auflösen, wenn der Partner nicht einfach als Summe von Merkmalen oder Eigenschaften begriffen wird, sondern als ein individualisiertes Weltverhältnis[29]. Dann wird verständlich, daß in seiner Welt der, dem er sich zuwendet, vorkommt und eine für diese Welt spezifische Bedeutung gewinnen kann. Ego, der sich fragt, ob Alter ihn liebt, muß Alter also als alter Ego sehen, für den Ego als Alter zum Motiv des Übersichhinausgehens wird. Die Attribution auf ein anderes Ich, das als solches Kontinuität garantiert, auch dann, wenn es sich ändert, wenn es außerhalb seiner Gewohnheiten handelt, wenn es eigene Interessen zurückstellt, setzt nicht nur doppelte Kontingenz, sondern in dieser Kontingenz interpenetrierende System/Umwelt-Verhältnisse voraus. Erst dadurch ist ein Verstehen möglich, das das eigene Ich in der Welt des anderen und das andere Ich in der eigenen Welt lokalisiert.

Ältere Theorien hatten solche Sachverhalte nur mehr oder weniger tautologisch formulieren können. Sie hatten (obwohl doch gewarnt, daß die vis dormitiva das Schlafen nicht erklären könne) auf Fähigkeiten wie Einfühlung, Empathie, Sympathie zurückgegriffen[30]. Die Attributionstheorie dagegen geht von beobachtbarem Verhalten aus und stellt die Frage, wie Personen dieses Verhalten auf seine eigentlichen Ursachen zurechnen, und führt erst bei der Analyse von Bedingungen und Formen der Zurechnung gesteigert unwahrscheinliche, von Kultur und Interaktion abhängige Anforderungen ein, die dem entsprechen, was man früher als Empathie erwartet hatte. Die Folge ist, und die vorstehenden Ausführungen dürften das hinreichend belegen, ein sehr viel komplexerer Theorieapparat; aber auch ein Mehr an Erklärungsleistung. Gewonnen wird außerdem Anschlußfähigkeit für eine Vielzahl von Einzelfragen, die im Zusammenhang mit Intimbeziehungen aktuell ge-

29 Die *Formulierung* dieses Konzepts ist bekanntlich den Romantikern und dem Neuhumanismus zu danken, vor allem Wilhelm von Humboldt.

30 Daß dies sehr sensible Beschreibungen ermöglichte, ist natürlich zuzugestehen. Siehe etwa Max Scheler, Wesen und Formen der Sympathie, 5. Aufl. Frankfurt 1948. Vgl. aber auch die auf der Basis solcher Begriffe weiterlaufende empirische Forschung – etwa Glenn M. Vernon/Robert L. Stewart, Empathy as a Process in the Dating Situation, American Sociological Review 22 (1957), S. 48-52; Charles W. Hobart/Nancy Fahlberg, The Measurement of Empathy, American Journal of Sociology 70 (1965), S. 595-603. Siehe ferner den Artikel Sympathy and Empathy von Laureen G. Wispé, in: International Encyclopedia of the Social Sciences Bd. 15, New York 1968, S. 441 bis 447.

worden sind. An Hand der paradoxen, auf mehreren Sinnebenen zugleich laufenden Attributionsproblematik wird zum Beispiel deutlich, daß die Genese und Reproduktion von Intimität sehr verfeinerte Situations- und Milieukenntnisse, also viel Kultur voraussetzt; denn nur auf einer solchen Grundlage ist hinreichend nuanciertes Beobachten und Zurechnen möglich. Deshalb hatte man Intimität zunächst nur in höheren Gesellschaftsschichten für möglich gehalten und zum Beispiel auf gepflegte Formen der Geselligkeit, Festlichkeiten usw. als situativen Kontext für die Anbahnung von Intimbeziehungen Wert gelegt[31]. Der junge Werther beobachtet bereits in einem breiteren Rahmen von Alltagsaktivitäten, und die Semantik der romantischen Liebe zieht nach und nach die gesamte Natur als Widerhall des eigenen Gefühls in Betracht.

Gerade diese Ausdehnung, die in der Semantik des Welt in sich aufnehmenden Subjekts affirmiert wird, hat aber auch Erwartungen und Sensibilitäten geschaffen, die ihrerseits neue Probleme mit sich bringen. Auf Grund von (allerdings noch wenig gesicherten) empirischen Befunden kann man annehmen, daß die allgemeinen Attributionsdifferenzen zwischen Handelnden und Beobachtern[32] sich auch und gerade in Intimbeziehungen festlegen lassen, obwohl hier die Position als Handelnder bzw. als Beobachter nahezu simultan auf beiden Seiten zu realisieren ist[33]. Handelnde orientieren sich stärker an der Situation, Beobachter rechnen stärker auf Personmerkmale zu; und dies dürfte verstärkt für Beobachter gelten, die Vertrauen oder Liebe testen und wissen möchten, ob sie mit stabilen Haltungen auf der anderen Seite rechnen können. So glaubt der Fahrer eines Wagens sich mit bestem Können nach der Situation zu richten. Der Mitfahrer beobachtet ihn, rechnet die Eigentümlich-

31 Vgl. das Zeugnis von Stendhal, De l'amour (1822), Paris 1959, S. 33 f.; ferner etwa Christian Garve, Ueber Gesellschaft und Einsamkeit Bd. 1, Breslau 1797, S. 308 ff.

32 Vgl. Edward E. Jones/Richard E. Nisbett, The Actor and the Observer: Divergent Perceptions of the Causes of Behavior, in: Edward E. Jones et al., Attribution: Perceiving the Causes of Behavior, Morristown N. J. 1971, S. 79-94. Für eine inzwischen differenziertere Darstellung siehe auch Harold H. Kelley, An Application of Attribution Theory to Research Methodology for Close Relationships, in: George Levinger/Harold L. Raush (Hrsg.), Close Relationships: Perspectives on the Meaning of Intimacy, Amherst Mass. 1977, S. 87-113 (96 ff.).

33 Siehe hierzu die (auf sehr viel allgemeineren Daten beruhende) Tabelle 4.2 bei Kelley a.a.O. (1979), S. 101. Der Handelnde hat einen Selbstzurechnungsanteil von 11,4%, der Partner rechnet ihm 33,9% Kausalität zu. Der Handelnde führt 3,3% seines Verhaltens auf negative Einstellungen zum Partner zurück, der Partner 12,9%.

keit der Fahrweise auf Personmerkmale zu und fühlt sich, wenn die Person ihm wichtig ist und er Rücksichtnahme erwarten zu können meint, veranlaßt, zu kommentieren und mitzuteilen, wie er selbst fahren würde bzw. gefahren werden möchte. Der Fahrer dagegen hat die Gründe seines Verhaltens jeweils schon hinter sich, hat sie, wenn überhaupt, im Kontext der Situation erlebt und sie gar nicht auf die Ebene seiner persönlichen Beziehungen zum Mitfahrer hochtransformiert. So werden Ehen im Himmel geschlossen, und im Auto gehen sie auseinander, weil es zu Attributionskonflikten kommt, die sich einer kommunikativen Behandlung weitgehend entziehen[34].

Auch abgesehen von dieser Sonderproblematik ist die hohe Konfliktträchtigkeit von Intimbeziehungen bekannt. Man würde vielleicht erwarten, daß gerade hier Konflikte, die auf der Ebene des täglichen Verhaltens und der Rollenauffassungen entstehen, auf einer Metaebene der Kommunikation durch eine vorausgesetzte Interpenetration abgefangen werden können. Man weiß, daß die kleinen Streitigkeiten letztlich nicht zählen und daß es ein Verständigtsein gibt, das sich dadurch nicht erschüttern läßt. Genau diese Ebenendifferenz ist aber prekär und ständig gefährdet dadurch, daß die Partner das Verhalten der Person zurechnen und am Verhalten ablesen, ob die Person jene Haltungen (noch) durchhält, die die Beziehung tragen[35].

Weitere Analysen dieser Art ließen sich anfügen. Sie würden jedoch nur bestätigen, was ohnehin schon deutlich geworden sein dürfte: Eine merkliche Steigerung dessen, was Menschen füreinander bedeuten, läßt sich nur durch Ausdifferenzierung besonderer Sozialsysteme erreichen, die wie alles, was in Richtung auf funktionale Spezifikation geschaffen wird, besonderen Anforderungen und Belastungen gewachsen sein müssen. Auch verführen solche Intimbin-

34 Das Beispiel ist insofern extrem gewählt, weil hier die Stellungen des Handelnden bzw. des Beobachtenden technisch auseinandergezogen sind und kurzfristig unumtauschbar festliegen. Das Gefährliche dieser Differenzierung läßt zugleich Abhilfen erkennen, nämlich entweder starre und selbstverständliche Rollendifferenzierung (er fährt immer, sie hat ihn zu bewundern) oder (was in diesem Beispiel eben nicht durchführbar ist) hohe Verdichtung der Handlungs/Beobachtungs-Sequenzen, etwa durch Körperkontakt oder im Gespräch.

35 Siehe hierzu Harriet B. Braiker/Harold H. Kelley, Conflict in the Development of Close Relationships, in: Robert L. Burgess/Ted L. Huston (Hrsg.), Social Exchange in Developing Relationships, New York 1979, S. 135-168.

dungen zur Illoyalität gegenüber weiteren und ›wichtigeren‹ gesellschaftlichen Verpflichtungen – etwa solchen religiöser, politischer, beruflicher Art[36]. Daher findet man sie selten und ungern zugelassen. So sehr gefeiert wird, was der Freund dem Freunde bedeutet, so sehr bleibt die Darstellung des Wertes der Freundschaft an gesellschaftskonforme Begriffe gebunden. Erst im Übergang zur modernen Gesellschaft bilden sich freiere, individuellere Möglichkeiten heraus. Historisch ebenso wie theoretisch gesehen, ist der Mensch nicht durch zwischenmenschliche Interpenetration entstanden, sondern durch soziale Interpenetration; und sie erst macht sehr spät den Sonderfall möglich, in dem soziale und vertiefte zwischenmenschliche Interpenetration zusammenfallen.

Unbestreitbar ist demnach zwischenmenschliche Interpenetration nur durch Kommunikation, das heißt nur durch Bildung eines sozialen Systems möglich. Trotzdem ist an der Unterscheidung von zwischenmenschlicher und sozialer Interpenetration festzuhalten, und dies nicht nur aus analytischen Gründen. Die zwischenmenschliche Interpenetration geht über die Kommunikationsmöglichkeiten hinaus. Damit ist nicht nur auf die Grenze sprachlicher Möglichkeiten hingewiesen und nicht nur die Bedeutung des Körperkontaktes gemeint. Vielmehr schließt Intimität Inkommunikables ein und schließt damit auch die Erfahrung der Inkommunikabilität ein. Alter wird für Ego in Hinsichten bedeutsam, die Ego dem Alter nicht mitteilen kann. Es fehlen nicht nur die Worte, und es fehlt nicht nur an Zeit für Kommunikation. Auch geht es nicht nur darum, dem anderen Kommunikationen zu ersparen, die er nicht verkraften könnte. Die Kommunikation selbst würde dem, was sie mitteilen wollte, als Mitteilung einen Sinn geben, der nicht gemeint war; und da man gerade unter der Bedingung der Intimität dies weiß oder fühlt, unterläßt man es. Was in solchen Fällen versagt, ist das Prinzip der Kommunikation: die Differenz von Information und Mitteilung, die die Mitteilung als solche zum selektiven, Reaktion fordernden Ereignis werden läßt. Unter der Bedingung von Intimität wird dieses Reagieren-müssen noch verschärft und als verschärft antezipiert. Man kennt sich zu gut, man kann nicht ausweichen, ohne daß darin wieder ein Akt läge, der beantwortet werden muß. Der Rest ist Schweigen.

36 Ein schon in der Antike viel diskutiertes Thema. Vgl. dazu Fritz-Arthur Steinmetz, Die Freundschaftslehre des Panaitios, Wiesbaden 1967.

Es ist wohl kein Zufall, daß gerade das Jahrhundert der Aufklärung, das gleichwohl die gesamte soziale Begrifflichkeit noch interaktionsnah ansetzte, sich diesem Problem konfrontiert sah. Nie wieder ist ein so reiches Repertoire an Ausflüchten angeboten worden – vom bewußt spielerischen Handhaben der Formen, über Paradoxierung, Ironie und Zynismus bis hin zur Zentrierung auf Sexualität als einzig noch bleibendem Positiven. Es ging in all dem um einen Kommunikationsfehler, und die Frage war, in welchen Formen man ihn bewußt begehen und so dann auch wieder nicht begehen konnte. Seit der Entdeckung der Intimität kennt man dies Problem, aber es scheint sich jeder Fassung durch gültige Formen zu entziehen. Und die Soziologie ist wohl als letzte berufen, Vorschläge fürs schweigende Lieben auszuarbeiten.

VI

Interpenetration stellt die beteiligten Systeme vor Aufgaben der Informationsverarbeitung, die sachgerecht nicht zu lösen sind. Das gilt für soziale und für zwischenmenschliche Interpenetration gleichermaßen. Interpenetrierende Systeme können die Variationsmöglichkeiten der Komplexität des jeweils anderen Systems nie voll ausnutzen, das heißt, nie ganz und gar ins eigene System überführen. In diesem Sinne ist immer wieder festzuhalten: Die Nervenzelle ist kein Teil des Nervensystems, der Mensch ist kein Teil der Gesellschaft. Dies vorausgesetzt, müssen wir genauer fragen, wie es dann trotzdem möglich ist, die Komplexität des jeweils anderen Systems für den Aufbau des eigenen zu nutzen. Für den Bereich psychischer und sozialer Systeme, für den Bereich sinnhaft prozessierender Systeme also, lautet die Antwort: durch binäre Schematisierung.

Die Integration wird nicht durch Anschluß von Komplexität an Komplexität vollzogen. Sie liegt auch nicht in einer Punkt-für-Punkt-Korrespondenz der Elemente verschiedener Systeme, so daß jedem Bewußtseinsereignis ein soziales Ereignis entspräche und umgekehrt. Auf diese Weise könnte kein System die Komplexität eines anderen nutzen, es müßte dann ja entsprechende eigene Komplexität aufbringen. Es muß *statt dessen* ein anderer Weg gefunden werden, der ›sparsamer‹ ist in der Aufwendung von Elementen und

Relationen, von bewußter Aufmerksamkeit und von Kommunikationszeit.

Ein erster Antwortversuch (den wir später wieder auflösen müssen) kann im Anschluß an die Theorie des allgemeinen Handlungssystems von Talcott Parsons formuliert werden. Er geht von normativ garantierten Strukturzusammenhängen aus[37]. Daraus folgt, daß alle Interpenetration unter das Schema von Konformität und Abweichung gebracht wird. Die Norm kann ihre Wirklichkeitsprojektion nie voll durchsetzen; sie erscheint in der Realität daher als Spaltvorgang, als Differenz von Konformität und Abweichung. Alle Tatbestände im Regelungsbereich der Norm werden danach sortiert, ob sie die eine oder die andere Möglichkeit realisieren. Und je nachdem, was der Fall ist, werden andere Anschlüsse gewählt.

Für den Fall der Interpenetration von Mensch und sozialem System heißt dies, daß der soziale Sinn des Handelns primär danach beurteilt wird, ob es der Norm entspricht oder nicht. Andere mögliche Sinnbezüge – zum Beispiel: welcher Charakter drückt sich darin aus – werden ausgeblendet. Die soziale Ordnung wird fast schon als Rechtsordnung identifiziert. Auf der Basis einer solchen Vorverständigung hat in Europa vom Mittelalter bis zur frühen Neuzeit das Konzept des ›Naturrechts‹ eingeleuchtet. Es besagt, daß Ordnung von sich her immer schon dieses Schema von Konformität und Abweichung ist, daß sie als Natur so gewachsen ist.

Weniger ausgearbeitet sind die Folgen, die eine solche Schematisierung von Interpenetration für die Personbildung des Menschen haben muß. Sie müßte bedeuten, daß Soziales für ihn nur (oder zumindest: primär) als Schema von Normbefolgung oder Abweichung relevant wird. Nur in dieser reduzierten Form steht ihm soziale Komplexität für den Aufbau eines komplexen Eigensystems zur Verfügung. Das Normschema strukturiert Erfolg und Mißerfolg, zumindest Akzeptanz und Ablehnung und legt es damit nahe, auf der einen oder der anderen Seite sich biographisch zu konsolidieren. Je deutlicher die Differenz das Verhalten und die Anschluß-

37 Theorietechnisch gesehen wird die normative Strukturgarantie als ›zweitbeste‹ Theorieform eingeführt, also ebenfalls für Wiederauflösung zur Disposition gestellt. In diesem Sinne hatte Parsons von ›Strukturfunktionalismus‹ gesprochen. Daß man sich damit zufrieden geben muß, liegt an der Komplexität der Realität, die den Theoretiker zwingt, mit Reduktionen *anzufangen*, und die es ihm nahelegt, dabei an die (normativen!) Reduktionen anzuknüpfen, die er in der Realität schon vorfindet.

erfahrungen vorstrukturiert, desto wahrscheinlicher ist ein irreversibler Verlauf der Sozialisation auf der einen oder der anderen Bahn.

Das Normschema wirkt als Reduktion der Komplexität in Interpenetrationszusammenhängen nach zwei Seiten, und es wirkt in beiden Richtungen als Differenz. Es ist für soziale Systeme eine relativ leicht erreichbare Ordnungsgarantie – besonders wenn Normen variiert werden und Mechanismen für die Sanktionierung abweichenden Verhaltens zur Wirkung gebracht werden können. Für das Gesellschaftssystem heißt dies: Primat der Funktionsbereiche Politik und Recht. Sehr viel weniger gewiß ist, ob und wie Personen unter solchen Bedingungen reussieren. Es mag sein, daß sie sich entsprechend sortieren und auf der Sonnen- bzw. Schattenseite ansiedeln lassen. Bei zunehmender Individualisierung der Personbildung ist jedoch mit dem Reaktivieren des ›ausgeschlossenen Dritten‹ zu rechnen. Das Normschema wird als solches nicht mehr akzeptiert. Es bleibt ordnungstechnisch unbestreitbar notwendig, aber es wird als Träger von Letztsinnaussagen depossediert. Selbst in der Parsonsschen Theorie, die noch ganz diesem Schema verpflichtet ist und Strukturen normativ definiert, erscheint das ausgeschlossene Dritte als Ausnahme, und zwar genau dort, wo wir es vermuten. Bei personorientiertem Verhalten, bei Erziehung und sonstigen therapeutischen Bemühungen wird eine ›permissive‹ Einstellung zugelassen, ja sogar professionsethisch gefordert[38]. Vor allem aber bilden die individualisierten Personen jetzt ein stilles Reservoir für Protestbewegungen aller möglichen Art, und zwischen Personen kommen immer leichter Verständigungen zustande, die geltende Normen als eigentlich unzumutbare Anforderungen behandeln.

Solche Erscheinungen sollten Anlaß genug sein, die Theoriegrundlagen zu überprüfen. Die Behandlung des Normbegriffs selbst müssen wir einstweilen zurückstellen[39]. Im Augenblick geht es nur darum, das Normschema als binären Schematismus zu sehen, es in den Zusammenhang interpenetrativer Verhältnisse zurückzuprojizieren und es als Reduktion von Komplexität darzustellen, die

38 Siehe aber auch die zögernde, vorsichtige, theoretisch nicht kontrollierte (!) Formulierung der Konzession, etwa in: The Social System, Glencoe Ill. 1951, S. 235, 299 ff.

39 Wir kommen darauf unten in Kapitel 8, XII aus Anlaß der Erörterung der Strukturbildung in sozialen Systemen zurück.

eventuell auch anders bewerkstelligt werden könnte. Wir beginnen daher erneut mit der Frage, wie Systeme die Komplexität behandeln können, die sie als Komplexität anderer Systeme beim Selbstaufbau verwenden.

Ein erster, für Sinnsysteme möglicher Transformationsschritt liegt in der Auffassung von Komplexität als Sonderhorizont der Operationen eines Systems. Man tut oder sieht Bestimmtes vor dem Hintergrund von nicht ausdefinierbaren anderen Möglichkeiten. Oft wird der Komplexitätsbegriff schon gleich so verstanden: als Fehlen der für sichere Berechnung notwendigen Informationen[40]. Die interpenetrierenden Systeme werden dadurch entlastet, ohne auf Komplexität verzichten zu müssen. Sie können sich an der (wie immer sinnhaft besetzten) Tiefe eines anderen Systems orientieren, sie können in diese Tiefe beobachtend und klärend einzudringen versuchen, ohne je festen Grund zu erreichen.

Das ergibt sich schon aus der Horizonthaftigkeit fungierender Komplexität. Für den Fall von Interpenetrationsverhältnissen kommt hinzu, daß jede Operation des Beobachtens und Erkundens zugleich ihren Gegenstand verändert. Sie ist Operation in beiden Systemen zugleich. Sie selbst macht sich zum Teil ihres Gegenstandes. Ihr ›Objekt‹ hält nicht still, sondern nimmt die Operation in sich auf und verändert sich dadurch. Man testet zum Beispiel die Konsensfähigkeit eines Vorschlags in einem sozialen System und verändert mit dieser Operation im sozialen System die Bedingungen des Konsenses; man läßt erkennen, daß es einem darauf ankommt; man bindet sich selbst, bevor man weiß, ob andere zustimmen; man formiert damit eine Alternative von Zustimmung oder Ablehnung und schafft mit dieser Zuspitzung Anschlußmöglichkeiten für Jas und Neins, die vorher so (oder zumindest mit den jetzt sichtbaren sozialen Konsequenzen) gar nicht bestanden hatten.

Im Prinzip ist das Ausloten von Konsensfähigkeit, das ›sounding out‹ eine immer weiter mögliche Operation[41]; aber auch hier ändert die Operation und sodann die Hartnäckigkeit, mit der man sie weiterverfolgt (oder auch die Schnelligkeit, mit der man resigniert), die Situation und mit ihr den Horizont weiterer Möglichkeiten. Aber

40 Vgl. oben S. 50 f.

41 Dazu Johan P. Olsen, Voting ›Sounding Out‹ and the Governance of Modern Organizations, Acta Sociologica 15 (1972), S. 267-283.

wie immer bei weiterlaufender Exploration: irgendwann drängt sich die Notwendigkeit auf, den Versuch zu beenden und sich anderen Dingen zuzuwenden. Schon in der Horizontstruktur allen sinnhaften Erlebens ist mithin ein binärer Schematismus angelegt: entweder weitermachen oder abbrechen.

Auf dieser Grundlage kommt es zu einer Schematisierung der Elemente, die von beiden Systemen in Anspruch genommen werden. Deren *Kontingenz* wird als *Differenz* interpretiert, und dieser Differenz wird ein bestimmtes *Sinnschema* unterlegt. Dieses Sinnschema läßt sich dann, je nach Bedarf, weiter präzisieren und gegen andere Schematisierungen absetzen. Auf diese Weise wird *am einzelnen Element* eine strukturierte Offenheit hergestellt, die von den interpenetrierenden Systemen in verschiedener Weise in Anspruch genommen werden kann. Die Integration liegt nicht in einer letztlich zu Grunde liegenden (substantiellen, subjekthaften) Identität und auch nicht (wie zumeist gesagt wird) in einem partiellen Sichüberschneiden der Systeme. Sie liegt darin, daß verschiedene Systeme in der Reproduktion ihrer Elemente dasselbe Differenzschema verwenden, um Informationen zu verarbeiten, die sich aus den komplexen Operationen des jeweils anderen Systems ergeben. Nicht Einheit, sondern Differenz ist die Interpenetrationsformel, und sie bezieht sich nicht auf das ›Sein‹ der Systeme, sondern auf ihre operative Reproduktion.

Auf dieser Ebene grundlegender theoretischer Erörterungen bleibt die Darstellung zwangsläufig abstrakt, da sie sich nicht auf eine Begrifflichkeit festlegen kann, die Bewußtsein bzw. Kommunikation voraussetzt und entsprechend nur für psychische Systeme oder nur für soziale Systeme gilt. Man kann sich das Grundproblem aber leicht verdeutlichen, wenn man es auf den Fall sozialer Interpenetration bezieht. Hier wird Bewußtsein zur Reproduktion von Kommunikation in Anspruch genommen und zugleich Kommunikation zur Reproduktion von Bewußtsein, *ohne daß beides verschmolzen wird.* Das Getrenntbleiben der Systeme und damit der Kontexte, in denen Elemente jeweils selektiv verknüpft und dadurch reproduziert werden, ist Voraussetzung der Reproduktion selbst: Ein Bewußtseinsakt bestimmt sich aus Anlaß von Kommunikation (oder auch: aus Anlaß von andersartigen Sinnerfahrungen) durch Bezug auf andere Bewußtseinsakte. Analog bestimmt ein kommunikatives Ereignis sich durch Bezug auf andere kommunikative Ereignisse, wobei Bewußtsein mehrerer psychischer Systeme, aber auch die selbstselektive Variation sonstiger Weltsachverhalte in Anspruch genommen wird. Die Struktur des Geschehens ist auf beiden Seiten analog. Das ermöglicht Interpenetration und ermöglicht damit das auf beiden Seiten je unterschiedliche Prozessieren von Informationen. Was den Zusammenhalt ermöglicht, ist dies wechselseitige Voraussetzen der Reproduktion und die Sinnform, die das laufende Artikulieren der Interpenetration ermöglicht: die Sinnform der schematisierbaren Differenz.

Vor dem Hintergrund der Komplexitätsproblematik interpenetrierender Systeme wird der allgemein bekannte technische Vorteil binärer Schematismen besonders evident: Man kann dem anderen System die Wahl zwischen den beiden Möglichkeiten überlassen, wenn man selbst das Schema bestimmt. Die Komplexität des anderen Systems wird akzeptiert insofern, als man nicht weiß, welche der beiden Möglichkeiten es realisiert; sie wird zugleich entproblematisiert dadurch, daß man für jede der beiden Möglichkeiten Anschlußverhalten bereithält. Der Verzicht auf Berechnung wird in seinen Konsequenzen minimiert. Die Kategorisierung kann sehr verschieden bestimmt sein, und ihre operative Funktion setzt nicht unbedingt Konsens voraus. Ein System mag den Komplexitätsgebrauch des anderen als freundlich/feindlich, richtig/falsch, konform/abweichend, nützlich/schädlich oder wie immer schematisieren. Es ist durch den Schematismus selbst genötigt, sich auf die Kontingenz des Verhaltens und damit auf die Autonomie des anderen Systems einzulassen. Es muß dazu passende, autonomiekonforme Eigenkomplexität bereithalten. Und zugleich ist die Schematisierung offen für eine dadurch kanalisierte Zweitbemühung: Man kann nun versuchen, herauszubekommen, ob das andere System eher freundlich als feindlich, eher nützlich als schädlich handelt, und man kann in bezug darauf Erwartungen bilden, die im eigenen System Kristallisationen ermöglichen[42].

Nicht zuletzt muß festgehalten werden, daß binäre Schematismen auch Voraussetzung dafür sind, daß die Figur entstehen konnte, die in der neueren Philosophie mit dem Titel Subjekt versehen worden ist. Dafür ist die Möglichkeit, wahre *und falsche* Meinungen haben zu können (und zwar sie unbestreitbar *haben* zu können), ebenso

42 Der Begriff genommen im Sinne von Stendhal, De l'amour, zit. nach der Ausgabe von Henri Martineau, Paris 1959, z. B. S. 8 f., 17 f.

wie die Möglichkeit, richtig *und falsch* bzw. gut *und böse* handeln zu können, unerläßliche Voraussetzung. Die Einbeziehung von Erkenntnis zeigt, daß das Problem des Subjekts nicht einfach auf ein Problem der Freiheit reduziert werden kann. Vielmehr individualisiert sich das Subjekt nur durch eine Lebensgeschichte wahrer und falscher Meinungen, richtiger und falscher Handlungen, die in dieser bestimmten Façon einmalig ist, während sie als Summe des Richtigen, als Spiegelung der Welt, nichts weiter wäre als eben richtig. »Subjekt« ist also das Subjekt (wenn man am Begriffssinn das Moment letzter Trägerschaft noch ernst nimmt) nur für die lebensgeschichtlich einmalige Konstellierung von Bezeichnungen und Realisationen, die binäre Schematismen offen gehalten hatten. Es verdankt seine Möglichkeit dieser Vorgabe, nicht sich selbst. Und wenn man dies akzeptiert, kann man auch sehen, daß Subjektheit nichts weiter ist als die Formulierung für ein Resultat von Interpenetration. Einmaligkeit und Letztstellung sind ihrerseits keine Begründungsfiguren, sondern Endprodukte einer Geschichte, Auswürfe und Kristallisationen von Interpenetration, die dann in die Interpenetration wieder einzubringen sind.

VII

Die theoretischen Vorarbeiten, auf die wir zurückblicken, erlauben es, eine Frage zu formulieren. Wir hatten soziale Interpenetration und zwischenmenschliche Interpenetration unterschieden. Wir hatten außerdem an Hand der Komplexitätsprobleme in interpenetrativen Verhältnissen die Vorteilhaftigkeit binärer Schematisierungen dargelegt. Die Frage lautet: ob es eine binäre Schematisierung gibt, die beide Arten von Interpenetration zusammen bedient; die funktional diffus genug wirkt, um sowohl für soziale Interpenetration als auch fur zwischenmenschliche Interpenetration Komplexität zu reduzieren. Die Antwort lautet: ja. Dies ist die Sonderfunktion der Moral.
Bevor wir einen Begriff der Moral entwickeln (er kann natürlich nicht aus der Funktion deduziert werden), lohnt es sich, kurz Vermutungen zu fixieren, die sich aus dieser funktionalen Konstellation ergeben für alles, was Moralqualität in Anspruch nimmt. Als multifunktionale Einrichtung wird Moral die Möglichkeiten funktionaler Spezifikation limitieren. Die soziale Interpenetration kann

dann nicht ohne Rücksicht auf zwischenmenschliche Beziehungen ausdifferenziert werden. Wo dies geschieht – man denke etwa an den Bereich formal organisierter Arbeit –, entstehen Sondermoralen. Ebenso läßt sich auch zwischenmenschliche Intimität nicht vertiefen, wenn sie an Rücksichten auf gesellschaftliche Moral gebunden bleibt. So treten, wenn die Gesellschaft mehr Intimität ermöglicht, Sondercodes für passionierte Liebe, Berufung auf Natur, ästhetische Formulierungen an die Stelle einer umfassend bindenden Moral. Angesichts solcher Entwicklungen, die sich in Europa seit dem 18. Jahrhundert unübersehbar durchsetzen und die Welt der alten Gesellschaftsformen sprengen, entsteht der Eindruck, als ob Moral eine die Gesellschaft integrierende Funktion gehabt habe und diese Funktion nicht mehr zureichend erfülle. Eine solche Auffassung übersieht jedoch die Konfliktträchtigkeit, die polemogene Seite der Moral. Sie ist selbst, wissenssoziologisch analysiert, ein Produkt der Situation, die sie als beklagenswert formuliert. Nur bei oberflächlicher und zudem einseitiger Betrachtungsweise erscheint Moral als Bindemittel, das die Menschen in der Gesellschaft hält. Moral stößt auch ab, verfeindet auch und erschwert die Lösung von Konflikten – eine Erfahrung, auf die man unter anderem mit der Trennung von Recht und Moral reagiert hatte. Jedenfalls ist die Funktion von Moral durch Hinweis auf gesellschaftlichen Integrationsbedarf nicht zutreffend bestimmt. Die Gesellschaft ist, zum Glück, keine moralische Tatsache. Freilich übernimmt eine Theorie, die dies bestreitet, hohe Argumentationslasten. Sie muß Ersatz beschaffen. Dies versuchen wir mit Hilfe des Begriffs der Interpenetration, und das heißt: daß das Phänomen Moral nicht mehr auf die einfache Beziehung von Mensch und Gesellschaft bezogen wird, sondern auf Beziehung zwischen Beziehungen: auf die Koordination zweier unterschiedlicher Interpenetrationsverhältnisse.

Alle Moral bezieht sich letztlich auf die Frage, ob und unter welchen Bedingungen Menschen einander achten bzw. mißachten[43]. Mit Achtung (estime, esteem) soll eine generalisierte Anerkennung und Wertschätzung gemeint sein, mit der honoriert wird, daß ein anderer den Erwartungen entspricht, die man für eine Fortsetzung der sozialen Beziehungen voraussetzen zu müssen meint. Achtung

43 Vgl. für nähere Ausführungen Niklas Luhmann, Soziologie der Moral, in: ders. und Stephan H. Pfürtner (Hrsg.), Theorietechnik und Moral, Frankfurt 1978, S. 8-117 (insbes. S. 43 ff.).

wird personbezogen zugeteilt, jeder kann sie für sich gewinnen und verlieren (obwohl in älteren Gesellschaften Gruppenzugehörigkeiten als Voraussetzung für Achtung/Mißachtung bedeutsam sind). In jedem Falle ist die Person als ganzes gemeint – im Unterschied zur Schätzung einzelner Verdienste oder Fähigkeiten, fachlichen, sportlichen, amourösen Könnens usw.[44]. Achtung ist also eine symbolische Generalisierung, die auf die Person zielt und an ihr aber auch Grenzen findet. Diese Grenzen sind nicht scharf gezogen, und es kann durchaus sein, daß der Person mehr (oder auch weniger) zugerechnet wird, als sie, von anderen Beobachtern her gesehen, faktisch verdient. Hochmoralisierte Systeme tendieren zur Überattribution. Wichtig ist, daß die Person als ganzes zur Beurteilung steht. Dies ist Voraussetzung der binären Schematisierung: daß entweder Achtung oder Mißachtung angebracht ist, aber nicht ein Mischurteil wie: sportlich locker, menschlich warm, intellektuell unter dem Strich.

Als Moral eines sozialen Systems wollen wir die Gesamtheit der Bedingungen bezeichnen, nach denen in diesem System über Achtung und Mißachtung entschieden wird. Moralfragen können durchaus kontrovers gehandhabt werden. Der Begriff setzt keinen Konsens voraus, obwohl natürlich das Ausmaß des erreichbaren Konsenses ein wichtiges Moment der Funktionsfähigkeit von Moral ist. Im Hinblick auf den Zusammenhang und die Kompatibilität moralischer Anforderungen gibt es Systematisierungsbemühungen. Ihre Theorieform heißt seit Aristoteles üblicherweise Ethik. Im Rahmen von Ethiken bilden sich, besonders im neuzeitlichen Europa, Reflexionstheorien aus, die dann Schwierigkeiten haben, es anzuerkennen, daß es moralisch sei, mit dem Ziele des Gewinnens von Achtung oder der Vermeidung von Mißachtung in bestimmter Weise zu handeln. Die Ethik mag fordern, das Sittengesetz um seiner selbst willen zu beachten. Für Soziologen wird solche Extravaganz aber eher ein Krisensymptom sein als eine wissenschaftliche Erleuchtung.

44 Siehe auch die Unterscheidung von esteem und approval bei Talcott Parsons, The Social System, Glencoe Ill. 1951, S. 186, 192. Die Unterscheidung ist alt. Siehe z. B. die Unterscheidung von estime und consideration, respect usw. bei Jacques Abbadie, L'art de se connoître soi-mesme, ou la recherche des sources de la morale, Rotterdam 1692, S. 430, oder den zu jener Zeit aufkommenden, gegen moralische Qualitäten abgesetzten Spottbegriff des »Virtuosen«.

Eine soziologische Theorie der Moral tritt nicht an die Stelle der Ethik; aber sie ersetzt Moraltheorien, die das Streben nach Achtung und das Vermeiden von Mißachtung als Natur des Menschen behandeln und es dabei belassen hatten[45]. Der Naturbegriff wird durch systemtheoretisch auch sonst verwendbare und dadurch anschlußfähige abstraktere Begriffe abgelöst, und diese Begriffe klären den Funktionsbezug der Moral. Moral ist eine *symbolische Generalisierung*, die die volle reflexive *Komplexität* von doppelkontingenten Ego/Alter-Beziehungen auf Achtungsausdrücke reduziert und durch diese Generalisierung (1) Spielraum für *Konditionierungen* und (2) die Möglichkeit der Rekonstruktion der Komplexität durch den *binären Schematismus* Achtung/Mißachtung eröffnet.

Generalisierung durch Bezug von Einzelhandlungen auf die ganze Person und Respezifikation dieser Generalisierung durch Konditionierung: das ist die Technik, die soziale und interpersonale Interpenetration fusioniert. Menschen bestätigen einander wechselseitig, daß es ihnen auf die Achtung des anderen ankommt. Sie machen die Achtung von Bedingungen abhängig, in die Erfordernisse des sozialen Zusammenlebens aufgenommen werden können. Die Achtung des anderen Menschen wird so zum Ankerplatz für Erfordernisse sozialer Ordnung und zugleich variieren diese Erfordernisse das, was dem anderen als Bedingung für Achtung bzw. Achtungsverlust zugeflaggt wird.

Dieser Moralbegriff, der eine Konvergenz von sozialer und interpersonaler Interpenetration zum Ausdruck bringt, führt zu einer Hypothese, die sich empirisch testen läßt. Moral wird danach in Schwierigkeiten geraten bzw. Funktionen im Gesellschaftssystem abgeben müssen, wenn diese beiden Formen der Interpenetration auseinanderdriften. Das scheint in hochkomplexen Gesellschaften unvermeidlich zu sein. Besonders dramatisch spitzt diese Sachlage in der ersten Hälfte des 18. Jahrhunderts sich zu. Einerseits erwartet man bei einem Zurücktreten religiöser Weltsicherheit, bei einer konfessionellen Segmentierung der Religion und nach dem Schei-

45 bzw. darin die Weisheit der Ordnungsvorsorge durch einen Schöpfer erkannt hatten – so z. B. noch Abbadie a.a.O. S. 378 ff. Vgl. ferner Claude Buffier, Traité de la société civile, Paris 1726, Bd. I-III (durchlaufend paginiert) S. 53 f., 260 ff.; Abbé Pluquet, De la sociabilité, Yverdon 1770, Bd. 1, S. 200 ff., 212 ff. Mit weiteren Belegen aus dem 18. Jahrhundert ferner Arthur O. Lovejoy, Reflections on Human Nature, Baltimore 1961, S. 128 ff.

tern der Devotionsbewegungen um so mehr von der Moral. Soziales wird immer noch und jetzt erst recht in einer moralbezogenen Terminologie definiert. Andererseits treiben die semantischen Codes für Intimbeziehungen und für öffentliche Geselligkeit auseinander. Das Verständnis von Freundschaft wird privatisiert, die Vorstellungen über Liebe werden psychologisch in Richtung auf soziale Reflexivität ausgebaut und aus der Maximen-Literatur in den Roman überführt. Umgekehrt wird auch die soziale Interpenetration, soweit sie zwischenmenschliche Interpenetration ausschließt, als problematisch empfunden. Hier dient das Thema der Lächerlichkeit, ein Modethema der ersten Jahrzehnte des 18. Jahrhunderts[46], zur Abgrenzung und Reflexionsanleitung. Lächerlichkeit ist die Intimfeindin der Moral, eben weil sie partiell mit ihr konkurriert. Die feine Gesellschaft sanktioniert sich, nachdem sie eine Sonderentwicklung der Privatbeziehungen und Freundschaften konzedieren mußte[47], nur noch durch Lächerlichkeit – und eben das beklagt die Moralliteratur. Offensichtlich lassen sich Sonderentwicklungen in der privatsozialen Sensibilität und in der öffentlichen Geselligkeit nicht mehr in einem Kanon der Adelsmoral zusammenfassen; aber andererseits sind die Erwartungen, die man an die Moral adressiert, noch stark genug, um bewußt werden zu lassen, wie stark die Realität abweicht. Shaftesbury's Versuch, Lächerlichkeit als Testverfahren in den Dienst einer natürlich-vernünftigen Moral zu stellen,[47a] muß deshalb, langfristig gesehen, scheitern.

Diese Entwicklungen im Bereich der Moral signalisieren eine Lokkerung von Bindungen. Darin liegt, gesamtgesellschaftlich gesehen, auch eine Freigabe von Bindungsmöglichkeiten für stärker spezifi-

46 Vgl. z. B. Jean Baptiste Morvan de Bellegarde, Réflexions sur le ridicule, et sur les moyens de l'éviter, 2. Aufl. Amsterdam 1701; Charles Duclos, Considérations sur les mœurs de ce siècle (1751), zit. nach der Ausgabe von Olivier de Magny, Paris 1970, S. 187 ff.

47 Die Marquise de Lambert ist hier eine der Wortführerinnen. Sie zieht sehr bewußt diese Folgerung aus dem (wie immer beklagenswerten) Zusammenbruch der alten Galanterie. Vgl. insbes. den Traité de l'amitié, zit. nach Anne-Therèse Marquise de Lambert, Œuvres, Paris 1808, S. 105-129.

47a An Essay on the Freedom of Wit and Humour (1709), zit. nach: Anthony Earl of Shaftesbury, Characteristicks of Men, Manners, Opinions, Times Bd. 1, London 1714, S. 57-150. Siehe insb. die Einsicht: als »liberty of the club« nicht auf Politik und nicht auf das Publikum anwendbar!

sche (nicht mehr die Gesamtperson betreffende) und zugleich kumulative Verwendungen. Man denke an Modeströmungen (wie etwa die Devotionsbewegung des 17. Jahrhunderts), an soziale Bewegungen, an Gruppierungen um Freizeitaktivitäten, aber auch an organisiertes Verhalten. Aggregationen dieser Art erzeugen dann durch Kumulation Effekte eigener Art, die heute die Gesellschaft vielleicht stärker bestimmen als der Schematismus der Moral – besonders wenn die Publikumsorientierung der Politik und die Konsumorientierung der Wirtschaft besondere Sensibilität dafür bereithalten. All das setzt eine abgeschwächte, temporäre, aber reizbare Bindungsfähigkeit von Individuen voraus[48].

Diese sozialstrukturellen Entwicklungen muß man voraussetzen, dann sieht man den Kontext des daraus resultierenden Bedarfs für Reflexionsleistungen im Bereich der Moral. Ethische Theorien suchen diese strukturelle Problematik durch Theorie zu kompensieren, um zu verhindern, daß die Moral auch semantisch entwertet wird. Eine zeitlang geschieht dies durch Einschmuggeln von Moral in die Natur[49] und zuletzt, als Reaktion dagegen, durch die rigorose transzendentaltheoretische Fundierung des Sittengesetzes.

Mit Hilfe eines soziologischen Moralbegriffs können wir bestimmte Problemstellungen weiterverfolgen. Andere sind damit ausgeschlossen bzw. der Ethik überlassen. Ethische Theorien könnten sich weiterhin darum bemühen, Prinzipien richtigen Handelns festzustellen oder wenigstens moralische Regeln für viele Fälle zu generalisieren oder, wie heute wohl überwiegend, zumindest Verfahren dafür zu entwickeln. Das alles betrachtet die Soziologie der Moral als Expertenbemühungen in ihrem Gegenstandsbereich. Das eigentlich soziologische Interesse wäre, zu untersuchen, wie die semantische Ausstattung von Moralen mit der Typik sozialer Systeme und vor allem mit der soziokulturellen Evolution variiert. Dies läuft keineswegs auf einen haltlosen Relativismus hinaus. Im Gegenteil: durch soziologische Analyse gewinnt die Frage nach Bedingungen und Grenzen der Moralisierung von Themen vermutlich mehr Führung als durch ethische Prinzipien. Jedenfalls

48 Frappierend die Parallele zur schwachen, kumulativen und spezifischen chemischen Bindungsfähigkeit bestimmter Großmoleküle als Voraussetzung für die Entstehung des Lebens.

49 Ein typisches Beispiel (wenn man nicht immer wieder Rousseau nehmen will) Louis-Sébastien Mercier, L'homme sauvage, histoire traduite de . . ., Paris 1767.

ist es keineswegs dem Belieben überlassen (wessen Belieben denn auch?), Themen als moralisch zu qualifizieren bzw. zu dequalifizieren. Moral gelingt eben nur, wenn es gelingt, beide Interpenetrationsformen zu koppeln, also die Bedingungen, zu denen man sich persönlich und menschlich auf einen anderen einlassen kann, zurückzubinden an den Aufbau eines gemeinsamen Sozialsystems (oder auch: an das Schon-Leben in einem solchen Sozialsystem), und wenn umgekehrt das Kontinuieren der Operationen eines solchen Systems nicht unabhängig davon denkbar ist, was die Menschen persönlich voneinander halten und wie sie wechselseitig die Komplexität und die Entscheidungsfreiheit des jeweils anderen in die eigene Selbstauffassung einbauen.

Wir gewinnen so aber nicht nur die Möglichkeit, moralisierte Themen zu identifizieren und in ihren sozialstrukturellen Bedingungen zu klären; wir gewinnen auch die Möglichkeit, Differenzphänomene zu analysieren und die Verschiebung von Themen im Verhältnis zur Moral zu beobachten[50]. So kann man, um ein Beispiel zu geben, ab etwa 1650 für knapp 150 Jahre von einer Moralkrise des Themenkomplexes Liebe und Sexualität sprechen. Liebe wird (im Zusammenhang mit Sexualität) auf ein kurzzeitiges, wenn nicht gar momenthaftes Phänomen reduziert, das für die Beteiligten höchste Erfüllung bedeutet – aber eben nur für den Augenblick[51]. Das heißt: die Höchstform zwischenmenschlicher Interpenetration erfordert zugleich den Verzicht auf die Bildung eines sozialen Systems (Typ Ehe), das Dauer verheißen könnte. Im Spiel der Verführung, des Widerstandes, der Hingabe muß man daher auf moralische Sicherheiten, ja selbst auf Achtung verzichten – mit all der Bitterkeit und den psychologischen Schwierigkeiten, die das (besonders für Frauen) mit sich bringt. In einer vordergründigen Nomenklatur geht es zwar noch um Tugend und Reputation; aber das eigentliche Problem ist, daß man angesichts der Inkonstanz der

50 Siehe als eine Fallstudie dazu: Troy Duster, The Legislation of Morality: Law, Drugs, and Moral Judgement, New York 1970.

51 Die Sekundärliteratur sieht darin vor allem ein Thema des 18. Jahrhunderts. Siehe z. B. Georges Poulet, Etudes sur le temps humain Bd. II, Paris 1952; Clifton Cherpack, An Essay on Crébillon fils, Durham N. C. 1962, S. 28 ff.; Laurent Versini, Laclos et la tradition: Essai sur les sources et la technique des Liaisons Dangereuses, Paris 1968, S. 436 ff. Die Momenthaftigkeit und Inkonstanz des Liebens und die These, daß dies aus der Eigenlogik des Liebens folge, finden sich jedoch auch in der Literatur der zweiten Hälfte des 17. Jahrhunderts bereits voll ausgeprägt.

Liebe auf einen sozialen Halt verzichten muß. Der Focus der Moral wandert, soweit es um Zweierbeziehungen geht, in die Semantik der Freundschaft ab.

Umgekehrt geht es der Wirtschaftstheorie. Hier setzt die gesellschaftliche Änderung damit ein, daß produktive Arbeit nicht mehr (oder zunächst: nicht mehr nur) hauswirtschaftlich abläuft, sondern über den Geldmechanismus an die Wirtschaft angeschlossen wird. Dabei treten die zwischenmenschliche Interpenetration zurück und statt dessen neue Formen sozialer Interpenetration, Markt und Organisation, in den Vordergrund. Man tauscht Arbeitsleistung nach spezifischen Anforderungen gegen Bezahlung in bestimmter Höhe. Dabei ist die Einbeziehung der vollen Komplexität des Menschen in die eines anderen nicht nur unnötig, sondern auch als Störfaktor zu vermeiden. Also kann die soziale Interpenetration nicht mehr zwischenmenschliche Interpenetration mitversorgen. Achtung wird entbehrlich, Einschätzung von Leistungs- und Zahlungsfähigkeit genügen. Adam Smith schreibt seine Wirtschaftstheorie außerhalb seines Hauptwerkes, seiner ›Theorie der moralischen Gefühle‹[52].

Nicht nur ›Ideengeschichte‹ wird so besser verständlich, wo immer sie Grenzen der Moralisierbarkeit von Sachverhalten streift; man kann speziell für die Neuzeit auch herausfinden, wo solche Sachverhalte auftreten, und daß es *kein Zufall ist,* wo sie auftreten. Stärkere Individualisierungsansprüche an die Moral, wie man sie seit dem 12. Jahrhundert beobachten kann, sind ein durchgehender Zug, aber keine zureichende Erklärung. Sie sprengen die Moral gerade nicht, sondern transformieren sie nur. Die Differenzphänomene – wir hatten Liebe und Geldwirtschaft genannt, wir hätten auch auf die politische Theorie der Staatsräson hinweisen können und natürlich auf die Autonomisierung des positiven Rechts – treten typisch dort auf, wo Funktionsbereiche zu hoher Selbständigkeit ausdifferenziert werden und sich dann selbstreferentiell mit Hilfe eigener Reflexionstheorien begründen müssen. Der Form-

52 Das viel diskutierte Problem des Verhältnisses der ›Inquiry into the Nature and Causes of the Wealth of Nations‹ zur ›Theory of Moral Sentiments‹ hat sich mit der bloßen Unterscheidung von Altruismus (natürlicher Sympathie) und Egoismus natürlich nicht klären lassen. Siehe dazu den Diskussionsüberblick in der Einleitung des Herausgebers Walther Eckstein zu: Adam Smith, Theorie der ethischen Gefühle, Leipzig 1926. Man benötigt dazu vor allem einen hinreichend trennscharfen Begriff der Moral.

wandel gesellschaftlicher Differenzierung scheint das auslösende Moment zu sein. Natürlich verzichtet keine Gesellschaft auf Moral; allein schon deshalb nicht, weil in der Interaktion zwischen Menschen das Problem wechselseitiger Achtung laufend neu reproduziert wird. Aber die Koordination der Einzelbeiträge zu den großen Funktionsbereichen kann nicht mehr über Moral erreicht werden. Moral wird zum Störfaktor, jedenfalls zu einer Attitüde, die nicht ohne Mißtrauen beobachtet und in Schranken gehalten werden sollte. Die Maximen, die Machiavelli einem Fürsten mitgeben wollte, hatten zu seiner Zeit die moralisch gestimmten Gemüter erregt. Heute sollte man eher erschrecken, wenn man im Wahlkampfstab einer politischen Partei die Äußerung hört: »Die Leute wollen doch nur wissen, wer die Guten und wer die Bösen sind, und *das* sagen *wir* ihnen«[53].

VIII

Für die Behandlung von Fragen der Sozialisation, die nun anschließt, haben wir zu erinnern:

(1) daß wir Probleme der Kausalität als sekundär ansehen gegenüber Problemen der Selbstreferenz;

(2) daß alle Informationsverarbeitung ihren take off nicht an Identitäten (zum Beispiel: Gründen) gewinnt, sondern an Differenzen;

(3) daß wir genötigt waren, Kommunikation (als konstituierende und reproduzierende Autopoiesis) und Handlung (als konstituiertes Element sozialer Systeme) zu unterscheiden;

(4) daß wir den Menschen als Umwelt sozialer Systeme ansehen; und

(5) daß das Verhältnis von Mensch und sozialem System unter dem Gesichtspunkt von Interpenetration begriffen wird.

Mit diesen Ausgangspunkten sind Vorarbeiten geleistet, sind Pfosten eingerammt, an denen wir die Theorie der Sozialisation vertäuen können.

Sehr zu ihrem Nachteil hat die Sozialisationsforschung sich heute zu einem Spezialforschungsbereich unter anderen entwickelt. Daß

53 Ich verzichte darauf, das Zitat zu belegen (was man tun müßte, wenn man mit dem Zitieren ein moralisches Urteil verbinden und über Achtung und Mißachtung disponieren wollte).

sie bei Georg Simmel und bei George H. Mead Moment einer allgemeineren Theorie gewesen war, wird nur noch durch Hinweis auf diese beiden Autoren bewußt gehalten. Im übrigen löst die Sozialisationsforschung, gleichsam von innen heraus, manche zu stark vereinfachende Prämissen auf – etwa die einer linearen Kausalität, nach der die soziale Ordnung durch ihre Sozialisationsagenten das Individuum formt, – ohne jedoch auf der Ebene der allgemeinen Theorie für adäquaten Ersatz zu sorgen. Ein an sich unbestreitbarer Sachverhalt, daß Menschen sich unter anderem danach unterscheiden, in welchen sozialen Verhältnissen sie aufwachsen, stimuliert immer neue Forschungen, die jedoch aus Mangel an begrifflichem Seitenhalt keine deutlichen Konturen gewinnt. Damit fehlt auch jeder wissenschaftlich begründbare Widerstand gegen oberflächliche Synthesen von Empirie und Ideologie: Feststellbare Unterschiede werden zu Aufputschmitteln für wohlfahrtsstaatliche Manipulation, die Unterschiede zu kompensieren versucht.

Die oben genannten Theorieprodukte können uns jetzt als kontrollierte Prämissen dienen. Als Sozialisation wollen wir ganz pauschal *den Vorgang bezeichnen, der das psychische System und das dadurch kontrollierte Körperverhalten des Menschen durch Interpenetration formt.* Der Begriff übergreift damit mehrere Systemreferenzen, er übergreift positiv und negativ zu wertende Effekte, er übergreift erst recht konformes und abweichendes, krankhaftes (zum Beispiel neurotisches) und gesundes Verhalten. Sozialisation in diesem Sinne ist kein erfolgsträchtiges Geschehen (das allenfalls mißglücken kann). Eine Theorie, die den Sozialisations*begriff* auf die Erzeugung von angepaßtem, erwartungskonformem Verhalten festlegt, könnte die Entstehung gegenteiliger Verhaltensmuster nicht erklären, und sie wäre auch hilflos gegenüber Feststellungen wie der, daß gerade Anpassung neurotische Züge tragen kann und daß es Steigerungszusammenhänge von Anpassung und Neurosen gibt[54].

Angesichts solcher Schwächen muß man das Erklärungsziel der Sozialisationstheorie revidieren. Was zu erfassen und zu erklären wäre, ist zunächst ein Steigerungszusammenhang von Reduktion und Komplexität. Die Ausgangsfrage wäre demnach: Wie können Reduktionen, die ein psychisches System im Interpenetrationsver-

54 Siehe z. B. Snell Putney/Geil J. Putney, The Adjusted American: Normal Neuroses in the Individual and Society, New York 1964.

hältnis erfährt, zum Aufbau eigener Komplexität beitragen[55]? Diese Fragestellung läßt sich mit Hilfe der oben aufgezählten Prämissen genauer präzisieren.
Zunächst: Sozialisation ist immer Selbstsozialisation: Sie erfolgt nicht durch ›Übertragung‹ eines Sinnmusters von einem System auf andere, sondern ihr Grundvorgang ist die selbstreferentielle Reproduktion des Systems, das die Sozialisation an sich selbst bewirkt und erfährt. Insofern ähnelt Sozialisation der Evolution, die ebenfalls basale Selbstreferenz und abweichende Reproduktion voraussetzt[56]. Damit akzeptieren wir keineswegs die hochproblematische Annahme einer *Phasen*analogie ontogenetischer und phylogenetischer *Prozesse;* sondern gemeint ist nur, daß die Basis aller Sozialisationsprozesse ebenso wie die Basis aller Evolution in der Selbstreferenz des Systems liegt, das sich reproduzieren und abweichende Reproduktion überdauern kann. Daß dabei die Umwelt eine ausschlaggebende Rolle spielt, versteht sich von selbst. Es hat im übrigen nicht viel Sinn zu fragen, ob das System oder die Umwelt wichtiger ist in der Bestimmung des Resultates der Sozialisation; denn es ist gerade diese Differenz, die Sozialisation überhaupt erst ermöglicht.
Ferner ist Sozialisation nur möglich, wenn es *Differenzschemata* gibt, die das psychische System *der Umwelt zuordnen* und *auf sich beziehen* kann – zum Beispiel: Zuwendung oder Abwendung einer Bezugsperson, Verstehen oder Nichtverstehen, Konformität oder Abweichung, Erfolg oder Mißerfolg. Alle Interpenetrationsverhältnisse erzeugen, so hatten wir gesehen, im Zuge ihrer Realisierung solche Schematismen. Nur mit ihrer Hilfe können Situationen erfaßt und für Informationsgewinnung ausgewertet werden. Nur im Schematismus Verstehen/Nichtverstehen gibt es jenen Aha-Effekt,

55 Psychologische Theorien, die dieser Frage entgegenkommen und sie untermauern könnten, sind am ehesten solche, die dem Variablensyndrom ›kognitive Komplexität‹ eine zentrale Stellung zuweisen. Vgl. insbes. O. J. Harvey/David E. Hunt/Harold M. Schroder, Conceptual Systems and Personality Organization, New York 1961; Siegfried Streufert/Harold M. Schroder, Conceptual Structure, Environmental Complexity and Task Performance, Journal of Experimental Research in Personality 1 (1965), S. 132-137; Harold M. Schroder/Michael J. Driver/Siegfried Streufert, Human Information Processing, New York 1967; Thomas Bernard Seiler (Hrsg.), Kognitive Strukturiertheit: Theorien, Analysen, Befunde, Stuttgart 1973.
56 Vgl. insbes. Francisco J. Varela, Principles of Biological Autonomy, New York 1979, insbes. S. 37.

der mit bestimmten unerwarteten Ereignissen aufleuchtet und als Erfolgserlebnis gebucht werden kann. Nur im Schematismus Zuwendung/Abwendung kann man Signale lernen, die den einen bzw. den anderen Fall produzieren. It is, um erneut Bateson zu zitieren, the difference that makes the difference. Im Differenzschema liegt eine Vorentscheidung über die danach möglichen Optionen; und schon diese Vorentscheidung, nicht erst die Option, hat weittragende Bedeutung für den Sozialisationsprozeß. Eine nur über Zuwendung/Abwendung konditionierte Sozialisation muß, bei aller Liebe!, sehr armselig ausfallen und zwangsläufig dazu führen, daß Freiheit und Selbständigkeit, wenn überhaupt, nur über Auslösung von Abwendung erreicht werden können.

Auf einen Sozialisationsprozeß, der in dieser Weise differenzgesteuert – also gerade nicht: determiniert! – abläuft, reagiert das psychische System mit der Entwicklung eigener Differenzauslöser. Der Sündenfall ist geschehen, die Fülle des Seins läßt sich nie wieder erreichen. Alles, was vorstellbar ist, ist etwas im Hinblick auf anderes und kann nur so Informationsgewinnung und Informationsverarbeitung ermöglichen. Eine dazu passende psychologische Theorie hat George A. Kelly ausgearbeitet[57]. Danach läuft alle Umweltzuwendung über das bipolare Schema von ›personal constructs‹, also über differenzabhängige Information; und alle Verdrängung, alles ›Unbewußte‹, alle Totalisierung ist nur ein Untertauchen des immer mitgemeinten Anderen. Psychotherapeutik muß dann Aufklärung über das mitgemeinte Andere sein[58].

Mit dieser Akzentuierung des Differenzbegriffs ist nicht behauptet, daß Sinn überhaupt nur zweiwertig erlebt werden kann; und auch nicht, daß Sinn immer in einer schon vorher festliegenden Schematisierung erscheint. Erst recht gilt dieser Vorbehalt, wollte man annehmen, daß beide Seiten des Schemas in der Art von ›Dualen‹ wie kalt/warm, naß/trocken vorher bestimmt sein müßten[59]. Festzuhal-

57 Vgl. George A. Kelly, The Psychology of Personal Constructs, 2 Bde. New York 1955. Siehe für weitere Forschung: D. Bannister, Perspectives in Personal Construct Theory, New York 1970. Interessant ist ferner der Vergleich dieses psychologischen Binarismus mit dem linguistisch-anthropologischen von Lévi-Strauss bei Ray Holland, Self and Social Context, New York 1977, S. 148 ff.

58 Siehe zur hier abzweigenden Psychotherapeutik George A. Kelly, Clinical Psychology and Personality, New York 1969.

59 Selbstverständlich, dieser Vorbehalt kann nur hin und wieder in Erinnerung gerufen werden, sind Aussagen dieser Art relativ zu lesen im Hinblick auf die Art sozialer

ten ist gerade, daß es sich bei Differenzbildungen immer um Reduktionen handelt; aber eben um Reduktionen, die sich in Interpenetrationsverhältnissen bewähren und deshalb in der Sozialisation bevorzugt ausgebildet werden.

Damit ist keineswegs geleugnet, daß die Sozialisation auch dadurch bestimmt wird, welcher Wert des Schemas zur dominierenden Erfahrung wird – ob zum Beispiel die Erfahrung des Verstehenkönnens oder die Erfahrung des Nichtverstehenkönnens, ob die in Vorerfahrungen gegründete Hoffnung auf Erfolg oder die Furcht vor Mißerfolg[60], ob die Möglichkeit, Zuwendung provozieren zu können, oder die Erfahrung einer vom eigenen Verhalten unabhängigen, also nicht disponiblen Abwendung. Jedes Schema, für sich genommen, steigert die Wahrscheinlichkeit einer Akkumulation von Sozialisierungserfahrungen auf entweder der einen oder der anderen Linie. Wenn das so ist, muß es für den Sozialisationsprozeß von erheblicher Bedeutung sein, daß nicht nur ein einziges Schema den Gesamtprozeß dominiert.

Diesem Problem versucht man in einer bewußt geplanten Erziehungspraxis dadurch beizukommen, daß man zwei Schemata konditional kombiniert – vor allem in Form des Programms: bei Konformität Zuwendung, bei Abweichung Abwendung. Vor dem Hintergrund des hier skizzierten Sozialisationskonzepts sieht man auf einen Blick die Engführung solcher (und aller) pädagogischen Konzepte. Sie liegt sowohl in der Auswahl der zu kombinierenden Schemata (mehr als zwei sind unpraktikabel und ergeben mehrdeutige Situationen) als auch in der Striktheit ihrer konditionalen Ver-

Systeme und den Stand soziokultureller Evolution. Frühere Gesellschaften haben offenbar eine sehr viel breitere und stärker generalisierte (aber nie: exklusive!) Verwendung konkret bestimmter Duale gekannt. Das muß dann von beträchtlicher Bedeutung für den Sozialisationsprozeß gewesen sein. Vgl. als repräsentativen Sammelband und für weitere Hinweise Rodney Needham (Hrsg.), Right and Left: Essays on Dual Symbolic Classification, Chicago 1973; außerdem vor allem G. E. R. Lloyd, Polarity and Analogy: Two Types of Argumentation in Early Greek Thought, Cambridge, England, 1966.

60 Auf diese Differenz stützt bekanntlich Heinz Heckhausen sein Konzept der Leistungsmotivation. Die Zweiteiligkeit der Begriffsbildung enthält einen Hinweis auf die Architektur der Differenzen, die letztlich durch die System/Umwelt-Differenz aktualisiert werden. Vgl. Heinz Heckhausen, Hoffnung und Furcht in der Leistungsmotivation, Meisenheim am Glan 1963; ders., The Anatomy of Achievement Motivation, New York 1967.

knüpfung. Der Pädagogisierung des Sozialisierungsgeschehens sind offenbar enge Grenzen gesetzt.

Dies hat auch andere Gründe, die sich mit Hilfe der Unterscheidung von Kommunikation und Handlung[61] klären lassen. Alle Sozialisation läuft als soziale Interpenetration, alle soziale Interpenetration als Kommunikation ab. Kommunikation gelingt und ist als gelingend erfahrbar, indem drei Selektionen (Information/Mitteilung/Verstehen) eine Einheit bilden, an die Weiteres angeschlossen werden kann. Teilnahme an diesem Geschehen – sei es als Quelle von Information, sei es als Mitteilender, sei es Mitteilung-in-bezug-auf-Information Verstehender – ist die Grundlage aller Sozialisation. Diese Sinneinheit Kommunikation läßt sich nie ganz auf den Sinn einer intendierten und zurechenbaren Handlung zurückführen, und dies schon gar nicht, wenn die Handlung selbst Kommunikation sein oder doch kommunikative Aspekte mitenthalten will. Zunächst sozialisiert das kommunikative Geschehen selbst – und zwar nicht dadurch, daß es richtiges oder unrichtiges Verhalten sanktioniert, sondern dadurch, daß es als Kommunikation gelingt[62].

Die Konsequenzen für eine Theorie der Erziehung können hier nur angedeutet werden. Erziehung ist, und darin liegt der Unterschied zu Sozialisation, intentionalisiertes und auf Intention zurechenbares Handeln. Es kann sein Ziel (von Möglichkeiten indirekter und unbemerkter Manipulation wollen wir einmal absehen) nur durch Kommunikation erreichen. Als Kommunikation sozialisiert dann auch Erziehung, aber nicht unbedingt so, wie intendiert. Vielmehr gewinnt der, dem Erzogenwerden zugemutet wird, durch die Kommunikation dieser Absicht die Freiheit, auf Distanz zu gehen oder gar die ›andere Möglichkeit‹ zu suchen und zu finden. Vor allem sind alle Konkretisierungen pädagogischen Handelns aufgeladen mit Differenzen. Sie zeichnen etwa Erfolgslinien vor und begründen damit die Möglichkeit von Mißerfolgen. Lernen und Behaltenkönnen involviert Vergessen, Können wird in seinen Grenzen, wird als Nichtkönnen erfahrbar. Mit allen Konkretisierungen wird au-

61 Vgl. oben Kapitel 4.

62 Wie immer ist darauf zu achten, daß ›gelingen‹ sehr negative Erfahrungen mit einschließt: Ein Mißerfolg wird durch Kommunikation nochmals hervorgehoben, eine Ablehnung wird durch Kommunikation unwiderruflich, eine Beleidigung erzwingt eine Reaktion usw.

ßerdem wahrscheinlicher, daß Erzieher und Zögling verschiedene Differenzschemata, verschiedene Attributionen, verschiedene Vorzugseinstellungen innerhalb von Differenzschemata zu Grunde legen. Beachtet man all dies, ist es kaum noch möglich, Erziehung als erfolgswirksames Handeln zu begreifen. Man muß sich vielmehr vorstellen, daß an Hand von pädagogisch intentionalisierten und verstandenen Handlungen ein Funktionssystem besonderer Art ausdifferenziert wird, das Sozialisationseffekte eigener Art produziert. In dieses System muß dann pädagogisches Handeln und entsprechende Kommunikation laufend wieder eingebracht werden als Beitrag zur Selbstbeobachtung des Systems und als laufende Korrektur einer selbstgeschaffenen Wirklichkeit.

IX

Interpenetrationen betreffen nicht nur das psychische System des Menschen. Auch der Körper wird einbezogen. Dies geschieht allerdings keineswegs im vollen Umfange all seiner physischen, chemischen und organischen Systeme und Prozesse. Parsons hat deshalb den Begriff des ›behavioral system‹ (im Unterschied zu: human organic system‹) akzeptiert, um die handlungsrelevanten Aspekte herauszuziehen[63]. Man muß danach (immer aus der Perspektive eines Handlungssystems!) unterscheiden zwischen ›extra-action environment of the physical und biological conditions of action and the intra-action environments (gemeint ist: of the behavioral system, of personality, social, and cultural systems)[64]. In weitem Umfange bleibt daher auch der menschliche Organismus Umwelt des Handlungssystems; aber das Handlungssystem differenziert seine Anforderungen an diesen Organismus aus, es subsystematisiert sie gewissermaßen und ist dadurch besser in der Lage, sich den physischen, chemischen und organischen Bedingungen des Lebens anzupassen.

63 Siehe Talcott Parsons, A Paradigm of the Human Condition, in ders., Action Theory and the Human Condition, New York 1978, S. 361, 382 f. Die Anregung dazu und der Terminus stammen von Charles W. Lidz/Victor M. Lidz, Piaget's Psychology of Intelligence and the Theory of Action, in: Jan J. Loubser et al., Explorations in General Theory in Social Science: Essays in Honor of Talcott Parsons, New York 1976, Bd. 1, S.195-239 (insbes. 215 ff.), dt. Übers. in: Jan J. Loubser et al. (Hrsg.), Allgemeine Handlungstheorie, Frankfurt 1981, S. 202-327 (265 ff.).

64 Lidz/Lidz a.a.O. S. 216.

Aus einer ganz anderen Perspektive ergibt sich die Notwendigkeit einer solchen Unterscheidung auch für die hier vertretene Theorie sozialer Systeme. Da wir jedoch, anders als Parsons, nicht von nur analytischen Systemen ausgehen, sondern Systembildungen konkret und empirisch nachweisen müssen, ist die Lösung dieses Unterscheidungsproblems nicht so einfach zu finden. Es genügt jedenfalls nicht, ein besonderes ›behavioral system‹ zu postulieren als einen der vier Aspekte von Handlung. Die Leitfrage ergibt sich mit Hilfe des Begriffs der Interpenetration: In welchem Sinne wird die Komplexität des Körperseins und Körperverhaltens im sozialen System zur Ordnung eigener Zusammenhänge in Anspruch genommen? Und: wie muß der Körper psychisch disziplinierbar sein, damit dies möglich ist?

Was der menschliche Körper für sich selbst ist, wissen wir nicht[65]. Daß er Gegenstand wissenschaftlicher Forschung sein kann, ist hinreichend dokumentiert, liegt aber als Humanbiologie außerhalb des Themenkreises unserer Untersuchungen. Hier interessiert der alltagsweltliche Gebrauch von Körpern in sozialen Systemen. Die Soziologie des Körperverhaltens ist, von theoretischen Anforderungen her gesehen, noch in einer Art Ausnahmezustand, zumal gerade hier von der Biologie nichts zu lernen ist[66]. Das erlaubt nicht viel mehr als: Beobachtungen aneinanderzureihen und eventuell zu klassifizieren[67]. Immerhin hat Mead, um diesen sozialen Körpergebrauch zu bezeichnen, den Begriff der ›Geste‹ gebildet. In einer kleinen, aber gehaltvollen Anmerkung heißt es: »What is the basic mechanism whereby the social process goes on? It is the mechanism of gesture, which makes possible the appropriate responses to one another's behavior of the different individual organisms involved in the social process. Within any given social act, an adjustment is effected, by means of gestures, of the actions of one organism involved to the actions of another; the gestures are movements of the first organism which act as specific stimuli calling for the (socially)

65 Dies hindert uns natürlich nicht, ›Leben‹ zu beobachten, zu definieren, Verhalten zu antezipieren usw.

66 Zur Forschungslage: Luc Boltanski, Die soziale Verwendung des Körpers, in: Dietmar Kamper/Volker Rittner (Hrsg.), Zur Geschichte des Körpers, München 1976, S. 138-183.

67 Vgl. als gutes Beispiel Marcel Mauss, Les techniques du corps, Journal de Psychologie Normale et Pathologique 32 (1936), S. 271-293.

appropriate responses of the second organism«[68]. Die Frage bleibt (ganz abgesehen einmal von den Unklarheiten in den Begriffsverhältnissen von behavior, action, gesture), wie die *Spezifikation* einer Körperbewegung zustandekommen kann, so daß sie als hinreichend *spezifischer* Auslöser des Verhaltens anderer dienen kann. Wie erreichen, anders gefragt, Körper ein hinreichend spezifiziertes Zusammenspiel zweier Körper? Der Begriff der Geste benennt das Resultat, er erklärt es nicht.

Entsprechend der allgemeinen Annahme einer multiplen Konstitution selbstreferentieller Systeme und auf Grund des Theorems der doppelten Kontingenz gehen wir davon aus, daß erst die Doppelung der Spezifikation die Spezifikation erklärt. Die Spezifikation des Potentials zu Körperverhalten ergibt sich aus einer spezifischen Inanspruchnahme, die ihrerseits Spezifikationsmöglichkeiten in Anspruch nimmt. Körper fordern wechselseitig ihre Reduktionsmöglichkeiten heraus. Sie können dies, wenn sie je eigene Komplexität präsentieren, vor allem im Sinne räumlicher Bewegungsmöglichkeiten, und damit Konditionierbarkeit ihrer selbstgeleisteten Reduktion in Aussicht stellen.

Die soziale, wechselseitig evozierte Spezifikation ist natürlich nur die besondere Aktualisierung einer sehr viel allgemeineren Sachlage. Die allgemeinere Aussage lautet: Die Umwelt spezifiziert das Körperverhalten, weil sie immer schon spezifiziert ist. Will man sich auf einen Stuhl setzen, kann das eben nur in bestimmter Weise geschehen, weil der Stuhl ein Stuhl ist. Dies Schonspezifiziertsein der Umwelt reicht aber nicht aus, wenn es um Emergenz höherer Ebenen der Systembildung geht. Es muß dann zunächst wieder aufgelöst, muß durch hinreichendes Unspezifiziertsein spezifischer Systeme in der Umwelt ersetzt bzw. durchbrochen werden. In einer schon spezifizierten Umwelt gewinnen Bereiche, die noch unspezifiziert sind, besondere stimulative Relevanz; und daraufhin ist es dann nicht bloß Zufall, wenn Körper in ein Zusammenspiel wechselseitiger evozierter Spezifikation eintreten.

Um die soziale Problematik des Körperverhaltens einsichtig zu machen, sind diese systemtheoretischen Aussagen natürlich noch viel zu allgemein. Diese Allgemeinheit ist als Grundlage aller weiteren Theorieentwicklungen unerläßlich. Schließlich setzen Menschen

68 George H. Mead, Mind, Self and Society From the Standpoint of a Social Behaviorist, Chicago 1934, Neudruck 1952, S. 13 f.

einander notwendig wechselseitig als Körperbewohner voraus; sie könnten einander sonst weder lokalisieren noch sonstwie wahrnehmen. Körperlichkeit ist und bleibt eine allgemeine (und insofern theoretisch triviale) Prämisse sozialen Lebens. Anders gesagt: Die Differenz von Körperlichkeit und Unkörperlichkeit hat (zumindest für unser heutiges Gesellschaftssystem) keine soziale Relevanz. Man kann Körperlichkeit also nicht durch einen Gegensatz zu ihr als relevant hervortreten lassen. Man kann sie nur ihrerseits als eine besondere Bedingung, Chance, Ressource sozialer Systembildungen ausdifferenzieren. Sie ist dann allgemeine und für besondere Kontexte zugleich besondere, wenn nicht gar ausschlaggebende Prämisse für Anschlußoperationen. Sie läßt sich für bestimmte soziale Funktionen ausbilden, bereithalten, perfektionieren.

Zunächst ist im »Prozeß der Zivilisation« (Elias) der Körper als Potential für Gesten verstärkt in Anspruch genommen, ist sozusagen mitverfeinert worden. Die Detaillierung der Gesten erlaubt es, eine noch nicht verfügbare psychologische Einsicht zu ersetzen. Die black box des anderen Körpers wird mit stärker differenzierten Inputs und Outputs ausgestattet, ohne daß man zu simulieren versucht, was »drinnen« geschieht. Wissenschaftlich steht noch um 1700 nicht viel mehr als eine Lehre von den Säften und Temperamenten zur Verfügung; Moralbegriffe verschmelzen mit Begriffen für Input-Sensibilität (insbesondere Passion und Sensibilität) und Output-Potential (Wille, valeur, Selbstbeherrschung, evtl. vanité) und lassen deshalb keine Individualisierung der psychologischen Orientierung zu, geschweige denn eine Ableitung von situationsadäquaten Strategien. Entsprechend ist man auf eine Verfeinerung der Gesten, Sprachgesten eingeschlossen, angewiesen. In diesem Sinne glaubt man noch an Rhetorik, aber auch an gutes Benehmen; Seufzen, Kniefälle, Tränen scheinen Liebe beweisen zu können; die Moral und Psychologie des Taschendiebes besteht in erfolgsgerichteten Körperzusammenhängen[69]. Im Laufe des 18. Jahrhunderts

69 Ich denke hier an Daniel Defoe's »Moll Flanders« (1722), ein Roman, der eine Fülle von Belegen für die These bietet, daß die Beobachtung der Gesten den Platz für eine noch nicht verfügbare Psychologie hält. Man erinnere sich ferner an die zeitgenössische Vorliebe für Briefromane; an den verwickelten Stil von Crébillon (fils), der sich um psychologische Komplexität in der Form von Dialogen mit hoher Sprachgestenkomplexität bemüht und deshalb ebenso gerühmt wie kritisiert worden ist; oder auch an die Fülle von Tränen, die in den französischen Romanen um die Mitte des Jahrhunderts

beginnt jedoch der Rückzug von Rhetorik und Gestikulation und der Vormarsch der Psychologie. Daß wahre Liebe an körperlichen Mißgeschicken (der Verehrer landet beim Niederknien versehentlich auf dem Schoßhündchen) nicht scheitern kann, ist für Marmontel schon klar[70]. Die Entwicklung ist mit der Entdeckung des »Unbewußten« (und trotzdem nicht etwa »Körperlichen«!) abgeschlossen. Nun kann man sich, sei es wissenschaftlich, sei es alltagsweltlich, an der *Differenz* von Bewußtem und Unbewußtem orientieren, und dafür findet sich in der »Körpersprache« kein gleich leistungsfähiges Äquivalent. Mit Hilfe der Differenz bewußt/unbewußt hat sich Psychisches vom Körperlichen (oder genauer: vom Körper/Seele-Schema) emanzipiert, ist eigenmächtig und seinerseits hochkomplex geworden und trotzdem leicht interpretierbar geblieben. Damit hat aber die Körperkultur ihren Wert als Indikator für psychische Vorgänge verloren. Die wechselseitige Interpenetration im sozialen Leben mit Hilfe des Schemas bewußt/unbewußt kann zwar Körperverhalten als psychisch gesteuert einbeziehen[71], erübrigt eben damit aber die Funktion der Körperkultur, Einblick in Psychisches zu ersetzen.

Eine heute verbreitete Klage meint: der Körper sei mit Gewalt zum Schweigen gebracht worden[72]. Dann müßte man den Körper bedauern und wiederbeleben, was nicht gleich heißen muß, ihn als Waffe des Protestes oder als stummen Zeugen des Kulturverfalls zu mißbrauchen. Eher dürfte es jedoch überzeugen, von einer stärkeren Differenzierung des Interpenetrationsprozesses auszugehen,

fließen. All das ist schon übertrieben (oder wirkt auf heutige Leser zumindest so) und zeigt damit an, daß der Körper als Platzhalter für bewußtes und unbewußtes Psychisches bereits überbeansprucht wird.

70 Vgl. Le scrupule ou l'amour mécontent de lui-même, in: Œuvres complètes Bd. II, 1, 1819-20, Nachdruck Genf 1968, S. 28 ff. (30). Zum Vergleich dazu: im Film Welcome to L. A. wirkt es doch störend, und die Spontaneität wird gebrochen, wenn der Liebhaber vorher noch schnell zum Pinkeln austreten muß. Gerade eine weitgehende Reduktion auf Körpervorgänge kann – trotz allem Verständnis für die Notwendigkeit und trotz aller offenen Kommunikation darüber – das dann nicht mehr verkraften.

71 Körperpräsentationstheorien im Stile Goffmans leben dann zwar von einem Deutungsraffinement, das selbst dem Schema bewußt/unbewußt verpflichtet ist. Sie lassen damit aber, und das macht ihren eigentümlichen (auch sprachlichen!) Reiz aus, eine inkongruente Perspektive wirken, die dem Körper selbst fremd bleibt: The Presentation of Self in Everyday Life.

72 Siehe für solche Auffassungen im Anschluß an Foucault: Dietmar Kamper/Volker Rittner (Hrsg.), Zur Geschichte des Körpers, München 1976.

die den alten multifunktionalen, spontanen *und* dinghaften, sinnlichen *und* semantischen Körpergebrauch in vielen Hinsichten obsolet werden läßt. Statt dessen scheint es mehr als je zuvor auf ein *generalisiertes* Bereitstellen von Körperpotential *als solchem* anzukommen: auf Jugend.

Das schließt keineswegs aus, macht es vielmehr gerade plausibel, daß auch der Körper in sozialen Zusammenhängen spezifischer, sozusagen »körpergemäßer« eingesetzt werden kann. Eine dieser Möglichkeiten ist, über Körperlichkeit eine Feinabstimmung und ein Tempo der Verhaltenskoordination zu erreichen, das über bewußte Kontrollen nicht möglich wäre. Das vielleicht prägnanteste Beispiel dafür ist der Tanz[73]. Auch gemeinsames Musizieren ermöglicht diesen Zusatzgewinn eines man weiß nicht woher präzisierten Körperverhaltens. Nicht zufällig ist hierfür die Vorgabe eines Rhythmus erforderlich, der eine ausreichende Zeitspanne des unmittelbaren (bruchlos anschließenden) Erinnerns und Antezipierens ausleuchtet[74]. Bei einem gemeinsamen Hand-in-Hand-Arbeiten, zum Beispiel Sägen, muß ein solcher Rhythmus im Vollzug erst geschaffen werden; dafür sind die Koordinationsanforderungen dann auch weniger kompliziert. In anderen Fällen, etwa beim Ballspiel, mag es darauf ankommen, die Extrapolationen des Partners und den sich darin anbahnenden Rhythmus als Täuschungsgrundlage zu benutzen, nämlich ihn zu erahnen – und zu durchkreuzen. All diesen Fällen ist gemeinsam, daß in der Körperabstimmung selbst eine Art Mehrwert liegt, und daß die Tätigkeit auch deswegen, ja beim Tanz eigens deswegen gesucht wird.

Ein davon zu unterscheidender Bereich moderner Körperkultur ist der *Sport*[75]. Am Sport fällt zunächst die extreme Reduktion weiter-

73 Eben weil der Tanz als Perfektionsform der Körperabstimmung ausdifferenziert ist, kann er auch als Ausgangspunkt dienen für eine Umkehr der Symbolik: Als isolierter Schlottertanz in modernen Diskotheken ersetzt er Schönheit durch Häßlichkeit, Maß durch Übertreibung, Form durch Impulsivität – und zeigt so gerade an, daß der Partner fehlt.

74 Die eigentümlich soziale Relevanz der reinen Zeitstruktur des Rhythmus läßt sich auch umgekehrt begründen. Rhythmus leistet nicht nur soziale Koordination, sondern setzt zum adäquaten Erfassen auch soziale Koordination voraus. So gibt es in der modernen Lyrik Rhythmen, die sich nicht mehr durch Lesen, auch nicht durch Lautlesen, sondern nur durch Vorlesen erfassen lassen. Diese Erfahrung verdanke ich Friedrich Rudolf Hohl.

75 Anregungen für die folgende Skizze verdanke ich Volker Rittner.

reichender Sinnbezüge auf, die dann als Grundlage dient für ein komplexes Arrangement von Leistungsbewertungen, Leistungsmessungen, Notierungen, Vergleichen, Fortschritten und Rückschritten. Eine Zulieferungsindustrie, ein mitlebendes Zuschauerinteresse usw. schließen an. Damit ist nicht nur (einmal mehr) belegt, daß Reduktionen den Aufbau von Komplexität ermöglichen, die dann durch die Reduktionen nicht mehr kontrolliert werden kann. Vielmehr scheint sich der Körper geradezu als Fluchtpunkt der Sinnlosigkeit zu eignen, wenn er nicht in der puren Faktizität beharrt, sondern unter dem Gesichtspunkt von Sport zum Ausgangspunkt einer eigenen Sinnsphäre dient[76]. Der Sport braucht und verträgt keine Ideologie (was aber keineswegs ausschließt, ihn politisch zu mißbrauchen). Er präsentiert den nirgendwo sonst mehr so recht in Anspruch genommenen Körper. Er legitimiert das Verhalten zum eigenen Körper durch den Sinn des Körpers selbst – zwar nicht askesefrei, aber im Grunde doch als genaues Gegenstück zur Askese, nämlich nicht negativ, sondern positiv. Und er tut dies, ohne sich an Sinndomänen anderer Provenienz anhängen zu müssen. Gewiß: Sport gilt als gesund[77]; aber auch dieser Sinnbezug verweist wieder nur auf den Körper selbst.

Ein dritter Bereich (neben Tanz etc. und Sport), in dem Körperlichkeit als Sonderphänomen erkannt und verwendet wird, läßt sich als Bereich der *symbiotischen Mechanismen* bezeichnen[78]. Hier geht es um Aspekte von Körperlichkeit, die für einzelne Funktionssysteme der Gesellschaft von besonderer Wichtigkeit sind – sei es als Störquelle, sei es als Grundlage der Ausdifferenzierung. Jede noch so unwahrscheinliche Ausdifferenzierung spezifischer Funktionsbereiche muß auf die Tatsache rückbezogen bleiben, daß Menschen in körperlicher Existenz zusammenleben, sich sehen, hören, berühren können. Noch so geistvolle, fast immateriell gelenkte Systeme wie Wirtschaft oder Recht oder Forschung können nicht ganz davon abheben. Sie mögen es auf einen Schattenkuß reduzieren wie im

76 Formal ähnliche (und nicht zufällig ähnliche!) Beobachtungen lassen sich machen im Hinblick auf ›Drogenkultur‹. Siehe nur Dean R. Gerstein, Cultural Action and Heroin Addiction, Ms. 1981.

77 Auf die vielen Zweifel, die man mit dieser Aussage aufstöbern kann, kommt es in diesem Zusammenhang nicht an.

78 Hierzu ausführlicher Niklas Luhmann, Symbiotische Mechanismen, in ders., Soziologische Aufklärung Bd. 3, Opladen, 1981, S. 228-244.

Soulier de satin von Claudel[79]; irgendwie aber müssen sie die Kontrolle der Körperlichkeit in den Symbolismus ihrer generalisierten Kommunikationsmedien einbeziehen; sie müssen Zeichen des Auslösens oder Verhinderns dafür bereithalten und entsprechende Erwartungsbildungen vorsehen. Die soziokulturelle Evolution nimmt nicht die Richtung von Materie zu Geist, von Energie zu Information; sie führt aber zu zunehmend anspruchsvollen, aspekthaften Kombinationen von Körperlichkeit und funktionsspezifischer Kommunikation. Das kann, wie man an der Deintellektualisierung der Sensibilität bei Rousseau ablesen kann, durchaus auf eine Neuentdeckung der Eigenrelevanz des Körpers hinauslaufen.
Es ist deshalb kein Zufall, daß alle großen Funktionsbereiche ihr Verhältnis zum Körper regulieren müssen und daß mit Ausdifferenzierung besonderer symbolisch generalisierter Kommunikationsmedien dieses Verhältnis durch eine besondere Symbolisierung, eben die symbiotischen Mechanismen, genauer und spezifischer auf die Funktion zugeschnitten werden muß. So wird die Basierung auf jedenfalls überlegene physische Gewalt seit dem 16. Jahrhundert zur Grundvoraussetzung aller Politik[80]. Die Wissenschaft steht im 17. Jahrhundert vor der Notwendigkeit, ihr Verhältnis zur Wahrnehmung neu zu regeln, um Beweise durch Wahrnehmen des Wahrnehmens anderer führen und sich so auf ein empirisches Fundament stellen zu können; sie wird sozial organisierte und (deshalb!) empirische Forschung. Im 18. Jahrhundert erst kommt es zu einer Verselbständigung und Aufwertung des symbiotischen Mechanismus für Liebe, der Sexualität[81] in einer Art positiven oder

79 Das ist im Theater dann allerdings schon Symbolisierung der Symbolisierung des Mindestnotwendigen.

80 Parsons spricht in diesem Sinne von ›real assets‹. Vgl. On the Concept of Political Power, und Some Reflections on the Place of Force in Social Process, in: Talcott Parsons, Sociological Theory and Modern Society, New York 1967, S. 297-354 bzw. 264-296. Siehe ferner Niklas Luhmann, Macht, Stuttgart 1975, S. 61 ff. und zum dadurch problematischen Verhältnis von politischem System und Rechtssystem (speziell als Thema des 18. Jahrhunderts) Niklas Luhmann, Rechtszwang und politische Gewalt, in ders., Ausdifferenzierung des Rechts, Frankfurt 1981, S. 154-172.

81 Vgl. Niklas Luhmann, Liebe als Passion: Zur Codierung von Intimität, Frankfurt 1982, S. 137 ff. Es ist im übrigen bezeichnend, daß gerade französische Literatur diese These belegen kann. Im Frankreich des 17. und 18. Jahrhunderts wird ein Modell dafür erprobt, ins Extrem getrieben und zum Scheitern gebracht. Eine (im zeitgenössischen Vergleich ungewöhnlich) hohe Freiheit der Frau in der Verfügung über ihren eigenen Körper erfordert hohe Disziplinierung des Sprachverhaltens (was zugleich der ›Augen-

negativen Sexologie, im Roman und selbst in der Autobiographie (Rousseau). Schließlich scheint auch für die Wirtschaft die Durchsetzung einer universellen Steuerung über das Kommunikationsmedium Geld, also Kapitalbildung, also ›Kapitalismus‹, nur möglich zu sein, wenn körperfundierte Bedürfnisse hinreichend, und zwar auf diesem Wege hinreichend befriedigt werden können: Die Reproduktion der Menschheit wird nicht mehr nur als ein sexuelles, sie wird als ein ökonomisches Problem relevant, und ›Pauperismus‹ wird als Erscheinung der Moderne diskutiert[81a].

Natürlich war der Körper in all den genannten Hinsichten: als Subjekt und als Objekt physischer Gewalt, als wahrnehmbar, als sexuell reizbar, als Träger von Bedürfnissen immer schon relevant gewesen. Dieser Tatbestand läßt sehr verschiedene Beziehungen zur sozialen Ordnung zu. In den ältesten, noch faßbaren Gesellschaftsformationen scheint ein hohes Maß an Beliebigkeit und damit auch ein hohes Maß an Vermischung dieser Körperverwendungsweisen typisch gewesen zu sein bei dann entsprechend strikter Regulierung nur weniger Situationen[82]. Die Entwicklung läuft in Richtung auf Kombinationen, die weniger Beliebigkeit, aber mehr Freiheit, weniger rituelle Festlegungen, aber mehr Disziplinierung vorsehen und sich als solche Kombination evolutionär bewähren[83].

Die Prämisse, von der wir oben ausgegangen waren, läßt sich nunmehr als Resultat dieser Entwicklung begreifen und aus ihr heraus begründen. Die moderne Semantik des Körpers kann nicht mehr mit der Differenz von res corporales/res incorporales erfaßt werden, mit der die Tradition dem Verhältnis zum Körper Informationswert gegeben hatte. Damit verliert auch die Differenz von (sterblichem) Körper und (unsterblicher) Seele ihren Halt in einer

sprache‹ eine viel kommentierte Bedeutung gibt). Im 18. Jahrhundert ist dann zur Verführung schließlich nur noch ›esprit‹ und nicht mehr ›cœur‹, nur noch Strategie und nicht mehr Passion, nur noch Geschick und Geläufigkeit und nicht mehr Bindungsfähigkeit, erforderlich – ein Resultat, gegen das dann dessen Darstellung selbst revoltiert: die Liaisons Dangereuses.

81a Siehe als Zeugnis eines Arztes Charles Hall, The Effects of Civilization on the People in European States, London 1805, Nachdruck New York 1965.

82 Vgl. hierzu Ronaldt M. Berndt, Excess and Restraint: Social Control Among a New Guinea Mountain People, Chicago 1962.

83 Wir berühren uns hier mit den groß angelegten Untersuchungen von Norbert Elias, Über den Prozeß der Zivilisation: Soziogenetische und psychogenetische Untersuchungen, 2 Bde. Basel 1939.

über sie hinausgreifenden Differenz, die die ganze Schöpfung strukturiert, ja den Akt der Schöpfung selbst formuliert. Das Verhältnis zum Tode wandelt sich entsprechend und wird in neuartiger Weise sinngebungsbedürftig[84].

Vielleicht noch deutlicher läßt diese Wendung sich testen an der Literatur des Freundschaftskults im 18. Jahrhundert[85]. Sie fügt religiöse Ekstase, moralische Höchstwertung und Körpersymbolik ineinander in einer Weise, die heute nicht mehr nachvollziehbar ist – es sei denn ›psychoanalytisch‹ oder mit Verdacht auf Homosexualität[86]. Diese Literatur ist jedoch so geschrieben, daß es unmöglich ist anzunehmen, die Schreiber hätten befürchten müssen, daß ihnen unterstellt werden würde, der Gedanke an den eigenen Körper hätte ihnen die Feder geführt. Man geht noch ganz unbefangen und sicher von der Differenz res corporales/res incorporales aus, benutzt die Körpermetaphorik risikolos, um auf die andere Seite der Differenz zu verweisen. Erst im letzten Drittel des 18. Jahrhunderts verliert man diesen semantischen Bezugsrahmen und muß ihn dann teils durch eine blassere Metaphorik des Ästhe-

84 Auch hierfür scheint das 18. Jahrhundert den Wendepunkt zu erreichen, und zwar längst vor der Französischen Revolution und den napoleonischen Kriegen, wie eine inzwischen reichhaltige empirische Forschung zeigt. Siehe nur Michel Vovelle/Gaby Vovelle, Vision de la mort et de l'au-delà en Provence d'après des autels des âmes du purgatoires, XVe-XXe siècles, Paris 1970; Michel Vovelle, Pieté baroque et déchristianisation en Provence au XVIII siècle: Les attitudes devant la mort d'après les clauses des testaments, Paris 1973; ders., Mourir autrefois, Paris 1974; Pierre Chaunu, Mourir à Paris (XVIe-XVIIe-XVIIIe siècles) Annales E. C. S. 31 (1976), S. 29-50; Lawrence Stone, The Family, Sex and Marriage in England 1500-1800, London 1977, S. 246 ff.; Reinhart Koselleck, Kriegerdenkmale als Identitätsstiftungen der Überlebenden, in: Odo Marquard/Karlheinz Stierle (Hrsg.), Identität (Poetik und Hermeneutik Bd. VIII), München 1979, S. 255-276. Für einen (an sich belanglosen, gerade dadurch aber typischen) zeitgenössischen Beleg vgl. Jacques Pernetti, Les Conseils de l'amitié, 2. Auflage Frankfurt 1748, S. 110 f.: Totenehrung nach Maßgabe des Nutzens für das Vaterland: »Ce qui n'est pas utile à la Société, seroit compté pour rien«.

85 Vgl. insbesondere Ladislao Mittner, Freundschaft und Liebe in der deutschen Literatur des 18. Jahrhunderts, in: Festschrift für Hans Heinrich Borcherdt, München 1962, S. 97-138. Ferner an älteren Abhandlungen Paul Kluckhohn, Die Auffassung der Liebe in der Literatur des 18. Jahrhunderts und in der deutschen Romantik (1922), 3. Aufl. Tübingen 1966; Wolfdietrich Rasch, Freundschaftskult und Freundschaftsdichtung im deutschen Schrifttum des 18. Jahrhunderts vom Ausgang des Barock bis zu Klopstock, Halle 1936.

86 Auch das aber wohl nicht mehr so unbefangen wie in den 20er Jahren. Vgl. etwa Oskar Pfister, Die Frömmigkeit des Grafen Ludwig von Zinzendorf, 2. Aufl. Zürich 1925; Hans Dietrich, Die Freundesliebe in der deutschen Literatur, Leipzig 1931.

tischen, teils durch eine andere Differenz, nämlich die zur deutlich obszönen Literatur hin ersetzen[87].

Mit dem Ausklingen jener Leitdifferenz körperlich/unkörperlich werden ältere semantische Vorverständigungen obsolet. Zugleich wird Körpersinn aber auch freigesetzt für diejenigen Sonderbestimmungen, die wir mit Tanz, Sport und symbiotischen Mechanismen entwickelt haben. Teils wird der Körper selbst zum Kristallisationspunkt für Soziales einbeziehende Sinngebung; teils wird er für Verwendung in den kombinatorischen Zusammenhängen der großen Funktionssysteme zurechtaspektiert. Die Semantik der Körperlichkeit mit ihrem wohl unbestreitbaren Einfluß auf Körperempfinden und Körperverwendung korreliert mithin mit der Formenveränderung, die sich in der soziokulturellen Evolution ergibt. Und dies ist deshalb der Fall, weil der menschliche Körper weder eine bloße Substanz (als Träger von Fähigkeiten) noch ein bloßes Instrument für soziale Verwendung ist, sondern weil er miteinbezogen ist in die Interpenetration von Mensch und sozialem System.

Gewiß: Beine bleiben Beine, Ohren bleiben Ohren trotz aller soziokulturellen Evolution. Als Umwelt ist der Körper der Gesellschaft vorgegeben (was nicht ausschließt, vielmehr gerade einschließt, daß die soziokulturelle Evolution auch die organische Evolution beeinflußt). Als hochkomplexes und dadurch konditionierbares Agglomerat von Systemen hat der Körper dagegen einen Sinn, der Komplexität in sozialen Systemen als verfügbar erscheinen läßt: Man sieht dann, berücksichtigt dann, erwartet dann ganz unmittelbar, daß er sich so oder auch anders verhalten kann. Aber diese Einheit der Komplexität und diese Unmittelbarkeit der Orientierung an ihr sind nicht der Körper selbst; sie werden zur Einheit und Unmittelbarkeit erst im Schema der Differenzen, die sich aus der Interpenetration ergeben.

X

Die unter dem Begriffstitel »Interpenetration« zusammengefaßten Verhältnisse haben eine komplexe Struktur. Sie läßt sich nicht in

87 Eine Differenz, die dann als eine instabile ihrerseits wieder Gegenstand soziologischer Untersuchungen werden kann. Siehe vor allem Vilfredo Pareto, Der Tugendmythos und die unmoralische Literatur, Neuwied 1968.

einfachen, es sei denn: äußerst abstrakten Formulierungen zusammenfassen. Wir haben sie, im Nacheinander der Darstellung, in Einzelaspekte aufgelöst, die aber ineinandergreifen. An Stelle einer Zusammenfassung soll anschließend nochmals herausgestellt werden, daß Interpenetration auch ein Sachverhalt ist, der in allen angesprochenen Hinsichten historisch variiert, das heißt, mit der Evolution des Gesellschaftssystems sich aufbaut und sich ändert. Grundlage dieser Annahme ist die These: daß Komplexitätsverhältnisse weder eine beliebige noch eine von ihnen unabhängige Ordnung zulassen. Wird die Komplexität, die interpenetrierende Systeme einander zur Verfügung stellen, gesteigert, wird die Kontingenz ihrer Reduktion erkennbar, wird die Selektivität aller Festlegungen verschärft, so ändert das auch die Formen der Interpenetration, die sich dann noch bewähren können.

Einen vortrefflichen (weil deutlich formulierten) Ausgangspunkt für diese Analyse bietet der Held (die Heldin) der griechischen Tragödie. Er handelt nicht nach einem klaren binären Schematismus, die Herkunft seines Geschicks läßt das Bestehen auf Recht zum Unrecht werden, der nómos ágraphos teilt seinem Standpunkt und dem Gegenteil Recht und Unrecht zu[88]. So steht der Held voll und ganz für sein Handeln ein. Ohne einen binären Schematismus gibt es auch kein »ausgeschlossenes Drittes«. Es gibt keine Schonung des Körpers. Es gibt kein Seelenheil, das Leiden ausgleichen oder aus Gnade doch noch gewährt werden könnte. Es gibt keine das Verbrechen überdauernden Rentenansprüche. Handeln ist Interpenetration von Person und Gesetz, in der keine gegenseitigen Freiheitsspielräume (oder dies nur in der Form paradoxer, auswegloser Situationen) vorgesehen sind. Die Größe besteht darin: es zu tun.

Was mit der Polis in Gang gebracht ist, löst sich hiervon ab und differenziert die Interpenetrationen. Es wird deutlich, und die Ethik formuliert es unter Beachtung der Logik, womit man Achtung erwerben kann und womit nicht. Das richtige Handeln ist nicht mehr zugleich vorwerfbar. Die sozialen und die zwischenmenschlichen Interpenetrationen beginnen sich zu trennen. Die personale Solidarität (philía, Freundschaft) wird zwar polisbezogen ethisiert, aber sie fällt nicht mit dem guten Leben in der Polis und

88 Siehe die Sophokles-Interpretationen von Erik Wolf, Griechisches Rechtsdenken Bd. II, Frankfurt 1952, S. 198 ff.

für die Polis zusammen; sie ist nicht ohne weiteres politischer Natur. Im Fortgang der Zivilisierung werden schließlich auch Leib und Seele für differente Schicksale getrennt substantialisiert, und es können in beiden Hinsichten unterschiedliche Empfindlichkeiten, unterschiedliche Verfeinerungen angeschlossen werden – ein Trennvorgang, der schließlich sogar die Hölle der »Aufklärung« überantwortet: Es ist nicht mehr einzusehen, wozu der Leib da schmoren soll.

Begreift man die geforderten Differenzierungen als Korrelat sozialstruktureller Komplexitätssteigerungen, dann wird verständlich, daß die Einheit der Handlung und des persönlichen Schicksals nicht wiederzugewinnen ist. Jean Genet hat genau dies versucht. Es ist ihm mißlungen. Handlung und Poesie fallen auseinander. Die Helden sind, um sein zu können, was sie sein wollen, genötigt, sich zu beobachten und zu kommentieren in einer Sprache, die (trotz allem argot) nicht die ihres Handelns ist. Das Problem ist nicht durch Transposition vom Positiven ins Negative und zurück zu lösen; es ist schon dadurch unzugänglich geworden, daß Positives und Negatives sich ausschließen.

Diversifikation mithin: nicht nur von Handlungsarten, nicht nur von Rollen, nicht nur von Funktionssystemen, sondern von Interpenetrationsverhältnissen und von Formen ihrer Nutzung. Vor allem die zwischenmenschliche und die soziale Interpenetration treten auseinander. Was man von einem anderen Menschen erwartet, kann von der Gesellschaft weder versprochen noch erfüllt werden (obwohl natürlich jede Kommunikation ein gesellschaftlicher Prozeß ist und bleibt). Es kommen Symbole wie »Glück« oder »Zufall« auf, die diesen Sachverhalt reflektieren. Projiziert man die Verwendung von Moral auf diese Entwicklung, so scheint die weitgehende Kongruenz von Gesellschaft und Moral (was positiv und negativ beurteiltes Handeln einschließt) weder auf die Anfangslage noch auf die heutige Wirklichkeit zu passen. Eine komplexe Gesellschaft benötigt für ihre eigene Autopoiesis, und dazu gehört auch die Bereitstellung von Möglichkeiten zum Eingehen und Ausleben von Intimbeziehungen, so viele und so verschiedenartige Erwartungen, daß sie unmöglich alle mit Achtungsgewinn, Achtungserhaltung, Achtungsverlust sanktionieren kann. Dies hängt auch mit der Distanz von Interaktionssystemen und Gesellschaftssystemen zusammen, der wir ein eigenes Kapitel widmen werden. Für manche Bereiche des sozialen Lebens und nicht zuletzt für Liebesbeziehungen wird daher Moralisierung zum Problem[89]. Es wird damit zu viel aufs Spiel gesetzt und zu wenig das, worauf es jeweils ankommt.

Damit sind auch Verhältnisse bezeichnet, in denen Sozialisation und situationsgebundene Gelegenheitserziehung nicht mehr ausreichen, um auf der Seite des Menschen die Voraussetzungen für die Autopoiesis der Gesellschaft zu verwirklichen. Da wir Sozialisation als Folge von Interpenetration für den Menschen begriffen hatten, können wir auch sagen: Die Interpenetration reproduziert sich nicht ohne weiteres, nicht einfach aus sich selbst heraus; sie bedarf der Intentionalisierung als Erziehung, schließlich der Organisation, die dann ihrerseits Sonderinterpenetrationen mit (unbeabsichtigten) Sozialisationseffekten erzeugt. Vor diesem Hintergrund wird dann die »moralische Erziehung« zum Problem. Vor diesem Hintergrund – das heißt auf Grund der Erfahrung, daß weder die Gesellschaft durch Moral noch die Sozialisation durch Erziehung unter Kontrolle gebracht werden kann.

Schließlich ist mitzubedenken, daß Interpenetrationsverhältnisse System/Umwelt-Verhältnisse sind, und zwar Verhältnisse eines Systems zu einer Sonderumwelt interpenetrierender Systeme. Es gibt jeweils auch andere Umweltbereiche als diese, und auch sie sind für das System relevant. Für soziale Systeme sind Menschen und Dinge wichtig, die Umwelt der Kognitionen und Motive und die Umwelt der Ressourcen. Steigerung der Komplexität hat deshalb auch Konsequenzen für das Verhältnis sozialer Systeme zu diesen beiden Umwelten und für die Schärfe, mit der sie vom sozialen System aus und als *dessen* Umwelt differenziert werden[90]. Die Reproduktion der Umweltvoraussetzungen für Kommunikations- und Handlungspotentiale stellt schließlich andere Anforderungen als die Reproduktion der natürlichen Ressourcen; es geht um jeweils anders vermittelte Interdependenzkreise und um jeweils andersartige Störquellen, und dann mehr und mehr auch um andere Folgenketten, die das soziale System selbst in diesen beiden Umwelten auslöst.

89 Die Frau muß auch den Mann mit moralischen Defekten lieben können, meinte z. B. Joseph Droz, Essai sur l'art d'être heureux, Neuauflage Amsterdam 1827, S. 108 ff. Die Umkehrung dieser Einsicht hat etwas länger auf sich warten lassen.

90 Wir schließen hier an die Ausführungen über Umweltdifferenzierung in Kapitel 5 Abschnitt IV an.

Wenn das offensichtlich wird, und in Europa wird dieser Prozeß spätestens im 18. Jahrhundert irreversibel, kann der Mensch nicht mehr in aller Tradition nach dem Dingschema begriffen werden. Die Leitdifferenz von res corporales/res incorporales verliert ihre Zentralstellung als Koordinator vieler Semantikbereiche. Die beiden Umwelten können nicht am Begriff der Verkörperung getrennt werden. Der Mensch wird Subjekt, die res wird Materie – wie immer vorläufig und unzulänglich diese ebenfalls traditionsbelasteten Begriffe das formulieren, was zu sagen wäre.
All dies ist weitgehend schon als Gesellschaftstheorie formuliert und nicht mehr als allgemeine Theorie sozialer Systeme. Es belegt aber die allgemeine These: daß Steigerungen der Komplexität sozialer Systeme (und die Gesellschaft ist das komplexeste, das alle anderen in sich einschließt) die Interpenetrationsverhältnisse ändern, sie diversifizieren und sie weniger unmittelbar an ihren eigenen »natürlichen« Ablauf zurückbinden. Es müssen dann Formen und Abgrenzungen geschaffen werden, die ihrerseits nicht ohne Folgen bleiben.

Kapitel 7

Die Individualität psychischer Systeme

I

Für die Behandlung des hier anstehenden Themas wird es nützlich sein, einige Merkmale der bisher getroffenen Theoriedispositionen in Erinnerung zu rufen. Wir behandeln soziale Systeme, nicht psychische Systeme. Wir gehen davon aus, daß die sozialen Systeme nicht aus psychischen Systemen, geschweige denn aus leibhaftigen Menschen bestehen. Demnach gehören die psychischen Systeme zur Umwelt sozialer Systeme. Sie sind freilich ein Teil der Umwelt, der für die Bildung sozialer Systeme in besonderem Maße relevant ist. Das haben wir im vorigen Kapitel mit dem Begriff der Interpenetration festgehalten. Diese Art von Umweltrelevanz für den Aufbau sozialer Systeme ist eine Art Einschränkung des Möglichen, verhindert aber nicht, daß soziale Systeme sich autonom und auf der Basis eigener elementarer Operationen bilden. Bei diesen Operationen handelt es sich um Kommunikationen – und nicht um psychische Prozesse per se, also nicht um Bewußtseinsprozesse.

Lange Zeit haben in der Soziologie Vertreter eines individualistischen Reduktionismus für sich in Anspruch genommen, in besonderem Maße Zugang zu den elementaren, empirisch faßbaren Grundlagen des sozialen Lebens gewinnen zu können. Als Erhebungseinheit für empirische Untersuchungen fungiert sehr oft, ja zumeist, das ›Individuum‹. Die Beobachtung des Verhaltens von Individuen würde daher, so meinte man, sehr viel direkteren Einblick in die Determinanten des Aufbaus sozialer Ordnung ergeben als statistische Aggregationen, ganz zu schweigen von großartigen Theorien.

»Diese Argumente treffen jedoch nur teilweise zu«, kommentiert sehr höflich Bernhard Giesen[1]. Ich würde schärfer formulieren: Sie sind aus leicht zu erkennenden Gründen falsch. Beobachtungsmaterial ist zwar letztlich menschliches Verhalten, aber gerade nicht als individuelles Verhalten. Schon Dahrendorf hatte dieses Problem gesehen und es, mit Kant im Rücken, auf den Gegensatz von Frei-

1 Makrosoziologie: Eine evolutionstheoretische Einführung, Hamburg 1980, S. 29.

heit und Notwendigkeit gebracht[2]. Das ist gewiß übertrieben und nur mit Hilfe der Grundannahmen einer transzendentaltheoretischen Reflexion zu rechtfertigen. Wir schwächen diese Kontrastierung ab mit der These, daß es sich um unterschiedliche Systemreferenzen, das heißt um verschiedene System-Umweltverhältnisse, also auch um verschiedene Weltzugänge handelt. Jedes dieser Systeme hat seine eigene »innere Unendlichkeit«. Keines ist in seiner Totalität und in seinen Wahlgrundlagen beobachtbar. Es ist deshalb prinzipiell falsch, anzunehmen, Individuen seien besser oder jedenfalls direkter beobachtbar als soziale Systeme. Wenn ein Beobachter Verhalten auf Individuen zurechnet und nicht auf soziale Systeme, ist das *seine* Entscheidung. Sie bringt keinen ontologischen Primat von menschlicher Individualität zum Ausdruck, sondern nur Strukturen des selbstreferentiellen Systems der Beobachtung, gegebenenfalls also auch individuelle Präferenzen für Individuen, die sich dann politisch, ideologisch und moralisch vertreten lassen, aber nicht in den Gegenstand der Beobachtung projiziert werden dürfen[3].

Gegen jede Art von individualistischem Reduktionismus wird immer eingewandt, daß er als Reduktionismus den ›emergenten‹ Eigenschaften sozialer Systeme nicht gerecht werden könne. Wir wenden zusätzlich ein, daß es sich nicht einmal um Reduktionismus handele, sondern nur um eine (extrem verkürzte) Relationierung auf psychische statt auf soziale Systeme. Dieser Sachverhalt wird verstellt, wenn man psychische Systeme kurzerhand als Individuen bezeichnet, also sie als ausreichend charakterisiert ansieht, wenn man sie für ›unteilbar‹ erklärt. Andererseits hinterlassen kritische Bemerkungen dazu oft den Eindruck, als ob man einen wichtigen Sachverhalt leugne oder verkenne. Wir fügen deshalb in die Darstellung der Theorie sozialer Systeme ein für diese Theorie eher marginales Kapitel über Individualität ein.

Denn die Auffassung, daß soziale Systeme nicht aus Individuen bestehen und auch nicht durch körperliche oder psychische Pro-

2 Vgl. Ralf Dahrendorf, Homo Sociologicus, 7. Aufl. Köln-Opladen 1968.

3 Hier läßt sich im übrigen auch sehr leicht die prinzipielle Schwäche einer *transzendentaltheoretischen* Fundierung von *Individualität* (statt: von Arbeitskategorien der Vernunft) erkennen. Nach der eigenen Theorie muß der Transzendentaltheoretiker sich selbst dann als freies und dadurch unerkennbares Individuum postulieren, also als einen Theoretiker, der sich nicht in die Karten schauen läßt.

zesse erzeugt werden könnten, besagt natürlich nicht, daß es in der Welt sozialer Systeme keine Individuen gäbe. Im Gegenteil: eine Theorie selbstreferentieller autopoietischer Sozialsysteme provoziert geradezu die Frage nach der selbstreferentiellen Autopoiesis psychischer Systeme und mit ihr die Frage, wie psychische Systeme ihre Selbstreproduktion von Moment zu Moment, den ›Strom‹ ihres ›Bewußtseinslebens‹, so einrichten können, daß ihre Geschlossenheit mit einer Umwelt sozialer Systeme kompatibel ist.

II

Wie immer besteht eine der Möglichkeiten der Theorieentwicklung darin, Kontinuitäten und Diskontinuitäten im Verhältnis zur Tradition zu klären. Unter den Titeln Individuum und Individualität ist eine lange und bedeutungsschwere Geschichte aufgelaufen, die wir hier nur ganz knapp und nur zur Klärung grundlegender Optionen skizzieren können.

Schon die spätmittelalterliche Frage nach dem, was die Individualität eines Individuums eigentlich sei, hatte zu Resultaten geführt, an die wir direkt anknüpfen können[4]. Es konnte sich offensichtlich nicht um irgendeine zusätzliche Qualität handeln und ebensowenig um eine von außen zugewiesene Bestimmung. Vielmehr mußte das Individuum als durch sich selbst individualisiert begriffen werden, und in der Individuation lag dann, daß eben dies eine Differenz zu allem anderen ausmache. Nach langen begriffsgeschichtlichen Erörterungen bestimmt schon Francisco Suárez[5] Individualität durch Selbstreferenz: Der »modus substantialis, qui simplex est et suo modo indivisibilis, habet etiam suam individuationem ex se, et non ex aliquo principio ex natura rei a se distincto«. Alle anderen Bestimmungen hatten versagt.

Bis ins 18. Jahrhundert hinein war der Begriff des Individuums aber noch ein Dingbegriff, gefaßt als Gegenbegriff zu komplexen und deshalb zerlegbaren Einheiten. Die wortgeschichtlich ursprüngliche Bedeutung beherrschte den Begriff. Alles Unteilbare konnte als Individuum bezeichnet werden; die Person war als Unteilbarkeit

4 Vgl. Johannes Assenmacher, Die Geschichte des Individuationsprinzips in der Scholastik, Leipzig 1926.

5 Dispositiones Metaphysicae, Disp. VI, 14, zit. nach Opera Omnia Bd. I, Paris 1866, Nachdruck Hildesheim 1966, S. 185.

der rationalen Substanz nur ein Sonderfall. Mit der Individualität der Seele war zugleich deren Indestruktibilität, also die Ewigkeit des Lebens garantiert und mit ihr war vorstellbar, daß der Mensch im Jüngsten Gericht für sich selbst einzustehen habe. Auf dieser begrifflichen Grundlage konnten eine Religion und eine Moral gepredigt werden, die immer wieder versuchten, den Menschen gegen seine unmittelbaren Interessen zu motivieren.

Im übrigen kam eine noch ständisch differenzierte Gesellschaft mit einer Art Glanzstück-Version von Individualismus, mit Helden und Schurken aus. Es genügte, die Richtung der Auszeichnung anzugeben und sie auf die allgemeine Qualitäten-Skala des Seins zu beziehen. Die Selbst-Orientierung war ans Bessersein, nicht ans Anderssein als die anderen gebunden. Sie hatte ihren Auslauf in Richtung nach oben – oder nach unten.

Damit war zugleich vorentschieden, daß es in bezug auf diesen Kernsachverhalt der menschlichen Individualität keinen historischen Wandel geben könne. »I think that human souls, through all periods, are equal«, heißt es noch 1759 bei Edward Young[6], einem gewiß nicht traditionsgerichteten Autor. Die ganze neue, seit hundert Jahren geläufige Anthropologie der rastlosen Unruhe und Begehrlichkeit, der Interessen und des plaisir, der Passion und der Selbstliebe[7] glitt an diesem Absicherungsbegriff der Individualität zunächst vorbei. Erst die Transzendentalphilosophie proklamierte das absolute Verbot, Dingbegriffe auf das anzuwenden, was den Menschen eigentlich ausmacht: sein selbstreferentielles, sich selbst Gesetze gebendes Bewußtsein. Und nun mußte der Mensch sozusagen selbst wissen, ob er unsterblich sei oder nicht.

Diese Wende war freilich vorbereitet gewesen durch eine jahrzehntelange, spezifisch deutsche Diskussion über das Verhältnis des Besonderen zum Allgemeinen. Diese teils in der Ästhetik, teils in der Erkenntnistheorie, teils in der Anthropologie laufende Diskussion hatte ihr Problem in der Frage, wie im Konkret-Besonderen das Allgemeingültige ausgemacht werden könne[8]. Dabei war man von

6 In: Conjectures on Original Composition, in Edward Young, The Complete Works, London 1854, Nachdruck Hildesheim 1968, Bd. 2, S. 547-586 (554).

7 Siehe näher Niklas Luhmann, Frühneuzeitliche Anthropologie: Theorietechnische Lösungen für ein Evolutionsproblem der Gesellschaft, in ders., Gesellschaftsstruktur und Semantik Bd. 1, Frankfurt 1980, S. 162-234.

8 Soziologisch zu interpretieren ist dies vor dem Hintergrund der sich auflösenden

einem Kontinuum zunehmender Bestimmtheit ausgegangen, auf dem das Allgemeine als mehr oder weniger Unbestimmtes den einen Pol und die konkreten Dinge als das jeweils Besondere den anderen Pol ausmachten, und so gelangte man vom Menschen im allgemeinen durch Hinzufügung zusätzlicher Bestimmungen schließlich zum konkreten Individuum. Dies Denkschema war mit Stratifikation kompatibel, weil man im Allgemeinmenschlichen Gleichheit (und Unterschied zu Tieren und Engeln) und auf den Konkretisierungsstufen zugleich Standesunterschiede, Nationalität usw. zum Ausdruck bringen konnte. Individuen waren in diesem Zusammenhang also gedacht als konkrete Personen und damit als Realgrundlage des Weltaufbaus, der seine Ordnung aber in den allgemeineren Bezügen der Arten und Gattungen hatte.
Die bohrende Frage nach dem, was im Besonderen denn als Allgemeines faßbar sei, hat dieses Denkgebäude schließlich zum Einsturz gebracht, nachdem es sich nicht mehr am Aufbau der ständischen Ordnung anklammern konnte. Wir können die Transzendentaltheorie stricto sensu überspringen; mit der Rückkehr des Individuums in die Theorie und mit der Reanthropologisierung des Transzendentalismus sind die Verhältnisse nun umgekehrt: Gerade die Individualität ist nun das Allgemeine, weil sie jedem ausnahmslos zufällt. Natürlich lassen sich die neuhumanistischen Denker bis hin zu Hegel und Marx mit dem Hinweis, jeder sei ein Individuum, nicht zufriedenstellen; aber sie gehen doch davon aus und stehen damit vor der Frage, wie diese bloß quantitative Allgemeinheit, diese bloße Allheit inhaltlich gefüllt werden kann[9]. Es muß jetzt darauf ankommen, wie das Individuum das Allgemeine, die Menschheit, die Welt in sich realisiert. Und dies ist für Humboldt, ja noch für Hegel eine Sache der Bildung[10].

stratifizierten Gesellschaft, die für Geschmack und Urteilsvermögen zwar noch Schichtzugehörigkeit als Sicherheitsgrundlage voraussetzte, aber dafür keine überzeugenden Kriterien mehr angeben konnte. Vgl. dazu und zum Übergang in die Diskussion des Allgemeinen im Besonderen Alfred Baeumler, Das Irrationalitätsproblem in der Ästhetik und Logik des 18. Jahrhunderts bis zur Kritik der Urteilskraft (1923), 2. Aufl. Darmstadt 1967.

9 Explizit aufgeworfen von Marx in Kritik an Hegel aus Anlaß von § 308 der Rechtsphilosophie. Siehe: Kritik des Hegelschen Staatsrechtes (§§ 261-313), in: Karl Marx/Friedrich Engels, Historisch-kritische Gesamtausgabe, Frankfurt 1927, Neudruck Glashütten Ts. 1970, Bd. 1, 1, S. 401-553 (539 f.).

10 »Die letzte Aufgabe unseres Daseins: dem Begriff der Menschheit in unserer Per-

Das 19. Jahrhundert hat sich mit viel Anstrengung bemüht, dem Individuum sein Recht zu geben und es trotzdem an gewisse Schranken zu binden. Theoretisch waren diese Versuche nicht sehr erfolgreich. Auf der Ebene von Gesellschaftsbeschreibungen, die man jetzt Ideologien nennt, haben sie seit den zwanziger Jahren jenes Jahrhunderts zu Kontroversen zwischen ›Individualismus‹ und ›Sozialismus‹ (später: ›Kollektivismus‹) geführt, die sich in der bloßen Entgegensetzung festliefen. Das Individuum selbst, das ja nicht unbedingt ›Individualist‹ sein muß, blieb dabei unberücksichtigt. Und wenn das Allgemeine jetzt nur noch als Ideologie angeboten werden konnte, war auch dies keine Möglichkeit, das Individuum für die Gesellschaft zu gewinnen. Ihm wurde die Verwirklichung des Allgemeinen im Besonderen als Selbstverwirklichung abverlangt, aber genau dieses Programm ließ sich nicht mehr mit der Realität psychischer und sozialer Systeme vermitteln.

Die beginnende Soziologie, präokkupiert mit dem Problem, anderen Wissenschaften und nicht zuletzt der Psychologie gegenüber ihre Eigenständigkeit zu behaupten, hatte zunächst mit dem Gegensatz von Individualismus und Kollektivismus zu ringen. Sie konnte sich weder voll auf die eine noch voll auf die andere Seite schlagen, weder zum Beispiel utilitaristische Positionen noch holistische (empirisch nicht weiter auflösbare) Ganzheitsbegriffe unbesehen übernehmen. Ihre Hauptleistung lag in Versuchen, zwischen individualistischen und kollektivistischen Positionen zu vermitteln und sich so dem politideologischen Streit zu entziehen. Die hierfür wichtigste Anregung war: das Verhältnis von Individuum und Gesellschaft nicht nach Art eines Interessengegensatzes zu begreifen, sondern es als Steigerungsverhältnis zu formulieren – eine Theoriewende, an die man dann ein Forschungsprogramm anschließen konnte, das sich den *spezifischen Bedingungen* einer Steigerung (oder umgekehrt eines Verfalls) von mehr Individualität und mehr Solidarität, mehr Freiheit und stärkerer Staatlichkeit zugleich zuwendet. Dieser Theoriestand ist mit Durkheims De la division du

son, sowohl während der Zeit unseres Lebens, als noch über dasselbe hinaus (kein Wort von ›Indestruktibilität‹, N. L.), durch die Spuren des lebendigen Wirkens, die wir zurucklassen, einen so großen Inhalt, als möglich, zu verschaffen, diese Aufgabe löst sich allein durch die Verknüpfung unseres Ichs mit der Welt zu der allgemeinsten, regesten und freiesten Wechselwirkung«. (Wilhelm von Humboldt, Theorie der Bildung des Menschen, Werke Bd. 1, 2. Aufl., Darmstadt 1969, S. 235 f.).

travail social (1893) fixiert, aber das Forschungsprogramm blieb unausgeführt. Es hätte auch nicht auf die Frage antworten können, was ein ›Individuum‹ eigentlich ist und wie es unter sich ändernden gesellschaftlichen Bedingungen sich selbst ermöglicht.

Eher hat sich die Forschung an einer Konsequenz orientiert: daß nun die Differenz von Individuum und Gesellschaft in das Individuum selbst hineinverlagert wird als Differenz von personaler und sozialer Identität. Hierfür wird Mead zitiert. Aber auch unabhängig von Mead gilt als akzeptiert, daß Individualität nicht als reine Eigenleistung des Individuums angesehen werden kann, also auch nicht als bloße Reflexion seiner selbst[11]. Man wiederholt damit aber nur das Zweier-Paradigma im Inneren des Individuums, ohne zu klären, welche Probleme damit bearbeitet werden sollen. Bei einem bloßen »sowohl – als auch« kann es natürlich nicht bleiben. Das ›Allgemeine‹ wird als das ›Soziale‹ rekonstruiert, die Welt ist durch den anderen gegeben. Das mag heuristisch vorteilhaft sein, aber die Frage nach dem Verhältnis des Ich zum Allgemeinen und die nach dem Allgemeinwerden des Ich sind damit keinen Schritt weitergeführt.

Auch für Habermas stellt sich dieses Problem: Er trifft zwar in der Form theoretischer Klauseln alle Vorsorge dafür, daß ein Individuum, das sich auf verständigungsorientierte Kommunikation einläßt, zwanglos prüfen *kann*, ob es Gründe als allgemein verbindlich anerkennen *kann*. Aber wird es das *tun*? Und wenn Alter sich dem entzieht, soll Ego dann trotzdem für sich akzeptieren, was seiner Meinung nach Alter für sich akzeptieren müßte? Oder anders gefragt: wer soll anfangen mit dem Risiko, sich aufs Allgemeine einzulassen – etwa mit Abrüstung? Und wenn dies jedem Einzelnen überlassen bleibt, kann dann irgendeiner sich selbst zumuten, mit dem allgemeinen Leben zu beginnen[12]?

11 Vgl. z. B. Emile Durkheim, Leçons de sociologie: Physique des mœurs et du droit, Paris 1950, S. 68 ff.

12 Theorietechnisch gesehen ist dies Problem bei Habermas dadurch, wenn nicht gelöst, so doch entschärft, daß im Begriff des Grundes kognitive und motivationale Komponenten zusammenfallen. Man könne Gründe gar nicht verstehen, ohne affirmativ oder negativ zu ihnen Stellung zu nehmen (Jürgen Habermas, Theorie des kommunikativen Handelns Bd. 1, Frankfurt 1981, S. 191). Solch eine Stellungnahme zwingt aber (es sei denn um den Preis der eigenen Inkonsistenz) zu entsprechender Handlungsorientierung. Aber das schließt Individualität in dieser Hinsicht aus; denn Individualität wird gerade durch Orientierung an der *Differenz* von Kognitionen und

Als Ausnahme von diesem vorherrschenden Theoriemuster der sozial generalisierten, aber eben damit entindividualisierten personalen ›Identität‹ verdient vor allem die Theorie des allgemeinen Handlungssystems von Talcott Parsons Beachtung. Hier ist, auf den ersten Blick, für eine klare Trennung von personalen und sozialen Systemen gesorgt. Beide sind, aus je eigenem Recht, das heißt im Hinblick auf eine jeweils andere Funktion, Subsysteme des allgemeinen Handlungssystems. Wenn Parsons die Frage gestellt hätte, was denn das Allgemeine im besonderen Individuum sei, hätte er antworten können: sein Beitrag zur Emergenz von Handlung schlechthin. Freilich bedarf dann die Emergenz von Handlung einer theoretischen Klärung, und die wirkt auf das zurück, was in jedem System, also auch im psychischen System, als Allgemeines fungiert. Für die Komplexität der Parsonsschen Theorieanlage ist bezeichnend, daß hier eine doppelte Antwort möglich ist. Einerseits ist die Gesamtheit dessen, was zur Emergenz von Handlung notwendig ist, in einem Vier-Funktionen-Schema ausgedrückt. Das psychische System muß daher, um zur Emergenz von Handlung beitragen zu können (oder jedenfalls: um seinen Beitrag systematisieren zu können), seinerseits vier Funktionen erfüllen. Außerdem ist die Orientierung an grundlegenden Werten als eine *Spezial*funktion in diesem Schema untergebracht, nämlich als Funktion des latent pattern maintenance. Diese Funktion ist den anderen hierarchisch übergeordnet. Hier müßte die traditionelle Ganzheitsmystik, müßte jedenfalls der Hegelsche Staat untergebracht werden. Entscheidend für die Offenheit des Parsonsschen Systems ist: daß dies immer nur ein Beitrag zur Systembildung neben anderen bleibt und daß das Vier-Funktionen-Schema in jedem Teilsystem dafür sorgt, daß auch alle anderen Funktionen sowohl intern als auch in den externen Beziehungen des Systems zu ihrem Recht kommen. Auf diese Anforderung bezogen spricht Parsons von Interpenetration. Dann ist aber weder in kultureller noch in sozialer Hinsicht Interpenetration *konstitutiv* für Individualität. Vielmehr sind Interpenetrationen nur Folgeerscheinungen der Systemdifferenzierung, und Letztgarantie der Systemheit psychischer Systeme (dürfen wir

Motiven gewonnen. Daß man sich auch durch *eigene* Einsicht nicht *zwingen* lassen muß, ist Grund der *Freiheit,* ihr zu folgen. Andernfalls wären alle Motive an die Weltmaschine angeschlossen. Oder anders gesagt: Man braucht sich nicht mit Einsicht von der Welt zu distanzieren, man kann es mit Motiven tun.

sagen: der Individualität psychischer Systeme?) ist die These, daß anders die Merkmale des Begriffs (!) von Handlung nicht erfüllt werden können.

Diese Theorie scheint ganz auf das Moment der Selbstreferenz, das die Thematik bis dahin beherrscht hatte, zu verzichten[13]. Sie ersetzt es in der Theoriearchitektur durch die Orientierung an den Leitdifferenzen, mit denen die Vier-Funktionen-Tabelle konstruiert wird. Darin liegt denn auch die spezifische Modernität dieser Theorie: Sie beginnt nicht mit Einheit, sondern mit Differenz. Sie bezahlt dies aber mit dem Bekenntnis, daß es ihr nur um den *Begriff* der Handlung geht; daß sie nur in der Perspektive eines *Beobachters* formuliert ist; daß sie nur *analytische* Theorie sein kann. Sie erfaßt also nicht, was in den black boxes der Systeme selbst vor sich geht, und man erhält infolgedessen auch keine Antwort auf die Frage, in welchem Sinne und mit welchen Einschränkungen Individuen für sich selbst Individuen sind.

Der sehr knapp gehaltene Überblick über Individualitätstheorien hat mithin folgendes Resultat: Wenn man am Moment der Selbstreferenz festhält, hat man das Problem, angeben zu müssen, unter welchen Beschränkungen Selbstreferenz Individualität konstituiert. Diese Frage war in der Tradition verquickt mit dem Problem der Bedingungen annehmbarer Individualität, mit der Verwirklichung des Allgemeinen im individuellen Leben, mit einem Ganzheitsbezug und ist in dieser Form heute wohl kaum reaktualisierbar[14]. Gibt man dagegen das Moment der Selbstreferenz auf, wird man auf den Standpunkt eines Beobachters zurückversetzt, der über seine eigene Individualität keinen Aufschluß geben, also nicht einmal angeben kann, wieso er selbst in der Lage ist zu beobachten. Die Frage ist, ob die Möglichkeiten damit erschöpft sind.

III

In der Theorie autopoietischer Systeme kann man Ansatzpunkte für ein Neuaufgreifen des Problems der Individualität psychischer

13 Vgl. dazu auch Niklas Luhmann, Talcott Parsons: Zur Zukunft eines Theorieprogramms, Zeitschrift für Soziologie 9 (1980), S. 5-7 (12 ff.).

14 Vgl. dazu Michael Theunissen, Selbstverwirklichung und Allgemeinheit: Zur Kritik des gegenwärtigen Bewußtseins, Berlin 1982.

Systeme aufspüren. Ob und wie man damit aus bekannten Schwierigkeiten einer Philosophie des selbstreferentiellen Bewußtseins (etwa Fichtescher Prägung) herauskommt, muß einer späteren Prüfung überlassen bleiben. Für das Folgende ist vor allem wichtig, daß man die Autopoiesis sozialer Systeme und die Autopoiesis psychischer Systeme sorgfältig unterscheidet[15] (obwohl beide auf der Basis von sinnhafter Selbstreferenz operieren) und daß man nicht etwa nur eine Neubegründung für einen individualistischen Reduktionismus anstrebt[16]. Vielmehr kann der Grundbegriff einer geschlossen-selbstreferentiellen Reproduktion des Systems direkt auf psychische Systeme angewandt werden; das heißt auf Systeme, die Bewußtsein durch Bewußtsein reproduzieren und dabei auf sich selbst gestellt sind, also weder Bewußtsein von außen erhalten noch Bewußtsein nach außen abgeben. Unter ›Bewußtsein‹ soll dabei nichts substantiell Vorhandenes verstanden werden (wozu die Sprache uns ständig verführt), sondern lediglich der spezifische Operationsmodus psychischer Systeme.

Angesichts ihrer Umweltlage kann kein Zweifel bestehen, daß psychische Systeme autopoietische Systeme sind – und zwar nicht auf der Basis von Leben, sondern auf der Basis von Bewußtsein. Sie verwenden Bewußtsein nur im Kontext ihrer eigenen Operationen, während alle Umweltkontakte (einschließlich der Kontakte mit dem eigenen Körper) durch das Nervensystem vermittelt werden, also andere Realitätsebenen benutzen müssen. Schon das Nervensystem ist ein geschlossenes System, und schon deshalb muß auch das mit Bewußtsein operierende psychische System ausschließlich auf selbstkonstituierten Elementen aufbauen[17]. Wie immer man die Elementareinheiten des Bewußtseins bezeichnen will (wir lassen die Unterscheidung von Ideen und Empfindungen beiseite und spre-

15 Mit dieser Unterscheidung sind Positionen ausgeschlossen, die Bewußtsein für einen soziologischen Grundbegriff halten. Um nur einen besonders deutlichen Beleg zu geben: »perhaps the most important concept in the social sciences is the concept of consciousness« (Arthur Brittan, Meanings and Situations, London 1973, S. 11).

16 In beiden Hinsichten entscheidet entgegengesetzt Peter M. Hejl, Sozialwissenschaft als Theorie selbstreferentieller Systeme, Frankfurt 1982; ders., Die Theorie autopoietischer Systeme: Perspektiven für die soziologische Systemtheorie, Rechtstheorie 13 (1982), S. 45-88.

17 Vgl. dazu Gerhard Roth, Cognition as a Self-organizing System, in: Frank Benseler et al., Autopoiesis, Communication and Society: The Theory of Autopoietic System in the Social Sciences, Frankfurt 1980, S. 45-52.

chen von Vorstellungen[18]), kann nur das Arrangement dieser Elemente neue Elemente produzieren. Vorstellungen sind nötig, um zu Vorstellungen zu kommen. Man kann diesen kontinuierlichen Prozeß der Neubildung von Vorstellungen aus Vorstellungen zwar künstlich anhalten – aber nur mit dem Effekt, daß sich dann ein eigentümliches, nach außen gerichtetes Zeitbewußtsein einstellt, das in gewisser Weise darauf wartet, daß die Vorstellungsreproduktion wieder in Gang kommt, und die Möglichkeit dazu im Sinne einer virtuellen Aufmerksamkeit bereithält.

Wichtige Vorarbeiten zu einer Theorie der auf Bewußtheit basierten Autopoiesis psychischer Systeme hat Edmund Husserl geleistet, und es lohnt sich, einen Moment innezuhalten, um Nähe und Abstand zur transzendentalen Phänomenologie einzuschätzen. Die Übereinstimmung besteht vor allem in der Einsicht in die Zeitlichkeit – nicht nur: Zeitabhängigkeit! – des Bewußtseins, also in der These, daß das Bewußtsein mit all seinen Retentionen und Protentionen stets in der Gegenwart operiert und darin keine Dauer haben kann. Es muß sich selbst fortwährend erhalten und ersetzen (was Derrida dann différance nennen wird). Schon in den Logischen Untersuchungen werden jedoch Weichen gestellt, die alle Folgeanalysen in die Form einer Transzendentaltheorie bringen. Sie liegen in der Art, wie das Verhältnis von Bewußtsein und Kommunikation (also: psychischen und sozialen Systemen) bestimmt wird[19].

Husserl sieht Kommunikation strikt vom Einzelbewußtsein her als eine seiner möglichen Operationen. Das rückt den Begriff Bewußtsein in eine theoretisch vorrangige Position. Das Bewußtsein kann der Kommunikation Ausdruckswert und Bedeutung verleihen; aber wenn man wissen will, wie dies möglich ist und was dies besagt, muß man zunächst das Bewußtsein selbst als ›einsames Seelenleben‹ analysieren. Dabei stößt man auf Selbstreferenzprobleme, also auf Strukturen, denen im Wissenschaftsdenken jener Zeit die Qualität des ›Empirischen‹ verweigert wird. Im Zusammenhang damit wird die Selbstkontinuierung des Bewußtseins nicht als empirische Realität gesehen. An diese Funktionsstelle der Theorie tritt der

18 Man könnte sich hierfür auf Gottlob Frege berufen, muß dann aber von der (eher beiläufigen) Bestimmung der Vorstellung als ›inneres Bild‹ abstrahieren. Es soll sich um jedwedes Element handeln, das das Bewußtsein als operative Einheit der Produktion weiterer Elemente identifiziert.

19 Wir knüpfen hier an die Ausführungen in Kapitel 4, III an.

Begriff der Idealität, der die unbedingte Wiederholbarkeit der Vorstellungen, also die fortwährende Gehaltfülle des transzendentalen ›Lebens‹ apodiktisch garantiert. So kann dann Phänomenologie als strenge Wissenschaft entworfen werden, die mit der Herausarbeitung solcher Idealitäten jene Sinnfülle nachzeichnet, die dem Bewußtsein sein transzendentales Leben ermöglicht, wobei ›Leben‹ nichts anderes ist als Metapher für das, was wir Autopoiesis nennen. Die fatale Differenz von empirisch und transzendental zerschneidet gerade die Einheit der Autopoiesis des Bewußtseins. Sie ist nur haltbar, solange man annimmt, daß das Bewußtsein der einzige Fall eines autopoietischen Systems ist. Kommen aber organisches Leben und Kommunikation im sozialen System hinzu, muß die gesamte Theorie in Richtung auf eine Mehrzahl von Systemreferenzen umgeschrieben werden, und dann verliert es seinen Sinn, einer dieser Systemreferenzen den Vorrang als transzendentales Subjekt zuzusprechen. Die Folge ist, daß die Differenz von empirisch und transzendental auch für die Bewußtseinsanalyse weggelassen werden kann als eine nunmehr unnötige Verdoppelung der Phänomene.

Aber kehren wir zur Theorie psychisch-autopoietischer Systeme zurück. Geht man von diesem Konzept aus, kann Individualität nichts anderes sein als die zirkuläre Geschlossenheit dieser selbstreferentiellen Reproduktion[20]. In der Reflexion (die ihrerseits ein Bewußtseinsprozeß unter anderen ist, der nur gelegentlich aktualisiert wird) erscheint diese Geschlossenheit als ein Sich-selbst-Voraussetzen des Bewußtseins. Es weiß, was es ist, nur dadurch, daß es weiß, was es ist. Aber zunächst und vor aller Reflexion gibt es immer schon Selbstreferenz auf der Ebene der basalen Operation, in der eine Vorstellung die nächste produziert und Vorstellung nur ist, indem sie das tut. Schon auf dieser Ebene basaler Operationen ist dann entschieden, daß das Bewußtsein nicht weiß, was es nicht weiß, nicht sieht, was es nicht sieht, nicht meint, was es nicht meint

20 Maturana und Varela stellen für die gleiche These, Autopoiesis sei Individualität, stärker auf den Imperativ der Selbsterhaltung ab. Vgl. in der deutschen Übersetzung Humberto R. Maturana, Erkennen: Die Organisation und Verkörperung von Wirklichkeit, Braunschweig 1982, S. 192. Der Grund ist in jedem Falle die Faktizität der geschlossenen Reproduktion, die als Differenz von der Umwelt beobachtet werden kann, und nicht eine Norm oder ein Wert, das zu sein und zu bleiben, was man ist.

– und daß es für genau diese Negativität keine Entsprechung in der Umwelt gibt. Daher ist die Realität dem Bewußtsein nie als solche gegeben, sondern nur in der Weise, daß die Bewußtseinsoperationen sich selbst kontrollieren[21].

Ähnliches wie für Reflexion gilt auch für das Verfolgen von Zwekken psychischer Systeme. Auch Zwecksetzungen tauchen nur *im* Bewußtsein auf und setzen dessen Autopoiesis voraus. Zwecke setzen für bestimmte Sequenzen ein Ende; aber das ist nur möglich, wenn dies Ende nicht das Ende der Selbstkontinuierung des Bewußtseins ist; und dies gilt um so mehr, je mehr das Erreichen der Zwecke eine kontingente, willkürliche Kombinatorik erfordert. Daher kann das Bewußtsein seine eigene Autopoiesis nicht bezwecken, da dies hieße, sie zu beenden[22]. Diese zirkuläre Geschlossenheit also, in die alles Bestimmte, sie mitvollziehend, eingelagert ist, nennen wir Individualität, denn sie ist, wie alle Autopoiesis, unteilbar. Sie kann zerstört werden, kann aufhören, aber sie kann nicht modifiziert werden. Sie ist starr und notwendig, wenn überhaupt und solange Bewußtsein kontinuiert. Sie erfordert aber als Betriebsbedingung zusätzlich mindestens zweierlei: Differenz und Limitation. Die Anschlußvorstellungen müssen sich unterscheiden können von dem, was im Moment gerade das Bewußtsein füllt; und sie müssen in einem begrenzten Repertoire zugänglich sein, weil kein Fortgang möglich wäre, der noch als Anschluß erkennbar ist, wenn im Moment alles möglich und gleich wahrscheinlich ist.

Über Differenz und Limitation nötigt das Bewußtsein sich selbst,

21 Vgl. hierzu Heinz von Foerster, On Constructing a Reality, in: Wolfgang F. E. Preiser (Hrsg.), Environmental Design Research Bd. II, Stroudsbourg Pa. 1973, S. 35 bis 46.

22 Vgl. hierzu die Unterscheidung von Gedankenfluß und zielorientierter Rede bei Friedrich D. E. Schleiermacher, Hermeneutik und Kritik (Hrsg. Manfred Frank), Frankfurt 1977, S. 178 f.: »Dort ist wie im Flusse ein Unendliches, ein unbestimmtes Übergehen von einem Gedanken zum anderen, ohne notwendige Verbindung. Hier, in der geschlossenen Rede, ist ein bestimmter Zweck, auf den sich alles bezieht, ein Gedanke bestimmt den anderen mit Notwendigkeit, und ist das Ziel erreicht, so hat die Reihe ein Ende. Im ersten Falle ist das Individuelle, rein Psychologische vorherrschend, in dem zweiten das Bewußtsein eines bestimmten Fortschreitens nach einem Ziel . . .« Anders als bei Schleiermacher werden wir freilich das Psychische des kontinuierlichen Gedankenflusses nicht nur als ein Verhältnis zur eigenen inneren Unendlichkeit fassen und auch nicht als Verhältnis des jeweils aktuellen Teils zum Ganzen, sondern als jene zirkuläre Geschlossenheit der Reproduktion des Systems durch sich selbst und damit als Bedingung der Einlagerung von beendbaren Episoden.

seiner Umwelt Rechnung zu tragen. Es muß an seinen Reibungsflächen mit der Umwelt Informationen erzeugen, die ihm nächste Vorstellungen wenn nicht aufzwingen, so doch nahelegen. Seine Geschlossenheit erzwingt Offenheit. Dabei heißt Offenheit nicht sogleich schon: Affizierbarkeit durch Umwelt, so als ob es im Sinne der älteren Psychologie neben den Ideen noch direkt umweltbezogene Empfindungen gebe. Das wäre mit Geschlossenheit inkompatibel. Vielmehr heißt die Angewiesenheit auf Differenz und Limitation nur, daß das Bewußtsein sich der Bewährung in einer Umwelt ausgesetzt findet und sich dies vorstellen kann. Es übt zum Beispiel die Differenz von eigenem System und Umwelt ein und kann dann an Hand dieser Differenz Vorstellungen als Informationen behandeln.

Autopoiesis des Bewußtseins ist mithin die faktische Basis der Individualität psychischer Systeme. Sie liegt außerhalb aller sozialen Systeme – was nicht hindern sollte, zuzugeben, daß ihre Selbstreproduktion nur in einer sozialen Umwelt Aussicht auf Erfolg hat. Die Autopoiesis ist aber (auch als Autopoiesis des Bewußtseins) blind, nämlich fasziniert durch die nächste, sich schon ankündigende Vorstellung. Sie kann auf sich selbst abgelenkt werden, aber nur, indem sie sich selbst einen Moment lang vorstellt. Damit ist jedoch das Thema Individualität nicht erschöpft. Begrifflich unterscheidet die Theorie der Autopoiesis zwischen dem Vollzug der Autopoiesis und Beobachtungen bzw. Beschreibungen. Autopoietische Systeme können durch andere Systeme, aber auch durch sich selbst beobachtet und beschrieben werden; und Beobachten/Beschreiben heißt nichts anderes als Beziehen auf eine Differenz unter Voraussetzung von Limitationalität, das heißt: auf Differenz in einem auch anders möglichen Unterscheidungsbereich[23].

Beobachtung psychischer Systeme impliziert nicht notwendig Beobachtung ihres Bewußtseins, das muß gegen eine verbreitete, aber unüberlegte Meinung ausdrücklich betont werden[24]. Beobachtun-

23 Ob wir hier noch Maturana-gerecht argumentieren, mag bezweifelt werden, zumal schon die konsequente Temporalisierung des Vollzugs der Autopoiesis, ihre Gründung auf Ereignisse als Elemente, über Maturana hinausgeht. Wir überlassen diese Frage einer Untersuchung durch andere und begründen unser Argument nicht durch Hinweis auf einen Autor, sondern durch Hinweis auf die Sache selbst.

24 Siehe für Handlungsbeobachtung auch Charles K. Warringer, The Emergence of

gen, die diesen Bezug herstellen, werden gemeinhin als ›Verstehen‹ bezeichnet, und ein Verstehen, das sich an der Differenz bewußt/unbewußt orientiert, ist ein besonders seltener, besonders anspruchsvoller, besonders auf Theorie angewiesener Fall.

Ein individuelles System kann sich selbst beobachten und beschreiben, wenn es dafür Differenz und Limitation organisieren kann. Es kann diese Voraussetzungen seiner Autopoiesis in das Vorstellen miteinbeziehen. Die (freilich minimale) Kapazität der Einzelvorstellung reicht aus, um noch etwas anderes mit im Auge zu haben. Das Individuum kann sich als Bayer beschreiben und wissen, daß es damit ausschließt, Preuße zu sein. Die Frage ist, ob ein Individuum sich selbst auch als Individuum beschreiben kann. Es würde damit die eigene Individualität als Selbstbeschreibungsformular verwenden, würde in der Beschreibung nur feststellen, daß es sich als Individuum reproduziert und daß es sich damit aus der Umwelt ausgrenzt. Wozu sollte eine solche Selbstbeschreibung dienen, wenn damit doch nur festgestellt wird, was ohnehin läuft, und dies auch nur mit den Mitteln der ohnehin laufenden Autopoiesis des Bewußtseins, also auch nur für ihre Dauer. Muß das Individuum nicht, um Sinn für solche Selbstbeschreibung zu erhalten, gleichsam im Tausch akzeptieren, etwas ›Allgemeines‹ zu sein? Muß es nicht, wenn auch nicht gleich dem Begriff der Menschheit in sich selbst einen größtmöglichen Inhalt geben, so doch etwas mehr zu sein hoffen als nur der pure Vollzug der Autopoiesis selbst? Weshalb sollte sonst die ohnehin laufende Reproduktion des Bewußtseins im Prozeß der Beobachtung und Beschreibung nochmals dupliziert werden?

Können es etwa *soziale* Bedingungen sein, die *dazu* Anlaß geben?

Diese Frage bringt uns auf das Problem der ›sozialen Identität‹, der sozialen Konstituentien der Selbstbeschreibung psychischer Systeme. In der Unterscheidung von Autopoiesis und Selbstbeobachtung/Selbstbeschreibung haben wir ein Hilfsmittel gewonnen, um dieses Problem zu explizieren. Es geht jetzt nicht um die Frage, ob

Society, Homewood Ill. 1970, S. 24: »The observation of action as I have defined it here does not imply that the structured act nor the meanings identified are what the actors *now* have in their minds. We may wish to make this inference, but this is a separate operation from observation and has nothing to do with the objectivity of the observational procedure«.

und wie das evolutionäre Auftauchen und die Erhaltung von Bewußtsein psychischer Systeme Gesellschaft voraussetzt. Wie immer durch ihre Umwelt bedingt, ist die autopoietische Individualität ein geschlossenes System. Eine andere Frage ist es, welche sozialen Anregungen ein solches System benötigt, um sich selbst beobachten und beschreiben zu können. Die Autopoiesis findet entweder statt oder nicht statt – so wie ein biologisches System lebt oder nicht lebt. Die Selbstbeschreibung ist dagegen ein Prozeß, der sich selbst artikulieren und modifizieren kann und der dafür eine Semantik entwickelt, mit der das System bewußt operieren kann. Nur hierfür kann und muß das Individuum Formeln, Unterscheidungen, Bezeichnungen verwenden, mit denen es soziale Resonanz gewinnen oder abgelehnt werden kann. Und hier stellt sich die Frage, ob und unter welchen gesellschaftlichen Bedingungen ihm das Insistieren auf Individualität als Selbstbeschreibung erlaubt oder gar aufgenötigt wird.

Man könnte mit dieser Fragestellung nochmals in die Entwicklungsgeschichte der Semantik von Individuum/Individualität/Individualismus einsteigen. Die Hypothese wäre, daß die Begriffsgeschichte einen Prozeß widerspiegelt, in dem den Individuen nach und nach ermöglicht wird, ihre Individualität ihrer Selbstbeschreibung zu Grunde zu legen. Der Heroismus wäre dann ein erster Versuch gewesen – nur für wenige geeignet und wohl eher zur Entmutigung der Vielen bestimmt. Dem folgt ein Geniekult, der Werke und Äußerungen der Individuen schon nicht mehr nur unter dem Gesichtspunkt ihrer größeren und geringeren Vollkommenheit unterscheidet, sondern zusätzlich individualitätsbedingte Unterschiede der Ausführung und Neuheitsqualität in Rechnung stellt, diese aber noch über ›Geschmack‹ sozial rückversichert[25]. Der ›homme universel‹ und die Ausrichtung auf das Allgemeine im Menschen wäre die Überleitungsphase: Hier wird schon die Inklusion aller ermöglicht, aber noch gebunden an kulturelle Konditionierung, die letztlich bewirken muß, daß das Individuum im Allgemeinen aufgeht. Entsprechend werden Individuen, die der ihnen schon zugemuteten Individualität zu entsprechen suchen, hier auf den Weg des Abweichens gedrängt: Sie identifizieren ihre Autopoiesis mit einer Methodik des Bösen, mit Schockierung der Nor-

25 Ein typisches Beispiel: Ludovico A. Muratori, Della perfetta poesia italiana (1706), zit. nach der Ausgabe Mailand 1971.

malität, mit Avantgardismus, Revolution, zwangshafter Kritik alles Etablierten und ähnlichen Selbststilisierungen. Auch dies ist inzwischen jedoch zur copierbaren Geste und damit ungeeignet geworden als Formular für die Selbstbeschreibung des Individuums als Individuum. Und das scheint für alles zu gelten, was jetzt noch möglich ist, auch und gerade für den einstimmig-monotonen Gesang vom Sinnverlust. Belegt diese Geschichte, daß der Aufstieg des Individuums ein Niedergang war und daß die Zumutung an das Individuum, sich selbst als Individuum zu beschreiben, ins Sinnlose führt? Oder können wir, geblendet durch den kulturellen Imperativ der Hochwertigkeit, nur nicht richtig sehen, auf welche Formen das Individuum verfällt, wenn die Differenzierung von psychischen und sozialen Systemen so weit getrieben ist, daß das Individuum nur noch seine Individualität zur Selbstbeschreibung verwenden kann?

IV

Die Form, in der ein individuelles psychisches System sich der Kontingenz seiner Umwelt aussetzt, kann in ganz allgemeiner Weise als *Erwartung* bezeichnet werden. Es handelt sich mithin um dieselbe Form, die auch zur Bildung sozialer Strukturen benutzt wird. Im einen Falle wird sie als Bewußtsein, im anderen Falle als Kommunikation aufgestellt. Der Erwartungsbegriff muß entsprechend weit gefaßt werden, um psychische und soziale Verwendung und die Abhängigkeit der einen von der anderen umfassen zu können. Auch die Abhängigkeit aller Erwartung von historischen Bedingungen, die gerade diesen Zusammenhang von psychischen und sozialen Erwartungsbildungen variieren, lassen wir zunächst offen. Bezogen auf psychische Systeme verstehen wir unter Erwartung eine Orientierungsform, mit der das System die Kontingenz seiner Umwelt in Beziehung auf sich selbst abtastet und als eigene Ungewißheit in den Prozeß autopoietischer Reproduktion übernimmt. Erwartungen begründen beendbare Episoden des Bewußtseinsverlaufs. Sie sind, wie oben[26] bereits ausgeführt, nur möglich auf Grund der Gewißheit, daß die autopoietische Reproduktion weiter- und weiterläuft. Sie sind als Mitvollzug des Auftauchenlassens

26 S. 358.

neuer Elemente Moment des autopoietischen Prozesses und zugleich so in ihm eingelagert, daß das Überspringen auf ganz andere Leitstrukturen stets möglich bleibt. Bei aller Befassung mit konkreten Sinnstrukturen bleibt das Bewußtsein alarmierbar und nie ganz einem Sinn ausgeliefert; es kann sozusagen die Konturen des Sinnvollzugs (das, was William James ›fringes‹ nannte) noch mitbeobachten.

Eine Erwartung sondiert ungewisses Terrain mit einer an ihr selbst erfahrbaren Differenz: Sie kann erfüllt oder enttäuscht werden, und dies hängt nicht allein von ihr selber ab.

Die unbestimmbare Umwelt, die im geschlossenen Operieren der reinen Autopoiesis gar nicht vorkommt, wird in dieser Form dazu gebracht, sich in einer Weise zu äußern, die das System verstehen und operativ verwenden kann, indem es projektiert und dann registriert, ob das Erwartete eintrifft oder nicht.

Erwartungen bilden ist eine Primitivtechnik schlechthin. Sie kann nahezu voraussetzungslos gehandhabt werden. Sie setzt nicht voraus, daß man weiß (oder gar: beschreiben kann), wer man ist, und auch nicht, daß man sich in der Umwelt auskennt. Man kann eine Erwartung ansetzen, ohne die Welt zu kennen – auf gut Glück hin. Unerläßlich ist nur, daß die Erwartung autopoietisch verwendbar ist, das heißt den Zugang zu Anschlußvorstellungen hinreichend vorstrukturiert. Sie gibt das Folgeerlebnis dann als Erwartungserfüllung oder als Erwartungsenttäuschung mit einem dadurch wiederum vorstrukturierten Repertoire weiterer Verhaltensmöglichkeiten. Nach einiger Zeit bewußter, durch soziale Erfahrungen angereicherter Lebensführung kommen völlig willkürliche Erwartungen nicht mehr vor. Man wird in der normalen Sukzession des Fortschreitens von Vorstellung zu Vorstellung nicht auf ganz Abseitiges verfallen. Man orientiert sich zwangsläufig an der eigenen Bewußtseinsgeschichte, wie eigenartig diese auch verlaufen sein mag; und schon die Bestimmtheit des gerade aktuellen Erlebens stellt sicher, daß in Differenz zu ihm nicht beliebige Erwartungen gebildet werden können. Dafür stehen dann sozial standardisierte Typen zur Verfügung, an die man sich in einer Art Groborientierung halten kann.

Erwartungen lassen sich zu *Ansprüchen* verdichten. Das geschieht durch Verstärkung der Selbstbindung und des Betroffenseins, die man in die Differenz Erfüllung/Enttäuschung hineingibt und damit aufs Spiel setzt. Auch dies ist nahezu voraussetzungslos möglich, allerdings nur mit entsprechend gesteigertem Risiko. Entsprechend ist der Prozeß interner Anpassung an Erfüllungen bzw. Enttäuschungen komplexer und erscheint im System als *Gefühl*[27]. Im Übergang von Erwartungen zu Ansprüchen erhöht sich die Chance und Gefahr der Gefühlsbildung, so wie man umgekehrt Gefühle abdämpfen kann, wenn man sich auf bloßes Erwarten zurückzieht. Die Grenze ist flüssig und im Prozeß verschiebbar; es handelt sich eher um eine Dimension, die Erwartungs- bzw. Anspruchsqualität annimmt je nachdem, wieviel interne Interdependenzen eingebunden sind.

Die Unterscheidung von Erwartung und Anspruch ermöglicht es, der Frage nachzugehen, was psychologisch geschieht, wenn *individuell* begründete Ansprüche zunehmend auch *sozial* legitimiert werden; und wenn die Sozialordnung die Individuen schließlich sogar ermuntert, sogar ihre Individualität als Anspruch zu vertreten: als Anspruch auf Anerkennung und als Anspruch auf Förderung dessen, wozu man gerade Lust hat. Dieses »new right to be what one pleases«[28] scheint heute weitgehend selbstverständlich zu sein. Aber wie ist es möglich und wie kommt es, daß ein Individuum seine Ansprüche auf seine Individualität gründen kann – sozusagen das Königsrecht in Anspruch nehmend: tel est mon plaisir[29].

Zunächst ist davon auszugehen, daß Ansprüche durch Verdienste ausbalanciert sein müssen, weil sonst die Gegenrechnung nicht stimmen würde und keine soziale Verständigung möglich wäre. Dies ist freilich nur ein soziales, kein psychisches Erfordernis. Oder

27 ›Gefühl‹ hier verstanden nicht als undefinierbare Erlebnisqualität (etwa innerhalb der klassischen Trias von Vernunft/Wille/Gefühl), sondern als *interne* Anpassung an *interne* Problemlagen psychischer Systeme. Auf die hier sich anschließenden Forschungsperspektiven können wir nicht näher eingehen. Es mag der Hinweis genügen, daß nach dem hier vorgestellten funktionalen Gefühlsbegriff zu erwarten ist, daß Gefühlsqualitäten erlöschen, wenn Ansprüche auf bloße Erwartungen reduziert werden; und ebenso, wenn sie routinemäßig erfüllt oder enttäuscht werden. Das bestätigt ein Blick in die Literatur über Liebe und zeigt sich auch am klassischen Topos der Instabilität der Gefühle.

28 So Orrin E. Klapp, Collective Search for Identity, New York 1969, S. X.

29 Die Herkunft dieser Willkürformel wäre eine Studie wert. Sie scheint sozialen Ursprungs zu sein, das heißt zunächst auf ein alter Ego bezogen gewesen zu sein. »Si eis placuit«, mit dieser Höflichkeitsfloskel wandten die römischen Magistrate sich an den Senat.

anders gesagt: ein Individuum wird keine Schwierigkeiten haben, wenn es Ansprüche hat, sich Verdienste hinzuzudenken. An der Semantik von Verdienst/mérite/merit läßt sich demnach auch die Anspruchslage ablesen. Stratifizierte Gesellschaften manipulieren dieses Verhältnis bereits, sie schließen aus den Ansprüchen höherer Schichten auf deren Verdienste, und es wird schon ein Verdienst darin gesehen, in der höheren Schicht ein entsprechend gutes (edles) Leben zu führen. Wenn dies aber nicht mehr als notwendig erscheint, und wenn die Differenz von edel und gemein nicht mehr als solche schon eine Verdienstzuweisung impliziert, läßt sich die Anspruch/Verdienst-Balance auf gesamtgesellschaftlicher Ebene nicht wiederherstellen. In gewissem Umfange springt der Geldmechanismus ein, der einen Transfer von Verdiensten in (ganz andersartige) Ansprüche ermöglicht. Verdienst und Anspruch finden im Einkommen ihre Synthese. Zugleich damit kann es sich mehr und mehr einbürgern, Ansprüche auf eigene Wünsche, eigene Vorstellungen, eigene Ziele, eigene Interessen zu gründen. Man baut sein Haus so, wie man es haben möchte. Mit der Legitimation (und das heißt: der Beseitigung aller kommunikativen Behinderungen) eines Anspruchs auf ›Selbstverwirklichung‹ entspricht das Gesellschaftssystem der sozialstrukturellen Außenstellung des Individuums, also dem Umstand, daß es in keines der gesellschaftlichen Teilsysteme mit all seinen Ansprüchen und Verdiensten mehr aufgenommen werden kann.

Aber was bedeutet all dies für das Individuum selbst? Erwartungen, hatten wir gesagt, organisieren Episoden seiner autopoietischen Existenz, und Ansprüche reintegrieren solche Episoden in das psychische System. Daraus folgt zum einen, daß das Individuum sich in stärkerem Maße eigenen Gefühlen ausgesetzt findet, wenn die Ansprüche nicht routinisiert werden können. Von da her ist die moderne Gesellschaft mehr, als man gemeinhin denkt, durch Emotionalität gefährdet. Zum anderen werden Individuen veranlaßt, über sich selbst und ihre Probleme zu reden. Wenn akzeptiert wird, daß ein Individuum seine Ansprüche nicht nur auf Verdienste, sondern auch und vor allem auf sich selbst gründen kann, muß es Selbstbeschreibungen anfertigen. Die blind laufende Autopoiesis des Bewußtseins genügt dafür nicht, sie muß als Bezugspunkt für Aussagen ›identifiziert‹, das heißt: als Differenz zu anderem behandelt werden können. Das aber ist im psychischen System nur als Vollzug der Autopoiesis möglich – also als beendbare und transzendierbare Episode, mit Randunschärfen, Alarmierbarkeit, Ablenkbarkeit usw. Das Individuum nötigt sich zur Reflexion und zur Selbstdarstellung (die nie ›stimmen‹ kann). Es kommt damit in Schwierigkeiten, sucht dafür Hilfe und entwickelt den Zusatzanspruch auf verständnisvolle, wenn nicht therapeutische Behandlung seiner Ansprüche. Dieser letzte Anspruch auf Hilfe bei der Fundierung von Ansprüchen ist so absurd, daß es ebenso möglich ist, ihn anzuerkennen, wie ihn abzulehnen. Das letztere hält der Arzt in T. S. Eliots ›Cocktail Party‹ für angebracht mit der Begründung, diese Krankheit sei zu allgemein für einen Anspruch auf Behandlung. Anders als in der Freudschen Sublimierungspsychologie kehrt das verdrängte Allgemeine nicht gebessert ins Bewußtsein zurück, sondern verschlimmert: als Krankheit.

In diese Lage gebracht, kann das Individuum den Ausweg wählen, nicht sich selbst, sondern die Gesellschaft für krank zu erklären. Das Repertoire, das dann zur Verfügung steht, reicht von Anarchismus über Terrorismus bis zur Resignation – vom Anspruch, beliebig handeln zu können bis zum Anspruch, mit keinen Ansprüchen konfrontiert zu werden. Keine Frage: dies sind ins Extrem getriebene literarische Versionen, nicht solche des wirklichen Lebens. Das wirkliche Individuum hilft sich durch Anfertigung von Copien (gelegentlich auch: durch Copieren jener Extremmodelle). Es lebt als ›homme-copie‹ (Stendhal). Der Protest dagegen ist ebenso vergeblich wie der Protest gegen Herrschaft[30]. Im Kontext sozialer Systeme und unter dem Gesichtspunkt sozialer Innovation in Wissenschaft, Kunst und Technik mag das Urteil anders lauten, psychische Systeme aber können nur individuell copieren, und niemand kann gerade einer Emma Bovary ihre Individualität bestreiten. Das Gefallen am Neuen, jenes »vero nuovo e maraviglioso dilettevole«[31] bezieht sich auf eine sozial geschätzte Differenz, die sich aus der Temporalisierung der Komplexität des Gesellschaftssystems er-

30 Beides im übrigen fast gleichzeitig (und vielleicht im Copierverfahren?) lanciert. »Born originals, how comes it to pass that we die copies?«, heißt es bei Edward Young, Conjectures on Original Composition (1759), in ders., The Complete Works, London 1854, Nachdruck Hildesheim 1968, Bd. 2, S. 547-586 (561). Und: »L'Homme est né libre, et par-tout il est dans les fers«, bei Jean-Jaques Rousseau, Du contrat social (1762), zit. nach Œuvres complètes Bd. III (éd. de la Pléiade), Paris 1964, S. 347-470 (351).

31 Muratori, a.a.O., S. 104.

gibt[32]. Es hat keine unmittelbare (oder allenfalls eine ihrerseits als Copie gefertigte) psychologische Funktion.

V

Auf Grund der vorangegangenen Analysen kehren wir nun zum Problem zurück, welche Bedeutung sozialen Systemen für die Konstitution individueller psychischer Systeme zuzuschreiben ist. Kein Zweifel zunächst, daß psychische Systeme und soziale Systeme im Wege der Co-evolution entstanden sind. Das zeigt sich schon am gemeinsamen Gebrauch von Sinn zur Darstellung und Reduktion von (eigener und umweltlicher) Komplexität. Ebenso gewiß ist aber auch die autopoietische Differenz: daß psychische und soziale Systeme in der selbstreferentiellen Geschlossenheit ihrer Reproduktion (also auch in dem, was für sie jeweils ›Einheit‹ ist) nicht aufeinander zurückgeführt werden können. Beide verwenden ein je verschiedenes Medium ihrer Reproduktion: Bewußtsein bzw. Kommunikation. Nur unter dieser Voraussetzung läßt sich der jeweilige Reproduktionszusammenhang begreifen als ein kontinuierliches Geschehen, das sich selbst zur Einheit bringt. Es gibt, anders gesagt, kein autopoietisches Supersystem, daß beide als Einheit integrieren könnte: Kein Bewußtsein geht in Kommunikation auf und keine Kommunikation in einem Bewußtsein.

Dies festgehalten, kann man erst sinnvoll fragen, wie Kommunikation in der autopoietischen Reproduktion von Bewußtsein mitwirkt. Es handelt sich in der Terminologie des vorigen Kapitels um einen Fall von Interpenetration. Das soziale System stellt die eigene Komplexität, die den Test der kommunikativen Handhabbarkeit bestanden hat, dem psychischen System zur Verfügung. Die für diesen Transfer entwickelte evolutionäre Errungenschaft ist die Sprache. Psychische Prozesse sind keine sprachlichen Prozesse, und auch Denken ist keineswegs ›inneres Reden‹ (wie immer wieder fälschlich behauptet wird[33]). Es fehlt schon der ›innere Adressat‹. Es

32 Vgl. Niklas Luhmann, Temporalisierung von Komplexität: Zur Semantik neuzeitlicher Zeitbegriffe, in ders., Gesellschaftsstruktur und Semantik Bd. 1, Frankfurt 1980, S. 235-300.

33 Vgl. auf der Ebene eines einführenden, das Problem gar nicht mehr erwägenden Grundrisses statt vieler Joel M. Charon, Symbolic Interactionism: An Introduction, an Interpretation, an Integration, Englewood Cliffs, N. J. 1979, S. 86 f. Auf alle Fälle

gibt kein ›zweites Ich‹, kein ›Selbst‹ im Bewußtseinssystem, kein ›me‹ gegenüber dem ›I‹, keine zusätzliche Instanz, die alles sprachlich geformte Denken daraufhin prüfen würde, ob sie annehmen oder ablehnen wird, und deren Entscheidung das Bewußtsein zu antezipieren suchte. All das sind theoretische Artefakte, induziert durch ein Verständnis der Rede (bzw. parallel dazu: der Reflexion) als intentionaler Aktivität. Es gibt sehr wohl interne Selbstbeschreibungen, die der Reflexionsvereinfachung dienen. Jeder kennt seinen Namen, seinen Geburtstag, Aspekte der eigenen Biographie usw. Aber diese Selbstbeschreibungen werden nicht als alter Ego, als Adressat von Kommunikation benutzt. Aber es fehlt jeder Zeichengebrauch mit der Funktion, dem ›Selbst‹ zu verdeutlichen, was das ›Ich‹ ihm mitteilen will[34]. Achtet man unvoreingenommen genug darauf, was wirklich geschieht, wenn das Bewußtsein sich sprachförmig zu den nächsten Vorstellungen hinbewegt (zum Beispiel: während ich dies schreibe), so ist nicht mehr und nicht weniger gegeben als die sprachliche Strukturierung des Fortgangs von Vorstellung zu Vorstellung. Das ermöglicht zum Beispiel eine Verkleinerung diskreter Einzelvorstellungen auf das Format einzelner Worte, eine Vermehrung der Verzweigungsmöglichkeiten und der Alternativen, ein Abschließen und ein übergangsloses Neubeginnen. Die Sprache überführt soziale in psychische Komplexität. Aber nie wird der Bewußtseinsverlauf identisch mit sprachlicher Form, auch nicht mit ›Anwendung‹ sprachlicher ›Regeln‹ (wie auch im Falle lebender Systeme die Autopoietik der Reproduktion strukturierter Verlauf ist, aber nie nur als Strukturanwendung existiert)[35]. Man muß sich nur beim herumprobierenden Denken, bei

sollte man vermeiden, diese Auffassung als ›Phänomenologie‹ zu bezeichnen. Husserl selbst hatte sie aus genau erwogenen Gründen abgelehnt, da ›innere Rede‹ Zeichengebrauch erfordern würde und das sich selbst präsente Bewußtsein darauf gerade nicht angewiesen ist. Vgl. Logische Untersuchungen II, 1, § 8, zit. nach der 3. Aufl. Halle 1922, S. 35 ff. Das Argument hat grundlegende Bedeutung für die Theorie des transzendentalen Bewußtseinslebens (Vgl. dazu Jacques Derrida, Die Stimme und das Phänomen: Ein Essay über das Problem des Zeichens in der Philosophie Husserls, dt. Übers. Frankfurt 1979, insb. S. 96, 101, 113, 125 ff.). Es schließt jeden Versuch einer Kombination Husserlscher und Meadscher Theorietraditionen aus.

34 Dies vor allem war das Argument Husserls.

35 Es braucht wohl kaum eigens angemerkt zu werden, daß genau das Gegenteil für den Begriff des Sprechaktes (Searle) gilt. Dieser ist nicht auf psychische, sondern auf die sozialen Systeme bezogen; er bezeichnet ebenfalls ein Elementarereignis, aber eben in

der Suche nach klärenden Worten, bei der Erfahrung des Fehlens genauer sprachlicher Ausdrucksweisen, beim Verzögern der Fixierung, beim Mithören von Geräuschen, bei der Versuchung, sich ablenken zu lassen oder in der Resignation, wenn sich nichts einstellt, beobachten, und man sieht sofort, daß sehr viel mehr präsent ist als die sprachliche Wortsinnsequenz, die sich zur Kommunikation absondern läßt. Auch das Denken muß die gedankenlose Selbstkontinuierung des Bewußtseins mitvollziehen, und nur so kann es dem Bewußtsein die eigene Existenz bestätigen.

Was bedeutet es aber dann, wenn sprachlich geformte Vorstellungen an der Autopoiesis des Bewußtseins mitwirken, sie mitvollziehen, sie aber nicht ersetzen können? Das psychische System gewinnt dadurch etwas, was man *Fähigkeit zur Episodenbildung* nennen könnte. Es kann Operationen differenzieren und diskontinuieren. Es kann sprunghaft von einem Sprachgedankenkontext in einen anderen übergehen, ohne die Selbstreproduktion des Bewußtseins zu beenden, ohne die Bewußtwerdemöglichkeit weiterer Vorstellungen zu verhindern. Es kann die Vorher/Nachher-Differenz der Vorstellungssukzession mit immensen und ständig wechselnden Exklusionsgehalten ausstatten – etwa im Zuge Zeitung lesen mit von Artikel zu Artikel wechselnden Selektionshorizonten, dabei einen Mitfahrenden um Feuer bitten (und nicht jemand anderen um etwas anderes), feststellen, daß man noch nicht in Köln ist, usw. Mit einem Begriff aus der evolutionären Psychologie von Spencer könnte man auch formulieren: Sprache erhöht den »range of correspondences«[36], wobei es ersichtlich von vielen anderen Bedingungen abhängt, ob und wie weit diese Möglichkeit ausgebaut und psychisch verfügbar gemacht werden kann[37]. All dies macht die Einheit der Fortsetzung des autopoietischen Reproduktionszusammenhanges kompatibel mit dem ständigen Einbau und Ausbau wechselnder Strukturen, die den autopoietischen Prozeß besetzen,

einer anderen Systemreferenz. *Deshalb* fallen hier Intention, Sinn und Wiedererkennbarkeit zusammen. Er verdankt seine Ereignisqualität nicht der Reproduktion von individuellem Bewußtsein, sondern der Reproduktion von verständlichem Sprachgebrauch.

36 Herbert Spencer, Principles of Psychology Bd. 1 (1899), Neudruck Osnabrück 1966, S. 300 ff.

37 Dies ist dann wieder zum Teil, aber nur zum Teil, eine Frage der Sprachkompetenz selbst. Siehe hierzu die bekannte Unterscheidung von restricted und elaborated codes bei Basil Bernstein, Class, Codes and Control, 3 Bde., London 1971-75.

vollziehen, an Zäsuren und Übergänge bringen, ohne ihn je dem Risiko der Beendung auszusetzen. Wenn man nicht mehr spricht, kann man immer noch schweigen. Wenn man nicht mehr denkt, kann man immer noch dösen. Und ohne diese Sicherheit hätte wohl niemand den Mut, sich einem Wort, einem Satz, einem Gedanken zu überlassen.

So wichtig die sprachliche Formung des Bewußtseins ist: soziale Systeme wirken auch auf andere, weniger vermittelte Weise auf psychische Systeme ein. Vor allem ist an die Erfüllung und Enttäuschung von Erwartungen und Ansprüchen zu erinnern, über die das Bewußtsein sozial dirigiert werden kann, obwohl (und gerade weil) es selbst die Erwartungen ansetzt, um sich zu orientieren. Auf diese Weise kann zum Beispiel eine Art gewußte Sicherheit des Urteilens und Fühlens entstehen, auch so etwas wie Geschmack, der sich an den Objekten und an der sozialen Resonanz des Urteilens zugleich bewährt. Die Unmöglichkeit, dem Urteil sprachlichen Ausdruck zu geben, mag dann mitgewußt, ja als eine eigentümliche Art von Überlegenheit mitgenossen werden[38].

Legt man dieses Konzept der auf Bewußtheit beruhenden Autopoiesis psychischer Systeme zu Grunde, fällt es leicht, Zugang zu einem für die Soziologie bisher recht schwierigen (und daher kaum behandelten) Problemkreis zu gewinnen, nämlich zur Welt der Gefühle[39]. Gefühle kommen auf und ergreifen Körper und Bewußtsein, wenn die Autopoiesis des Bewußtseins gefährdet ist. Das mag vielerlei Ursachen haben, etwa externe Gefährdungen, Diskreditie-

38 Hierzu viel Literatur aus dem 17. und dem Anfang des 18. Jahrhunderts – zum Beispiel mit der Gründung des Urteils auf ein provokatives »je ne sais quoi« –, die den Eindruck hinterläßt, als ob auf diese Weise auf fast schon verlorenem Posten noch einmal eine Begründung für die natürliche Überlegenheit der Angehörigen höherer Schichten gesucht werde, während zugleich die Fachliteratur (und vor allem die juristische Literatur) über Schichtung schon das Artifizielle des gesamten Systems betont.

39 Die typische Aussage der Soziologie zu diesem Thema läßt sich recht einfach wiedergeben: Forschungslücke! Eventuell noch: Notwendigkeit unkonventioneller Methoden. Vgl. für viele Norman K. Denzin, A Phenomenology of Emotion and Deviance, Zeitschrift für Soziologie 9 (1980), S. 251-261. In der Tat entzieht sich der Tatbestand direkter soziologischer Behandlung. Die Soziologie könnte sich allenfalls mit der Kommunikation von Gefühlen, mit ihrem Stimulieren, Beobachten, Prozessieren, Abkühlen usw. in sozialen Systemen befassen, aber nicht mit den Gefühlen selbst. Ein gutes Muster: Erving Goffman, On Cooling the Mark Out, Psychiatry 15 (1952), S. 451-463.

rung einer Selbstdarstellung, aber auch ein für das Bewußtsein selbst überraschendes Sichengagieren auf neuen Wegen, etwa der Liebe. In jedem Falle sind Gefühle keine umweltbezogenen Repräsentationen, sondern *interne* Anpassungen an *interne* Problemlagen psychischer Systeme[40], und genauer: an interne Problemlagen, die es mit der laufenden Produktion der Elemente des Systems durch die Elemente des Systems zu tun haben. Gefühle sind nicht notwendig okkasionell und spontan gebildet; man kann zu gefühlsmäßigen Reaktionen mehr oder weniger disponiert sein[41]. Sie sind gleichwohl instabil, da sie mit dem Wieder-in-Ordnung-Bringen der Selbstkontinuierung des Bewußtseins abklingen. Beides, Dispositionalität und Instabilität, ist eine für die soziale Verarbeitung des Auftretens von Gefühlen wichtige Vorgabe; aber diese Eigenarten des Fühlens ergeben sich aus dessen psychischer, nicht aus einer sozialen Funktion.

Auf ihre Funktion hin gesehen, lassen sich Gefühle mit Immunsystemen vergleichen; sie scheinen geradezu die Immunfunktion des psychischen Systems zu übernehmen[42]. Sie sichern angesichts von auftretenden Problemen den Weitervollzug der Autopoiesis – hier nicht des Lebens, sondern des Bewußtseins – mit ungewöhnlichen Mitteln, und sie verwenden dazu vereinfachte Diskriminierverfahren[43], die Entscheidungen ohne Rücksicht auf Konsequenzen erlauben. Sie lassen sich, ohne direkten Bezug dieses Geschehens zur Umwelt, steigern oder abschwächen je nach der Erfahrung des Bewußtseins mit sich selbst.

Die wohl wichtigste Einsicht aber ist: daß es sich bei allen Gefühlen um ein im wesentlichen einheitliches, gleichartiges Geschehen han-

40 Mit Karl H. Pribram, Languages of the Brain, Englewood Cliffs N. J. 1971, S. 208, könnte man vielleicht auch etwas vorsichtiger formulieren: »these internal adjustments are felt as emotions«. Auf den hier mitgemeinten neurophysiologischen Bezug komme ich gleich zurück.

41 Vgl. zu dieser Frage Arlie Russell Hochschild, Emotion Work, Feeling Rules, and Social Structures, American Journal of Sociology 85 (1979), S. 551-575.

42 Ich muß hier leider vorgreifen. Zu Konzept und systemtheoretischer Interpretation von Immunsystemen näher aus Anlaß des gleichen Problems im Falle sozialer Systeme unten Kapitel 9.

43 Oft bemerkt. Siehe nur J. A. Easterbrook, The Effect of Emotion on Cue Utilization and the Organization of Behavior, Psychological Review 66 (1959), S. 183-201: ». . . that the number of cues utilized in any situation tends to become smaller with increase in emotion«. Andererseits ist ebenso bekannt, daß Gefühle auch die Sensibilität für spezifische Informationen steigern können.

delt[44]. Das ergibt sich nicht nur aus der gesteigerten Interdependenz mit körperlichem Geschehen, an dem man die Gefühle erlebt[45], sondern auch aus der Immunfunktion, die gerade zur Garantie der Autopoiesis gegen unvorhersehbare Störungen nicht für jeden Fall ein eigenes Gefühl bereithalten kann. Man kann die Einheitlichkeit des Fühlens im biochemischen Bereich feststellen; aber das Gefühl ist gleichwohl mehr als interpretierte Biochemie: Es ist eine Selbstinterpretation des psychischen Systems im Hinblick auf die Fortsetzbarkeit seiner Operationen.

Die bekannte Vielfalt unterschiedlicher Gefühle kommt demnach erst sekundär, erst durch kognitive und sprachliche Interpretation zustande; sie ist also, wie aller Komplexitätsaufbau psychischer Systeme, sozial bedingt. Das gilt dann erst recht für alles, was man als ›Gefühlskultur‹ bezeichnen könnte: für Verfeinerungen der Anlässe und der Ausdrucksformen für Gefühlsbildung. Solche Überformungen der Gefühle dienen einerseits schon ihrer sozialen Kontrolle, sind andererseits aber auch mit Authentizitätsproblemen belastet. Wer sagen kann, was er leidet, findet sich schon nicht mehr ganz in der Situation, die er ausdrücken möchte. So entstehen Sonderprobleme der Inkommunikabilität – nicht der Gefühle schlechthin, aber der Echtheit von Gefühlen –, die soziale Systeme betreffen, aber auch psychisch belastend wirken mögen.

VI

Die hier nur ganz knapp für den sprachlichen und den emotionalen Bereich skizzierten Überlegungen zur psychischen Relevanz so-

44 Parsons nutzt den gleichen Tatbestand der Inhaltsleere von Affekt in einer ganz anderen Richtung, nämlich zur Interpretation von ›affect‹ als symbolisch generalisiertes Medium. Allerdings bezieht Parsons dieses Medium, wie auch parallel dazu ›intelligence‹, nicht speziell auf das Persönlichkeitssystem, sondern auf das allgemeine Handlungssystem. Vgl. insb.: Social Structure and the Symbolic Media of Interchange, in: Talcott Parsons, Social Systems and the Evolution of Action Theory, New York 1977, S. 204-228 (214 ff.): ferner für den hier interessierenden Gesichtspunkt Talcott Parsons/Gerald M. Platt, The American University, Cambridge Mass. 1973, S. 83: »Affect is contentless in a sense parallel to that in which intelligence is contentless«.

45 Diese Einsicht scheint auf William James zurückzugehen. Für eine experimentelle Überprüfung vgl. Stanley Schachter/Jerome E. Singer, Cognitive, Social, and Physiological Determinants of Emotional State, Psychological Review 69 (1962), S. 379 bis 399.

zialer Systeme[46] könnten den Ausgangspunkt bieten für Untersuchungen über die psychischen Folgen und vor allem über die Reflexionslasten des modernen Individualismus. Sicher ist das Problem nicht einfach als ein Zurücktreten des Anteils an conscience collective im individuellen Bewußtsein (bei gleichzeitiger Steigerung der Copierbereitschaft?) zu begreifen, so als ob es hier um eine Verschiebung innerhalb einer konstant bleibenden Summe von Möglichkeiten gehe. Erst recht hilft es nicht weiter, die Lehre von den zwei Identitäten, einer personalen und einer sozialen, zu Grunde zu legen – ganz abgesehen davon, daß kein Individuum sich selbst in dieser Weise zweifach identifiziert und auch kein Beobachter in der Lage wäre, diese Identitäten auseinanderzuhalten[47]. Eher dürfte es sich lohnen, auf Spencer zurückzugehen und bei immer schon gegebener autopoietischer Individualisierung die psychologischen Effekte der Evolution als »greater complexity of correspondences« zu charakterisieren[48]. Das führt auf die Hypothese, daß die Strukturierung der Autopoiesis größere Anforderungen stellt, daß höhere Kontingenz und höhere Instabilität verkraftet werden müssen, daß mehr Abhängigkeiten erfahrbar, mehr Indifferenzen notwendig werden und daß mit all dem die Ich-Selektion schwieriger wird.

Muß man nun deshalb der Reflexionsphilosophie folgen und empirisch erwarten, daß die Reflexion in Richtung auf eine eigene Ich-Identität um so wahrscheinlicher wird? Man wird, wenn man die Frage empirisch stellt, genauer festlegen müssen, was damit gemeint ist. Denkt man die Reflexion als Akt und die Identität als Akt-Korrelat, führt diese Theorie zu einer Art Überidentifikation des Ich. Bei Übersetzung in eine systemtheoretische Begrifflichkeit stehen an dieser Stelle die Begriffe der Selbstbeobachtung und der Selbstbeschreibung zur Verfügung. Bei ihnen ist die individualisierende Autopoiesis immer schon vorausgesetzt als die Operation, die auch (aber nicht nur) durch Selbstbeobachtung und Selbstbeschreibung reproduziert wird. Zugleich ist die Notwendigkeit der

46 Die soziale Relevanz psychischer Systeme werden wir im folgenden Kapitel unter dem Begriff der *Person* behandeln.

47 Es handelt sich, um diese Kritik abzurunden, mithin lediglich um ein theoretisches Artefakt, und zwar um ein bloßes Korrelat des aktförmig gefaßten Reflexionsbegriffs, der etwas als Subjekt und dasselbe als Objekt voraussetzt und in die Objektivität des Subjekts, um die Differenz zu markieren, dann die soziale Bestimmung einbaut.

48 Siehe a.a.O. (Anm. 36).

Selbstsimplifikation mitgedacht. Vielleicht kann man auch einen Vorschlag von Robert Rosen nutzen und die Eigenkomplexität des Systems gerade darin sehen, daß je nach Interaktion (hier dann: Interaktion mit der Umwelt, die mit dem System interagiert) verschiedene Selbstbeschreibungen angefertigt werden[49]. Muß man diese dann noch als Einheit thematisieren, wo doch das Bewußtsein selbst operative Einheit ist und anders gar nicht sein kann? Vielleicht ist das einzige aktuelle Problem, hinreichendes Geschick für Übergänge zu entwickeln[50] und Lösungsmöglichkeiten für den Fall von Konflikten bereitzuhalten.

Was damit nicht erfaßt werden kann, ist allerdings das wohl wichtigste Problem der Autopoiesis des Bewußtseins: das Problem des Todes. Den eigenen Tod kann man sich als Ende des Lebens vorstellen, nicht aber als Ende des Bewußtseins[51]. »La mort est une surprise que fait l'inconcevable au concevable.«[52] Alle Elemente des Bewußtseins sind auf Reproduktion des Bewußtseins hin angelegt, und dies Undsoweiter kann ihnen nicht abgesprochen werden, ohne daß sie ihren Charakter als Element des autopoietischen Reproduktionszusammenhanges verlören. In diesem System kann kein zukunftsloses Element, kein Ende der Gesamtserie produziert werden, weil ein solches Endelement nicht die Funktion eines auto-

49 Siehe: Complexity as a System Property, International Journal of General Systems 3 (1977), S. 227-232.

50 Fast denkt man hier an Dialektik: Einheit in Übergängen erscheinen lassen!

51 Interessante empirische Belege hierfür ergeben sich aus Studien über Bewußtseinserfahrungen in der Todesstunde (die natürlich nicht das Geringste für ein »Leben nach dem Tode« hergeben). Vgl. insb. Karlis Osis/Erlendur Haraldsson, At the Hour of Death, New York 1977; ferner Elisabeth Kübler-Ross, Interviews mit Sterbenden, Stuttgart 1969; Raymond A. Moody, Life After Life, New York 1976; ders., Reflections on Life After Life, New York 1978.

In der philosophischen Literatur findet sich eine ähnliche Auffassung bei Jean-Paul Sartre, L'être et le néant, 30. Aufl. Paris 1950, S. 615 ff., insb. S. 624 f.: »c'est parce que le pour-soi est l'être qui réclame toujours un après, qu'il n'y a aucune place pour la mort dans l'être qui est pour-soi«. Der *eigene* Tod bleibt für das pour-soi daher vollständig indeterminiert (und nicht nur in seinem genauen Zeitpunkt unbestimmt), weil zur Determination für das pour-soi immer auch ein Zukunftsaspekt gehört. Der eigene Tod gehört deshalb nicht zur ontologischen Struktur des pour-soi, er wird ihm nur rein faktisch dadurch aufgezwungen, daß ein anderer ihn beobachten kann (und man dies wissen kann): »elle est le triomphe du point de vue d'autrui sur le point de vue *que je suis* sur moi-même«.

52 Paul Valéry, Rhumbs, zit. nach: Œuvres, éd. de la Pléiade, Bd. II, Paris 1960, S. 611.

poietischen Elements übernehmen, also nicht Einheit sein, also nicht bestimmbar sein könnte. Das Bewußtsein kann sich selbst also nicht wirklich als beendbar wissen und spricht sich daher, weithin mit Erlaubnis der Gesellschaft, ewiges Leben zu, nur von allen bekannten Inhalten abstrahierend[53]. Alle Beendung, die es vorsieht, ist Beendung einer Episode im Bewußtsein, und in diesem Sinne hatte man auch das »Leben auf dieser Erde« als Episode verstanden. Der Tod ist kein Ziel. Das Bewußtsein kann nicht an ein Ende gelangen, es hört einfach auf. Wenn es also neben der Einheit der Autopoiesis eine »zweite Einheit« der Totalität des Bewußtseins gibt, dann kann es nur diese unakzeptierbare Einheit des Todes sein, nämlich die in jeder Erneuerung des entschwindenden Bewußtseins mitlaufende Möglichkeit, daß es aufhört.

Obwohl unzugänglich für das Bewußtsein (oder gewissermaßen nur sprachlich zugänglich) unterliegen auch Todesvorstellungen sozialer Formung. Der historisch neuartige Individualismus zeichnet sich seit dem 18. Jahrhundert auch in den gesellschaftstypischen Einstellungen zum Tode ab[54]. Der Tod wird privatisiert, was dann wieder erfordert, Tod im öffentlichen Interesse, besonders Kriegstod, mit einer besonderen Sinngebung zu versehen[55]. Zugleich wird das Individuum aber auch – allein schon durch die Konspiration des Schweigens der Ärzte – von seinem Tode abgelenkt; und selbst wenn dies nicht gelingt, wird ihm zugemutet, darüber nicht zu kommunizieren, entsprechende Versuche werden als peinlich empfunden und finden wenig Resonanz.

53 Vielleicht hatte auch Simmel diese sozusagen strukturell gereinigte Autopoiesis vor Augen, wenn er Unsterblichkeit bestimmt als jenen Zustand der Seele, »in dem sie nicht mehr *er*lebt, in dem ihr Sinn sich also nicht mehr an einem Inhalt vollzieht, der in irgendeinem Sinn außerhalb ihrer selbst bestünde« (Tod und Unsterblichkeit, in: Georg Simmel, Lebensanschauung: Vier metaphysische Kapitel, München 1918, S. 99 bis 153 (117).

54 Vgl. Alois Hahn, Tod und Individualität: Eine Übersicht über neuere französische Literatur, Kölner Zeitschrift für Soziologie und Sozialpsychologie 31 (1979), S. 746-765. Daß das für die Neuzeit ›Typische‹ keineswegs überall realisiert ist und daß die Gleichzeitigkeit des Ungleichzeitigen mitgesehen werden sollte, muß hin und wieder in Erinnerung gerufen werden. Vgl. für das hier vorliegende Thema Italo Pardo, L'elaborazione del lutto in un quartiere tradizionale di Napoli, Rassegna Italiana di Sociologia 23 (1982), S. 535-569.

55 Vgl. Reinhart Koselleck, Kriegerdenkmale als Identitätsstiftungen der Überlebenden, in: Odo Marquard/Karlheinz Stierle (Hrsg.), Identität. Poetik und Hermeneutik Bd. VIII, München 1979, S. 255-276.

Die Theorie der bewußtseinsbasierten Autopoiesis reformuliert nur diese bekannten Sachverhalte. Sie postuliert ein eigentümliches Umkehrverhältnis zwischen Individualisierung und Todessemantik: Je individueller ein psychisches System sich begreift und die eigene Autopoiesis reflektiert, desto weniger kann es sich ein Weiterleben nach dem Tode vorstellen und desto unvorstellbarer wird ineins damit der letzte Moment des Bewußtseins. Auch Kommunikation hilft dann nicht über das Unvorstellbare hinweg. Sie überläßt es sich selbst. Härter kann die Differenz von sozialem System und psychischem System kaum zur Geltung gebracht werden. Weder die Präsenz der laufenden Selbstkontinuierung noch die darin immer mitlaufende Möglichkeit des jederzeitigen Endes, weder die positive noch die negative Einheit der eigenen Autopoiesis kann dem psychischen System vom sozialen System garantiert oder gar abgenommen werden.

Kapitel 8

Struktur und Zeit

I

Angesichts einer weitläufigen Literatur über Strukturalismus und Strukturfunktionalismus ist es nicht ganz einfach, Thema und Begriff der Struktur in eine Theorie einzuführen, die sich nicht als »strukturalistisch« begreift. Der Stellenwert dieses Themas in der Reihenfolge der Kapitel dieses Buches ist schon ein erster Hinweis darauf, daß die Systemtheorie für ihre Selbstdarstellung den Begriff der Struktur nicht vorrangig benötigt. Das mag allerdings täuschen, denn die Darstellung einer Theorie folgt nicht notwendigerweise ihrer Architektur. Wir müssen deshalb zusätzlich herausfinden, weshalb eine strukturalistische Theorieoption für eine Theorie selbstreferentieller Systeme unakzeptabel ist.

Verhören wir zunächst die Kronzeugen: Für Lévi-Strauss[1] bezieht der Strukturbegriff sich nicht auf die empirische Realität als solche, sondern auf ihre modellförmige Abstraktion. »Le principe fondamental est que la notion de structure sociale ne se rapporte pas à la realité empirique, mais aux modèles construits d'après celle-ci«[2]. Dabei wird in Rechnung gestellt, was man nach Hegel und Marx schwerlich leugnen kann, daß auch die Realität selbst solche Strukturmodelle hervorbringt: »modèles faits à la maison; modèles déjà construits par la culture considerée sous forme d'interpretations«[3]. Die Schlüsselfrage wäre danach, welche Freiheitsgrade die wissenschaftliche Analyse noch besitzt, wenn sie es mit einer Realität zu tun hat, die sich selbst schon auf Modelle gebracht, die eine eigene Selbstbeschreibung schon hervorgebracht hat. Diese Frage kann, wie immer man sie in den konkreten Analysen dann entscheidet, vom Strukturalismus nicht mehr beantwortet werden, weil eine Antwort sich nicht aus dem Begriff der Struktur herleiten läßt. Und dies scheint auch der Grund zu sein, weshalb strukturalistische

1 Wir halten uns an die Darstellung in: Claude Lévi-Strauss, La notion de structure en Ethnologie, in ders., Anthropologie structurale, Paris 1958, S. 303-351. Dt. Übers., Strukturale Anthropologie, Frankfurt 1967.

2 A.a.O. S. 305.

3 A.a.O. S. 309.

Theorien ambivalent bleiben in bezug auf kritische oder konservative, linke oder rechte Verwendung. Es bleibt Sache einer durch die Theorie nicht mehr gesteuerten Entscheidung, ob und wie weit man die Selbstbeschreibung der Gesellschaft mit analytischen Modellen nachvollziehen oder unterlaufen will.

Vielleicht liegt hier auch der Grund dafür, daß Strukturalisten sich zunehmend gern mit Texten beschäftigen – mit Reden, die anderswo gehalten werden, mit Diskursen, mit Theorien, ja selbst mit der Philosophie[4]. Bei solchen Gegenständen wird niemand, am wenigsten der betroffene Autor, die Realität bestreiten. Man kann die Realitätsfrage geradezu vergessen. Dafür kehrt die oben skizzierte Ambivalenz um so pointierter zurück. Man wird bei Gegenständen, die sozusagen ex officio und konstitutiv eine Selbstbeschreibung enthalten, erst recht fragen müssen: Welche Freiheitsgrade spricht die strukturalistische Analyse sich selbst zu im Verhältnis zur Selbstbeschreibung ihres Gegenstandes? Und wie gesagt: der Strukturbegriff kann darauf keine Antwort geben, weil er auf beiden Seiten in Anspruch genommen ist.

Strukturalisten lassen sich, und das ist symptomatisch für Interesse an Komplexität, gern durch eine Theorietechnik faszinieren, die man gemeinhin »Mathematik« nennt. Sie läßt unbestimmt, was Elemente eigentlich »sind«, und sucht mit einer Charakterisierung durch Relationierungen auszukommen. Freilich sind die konkret vorgelegten Analysen den Anforderungen dieser Theorietechnik nicht gewachsen; sie entleihen ihr praktisch nur das Recht, von »Modellen« zu sprechen. Wie dem auch sei: das Problem der Komplexität führt das Theoriebewußtsein der Strukturalisten.

Bei Lévi-Strauss wird der Strukturalismus explizit an der Differenz von unstrukturierter und strukturierter Komplexität orientiert[5]. Ebenso bei Parsons. Parsons denkt zunächst an eine Universaltheorie à la Newton, die alle Variablen mit all ihren Interdependenzen berücksichtigt, sieht sofort die Undurchführbarkeit eines solchen

4 Einige Beispiele, die sich auch eignen, um das Problem der Selbstbeschreibungsabweichungsplausibilität vorzuführen: Louis Marin, La critique du discours sur la logique de port-royal et les pensées de Pascal, Paris 1975, wobei wohl auch das Kleinschreiben der Titel die Degradierung der Texte anzeigen soll; Roland Barthes, Sade, Fourier, Loyola, Paris 1971; Karl-Heinz Ladeur, Rechtssubjekt und Rechtsstruktur: Versuch über die Funktionsweise der Rechtssubjektivität, Gießen 1978.

5 Vgl. a.a.O. S. 311 ff., 350 mit Bezugnahme auf den einflußreichen Aufsatz von Warren Weaver, Science und Complexity, American Scientist 36 (1948), S. 536-544.

Vorhabens und begnügt sich mit einer zweitbesten Theorie, die von bestimmten Strukturvorgaben ausgeht, ohne diese ihrerseits zu problematisieren[6]. Parsons hat später diese Darstellung des Strukturfunktionalismus abgeschwächt, schließlich widerrufen im Hinblick auf sein eigenes, an den vier Grundfunktionen orientiertes Theoriegebäude[7]. Tatsächlich haben jedoch die späteren Entwicklungen der Theorie ihren strukturalistischen Ansatz nur bestätigt, ja erst eigentlich formuliert[8]: Er findet sich in der Annahme, daß man durch eine Analyse der Mindestkomponenten des Begriffs (!) der Handlung zu Resultaten kommen könne, die den Realitätskontakt der Theorie hinreichend sicherstellen könnten, welche Abweichungen vom Theoriemodell man auch immer in der empirischen Realität vorfinden werde.

Strukturalismus und Strukturfunktionalismus lassen sich demnach beide als epistemologische Ontologie bzw. als analytischer Realismus charakterisieren. Der wissenschaftlichen Analyse von Systemen, Texten, Sprachspielen usw. wird Realitätsbezug zugeschrieben, und *dieser Realitätsbezug wird durch den Strukturbegriff garantiert*. Dadurch, daß die Analyse auf Strukturen stößt, dadurch, daß bestimmte prägnante (zum Beispiel binäre) Konfigurationen erkennbar werden, entsteht ein Nichtzufälligkeitsbewußtsein, das sich selbst Realitätsbezug bescheinigt. Wenn die Analyse überhaupt Ordnung entdeckt und nicht Chaos, wenn sie trotz Abstraktion nicht ins Beliebige abrutscht, sondern auf gut konturierte Sachverhalte stößt, ist das für sie ein Symptom dafür, daß sie es mit Realität zu tun hat. Das Prägnanzerleben behebt gewissermaßen die alten erkenntnistheoretischen Zweifel, denen weder die transzendentale Synthese noch die Dialektik hatten beikommen können. Es ist alles viel einfacher, als Kant und Hegel dachten: Wenn die Analyse überhaupt auf Strukturen stößt, kann dies nicht allein ihr selbst zuzuschreiben sein. Sie führt das Bewußtsein ihrer eigenen Kontingenz,

6 Vgl. Talcott Parsons, The Social System, Glencoe Ill. 1951, S. 19 ff., 202 f. Siehe auch Talcott Parsons, Introduction, in: Talcott Parsons (Hrsg.), Max Weber, The Theory of Social and Economic Organization, London 1947, S. 20 f.

7 Siehe Talcott Parsons, Die jüngsten Entwicklungen in der strukturellfunktionalen Theorie, Kölner Zeitschrift für Soziologie und Sozialpsychologie 16 (1964), S. 30-49; ders., The Present Status of »Structural-Functional« Theory in Sociology, in ders., Social Systems and the Evolution of Action Theory, New York 1977, S. 100-117.

8 Vgl. dazu die Kritik unter erkenntnistheoretischen Gesichtspunkten bei Harold J. Bershady, Ideology and Social Knowledge, Oxford 1973.

eine eigene offene Einstellung zu anderen Möglichkeiten immer mit und ist eben deshalb genötigt, wenn sie auf Strukturen stößt, dies nicht sich selbst, sondern der Realität zuzuschreiben. Gerade die Radikalisierung des Kontingenzbewußtseins der Analyse führt mithin zu einer Einstellung, in die Realität sich geradezu zwangsläufig einzeichnet: als Reduktion völlig offener, unbestimmbarer Komplexität.

Wenn die Position des Strukturalismus mit diesen Angaben richtig umrissen ist, gehen sowohl transzendentaltheoretische als auch dialektische Züge in sie ein. Husserl gelangt, besonders in seinem Spätwerk, zu einer sehr ähnlichen Ansicht[9]. Die Möglichkeit, das Gesamtkonzept dialektisch zu stilisieren, liegt ebenfalls auf der Hand, denn gerade die »freie Variation« (Husserl) läßt als Negation ihrer Freiheit Strukturen erscheinen, deren Erscheinen dann Analyse und Realität zur Einheit verschmilzt. Mit Recht kann der Strukturalismus deshalb als Endform einer langen erkenntnistheoretischen Entwicklung begriffen werden – einer Entwicklung, die den Einstieg in Probleme der Realität in einer Selbstanalyse der Erkenntnis sucht. Strukturalisten neigen deshalb dazu, sich mit Vorzeichen wie Trans- oder Post- zu versehen. Alle Erkenntnistheorien lassen sich ihrerseits strukturalistisch analysieren bzw. in den Parsons'schen Kreuztabellen unterbringen. Man fragt sich, ob der Strukturalismus auf dem Wege sei, eine eigene Erkenntnistheorie, eine eigene »Episteme« hervorzubringen[10]. Bisher liegen dazu jedoch nur Bruchstücke vor. Daß der Strukturbegriff keine ausreichende Führung gibt, hatten wir schon vermerkt; und die Gefahr ist nicht zu leugnen, daß mangels besserer Wirklichkeitskriterien schließlich die literarische Struktur – immer noch: Struktur! – von strukturalistischen Analysen für ausreichend gehalten wird, besonders in Paris.

Im Unterschied zu den skizzierten strukturalistischen bzw. strukturfunktionalistischen Theorieansätzen geht die Theorie selbstreferentieller Systeme nicht auf eine erkenntnistheoretische (und erst

9 Vgl. Erfahrung und Urteil: Untersuchungen zur Genealogie der Logik, Hamburg 1948, insbes. die Ausführungen über freie Variation als Methode der Wesenserschauung, S. 409 ff.

10 Vgl. François Wahl (Hrsg.), Qu'est-ce-que le structuralisme?, Paris 1968, dt. Übers. Einführung in den Strukturalismus, Frankfurt 1973. Siehe insbes. den abschließenden Beitrag des Herausgebers.

recht nicht auf eine semiotische) Ausgangsposition zurück. Sie beginnt mit der Beobachtung ihres Gegenstandes. Erkenntnistheoretische Fragen werden zunächst ausgeklammert[11]. Die Differenz von Erkenntnis und Gegenstand bleibt zunächst unbenutzt. Dies darf nicht mit einer erkenntnistheoretisch unreflektierten, alltagsweltlich naiven Einstellung verwechselt werden. Eine solche wäre im heutigen Wissenschaftsbetrieb angesichts einer langen Tradition der Reflexion auf Erkenntnis unhaltbar. Gerade das Ausklammern, gerade das vorläufige Absehen von erkenntnistheoretischen Fragestellungen ist eine Einstellung zur Erkenntnistheorie. Es muß sich erkenntnistheoretisch rechtfertigen lassen, und es rechtfertigt sich durch die Erwartung, daß die Erkenntnis als einer ihrer Gegenstände auftauchen wird, sobald die Begrifflichkeit der Forschung ein hinreichendes Abstraktionsniveau erreicht.

Ferner bringt die Theorie selbstreferentieller Systeme uns in Distanz zu einer Diskussion, die durch Anwendung des Strukturbegriffs auf Systeme ausgelöst worden war. Mit der Beschreibung von Systemen durch relativ invariante Strukturmerkmale war man vor die Alternative geraten, das Verhalten des Systems eher durch seine eigenen Merkmale oder eher durch Merkmale der Situation, also des je aktuellen Zeitausschnitts seiner Umwelt, zu erklären[12]. Besonders die Psychologie hat sich mit dieser Alternative beschäftigt[13]. Die Grundlage dieser Diskussion verschiebt sich, wenn man Strukturen von der Notwendigkeit autopoietischer Selbstreproduktion her begreift. Es mag dann hochindividualisierte Engfüh-

11 Das Vorbild hierfür ist und bleibt, so sehr das zunächst überraschen mag, die Epoché der transzendentalen Phänomenologie Husserls. Ausgeklammert wird aber nicht nur der Existenzsinn der Aussage, also nicht nur die Frage nach dem Wirklichkeitskriterium der Erkenntnis, sondern die Differenz von Erkenntnis und Gegenstand als eine erkenntnistheoretische Fragestellung, innerhalb derer das Problem eines Wirklichkeitskriteriums erst akut wird.

12 In beiden Fällen hier ein »ontologischer« Ansatz im Gegensatz zum »analytischen« des Strukturalismus, den wir vorher behandelt haben. Daß diese Differenz von ontologisch/analytisch durch die Theorie selbstreferentieller Systeme unterlaufen wird, hatten wir bereits aus Anlaß der Behandlung des *Element*begriffs notiert. Vgl. oben Kapitel 1, II unter 4 und zu Kommunikation/Handlung Kapitel 4, VIII und X. Hier stehen wir angesichts des Strukturbegriffs vor der gleichen Sachlage.

13 Siehe dazu kritisch Walter Mischel, Personality and Assessment, New York 1968; ders., Toward a Cognitive Social Learning Reconceptualization of Personality, Psychological Review 80 (1973), S. 252-283 (hier insbes. S. 273 ff. zu einem über »self-regulation« laufenden Ausweg).

rungen geben, die das rasche Finden von Anschlußverhaltensweisen erleichtern; die aber zugleich hinreichend sensibel bleiben müssen gegenüber situationsspezifischen Anforderungen, und die den kognitiven Einzugsbereich der Verhaltenswahl daher jederzeit ausweiten und wiedereinengen können, wenn Bewährtes nicht überzeugend genug zum Ziele führt.

Wir müssen eine ausführlichere Behandlung dieser Fragen an dieser Stelle noch aufschieben. Im Moment genügt es, zu registrieren, daß der Strukturbegriff dadurch seine Zentralstellung verliert. Der Begriff bleibt unentbehrlich. Kein Systemtheoretiker wird leugnen, daß komplexe Systeme Strukturen ausbilden und ohne Struktur nicht existieren könnten. Der Strukturbegriff ordnet sich nun aber ein in ein vielfältiges Arrangement verschiedener Begriffe, ohne Führungsqualität zu beanspruchen. Er bezeichnet einen wichtigen Aspekt von Realität, vielleicht auch eine unentbehrliche Hilfe für den Beobachter[14] – aber eben nicht mehr dasjenige Moment, in dem Erkenntnis und Gegenstand in den Bedingungen ihrer Möglichkeit zusammenfallen. Deshalb handelt es sich hier nicht um Struktural*ismus*.

II

Abstrakt genommen läßt der Strukturbegriff sich auf Kommunikation oder auf Handlung beziehen. Die Strukturen, die Kommunikation mit Kommunikation verknüpfen, beziehen Information ein, sind also Weltstrukturen. Sie erfassen im System alles, was für das System überhaupt relevant werden kann. Soweit sie Sinnformen bereithalten, die in der Kommunikation als bewahrenswert behandelt werden, werden wir bei Gelegenheit auch von »Semantik« sprechen. Im Folgenden beschränken wir uns jedoch auf Strukturen, die die Handlungen eines sozialen Systems ordnen, also auf die Strukturen dieses Systems selbst. Damit soll nicht geleugnet sein, daß derselbe Strukturbegriff auch auf Weltstrukturen, Sprachen, Semantiken anwendbar wäre.

Im Anschluß an die Diskussionslage in der allgemeinen Systemtheorie[15] und im Strukturalismus gewinnen wir ein erstes Merkmal

14 Vgl. statt vieler Lars Löfgren, Complexity Descriptions of Systems: A Foundational Study, International Journal of General Systems 3 (1977), S. 197-214.

15 Vgl. oben Kapitel 1.

des Strukturbegriffs durch Bezugnahme auf Probleme der Komplexität. Struktur leistet – aber wie? – die Überführung unstrukturierter in strukturierte Komplexität. Unstrukturierte Komplexität wäre entropische Komplexität, sie würde jederzeit ins Unzusammenhängende zerfallen. Die Strukturbildung *benutzt diesen Zerfall*, um *daraus* Ordnung aufzubauen[16]. Sie zieht gerade aus dem Zerfall der Elemente, hier: dem zwangsläufigen Aufhören jeder Handlung, Energie und Information für die Reproduktion von Elementen, die dadurch immer strukturell vorkategorisiert und doch immer neu erscheinen[17]. Der Strukturbegriff präzisiert, mit anderen Worten, die Relationierung der Elemente über Zeitdistanzen hinweg. Wir müssen also vom Verhältnis zwischen Elementen und Relationen ausgehen und dies Verhältnis[18] als konstitutiv ansehen für die Qualifizierung der Elemente, im Falle sozialer Systeme also für die Qualifizierung des Sinnes von Handlungen.

Einverständnis besteht darüber, daß Strukturen von der konkreten Qualität der Elemente abstrahieren. Das heißt nicht, daß jede Struktur mit jeder Art von Elementen materialisiert werden kann, wohl aber, daß Strukturen auch beim Auswechseln der Elemente fortbestehen und reaktualisiert werden können. Das ist wohl gemeint, wenn es bei Nadel heißt: »The parts composing any structure can vary widely in their concrete character without changing the identity of the structure«[19]. Gerade deshalb genügt es aber nicht, einer verbreiteten Auffassung zu folgen und Strukturen als Relationen zwischen Elementen zu definieren; denn dann müßten ja mit jedem Element auch die Relationen verschwinden, die es mit anderen Elementen verknüpfen. Strukturwert gewinnen diese Relationen nur dadurch, daß die jeweils realisierten Relationen eine

16 Wir argumentieren hier parallel zum Begriff der »dissipativen Strukturen«.

17 Siehe hierzu auch Dag Østerberg, Meta-Sociological Essay, Pittsburgh 1976, S. 64 ff.

18 Theoriegeschichtlich heißt dies vor allem: daß Struktur nicht mehr als das Verhältnis von Ganzem und Teilen definiert wird. Für diese häufige Ansicht nur ein Zitat: »I take ›structure‹ to refer to a distinguishable whole ... which is susceptible of analysis ... into parts that have an ordered arrangement in space and time« (Meyer Fortes, Time and Social Structure: An Ashanti Case Study, in: ders. (Hrsg.), Social Structure: Studies Presented to A. R. Radcliffe-Brown (1949), Neudruck 1963, S. 54-84 (56). Zum Weiterlaufen dieser Definitionsweise siehe etwa Helge Wendt, Bemerkungen zum Strukturbegriff und zum Begriff Strukturgesetz, Deutsche Zeitschrift für Philosophie 14 (1966), S. 545-561.

19 Siegfried F. Nadel, The Theory of Social Structure, Glencoe Ill. 1957, S. 8.

Auswahl aus einer Vielzahl von kombinatorischen Möglichkeiten darstellen und damit die Vorteile, aber auch die Risiken einer selektiven Reduktion einbringen. Und nur *diese Auswahl* kann beim Auswechseln der Elemente *konstant* gehalten, das heißt mit neuen Elementen reproduziert werden.

Eine Struktur besteht also, was immer sie sonst sein mag, in der *Einschränkung der im System zugelassenen Relationen*[20]. Diese Einschränkung konstituiert den Sinn von Handlungen, und im laufenden Betrieb selbstreferentieller Systeme motiviert und plausibilisiert der Sinn einer Handlung dann natürlich auch das, was als Verknüpfbarkeit einleuchtet. Ohne Strukturvorgaben könnte man nur sagen: handle mal! und würde vermutlich nicht einmal feststellen können, ob dies geschehen ist. Erst durch Ausschalten fast aller denkbaren Verknüpfungen ergibt sich ein: Schenkst Du mir bitte noch einmal ein! Du hast vergessen, die hinteren Autositze zu reinigen! Morgen um drei an der Kinokasse!

In die Terminologie der Theorie autopoietischer Systeme übersetzt (die den Strukturbegriff allerdings anders verwendet), besagt dies, daß nur durch einschränkende Strukturierung ein System so viel »innere Führung« gewinnt, daß es Selbstreproduktion ermöglichen kann. Von jedem Element aus müssen dann nämlich bestimmte andere (und nicht: beliebige andere) Elemente zugänglich sein, und dies auf Grund besonderer Qualitäten der Elemente, die sich aus ihrer eigenen Zugänglichkeit ergeben. Insofern ist Struktur als Selektion eingeschränkter Möglichkeiten in der Konstitution qualifizierter Elemente und damit auch in der Autopoiesis vorausgesetzt; aber sie ist nicht der produzierende Faktor, nicht die Ur-sache,

20 Auf den gleichen, aber enger gefaßten Strukturbegriff trifft man, wenn auf die Einschränkung der in einer *Beschreibung* des Systems zugelassenen Relationen abgestellt wird. So z. B. Roger E. Cavallo, The Role of Systems Methodology in Social Science Research, Boston 1979, S. 89. Ferner lassen sich Parallelen herstellen zu einem Gebrauch der Begriffe »constraint« und Struktur, der auf die statistische Datenanalyse bezogen ist und constraint (und damit Struktur) als Einschränkung der Unabhängigkeit von Variablen definiert. Vgl. z. B. G. Broekstra, Constraint Analysis and Structure Identification, Annals of System Research 5 (1976), S. 67-80. Dieser Ansatz erfordert freilich eine vorgängige Definition derjenigen »Variablen«, mit denen man ein Realsystem beschreiben will, und er kann nicht ausschließen, daß man der Komplexität des Systems durch eine Mehrheit von Variablenkomplexen (also durch eine Mehrheit von Beschreibungen) Rechnung tragen muß. Speziell hierzu Robert Rosen, Complexity as a System Property, International Journal of General Systems 3 (1977), S. 227-232.

sondern ist selbst nichts anderes als das Eingeschränktsein der Qualität und Verknüpfbarkeit der Elemente.
Die Selektion von Strukturen zielt also auf das Festigen von Einschränkungen ab. Die Selektion befähigt das System, zwischen externen Einschränkungen (»Parameter«) und internen, nämlich seligierten Einschränkungen zu unterscheiden. Ferner kann auch die Strukturselektion noch konditioniert werden – sei es durch bereits vorhandene Strukturen (Tradition), sei es durch Steigerungsgesichtspunkte, ja schließlich sogar durch den Rationalitätsgesichtspunkt der Steigerung der Einschränkbarkeit des Systems.
Zusätzlich zu einem unqualifiziert verwendeten Relationsbegriff wird oft auch *Interdependenz* als das auszeichnende Merkmal von Strukturen genannt[21]. Auch Interdependenzen kommen jedoch, da vollständige Interdependenz unerreichbar ist, nur durch Selektion zustande. Die spezifischen Hinsichten der Abhängigkeit werden gegen andere, neutrale, indifferente Möglichkeiten abgesetzt, und allein dadurch erhält das bevorzugte Muster Strukturwert. Erfolgreich etablierte Interdependenzen dienen dann zugleich als Gesichtspunkte für, und Einschränkung von, Strukturselektionen, die daran anschließen können; denn jede Neuerung bekommt, soweit sie in Interdependenzen eingreift, sich multiplizierende Folgewirkungen, die nicht vorausgesehen werden können, sicher aber nicht eindeutig positiv zu bewerten sind. Die Selektion von Einschränkungen wirkt somit als Einschränkung von Selektionen, *und das festigt die Struktur.*
Schließlich gilt das gleiche Argument auch für das am häufigsten genannte und fast immer mitberücksichtigte Moment des Strukturbegriffs: für die (relative) *Invarianz* von Strukturen. Invarianz ist oft vorschnell auf Systemstabilität hin interpretiert – besonders von Kritikern. Das bedarf jedoch genauerer Analyse. Zunächst ist nämlich Invarianz nichts weiter als ein Operationalisierungserfordernis von Einschränkung. Die Ausschaltung anderer Möglichkeiten bedarf, wenn sie überhaupt erfolgen soll, einer (relativen) Absicherung gegen die Wiederzulassung des Ausgeschalteten. Nur so ist die Funktion von Strukturen zu erfüllen.
Bei genauerem Zusehen muß dann zwischen sachlicher und zeitli-

21 Vgl. z. B. Raymond Boudon, A quoi sert la notion de »Structure«? Essai sur la signification de la notion de structure dans les sciences humaines, Paris 1968, S. 35.

cher Invarianz unterschieden werden. Sachlich geht es um Schutz gegen das ständige Mitsprechen anderer Möglichkeiten, zeitlich um die Dauer dieses Schutzes. Situationen ändern sich von Moment zu Moment, und damit verschiebt sich auch, welche anderen Möglichkeiten sie nahelegen. Ein bestimmtes Handlungsprogramm kann gegen solche Irritierungen, und sie wären keine Irritierungen, wenn sie nicht wechseln würden, mehr oder weniger immunisieren. Es gibt schrille Handlungszumutungen, die durchdringen – zum Beispiel das Klingeln des Telephons oder der Anbrenngeruch aus der Küche; aber der Effekt alarmierender Informationen dieser Art beruht darauf, daß sie Ausnahme bleiben. Bei Dauerirritation durch alles, oder doch vieles, könnte überhaupt kein Handlungssinn kristallisieren. Im Effekt liefe das auf dasselbe hinaus wie das Fehlen jeder Anregung: auf Langeweile[22].

Als selektive Einschränkung der Relationierungsmöglichkeiten hebt Strukturbildung die Gleichwahrscheinlichkeit jedes Zusammenhangs einzelner Elemente (Entropie) auf. Das ist Voraussetzung der *Selbstreproduktion:* des Ersetzens von verschwindenden Elementen durch andere. Strukturbildung ist aus dem gleichen Grunde aber auch Voraussetzung für jede *Beobachtung und Beschreibung eines Systems,* und zwar für Fremdbeobachtung (-beschreibung) ebenso wie für Selbstbeobachtung (-beschreibung). Unter diesem Gesichtspunkt wird Strukturbildung auch als Erzeugung von Redundanz aufgefaßt[23]. Das heißt: Die Beschreibung eines Systems erfordert dann nicht, daß jedes Element in seinem jeweiligen konkreten Zustand ermittelt wird, sondern man kann aus einer Beobachtung auf andere schließen (wenn das Wasser läuft, ist der Wasserhahn nicht ordentlich zugedreht oder undicht)[24]. Das vereinfacht die Aufgabe der Beobachtung bzw. Beschreibung und bringt sie in die Reichweite der Informationsverarbeitungskapazität realer Systeme.

Trotz dieser Gemeinsamkeit von Reproduktion und Beschreibung,

22 In der Semantik von »ennui« ist denn auch beides enthalten: Irritation durch andere und Irritation durch Fehlen von Irritation. Beides läuft auf Funktionsdefekte von Strukturen hinaus – historisch gesehen: auf Funktionsdefekte von Interaktionsstrukturen der Oberschicht.

23 Vgl. z. B. Cavallo a.a.O. S. 84 ff.

24 Dieser Gesichtspunkt hat eine zentrale Bedeutung für Alfred Kuhn, The Logic of Social Systems: A Unified, Deductive, System-Based Approach to Social Science, San Francisco 1974.

die darin besteht, daß beide Operationen Strukturbildung voraussetzen, ist damit noch nicht ausgemacht, daß beide Operationen die gleichen Strukturen benutzen. Es kann erhebliche Divergenzen geben. Die Reproduktion erfordert hinreichende lokale Sicherheit, sozusagen Griffnähe des nächsten Elementes, etwa auf eine Frage eine Antwort. Die Beschreibung sucht eher Gesamtsicherheiten und ist daher darauf angewiesen, daß wenige Indikatoren viele Rückschlüsse ermöglichen. Die Reproduktion muß konkrete Elemente durch konkrete Elemente ersetzen. Die Beschreibung kann sich mit statistisch kalkulierten Wahrscheinlichkeiten begnügen. Im einen Falle ist eher Anschlußfähigkeit, im anderen eher Redundanz gefragt, und in hochkomplexen Systemen mag beides weit auseinandergehen. So reproduziert sich auch die moderne Weltgesellschaft unaufhörlich auf der Ebene erwartungsgesteuerter Interaktion; aber sie ist kaum in der Lage, sich selbst angemessen zu beschreiben.

III

Wir haben jetzt die vorherrschenden Definitionsmerkmale des Strukturbegriffs (deren Vielfalt zunächst den Eindruck einer unklaren und umstrittenen Begrifflichkeit hinterläßt) auf den gemeinsamen Nenner der Selektion einer Einschränkung gebracht. Nur die damit verbundene Kontingenz gibt einer Relation zwischen Elementen Strukturwert – und dies gilt sowohl auf der Ebene der real sich reproduzierenden Systeme als auch auf der Ebene ihrer Beschreibungen. Wir haben damit die übliche Alternative von konkretem (wirklichkeitsbezogenem) und analytischem (methodologisch eingeführtem) Strukturbegriff unterlaufen und haben mit dem Abstellen auf Selektivität auch erklärt, weshalb der Strukturbegriff überhaupt benötigt wird und mehr aussagt als das bloße Sprechen von Relationen, Interdependenzen oder Invarianzen. All das hat nur dann die Funktion einer Struktur, wenn es als Einschränkung von kombinatorischen Möglichkeiten selektiv eingeführt ist.

Alle weiteren Präzisierungen des Strukturbegriffs müssen daraufhin als Einschränkung von Einschränkung dargestellt werden. Nicht alle Einschränkungen hätten demnach Strukturwert, sondern nur solche bestimmter Art. So bindet etwa Merton seinen Strukturbegriff an die Vorstellung der Grenzen funktionaler Austauschbarkeit[25]. Dies setzt jedoch als Bedingung von Austauschbarkeit Stabilisierungen, in der Soziologie der 50er Jahre etwa »Rollen« voraus, die mit diesem Strukturbegriff nicht mehr erfaßt werden können. Man übergeht damit die viel tiefer greifende Problematik von Systemen mit temporalisierter Komplexität[26], die Elemente nur als Ereignisse vorsehen, sie also nicht festhalten, also auch nicht austauschen können und gerade dies zum Ausgangspunkt der Strukturbildung nehmen müssen. Wir schränken deshalb den Strukturbegriff auf andere Weise ein: nicht als einen Stabilitätstypus besonderer Art, sondern durch seine Funktion, die autopoietische Reproduktion des Systems von Ereignis zu Ereignis zu ermöglichen. Für soziale Systeme kann man dies durch das Theorem der doppelten Kontingenz präzisieren. Die Selektion von Einschränkungen gewinnt nur dann Strukturwert, wenn sie Reproduktion unter der Bedingung von doppelter Kontingenz ermöglicht. Das heißt nicht zuletzt, daß die Vorwegnahme von Enttäuschungsmöglichkeiten in die Struktur eingearbeitet sein muß.

Die hier herangezogene Theorie autopoietischer Systeme führt zwei verschiedene Komponenten der reproduktiven Selbstbestimmung zusammen. In der überlieferten Begriffssprache heißen sie »Struktur« und »Prozeß«. Die Struktur hält, weil (! – nicht nur: obwohl) sie selbst durch Selektion zustandekommt, einen Möglichkeitsspielraum bereit. Von der Struktur her kommt die laufende Bestimmung der nächsten Elemente durch *Exklusion* anderer bereitgehaltener (systemmöglicher) Möglichkeiten zustande. Für einen Prozeß ist dagegen die *Vorher/Nachher-Differenz* entscheidend. Der Prozeß bestimmt sich im Ausgang vom momentan Aktuellen durch Übergang zu einem dazu passenden, aber von ihm unterschiedenen (neuen) Element. Beides sind kontingente Verfahren – Exklusion ebenso wie Anschlußsuche. Eben deshalb können sie Hand in Hand arbeiten und die Kontingenz der jeweils anderen Komponente reduzieren bis auf ein Minimum, das sozusagen im Sprung genommen werden kann. Das vielleicht beste, jedenfalls weitreichendste Beispiel dafür ist das Sprache gebrauchende Reden.

25 Siehe Robert K. Merton, Social Theory and Social Structure, 2. Auflage Glencoe Ill. 1957, insbes. S. 52 f. Dazu auch Ernest Nagel, Logic Without Metaphysics, Glencoe Ill. 1956, S. 278 ff.

26 Vgl. oben Kapitel 1, III.

Voll verständlich wird diese Konzeption erst, wenn man berücksichtigt, daß und wie Zeit in sie eingebaut ist. Vor allem muß man aber den Begriff des Ereignisses, und damit den Begriff Handlung, radikal genug aufs Momenthafte und Sofort-Vergängliche beziehen[27]. Diesen Weg hat Floyd Allport eingeschlagen in Analysen über die Begriffszusammenhänge von Ereignis und Struktur[28]. Ereignis ist danach das (sozial kleinstmögliche) Temporalatom: »an indivisible, all-or-none happening«. »A single event, then, is a ›dichotomizing‹, non-quantifiable happening, and nothing more. Its representation on a spatio-temporal model would be merely a point.«[29]. Für sich selbst bleibt danach das Ereignis, und ebenso Handlung, uncharakterisiert wie der Punkt. Nicht einmal über die zeitliche Mindestausdehnung läßt sich etwas ausmachen – es sei denn relativ auf selektive strukturelle Verknüpfungen[30].

Als Ereignis ist eine Handlung in doppelter Weise – und in beiden Hinsichten für die »Handlungstheorie« ungeläufig – zu charakterisieren. Einerseits zieht das Ereignis, wenn man so sagen darf, die Konsequenz aus der Tatsache, daß kein Objekt sein Verhältnis zum

27 Dies mißglückt zum Beispiel Dewey in der folgenden Bestimmung von Struktur (die uns an sich sehr nahekommt): »A set of traits is called structure because of its limiting function in relation to other traits of events ... It is ... an arrangement of changing events such that properties which change slowly limit and direct a series of quick changes and give them order which they do not otherwise possess« (John Dewey, Experience and Nature, Chicago 1926, S. 72). Der Fehlgriff liegt in der Vorstellung, daß Ereignisse quasi wie Substanzen Träger von schneller oder langsamer sich ändernden Eigenschaften sein könnten, wobei die trägeren den strukturierenden Einfluß ausübten. Genau diese Differenz widerspricht aber dem Begriff des Ereignisses als nur momenthafter Aktualität.

28 Siehe: An Event-System Theory of Collective Action: With Illustrations from Economic and Political Phenomena and the Production of War, The Journal of Social Psychology 11 (1940), S. 417-445; ders., The Structuring of Events: Outline of a General Theory with Applications to Psychology, The Psychological Review 61 (1954), S. 281-303; ders., A Structuronomic Conception of Behavior: Individual and Collective I, Journal of Abnormal and Social Psychology 64 (1962), S. 3-30. Zur Alternative von Ding-Sprache und Ereignis-Sprache (den Sachunterschied als Sprachunterschied aber unterschätzend) auch Wilfried Sellars, Time and the World Order, Minnesota Studies in the Philosophy of Science Bd. III, Minneapolis 1962, S. 527-616.

29 Beide Zitate a.a.O. (1954), S. 292.

30 Mead setzt an dieser Stelle, zur zeitlichen Begrenzung der Handlungseinheit »act«, die objektiven Begriffe stimulus und response ein. Vgl. The Philosophy of the Act, Chicago 1938, S. 65 f. Das ist aus vielerlei Gründen unannehmbar – nicht zuletzt wegen der Festlegung auf die Systemreferenz behavioral organism und der mangelnden Berücksichtigung von Selbststimulierung.

Zeitlauf ändern kann. Objekte müssen, wenn sie bestehen, mit der Zeit altern. Das Ereignis zieht es vor zu verschwinden. Andererseits vollzieht jedes Ereignis eine Gesamtveränderung von Vergangenheit, Zukunft und Gegenwart – allein schon dadurch, daß es die Gegenwartsqualität an das nächste Ereignis abgibt und für dieses (für seine Zukunft also) Vergangenheit wird. Mit dieser Minimalverschiebung kann sich zugleich der Relevanzgesichtspunkt ändern, der die Horizonte der Vergangenheit und der Zukunft strukturiert und begrenzt. Jedes Ereignis vollzieht in diesem Sinne eine Gesamtmodifikation der Zeit. Die zeitliche Punktualisierung der Elemente als Ereignisse ist *nur in der Zeit* und *nur dank der Zeit möglich;* aber sie realisiert durch Verschwinden und durch Gesamtmodifikation *ein Maximum an Freiheit gegenüber der Zeit.* Dieser Freiheitsgewinn muß durch Strukturbildung bezahlt werden; denn es wird daraufhin nötig, die Reproduktion der Ereignisse durch Ereignisse zu regulieren.

Wenn soziale Systeme sich selbst als Handlungssysteme beschreiben, übernehmen sie dieses Freiheitsarrangement im Verhältnis zur Zeit. Sie müssen daher Strukturen entwickeln, die in der Lage sind, die Handlungsereignisse zu verknüpfen. In dieser Funktion (und nicht in einem mehr oder weniger lange unverändert dauernden Bestand) haben Strukturen ihr primäres Verhältnis zur Zeit, denn die Verknüpfung kann nur in der Zeitdimension geleistet werden. Die Auffassungsform »Ereignis« zwingt, mit anderen Worten, zur Explikation im Schema von Vorher und Nachher. Ohne diese temporale Verknüpfung (und sie kann weder durch eine sachliche noch durch eine soziale Sinnbestimmung ersetzt werden) würde das System, und sogar Handeln überhaupt, mit dem zuletzt aktualisierten Ereignis verschwinden. Jedes Ereignis, auch jede Handlung, erscheint mit einem Mindestmoment an Überraschung, nämlich in Abhebung vom Bisherigen. Insofern ist Neuheit konstitutiv für die Emergenz von Handlung. Alles Neue erscheint aber (zunächst) als singulär. Dieser Komponente von Neuheit, und nicht etwa einer subjektiven Intention, die sich ja wiederholen kann, verdankt die Handlung ihre Einmaligkeit und ihre Einzigartigkeit. Nicht das Subjekt, sondern die in Ereignisse aufgelöste Zeit gibt der Handlung ihre Individualität.

Insofern ist und bleibt auch Unsicherheit Strukturbedingung[31]. Mit

31 Wir kommen im Abschnitt IX darauf zurück.

der Ausmerzung jeder Unsicherheit würde auch die Struktur sich selbst aufheben, denn ihre Funktion liegt gerade darin, die autopoietische Reproduktion trotz Unvorhersehbarkeit zu ermöglichen. Insofern entsteht mit Strukturbildung immer auch ein dazu nötiges Maß an Unsicherheit, und man wird, nicht ohne Schadenfreude, gerade an sicherheitsfanatischen Strukturbildungen wie Bürokratien und Rechtsordnungen feststellen können, wie mit der Zunahme der Bürokratisierung und der Verrechtlichung sich auch die Unsicherheit multipliziert.

Der gleiche Sachverhalt läßt sich auch umgekehrt sehen: Ohne jede Überraschungskomponente, ohne Abweichung vom sachlich Festliegenden, könnte das Handeln nicht temporalisiert, nicht an einem bestimmten Zeitpunkt verankert werden. Ohne Überraschungsmomente gäbe es deshalb keine Strukturbildung, weil nichts vorkäme, was zu verknüpfen wäre[32]. Das daran Neue bleibt aber nicht neu; es wird dadurch, daß es eigene Zeithorizonte des (für es) Vergangenen und (für es) Zukünftigen konstituiert, sofort wieder ins Kontinuum der Zeit zurückversetzt. Es wird gewissermaßen wieder verleimt und so behandelt, als ob man es hätte erwarten können[33]. Das gilt übrigens auch für eigenes Handeln. Auch durch eigenes Handeln kann man sich selbst überraschen,[34] und auch eine darauf bezogene Theorie der Renormalisierung steht schon bereit: die von Kurt Lewin angeregte Theorie variabler Anspruchsniveaus[35].

Dies Wiederherstellen der Erwartbarkeit ist kein Erfordernis der

32 In der Soziologie wird diesem Gesichtspunkt viel zu wenig Aufmerksamkeit geschenkt. Eine Ausnahme: Thomas Mathiesen, The Unanticipated Event and Astonishment, Inquiry 3 (1960), S. 1-17, bezogen aber auf vollständig unerwartete Ereignisse; ferner Østerberg a.a.O. S. 64 ff.

33 Eine entsprechende Interpretation des Handlungsbegriffs von G. H. Mead gibt Werner Bergmann, Zeit, Handlung und Sozialität bei G. H. Mead, Zeitschrift für Soziologie 10 (1981), S. 351-363 (insbes. 360 ff.). Ferner hierzu wichtig: Gaston Bachelard, La dialectique de la durée, 2. Auflage Paris 1950, Neudruck 1972, etwa am Beispiel des Musikhörens: »On ne souviendra pas de l'avoir attendu; on reconnaître simplement, qu'on aurait dû l'attendre« (115).

34 Explizit behandelt z. B. bei Anselm Strauss, Mirrors and Masks: The Search for Identity, Glencoe Ill. 1959, S. 39.

35 Vgl. etwa Margarete Jucknat, Leistung, Anspruchsniveau und Selbstbewußtsein, Psychologische Forschung 22 (1937), S. 89-179; Kurt Lewin et al., Level of Aspiration, in: J. McV. Hunt (Hrsg.), Personality and the Behavior Disorders, New York 1944, Bd. 1, S. 333-378; Leonard Reissman, Levels of Aspiration and Social Class, American Sociological Review 18 (1953), S. 233-242.

Stabilität, sondern ein Erfordernis der Reproduktion. Erwartungen sind, und insofern sind sie Strukturen, das autopoietische Erfordernis für die Reproduktion von Handlungen. Ohne sie würde das System in einer gegebenen *Umwelt* mangels *innerer* Anschlußfähigkeit schlicht aufhören, und zwar: von selbst aufhören. Es geht also nicht um ein Problem der fehlenden Anpassungsfähigkeit im Verhältnis zur Umwelt. (Auf dieses Problem reagiert das System nicht durch Strukturen schlechthin, sondern durch Flexibilität der Strukturen und durch Steuerung ihrer Selektion.) Erwartungsstrukturen sind zunächst ganz einfach Bedingung der Möglichkeit anschlußfähigen Handelns und insofern Bedingung der Möglichkeit der Selbstreproduktion der Elemente durch ihr eigenes Arrangement. Die Elemente müssen, da zeitgebunden, laufend erneuert werden; sonst würde das System aufhören zu existieren. Die Gegenwart entschwände in die Vergangenheit, und nichts würde folgen. Dies ist nur zu verhindern dadurch, daß der Handlungssinn in einem Horizont der Erwartung weiteren Handelns konstituiert wird – sei es, daß man Fortsetzung einer sinnverdichteten Sequenz erwartet so wie beim Wählen einer Telephonnummer die nächste Zahl; sei es, daß man komplementäres andersartiges Verhalten erwartet so wie beim Klingeln das Öffnen der Tür. Es scheint dann so, als ob das Handeln sich selbst einer momenthaften Vergänglichkeit entzieht, sich über sich hinausschwingt[36]. Dies ist aber nicht durch eine immanente energeia, eine Kraft, einen élan vital des Handelns möglich, sondern nur durch Vorgabe und laufende Reaktivierung von Erwartungsstrukturen, die die Unsicherheiten der Zukunft (und damit auch die temporale Selbstreferenz des Einzelelementes Handlung) so weit reduzieren, daß das Handeln sich selbst durch Selektion von Relationierungen spezifizieren kann. Wie weit dies auch für andere als soziale Systeme gilt, bedürfte einer gesonderten Untersuchung. Die Stabilität von Erwartungen beruht mithin auf dem ständigen Aufhören und Neubeginn der Handlungen, auf ihrer »Eventualität«. Das Fluktuieren des Materials der basalen Ereignisse ist Voraussetzung dafür, daß man Erwartungen in Unterscheidung von dem, was sich ändert, bilden und festhalten kann.

Der Strukturbegriff ist mithin ein Komplementärbegriff zur Ereig-

36 So die Andeutungen zu einer Handlungstheorie bei Vauvenargues (1715-1747). Vgl. dazu Niklas Luhmann, Zeit und Handlung: Eine vergessene Theorie, Zeitschrift für Soziologie 8 (1979), S. 63-81.

nishaftigkeit der Elemente[37]. Er bezeichnet eine Bedingung der Möglichkeit basaler Selbstreferenz und selbstreferentieller Reproduktion des Systems[38]. Struktur kann deshalb, auch das ist mit »Komplementärbegriff« gesagt, nie als Summe oder als Häufung von Elementen begriffen werden. Der Strukturbegriff bezeichnet eine andere Ebene der Ordnung von Wirklichkeit als der Ereignisbegriff.

Entsprechend muß auch der Ereignisbegriff als Komplementärbegriff zum Strukturbegriff gefaßt werden. Dies geschieht mit Hilfe des Konzepts basaler Selbstreferenz[39]. Bereits in der Philosophie von Alfred North Whitehead hatte der Begriff des »actual occasion« diese basale Stellung erhalten, und war zugleich, denn nur so läßt sich Verknüpfbarkeit gewährleisten, mit Selbstbezüglichkeit (»has significance for itself«) ausgestattet worden. Selbstreferenz wird zum Wirklichkeitskriterium schlechthin, und das auf der Ebene von nicht weiter auflösbaren Elementen, weil nur so Kohärenz zu gewährleisten ist. Selbstreferenz ist dabei ein komplexer Begriff. Gemeint ist die Fähigkeit, sich selbst durch eine Kombination von »self-identity« und »self-diversity« intern zu bestimmen und dabei zugleich Spielraum zu lassen für externe Mitbestimmung[40]. Dies Artikulationsniveau sollte nicht unterschritten werden; es ermöglicht eine adäquate Rekonstruktion dessen, was We-

37 Zum Teil ist genau dieser Theorieplatz im Anschluß an Ilya Prigogine durch »dissipative Strukturen« besetzt – ein Begriff, der aber auf dem Energiebegriff basiert. Vgl. z. B. Erich Jantsch, The Self-Organizing Universe: Scientific and Human Implications of the Emerging Paradigm of Evolution, Oxford 1980.

38 Siehe auch Daniel Katz/Robert L. Kahn, The Social Psychology of Organizations, New York 1966, S. 20 f. unter Berufung auf Allport: The Structure is to be found in an interrelated set of events which return upon themselves to complete and renew a cycle of activities. It is events rather than things which are structured, so that social structure is a dynamic rather than a static concept«.

39 Vgl. S. 199 f. und 600 f.

40 Zitate aus: Alfred N. Whitehead, Process and Reality: An Essay in Cosmology, (1929) New York 1969, S. 30. Die deutsche Übersetzung Prozeß und Realität, Entwurf einer Kosmologie, Frankfurt 1979, S. 69, vereinfacht leider self-identity zu Identität und self-diversity zu Verschiedenheit. Vgl. im übrigen Reiner Wiehl, Zeit und Zeitlosigkeit in der Philosophie A. N. Whiteheads, in: Natur und Geschichte: Karl Löwith zum 70. Geburtstag, Stuttgart 1967, S. 373-405, und für eine Übertragung auf Handlungstheorie Thomas J. Fararo, On the Foundations of the Theory of Action in Whitehead and Parsons, in: Jan J. Loubser et al. (Hrsg.) Explorations in General Theory in Social Science: Essays in Honor of Talcott Parsons Bd. 1, New York 1976, S. 90-122.

ber gemeint haben könnte, wenn er vom »subjektiv gemeinten Sinn« der Handlung sprach.
Was auf diese Weise erreicht wird, kann auch als ein Zusammenhang mehrerer Variabler beschrieben werden, die sich, oberflächlich gesehen, widersprechen, nämlich als Einheit von (1) selektiver Verknüpfung der Elemente, (2) Bindung freier Energien aus anderen Realitätsschichten durch Interpenetration, (3) ständige sofortige Wiederauflösung der Verknüpfung und der Bindung, (4) Reproduktion der Elemente auf Grund der Selektivität aller verknüpfenden und bindenden Relationen, und (5) Fähigkeit zur Evolution im Sinne einer abweichenden Reproduktion, die Möglichkeiten der Neuselektion eröffnet[41]. Ein solches System hat kein zeitfestes Wesen. Es ist auch nicht nur in dem Sinne der Zeit ausgesetzt, daß es sich anpassen und gegebenenfalls Strukturen ändern muß. Nicht einmal die Austauschbarkeit der Elemente (davon war die Theorie der Autopoiesis im Hinblick auf Makromoleküle bzw. Zellen ausgegangen) erfaßt den Zeitbezug radikal genug. Handlungssysteme benutzen die Zeit, um ihre kontinuierliche Selbstauflösung zu erzwingen; sie erzwingen ihre kontinuierliche Selbstauflösung, um die Selektivität aller Selbsterneuerung sicherzustellen; und sie benutzen diese Selektivität, um die Selbsterneuerung selbst zu ermöglichen in einer Umwelt, die kontinuierlich schwankende Anforderungen stellt.

IV

Die Konsequenzen des soeben eingeführten Ereignis/Struktur-Konzepts reichen, auch das wird besonders an der philosophischen Kosmologie Whiteheads deutlich, bis weit in die Wissenschaftstheorie hinein. Das soll mit einer kurzen Abschweifung zumindest angedeutet werden.
Um die Ausgangspunkte in Erinnerung zu halten: Nur auf der Ebene seiner Elemente ist ein System voll konkretisiert. Nur hier

41 Ganz ähnlich, aber ohne Rücksicht auf die Ereignishaftigkeit der Elemente und ohne Thematisierung von Interpenetration, die Variablen des Computer-Modells autopoietischer Systeme, mit denen Milan Zeleny arbeitet, nämlich production, bonding und disintegration, Vgl. Self-Organization of Living Systems: A Formal Model of Autopoiesis, International Journal of General Systems 4 (1977), S. 13-28; ders., Autopoiesis: A Paradigm Lost?, in Milan Zeleny (Hrsg.), Autopoiesis, Dissipative Structures, and Spontaneous Social Orders, Boulder Col. 1980, S. 3-43.

gewinnt ein System zeitweise wirkliche Existenz. Temporalisierte Elemente (Ereignisse, Handlungen) haben aber immer ein Moment der Überraschung an sich, sind immer Neukombinationen von Bestimmtheit und Unbestimmtheit. Das schließt ein Wissenschaftsprogramm aus, das die Absicht verfolgt, das Konkrete zu erklären. Es befriedigt dann auch nicht, an diesem Programm Abstriche vorzunehmen, sozusagen auf zahllose Details zu verzichten, sich mit einer nur ungefähren Erfassung des Konkreten zu begnügen, denn das Problem liegt nicht nur in der unerfaßbaren Komplexität des Konkreten, sondern in seiner zeitlichen Diskontinuität. Diese Einsicht zwingt zu einer radikalen Umstellung des Wissenschaftsprogramms. Die Leitfrage ist dann nicht mehr: wie ist dieser oder jener konkrete Zustand zustandegekommen? Sie muß vielmehr lauten: wie ist Abstraktion möglich?

Erst diese Wende ermöglicht es, die Wissenschaft (und spezieller: die Erkenntnis) in ihr eigenes Erklärungsprogramm einzubeziehen. Begriffe, Sätze, Theorien der Wissenschaft sind nicht nur als Instrumente zu erklären in bezug auf ihre Eignung, das Konkrete adäquat zu erfassen oder gar widerzuspiegeln. Sie sind ihrerseits Abstraktionen, die das Flüchtige des Moments durch Selektion zu überdauern suchen, und wenn man wissen will, wie das möglich ist, muß man zunächst fragen, wie Abstraktion auf der Basis einer konkret-ereignishaften Realität überhaupt möglich ist. Wenn Abstraktes zum Erklärungsziel wird, wird Wissenschaft damit implizit auch auf Selbsterklärung hingelenkt. Sie erfährt im Prozeß des Erkennens auch etwas darüber, wie Erkenntnis selbst möglich ist.

Ferner unterläuft diese Umdisposition den klassischen Zusammenhang von Grund, Gesetz und Notwendigkeit. Das Notwendige ist nicht auf Grund eines Grundes notwendig und auch nicht auf Grund eines Gesetzes. Notwendigkeit ist nichts anderes als die autopoietische Reproduktion selbst. Deren Notwendigkeit besteht darin, daß es für sie nur eine einzige Alternative gibt: das Aufhören, die Beendung des Systems[42]. In diesem Sinne ist alle Ordnung *anti-teleologisch* ausgerichtet: Sie will dieses Ende *gerade nicht!*

42 Im strengen Sinne gilt dies nur für Gesellschaftssysteme. Nur für sie wäre Aufhören in einem bestimmten Moment reiner Zufall (und deshalb: extrem unwahrscheinlich). Andere Systeme können strukturell ihr eigenes Ende vorsehen, können Beendungseinverständnisse erzeugen, Beendungszeremoniells institutionalisieren – all dies auf Grund der Gewißheit, daß die Gesellschaft weiterbesteht und andere Systemgrundla-

Aufhören würde bedeuten, daß man den Zufall des momentan gerade aktuellen Ereignisses zum Anlaß nimmt, nichts mehr zu tun. Zufall bleibt also der Gegenbegriff zu Notwendigkeit. Unter der Bedingung autopoietischer Systeme wäre Aufhören Zufall, und Weitermachen ist deshalb Notwendigkeit. Der Grund der Notwendigkeit ist nichts anderes als diese Differenz. Die Theorie, die so disponiert, findet sich von Identität auf Differenz umgestellt.
Wenn die Wissenschaftstheorie Theorien dieser Art zu behandeln hat, kann sie nicht mehr gut als Gesetzgeber auftreten. Sie kann sich als Differenzgeber begreifen. In diesem Sinne hatten wir einleitend den Begriff des Paradigmas als Leitdifferenz definiert. Die Wissenschaftstheorie ist selbst nur Theorie, wenn sie ihre Notwendigkeit als Notwendigkeit der Reproduktion von Wissenserlebnissen begreift und wenn sie ihre Aufgabe als Entwurf der dafür nötigen Abstraktionen ansieht. Der Titel »Theorie« legt auch, aber nicht nur, auf Revisionsbereitschaft fest. Er signalisiert darüber hinaus eine kombinatorische Steigerung von Zufall und Notwendigkeit.

V

Mit dieser Tieferlegung der Zeitdimension und mit der Interpretation von Handlung als Ereignis konvergiert eine sozialwissenschaftliche Theorieentwicklung, die seit den 40er und 50er Jahren dem Begriff der *Erwartung* und besonders der Verhaltenserwartung zunehmende Bedeutung zugewiesen hat[43]. Teils kommt der Begriff als Definitionskomponente von »Rolle«, dann auch von »Norm« in Gebrauch, teils dient er zur Erklärung der Integration reziproker Perspektiven, teils liegt er den Entscheidungstheorien zugrunde, die trotz unsicherer Zukunft Wege zu rationalem Entscheiden erschließen wollen. Bei all dem hat der Begriff der Erwartung jedoch mehr durch seinen Verwendungsnutzen als durch seine

gen sozialen Handelns bereithält. Interaktionssysteme reproduzieren durch Regelung ihrer Beendung immer noch Gesellschaft. Vgl. hierzu Stuart Albert/William Jones, The Temporal Transition from Being Together to Being Alone: The Significance and Structure of Children's Bedtime Stories, in: Bernard S. Gorman/Alden E. Wessman (Hrsg.), The Personal Experience of Time, New York 1977, S. 111-132.

43 Vgl. namentlich die theoretisch zentrale Stellung von »expectations and evaluations« und »complementarity of expectations« im »General Statement« in: Talcott Parsons/Edward A. Shils (Hrsg.), Toward a General Theory of Action, Cambridge Mass. 1951, S. 11 f., 14 ff. Weitere Literatur-Hinweise in Kapitel 2 Anm. 73.

eigene Begrifflichkeit überzeugt. Insgesamt hat er in den angegebenen Zusammenhängen das Auflösevermögen wissenschaftlicher Analyse gegenüber Kompaktbegriffen wie Rolle, Norm, Sozialität, Nutzen gesteigert. Wir haben den Erwartungsbegriff deshalb bereits im Kontext der Sinntheorie eingeführt[44], um den zentralen theoretischen Stellenwert zu betonen und die bisher eher punktuell einsichtigen Vorteile dieses Begriffs zu integrieren. Mit Hilfe der These, daß soziale Strukturen nichts anderes sind als Erwartungsstrukturen, läßt dieser Theoriegewinn sich jetzt mit der Systemtheorie zusammenschließen.

Erwartung entsteht durch Einschränkung des Möglichkeitsspielraums. Sie ist letztlich nichts anderes als diese Einschränkung selbst[45]. Das, was übrig bleibt, wird dann eben erwartet; ihm kommt der Verdichtungsgewinn zugute. Dies ist an wahrnehmbaren Dingkonstellationen rasch plausibel zu machen; aber auch der Kommunikationsprozeß schließt mit Themenwahl und Beiträgen zum Thema sehr rasch viel aus und begründet damit (selbst wenn gar nichts in Aussicht gestellt oder versprochen wird) Erwartungen.

Ein wichtiger Effekt von Erwartungsbildungen ist: daß abweichendes Geschehen an Hand der Erwartung als Störung sichtbar wird, ohne daß man die Gründe dafür zu kennen braucht. Wir kommen bei der Erörterung des »Immunsystems« sozialer Systeme (Kap. 9) darauf zurück. Auch darin liegt eine wirkungsvolle Reduktion von Komplexität. Die Erwartungsbildung egalisiert eine Vielzahl höchst heterogener Geschehnisse auf den gemeinsamen Nenner der Erwartungsenttäuschung und zeichnet damit Behandlungslinien vor. Man ist so gut wie gezwungen, auf die Enttäuschung zu reagieren. Man kann dies durch Anpassung der Erwartung an die Enttäuschungslage (Lernen) tun oder genau gegenteilig durch Festhalten der Erwartung trotz Enttäuschung und Insistieren auf erwartungsgemäßem Verhalten. Welche Reaktionsweise gewählt wird, kann

44 Vgl. Kapitel 2, S. 139.

45 Vgl. die Identifikation von »field expectancy« und »bounding conditions« bei Allport a.a.O. (1954), S. 295. Auch Walter Buckley, Sociology and Modern Systems Theory, Englewood Cliffs N. J., 1967, kommt dieser Auffassung nahe. Auf S. 128 heißt es: »The *structure* of such a system is then viewed in terms of *sets of alternative actions* or tendencies to act in certain ways, associated with the components and the *constraints* that specify or limit these alternative actions. The genesis of organization is thus the generation of these sets of alternatives and the constraints defining them.«

systemintern vorstrukturiert werden, und erst davon hängt ab, wie weit und in welcher Richtung man sich um die Ursachen der Abweichung zu kümmern hat. Wir werden weiter unten (unter XII) die Unterscheidung von kognitivem und normativem Erwartungsstil auf diese Differenz zurückführen. Hier sei nur festgehalten, daß alles, was im semantischen Apparat einer Kultur als »Wissen« oder als »Norm« fungiert, auf jener vorgängigen Reduktion beruht, die sehr verschiedenartige Ereignisse in die Form der Erwartungsenttäuschung bringt. Auch daran wird deutlich, wie scharf jede Strukturbildung seligiert.

Im Unterschied zu Parsons können wir nicht formulieren, Erwartung sei »property« von Handlung[46]. Vielmehr ist das Verhältnis von Erwartung und Handlung nichts anderes als das Verhältnis von Struktur und Handlung, gesehen von der Handlung her; und das Verhältnis von Struktur und Handlung ist, wohl unbestritten, ein solches gegenseitiger Ermöglichung[47]. Ein solches Konzept muß zwar darauf verzichten, Ordnung auf einen von ihr unabhängigen Anfang zurückzuführen. Statt dessen wird man sagen können, daß relativ zufällige Handlungsereignisse, wenn sie vorkommen, durch ihr Geschehen erwartungsbildend wirken und daß das Anschlußgeschehen dann weniger zufällig abläuft[48].

Ereignis/Struktur-Theorie und Erwartungstheorie werden zusammengeführt mit der These, daß Strukturen sozialer Systeme in Erwartungen bestehen, daß sie *Erwartungsstrukturen* sind und daß es für soziale Systeme, weil sie ihre Elemente als Handlungsereignisse temporalisieren, ***keine anderen Strukturbildungsmöglichkeiten***

46 »It is a fundamental property of action thus defined«, heißt es in The Social System, Glencoe Ill. 1951, S. 5, »that it does not consist only of ad hoc ›responses‹ to particular situational ›stimuli‹ but that the actor develops a *system* of ›expectations‹ relative to the various objects of the situation«. Alles o. k., besonders die Ablehnung des stimulus/response-Schemas und die Vorstellung, daß Handlung sich über Erwartungen systematisiere. Doch ist dies keine Eigenschaft von Handlung, da auch in umgekehrter Richtung argumentiert werden kann, daß ein System erst mit Hilfe von Erwartungsstrukturen Handlungen konstituieren und reproduzieren könne. Man beachte auch die ambivalente Zurechnung der Erwartungen – teils auf action, teils auf actor.

47 Siehe nur Anthony Giddens, Central Problems in Social Theory: Action, Structure and Contradiction in Social Analysis, London 1979, z. B. S. 49.

48 »The natural Event is improbable in itself, but its occurrence changes the probabilities of other ›random intrusions‹, formuliert für eine allgemeine Evolutionstheorie Anthony Wilden, System and Structure: Essays in Communication and Exchange, 2. Auflage, London 1980, S. 400.

gibt. Das heißt: Strukturen gibt es nur als jeweils gegenwärtige; sie durchgreifen die Zeit nur im Zeithorizont der Gegenwart, die gegenwärtige Zukunft mit der gegenwärtigen Vergangenheit integrierend. Eine künftige Enttäuschung von Erwartungen bedeutet also nicht, daß es keine Struktur gewesen war. Dies ist kein »subjektiver« Strukturbegriff (im Unterschied zu einem »objektiven«). Erwartung ist als Sinnform, nicht als innerpsychischer Vorgang gemeint. Der Begriff der Erwartungsstruktur ist aber auf das selbstreferentielle System bezogen, das sich durch Erwartungen strukturiert. Wie weit solche Strukturen einem Beobachter zugänglich sind und wie weit ein Beobachter Zusammenhänge sehen kann, die dem beobachteten System selbst unzugänglich sind, ist eine andere Frage. Man muß daher vorsichtig sein mit dem Begriff »latente Struktur«. Wenn statistische Artefakte bzw. Zusammenhänge gemeint sind[49], sollte man es bei dem Hinweis darauf belassen. Es mag sich dabei um Instrumentierung einer Beobachtung, auch einer Selbstbeobachtung handeln. Davon zu unterscheiden ist Latenz im Sinne einer Anwartschaft, einer Möglichkeit der Formierung von Erwartungsstrukturen, eines möglichen Rearrangements der Sinnverweisungen des Systems, das aber aus historischen Gründen noch nicht gesehen bzw. aus strukturellen Gründen blockiert ist.

VI

Erst nachdem geklärt ist, daß Systemstrukturen aus Erwartungen gebildet sind, ist es möglich, ein weiteres Thema aufzugreifen, das üblicherweise, wenn überhaupt, eher im Zusammenhang mit dem Handlungsbegriff erörtert wird. Ich meine: *Entscheidungen.*

Die Soziologie hat, vielleicht in der Furcht, auf psychologisches oder wirtschaftswissenschaftliches Terrain zu geraten, die Ausarbeitung einer eigenen Entscheidungstheorie vermieden[50]. Sie hat

49 Vgl. z. B. Paul F. Lazarsfeld, The Logic and Mathematical Foundation of Latent Structure Analysis, in: Samuel A. Stouffer et. al., Measurement and Prediction, Princeton N. J., 1950, S. 362-412.

50 Selbst eine explizite Behandlung an systematischer Stelle ist selten. Man findet sie z. B. bei Alfred Kuhn, The Logic of Social Systems: A Unified, Deductive, System-Based Approach to Social Science, San Francisco 1974, S. 104 ff. – aber nur als Kopie der ökonomischen Entscheidungslehre und ohne eigenständig-soziologische Begriffsentwicklung.

sich als Handlungswissenschaft, nicht als Entscheidungswissenschaft verstanden. Natürlich konnte sie nicht ignorieren, daß im sozialen Leben Entscheidungen vorkommen, aber das Verhältnis von Entscheidung und Handlung blieb ungeklärt. Man hat sich mit einem Allerweltsverständnis von Entscheidung begnügt – etwa: Wahl zwischen Alternativen – und dann nur noch nach sozialer Konditionierung der Ergebnisse des Entscheidens gefragt. Dies soll im folgenden durch einen Begriffsbildungsvorschlag korrigiert werden. Wir begeben uns damit auf unbearbeitetes Gelände und können deshalb die Konsequenzen noch nicht voll überblicken.

Von *Entscheidung* soll immer dann gesprochen werden, *wenn und soweit die Sinngebung einer Handlung auf eine an sie selbst gerichtete Erwartung reagiert.* Daß eine Handlung ihrerseits immer erwartungsorientiert abläuft, versteht sich von selbst. Dadurch entsteht kein Entscheidungsdruck. Entscheidungslagen ergeben sich erst, wenn die Erwartung auf die Handlung oder ihr Unterbleiben zurückgerichtet wird, wenn sie selbst erwartet wird. Dann schafft die Erwartung die Alternative von Konformität oder Abweichung, und dann hat man zu entscheiden.

Wir geben hiermit die übliche Annahme auf, die Einheit einer Entscheidung könne als Ausdruck der Einheit einer (wie immer aggregierten, Kosten einschließenden) Präferenz aufgefaßt werden. Im gesamten Bereich des »kollektiven« Entscheidens ist sie ohnehin überholt[51], und auch für psychische Systeme ist sie (außer in besonders präparierten Situationen) hochgradig unrealistisch. An die Stelle der Differenz von besser und schlechter im Hinblick auf Präferenzen, deren Festlegung dem System überlassen bleibt, setzen wir mithin die Differenz von erwartungskonform oder abweichend als konstitutiv für die Notwendigkeit zu entscheiden. Dies schließt den Fall des präferenzorientierten und ebenso den Sonderfall des optimierenden Entscheidens ein; denn man kann Präferenzen und Optimierversuche als Erwartungen auffassen, die vom Entscheider oder von anderen an das Verhalten gerichtet werden. Unser Argument lautet nur: dies ist, soziologisch gesehen, nicht der ursprüng-

51 Spätestens seit Kenneth J. Arrow, Social Choice and Individual Values, New York 1951. Daß gerade dadurch der Entscheidungs*prozeß* mit all seinen Prämissen bedeutsam wird, hat vor allem Herbert A. Simon herausgearbeitet. Vgl. Models of Man: Social and Rational: Mathematical Essays on Rational Human Behavior in a Social Setting, New York 1957.

liche und wohl auch kaum der normale Fall, der ein Entscheidungsverhalten auslöst.

Wir lassen bei der Bestimmung des Begriffs der Entscheidung offen, wer die Sinngebung vollzieht: ob der Handelnde selbst oder ein Beobachter. Handeln ist, soweit überhaupt Entscheidung, immer *für jemanden* Entscheidung – oft für den Handelnden selbst, zuweilen aber auch nur für andere[52]. Nicht selten kommt es deshalb vor, daß jemand durch andere oder durch sich selbst mit der Feststellung überrascht wird, eine Entscheidung getroffen zu haben. In den Sinn einer schon abgelaufenen Handlung wird dann eingefügt, daß sie einer Erwartung entsprochen bzw. gegen sie verstoßen hatte.

Ferner ist der Begriff auch darin relativ, daß es sich um Erwartungen anderer oder auch um Erwartungen des Handelnden selbst handeln kann. Typisch liegen Gemengelagen vor. Man unterläßt das Zähneputzen nach dem Essen, weil das Taxi schon vorgefahren ist und man es nicht warten lassen oder fürs Warten nicht bezahlen möchte. Häufig sind es konfligierende Erwartungen, die Entscheidungen erzwingen; aber die Merkmale unseres Begriffs sind auch dann erfüllt, wenn man einer Einzelerwartung nachkommt oder nicht nachkommt. Erforderlich ist nur, daß der Erwartungsbezug in die Sinnbestimmung aufgenommen wird, daß man also handelt, weil es erwartet wird. Der bloße Vollzug genügt nicht. Demnach verliert also ein Handeln, das zur Routine wird, den Charakter einer Entscheidung. Die Sinngleichheit mit dem Erwarten macht es dann aber trotzdem möglich, in Konfliktfällen oder bei Abweichungen den Entscheidungsgehalt des Handelns zu reaktivieren.

Das Entscheiden aktualisiert also die über Erwartungen laufende Selbstreferenz des Handelns. Die Handlung bezieht sich auf sich selbst dadurch zurück, daß in ihren Sinn eingeht, daß sie erwartet wird. Daß dazu Bewußtsein erforderlich ist, versteht sich von selbst, ist aber nur Voraussetzung, nicht charakterisierendes Merkmal des Entscheidens selbst. Entscheiden ist nicht ein Bewußtseinszustand, sondern eine Sinnstruktur. Wie adäquat das dafür in Anspruch genommene Bewußtsein ist und wessen Bewußtsein es ist und wie sehr sich die Bewußtseinsinhalte verschiedener psychischer

52 Diese Relativität bewährt sich bei Analysen organisierten Entscheidungsverhaltens. Vgl. Niklas Luhmann, Organisation und Entscheidung, in ders., Soziologische Aufklärung Bd. 3, Opladen 1981, S. 335-389.

Systeme angesichts einer Entscheidung überdecken, müssen wir psychologischen Untersuchungen überlassen.

Mit Hilfe der Orientierung an Erwartungen, die strukturell gesichert, also relativ beständig sind, überbrückt die Entscheidung ihre eigene Vorher/Nachher-Differenz. Die Entscheidung ist, wenn man das so formulieren darf, vor der Entscheidung eine andere als nach der Entscheidung. Vor der Entscheidung liegen die Alternativen, die sich durch das Erwarten bilden, offen zu Tage. Es steht noch nicht fest, welche gewählt wird. Jede Option ist auch anders möglich. Man kann Gründe für die eine oder andere Wahl suchen, kann die Entscheidung unter Umständen auch hinausschieben. Soll ich die Suppe zurückgehen lassen oder nicht, weil sie zu salzig ist, (obwohl von einem Gast protestloses Essen *erwartet* wird)? Nach der Entscheidung steht die Auswahl fest: Ich habe moniert und muß die Konsequenzen tragen. Daß es eine Entscheidung war, sieht man jetzt daran, daß die getroffene Auswahl als kontingent behandelt wird und die Anschlußhandlungen durch diese Kontingenz (und nicht nur durch die Faktizität des damit erreichten Zustandes) motiviert werden. Der Kellner macht eine saure Miene zur salzigen Suppe, bringt keinen Ersatz und erwartet die Bezahlung. Vor der Entscheidung gibt es mithin die Differenz der Alternativen, nach der Entscheidung gibt es zusätzlich eine Relation zu dieser Relation, nämlich die Beziehung der ausgewählten Alternative zu dieser Auswahldifferenz. Zwei Formen der Kontingenz, offene Kontingenz und Auch-anders-möglich-gewesen-sein der getroffenen Entscheidung kommen zur Einheit. Die Entscheidung überträgt die Kontingenz aus der einen in die andere Form; und daß sie das kann, ist dadurch gesichert, daß die Kontingenz an Erwartungen entlang konstituiert wird, die die Situation strukturieren. Entsprechend ist die Semantik von »Entscheidung« notwendig ambivalent. Die übliche Definition von Entscheidung als Wahlhandlung (choice) nennt nur einen Teilaspekt dieses Gesamtsachverhalts.

Diese komplizierte Binnenstruktur des Entscheidens als Umformung von Kontingenz macht deutlich, daß die Differenz der Alternativen während und nach dem Entscheiden sich ändern kann. Die Entscheidung mag alte Erwartungen fallen lassen und neue heranziehen, um ihre Kontingenz zu behaupten. Eine übersehene Alternative (die Suppe nicht zu essen, sie aber auch nicht zu beanstanden) drängt sich im Nachhinein auf. Es hätte elegantere Lösungen des Problems gegeben, die den Entscheidungscharakter weniger stark akzentuieren, weil die gewählte Alternative näher bei den Erwartungen liegt, die die Entscheidungssituation strukturieren. Die Entscheidung kann, mit anderen Worten, ihre Qualität ändern, und dies vor, während und nach der Entscheidung. Häufig ist zum Beispiel das Erwischtwerden ein Grund, den Alternativenhorizont umzustrukturieren; und darüber mögen dann die Beteiligten (Beobachter) verschiedener Meinung sein und bleiben, ohne daß die Entscheidung dadurch ihren Charakter als Entscheidung und ihre Identifizierbarkeit verlöre. Die Entscheidungssituation bleibt konstituiert, ihre Definition kann noch geändert werden[53].

Es ist vor allem dieser Spielraum der möglichen Variation, den der Entscheidende ausnutzt, wenn er eine relativ rationale Entscheidung treffen bzw. getroffen haben will. Er strebt keine Grenzwerte an – weder eine optimale Relation von Zweckerreichung und Mitteleinsatz noch eine Maximierung des erwarteten Nutzens. Er sucht eine günstige Konstellierung von Handlung und Erwartung, wobei die Erwartungen und die durch sie gebildeten Alternativen in sozialer und zeitlicher Komplexität, das heißt relativ auf Beobachter und relativ auf das Fortschreiten der Zeit, das Spielmaterial bilden. Es sind eher Ausnahmesituationen, in denen auch die Erwartung rationalen Entscheidens im Sinne von Optimierung oder Maximierung, also im Sinne einzig-richtigen Entscheidens eine Rolle spielt. So mag man in organisierten Betrieben mit solchen Erwartungen rechnen müssen und dadurch genötigt sein, Entscheidungen über ein Entscheidungsverhalten zu treffen, das sich sehen lassen kann. Das normale Leben kommt ohne Superlative aus.

Die Soziologie wird Spitzenleistungen eher in anderen Bereichen suchen, eher zum Beispiel bei Delinquenten, die mit ihrer Entscheidung auf unerwartet-erwartbare Weise konfrontiert sind, oder bei Damen vor und nach der Verführung, bei Prüflingen im Examen oder bei der Vorbereitung von eventuell nötigen Ausreden in Bürokratien. Wir lassen offen, ob auch hierfür allgemeine Vergleichsmaßstäbe der Rationalität entwickelt werden könnten oder ob die bekannten auch hier funktionieren. Soziologisch wichtiger sind zu vermutende Zusammenhänge zwischen Erwartungsstrukturen, deren Ausmaß an Bestimmtheit bzw. Vieldeutigkeit und deren Aus-

53 Diese Unterscheidung Konstitution/Definition von Situationen hat Jürgen Markowitz, Die soziale Situation, Frankfurt 1979, S. 164 ff. eingeführt.

prägung in kognitive bzw. normative Richtung auf der einen und Entscheidungszumutung, Entscheidungslast, Entscheidungsspielräumen auf der anderen Seite. Es geht dann weniger um ein Subjekt oder um einen Unternehmer, der seinen Willen nach Prüfung der Situation festlegt; sondern es geht um eine strukturell erzwungene Variation im Modus selbstreferentiellen Handelns, um höhere Ansprüche an die Konstitution der Elemente, aus denen soziale Systeme gebildet werden; und es geht vor allem um eine Vielzahl von Konsequenzen, mit denen man zu rechnen hat, wenn ein Sozialsystem sich selbst in Richtung auf Entscheiden steigert und durchreflektiert.

VII

Nach diesem Exkurs zurück in die Nähe des Handlungsbegriffs kehren wir zum Hauptthema dieses Kapitels zurück. Nachdem der Strukturbegriff geklärt ist und Strukturen für soziale Systeme als Erwartungsstrukturen identifiziert sind, können wir uns der Frage zuwenden, welche Strukturen eine Chance haben, gewählt zu werden und sich evolutionär zu bewähren. Im Kontext einer allgemeinen Theorie sozialer Systeme kann es hierbei natürlich nicht um inhaltliche Merkmale gehen, sondern nur um Formmerkmale. Wir fragen also nicht nach Arten und Gattungen von Erwartungen und versuchen auch keine Typenbildungen. Es geht uns auch nicht um Einteilungen wie ökonomisch/religiös/kulturell/politisch/pädagogisch – also nicht um Lebensbereiche verschiedener Art. Derartige Dekompositionen würden ohnehin den Bezug auf die Einheit des Systems aus den Augen verlieren. Die Frage ist vielmehr, ob Aussagen darüber möglich sind, wie sich auf der Ebene der Strukturbildung der Bezug auf die Einheit des Systems und deren Differenz zur Umwelt realisiert – und zwar durch Selektion der Struktur und, dadurch bedingt, in prägnanter Form. Oder anders gesagt: Ergeben sich allein daraus schon, daß offene Komplexität reduziert und Struktur seligiert werden muß, unabhängig von allen Erwartungsinhalten Formen angebbarer Art?
Die in der allgemeinen Systemtheorie wohl verbreitetste Antwort auf diese Frage hält sich an das Prinzip der *Hierarchie*[54]. Darunter

54 Vgl. Kapitel 1, II unter 2.

kann sehr Verschiedenes verstanden werden, zum Beispiel: Weisungsketten, Zweck/Mittel-Hierarchien, Subsystemeinschachtelungen. Jedenfalls wird die Einheit des Systems als transitiver Ordnungsaufbau wiedergegeben, und alles, was sich dem nicht fügt, hat keine Chance, Struktur zu werden. Andersartige, frei flottierende Formen mögen aufkommen, aber sie haben auf Dauer gesehen nicht die Möglichkeit, sich zu bewähren. Sie sind dafür in ihrer Relation zur Einheit des Systems nicht einfach genug.

Obwohl dieses Konzept immer wieder auch für soziale Systeme vertreten wird[55], ist es für diesen Systembildungstyp ungeeignet. Es trifft, realistisch gesehen, einfach nicht zu, daß soziale Systeme sich durchweg in der Form von Hierarchien bilden[56], das Prinzip würde sie offenbar zu stark straffen, zu stark zentralisieren, zu stark vereinfachen. Man braucht nicht zu bestreiten, daß Hierarchie eine besonders komplexitätsgünstige Form der Systembildung ist und daß sie zugleich die Einheit des komplexen Systems unverkennbar ausdrückt. Man braucht nicht zu bestreiten, daß diese Form auch im Bereich sozialer Systeme gewählt werden kann und gewählt worden ist. Es gibt jedoch offensichtlich auch andere Möglichkeiten, vielleicht weniger leistungsstarke, aber damit auch leichter erreichbare Formen. Wir sehen sie in einer Bewährungsauslese an Hand von *Funktionen*.

Funktionen sind immer Synthesen einer Mehrzahl von Möglichkeiten. Sie sind immer Gesichtspunkte des Vergleichs der realisierten mit anderen Möglichkeiten. Insofern eignen sie sich als Ausdruck von Einheit und Differenz – ähnlich wie Hierarchie. Sie können, ähnlich wie Subhierarchien, auf Teilbereiche eines Systems bezogen werden, liegen aber immer im »Fragehorizont« des Systems. So kann man untersuchen, was alles zur Regulierung von Knappheiten beiträgt, und kommt dabei auf eine Kombination von wirtschaftlichen und moralischen Vorkehrungen, die für sich behandelt und

55 Vgl. etwa Arvid Aulin, The Cybernetic Laws of Social Progress: Towards a Critical Social Philosophy and a Criticism of Marxism, Oxford 1982, z. B. S. 63 f., 112 ff u. ö.

56 Siehe den Widerspruch von Christopher Alexander, A City is not a Tree, Architectural Forum 122 (1965), Aprilheft S. 58-62, Maiheft S. 58-61. Für biologische Systeme auch Gerhard Roth, Biological Systems Theory and the Problem of Reductionism, in: Gerhard Roth/Helmut Schwegler (Hrsg.), Self-organizing Systems: An Interdisciplinary Approach, Frankfurt 1981, S. 106-120.

verglichen werden können[57]; aber die Frage, warum Knappheit überhaupt reguliert werden muß, führt über diese Funktion hinaus und kann letztlich nur mit Bezug auf System/Umwelt-Differenzen beantwortet werden. So wie Hierarchie führt also auch Funktion den Blick in Richtung auf Einheit; aber sie strafft die Struktur weniger stark. Auch Funktionen dienen mithin der Selbstbeschreibung eines komplexen Systems, der Einführung eines Ausdrucks für Identität und Differenz in das System. Auch Funktionen dienen der Selbstsimplifikation und Komplexierung des Systems – eine Doppelfunktion, die mit Verzicht auf konkrete Vollständigkeit der Selbstbeschreibung bezahlt werden muß. Man kann deshalb vermuten, daß in der Funktionsorientierung ein Ordnungsmodus bereitgehalten wird, der immer dann erstrangige Bedeutung gewinnt, wenn Systeme zu komplex werden für Hierarchisierung.

Funktionsorientierung ist zugleich *Form der Erzeugung von Redundanz,* also von Sicherheit. Sie läßt verschiedene Weisen der Funktionserfüllung als funktional äquivalent erscheinen. Sie können füreinander einspringen und bieten daher eine gewisse Sicherheit für Leistungsausfälle. Freilich gilt das nur für die Abstraktionslage, auf der das Bezugsproblem der Funktionalisierung angesiedelt ist, und mit dessen Abstraktion sinkt die Sicherheitsqualität der Redundanz. Niemand wird sich deshalb sehr sicher fühlen, weil alles, was geschieht, die Funktion hat, Komplexität zu reduzieren. (Hier ist dann gewissermaßen nur der Theoretiker sicher, der, wenn ihm nichts anderes einfällt, immer noch dies sagen und schreiben kann.)

Funktionsorientierung ist gewiß kein Erfordernis selbstreferentieller Reproduktion – so wenig wie Zweckorientierung ein Erfordernis des Handelns ist. Die konkret ablaufende Gesamtreproduktion liegt allen Bemühungen, ihr eine Semantik ihrer Einheit einzugeben, immer voraus. Handeln bereitet anschließendes Handeln hinreichend vor, und normalerweise werden auch Tempoerfordernisse – es darf nicht zu lange nichts geschehen – allzuviele Zwischenüberlegungen verbieten. Die Relationierung, die Ereignisse, Handlungen, Konditionierungen, Erwartungen, Strukturen auf Probleme bezieht und daran Funktionen, Einheitsbezüge, Vergleichsmöglichkeiten festmacht, ist im Handlungsvollzug selbst

57 Vgl. z. B. George M. Foster, Peasant Society and the Image of Limited Good, American Anthropologist 67 (1965), S. 293-315.

nicht vorgesehen; sie ist Sache des *Beobachtens,* also Sache von Ereignissen bzw. Prozessen, die nicht unmittelbar unter Situationsdruck stehen. Die Reproduktion des Systems kann und wird ohne solche Beobachtung ablaufen. Auf Beobachtung kommt es nicht entscheidend an. Deshalb kann die Beobachtung, vom Resultatsbeschaffungszwang entlastet, sich eine komplexere Systemsicht leisten. Entsprechend ist im Bereich des Gesellschaftssystems das, was wir funktionale Analyse genannt haben[58], ein Prinzip wissenschaftlicher Systembeobachtung und nicht eo ipso auch Prinzip der Selbstorganisation der alltäglich sich reproduzierenden gesellschaftlichen Verhältnisse.

Trotzdem spricht viel dafür, daß Funktionsorientierung ein morphogenetisches Prinzip von ausschlaggebender Bedeutung ist und die Selektion von erfolgreichen Strukturen im Evolutionsprozeß steuert[59]. Dies ist möglich, weil *Handeln und Beobachten sich wechselseitig nicht zwingend ausschließen.* Vor allem in *sozialen* Situationen (und erst recht in komplexen sozialen Systemen) wird nahezu zwangsläufig beides zugleich ermöglicht, weil die Erfordernisse der Kommunikation es ausschließen, daß alle Beteiligten zugleich handeln. Somit gibt es ständig fluktuierende Verteilungen von Handlungs- und Beobachtungschancen, beides kommt nebeneinander vor und greift ineinander, sobald Beobachtung kommuniziert oder sogar beobachtet wird. In die situative Selektion von Anschlußhandlungen und erst recht in die Auswahl, Widerlegung

58 Vgl. Kapitel 1, IV.

59 Hierzu gibt es im Anschluß an Durkheim umfangreiche kulturanthropologisch-vergleichende Forschungen, die diese Auffassung bestätigen und auch Zusammenhänge zwischen funktionaler Spezifikation und sozialer Komplexität belegen. Vgl. zu Methode und Ergebnissen insbes. Raoul Naroll, A Preliminary Index of Social Development, American Anthropologist 58 (1956), S. 687-715, und Terrence A. Tatje/Raoul Naroll, Two Measures of Societal Complexity: An Empirical Cross-cultural Comparison, in: Raoul Naroll/Ronald Cohen (Hrsg.), A Handbook of Method in Cultural Anthropology, Garden City N. Y. 1970, S. 766-833. Wir müssen aber betonen, daß funktionale Spezifikation im Sinne dieser Entwicklungstheorie nicht verwechselt werden darf mit funktionaler Systemdifferenzierung.
Man könnte über diese Entwicklungstheorie noch hinausgehen und sich fragen, ob nicht die eigentümliche Asymmetrie der Evolution hierauf zurückzuführen ist: daß nämlich Funktionen den *Aufbau* von spezialisierten Ordnungen anleiten können, daß dagegen deren *Destruktion* sich nicht auf eine Funktion berufen kann und sich auch nicht typisch als Auswechseln von Funktionsträgern bei konstant bleibender Funktion vollzieht, sondern katastrophenförmig abläuft.

und Neuauswahl von Erwartungen, die als strukturgebend festgehalten werden, kann die etwas komplexere Sachsicht der mitlaufenden Beobachtung eingehen. Jemand sieht, mit etwas Distanz zum Geschehen, die Gründe für Erfolge oder Mißerfolge, für Befriedigungswerte, für Zum-Abschluß-Kommen (telos) von Handlungen oder Handlungssequenzen; und wenn man solche Leitgesichtspunkte festhält, kann man sie auch benutzen, um die Sequenz das nächstemal in Anpassung an eine veränderte Situation etwas zu modifizieren oder gar durch ein andersartiges Arrangement mit demselben Erfolg zu ersetzen.

Bezogen auf das System sozialen Handelns kann man daher auch formulieren: Es entsteht mehr oder weniger zwangsläufig *Selbstbeobachtung*, und zwar auf Grund einer wie immer minimalen, unfestgelegten Differenz von Handeln und Beobachten. Alles weitere ist dann Sache des Ausbaus, der Zufallsnutzung, der okkasionellen, dann aber systematisierbaren Nutzung eines Potentials. Als kommunizierbare Differenz von Handeln und Beobachten ist Selbstbeobachtung diejenige Operation, die dem Strukturaufbau sozialer Systeme zugrunde liegt, die ihn betreibt. Wenn eine wie immer geringfügige Differenzierung von Handeln und Beobachten in (fast) allen sozialen Situationen zu erwarten ist, ist damit eine Ausgangslage für ein Experimentieren mit Problemstellungen und Funktionszuschreibungen gegeben, und Selbstbeobachtung wird derjenige Kommunikationsprozeß sein, der diese Möglichkeit in Strukturaufbau umsetzt.

Entsprechend sind die Ausgangspunkte für eine Steigerung der Funktionsorientierung ins relativ Unwahrscheinliche in einer *stärkeren Differenzierung von Handeln und Beobachten* zu suchen, einer Differenzierung, die beides stärker trennt, die aber *gleichwohl den kommunikativen Vollzug der Selbstbeobachtung nicht in Frage stellt.* Wir vermeiden damit jede teleologische Erklärung, auch jede Kausalerklärung, die Funktionen, Probleme, Bedürfnisse oder Ähnliches als eigentlichen Antriebsfaktor für die Entwicklung entsprechender Einrichtungen ansähe. Die Hypothese lautet vielmehr, daß bei stärkerer Differenzierung von Handeln und Beobachten unter der Bedingung fortlaufender Selbstbeobachtungskommunikation es wahrscheinlich wird, daß sich relativ unwahrscheinliche (voraussetzungsreichere, zum Beispiel spezialisiertere) Funktionsorientierungen einstellen und entsprechende Strukturen seligieren.

Eine stärkere Differenzierung von Handeln und Beobachten läßt sich auf mindestens zwei Wegen erreichen. Der eine ist direkter, der andere vermutlich sicherer und, langfristig gesehen, erfolgreicher. Die erste, naheliegendste Möglichkeit besteht darin, Rollen für Beobachter auszudifferenzieren. Die Handlungsentlastung des Beobachters wird durch ein besonderes Prestige kompensiert, das zugleich die Handlungsrelevanz der Beobachtungen und ihrer Semantik, also Selbstbeobachtung im sozialen System sichert. Dem Beobachter wird Weisheit, Wahrheitsliebe, religiöse Stimulation oder Ähnliches zugeschrieben[60]. Es kann, da es ja gilt, eine Differenz von Handeln und Beobachten zu überbrücken, nicht allein dem Inhalt der Beobachtung überlassen bleiben zu wirken; Prestige kommt hinzu, gesichert zum Beispiel durch Kontrolle des Rollenzugangs, durch religiös interpretierbare Exzeptionalität oder auch durch erworbene Reputation. Mehr und mehr ermöglicht schließlich die Institutionalisierung von Forschungsstätten bis hin zur Ausdifferenzierung eines besonderen Systems für Wissenschaft, Prestige mehr oder weniger unkontrolliert zu kreditieren. Erst in jüngster Zeit scheint das dazu nötige Vertrauen in Mißtrauen umzuschlagen.

Der andere Weg benutzt nicht eine rollenmäßige, sondern eine technische Separierung des Beobachtens. Er ergibt sich aus der technischen Erweiterung der Kommunikationsmöglichkeiten durch Schrift und später durch maschinelle Vervielfältigung (Druck). Ob mit oder ohne Rollenlegitimation: schriftliche bzw. gedruckte Kommunikation erzwingt geradezu eine Trennung von Handeln und Beobachten, da man während des Lesens kaum handeln und auch an den gerade ablaufenden Handlungen anderer kaum teilnehmen kann. Statt dessen ist man zur Evaluierung der gelesenen Kommunikation und in diesem engeren Sinne zur Beobachtung freigestellt. Die Aufnahme des Gelesenen formt zunächst zwar nur Bewußtseinsinhalte. Sie macht es jedoch sehr wahrscheinlich, daß Kommunikationen im Anschluß daran anders ausfallen als bei situativ interagierenden Teilnehmern, besonders wenn die Leser unterstellen können, daß auch ihre Kommunikationspartner lesen und für den Realitätsgehalt von nur Gelesenem Verständnis auf-

60 Die klassische Monographie hierzu ist: Florian Znaniecki, The Social Role of the Man of Knowledge, New York 1940. Vgl. auch Joseph Ben-David, The Scientist's Role in Society: A Comparative Study, Englewood Cliffs N. J. 1971.

bringen. Auch derjenige, der für Leser schreibt, muß die Kommunikation ausdifferenzieren; er muß einen Stil der Deskription annehmen, der die Sache objektiviert, die er dem Leser vorstellen möchte, der seinerseits entsprechend lesen lernen muß[61].

Über Schrift kommt mithin eine Strukturentwicklung in Gang allein deshalb, weil die Basis dafür, die Differenz von Beobachten und Handeln, gestärkt ist. Es steht nicht einfach nur »mehr Wissen« zur Verfügung; es bilden sich auch strukturell andersartige Dispositionen und Semantiken für Wissensverarbeitung und im Zusammenhang damit Erweiterungen der Themen für Selbstbeobachtung. Die Gesellschaft und in ihr viele soziale Systeme werden in weit höherem Maße zur Kommunikation von Selbstbeobachtung befähigt, ohne daß das Handlungspotential deshalb eingeschränkt oder verlangsamt werden müßte. Das historisch zusammenhängende Auftreten von Alphabetisierung der Schrift und Teleologisierung der philosophischen Theorie gewinnt unter diesem Aspekt den Charakter eines nichtzufälligen, erklärbaren Zusammenhangs[62]. Der Buchdruck verstärkt diesen Trend, besonders seit der Ausweitung des lesenden Publikums und seit dem Übergang zur täglichen Massenkommunikation. Die Konsequenzen für die Möglichkeiten und die Blockierungen gesellschaftlicher Selbstbeobachtung sind gegenwärtig noch kaum abzuschätzen[63]; aber die Funktionsorien-

61 Vgl. hierzu Michael Giesecke, Schriftspracherwerb und Erstlesedidaktik in der Zeit des ›gemein teutsch‹ – eine sprachhistorische Interpretation der Lehrbücher Valentin Ickelsamers, Osnabrücker Beiträge zur Sprachtheorie 11 (1979), S. 48-72.

62 Teleologisierung ist hier als alteuropäische Vorstufe der Funktionalisierung gesehen, gekennzeichnet durch die Prämisse, daß Prozesse (Bewegungen) ein natürliches Ende haben, das, ob erreicht oder nicht, den Ablauf erklärt. Zum Auslaufen dieser Denkform in der Neuzeit und zu ihren mentalen Reformulierungen vgl. Niklas Luhmann, Selbstreferenz und Teleologie in gesellschaftstheoretischer Perspektive, in ders., Gesellschaftsstruktur und Semantik Bd. 2, Frankfurt 1981, S. 9-44.

63 Festzustellen ist jedenfalls eine hohe Sensibilität des Prozesses, und auch das ist ein Indikator für Selbstbeobachtung: Er reagiert auf sich selbst. Schon im 17. Jahrhundert wird ein gewisser Irrealismus als Folge von Lektüre notiert und wieder in lesbare Form gebracht; ähnlich ein zu starkes Interesse an den Fehlern anderer. Vgl. Pierre Daniel Huet, Traité de l'origine des romans, Paris 1670. Im 18. Jahrhundert kommt die Privatisierung der Lektüre als Perspektive der Verfasser, die Mediokrisierung der Schicksale, die Individualisierung der Persondarstellung hinzu. Vgl. für England Ian Watt, The Rise of the Novel: Studies in Defoe, Richardson and Fielding, London 1957; für Frankreich z. B. Servais Etienne, Le genre romanesque en France depuis l'apparition de la »Nouvelle Héloïse« jusqu'au approches de la Révolution, Paris 1922. Seit Mitte des 19. Jahrhunderts scheint die Tagespresse und später der Funk sich hochselektiv auf

tierung ist inzwischen durch Umstellung des Gesellschaftssystems auf funktionale Differenzierung und organisationsförmige Implementation davon auch weitgehend unabhängig geworden.
Wenn Selbstbeobachtung auf der Grundlage einer Differenz von Handeln und Beobachten langfristig gesehen Funktionsbezüge herauskristallisiert und der strukturellen Entwicklung zugrunde legt, so ist dies ein evolutionäres Verfahren »blinder« Variation und Selektion[64]. Selbstbeobachtung auf der Ebene elementarer kommunikativer Prozesse, nämlich das Wiedereinschleusen von Handlungsbeobachtungen in Kommunikation, ist kein Verfahren, das ein vorhandenes System besser und besser erkennt. Eben deshalb handelt es sich um einen kreativen, morphogenetischen Mechanismus, der Ereignisse auf Funktionen hin abtastet und das Resultat gelegentlich in erfolgreichen strukturellen Errungenschaften festhält. Die Operation ist nicht abhängig von einer Antezipation ihres Resultats. Sie enthält keine Garantie dafür, daß der Strukturaufbau das Bestmögliche realisiert oder auch nur das Los der Menschen verbessert. Selbst Leibniz' beste der möglichen Welten enthielt ja keine Glücksgarantie für den Einzelmenschen, und um so weniger gilt das für funktionale Strukturierung. Erklärt wird nur, aber das ist viel, daß es überhaupt möglich ist, Strukturwahlen bei sehr hoher Komplexität noch, wie immer vermittelt, an der Einheit des Systems und an seiner Selektivität im Vergleich zu anderen Möglichkeiten zu orientieren.

VIII

Im Falle sozialer Systeme gelten uns Erwartungen als die Zeitform, in der Strukturen gebildet werden. Soziale Relevanz und damit Eignung als Struktur sozialer Systeme gewinnen Erwartungen aber nur, wenn sie ihrerseits erwartet werden können[65]. Nur so lassen

Themen einzustellen, die zugleich erwartbar und unerwartbar sind: Neuheiten, Abweichungen, Sensationen, mit der Folge, daß die Gesellschaft ein überdramatisiertes Bild von sich selbst entwirft.

64 Im Sinne von Donald T. Campbell, Blind Variation and Selective Retention in Creative Thought as in Other Knowledge Processes, Psychological Review 67 (1960), S. 380-400.

65 An Analysen dieses Phänomens fehlt es nicht; jedoch ist mir kein Autor bekannt, der explizit die These vertreten hätte, daß ohne reflexives Erwarten die Bildung sozialer Strukturen nicht möglich wäre. Als eine kleine Auswahl bemerkenswerter Beiträge

sich Situationen mit doppelter Kontingenz ordnen. Das Erwarten muß reflexiv werden, es muß sich auf sich selbst beziehen können, und dies nicht nur im Sinne eines diffus begleitenden Bewußtseins, sondern so, daß es sich selbst als erwartend erwartet weiß. Nur so kann das Erwarten ein soziales Feld mit mehr als einem Teilnehmer ordnen. Ego muß erwarten können, was Alter von ihm erwartet, um sein eigenes Erwarten und Verhalten mit den Erwartungen des anderen abstimmen zu können. Wenn Reflexivität des Erwartens gesichert ist, und nur dann, kann auch die Selbstkontrolle sich ihrer bedienen. Der einzelne Teilnehmer erwartet dann von sich selbst, bestimmte Erwartungen in bezug auf den anderen zu haben; er kann dann zum Beispiel die Meinung haben, es sich selbst schuldig zu sein, ein bestimmtes Verhalten nicht zu tolerieren, das seine eigenen Erwartungen (an sich selbst oder an den anderen) durchkreuzt. Er entwickelt ein Gefühl für den Präzedenzwert bestimmter Verhaltensweisen. Sie können nicht nur bestimmte Erwartungen durchkreuzen; sie können auch die Erwartungssicherheit, das heißt die sichere Erwartbarkeit von Erwartungen erschüttern. So entsteht auf der Ebene des reflexiven Erwartens, und nur hier, eine Empfindlichkeit und ein Kontrollproblem besonderer Art. Wer ein Verhalten hinnimmt, das seine Erwartungen enttäuscht, muß damit rechnen, daß der andere künftig nicht mehr die enttäuschten Erwartungen erwartet, sondern diejenigen, die seinem eigenen Verhalten entsprechen würden. Er ist zum Beispiel unpünktlich. Nimmt man das hin, restrukturiert sich der soziale Erwartungszusammenhang unter Einschluß der Möglichkeit, unpünktlich zu sein. Der erwartbare Toleranzbereich wird erweitert. Will man das vorsorglich blockieren, erfordert die Diagnose der Situation bereits eine dritte

zum Thema der Erwartungserwartungen siehe etwa Robert E. Park, Human Nature and Collective Behavior, American Journal of Sociology 32 (1927), S. 733-741; Herbert Blumer, Psychological Import of the Human Group, in: Muzafer Sherif/M. O. Wilson (Hrsg.), Group Relations at the Crossroads New York 1953, S. 185-202; P.-H. Maucorps/René Bassoul, Jeux de mirroirs et sociologie de la connaissance d'autrui, Cahiers internationaux de Sociologie 32 (1962), S. 43-60; Barney Glaser/Anselm Strauss, Awareness Contexts and Social Interaction, American Sociological Review 29 (1964), S. 669-679; Ronald D. Laing/Herbert Phillipson/A. Russell Lee, Interpersonal Perception: A Theory and a Method of Research, London 1966; Vilhelm Aubert, Elements of Sociology, New York 1967, S. 18 ff.; Thomas J. Scheff, Toward a Sociological Theory of Consensus, American Sociological Review 32 (1967), S. 32-46; V. A. Lefebvre, A Formal Method of Investigating Reflective Processes, General Systems 17 (1972), S. 181-188.

Stufe der Reflexivität. Man aktiviert eigenes Vorsorgeverhalten in der Erwartung, daß Erwartungserwartungen sich ändern würden, wenn man nicht klarstellt, was man erwartet.

Daß es sich hierbei um ein Emergenzphänomen handelt, das sich nicht einfach aus der Zusammenfügung psychischer Zustände ergibt, wird besonders von Herbert Blumer[66] betont. Blumer nennt die Einheit, die durch solches »taking into account of taking into account« entsteht, »transaction«. Das Eigenständige daran ist eine eigenständige Selektivität, die dann auf die Beteiligten zurückprojiziert wird. Diese müssen, um sich beteiligen zu können, inhibierende Fähigkeiten entwickeln, müssen also Impulse zurückhalten, müssen selbst selektiv verfahren können, und erst dafür benötigen sie soziale Identität. Im Anschluß an Mead kann man Inhibierung auch als notwendige Komponente von Handlung ansehen[67]. Das heißt dann für die hier anstehende Thematik: daß die Möglichkeit zu handeln sich überhaupt erst aus der Art und Weise ergibt, wie Handlungszusammenhänge über Erwartung von Erwartungen koordiniert sind.

Angesichts dieser Überlegungen muß ein zu einfach gebautes Verständnis der Komplementarität des Erwartens revidiert werden. Die Komplementarität des Erwartens ist nicht lediglich ein mentales Abbild der Komplementarität des Verhaltens. Es geht nicht einfach darum, daß der Geber, obwohl er selbst gibt, auf der Seite gegenüber ein Nehmen erwarten muß, in dem sich sein Geben vollendet, also nicht gleiches Verhalten – ebenfalls Geben! – erwarten kann. Dies bleibt natürlich richtig und notwendig. Die Ebene der Erwartungserwartungen bietet aber, darüber hinausgehend, zusätzliche Mittel der Integration des Erwartens, um dadurch das Verhalten zu steuern. Die Reflexivebene bildet ein emergentes Ordnungsniveau mit eigenen Formen der Sensibilität. Das ganze Schema Geben/Nehmen wird auf ihr nochmals abgebildet, und das macht sichtbar, daß Alter nicht nur zum Nehmen bereit sein muß, sondern auch zum Akzeptieren des Gebens; und daß deshalb mit weiteren Erwartungen, ja mit Verhaltensweisen zu rechnen ist, die den Geben/Nehmen-Gesamtkomplex für bestimmte Situationen akzeptieren – oder auch (etwa zur Vermeidung einer Dankesschuld) verwerfen. Erst auf dieser Ebene gibt es Takt. Erst auf dieser Ebene

66 A.a.O. (1953), insbes. S. 195 ff.

67 Vgl. z. B. The Philosophy of the Act a.a.O. S. 353 f.

gibt es sublime Strategien des Forcierens von Situationsdefinitionen, die mit der Möglichkeit rechnen, ja sie herbeizuführen suchen, daß der Partner sich auf ein Erwarten festgelegt findet, das er gar nicht gewollt hatte, und nun mit Erwartungserwartungen rechnen muß, die zu durchkreuzen gegen eigenes vorheriges Handeln verstoßen und berechtigte Empörung auslösen würde[68].

Erwartungserwartungen veranlassen alle Teilnehmer, sich wechselseitig zeitübergreifende und in diesem Sinne strukturelle Orientierungen zu unterstellen. Damit wird verhindert, daß soziale Systeme in der Art bloßer Reaktionsketten gebildet werden, in denen ein Ereignis mehr oder minder voraussehbar das nächste nach sich zieht. So ein System würde normalerweise sehr rasch aus dem Ruder laufen; es wäre zumindest darauf angewiesen, alle Korrekturen an bereits irreversibel gewordenen Ereignissen anzusetzen. Die Reflexivität des Erwartens ermöglicht dagegen ein Korrigieren (und auch ein Kämpfen um Korrekturen) auf der Ebene des Erwartens selbst. Das ist ein kaum zu überschätzender Vorteil, denn Erwartungen geben den Strukturen einen revidierbaren Inhalt. Man hat nicht schon gehandelt, man spielt nur mit der Möglichkeit. Erwartungen verpflichten zwar auch, besonders wenn sie durch Kommunikation, also durch Handlung, irreversibel geäußert sind; aber es handelt sich dann doch nur um eine vorgezogene Festlegung, die bis zum erwarteten Ereignis selbst noch revidierbar ist. Prinzipiell gewähren Strukturen, die auf der reflexiven Ebene des Erwartens von Erwartungen gebildet, das heißt *nur* durch das *Erwarten* von Erwartungen festgelegt sind, eine Chance für Reversibilität[69].

Ist man sich über diesen Grundmechanismus reflexiver Erwartungsfestlegung einmal im Klaren, werden eine Reihe von Phäno-

68 Solche Sachlagen sind mindestens seit dem 17. Jahrhundert geläufig. Sie werden vor allem im Zusammenhang mit Literatur über Verführung zur Liebe diskutiert, und zwar sowohl für die Verführungstaktik selbst als auch für ihre Abwehr. Vgl. z. B. François Hedelin, Abbé d'Aubignac, Les conseils d'Ariste à Célimène sur les moyens de conserver sa reputation, Paris 1666; Claude Crébillon (fils), Lettres de la Marquise de M. au Comte de R. (1732), zit. nach der Ausgabe Paris 1970. Es ist bezeichnend, daß dieses Raffinement sich ausbildet, nachdem sich die Ansicht durchgesetzt hat, daß Liebe (zumindest sinnliche Liebe) ein temporäres Phänomen, also immanent unsicher ist.

69 Hier liegt auch der Grund dafür, daß die Rechtsentwicklung lange gebraucht hat, um die nuda pactio verpflichtend, das heißt einklagbar zu machen. Sie ließ sich zunächst jedenfalls nicht hinreichend von einer bloßen Übereinstimmung des Erwartens unterscheiden – gegeben einen relativ primitiven Stand prozessualer Wahrheitsfindungstechniken.

menen verständlich, die darauf aufbauen. Vor allem ist eine für soziokulturelle Evolution wichtige Engführung des strukturrelevanten Erwartungsbereichs von Bedeutung. Erwarten schlechthin kann man auch Naturereignisse, auch die Konstanz der Dinge, auch deren Verfall. Erwartungserwartungen müssen dagegen, das ist wohl ein Korrelat ihrer hochgesteigerten Unsicherheit und Beliebigkeit, adressiert werden. Man kann Erwartungen nur erwarten von jemandem, der auch handeln kann[70]. Der auf diesem Niveau ordnungsfähige Regelungsbereich schränkt sich auf Verhaltenserwartungen ein. In bezug auf große Ohren, lange Nasen, Sonne und Regen bilden sich keine Erwartungserwartungen. Hier genügt die allgemeine Sozialdimension allen Sinnes: das Mitwahrnehmen und Erwarten des Wahrnehmens anderer. Erst die Erwartung, daß man sein Erschrecken über die Länge der Nase nicht zeigt, läßt sich erwarten. Die Nase selbst ist sicher genug erwartbar; erst das Sicheinstellen und Verhalten ihr gegenüber braucht ein Reglement, das über Erwartung von Erwartungen gefestigt wird[71]. Folglich führt dieser avancierte, risikoreichere Typus zur Ausdifferenzierung eines Teilbereichs von erwartbaren Ereignissen – eben zur Ausdifferenzierung sozialer Systeme. Das bringt uns zur Hypothese eines evolutionären Zusammenhangs von Unsicherheitsamplifikation und Ausdifferenzierung – eines Zusammenhangs, der seine eigene Steigerbarkeit impliziert, da die Ausdifferenzierung und Denaturalisierung des Verhaltens die Unsicherheit des Erwartens erhöht und dadurch um so stärkere Abstützung auf Erwartenserwartungen erfordert, die wiederum die Ausdifferenzierung vorantreiben.

Ein weiterer Punkt betrifft die Unübersichtlichkeit komplexer Erwartungslagen – vor allem wenn man mehr als zwei Beteiligte und

70 Genauer: der sich an seinen eigenen Erwartungen orientieren, sie in Handeln umsetzen kann. Dies kann in traditioneller Terminologie auch so formuliert werden, daß der andere als »Subjekt« seiner eigenen Kontingenz interpretierbar sein muß – bekanntlich eine phylogenetisch und ontogenetisch recht voraussetzungsvolle Einstellung. Vgl. dazu und zu den entsprechenden Attributionsproblemen Edward E. Jones/Kenneth E. Davis, From Acts to Dispositions: The Attribution Process in Person Perception, in: Leonard Berkowitz (Hrsg.), Advances in Experimental Social Psychology Bd. 2, New York 1965, S. 219-266; Shlomo Breznitz/Sol Kugelmass, Intentionality in Moral Judgment: Developmental Stages, Child Development 38 (1967), S. 469 bis 479.

71 Einen soziologischen Blick hierfür findet man bei Erving Goffman, Stigma: Notes on the Management of Spoiled Identity, Englewood Cliffs N. J. 1963.

Möglichkeiten der Erwartungsänderung mit in Betracht zieht. Max Weber hatte aus diesem Grunde gezögert, der Orientierung an Erwartungen unerläßliche Bedeutung beizumessen[72] (obwohl dann sein Begriff des »Einverständnisses« genau darauf abstellt)[73]. Aus der Unübersichtlichkeit kann aber nicht auf die Irrelevanz von Erwartungserwartungen geschlossen werden, sondern nur auf die Notwendigkeit symbolischer Kürzel, die hochkomplexe Erwartungslagen in der laufenden Orientierung vertreten. Sollaussagen, Werte, Pflichtbegriffe, Hinweise auf Gewohnheit, Normalität, Üblichkeit sind zum Beispiel Abstraktionen mit dieser Funktion. Sie sind auf der Metaebene des Erwartens von Erwartungen angesiedelt und dienen hier als Surrogat für ein zu umständliches Eruieren, Auflisten und Bekanntmachen der implizierten faktischen Erwartungen. Die Erwartungen treten dann, jederzeit abrufbar, in den Sozialhorizont dieser Surrogatsymbole zurück. Diese Symbole würden jedoch gar nicht gebildet werden, wenn es nicht darauf ankäme, sich mit Hilfe von Erwartungserwartungen zu orientieren. Sie ermöglichen als Pauschalunterstellungen ausreichendes Tempo, ausreichende Flüssigkeit der Kommunikation. Sie können sich gegenüber der faktischen Erwartungslage mehr oder weniger verselbständigen und etwas in Aussicht stellen, was durch die Realitäten gar nicht gedeckt ist[74]. Dennoch geht es auch hierbei substantiell

72 Er meint: »Der mögliche (subjektiv gemeinte) Sinn des Gemeinschaftshandelns erschöpft sich freilich nicht etwa in der Orientierung speziell an »Erwartungen« des »Handelns« Dritter. Im Grenzfall kann davon gänzlich abgesehen und das auf Dritte sinnbezogene Handeln lediglich an dem subjektiv gemeinten »Wert« seines Sinngehalts als solchen (»Pflicht« oder was es sei) orientiert, das Handeln also nicht erwartungsorientiert, sondern wertorientiert sein« (so: Über einige Kategorien der verstehenden Soziologie (1913), neu gedruckt in: Gesammelte Aufsätze zur Wissenschaftslehre, 2. Auflage Tübingen 1951, S. 427-474 (442).

73 Einverständnis besteht darin, »daß ein an den Erwartungen des Verhaltens anderer orientiertes Handeln um deswillen eine empirisch »geltende« Chance hat, diese Erwartungen erfüllt zu sehen, weil die Wahrscheinlichkeit objektiv besteht: daß diese anderen jene Erwartungen trotz Fehlens einer Vereinbarung als sinnhaft »gültige« für ihr Verhalten praktisch behandeln werden« (a.a.O. S. 456).

74 Eine zeitlang sprach man in bezug darauf von »pluralistic ignorance«. Vgl. z. B. Richard L. Schanck, A Study of a Community and its Groups and Institutions Conceived of as Behaviors of Individuals, Princeton 1932; Ragnar Rommetveit, Social Norms and Roles: Explorations in the Psychology of Enduring Social Pressures, Oslo 1955, und neuerdings wieder Elihu Katz, Publicity and Pluralistic Ignorance: Notes on ›The Spiral of Silence‹, in: Öffentliche Meinung und sozialer Wandel: Festschrift Elisabeth Noelle-Neumann, Opladen 1981, S. 28-38.

nur um Erwartungserwartungen. Das läßt sich am Entlarvungseffekt nachweisen – am Kinseyeffekt, der eintritt, wenn man erfährt, daß die unterstellten Erwartungen gar nicht erwartet werden.
Nicht zu übersehen ist schließlich, daß die Strukturebene des Erwartens von Erwartungen eine Quelle von Konflikten ist. Sie zündet Konflikte lange, bevor sie wirklich nötig sind, weil sie die Beteiligten motiviert, Erwartungen zu stoppen oder abzudrängen, von denen zu erwarten ist, daß sie unbequem werden könnten. Außerdem, und das wird zumeist erörtert[75], bietet diese Ebene auch spezifische Möglichkeiten des Konfliktmanagements, des Positionsgewinns oder auch der symbolischen Stabilisierung von Gegensätzen. Gerade die Identität der Erwartung mag dann Anlaß sein für die laufende Reproduktion gegenläufiger Bewertungen, und genau dies wird wieder erwartbar[76].
Man sage nicht, daß all dies nur für Interaktionssysteme unter guten Bekannten relevant sei. Weder demokratische Politik noch geldorientierte Marktwirtschaft noch wissenschaftliche Forschung, die von einem akzeptierten Stand des Wissens ausgeht, wären ohne reflexive Erwartungsstrukturen möglich. Und das heißt auch: daß die Probleme solcher Metaperspektiven, etwa das Eigenleben ihrer Kürzel oder die Konflikterzeugung, auch für die Großsysteme des gesellschaftlichen Zusammenlebens von Bedeutung sind.

IX

Ein strukturloses Chaos wäre absolut unsicher, nur das wäre sicher. Im Grunde haben beide Begriffe für einen solchen Zustand keine Bedeutung. Durch Ausdifferenzierung von Erwartungsstrukturen wird dieser Zustand durch ein Kombinationsspiel von relativ sicheren und relativ unsicheren positiven und negativen Erwartungen ersetzt. Strukturbildung heißt also nicht einfach, Unsicherheit durch Sicherheit zu ersetzen. Vielmehr wird mit einem höheren Grad an Wahrscheinlichkeit Bestimmtes ermöglicht und anderes

75 Siehe z. B. Thomas C. Schelling, The Strategy of Conflict, Cambridge Mass. 1960; Laing et al., a.a.O. (1966); Thomas J. Scheff, A Theory of Social Coordination Applicable to Mixed-Motive-Games, Sociometry 32 (1967), S. 215-234.

76 Beispiele bei Laing et al., a.a.O. S. 11. »I act in a way that is cautious to me but cowardly to you. You act in a way that is courageous to you but foolhardy to me« usw. Auch diese gegenläufige Stabilisierung permanenter Konflikte wird offensichtlich erleichtert dadurch, daß in symbolischer Kurzschrift kommuniziert wird.

ausgeschlossen, und in Bezug darauf können Erwartungen dann mehr oder weniger sicher/unsicher sein. Die Strukturbildung wird gleichsam bezahlt mit der Notwendigkeit, sich auf Sicheres/Unsicheres einlassen zu müssen. Sie bewirkt eine Problemumformung, mit der etwas festgelegt wird, an dem Nebenerwartungen in bezug auf Sicherheit/Unsicherheit der Realisierung des Erwarteten ankristallisieren können[77].

Wir beziehen den Begriff der Sicherheit auf Erwartungen, und zwar auf die in sie eingebaute Erwartung der Wahrscheinlichkeit des Eintreffens des Erwarteten. In dieser Hinsicht kann eine Erwartung mehr oder weniger sicher sein. Davon zu unterscheiden ist die Prägnanz bzw. Ambiguität der Bestimmung des Erwarteten. Je eindeutiger die Erwartung festgelegt wird, desto unsicherer ist sie in der Regel. Ich kann ziemlich sicher in Aussicht stellen, zwischen 5 und 7 Uhr nach Hause zu kommen. Wenn dagegen erwartet wird, daß ich um 5.36 Uhr eintreffen werde, ist diese Erwartung hochgradig unsicher. Ihre Erfüllung wäre sehr störanfällig, sie wäre zu sehr von unkontrollierbaren Zufällen abhängig. Ambiguisierung des Erwartens ist demnach eine Strategie der Herstellung von relativer Sicherheit und der Absicherung gegen umweltbedingte Störungen. Die logischen, gedanklichen, sprachlichen Detaillierungsmöglichkeiten werden daher nie ausgeschöpft. Man präzisiert Erwartungen nur so weit, wie dies zur Sicherung von Anschlußverhalten unerläßlich ist.

Schon in die Formierung der Erwartungsstrukturen gehen daher Momente der Risikoabwehr und der Steigerung von systeminternen Sicherheiten ein. Wenn überhaupt Erwartungen gebildet werden, haben sie sogleich schon einen Sicherheitswert, der sich nicht

77 Wir folgen hier Wendell R. Garner, Uncertainty and Structure as Psychological Concepts, New York 1962, und die Bedeutung dieser Einsicht rechtfertigt ein etwas ausführlicheres Zitat: »It sounds reasonable to say that structure is the lack of uncertainty, but the statement is wrong. Structure is *related* to uncertainty, but not the lack of it, and to have structure is to have uncertainty. Furthermore, to increase structure is also to increase uncertainty, and it is this aspect of the problem which is conceptually so important . . . It is for these reasons that I have used a notation in which every term is symbolized as an uncertainty – to emphasize the fact that uncertainty and structure, or uncertainty and information, are the same commodity« (a.a.O. S. 339). Vgl. außerdem Fred E. Katz, Indeterminacy and General Systems Theory, in: William Gray/Nicholas D. Rizzo (Hrsg.), Unity Through Diversity Bd. II, New York 1973, S. 969-982.

aus der Umwelt des Systems ableiten läßt, sondern systemeigene Leistung ist. Das systeminterne Regulativ hierfür scheint die Anschlußfähigkeit zu sein. Nur ein Teil der Unsicherheit wird aber über Ambiguisierung des Erwartens absorbiert, der Rest wird in der Form von Entscheidungen abgearbeitet. Wie im Abschnitt VI gezeigt, zwingen Verhaltenserwartungen das Handeln in die Form von Entscheidungen. Sie übertragen die Kontingenz aus der Struktur auf die Ebene, auf der die Autopoiesis des Systems abläuft: Den Gewinn an Bestimmtheit der Erwartungen muß man damit bezahlen, daß zu entscheiden ist, ob man sie erfüllen will oder nicht. Bei dieser Transformation werden soziale Ressourcen, vor allem Kommunikationsmedien aktivierbar, die nahelegen, daß die Erwartungen von Alter durch Ego (und nicht nur durch Alter selbst!) erfüllt werden.

An den Erwartungen erscheinen die Zeithorizonte des Systems. Sobald festliegt, was etwa erwartet wird, kann man von da aus Zukünfte und Vergangenheiten einschätzen. Über Erwartungen wird die Zeit gleichsam beweglich, nämlich in sich selbst verschiebbar organisiert: Sobald ich meine Schulden bezahlt haben werde, kann ich ein Auto kaufen und dann ... Eine so durchgearbeitete Zeit ist systeminterne Zeit und bezieht sich trotzdem auf System und Umwelt. Ein System, in dem Erwartungen gebildet und geordnet werden können, ist nicht mehr auf Punkt-für-Punkt-Abstimmungen mit seiner Umwelt angewiesen[78]. Man kann die Umwelt für noch gar nicht aktuelles Systemhandeln präparieren. Man kann interne Reaktionen auf noch gar nicht eingetroffene Umweltereignisse vorbereiten. Man kann sehr unsicher erwartete Ereignisse mit sehr sicheren Erwartungen kompensieren, zum Beispiel für den Fall von Feuer ein Feuerlöschgerät bereithalten und die Restunsicherheit des Funktionierens dieses Geräts durch zuverlässige jährliche Inspektionen reduzieren. Auf diese Weise entsteht, am Sicherheits-

78 In der Sprache der Psychologie des 18. Jahrhunderts würde das heißen: es orientiert sich nicht nur an »sensations«, sondern auch an »ideas« und »reflections«. In der Sprache der behavioristischen Psychologie heißt dies, daß »stimulus« und »response« durch »generalizations« vermittelt werden. Der *Zusammenhang* von System/Umwelt-Differenz und Zeit ist im übrigen das Konstruktionsprinzip der Parsons'schen Vier-Felder-Schematik. Vgl. dazu insbes. Some Problems of General Theory in Sociology, in: Talcott Parsons, Social Systems and the Evolution of Action Theory, New York 1977, S. 229-269. Darin liegt eine späte Begründung der zentralen Stellung des Erwartungsbegriffs in der Parsons'schen Theorie.

motiv entlang, eine systemeigene Zeitlichkeit – nicht außerhalb der Weltchronometrik, sondern in sie hineingeneralisiert; nicht im Sinne einer anderen Zeit, sondern im Sinne einer Sonderrelevanz der Zeithorizonte in der Zeit. So ist die systeminterne Zeit der Vorbereitung auf Feuer ganz unabhängig davon, wie lange das Kabel braucht, um durchzuschmoren, oder wie sicher/unsicher die Biographie des Brandstifters ihn dazu bringt, Feuer zu legen.

Den Manövrierraum für systeminterne Strukturbildung kann man auch daran erkennen, daß Sicherheit und Unsicherheit nicht einfach eine Funktion der Zeit sind. Mit der Zeitdistanz zur Gegenwart nimmt zwar oft die Unsicherheit zu, aber keineswegs regelmäßig und nicht über alle Sinnfelder hinweg. Schon der nächste Moment mag Ereignisse bringen, die alle Kalkulation über den Haufen werfen; und andererseits gibt es zeitlich sehr entfernte Ereignisse, die man doch recht sicher erwarten kann. Im übrigen ist ja die chronometrisch gemessene Zeit das Sicherste, was es überhaupt gibt: Was immer passiert, sie läuft weiter. Zumindest eine Bedingung der Unsicherheit ist absolut sicher. Es handelt sich also bei Zeit und bei Sicherheit/Unsicherheit um verschiedene Dimensionen, und eben diese Differenz kann genutzt werden, um die Selektion von Erwartungsstrukturen zu steuern. Schon das organische Leben bildet an Hand dieser Differenz antezipatorische Systeme aus; es seligiert in der (allein verfügbaren) Gegenwart Indikatoren, die mit hoher Sicherheit mit Veränderungen in der Zukunft korrelieren, und kann sich dadurch, ohne es zu »wissen«, auf Zukunft vorbereiten[79]. Sinnsysteme bauen diese Technik aus, und dies dadurch, daß sie Erwartungen bilden und ihnen Strukturwert, das heißt Anschlußwert geben.

Wenn dies möglich ist, kann schließlich auch Unsicherheit »freiwillig« in Kauf genommen und erhöht werden. Alle Evolution scheint letztlich auf Massierung und Amplifikation von Unsicherheiten zu beruhen. In der soziokulturellen Evolution und der für sie ausschlaggebenden Interpenetration ganzer Menschen in die Sozialordnung wird dies Prinzip der Unsicherheitsamplifikation wiederholt. Man muß Menschen behandeln, als ob sie zuverlässig wären, und zugleich Erwartungen gegen Enttäuschungen absichern. Man

79 Vgl. die Ausführungen über »directive correlation« bei Gerd Sommerhoff, Analytical Biology, Oxford 1950, S. 54 ff.; ders., Logic of the Living Brain, London 1974, S. 73 ff.

kann schließlich auch riskantere Erwartungen bilden, wenn man sicherstellen kann, daß Enttäuschungen punktuell auftretende Ereignisse bleiben und nicht sicherheitsgefährdende Akkumulationen auslösen. Evolution ist, so gesehen, ein immer wieder neues Einarbeiten von Unsicherheiten in Sicherheiten und von Sicherheiten in Unsicherheiten ohne letzte Garantie dafür, daß dies auf jeder Stufe der Komplexität immer weiter gelingen wird.

X

Diese sehr allgemein gehaltenen Überlegungen zum Zusammenhang von Zeitlichkeit, Erwartungsstrukturen und Sicherheits-/Unsicherheitsausgleich in sozialen Systemen haben eine Reihe von Konsequenzen, die wir nacheinander abarbeiten müssen[80]. Der erste Punkt, den wir herausgreifen wollen, betrifft die Konsequenzen für die Zeitdimension sinnhaften Erlebens und Handelns und für die Semantik der Zeitlichkeit, mit der Zeitorientierungen in der Gesellschaft reproduziert werden.

Jede Gegenwart ist als Gegenwart ihrer eigenen Aktualität sicher. Erst in dem Maße, als die Gegenwart temporalisiert, nämlich als Differenz von Zukunft und Vergangenheit begriffen wird[81], entsteht ein Problem der Sicherheit des Erwartens. Die Welt verliert dadurch Züge vertrauenswürdiger Anwesenheit und gewinnt Züge der Änderbarkeit, Aspekte des »noch nicht« und des »vielleicht nicht mehr«. Dies (schon zeitabhängige) Sicherheitsproblem scheint das Leitproblem zu sein, das die Ausdifferenzierung einer besonderen Zeitdimension sinnhaften Erlebens und Handelns motiviert. Es katalysiert die Erfahrung von Zeit und dann die Entwicklung einer

80 Der Zwang zu einer sequentiellen Textdarstellung ist hier besonders mißlich, da er zu einer Unterbelichtung der Interdependenzen führt. Die hier skizzierte Theorie löst einerseits Kompaktsymbole (etwa »Natur«) für die hier gemeinten Zusammenhänge auf und muß dann die Interdependenzen auf so komplizierte Weise retten, daß sie nicht mehr mit einem Blick faßbar sind. Das betrifft besonders die Zusammenhänge von Zeit und Recht nach dem Zerfall des Naturrechts, aber auch das damit wiederum zusammenhängende Gebot des Lernens.

81 Dieser Prozeß der Temporalisierung von Gegenwart ist in der historischen Semantik der Zeitbegriffe recht gut faßbar; er wird also der Gesellschaft selbst erst allmählich klar. Vgl. dazu Niklas Luhmann, Temporalisierung von Komplexität: Zur Semantik neuzeitlicher Zeitbegriffe, in ders., Gesellschaftsstruktur und Semantik Bd. 1, Frankfurt 1980, S. 235-300, insbes. 260 ff.; ders., The Future Cannot Begin, in ders., The Differentiation of Society, New York 1982, S. 271-288.

Semantik der Zeitlichkeit als eines Bereichs für sich, der weder auf die Sachordnung der Weltzusammenhänge noch auf die Meinungen darüber zurückgeführt werden kann.

Daß die Erwartenssicherheit zunehmend problematisch wird, hängt mit der Komplexität sozialer Systeme und speziell mit der im Evolutionsprozeß zunehmenden Komplexität des Gesellschaftssystems zusammen. Ganz offensichtlich sind die Unsicherheiten der Lebensführung, die in den ältesten Gesellschaftssystemen sehr hoch waren, allein nicht entscheidend. Es kommt vielmehr darauf an, wie weit die Gesellschaft selbst ihre eigenen Erwartungen durchkreuzt und dadurch eine nichtexternalisierbare Unsicherheit schafft. Dann bieten weder der Rückzug auf das feste, alternativenlose Ritual noch politische Macht ausreichende Sicherheit. Die Religion lädt zu Zweifeln ein, die Politik zu Befürchtungen[82], und nur die Zeit selbst bietet, gerade als Bedingung aller Unsicherheit, hinreichende Sicherheit. Ihr Weiterlaufen ist noch in der Gegenwart erfahrbar, ihr Gang ist in aller Erinnerung präsent, und ihr Maß eignet sich daher als Symbol des Ewigen. Ist das Sicherheitsproblem einmal als ein gesellschaftsinternes aktuell, formiert sich auch eine besondere Zeiterfahrung und, sie festhaltend, eine besondere Zeitbegrifflichkeit[83]. Zeitdimension und Sozialdimension treiben auseinander[84]. Einerseits wird das Sozialverhalten durch Hinweis auf Folgen diszipliniert – ein Amt der Propheten. Andererseits leuchtet eine Um-

82 Vgl. etwa Hartmut Gese, Geschichtliches Denken im Alten Orient und im Alten Testament, Zeitschrift für Theologie und Kirche 55 (1958), S. 127-145; John G. Gunnell, Political Philosophy and Time, Middletown Conn. 1968.

83 Zur frühgeschichtlichen Entwicklung vgl. u. a. Hermann Fraenkel, Die Zeitauffassung in der archaischen griechischen Literatur, in ders., Wege und Formen frühgriechischen Denkens, München 1958, S. 1-22; Silvio Accame, La concezione del tempo nell'età arcaica, Rivista di filologia e di istruzione classica, n. s. 39 (1961), S. 359-394. Besonders hervorzuheben unter dem Gesichtspunkt der Ausdifferenzierung der Zeitdimension und einer auf sie spezialisierten Semantik ist die Wortgeschichte von aiôn mit dem Übergang von Lebenskraft, Lebenssitz (evtl. Rückenmark), dann Lebenszeit (und in diesem Sinne: Wichtigkeit) zu Dauer, Ewigkeit. Vgl. Enzo Degani, AIΩN da Omero ad Aristotele, Padova 1961; A. P. Orbán, Les denominations du monde chez les premiers chrétiens, Nijmegen 1970, S. 97 ff.

84 Mit immer wieder zurückschnellenden Zwischenphasen. Ein gutes Beispiel ist die Behandlung von »jovens« in der Troubadourlyrik als nicht nur, wie durch iuvenis vorgegeben, ein bestimmtes Lebensalter, sondern als primär moralische Qualität, die durch eigenes soziales Handeln auch gewonnen bzw. verloren werden kann. Siehe Belege und Analyse bei Moshé Lazar, Amour courtois et Fin'Amors dans la littérature du XIIe siècle, Paris 1964, S. 33 ff.

kehrsymbolik ein: Die Mächtigen sind am gefährdetsten, die Letzten werden die Ersten sein. Die Vorstellungen über ein Schicksal nach dem Tode beginnen sich von den Umständen des Todes, also aus der Unmittelbarkeit des Zusammenhanges zu lösen und werden auf Verdienste an beliebigen Zeitstellen des Lebens bezogen[85]. Und mit all dem wird die Zeit selbst abstrahiert auf ein Symbol für Dauer, schließlich unter Einbeziehung beliebiger Veränderungen auf ein (in sich konstantes) Maß aller Bewegung.
Da die Zeit aber nicht nur über Sicherheit, sondern auch über Unsicherheit Rechenschaft schuldig ist, bildet sich eine duale Zeitsemantik aus, abzulesen etwa an der griechischen Differenz von chrónos und kairós[86]. In der hierarchischen Weltarchitektur des Mittelalters kann es dann mehrere Zeitebenen gleichzeitig geben[87] und dazu noch Gott als gleichzeitig zu allen Zeitebenen. Aeternitas und tempus werden unterschieden. Aeternitas ist nicht einfach lange, anfang- und endlose Dauer, sondern reine Gegenwart: Zeit ohne Zukunft und Vergangenheit[88]. Sie ist deshalb gleichzeitig zur Zeit, in der jeder Moment einen Unterschied zwischen Vergangenheit und Zukunft ausmacht (tempus). Solche Differenzen können indes, wenn sie einem Frageinteresse, einem Sicherheitsmotiv entspringen, nicht ins Extrem getrieben werden. Sie müssen vermittelt werden. So etabliert sich in der Differenz von chrónos und kairós eine (wie immer mysteriös angelegte) Divinationspraxis, die im Unsicheren aus dem Sicheren schöpft[89]. Sie beruht auf der Kenntnis gegenwärtiger Zeichen für Nichtgegenwärtiges, darunter für Zukünftiges[90].

85 Vgl. Christoph von Fürer-Haimendorf, The After-Life in Indian Tribal Belief, Journal of the Royal Anthropological Institute 83 (1953), S. 37-49.
86 Vgl. Jaqueline de Romilly, Le temps dans la tragédie grecque, Paris 1971.
87 Auch andere Hochkulturen bilden solche Mehrebenenmodelle aus, um die Widersprüche der Zeitvorstellung aufzulösen. Siehe für Indien z. B. Stanislaw Schayer, Contributions to the Problem of Time in Indian Philosophy, Krakau 1938, S. 6 f., 15, 19.
88 Oder zyklisch gesehen: Zeit, in der Zukunft und Vergangenheit zusammenfallen.
89 Vgl. Victor Goldschmidt, Le système stoicienne et l'idée de temps, Paris 1953, S. 80 ff. Siehe auch Omar K. Moore, Divination – A New Perspective, American Anthropologist 59 (1957), S. 69-74.
90 Hierzu gehört für den Fall, daß Divination nicht erreichbar ist oder versagt, die Annahme, daß die Zukunft die Wahrheit an den Tag bringen wird: veritas filia temporis! Vgl. zur Renaissance-Tradition und zu antiken Grundlagen Fritz Saxl, Veritas Filia Temporis, in: Philosophy and History: Essays Presented to Ernst Cassirer, Oxford 1936, S. 197-222; de Romilly a.a.O. S. 49 f.

Die Differenz von aeternitas und tempus wird durch hierarchischen Durchgriff vermittelt[91] und außerdem durch ein aevum, durch eine Ebene relativ konstanter Zeitalter. Das macht ein (wie immer globales) Geschichtsdenken möglich.

Eine stärkere Ausdifferenzierung der Zeitdimension setzt auch das Verhältnis von Zeitdimension und Sachdimension unter Spannung. Ganz ohne Sachbezug kann Zeit ja nicht erfahren und nicht begriffen werden. Die bis weit in die Neuzeit hinein haltende Antwort auf dieses Problem liegt im Begriff der *Natur*[92]. Natur ist Werden, ist als Zustand das Gewachsene, ist also etwas, was zur eigenen Entfaltung Zeit braucht. Außerdem handelt es sich um Muster, Ideen, Wesensformen, die im Zeitlauf realisiert – oder auch verfehlt werden. Dem Begriff liegt also eine normative, zumindest eine evaluative Komponente zugrunde, die es ermöglicht, Gelingen und Mißlingen zu unterscheiden, und die auf menschliches Urteilsvermögen (phrónesis, ratio) verweist. In diesem Urteilsvermögen war ebenfalls, besonders wenn es prudentia hieß und auf Praktisches bezogen war, ein Zeitmoment mitgedacht, und es war genau die-

91 Dabei ist das Verhältnis von Ewigkeit und Zeit streng als ein *Herrschaftsverhältnis gedacht*. Ein dafür typischer Text ist: »Hoc tempus descendit ab evo, quia ab evo Deus omnia providit et per temporales successiones disposuit« (aus der Boethius-Glosse des Wilhelm von Conches, zit. bei J. M. Parent, La doctrine de la création dans l'école de Chartres: Etude et Textes, Paris - Ottawa 1938, S. 125). Die beiden Zeitebenen sind also im hierarchischen Durchgriff von der Ewigkeit auf den Moment verknüpft. Sobald dieser Durchgriff nicht mehr im Einklang mit der Weltvorstellung gedacht, sondern nur noch geglaubt werden kann (Pascal), entfällt die darin liegende Sicherheit und das Resultat ist zunächst: Angst.

92 Hier ist es besonders wichtig, die Herkunft einer (im weiteren dann traditionsüberladenen) Begrifflichkeit in Erinnerung zu behalten. Der semantische Gebrauchswert von phýsis lag ursprünglich vor allem in der Formulierung zweier Differenzen, der Differenz zu nómos und der Differenz zu téchne. Und in beiden Fällen formulierte der Gegenbegriff zu phýsis einen Bereich der Regulierung bzw. Herstellung, in dem hohe Kontingenzen des gesellschaftlichen (städtischen) Lebens sichtbar geworden waren. Der Naturbegriff hat also seine semantische Karriere als Kontingenzabwehrbegriff begonnen, und er mußte in dieser Funktion den Ordnungsaufbauwert von Zeit betonen. Vgl. zum ideengeschichtlichen Kontext im allgemeinen etwa Felix Heinimann, Nomos und Physis: Herkunft und Bedeutung einer Antithese im griechischen Denken des fünften Jahrhunderts, Basel 1945; J. Walter Jones, The Law and Legal Theory of the Greeks, Oxford 1956, insbes. S. 34-72; Karl Ulmer, Wahrheit, Kunst und Natur bei Aristoteles: Ein Beitrag zur Aufklärung der metaphysischen Herkunft der modernen Technik, Tübingen 1953; Margherita Isnardi, Techne: Momenti del pensiero greco da Platone al Epicuro, Firenze 1966; Jörg Kube, TEXNH und APETH: Sophistisches und platonisches Tugendwissen, Berlin 1969.

ses Zeitmoment, an dem Mensch und (andere) Tiere sich unterschieden: Nur der Mensch betrachtet Sachverhalte im Lichte von Vergangenheit und Zukunft, von Erfahrung und Erwartung und vermag von daher Gegenwärtiges mit einer gewissen Distanz zu handhaben.

Diese gesamte Konfiguration mitsamt den semantischen Vermittlungen, die in sie eingebaut waren, bricht im 18. Jahrhundert zusammen. Ideengeschichtlich gesehen gibt es dafür sicherlich viele, teils immanente, teils äußerliche Ursachen. Das können wir hier nicht näher untersuchen. Jedenfalls wird unsere Ausgangshypothese dadurch eindrucksvoll bestätigt. Im Übergang zur Neuzeit stellt sich die Gesellschaft mehr und mehr auf funktionale Systemdifferenzierung um. Sie wird dadurch im Vergleich zu allen älteren Gesellschaftsformationen so viel komplexer, daß die Sicherheitssonde Zeit erneut abstrahiert werden muß. Die (sichere) Gegenwart eignet sich nicht mehr dazu, Dauer zu garantieren oder doch zu symbolisieren. Der *Bezug auf Gegenwart* wird an vielen Stellen der semantischen Tradition (z. B. in der Interpretation von passion und plaisir) durch *Bezug auf Varietät* ersetzt[93].

In diesem Zusammenhang, historisch gesehen seit der zweiten Hälfte des 17. Jahrhunderts, wird Sicherheit in einer Weise wie nie zuvor zum Thema expliziter Kommunikation[94]. Das gleiche gilt für Unsicherheit, und nicht zuletzt: für explizit herbeigeführte Unsicherheit. Zugleich wird die Zeit im Gefolge der Mathematisierung der Naturforschung begrifflich abstrahiert, es wird ihr zum Beispiel jeder kausale Einfluß auf das Geschehen bestritten, sie legt weder günstige Momente fest noch gibt sie Zeichen für eine noch verborgene Zukunft. Ferner wird Zeit in sich selbst reflexiv, jeder Moment wird zum Träger eigener Zeithorizonte, jede Epoche wird durch eine eigene, nur für sie geltende Zukunft und Vergangenheit histo-

93 So z. B. Georges-Louis Le Sage, Le mecanisme de l'esprit (1699), zit. nach dem Abdruck in ders., Cours abregé de Philosophie par Aphorismes, Genf 1718. Für diesen intelligenten, heute völlig unbekannten Autor hat das die Folge, daß Sicherheit nicht mehr über prudentia gewonnen werden kann, sondern nur noch über Besitz!

94 Vgl. u. a. Lucien Febvre, Pour l'histoire d'un sentiment: Le besoin de sécurité, Annales E. S. C., 11 (1956), S. 244-247; John Gilissen, Individualisme et sécurité juridique: La preponderance de la loi et de l'acte écrit au XVI siècle dans l'ancienne droit belge, in: Individu et société à la Renaissance: Colloque internationale 1965, Brüssel 1967, S. 33-58; Franz-Xaver Kaufmann, Sicherheit als soziologisches und sozialpolitisches Problem, Stuttgart 1970.

risch individualisiert. Der Verzicht auf jeden Richtliniencharakter der Zeit bedeutet nun auch: daß Zeit sehr viel komplexer begriffen werden kann; daß aber andererseits fraglich wird, ob das, was an ihr selbst sicher ist, noch irgendeine Relevanz hat. Auch jetzt braucht man noch Kalender – aber nicht mehr, um *wissen zu können*, was zu bestimmten Zeitpunkten zu tun ist[95], sondern um *verabreden zu können*, was zu bestimmten Zeitpunkten zu tun ist.

Man darf natürlich nicht unterstellen, daß wirkliches Erleben genau so abläuft, wie die Semantik es vorschreibt. Die Bemühungen um ein Festhalten wichtiger Sinnerfahrungen, um Formen bewahrenswerter Kommunikation unterliegen einer eigenen Gesetzlichkeit, besonders nach der Erfindung von Schrift und Buchdruck. Man darf sie nicht als summarische Formeln des faktischen Erlebens ihrer Zeit lesen. Aber letztlich hat es die Ausarbeitung einer ernsthaften, bewahrenswerten Semantik mit den gleichen Problemen zu tun wie das tägliche Leben, sonst könnte sie nicht überzeugen. Wenn sich an der Zeitsemantik ablesen läßt, daß im Laufe einer langen historischen Entwicklung Motive sicherer Erwartungsbildung (oder umgekehrt: Erfahrungen mit unsicherer Erwartungsbildung) die Zeitdimension ausdifferenzieren und von sachlichen und sozialen Implikationen reinigen, wird dies Gründe im gesellschaftlichen Alltag gehabt haben, die wir (wiederum nur sehr global) mit dem Begriff der Komplexität zu fassen suchen. Das heißt fürs Weitere vor allem: daß man bei der Verwendung von Begriffen wie Zeit, Struktur, Erwartung auch tiefliegende historische Abhängigkeiten mitdenken muß, die ihrerseits aber durch allgemeine theoretische Forschung geklärt werden können.

XI

Eine Möglichkeit, Erwartungen relativ zeitfest zu etablieren, besteht darin, sie auf etwas zu beziehen, was selbst kein Ereignis, also im strengen Sinne nicht selbst erwartbar ist. Es werden Identitäten projektiert, an denen man Erwartungen festmachen kann, und durch solche Zuweisung an identisch Bleibendes werden Erwartungen sachlich geordnet. So richtet man Zusammenhänge und Unter-

95 So für China Joseph Needham, Time and Knowledge in China and the West, in: J. T. Frazer, The Voices of Time: A Cooperative Survey of Man's View of Time as Expressed by the Sciences and by the Humanities, London 1968, S. 92-135 (100).

scheidungen ein. Dabei fassen Identitäten, und darauf beruht ihre Ordnungsleistung, nicht etwa gleiche oder gleichartige Erwartungen zusammen, sondern verschiedene; und sie unterscheiden sich durch deren Kombination. Bücher können versehentlich zuklappen, vom Tisch fallen, vergilben, aber nicht zerbrechen wie Gläser oder vom Kopf fliegen wie Mützen. Die Identität ist mithin kein kategorialer Ordnungsgesichtspunkt, sondern ein punktualisierter, hochselektiver Ordnungsaspekt von Welt. Die Erwartung, »daß auch die nächste Seite bedruckt ist und den Text fortsetzt«, könnte man gar nicht an Liegestühle richten, und das »unerwartete« (aber auf Grund einiger Erfahrungen sehr wohl erwartbare) Zusammenklappen von Liegestühlen ist in ganz anderer Weise gefährlich als das Zusammenklappen von Büchern. Die Identität des Wortes »Zusammenklappen« und die Ähnlichkeit der Ereignisse bietet überhaupt keinen praktisch relevanten Ordnungsgesichtspunkt für Erfahrungen. Wer lernt schon an Hand von Liegestühlen etwas über Bücher!

Weite Bereiche der erwartbaren Erfahrungswirklichkeit werden in diesem Sinne durch die Identität von Dingen geordnet[96]. Für die Ordnung von Verhaltenserwartungen hat sich die Dingform jedoch in zunehmendem Maße als unzulänglich erwiesen. Mit zunehmender Komplexität des Gesellschaftssystems, mit zunehmendem Auflösevermögen der Funktionssysteme, mit zunehmenden Instabilitäten und Änderungsnotwendigkeiten reicht die Orientierung von Verhaltenserwartungen an dinghaft konzipierten Vorstellungen, also auch am Sonderding Mensch, nicht mehr aus – und zwar ganz unabhängig davon, welche besonderen Eigenschaften dem Ding zugesprochen werden. Dies hängt mit dem Zusammenbruch des

96 Auf die historisch-semantische Bedeutung des Dingschemas für die Weltvorstellung Alteuropas hatten wir oben (Kapitel 2 II) bereits hingewiesen. Die Differenz res corporales/res incorporales beherrscht als Differenz mit Vollständigkeitsanspruch das Denken, wobei man sich mit Hilfe dieser Differenz von »der Welt« (wenn man sie nicht als universitas rerum, sondern als congregatio corporum begreift) distanzieren kann. Erst mit der Distanzierung vom »Ding an sich«, erst mit Kant also wird diese Leitvorstellung verabschiedet. Die Gründe dafür sind bis heute unaufgedeckt geblieben. Wir vermuten sie in einer gesellschaftlichen Entwicklung, die es erforderlich macht, Dingvorstellungen in Einzelerwartungen aufzulösen, die es daraufhin möglich macht, nach der Funktion der Dinghaftigkeit zu fragen, über Verdinglichung zu klagen und es dann nahelegt, besonders für den Bereich der Verhaltenserwartungen nach anderen Identifikationsgesichtspunkten zu suchen. Die oben folgenden Analysen suchen hierfür ein theoretisches Konzept.

Schichtungssystems zusammen, wonach man nun von *jedem* Menschen *alles* Verhalten zu erwarten hat. Sehr gut läßt diese Entwicklung sich auch an der »Entdeckung des Kindes«[97] ablesen. Letztlich kann man die Vielfalt und Varietät speziell des menschlichen Verhaltens nicht mehr dadurch auffangen, daß man das Ding Mensch mit besonderen Eigenschaften auszeichnet, etwa mit Vernunft, Willensfreiheit, Sensibilität oder schließlich gar mit der Leerformel innerer Unbestimmtheit[98]. Das schließt es letztlich dann auch aus, zu sagen, die Gesellschaft bestehe aus Menschen, sei eine geordnete Menge von Menschen, eine Gruppe, ein Volk[99].

Daß diesem Problem nicht durch die daraufhin angebotene Disjunktion von Ding und Subjekt beigekommen werden kann, hatte bereits Hegel gesehen. Was benötigt wird, sind abstraktere Identifikationsgesichtspunkte. Sie müssen das auseinanderziehen und gegeneinander verselbständigen, was das Sonderding Mensch nicht mehr leisten kann: Erwartung von Verhaltenserwartungen zu ordnen. Die Mensch-Semantik wird damit freigegeben für einen neuen Sinn, einen neuen Freiheitssinn und eine darauf aufgebaute selbstreferentielle Individualität. Aber daraus folgt nun kein Ordnungsversprechen mehr[100].

Die soziologische Theorie hat an dieser Stelle mit verschiedenen

97 Über die seit Philippe Ariès gesprochen wird: Siehe L'enfant et la vie familiale sous l'ancien régime, Paris 1960.

98 Auch dies bedürfte als historisch-semantische Serie von Menschattributen mit immer höherer Beliebigkeit des Zugelassenen einer genaueren Untersuchung. Zu vermuten ist auch hier ein deutlicher Zusammenhang mit zunehmender gesellschaftlicher Komplexität, der schließlich die Dingbegrifflichkeit in der Anwendung auf den Menschen sprengt.

99 Vgl. dazu oben S. 286 ff.

100 Um eine beliebige Illustration herauszugreifen, die alles sagt: In der Introduction zur zweiten Auflage (1829) seiner Mémoires sur les cent-jours sagt Benjamin Constant: »... je vois dans l'individualité dont on se plaint le perfectionnement de l'espèce; car l'espèce n'est au fond que l'agrégation des individus; elle s'enrichit de la valeur morale à laquelle chacun d'eux parvient. L'anarchie intellectuelle qu'on déplore me semble un progrès immense de l'intelligence; car le triomphe de l'intelligence n'est pas de découvrir la vérité absolue qu'elle ne trouvera jamais, mais de se fortifier en exerçant ses forces, d'arriver à des vérités partielles et relatives qu'elle recueille et qu'elle enregistre sur sa route, et d'avancer ainsi dans cette route où chaque pas est une conquête, bien que le terme en soit inconnu«. Man sieht: Ordnungsvorgabe wird durch Zeit ersetzt, die ihre Sicherheit aus einer Zukunft zieht, die man nicht kennt. Und die politische Folgerung ist: daß die dafür unentbehrliche Ruhe der Gegenwart auf Ordnung und Ordnung auf Freiheit gegründet sein müsse.

Vorstellungen experimentiert, denen als gemeinsame Annahme zugrunde liegt, daß Identifikationsgesichtspunkte für Verhaltenserwartungszusammenhänge auf einem Kontinuum von abstrakt zu konkret geordnet sein müssen[101]. Im Unterschied zu anderen Autoren legen wir den Normbegriff in eine andere, nämlich die zeitliche Dimension[102] und unterscheiden als Gesichtspunkte der sachlichen Identifikation von Erwartungszusammenhängen *Personen, Rollen, Programme* und *Werte*. Erwartungen, die durch solche Identitäten gebündelt werden, können mehr oder weniger normiert werden je nachdem, wie eine etwaige Enttäuschung behandelt wird.

Als *Personen* sind hier nicht psychische Systeme gemeint, geschweige denn ganze Menschen. Eine Person wird vielmehr konstituiert, um Verhaltenserwartungen ordnen zu können, die durch sie und nur durch sie eingelöst werden können. Jemand kann für sich selbst und für andere Person sein. Das Personsein erfordert, daß man mit Hilfe seines psychischen Systems und seines Körpers Erwartungen an sich zieht und bindet, und wiederum: Selbsterwartungen und Fremderwartungen. Je mehr und je verschiedenartigere Erwartungen auf diese Weise individualisiert werden, um so komplexer ist die Person. Dies Personsein kann durchaus milieuspezifische Unterschiede aufweisen: im Gefängnis der blendende Held, im freien Leben nichtssagend und matt, so charakterisiert Jean Genet die Person des Harcamone[103]. Gerade solche Kontraste können die Person auszeichnen und das mitregulieren, was von ihr erwartet werden kann.

Mit diesem Personbegriff und mit der Unterscheidung von Person und psychischem System kann die Soziologie Zugang finden zu

101 Daniel Katz/Robert L. Kahn, The Social Psychology of Organizations, New York 1966, S. 37 f., 48 ff., unterscheiden nach degree of abstractness »roles«, »norms« und »values«. Vgl. für ähnlich hierarchisierte Unterscheidungen auch Talcott Parsons' »levels of normative culture«, nämlich »roles«, »collectivities«, »norms« und »values«, zum Beispiel in: Durkheim's Contribution to the Theory of Integration of Social Systems, in: Talcott Parsons, Sociological Theory and Modern Society, New York 1967, S. 3-34 (7 ff.); mit Abwandlungen übernommen auch von Neil J. Smelser, Theory of Collective Behavior, New York 1963, und von Leon Mayhew, Law and Equal Opportunity: A Study of the Massachusetts Commission Against Discrimination, Cambridge Mass. 1968.

102 Vgl. unten XII.

103 »Il était aussi terne dans la vie libre qu'éblouissant dans les pénitenciers« (Jean Genet, Miracle de la rose, zit. nach Œuvres complètes Bd. 2, Paris 1951, S. 265).

Themen, die bisher der literarischen Tradition vorbehalten waren, aber eben doch typisch neuzeitliche Erfahrungen aufnehmen. Dies gilt einmal für den Themenkomplex Aufrichtigkeit und Authentizität[104], zum anderen für die Einsicht, daß von der Person keine sicheren Erkenntniswege in die Tiefe des psychischen Systems führen, sondern daß alle Versuche, sich nicht mit der Person zu begnügen, sondern einen anderen wirklich kennenzulernen, im Bodenlosen des immer auch anders Möglichen versinken. Ferner wird hierdurch die Bedeutung des Copierens von Persönlichkeitsmustern oder -gesten (Stendhal) bei gleichwohl unverwechselbaren Resultaten verständlich: Man copiert ein Personmodell in ein konkretes und dadurch immer schon unverwechselbares psychisches System; man kleidet und frisiert nach Erfolgsmodellen – immer doch nur den eigenen Körper[105]. Wir können annehmen, daß solche Probleme und ihre literarische Behandlung erst aktuell werden, wenn die Gesellschaft Personalität zur Bündelung von Erwartungszusammenhängen benötigt und ausdifferenziert.

Dabei kommt es, wie auch an der Wortgeschichte von »Persona« (Maske, Rolle, Rechtsstatus) ablesbar, zur Differenzierung von Person und Rolle. *Rollen* können dann, von der individuellen Person unterschieden, als eigene, schon abstraktere Gesichtspunkte der Identifikation von Erwartungszusammenhängen dienen. Eine Rolle ist zwar noch dem Umfang nach auf das zugeschnitten, was ein Einzelmensch leisten kann, ist aber gegenüber der individuellen Person sowohl spezieller als auch allgemeiner gefaßt. Es geht immer nur um einen Ausschnitt des Verhaltens eines Menschen, der als Rolle erwartet wird, andererseits um eine Einheit, die von vielen und auswechselbaren Menschen wahrgenommen werden kann: um die Rolle eines Patienten, eines Lehrers, eines Opernsängers, einer Mutter, eines Sanitäters usw.

Die Ordnungsleistung von Rollen für faktisches Verhalten und Verhaltenserwartungen ist in der Soziologie zeitweilig erheblich überschätzt worden. Dem verdanken wir eine umfangreiche For-

104 Zu den spezifisch neuzeitlichen Konturen dieser Thematik siehe z. B. Henri Peyre, Literature and Sincerity, New Haven 1963; Lionel Trilling, Sincerity and Authenticity, Cambridge Mass. 1972.

105 Heinrich Popitz, Der Begriff der sozialen Rolle als Element soziologischer Theorie, Tübingen 1967, scheint etwas Ähnliches vor Augen zu haben, wenn er von sozial standardisierten Individualitätsmustern spricht (S. 15 f.).

schung, auf die hier nur pauschal hingewiesen werden kann. Die vielleicht wichtigsten Einsichten sind; daß auf der Ebene der Rollen einerseits besondere Erwartungssicherheiten geschaffen werden können, die keine (oder geringe) Personenkenntnisse voraussetzen, sondern anonymisierbar sind; daß aber andererseits zugleich besondere Konfliktlagen, Distanzierungen, Manipulationen, Belastungsminderungssitten mitzuerwarten sind, die jemand seiner eigenen Person gegenüber nicht riskieren bzw. nicht für angebracht halten würde.

Daß persönlich adressierte Erwartungen, die mit dem Adressaten »sterben«, und Rollenerwartungen deutlich trennbar sind, ist ein Resultat soziokultureller Evolution, ist also erst allmählich einsehbar geworden[106]. Man kann dies an der Geschichte der Differenz von Amt und Person ablesen[107]. Aber auch das, was man heute formale Organisation nennt, ist nur dank dieser Trennung möglich[108]. Das heißt nicht, daß »Persönliches« an Bedeutung verlöre. Es gibt keinen »Trend« von Personorientierung zu Rollenorientierung. Die Entwicklung zeichnet sich vielmehr dadurch aus, daß diese *Differenz* an Bedeutung gewinnt, auch und gerade im Innenleben formaler Organisationen[109]. Man muß hier unterscheiden können, welche Erwartungen nur an bestimmte Personen adressiert und welche auf Grund der formalen Position durchsetzbar sind.

106 Vgl. nur Daniel Bell, The Disjunction of Culture and Social Structure: Some Notes on the Meaning of Social Reality, in: Gerald Holton (Hrsg.), Science and Culture: A Study of Cohesive and Disjunctive Forces, Boston 1965, S. 236-250 (241 ff.).

107 Diese Frage betraf sowohl Kleriker als auch Könige, sie hatte von daher eine besondere kulturelle und soziale Prominenz. Sie hat überdies eine Vielzahl von praktischen Konsequenzen, vor allem solche juristischer Art, z. B. Kontinuität der Amtsführung bei Todesfällen, Haftungsfragen, Probleme der Legitimität einer (unbestritten faktischen) Amtsinhaberschaft, Fortdauer von eingegangenen Verpflichtungen bei Amtswechsel, ultra vires-Probleme etc. Als theoretisch und historisch orientierte Darstellung vgl. etwa Ralf Dreier, Das kirchliche Amt: Eine kirchenrechtstheoretische Studie, München 1972.

108 Vgl. Niklas Luhmann, Funktionen und Folgen formaler Organisation, Berlin 1964.

109 Aber auch für alle Bereiche professioneller Arbeit an Klienten, Patienten, Kunden innerhalb und außerhalb von Organisationen ist diese Differenz wichtig, und zwar hier insbes. als Schwellenproblem bzw. als Gefahr einer zu starken »Personalisierung« der Arbeit an der Person. Eine gute, wenig bekannte Analyse ist: Renate Mayntz, The Nature and Genesis of Impersonality: Some Results of a Study on the Doctor-Patient-Relationship, Social Research 37 (1970), S. 428-446.

Nur mit beiden Kontaktnetzen zugleich – und sie behindern einander wechselseitig! – kann man Wirkungsmöglichkeiten in Organisationen optimieren. Erst vor dem Hintergrund einer solchen Differenz wird beobachtbar, daß Rollenausführungen einen »persönlichen Stil« annehmen und Personen durch ihre Rollen geprägt sein, zum Beispiel Lehrer immer belehrend auftreten können[110].

Ist diese Differenz von Person und Rolle einmal etabliert, ändert sich dadurch die Umwelt psychischer Systeme. Sie können sich als Person identifizieren und sich zugleich an Rollen orientieren. Sie geraten dadurch unter »Rollenstress«. Sie können Rollenzugang und Rollenvermeidung zu manipulieren suchen und sogar lernen, damit zu rechnen, daß gerade dies von »ihnen persönlich« erwartet wird. Sie können ihre Person als konstant voraussetzen und gleichwohl eine weite Zukunft mit wechselnden Rollen, etwa in Form einer Karriere[111], ins Auge fassen. Das Differenzerleben kann, muß aber nicht Diskrepanzerleben sein. In jedem Falle wird dadurch vorstrukturiert, was im Kontext von Interpenetration auf sie einwirkt.

Mit einer an Rollen gebundenen Erwartungsidentifikation sind jedoch die Abstraktionsmöglichkeiten keineswegs ausgeschöpft. Man kann darüber hinausgehen, wenn man die Begrenzung durch die Verhaltensmöglichkeiten einer Einzelperson aufgibt. Wir nennen die dann sich anbietende Erwartungsordnung *Programme*[112]. Dieser in der Soziologie wenig übliche Begriff wird gewählt, um Zweckorientierungen und Bedingungsorientierungen (Zweckprogramme bzw. Konditionalprogramme) übergreifen zu können. Ein Programm ist ein Komplex von Bedingungen der Richtigkeit (und das heißt: der sozialen Abnehmbarkeit) des Verhaltens. Die Pro-

110 Hierzu Ralph H. Turner, The Role and the Person, American Journal of Sociology 84 (1978), S. 1-23 (wobei Turner allerdings nicht zwischen psychischem System und Person unterscheidet).

111 Vgl. hierzu und insbesondere zur Bedeutung der Differenz von Familie und Schule für die Auslösung von Karrierebewußtsein (einschließlich Negation von Karriereabsichten) Niklas Luhmann/Karl Eberhard Schorr, Reflexionsprobleme im Erziehungssystem, Stuttgart 1979, S. 277 ff.

112 Dem Programmbegriff läßt sich der Begriff der Strategie zuordnen. Programme lassen sich als Strategien bezeichnen, wenn und soweit vorgesehen ist, daß sie im Laufe des Vollzugs aus gegebenem Anlaß geändert werden können. Der Vorteil der festen Vorwegselektion wird dann ersetzt durch eine Spezifikation der Informationen, die Anlaß geben können, das Programm in bestimmten Hinsichten zu ändern.

grammebene verselbständigt sich gegenüber der Rollenebene, wenn es auf genau diesen Abstraktionsgewinn ankommt, wenn also das Verhalten von mehr als einer Person geregelt und erwartbar gemacht werden muß. So ist eine chirurgische Operation heute nicht nur Rollenleistung, sondern ein Programm. Die Neukonstruktion eines Automotors unter bestimmten Begrenzungen, die Einrichtung eines Warenhauses auf Winterschlußverkauf, Planung und Aufführung einer Oper, Überführung einer Kolonie in den Status eines selbständigen Staates, Verminderung des Grades an Verschmutzung eines Sees – an Beispielen fehlt es nicht. Die Komplexität solcher Programme kann, dank des Abstraktionsgrades der Erwartungsfestlegung, sehr hoch sein. Es gibt Einmalprogramme, aber auch Programme für laufend zu wiederholende Ausführung. Der Detaillierungsgrad der Erwartungsfestlegung kann sehr verschieden sein, und entsprechend variiert die Vorsorge für die Einbeziehung von Zufälligkeiten und für Möglichkeiten der Änderung des Programms während der Ausführung des Programms.

Auf der letzterreichbaren Ebene der Erwartungsfestlegung muß man auch noch auf Richtigkeitsfeststellungen für bestimmtes Handeln verzichten. Man hat nur noch *Werte* in der Hand – oder im Mund. Werte sind allgemeine, einzeln symbolisierte Gesichtspunkte des Vorziehens von Zuständen oder Ereignissen[113]. Auch Handeln kann in diesem Sinne bewertet werden – zum Beispiel als friedensfördernd, gerecht, umweltverschmutzend, als Ausdruck von Solidarität, Hilfsbereitschaft, Rassenhaß usw. Da sich alles Handeln unter positive und unter negative Wertgesichtspunkte bringen läßt, folgt aus der Wertung nichts für die Richtigkeit des Handelns. Das wird oft übersehen, oft wohl auch bewußt vertuscht. Wollte man aus Wertungen Informationen über richtiges Handeln gewinnen, mußte man eine logische Rangordnung, zum Beispiel Transitivität des Verhältnisses einer Vielzahl von Werten voraussetzen – etwa in dem Sinne, daß die Erhaltung der Freiheit wichtiger ist als die Erhaltung des Friedens, dieser wichtiger als Kultur, Kultur wichtiger als Profit – und dann nicht etwa: Profit wichtiger als Freiheit.

113 Brauchbar und typisch auch die Definition von Jürgen Friedrichs, Werte und soziales Handeln, Tübingen 1968, S. 113: »Werte sind bewußte oder unbewußte Vorstellungen des Gewünschten, die sich in Präferenzen bei der Wahl zwischen Handlungsalternativen niederschlagen«.

Dennoch sind Werte nicht ohne Bedeutung für die Erwartbarkeit des Erwartens. Ihre Bedeutung ergibt sich aus der *Differenz* von Werten und Programmen. Programme müssen, sollen sie ihre Eigenleistung bestmöglich erbringen, oft sehr komplex, änderbar und in den Details instabil formuliert werden. Dann erleichtert Wertkonsens die Kommunikation über die Kontingenz der Programme: über Programmentwicklung, situative Adaptierung, Programmänderung oder auch über das Obsoletgewordensein der Programme[114]. Man kann angesichts solcher Probleme wenigstens in der Kommunikation unbestreitbare (oder: sehr schwer bestreitbare, durch Moralisierung gedeckte) Ausgangspunkte benutzen und auf die Erwartung bauen, daß denen zumindest jedermann zustimmen müßte. Werte dienen im Kommunikationsprozeß dann wie eine Art Sonde, mit der man prüfen kann, ob auch konkretere Erwartungen funktionieren, wenn nicht allgemein, so doch jedenfalls in der konkreten Situation, die jeweils vor Augen steht. Die Konsequenz ist dann freilich: daß die Rangrelationen zwischen Werten nicht ein für allemal festgelegt sein können, sondern wechselnd, das heißt opportunistisch gehandhabt werden müssen[115].

Zieht man diese vier Abstraktionsebenen zusammen in den Blick, so wird eine Entwicklungstendenz sichtbar. Die bloße Gegenüberstellung von faktischem Verhalten und normativen, moralgeladenen Regeln richtigen Verhaltens, mit der ältere Gesellschaften auskommen konnten, wird erweitert. Innerhalb eines solchen Zweierschemas werden weitere Differenzen ausdifferenziert. Auf der Ebene der Rollen und auf der Ebene der Programme können Ordnungsentwürfe mit sehr hoher Komplexität eingebaut werden. Auf diesen Ebenen können Anforderungen einer zunehmend konplexeren, zu-

114 Ausführliche Diskussionen hierzu gibt es im Rechtssystem und in seiner Literatur – leider oft unter dem verfehlten Gesichtspunkt einer »teleologischen« Auslegungsmethode abgeheftet. Siehe aber auch Josef Esser, Vorverständnis und Methodenwahl in der Rechtsfindung: Rationalitätsgarantien der richterlichen Entscheidungspraxis, Frankfurt 1970. Typisch für Juristen ist im übrigen eine gewisse Überschätzung des Rationalitätsgehalts der Auswertung von Wertgesichtspunkten. Hier kommt dann, soziologisch gesehen, der Sicherheitsgewinn eines ausdifferenzierten Systems und einer etablierten Profession zu Hilfe. Eine gute soziologische Untersuchung, ebenfalls an Hand einer Rechtsthematik, ist Mayhew, a.a.O. (1968).

115 Vgl. hierzu als Urteile von Praktikern: Chester I. Barnard, The Functions of the Executive, Cambridge Mass. 1938, S. 200 ff.; Sir Geoffrey Vickers, The Undirected Society: Essays on the Human Implications of Industrialization in Canada, Toronto 1959, S. 61 ff.

nehmend auf Organisation zurückgreifenden Gesellschaft in Verhaltenserwartungen umgesetzt werden. Diese Innovation revolutioniert dann den Gesamtaufbau der Identifikation von Erwartungszusammenhängen: Das rein Persönliche kann herausgezogen und in Differenz zu Rollenanforderungen stärker individualisiert werden. Das rein Wertmäßige kann herausgezogen und in Differenz zu Programmforderungen stärker ideologisiert werden. Individuen und Werte spielen dann übergreifend zusammen, um die Grundlagen des gesellschaftlichen Zusammenlebens zu symbolisieren, während Rollen und Programme die Erfordernisse der Komplexität zur Geltung bringen.

Eine wichtige Folge dieser Ebenendifferenzierung ist, daß ein »Wertwandel«, wie er gegenwärtig in hochentwickelten Regionen der Weltgesellschaft beobachtet werden kann[116], auf konkreteren strukturellen Ebenen nicht eindeutig greift. Er wirkt als Beunruhigung und verstärkt sich so selbst. Infolge der hohen strukturellen Ausdifferenzierung von Werten ist ein solcher Wertwandel relativ leicht zu vollziehen. Er trifft auf »seiner« Ebene auf keinen nennenswerten Widerstand, löst aber kaum durchgreifende strukturelle Konsequenzen aus. Man kann vermuten, daß Werte und Personen neue Arten von Symbiosen suchen – und dabei das mehr oder weniger außer Acht lassen, was auf der Ebene der Rollen und Programme die Komplexität der Gesellschaft trägt. Allem Wertwandel und allem neu betonten Individualismus zum Trotz bleiben Rollen und Programme durch Komplexitätserfordernisse in die Gesellschaft eingebunden.

Auch in anderen Hinsichten steckt ein so hoch differenzierter Gesamtaufbau voller Konflikte, wie man insbesondere durch Forschungen weiß, die die Rollenebene betreffen. Dem entspricht eine deutlich permissive Haltung gegenüber dem, was Individuen als ihre Person darstellen. Eine Evolution, die dies Resultat erzeugt, hat zweifelhaften Fortschrittswert. Ihr kann sicher keine Tendenz zur sozialen Harmonie, auch keine Tendenz zu »organischer Solidarität« (Durkheim) bescheinigt werden. Eher beeindruckt der

116 Vgl. z. B. Ronald Inglehart, The Silent Revolution: Changing Values and Political Styles Among Western Publics, Princeton 1977; Thomas Herz, Der Wandel von Wertvorstellungen in westlichen Industriegesellschaften, Kölner Zeitschrift für Soziologie und Sozialpsychologie 31 (1979), S. 282-302; Helmut Klages/Peter Kmieciak (Hrsg.), Wertwandel und gesellschaftlicher Wandel, Frankfurt 1979.

Komplexitätsgewinn und damit auch die Zunahme der Vielseitigkeit der Konditionierbarkeit der Verhaltenserwartungen. Der Gewinn liegt nicht in der klassischen Thematik von Freiheit versus Bindung, denn beides nimmt zu. Er liegt in Strukturformen, die eine *Steigerung der Einschränkbarkeit des Systems* ermöglichen.

XII

Ein nächster Punkt betrifft Möglichkeiten der Steigerung von akzeptierter Unsicherheit und damit Möglichkeiten, mehr Erwartungen erwartbar zu machen und unwahrscheinlicheren Erwartungen eine strukturierende Funktion zu geben. Hierfür stehen zwei Formen zur Verfügung, die wir als normative bzw. als kognitive Modalisierung von Erwartungen (oder als Normen bzw. Kognitionen) bezeichnen wollen.

Die Modalisierung betrifft das Sicherheits-/Unsicherheitsproblem direkt, nämlich die Frage, wie man sich im Enttäuschungsfalle verhalten kann. Keineswegs alle Erwartungen enthalten eine Vorwegregulierung des Enttäuschungsfalles. Die meisten Alltagserwartungen sind hinreichend geläufig und sicher, so daß man sich keine weiteren Gedanken machen muß. Wenn aber die soziokulturelle Evolution Anlässe schafft, Erwartungen ins erwartbar Unsichere zu legen, hat dies eine Rückwirkung auf die Erwartungen selbst. Sie können nicht schlicht im Unsicheren belassen werden. Man kann mehr Unsicherheit im System nicht einfach durch mehr Unsicherheit des Erwartens beantworten. Vielmehr ist eine zusätzliche Formgebung erforderlich, die den Modus des Erwartens betrifft – »Modus« oder »Modalität« nicht mehr kantisch begriffen als Form des erkennenden Bewußtseins, sondern als Form, in der etwas auf das Problematischwerden seines Problems reagiert[117]. In die Erwartungen wird eine Vorwegdisposition für den Enttäuschungsfall eingebaut. Es wird damit miterwartbar gemacht, wie man sich im Enttäuschungsfalle verhalten kann. Das gibt, wie zahlreiche Expe-

117 Der Begriff »Modus, Modalität« bleibt dabei parallelgelagert zu den Modalitäten des Seins. Die Verwandtschaft mit den berühmteren Cousinen Möglichkeit und Notwendigkeit bleibt erkennbar. So wie diese entstehen, wenn das Sein des Seins befragt, also Kontingenz bewußt wird, so entstehen die Modalitäten des Erwartens, wenn Zweifel an der Erwartbarkeit der Erwartungen aufkommen, also deren Kontingenz bewußt wird.

rimente gezeigt haben, der Erwartung zusätzliche Stabilität[118]. Und, was das Wichtigste ist: Über Modalisierung des Erwartens wird erreicht, daß diese Vorwegdisposition am Erwartungsstil selbst sichtbar wird und damit gegenwärtig schon kommunikationsfähig ist. So kann man in technischen Vorkehrungen und vor allem in sozialen Abstimmungen gegenwärtig schon Sicherheit schaffen dafür, daß man im Falle der Enttäuschung nicht hilflos dasteht, nicht bloßgestellt wird als jemand, der die Welt nicht kennt und einfach falsch erwartet hatte.

Die Orientierung des Erwartens am Enttäuschungsfall bedeutet Orientierung an einer *Differenz*. Die Differenz geht vom Enttäuschungsfalle aus, sie besteht also nicht in der Frage, ob die Erwartung enttäuscht wird oder nicht. Das Unsichere, die Enttäuschung, wird vielmehr so behandelt, als ob es sicher wäre, und die Frage ist dann: ob man in diesem Falle die Erwartung aufgeben oder ändern würde oder nicht. Lernen oder Nichtlernen, das ist die Frage. Lernbereite Erwartungen werden als *Kognitionen* stilisiert. Man ist bereit, sie zu ändern, wenn die Realität andere, unerwartete Seiten zeigt. Man hatte gedacht, der Freund sei zu Hause, aber er nimmt das Telephon nicht ab: Also ist er nicht zu Hause. Man muß davon ausgehen und für diese Sachlage das nächstsinnvolle Verhalten suchen. Dagegen werden lernunwillige Erwartungen als *Normen* stilisiert. Sie werden auch im Enttäuschungsfalle kontrafaktisch festgehalten. Man erfährt später, daß der Freund doch zu Hause war, aber sich nicht stören lassen wollte. Oder: Er hatte zugesagt, zu Hause zu sein und auf den Anruf zu warten. Dann sieht man keinen Anlaß, seine Erwartungen zu revidieren, weil man auf Telephonabnehmebereitschaft und erst recht auf Zusagen nicht verzichten möchte. Man fühlt sich im Recht und läßt das den Freund spüren. Er wird nach einer Entschuldigung suchen, die die Erwartung reetabliert.

Das Beispiel ist bewußt so gewählt, daß kognitives und normatives Erwarten dicht beieinander liegen, ja ineinander übergehen[119]. Man

118 Einen Überblick über die Forschung bietet Ralph M. Stogdill, Individual Behavior and Group Achievement, New York 1959, S. 59-119.

119 Dies wird in der soziologischen Forschung, die mit dieser Unterscheidung arbeitet, immer wieder verdeutlicht. Vgl. für eine darauf bezogene Fallstudie Barbara Frankel, The Cautionary Tale of the Seven-Day Hospital: Ideological Messages and Sociological Muddles in a Therapeutic Community, in: Klaus Krippendorff (Hrsg.), Communication and Control in Society, New York 1979, S. 353-373.

kommt nicht umhin, die Fakten zur Kenntnis zu nehmen, man läßt das Telephon nicht endlos weiterklingeln. Und im Moment erlebt man auch Spuren eines Widerstandes gegen das Durchkreuzen der Erwartung: Wie ärgerlich! Man hatte etwas Wichtiges mitzuteilen und muß jetzt nach anderen Wegen suchen, diese Absicht zu verwirklichen. Das komplette Auseinanderziehen von kognitiven und normativen Erwartungen, das Etablieren der Differenz ist deshalb auf der Ebene des Erwartens kaum möglich – nicht einmal bei einer so unwahrscheinlichen Erwartung, jemanden sprechen zu können, den man gar nicht sieht. Die Gemengelage von kognitiven und normativen Erwartungskomponenten ist ein alltagsweltlich normaler Sachverhalt und erfordert hohe Kunstfertigkeit (mit entsprechenden Abstimmungsproblemen für soziales Verhalten), wenn es gilt, Reaktionen auf Enttäuschungen zu dosieren. Nur mit solchen Mischformen können sich Erwartungsbereitschaften auf Sinnfelder und Verhaltensweisen ausdehnen, die so komplex sind, daß man dem angenommenen Verlauf nicht blind vertrauen kann.

Es kommt hinzu, daß eine Festlegung auf Modalformen des Erwartens oft erst im Enttäuschungsfall nötig wird. Man hatte unbedacht in die Situation hineingelebt. Die Enttäuschung passiert. Der Bundeskanzler raucht wieder[120]. Jetzt muß man sich klar darüber werden, ob man das Gegenteil kognitiv oder normativ erwartet haben würde. Die Enttäuschung ist ein Ereignis in genau dem Sinne, den wir oben festgelegt hatten[121]: Ein Ereignis, das Momente der Überraschung mit sich führt und dadurch Ereignis ist, das aber eben deshalb wieder in Normalstrukturen der Erwartbarkeit zurückgebettet werden muß.

Trotz allem: die Differenz arbeitet sich aus. Einmal eingelassen, rekrutiert sie Zufälle, bildet sie Sensibilitäten, stärkt sie Unterscheidungsvermögen, erzwingt sie immer wieder Entscheidungen. Die Differenz wird zum Bezugspunkt weiterer Formbildungen, weiterer Symbolisierungen, weiterer Informationsverarbeitung und stärkt dadurch die als unsicher gewußten Erwartungen. Vor allem läßt sich das normative, kontrafaktische Erwarten dadurch festigen, daß der Erwartende berechtigt wird, trotz Enttäuschung seine Erwartung weiterhin festzuhalten und öffentlich zu vertreten. Das Erkennen der Enttäuschung entscheidet dann nicht über das

120 Zeitungsmeldung vom 12. 1. 1982.

121 Vgl. S. 388 ff.

Schicksal der Erwartung selbst, und diese Vorentscheidung läßt sich als eine besondere Sinnsphäre des Geltens, des Sollens symbolisieren[122]. Schließlich kann die Differenz als Differenz von Sollen und Sein formuliert und mit dieser Semantik wieder in soziale Systeme eingegeben werden[123].

Die Semantik von Sollen und Sein schließt an die Ontologisierung von Prädikaten an – von Prädikaten, die im Kommunikationssystem doch nur die Erwartung der Annahme der kommunikativen Selektion symbolisieren[124]. Dies wiederum hat Erfolgs- bzw. Fortschrittsvorstellungen gefördert, die als self-fulfilling prophecy auf das soziale System zurückwirken. Es sieht dann so aus, als ob durch Normierung im großen und ganzen konformes Verhalten erreicht werde; und so, als ob ein Erkenntnisfortschritt stattfinde, der das Wissen vermehre und das Nichtwissen vermindere. Was zunächst und unmittelbar erreicht wird, ist jedoch nur das Heraustreiben neuer Differenzen: Dem normativen Erwartungsstil entspricht die Differenz von konformem und abweichendem Verhalten. Dem kognitiven Erwartungsstil entspricht die Differenz von Wissen und Nichtwissen. Die gewählte Modalisierung des Erwartens erzeugt also zunächst nur weitere, von ihr abhängige Differenzen. In der Gesamtarchitektur ist dies jetzt schon die dritte Stufe: Die Differenz Erfüllung/Enttäuschung von Erwartungen wird in die Differenz normatives/kognitives Erwarten eingebaut und dann, davon abhängig, durch konform/abweichend bzw. Wissen/Nichtwissen rekonstruiert. Ob die Verhältnisse damit besser werden, lassen wir getrost offen. Was erreicht wird, sind jedenfalls veränderte Aus-

122 Überwiegend setzen ethnologische und soziologische Bestimmungen an dieser Stelle erst an; das heißt: sie fragen gar nicht nach der Funktion von Sollvorstellungen, sondern definieren Normen durch das faktische Vorliegen solcher Sollvorstellungen. Vgl. für viele Paul Bohannan, The Differing Realms of the Law (1965), neu gedruckt in ders., Law and Warfare: Studies in the Anthropology of Conflict, Garden City N. Y. 1967, S. 43-56 (45): »A norm is a rule, more or less overt, which expresses ›ought‹ aspects of relationships between human beings«.

123 Diese Differenz mag dann jeden Bezug auf Empirisches leugnen – so bekanntlich in der Rechtstheorie von Hans Kelsen. Vgl. dazu aus der Sicht späterer Theorieentwicklungen Ralf Dreier, Sein und Sollen: Bemerkungen zur Reinen Rechtslehre Kelsens, in ders., Recht – Moral – Ideologie: Studien zur Rechtstheorie, Frankfurt 1981, S. 217-240. Zu fragen ist dann nicht, ob diese Behauptung richtig oder auch nur haltbar ist oder nicht, sondern: was die Orientierung an reinen (gereinigten) Differenzen für die Antezipation und Abwicklung von Enttäuschungen bedeutet.

124 Vgl. dazu oben Kap. 4 IV.

gangspunkte für Konditionierungen im sozialen System, die dann je nach den Umständen und je nach den konkreten Erwartungskontexten die gewünschten Erfolge mehr oder weniger erreichen können.

Dies Konzept liegt nahe bei Themen, die in den letzten Jahrzehnten verstärkt diskutiert worden sind. Es trägt dem »labeling approach« Rechnung (ohne allerdings zu behaupten, daß das abweichende Verhalten in sich harmlos und erträglich sei und nur durch die Bezeichnung verdorben würde)[125]. Es berücksichtigt auch, daß der sogenannte wissenschaftliche Fortschritt typisch mehr ungelöste als gelöste Probleme erzeugt, also das Nichtwissen im Vergleich zum Wissen überproportional vermehrt. Wir begnügen uns aber hier nicht mit einer bloßen Umkehrung der traditionellen Erfolgsperspektiven. Wir behaupten nicht einfach das Gegenteil (was normalerweise zu einer ebenso falschen Theorie führt), sondern legen andere Strukturannahmen zugrunde. An die Stelle, die in den älteren Theorien durch Wertgesichtspunkte oder Fortschrittsziele besetzt ist (und dies sind ihrerseits Nachfolger des a priori), tritt jetzt die Kategorie der Differenz; und an die Stelle der Verbesserung bzw. Verschlechterung der Lage in bezug auf diese Werte tritt jetzt die Komplexifikation der Informationsgewinnung und -verarbeitung auf Grund von Differenzen, die Differenzen produzieren. Die Bewertung wird dem Beobachter überlassen, und sie ist als Aspekt der Selbstbeobachtung eines Systems nur im Kontext eben dieser selbstreferentiellen Informationsverarbeitung möglich.

Das heißt nicht: daß das grundlagentheoretische Konzept in dieser Abstraktionslage hängen bleibt. Den Übergang zu weiterführenden Analysen ermöglicht der Begriff der Konditionierung. Ist die Differenz von kognitivem und normativem Erwarten einmal eingeführt, kann die Kanalisierung auf die eine oder die andere Form hin erleichtert werden. Für Kognitionen und für Normen werden unterschiedliche Sicherheitsnetze entwickelt und unterschiedliche Betreuungssysteme, vor allem Wissenschaftssystem und Rechtssy-

125 Ob und wie weit Vertreter des labeling approach dies wirklich behaupten, ist zumeist nicht deutlich zu erkennen. Ihre Theorie hat hier eine wohlplacierte Unschärfe. Aber das Aufklärungsinteresse richtet sich einseitig gegen die Instanzen der »Kriminalisierung«, und diesen Instanzen wird ihre Selbstdarstellung: daß sie nämlich zur Verhinderung eines schädlichen Verhaltens und *nur deshalb* eingreifen müssen, nicht abgenommen.

stem ausdifferenziert. Daraufhin können dann neue Unsicherheiten zugelassen werden, die die Sicherheit der Modalform des Erwartens voraussetzen: Die Wissenschaft formuliert nur noch Hypothesen. Das Recht läßt nur noch änderbares, positives Recht zu – in beiden Fällen mit dem Zwang zur Paradoxie, an mindestens einer Stelle das Gegenteil doch noch behaupten zu müssen.
Im Kontext von Wissenschaft und Recht lassen sich extrem unwahrscheinliche Erwartungen dennoch etablieren und mit hinreichender Sicherheit versehen. Die Widerrufbarkeit ist der Preis, der dafür gezahlt werden muß. So gewinnt man immer neue Strukturierungsmöglichkeiten. Erst in jüngster Zeit wird die Frage gestellt, ob nicht auch diesem Steigerungsgewinn Grenzen gesetzt sind[126]. Außerdem kann man aber auch in Alltagssituationen feststellen, daß unterschiedliche Formen der Risikoabsorption benutzt werden je nachdem, ob kognitiv oder normativ erwartet wird. So dürfte bei normativen Erwartungen der soziale Druck zur Konformität normalerweise stärker sein als bei kognitiven Erwartungen, wo man es getrost der Realität überlassen kann, zu entscheiden, was richtig ist[127]. Ferner bindet eine normative Erwartung den, der sie aufstellt, stärker als eine kognitive Projektion. Der Druck, sie dann auch durchzuhalten, und sei es gegen Widerstand, ist größer, und entsprechend größer ist die Vorsicht, sich im Ungewissen sogleich normativ zu engagieren[128]. Damit hängt zusammen, daß von normativen Erwartungen ein anderer Interpenetrationsstil, ein stärkeres und entschlosseneres Engagement und eventuell entsprechende Emotionen erwartet werden[129]. Das heißt natürlich nicht: Normen als emotionale Einstellungen zu definieren. Aber das höhere Risiko

126 So z. B. in kritischen Diskussionen über die »Verrechtlichung« des sozialen Lebens und die Grenzen der über Recht laufenden Wohlstandsvermehrungs- und -verteilungsgarantien. Vgl. etwa Rüdiger Voigt, Mehr Gerechtigkeit durch mehr Gesetze? Aus Politik und Zeitgeschichte B 21 (1981), S. 3-23, mit viel Material zu diesem Thema; ferner ders. (Hrsg.), Gegentendenzen zur Verrechtlichung, Opladen 1983.
127 Siehe Peter M. Blau, Patterns of Deviation in Work Groups, Sociometry 23 (1960), S. 245-261 (258 f.), für value judgments im Unterschied zu factual judgments.
128 Vgl. unter dem Gesichtspunkt des Thematisierens von Rechtsfragen im täglichen Leben Niklas Luhmann, Kommunikation über Recht in Interaktionssystemen, in ders., Ausdifferenzierung des Rechts: Beiträge zur Rechtssoziologie und Rechtstheorie, Frankfurt 1981, S. 53-72.
129 Hierzu William J. Goode, Norm Commitment and Conformity to Role-Status Obligations, American Journal of Sociology 66 (1960), S. 246-258 (insbes. 256 f.).

einer explizit kontrafaktischen und bewußt unbelehrbaren Erwartungshaltung muß durch entsprechende interne Einstellungen kompensiert werden, denn nur so wird die Durchhaltebereitschaft ihrerseits für andere plausibel und erwartbar[130]. Schließlich kann im Falle des Verstoßes gegen normative Erwartungen eine Bereitschaft zur Wiederherstellung der Norm, zumindest in der Form von Erklärungen und Entschuldigungen erwartet werden; selbst das Leugnen mag schon genügen, um die Norm zu sanieren[131]. Die Norm transformiert sich in Mitwirkungspflichten bei der Bereinigung der Situation. Sie verlangt eine symbolische Bestätigung selbst dann, wenn der Schaden nicht mehr rückgängig zu machen ist.

Ist die Differenz von normativen und kognitiven Erwartungen einmal etabliert, entsteht ein eigentümlicher Zwischenbereich. Es kommt mehr und mehr zu Unfällen oder sonstigen akzidentellen Schädigungen[132], die als Zufall abgewickelt werden können, das heißt weder zu normativen Sanktionen noch zu lernender Anpassung des Erwartens Anlaß geben[133]. Es handelt sich um ein unglückliches Zusammentreffen verschiedener Umstände, mit dem niemand zu rechnen brauchte und auch weiterhin nicht zu rechnen braucht (obwohl die Zeitungen gerade so etwas Tag für Tag berichten). Das Strukturproblem wird mit der Interpretation als einmalig und unwiederholbar abgefangen, und für den Schaden kommt eine Versicherung auf.

Ohne auf weitere Einzelheiten einzugehen[134], halten wir als zentrale theoretische Einsicht fest, daß das Einbeziehen und Verarbei-

130 Ganz ungeklärt bleibt dabei, denn hier geht es nur um Kommunikation, ob und weshalb es *psychologisch* plausibel ist, von emotionalisierten Einstellungen höhere Konsistenz bzw. geringere interne Diskrepanzen zu erwarten. Eine weitere Frage, die besonders für Großgesellschaften modernen Typs mehr Aufmerksamkeit verdiente, wäre: ob man emotionalisierte Einstellungen gerade und nur dann erwartet, wenn man jemanden persönlich *nicht gut kennt*, und daß sie sich auf Grund guter Bekanntschaft weitgehend erübrigen.

131 Vgl. hierzu Marvin B. Scott/Stanford M. Lyman, Accounts, American Sociological Review 33 (1968), S. 46-62; Philip W. Blumstein et al., The Honoring of Accounts, American Sociological Review 39 (1974), S. 551-566; John P. Hewitt/Randall Stokes, Disclaimers, American Sociological Review 40 (1975), S. 1-11.

132 Leider steht im Deutschen kein hinreichend weiter Begriff zur Verfügung, mit dem man »accident« übersetzen könnte.

133 Vgl. Edward A. Suchman, A Conceptual Analysis of the Accidental Phenomenon, Social Problems 8 (1960-61), S. 241-253.

134 Vgl. auch Niklas Luhmann, Rechtssoziologie 2. Aufl., Opladen 1983, S. 40 ff.

ten höherer Unsicherheiten über Strukturen ermöglicht wird, deren Genese und Reproduktion einer *Differenz* zu verdanken sind[135]. Strukturbildung ist weder in einem Prinzip, einem Anfang präformiert, noch läuft sie nach Maßgabe objektiver historischer Gesetze ab, die festlegen, wie der Zustand A in den Zustand B übergeht. Entscheidend scheint vielmehr die Übersetzung von Systembildungsproblemen in Differenzen zu sein. Wenn dabei der Punkt getroffen wird, auf den es ankommt – und wir halten sozial die doppelte Kontingenz und zeitlich die enttäuschbare Erwartung für einen solchen Punkt –, entstehen im Laufe der Zeit aus Zufallsereignissen Ordnungen. Was immer passiert, legt (1) Erwartungsbildung und (2) ein Testen der Erwartung an der Alternative von Beibehalten oder Aufgeben nahe. Es wird dann nicht ausbleiben, daß sich Sinngehalte ankristallisieren, die diese Entscheidung ihrerseits erwartbar machen, ihr Begründungen, Konsenschancen, Ausnahmezulassungen etc. zuliefern. Erwartungsstrukturen, die sich im Zeitlauf so aufbauen, sind dann ihrerseits störempfindlich, so daß sich neue Sinnschichten, abstraktere Semantiken, Theorien bilden, mit denen man über diese Störungen sprechen und sie abwehren oder auch in Strukturgewinn umformen kann. Auf dieser Ebene werden dann auch Normensysteme wieder lernbereit; es kann sich zum Beispiel eine an Fallerfahrungen orientierte Moralkasuistik oder eine juristische Dogmatik bilden. Und umgekehrt werden in Kognitionssysteme normative Stützen eingezogen. Man gibt gerade systematisierte Erkenntnisse nicht so rasch auf, wenn einzelne Erfahrungen ihnen widersprechen, weil mit dem Verzicht zu viel fallen würde und Ersatz nicht in Sicht ist.

Nach längerer Zeit und längerer Evolution ist es dann kaum mehr möglich, die entstandene Ordnung von einem Prinzip aus zu erfassen oder auch nur mit relativ einfachen Begriffsmitteln zu beschreiben. Nur die genetische Regulierung ist einfach zu begreifen, das Resultat ist es nicht. Das gilt für jeden Organismus, das gilt auch für soziale Systeme.

135 Dazu grundsätzlicher oben S. 111 ff.

Die Einführung des Begriffs der Norm an theoretisch sekundärer, abgeleiteter Stelle ist nicht nur im Hinblick auf naturrechtliche Traditionen ungewöhnlich; sie steht auch im Gegensatz zu wichtigen soziologischen Theorieangeboten. Anders als in der alteuropäischen Gesellschaftstheorie gehen wir nicht von normativen Präsuppositionen aus. Anders als in der Soziologie eines Durkheim oder eines Parsons sehen wir im Normbegriff auch nicht die letzte Erklärung der Faktizität oder der Möglichkeit sozialer Ordnung schlechthin[136]. Erst recht stellen wir der soziologischen Theorie nicht die Aufgabe, ihre eigene Aufgabe im Hinblick auf gesellschaftliche Normen oder Werte zu formulieren. Hierfür liegen zu viele entmutigende Erfahrungen vor, gerade auch aus den letzten Jahren. So wuchert in den ganz neu errichteten Tempeln der Emanzipation bereits wieder Unkraut, und die Gläubigen scheinen den Kult aufgegeben zu haben.

Aber diese skeptische Abstinenz in bezug auf normzentrierte Theorie heißt natürlich nicht, daß man sich vorstellen könnte, gesellschaftliches Leben sei ohne Normen möglich. Die Selbstbindung an Normen oder Werte ist ein pervasiver Aspekt sozialen Lebens. Sie kommt aber nicht dadurch zustande, daß die Menschen das Leben in sozialer Ordnung schätzen und es durch eine Art von konstitutionellem Konsens honorieren. Einen solchen »Gesellschaftsvertrag« gibt es nicht, weil es die im Argument vorausgesetzte Wahlsituation nicht gibt. Aber es gibt – faktisch, jederzeit und an jedem konkreten Detail – die Notwendigkeit sinnhaft-selbstreferentieller (autopoietischer) Reproduktion, damit die Notwendigkeit sinnimmanenter Generalisierungen und damit die Notwendigkeit, solche Generalisierungen abzustützen, wo sie riskant und enttäuschungsanfällig werden. Erst an dieser – theoretisch abgeleiteten und nicht mehr »fundamentalen« – Stelle rastet die Funktion der Normierung ein. Sie wird in Anspruch genommen, und Normen werden entwik-

136 Heute hält zum Beispiel Cláudio Souto explizit an dieser Position fest, mit der These, Soziales komme durch normative Reduktionen zustande. Siehe: Die soziale Norm, Archiv für Rechts- und Sozialphilosophie 63 (1977), S. 1-26; Die sozialen Prozesse: Eine theoretische Reduktion, Archiv für Rechts- und Sozialphilosophie 66 (1980), S. 27-50; ders., Allgemeinste wissenschaftliche Grundlagen des Sozialen, Wiesbaden 1984. Ähnlich Roberto Mangabeira Unger, Law in Modern Society: Toward a Criticism of Social Theory, New York 1976.

kelt in dem Maße, als kontrafaktisch behauptenswerte Generalisierungen benötigt werden.

Mit diesem theoretischen Rearrangement wird nicht etwa über die soziale bzw. gesellschaftliche Wichtigkeit von Normen disponiert. Es wird nur gefordert, daß eine soziologische Theorie in der Lage sein müßte, Normativität als Variable mit Systemtypen oder mit gesellschaftsstrukturellen Entwicklungen zu korrelieren; und es wird versucht, diese Forderung durch funktionale Analyse und nicht durch normimmanente bloße Verallgemeinerungen (zum Beispiel »pacta sunt servanda«) und inhaltliche Aushöhlung der als fundamental behaupteten Normen und Werte einzulösen. Auf Grund des skizzierten Theorieansatzes kann man zum Beispiel fragen, ob es in Gesellschaftssystemen oder in einzelnen Gesellschaftsbereichen (etwa Wirtschaft, Wissenschaft) Trends zur Verlagerung der Strukturen von normativem auf kognitiven Erwartungsstil gibt und wie sich solche Veränderungen, wenn es sie nur in Teilsystemen gibt, auf das Gesamtsystem auswirken[137]. Die empirisch unbestreitbare These, daß *jede* soziale Ordnung Normen produziert und auf Normen angewiesen ist, wird damit von dieser (trivialen) Erstfassung abgelöst und durch Spezifikation des Bezugsproblems als »sinnimmanentes Generalisierungsrisiko« genauer und mit mehr kritischem Potential reformuliert. Das Grundproblem verlagert sich damit aus dem Normbegriff in den Begriff der Generalisierung.

Erwartungen, die in einer gewissen Unabhängigkeit vom faktischen Ereignis gelten, auf das sie sich beziehen, kann man auch als *generalisiert* bezeichnen. Wir schließen damit an die Ausführungen über Sinngeneralisierungen (Kap. 2, IX) an. Generalisierte Erwartungen lassen inhaltlich mehr oder weniger unbestimmt, was genau erwartet wird – zum Beispiel, wie die Scherben aussehen werden, wenn man den Teller fallen läßt. Sie können auch den Zeitpunkt, ja das »ob überhaupt« des Eintretens offen lassen. Sie können schließlich in der Sozialdimension Fragen offen lassen, vor allem die Frage, wer gleichsinnig erwartet und wer nicht. Durch zeitliche, sachliche und soziale Generalisierungen wird Unsicherheit aufgenommen und absorbiert. Die Erwartungen gelten trotzdem, und sie genügen den Anforderungen, denn sonst würden sie aufgegeben werden.

137 Hierzu Niklas Luhmann, Die Weltgesellschaft, in ders., Soziologische Aufklärung Bd. 2, Opladen 1975, S. 51-71.

Eine andere Funktion von Generalisierung hat bei der Erfindung des Begriffs durch die behavioristische Psychologie im Vordergrund gestanden[138]. Sie bezieht sich auf das Problem des Komplexitätsgefälles zwischen Umwelt und System. Der Begriff registriert zwei Beobachtungen, die es schwierig machen, mit einem einfachen Stimulus/Response-Schema zu arbeiten, und erklärt diese *beiden* Beobachtungen durch *einen* Begriff: Einerseits kann ein System auf verschiedene Reize der Umwelt mit der gleichen Reaktion antworten; es wählt trotz Verschiedenheiten der Umwelt eine einheitliche Reaktionsweise, kann also die Komplexität der Umwelt reduzieren. Andererseits kann ein System auf einheitliche bzw. konstant bleibende Sachlagen auch verschieden reagieren; es kann sich also selbst konditionieren, sich nach internen Bedingungen richten, die in der Umwelt kein unmittelbares Korrelat haben. Insofern ist es der Umwelt in spezifischen Hinsichten an Komplexität auch überlegen.

Beide Funktionen der Unsicherheitsabsorption und des Komplexitätsausgleichs hängen offensichtlich zusammen, und Generalisierung ist der Begriff auch für diesen Zusammenhang. Das System übernimmt das Risiko der Generalisierung, die Unsicherheit des nicht voll Bestimmten, und erkauft sich damit die Möglichkeit, Ungleiches gleich und Gleiches ungleich zu behandeln – je nach Problemlage im Verhältnis von System und Umwelt.

Der *Begriff* Generalisierung ist natürlich *selbst eine Generalisierung*. Er gibt keinen Aufschluß darüber, *wie* das System zu *welchen* generalisierenden Erwartungen kommt. Er ist kein (oder jedenfalls: nicht notwendigerweise ein) operativer Begriff des Systems, das seine Strukturen generalisiert. Vor allem sagt er noch nichts aus über den Unterschied von geglückten und mißglückten Generali-

138 Vgl. für einen Überblick etwa Franz Josef Stendenbach, Soziale Interaktion und Lernprozesse, Köln 1963, insbes. S. 90 ff. Weitere Hinweise oben Kap. 2 Anm. 71. Die Übernahme in die Soziologie geht auf Anregungen von Talcott Parsons zurück. Vgl. The Social System, Glencoe Ill. 1951, passim, insbes. S. 10 f., S. 209 ff.; ders., The Theory of Symbolism in Relation to Action, in: Talcott Parsons/Robert F. Bales/Edward A. Shils, Working Papers in the Theory of Action, Glencoe Ill. 1953, S. 31-62 (insbes. 41 f.). Zu den entscheidenden Einsichten gehört: daß Generalisierung eine Bedingung der Möglichkeit von Kommunikation ist, weil die Situationen von Ego und von Alter nie voll identisch sind. Daraus folgt dann auch, daß mit symbolischen Generalisierungen der Spielraum für mögliche Kommunikationen variiert, d. h. zunehmen oder auch abnehmen kann.

sierungen. Dies alles sind schwerwiegende Erkenntnisverzichte[139]. Um so mehr kommt es darauf an, den spezifischen Erkenntnisgewinn herauszuarbeiten, der mit diesem Begriff erreichbar ist. Er bezieht sich auf *Bedingungen und Folgeprobleme der Steigerung von Generalisierungsleistungen.*

Zunächst: Generalisierung ist im System rekonstruierte Unbestimmtheit (des Systems selbst oder der Umwelt). Sie unterscheidet sich von bloßer Unbekanntheit, Diffusität, Vagheit dadurch, daß sie *Respezifikationen* anfordert und ihnen Anhaltspunkte gibt. Hierfür mag es viele Möglichkeiten geben, auf relativ konkreten Ebenen zum Beispiel solche, die an typischen Dingen oder an Haltungen sichtbar gemacht werden können. Ein Steigerungsinteresse, ein Interesse an höherer Generalisierung, die viel Verschiedenes und noch Unbekanntes übergreift, wirkt im Anschluß daran scharf selektiv. Es erfordert, daß die Funktion der Erwartungsgeneralisierung präzisiert wird. Das geschieht durch Modalisierung, durch Wahl zwischen eher kognitiven oder eher normativen Erwartungen. Je nachdem, in welcher Richtung zeitlich generalisiert wird im Hinblick auf das spezifische Problem der Enttäuschungserwartung, ergeben sich unterschiedliche Bedingungen der Respezifikation, nämlich der Vorbereitung auf Lernen bzw. auf Durchhalten, wenn nicht Durchsetzen der Erwartung.

In der einen Richtung gesehen ist Generalisierung *Lernbedingung.* Unter diesem Aspekt des Lernens werden Erwartungen als *Wissen* behandelt. Ohne jeden generalisierenden Vorgriff wäre Lernen weder im psychischen noch im sozialen System möglich, weil dann nie verschiedene Sachverhalte die gleiche Erfahrung bestätigen, also Strukturgewinn bekräftigen könnten (reinforcement)[140]. Man muß wissen, um Wissen lernen zu können. Lernen erfordert also eine offene Kombination von festzuhaltendem und zu änderndem Wis-

139 Sie können durch Kombination mit Evolutionstheorie (oder ähnlich gebauten Lerntheorien) abgeschwächt werden. Die Aussage lautet dann: welche Erwartungen erfolgreich generalisiert werden können, stellt sich durch Evolution (bzw. durch Lernen) heraus.

140 Siehe z. B. Alfred Kuhn, The Study of Society: A Unified Approach, Homewood Ill. 1963, S. 84 ff. zu »generalized reinforcers«. Für die psychologische Forschung Überblicke bei Stogdill a.a.O. S. 60 ff. oder in den Beiträgen von Klaus Eyferth zum Handbuch der Psychologie Bd. I, Göttingen 1964, S. 76-117 (103 ff.) und 347-370 (357 ff.).

sen, und *nur in einer solchen Kombination* werden generalisierte kognitive Erwartungen als Wissen behandelt[141]. »Wissen« ist die semantische Symbolisierung genau dieser Funktion.

Auch der Fall, daß man Nichtwissen transformiert, fällt unter diesen Lern- und Wissensbegriff. Jede Weltsicht ist komplett. Auch Erwerb von Wissen, wo vorher nichts war, erfordert deshalb die Umstrukturierung einer vorhandenen Wissenslage. Man wußte vorher nicht, daß es Avocados gibt. Jetzt ist der Horizont des Eßbaren entsprechend erweitert, und man kann lernen, daß es sie sogar bei Karstadt gibt.

Wissen ist demnach Bedingung und Regulativ für Lernvorgänge, genauer: für den Einbau von Lernmöglichkeiten in die derzeit aktuelle Erwartungsstruktur. Sollen Lernmöglichkeiten ausgebaut werden, muß also die Wissenslage entsprechend vorbereitet werden. Sie muß, implizit oder dann auch explizit, gefaßt sein auf ihre eigene Änderbarkeit. Sie kann ihre Erwartungssicherheit, ihren Strukturwert, dann nicht mehr in ihrer Rigidität und Invarianz finden, sondern nur noch darin, daß die Bedingungen genau angegeben werden können, unter denen man sich zur Änderung genötigt sieht. Die Sicherheit beruht dann auf konditionierter Änderbarkeit und auf einem »sonst nicht!«.

Lernbereitschaft kann auf extrem unwahrscheinliche, aber auch auf mehr oder weniger wahrscheinliche, ja selbst auf absichtsvoll herbeigeführte (experimentelle) Bedingungen bezogen sein. Soweit Lernen an das Dingschema gebunden ist, erfolgt es im allgemeinen kumulativ. Würde man erfahren, daß es sich bei Avocados um indianische Wurfgeschosse handelt, würde dies das Wissen der Eßbarkeit von Avocados nicht löschen, sondern nur ergänzen. Die Welt wird durch Lernvorgänge komplexer. Und Vergessen ist, besonders in Gesellschaften ohne Schrift, das dazugehörige Korrektiv[142].

Ein weiteres Moment ist: daß man sich Lernbereitschaft nur leisten kann, wenn man genau weiß, unter welchen Bedingungen man Er-

141 Man kann dies als funktionale »Definition« des Wissensbegriffs registrieren und damit zugleich festhalten, daß der Wissensbegriff damit von allen anthropologischen Definitionen abgelöst, also nicht mehr als bloßes Korrelat bestimmter mentaler Fähigkeiten aufgefaßt wird.

142 Vgl. Jack Goody/Ian Watt, The Consequences of Literacy, Comparative Studies in Society and History 5 (1963), S. 304-345 (308 ff.).

wartungen zu ändern hat und in welcher Sinnrichtung. Diese Bedingungen müssen in Überraschungs- und Enttäuschungssituationen hinreichend rasch feststellbar sein. Das wiederum erfordert hinreichendes Alternativwissen, Milieuwissen, Vergleichswissen – kurz eine kritische Masse von Kognitionen, auf die man zurückgreifen kann. All dies sind Respezifikationsbedingungen, die es ermöglichen, Unsicherheit als Sicherheitsäquivalent zuzulassen und Sicherheitsanforderungen entsprechend zu generalisieren.

Diese Wissensbehandlung wird im Übergang zu begrifflichen und theoretischen Wissenskonstruktionen (die ihrerseits durch Schrift und dann durch Buchdruck entscheidende Impulse erhalten) nochmals in Funktionsrichtung gesteigert, und damit erst kann man Lernbereitschaft systematisch ausdifferenzieren – auch und gerade dort, wo dies auf Kosten alten Wissens geht[143].

Wie dies möglich ist, läßt sich nur auf Grund einer hinreichend komplexen Theorie verdeutlichen. Spezifikationen, Generalisierungen und Respezifikationen spielen zusammen, und nur so können kognitive Strukturen mit höherer Einschränkbarkeit gewonnen werden. Auch hier handelt es sich um Unsicherheitsamplifikation im Interesse einer spezifischen Funktion. Für Wissensgewinn kommt es jetzt vor allem auf Spezifikation der Bedingungen an, unter denen ein Wissensanspruch als widerlegt gelten muß. Statt zureichende Sicherheit zu verlangen, wird nur der Bezug auf die Dimension kognitiver Erwartungen gefordert, die von sicher bis unsicher reicht, und kompensiert wird dieses Strukturdefizit durch ausgearbeitete Anforderungen an Theorie und Methode, also durch Verweis auf Strukturen, die nur für ein eigens dafür ausdifferenziertes Funktionssystem gelten: für die Wissenschaft[144].

Diese Überlegungen führen auf Spezialforschungsgebiete und müssen hier abgebrochen werden. Sie verdeutlichen aber wohl, daß die

143 Vgl. dazu, konzentriert auf die wichtige, aber sicher nicht allein ausschlaggebende Innovation des Buchdrucks Elisabeth Eisenstein, The Printing Press as an Agent of Social Change: Communications and Cultural Transformations in Early-modern Europe, 2 Bde., Cambridge, Engl., 1979. Vgl. auch Jack Goody, Literacy, Criticism, and the Growth of Knowledge, in: Joseph Ben-David/Terry N. Clark (Hrsg.), Culture and Its Creators: Essays in Honor of Edward Shils, Chicago 1977, S. 226-243.

144 Dazu näher Niklas Luhmann, Die Ausdifferenzierung von Erkenntnisgewinn: Zur Genese von Wissenschaft, in: Nico Stehr/Volker Meja (Hrsg.), Wissenssoziologie, Sonderheft 22 (1980) der Kölner Zeitschrift für Soziologie und Sozialpsychologie, Opladen 1981, S. 102-139.

»Wissenssoziologie« klassischen Stils ihre Aufgabe viel zu eng gesehen hatte[145]. Mit Wissen wird eine kognitive Strukturierung von Erwartungen prätendiert – Erwartungen im Modus der Änderungsbereitschaft, die zu vollziehen man aber (vorläufig jedenfalls) nicht nötig hat. So können an Sachwissen Verhaltenserwartungen angeschlossen werden. Die Eignung der Ware garantiert, so hofft man, den Absatz, die Sperrung der Straße stoppt den Verkehr, die Krankheit rechtfertigt das Imbettbleiben. Zahllose Verhaltenserwartungen sind überdies direkt durch Kognitionen gesichert. Ohne sie könnte das soziale Leben nicht funktionieren. Das gilt vor allem für all das, was erfahrungsgemäß unmöglich ist, zum Beispiel gleichzeitig an verschiedenen Orten zu sein, an verschiedenen Sitzungen teilzunehmen; aber auch für eine Fülle von Signalen, auf die man durch Zurkenntnisnehmen reagiert – zum Beispiel Steigen der Preise, Zunahme des Verkehrs oder nicht zuletzt: die ständige Faktizität des Sterbens. Unter dem Gesichtspunkt von Generalisierung betrachtet, heißt dies: daß der Strukturwert kognitiver Erwartungen, also ihre Fähigkeit, Ereignisse und besonders Handlungen zu verknüpfen, gesteigert werden kann, wenn es gelingt, höhere Kontingenzen einzubeziehen. So wird es möglich, komplexere Sozialsysteme zu bilden. Zugleich bedeutet eine schärfere Profilierung des spezifisch kognitiven Stils der Erwartungsgeneralisierung aber auch, daß die Differenz kognitiv/normativ wichtiger wird und daß ältere Symbolisierungen – etwa des Wissens als Weisheit oder der Grundlagen der Normsysteme als Natur – damit aufgelöst werden[146].

Der genau gleiche Sachverhalt läßt sich, mutatis mutandis, im Be-

145 Auf die Gründe dafür kann hier nicht ausführlich genug eingegangen werden. Sie liegen zum Teil im »materialistischen« Erbe, zum Teil in der Wahrheitsproblematik, auf die man sich mit Aussagen über Wahrheiten einläßt und die durch typentheoretische Lösungen nur unzulänglich bereinigt wird, zum Teil auch in der Entgegensetzung von streng wissenschaftlicher Wahrheit und Ideologien. Es kommt hinzu, daß aus Gründen der Disziplinendifferenzierung lerntheoretische Untersuchungen vor allem in der Psychologie und nicht in der Soziologie angesiedelt worden sind. Immerhin laufen Bemühungen um ein erweitertes Verständnis von Wissenssoziologie heute an. Vgl. den soeben zitierten Sammelband von Nico Stehr und Volker Meja.

146 Wie so oft in der soziokulturellen Evolution ist auch dies kein gradliniger Fortschritt gewesen. Es fällt im Gegenteil auf, daß die semantischen Titel Weisheit (sagesse) und Natur im Zuge der Umstellung auf bewußt moderne Grundlagen um 1600 zunächst gerade stärker betont werden; so als ob es darum gehe, die bewährte Terminologie nun erst recht einzusetzen.

reich derjenigen Generalisierungen aufzeigen, die an *normatives* Erwarten anknüpfen. Hier nimmt die Steigerung der Erwartungsmöglichkeiten die Form des *Rechts* an. Auch hier läuft die Steigerung über eine Einschränkung (und damit: Präzisierung) der Erwartungen, die dafür in Betracht kommen. Nicht alles normative Erwarten ist eo ipso als Recht qualifizierbar. Es muß hinzukommen, daß Konsens nicht nur für den normativen Stil des Erwartens, sondern auch für die Bereitschaft zu Sanktionen und für das Austragen etwaiger Konflikte im Enttäuschungsfall unterstellt werden kann. Insofern ist Recht keineswegs nur ein Mittel der Lösung sozialer Konflikte, sondern zunächst und primär ein Mittel der Erzeugung sozialer Konflikte: eine Stütze für Zumutungen, Forderungen, Ablehnungen auch und gerade dort, wo Widerstand erwartet wird[147]. Außerdem ergibt sich aus dieser Anforderung unterstellbaren Konsenses auch eine Restriktion für sachliche Generalisierung; sie muß hinreichend entsubjektiviert, von partikularen Bezügen auf den jeweils Erwartenden entlastet werden, denn nur dann kann soziale Unterstützung für den Enttäuschungsfall ohne persönliche Kenntnis der involvierten Personen hinreichend sicher unterstellt werden. Recht entsteht mithin unter spezifischen Anforderungen an kongruente Generalisierung in zeitlicher, sozialer und sachlicher Hinsicht[148].

Recht entsteht, ebenso wie Wissen, rudimentär in allen sozialen Systemen und auch ohne Rekurs auf das offizielle staatlich gesetzte und sanktionierte Recht – also auch in Organisationen, Familien, in Gruppen, die Briefmarken tauschen, in Nachbarschaftsverhältnissen usw. Kein System kann über längere Zeit hinweg kognitive bzw. normative Erwartungen handhaben, ohne daß Wissen bzw. Recht anfällt. Dabei mag es sich um selektiv angeeignetes Wissen bzw. Recht handeln, aber auch um Neubildungen mit nur systemspezifischer Reichweite. Historisch gesehen gibt es daher Wissen und Recht schon längst vor der Entstehung von städtischen, stratifizierten, politisch konsolidierten Gesellschaftssystemen. Aber dann bringt die Evolution solcher Gesellschaftssysteme einen Leistungsgewinn, der das umformt, was als Wissen bzw. als Recht gesellschaftsweite Anerkennung finden kann – und wiederum:

147 Vgl. Niklas Luhmann, Konflikt und Recht, in ders., Ausdifferenzierung des Rechts: Beiträge zur Rechtssoziologie und Rechtstheorie, Frankfurt 1981, S. 92-112.

148 Hierzu ausführlicher Niklas Luhmann, Rechtssoziologie a.a.O., S. 94 ff.

durch Einschränkung und darauf fußende Erweiterung der Strukturbildungsmöglichkeiten. Offiziell geltendes Wissen bzw. Recht wird vertextet, wird codifiziert, wird sozusagen »letzte Instanz« für zweifelhafte Neubildungen[149]. Aber ungeachtet dessen bleiben systemspezifische Erwartungsstrukturen mit Wissens- bzw. Rechtsqualität erhalten – so etwa die Kenntnisse und Ansprüche, die sich aus den Zubettgehzeiten für Kinder, aus dem Mitbringen von Geschenken bei längeren Reisen, aus Essensgewohnheiten etc. in Familien ergeben.

Wenn es in dieser Weise möglich ist, Strukturgewinne, die über Wissen und über Recht vermittelt werden, in Parallele zu setzen, sind damit nicht nur Ausgangspunkte für eine Wissenssoziologie und eine Rechtssoziologie gewonnen. Vielmehr bestätigen Parallellagen dieser Art, die man nicht als rein zufällig ansehen kann, auch die allgemeinere theoretische Disposition der Systemtheorie. Sie machen zumindest plausibel – über Anforderungen an streng wissenschaftliche Beweisführung kann an dieser Stelle nicht diskutiert werden –, daß Steigerungen der Strukturleistungen durch Erwartungsgeneralisierungen ermöglicht werden, die ihrerseits selektiv nur einen Teilbereich möglichen Erwartens erfassen und die für diese Selektion sich an der Differenz von kognitiven und normativen Erwartungen orientieren, und dies deshalb, weil gerade mit dieser Differenz das in allen temporalisierten Systemen dominante Zeitproblem reformuliert wird.

XIV

In den vorangegangenen Abschnitten haben wir den Gedanken durchgehalten, daß Erwartungen, wenn sie Strukturlast tragen, mehr oder weniger enttäuschungsanfällig sind. Die Möglichkeit, enttäuscht zu werden, ist somit ein Problem der Erwartung selbst, ein Problem ihrer Sicherheit und ihrer Stabilität. Die Enttäuschungsgefahr muß im Erwarten selbst schon absorbiert werden können; wenn das nicht gelingt, wirkt die Möglichkeit der Enttäu-

149 Dies läßt sich auch auf der semantischen Ebene sehr gut verfolgen – etwa an Hand der Entwicklung von Rechtsbegriffen, Rechtstypen, schließlich am Konzept der »Rechtsquellen«. Vgl. für das zuletzt genannte Thema Niklas Luhmann, Die juristische Rechtsquellenlehre in soziologischer Sicht, in ders., Ausdifferenzierung des Rechts a.a.O., S. 308-325.

schung symbolisch-destruktiv auf die Erwartung zurück. Bestimmte Erwartungskontexte sind hier sensibler als andere, so zum Beispiel Lebenserwartungen oder Rentenerwartungen. Was immer zum Verlust des Lebens oder der Rente führen könnte, wird nach Möglichkeit vermieden, und dies natürlich immer von Leuten, die noch nie gestorben sind. Dieser Sachverhalt hoher struktureller Empfindlichkeit gegen bloß Mögliches wird mit dem Begriff des *Friedens* symbolisiert – ein Gegenangstbegriff, der neuerdings nicht nur Lebenserwartungen, sondern auch Rentenerwartungen oder gar Wohlfahrtserwartungen jeglicher Art abdeckt[150] (wohl unter der Voraussetzung, daß Beeinträchtigungen irgendwelcher Art Menschen aggressiv werden lassen). In diesem Sinne ist Frieden Strukturbedingung par excellence. Unter Frieden versteht man nicht nur das positive Korrelat der negativen Bewertung bestimmter Ereignisse, sondern den Strukturaufbauwert ihrer Vermeidung: Müßte man sie erwarten, würde zu viel unmöglich werden.

Enttäuschungen sind aber nicht nur ein Aspekt des Erwartens, sie können auch faktisch eintreten. Zu den strukturschützenden Einrichtungen sozialer Systeme gehören daher auch Vorkehrungen für den Umgang mit faktisch eingetretenen Enttäuschungen. Solche Vorkehrungen gehören mit in den Erwartungskontext, sie sichern ihrerseits Erwartungen ab. Sie dienen aber auch dazu, die symbolische und faktische Tragweite unerwarteter Enttäuschungen abzuschwächen. Wir wollen sie unter diesem Gesichtspunkt *Einrichtungen der Enttäuschungsabwicklung* nennen.

Im wesentlichen handelt es sich um Enttäuschungserklärungen und um Sanktionen – anwendbar je nachdem, ob kognitive oder normative Erwartungen enttäuscht worden sind. Enttäuschungserklärun-

150 Abschreckungshalber sei dies mit folgender Definition belegt: »Frieden ist nicht nur die Abwesenheit von Krieg, sondern auch die Abwesenheit jeglicher Form von personaler wie struktureller Gewalt. Er beinhaltet aber darüber hinaus die Anwesenheit von ökonomischer, politischer und sozialer Gerechtigkeit weltweit ebenso wie eine vollständige, allseitige Abrüstung, ein neues Weltwirtschaftssystem und ein Leben im ökologischen Gleichgewicht. Es wäre verkehrt, ihn statisch als Endzustand zu verstehen. Vielmehr ist er das immer wieder durch Assoziation oder Dissoziation möglichst gewaltfrei zu sichernde Produkt dynamischer prozeßhafter Weltbeziehungen« (Klaus Schütz, Mobilmachung für das Überleben als Aufgabe von Friedensforschung, Friedenspädagogik, Friedensbewegung, Waldkirch 1981, S. 26.). Dieser Friedensbegriff verkündet in Wahrheit einen Souveränitätsanspruch: denn er verbietet anderen jegliche Gewalt und behält sie sich selbst (»möglichst gewaltfrei«) vor.

gen dienen dazu, die entstandene Sachlage zu renormalisieren. Hierfür gibt es vor allem in älteren Gesellschaftsformationen eine Fülle von Beispielen. Sie lassen sich von normalen Kognitionen dadurch unterscheiden, daß sie darauf spezialisiert sind, die Lernzumutung einzuschränken oder den Einzelfall zu isolieren und als Sonderfall ohne Reichweite abzukapseln. Magische Praktiken, Hexenglaube, auch Vorstellungen wie Glück und Unglück haben eine solche Funktion[151]. In der modernen Gesellschaft scheint die kühlere Semantik von »Unfall« an diese Stelle zu treten[152]. Unfall ist kein Durchgriff besonderer Mächte und auch keine besondere (seltene) Ursache, sondern, komplexitätsangepaßt, eine Ursachenkonstellation, die als solche selten zusammenkommt. Die betroffenen Erwartungen werden dadurch gegen Lernzumutungen geschützt, und zwar besonders in Ereigniszusammenhängen, in denen keine gleichsichere Ersatzerwartung greifbar ist, die einspringen könnte. Ähnlich überzeugend scheint die Erklärung durch »Unfähigkeit« zu sein; auch sie begrenzt die Lernnotwendigkeiten auf einen Einzelfall, auf erklärbare Defizite einer Einzelperson, und läßt das Gerüst im übrigen intakt[153]. Enttäuschungserklärungen liefern also präzise Ergebnisse, die sich in ein kognitives Weltbild und tradierte Wissensbestände einordnen lassen, und sie restituieren die Erwartungssicherheit im Modus: »zwar änderungsbereit, aber ohne ausreichenden Anlaß zur Änderung«.

Bei normativen Erwartungen ist eher ein Überdruckproblem zu lösen. Hier werden die Enttäuschten ermutigt, zu zeigen, daß sie an ihren Erwartungen festhalten, Konflikte zu provozieren und sich nach Möglichkeit durchzusetzen. Wer daraufhin aggressiv wird, dem ist schwer beizukommen, weil man ihm an sich ja recht geben muß. Die Folgen können aber weit über den Anlaß hinausgehen. Und was als öffentliche Unterstützung in Aussicht stand und so zur Entschlossenheit des Erwartens beiträgt, kann als colère publique

151 Auch hier frappiert im übrigen ein intensiverer Gebrauch dieser rasch obsolet werdenden Mittel im 16. und 17. Jahrhundert. Angesichts einer rasch fortschreitenden Evolution greift man zunächst auf die alten Formen der Enttäuschungsabwicklung zurück, bis sie gerade dadurch ihre Plausibilität verlieren.

152 Hierzu bereits oben S. 442.

153 Ein besonderer Aspekt dieses Topos ist: daß damit normative Erwartungen nachträglich in kognitive umstilisiert werden können. Vgl. dazu Lawrence D. Haber/Richard T. Smith, Disability and Deviance: Normative Adaptations of Role Behavior, American Sociological Review 36 (1971), S. 87-97.

(Durkheim) angesichts des Rechtsbruchs zum Problem werden. Traut man Berichten aus sehr altertümlichen Gesellschaften, so scheint die Kontrolle dieses Problems der Anlaß für die Entstehung von Rechtsregeln gewesen zu sein, die dann erst sekundär Erwartungssicherheit produzierten und deswegen beibehalten, gepflegt, verfeinert wurden[154]. Die Lösung liegt also wieder in einer Formenwahl, die Verstärkungen und Kanalisierungen kombinieren kann. Diese Lösung wird durch die Rechtsentwicklung mitabgedeckt, vor allem durch ihr Erfolgsmodell: Klagen- aber nicht Entscheiden- und Erzwingen-Dürfen.

Eine Systembasis für solche Selektions- und Steigerungsleistungen findet sich im Gesellschaftssystem und in seinen funktionalen Einrichtungen und Subsystemen. Sie kann, obwohl jedes soziale System Ansätze zu eigenem Wissen und eigenem Recht und eigenen Formen der Enttäuschungsabwicklung ausbildet, nicht in jedem Sozialsystem mit Bordmitteln garantiert werden. Auch dies ist ein Aspekt der Selektivität von Problemlösungen, die Unwahrscheinliches ermöglichen. Das hat aber Folgen. Vor allem wird die Differenz von System und Umwelt auf der Ebene der Interaktionssysteme dadurch verschärft. Die offizielle Wissenskultur ist im Alltag zu Enttäuschungserklärungen kaum verwendbar, und das gilt speziell auch für das Abarbeiten von Enttäuschungen mit den Funktionssystemen der Gesellschaft selbst[155]. Ebenso problematisch sind die Möglichkeiten, Erwartungen und Enttäuschungen im täglichen Leben und besonders in verdichteten, auf Reproduktion angelegten Interaktionssystemen zu juridifizieren[156]. Einerseits hat die Interaktion es mit Modellwirkungen ausgefeilter gesellschaftlicher Problemlösungen zu tun; und andererseits sind diese Problemlösungen an die ausgeprägte Typik eines Gesellschaftssystems gebunden und in die Interaktion nicht ohne weiteres übernehmbar[157]. Die Diffe-

154 Vgl. Alfred R. Radcliffe-Brown, The Andaman Islanders (1922), zit. nach der Ausgabe Glencoe Ill. 1948; Ronald M. Berndt, Excess and Restraint: Social Control Among a New Guinea Mountain People, Chicago 1962.

155 Vgl. dazu Robert E. Lane, The Decline of Politics and Ideology in a Knowledgeable Society, American Sociological Review 31 (1966), S. 649-662, und dazu auch die Diskussion in der gleichen Zeitschrift 32 (1967), S. 302-304.

156 Hierzu Niklas Luhmann, Kommunikation über Recht in Interaktionssystemen, a.a.O.

157 Wir setzen hier die in der Einleitung eingeführte Unterscheidung mehrerer Formen der Bildung sozialer Systeme voraus. Vgl. auch Kap. 10.

renz wird als solche von Fall zu Fall bewußt und wird zum Bezugspunkt für darauf bezogene Neuentwicklungen.

Im 17. Jahrhundert hatte man dies Problem noch als Alternative – wenn nicht gesehen, so doch praktiziert. Einerseits gab es deutliche Tendenzen, durch politischen Zentralismus unter Einbeziehung des Rechtssystems für Frieden zu sorgen. Diese Bestrebungen haben, sozialstrukturell und semantisch, Langfristwirkungen gehabt. Daneben gab es aber auch Bemühungen, auf der Interaktionsebene für Frieden zu sorgen durch gepflegte Geselligkeit, galante Konversation, Zivilisierung der Gesten und der Sprache und vor allem: durch Normen gegen Streitsucht, gegen offenen Widerspruch und gegen Themen wie Religion und Politik, die dazu reizen mußten[158]. Diese Verhaltensmodelle waren jedoch an Oberschichten orientiert. Sie können nach der Auflösung der stratifizierten Gesellschaftsordnung jedenfalls nicht als Kultiviertheitserwartung fortgesetzt werden. Auf der Interaktionsebene wird jetzt eher »permissiveness« und Beliebigkeit vorgesehen, während die Friedensvorsorge ganz der Gesellschaft zugeschoben wird, die dafür den Dank der Unzufriedenheit erntet.

XV

Als letztes Struktursicherungsmittel gilt gemeinhin *Latenz* der Funktion von Strukturen oder gar Latenz der Struktur selbst. Was genau darunter zu verstehen ist, bedarf näherer Analyse[159]. In der Regel begnügen sich Soziologen, soweit sie sich nicht einfach auf die Eingeführtheit und Selbstverständlichkeit des Begriffs verlassen, mit der Definition von Latenz als fehlende Bewußtheit. Oft spitzt man stärker zu mit der These, daß es sich um Uneinsehbarkeit

158 Vgl. für einen Überblick und für Hinweise auf die zeitgenössische Literatur Norbert Elias, Die höfische Gesellschaft, Neuwied 1969; Christoph Strosetzki, Konversation: Ein Kapitel gesellschaftlicher und literarischer Pragmatik im Frankreich des 18. Jahrhunderts, Frankfurt 1978; Niklas Luhmann, Interaktion in Oberschichten: Zur Transformation ihrer Semantik im 17. und 18. Jahrhundert, in ders., Gesellschaftsstruktur und Semantik Bd. 1, Frankfurt 1980, S. 72-161.

159 Ein interessanter Vorschlag, der aber das Sachproblem völlig ignoriert, stammt von Colin Campbell, A Dubious Distinction: An Inquiry into the Value and Use of Merton's Concepts of Manifest and Latent Function, American Sociological Review 47 (1982), S. 29-44. Er reduziert das Problem auf die Differenz von lebensweltlicher und wissenschaftlicher (soziologischer) Perspektive.

handele. Die Unmöglichkeit des Herstellens von Bewußtheit hat dann ihren Grund in der Funktion der Latenz selbst; oder es handelt sich um eine glückliche Symbiose von Unfähigkeit, alles zu sehen und alles zu wissen, mit ordnungspolitischen Verdunkelungen[160]. Latenz hat danach als fehlende Bewußtheit Bedeutung für die psychischen und für die sozialen Systeme. Der Zusammenhalt psychischer und sozialer Systeme wird so ins Unbewußte verlagert. Soziologen, die nicht mehr an Natur und nicht mehr an Vernunft zu glauben wagen, glauben dann wenigstens noch an Latenz. Im Nichtwissen ist man unschuldig, ist man sich einig, und zugleich findet der Soziologe sich aus diesem unbewußten Konsens des Unbewußten ausgeschlossen: Er findet sich an den Toren, durch die er das destruktive Wissen hineinlassen könnte. Er findet sich in der Position des Beobachters, der Wissen und Nichtwissen, manifeste und latente »Inhalte«[161] zugleich wahrnehmen kann, was für den beobachteten Gegenstand nicht möglich ist. Als Beobachter benutzt er die Vorstellung, Latenz habe eine *Funktion* für das System[162], um manifeste und latente Strukturen in einen Ordnungszusammenhang zu bringen und auch damit die Selbstbeobachtungsmöglichkeiten seines Gegenstandes zu überschreiten.

Im Rahmen einer Theorie selbstreferentieller Sozialsysteme muß dieses Konzept in mehrfacher Hinsicht modifiziert werden. Vor allem zwingt die schärfere Trennung von psychischen und sozialen Systemen dazu, das Latenzproblem je nach Systemreferenz aufzubrechen. Man muß unterscheiden zwischen psychisch leistbarem

160 Solche Auffassungen sind nicht unbedingt an das Wort »latent« gebunden, geben aber dessen geläufigen Sinn am besten wieder. Vgl. z. B. Wilbert E. Moore/Melvin M. Tumin, Some Social Functions of Ignorance, American Sociological Review 14 (1949), S. 787-795; Arnold Gehlen, Nichtbewußte kulturanthropologische Kategorien, Zeitschrift für philosophische Forschung 4 (1950), S. 321-346; Robert E. Lane, Political Life: Why People Get Involved in Politics, Glencoe Ill. 1959, S. 113 f.; Louis Schneider, The Role of the Category of Ignorance in Sociological Theory: An Exploratory Statement, American Sociological Review 27 (1962), S. 492-508; Heinrich Popitz, Über die Präventivwirkung des Nichtwissens: Dunkelziffer, Norm und Strafe, Tübingen 1968.

161 So in bezug auf Träume Freuds. Auch in der Soziologie wird das Latenzproblem gelegentlich bezogen auf Sinngehalte, Inhalte, Themen formuliert. Siehe etwa Fritz J. Roethlisberger/William J. Dickson, Management and the Worker, Cambridge Mass. 1939, S. 265 ff. (manifest vs. latent content of complaints) oder ganz ähnlich Alvin W. Gouldner, Wildcat Strike, Yellow Springs Ohio 1954.

162 Literaturhinweise dazu Kapitel 1 Anm. 117.

Bewußtsein und Kommunikation. Entsprechend ist zwischen *Bewußtseinslatenz* und *Kommunikationslatenz* zu unterscheiden. Bewußtsein gehört zur (interpenetrierenden) Umwelt sozialer Systeme, Bewußtseinslatenz (Unbewußtheit, Unkenntnis) ist daher zunächst nur eine Umweltvoraussetzung für die Bildung sozialer Systeme. Allwissende psychische Systeme stünden im Verhältnis zueinander in voller Transparenz und könnten daher keine sozialen Systeme bilden. Davon zu unterscheiden ist Kommunikationslatenz im Sinne des Fehlens bestimmter Themen zur Ermöglichung und Steuerung von Kommunikation. Gewiß gibt es Zusammenhänge, da Kommunikation ein hinreichendes Maß von Bewußtheit erfordert und umgekehrt Bewußtsein zur Kommunikation drängt. Dennoch gibt es spezifische soziale Regulative, die Kommunikationsschwellen halten und bewußt mögliche Kommunikation verhindern; und es gibt umgekehrt eine riesige therapeutische Industrie, die sich bemüht, Bewußtsein herzustellen, auch und gerade dort, wo es an eigenen notwendigen Latenzen scheitert. Gerade als Bewußtsein kann ein psychisches System die Unmöglichkeit der Kommunikation erfahren. Nur Menschen (und zum Beispiel nicht Tiere) sind in diesem Sinne reprimierbar, nur ihr Kommunikationsverhalten kann über Bewußtsein geregelt und unterdrückt werden. Und umgekehrt kann Kommunikation eingesetzt werden, um Bewußtsein zu erweitern, und Themen als formulierbar ins Bewußtsein einzubringen[163].

Die gesamte Theorie der Latenz muß mithin doppelgleisig ausgearbeitet werden. Das Grundkonzept der Differenz von Umwelt und System zwingt dazu, Bewußtseinslatenzen und Kommunikationslatenzen zu unterscheiden, und dies gerade dann, wenn die Theorie darauf angelegt ist, die Interdependenzen herauszuarbeiten. Außerdem müssen für beide Arten von Latenz mindestens drei Stufen der Situierung des Problems unterschieden werden. Es gibt (1) rein faktische Latenz im Sinne von Unkenntnis oder Nichtberücksichtigung bei der Themenwahl des Kommunikationsprozesses; ferner (2) faktische Latenz, die auf der Unmöglichkeit des Wissens bzw.

163 Auch hier muß übrigens das »Übertragungsmodell« der Kommunikationstheorie revidiert werden. Zu denken ist nicht nur an den Fall, daß Alter etwas schon weiß und Ego es durch Kommunikation erfährt und es dann auch weiß. Vielmehr ist Kommunikation auf *beiden* Seiten *genuin bewußtseinserzeugend:* Auch der Mitteilende erzeugt Bewußtseinsinhalte oft erst im Reden.

Kommunizierens beruht (so wie die Griechen über Orgeln nichts wissen und darüber auch nicht kommunizieren konnten); und es gibt (3) die strukturfunktionale Latenz, nämlich Latenz mit der Funktion des Strukturschutzes. Nur der zuletzt genannte Fall ist der eigentlich brisante Fall, und dies auch nur, soweit er nicht durch faktische Unmöglichkeit abgedeckt ist. Wenn Strukturen Latenzschutz benötigen, heißt dies dann nicht, daß Bewußtheit bzw. Kommunikation unmöglich wäre; sondern es heißt nur, daß Bewußtheit bzw. Kommunikation Strukturen zerstören bzw. erhebliche Umstrukturierungen auslösen würde, und daß diese Aussicht Latenz erhält, also Bewußtheit bzw. Kommunikation blockiert. Besonders für die Analyse dieses dritten Falles der strukturfunktionalen Latenz ist es unumgänglich, sich an der Differenz von Bewußtseinslatenz und Kommunikationslatenz zu orientieren, denn es ist diese Differenz, die der strukturfunktionalen Latenz sowohl für psychische als auch für soziale Systeme ihren prekären Charakter verleiht. Bewußtsein kann die sozialen Latenzen unterminieren, indem es zur Kommunikation drängt[164]; und umgekehrt kann Kommunikation die psychischen Latenzen sabotieren, besonders in

164 Hier ließe sich eine Analyse von Witz und Ironie anschließen. In diesen Formen kann das Bewußtsein sich selbst als fehlerhaft darstellen, aber eben doch als bewußt fehlerhaft. Es begeht sozusagen einen Kategorienfehler, eine Ebenenverwechslung, eine unmögliche Attribution, um in soziale Latenzen einzubrechen und sie zugleich zu respektieren. Der gag heiligt die Mittel – und auch das kann man noch *sagen*, wenn einem das Recht zur Ironie bestritten wird. (Im übrigen ist auch die Wortgeschichte von »gag« ein Beitrag zur Sache, nämlich die Entwicklung von Knebel, Mundsperre über Improvisiertes zu Scherz, ursprünglich im slang, dann mehr und mehr auch in der normalen Sprache und als Fremdwort).
Witz kann solidarisierend wirken, und zwar dadurch, daß er heimliche Verständnisvoraussetzungen, also Bewußtsein in Anspruch nimmt, *ohne daraus soziale Strukturen zu bilden*. Eben deshalb ist dafür die Form des Einzelereignisses unerläßlich: Ein Witz muß neu sein und unwiederholbar. Er muß überraschen, darf aber nicht belehren. Er muß, obwohl er Bewußtsein komplex in Anspruch nimmt, rasch kapiert werden können, so daß er als Ereignis gemeinsam aktualisiert werden kann, ohne daß Konsens über Anzuschließendes gebildet werden muß. Er aktualisiert also die Sozialdimension, ohne sie kommunikativ zu thematisieren. Er bindet nicht. Er schneidet jede weitere Kommunikation, jede Rückfrage, jede Bemühung um weitere Erläuterung drastisch ab dadurch, daß er die Form einer Paradoxie wählt. Daß der Witz diese Stoßrichtung auf *soziale* Latenzen hat, läßt sich im übrigen auch daran ablesen, daß Witze auf Kosten Anwesender, das heißt auf Kosten des Bewußtseins, verboten sind – eine Norm, deren explizite Form weit in die Geschichte der Konversationsliteratur zurückverfolgt werden kann.

der Form der Kommunikation über die Kommunikation dessen, der definiert wird als jemand, der seine Latenzen zu schützen und zu verbergen sucht[165]. Die psychischen bzw. sozialen Systeme gefährden sich also wechselseitig allein schon dadurch, daß ihre Latenzbedürfnisse nicht übereinstimmen und ihre operativen Prozesse nicht identisch sind.

Angesichts der problematischen Natur der Latenzerhaltung ist es um so wichtiger, das Problem, um das es geht, scharf genug zu fassen. Dies gilt besonders, wenn man das Problem nicht einfach als faktische Unmöglichkeit wegdefiniert, also nicht nur auf Kapazitätsschranken, auf Grenzen der Aufmerksamkeit oder auf beschränkte Themenkapazität sozialer Systeme zurückführt. Kapazitätsschranken zwingen, wie wir ganz allgemein gesehen haben, Systeme jeder Art zur Reduktion von Komplexität, zur Selbstsimplifikation, zur nur selektiven Realisierung ihrer Möglichkeiten. Alles, was dadurch ausgeblendet wird, bleibt rein faktisch latent und ist insofern nur eine Restgröße ohne Funktion. Viele der ausgeblendeten Möglichkeiten könnten aufgegriffen werden, wenn Kapazität gerade frei und Zeit und Gelegenheit günstig sind. Man könnte hier von »harmloser Latenz« sprechen. Andere Möglichkeiten widersprechen jedoch den Prämissen oder den Resultaten der strukturellen Selektion – so etwa alles, was deutlich macht, daß man nicht »aus Liebe« heiratet[165a]. In diesen, und nur in diesen Fällen wird die Struktur – hier der kulturelle Imperativ Liebe – durch »funktionale Latenz« geschützt, was zumeist auch bedeutet, daß die Funktion der Struktur selbst latent bleiben muß. Es gehört also mit zur Selektivität, daß sie auch das Nichtberücksichtigte noch differenziert. Ihr Eliminierungsbereich ist nicht einfach nur graue Masse, sondern spiegelt die Anforderungen der Strukturselektion.

Im Abschnitt VII hatten wir als Formen dieser Selektion (und damit: als Form der »Manifestierung« von Strukturen) Hierarchie und Funktionsorientierung unterschieden. Jede dieser Strukturen erzeugt, so unsere Hypothese, ihr zugeordnete Latenzen. Je stärker ein soziales System hierarchisiert ist, desto deutlicher werden auch

165 Die Gegenfigur zu Witz ist hier das professionelle Gebaren des Therapeuten und die Legitimation seiner Ziele, die über Gesundheitsbegriffe definiert werden.

165a Hierzu als Aufklärer Jürgen Habermas, Illusionen auf dem Heiratsmarkt, Merkur 10 (1956), S. 996-1004.

Formen hervortreten, deren latente Funktion die Latenzbewahrung für Hierarchie ist[166]. Dies gilt zum Beispiel für die teils negative, teils individualistische, jedenfalls auf »Verzicht« abstellende Tönung der Semantik für Lebensformen, die sich außerhalb der indischen Kastenordnung abspielen[167]. Für mittelalterliche Formen der ironischen, subversiven (aber dann nicht ernsthaften), umkehrenden Behandlung offizieller religiöser und politischer Geltungsansprüche ist Ähnliches zu unterstellen[168]. Der Narr lebt am Hofe. Auch die berühmten »Liebeshöfe«, die Liebesfragen wie Rechtsfragen entscheiden, Maximen und Kasuistiken produzieren und auf diese Weise »ihr Reich« ordnen, auch diese Liebeshöfe scheinen eine spielerische Inversion der herrschenden (und von Männern beherrschten) Ordnung darzustellen[169]. Dafür spricht unter anderem die Genauigkeit der Copie bei Umkehrung der Geschlechtsrol-

166 Die Formulierung betont bewußt die *Doppelung* der Latenz. Die offizielle Struktur muß andere Möglichkeiten, in die sie sich auflösen könnte, latent halten, aber dies kann nicht *ihre* Funktion sein. Deshalb werden Formen geschaffen, deren Funktion sich auf den Latenzbedarf *anderer* Formen bezieht, und dabei muß dann die *Funktion* latent bleiben. Dieser Sachverhalt wird zu stark verkürzt, wenn man ihn auf die übliche Formel der »Stabilisierung des Systems« bringt, und aus dem gleichen Grunde ist auch der seit langem eingeführte Begriff der Gegenstruktur, Gegenkultur, counter-mores etc. zu unbestimmt. Er deckt alle möglichen Ersatzbefriedigungen, »Ventilsitten« etc. mit ab. Vgl. etwa Talcott Parsons, The Social System, Glencoe Ill. 1951, S. 168 f. über »adaptive structures«; Harold D. Lasswell/Abraham Kaplan, Power and Society, New Haven 1950, S. 49 f. über »countermores«; ferner J. Milton Yinger, Contraculture and Subculture, American Sociological Review 25 (1960), S. 625-635.

167 Vgl. hierzu Louis Dumont, Homo Hierarchicus: The Caste System and Its Implications, London 1970, insbes. S. 184 ff.; ders., Religion, Politics and History in India: Collected Papers in Indian Sociology, Paris 1970, insbes. S. 31 ff., 133 ff.

168 Vgl. hierzu die wichtigen Untersuchungen von Mikhail Bakhtin, Rabelais and his World, Cambridge Mass. 1968; ferner Rainer Warning, Funktion und Struktur: Die Ambivalenzen des geistlichen Spiels, München 1974; David Gross, Culture and Negativity: Notes Toward a Theory of Carnival, Telos 36 (1978), S. 127-132, und, systematisch weiterführend, Hans Ulrich Gumbrecht, Literarische Gegenwelten, Karnevalskultur und die Epochenschwelle vom Spätmittelalter zur Renaissance, in ders. (Hrsg.), Literatur in der Gesellschaft des Spätmittelalters, Heidelberg 1980, S. 95-144. Das Modell Karneval ist im übrigen auch in nichthierarchischen Gesellschaften praktizierbar, hier als Umkehrung von Individualismus in Soziabilität. Vgl. Anthony H. Galt, Carnival on the Island of Pantelleria: Ritualized Community Solidarity in an Atomistic Society, Ethnology 12 (1973), S. 325-339.

169 Allerdings sind gerade hier Fakten ebenso wie Deutungen außerordentlich umstritten. Vgl. Paul Remy, Les ›cours d'amour‹: légende et réalité, Revue de l'Université de Bruxelles 7 (1954-55), S. 179-197; Jacques Lafitte-Houssat, Troubadours et cours d'amour, 4. Aufl. Paris 1971.

len[170]. Man kann ferner an die Gewitztheit der Diener und Dienerinnen im Theater des 18. Jahrhunderts denken, ohne die nichts zustandekommen würde, ferner an slang, argot oder Situationswitz der Unterschichten. Typisch scheint mithin eine Hierarchie (und besonders: eine stratifizierte Gesellschaftsordnung) ihre eigene Formauswahl dadurch zu bestätigen, daß sie semantische Varianten zuläßt, die andere Möglichkeiten auf sich ziehen, an sich binden, *aber nicht als Alternative zur Hierarchie auftreten.* Die Hierarchie wird als *funktional unersetzbar* behandelt, und eben diese Vorentscheidung macht es möglich, den Sinngehalten, die das Hierarchische frei umspielen, ihrerseits eine prägnante Form zu geben: als Umkehrung, als Parodie, als Angriff, der nicht abgewehrt zu werden braucht, weil er ebenso treffend wie unernst geführt wird.

Auch in hierarchisierten Organisationssystemen kann man funktional äquivalente, wenngleich ganz andersartige Formen beobachten. Für diesen Bereich liegt unter dem Kennwort »informale Organisation« reiche Forschung vor[171]. Auch hier zeichnen sich die Lösungen dadurch aus, daß Kommunikation über die hierarchisch strukturierte Organisation und eine entsprechend kritische Bewußtseinsbildung im informalen Bereich kaum behindert wird, daß aber zugleich dafür gesorgt ist, daß informale Kommunikation nicht mit dem Organisationsvollzug selbst verwechselt werden kann und auch nicht für eine Änderung der formalen Organisation und ihrer Praktiken gehalten wird. Man mag ausgiebig darüber beratschlagen, wie man den Vorgesetzten ausschaltet, einschaltet, beschäftigt, umgeht; aber das ändert selbstverständlich nichts daran, daß er Vorgesetzter ist, und bestätigt es geradezu, denn nur unter dieser Voraussetzung hat solche informale Kommunikation überhaupt Sinn.

Hierarchie überträgt, so können wir zusammenfassen, ihre eigene Prägnanz auf ihren Latenzbereich. Sie ermöglicht es auch den Sinn-

170 Dieses Moment fehlt denn auch den späteren, so hoffnungslos ernsthaften feministischen Bewegungen, die im 17. Jahrhundert beginnen und schon zur modernen Welt gehören.

171 Allerdings zeigt sich auch hier die Schwäche einer bloßen Gegenbegrifflichkeit bzw. des Abstellens auf bloße Gegenstrukturen (siehe oben Anm. 166). Vgl. die Kritik des theoretischen Gehaltes solcher bloß klassifizierender Disjunktionen bei Martin Irle, Soziale Systeme: Eine kritische Analyse der Theorie von formalen und informalen Organisationen, Göttingen 1963. In der Tat müßte das eingebrachte und dokumentierte Material unter theoretischen Perspektiven weitgehend reanalysiert werden.

bezügen, die sich ihr nicht fügen, weil sie zu scharf seligiert, Formen zu finden, die genau dies zum Ausdruck bringen, und dabei zugleich die Selektion der Hierarchie bestätigen. *Dies wird unmöglich in dem Maße, als der Bezug auf die Einheit des Systems nur noch über Problemorientierung und Funktionsbezug* hergestellt werden kann. Die Frage ist: was schützt dann noch den notwendigen Latenzbereich der Struktur, die Spezifizität ihrer Selektion, die Selbstsimplifikation des Systems?

Man kann dies Problem auch von den Risiken her sehen, auf die ein System sich einläßt, wenn es seine Einheit als Strukturselektion fixiert. Eine Hierarchie kann umgekehrt, kann kurzgeschlossen, kann detransitiviert werden. Sie ist in spezifischen Hinsichten verwundbar, und gerade das kann in der Gegensemantik ausgenutzt werden, um Formen für das Spiel zu finden, in das man die Kontingenz der Hierarchie überführt. Der Funktionsorientierung fehlt nicht nur die dafür erforderliche Prägnanz, ihr fehlt auch die entsprechende Spezifikation der Risiken und Umkehrmöglichkeiten. Sie ist selbst schon formulierte Kontingenz, nämlich formulierte Äquivalenz von Problemlösungen, Austauschmöglichkeiten, Ersatzmöglichkeiten. Wenn etwas nicht mehr geht, geht etwas anderes. Der Konformitätsdruck ist geringer, zugleich aber auch unausweichlicher, denn der Zugang zu Alternativen ist durch die funktionsausgerichtete Struktur mitkanalisiert. Die Formen wirken dann pazifizierend allein schon dadurch, daß sie sichtbar machen, was an ihre Stelle treten könnte und was das kosten würde[172].

Wenn es gelingt, die Repräsentation der Einheit des Systems im System zu enthierarchisieren und statt dessen auf Funktionen zu beziehen, werden Hierarchien nicht abgeschafft, aber sie werden an ihrer Funktion gemessen und dadurch entsubstanzialisiert. Sie werden kritisierbar, wo keine ausreichende Funktion erkennbar ist –

172 Ein typisches Beispiel: Die Studienkommission für die Reform des öffentlichen Dienstrechts (1970-1973) hat erwogen, das gegenwärtige Versorgungssystem durch Anschluß der Beamtenversorgung an die allgemeine Rentenversicherung zu ersetzen. Beide Varianten wurden in verschiedenen Hinsichten verglichen. Die laufenden Mehrkosten der Änderung wurden auf mehrere 100 Millionen DM jährlich geschätzt. Es blieb alles beim alten. Vgl. Bericht der Kommission, Baden-Baden 1973, S. 333 ff. Auch wo man's weniger vermuten würde, finden sich Zeugnisse der gleichen Mentalität etwa in den Vorstellungen von Pascal Bruckner/Alain Finkielkraut, Le nouveau désordre amoureux, Paris 1977, über Ersetzung von orgasmus-orientierten Sexualtechniken durch eher feminisierten coitus reservatus nach chinesischen Rezepten.

zum Beispiel als Ungleichverteilung nach Maßgabe sozialer Klassen; sie werden bestätigt, wo ihre Funktion evident ist und funktionale Äquivalente nicht in Sicht sind – so vor allem in formal organisierten Sozialsystemen[173]. Der funktionale Ersatz für Hierarchie ist aber nur die Funktionsorientierung selber, und die Frage ist dann, wie es um deren Latenzbedürfnisse steht.
Man wird nicht erwarten können, daß es in bezug auf Funktionen ebenso prägnante Gegenkulturen gibt wie in bezug auf Hierarchien. Daß das jeweils eingerichtete Formengerüst der Funktionsbedienung nicht voll befriedigt, liegt auf der Hand. Es ermuntert ja auch zur Kritik, denn es hat seine Einheit im Prinzip der konditionierten Ersetzbarkeit aller Figuren. »Alternative« wird so als Formel der Kritik zur Legitimationsformel schlechthin. Was als Alternative auftreten kann, hat Recht auf Gehör und Recht auf Bewährungschancen. Ein solches Arrangement könnte selbstgenügsam sein. Wir werden diese Frage im nächsten Abschnitt unter dem Gesichtspunkt der Grenzen soziologischer Aufklärung diskutieren. Derzeit hat man jedoch, ohne über gesicherte empirische und theoretische Urteilsgrundlagen zu verfügen, eher den Eindruck, daß die ausformulierte Kontingenz des Funktionalismus sich ihrerseits nicht als notwendig etablieren kann. Ablehnende Lebenshaltungen sind unübersehbar vorhanden. Ihre Sprache ist, wo immer von »Kritik« und von »Alternativen« die Rede ist, genau die der dominanten Ordnung. So kann man jedoch im Latenzbereich einer funktionsorientierten Ordnung nicht formulieren, denn genau das ist ja schon längst Prinzip der Systeme, die man ablehnt. Es müßte also eine Konsolidierung jenseits aller Austauschbarkeiten möglich sein, und selbst der Austausch dieser Gesellschaft gegen eine verteilungstechnisch besser geregelte, selbst der Traum Marcuses würde nicht genügen. Erst recht verfehlt jeder Versuch, das alte Modell zu copieren, nämlich die Ordnung als »Herrschaft« anzugreifen, parodierende Formen zu wählen und offizielle Plätze wie Universitäten oder Gerichte in Karnevalsszenen umzufunktionieren, das Problem. Schon ein leichtes Anziehen und Ernsterwerden

173 Daß auch hier funktionale Äquivalente wie Mehrfachunterstellungen (Funktionale Arbeitsorganisation), Projektorganisation, teamwork etc. immer wieder diskutiert, vorgeschlagen und erprobt werden, bestätigt die im Text vertretene These, daß eine Funktionsorientierung das Kontingenzbewußtsein erhöht, aber nicht notwendigerweise zum Strukturwandel führt.

der Probleme hat denn auch genügt, um Albernheiten dieser Art aufzulösen. Die gesamte über Latenz laufende Struktur einer Formensprache, deren latente Funktion es war, die Selbstsimplifikation der Systemordnung in ihrem Latenzbedarf zu stützen, scheint obsolet geworden zu sein. Der Grund dafür dürfte sein, daß eine an Funktionen orientierte Systemordnung das, was für sie latent bleiben muß, nicht funktionalisieren kann, weil sie es eben dadurch in die Ordnung selbst einbeziehen würde. Was möglich bleibt, ist dann nur noch eine Art blinder, sprachloser, funktionsloser Terrorismus: eine auf Existenz reduzierte Gegenkontingenz.

XVI

Wenn es schwierig wird, einem System Latenzschutz zu gewähren, müssen Kontingenzen als Umwelt ausgewiesen oder in das System eingearbeitet werden. Diese Überlegung bringt einen Zusammenhang von (1) Funktionsorientierung, (2) schärferer Ausdifferenzierung mit entsprechendem Umweltbewußtsein, (3) Kontingenzbewältigung und (4) Aufklärung vor Augen. Uns interessiert im folgenden vor allem das Verhältnis von Latenzverlust und Aufklärung. Normalerweise denkt man das Zurückdrängen des Okkulten, Geheimnisvollen, Unbekannten und Unerkennbaren als Folge der Aufklärung. Man kann aber auch umgekehrt Aufklärung als Folge des Sogs betrachten, der mit dem Rückzug des Okkulten und notwendig Latenten entstanden war. Alles Wesentliche ist von seiner Natur her geheim – das war eine im 17. Jahrhundert noch geläufige, aber auch schon ironisch gebrauchte Aussage[174]; und bald darauf kam es zur offiziellen Etablierung der Vernunftaufklärung. Man kann vermuten, daß die Flut der Aufklärung und die Ebbe der Latenz auf einen gemeinsamen Faktor zurückgehen: auf eine allmähliche Ersetzung der hierarchischen durch die funktionale Orientierung im Gesellschaftssystem (und entsprechend dann auch: in vielen einzelnen sozialen Systemen) Europas.

Wenn diese Theorie zutrifft, müßte man im Übergang von einer hierarchischen zu einer funktionsbezogenen Gesellschaftsordnung

174 Ironisch z. B. in Anwendung auf die Geheimhaltung von Liebesbeziehungen.

ein Problematischwerden der Latenz feststellen können, und das ist in der Tat der Fall. Das »seiner Natur nach Geheime« wird in Kommunikationsprobleme und Kommunikationssperren übersetzt. So sieht Pascal die Situation: Das Volk lebt in der Illusion. Wer das durchschaut, darf dies nicht äußern. Nicht der Sachverhalt, sondern die Einsicht hat verborgen zu bleiben. Pascal spricht an vielen Stellen noch von mystère; aber er betont auch, daß das Akzeptieren der vorhandenen Ordnung auf Illusionen über die Gerechtigkeit des überkommenen Rechts, über die Qualitäten des Adels, über die Legitimität der Herrschaft beruhe; daß diese Einsicht aber nicht geäußert werden dürfe, sondern daß sie pensée, cachée, pensée de derrière bleiben müsse; daß gerade dies Zurückhalten der Kommunikation der Ordnungsbeitrag des Christen sei, der damit den Sündenfall akzeptiere; und daß auch der einsichtige Adel darauf verzichten müsse, darzustellen, wie es um seine Qualität und seine Menschlichkeit in Wahrheit stehe[175]. Auch die Theorie der Salonkonversation findet sich bald darauf durchsetzt mit Kommunikationsverboten und Schweigepflichten, die benötigt werden, um Geselligkeit in Gang zu halten[176]. Und auch die Moraltheorie nimmt die Einsicht auf, daß das Interesse an moralischer Achtung nicht in die Kommunikation einfließen dürfe, sondern daß man moralisches Handeln um der Moral selbst willen zu verlangen habe (was immer die wahren Motive seien, die auszuleuchten man besser zu vermeiden habe).

In der zweiten Hälfte des 18. Jahrhunderts spitzt diese Problematik sich zu. Der Aufklärer nimmt als »Philosoph« eine öffentliche Rolle in Anspruch, er symbolisiert in seiner Person die Selbstreflexion des Gesellschaftssystems. Man beginnt, sich auf die öffentliche Meinung zu berufen. Ausgerechnet die *öffentliche* Meinung wird zur

175 Vgl. Pensées Nr. 311 und 312 (zit. nach der éd. de la Pléiade, Paris 1950, S. 905): »Il faut avoir une pensée de derrière, et juger de tout par là, en parlant cependant comme le peuple«. Die Halbgebildeten mißtrauten dem Volksglauben, aber die Gebildeten ehrten ihn, non par la pensée du peuple, mais par la pensée de derrière; die Devoten mißtrauten dem, aber die wahren Christen akzeptierten dies »par une autre lumière supérieur«. Auch der Adel selbst wird auf diese pensée plus cachée mais plus véritable verwiesen, daß ihm jede natürliche Überlegenheit über das gemeine Volk fehle; aber auch von ihm wird verlangt, daß er sich trotz dieser Einsicht der gegebenen Ordnung einfüge. Hierzu die Trois discours sur la condition des Grands (éd. de la Pléiade a.a.O. S. 386-392).

176 Vgl. dazu bereits oben S. 209.

unsichtbaren Gewalt erklärt[177]. Manifest und latent fallen zusammen – und nur daß dies geschieht, bleibt latent[177a].

Parallel zu dieser Problematisierung von Latenz (die sich zu jener Zeit nur auf die Ordnungsvoraussetzungen der alten Gesellschaft beziehen konnte), nimmt die Bereitschaft zu, Vorgefundenes auf Alternativen hin zu befragen, das heißt in funktionalen Bezügen zu denken. Kritik wird als Anwendung von Urteilsvermögen im 18. Jahrhundert zur Universaltugend – zunächst gedacht als Verfahren der Aussonderung des wirklich Vernünftigen, im 19. Jahrhundert dann als Praxis des Änderns um des Änderns willen, als Revolution, als Umwälzung und in diesem Sinne als Praxis, die sich selbstkritisch ihr Ziel, ihr Maß, ihr Gesetz gibt[178]. Gerade diese Radikalisierung muß sich aber auf eine latente Beziehung zum Problem der Latenz zurückführen lassen. Sie ist nicht freiwillig radikal, sie muß auf eigentümlich hilflose Weise radikal werden, weil sie keine Form mehr findet, latente Funktionen und Strukturen zu respektieren. Sie leistet damit im Ergebnis aber nicht viel mehr als eine negative Darstellung dessen, was ohnehin der Fall ist, und kann dann sehr rasch in Verzweiflung und Resignation zusammensinken. Oder eine neue Elite findet sich wieder in der Pascalschen Situation: zu wissen, aber nicht sagen zu können, daß sie nicht verdient, es zu sein!

Im Bezugsnetz von Funktionsorientierung, Ausdifferenzierung, Kritik, Kontingenzbewältigung und Aufklärung läßt sich die Semantik, mit der das 18. Jahrhundert zuerst reagierte, heute nicht weiterverwenden. Die Funktionsorientierung kann nicht einfach als Nutzen begriffen werden, und in der Aufklärung geht es nicht einfach um die Durchführung der Selbstgesetzgebung der Vernunft und auch nicht um Verwirklichung des Menschen als Menschen. Letztlich macht sich, konfrontiert mit den Kontingenzen der Mo-

177 So Jacques Necker, De l'administration des finances de la France (1784), zit. nach Œuvres complètes, Paris 1821, Neudruck Aalen 1970, Bd. 4, S. 50 – offenbar ohne die Paradoxie zu bemerken –.

177a Nicht ganz allerdings. Als Aufklärung über die latenten Bedingungen der Aufklärung (insb. Wohlleben) vgl. Simon-Nicolas-Henri Linguet, Le Fanatisme des philosophes, London–Abbeville 1764.

178 Zum Begriffswandel vgl. Kurt Röttgers, Kritik, in: Geschichtliche Grundbegriffe: Historisches Lexikon zur politisch-sozialen Sprache in Deutschland Bd. 3, Stuttgart 1982, S. 651-675. Vgl. ferner Reinhart Koselleck, Kritik und Krise: Eine Studie zur Pathogenese der bürgerlichen Welt, Freiburg 1959.

derne, die Aufklärung auch noch unabhängig von Festlegungen auf das, was eine vermeintliche Vernunft ihr vorschreibt, und unabhängig auch von dem, was (nach irgendjemandes Ansicht) der Mensch als Mensch sein soll. Die Suche nach einer Art Gegeninstanz, die dem modernen Kontingenzbewußtsein Halt gibt, hält an. Baudelaire und viele andere denken an Kunst[179]. Statt dessen kann eine soziologische Aufklärung an die Probleme anschließen, die in ihrem Gegenstandsbereich vorliegen. Sie wird versuchen, durch größere Tiefenschärfe ihrer Wirklichkeitserfassung und durch eine auf Grundprobleme vorstoßende Analyse Bewußtheit und Kommunikation der Kontingenzen des Systems zu erhöhen.

Der Ausgangspunkt aller Kontingenzbewältigung liegt in der Einsicht, daß eben dies immer schon stattfindet. Soziale Systeme reproduzieren, das hatten wir oben (VII) festgehalten, eine laufende Differenz von autopoietischer Reproduktion und Selbstbeobachtung. In Situationen mit doppelter Kontingenz sind für *jeden* Beteiligten *beide* Operationsweisen zugänglich. Jeder fungiert – wenn nicht zugleich, so doch im raschen Wechsel – als Handelnder und als Beobachter und gibt beide Positionen in den Kommunikationsprozeß ein. In Interaktionssystemen können diese beiden Positionen kaum auseinandergehalten werden. Nach der Erfindung von Schrift und Druck kann die Gesellschaft sie jedoch sehr wohl auseinanderziehen. Das ermöglicht den Einsatz von Differenzschemata, die sich nur für Beobachtung eignen. In diesem Sinne ist das Schema manifest/latent ein Beobachtungsschema, und das gleiche gilt für den funktionsorientierten Vergleich. Der Buchdruck ist denn auch die Voraussetzung dafür, daß die Gesellschaft Möglichkeiten der Kommunikation über Inkommunikabilitäten und über latente Strukturen und Funktionen findet. Mit beiden Formen von Differenzorientierung betreibt sie nun Aufklärung über sich selbst.

Im Innenverhältnis verhalten diese beiden Schemata sich aber nicht neutral zueinander. Aufklärung heißt einerseits: Manifestmachen von latenten Strukturen und Funktionen, und andererseits: funktionaler Vergleich. Beide Schemata arbeiten Hand in Hand. Sie widersprechen sich aber, wenn die funktionale Analyse die Funktion von Latenzen entdeckt. An diesem Punkte informiert die Gesell-

179 »La modernité, c'est le transitoire, le fugitif, le contingent, la moitié de l'art, donc l'autre moitié est l'éternel et l'immuable«, heißt es in: Le peintre de la vie moderne, zit. nach Œuvres complètes, éd. de la Pléiade, Paris 1954, S. 881-922 (892).

schaft sich darüber, daß sie nicht wissen darf, daß sie nicht wissen darf, was sie nicht wissen darf. Die Funktion der Latenz erfordert die Latenz der Funktion. Der Ausweg aus diesem Dilemma ist seit dem 19. Jahrhundert bekannt. Er liegt im Rückgang auf die vorausliegende Differenz von Beobachten und Handeln und in Option für Handlung. Kater Murr kann, solange er Philister ist, nicht wissen, was es heißt, Philister zu sein, und Kater Muzius kann es ihm auch nicht erklären. Die Kommunikation selbst scheitert an der Schutzfunktion der Latenz. Der Ausweg liegt in der befreienden Handlung. Sie führt in diesem Falle aufs Dach[180].

Handlung ist allemal schneller als Beobachtung. Daher ist, bezogen auf soziale Systeme, Evolution auch schneller als funktionale Analyse. Der Rückgang auf jene Differenz von Handlung und Beobachtung führt die Reflexion mithin auf ein Zeitproblem zurück: auf das Problem der Selbstbiographierung Tristram Shandy's. Seit den ersten Gegenbewegungen gegen die Vernunftaufklärung, seit dem Ende des 18. Jahrhunderts, hat man zwar immer wieder vermutet, daß Aufklärung Schäden anrichte in Latenzbereichen, die keine Aufklärung vertragen könnten. Andererseits wurden scheinbar irrationale Einrichtungen wie Religion (für die Unterschichten) und Geschmack (für die Oberschichten) wegen ihrer Tempovorteile gerühmt, also zumindest insoweit funktional aufgefaßt[181]. Unter Zeitdruck stehend ist jedes soziale System zu sofortigen Anschlußselektionen gezwungen, und es kann weder alle Möglichkeiten

180 Vgl. E. T. A. Hoffmann, Lebensansichten des Katers Murr, zit. nach E. T. A. Hoffmanns Werke, Teil 9, Berlin o. J., S. 197.

181 Für Religion siehe z. B. Jaques Necker, De l'importance des opinions religieuses, London – Lyon 1788, zit. nach Œuvres complètes Bd. 12, Paris 1821, S. 39 f. – ein Politiker im übrigen, der nicht schnell genug sein konnte und durch die Französische Revolution überrollt wurde. Gerade ihm wurde vorgeworfen, seine funktionale Analyse der Religion könne zur Wahrheit der Religion, die sich funktionaler Analyse entziehe, nichts beitragen. Siehe Peter Villaume, Über das Verhältnis der Religion zur Moral und zum Staate, Libau 1791. Gerade dieser Kritiker verstrickt sich dann aber selbst in das Problem von Zeit und Funktion. Er meint S. 112: »Man muß also einer jeden stehenden Religion schonen, wenn sie auch noch so absurd ist, *sobald* man nichts hat, womit man den Abgang derselben *ersetzen* könnte« (Hervorhebung durch mich, N. L.).

Zum Parallelbereich der Tempovorteile des Geschmacks und der (aesthetischen) Urteilskraft (was Selbstbeobachtung während des Beobachtens ausschließe) vgl. Hinweise bei Alfred Baeumler, Das Irrationalitätsproblem in der Ästhetik und Logik des 18. Jahrhunderts, Halle 1923, Neudruck Darmstadt 1967, S. 48 f., 69 u. ö.

realisieren, die im funktionalen Vergleich sichtbar gemacht werden können, noch die beste von ihnen herausfinden. Den entscheidenden Punkt trifft, mit britischer Beiläufigkeit, Sir Geoffrey Vickers. Sir Geoffrey schreibt: »To multiply indefinitely what is possible does not add anything to what becomes actual. Multiplying the opportunity and the need to choose increases the volume of what will never be realized. A man who can read ten languages cannot in a lifetime read more than a man who can read only one. He has a wider choice; but whether this is for him a benefit, a disaster or merely neutral depends on him«[182].
Für den Themenbereich gesellschaftlicher Reflexion mag dies dazu führen, daß Zeitprobleme andere Sorgen verdrängen. Das heißt unter anderem, daß Kommunikation als Einheit der Differenz von Handlung und Beobachtung zum Zentralproblem wird. Es mag zutreffen, daß jede Reflexion Punkte erreichen kann, an denen sie sich selbst widerspricht und an denen sie sich als Kommunikation weder fortsetzen noch aufgeben kann. Aber wenn sie dann faktisch irgendetwas tut oder unterläßt, so geschieht eben dies. Die Autopoiesis auch der Reflexion läuft aller Reflexion davon und verändert die Bedingungen, unter denen dann wieder gilt, daß es für alle Reflexion Punkte gibt, an denen sie sich als Kommunikation weder fortsetzen noch aufgeben kann. Statt auf einer Lösung dieses Widerspruchs zu beharren (und vorher nichts zu tun), könnte es daher wichtiger sein, den Weg fortzusetzen, der im 18. Jahrhundert noch als außerhalb aller Vernunft, als irrational angesehen wurde: die Kriterien der Beobachtung auf die Notwendigkeit der Beschleunigung des Beobachtens und damit auf Reduktion von Komplexität einzustellen. Und dann braucht wohl auch nicht latent zu bleiben, daß eben dies zu geschehen hat.

XVII

Wir schließen dieses Kapitel mit einem viel und, man kann wohl sagen, erfolglos diskutierten Thema: mit dem Thema des Strukturwandels. Nichts anderes ist gemeint, wenn von sozialem Wandel,

182 The Undirected Society: Essays on the Human Implications of Industrialization in Canada, Toronto 1959, S. 75.

von Veränderung, social change usw. gesprochen wird. Das Konzept des sozialen Wandels ersetzt seit der Französischen Revolution die Naturkonstanten und die Vertragskonstruktionen des Natur- und Vernunftrechts; es ersetzt sie zunächst aber wiederum nur durch eine Art »natürliche« Eigenschaft sozialer Ordnungen, genannt Wandel. Wandel kommt vor, das kann nicht gut bestritten werden. Und was sich wandelt und wie tief der Wandel greift, ist lediglich eine Frage des Zeitraums, den man vor Augen hat. Aus »Unveränderlichkeit« lassen sich keine Privilegien ableiten, die mit dieser Begründung dann selbst als unveränderbar eingefordert werden. Außerdem ist das Konzept ein faktisches mit normativen Implikationen: Die Anerkennung eines eingetretenen Wandels kann man fordern als Bedingung jeder diskutablen Einstellung auf Realität. Es sind diese ideenpolitischen Vorteile, die das Konzept getragen haben. Diese Positionierung gab den Debatten des 19. Jahrhunderts eine wetterfeste, korrosionsbeständige Leitlinie, die eine weitere begriffliche und theoretische Durchleuchtung als unnötig erscheinen ließ. In diesem ideenpolitischen Sinne ist das Konzept heute verbraucht. Man möchte nicht nur wissen, was sich wandelt und in welche Richtung der Wandel geht; es wäre vorab wichtig, zu klären, was überhaupt gemeint ist, wenn von Wandel gesprochen wird.

Bevor man von Wandel oder Veränderung spricht, muß man genau festlegen, auf was diese Begriffe sich beziehen. Und erst nachdem man geklärt hat, was unter Wandel oder Veränderung verstanden werden soll, kann man der Frage nachgehen, ob der Wandel in Prozeßform erfolgt oder in Form einer Menge von unkoordinierten Einzelereignissen. Diese wichtigen Unterschiede werden verwischt, wenn man allzu kompakt Struktur und Prozeß oder Statik und Dynamik gegenüberstellt. Auch der Begriff des »dynamischen Systems« hilft nicht weiter. Wir haben ihn daher unter der Hand schon durch den Begriff der temporalisierten Komplexität bzw. des temporalisierten Systems (System mit temporalisierter Komplexität) ersetzt. Solche Systeme sind gewissermaßen automatisch dynamische Systeme, da sie ihre Elemente als Ereignisse konstituieren und daher unter dem Selbstzwang stehen, sie auszuwechseln, was immer ihre Umwelt dazu Förderliches oder Hinderliches beiträgt. Aber ist mit einer so konstituierten Dynamik auch gesagt, daß Systeme ihre Strukturen ändern können?

Von Änderung[183] kann man *nur in bezug auf Strukturen* sprechen[184]. Ereignisse können sich nicht ändern, weil zwischen ihrem Entstehen und Vergehen keine Dauer besteht, in der etwas »Ereignishaftes« besteht, was trotz Änderung kontinuieren könnte. Die Identität von Ereignissen ist an den Zeitpunkt gebunden – wie immer ausgedehnt ein solches »specious present« sein muß, um Sinn haben zu können. Nur Strukturen halten Kontinuierbares (und daher Änderbares) relativ konstant. Strukturen garantieren trotz der *Irreversibilität der Ereignisse* eine gewisse *Reversibilität der Verhältnisse.* Auf der Ebene der Erwartungen, nicht auf der Ebene der Handlungen, kann ein System lernen, kann es Festlegungen wieder auflösen, sich äußeren oder inneren Veränderungen anpassen. Streng genommen (aber wir werden diese Konvention aus praktischen und sprachlichen Gründen ignorieren) kann man deshalb nicht sagen, daß »ein System« sich ändere, da das System aus nichtänderbaren Elementen, nämlich Ereignissen, besteht. Andererseits werden Systeme über Strukturen identifiziert, und die können sich ändern. Insofern ist es dann auch berechtigt zu sagen, das System ändere sich, wenn seine Strukturen sich ändern, weil immerhin etwas, was zum System gehört, (und gerade das, was dessen autopoietische Reproduktion ermöglicht) sich ändert.

Der klassische Diskurs über Strukturänderung war im Schema konstant/variabel geführt worden. Er hatte deshalb den Gegenhalt zu Strukturänderungen in invarianten oder doch relativ konstanten Merkmalen des Systems, also wiederum in Strukturen gesucht. Der

183 Wir bleiben im Folgenden beim Terminus »Änderung«. Von »sozialem Wandel« wird im allgemeinen nur dann gesprochen, wenn es sich um wichtige Strukturänderungen handelt. Auch »social change« wird so definiert (z. B. »significant alteration of social structures« bei Wilbert E. Moore, Social Change, International Encyclopedia of the Social Sciences, New York 1968, Bd. 14, S. 365-375 (366). Ein allgemein anerkanntes Kriterium der Wichtigkeit hat sich jedoch nicht finden lassen, und es liegen bisher auch nur Vorschläge vor, die sich sehr leicht als unzulänglich zurückweisen lassen, z. B. »Gleichgewicht« oder »Herrschaft«. Zum daraus sich ergebenden »Zustand der Verwirrung« in den Diskussionen über sozialen Wandel vgl. Susan C. Randall/Hermann Strasser, Zur Konzeptualisierung des sozialen Wandels: Probleme der Definition, des empirischen Bezugs und der Erklärung, in: Hermann Strasser/Susan C. Randall (Hrsg.), Einführung in die Theorien des sozialen Wandels, Darmstadt-Neuwied 1979, S. 23-50 (Zitat S. 24).

184 Guy E. Swanson, Social Change, Glenview Ill. 1971, S. 3 definiert zum Beispiel: »Change refers to a difference in a structure, the difference occurring over time and being initiated by factors outside that structure«.

Streit ging dann um das Ausmaß, in dem konstante Strukturen zu beachten seien oder auch um die Radikalität der anzustrebenden Änderung. Die Theorie selbstreferentieller Systeme arbeitet mit völlig anderen Denkvoraussetzungen und läßt sich daher den klassischen Streitfragen, etwa der Unterscheidung statischer und dynamischer Systembegriffe, nicht mehr zuordnen. Das Einzige, was für diese Theorie als schlechthin unveränderbar zu gelten hat, ist das auf einen Minizeitpunkt bezogene Ereignis. Unveränderbar ist nur das, was so schnell vergeht, daß für Änderungen keine Zeit bleibt. Die Schranke für Strukturänderungen liegt demnach nicht in Strukturen mit besonderen Qualitäten, die sich gegen Änderungen sperren; sie liegt in den Problemen der selektiven Kombination von sofort wieder verschwindenden Ereignissen; sie liegt also in der Funktion der Strukturen.

Dies sind zunächst nur begriffliche Vorklärungen. Sie erklären noch nicht, wie Strukturänderung überhaupt möglich ist, geschweige denn, wie sie zustandekommt. Die Forschungslage der Soziologie in dieser Frage läßt sich mit wenigen Federstrichen kennzeichnen: Es gibt eine Vielzahl relativ erfolgreicher Erklärungsansätze, die sich wechselseitig nicht ausschließen und sich nicht zu einer einheitlichen Theorie integrieren lassen. Vielfach wird mit Widersprüchen in der Struktur oder mit Konflikten gearbeitet in der Annahme, daß ein dadurch instabiles System zur Strukturänderung tendiert. Daneben hat man aus dem 19. Jahrhundert evolutionstheoretische Ansätze geerbt, die aber nur auf Gesellschaftssysteme, jedenfalls nicht auf alle Arten sozialer Systeme anwendbar sind. Es gibt ferner die ebenfalls vorsoziologische Theorie paradoxen Wandels, wonach gerade zunehmende Erfüllung der Wünsche, Wohlstand und Erfolg die Unzufriedenheit überproportional steigert und zur Strukturänderung führt. Andere sehen den Hauptanstoß zu sozialem Wandel in der Symbolstruktur der Gesellschaft, zum Beispiel im Anschluß an Max Weber in der Religion und ihrer Bedeutung für die Motivierung des Handelns. Nicht zu vergessen sind Theorien, die im Anschluß an Gabriel Tarde mit Imitation und Diffusion arbeiten. Diese Kerngruppe wird umkreist durch Theorien kleineren Formats, die etwa Fanatismus und Radikalität durch Statusinkongruenz erklären oder spezifischen technischen Erfindungen (Schrift, Buchdruck, Pflugschar, Dampfmaschine) auslösende Bedeutung zusprechen. Gemeinsam ist all diesen

Versuchen eine reduktive Fragestellung. Es geht darum, die Typik der Veränderung am Punkte ihrer Verursachung zu fassen, das Modell durch zusätzliche konstellative oder historische Bedingungen anzureichern (es funktioniert nicht immer; der Buchdruck revolutioniert z. B. Europa, aber nicht China) und von daher die Strukturänderung als historischen Prozeß zu beschreiben. Dabei wird in Kauf genommen, daß die Ausgangsursachen, die das Modell für entscheidend erachtet, in der Gesamtkonstellation oft viel von ihrer Überzeugungskraft verlieren.

Man kann, glaube ich, auf einen Blick sehen, daß diese Vorgehensweise keine höhere Aggregation zu einer Gesamttheorie »des« sozialen Wandels zuläßt. Sie muß und kann mit ihren Resultaten zufrieden sein (womit Neuentwicklungen in diesem Rahmen natürlich nicht ausgeschlossen sein sollen). Eine allgemeine Theorie muß anders ansetzen. Wir greifen dafür auf den Begriff der autopoietischen Selbsterhaltung zurück. Da ein soziales System (wie viele andere temporalisierte Systeme, wie alles Leben überhaupt) aus ereignishaften Elementen besteht, steht es in jedem Moment vor der Alternative: Aufhören oder Weitermachen. Die »Substanz« verschwindet sozusagen kontinuierlich und muß mit Hilfe der Strukturmuster reproduziert werden. Auf Handlung muß Handlung folgen – oder eben gar nichts! Die autopoietische Reproduktion setzt Strukturmuster voraus, aber sie kann auch aus der Situation heraus innovativ oder abweichend erfolgen, sofern nur das Handeln kommunizierbar, also sinnhaft-verständlich und anschlußfähig bleibt. »Ich mag gar keinen Pflaumenkuchen«, erklärt der Mann seiner überraschten Frau an seinem 57. Geburtstag im 31. Jahre seiner Ehe; und dann muß die Frage des Geburtstagskuchens neu entschieden werden. Wenn nicht zugleich Geburtstag und Kuchen, eheliches Leben und Redlichkeit ihren Sinn verlieren, kann die Struktur sinnvoll geändert werden[185].

Strukturänderung setzt Selbsterhaltung voraus, so viel ist immer klar gewesen. Daraus folgt schon, daß Änderung und Erhaltung nicht durch verschiedene Theorien (etwa »progressive« einerseits und »konservative« andererseits) erklärt werden können, sondern jede Theorie immer beides behandeln muß. Neu ist nur die Ein-

185 Das Beispiel läßt sich vielfältig variieren. »Ich habe genug gearbeitet«, erklärt der Kapitalist den überraschten Gewerkschaftsführern, »übernehmt meine Werke, meine Konten, ich möchte eine Rente«.

sicht, daß das Problem nicht auf der Ebene des mit vielen »Eigenschaften« ausgestatteten »Ganzen« liegt, das entweder erhalten wird oder nicht, sondern auf der Ebene der Relationen zwischen elementaren Ereignissen, deren Reproduktion fortgesetzt wird oder nicht[186]. Dies besagt, daß es in jeder Situation eine dreifache Differenz gibt, nämlich (1) Anschlußhandeln im Rahmen der vorhandenen Erwartungsstrukturen, (2) Anschlußhandeln auf Grund von abweichenden Erwartungsstrukturen und (3) Aufhören. Zwischen (1) und (2) wird unter dem Gesichtspunkt Konformität/Abweichung gewählt; zwischen (1, 2) und (3) unter dem Gesichtspunkt der autopoietischen Differenz. Die Selektion läßt sich mithin binarisieren, aber nur durch Kopplung zweier Differenzen.

Die Differenz dieser Differenzen definiert die Matrix der Störbarkeit und Änderbarkeit von Strukturen. Nimmt man das pure Aufhören aus den Möglichkeiten heraus, bleibt immer noch die Möglichkeit des konformen oder abweichenden Anschlußhandelns, was konformes Abweichen (erlaubte Innovation, zum Beispiel Gesetzgebung) ebenso einschließt wie Abweichen von noch undefinierten Erwartungen, nämlich Ausweichen in einen semantisch noch nicht besetzten Strukturbereich. Autopoiesis ist also die Bedingung dafür, daß eine Struktur sich ändern oder nicht ändern kann. Durch Autopoiesis wird der Tatsache Rechnung getragen, daß kein Objekt seine Position in der Zeit ändern (sondern eben nur: sich selbst oder anderes ändern) kann. Dem Lauf der Zeit bleibt es mit oder ohne Änderung ausgeliefert, und deshalb muß es sich von bestimmten Komplexitätsgraden ab durch Autopoiesis erhalten.

Unter dem Gesichtspunkt der autopoietischen Reproduktion gesehen und mit Hilfe der autopoietischen Differenz bearbeitet, hat das Problem der Strukturänderung eigene Bedingungen der Möglichkeit und eigene Freiheitsgrade, relativ unabhängig von der problematisierten Struktur (aber natürlich nie unabhängig von allen Strukturen, die ja das Finden und Einsetzen von Anschlußhandlun-

186 Maturana führt *diese* Unterscheidung als die eines *Beobachters* ein, der die Wahl hat, ein System als einfache Einheit auf Grund der Eigenschaften ihrer Elemente oder als zusammengesetzte Einheit auf Grund der Organisation ihrer Elemente zu beschreiben. Vgl. Humberto R. Maturana, Autopoiesis, in: Milan Zeleny (Hrsg.), Autopoiesis: A Theory of Living Organization, New York 1981, S. 21-33, insbes. S. 24 und 31. Darüber hinaus kann man vermuten, daß die Eigenschaftsbeschreibung eher für Fremdbeobachtung, die relationierende Beschreibung eher für Selbstbeobachtung attraktiv ist.

gen erst ermöglichen). Hierbei kommt es viel mehr als im allgemeinen auf die Situation und ihre Überzeugungsmittel an.

Gerade *Struktur*änderungen müssen *situativ* überzeugen[187]. Zunächst muß ein Weiterhandeln überhaupt ermöglicht werden; erst dann kann man sehen, ob es Strukturwert gewinnt, ob es sich also eignet, Erwartungen zu formen. Dies bedeutet auch, daß Strukturänderungen laufend passieren, ohne als solche angekündigt, gewollt, verantwortet zu sein. Man denke an Familien mit heranwachsenden Kindern oder an Organisationen mit einer Entwicklungsgeschichte, die Philip Selznick als Institionenenbildung beschrieben hat[188]. Und es ist nicht selten so, daß Strukturen erst bewußt und kommunikationsfähig werden, wenn sie geändert werden müssen[189].

Auf dieser Grundlage lassen sich Überlegungen ausarbeiten, die Zusammenhänge zwischen (1) Komplexität des Systems, (2) Kontingenz und relative Unwahrscheinlichkeit seiner Strukturen, (3) Bedarf für spezifische Instabilisierungen (z. B. launische Götter, variable Preise, abwählbare Regierungen), (4) Informationsempfindlichkeit und (5) Häufigkeit bzw. Tempo von Strukturänderungen betreffen. Auch das führt nicht auf Prozeßtheorien, das heißt nicht auf Theorien, die erklären, wie es kommt, daß viele strukturändernde Ereignisse sequentiell einander bedingen. Man muß sich von der Vorstellung lösen, die Prozeßkategorie sei eine notwendige Form für die Konkretisierung des Problems der Strukturänderung.

Wir sind bisher ohne den Begriff der *Anpassung* ausgekommen. Anpassung wird normalerweise als Anpassung von Systemstrukturen an die Umwelt (und zumeist enger: an Veränderungen der Umwelt) verstanden[190]. Mit dieser Begriffsfassung kann man formulie-

187 Hier liegt der Ausgangspunkt für Krisentheorien, insbesondere für die mit Krisen verbundenen Hoffnungen. Vgl. z. B. Robert A. Nisbet, The Social Bond, New York 1970, S. 322 ff.

188 Vgl. TVA and the Grass Roots, Berkeley – Los Angeles 1949; ders., Leadership in Administration: A Sociological Interpretation, Evanston Ill. 1957.

189 Dem entspricht die oben (unter XII) formulierte These, daß es nur besonders problematisierte Verhaltenserwartungen sind, die auf einen entweder normativen oder kognitiven Erwartungsstil (unter Ausschluß des jeweils anderen) festgelegt werden.

190 Wenn man von externen und internen Anpassungen spricht (so z. B. F. Kenneth Berrien, General and Social Systems, New Brunswick N. J. 1968, S. 136 ff.), fällt der Begriff praktisch mit dem der Strukturänderung zusammen – es sei denn, daß man

ren, daß eine turbulente, sich häufig und unübersehbar ändernde Umwelt höhere Anpassungsleistungen des Systems, also höhere strukturelle Flexibilität erfordere[191]. Wenn man dann aber annehmen muß, daß die Turbulenz der Umwelt eben durch die Systeme (in der Umwelt des jeweiligen Bezugssystems) erzeugt wird, die versuchen, sich ihr anzupassen, sind Turbulenz/Flexibilitätssteigerungen zu erwarten, die zur Katastrophe führen können, – Katastrophe hier wie immer verstanden als ein anderer, schnellerer Weg zur Entropie.

Aber vielleicht sind solche Aussichten nur Perspektive einer zu einfach gebauten Theorie. Die Soziologie hat sich gegenüber dem von der Biologie angebotenen Anpassungsbegriff stets reserviert verhalten[192]. Für Parsons z. B. ist Anpassung nur eine von vier Systemfunktionen, ihre Steigerung muß über Ausdifferenzierung entsprechender Teilsysteme laufen und mit den anderen Systemfunktionen und deren Steigerung abgestimmt werden. Steigerung, nicht Anpassung, ist das historische Gesetz der strukturellen Entwicklung des Handlungssystems. Dennoch hat der Begriff der Anpassung eine unabweisbare (wie immer dann unterdrückte oder nicht zugestandene) Prominenz, solange die System/Umwelt-Differenz das Leitparadigma der Systemtheorie ist, denn diese Differenz kanalisiert die Informationsverarbeitung des Systems (oder: der Beobachter des Systems) durch die Alternative von Anpassung des Systems an die Umwelt oder Anpassung der Umwelt an das System. Geht man dagegen zu einer Theorie selbstreferentieller Systeme über, tritt der Begriff der Anpassung, ohne an Bedeutung zu verlieren, in den zweiten Rang zurück. Die Primärfrage lautet dann: mit welcher Semantik bestimmt das System selbst die Unterscheidung von System und Umwelt, wie wirkt diese Semantik sich auf Prozesse der Informationsverarbeitung aus und welche Anpassungsnotwendigkeiten erscheinen infolgedessen auf den Bildschirmen des Systems. Man braucht nur daran zu erinnern, welche Bedeutung die Sprache

zusätzlich eine Art konstruktive oder destruktive (entropische) Entwicklungslogik unterstellt, die aus den vorhandenen Strukturen deduziert werden kann.

191 Siehe etwa Fred Emery, Futures we are in, Leiden 1977, zu active adaptation und adaptive planning (S. 67 ff., 123 ff.).

192 Siehe auch die eher politisch inspirierten Vorbehalte bei Geoffrey Vickers, Is Adaptability Enough?, Behavioral Science 4 (1959), S. 219-234, neu gedruckt in: Walter Buckley (Hrsg.), Modern Systems Research for the Behavioral Scientist: A Sourcebook, Chicago 1968, S. 460-473.

des Geldes für Wirtschaft und Politik besitzt, und hat dafür ein treffendes Beispiel: In dieser Sprache wird die Differenz von System und Umwelt als Differenz der Verfügung über monetäre Ressourcen verstanden, also als Haben bzw. Nichthaben von Geld. Veränderungen in dieser Verteilung steuern dann die Prozesse struktureller Anpassung, ohne daß eine andere Schematisierung der Differenz zur Sprache käme.

Selbstreferentielle Systeme sind in dem Sinne geschlossene Systeme, daß sie ihre eigenen Elemente und damit auch ihre eigenen Strukturänderungen selbst produzieren. Es gibt keinen direkten Kausalzugriff der Umwelt auf das System ohne Mitwirkung des Systems. Eben deshalb gibt das System seiner eigenen Struktur (obwohl sie kein Ereignis ist) Kausalität. Das ist Form und Bedingung aller Anpassung. Die Struktur kann dann nur in Kombination mit okkasionell auftretenden Ereignissen des Systems und/oder der Umwelt wirken, so wie umgekehrt Ereignisse im System nur in Kombination mit strukturell angelegten Ursachen wirken. Entsprechend können dann kontinuierlich vorhandene Ursachen diskontinuierlich wirken, verläßlich vorhandene Möglichkeiten doch auf sie ergänzende Zufälle angewiesen sein, so daß zum Beispiel eine Rechtsordnung hohe Berechenbarkeit garantiert, ohne daß man voraussehen kann, wann und aus welchen Anlässen sie zum Einsatz kommt. Dieser latente, auf Auslösung wartende Kausalbeitrag läßt sich durch Strukturänderung wechselnden Erfordernissen anpassen. Ohne eine solche Mitwirkung des Systems bliebe der Umwelt nur die Möglichkeit einer Zerstörung der autopoietischen Reproduktion. (Zum Beispiel: Eine *Lawine* verschüttet die Skiläufer, so daß sie nicht mehr miteinander kommunizieren können. Die Lawinen*gefahr* wird nach Möglichkeit über Kommunikation und dadurch ausgelöste Strukturänderung aufgefangen).

Alle Strukturänderung, sei sie nun Anpassung an die Umwelt oder nicht, ist Selbständerung. Sie ist in sozialen Systemen nur über Kommunikation möglich. Das heißt nicht, daß die Strukturänderung Thema der Kommunikation sein oder gar in irgendeinem anspruchsvollen Sinne geplant werden müsse. Sie erfordert aber Situationen im System, in denen es beobachtbar, verständlich, plausibel ist, daß Erwartungen sich ändern. Solche Situationen sind nur möglich auf Grund der Temporalisierung des Systems und seiner Elemente. Die Umwelt bleibt Anreger von Strukturänderungen. Kommunikationen im System müssen Informationen mitteilen und halten daher laufend Umweltbezug. Erwartungsänderungen werden im Blick auf die Differenz von System und Umwelt interpretiert; sie sind vielleicht überhaupt nur so verständlich. Das macht es wahrscheinlich (aber nicht notwendig), daß ein soziales System sich über Strukturänderungen seiner Umwelt anpaßt. Da aber Elemente und Strukturen, Situativität und Semantik Eigenleistungen des Systems sind, geht zu viel »Eigenes« in die »Anpassung« ein, als daß man daraus auf eine Kompatibilität von System und Umwelt schließen könnte. Paradoxerweise ist es also gerade der Eigenanteil am Prozeß struktureller Anpassung, der verhindern kann, daß ein System sich langfristig-erfolgreich in seiner Umwelt stabilisiert.

Der umweltbezogene Begriff der Anpassung erfaßt keineswegs alle Formen der Strukturänderung. Wir müssen ihn zunächst durch den Begriff der *Selbstanpassung* ergänzen. Zu diesem Begriff gelangen wir, wenn wir nicht die Unterscheidung von System und Umwelt, sondern die Unterscheidung von Element und Relation, also das Komplexitätsproblem zugrunde legen[193]. Selbstanpassung bereinigt systeminterne Schwierigkeiten, die sich aus Unausgewogenheiten in der Relationierung von Elementen, also in der Reduktion interner Komplexität ergeben (die ihrerseits Folge von Umweltanpassungen sein können). Man kann vermuten, daß Anpassungsprozesse in bürokratischen Organisationen weitgehend diesem Typus der Selbstanpassung folgen, weil ein hohes, ständig korrekturbedürftiges Maß an Feinabstimmung verlangt ist und hohe Sensibilität für geringfügige Unterschiede gepflegt wird. Dagegen scheint für Familien bei hoher Selbstfestlegung der persönlichen Eigenarten der wenigen Mitglieder eher Umweltanpassung typisch zu sein – vor allem in der Form der Anpassung an das Älterwerden (Geborenwerden, Ausscheiden) von Mitgliedern. Dies dürfte ein Grund dafür sein, daß in Familien ein anderes Konfliktklima herrscht als in Bürokratien – Konflikt gesehen als Folge des Nichtvollzugs einer erforderlichen Anpassung. Denn in Familien bahnt im Konflikt ein geändertes Eigeninteresse sich seinen Weg; in Bürokratien sind es dagegen eher unterschiedliche Reduktionslinien im Gefüge der Zusammenarbeit, die kollidieren.

193 Es genügt also nicht, der Umweltanpassung einfach die Selbstanpassung gegenüberzustellen; denn man sähe dann nicht, auf welches Problem die Selbstanpassung (es kann nicht auch, nicht noch einmal die System/Umwelt-Differenz sein) reagiert.

Auch die Gegenüberstellung von Umweltanpassung und Selbstanpassung ergibt noch kein vollständiges Bild möglicher Formen von Strukturänderung. Wir müssen einen dritten Fall hinzunehmen, und wir nennen ihn im Anschluß an einen sich ausbreitenden Sprachgebrauch *Morphogenese*[194]. Die Morphogenese ergibt sich nicht aus Anpassungszwängen, und ihr Ausbleiben führt auch nicht zu Konflikten. Sie entwickelt sich auf freiem Terrain. Ihr liegt weder die Differenz von System und Umwelt noch die Differenz von Element und Relation zugrunde, sondern die Differenz von Aktivierung und Inhibierung (oder: Ermöglichung und Repression). Sie setzt Systeme voraus, deren Möglichkeiten weitestgehend inhibiert sind, deren Sinnverweisungen zum Beispiel durch die zur Reproduktion benötigten Erwartungsstrukturen nur sehr begrenzt ausgenutzt werden. In solchen Fällen kann das Verhältnis von Aktivierung und Inhibierung durch evolutionäre Variation geändert werden, so daß inhibierte Möglichkeiten abweichend von Strukturen gelegentlich desinhibiert, also re-aktiviert werden können. Man könnte auch von Dauerinhibierung und kurzfristiger, situationsabhängiger, akzidenteller Reaktivierung sprechen. Dadurch erst entsteht ad hoc ein internes Anpassungsproblem und gegebenenfalls eine umweltbezogene Anpassungsmöglichkeit, die dann ausgenutzt werden kann. Die Entwicklung kann aber sehr wohl auch als circulus vitiosus ablaufen, wenn Möglichkeiten der Re-inhibierung fehlen – etwa im Sinne von Myrdals berühmtem »American Dilemma« oder im Sinne einer heute verbreiteten Diagnose von Wohlstandsgesellschaften. Sie gerät dann mehr und mehr unter den Zwang, auf selbstgeschaffene Probleme zu reagieren, ohne auf die-

194 Für die Übertragung dieser Terminologie in die Sozialwissenschaften und für wichtige Beiträge unter dem Gesichtspunkt der Stabilisierung durch positiven feedback siehe Magoroh Maruyama, The Second Cybernetics: Deviation-Amplifying Mutual Causal Processes, General Systems 8 (1963), S. 233-241; neu gedruckt in: Walter Buckley (Hrsg.), Modern Systems Research, a.a.O., S. 304-313; Walter Buckley, Sociology and Modern Systems Theory, Englewood Cliffs N. J. 1967, S. 58 ff. Vgl. ferner Hermann Haken, Synergetics: An Introduction, 2. Aufl. Berlin 1978, S. 299 ff.; Alfred Gierer, Socioeconomic Inequalities: Effects of Self-enhancement, Depletion and Redistribution, Jahrbücher für Nationalökonomie und Statistik 186 (1981), S. 309-331; ders., Systems Aspects of Socio-economic Inequalities in Relation to Developmental Strategies, in: R. Felix Geyer/Johannes van der Zouwen (Hrsg.), Dependence and Inequality: A Systems Approach to the Problems of Mexico and other Developing Countries, Oxford 1982, S. 23-34.

sem Wege ein besseres Verhältnis zur Umwelt oder zu sich selbst erreichen zu können.

Obwohl Morphogenese *neue* Strukturen schafft, ist sie immer auch Struktur*änderung*. Sie baut, anders wäre sie gar nicht möglich, ein vorhandenes System um. Das folgt aus dem Grundbegriff der Autopoiesis. So läßt, um ein berühmtes Modell zu zitieren[195], die Entwicklung von korporativen Einrichtungen in archaischen Gesellschaften, die zunächst nur aus Familien bestehen, die Gesamtstruktur der bisherigen Gesellschaft nicht etwa unberührt. Sie begnügt sich nicht damit, ihr etwas hinzuzufugen. Die alte, aus Familien bestehende Gesellschaftsordnung wird durch eine aus Familien *und* Korporationen bestehende Gesellschaftsordnung ersetzt, die nur insgesamt, aber mit höherer Spezifikation und mit entsprechenden Generalisierungen, die alte Ordnung fortsetzen kann. So ist der morphogenetisch fortgeschrittene Zustand System, weil er nur mit all seinen Komponenten die alte Ordnung weiterentwickeln kann, und das heißt, daß auch die kontinuierenden Komponenten, die Familien, einen neuen Sinn gewinnen[196].

Die begrifflichen Unterscheidungen, die jetzt eingeführt sind, ermöglichen es, nach dem Verhältnis von Strukturänderung und Ereignis und, im Anschluß daran, nach dem Verhältnis von Strukturänderung und Prozeß zu fragen. Gewiß setzen alle Strukturänderungen Ereignisse voraus, da die Systeme ja aus Ereignissen bestehen und sich nur über Ereignisse transformieren können. Aber sind die Strukturänderungen selbst Ereignisse[197]? Sie können Ereignisse sein, aber sie müssen es nicht[198]. Man muß sich nur den Strukturwandel vor Augen führen, dem eine Familie unterliegt, wenn die Kinder heranwachsen, um zu sehen, daß die Beschreibung von Än-

195 Aus der Einleitung zur zweiten Auflage von Emile Durkheim, De la division du travail social, zit. nach dem Neudruck Paris 1973.

196 Speziell hierzu auch Talcott Parsons, Comparative Studies and Evolutionary Change, in: Ivan Vallier (Hrsg.), Comparative Methods in Sociology: Essays on Trends and Applications, Berkeley 1971, S. 97-139 (100 f.).

197 Dies scheint Robert A. Nisbet, The Social Bond: An Introduction to the Study of Society, New York 1970, S. 322 ff., in einer der wenigen expliziten Behandlungen des Themas vorauszusetzen – was ihn dazu führt, die Vernachlässigung dieses Themas der (unvorhersehbaren) Ereignishaftigkeit in den Theorien des social change zu beklagen.

198 Es muß also erlaubt werden, von Strukturänderungen zu sprechen, die sich nicht »ereignen«, sondern sich nur einstellen. Vielleicht ist es zweckmäßig, den Begriff des sozialen Wandels hierfür zu reservieren.

derungen als Ereignis deutliche (wenn auch nicht scharfe) Grenzen hat. Eine Ereignisdarstellung kommt nur in Betracht, wenn die Differenz von Vorher und Nachher zu einer Identität verdichtet werden kann, die sich ihrerseits nicht ändern kann, sondern einen kleineren oder größeren Zeitraum einnimmt, in dem sie die Änderung vollzieht. In keinem Falle hat es Sinn zu sagen, »das« Ereignis sei »die Ursache« der Strukturänderung; es ist nur deren Identifikation. Die Möglichkeit, Strukturänderung im Wege des Ereignisses zu identifizieren und sie entsprechend zu vollziehen (zum Beispiel als Akt der Gesetzgebung), mag zahlreiche Ursachen katalysieren, sie focussieren, sie bündeln und dadurch Strukturänderungen ermöglichen, die sonst nicht möglich wären. Das legt eine Überinterpretation des Ereignisses als Ursache der Änderung nahe. Sie ist dennoch gänzlich unrealistisch und sollte Sozialwissenschaftlern nicht unterlaufen. Sie gehört in den Kontext der stark simplifizierenden Selbstbeschreibung des sich ändernden Sozialsystems.

Mit dieser hier nur sehr knapp andiskutierten Frage sollte die andere Frage nicht verwechselt werden, ob Strukturänderungen wenn nicht Einzelereignisse, so wenigstens Prozesse sind, die ihrerseits aus Ereignissen bestehen. Selbst Mengen von Ereignissen sind aber nicht ohne weiteres Prozesse. Man muß also, zunächst auf begrifflicher Ebene, zwischen Strukturänderung und Prozeß sorgfältig unterscheiden. Von Prozeß soll nur die Rede sein, wenn Ereignisse sich miteinander verketten, oder genauer: wenn die Selektion des einen Ereignisses die eines anderen ermöglicht[199]. Der Begriff des Prozesses bezeichnet also eine Selektivitätsverstärkung besonderer Art: eine Selektivitätsverstärkung, die Zeit in Anspruch nimmt.

Die Menge der Anpassungen (an die sich ändernde Umwelt oder an sich selbst) ist in diesem Sinne schwerlich als Prozeß zu begreifen. Ihr Zusammenhang ergibt sich nur aus der Einheit des Systems, aber nicht notwendigerweise daraus, daß die eine Anpassung für das Zustandekommen der anderen notwendige Voraussetzung ist und umgekehrt. (Etwas anderes würde nur gelten, wenn bei jeder Anpassung Sein oder Nichtsein des Systems auf dem Spiel stünden. In diesem Falle wäre *ein* System *ein* Prozeß.) Bei morphogenetischen Strukturänderungen ist eine prozeßförmige Entwicklung

199 Vgl. auch Kap. 1, III unter 3. Siehe ferner Niklas Luhmann, Geschichte als Prozeß und die Theorie sozio-kultureller Evolution, in ders., Soziologische Aufklärung Bd. 3, Opladen 1981, S. 178-197.

wahrscheinlicher. Weil hier neue Strukturen geschaffen werden, liegt es nahe, daß diese Strukturen die Ausgangslage für weitere Strukturbildungen werden – etwa politische Herrschaft Ausgangslage für Stadtbildung, Stadtbildung Ausgangslage für Schrift, Schrift Ausgangslage für Philosophie; oder, wenn man es knapp fassen will: Landwirtschaft nach einer kurzen zivilisatorischen Zwischenphase von wenigen tausend Jahren Ausgangslage für atomare Verwüstung des Erdballs. Auch in solchen Fällen liegen in der Realität jedoch nur Ereignisreihen vor, die nach der Art von Guttman-Skalen geordnet sind: ohne Landwirtschaft keine Atomexplosion[200]. Was aber gibt solchen Ereignisreihen die Qualität eines Prozesses?

Bevor wir auf diese Frage näher eingehen, muß zunächst festgehalten werden, daß die derzeit anspruchsvollsten Theorien strukturellen Wandels keine Prozeßtheorien sind. Weder Parsons noch die derzeit präferierten neo-darwinistischen Theorieansätze gelangen zu einem Prozeßbegriff. Die in sehr zerstreuten Publikationen explizierte »Evolutionstheorie« von Parsons behandelt lediglich vier strukturelle Erfordernisse von Systementwicklung, nämlich adaptive upgrading, differentiation, inclusion und value generalization[201]. Sie beziehen sich auf die vier Funktionen (bzw. Funktionssysteme), die nach Parsons nötig sind, um Handlung zu ermöglichen. Bei zunehmender Komplexität der Bedingungen der Ermöglichung von Handlung müssen alle vier Funktionen entsprechenden strukturellen Bedingungen genügen – oder die Entwicklung bricht ab. Dabei handelt es sich keineswegs um eine Theorie unilinearer

200 Vgl. zur Methode und zu bisherigen Forschungen (mit sehr unzulänglichen Literaturhinweisen) Robert L. Carneiro, Scale Analysis, Evolutionary Sequences, and the Rating of Cultures, in: Raoul Naroll/Ronald Cohen (Hrsg.), A Handbook of Method in Cultural Anthropology, Garden City N. Y. 1970, S. 834-871; ferner z. B. Robert L. Leik/Merlyn Mathews, A Scale for Developmental Processes, American Sociological Review 33 (1968), S. 72-75; Theodore D. Graves/Nancy B. Graves/Michael J. Kobrin, Historical Inferences from Guttman Scales: The Return of Age-Area Magic? Current Anthropology 10 (1969), S. 317-338; Joseph P. Farrell, Guttman Scales and Evolutionary Theory: An Empirical Examination Regarding Differentiation in Educational Systems, Sociology of Education 42 (1969), S. 271-283; Herbert Bergmann, Einige Anwendungsmöglichkeiten der Entwicklungsskalierung von Leik und Mathews, Zeitschrift für Soziologie 2 (1973), S. 207-226.

201 Vgl. z. B. Comparative Studies and Evolutionary Change, in: Talcott Parsons, Social Systems and the Evolution of Action Systems, New York 1977, S. 279-320.

Steigerung à la Spencer, wie Kritiker gern unterstellen[202]. Das Gegenteil trifft zu. Parsons betont gerade, daß keine Einzelfunktion für sich perfektioniert werden könne. Die Leistung dieser Theorie besteht eben darin, eine Mehrheit von strukturellen Bedingungen für ein Erreichen höherer Komplexität zu benennen, die sich wechselseitig konditionieren, also durch Kompatibilitätserfordernisse einen Fortschritt eher unwahrscheinlich machen. Aber auch wenn man diesen Aspekt betont und die Unwahrscheinlichkeit vielleicht stärker herausstellt, als Parsons selbst dies getan hätte: eine Prozeßtheorie ist damit nicht aufgestellt. Die Theorie enthält lediglich Aussagen über Bedingungen des Erreichens höherer Komplexität und versucht historisch nachzuweisen, daß diese Bedingungen durch »evolutionäre Universalien« tatsächlich eingelöst werden mußten, wo komplexere Gesellschaftssysteme gebildet wurden.

Ebensowenig kann man Evolutionstheorien neo-darwinistischen Zuschnitts als Prozeßtheorien ansehen. Auch hier geht es nur um die Erklärung einer hinreichenden Wahrscheinlichkeit und Häufigkeit von Strukturänderungen, die man voraussetzen muß, wenn man erklären will, wieso komplexe Ordnungen in der organischen und der sozialen Welt so erstaunlich rasch entstehen konnten. Die Erklärung liegt bei diesem Theorietyp (dem Parsons seine eigene Theorie irrig zugerechnet hatte) in der Differenz von Variation, Selektion und Restabilisierung, aber daraus kann in keiner Weise hergeleitet werden, daß Geschichte prozeßförmig abläuft, geschweige denn, daß dieser Prozeß durch ein historisches Gesetz geregelt ist.

Eine Ereignissukzession ist dann und nur dann Prozeß, wenn sie das Merkmal der Selektivitätsverstärkung erfüllt. Dies kann zum Beispiel in der Form antezipatorischer (oder teleologischer) Prozesse geschehen,[203] nämlich dadurch, daß Ereignisse nur deshalb

202 So z. B. Michael Schmid, Theorie sozialen Wandels, Opladen 1982, S. 145 ff. Siehe auch Mark Granovetter, The Idea of »Advancement« in Theories of Social Evolution and Development, American Journal of Sociology 85 (1979), S. 489-515.

203 Von »Teleologie« soll hier durchaus mit Bezug auf die aristotelische Theorie die Rede sein. Wir eliminieren nur die Vorstellung, daß künftige Ereignisse oder Zustände gegen die Zeitrichtung auf die Gegenwart einwirken könnten, wollen im übrigen aber besonders herausstellen, daß die Selektivitätsverstärkung des Prozesses durch die Selektivität seines Endes mitbedingt wird. Zu den ideengeschichtlichen Veränderungen vgl. Niklas Luhmann, Selbstreferenz und Teleologie in gesellschaftstheoretischer Perspektive, in ders., Gesellschaftsstruktur und Semantik Bd. 2, Frankfurt 1981, S. 9-34.

ausgelöst, Handlungen nur deshalb gewählt werden, weil sie Folgen haben werden, die ihrerseits nur eintreten können, wenn die Auslöseereignisse realisiert werden. Aber diese starke Form *wechselseitiger* Selektivität von vorausgehenden und späteren Ereignissen ist nicht die einzige Möglichkeit, Prozesse zu bilden. Neben diesen teleologischen Prozessen gibt es auch jene evolutionären Prozesse der Morphogenese. Sie sind dadurch charakterisiert, daß sie die Selektivitätsverstärkung nur einseitig handhaben; sie schließen eine Strukturänderung an eine andere an, ohne sich dabei vorgreifend-ruckblickend an Resultaten zu orientieren; sie akkumulieren dadurch Unwahrscheinlichkeiten, ohne dies als sinnvolles Resultat in den Prozeß selbst einzubeziehen. Sie bleiben, eben deshalb, auf »Zufälle« angewiesen, nämlich auf ein unkoordiniertes Zusammenspiel von Variation und Selektion. So entsteht aus Signalaustausch Sprache, dann Schrift, dann Buchdruck. Die jeweils nächste Entwicklung transformiert – es handelt sich, wie gesagt, um Struktur*änderung* – die bereits erreichte Stufe. So entstehen zum Beispiel die modernen Nationalsprachen erst als Folge des Buchdrucks. Das gibt der Sequenz einen inneren Zusammenhang. Es entsteht eine Richtung, die als Erreichen von Strukturen mit immer höherer Unwahrscheinlichkeit beschrieben werden kann[204].

Ob diese Gegenüberstellung von teleologischen und morphogenetischen Prozessen ein vollständiges Schema darstellt für die Möglichkeiten, Strukturänderungssequenzen als Prozesse zu begreifen, müssen wir offen lassen[205]. Jedenfalls ist der Vergleich selbst instruktiv (und zwar als Vergleich im engen Rahmen der Problemstellung: wie sind Strukturänderungssequenzen als Prozesse möglich?). Ein wichtiger Vergleichsgesichtspunkt ist: daß teleologische

204 Alle darüber hinausgehenden Darstellungen des Richtungssinnes morphogenetischer bzw. evolutionärer Prozesse – vor allem solche, die mit »Fortschrittskriterien« wie adaptive upgrading, problem solving capacity u. a. arbeiten, sind umstritten geblieben. Theoretisch undiskutabel sind heute Modelle, die eine bloße Phasensequenz als »historisches Gesetz« ausgeben. Vgl. dazu Marion Blute, Sociocultural Evolutionism: An Untried Theory, Behavioral Science 24 (1979), S. 46-59. Akzeptabel bleibt die Vorstellung der Entwicklung zu Formen und Systemen mit höherer Komplexität; aber dies sagt nicht viel anderes als höhere Unwahrscheinlichkeit.

205 Für die Vollständigkeit spricht die Art der begrifflichen Unterscheidung. Entweder ist die Selektivitätsverstärkung reziprok oder nicht reziprok. Aber für nicht reziproke Selektivitätsverstärkung mag es andere Einheitsgesichtspunkte geben als Akkumulation von Unwahrscheinlichkeit.

Prozesse ihr eigenes Ende einbeziehen können, morphogenetische Prozesse dagegen nicht. Nur wenn man Selektionen auf die Selektion des Prozeßendes hin orientiert, kann man den Prozeß beenden, wenn er sein Ziel erreicht hat oder nicht mehr erreichen kann[206]. Morphogenetische Prozesse sind dagegen auf externe Interferenz oder auf Mangel an Möglichkeiten zu neuen Strukturbildungen angewiesen. Sie können sich nicht selbst beenden, weil sie ihr Ende überhaupt nicht berücksichtigen können. Sie tendieren zu unerwartbaren Entwicklungsschüben, zum Stagnieren, zur Destruktion[207].

So häufig man zweckorientiertes Handeln und in diesem Sinne beabsichtigte und geplante Strukturänderungen finden mag, so selten waren bis vor kurzem teleologisch konzipierte Sequenzen von Strukturänderungen. Erst die moderne Organisationstechnik hat hier neue Formen der Planung geschaffen, aber auch hier gilt weithin die zeitliche Verdichtung der Umstellung auf neue Strukturen als Erfolgsbedingung[208]. Im großen und ganzen laufen also Strukturänderungen entweder ad hoc als Anpassungen oder unkontrolliert morphogenetisch ab; und man kann nur vermuten, daß eine stärkere Teleologisierung von Strukturänderungsprozessen zu einem ständigen Abbrechen von Versuchen führen würde, weil man unterwegs sehen würde, daß sich die Ziele nicht erreichen oder jedenfalls im Kontext der vorgesehenen Kosten und Nebenfolgen

206 Daß die Stoppregel auch und gerade dann fungiert, wenn das Ende nicht mehr erreicht werden kann oder wenn es angesichts veränderter Umstände oder veränderter Wertungen nicht mehr wünschenswert erscheint, ist ein besonders wichtiger Aspekt teleologischer Prozesse; er konstituiert ihre Sensibilität, ihre Lernfähigkeit und macht sie, verglichen mit morphogenetischen Prozessen, zugleich abhängiger und unabhängiger von Zufällen. Sie sind also stärker ausdifferenziert dank höherer Anforderungen durch das Prinzip reziproker Selektion. Dieses Moment der eigentümlichen Rationalität teleologischer Prozesse wird in der neueren Diskussion, die zu stark von Werttheorien bestimmt ist, nicht ausreichend belichtet.

207 Dies gilt im übrigen für Prozesse mit positivem feedback generell – also auch dann, wenn es sich nicht um Ereignisse handelt, die Strukturen ändern. Vgl. z. B. D. Stanley-Jones, The Role of Positive Feedback, in: John Rose (Hrsg.), Progress of Cybernetics Bd. 1, London 1970, S. 249-263.

208 Siehe z. B. Jeremiah J. O'Connor, Managing Organizational Innovation, Homewood Ill. 1968. Im übrigen versteht man unter »Organisationsentwicklung« etwas ganz anderes als der Ausdruck erwarten lassen könnte – nämlich eine Zeit in Anspruch nehmende, sozialpsychologisch durchdachte Anpassung des Personals an die Erfordernisse der Organisation.

nicht erreichen lassen. Die Soziologie wäre unter diesen Umständen gut beraten, wenn sie mehr Aufmerksamkeit auf die Beobachtung und Beschreibung von morphogenetischen Prozessen verwenden würde, die Unwahrscheinlichkeiten normalisieren und akkumulieren, ohne dies beenden zu können.

Kapitel 9

Widerspruch und Konflikt

I

»Widersprüche« sind ein geläufiges Thema der Soziologie. Von ihnen wird viel geredet, zumeist bleibt jedoch unklar, was damit gemeint ist. Der Strukturfunktionalismus zum Beispiel hat sich sehr rasch bereitgefunden, auf ein allzu harmonisches Bild sozialer Systeme zu verzichten und von Strukturwidersprüchen bzw. von widerspruchsvollen Anforderungen an das Verhalten zu sprechen[1]. Aber was genau ist hier gemeint, wenn von »Widerspruch« die Rede ist? Ist es zum Beispiel ein Widerspruch, wenn ein Wirtschaftssystem sowohl Sparbereitschaft als auch Konsumbereitschaft voraussetzt, obwohl ein Einzelner einen bestimmten Geldbetrag nicht zugleich ausgeben und sparen kann?[2] Ist es ein Widerspruch, wenn einem Herrscher höchste, souveräne Gewalt zu nichtwillkürlichem Gebrauch überantwortet wird? Und wenn dies im 17. Jahrhundert als Widerspruch behandelt wurde und die Begriffsmaterialien entsprechend zubereitet wurden, war es dann auch noch um 1800 ein Widerspruch? Gibt es überhaupt allgemeine Kriterien, nach denen feststellbar ist, ob etwas ein Widerspruch ist oder

1 Besonders Einzelfallstudien haben immer wieder zu solchen Formulierungen angeregt. Siehe etwa Francis X. Sutton et al., The American Business Creed, Cambridge Mass. 1956, passim, insb. S. 263 ff.; Robert K. Merton, Priorities in Scientific Discovery: A Chapter in the Sociology of Science, American Sociological Review 22 (1957), S. 635-659; Burton R. Clark, The Open Door College: A Case Study, New York 1960. Für prinzipielle (oft zu Unrecht *gegen* den Strukturfunktionalismus gewendete) Formulierungen siehe etwa Gideon Sjoberg, Contradictory Functional Requirements and Social Systems, The Journal of Conflict Resolution 4 (1960) S. 198-208; Alvin L. Bertrand, The Stress/Strain Element of Social Systems: A Micro Theory of Conflict and Change, Social Forces 42 (1963), S. 1-9.
Parsons hatte in diesem Punkte eine Sonderposition eingenommen. Er meinte, daß eine *analytische* Theorie in der Lage sein müsse, *Funktionswidersprüche vollständig in strukturelle Differenzierungen aufzulösen* (so explizit in einem Gespräch am 21. 4. 61). Es war wohl hauptsächlich diese Auffassung, die viel fehlplacierte Kritik hervorgerufen hat.

2 Wäre dies ein Widerspruch, so könnte die Soziologie feststellen, daß die Wirtschaft zur Verschleierung ihrer Widersprüche tendiere, indem sie den Käufern suggeriere, sie könnten durch günstigen Einkauf Geld »sparen«. Aber ist es ein Widerspruch? Und ist es ein struktureller Widerspruch?

nicht? Oder hängt auch dies ganz von dem System ab, das Widersprüche (was immer das dann ist) erzeugt, um Strukturbildung zu ermöglichen?

Der Begriff des Widerspruchs suggeriert logische Prägnanz und hält dadurch von weiteren Nachforschungen ab. Damit hat sich die Soziologie zunächst begnügt – mit seltenen Ausnahmen, die etwas genauer nachzufassen und den Begriff des Negativen zu klären suchen[3]. Aber ist die Logik in der Lage, die vorausgesetzten Präzisierungen zu leisten? Und wenn: wäre die Soziologie in der Lage, ein solches Angebot zu akzeptieren?

Widersprüche gelten gemeinhin als logische Fehler, als Verstöße gegen die Regeln der Logik, die zu vermeiden sind. Erkenntnisse müssen solange umformuliert werden, bis sie keine Widersprüche mehr enthalten. Die Logik ist zur Kontrolle dieses Prozesses erfunden, ist für diese Funktion ausdifferenziert worden und kann dann als ein System von Kontrollmitteln ihrerseits verfeinert werden. Das geschieht im Arbeitskontext von »Wissenschaft«. Dem entspricht die Vorstellung, daß die zu erkennende Wirklichkeit als »widerspruchsfrei« vorausgesetzt werden müsse. Wäre die Welt der Gegenstände ihrerseits widerspruchsvoll im Sinne der Logik, wären über sie beliebige Aussagen, also keine Erkenntnisse möglich. Entsprechend gibt es in der Wirklichkeit auch keine »Probleme«. Probleme sind ungeklärte Beziehungen zwischen Wissen und Nichtwissen, und sie lassen sich, wenn überhaupt, nur durch Veränderungen in dieser Relation lösen.

Man kann dieses Glaubensbekenntnis seinerseits nun wieder mit den Augen eines Beobachters betrachten und dann feststellen: Wenn es Gegenstände gibt, die Widersprüche enthalten, werden sie hierdurch aus dem Bereich möglicher Erkenntnis ausgeschlossen. Sie werden weder positiv noch negativ konstatiert. Man kann nicht einmal feststellen, ob es sie gibt oder nicht gibt. Sie kommen in der Umwelt eines logisch geordneten Wissenschaftssystems nicht vor.

3 Lesenswert Gideon Sjoberg/Leonard D. Cain, Negative Values, Countersystem Models, and the Analysis of Social Systems, in: Herman Turk/Richard L. Simpson (Hrsg.), Institutions and Social Exchange: The Sociologies of Talcott Parsons and George C. Homans, Indianapolis 1971, S. 212-229. Ferner vor allem: Anthony Wilden, System and Structure: Essays in Communication and Exchange, 2. Aufl. London 1980, Jon Elster, Logik und Gesellschaft: Widersprüche und mögliche Welten, dt. Übers. Frankfurt 1981; Yves Barel, Le paradoxe et le système: Essai sur le fantastique social, Grenoble 1979.

Anhänger dieses Glaubensbekenntnisses sagen daher, mit der Frage einer widerspruchsreichen Gegenstandswelt konfrontiert, gewöhnlich, sie verstünden überhaupt nicht, wovon die Rede sei. Für sie ist klar, daß es keine Ochsen geben könne, die zugleich Hörner und keine Hörner haben, und sie sind bereit, die Konsequenz zu ziehen, daß dies auch für Ehemänner gelten müsse. Sie lassen, ohne grundsätzliche Positionen aufzugeben, für diesen Fall vielleicht noch eine Logik zu, die fuzzy sets, Ambiguitäten, schlecht definierte Probleme behandeln könne. Der Beobachter wiederum findet dann seine Theorie bestätigt, daß ein System der unfaßbaren Komplexität seiner Umwelt durch eigene Komplikationen (Involution) oder durch strukturelle Elastizitäten Rechnung zu tragen versucht.

Seit Hegel kann man im Grunde aber wissen, daß man mit einer Logik, die widerspruchsfreie Gegenstände postulieren muß, Soziales aus der Umwelt der Wissenschaft ausschließt. Die daraus folgenden Schwierigkeiten haben bis heute keine allseits befriedigende Klärung gefunden[4]. Teils hält man an der strukturellen Unverzichtbarkeit des Satzes vom Widerspruch fest und äußert sich von daher zur »Logik der Sozialwissenschaften«. Teils akzeptiert man Widersprüche im Gegenstand, unterstellt aber diesen Widersprüchen mit dem Konzept der »Dialektik« einen sehr hohen Ordnungsgrad, wodurch der Forscher nicht nur zu Forschungen, sondern auch zu Parteinahmen aufgefordert wird, was dann praktisch heißt: mitmachen beim Negieren. Teils geht man davon aus, daß eine adäquate Logik (und zwar eine für Themen wie Zeit, Selbstreferenz, Sozialität adäquate Logik) eine mehrwertige Logik sein müsse, und investiert dann alle Energie in den Versuch, eine solche Logik gleichwohl in die Form des Kalküls zu bringen. Auf keinem dieser Wege hat man durchschlagende Erfolge erzielt, die das Begehen der anderen hätten erübrigen können. Man experimentiert also mit mehreren Versuchen zugleich, und keiner sollte beim derzeitigen Stande des Wissens vorab entmutigt oder im Kontroversenstil diskreditiert werden. Dazu ist die jeweils eigene Position zu wenig entwickelt.

4 Der sog. »Positivismusstreit« hat, auch das ist bezeichnend, zu keiner Verständigung über das Problem, ja nicht einmal zu einem Überblick über die bereits diskutierten Lösungswege geführt. So blieben zum Beispiel die Anregungen Gotthart Günthers, in Richtung auf eine »mehrwertige Logik« weiterzuarbeiten, unberücksichtigt. Ihre Bedeutung wurde in der deutschen Soziologie damals wohl nur von Helmut Schelsky erkannt.

Wir können deshalb nicht voraussetzen, daß es möglich ist, mit rein logischen Mitteln Widersprüche im Sozialen und dann auch in der Theorie des Sozialen zu eliminieren. Wenn das soziale Leben selbst nicht logisch sauber arbeitet, läßt sich auch eine Theorie des Sozialen nicht logisch widerspruchsfrei formulieren. Wir wissen noch nicht einmal, ob wir überhaupt wissen, was ein Widerspruch ist und wozu er dient. Deshalb muß mit Hilfe der bereits ausgearbeiteten Teilstücke einer Theorie sozialer Systeme zunächst einmal geklärt werden, ob und in welchem Sinne man überhaupt sagen kann, daß der Bereich des Sozialen Widersprüche enthalt.

II

Mit einer ersten, kurzen Überlegung greifen wir auf die Unterscheidung von autopoietischer Reproduktion und Beobachtung zurück. Wir wissen, daß damit kein Ausschließungsverhältnis gemeint ist, sondern nur unterschiedliche Operationen, die kombiniert werden können. Autopoietische Systeme können beobachten, können andere Systeme und auch sich selbst beobachten. Ihre Autopoiesis ist ihre Selbstreproduktion, ihre Beobachtung orientiert sich an Unterscheidungen und operiert mit Bezeichnungen. So reproduziert sich ein kommunikatives System, indem Kommunikation Kommunikation auslöst. Beobachtung spielt dabei eine Rolle, wenn und soweit Kommunikation (oder anderes Handeln) als Handeln zugerechnet wird, und zwar einem bestimmten Handelnden und nicht einem anderen zugerechnet wird.

Die Unterscheidung von Autopoiesis und (Selbst-)Beobachtung bewährt sich angesichts des Problems, das uns hier beschäftigt. Widersprüche haben eine ganz verschiedene Funktion je nach dem, ob es sich um autopoietische Operationen oder um Beobachtungen handelt. Im Kontext autopoietischer Operationen (die immer weiterlaufen müssen, wenn Beobachtung überhaupt möglich sein soll) bilden Widersprüche eine bestimmte Form, die Anschlußoperationen auswählt. Man reagiert auf den Widerspruch anders als auf einen Sachverhalt, der nicht als Widerspruch erfahren wird, *aber man reagiert.* Selbst Buridans Esel wird überleben, auch wenn er merkt, daß er sich nicht entscheiden kann; denn dann entscheidet er sich eben deshalb! Anders stellt sich dagegen die Situation für einen Beobachter dar. Für ihn, und nur für ihn, heißt Widerspruch Unentscheidbarkeit. Er kann das Beobachten nicht fortsetzen (aber trotzdem weiterleben), weil er die Unterscheidung nicht mit sich wechselseitig ausschließenden Bezeichnungen besetzen kann. Das Beobachten wird durch den Widerspruch gestoppt, und erst recht gilt dies für ein Beobachten des Beobachtens. Aber genau dies kann dann Grund genug sein, etwas zu tun.

Es wäre eine grobe Reifikation, diesen Sachverhalt auf eine Unterscheidung von Leben und Wissenschaft (oder Ähnliches) zurückzuführen. Die Differenz von Autopoiesis und Beobachtung ist eine sehr elementare Differenz, und beides kommt in allen autopoietischen Systemen vor, auch in solchen, die sich – wie die Wissenschaft – auf Beobachtung und auf davon abhängiges Prognostizieren und Erklären spezialisieren. Entsprechend gibt es in allen selbstreferenziellen Systemen eine Doppelfunktion von Widersprüchen, nämlich ein Blockieren und Auslösen, ein Stoppen der Beobachtung, die auf den Widerspruch stößt, und ein Auslösen von genau darauf bezogenen, genau dadurch sinnvollen Anschlußoperationen. So drängt sich der Schluß auf, daß der Widerspruch eine semantische Form ist, die Autopoiesis und Beobachtung koordiniert, zwischen beiden Arten von Operationen vermittelt, sie trennt und verbindet, indem das Ausschalten der Operationen, die an Beobachtung anschließen, zugleich Einschalten von Operationen bedeutet, die speziell dann noch in Frage kommen.

Man wird von hier aus nicht auf eine »dialektische« Funktion von Widersprüchen zurückkommen, man wird sie aber durch eine evolutionstheoretische Perspektive ersetzen können. Evolution setzt Selbstreproduktion und Beobachtung voraus. Sie kommt durch abweichende Selbstreproduktion zustande. Sie kann also keine Schlußfolgerung aus Beobachtung sein. Sie ist kein logischer Prozeß. Sie setzt voraus, daß Beobachtung zum Scheitern gebracht wird (und zwar in einer Weise, die das beobachtende System selbst kontrollieren kann), und daß es trotzdem weitergeht. Die Evolution läuft über Unentscheidbarkeiten. Sie benutzt die Chancen, die durch Unentscheidbarkeiten heraussortiert werden als Chancen der Morphogenese.

Wenn das eine zutreffende erste Skizzierung der Funktion von Widersprüchen ist: was kommt dann als Widerspruch in Betracht? Welches Sinnmaterial wird für diese Funktion rekrutiert? Handelt es sich um logische Konstanten oder handelt es sich um semantische

Artefakte, die je nach Bedarf in die Form des Widerspruchs gebracht werden, um diese Funktionsstelle zu besetzen?

III

Es kann als ausgemacht gelten, daß es bei dem, was die Logik mit »Widerspruch« meint, nicht einfach um Interessengegensätze geht, also nicht einfach um den Fall, daß ein Verkäufer lieber einen höheren Preis erhalten, der Käufer lieber einen niedrigeren Preis zahlen möchte. Deshalb ist auch der Gegensatz von »Kapital« und »Arbeit« kein Widerspruch. Auch Konkurrenz ist kein Widerspruch, denn kein Logiker würde Sätze ausschließen müssen, die besagen, daß A und B dasselbe Gut erstreben. Um was geht es dann aber, dies alles einmal ausgeschlossen, bei der These des »sachimmanenten Widerspruchs«?

Sieht man genauer zu, so scheint bei Widersprüchen zunächst eine hergestellte, eine sekundäre Unbestimmtheit vorzuliegen. Das, was sich widerspricht, ist ja bestimmt; sonst könnte man keinen Widerspruch feststellen. Nur bestimmte Vorstellungen, nur bestimmte Kommunikationen können sich widersprechen, und die Form des Widerspruchs scheint dann dazu zu dienen, die schon erreichte Sinnbestimmtheit wieder in Frage zu stellen. Der Widerspruch ist eine Unbestimmtheit des Systems, nicht eine Unbestimmtheit der Einzeloperationen; aber er entzieht diesen Operationen dann den Bestimmtheitsgewinn, den sie aus der Teilnahme am System herleiten, den sie als Elemente des Systems aus der basalen Selbstreferenz ziehen können[5]. Welches Interesse kann das System haben, die selbstreferentielle Bestimmung der Elemente zu boykottieren? Und wie geschieht das?

An der Form von Widersprüchen kann man zunächst ablesen, daß es sich um Tautologien handelt: um Tautologien mit zugesetzter Negation. A ist (nicht) A. Warum wird diese Form produziert? Es handelt sich bei allen Tautologien, also auch bei Widersprüchen, um extrem verkürzte, pure Selbstreferenz. Gewonnen wird damit beliebige Anschlußfähigkeit. Jede bestimmte oder näher bestimmbare Anschließung setzt dann eine Entfaltung der Tautologie voraus, die zusätzliche (und das heißt zwangsläufig: einschränkende)

5 Wir setzen hier die Analysen des Ereignischarakters der Elemente und der basalen Selbstreferenz voraus. Vgl. Kapitel. 8, III, und Kapitel. 11, III.

Bestimmungen in sich aufnimmt[6]. Eine Rose ist keine Rose – wenn sie . . .

Man kann dem dann eine ontologische Fassung verpassen als Differenz von Schein und Sein oder eine erkenntnistheoretische als Realitätstestinstrument; aber das sind schon mehr oder weniger gewagte Interpretationen. Zunächst liegen Form und Funktion des Widerspruchs in der Repräsentation reiner Selbstreferenz und im darauf basierten Konditionierungszwang. Der Widerspruch transformiert sich damit in einen zweiten, operativen Widerspruch: *mehr* Einschränkungen heißt *weniger* Möglichkeiten. Dies ist dann schon kein logischer Widerspruch mehr, sondern ein Problem, nämlich das Problem der Steigerung der Fähigkeit, Einschränkungen zu tragen *und* Möglichkeiten offen zu halten.

Geht man, wie im Kapitel 2 ausgeführt, davon aus, daß jeder Sinn auf alles Mögliche verweist, also auch auf gegenteiligen oder inkonsistenten Sinn, ist in jedem Sinnerleben Widersprüchliches latent vorhanden. Jeder Sinn ist widerspruchsfähig, jeder Sinn kann zu einem Widerspruch aufgebaut werden. Die Frage ist nur: wie dies geschieht und warum. Insofern hat alle Sinnwissenschaft es in ihrem Gegenstandsbereich mit sachimmanent vorliegenden Widersprüchen zu tun – es sei denn, sie ließe sich auf die unrealistische Annahme ein, von diesen Möglichkeiten würde nie Gebrauch gemacht (womit sie sich aber selbst, da sie Widerspruch denken muß, um ihn ausschließen zu können, aus dem Realitätsbereich Sinn ausschlösse). Widerspruch ist ein Moment der Selbstreferenz von Sinn, da jeder Sinn die eigene Negation als Möglichkeit einschließt[7]. Man hat dann aber zu fragen: Weshalb wird diese diffuse Zerstreuung des Möglichen in die Form des Widerspruchs verdichtet, aus welchen Anlässen geschieht dies, wer favorisiert Widersprüche, und welche Freiheiten der Formwahl bleiben dabei noch offen? Oder anders gefragt: Was bringt ein System dazu, Beobachtung (ein-

6 Systemtheoretisch bezieht dies sich auf den allgemeinen Begriff der Konditionierung (Kapitel 1, II unten 5), strukturtheoretisch auf die Definition von Strukturen bzw. Erwartungen als Einschränkungen (Kapitel 7, V). Die »Führung« dieses Prozesses der Entfaltung durch Konditionierung muß natürlich an den Ausgangssinn anschließen. Sie setzt in diesem Sinne, so könnte man diesen Begriff funktional definieren, »Relevanz« voraus. Relevanz sichert die Anschließbarkeit von Konditionierungen, ist sozusagen das phänomenologische Pendant der Anschlußfähigkeit.

7 Vgl. näher: Niklas Luhmann, Über die Funktion der Negation in sinnkonstituierenden Systemen, in ders., Soziologische Aufklärung Bd. 3, Opladen 1981, S. 35-49.

schließlich Selbstbeobachtung) durch einen Widerspruch zu blokkieren, um Selbstreproduktion zu ermöglichen?

Nochmals reformuliert fragen wir damit nach den Bedingungen der Möglichkeit eines Widerspruchs, oder genauer: nach den Bedingungen, unter denen Widersprechendes aus den offenen Sinnhorizonten herausgezogen und zur Einheit eines Widerspruchs synthetisiert wird. Die Frage lautet dann: wie kommt eine Einheit zustande, die Sich-Widersprechendes zusammenfaßt, so daß es an ihr (oder in ihr) als Einheit, als »ein« Widerspruch erscheinen kann. Was leitet die dies steuernden Erwartungen? Erst durch eine solche Einheitszumutung tritt ja Unterschiedliches, Gegensätzliches, Konkurrierendes zu einem Widerspruch zusammen, und erst der Widerspruch macht das, was in ihm zusammengezogen wird, zu etwas Widersprechendem. Auch hier folgen wir also einem selbstreferentiellen, autopoietischen Konzept: Der Widerspruch produziert das, woraus er besteht, nämlich das, was sich widerspricht, selbst – und zwar aus Materialien, die an sich auch widerspruchsfrei existieren könnten. Was zieht sie trotzdem zur Einheit zusammen? Was zwingt sie trotzdem, als Widerspruch zu erscheinen?

Eine genauere Analyse der Einheitsbildung in Systemen (einschließlich der Einheit des Systems selbst und der Einheit seiner Elemente) führt zum gleichen Resultat. Alle Einheit ist Einheit von Selbstreferenz und Fremdreferenz, wird also paradox konstituiert. Man kann dies mit Gregory Bateson, Anthony Wilden oder Yves Barel auf »Digitalisierung« eines Kontinuums zurückführen[7a]. Aber auch damit ist die Frage nicht beantwortet, welche besonderen Bedingungen dazu führen, daß dieser Tatbestand auffällt, also für Fremdbeobachtung oder für Selbstbeobachtung als Einheit eines Widerspruchs ausdifferenziert wird.

Bevor wir dieser Frage nachgehen, muß ein dazu passender Begriff von Logik nachgeliefert werden. Unter Logik ließe sich, wenn man dieser Perspektive folgte, ein System von Regeln verstehen, das die Konstitution von Widersprüchen konditioniert[8]. Das positive Leitbild der Logik, ein widerspruchsfreies Denkgebäude aufzuführen, wäre danach der Negativabzug ihrer Funktion, sozusagen ein notwendiges Nebenprodukt auf dem Wege der Erfüllung ihrer Funk-

7a Vgl. Barel a.a.O. S. 79 f. Siehe auch S. 74 f.

8 Konditionierung hier im oben eingeführten systemtheoretischen Sinne.

tion der Konditionierung von Widersprüchen[9]. Die Selektion von Sinnverweisungen und ihre Zusammenfügung zu Widersprüchen wird dann nicht dem Belieben überlassen, sondern unter Bedingungen gesetzt, die sich ihrerseits systematisieren und auf einheitliche Handhabung hin kontrollieren lassen. Die Logik hat es also nicht sogleich mit der Ausmerzung von Widersprüchen zu tun, sondern zunächst mit Formvorschriften für das Herstellen und Erkennen von Widersprüchen. Dabei sind immer Vorleistungen zu erbringen, die Sinnverweisungen seligieren und zum Widerspruch verdichten; aber nur wenn diese Vorleistungen auf eine Fom hin vereinheitlicht werden, können logische Konditionierungen greifen, vor allem die Konditionierung durch eine Generalregel des Vermeidens von Widersprüchen. Die Form des Widerspruchs ergibt sich erst aus der Gesamtheit ihrer Verwendungen in der Logik. Sie braucht nicht historisch invariant angesetzt werden, sondern es läßt sich denken, daß sie mit der Art ihrer gesellschaftlichen Inanspruchnahme variiert.

Wir müssen uns mithin auf den Erkennungsdienst der Logik stützen, ohne uns auf ihn verlassen zu können. Die Grundfrage bleibt, wie jene Einheit konstituiert wird, die dann nach den Bedingungen der Logik eindeutig widerspruchsvoll bzw. eindeutig widerspruchsfrei sein kann. Darauf gibt es verschiedene Antworten je nachdem, ob es sich um psychische Systeme oder um soziale Systeme handelt. Alles weitere hängt von dieser Differenz ab – und das trennt uns von einer Konzeption, wie sie in Hegels Phänomenologie des Geistes entwickelt wird[10].

9 Hier können Forschungen zur Wissenssoziologie der Logik Anhaltspunkte finden, die W. Baldamus, Zur Soziologie der formalen Logik, in: Nico Stehr/Volker Meja (Hrsg.), Wissenssoziologie, Sonderheft 22 der Kölner Zeitschrift für Soziologie und Sozialpsychologie, Opladen 1981, S. 464-477, anregt. Voraussetzung dafür ist, daß der Bedarf für Widersprüche mit gesellschaftlichen Veränderungen variiert und daß deshalb nach der Durchsetzung des Systems der modernen Gesellschaft um 1800 die klassische Logik nicht mehr genügt.

10 Die Intention, über Hegel hinausreichend »geistige« und »soziale« Widersprüche auseinanderzuziehen, verfolgt auch Jon Elster, Logik und Gesellschaft: Widersprüche und mögliche Welten, dt. Übers. Frankfurt 1981. Die Untersuchungen von Elster bleiben jedoch stecken, da es an einer zureichenden Theorie des Sozialen fehlt, die vorher entwickelt werden müßte. Auch sind Philosophen, die sich mit Hegel befassen, zumeist nicht bereit, das Bewußtsein scharf auf den Bereich zu beschränken, in dem es empirisch vorfindbar ist, nämlich auf psychische Systeme; und dann kann auch die Differenz, auf die es uns ankommt, nicht deutlich artikuliert werden.

In psychischen Systemen läuft die Einheitsbildung operativ über Bewußtsein, in sozialen Systemen dagegen über Kommunikation. Nur bei psychischen Systemen besteht die Einheit des Widerspruchs darin, daß das Widersprechende in der Unmöglichkeit[11] seines Zusammenbestehens zugleich bewußt ist und als »bloßes« Bewußtsein reflektiert wird. Das Bewußtsein kann, aber das bleibt eine operative Option, mit dem Widerspruch dadurch fertig werden, daß es ihn sich selbst zurechnet und daraufhin sein Realitätsverhältnis kontrolliert. Dann spezialisiert es sich auf Erkenntnisgewinn im klassischen Stil. Man kennt inzwischen aber auch viele andere Möglichkeiten, Widersprüche zu verinnerlichen, und »Externalisierung« des Widerspruchs ist eine von ihnen.

Die bewußtseinsbezogene (bewußte oder unbewußte) Art, mit Widersprüchen umzugehen, läßt sich nicht auf soziale Systeme, auch nicht auf Herr/Knecht-Verhältnisse übertragen, da Unterschiede, selbst Gegensätze, in den Bewußtseinsinhalten verschiedener psychischer Systeme noch kein Widerspruch sind. Sie sind selbst dann kein Widerspruch, wenn sie als Unterschiede oder Gegensätze den Beteiligten bewußt werden. Sie werden zum Widerspruch, wenn daraufhin ein beteiligtes psychisches System Unvereinbares von sich selbst erwartet – etwa der Herr: Indienstnahme des Knechts und Anerkennung durch ihn[12]. Aber selbst dann handelt es sich noch nicht um einen sozialen Widerspruch, sondern eben um einen psychischen Widerspruch: um inkonsistentes Bewußtsein.

Soziale Systeme haben ihre Existenz als Kommunikationssysteme, sie erzeugen Widersprüche daher durch Kommunikation von Ablehnung. Auch dies kann unter logischer Kontrolle geschehen. Irgendwie muß ja erkennbar sein, ob das kommunizierte Nein einer Erwartung widerspricht, oder ob es sie nur profiliert. Wie weit eine dafür einsatzfähige Logik als Wissenschaft ausgebildet wird, ist eine historische Frage. Wichtig in unserem Zusammenhang ist zunächst die vorausliegende These einer ausschließlich kommunikativen (dann aber Bewußtsein mehr oder weniger provozierenden) Exi-

11 Und auch hier: was immer die Logik als Bedingungen der Unmöglichkeit angibt! – Bedingungen, die ihrerseits nicht zugleich mitbewußt sein müssen.

12 Und selbst dann ist es noch eine historische Frage, ob eine Logik möglich ist, die dem Herrn sagt, dies sei ein Widerspruch. Jedenfalls ist nach der Französischen Revolution eine solche Logik möglich auf Grund einer Sinnlage, die es erlaubt, Indienstnehmen und Anerkennen ins Unvereinbare zu stilisieren.

stenz der Widersprüche des sozialen Systems. Das heißt auch: daß die Widersprüche in die kommunikative Selbstreferenz sozialer Systeme eingeschlossen sind; daß sie als Moment dieser Selbstreferenz zu begreifen sind und nicht als von außen kommende Angriffe. Kommunikation bringt Einheit (und damit auch: möglichen Widerspruch) dadurch zustande, daß sie eine dreifache Selektion integriert[13]. Information, Mitteilung und Verstehen (mit oder ohne Akzeptanz) werden als Einheit praktiziert, wie immer unterschiedlich die Bewußtseinsinhalte der Beteiligten und ihre Selektionshorizonte jeweils sind und bleiben. Selbst bei größter Kommunikationsdichte gilt, daß keiner den anderen durchschaut, und doch erzeugt die Kommunikation eine für Anschlußverhalten ausreichende Transparenz. Das Sozialsystem konstituiert die für es geltenden Widersprüche mit Hilfe dieser Einheit der Kommunikation. Deren Synthese macht das Nichtzusammenbestehenkönnen sichtbar. Erst die Einheitszumutung der Kommunikation konstituiert durch die Auswahl dessen, was sie zusammenzieht, den Widerspruch. Der Widerspruch entsteht dadurch, daß er kommuniziert wird.

Dies kann offen und provokativ geschehen dadurch, daß die Kommunikationsform des Widersprechens gewählt wird. Sie nimmt die (bereits erfolgte oder zu erwartende) Gegenäußerung in sich auf und widerspricht ihr. Das Widersprechen ist also nicht nur eine sich entgegensetzende Äußerung. Das Sichentgegensetzen mag unversehens passieren (und ein besonderes Raffinement der Widerspruchsvermeidung mag darin liegen, daß man es passieren läßt, ohne es als Widerspruch zu deklarieren). Es wird zum Widerspruch nur, wenn es die damit unvereinbare Kommunikation (nicht nur: den damit abgewiesenen Sinn!) in sich aufnimmt.

Daneben gibt es Kommunikationswidersprüche, die sich nicht auf die Kommunikation eines anderen beziehen, die als widersprechend einbezogen wird, sondern auf einen Widerspruch in den kommunikativen Intentionen des Mitteilenden. Man widerspricht nicht einem anderen, man widerspricht sich selbst. Es geht dann nicht um einen in die Kommunikation aufgenommenen Unterschied zwischen Alter und Ego, sondern es geht um einen Widerspruch zwischen den eigenen Intentionen von Alter. Ein Beispiel ist

13 Wir verweisen zurück auf die ausführlichere Erörterung oben, Kapitel 4 II.

die ironische Kommunikation. Hier wird der Inhalt der Kommunikation durch ihre Form widerrufen. Man meint es, aber man meint es nicht ernst. Solche Möglichkeiten fächern breit aus: Man kommuniziert in einer Weise, die erkennen läßt, daß die Aussage nicht wörtlich genommen werden darf – zum Beispiel mit deutlicher Übertreibung oder betont höflich. Man lädt jemanden ein, ohne den Zeitpunkt zu bestimmen, und macht damit klar, daß er, im Moment jedenfalls, nicht eingeladen wird, und daß ihm auch die Möglichkeit abgeschnitten wird, sofort oder später nachzufragen. Überhaupt steckt die Kommunikation von Absichten, von Aufrichtigkeit, von gutem Willen voll solcher Widersprüche. Je ausdrücklicher man die Intention einer Kommunikation mitkommuniziert, desto mehr sind Zweifel angebracht.

Der Grund dafür läßt sich mit Hilfe unseres Kommunikationsbegriffs klären[14]. Wer seine Absicht mitmitteilt, gibt ihr den Status einer Information über ein selektives Ereignis, das so oder auch anders hätte ausfallen können. Er gibt zugleich zu erkennen (und dies zumeist unabsichtlich, aber zwangsläufig), daß er Zweifel erwartet und zu beseitigen hofft. Er gibt eine Einschätzung seines Partners bekannt und oktroyiert diesem einen Zweifel, der ihm vielleicht noch gar nicht gekommen war. So entsteht eine gewissermaßen durch Widersprüche versalzene Kommunikation. Man hat auf der einen Ebene Unterstellungen abzuwehren, expliziert aber gerade dadurch mehr und mehr eigene Einstellung im Widerspruch zu dem, was man eigentlich kommuniziert wissen möchte.

Genau wie bei Bewußtseinswidersprüchen ist auch bei Kommunikationswidersprüchen Selbstreferenz Kontrollbedingung und damit Einstiegsvoraussetzung für logische Operationen. Nur wenn ein Widerspruch selbstreferentiell konstituiert werden kann, wird auch entscheidbar, ob dies geschehen soll oder nicht. Nur dann kann die Generierung von Widersprüchen konditioniert werden – sei es psychisch, sei es sozial, sei es nach übergreifenden Regeln der Logik.

Neben der Psycho-Logik, die ausgearbeitet wird unter dem Gesichtspunkt, daß psychische Systeme kognitive Inkonsistenzen zu vermeiden suchen[15], ist mithin an eine Kommunikations-Logik zu

14 Vgl. erneut Kap. 4 II.

15 Siehe namentlich Leon Festinger, A Theory of Cognitive Dissonance, Evanston Ill./White Plains N.Y. 1957, mit umfangreicher anschließender Forschung.

denken, die darauf zu achten hätte, daß die Einheit der Kommunikation nicht in Widerspruch zu sich selbst gerät. Die hiermit befaßte Forschung war im 16. und 17. Jahrhundert hauptsächlich Literatur über Fürstenberatung und Konversation. Ihr Thema war das Vermeiden des offenen Widersprechens und die dazu befähigende Selbstdisziplinierung in der Kommunikation[16]. Das schloß Vermeidung von Spott (auf Kosten anderer) ein[17]; ferner auch das Vermeiden des Sichtbarmachens zu starker Engagements (die anderen die Möglichkeit einer anderen Meinung nehmen)[18], und das Unterlassen von allzu drastischen Schmeicheleien und Lobsprüchen (die die Intention erkennen lassen)[19]. Besonders die Literatur über passionierte Liebe ist gefüllt mit Aussagen über paradoxe Kommunikation, die das Gegenteil von dem besagt, was zu besagen sie vorgibt[20] und als solche dann einseitig oder beidseitig durchschaut gehandhabt werden kann. All dies wurde jedoch zunächst nur in der Form einer Kasuistik vorgelegt und ist so durch die Entwicklung einer fachwissenschaftlichen Psychologie beiseitegedrängt worden. Erst seit kurzem gibt es wieder ein Interesse an Kommunikationswidersprüchen, und jetzt wird dieses Thema auch explizit auf die logische Problematik bezogen[21]. Diese Forschung interessiert sich jedoch in erster Linie für Auswirkungen auf psychische Systeme und für dadurch ausgelöste soziale Probleme; sie stellt einen viel beachteten Zusammenhang mit psychiatrischen

16 Vgl. etwa Pierre Charron, De la sagesse II, ch. IX, § 16, zit. nach Toutes les Œuvres de Pierre Charron, Paris 1635, Neudruck Genf 1970; Claude Buffier, Traité de la société civile: et du moyen de se rendre heureux, en contribuant au bonheur des personnes avec qui l'on vit, Paris 1726, II, S. 91 ff. Für eine neuere Behandlung siehe George A. Theodorson, The Function of Hostility in Small Groups, The Journal of Social Psychology 56 (1962), S. 57-66.

17 Siehe etwa Nicolas Faret, L'honnête homme, ou l'art de plaire à la Cour, Paris 1630, Neudruck Paris 1925, S. 81 ff.; Christian Thomasius, Kurtzer Entwurff der politischen Klugheit, Frankfurt-Leipzig 1710, Neudruck Frankfurt 1971, S. 133 f.

18 Charron a.a.O. § 9.

19 Ch. G. Bessel, Schmiede deß Politischen Glüks, Frankfurt 1673, S. 55 ff.; Buffier a.a.O. S. 188 ff.

20 Als literarische Gestaltungen dieses Themas vgl. die Lettres portugaises von Guilleragues (1669) oder Claude Crébillon (fils), Lettres de la Marquise de M. au Comte de R. (1732), zit. nach der Ausgabe Paris 1970.

21 So besonders von Gregory Bateson, Steps to an Ecology of Mind, San Francisco 1972, dt. Übers. Ökologie des Geistes, Frankfurt 1981. Vgl. ferner Anthony Wilden, System and Structure: Essays in Communication and Exchange, 2. Aufl. London 1980.

Forschungen her, überspringt dabei aber eine Reihe von schwierigen Problemen, die in einer Logik der Kommunikation erst noch zu klären wären.

Angesichts der bestehenden Unklarheiten wäre es verfrüht und vor allem soziologisch unakzeptabel, die Differenz psychisches/soziales System durch die Differenz von paradoxer (psychisch belastender) und offener, Konflikte formulierender Kommunikation zu ersetzen. Vor allem therapeutische Praxen favorisieren dieses Rezept. Soziologisch gesehen sind jedoch offener Konflikt und psychische Destruktion eher Randerscheinungen, die sich im übrigen wechselseitig keineswegs ausschließen. Eine zureichende Theorie wird man nur gewinnen, wenn man zunächst das Problem der widerspruchsvollen Kommunikation genauer analysiert.

IV

Widersprüche artikulieren Selbstreferenz, sind also spezifische Formen von Selbstreferenz. Ihre Funktion besteht darin, die Formeinheit eines Sinnzusammenhanges zu wahren, ja herauszuheben, aber die Erwartungssicherheit, die damit normalerweise verbunden ist, nicht zu stärken, sondern im Gegenteil: aufzulösen. Widersprüche destabilisieren ein System, und sie machen dies an der Unsicherheit des Erwartens erkennbar. Zwei Erwartungslinien werden als unvereinbar herausgestellt; dann weiß man nicht, ob die Erwartungen in der einen oder die in der anderen Richtung erfüllt werden. Man weiß nicht, ob man ein erwartetes Absatzziel mit einer bestimmten Preisfestlegung erreichen wird oder nicht; ob man, wenn man angetrunken fährt, erwischt wird oder nicht; ob die eigene Partei die Wahlen gewinnen wird oder nicht – und all dies letztlich, weil widersprüchliche Erwartungen im Spiel sind.

Man muß sich jedoch vor dem verbreiteten Irrtum hüten, Destabilisierung sei als solche schon dysfunktional. Komplexe Systeme benötigen vielmehr ein recht hohes Maß an Instabilität, um laufend auf sich selbst und auf ihre Umwelt reagieren zu können, und sie müssen diese Instabilitäten laufend reproduzieren – zum Beispiel in der Form von Preisen, die sich ständig ändern; in der Form von Recht, das bezweifelt und sogar geändert werden kann; in der Form von Ehen, die jederzeit geschieden werden können. Man kann dann nicht unterstellen, daß alles so bleibt, wie es ist, sondern muß Erwartungssicherheit immer wieder neu schaffen, das heißt, alles, was geschieht, auf Information für Weiterführung oder Änderung der Erwartungsstrukturen hin abtasten. Fast automatisch gleitet der Blick beim Vorbeifahren über die Preistafeln der Tankstellen; und ebenso sicher ist die Unsicherheit des Ansehens einer Regierung: Man liest die Zeitung im Hinblick auf Steigen oder Fallen der Reputation, und nur eines ist selbstverständlich: daß dies keine ein für allemal feststehende, ereignisunabhängige Größe ist.

Von Instabilität soll im Hinblick auf die *Unsicherheit* des *Anschlußwertes* von Ereignissen die Rede sein. Es geht also nicht einfach um das Fehlen stabiler Strukturen, auch nicht um die abstrakt denkbare Unsicherheit des Erwartens, die man sich in beliebigen Mengen ausdenken kann. Der Begriff bezieht sich vielmehr auf die autopoietische Reproduktion des Systems, und er meint, daß die dafür geltenden Codes oder Programme nicht genau festlegen, was geschieht. Das ist, wie oben bereits festgehalten, in gewissen Grenzen ein Erfordernis der Reproduktion selbst, des Neuheitscharakters von Ereignissen, der Temporalität des Systems. Widersprüche sind in diesem Zusammenhang zu sehen als Spezialeinrichtungen der Unsicherheitsamplifikation; sie verunsichern sozusagen gezielt – sei es in einer darauf abzielenden Analyse, sei es in widersprechender Kommunikation. Sie artikulieren die Kontingenzen, die dem System als doppelte Kontingenz zu Grunde liegen, in Richtung auf ein Ausschließungsverhältnis. Die Möglichkeiten, die ins Auge gefaßt sind, werden nicht in Richtung auf Wirklichkeit, sondern in Richtung auf Unmöglichkeit gestrafft. Das wiederum führt dazu, daß die Reproduktion sich mit der Unmöglichkeit der Reproduktion befassen muß: Das System reagiert nicht auf die eine oder andere Möglichkeit, die sich wechselseitig ausschließen, sondern auf das Ausschließungsverhältnis selbst.

Widersprüche werden deshalb oft als Promotoren der Systembewegung angesehen oder gar als Antriebsstruktur einer dialektischen Entwicklung. Ihr Zeitverhältnis liegt jedoch tiefer begründet, es liegt immer schon vor, wenn Widersprüche aktualisiert werden, und geht letztlich auf die Temporalisierung der Komplexität durch ständig verschwindende Zeitelemente zurück. Man denke zum Beispiel an Romeo und Julia. Auf dem Balkon konnten sie nicht bleiben, deshalb entsteht der zugespitzte Widerspruch zwischen den Möglichkeiten, die im Anschluß daran erhofft, erwünscht, verwirklicht, verhindert werden sollen. Widerspruch scheint deshalb eine der Formen des Prozessierens zu sein, in die man Situationen bringen kann, die von selbst aufhören, um trotzdem Anschlüsse zu ermöglichen. Die Reproduktion wird dadurch sichergestellt, hohe Sensibilität wird bereitgestellt, Zukunft wird aktualisiert – aber eben in einer semantischen Form, die festlegt, daß nicht feststeht, welche der sich wechselseitig ausschließenden Möglichkeiten gewählt wird.

Diese Stellung und Funktion von Widersprüchen läßt sich weiter klären, wenn man auf den strengen Begriff der Autopoiesis zurückgreift. Dieser Begriff sagt nur, daß Selbstreproduktion auf der Basis instabiler Elemente notwendig ist, wenn nicht das System schlicht aufhören soll zu existieren. Selbstreproduktion ist dann ihrerseits Voraussetzung für Evolution. Der Begriff gibt noch keinerlei Hinweis auf Systemstrukturen, er enthält keinerlei Einschränkung (constraint) in Bezug auf mögliche Strukturbildung[22], wenngleich natürlich jede konkrete Reproduktion irgendwelche Einschränkungen durch Strukturen voraussetzt. Widersprüche, die Strukturen sprengen und sich selbst für einen Moment an ihre Stelle setzen, erhalten somit die autopoietische Reproduktion, sie ermöglichen Anschlußhandeln, obwohl unsicher ist, welche Erwartungen gelten. Anders gesagt: Widersprüche können in ein System inkorporiert werden, weil es diese Differenz gibt zwischen Selbstreproduktion und Struktur, zwischen Handlung und Erwartung.

Damit fallen wir nicht zurück auf eine inhaltsleere Maxime der Selbsterhaltung. Autopoiesis ist nicht einfach ein neues Wort für Existenz oder Leben. Vor allem daraus, daß man Zeit mit in Betracht ziehen muß, ergeben sich präzise Einschränkungen der Bedingungen der Möglichkeit[23]. Ein System muß nicht einfach »sich selbst«, es muß seine »essential variables« (Ashby) erhalten, und dazu gehört: die Interdependenz von Auflösung und Reproduktion, die Fähigkeit zur Selbstbeobachtung (Diskriminierfähigkeit), ferner all das, was ein ausreichendes Tempo pausenloser Selbstreproduktion bei ständig verschwindenden Elementen ermöglicht

22 In der einschlägigen Literatur wird dies durch die Unterscheidung von »organization« und »structure« ausgedrückt. Vgl. z. B. Humberto R. Maturana, Autopoiesis, in: Milan Zeleny (Hrsg.), Autopoiesis: A Theory of Living Organization, New York 1981, S. 21-33 (24).

23 Vgl. Kapitel 1, III.

und in dieser Funktion dann: ausreichende Strukturen, die die Anschlußfähigkeiten sicherstellen. Und außerdem ist natürlich die *jeweilige* Struktur mit all ihren historisch bedingten Zufälligkeiten unerläßlich insofern, als sie als Matrix der Erkennung und Definition von Störungen dient.

Widersprüche haben dadurch, daß sie die Eliminierung von Abweichungen ermöglichen, aber nicht erzwingen, Eigenschaften, die die Entwicklung eines *Immunsystems* fördern. Ein Immunsystem muß mit Selbstreproduktion unter sich ändernden Bedingungen kompatibel sein. Es ist nicht einfach ein Mechanismus der Korrektur von Abweichungen und der Wiederherstellung des status quo ante; es muß diese Funktion selektiv handhaben, nämlich vereinbaren können mit dem Akzeptieren brauchbarer Änderungen. Es dient nicht unbedingt der Erhaltung der attackierten Strukturen, aber es setzt für das eigene Funktionieren, und zwar schon für das Erkennen von Widersprüchen, Strukturen und Begrenzungen des Möglichen voraus.

Schon auf der Ebene organischen Lebens muß für diese Funktion Lernfähigkeit und »Gedächtnis« der Zellen vorausgesetzt werden[24]. Mit Hilfe eines Gedächtnisses können Erstvorfälle das System binden. Das führt zu einer gerichteten Sensibilisierung des Systems. Im Falle einer Wiederholung des Vorfalls kann das System dann verstärkt, spezifiziert und beschleunigt reagieren. Auf diese Weise werden die wahrscheinlicheren (wahrscheinlich sich wiederholenden) Störungen ausgefiltert und, dadurch bedingt, unwahrscheinlichere Störungen als »Zufälle« für lernende Anpassung abgesondert. Das Erkennungsverfahren wird raffiniert, ohne daß eine »Analyse« der Störungen und ihrer Ursachen erforderlich wäre. Eine Totalvernichtung alles »Fremden« läßt sich vermeiden, und doch werden wesentliche Funktionen und Strukturen gegen eine hochwahrscheinliche Zerstörung geschützt.

Dieser Funktionskontext eines Immunsystems ermöglicht es zunächst, die Funktion von Widersprüchen in sozialen Systemen zu erklären. Sie dienen der Reproduktion des Systems durch die dazu nötige Reproduktion von Instabilitäten, die die Einrichtungen des Immunsystems in Operation setzen können, aber nicht müssen. Diese allgemeine Funktion der Instabilisierung erklärt aber noch

24 Vgl. z. B. Edwin L. Cooper, L'évolution de l'immunité, La Recherche 103 (1979), S. 824-833 (824).

nicht den besonders zugespitzten Charakter des Widerspruchs; so wenig wie sie ausreichend erklärt, weshalb es zu Konflikten kommt[25]. Der Widerspruch scheint, ähnlich wie der Schmerz, eine Reaktion auf ihn selbst zu erzwingen oder doch sehr nahezulegen. Um anschließen zu können, ist es nicht nötig, daß man das, was dem Gewohnten widerspricht, kennt; daß man sich darum bemüht, zu erkennen, was es an sich ist; oder gar: daß man das Widersprechende in seinem Eigenrecht würdigt. Der Widerspruch ist eine Form, die es erlaubt, *ohne Kognition zu reagieren.* Es genügt die Charakterisierung, die darin liegt, daß etwas in die semantische Figur des Widerspruchs aufgenommen wird. Eben deshalb kann man von einem Immunsystem sprechen und die Lehre von den Widersprüchen einer Immunologie zuordnen; denn auch Immunsysteme operieren ohne Kognition, ohne Umweltkenntnis, ohne Analyse der Störfaktoren auf Grund einer bloßen Diskrimination als nichtdazugehörig.

Es ist genau dies abgekürzte Verfahren, woran die Soziologie immer schon Anstoß genommen hat. Sie fordert zum Beispiel die Bemühung, zu erkennen, weshalb die Verbrecher ihre Verbrechen begehen (auch wenn dies zur Prüfung der juristischen Tatbestandsmerkmale nicht erforderlich ist), weshalb die Versager versagen, weshalb die Protestierenden protestieren. Sie durchsetzt damit das Immunsystem der Gesellschaft mit Kognitionsanforderungen – mit der merkwürdigen Inkonsequenz, daß sie dann ihrerseits die Gesellschaft als Widerspruch zu solchen Anforderungen erfährt und daraufhin die Gesellschaft ohne zureichende Kognition – allein auf Grund dieses Widerspruchs – abfertigt. Die soziologische Utopie lebt auf Grund eines eigenen Immunsystems, das mit dem der Gesellschaft inkompatibel ist. So wird die Soziologie zur Krankheit der Gesellschaft und die Gesellschaft zur Krankheit der Soziologie – wenn diese Inkompatibilität nicht theoretisch unter Kontrolle gebracht wird.

Jedenfalls ist die Immunabwehr nicht in Kognition, nicht in besseres Wissen aufzulösen; sie kann nur ihrerseits in Richtung auf höhere Komplexität verfeinert werden, und dazu gehört auch, daß sie schärfer kontrolliert, welche semantischen Sachlagen eigentlich als

25 Insofern sind auch meine Ausführungen in: Konflikt und Recht, in: Niklas Luhmann, Ausdifferenzierung des Rechts: Beiträge zur Rechtssoziologie und Rechtstheorie, Frankfurt 1981, S. 92-112, ergänzungsbedürftig.

Widerspruch zu behandeln sind. Wesentlich ist, wie immer elaboriert, daß Erwartungsunsicherheiten in die Figur des Widerspruchs zusammengezogen werden. Die komprimierte Unsicherheit wird daraufhin etwas fast Sicheres: daß etwas geschehen muß, um den Widerspruch zu lösen. Logisch gesehen könnte man sich dem »ausgeschlossenen Dritten« zuwenden und sich um den Widerspruch herumdrücken; aber die semantische Form des Widerspruchs verlangt, daß das ausgeschlossene Dritte ausgeschlossen bleibt. Sie kanalisiert dadurch das Anschlußverhalten, ohne es festzulegen. Es mag eine Entscheidung sein, die durch ihre Begründung der Strukturentwicklung dient, oder ein Konflikt, der über Schäden und Siege dieselbe Funktion erfüllt. In jedem Falle scheint zu gelten, daß konzentrierte Instabilität schon keine mehr ist; daß sie zumindest ein deutliches Signal ist, das Aufmerksamkeit, Kommunikationsbereitschaft und damit auch momentan gesteigerte Zufallsempfindlichkeit auslöst.

Wenn wir diese These annehmen, folgt daraus, daß Widersprüche im System nicht eindeutig lokalisiert werden können. Sie lassen sich nicht an dieser oder jener Vorstellung festmachen, sie sind nicht etwas »Schlechtes« im Vergleich zum »Guten«, das man aussortieren müßte. Sie dienen als Alarmsignale[26], die im System zirkulieren und überall unter angebbaren Bedingungen aktiviert werden können. Wenn man sie auf etwas Bestimmtes festlegen will, dann auf diese Funktion. Sie dienen als ein Immunsystem im System. Das erfordert hohe Mobilität, ständige Einsatzbereitschaft, okkasionelle Aktivierbarkeit, universelle Verwendbarkeit, und deshalb muß die Konstitution ihrer Einheit auf die Operationen bezogen werden, die die autopoietische Einheit des Systems gewährleisten: auf Bewußtsein bzw. auf Kommunikation.

Man mag sich vorstellen, daß ein Immunsystem aus den »Unheiten« des Systems besteht, aus Ablehnungssymbolen, die (relativ) frei zur Verfügung stehen, deren Gebrauch aber konditioniert werden kann: die Welt der »Neins« im Verhältnis zur Welt der »Jas«. Normalerweise wird die Annahme von Selektionsvorschlägen erwartet, sonst würde ihre Kommunikation unterbleiben. Zugleich läuft aber immer auch, wie immer marginal, die Möglichkeit der

26 Eine ähnliche Formulierung, jedoch nur als unanalysierte Metapher, bei Johan Galtung, Funktionalismus auf neue Art, in ders., Methodologie und Ideologie, Aufsätze zur Methodologie, dt. Übers. Frankfurt 1978, S. 177-216 (201).

Ablehnung mit. Das System immunisiert sich *nicht gegen das Nein,* sondern *mit Hilfe des Nein;* es schützt sich *nicht gegen Änderungen,* sondern *mit Hilfe von Änderungen* gegen Erstarrung in eingefahrenen, aber nicht mehr umweltadäquaten Verhaltensmustern. Das Immunsystem schützt nicht die Struktur, es schützt die Autopoiesis, die geschlossene Selbstreproduktion des Systems. Oder um es mit einer alten Unterscheidung zu sagen: es schützt durch Negation vor Annihilation.

Der Vergleich mit dem Immunsystem von Organismen führt zur Forderung einer immunologischen Logik, die wir hier nicht weiter verfolgen können. Der Vergleich ist nicht nur metaphorisch gemeint, sondern funktional. Er darf andererseits nicht im Sinne der berühmt/berüchtigten Organismus-Analogie überdeutet werden[27]. Vor allem kann die Logik sozialer Systeme sich nicht, wie das Immunsystem eines Organismus, zugleich auf die Stabilität eines räumlichen, durch Formen gesicherten Zusammenhangs beziehen. Auch »Autopoiesis« erhält ja bei der Übertragung von organischen auf soziale Systeme einen veränderten Sinn: sie sichert hier nicht Kontinuität des Lebens, sondern Anschlußfähigkeit des Handelns. Aber wie ist das genau zu denken?

Als selbstreferentielle Artikulation setzen Widersprüche immer ein Verhältnis von Struktur und Element (Ereignis) voraus. Strukturen und Ereignisse können dabei nicht isoliert betrachtet, nicht je für sich auf Widersprüchlichkeit bzw. Widerspruchsfreiheit geprüft werden. Das schließt Theorien aus, die behaupten, es gäbe »strukturelle Widersprüche« im Sinne von Strukturen, die relativ zeitbeständig vorhanden sind und einen Widerspruch enthalten, ihm sozusagen Dauer und permanente Wirkung verleihend. Strukturelle Widersprüche gibt es nur für Beobachter eines Systems (eingeschlossen: Selbstbeobachtung des Systems), denn nur Beobachter können Unterscheidungen einführen und mit Hilfe von Unterscheidungen Widersprüche feststellen. Für Beobachter wird der Widerspruch als Ereignis des je eigenen Systems aktuell. Ohne solche Aktualisierung hat der Widerspruch in Sinnsystemen keine Realität, nämlich keine Bedeutung und erst recht keine alarmierende Funktion.

Ebenso ausgeschlossen ist die Vorstellung, widerspruchsvolle Er-

27 Vgl. dazu die Einleitung S. 17.

eignisse seien unmöglich, die Welt (als logisch einwandfrei eingerichtete Schöpfung oder wie immer) lasse sie nicht zu. Im Gegenteil: Widersprüche sind überhaupt nur als Ereignisse real möglich, denn in temporalisierten Systemen gibt es keinerlei andere Realitätsgrundlagen als die im System selbst produzierten Ereignisse[28]. Etwas salopp formuliert: da die Ereignisse sowieso gleich wieder verschwinden, da sie ohnehin im Entstehen vergehen, macht es auch nichts, wenn sie die Form eines Widerspruchs annehmen; sie sind ohnehin zur Selbstzerstörung bestimmt, und gerade darin besteht ihr Beitrag zur Selbstreproduktion des Systems.
Am Ausschluß dieser beiden Thesen des rein strukturellen Widerspruchs und der Unmöglichkeit widerspruchsvoller Ereignisse wird der Sinn und die Stoßrichtung der These erkennbar, Widerspruch sei Artikulation von Selbstreferenz. Widersprüche kommen nur im Zusammenwirken von Struktur und Ereignis zustande. Sie setzen eine strukturelle Vermittlung der Selbstreferenz des Ereignisses voraus. Nur durch Umleitung ihres Sinnes über strukturiertes Anderes können Ereignisse sich selbst widersprechen. In unstrukturierten Verhältnissen wäre weder kontradiktorisches Widersprechen möglich, noch Ironie, noch Paradoxierung, noch Kommunikation von Absicht unter Mitkommunikation von Zweifeln an eben dieser Absicht. Alle Formen widerspruchsvoller Kommunikation laufen über eigens hierfür ausgewählten Sinn, und diese Auswahl orientiert sich an den Strukturselektionen sozialer Systeme.
Man sieht so auch deutlich, wie der Widerspruch eigentlich seine warnende, alarmierende Funktion erfüllt. *Er zerstört für einen Augenblick die Gesamtprätention des Systems: geordnete, reduzierte Komplexität zu sein.* Für einen Augenblick ist dann unbestimmte Komplexität wiederhergestellt, ist alles möglich[29]. *Aber zugleich hat der Widerspruch genug Form, um die Anschlußfähigkeit des kommunikativen Prozessierens von Sinn doch noch zu garantieren.* Die Reproduktion des Systems wird nur auf andere Bahnen gelenkt[30]. Sinnformen erscheinen als inkonsistent, und das alarmiert.

28 Wir brauchen wohl nicht immer wieder zu betonen, daß dies eine Umwelt des Systems voraussetzt.

29 Das ist natürlich der Grund, weshalb Logiker Widersprüche ausschließen wollen, da sie wissen, daß die Welt als Beliebigkeit nicht existieren kann.

30 Hier liegt denn auch der Grund, der es sinnvoll macht, zwischen Strukturstabilität und Reproduktion zu unterscheiden. Ähnlich unterscheiden Vertreter des Konzepts

Aber die *Autopoiesis* des Systems wird *nicht unterbrochen*. Es geht weiter. Dies zuerst formuliert zu haben, ist das Verdienst der Hegel'schen Neukonzipierung von »Dialektik«.
Der Widerspruch signalisiert mithin, und das ist seine Funktion, daß der Kontakt abgebrochen werden könnte. Das soziale System könnte aufhören. Auf Handeln folgte dann kein Handeln mehr. Aber das Signal selbst ist im Konjunktiv gesetzt und für das gesamtgesellschaftliche System sogar im Irrealis. Das Signal selbst warnt nur, flackert nur auf, ist nur Ereignis – und legt dann darauf bezogenes Handeln nahe.

V

Um den hochabstrakten und ungewohnten Begriff sozialer Immuneinrichtungen etwas zu verdeutlichen, soll jetzt ein Abschnitt eingeschoben werden, der auf das Sozialsystem Gesellschaft zugeschnitten ist. Aus dem gesamten Bereich sozialer Immunologie wird mithin nur ein Ausschnitt behandelt. Die These, die hier vorgestellt werden soll, lautet: daß das Rechtssystem als Immunsystem des Gesellschaftssystems dient. Damit ist nicht gesagt, daß das Recht allein auf Grund dieser Funktion zureichend begriffen werden kann. Es erzeugt auch und wesentlich Sicherheiten für nichtselbstverständliche Verhaltenserwartungen. Aber diese Funktion der Erwartungsgeneralisierung angesichts von riskanten Verhaltenserwartungen scheint an das Immunsystem der Gesellschaft gebunden zu sein. Die über Recht erreichten Sicherheiten (nicht der faktisch erreichbaren Zustände, wohl aber des eigenen Erwartens) beruhen eben darauf, daß das Kommunizieren der eigenen Erwartungen auch im Falle eines Widerspruchs noch funktioniert, wenn auch nur in einer gegen Normalkommunikation versetzten Weise mit anderen Anschlußwerten.
Man sieht diesen Zusammenhang von Recht und Immunsystem

der Autopoiesis zwischen »structure« und (circular) »organization«. Vgl. oben Anm. 22. »Organization« ist die Form der reproduktiven Einheit des Systems, ist System *als Einheit*; ihr Aufhören wäre Zerfall des Systems. Die strukturellen Formen, die einen bestimmten Systemtypus ausmachen bzw. die Reproduktion in eine bestimmte Typik kanalisieren, sind davon zu unterscheiden; sie können zum Beispiel für einen Beobachter, anders als die autopoietische Organisation selbst, mehr oder weniger wichtig sein und durch ihn mehr oder weniger abstrakt begriffen werden.

deutlicher, wenn man beachtet, daß das Recht *im Vorgriff auf mögliche Konflikte* gebildet wird. Die Konfliktperspektive zieht aus den massenhaft gebildeten Alltagserwartungen diejenigen heraus, die sich im Konfliktfalle bewähren werden. Diese Bewährungsaussicht wird mit der Normativität von Erwartungen assoziiert und unter den Schematismus von Recht und Unrecht gebracht, also in ein vollständiges Universum eingebracht, in dem es nur zwei Werte gibt, die sich wechselseitig ausschließen. An Hand dieses Schematismus können Konflikterfahrungen generalisiert und antezipiert und so in eine Form gebracht werden, in der es nur im Ausnahmefalle auf der Interaktionsebene noch zu Konflikten kommt, selbst wenn an sich recht unwahrscheinliche Erwartungen gebildet werden. Alle älteren Rechtsordnungen haben sich entlang dieser Perspektive durch Vorentscheidung etwaiger Konflikte gebildet. Erst in der modernen Wohlfahrtsgesellschaft beginnt das Recht, sich selbst sozusagen zu überholen: Es werden neuartige Sachlagen als Konfliktvorentscheidung eingeführt, an die niemand denken würde, wenn es das Recht nicht gäbe, und die daraus folgenden Erwartungen werden als Recht deklariert[31].

Das Rechtssystem tritt in Funktion, wo immer mit dem Schema Recht/Unrecht gearbeitet wird[32]. Dieses Schema dient der Ausdifferenzierung einer spezifischen Art von Informationsgewinnung; es dient nicht, oder jedenfalls nicht primär, der Erkenntnis des Handelns; es dient nicht seiner Erklärung und nicht seiner Prognose. Mit der Professionalisierung juristischer Problembearbeitung sind Titel wie Lehre, Erkenntnis, Wissenschaft zwar auch vom Rechtssystem in Anspruch genommen worden, aber kognitive Bemühungen dienen hier lediglich der Schaffung von Entscheidungsvoraussetzungen und haben ihren eigenen Stolz darin, nicht mehr zu tun als genau dies. Es ist gerade ein funktional wichtiges Merkmal des Rechtsbetriebs, daß er selbst entscheidet, welche Kognitionen er benötigt, und daß er auch ohne Kognition zur Entscheidung kommen können muß (Verbot der Justizverweigerung) – wie ein Im-

31 Hier kann die gesamte Debatte über social engineering, Folgenorientierung, Verrechtlichung etc. eingehängt werden. Vgl. auch Niklas Luhmann, Die Einheit des Rechts, Rechtstheorie 14 (1983), S. 129-154.

32 Es braucht wohl nicht eigens betont zu werden, daß das Schema Recht/Unrecht keine Systemgrenze bezeichnet; denn das hätte zur Folge, daß alles rechtmäßige Handeln ins Rechtssystem gehörte und in dessen Umwelt kein rechtmäßiges Handeln vorkäme, und vice versa für Unrecht.

munsystem. Die Kognitionen des Rechtssystems sind mit seinen eigenen Komplikationen befaßt.

In entwickelten Gesellschaften wird dieser Schematismus Recht/Unrecht noch durch eine Zweitcodierung nach erlaubt/verboten ergänzt. Auch das dient der Vermehrung von Widersprüchen und der präzisen Dirigierung von Immunereignissen: Ein Handeln kann Erlaubnissen oder Verboten widersprechen – Erlaubnissen, wenn es erlaubtes Handeln zu verhindern sucht, und Verboten, wenn es trotzdem vollzogen wird. Der Widerspruch macht dann evident, daß eine Störung vorliegt, die beseitigt werden muß. Die Gewinne, die mit dieser Zweitcodierung verbunden sind, liegen in der technischen Präzisierbarkeit und in der Erleichterung der Änderbarkeit des Immunsystems. Das Recht läßt sich mit Hilfe einer solchen Zweitcodierung von der Moral ablösen und zur Selbststeuerung freisetzen: Es kann verboten werden, etwas zu erlauben bzw. zu verbieten und umgekehrt. Auf diese Weise kommt ein weiter Bereich von moralisch neutralen Verhaltensweisen in die Reichweite des Immunsystems.

Die Etablierung der Schematismen Recht/Unrecht bzw. erlaubt/verboten führt nicht zu einem besseren Verständnis des Wesens des Handelns (wie die Theorie des Naturrechts behaupten würde). Vielmehr wird ein Modus der Informationsverarbeitung eingesetzt, der auch und gerade dann noch funktioniert, wenn es zu Konflikten kommt. Das Recht dient nicht der Vermeidung von Konflikten, es führt sogar, verglichen mit der Repression von Konflikten in interaktionsnah gebildeten Gesellschaften, zu einer immensen Vermehrung der Konfliktchancen[33]. Es sucht nur die gewaltsame Austragung von Konflikten zu vermeiden und für jeden Konflikt noch dazu passende Formen der Kommunikation zur Verfügung zu stellen. Das Kommunikationsmaterial wird, sobald jemand sich auf Recht beruft, umsortiert. Es werden Texte relevant, andere Fälle herangezogen, Meinungen bestimmter Instanzen wichtig; es kann über Jahrhunderte, ja Jahrtausende zurückgegriffen werden – und all dies unter dem Gesichtspunkt, daß den Tatbeständen Informationen abgewonnen werden können, die für den Konfliktfall relevant und konfliktbeständig sind. Das Recht dient der Fortsetzung der Kommunikation mit anderen Mitteln. Es ist

33 Vgl. Niklas Luhmann, Konflikt und Recht a.a.O.

gesellschaftsadäquat nicht nur dann, wenn es die vorkommenden Konflikte erfaßt, sondern erst eigentlich dann, wenn es hinreichend viele Konflikte erzeugen und für deren Behandlung hinreichende eigene Komplexität zur Verfügung stellen kann.

Es ist nicht die Funktion des Rechts, dafür zu sorgen, daß möglichst viel rechtmäßig und möglichst wenig unrechtmäßig gehandelt wird. Das wäre leicht, man brauchte nur alles zu erlauben. Auch geht es nicht darum (wie das Naturrecht meinte), eine natürlich vorgegebene Ordnung gegen den freien, korrupten Willen der Menschen durchzusetzen. Die Differenz von Recht und Unrecht ist dennoch nicht beliebig einsetzbar. Das Problem liegt nicht in der Alternative von Anerkennung einer natürlich-bindenden Mindestordnung und haltloser Beliebigkeit. Die Verwendungsbedingungen des Schematismus Recht/Unrecht und der Umweltbezug des Rechtssystems sind sehr viel komplexer, als diese allzu einfachen Theorieversionen ahnen lassen. Das Recht hat die Funktion eines Immunsystems zu erfüllen und ist dafür freigestellt. Das Rechtssystem ist daher autonom in der Verwendung des nur ihm zur Verfügung stehenden Schematismus von Recht und Unrecht. Es muß mit diesem Schematismus aber so weit möglich die Autopoiesis des Kommunikationssystems Gesellschaft sichern gegen möglichst viele Störungen, die dieses System aus sich selbst heraus produziert. Es muß der Gesellschaft durch Produktion eigener Unsicherheiten und Instabilitäten zuvorkommen und darf dabei natürlich nicht »abwegig« verfahren, nicht außerhalb der erwartbaren Probleme liegen.

VI

Die abstrakte These, die ein Immunsystem postuliert, läßt noch ganz offen, für welche Probleme dieses System in Anspruch genommen wird, und auch die Focussierung auf Gesellschaft und Recht hat darauf keine Antwort gegeben. Wir gehen jetzt wieder auf die allgemeine Ebene der Theorie sozialer Systeme zurück und gehen nunmehr der Frage nach, in welchen Zusammenhängen soziale Systeme von der Immunlogik ihrer Widersprüche Gebrauch machen. In dieser Form ist die Frage jedoch sicher viel zu allgemein gestellt. Sie bezieht sich, abstrakt formuliert, auf die gesamte Geschichte und auf alle Arten von sozialen Systemen. Die logische Form des Widerspruchs ist relativ einfach, verglichen mit der un-

übersehbaren Vielzahl von Anlässen, die zur Aktivierung des Potentials zu widerspruchsvoller Kommunikation führen können. Wir beschränken uns daher auf wenige Gesichtspunkte, zwischen denen historische Interdependenzen zu vermuten sind.
Man kann davon ausgehen, daß die Steigerung der Kommunikationsmöglichkeiten zugleich auch die Konfliktwahrscheinlichkeiten steigert. Die Sprache schafft die Möglichkeit des Neins und die Möglichkeit seiner Verbergung: die Möglichkeit der Lüge, der Täuschung, des irreführenden Symbolgebrauchs. Die Verbreitungsmedien Schrift und Druck schalten die für Interaktionssysteme typische Konfliktrepression aus. Im Zusammenhang damit steigert die Differenzierung und Spezifikation symbolisch generalisierter Kommunikationsmedien die Möglichkeit von Annahmezumutungen so stark, daß die Ablehnung wahrscheinlich wäre, wenn nicht das Medium selbst Gegenvorsorge träfe. Die daraus sich ergebende Wahrscheinlichkeit des Unwahrscheinlichen findet ihre Form in der Differenzierung von medienspezifischen Motiven und Konfliktregulierungen. Die ökonomischen Institutionen des Eigentums und des Geldes rechtfertigen die Ablehnung von Abgabezumutungen – und bei Geld in besonders raffinierter Weise dadurch, daß jeder alles damit anfangen könnte, also niemand einen Sonderanspruch auf gerade mein Geld rechtfertigen kann, es sei denn auf der Grundlage des Rechts. Ähnliches gilt für Machtgebrauch. Die Politisierung der Macht zentralisiert die Konfliktentscheidung und macht damit Konflikte mit dem Konfliktentscheider aussichtslos, es sei denn auf der Grundlage des Rechts[34]. In der Liebe ist, weil die Bezugnahme auf Recht ausgeschaltet ist, dies Problem auf die Spitze getrieben: Der Code verlangt, daß man sich ganz und negationsfrei auf den anderen einläßt, so daß jeder Konflikt das Ende der Liebe symbolisiert. Umgekehrt ist im Falle der Wahrheit, weil hier der Code Geltung auf universelle Anerkennung durch jedermann stützt (oder zumindest so symbolisiert), jede Kommunikation auf Kritik, also Ablehnung, also Konflikt angewiesen. Andernfalls könnten Wissenschaftler sich nur zur Verherrlichung des bereits Erkannten zusammenfinden. Jeder Erkenntnisgewinn impliziert Kritik. Das Problem ist also ähnlich paradoxiert wie im

34 »Rechtsstaat« heißt, unter diesem Gesichtspunkt betrachtet, daß der Machthaber seine Macht nur zur Durchsetzung rechtsgültiger Entscheidungen einsetzen darf, aber nicht *zur Erhaltung oder Regenerierung der Macht selbst.*

Falle der Liebe, nur umgekehrt: Die Regel, Wahrheit sei allgemein anerkannt, zwingt auf der operativen Ebene *alle* Kommunikation in die Form des Widerspruchs. Und auch hier muß, weil das Problem paradoxiert ist, das Recht als Ausgleichsmechanismus ausgeschaltet werden.

Diese verschiedenen Formen der Bereitstellung von Sondermotiven und Sonderkonfliktregulierungen können nur bei ausreichender Systemdifferenzierung nebeneinander existieren. Wissenschaftliche Kontroversen dürfen nicht zu ökonomischen Nachteilen führen, und die Stellung im System von Eigentum und Geld darf politische Konfliktaussichten nicht verbessern. Die Beispiele zeigen, daß solche Schwellen nicht alle Interferenzen ausschalten und insbesondere auf der Ebene der Einzelfälle und des interaktionellen Konfliktverhaltens nicht zuverlässig funktionieren. Das braucht jedoch auf der Ebene des differenzierten Systems der Gesellschaft nicht unbedingt kollektive Effekte auszulösen. Viel Interferenz wird nur die Funktionsfähigkeit der Funktionssysteme schwächen (in unseren Beispielen also Tempo und Breite wissenschaftlichen Fortschritts bzw. Demokratisierung von Politik), aber damit nicht schon den Übergang zu einer anderen Form gesellschaftlicher Differenzierung auslösen können.

Zusätzlich zu dieser Form der Ermöglichung von Wahrscheinlichkeit des Unwahrscheinlichen scheint es allgemeine Formen der Steigerung der Sensibilität des Immunsystems zu geben, die aktiviert werden müssen, wenn die gesellschaftliche Kommunikation komplexer wird und diese Komplexität gehalten werden soll. Der Gebrauch von Widersprüchen in der Kommunikation führt zu erwartbaren, also strukturellen Unsicherheiten. Eine Gesellschaft, die höhere Komplexität ausbildet, wird also Formen der Erzeugung und Tolerierung struktureller Unsicherheiten finden müssen. Sie wird sich ihre eigene Autopoiesis gewissermaßen jenseits ihrer Strukturen garantieren müssen, und das erfordert nicht zuletzt eine stärkere Einbeziehung der Zeitdimension in die Erzeugung und Abarbeitung von Widersprüchen.[35].

35 Unbearbeitet lassen wir damit z. B. den gesamten Komplex einer Eigenlogik primitiver Gesellschaften – eine umfangreiche Diskussion, die von den hier erarbeiteten Prämissen aus neu eröffnet werden müßte. Daß »Primitive« ebenso logisch richtig denken können wie wir, gilt heute als allgemein akzeptiert – mit geradezu verdächtiger Einmütigkeit, so als ob es darum ginge, europäischen Hochmut zu verbieten, der den

Zeit ist ein Multiplikator von Widersprüchen. Sie wirkt zugleich aber auch besänftigend und löst Widersprüche auf. Einerseits geraten mehr Vorhaben zueinander in Widerspruch, wenn man weitere Zeithorizonte in Betracht zieht. Andererseits kann vieles nacheinander geschehen, was nicht gleichzeitig geschehen könnte. Zeit hat also offenbar ein widersprüchliches Verhältnis zu Widersprüchen[36]: sie vermehrt und vermindert sie. Durch Variation der Zeithorizonte kann man deshalb regulieren, was als Widerspruch auftaucht und was verschwindet. Sieht man genauer zu, so vermehren sich die Widersprüche, wenn man in der Gegenwart die Zukunft in Betracht zieht: Man müßte eigentlich sparen, um für Eventualitäten oder für große Ziele Reserven zu bilden; im Widerspruch dazu stehen die Wünsche, die man gegenwärtig schon befriedigen möchte. Die *gegenwärtige Zukunft* ist der Widerspruchsmultiplikator. Die *künftigen Gegenwarten* eröffnen dagegen die Möglichkeit, etwas zu vertagen und später zu erledigen. Die eine Zeitperspektive setzt unter Druck, die andere erlöst oder lockert zumindest die Spannung. Auch scheint die gegenwärtige Zukunft zu suprateleologischen Maximen zu verführen, die hohes Widerspruchspotential anbieten, wie zum Beispiel: memento mori, keine Sünde ungebeichtet stehenlassen, Sparen, immer Fleißigsein (Industrialität) und neuerdings: Angst vor Katastrophen. Die künftigen Gegenwarten stimulieren eher zur zweckorientierten Planung, nämlich zum Arrangieren von Sequenzen unter möglichst hohem Wertbefriedigungspotential. Im einen Fall orientiert man sich an positiven bzw. negativen Utopien, im anderen Falle ist die Orientierung eher technologisch[37].

Diese beiden Möglichkeiten reflexiver temporaler Modalisierung sind nicht als Alternativen gegeben, die je für sich gewählt werden könnten. Sie implizieren sich wechselseitig in der Einheit der Zeit. Die rein technologische Perspektive auf künftige Gegenwarten und

Kolonialvölkern die Fähigkeit richtigen Denkens abspreche. Europäische Selbstreinigungsrituale sind nun aber kaum ein geeigneter Ausgangspunkt für die Klärung der Strukturen primitiven Denkens. Bevor man auf die These eines »prälogischen« Denkens in primitiven Gesellschaften (im Anschluß an Lucien Lévy-Bruhl, La mentalité primitive, Paris 1922) zurückkommen kann, müßte zunächst die soziale Funktion von Logiken geklärt werden.

36 Und dies unabhängig (?) von der Frage, ob die Zeit selbst ein Widerspruch ist – einer Frage, die als solche keine soziale Relevanz hat.

37 Hierzu ausführlicher Niklas Luhmann, The Future Cannot Begin, in ders., The Differentiation of Society, New York 1982, S. 271-288.

auf ein Abarbeiten der Widersprüche im Nacheinander ist selbst eine Utopie. Umgekehrt appelliert jede utopische Zukunftssicht an ein Handeln, das sich in Folgen und Nebenfolgen auf künftige Gegenwarten bezieht. Dennoch kann man beide Perspektiven analytisch trennen. Nur so kann man herausbekommen, wie diese Orientierungen und mit ihnen die Erzeugung der Alarmsignale des Widerspruchs mit anderen Strukturmerkmalen sozialer Systeme korrelieren.

Wie typisch bei theoretisch entwickelten Fragestellungen gibt es hierzu kaum empirisches Wissen. Wir behelfen uns, um Konkretisierungsmöglichkeiten wenigstens anzuzeigen, mit einer knappen modellhaften Skizze.

Bezogen auf das Gesellschaftssystem könnte man vermuten, daß das Altwerden eines bestimmten Differenzierungstypus Unsicherheiten in Bezug auf die Zukunft erzeugt, die ihrerseits widerspruchsmultiplizierend wirken. Die Ordnungsleistung wird selbstverständlich, ihre Mängel und Dysfunktionen treten auf Grund reicher Erfahrungen schärfer hervor[38]. Dies gilt für die Periode des Übergangs vom Mittelalter zur Neuzeit, die den Zeitlauf generell als Verfall empfunden hat; und möglicherweise wieder für unsere Tage, in denen die volle Last negativer Konsequenzen des Prinzips funktionaler Differenzierung anfällt. In solchen Lagen wird die Zukunft in die Gegenwart hineingedrückt; man kommt nicht umhin, den Zukunfts*horizont* zu aktualisieren, ganz unabhängig vom konkret absehbaren Verlauf der Ereignisse. In diesem Sinne ist die Zerstörung der Lebensmöglichkeiten auf dem Erdball unsere Zukunft – ganz unabhängig davon, ob sie je wirkliche Gegenwart werden wird; und sie fordert zum kontinuierlichen Widerspruch heraus. Und dieser Widerspruch läßt sich technologisch durch Hinweis auf absehbare künftige Gegenwarten nicht beruhigen, weil er in einer anderen Zeitmodalität – nicht für künftige Gegenwarten, sondern für die gegenwärtige Zukunft – konstituiert ist.

Das Gegenbild muß ebenfalls beide Zeitmodalisierungen verwen-

38 Ein entsprechendes, aber sehr viel abstrakter gefaßtes Denkmodell skizziert Galtung a.a.O., S. 210 f. Auch die Figur der »Schweigespirale« von Elisabeth Noelle-Neumann ließe sich hier zuordnen. Vgl. Die Schweigespirale: Über die Entstehung der öffentlichen Meinung, in: Elisabeth Noelle-Neumann, Öffentlichkeit als Bedrohung: Beiträge zur empirischen Kommunikationsforschung, Freiburg 1977, S. 169-203; dies., Die Schweigespirale: Öffentliche Meinung, unsere soziale Haut, München 1980.

den, aber in anderer Konstellation. Es ist in Epochen wahrscheinlich, die ein neues Prinzip der Systemdifferenzierung gerade lanciert haben. Man kann die Erfolge schon sehen und verlängert sie gedanklich in die Zukunft: so in Europa ab etwa 1660. Dann werden Widersprüche zu Problemen, die man nach und nach wird lösen können. Der Widerspruchsmultiplikator Zeit wird zum Problemmultiplikator. Es gibt viel mehr Schwierigkeiten, weil man alte Lebensnöte problemtechnisch dekomponiert; aber solche Auflösung zeigt dann auch sehr viel neue Möglichkeiten der Rekombination. Die daraufhin unterstellbaren künftigen Gegenwarten rechtfertigen eine positive Färbung der gegenwärtigen Zukunft[39]. Unsicherheit wird über Risikokalküle erfaßt, wird wagbar, wird versicherbar gemacht. Im Prinzip scheint eine »offene Zukunft« Fortsetzung einer erfolgreichen Entwicklung in Aussicht zu stellen, die quasi-automatische Züge annehmen wird, wenn nur erst die Ruinen der vergangenen Ordnung (hier: ständische Strukturen, Partikularismen, funktionslose Ungleichheiten, Herrschaft) beseitigt sind. Hierzu paßt das optimistische Konzept der Widerspruchs-Theorie von Galtung[40]: Positives wird als noch steigerbar erfahren, Gleichgültiges wird positiv begriffen, weil es nicht stört, und Negatives wird als im Moment unvermeidbar in Kauf genommen. Utilitas filia temporis, könnte es jetzt heißen. Und die Moral darf nur noch verbieten, was mit hinreichender Sicherheit schädliche Folgen hat.

Um die Mitte des 18. Jahrhunderts ist es weithin selbstverständlich geworden, daß die Zukunft über den Wert einer Handlung entscheidet, das heißt: die gegenwärtige Zukunft, das heißt: der Nutzen. Das kommt wie eine Befreiung von entgegenstehenden Verbo-

39 Man beachte hierzu die Mitte des 18. Jahrhunderts beginnenden Karrieren der Semantik von Sequenzbegriffen wie Reproduktion, Evolution, Entwicklung, Fortschritt, deren Kollektivierung zugleich darauf hindeutet, daß die Zukunft an der Sequenz künftiger Gegenwarten abgelesen wird.

40 A.a.O., S. 212 f. Bei der Anlehnung an Galtung ist allerdings zu beachten, daß er das Phänomen »Revolution« sachlich und historisch falsch zuordnet. Es gehört nicht zur negativen, sondern zur positiven Behandlung von Widersprüchen. Es ist nicht eine »Offenlegung des politischen Grundkonflikts einer Gesellschaft« (210), die schließlich zur Revolution führt, sondern man gleitet auf einer Welle der »entzückendsten Hoffnungen« (wie ein deutscher Beobachter der französischen Revolution schreibt) und des wachsenden wirtschaftlichen Wohlstandes in Situationen hinein, die dann Gelegenheiten bieten, vermeintliche Hindernisse des Fortschritts zu beseitigen.

ten, überlieferten Restriktionen, nur historisch erklärbarem Ballast. Handeln gilt als »von Natur aus« gut. Das, was das Handeln antreibt – Selbstliebe bzw. Interesse – wird als Natur begriffen und ist nur über Folgen moralisch qualifizierbar, sei es als gut, sei es als schlecht. Entsprechend verlieren Lohn und Strafe ihren direkten Handlungsbezug und damit ihre Gerechtigkeit; sie sind nur dadurch zu rechtfertigen, daß sie den Menschen (Spezialprävention) oder die Menschen (Generalprävention) ändern[41]. Das klingt im Munde der Aufklärer recht optimistisch. Aber wird die Natur des Menschen und seines Handelns damit nicht widerspruchsvoll definiert: gut und schlecht? Und läuft das dann nicht auf das Gebot permanenter Entscheidung dieses Widerspruchs hinaus in Situationen, in denen erst die Zukunft klarstellt, was der Fall war? Materialisten, Moralisten, Utilitaristen, Rousseauisten nennen zwar diese Natur ihrerseits wiederum gut. Sie begründen damit ihren Optimismus in puncto Perfektibilität. Aber dieser Ausweg beruht auf einem offensichtlichen Theoriefehler. Über »gut« wird auf zwei verschiedenen Ebenen der Theorie gesprochen: innerhalb der Disjunktion gut/schlecht und auf der Metaebene der Natur. Innerhalb dieser Semantik kann man sich der Einsicht noch eine Weile entziehen, daß es letztlich um Widerspruchsamplifikation und um Steigerung der Anforderungen an Entscheidungskalkulation und Folgenverantwortung geht.

Die künftigen Gegenwarten zählen freilich erst, wenn sie Gegenwart sind. Vorher dienen sie nur zur Extrapolation einer gegenwärtigen Zukunft. Seit dem 19. Jahrhundert kommen schubweise die Folgen der Realisierung des Prinzips funktionaler Differenzierung in gegenwärtigen Gegenwarten in den Blick. Zunächst als Folgen der Ausdifferenzierung des Wirtschaftssystems, insbesondere der

41 Es genügt, dies mit wenigen Zeilen zu belegen. Wir greifen willkürlich heraus. Bei Charles Duclos, Considérations sur les mœurs de ce siècle (1751), zit. nach der Ausgabe de Magny, Lausanne 1970, S. 198 f., heißt es: »On pourrait l'imaginer d'après ces écrits sur la morale, où l'on commence par supposer que l'homme n'est composé de misère et de corruption, et qu'il ne peut rien produire d'estimable. Ce système est aussi faux que dangereux. Les hommes sont également capables du bien et du mal; ils peuvent être corrigés, puisqu'ils peuvent se pervertir; autrement, pourquoi punir, pourquoi récompenser, pourquoi instruire«. Und gleich darauf: »Les hommes sont, dit-on, pleins d'amour-propre, et attachés a leurs intérêts. Partons de la. Ces dispositions n'ont par elles-mêmes rien de vicieux, elles deviennent bonnes ou mauvaises par les effets qu'elles produisent«.

Industrialisierung. Da meinte man, mit Dialektik und nur noch einer weiteren Revolution helfen zu können. Inzwischen hat man es auch mit den Folgen der Ausdifferenzierung des politischen Systems (Demokratisierung, Wohlfahrtsstaat) und den Folgen der Ausdifferenzierung des Erziehungssystems (Reife-Moratorium, neue Ungleichheiten, Demotivierungen) zu tun. Hinzu kommen die Probleme der Kontrolle über die technischen Möglichkeiten, die als Folge der Ausdifferenzierung des Wissenschaftssystems bereitliegen[42]. Gilt jetzt wieder: veritas filia temporis?

Jedenfalls gibt es strukturelle Anreize genug, das Konzept der losbaren Probleme wieder in das der Widersprüche zurückzuverwandeln und alarmiert zu sein. Die Zukunft dient, aber jetzt nicht mit Verfallssemantik, sondern mit Katastrophensemantik, der Mobilisierung und Kommunikation von Widerspruch gegen das Gegenwärtige. Wenn gälte, daß Widerspruch mehr oder weniger zwangsläufig die Verhältnisse ändert, wären katastrophale Reaktionen auf die Gefahr von Katastrophen abzusehen. Aber diese Prämisse stammt noch aus dem Arsenal der als Gesetz behaupteten Dialektik. In Wahrheit liegen die Beziehungen zwischen Widerspruch und Strukturänderung sehr viel komplizierter und sind bei weitem nicht zureichend geklärt[43].

Will man die Zukunft vergegenwärtigen oder will man das nacheinander Eintretende gleichzeitig relevant machen, so ist ein Übersetzungsvorgang erforderlich. Zeitliches muß in Sachliches übersetzt werden. Eine wichtige Leitfigur dafür findet man in der *Kostenrechnung*. Der Begriff der Kosten bezeichnet eine bestimmte Form von Widerspruch – etwas, was man nicht will und trotzdem willentlich bewirkt. Kosten haben daher genau die Warnfunktion, die einem Immunsystem zukommt. Sie gleichen auch darin einem Immunsy-

42 Für die zuletzt genannten, am wenigsten geläufigen Gesichtspunkte siehe Talcott Parsons/Gerald M. Platt, Age, Social Structure, and Socialization in Higher Education, Sociology of Education 43 (1970), S. 1-37; Niklas Luhmann, Gesellschaftsstrukturelle Bedingungen und Folgeprobleme des naturwissenschaftlich-technischen Fortschritts, in: Reinhard Löw u. a. (Hrsg.), Fortschritt ohne Maß? Eine Ortsbestimmung der wissenschaftlich-technischen Zivilisation, München 1981, S. 113-131.

43 Auch Galtung a.a.O. und Elster a.a.O. schwächen ab: Galtung vor allem durch Einsicht in die große Zahl von Widersprüchen und ihre komplexen Zusammenhänge, die eine lineare Prozeßhaftigkeit dialektischer Entwicklungen ausschließen; Elster vor allem durch Einschaltung der intervenierenden Variablen Bewußtsein und Kommunikation.

stem, daß sie nicht ad hoc fungieren können, sondern Systematisierung voraussetzen. Sie sind, anders gesagt, auf Externalisierungen angewiesen, um die intern zu berücksichtigenden Kosten diskriminieren zu können.

Mit der Kostenrechnung werden die negativen Aspekte des Handelns präsentiert – und »vernichtet«, denn man handelt auf Grund der Kostenrechnung nur, wenn die Vorteile die Nachteile zu überwiegen scheinen. Je mehr Kosten einbezogen werden können, je mehr die Rechnung zum Beispiel auch auf Zeitkosten, auch auf psychische Kosten, auch (wie in der berühmten Kalkulation Pascals) auf Seelenheilsgefährdung[44] ausgedehnt wird, um so empfindlicher wird das Handeln gegen Widersprüche. Man braucht dann nur Entscheidungsmaximen wie die, daß die Kosten mindestens gedeckt sein müssen oder daß unter vergleichbaren Handlungen die kostengünstigste gewählt werden sollte – und schon scheiden Unmengen von Handlungen aus dem Bereich der wählbaren Möglichkeiten aus. Sie werden nur als Möglichkeiten vorgestellt, sozusagen als Antikörper produziert, um Risiken zu bannen, um Negatives zu binden.

Auch in dieser Hinsicht fallen historische Tendenzen auf, die darauf hindeuten, daß man sich seit der frühen Neuzeit und besonders seit dem 18. Jahrhundert verstärkt um eine soziale Immunologie bemüht. Zeitweise sah es fast so aus (heute nennt man das »Liberalismus«), als ob die Integration der Gesellschaft über Kostenrechnungen hinreichend gesichert werden könne: Wenn nur jeder die Belastungen, die er und alle anderen durch sein Handeln erfahren, in Form von Kosten berücksichtigen würde, käme überhaupt nur sozial kompatibles Handeln zustande[45]. Darin liegt jedoch, in der Sicht der hier vertretenen Theorie, eine Überschätzung der Funktion des Immunsystems der Gesellschaft.

Ähnlich wie die Zeitdimension und die Sachdimension kann schließlich auch die Sozialdimension der Multiplikation von Widersprüchen und so dem Ausbau des sozialen Immunsystems dienen.

44 Für eine mit modernen Mitteln gearbeitete Version siehe Hansjörg Lehner/Georg Meran/Joachim Möller, De statu corruptionis: Entscheidungslogische Einübungen in die Höhere Amoralität, Konstanz 1980.

45 Noch heute gibt es dem sehr nahekommende Auffassungen. Vgl. z. B. Abraham A. Moles/Elisabeth Rohmer, Théorie des actes: Vers une écologie des actions, Tournai 1977, S. 43 ff., insb. 57.

Das geschieht mit Hilfe einer Semantik der *Konkurrenz*. Und nicht zufällig haben wir auch damit – wie bei Nutzen, Risiko, Wahrscheinlichkeit – ein Thema berührt, dessen Karriere parallel zur Entwicklung der modernen Gesellschaft verläuft.

Von Konkurrenz kann man sprechen, wenn die Ziele eines Systems nur auf Kosten der Ziele anderer Systeme erreicht werden können. Konkurrenzsituationen können sich zwischen psychischen und/oder sozialen Systemen ergeben. Sie werden sichtbar immer dann, wenn ein System an seinen Zielen ablesen kann, daß deren Realisierung anderen Systemen die Chance nimmt oder doch mindert, ihre Ziele zu erreichen. Der Begriff artikuliert die Sozialdimension des Zielsinnes. Er setzt nicht voraus, daß die konkurrierenden Systeme selbst in Interaktion treten oder anders als durch Gesellschaft im allgemeinen an einem gemeinsamen Sozialsystem teilnehmen. Das kann der Fall sein, zum Beispiel bei Schülern in einer Schulklasse, ist aber kein zwingendes Begriffsmerkmal. Der Begriff erfordert mithin eine Theorie, die zwischen Sozialdimension und sozialem System unterscheiden kann[46]. Konkurrenz ist kein Sondertypus sozialer Systeme, sie ist ein Sondertypus sozialer Erfahrung (im Grenzfalle: eines einzigen Systems!).

Nicht alles, was in die Sozialdimension hineinverweist und auf das andere Erleben und Handeln anderer aufmerksam macht, ist schon gleich Konkurrenz. In Konkurrenz treten die verschiedenartigen Möglichkeiten nur unter der mitgesehenen Bedingung eines Zwangs zur Einheit. Am deutlichsten entstehen Konkurrenzsituationen unter der Bedingung von Knappheit, also in der Wirtschaft. Hier ist Einheit, wenn man so sagen darf, in dezentralisierter Form zugänglich: an jedem Gut, das nur einer auf Kosten anderer erhalten kann. Im politischen System ist die These der Einheitlichkeit der Machtausübung auf einem bestimmten Machtgebiet erst in der Entwicklung des neuzeitlichen Staates forciert worden, und erst recht ist die Zulassung von Konkurrenz um diese Macht in einem mehr als faktischen, nämlich institutionalisierten Sinne ein Kunstprodukt politischer Verfassungen. Vollends prekär ist die Konkurrenz auf dem Gebiete des »Geistigen« – das Thema des berühmten Vortrags von Karl Mannheim[47]. Mannheim bezieht Konkurrenz

46 Vgl. dazu oben S. 153.

47 Die Bedeutung der Konkurrenz im Gebiete des Geistigen, Verhandlungen des

auf »die öffentliche Auslegung des Seins«, ohne zu begründen, weshalb das Sein nur eine öffentliche Auslegung zulasse[48]. Wie man heute sehen kann, ist auch dies eine historische Frage[49]. Inzwischen hat sich der »Pluralismus« legitimiert mitsamt allen Folgeerscheinungen wie Theorievergleich und -diskussion, und entsprechend wird das intellektuelle Klima dekonkurrenziert. Jeder arbeitet an seiner Theorie und findet Anerkennung, wenn er Anerkennung findet, ohne das Andersdenken anderer als Widerspruch oder gar als Herausforderung empfinden zu müssen.

Die Semantik der Konkurrenz wird erst überzeugen, wenn es Gelegenheiten gibt, sie zu betätigen. Dies erfordert in sozialstruktureller Hinsicht eine hinreichende Ausdifferenzierung von Konkurrenzsituationen, und das wiederum ist nur erreichbar, wenn Konkurrenz gegen Tausch und gegen Kooperation hinreichend differenziert werden kann[50]. Die Personen, mit denen man konkur-

Sechsten Deutschen Soziologentages vom 17.-19. September 1928, Tübingen 1929, S. 35-83, zit. nach dem Neudruck in: Volker Meja/Nico Stehr, Der Streit um die Wissenssoziologie, Frankfurt 1982, Bd. 1, S. 325-370.

48 Die später entwickelte *Wissenschaftssoziologie* hat darauf nicht mehr Bezug genommen, hat anscheinend auch den Anspruch auf einheitliche öffentliche Auslegung des Seins durch die Wissenschaft stillschweigend zurückgenommen. Sie setzt Konkurrenz nur noch bei dem *Anspruch auf Originalität* an (operationalisiert durch Erstpublikation), und dieser Anspruch kann mit der jeweiligen Forschungsthematik nach Belieben dezentralisiert und diminuiert werden. Vgl. z. B. Robert K. Merton, Priorities in Scientific Discovery: A Chapter in the Sociology of Science, American Sociological Review 22 (1957), S. 635-659; Randall Collins, Competition and Social Control in Science, Sociology of Education 41 (1968), S. 123-140; Warren O. Hagstrom, Competition in Science, American Sociological Review 39 (1974), S. 1-18. Als Problem (Dysfunktion) wird die Gefahr der Zurückhaltung von Kommunikationen gesehen, nicht dagegen die Gefahr der Diminuisierung von Forschungsthemen.

49 In Mannheims Analyse fortfahrend, könnte man den vier Typen des Konsensus, der Monopolisierung, der Atomisierung und der Konzentration einen fünften Typus der Pluralisierung einbauen, hätte dann aber immer noch keinen klaren Begriff von der Einheit, die dazu zwingt, andere als Konkurrenten aufzufassen.

50 Diesen Gesichtspunkt haben vor allem Kleingruppenuntersuchungen herausgebracht. Vgl. aus einer reichhaltigen Forschung etwa Edward Gross, Social Integration and the Control of Competition, American Journal of Sociology 67 (1961), S. 270-277; L. Keith Miller/Robert L. Hamblin, Interdependence, Differential Rewarding, and Productivity, American Sociological Review 28 (1963), S. 768-778; Nicholas B. Cottrell, Means-Interdependence, Prior Acquaintance, and Emotional Tension During Cooperation and Subsequent Competition, Human Relations 16 (1963), S. 249-262; James W. Julian/Franklyn A. Perry, Cooperation Contrasted with Intra-Group and Inter-Group Competition, Sociometry 30 (1967), S. 79-90.

riert, dürfen nicht identisch sein mit den Personen, mit denen man kooperiert; und auch nicht mit den Personen, mit denen man tauscht. Die entsprechenden Sozialmodelle müssen auseinandergezogen und getrennt verwirklicht werden[51]. Die Gesellschaftsbereiche, die dafür in Betracht kommen, waren für die Durchsetzung der modernen Gesellschaft besonders bedeutsam, vor allem die an Märkten orientierte Wirtschaft, und, auf deren Empfehlung gleichsam, Wissenschaft und Politik. In jedem dieser Fälle handelt es sich nur um eine Zusatzorientierung, nie um die einzige Basis der Funktionserfüllung. Die Wirtschaft vor allem steigert neben der wirtschaftlichen Konkurrenz auch Tausch und auch kooperativ organisierte Produktion. Was also erwartet man davon, daß *auch Konkurrenz* eine Rolle spielt?

Die traditionelle Konkurrenz-Empfehlung nimmt typisch auf Einstellungen oder Motive individuellen Handelns Bezug. Konkurrenz entziehe Sicherheit und stimuliere Initiative, Leistungsmotivationen, Sensibilität für Chancen. Sie wird als Antriebsmittel, als Zwang zur Trägheitsüberwindung angesehen in dem Maße, als man glaubt, daß es auf das Individuum ankomme. Aber auch die Enttäuschung mit diesem Prinzip ist längst formuliert: Konkurrenz behindere Kommunikation und Kooperation (das heißt: die Voraussetzungen einer hinreichenden Ausdifferenzierung ließen sich nicht herstellen) und sie wirke dadurch eher fortschritts- und anpassungshemmend; das Ergebnis seien Grabenkämpfe ohne Bewegung[52].

Überführt man diese Diskussion in das Konzept einer sozialen Immunologie, wie es hier vertreten wird, dann wird zunächst einmal die Annahme zu revidieren sein, Konkurrenz bzw. Nichtkonkurrenz sei ein Strukturprinzip von gesellschaftlich erstrangiger Bedeutung, etwa das Prinzip der Unterscheidung kapitalistischer und

51 Damit sind zugleich Fragezeichen gesetzt hinter jede Sozialtheorie, die versucht, mit einem einzigen dieser Modelle auszukommen – ob es nun Kooperation oder Tausch oder Konkurrenz ist.

52 Vgl. am Beispiel Politik: Theodor Lowi, Toward Functionalism in Political Science: The Case of Innovation in Party Systems, American Political Science Review 57 (1963), S. 570-583; James D. Barber, The Lawmakers: Recruitment and Adaptation to Legislative Life, New Haven 1965, S. 1 ff. Auch die Wissenschaftssoziologie kommt heute zu eher skeptischen Einschätzungen. Siehe z. B. Daniel Sullivan, Competition in Bio-Medical Science: Extent, Structure and Consequences, Sociology of Education 48 (1975), S. 223-241.

sozialistischer Wirtschaften[53]. Es handelt sich nicht um eine systembildende Struktur, denn Konkurrenz erfordert keine Kommunikation zwischen den Konkurrenten. Sie kann Systeme generieren, aber nur, wenn sie zum Konflikt wird. Konkurrenz verstärkt nur die Widerspruchswahrnehmung in jeder durch sie geprägten Position, indem man die Auffassungen oder Absichten anderer als Provokation der eigenen empfindet und auch das Umgekehrte voraussetzt. Dies setzt, als Vehikel der Operationalisierung, eine Semantik der Einheit voraus, die das Verschiedene als Konkurrenz verbindet. Die Semantik der Einheit tritt aber nur in Sicht, wenn die Funktion der Widerspruchsamplifikation es erfordert. Die wirkliche Einheit ist die Einheit der autopoietischen Reproduktion des Systems und ihrer Immunisierung gegen die Wahrscheinlichkeit des Aufhörens. Konkurrenz muß nicht sein, auch Autopoiesis muß nicht sein. Aber ein Immunsystem kann zumindest Formen entwickeln, in denen die *Einheit* des Systems als *Selbstreproduktion* weiterläuft, und dies selbst dann, wenn Zukunft und Konkurrenten, Nutzen und Konsens *kommunikativ unerreichbar bleiben.*

Wichtige Ordnungsbegriffe des 18. und 19. Jahrhunderts wie Nutzen, Kosten und Konkurrenz werden heute oft rückblickend als Ausdruck eines übertriebenen, individualistischen Liberalismus diffamiert. Sie lassen sich jedenfalls unter dem Gesichtspunkt einer Überschätzung der wirtschaftlichen Aspekte des gesellschaftlichen Lebens relativieren. Sie haben aber auch dazu gedient, das Immunsystem der Gesellschaft auszuweiten und vom Recht auf die Wirtschaft (bzw. auf analog konstruierbare Sozialbeziehungen) auszudehnen. So gesehen lehrt diese Entwicklung, daß die Zunahme der

53 In welchem dieser Wirtschaftssysteme mehr Konkurrenz herrscht, ist denn auch empirisch eine völlig offene Frage. Man braucht nur an das Horten knapper Mittel und das informale Beschaffungswesen sozialistischer Wirtschaften zu denken, um zu sehen, wie stark Knappheit bei notwendiger Dezentralisation des Produktionsprozesses dazu führt, daß »Widersprüche« die Form der antezipierenden Konkurrenz annehmen. Insgesamt gewinnt man den Eindruck, daß das Immunsystem dieser Wirtschaftssysteme auf der offiziellen Ebene zeitorientiert gearbeitet ist, auf der inoffiziellen Ebene dagegen sozialorientiert. Auf der Ebene der Pläne geht es um zukunftsorientierte Maximierung des Nutzens, auf der Ebene des Betriebsverhaltens um Sicherung des eigenen »standing« im Verhältnis zu anderen Betrieben. Die *politische* Erzwingung des »Offiziellen« *verschärft* genau diese Differenz und legt sie inkommunikabel fest. Vgl. dazu Michael Masuch, Die sowjetische Entscheidungsweise: Ein Beitrag zur Theorie des realen Sozialismus. Kölner Zeitschrift für Soziologie und Sozialpsychologie 33 (1981), S. 642-667.

Komplexität des Gesellschaftssystems auch für das Immunsystem der Gesellschaft Konsequenzen haben muß: die Empfindlichkeit für Störungen muß entsprechend steigen. Wenn diese Formen, Störungsempfindlichkeit ins individuelle Handeln einzubauen, heute kritisiert werden, wird man die Kritiker daher mit der Frage stören müssen, wie sie denn ihrerseits für hinreichende Immunisierung sorgen wollen. Man kann nur vermuten, daß ein grenzenloses, wenn auch uneingestandenes Vertrauen in Bürokratie dahintersteht. Aber gerade Bürokratie ist bekanntlich ein System mit sehr geringer Störempfindlichkeit.

VII

Widersprüche sind, so hatten wir gesagt, im System selbst konstituierte Synthesen, Zusammenfassungen von Sinnmomenten unter dem Gesichtspunkt der Unvereinbarkeit. Die Synthetisierung von Widersprüchen kann natürlich nicht beliebig erfolgen, sie ist aber auch nicht durch eine Ontologie schon fest determiniert; sie hängt mit anderen Konstitutionsleistungen im System zusammen. Zum Beispiel wird Raum dadurch konstituiert, daß man davon ausgeht, daß zwei verschiedene Dinge nicht zur gleichen Zeit die gleiche Raumstelle einnehmen können[54]. Auch die Logik konditioniert, wenn sie einmal in Funktion gesetzt ist, die Konstitution von Widersprüchen und läßt sie als nicht-beliebig erscheinen. Raum und

54 Das Verhältnis sozialer Systeme zur Konstitution von Raum bedürfte im Anschluß an dieses Konzept von Widerspruch genauerer Klärung. Einerseits finden soziale Systeme die Realrepugnanz anderer Systeme mitsamt einer räumlichen Autopoiesis des Lebens immer schon vor (genau so wie sie die Irreversibilität der Zeit vorfinden). Andererseits ist die Vorstellung des Raumes als durch Raumstellen organisierte Widerspruchsvermeidung ihre Leistung. Im Anschluß daran kann die Widerspruchsbehandlung dekomponiert werden – zum Beispiel als scharfe Grenze, in Bezug auf die alles entweder auf der einen oder auf der anderen Seite und nichts auf beiden Seiten zugleich ist; oder als Distanz zwischen Extrempunkten, die im Verhältnis zu jedem ein »Näher« bzw. »Ferner« ordnet und dabei die wechselseitige Exklusivität von Maßzahlen festlegt. (Siehe die Unterscheidung von »cuts« und »scales« bei C. K. Ogden, Opposition, 1932, Neudruck Bloomington 1967, S. 58 ff.). Vor allem aber scheint der Raum das Grundmodell für die Entwicklung der Logik zu sein. Am Raum lernt man Logik. So wie es ausgeschlossen ist, dort ein Haus zu bauen, wo schon ein Haus steht, muß es auch ausgeschlossen sein, ein Haus mit den Eigenschaften eines anderen Hauses zu denken. In dem Maße, als die Logik in nichträumliche Verhältnisse expandiert, wachsen dann auch die Freiheitsgrade und Kontrolleistungen in der Fixierung von Widersprüchen.

Logik synthetisieren Widersprüche jedoch nur, um sie zu vermeiden. Sie sind Sondereinrichtungen zur Negation von Widersprüchen. Soziale Systeme brauchen aber Widersprüche für ihr Immunsystem, für die Fortsetzung ihrer Selbstreproduktion unter heiklen Umständen. Die Frage ist deshalb: *ob die Logik* (einschließlich der Logik des Raumes) *dafür genügend Widersprüche produziert.* Oder anders formuliert: kommen soziale Systeme mit logischen Widersprüchen aus, wenn es darum geht, sich zu alarmieren?

Auch dieses Problem wird über Strukturbildung gelöst. Es wird in die Form von Widersprüchen zwischen Erwartungen gebracht. Sie können sich logisch widersprechen, wenn sie Eigenschaften oder Verhaltensweisen betreffen, die am gleichen Objekt nicht zur gleichen Zeit möglich sind. Solche gleichsam sichtbaren und durch Hinsehen lösbaren Widersprüche können vermehrt werden, wenn man die Zeitdimension einbezieht[55]. Wir hatten gesagt, daß die Zeit Widersprüche sowohl vermehrt als auch verringert. Dies wird genutzt. Man rechnet Inkompatibilitäten, die sich im Laufe der Zeit ergeben können, auf die Gegenwart zurück. Man kann nicht zugleich in London und in Paris sein. Man kann es nacheinander. Aber wenn ich jetzt nach London reise, ist für einen gewissen Zeitraum festgelegt, daß ich nicht in Paris sein kann. Deshalb wird der Plan, nach London und nach Paris zu reisen, in der Gegenwart zum Widerspruch, den man nur durch Inanspruchnahme von mehr Zeit auflösen kann. Wenn nun Zeit als knapp angesetzt wird, vermindert sich ihr Widerspruchslösungs- und vermehrt sich ihr Widerspruchserzeugungspotential. Wenn ich erst nach der Reise nach London nach Paris fahre, habe ich das Problem, daß ich in Paris sein werde zu einem Zeitpunkt, in dem ich schon wieder zu Hause sein müßte. Also muß ich den einen oder den anderen Reiseplan aufgeben und den Widerspruch nicht lösen, sondern entscheiden.

Solche Raum/Zeit-Widerspruchsprobleme werden seit dem 18. Jahrhundert ihrerseits zugleich gesteigert und abgeschwächt: gesteigert durch vermehrte Reiseerwartungen und abgeschwächt durch Beschleunigungen: im 18. Jahrhundert durch Verbesserung der Straßen und Kutschen, im 19. Jahrhundert durch Eisenbahnbau, im 20. Jahrhundert durch Flug und im 21. Jahrhundert vermutlich durch Ersetzung des Reisens durch Telekommunikation.

55 Vgl. oben unter VI über Zeit als Multiplikator von Widersprüchen.

Zeitknappheit hat aber viele andere Konsequenzen. Vor allem werden bei einer festen Grenzziehung zwischen Arbeit und Freizeit – einem Organisationserfordernis! – Arbeitszeit und Freizeit knapp. Für die Unendlichkeit des nur durch den ungewissen (jederzeit möglichen) Tod begrenzten Zeithorizontes werden durch Differenzierung jeweils zwei begrenzte und dadurch knappe Zeitmengen substituiert. Die Arbeitszeit ist selbst dann knapp, wenn sie sich infolge der Mühsal oder der Langeweile endlos dehnt und man alle drei Minuten auf die Uhr schaut. Die Freizeit ist selbst dann knapp, wenn man nicht weiß, was man mit ihr anfangen soll. Die Knappheit beruht auf der Summenkonstanz, die durch die Differenzierung bewirkt ist. Sie ist dem Einzelnen durch Systemdifferenzierung zudiktiert und vermehrt so im täglichen Leben die Sensibilität für Widersprüche.

Da Knappheit nicht auf Zeitdruck beruht, sondern auf Zeitstrekkenbegrenzung, ist sie mit sehr verschiedenen Lastenverteilungen kompatibel. Sie wird vom Management anders erfahren als vom Arbeiter, vom Lehrer anders als vom Schüler. Sie produziert auch bei sorgsamer Vermeidung jedes Eindrucks von »Herrschaft« Widersprüche nach dem Herr/Knecht-Schema, nämlich Hektik oben und Langeweile unten mit entsprechend widersprüchlicher Doppelung der Kontingenz. Da künstliche Zeitgrenzen, Zeitmessungen, Fristen und Uhren zu den Selbstverständlichkeiten des Alltags gehören, werden sie als Willkür nicht mehr wahrgenommen; die Widersprüche werden, in etwas altertümlicher Weise, Personen oder Personengruppen zugerechnet, die sich anders verhalten, als man aus der eigenen Zeitknappheitslage heraus erwartet.

Zusätzlich zu dieser Widerspruchssteigerung durch Zeitbegrenzungen wirkt die Zeit auch dadurch widerspruchsmehrend, daß sie es ermöglicht, Zukünftiges auf die Gegenwart zurückzurechnen und hier, obwohl es noch gar nicht aktuell ist, schon als Widerspruch zu erfahren. Dies geschieht hauptsächlich durch Kausalanalyse. Man sieht gleichsam an den Kausalitäten entlang schon jetzt, daß man sich durch bestimmtes Handeln bzw. Nichthandeln künftige Möglichkeiten eröffnet bzw. verbaut. Dadurch wird die Herrschaft der aktuellen Situation über die Gegenwart eingeschränkt, man muß verzichten, Befriedigungen vertagen, sparen, sich ausbilden lassen, obwohl die Gegenwart sehr viel verlockendere Möglichkeiten bietet. Aber man denke auch daran, wie das 18. Jahrhundert – von

Richardson bis Rousseau – Sensibilität aufbläht mit all den Verwicklungen und Folgelasten, die das für den Einzelnen mit sich bringt, und man hat ein Beispiel dafür, daß auch die Sozialdimension zur Steigerung widersprüchlicher Zumutungen – Ehen zu dritt und dergleichen – benutzt werden kann.

Eigentümlicherweise hat besonders die zeitliche Vermehrung von Widersprüchen immer als rational gegolten. Schon in der älteren Lehrtradition galt »prudentia« in genau diesem zeitbezogenen Sinne als auszeichnendes Merkmal der rationalen Substanzen: der Menschen im Unterschied zu den Tieren. Seit der zweiten Hälfte des 17. Jahrhunderts werden Perspektiven dieser Art sehr verstärkt, vor allem durch Hinzunahme von Wahrscheinlichkeitsrechnung und Risikokalkül, die den Bereich der als ausreichend sicher geltenden Kausalitäten erweitern, und durch Universalierung der Legitimation durch nützliche Folgen – ein Gesichtspunkt, der zuvor den Unterschichten vorbehalten war. Die Zukunft wird zum Horizont konfligierender Handlungsfolgen. Auch außerhalb der bezweckten Folgen eintretende Nebenfolgen sollen nach Möglichkeit vorher einkalkuliert werden; selbst dafür wird noch moralische Verantwortung reklamiert. Verantwortung ist dann nicht mehr nur beim »Dirigieren der Intention« zu akzeptieren, sie hat unter dem Gesichtspunkt von »Verantwortungsethik« die Gesamtzukunft einzubeziehen[56].

Man kann Widerspruchsvermehrungen, wenn nicht für rational, so doch für funktional halten, wenn man ihre Alarmierfunktion im Immunsystem der Gesellschaft bedenkt. Das führt aber sogleich auf die Frage (und erst nach deren Beantwortung könnten wir von Rationalität sprechen), was denn nach dem Alarm geschieht. Alarm braucht nicht gleich à l'arme zu bedeuten; aber man fragt sich: was sonst. Rationale Entscheidungstechniken führen angesichts von Wertungswidersprüchen bekanntlich nicht sehr weit. Auch Substi-

56 Zu Tendenzen dieser Art, gesehen unter Weberschen und Parsons'schen Gesichtspunkten, Wolfgang Schluchter, Die Entwicklung des okzidentalen Rationalismus: Eine Analyse von Max Webers Gesellschaftsgeschichte, Tübingen 1979. Gerade in diesem Zusammenhang sind übrigens Vorschläge, über Parsons zu Weber zurückzukehren, verständlich. Mehr als Parsons hatte Weber Verständnis für das Konfliktvermehrungspotential des modernen Rationalismus; nur fehlt dem engagierten Impressionismus Webers eine überzeugende Theorie. Nur eine ausreichende theoretische Analyse kann jedoch Zweifel wecken, ob und wieso denn diese Technik der Vergegenwärtigung von Widersprüchen überhaupt den Titel der Rationalität verdient.

tute für logische Widerspruchseliminierungen: hermeneutische Sinnklärungen oder Begründungsdiskurse, werden nicht viel helfen, wenn sie jedem zur Verfügung stehen, der sich für etwas im Widerspruch zu anderem einsetzt – zum Beispiel für oder gegen Atomenergie. Wenn zu akzeptieren ist, daß wir so viele Widersprüche brauchen, weil nur so unsere Gesellschaft sich (und das heißt hier: die Gesamtheit der Sozialsysteme) vor ihren eigenen Folgen warnen kann, wäre die soziologische Analyse aufgerufen zu klären, was man mit diesen Widersprüchen anfangen kann; oder: wie sie unter welchen Bedingungen wahrscheinlich prozessiert werden. Das führt uns zu Problemen einer Theorie des Konflikts.

VIII

Besonders für die ältere Soziologie der ersten Jahrzehnte dieses Jahrhunderts war die Allgegenwart von Konflikten in der Gesellschaft eine Selbstverständlichkeit. Es fehlt nicht an entsprechenden Aussagen[57]. Der damals angesehene Sozialdarwinismus verlieh solchen Hinweisen Plausibilität, ohne daß viel Begriffsarbeit oder Forschung aktiviert werden mußte[58]. Das Lehrbuch von Davis und Barnes, das den Pionieren der amerikanischen Soziologie gewidmet ist, bietet nur noch eine psychologische Erklärung für das, was »the universality of conflict« genannt wird[59]. Seitdem wird die Vernachlässigung des Themas beklagt, was aber nur bedeuten kann: ein Nichtweiterkommen der theoretischen und empirischen Bemühungen. Manches spricht dafür, daß die Konflikttheorie heute selbst zu sehr in Konflikt mit anderen theoretischen Bemühungen geraten ist und dadurch ihre eigene Entwicklung selbst behindert hat. Wir schlagen einen Neubeginn vor – nicht als Alternative zu, sondern auf der Basis von Systemtheorie[60].

57 Einige Hinweise bei Lewis A. Coser, Theorie sozialer Konflikte, Neuwied 1965, Neudruck 1972, S. 13 ff.

58 »All activity is a clash of atoms or of thoughts, and the scientific man does not need to waste his time in disputing with those who look for the elimination of strife from human affairs«, heißt es z. B. bei Franklin H. Giddings, The Principles of Sociology, New York 1896, S. 100, und leider wird damit offenbar auch die Bemühung um mehr begriffliche Genauigkeit als waste of time beiseitegeschoben.

59 Jerome Davis/Harry Elmer Barnes, An Introduction to Sociology (1927), 2. Auflage Boston 1931, S. 440.

60 Vgl. zum Folgenden erneut: Niklas Luhmann, Konflikt und Recht, a.a.O.

Von Konflikten wollen wir immer dann sprechen, wenn einer Kommunikation widersprochen wird. Man könnte auch formulieren: wenn ein Widerspruch kommuniziert wird. Ein Konflikt ist die operative Verselbständigung eines Widerspruchs durch Kommunikation. Ein Konflikt liegt also nur dann vor, wenn Erwartungen kommuniziert werden und das Nichtakzeptieren der Kommunikation rückkommuniziert wird. Die Erwartung braucht sich nicht auf das Verhalten dessen zu beziehen, der ablehnt; sie kann auch Dritte betreffen oder in einer Zustandsbeschreibung bestehen, die der, dem sie mitgeteilt wird, nicht glaubt – *sofern er es sagt.*
Der Konfliktbegriff ist damit auf einen präzise und empirisch faßbaren Kommunikationsvorgang bezogen: auf ein kommuniziertes »Nein«, das eine vorherige Kommunikation beantwortet. »Leihst Du mir Deinen Wagen?«, – »Nein«. »Die Kapitalisten beuten uns aus«, – »Ich glaube nicht an Kapitalisten«. »Im Odeon soll ein guter Film laufen«, – »hmm, – ich weiß nicht. . .« Jede Art von Erwartungsausdruck ist einbezogen, sofern nur an der Reaktion ablesbar ist, daß die Kommunikation verstanden worden ist; und jede Abschwächung der Ablehnung fällt in den Bereich unseres Begriffs, sofern nur erkennbar ist, daß es sich um eine Ablehnung handelt. Für den Konflikt müssen also *zwei* Kommunikationen vorliegen, die einander widersprechen; die Einheit der Sinnform Widerspruch synthetisiert zwei Kommunikationen, die jeweils ihrerseits soziale Synthesen dreier Selektionen sind[61], und der Konflikt übernimmt für eine Weile die Autopoiesis, die Weiterführung der Kommunikation.
Es ist demnach prinzipiell verfehlt, Konflikte auf ein Versagen von Kommunikation zurückzuführen (so als ob Kommunikation etwas »Gutes« sei, das scheitern könne). Die Kommunikation ist der autopoietische Prozeß sozialer Systeme, der weiterläuft über alle kooperativen oder antagonistischen Episoden hinweg, solange er weiterläuft. Konflikte dienen also gerade der Fortsetzung der Kommunikation durch Benutzung einer der Möglichkeiten, die sie offen hält: durch Benutzung des Nein. Damit ist der Konfliktbegriff deutlich gegen bloß vermutete, bloß beobachtete Gegensätze abgehoben. Eine allgemeine Widerspruchslage, ein Interessengegensatz, eine wechselseitige Schädigung (ein Auto schrammt ein anderes) ist

61 Dies schließt an den in Kapitel 4 eingeführten Kommunikationsbegriff an.

noch kein Konflikt[62]. Trotzdem ist unser Begriff in die Grundbegriffe soziologischer Theorie eingebaut: es handelt sich um eine besondere (jederzeit mögliche) Realisation von *doppelter Kontingenz*, es handelt sich um *Kommunikation*, es handelt sich nach all dem um ein *soziales System besonderer Art*.

Konflikte sind demnach soziale Systeme, und zwar soziale Systeme, die sich aus gegebenen Anlässen in anderen Systemen bilden, die aber nicht den Status von Teilsystemen annehmen, sondern parasitär existieren. Ihr Auslöseanlaß und der Katalysator ihrer eigenen Ordnung ist eine Negativversion von doppelter Kontingenz: Ich tue nicht, was Du möchtest, wenn Du nicht tust, was ich möchte. Die doppelte Negation hat zwei Seiten: einerseits läßt sie als Negation völlig offen, was positiv geschieht; andererseits gewinnt sie durch die Doppelung die Möglichkeit der Selbstreferenz und damit eine eigentümliche Präzision: Ego betrachtet (zunächst in Grenzen, dann allgemein) das, was Alter schadet, eben deshalb als eigenen Nutzen, weil er annimmt, daß Alter das, was Ego schadet, als eigenen Nutzen ansieht. Entsprechendes gilt für Alter. Auf *beiden* Seiten also *doppelte* Kontingenz[63]. Das Interpretationsmuster rastet

62 Sehr viele Begriffsbestimmungen sind in dieser Hinsicht bedauerlich unscharf. Siehe als willkürlich herausgegriffene Beispiele: »alle strukturell erzeugten Gegensatzbeziehungen von Normen und Erwartungen, Institutionen und Gruppen« (Ralf Dahrendorf, Gesellschaft und Freiheit: Zur soziologischen Analyse der Gegenwart, München 1961, S. 125); »A conflict exists whenever incompatible activities occur« (Morton Deutsch, Resolution of Conflict: Constructive and Destructive Processes, New Haven 1973, S. 10); »der Interessengegensatz und die daraus folgenden Auseinandersetzungen und Kämpfe zwischen Individuen und Gruppen, insbesondere zwischen Schichten, Klassen« (Lexikon zur Soziologie, 2. Aufl. Opladen 1978, S. 410). Solche und ähnliche Definitionen sind durch das Bemühen gekennzeichnet, strukturelle Bedingungen für Konflikte (und insofern »mögliche« Konflikte) und Konflikte auf der Verhaltensebene *in einen Begriff zusammenzuziehen*. Wir halten das für eine falsche Begriffstechnik. Gerade wenn man die strukturelle Auslösung von Konflikten (das Leitmotiv solcher Begriffsbildungen) empirisch untersuchen will, muß man den Begriff selbst unabhängig davon definieren.

Diskutabel wären solche Begriffsbildungen allenfalls, wenn ihnen bewußt die Intention zu Grunde läge, einen differenzlosen Begriff zu bilden, das heißt einen Begriff, der nichts ausschließt. Eine solche Soziologie würde den Konfliktbegriff an die Stelle setzen, wo in der hier vertretenen Theorie der Sinnbegriff steht; sie würde schlicht sagen (was wir natürlich ebenfalls sagen), daß jeder Sinn in seinen sozialen Verweisungen mögliche Gegensätze impliziert. Man denke nur an den Sonnenurlaub: sie bräunt sich, er sucht den Schatten.

63 Vgl. oben Kapitel 3 II.

bei den Erwartungen in Bezug auf alter Ego ein: Ego nimmt an, daß Alter (als alter Ego) das Konfliktmuster schon praktiziert (wie immer vorsichtig, verdeckt, begrenzt) und zieht daraus für sich die Konsequenzen. Alter beobachtet dies und und zieht daraus für sich die Konsequenzen. Ein Konflikt kann deshalb objektiv fast anlaßlos entstehen. Es genügt, wenn auf eine wie immer vage Erwartungsannahmezumutung mit einem wie immer vorsichtigen Nein reagiert wird. Ein solches Ereignis legt es nahe, und je deutlicher es formuliert wird, um so zwingender ist es, auf das Nein als Nein zu reagieren, sei es mit Versuchen der Ummotivierung, sei es schließlich mit puren Sanktionen nach dem Schema: mir nützt, was Dir schadet.

Konflikte sind mithin soziale Systeme, die genau nach dem Muster doppelter Kontingenz gearbeitet sind; und es sind hoch integrierte Sozialsysteme, weil die Tendenz besteht, alles Handeln im Kontext einer Gegnerschaft unter diesen Gesichtspunkt der Gegnerschaft zu bringen[64]. Hat man sich einmal auf einen Konflikt eingelassen, gibt es kaum noch Schranken für den Integrationssog dieses Systems – es sei denn solche der Umwelt, der Verhaltenszivilisation, des Rechts; darauf kommen wir zurück. Anders als oft angenommen (aber mehr unterstellt als begründet wird), ist Gegnerschaft also ein Integrationsfaktor ersten Ranges und gerade dadurch problematisch. Er zieht inhaltlich noch so heterogene Handlungen unter dem Gesichtspunkt der negativen doppelten Kontingenz zusammen und fügt sie in das System ein: *Jeder* kann *alle* Möglichkeiten aktualisieren, die den anderen benachteiligen, und je mehr dies geschieht, um so mehr ist es plausibel. Das System erreicht zu hohe Interdependenz: ein Wort gibt das andere, jede Aktivität muß und kann mit irgendwelchen anderen beantwortet werden. Die destruktive Kraft des Konflikts liegt nicht in ihm selbst und erst recht nicht in den Schäden an Reputation, Handlungspotential, Wohlstand oder Leben, die er den Beteiligten zufügt; sie liegt in dem Verhältnis zum System, in dem der Konflikt Anlaß und Ausgang gefunden hatte – etwa im Verhältnis zum Nachbarn, in der Ehe oder Familie, in der

64 Die These, Konflikte seien (zu) stark integrierte Sozialsysteme, sollte nicht verwechselt werden mit einer anderen, in der klassischen Konfliktsoziologie üblichen: daß *aus Anlaß* von Konflikten *auch positive* Sozialbeziehungen entstehen können. Dazu im Anschluß an Simmel Lewis A. Coser, Theorie sozialer Konflikte, Neuwied 1965, Neudruck 1972, insbes. S. 142 ff.

politischen Partei, im Betrieb, in den internationalen Beziehungen usw. Insofern eignet sich die Metapher der parasitären Existenz von Konflikten; aber das Parasitentum ist hier typisch nicht auf Symbiose angelegt, sondern tendiert zur Absorption des gastgebenden Systems durch den Konflikt in dem Maße, als alle Aufmerksamkeit und alle Ressourcen für den Konflikt beansprucht werden.

Konflikte erreichen zugleich, was man mit Loyalitätsappellen zumeist vergeblich zu erreichen versucht: eine hohe Bindungswirkung im Verhältnis von Interpenetration[65] und Struktur. Dies gilt nicht nur für Solidarisierungen innerhalb der streitenden Parteien, sondern auch und gerade für die Gegnerschaft selbst. Wer seinen Feind verliert, wird dann eine eigentümliche Leere fühlen; ihm fehlen die Handlungsmotive, auf die er sich selbst verpflichtet hatte. Ihm werden Möglichkeiten fehlen, die vielen Okkasionalitäten zu einer Geschichte zusammenzufassen, wenn der Konflikt als eine relativ zeitbeständige Identifikationslinie ausfällt[66]. Es gibt wenig andere Möglichkeiten, im Bereich sozialer Systeme die Einheit von Generalisierung und Handlungsverpflichtung mit starker Beteiligung innerer Motive so weit zu treiben.

Erst seitdem die Systemtheorie es aufgegeben hat, Systeme durch sehr hohe oder sogar vollständige Interdependenz zu definieren[67], kann man begrifflich unbefangen analysieren, welche Probleme mit zu hohen Interdependenzen verbunden sind, und Konflikte sind das Paradebeispiel für eine solche Analyse. Hochinterdependente Systeme werden zwangsläufig rücksichtslos gegenüber ihrer Umwelt, weil im voraus festgelegt ist, in welchem Sinne sie Materialien und Informationen verwenden; und sie müssen intern hohe Elastizität in die Elemente (Ereignisse, Handlungen) auslagern, wenn strukturell gewährleistet sein soll, daß (mehr oder weniger) alles mit allem zusammenhangt und jedes Vorkommnis alle anderen betref

65 Wir greifen hier auf den in Kapitel 6, IV eingeführten Begriff zurück.

66 Hierzu für den Bereich von Organisationskonflikten Andrew M. Pettigrew, The Politics of Organizational Decision-Making, London 1973, insbes. S. 76 ff.

67 So z. B. Lawrence J. Henderson, Pareto's General Sociology, Cambridge Mass. 1935, S. 11 ff. für physische, S. 15 ff. für soziale Systeme. Die Wende ist vor allem den informationskybernetischen Analysen von Ashby und der genaueren Berücksichtigung von Komplexitäts- und Zeitproblemen zu danken. Vgl. auch James D. Thompson, Organizations in Action: Social Sciences Bases of Administrative Theory, New York 1967, passim, insbes. S. 52 ff.; Robert B. Glassman, Persistence and Loose Coupling in Living Systems, Behavioral Science 18 (1973), S. 83-98.

fen kann. Für Konflikte heißt dies: strukturell eine scharfe Reduktion auf eine Zweier-Gegnerschaft (oder bei mehr als zwei Beteiligten: Tendenzen zur Reduktion auf zwei Parteien durch Koalitionsbildung) und auf der Ebene des Handelns: Offenheit für fast alle Möglichkeiten des Benachteiligens, Zwingens, Schädigens, sofern sie sich nur dem Konfliktmuster fügen und den eigenen Interessen nicht zu stark widersprechen.

Diese beiden Charakterisierungen: scharfe strukturelle Reduktion auf eine Zweiergegnerschaft und hohe Offenheit für die Rekrutierung von Elementen zur Selbstreproduktion des Systems, werden uns im folgenden Abschnitt dazu dienen, die Ansatzpunkte für eine Regulierung von Konflikten zu diskutieren. Zunächst muß die Charakterisierung des Konflikts als eines sozialen Systems besonderer Art vervollständigt und abgeschlossen werden. Eines der wichtigsten Momente ist die hohe Beliebigkeit, fast Voraussetzungslosigkeit des Anfangens und entsprechend die immense Häufigkeit von Konflikten. Konflikte sind Alltagsbildungen, entstehen überall und sind zumeist rasch bereinigte Bagatellen. Eine »Konflikttheorie«, die die strukturelle Veranlassung mit in den Konfliktbegriff aufnimmt oder gar nur »Klassenkonflikte« oder »Herrschaftskonflikte« als Konflikte im eigentlichen Sinne gelten läßt, verliert dieses Phänomen der Massenhaftigkeit und Bedeutungslosigkeit des Vorkommens aus den Augen (und bezieht dafür Sachlagen, die noch gar nicht zu wirklichen Auseinandersetzungen führen, mit in die Theorie ein). Wir legen statt dessen Wert auf die Möglichkeit, die Frage zu stellen, welche Bedingungen eigentlich dazu führen, daß einige von den vielen Konflikten nicht sofort wieder verschwinden, nicht auf der Ebene kurzfristiger Interaktionen schon absorbiert werden, sondern weitreichende Folgen, lange Dauer, große gesellschaftliche Breitenwirkung erzielen; welche Bedingungen insbesondere dazu führen, daß Konflikte weitere Konflikte stimulieren oder rekrutieren, erzeugen und in eine gemeinsame Front aggregieren. Auch Konflikte unterliegen, wir nennen das nicht »Konfliktlösung«, einer natürlichen Tendenz zur Entropie, zur Erschlaffung, zur Auflösung angesichts anderer Interessen oder Anforderungen: Man wird es leid, man hört auf sich zu streiten, man geht auseinander, läßt etwas Zeit verstreichen und knüpft bei anderen Themen wieder an. Der vergangene Konflikt wird dann gleichsam eingekapselt, wird ein verhärtetes Knöllchen, das man nicht mehr berührt, das die Zirkulation auf anderen Wegen aber auch nicht wesentlich behindert. Wenn dies oder das völlige Vermeiden weiterer Kontakte der Normalweg ist, den Konflikte nehmen: was prädestiniert sie dann ausnahmsweise doch zu einer großen gesellschaftlichen Karriere?

Im Vorgriff auf das folgende Kapitel müssen wir diese Frage durch Hinweis auf die Differenz von Interaktion und Gesellschaft beantworten: Interaktion als Sozialsystem begriffen, das unter Anwesenden entsteht, und Gesellschaft als Gesamtheit aller erwartbaren sozialen Kommunikationen. Wenn in interaktionellen Konflikten (die wohlgemerkt immer auch gesellschaftliche Konflikte sind) Anzeichen einer die Interaktion überschreitenden gesellschaftlichen Relevanz auftauchen, ist die Wahrscheinlichkeit höher, daß der Konflikt verbreitet, vertieft, perpetuiert wird. So mag an den Konfliktthemen eine Verweisung auf Politik erkennbar sein und mit ihr ein Anhaltspunkt für mögliche Unterstützung durch Außenstehende. Auch Moral und vor allem Recht wirken konfliktfördernd, indem sie in Aussicht stellen, daß man mit der eigenen Position auf der richtigen Seite liegt und die Gegenseite der öffentlichen Ablehnung oder gar der Sanktionierung durch Gerichte aussetzen kann. Auch wissenschaftliche Beweisführung mag für Konflikte Mut und Rükkendeckung gewähren. So können Ärzte Konflikte riskieren (und ihre Interessenvertretungen gehören zu den streitbarsten in der Politik), weil sie wissen, wie Krankheiten geheilt werden und ihren Gegner darauf hinweisen können, daß es sich um sein eigenes Begräbnis handeln wird. Wenn niemand die Abgabe von Reichtum erzwingen kann, gehört auch Kapital zu den gesellschaftlichen Konfliktsteigerungsquellen. Zu den großen Errungenschaften der sog. kapitalistischen Gesellschaft gehört eben dies: Kapitalbesitzer mit Ablehnungsfähigkeit und dadurch mit Konfliktfähigkeit gegenüber einer Politik auszustatten, die gleichwohl technisch souverän und in der Disposition über politische Mittel autonom gestellt ist.

Bei all dem geht es nicht einfach darum, daß die Interaktion für kleine, die Gesellschaft für große Konflikte zuständig ist. Eine solche Mikro-/Makro-Aufteilung würde verkennen, daß auch Interaktionssysteme in der Gesellschaft und nur in der Gesellschaft reproduziert werden. Die strukturelle Selektion bedeutsamer Konflikte wird durch die *Differenz* von Interaktionssystem und Gesellschaftssystem bewirkt – eine Differenz, die erkennbar macht, daß der gesellschaftliche Konflikt in der Interaktion nicht nur für das Interaktionssystem bedeutsam ist, sondern Anschlußfähigkeit besitzt für soziale Verhältnisse außerhalb der Grenzen der gerade vorliegenden Interaktion. Somit ist es die Grenze, die Interaktionssystem und übrige Gesellschaft trennt, die die Symptome vermittelt, an Hand derer man erkennen kann, ob ein interner Konflikt extern Anschlußfähigkeit besitzt oder nicht, und vor allem Moral und Recht dienen der Operationalisierung einer solchen Symptomatik.

Wo Recht und Moral hierfür nicht ausreichen, können auch Spezialorganisationen entstehen, die ihre Aufgabe darin sehen, Einzelkonflikte als gesellschaftlich bedeutend auszuwählen und aufzuwerten. Gewerkschaften erfüllen mehr oder weniger häufig diese Funktion. Auch die Semantik der »Diskriminierung« hat genau diese Konfliktaufwertungsfunktion übernommen: Ein Homosexueller wird entlassen, ein Gegner der Verfassung nicht in den öffentlichen Dienst eingestellt, eine Frau flüchtet aus der ehelichen Wohnung, ein Neger findet keine Unterkunft – und schon stehen Organisationen und Terminologien bereit, um dem Konflikt eine allgemeine Bedeutung zu verleihen. Solche Fälle zeigen im übrigen, daß das Recht für die Sensibilisierung gegen Fehlverhalten nicht mehr ausreicht und den, der sich im Recht befindet, sogar Gegenpressionen preisgibt. Das wiederum sind Indikatoren für Veränderungen im Immunsystem der Gesellschaft. Widersprüche und alarmierende Ereignisse werden umkonditioniert, Sensibilitäten verlagert, Neinsagebereitschaften verstärkt bzw. abgeschwächt, und man wird nicht fehlgehen mit der Vermutung, daß solche Veränderungen auf einen Strukturwandel der Gesellschaft selbst hindeuten.

IX

Unter systemtheoretischen Gesichtspunkten fragen wir nicht nur nach der »Lösung« und schon gar nicht nach einem »guten Ende« von Konflikten, sondern vor allem nach ihrer *Konditionierbarkeit.* Auch Konflikttheoretiker hängen oft, und selbst wenn sie das Gegenteil beteuern, dem Traum einer konfliktfreien Gesellschaft an. Teils wird angenommen, daß Konflikte Kräfte für ihre eigene Lösung mobilisieren, teils werden Wege für eine möglichst schadenfreie, möglichst »friedliche« Regulierung von Konflikten gesucht. Das sind mehr oder weniger politische Programme: Verringerung der Gewalt und Vermehrung des Konsenses bei Konstanthalten der Ordnungsleistung. Sie haben als politische Programme ihr eigenes Recht (und auch das Recht auf wissenschaftliche Unterstützung). Im Rahmen eines Theoriekonzepts, das sich nicht als nette, kooperationsbereite Theorie empfiehlt, sondern sich für die Normalisierung des Unwahrscheinlichen interessiert[68], muß jedoch eine andere, umfassendere Fragestellung angestrebt werden, für die dann »Konfliktlösung« nicht Ziel ist, sondern eher Nebenprodukt der Reproduktion von Konflikten, und zwar ein Nebenprodukt, über das man durchaus auch skeptisch urteilen kann.

Als Ausgangspunkt stehen uns die folgenden Thesen der Systemtheorie zur Verfügung:

1) Immunereignisse stehen in großen Mengen als kommunizierte Ablehnung zur Verfügung. Sie sind als solche, als Einzelereignisse jedoch ohne weittragende Bedeutung; sie müssen, um ein Immunsystem bilden zu können, systematisiert, nämlich zusammengefaßt und dadurch wechselseitig verstärkt werden. Das geschieht durch Konditionierung ihrer Verwendung.
2) Aller Aufbau von Systemkomplexität erfolgt über Konditionierung, das heißt über Festlegung von Bedingungen, unter denen Zusammenhänge zwischen Elementen hergestellt bzw. nicht hergestellt werden (bzw. für wissenschaftliche Analyse: beobachtet werden können, begründet erwartbar sind, »gelten«)[69].
3) Konflikte sind operationalisierte, Kommunikation gewordene Widersprüche. Sie ermöglichen die Konditionierung von Immunereignissen. Sie machen auf Probleme aufmerksam, und dies bei hinreichender Zukunftssensibilität, also bei temporaler Extension der Synthese von Widersprüchen, möglichst frühzeitig.
4) Als soziale Systeme sind Konflikte autopoietische, sich selbst reproduzierende Einheiten. Einmal etabliert, ist ihre Fortsetzung zu erwarten und nicht ihre Beendung. Die Beendung kann sich nicht aus der Autopoiesis selbst ergeben, sondern nur aus

68 Vgl. dazu aus einem früheren Anlaß oben Kap. 3, III.

69 Der Begriff »Konditionierung« ist oben Kap. 1, II unter 5, eingeführt und erläutert worden.

der Umwelt des Systems – etwa dadurch, daß einer der beiden Streitenden den anderen erschlägt und dieser damit für die Fortsetzung des sozialen Systems Konflikt ausfällt.[70].

Zusammengefügt und koordiniert ermöglichen diese vier Thesen eine weiterführende Problemstellung. Sie fragt danach, welche Zusammenhänge bestehen zwischen einer Konditionierung in Konfliktsystemen und der Funktion von Widersprüchen, mobile Alarmsignale und Dirigierung von Aufmerksamkeit für Probleme bereitzuhalten. Oder praktisch gefragt: Wird die Konditionierung von Konflikten als Mittel der Unterhaltung eines Immunsystems eingesetzt, und wie geschieht das?

Wir gehen davon aus, daß das Neuanfangen von Konflikten, das ist der Mut zur Ablehnung von Sinnzumutungen, in einem zwar nicht zwingenden, aber hochwahrscheinlichen Zusammenhang steht mit den Reproduktionschancen des Konflikts. Man wird nicht »nein« sagen, wenn man keine Aussichten sieht, dies durchzuhalten. Wenn dies so ist, sind die Bedingungen, die die Reproduktion von Konflikten, ihre Konsolidierung als System ermöglichen, der eigentliche Schlüssel zum Problem. Eine Gesellschaft muß hinreichend viele, noch unbesetzte Konfliktchancen bieten, will sie ihr Immunsystem reproduzieren, und dies kann, da das System mobil und ad hoc motivierbar sein muß, nicht durch Vorschreiben der Konfliktanfänge geschehen[71], sondern eben durch Konditionierung der Re-

70 Selbst gegen diese, gewissermaßen »natürliche« Form der Konfliktbeendung haben Konflikte sich zu schützen gewußt: vor allem in der Form von Familienfehden, in denen die Tötung eines Streitenden in der Reproduktion des Sozialsystems Konflikt zum Grund für dessen Fortsetzung umfunktioniert wird.

71 Auch dies hat man im übrigen versucht – mit nicht sehr überzeugenden Resultaten. Das vielleicht eindrucksvollste Beispiel findet man im Bereich der Semantik von »Ehre« (honour, honneur). Verletzung der Ehre galt in Adelsgesellschaften als ein hinreichender Konfliktgrund mit Duell als typischer Austragungsform. Der Konflikt*anfang* war mit dem Konzept von Ehre und Ehrverletzung im Detail regulierbar und damit auch provozierbar gemacht, die Konditionierung des Konflikt*verlaufs* durch Ritualisierung dagegen der Disposition weitgehend entzogen. Der Anfang war also disponibel mit Hilfe des semantischen Inhalts von Ehre, der Systemverlauf war es nicht. Man weiß, daß mit den beginnenden Krisen der Adelsgesellschaft im 16. Jahrhundert (Vgl. z. B. Lawrence Stone, The Crisis of the Aristocracy 1558-1641, Oxford 1965) die Ehresemantik inflationiert und die Konfliktanfänge damit in hohem Maße dem Zufall und der Provokation ausgesetzt wurden, ohne daß diese Form von Konfliktsystem die Funktion eines Immunsystems (etwa zum Schutze der Zivilisierung des Verhaltens) hinreichend hätte erfüllen können. Das Beispiel lehrt e contrario das, was

produktionsaussichten für aus welchen Anlässen immer begonnene Konflikte. Die Systematisierung der Immunereignisse kann daher nicht auf der Ebene der einzelnen interaktiven Konfliktsysteme erklärt werden. Sie ist nur als *gesellschaftliche Aggregation vieler Konflikte* möglich[72].

Stellt man sich Konflikte als System vor, so lassen sich zwei verschiedene Formen der Konditionierung denken, die zugleich die innere Komplexität des Systems und die Schwierigkeit des Verhaltens erhöhen. Die eine Möglichkeit ist: bestimmte Mittel zu verbieten; die andere läuft darauf hinaus, die Unsicherheit im System zu erhöhen.

Die *Einschränkung der Mittel*, zum Beispiel das Verbot der Anwendung physischer Gewalt, wird im wesentlichen motiviert durch die Absicht, Schäden zu verhüten. Sie hat aber auch die Funktion, Konfliktsysteme zu komplexieren, zu verfeinern, zu perpetuieren. Bei Zulassung physischer Gewalt werden Konflikte entweder gar nicht erst gewagt, oder, wenn sie ausbrechen, relativ rasch und einfach entschieden. Ähnliches, wenn auch in schwächerer Form, gilt für alle Arten von Erpressung. Erst bei Repression solcher Möglichkeiten (das heißt: ihre Zentrierung auf das politische System) besteht hinreichende Freiheit zum Konfliktverhalten. Selbstverständlich gibt es nach wie vor unzählige Rücksichten, die selektiv wirken auf die Frage, wer weshalb gegen wen einen Konflikt wagt; und selbstverständlich operiert diese Selektion im Einklang mit Schichtungs- und Organisationsstrukturen[73]. Dies wird heute oft negativ beurteilt, und nicht ohne Grund. Die Hierarchie tritt dann an die Stelle der physischen Gewalt in der Kanalisierung von Konfliktchancen, und entsprechend wird der Konfliktbeginn entmutigt. Nur Höhergestellte lehnen ab; nur sie sind frei, nein zu sagen, weil

wir im Text behaupten: daß bei steigender gesellschaftlicher Komplexität das Immunsystem der Konflikte nicht (wie es zunächst naheliegen mag) durch Vervielfältigung und Detaillierung der Anfänge mitentwickelt werden kann, sondern nur durch offenere Konditionierung der Reproduktion des Konflikts, die ihrerseits dann auf die Schwelle des Anfangens zurückwirken mag.

72 Eine entsprechende Umorientierung der Immunforschung für Organismen schlagen vor N. M. Vaz/F. J. Varela, Self and Non-sense: An Organism-centered Approach to Immunology, Medical Hypotheses 4 (1978), S. 231-267.

73 Und dies wieder mit regional sehr erheblichen Unterschieden. Vgl. dazu Volkmar Gessner, Recht und Konflikt: Eine soziologische Untersuchung privatrechtlicher Konflikte in Mexico, Tübingen 1976.

daraufhin *kein Konflikt erfolgt*[74]. Immerhin ist trotz dieser Bedingungen die Konfliktsthematik und damit das Immunsystem der Gesellschaft sehr viel breiter angelegt, als es bei direktem Zugriff auf physische Gewalt möglich wäre.

Die *Erhöhung der Unsicherheit* erfolgt durch Einbeziehung von Dritten in das Konfliktsystem – von Dritten, die zunächst unparteiisch sind, also nicht vorweg schon mit einer der Parteien oder mit »Seiten« der Konfliktthemen solidarisiert sind, die aber im weiteren Verlauf Stellung beziehen und die eine oder die andere Seite begünstigen können. Dadurch wird das Konfliktsystem zunächst desintegriert[75]. Die soziale Regression, die in einer Reduktion auf eine Zweierbeziehung lag, wird zurückgenommen. Es kommen Möglichkeiten hinzu, den Dritten für die eigene Seite zu gewinnen. Die Instabilität der Ausgangslage, des puren Widerspruchs, wird zum Teil, aber eben auf andere Weise, wiederhergestellt. Das einfache Umkehrungsverhältnis von Nutzen und Schaden wird modifiziert durch die Frage, unter welchen Bedingungen der Dritte zu gewinnen sein wird. Vom Gegner kann man nur Nachteiliges erwarten, so viel ist sicher; aber der Dritte kann über seinen Beitrag zum Konfliktsystem noch disponieren, und er kann, um Einfluß zu gewinnen, eine Weile im Unklaren lassen, unter welchen Bedingungen er sich in welchem Sinne entscheiden wird. Die Wiedereinführung von Erwartungsunsicherheit in den Konflikt schafft speziell für dieses System Strukturbildungsmöglichkeiten, neue Kontingenzen, neue Chancen der Selektion. Und auch vor Zuschauern läßt sich unter solchen Bedingungen begründen, daß man eine weniger harte Linie vertritt und taktiert, um den Dritten nicht unnötig in die Arme des Gegners zu treiben. Man kann schließlich das Verhalten des Dritten, besonders wenn es moralisch oder gar rechtlich aufgewertet wird, zum Anlaß nehmen, nachzugeben oder sich aus dem System zurückzuziehen, ohne daß dies als Schwäche ausgelegt werden muß. All dies zusammen hat die Beteiligung Dritter zur wichtigsten Form der Konfliktregulierung werden lassen.

Wir können diese Überlegungen nicht weiter ins Detail verfolgen, sondern fassen zusammen: Regulierung der Mittel und Erhöhung

74 Zu den Folgeproblemen unzureichender Elastizität und Innovationsbereitschaft vgl. Albert O. Hirschman, Exit, Voice, and Loyalty: Responses to Decline in Firms, Organizations and States, Cambridge Mass. 1970.

75 Hierzu auch Niklas Luhmann, Konflikt und Recht, a.a.O. S. 107 ff.

von Unsicherheit sind zwei verschiedene, komplementäre Möglichkeiten, Konfliktsysteme unter Zusatzkonditionen zu stellen. Dadurch wird das Anfangen von Konflikten, das Neinsagen in Kommunikationsprozessen, das Ablehnen von Zumutungen, das Vorschlagen von Neuerungen, die wahrscheinlich abgelehnt werden, erleichtert. Zumindest wird die sehr hohe Konfliktschwelle, die gelten würde, wenn es sogleich auf Kampf hinausliefe, gesenkt. Dies kommt dem Immunsystem der Gesellschaft zugute. Entsprechend der steigenden Komplexität des Gesellschaftssystems werden mehr Widersprüche kommunikabel. Es bleibt strukturell offengelassen, wann sie auftreten, und doch situationsweise erkennbar und bestimmbar, wie damit zu verfahren ist.

Man kann auch hier die allgemeine Formel anwenden, daß komplexere Systeme ihre Strukturen in Richtung auf Steigerung der Einschränkbarkeit entwickeln müssen. Dies gilt auch für den Apparat, den wir Immunsystem genannt hatten: für Sinnformen, die eine autopoietische Reproduktion trotz fehlender Übereinstimmung ermöglichen. Hier wird die hohe Mobilität des »Nein«, das logisch gleichmächtig ist wie das »Ja«, ausgenutzt und zugleich domestiziert. Ablehnen ist logisch immer, faktisch in weit streuendem Umfange möglich. Aber das muß nicht heißen, daß man nicht weiß, was man tut, wenn man refusiert, und sich auf die Konsequenzen nicht einstellen kann.

X

Ablehnungen sind normalerweise Bagatellereignisse, Konflikte Kleinstsysteme, die auf der Interaktionsebene ohne weittragende gesellschaftliche Konsequenzen entstehen und vergehen[76]. Selbst biographisch ausschlaggebende Ereignisse – man erklärt seine Liebe und wird nicht erhört; man bewirbt sich und bewirbt sich und bewirbt sich und wird nicht angestellt – versickern in den sozialen Systemen, fast ohne Spuren zu hinterlassen. Für das Immunsystem wird offenbar immenser Überfluß, immense Redundanz erzeugt, damit es nicht an Möglichkeiten fehlt, wirklich wichtige Wider-

76 Vgl. aus der Sicht des Historikers Peter Laslett, The World We Have Lost, 2. Aufl. London 1971, S. 159 ff. (169): Konflikte als sehr typische Form sozialer Interaktion, aber nur im Ausnahmefall Anlaß zu sozialem Wandel.

sprüche zu formulieren und folgenreiche Konflikte anzuschließen. Aber wie wird ausgewählt, was Bedeutung gewinnt?
Bei einem Versuch, diese Frage zu beantworten, wird man ein eher traditionelles und ein eher modernes Verfahren unterscheiden müssen. Man könnte auch von relativ stabilen und relativ instabilen Konfliktbereitschaften sprechen. Hauptmittel der Selektion aussichtsreicher Neins und riskierbarer Konflikte ist wohl immer das Recht gewesen; genauer gesagt: die Verstärkung von wirtschaftlichen und politischen Positionen, von Eigentum und Macht durch das Recht. Wer Eigentum und/oder Macht besitzt, kann sich Konflikte leisten. Er kann Zumutungen ablehnen und andere im Konfliktfalle in aussichtslose Lagen bringen. Ausgestattet mit Konfliktfähigkeit, geht seine Position über das hinaus, was sie unmittelbar beinhaltet. Ihm fällt außerdem noch ein Mehrwert an Eigentum und an Macht zu auf Grund eines Zusammenwirkens von Kredit und Abschreckungseffekt. Man hält sich gern in seiner Nähe auf. Er kann auswählen und so mehr erreichen, als der Besitz ökonomischer Güter oder die Verfügung über negative Sanktionen unmittelbar ermöglichen. Nur so war das Modell aller Herrschaften, die Hausherrschaft, praktizierbar. Bis in die Sprache hinein steuert dieser Konfliktkontrolleffekt die Kommunikation; und bis in die Moral hinein, denn wenn man jemandem ständig Achtung erweisen muß, glaubt man's dann schließlich selbst. Der Herr hat »Qualität«.
Stratifizierte Gesellschaften sind im wesentlichen von diesem, Wirtschaft, Politik, Recht, Sprache, Moral nicht deutlich differenzierenden Mechanismus her zu verstehen. Das Immunsystem schützt hier nicht notwendigerweise die konkreten Strukturen, wohl aber die Konzentrierung des Änderungspotentials an der Spitze. Der Zusammenbruch der Hausherrschaft im Übergang vom Mittelalter zur Neuzeit hat dieser Ordnung ihre entscheidende Stütze entzogen und eine Transformation des politischen und ökonomischen Systems erzwungen[77]. Seitdem wird der Einzelne in seiner Kon-

77 Eine sehr konkrete und zugleich diesen Gesichtspunkt besonders treffende Darstellung ist Mervyn James, Family, Lineage, and Civil Society: A Study of Society, Politics, and Mentality in the Durham Region 1500-1640, Oxford 1974. Siehe insbes. S. 174 ff. zu neuen Bildungsmöglichkeiten, neuen Möglichkeiten religiöser Option, Schwinden des fraglosen Gehorsams und Möglichkeiten, anderen religiösen und politischen Führern zu folgen als denen, von denen man »natürlicherweise« abhängt.

fliktfähigkeit *individuell* geschützt[78]. Damit ist jedoch nicht mehr ohne weiteres, nicht mehr durch »Natur« gesichert, daß individuelle Konfliktdispositionen durch die Struktur des Gesellschaftssystems regulierbar sind. Die Semantik des Rechts wird von Natur auf Freiheit umgestellt. Damit sind die Vorkehrungen für das Immunsystem stärker von der Struktur abgelöst, abstrahiert, labilisiert und in ihrer Verwendung stärker kurzfristiger Stimulierung ad hoc überlassen – so als ob der Gesellschaftskörper bei höherer Zivilisation auf mehr Krankheiten gefaßt sein müßte.

Eine zweite Form der Selektion bedeutsamer Konflikte ist sehr viel schwieriger zu erkennen, weil sie sehr viel unabhängiger von den offiziellen Strukturen operiert. Sie hat, wenn man weit zurückblickt, gewisse Vorläufer in den religiösen Bewegungen des Hellenismus und des späten Mittelalters; aber erst seit der zweiten Hälfte des 18. Jahrhunderts findet man sie in der Selbstbeobachtung des Gesellschaftssystems als Normalerscheinung anerkannt. Der übliche Sammelbegriff der Soziologie ist »soziale Bewegung«. Der Bewegungsbegriff gibt jedoch theoretisch nicht viel her[80]. Man muß sich das Verständnis daher mit einer anderen Begrifflichkeit erarbeiten.

Auf der Ebene der allgemeinen Systemtheorie (und mit Begriffen, die zum Beispiel auch auf die Analyse der chemischen Bedingungen des Lebens in Makromolekülen passen würden) kann man bei sehr komplexen Systemen einen Zusammenhang dreier Variablen feststellen – einen Zusammenhang von (1) *Lockerung der internen Bindungen*[81], (2) *Spezifikation der Beiträge*, für die Interpenetration in Anspruch genommen wird, und (3) Erzeugung von Effekten durch

78 Zur dies formulierenden Semantik »subjektiver Rechte« vgl. Niklas Luhmann, Subjektive Rechte: Zum Umbau des Rechtsbewußtseins für die moderne Gesellschaft, in ders., Gesellschaftsstruktur und Semantik, Bd. 2, Frankfurt 1981, S. 45-104.

80 »The term ›social movement‹... is being used to denote a wide variety of collective attempts to bring about a change in certain social institutions or to create an entirely new order«, heißt es in einer repräsentativen Vorstellung des Gegenstandes bei Rudolf Heberle, Types and Functions of Social Movements, International Encyclopedia of the Social Sciences, New York 1968, Bd. 14, S. 438-444 (438 f). Die Frage, was dazu führt, daß die Merkmale »Bewegung« und »Änderung« (oder auch Widerspruch, Konflikt, Innovation) zusammenkommen, wird nicht gestellt. Für die moderne Gesellschaft scheint es sich hier um eine semantisch-assoziativ gesicherte Selbstverständlichkeit zu handeln. Auf dies Theoriedefizit kommen wir weiter unten zurück.

81 Gemeint sind Bindungen auf der Ebene interpenetrierender Systeme: für lebende Zellen also chemische Bindungen; für soziale Systeme psychische Bindungen.

zufällig beginnende und sich dann selbst verstärkende *Effektkumulation*. Angewandt auf das Gesellschaftssystem heißt dies, daß die Gesellschaft, wenn sie komplexer wird, zunehmend auch Effekte erzeugt und auf Effekte reagiert, die nicht durch festliegende Erwartungsstrukturen gesteuert sind, sondern gleichsam frei und durch sich selbst zustandekommen. Entsprechend ist es hochwahrscheinlich, daß diese Produktion als deviant und/oder als innovativ klassifiziert wird, weil sie nur so zu den etablierten Strukturen in ein Verhältnis gesetzt werden kann. Aber das erklärt weder die Entstehungsweise noch die Funktion dieser Erscheinungen.

Eine knapp gehaltene Erläuterung muß an dieser Stelle genügen. »Lockerung der internen Bindungen« in sozialen Systemen kann natürlich nicht heißen, daß die Menschen von den sozialen Bedingungen ihres Lebens unabhängiger werden. Wahrscheinlich trifft eher das Gegenteil zu. Aber ihre Lebensführung wird weniger stark durch soziale Typisierungen, die innerlich verpflichten, festgelegt. Die Bindungen, auf die man sich einläßt, können mehr oder weniger autonom gewählt werden, und dieser Ursprung bleibt in Erinnerung. Das Wort »Bindungen« ist also genau zu nehmen. Gemeint ist das, was relativ zufälligen Ereignissen (früher eher: Geburt; heute eher: eigene Wahl) Dauer schafft und als Prämisse eigenen Verhaltens beibehalten wird.

Der Einzelmensch ist demnach an seiner sozialen Justierung stärker beteiligt, dadurch eher bewußt engagiert, damit aber auch rückzugsfähiger und unzuverlässiger geworden. Die askriptiven status werden durch erworbene ersetzt; und die Qualitäten, die Leistungen ermöglichen, werden durch Leistungen ersetzt, die Qualitäten voraussetzen. Das eröffnet Chancen zu einer stärkeren Spezifikation der Einzelbeiträge und damit die Chance einer höheren Komplexität des Gesellschaftssystems. In diesem Sinne hat Parsons Modernität als Umkorrelierung von »pattern variables« dargestellt. Das entspricht der offiziellen Geschichtsschreibung der Soziologie. Die naturhaften Bindungen können aber nicht nur und nicht ganz durch gewählte und spezifizierte Notwendigkeiten abgelöst werden. Sie fordern einen zweiten, globaler wirkenden Nachfolger. Dieser besteht in der Kumulierung von Effekten. Es kommt zu unerwarteten Aggregationen, die jenseits bestimmter Schwellen eigene Effekte auslösen: zu Stimmungsumschwüngen, Änderungen in dem Bereich, den man kollektive Mentalitäten genannt hat, und

eventuell zu sozialen Bewegungen, die auch Handlungen rekrutieren können.
Eines der auffälligsten Merkmale dieser Effektkumulierungen ist ihr plötzliches Auftreten und ihr rasches Wiederabklingen unter Stichworten, die jeweils im Moment überzeugen. Dieses Fluktuieren scheint den Orientierungswert der Vorstellungen, die jeweils »in sind«, nicht zu beeinträchtigen. Die »temporäre Gesellschaft«[82] benötigt offenbar nur noch temporäre Sicherheiten. Andererseits leben Individuen länger als das dauert, was sie jeweils überzeugt. Sie setzen sich für etwas (oder gegen etwas) ein – nur um nach einiger Zeit festzustellen, daß der Konsens dafür abbröckelt, schal wird und niemanden mehr zur Aktivität stimuliert. Sie bleiben dann mit etwas identifiziert, was nicht mehr geht. Gerade der sehr individuelle und sichtbar individuelle Bezug solcher Engagements und der fehlende Rückhalt in den Dauerstrukturen des Gesellschaftssystems verschärft das Problem und schließt es aus, daß man für das Mitschwimmen in den Zeitströmungen und für den Wechsel der Richtungen Lösungen findet, die man als einzigartig und höchstpersönlich vorzeigen kann. Solchen Schicksalen ist auch durch Reflexion nicht beizukommen. Sie sind ebenso strukturell zugewiesen wie Entfremdungen, Organisationsmitgliedschaften, Desillusionierungen aller Art. Aber sie sind vielleicht schwerer zu ertragen, weil man sie nicht in der Form von Ressentiments ins eigene Leben einfügen kann.
Diese Effekterzeugung durch nichtintendierte Effektkumulation gehört zu den beunruhigenden Erscheinungen der modernen Gesellschaft, die schwer zu fassen und zuzuordnen sind. Man hatte zunächst an eine List der Vernunft gedacht; aber die Vernunft der List hatte niemanden recht überzeugen können. Die Etikettierung als irrational ist ersichtlich eine Verlegenheitsauskunft, ein bloßer Reflex der Gewohnheit, die Hauptstrukturen der modernen Gesellschaft für rational zu halten. Nicht besser fährt man mit dem Begriff der Massengesellschaft. Dagegen führt es weiter, wenn man an die Vorstellungen anschließt, mit denen die Gesellschaft selbst in Alltagszusammenhängen solche Erscheinungen beobachtet und beschreibt, wenn sie eine gewisse Auffälligkeit und eigene Selbstreferenz erreicht haben. Die Selbstbeobachtung der Gesellschaft un-

82 Im Sinne von Warren G. Bennis/Philip E. Slater, The Temporary Society, New York 1968.

terscheidet solche Erscheinungen mit Hilfe von Begriffen wie »Bewegung« oder »Prozeß« und hebt sie dadurch von anderen Geschehnissen ab. Diese Beschreibung kann dann in das damit Beschriebene wiedereingeführt werden und gibt dem Phänomen dadurch eine Verstärkung durch Identifikation und Selbstreferenz: Man nimmt teil an einer revolutionären Bewegung, an einer nationalen Bewegung, an einer Frauenbewegung, einer Jugendbewegung, an einer Bewegung der Emanzipation, der religiösen Erneuerung – links, rechts, rot, schwarz, grün oder wie immer; und das ist dann deutlich mehr und vor allem sinnvoller als die bloße Effektkumulation auf Grund eines Zusammentreffens von Schlüsselereignissen, gleichsinniger Interpretation, Widerstand, öffentlicher Erregung, Sammlungen, Versammlungen usw.

»Bewegung« ist eine Kategorie, die von sich aus zu einer reflexiven Verwendung einlädt. Denn was bewegt die Bewegung? Doch nicht ihr Anfang, ihre arché! Sie bewegt – sich selbst. Dies bleibt aber zunächst eine Leerformel, bestenfalls eine der Denkbewegung vorbehaltene Aussage[83]. Nur wenn eine Theorie der Bewegung reich genug ist, um anfänglicher oder concomitierender Ursachen nicht länger zu bedürfen, kann man sinnvoll von »sozialer Bewegung« sprechen und damit einen sich selbst aktivierenden Vorgang meinen.

Die Semantik von »politische Bewegung«, »soziale Bewegung«[84] ist eines der Beispiele dafür, daß Theorie in den von ihr beschriebenen Bereich eintritt und in ihm eine Funktion übernimmt. Dies zumindest unterscheidet die sozialen Bewegungen des industriellen Zeitalters von den religiösen Bewegungen des Hellenismus und des späten Mittelalters (die ihrerseits ebenfalls eine Lockerung von Bindungen, Spezialisierungen und Effektkumulationen voraussetzen). Erst die moderne soziale Bewegung beschreibt sich mit Hilfe eines Bewegungsbegriffs oder gar einer Theorie der Bewegung. Und

83 Versuche, dieser Leerformel auszuweichen, haben denn auch die Tradition des Bewegungsbegriffs bestimmt und im Effekt genau das produziert, was sie vermeiden wollten. Vor allem die Theorie des »impetus« mit ihren mehr als tausendjährigen Verlegenheiten auf der Suche nach einer kontinuierlichen Bewegungsursache hat hier ihren Platz. Vgl. hierzu jetzt Michael Wolff, Geschichte der Impetustheorie: Untersuchungen zum Ursprung der klassischen Mechanik, Frankfurt 1978.

84 Zur Wort- und Begriffsgeschichte siehe Jürgen Frese, Bewegung, politische, Historisches Wörterbuch der Philosophie Bd. 1, Basel-Stuttgart 1971, Sp. 880-882; Otthein Rammstedt, Soziale Bewegung, Frankfurt 1978, S. 27 ff.

selbst Aussagen, die den Vorrang der Praxis vor der Theorie, des Handelns vor dem Denken, der wirklichen (revolutionären) Tat formulieren, werden als Theorie in die Bewegung eingeführt und gewinnen von daher ihren Verpflichtungsgehalt. Eine Theorie der Bewegung ermöglicht es, den Handlungszusammenhang, der sich selbst so beschreibt, zu unterscheiden von bloßen Unruhen, Aufständen, gewaltreichen Episoden. Andererseits reicht die Theorie, gerade wenn sie in das Alltagsbewußtsein überzugehen hat, nicht aus, um das Phänomen wissenschaftlich zu erfassen[85]. Die am Bewegungsbegriff selbst orientierten Theorien oszillieren zwischen Vorstellungen über eine Bewegung der Gesamtgesellschaft, über Partei ergreifende Bewegungen und einem nach Anlaß und Ziel für jeden Zufall offenen Begriff. In der Tat leistet das Konzept, für sich selbst genommen, nicht mehr als das, was die Bewegung selbst mit ihm anfängt.

Erst dies »re-entry« der Beschreibung in das Beschriebene und erst die damit organisierte Selbstbeobachtung ermöglicht das, was Otthein Rammstedt »Teleologisierung der Krise« genannt hat[86]. Die Diskriminierfähigkeit der Bewegung wird durch ein Ziel betont und verstärkt. Der Zufall des Entstehens wird zum Risiko des Gelingens. Zugleich dient das Ziel als Alibi, als Grund für das Nichtaufhörenkönnen der Bewegung, als Symbol ihrer eigenen Autopoiesis. Tendentiell führt die Fixierung auf ein Ziel dazu, daß die Bewegung sich in ihrem Verlauf, der das Ziel nicht erreicht, radikalisiert. Radikalismus ist nicht Entstehungs- sondern Fortsetzungsbedingung[87]. Auch wenn der erstrebte Endzustand empirisch nicht definiert wird (und gerade darin mag sein Reiz bestehen), kann er doch dazu verhelfen, Widerstände und Gegner schon in der Gegenwart zu erkennen, Konfliktbereitschaften zu sammeln und dem gemeinsamen Handeln eine Richtung zu geben. Als Bewegung

85 Die bekannte Kritik von Karl R. Popper, The Poverty of Historicism, London 1957, setzt hier ein, geht aber gleichwohl fehl, weil sie den Vergleich zum physikalischen Bewegungsbegriff zum Ausgangspunkt nimmt und damit das eigentümliche Phänomen des Eintritts einer Theorie in die von ihr beschriebene Realität verfehlt.

86 in: Soziale Bewegung, Frankfurt 1978, S. 146 ff. Der Begriff im übrigen zuerst am Beispiel einer spätmittelalterlichen (aber schon die Druckerpresse voraussetzenden) Bewegung in: Otthein Rammstedt: Sekte und soziale Bewegung: Soziologische Analyse der Täufer in Münster (1534/35), Köln-Opladen 1966, S. 48 ff.

87 Vgl. dazu John A. Vazquez, A Learning Theory of the American Anti-Vietnam War Movement, Journal of Peace Research 13 (1976), S. 299-314.

hat das Geschehen Seitenhalt, durch die Richtung auf ein Ziel kann auch bestimmt werden, was sich anschließen kann und was abgestoßen werden muß. Ferner ermöglicht die Selbstbeschreibung als Bewegung, bisherige Vorkommnisse als Geschichte zu lesen und zur Sinnverstärkung zu verwenden, mögen es nun Erfolge oder Niederlagen gewesen sein[88]. All das zusammengenommen ermöglicht selbstreferentielle Systeme eines eigenartigen Typus, die mit hoher Widerspruchs- und Konfliktbereitschaft Funktionen im Immunsystem der Gesellschaft übernehmen können.

So gilt auch hier, was für alle autopoietischen Systeme zutrifft: Beobachtungen (operatives Unterscheiden) ist nur auf der Ebene der Elemente möglich, und dies nur so, daß der Beobachter über eine Beschreibung verfügt, die die Selbstreferenz der Elemente mitvollzieht und dadurch ihre Zugehörigkeit zum System in Differenz zur Umwelt erkennbar werden läßt. Auch Selbstbeobachtung ist an diese Voraussetzung gebunden. Die Vorstellung einer »Bewegung« ist dafür nur ein blasser Formbegriff. Er ist aber nötig, um Materialien des Immunsystems, die sich im Kontext von Bindungslockerung, Spezifikation und Effektkumulation ergeben, aus den strukturabhängigen Selbstbeobachtungen sozialer Systeme herauszuziehen und für sich zu konsolidieren. Erst wenn das zu Handlungen führt, greift dies Rezept, denn nur dann ordnen beobachtbare Elemente, eben Handlungen, sich dieser Bewegung zu. Dann aber ist mit Hilfe einer näheren Identifikation einer bestimmten sozialen Bewegung sehr rasch auch Selbstbeobachtung dieser Bewegung möglich, und dies verstärkt die Selektivität der Bewegung, indem sie es ihr ermöglicht, auf sich selbst zu reagieren, zu wachsen, sich zu organisieren, Aufbau und Verfall zu beschleunigen[89]. Auch dieses Geschehen wirkt mithin auf die Masse möglicher Widersprüche und Konflikte selektiv. Es ergänzt die Steigerung des Konfliktpotentials, die vom Recht ausgeht, durch weniger strukturabhängige, mehr über Selbstorganisation ad hoc operierende Verfahren.

An diesen beiden Formen aggregierender Selektion und Steigerung

88 Daß die Niederlage gar keine war, ist besonders in religiösen und in politischen Bewegungen leicht plausibel zu machen, wenn die Bewegung einmal konstituiert und zur Selbstbeobachtung gebracht ist.

89 Vgl. dazu die Vorstellung eines über rekursive Selektion zu gewinnenden »Mehrwerts« bei Neil J. Smelser, Theory of Collective Behavior, New York 1963.

von Widersprüchen und Konflikten wird nochmals deutlich, wie das Immunsystem funktioniert. Es handelt sich um eine Einrichtung des Gesellschaftssystems, es setzt die Geschlossenheit der kommunikativen Selbstreferenz dieses Systems voraus. Seine Systemreferenz ist die Einheit dieser Gesamtheit. Die leere Tautologie der Form des Widerspruchs copiert die Autopoiesis der Gesellschaft: was immer Kommunikation ist, ist auch Gesellschaft, und was immer als Kommunikation Anschluß findet, erhält auch die Gesellschaft. Zugleich geht es aber konkret nie darum, die Gesellschaft als solche zu erhalten. Solange Menschen existieren, gibt es auch Gesellschaft. Das Problem ist vielmehr (und deshalb gehört diese Erörterung in die allgemeine Theorie sozialer Systeme), hinreichend viele und hinreichend verschiedenartige Sozialsysteme zu reproduzieren entsprechend der Komplexität eines bestimmten Entwicklungsstandes der Gesellschaft. Dies geschieht normalerweise nach Rezept, das heißt auf Grund von Erwartungsstrukturen. Das Immunsystem sichert die Autopoiesis auch dann, wenn dieser Normalweg blockiert ist.

Das Immunsystem disponiert über die Verwendung von »Neins«, von kommunikativen Ablehnungen. Es operiert *ohne Kommunikation mit der Umwelt;* denn die Gesellschaft ist ein kommunikativ geschlossenes System und kann nicht mit der Umwelt kommunizieren, sie findet dort niemanden, der ihr antworten könnte, und wenn, würde er eben dadurch in die Gesellschaft einbezogen werden. »Neins« sind und bleiben kommunikative Ereignisse; wenn sie als solche nicht möglich sind und wenn sie nicht in der Lage sind, sich über eigene basale Selbstreferenz auf andere Kommunikationen des Gesellschaftssystems zu beziehen, kommen sie nicht vor. Sie reagieren auf Störungen – nicht in Beziehung auf die Umwelt, sondern im Kommunikationskreislauf selbst; und sie tendieren angesichts der Gefahr des Nichtweiterkommunizierens dazu, Strukturen aufzugeben, um die Selbstreproduktion der Kommunikation zu retten. Daraus kann sich, muß sich aber nicht notwendigerweise eine bessere Anpassung des Gesellschaftssystems an seine Umwelt ergeben. Ob dies der Fall ist, darüber entscheidet langfristig gesehen Evolution.

Bei steigender Komplexität der Gesellschaft werden alle Möglichkeiten stärker und funktionsspezifischer in Anspruch genommen. Es schadet weniger, wenn auf der Ebene der Interaktion Kontakte aufhören, Weihnachtsgrüße nicht beantwortet, Ehen geschieden, Firmen aufgelöst werden. Aber diese Indifferenz ist an ein annäherndes Gleichgewicht von Aufhören und Neubeginn gebunden[90]. Ferner werden die strukturellen Reproduktionsanweisungen stärker spezifiziert. Sie werden dadurch störanfälliger und schneller obsolet. Beide Wege der Reaktion auf höhere Komplexität haben ihre eigenen Bedingungen und ihre eigenen Probleme. Sie allein scheinen nicht zu genügen. So wird entsprechend auch das Immunsystem der Gesellschaft verstärkt. Es besteht nicht in einer bloßen Negativcopie der Strukturen, auch nicht nur in »kritischem« Bewußtsein in Bezug auf das Vorhandene. Es besteht in eigenen, andersartigen Formen der Fortsetzung der Kommunikation – in Formen, die zum Beispiel durch Kampf und Sieg Situationen so stark variieren, daß dann wieder Normalisierungen möglich sind.

Im Rahmen dieser selektiven Formierung von Widerspruch und Konflikt haben die Stärkung von Ablehnungspositionen durch Recht und die Artikulation von Unruhe, Kritik und Protest in der Form sozialer Bewegungen komplementäre Bedeutung gewonnen. Sie werden in der üblichen Version sozialgeschichtlicher Darstellungen gegeneinander ausgespielt: als politisch-ökonomischer Komplex des modernen Kapitalismus und als dadurch stimulierte Gesamtheit der sozialen Bewegungen. Theoretisch ergiebiger wäre es, Erwartungsstruktur und Immunsystem zu unterscheiden. Dann kann man jedenfalls sehen, daß die moderne Gesellschaft, verglichen mit allen historischen Vorgängern, Strukturen destabilisiert und die Neinsagepotenz beträchtlich erhöht hat. Es mag dann weniger wichtig sein, ob das Nein mehr aus Positionen der Rechtsstärke oder im Kontext sozialer Bewegungen artikuliert wird. Gegenwärtig versucht man, beides in der Figur des »zivilen Ungehorsams« zu versöhnen. In jedem Falle wird man sich fragen müssen, wie von da her das doch auch nötige Ja zur Gesellschaft wiedergewonnen werden kann.

90 Biographisch gesehen liegen hier die strukturellen Gründe für das Problem der Isolierung alter Menschen: es hört für sie mehr auf als wieder beginnt.

Kapitel 10

Gesellschaft und Interaktion

I

Dies Kapitel handelt von einer Differenz bestimmter Art, die das gesamte Gelände sozialer Systeme durchzieht. Formal gesehen geht es um die Unterscheidung zweier verschiedener Arten der Systembildung: um Gesellschaftssysteme und um Interaktionssysteme[1]. Es geht jetzt also um eine Dekomposition des Begriffs des sozialen Systems: um verschiedene Möglichkeiten, dessen Merkmale zu realisieren, und um deren Differenz.

Ganz anders stellt sich der Symbolische Interaktionismus das Verhältnis von Interaktion und Gesellschaft vor, und es dürfte wichtig sein, vorab auf diesen Unterschied hinzuweisen. Für Vertreter des Symbolischen Interaktionismus besteht die Gesellschaft, im Unterschied zur Interaktion, aus Individuen (oder: aus Individuen-in-Interaktion); aber die Individuen werden in der Interaktion erst konstituiert, sind also psychisch internalisierte soziale Artefakte[2]. Damit wird das, was wir als unterschiedliche Konstitutionsformen sozialer Systeme behandeln werden, letztlich in psychische Systeme zurückverlagert, nämlich auf die Differenz von personaler und sozialer Identität zurückgeführt. Nur dadurch, daß Individuen diese Differenz zu handhaben wissen, entsteht über Interaktion hinaus Gesellschaft. Diese Begriffsbildung bleibt jedoch sozialpsycholo-

1 Eine dritte, weder auf Gesellschaft noch auf Interaktion reduzierbare Form der Bildung sozialer Systeme, nämlich *Organisation*, lassen wir beiseite, weil sie nicht in gleichem Maße durchgängig *als Differenz* relevant wird. Anders gesagt: In allen sozialen Verhältnissen, unter allen Umständen kommt es zu einer Differenz von Gesellschaft und Interaktion; aber nicht alle Gesellschaften kennen organisierte Sozialsysteme. Damit schließen wir Organisation aber nur von einer Behandlung auf der Ebene einer allgemeinen Theorie sozialer Systeme aus. Auf der nächsten Ebene der Theoriekonkretisierung hätte man aber gleichwohl Gesellschaftssysteme, Organisationssysteme und Interaktionssysteme zu unterscheiden und entsprechende Theorien getrennt zu entwickeln, weil diese drei Sonderformen der Bildung sozialer Systeme (das heißt: des Umgangs mit doppelter Kontingenz) nicht aufeinander reduzierbar sind.

2 Vgl. Joel M. Charon, Symbolic Interactionism: An Introduction, an Interpretation, an Integration, Englewood Cliffs N. J. 1979, S. 150 ff. Ähnlich, aber im Gesellschaftsbegriff abweichend, Charles K. Warriner, The Emergence of Society, Homewood Ill. 1970.

gisch, und sie eignet sich nicht, die Eigenprobleme hochkomplexer Gesellschaftssysteme zu erfassen, die sich weder auf Individuen noch auf deren Interaktionen zurückführen lassen.

Wir bleiben deshalb beim Ausschalten der Systemreferenz psychischer Systeme aus der Analyse sozialer Systeme und fassen die Unterscheidung von Gesellschaft und Interaktion als Unterscheidung verschiedener Arten sozialer Systeme[3]. Auf konkreteren Ebenen der Theorieentwicklung hätte man deshalb Gesellschaftstheorie und Interaktionstheorie als Anwendungsformen der allgemeinen Theorie sozialer Systeme zu trennen. Das würde umfangreiche Ausarbeiten je für sich erfordern, die wir hier nicht einbauen können. Dennoch ist diese Unterscheidung auch für die allgemeine Theorie sozialer Systeme relevant. Dies ist nicht nur deshalb der Fall, weil Versuche vorliegen, die allgemeine Theorie vom Gesellschaftsbegriff oder auch vom Interaktionsbegriff zu entwickeln – Versuche, die kritisch diskutiert und abgelehnt werden müßten. Vielmehr liegt im Unterschied von Gesellschaft und Interaktion eine Differenz, die unter allen sozialen Verhältnissen *als Differenz* von Bedeutung ist: Jede Gesellschaft hat ein *für sie* problematisches Verhältnis zur Interaktion, auch dann, wenn sie interaktionsfreies und gleichwohl gesellschaftliches Handeln ermöglicht, zum Beispiel Schreiben und Lesen. Und jede Interaktion hat ein *für sie* problematisches Verhältnis zur Gesellschaft, weil sie als Interaktion keine Autarkie im Sinne einer vollständigen Geschlossenheit des Kommunikationskreislaufs erreichen kann. Jedes Sozialsystem ist demnach durch die Nichtidentität von Gesellschaft und Interaktion mitbestimmt. Daß Gesellschaftssysteme nicht Interaktionssysteme sind und auch nicht einfach als Summe der vorkommenden Interaktionssysteme begriffen werden können, ist die eine Seite dieser These; daß Interaktionssysteme immer Gesellschaft voraussetzen, ohne Gesellschaft weder begonnen noch beendet werden könnten, gleichwohl aber nicht Gesellschaftssysteme sind, ist die andere Seite.

Wichtig ist, vorab klarzustellen, daß diese Differenz von Gesellschaft und Interaktion nicht mit der Differenz von System und Umwelt zusammenfällt, und zwar weder für das Gesellschaftssystem noch für die Interaktionssysteme. Die Gesellschaft ist nicht

3 Vgl. das Schema in der Einführung oben S. 16.

etwa die Umwelt (auch nicht nur: die soziale Umwelt) der Interaktionssysteme, da die Interaktion ja ihrerseits ebenfalls gesellschaftliches Geschehen ist. Erst recht gehören Interaktionen nicht zur Umwelt des Gesellschaftssystems, auch wenn sie stärker als das Gesellschaftssystem im ganzen Umwelt beanspruchen und aktivieren, vor allem die psychischen und die körperlichen Fähigkeiten der Menschen. Das Nichtzusammenfallen dieser beiden Distinktionen System/Umwelt und Gesellschaft/Interaktion ist eine erhebliche Belastung für eine allgemeine Theorie sozialer Systeme. Deren Darstellung wird dadurch unvermeidlich kompliziert. Man kann an dieser Stelle jedoch nicht vereinfachen, ohne den Verhältnissen Gewalt anzutun.

Einen wichtigen, nämlich den Zeitaspekt des Verhältnisses von Gesellschaft und Interaktion kann man mit dem Begriff der *Episode*[4] fassen. Interaktionen sind Episoden des Gesellschaftsvollzugs. Sie sind nur möglich auf Grund der Gewißheit, daß gesellschaftliche Kommunikation schon vor dem Beginn der Episode abgelaufen ist, so daß man Ablagerungen vorangegangener Kommunikation voraussetzen kann; und sie sind nur möglich, weil man weiß, daß gesellschaftliche Kommunikation auch nach Beendigung der Episode noch möglich sein wird. Anfang und Ende der Interaktion sind nur Zäsuren in der Autopoiesis der Gesellschaft. Sie dienen dazu, Strukturen zu gewinnen, die nicht mit der Gesellschaft kongruent gesetzt werden können und doch die Gesellschaft durch Einbau von Differenzen mit Komplexität ausstatten. Die Interaktion vollzieht somit Gesellschaft dadurch, daß sie von der Notwendigkeit, Gesellschaft zu sein, entlastet wird. Nur an Hand dieser Differenz kann die Gesellschaft selbst Komplexität und die Interaktion selbst voraussetzungsreiche Unwahrscheinlichkeit gewinnen. Nur an Hand dieser Differenz ist die Evolution unwahrscheinlicher Komplexität möglich.

Die Tradition hatte der hier angestrebten Unterscheidung von Gesellschaft und Interaktion vorgearbeitet durch die Unterscheidung von komplexen (zusammengesetzten) und simplexen (einfachen) Gesellschaften (societates). Einfache Gesellschaften, zum Beispiel Mann/Frau, Herr/Knecht, Vater bzw. Mutter/Kind bestehen aus

4 Wir hatten, aus genau parallelliegenden Gründen, bereits bei der Behandlung der Autopoiesis des Bewußtseins von (sprachlichen, programmatischen, zielorientierten) »Episoden« gesprochen. Vgl. Kap. 7, V.

nur zwei Personen. Sie lassen sich nicht dekomponieren, ohne daß die soziale Qualität des Lebens der Beteiligten verloren ginge. Gegenbegriff: Einsamkeit, die man nur zeitweilig auf sich nehmen kann. Komplexe Gesellschaften (zum Beispiel Haushalte, politische Gesellschaften) bestehen zwar aus einfachen Gesellschaften, sind jedoch, weil zusammengesetzt, auch auflösbar und dadurch in höherem Grade modifizierbar. Einfache Gesellschaften sind instabil, weil sie nicht modifiziert, sondern nur zerstört werden können, vor allem durch Tod. Das setzt ihrer Intimisierung Schranken. Komplexe Gesellschaften sind gerade durch ihre Dekomponierbarkeit stabil; sie gewinnen ihre Permanenz dadurch, daß ihre Zusammensetzung geändert werden kann. Sie überdauern den Tod Einzelner. Auf ihrer Ebene ist Anpassung an sich ändernde Verhältnisse, ist Heilsgeschichte, ist politische Geschichte, ist Aufstieg und Verfall der Zeitalter und der Reiche möglich. Auf ihrer Ebene erfüllt sich der Sinn der Geschichte als *Gattungs*geschichte der Menschheit.

Diese Unterscheidung von einfachen und zusammengesetzten Gesellschaften ist mit der alteuropäischen Semantik im 18. Jahrhundert versunken. Was seitdem Gesellschaft heißt, ist in jedem Falle ein hochkomplexes System. Der Begriff Gesellschaft wird als Nachfolgebegriff für den Sonderfall der societas civilis reserviert. Der erste Versuch, dies Nachfolgeterrain durch die Differenz von Staat und Gesellschaft (das heißt: politischen vs. ökonomischen Funktionsprimaten) zu kennzeichnen, kann als gescheitert betrachtet werden. Es gelang ihm nicht, die Einheit dieser Differenz zu formulieren[5]. So ergibt sich ein Bedarf für eine Wiedergewinnung des Problemlösungsformats der alteuropäischen Semantik. Dies erfordert, daß der Gesellschaftsbegriff analog zum Weltbegriff gebildet wird: sich selbst und alle anderen Sozialsysteme enthaltend.

Aber auch Interaktionssysteme lassen sich nicht länger als einfache und undekomponierbare Gesellschaften charakterisieren. Zweiersysteme gelten heute als keineswegs basale Sonderfälle, die in Gesellschaften und in Interaktionszusammenhängen eine eher marginale Bedeutung haben[6]. Die Struktur von Interaktion läßt sich,

5 Hegels Ausweg mit Hilfe eines doppelten Staatsbegriffs bringt die Struktur des Problems ans Licht, ist aber terminologisch verunglückt und konnte nur über Mißverständnisse und Vereinseitigungen Tradition bilden.

6 Vgl. hierin über Simmel hinausgehend Philip E. Slater, On Social Regression, American Sociological Review 28 (1963), S. 339-364.

obwohl sie Größenbegrenzungen erfordert, durch die Zahl der teilnehmenden Personen nicht angemessen charakterisieren. Die Gründe für diesen Theoriewandel liegen in der Tieferlegung und Temporalisierung der basalen Elemente, von denen die Theorie ausgeht: im gestiegenen Auflöse- und Rekombinationsvermögen der Soziologie als Wissenschaft. Die folgenden Überlegungen schließen daher in keiner Weise an jene Unterscheidung von einfachen und zusammengesetzten Gesellschaften an, sondern beginnen auf der Grundlage der Theorie selbstreferentieller Systembildung mit einem Neuansatz.

II

Es muß in der Soziologie einen Begriff geben für die Einheit der Gesamtheit des Sozialen – ob man dies nun (je nach Theoriepräferenz) als Gesamtheit der sozialen Beziehungen, Prozesse, Handlungen oder Kommunikationen bezeichnet. Wir setzen hierfür den Begriff der Gesellschaft ein. Gesellschaft ist danach das umfassende Sozialsystem, das alles Soziale in sich einschließt und infolgedessen keine soziale Umwelt kennt. Wenn etwas Soziales hinzukommt, wenn neuartige Kommunikationspartner oder Kommunikationsthemen auftauchen, wächst die Gesellschaft mit ihnen. Sie wachsen der Gesellschaft an. Sie können nicht externalisiert, nicht als Sache ihrer Umwelt behandelt werden, denn alles, was Kommunikation ist, ist Gesellschaft[7]. Gesellschaft ist das einzige Sozialsystem bei dem dieser besondere Sachverhalt auftritt. Er hat weitreichende Konsequenzen und stellt entsprechende Ansprüche an die Gesellschaftstheorie.

Die Einheit des Gesellschaftssystems kann bei einem solchen Sachverhalt nichts anderes sein als diese selbstreferentielle Geschlossenheit. Gesellschaft ist das autopoietische Sozialsystem par excellence. Gesellschaft betreibt Kommunikation, und was immer Kommunikation betreibt, ist Gesellschaft. Die Gesellschaft konstituiert die elementaren Einheiten (Kommunikationen), aus denen sie besteht, und was immer so konstituiert wird, wird Gesellschaft, wird Moment des Konstitutionsprozesses selbst. Es gibt in diesem System kein Ausweichen vor dieser Konsequenz, selbst das Negieren ist,

7 Daß auf der Ebene der in der Gesellschaft benutzten Selbstbeschreibungen etwas anderes gelten kann, wird uns später beschäftigen.

wie im letzten Kapitel gezeigt, eingeschlossen und dient, wenn nicht der Erhaltung von Strukturen, so doch der Erhaltung der autopoietischen Reproduktion selbst. Man kann die Gesellschaft daher auch als eine selbstsubstitutive Ordnung[8] bezeichnen, da alles, was *an ihr* geändert oder ersetzt werden muß, *in ihr* geändert oder ersetzt werden muß.

Unter Einbeziehung von Analysen aus den vorangegangenen Kapiteln können wir auch festhalten: Jede Sinnverweisung, die die Sozialdimension von Sinn artikuliert, führt in die Gesellschaft hinein (auch wenn der Sinn selbst als Umwelt der Gesellschaft erfahren wird). Die Ausdifferenzierung der Sozialdimension (gegen Sachdimension und Zeitdimension) ist nur ein Aspekt der Ausdifferenzierung des Gesellschaftssystems selbst. Ebenso inkorporiert alles, was als Kommunikation erwartet oder erfahren wird, die aktiv und passiv Beteiligten in die Gesellschaft. Ihr Verhalten wird damit als gesellschaftlich erwartbar vorausgesetzt, was immer an natürlichen Anlässen und an psychischer Motivation vorausgesetzt wird. Die Sozialdimension verweist auf ein Miterleben, das sich kommunikativ melden könnte, und beides meint nichts anderes als die rekursive Selbstreproduktion der Gesellschaft. Dies gilt auch und besonders dann, wenn *in der Gesellschaft das Gegenteil formuliert wird.* Ein Gott, der alles miterlebt und kommunikativ erreichbar ist, aber nicht der Gesellschaft angehört, diese einzige Ausnahme ist eine genaue Copie der rekursiven Totalität des Gesellschaftssystems selbst, eine Duplikation, die die Welt religiös erfahrbar macht. Auf diese Weise widerspricht die Gesellschaft sich selbst und kann daraus die Sicherheit gewinnen, daß Selbstreferenz nicht sinnlos und daß nicht Identität, sondern Differenz der Anfang ist.

Die wohl wichtigste Konsequenz dieses Sachverhalts betrifft das Verhältnis von System und Umwelt. Für ein solches System gibt es *auf der Ebene des eigenen Funktionierens keine Umweltkontakte.* So wenig wie ein Organismus jenseits seiner Haut weiterleben, so wenig wie ein psychisches System sein Bewußtsein operativ in die Welt hinein verlängern kann, so wenig wie ein Auge Nervenkontakt mit dem, was es sieht, herstellen kann, so wenig kann eine Gesellschaft mit ihrer Umwelt kommunizieren. Sie ist ein vollstän-

8 Zu dieser Formulierung auch Niklas Luhmann, Identitätsgebrauch in selbstsubstitutiven Ordnungen, besonders Gesellschaften, in ders., Soziologische Aufklärung Bd. 3, Opladen 1981, S. 198-227.

dig und ausnahmslos geschlossenes System. Das unterscheidet sie von allen anderen sozialen Systemen, also vor allem von Interaktionssystemen, die kommunikative Beziehungen mit ihrer Umwelt aufnehmen, Neuankommende begrüßen, Beschlüsse mitteilen können, und so weiter.

Diese Geschlossenheit muß zunächst als ein Nichtkönnen formuliert werden. Im Verzicht auf eine Extension der eigenen Operationsweise in die Umwelt liegt aber zugleich die eigentümliche Leistungsstärke des Systems. Auch vom Auge müßte man sagen: es kann die Umwelt nur sehen; aber nur deshalb kann es sie sehen[8a]. Die Gesellschaft kann über die Umwelt nur kommunizieren; aber nur deshalb kann sie über sie kommunizieren. Sie würde die hierfür nötige Distanz verlieren, wenn sie mit der Umwelt kommunizieren könnte.

Selbstverständlich bleibt die Gesellschaft trotz, ja dank ihrer Selbstgeschlossenheit System in einer Umwelt. Sie ist ein System mit Grenzen. Diese Grenzen sind durch die Gesellschaft selbst konstituiert. Sie trennen Kommunikation von allen nichtkommunikativen Sachverhalten und Ereignissen, sind also weder territorial noch an Personengruppen fixierbar. In dem Maße, als dieses Prinzip der selbstkonstituierten Grenzen sich klärt, differenziert die Gesellschaft sich aus. Ihre Grenzen werden von Naturmerkmalen wie Abstammung, Bergen, Meeren unabhängig, und als Resultat von Evolution gibt es dann schließlich nur noch eine Gesellschaft: die Weltgesellschaft[9], die alle Kommunikationen und nichts anderes in sich einschließt und dadurch völlig eindeutige Grenzen hat.

Ein kommunikatives System dieser Art macht sich keineswegs die Illusion der Selbstgenügsamkeit des Kommunizierens. Schon durch die dreistellige Struktur der Kommunikation wird dies verhindert: Man kommuniziert *über* etwas, und man kommuniziert nur ausnahmsweise über Kommunikation. Externe Anregung ist als Information also stets präsent; würde die Kommunikation das vergessen,

8a Nur vorsorglich sei noch angemerkt, daß diese Formulierung einen sehr komplexen Sachverhalt sehr vereinfacht darstellt. In Wirklichkeit sieht nicht »das Auge«, sondern das Gehirn mit Hilfe des Auges.

9 Speziell hierzu: Niklas Luhmann, Die Weltgesellschaft, in ders., Soziologische Aufklärung Bd. 2, Opladen 1975, S. 51-71; ders., World Society as a Social System, in: Felix Geyer/Johannes van der Zouwen (Hrsg.), Dependence and Equality: A Systems Approach to the Problems of Mexico and Other Developing Countries, Oxford 1982, S. 295-306.

würde sie sich selbst daran erinnern. Sie kann nur als informationsverarbeitendes Erleben und Handeln reproduziert werden. Die Geschlossenheit der rekursiven kommunikativen Verhältnisse hat demnach nicht die Funktion, von Umwelt zu befreien. Sie ist und bleibt auf Sensoren angewiesen, die ihr Umwelt vermitteln. Diese Sensoren sind die Menschen im Vollsinne ihrer Interpenetration: als psychische und als körperliche Systeme. Gerade autopoietische, geschlossen-selbstreferentielle Systeme sind insofern auf Interpenetration angewiesen. Oder anders formuliert: Interpenetration ist die Bedingung der Möglichkeit von geschlossen-selbstreferentieller Autopoiesis. Sie ermöglicht ihre Emergenz dadurch, daß sie den autopoietischen Systemen Umweltkontakte auf anderen Ebenen der Realität erschließt. Durch Interpenetration ist es möglich, Funktionsebenen des operativen Prozessierens von Informationen getrennt zu halten und trotzdem zu verbinden, also Systeme zu realisieren, die in Bezug auf ihre Umwelt zugleich geschlossen und offen sind. Und diese Kombination scheint die Möglichkeit eröffnet zu haben, ein Komplexitätsgefälle zwischen Umwelt und System bei höherer Komplexität auf beiden Seiten noch stabil zu halten.

Dies ist also die Autarkie, die Aristoteles als Erfolg der Stadtbildung, der politeia gefeiert hatte. Der Begriff blieb seitdem ein Problem, da ja offensichtlich Beziehungen der Stadt zu anderen Städten, Völkern und Reichen bestanden und diese Beziehungen auch Abhängigkeiten wirtschaftlicher und politischer Art einschlossen. Autarkie konnte demnach nur auf die Bedingungen einer moralbestimmten, menschgemäßen Lebensführung bezogen werden, und die Stadt war als der perfekte Ort gedacht, wo der Mensch sein Menschsein zum besten verwirklichen konnte. Bei laufend sich ändernden gesellschaftlichen Verhältnissen nahmen schließlich mehr und mehr Funktionsprimate den Platz ein, von dem aus die Eigenständigkeit dieser schönsten und besten Gesellschaft, der koinonía politiké behauptet wurde. Politische Selbständigkeit, religiöse Sinngebung, wirtschaftliche Wohlfahrt wurden dafür nach und nach in Betracht gezogen, aber keine dieser Selbst-Thematisierungs-Semantiken hat das Versprechen der Autarkie je einholen, geschweige denn einlösen können[10].

10 Hierzu auch Niklas Luhmann, Selbst-Thematisierungen des Gesellschaftssystems, in ders., Soziologische Aufklärung Bd. 2, Opladen 1975, S. 72-102.

Mit einer gesellschaftstheoretischen Semantik kann nur innerhalb der Gesellschaft operiert, nur der Selbstbeobachtungs- und Selbstbeschreibungsprozeß der Gesellschaft gesteuert werden, und auch dies nur mehr oder weniger vollkommen, mehr oder weniger sachadäquat, mehr oder weniger abhängig von Traditionsüberhängen. Die Lebenswelt, in der die Gesellschaft sich für sich einrichtet und sich ausdifferenziert, wird damit nie voll erfaßt. Beobachten ist immer Distinguieren, muß daher die Einheit der Differenz als Welt und die Möglichkeit anderer Dinstinktionen als Kontingenz voraussetzen. Aber es ist möglich, und das wird mit der hier angestrebten Charakterisierung von Gesellschaft versucht, genau dies noch als Aussage über die Gesellschaft zu formulieren. Und es ist genau diese Eigenheit einer selbstreferentiellen Geschlossenheit, die alle Operationen mit Zugehörigkeit, Selbstreferenz und Selektivität ausstattet, durch die ein Gesellschaftssystem sich vor Interaktionssystemen auszeichnet.

Das Konzept der selbstreferentiellen Geschlossenheit antwortet auf ein Problem, das man im Anschluß an Blauberg als systemtheoretisches Paradox bezeichnen könnte[11]. Danach kann der Sinn eines Systems nur durch Bezug auf ein umfassenderes System geklärt werden, während das Begreifen dieses Systems ein Eingehen auf seine interne Differenzierung erfordert. Es ist konsequent, wenn man angesichts dieses Paradoxes die Gesellschaft selbst nicht mehr als System ansieht (oder nur insofern als System, als alle sozialen Systeme letztlich nur mit Bezug auf die Gesellschaft analysiert werden können). Die Gesellschaftsanalyse bleibt dann dem dialektischen Materialismus überlassen[12]. Statt dessen ziehen wir es vor, im Falle der Gesellschaft ein System zu unterstellen, für das es auf operationsgleicher Ebene kein umfassendes System gibt, so daß kein Begreifen von außen, sondern nur eine Selbstbeobachtung,

11 Vgl. I. V. Blauberg/V. N. Sadovsky/E. G. Yudin, Systems Theory: Philosophical and Methodological Problems, Moskau 1977, S. 268 ff. Sucht man nach Vorläufern, dann wäre vor allem Pascal zu nennen. Siehe Pensées Nr. 84 der Ausgabe L'Œuvre de Pascal, éd. de la Pléiade, Paris 1950, S. 840-847 (845) = Nr. 72 der éd. Brunschwicg. Vgl. auch Friedrich D. E. Schleiermacher, Hermeneutik und Kritik (Hrsg. Manfred Frank), Frankfurt 1977, S. 95, 187 f.

12 Die Paradoxien der Systemtheorie sind bei Blauberg et al. denn auch lediglich Paradoxien in den analytischen Instrumenten, während sie von der hier präsentierten Theorie aus und wie ich meine: in tieferem Bezug zur Marxschen Theorie als Realwidersprüche im Gegenstandsbereich der Theorie behandelt werden müssen.

Selbstbeschreibung, Selbstaufklärung im Duktus der eigenen Operationen möglich ist.

III

Auch Interaktionssysteme lassen sich relativ präzise abgrenzen. Wie bei allen Systemen sind Grenzen hinreichend definiert, wenn die Probleme, die man mit dem Grenzverlauf und mit der Anwendung der Unterscheidung von außen und innen haben kann, mit den operativen Möglichkeiten des Systems selbst behandelt werden können. Dies gilt für den Fall der Gesellschaft bei der Frage, ob etwas Kommunikation ist oder nicht. Das läßt sich durch Kommunikation klären. Ähnlich haben auch Interaktionssysteme hinreichend bestimmte, jedenfalls bestimmbare Grenzen. Sie schließen alles ein, was als *anwesend* behandelt werden kann, und können gegebenenfalls unter Anwesenden darüber entscheiden, was als anwesend zu behandeln ist und was nicht.

Mit dem Abgrenzungskriterium der Anwesenheit wird die besondere Bedeutung von Wahrnehmungsprozessen für die Konstitution von Interaktionssystemen zur Geltung gebracht. Wahrnehmung ist, im Vergleich zu Kommunikation, eine anspruchslosere Form der Informationsgewinnung. Sie ermöglicht Information, die nicht darauf angewiesen ist, daß sie als Information ausgewählt und kommuniziert wird. Das gibt eine gewisse Sicherheit gegenüber bestimmten Irrtumsquellen, insbesondere gegenüber Täuschung und psychisch bedingter Verzerrung. Auch evolutionär gesehen ist Wahrnehmung die primäre und verbreitetste Informationsweise, und nur in wenigen Fällen verdichtet sie sich zu Kommunikation.

Wahrnehmung ist zunächst psychische Informationsgewinnung, sie wird jedoch zu einem sozialen Phänomen, das heißt, zu einer Artikulation doppelter Kontingenz, wenn wahrgenommen werden kann, daß wahrgenommen wird. In sozialen Situationen kann Ego sehen, daß Alter sieht; und kann in etwa auch sehen, was Alter sieht. Die explizite Kommunikation kann an diese reflexive Wahrnehmung anknüpfen, kann sie ergänzen, sie klären und abgrenzen; und sie baut sich, da sie selbst natürlich auch auf Wahrnehmung und Wahrnehmung der Wahrnehmung angewiesen ist, zugleich in diesen reflexiven Wahrnehmungszusammenhang ein.

Im Verhältnis zur expliziten Kommunikation, die als Handeln zugerechnet wird, hat das reflexive Wahrnehmen spezifische Vorteile. Die Interaktion »kapitalisiert« gewissermaßen diese Vorteile und stellt sie der Gesellschaft zur Verfügung. So leistet das Wahrnehmen vor allem:

(1) hohe Komplexität der Informationsaufnahme bei geringer Analyseschärfe – also einen weitreichenden, aber nur »ungefähren« Modus des Verständigtseins, der in der Kommunikation nie eingeholt werden kann;

(2) annähernde Gleichzeitigkeit und hohes Tempo des Prozessierens von Informationen, während die Kommunikation auf einen sequentiellen Modus der Informationsverarbeitung angewiesen ist;

(3) geringe Negierfähigkeit und geringe Rechenschaftspflicht, also hohe Sicherheit der Gemeinsamkeit eines (wie immer diffusen) Informationsbesitzes;

(4) Fähigkeit zur Modalisierung von Kommunikation durch parallellaufende Prozesse der Abschwächung, Verstärkung oder auch gegenteiligen Mitteilung auf einer Ebene der (beabsichtigten oder unbeabsichtigten) »indirekten« Kommunikation, auf der das hohe Risiko expliziten Handelns vermieden werden kann; wichtig als Steuerungsebene für Scherz und Ernst, sexuelle Annäherung, Vorbereitung von Themenwechsel oder Kontaktbeendigung, Kontrolle von Takt und Höflichkeit[13].

Ebenso wichtig ist, daß Interaktionssysteme sich in der Bereitstellung solcher Wahrnehmungsmöglichkeiten nicht erschöpfen, sondern gerade durch reflexives Wahrnehmen sich zwingen, Kommunikation ablaufen zu lassen. Wenn Alter wahrnimmt, daß er wahrgenommen wird und daß auch sein Wahrnehmen des Wahrgenommenwerdens wahrgenommen wird, muß er davon ausgehen, daß sein Verhalten als darauf eingestellt interpretiert wird; es wird dann, ob ihm das paßt oder nicht, als Kommunikation aufgefaßt,

13 Siehe zum Beispiel die Analysen von Claude Buffier, Traité de la société civile, et du moyen de se rendre heureux, en contribuant au bonheur des personnes avec qui l'on vit, Paris 1726, S. 123 ff.: Es wäre extrem unhöflich, zu sagen, daß man sich in Gesellschaft eines anderen langweilt; und eben deshalb gehört es zur Hoflichkeit, an den Augen des anderen zu kontrollieren, ob er sich langweilt. Anders gesagt: Höflichkeit wird reflexiv, indem sie es vermeidet, die Höflichkeit anderer auszunutzen; und dazu muß die Wahrnehmungsebene miteinbezogen werden.

und das zwingt ihn fast unausweichlich dazu, es auch als Kommunikation zu kontrollieren. Selbst die Kommunikation, nicht kommunizieren zu wollen, ist dann noch Kommunikation; und es bedarf im allgemeinen einer institutionellen Erlaubnis, wenn man sich in Anwesenheit anderer angelegentlich mit seinen Fingernägeln beschäftigt, aus dem Fenster hinausschaut, sich hinter eine Zeitung zurückzieht. Praktisch gilt: daß man in Interaktionssystemen *nicht nicht kommunizieren kann*[14]; man muß Abwesenheit wählen, wenn man Kommunikation vermeiden will[15].

Trotz reflexiver Selbstregulierung bleiben Interaktionssysteme auf der Ebene des Wahrnehmens in hohem Maße störanfällig. Was der Wahrnehmung auffällt, hat möglicherweise soziale Relevanz, kann in die laufende Kommunikation einbrechen, sie stören, sie stoppen. Die Wahrnehmung des Wahrnehmens reicht nicht aus, um dies zu verhindern; sie sortiert nur die Ereignisse unter dem Kriterium, ob auch andere sie wahrnehmen (was ihnen gesteigerte Bedeutung gibt) oder nicht. Sie gibt vor allem den Körpern der Beteiligten eine strategische Bedeutung für die Verteilung der Relevanzen und Kommunikationsanlässe. Plötzliches Nasenbluten wird man kaum übersehen können wie Spritzer auf der Tischdecke. Mit den wachsenden Anforderungen an sozial-reflexive Sensibilität in Interaktionssystemen, also mit deren Ausdifferenzierung im Laufe der soziokulturellen Evolution, nahm denn auch die Körperdisziplin zu[16]; aber zunächst auch die Neigung zu Ohnmachten als einer »sauberen« Möglichkeit, deutliche Signale zu setzen in Situationen, in denen die Fortsetzung der Kommunikation zu schwierig wird. Gerade eine in dieser Weise disziplinierte Interaktion ist dann wie-

14 Siehe hierzu die bekannten Analysen von Paul Watzlawick/Janet H. Beavin/Don D. Jackson, Pragmatics of Human Communication: A Study of Interactional Patterns, Pathologies, and Paradoxes, New York 1967, die den Konsequenzen dieser Unausweichlichkeit nachgehen.

15 Dies ist nicht nur ein (schwieriges) Problem des Beendens von Interaktion (oder des Sichentfernens aus der Interaktion), sondern man muß auch an Formen denken, mit denen man ein Sicheinlassen auf Interaktion vermeiden kann in Situationen, die an sich eine Interaktion nahelegen würden: Man trifft jemanden, den man kennt, und man grüßt – um vorbeizukommen.

16 Hierzu als bekannteste Darstellung Norbert Elias, Über den Prozeß der Zivilisation: Soziogenetische und psychogenetische Untersuchungen, 2. Aufl. Bern-München 1969.

der um so anfälliger für planmäßige Störungen, die in der Abwehrstruktur des Systems die Information für den Angriff finden[17].
Was trotz aller Störbarkeit und selektiven Empfindlichkeit in Interaktionssystemen so gut wie immer zustandekommt, ist jener Doppelprozeß von Wahrnehmung und Kommunikation, bei dem die Lasten und Probleme teils auf dem einen, teils auf dem anderen Vorgang liegen und laufend umverteilt werden je nachdem, wie die Situation aufgefaßt wird und wohin die ablaufende Systemgeschichte die Aufmerksamkeit der Beteiligten lenkt. Auch hier gilt: daß soziale Systeme nur durch Kommunikation zustandekommen. Die Art, wie in der Interaktion unter Anwesenden Kommunikation erzwungen wird, hält aber zugleich eine Art »interne Umwelt« zugänglich, durch die der Betrieb der Kommunikation ermöglicht, genährt und gegebenenfalls korrigiert wird. Wahrnehmung und Kommunikation können sich dann, innerhalb der Schranken der je eigenen Leistungsmöglichkeiten, wechselseitig entlasten. Auf diese Weise ist innerhalb von Interaktionssystemen eine Intensivierung der Kommunikation möglich, für die es außerhalb von Interaktion keine Äquivalente gibt.
Eine solche schnelle und konkrete Kombination von Wahrnehmung und Kommunikation kann sich nur auf engem Raum vollziehen. Sie ist natürlich an die Grenzen des Wahrnehmbaren gebunden. Aber das reicht nicht, denn nicht alles, was wahrgenommen werden könnte, ist deshalb schon sozial relevant. Die zu erwartende Kommunikation dient als zusätzliches Selektionsprinzip, man tastet das Wahrnehmbare im Hinblick darauf ab, was möglicherweise Einlaß in die laufende Kommunikation finden oder doch für deren Verlauf bedeutsam werden könnte. Man benutzt, anders gesagt, vor allem die Sozialdimension des wahrnehmbaren Sinnes als Selektor, und das führt zu einer engeren Bestimmung der Grenzen des Systems. In diesem Sinne ist Anwesenheit das Konstitutions- und

17 Die zum Teil recht phantasievollen Interaktionsstörungen an Universitäten verdanken ihre Möglichkeiten sämtlich dieser hochselektiven Diszipliniertheit thematischkonzentrierter Interaktion. Sie laufen sämtlich über ein Erzwingen nichtintegrierbarer Wahrnehmungen. Einige Beispiele aus eigener Anschauung: körperliche Anwesenheit von nicht dazugehörigen Personen, Anschreiben von Mitteilungen an Tafeln, Lärmen (auch in der Form von für sich selbst sinnvollem Reden), Ausschalten von Licht und Zuziehen von Vorhängen, Umkippen von Bierflaschen, Anstoßen von Personen, demonstratives Mitbringen von Babies oder Hineinschieben von Krüppeln auf Rollstühlen in den Sitzungsraum.

Grenzbildungsprinzip von Interaktionssystemen, und mit Anwesenheit ist gemeint, daß ein Beisammensein von Personen[18] die Selektion der Wahrnehmungen steuert und Aussichten auf soziale Relevanz markiert.

Daran läßt sich wiederum erkennen, daß soziale Systeme autopoietische, sich selbst und ihre Grenzen seligierende Systeme sind. Auch in konkreten Alltagssituationen, und gerade hier, ist diese Autonomie unerläßlich, um Abstand zu gewinnen; und gerade situationsabhängige, durch alles Wahrnehmbare angreifbare Systeme müssen sich vorbehalten, mit Hilfe der Anwesenden entscheiden zu können, wer und was als anwesend zu gelten hat. Wie könnte man anders sich in einem Restaurant unterhalten, sich im Theaterfoyer verabreden, Fernsehaufnahmen durchführen, Schlangestehen für den Bus oder auch nur Autofahren? Je stärker die technischen Einflüsse auf Situationen, auch das sollen diese Beispiele zeigen, desto zwingender, aber auch: desto autonomer!, die soziale Relevanzbestimmung.

Bei genauerem Zusehen zeigt sich auch hier, daß autopoietische Erfordernisse der Weiterführung von Kommunikation Strukturbildungen erzwingen und daß man es daraufhin mit einer Differenz von Autopoiesis und Struktur zu tun hat. Die Strukturbildung wird vor allem dadurch erzwungen, daß Kommunikation von bloßer Wahrnehmung abgehoben werden muß und daß dies Einschränkungen in zeitlicher, sachlicher und sozialer Hinsicht erfordert: Die relevanten Ereignisse müssen sequenziert werden; sie müssen durch Sachthemen strukturiert werden; es dürfen nicht alle Anwesenden zugleich reden, sondern als Regel nur einer auf einmal[19]. Kommt es zu einer solchen Strukturbildung, entstehen zentrierte Interdependenzen[20]. Die Zentrierung von Interdependenzen kann mehr in der

18 »Personen« hier im strengen Sinne von sozial identifizierten Erwartungskollagen. Vgl. oben Kap. 8 XI.

19 Goffman bildet hierfür den Begriff des »Encounter« im Sinne von »focussed gathering«. Siehe Erving Goffman, Encounters: Two Studies in the Sociology of Interaction, Indianapolis Ind. 1961. Wir sehen darin weniger einen besonderen Typus von Interaktionssystem neben anderen, als vielmehr ein Leistungssteigerungserfordernis der Systembildung. Ohne Focussierung und ohne Strukturselektion sind Systembildungen nur in einem sehr rudimentären, rasch vorübergehenden Sinne möglich – wie etwas, was man zeitweise als Belästigung in Kauf zu nehmen hat.

20 »relations poolantes« heißt es in bestem Franglais bei Jean-Louis Le Moigne, La théorie du système général: théorie de la Modélisation, Paris 1977, S. 91.

Sozialdimension liegen; dann läuft sie auf Orientierung an Führern oder ähnlich privilegierten Sprechern hinaus[21]. Sie kann ihren Schwerpunkt auch in der Zeitdimension haben, dann ergibt sich eine Finalisierung des Systems. In jedem Falle werden auf diese Weise die im System bestehenden Interdependenzen rekonstruiert. An die Stelle der (unmöglichen) Interdependenz von jedem mit jedem Element (oder doch: von vielen mit vielen) tritt die Interdependenz von allen (oder doch: vielen) Elementen mit einem ausgewählten Richtpunkt, in dem das System seine Einheit in sich selbst am besten repräsentiert.

Durch Zentrierung und vor allem durch die Regel, daß jeweils nur einer reden kann und die anderen zuhören oder jedenfalls warten müssen, entsteht ein eigentümlicher Überschuß an Möglichkeiten, den man im Anschluß an McCulloch als »redundancy of potential command« bezeichnen kann[22]. Die strukturelle Elastizität von Interaktionssystemen beruht auf dieser Redundanz, das heißt auf der Möglichkeit, auszuwählen, was ins Zentrum der gemeinsamen Aufmerksamkeit gelangt und was unbeachtet bleibt. Die Auswahl erfordert selbstreferentielle Operationen, hier erleichert dadurch, daß wahrgenommen werden und wenig umstritten sein kann, was jeweils im Zentrum der gemeinsamen Aufmerksamkeit faktisch stattfindet.

Welche Grade an Zentrierung auch immer erreicht werden können: die Struktur verteilt die Kommunikationschancen (nicht: die Wahrnehmungschancen!) auf die Teilnehmer[23]. Mit diesen interaktionsspezifischen Ordnungsbedingungen sind jedoch auch die für diese Systeme typischen Schranken der Leistungssteigerung in Kraft getreten – Leistung hier begriffen als Informationsverarbeitungskapazität. Vor allem der Zwang zu seriellem Prozessieren führt sehr

21 Man mag auch an die Erfahrung von diskutierenden Gruppen, Universitätsseminaren und ähnlichen Systemen denken, daß wenige viel und viele wenig reden – eine quasi natürliche Entwicklung, die, wenn überhaupt, nur durch Führung korrigiert werden kann.

22 Vgl. dazu Gordon Pask, The Meaning of Cybernetics in the Behavioural Sciences (The Cybernetics of Behaviour and Cognition: Extending the Meaning of »Goal«), in: J. Rose (Hrsg.), Progress in Cybernetics Bd. 1, London 1970, S. 15-44 (32 ff.).

23 Vgl. auch den Begriff der »interaction-opportunity-structure« bei George J. McCall/J. L. Simmons, Identities and Interactions, New York 1966, S. 36 ff., der aus der Delinquenzforschung stammt und umgekehrt gebildet ist: Opportunität wird zur Struktur, wenn die Situationen dafür hinreichend strukturiert sind.

rasch zu einem sehr hohen Zeitverbrauch, der mit den übrigen Engagements der Teilnehmer kollidiert. Man hilft sich durch Kontaktunterbrechung und Wiederzusammentreffen zu späterem Zeitpunkt. Oder man plant dies von vornherein ein: Der Bibelkreis trifft sich wöchentlich zu bestimmter Zeit an bestimmtem Ort. Aber das setzt dann schon Vereinbarungen voraus, die nicht mehr durch die Bordmittel des Interaktionssystems garantiert werden können, und Motive, deren Regenerierung in der Interaktion selbst über längere Zeiträume hinweg bekanntermaßen schwierig ist.
Die hohe Zeitabhängigkeit der Interaktion läßt ihr schließlich wenig Freiheit für die Wahl von Formen der Differenzierung. Interaktionen haben wenig Möglichkeiten, simultan operierende Subsysteme zu bilden. Sie gliedern sich zeitlich in Episoden. Für Gesellschaftssysteme gilt das Gegenteil. Ihre Weite erfordert geradezu Differenzierung in Subsysteme, während ihnen für Episodenbildung und vor allem für den Episodenwechsel die konkreten Anhaltspunkte einer Gesamtumstellung fehlen. Will die Gesellschaft Episoden bilden, muß sie auf Interaktionssysteme zurückgreifen und Interaktionssequenzen vorsehen unter Verzicht auf gesamtgesellschaftliche Relevanz der Einteilung. Diese Unterschiede in der systemtypischen Binnendifferenzierung beleuchten zugleich den Sinn der Differenzierung von Gesellschaft und Interaktion: sie ermöglicht das Ineinandergreifen von synchroner und diachroner Differenzierung.

IV

Gesellschaft und Interaktion sind verschiedenartige Sozialsysteme. Die Gesellschaft garantiert die sinnhaft-selbstreferentielle Geschlossenheit des kommunikativen Geschehens, also für jede Interaktion auch Beginnbarkeit, Beendbarkeit und Anschlußfähigkeit ihrer Kommunikation. In den Interaktionssystemen wird die Hydraulik der Interpenetration betätigt. Hier wirken Sog und Druck der Anwesenheit auf die Anwesenden und veranlassen sie, ihre Freiheit für Einschränkungen zur Verfügung zu stellen. Gesellschaft ist daher nicht ohne Interaktion und Interaktion nicht ohne Gesellschaft möglich; aber beide Systemarten verschmelzen nicht, sondern sind in ihrer Differenz füreinander unentbehrlich.
Die Evolution von sinnhaften sozialen Systemen hat sich offenbar

dieser Differenz bedient und sich an ihr hochgearbeitet[24]. Interaktion wird wegen ihrer Doppelbasierung in Wahrnehmung und Kommunikation, historisch gesehen, relativ voraussetzungsfrei, okkasionell, natürlich und situationsabhängig möglich gewesen sein. Man könnte fast von einem vorgesellschaftlichen Erfordernis für das Entstehen von Gesellschaft sprechen. Aber erst wenn die Interaktion sich als gesellschaftliche Episode versteht, erzeugt sie jene Differenz und jenen Mehrwert, mit denen sie zur Emergenz von Gesellschaft beiträgt. Sie erzeugt und regeneriert dann ausschlußfähigen Sinn, der über ihre eigenen Grenzen in Raum und Zeit, in relevanten Objekten und Themen hinausreicht. Für archaische Verhältnisse wird man dabei eine ganz interaktionsnahe gesellschaftliche Realität unterstellen müssen, die noch nicht formgebend auf die Interaktionen einwirkt, sondern mit deren Vollzug laufend revidiert wird[25]. Die Sinndimensionen (zeitlich, sachlich, sozial) sind noch kaum differenziert und deshalb nicht weiträumig auslegbar. Personen haben dann ein nur minimales, auf das Verhältnis zum eigenen Organismus beschränktes autopoietisches Eigenbewußtsein. Sie wissen natürlich, daß ihr eigener Hunger nicht der Hunger der anderen ist; aber sie unterscheiden sich selbst nicht von dem, als was sie anderen bekannt sind. Alle sozialen Formen werden okkasionell gefunden, bleiben an konkrete Lokalisierungen gebunden und müssen präsent sein, um wirken zu können. Es gibt einsichtige (und als einsichtig abschätzbare) Konditionierungen, etwa solche der Reziprozität, denn ohne Konditionierungen gäbe es kein soziales System; aber sie reichen nicht weit über die jeweils aktuelle soziale Situation hinaus und werden nicht als Regeln wahrgenommen.

Man muß annehmen, daß trotz dieser Beschränkungen (in die wir uns kaum mehr einfühlen können) Kommunikation schon möglich ist, und zwar Kommunikation im Vollsinne einer am Verstehen laufend kontrollierten Einheit aus Information, Mitteilung und

24 Ganz ähnlich, auf sozialanthropologischen und auf Mead'schen Grundlagen, Warriner a.a.O., insb. S. 123 ff.

25 Warriner a.a.O. S. 134 gibt folgende Charakterisierung: »These are primitive societies in three important ways: (1) they are particularistic, bounded by and limited to the particular actors, events, and situations in which the society emerged; (2) they are a-historical in the sense that the past is always revised in the present and does not exist for the actors as an autonomous fact; (3) they are indifferentiated, as social forms have not yet emerged out of the interactional process.«

Verstehen. Die unaufhörlich stimulierte Kommunikation wird dann im Meer der sinnhaft angezeigten Möglichkeiten Verständigungsinseln bilden, die als Kultur im weitesten Sinne das Sicheinlassen auf, und das Beenden von, Interaktion erleichtern. Kulturformen, später vor allem die Kommunikationstechniken der Schrift und des Buchdruckes, sind nicht mehr interaktionsspezifisch festgelegt und ermöglichen gerade dadurch, daß sich in der Gesellschaft sinnspezifische Interaktionssysteme ausdifferenzieren.

Wie immer sich aber diese Differenz entwickelt haben mag: für die gesamte erkennbare Menschheitsgeschichte lassen Gesellschaft und Interaktion sich nicht auf den einen oder den anderen Typus zurückführen, da man dann entweder auf Umfassendheit oder auf Anwesenheit, also auf das definierende Merkmal des jeweils anderen Systems verzichten müßte. Ebensowenig können wir es aber bei einer bloßen Unterscheidung und einer entsprechenden Klassifikation bewenden lassen. Damit bliebe unberücksichtigt, daß die Nichtidentität von Gesellschaft und Interaktion als Differenz erfahren wird und als solche wirkt. Es geht dabei, wie im Eingangsabschnitt schon bemerkt, nicht um ein Grenzphänomen, also gerade nicht um ein Unbeachtetlassenkönnen des anderen. Man kann auch nicht das Gesellschaftssystem in Interaktionssysteme zerlegen oder Interaktionssysteme zum Gesellschaftssystem zusammenfügen; gerade das verhindert die Differenz. Die Differenz ist ein konstitutives Moment im Aufbau von Gesellschaftssystemen und von Interaktionssystemen. Sie läßt sich weder durch Reduktion noch durch Generalisierung neutralisieren, noch durch Externalisierung zu einer bloß kategorialen Unterscheidung abschwächen. Ohne Differenz zu Gesellschaft wäre keine Interaktion, ohne Differenz zu Interaktion wäre keine Gesellschaft möglich. Das muß nun etwas ausführlicher gezeigt werden.

Wir gehen zunächst vom Interaktionssystem aus. Interaktion setzt auf allen drei Sinndimensionen eine anonym konstituierte Gesellschaft voraus, und dies nicht nur als ein anderes Sozialsystem, sondern als Grund der eigenen Besonderung.

Zeitlich gesehen könnte die Interaktion nicht anfangen und nicht aufhören, wäre sie nicht selbst als Episode, als Fortsetzung des gesellschaftlichen Zusammenlebens und im Kontext einer Weiterführung der gesellschaftlichen Reproduktion begreifbar. Die Erwartungsstrukturen, die man für rasche Reproduktion, für unmittelbares Anschlußhandeln braucht, könnten in der nötigen Vielfalt nicht in der laufenden Interaktion entwickelt werden. Das gilt nicht nur und nicht einmal in erster Linie aus Gründen der Erwartungssicherheit und der erforderlichen Einigung über ein Typenprogramm, das mögliche Interaktionsthemen umreißt. Wichtig ist vor allem, daß die Gesellschaft einen Möglichkeitsreichtum bereithält, den die beginnende Interaktion einschränken kann[26]. Nur in Differenz zum gesellschaftlich Möglichen kann die Interaktion ihr eigenes Profil gewinnen; nur so kann sie damit beginnen, sich selbst etwas zu verdanken. Insbesondere bei »heiklen« Anfängen – bei Liebesbeziehungen; bei deviantem oder gar kriminellem Verhalten; in Fällen, wo Vertrauen gewährt werden muß – ergibt sich daraus das Problem des Aufbaus von Bindungen: wer bindet sich zuerst und gibt dadurch dem anderen die Freiheit, sich darauf einzulassen oder nicht, und damit die Freiheit, das System zu konditionieren[27]? Ebenso bedarf es gesellschaftlicher Vorgaben, damit die Beteiligten Interaktionen als gesellschaftliche Episoden auffassen und sich aus ihnen wieder lösen können. Das Beenden darf nicht als Destruktion des Sinnes der Interaktion aufgefaßt werden (denn sonst würde man sich angesichts eines absehbaren Endes gar nicht auf die Interaktion einlassen), und erst recht darf die Interaktion die gesellschaftliche Existenz nicht so usurpieren, daß auf sie dann gar nichts mehr folgen kann (denn sonst könnte man den Teilnehmern ein Beenden nicht zumuten)[28].

Was die Sozialdimension betrifft, so ergibt sich aus der Gesellschaft für die Interaktion ein Arrangement von Freiheiten und Bindungen, das die Interaktion selbst nicht begründen könnte. Jeder Teilnehmer findet sich außerhalb des Interaktionssystems andersartigen Erwartungen ausgesetzt, und jeder muß Verständnis dafür aufbringen, daß es jedem so geht. Zugleich führen diese Außenbindungen, wenn sie in der Interaktion transparent sind, auch zur Selbstkontrolle jedes einzelnen Teilnehmers; denn ihm wird zugemutet, daß

26 Zur Offenheit von Anfangssituationen vgl. einige Bemerkungen bei George J. McCall/J. L. Simmons, Identities and Interactions, New York 1966, S. 182.

27 Siehe etwa Albert K. Cohen, Delinquent Boys, New York 1955, S. 60 f. als Beispiel für eine Vielzahl ähnlicher Beobachtungen.

28 Für eine Fallstudie von Situationen, in denen das Aufnehmen und Beenden von Kontakten erleichtert ist, vgl. Sherri Cavan, Liquor License: An Ethnography of Bar Behavior, Chicago 1966.

auch er selbst Rollenkonsistenz wahrt[29]. Die gesellschaftliche Umwelt wird mithin im Interaktionssystem als Komplex anderer Verpflichtungen der Teilnehmer zur Geltung gebracht – ein Fall von vereinfachter *systeminterner* Präsentation der *Differenz von System und Umwelt.* Mit ihren anderen Bindungen und anderen Rollenpflichten sind die Teilnehmer gewissermaßen auch andere Personen, weil sich mit ihrer persönlichen Identität anderswo eine andere Geschichte und andere Erwartungen verbinden. Für den Einzelmenschen liegt hierin ein Grund, sich selbst als Individuum und als Bezugspunkt eines eigenen Person- und Rollenmanagements zu begreifen[30]. Für das Interaktionssystem liegt hierin die Grundbedingung von Freiheit der Teilnehmer und damit die Grundbedingung für doppelte Kontingenz. Die *Differenz* von Gesellschaft und Interaktion *transformiert Bindung in Freiheit.* Jeder Teilnehmer kann in der Interaktion Rücksicht darauf verlangen, daß er noch weitere Verpflichtung zu erfüllen hat, und kann damit Distanz gewinnen[31]. So kann man dem kompakten Situationsdruck, dem Kleben der Blicke ausweichen; und dies ist nicht etwa ein Nachteil für die Interaktion, sondern wiederum, wie auch in der Zeitdimension, Bedingung dafür, daß sie ihre Eigengesetzlichkeit auf der Grundlage doppelter Kontingenz entwickeln kann. Insofern ist die Rekursivität des Gesellschaftssystems derjenige »Hyperzyklus« (Eigen), der die Konstitution der Kontingenzen des Interaktionssystems und damit dessen Selbstselektion erst ermöglicht.

Wenn es zutrifft, daß Interaktionssysteme sich in der Zeitdimension und in der Sozialdimension über eine Differenz zur Gesell-

29 Diesen Gesichtspunkt hat besonders Siegfried F. Nadel herausgearbeitet. Er dient in einfacheren Gesellschaften zur Entlastung des offiziellen Normierungs- und Sanktionsapparates. Vgl. Social Control and Self-Regulation, Social Forces 31 (1953), S. 265-273; ders., The Theory of Social Structure, Glencoe Ill. 1957.

30 Das ist bekanntlich einer der Gesichtspunkte, mit denen die Soziologie die historische Genese von Individualität erklärt. Vgl. z. B. Emile Durkheim, De la division du travail social, Neudruck Paris 1973, S. 336 ff.; Hans Gerth/C. Wright Mills, Character and Social Structure: The Psychology of Social Institutions, New York 1953, S. 100 ff.

31 Natürlich wird sich bei einer genaueren Analyse sehr rasch zeigen, daß die Möglichkeiten, sich mit Bindungen zu entschuldigen, sehr ungleich verteilt sind: Personen mit höherem Status haben mehr Möglichkeiten dieser Art als Personen mit niedrigem Status; berufstätige Ehegatten mehr als nichtberufstätige Ehegatten usw. Grundsätzlich aber gibt es wohl niemanden, der ganz einem und nur einem Interaktionszusammenhang ausgeliefert ist.

schaft, also auch über eine Differenz zu ihrer eigenen Gesellschaftlichkeit konstituieren, wird man Konsequenzen auch für die Sachdimension des jeweils prozessierten Sinnes zu erwarten haben. Sie zeichnen sich in die Themen der kommunikativen Interaktion ein. Themen werden in der Interaktion konkret und zugleich kontingent gewählt. Ihre Kontingenz präsentiert ihre Gesellschaftlichkeit – teils als Bezugnahme auf die Umwelt der Interaktion und auf andere Möglichkeiten der Teilnehmer, teils auch als Präsenthalten anderer Möglichkeiten des Prozessierens der Interaktion selbst. Dabei geht es nicht nur um die allgemeine und unbrauchbare Sinn- und Weltkontingenz; nicht nur darum, daß alles auch anders möglich wäre. Vielmehr wird diese Kontingenz dadurch, daß Interaktion als gesellschaftliche vollzogen wird, hinreichend konkretisiert. Die Interaktion wählt unter bestimmten oder doch bestimmbaren Möglichkeiten jeweils in Situationen, die nur begrenzte Verlaufsvarianten offen halten. Soll man mit dem Essen noch warten, bis der letzte der Eingeladenen eingetroffen ist? Wie lange noch? Nutzt man die eigens dafür geschaffene gesellschaftliche Institution des Aperitifs zur Dehnung der Zeit und zur Minderung des Risikos? Weiß man vorher, wer sich bei wem zu entschuldigen hat? Vielleicht am besten jeder bei jedem? Ab wann kann man die Wartenden mit dem Thema des Wartens beschäftigen, die Namen der noch Fehlenden nennen, die Gründe der Situation in die Situation einführen? Und wie stark limitiert das die dann noch offenen Möglichkeiten der Verfügung über Zeit? Ein Fortsetzen der Interaktion ist nur möglich, wenn diese Fragen hinreichende Struktur geben, wenn vielerlei Möglichkeiten – gemeinsame Gymnastik, Fernsehen, Flucht der Gastgeber – hinreichend fernliegen und wenn vor allem der dumpfe Druck, irgendetwas tun zu müssen, aber nicht zu wissen was, ausgeschlossen ist.

Nur artikulierte Kontingenz ermöglicht es der Interaktion, sich selbst zu steuern. Nur sie schafft ein kollektives Kurzzeitgedächtnis als Ressource für spätere Eventualitäten (wir haben doch ziemlich lange gewartet) und eine Erklärung für Folgeprobleme (der Festredner fing irrtümlich vor der Suppe an, deshalb ist sie ziemlich kalt). Interaktion würde nie das Tempo des Anschlußhandelns erreichen können oder bliebe auf einfachste Sachverhalte beschränkt, gäbe es nicht das, was die Differenz von Gesellschaft und Interaktion laufend reproduziert: artikulierte Kontingenz. Dabei kann die

Autonomie des Interaktionssystems so eingeschränkt sein, daß der Verlauf fade und uninteressant wird; daß er fast nur noch die Möglichkeit offen hält, Fehler zu machen[32]. Der Gegenfall der zu offenen Kontingenz, des grundlosen und programmlosen Beisammenseins (nur weil es auch keinen Sinn hat, sonst irgendwo zu sein), ist ebenso problematisch. Man sieht an solchen Grenzfällen, daß und worin Interaktion auf eine Differenz zur Gesellschaft angewiesen ist. Die Interaktion muß eigene Ereignishaftigkeit leisten, muß sich selbst temporalisieren, sich selbst überraschen können; aber sie kann dies nur, wenn sie durch hinreichende Strukturvorgaben zu raschem, pausenlosen Prozessieren und zur Selbstselektion von eigener Struktur und eigener Geschichte befähigt wird.

Wenn man beachtet, daß und wie die gesellschaftliche Umwelt im Interaktionssystem zur Geltung gebracht wird, kann man daraus Hypothesen ableiten über die Auswirkung gesellschaftsstruktureller Veränderungen auf Interaktionssysteme. Wird die gesellschaftliche Umwelt komplexer, so betrifft das in der Interaktion vor allem die *eigenen anderen Rollen,* für die jeder Teilnehmer Rücksichtnahme erwarten und verlangen muß. Je komplexer die Umwelt, desto heterogener diese anderen Rollen, desto pauschaler und verständnisloser muß im System für andere Rollen Absolution erteilt werden. Zugleich nimmt das Ausmaß ab, in dem die Teilnehmer selbst durch Rücksicht auf ihre einsehbaren anderen Rollen diszipliniert werden. In traditionalen Gesellschaftssystemen waren diese anderen Verpflichtungen für jede Interaktion ausreichend übersehbar; man konnte sie zum Beispiel nicht einfach fingieren. Im wesentlichen fanden Interaktionen im Hause oder, wenn außerhalb des Hauses, in der gleichen Schicht statt. Mit dem Übergang zur modernen Gesellschaft hat diese Ordnung sich aufgelöst. Das schwächt die Möglichkeit, Interaktionen als Quelle gesellschaftlicher Solidarität in Anspruch zu nehmen; denn die Erfahrungen, die man in der Interaktion mit anderen macht, sind gebrochen durch die Zugeständnisse, die man ihnen für anderweitiges Verhalten zu gewähren hat. Es scheint, daß die Idee der »Partnerschaft« genau dies registriert, indem sie angesichts der Unkontrollierbarkeit der

32 Ein bekanntes Problem des höfischen Zeremoniells; und fast ist man versucht, dies als Grund dafür anzusehen, daß die weltliche Moral um 1700 von Sünde auf Fehler umgestellt wurde und von Heilsverlust auf Lächerlichkeit als Sanktion.

Erwartungen an Außenverhalten interne Bindungen auf Loyalität und auf Vertrauen in Loyalität reduziert[32a].

Bei stärkerer Differenzierung von Gesellschaftssystem und Interaktionssystemen werden sich Interaktionsformen bewähren, die von sich aus schon ein hohes Maß an Indifferenz in Bezug auf Auswirkungen für Nichtbeteiligte mitbringen. Das gilt in besonderem Maße für Tausch und für Konflikt. Der Tausch sieht im Prinzip davon ab, wie unter der Bedingung von Knappheit die am Tausch *nicht* Beteiligten dazu stehen, daß *sie* die getauschten Gegenstände oder Leistungen *nicht* erhalten. Allenfalls indirekt kommt dies dadurch zur Geltung, daß die Tauschpartner sich nach anderen Tauschmöglichkeiten mit besseren Bedingungen umsehen mögen. Für Konflikt gilt, mutatis mutandis, dasselbe. Die Beteiligten nehmen im Eifer des Streites auf andere weniger Rücksicht – es sei denn, daß sie sie als Koalitionspartner gewinnen wollen. Tausch und Konflikt kommen wegen eben dieser Indifferenzen den gesellschaftlichen Bedingungen sehr entgegen, die sich bei einer stärkeren Differenzierung von Gesellschaftssystem und Interaktionssystemen ergeben. Die bürgerliche Gesellschaft des 19. Jahrhunderts begreift sich denn auch primär als Regulierung von Tausch und Konflikt, als Wirtschaft und Staat, und sie läßt auch rein faktisch den Tauschverhältnissen und Konflikten in sehr viel größerem Umfange freien Lauf als jede Gesellschaft vor ihr[33].

V

Diese vom Interaktionssystem ausgehende Analyse läßt sich wiederholen und abrunden, wenn man, die Blickrichtung umkehrend, vom Gesellschaftssystem ausgeht. Das Gesellschaftssystem gewinnt aus der Differenz zu den einzelnen Interaktionen Abstrak-

32a Vgl. Andrea Leupold, Liebe und Partnerschaft: Formen der Codierung von Ehen, Zeitschrift für Soziologie 12 (1983), S. 297-327.

33 Für Tauschbeziehungen ergibt sich dies schon aus der Einbeziehung von Grundbesitz und Arbeit in das System des geldvermittelten Tausches. Für Konflikte wäre dieselbe Hypothese an der Zunahme von Rechtsstreitigkeiten zu überprüfen. Vgl. z. B. James Willard Hurst, Law and the Conditions of Freedom in the Nineteenth Century United States, Madison Wisc. 1956; Christian Wollschläger, Zivilprozeßstatistik und Wirtschaftswachstum im Rheinland von 1822-1915, in: Klaus Luig/Detlef Liebs (Hrsg.), Das Profil des Juristen in der europäischen Tradition: Symposion aus Anlaß des 70. Geburtstages von Franz Wieacker, Ebelsbach 1980, S. 371-397.

tionsfähigkeit. Gesellschaftliche Kommunikation wird in weitem Umfange (nicht ausschließlich) als Interaktion durchgeführt. Es wäre also auch hier falsch, an eine System/Umwelt-Differenz zu denken oder gar anzunehmen, daß die Gesellschaft aus abstrakten, die Interaktion dagegen aus konkreten Operationen (Kommunikationen, Handlungen) bestehe. Die Gesellschaft schließt Interaktion nicht aus, sondern ein. Es kommt also nicht zu einer Trennung unterschiedlicher Handlungssorten: gesellschaftlicher bzw. interaktioneller. Die Differenz strukturiert vielmehr den undifferenzierten[34] Bereich elementarer Operationen; sie fügt ihm Abstraktionsfähigkeit hinzu, wie sie niemals aus der Interaktion allein hätte entwickelt werden können. Die Abstraktion wird dann weitgehend in der Interaktion für die Interaktion relevant, entstammt aber nicht ihr selbst, sondern ihrer Gesellschaftlichkeit und ist deshalb lokal nicht disponibel. Auf die semantischen Korrelate dieser Indisponibilität, zum Beispiel den Naturbegriff oder Moralvorstellungen, sind wir gelegentlich schon gestoßen[35].

Die Gesellschaft verdankt wesentliche Ordnungsleistungen ihres eigenen Systems dieser Differenz. Dies läßt sich, ohne Absicht auf Vollständigkeit, an einigen Beispielen zeigen:

(1) Die Gesellschaft kann eine *eigene* Systemdifferenzierung durchführen, das heißt Subsysteme bilden, ohne diese Differenz auf Unterschiede der Interaktionen stützen zu müssen. Die gesellschaftliche Differenzierung entwickelt sich sozusagen von oben, nicht von unten; sie entwickelt sich durch Einziehen neuer System/Umwelt-Relevanzen in das Gesellschaftssystem und nicht durch Aufsuchen und Sortieren passender Interaktionen. Es mag dann sein, daß Interaktionen zwischen Adeligen und zwischen Bauern oder Interaktionen in der Wirtschaft und in der Politik sich auch als Interaktionen unterscheiden und von Beobachtern entsprechend zugeordnet werden können. Aber das ist dann dem Zugriff der Abstraktion auf den konkreten Vollzug zu danken und ist nicht der Grund der Differenzierung.

34 »undifferenziert« ist hier, das bedarf vielleicht der Erläuterung, nur auf die Differenz von Gesellschaft und Interaktion bezogen. Selbstverständlich sollen andere Arten der Differenzierung, zum Beispiel gesellschaftliche Subsystembildung, damit nicht geleugnet sein.

35 Vgl. insbes. oben S. 317 ff.

(2) Nur die Gesellschaft kann »letztlich« über Negationen verfügen, nur sie kann ein Immunsystem einrichten, das eine über Negationen doch noch zustandekommende Weiterführung der Kommunikation ermöglicht[36]. Einzelne Interaktionen würden durch Konflikte sofort in Konflikte transformiert werden. Nur für die Gesellschaft haben daher kommunizierte »Neins« den Sinn von Immunereignissen, und ihr Einsatz, ihre Ermutigung erfordert eine gewisse Rücksichtslosigkeit gegenüber dem Schicksal des Interaktionssystems. Von den Motiven her gesehen muß etwas Höheres auf dem Spiel stehen (zum Beispiel Ehre oder Verantwortung), wenn man sich in Ablehnungen engagieren will.

(3) Nur die Gesellschaft ermöglicht eine Identifikation von Erwartungszusammenhängen (Personen, Rollen, Programme, Werte)[37], die in der einzelnen Interaktion verwendet werden können, aber in ihren Sinnbezügen über sie hinausreichen. Erst recht sind das Ausmaß der Differenzierung dieser verschiedenen Erwartungskollagen und die daraus resultierenden Formen der Interdependenz gesellschaftlich vorgegeben. Der Zusammenhalt der Synthese muß, gerade auch um in der Interaktion überzeugen zu können, einen über sie hinausreichenden Sinn haben. Man muß, um Person sein zu können, prätendieren können, dieselbe Person auch anderswo sein zu müssen.

(4) Nur auf der Ebene des Gesellschaftssystems und seiner Subsysteme ist Evolution möglich, das heißt eine Änderung von Strukturen durch Variation, Selektion und Restabilisierung. Interaktionssysteme können zur gesellschaftlichen Evolution beitragen oder auch nicht; sie tragen bei, wenn sie Strukturbildungen anbahnen, die sich im Gesellschaftssystem bewähren. Ohne dieses riesige Versuchsfeld der Interaktionen und ohne die gesellschaftliche Belanglosigkeit des Aufhörens der allermeisten Interaktionen wäre keine gesellschaftliche Evolution möglich; auch insoweit ist also die Gesellschaft selbst auf eine Differenz von Gesellschaft und Interaktion angewiesen.

(5) Die Gesamtheit der Interaktionen bildet mithin eine Art basale Anarchie, bildet qua Eigenstabilität von Interaktion und qua Aufhörzwang der Interaktion das Spielmaterial für gesellschaft-

36 Vgl. oben Kapitel 9.

37 Vgl. oben Kapitel 8 XI.

liche Evolution. Anspruchsvolle Formen der gesellschaftlichen Differenzierung bauen sich durch Selektion aus diesem Material auf. Sie könnten nie entstehen, wenn die Gesellschaft sich nicht auf die Fähigkeit der Interaktion verlassen könnte, sich weitgehend selbst zu ordnen; und sie setzen auch nicht voraus, daß jedes einzelne Interaktionssystem einem und nur einem der primären gesellschaftlichen Teilsysteme zugeordnet werden kann.

Diese fünf Hinweise legen .einen weiteren Schritt nahe. Die Differenz von Gesellschaftssystem und Interaktionssystemen ist offenbar ihrerseits Resultat einer historischen Entwicklung. Sie setzt sich selbst in rudimentärer Form voraus und vermag dann sich selbst als Differenz zu steigern. Der Horizont sinnhaften Erlebens und Handelns reicht wohl immer über die gerade Anwesenden hinaus. Keine Gesellschaft geht in einem einzelnen Interaktionssystem auf. Primitive Gesellschaften werden aber ganz interaktionsnah gebildet. Ihre Abstraktionsleistungen bleiben gering, ihre Grenzen, soweit sie nicht mit dem Wahrnehmungs- und Bewegungsraum der Beteiligten gegeben sind, unklar. Subsysteme können nur segmentär und nur in der Form von Interaktionskonzentraten (Familien, Wohngemeinschaften, Siedlungen) gebildet werden; das Immunsystem ist weitgehend mit der Erhaltung des Lebens, mit der Vermeidung demographischer Auslöschung befaßt; Erwartungsmuster bleiben an persönliche Bekanntschaft gebunden; die Evolution führt selten zu morphogenetisch durchgreifenden Strukturänderungen, und diese haben kaum Aussicht auf Bestand.

Erst wenn die der Gesellschaft zurechenbaren Abstraktionsleistungen zu greifen beginnen und erst wenn Interaktionssysteme mit höheren Freiheitsgraden (stärkerer Ausprägung der doppelten Kontingenz und der eigenen Temporalisierung) gebildet werden können, wird der take off zu weiterer Evolution wahrscheinlich. Vor allem an der Stadtbildung wird die Differenz von flüchtiger Interaktion und Gesellschaft für die Beteiligten sichtbar, und die Haushalte und mit ihnen die segmentäre Differenzierung treten in den zweiten Rang zurück[38]. Stärkere Ausprägung dieser Differenz von Gesellschaftssystem und Interaktionssystemen kann sicher

38 Zu korrespondierenden Veränderungen der Semantik vgl. am klassischen Fall: Peter Spahn, Oikos und Polis: Beobachtungen zum Prozeß der Polisbildung bei Hesiod, Solon und Aischylos, Historische Zeitschrift 231 (1980), S. 529-564.

nicht in Richtung auf wechselseitige Unabhängigkeit begriffen werden; sie steigert wechselseitige Abhängigkeit und wechselseitige Unabhängigkeit zugleich, indem sie es beiden Arten der Systembildung ermöglicht, sich stärker auf ihre artspezifische Eigengesetzlichkeit einzulassen. Am Beispiel »Freundschaft« wird dieser Problemkreis schon in der Antike diskutiert. Als Interaktionsverdichtungsmodell ist Freundschaft einerseits ein, wenn nicht das, Perfektionsprinzip der Gesellschaft, und andererseits, wie man am Freundeskreis der Gracchen zu illustrieren pflegt, eine die Gesellschaft gefährdende, zuweilen gegen sie operierende Systembildung.

Im Übergang zur Neuzeit treten solche Differenzen noch schärfer hervor. Der Interaktionsbereich, der gesellschaftliche Relevanz behalten hatte, die Interaktion in der Oberschicht, wird religiös und politisch neutralisiert und dafür auf kultivierte soziale Reflexivität umgestellt[39]. Zunächst bleibt jedoch die Theorie der Gesellschaft begrifflich an die Vorstellung der Interaktion gebunden. Es ist nach wie vor die Geselligkeit, die die Menschen zur Gesellschaft verbindet: »der rege Trieb zur *gesetzlichen* Geselligkeit, wodurch ein Volk ein dauerndes gemeines Wesen ausmacht«[40], wie es noch 1799 heißt.

In der französischen Revolution tritt dann jedoch die Differenz von interaktionellem und gesellschaftlichem Geschehen eklatant zu Tage. Die Entwicklung läßt sich, und ganz Europa schaut zu, durch Interaktion nicht mehr kontrollieren. Die Logik der Interaktion verhindert den Terror nicht, sie vollzieht ihn mit. Auch die Peinlichkeiten der Revolutionsfeste und ihrer auf Interaktion abgebildeten Gesellschaftsideologie machen überdeutlich, daß es so nicht mehr geht. Also muß die übergreifende Terminologie der »societates« aufgegeben werden. Die moderne Gesellschaft trennt schärfer als jede zuvor ihre Systembildung von den Möglichkeiten der Interaktion. Sie verzichtet auch darauf noch, alle Interaktionen dem

39 Vgl. Niklas Luhmann, Interaktion in Oberschichten: Zur Transformation ihrer Semantik im 17. und 18. Jahrhundert, in ders., Gesellschaftsstruktur und Semantik Bd. 1, Frankfurt 1980, S. 72-161; und zur theoretischen Reflexion auch: Niklas Luhmann, Wie ist soziale Ordnung möglich?, in ders., Gesellschaftsstruktur und Semantik Bd. 2, Frankfurt 1981, S. 195-285.

40 Immanuel Kant, Kritik der Urteilskraft, 3. Aufl. 1799, S. 262, zit. nach der Ausgabe von Karl Vorländer, 3. Aufl. Leipzig 1902, S. 227.

einen oder anderen der gesellschaftlichen Subsysteme zuzuordnen[41]. Sie erlaubt dadurch auf der Ebene der Interaktion ein hohes Maß an okkasioneller, gesellschaftlich funktionsloser, »alltäglicher«, aber sinnhaft nicht eindeutig lokalisierbarer Aktivität[42], die jedoch als mehr oder weniger trivial empfunden werden muß, weil sie sich an die gesellschaftliche Hochsemantik, die in der Reflexion auf die Funktionen und symbolisch generalisierten Kommunikationsmedien für Wissenschaft, Wirtschaft, Politik, Intimität, Kunst usw. entwickelt worden ist, nicht mehr anschließen läßt[43]. Die jetzt gültige »politische Ökonomie« verzichtet auf Direktiven für individuelles Verhalten in Interaktion – selbst in ihrem eigensten Bereich des Tausches und der Produktion.[43a]

Stratifizierte Gesellschaftssysteme der alten Welt waren sehr unempfindlich gewesen gegen das Kennen bzw. Verkennen von Motiven. Sie konnten daher auch eine starke Diskrepanz zwischen Moral und Wirklichkeit verkraften; die Ranglage zog sozusagen den Anschein von Moral fast automatisch mit. All das gilt zunehmend weniger für die Übergangsgesellschaft des 17. und 18. Jahrhunderts und erst recht nicht für die moderne, funktional differenzierte Gesellschaft. Motivorientierte Interaktionen müssen dann entweder standardisiert werden, zum Beispiel durch Organisation, oder sie

41 Auch stratifizierte Gesellschaften hatten sich hier auf einen Kompromiß einlassen müssen, aber dieser hatte eine übersichtliche Form: Interaktionen hatten entweder schichtspezifisch oder hausbezogen abzulaufen. Das »ganze Haus« war der Ort für die Befriedigung derjenigen Bedürfnisse, die eine Interaktion zwischen Angehörigen verschiedener Schichten erforderte.

42 Siehe bereits Georg Simmel, Grundfragen der Soziologie (Individuum und Gesellschaft), Berlin 1917, S. 13. Aus den Großgebilden wie Staat, Zünfte, Klassen allein könnte die Gesellschaft sich nicht zusammensetzen, gäbe es nicht eine Vielzahl von ephemeren Wechselwirkungen zwischen ihnen.

43 Diese Entwicklung darf jedoch nicht mit Tenbruck als »Trivialisierung« der Wissenschaft usw. gedeutet werden. Vgl. Friedrich H. Tenbruck, Wissenschaft als Trivialisierungsprozeß, in: Nico Stehr/René König (Hrsg.), Wissenschaftssoziologie: Studien und Materialien, Sonderheft 18 der Kölner Zeitschrift für Soziologie und Sozialpsychologie, Opladen 1975, S. 19-47. Das Problem der Trivialität ist ein Problem des »interface« zwischen Gesellschaft und Interaktion. Trivial wird aber weder die Forschung selbst noch die große Liebe, weder die kapitalistische Wirtschaft und nicht einmal die Politik. Der Eindruck der Trivialität tritt gerade nicht innerhalb der hochgezüchteten Funktionsbereiche auf, sondern dort, wo Aktivitäten ihren Anschluß an diese Bereiche verlieren.

43a Vgl. z. B. Thomas Hodgskin, Popular Political Economy, London 1827, Nachdruck New York 1966, S. 38 f.

müssen dem reflexiven Aushandeln, der Verständigung, dem »negotiation of identities« überlassen bleiben; und Motivverdacht breitet sich trotzdem aus. Auch dies führt zu einer schärferen Trennung gesellschaftlicher und interaktioneller Systembildungen.
Bei weitgehender Differenzierung von Gesellschaft und Interaktion wird man mit einer Entkoppelung von Interaktionszusammenhängen rechnen müssen. Für die einzelne Interaktion ist dann weniger relevant, in welchen anderen Interaktionszusammenhängen die Teilnehmer jeweils stehen. Die Integration ihrer Verpflichtungen wird nur noch formal über Zeitdispositionen bewerkstelligt und nicht mehr durch ein übergreifendes Ethos sichergestellt. Ferner wird man immer weniger damit rechnen können, daß gesellschaftlich relevante Probleme mit Mitteln der Interaktion gelöst werden können, etwa durch Ausnutzen der Anwesenheit von Personen für Konsensgewinnung oder für das Verhindern unkontrollierbarer Aktivitäten. Recht illusorisch wäre es, sich vorzustellen, daß die Probleme der Interkoordination verschiedener gesellschaftlicher Funktionssysteme, etwa Wissenschaft und Politik, Wirtschaft und Erziehung, Wissenschaft und Religion durch eine Aussprache der Beteiligten gelöst oder auch nur abgeschwächt werden könnten. So ergibt sich eine Kluft zwischen den Interaktionssequenzen, die die Einzelnen durchleben, die ihnen zugänglich und für sie verständlich sind, und der Komplexität des Gesellschaftssystems, die von da aus nicht erfaßt und in ihren Konsequenzen nicht beeinflußt, geschweige denn kontrolliert werden kann; und dies gilt nicht nur für die Interaktionen der »normalen Leute«, sondern für prinzipiell jede Interaktion, selbst solche der Spitzen des »new corporatism«[44].

44 Auch hier mag eine Warnung vor zu raschem Verstehen angefügt sein. Im Text ist nicht behauptet, daß Interaktion an gesellschaftlicher Relevanz einbüßt. Im Gegenteil: Man wird davon ausgehen müssen, daß es gleichwohl höchst folgenreiche (aber eben nicht: problemlösende) Entwicklungen gibt, die in einzelnen Interaktionen eingeleitet werden. Die moderne Gesellschaft ist gegen Interaktion im allgemeinen indifferenter und in spezifischen Hinsichten zugleich empfindlicher als Gesellschaften vormodernen Typs. Das liegt nicht zuletzt daran, daß die Konzentration relevanter Interaktion in der Oberschicht entfallen ist und diesem Steigerungsverhältnis von Relevanz/Irrelevanz Platz gemacht hat.

VI

Die bisherigen Ausführungen könnten den Eindruck hinterlassen haben, als ob alles gesellschaftliche Handeln als Interaktion ablaufe. Diese Vorstellung gilt es jetzt zu korrigieren. Hierfür müssen wir eine begriffliche Unterscheidung einführen, die wir bisher vernachlässigt haben. Sie entspricht der Unterscheidung von Sozialdimension und sozialem System. Handeln ist *soziales* Handeln immer dann, wenn bei seiner Sinnbestimmung die Sozialdimension mitberücksichtigt wird; wenn man also beachtet, was andere davon halten würden. Handeln ist *gesellschaftliches* Handeln aber nur, wenn es als Kommunikation intendiert und/oder erfahren wird, weil es nur so das Sozialsystem der Gesellschaft mitvollzieht.

Es gibt durchaus interaktionsfreies soziales Handeln. Schließlich können Menschen auch ohne Anwesenheit anderer handeln und ihrem Handeln einen Sinn geben, der für sie (oder für einen etwaigen Beobachter) auf Gesellschaft verweist. Man denke etwa an Übergänge von einer Interaktion in andere ohne unmittelbaren Anschluß; an Handlungen der Körperpflege unter Ausschluß der Beobachtung durch andere, an so etwas wie: allein im Wartezimmer warten, abends allein in der Wohnung sein, Lesen, Schreiben, allein Spazierengehen usw. Einsame Handlungen sind immer dann auch soziale Handlungen, wenn ihre Sinnbestimmung Bezüge auf Gesellschaft mitführt. Man beschleunigt oder verlangsamt sein Handeln im Übergang von einer Interaktion zur anderen. Man nutzt das Alleinsein für ein Sichgehenlassen oder für Handlungen, die man in Anwesenheit anderer nie vollziehen würde. Man bereitet sich auf Interaktion vor. Ob es überhaupt gänzlich gesellschaftsfreies, rein »privates« Verhalten gibt, das gleichwohl die Form des Handelns annimmt, können wir offen lassen; denn dies ist nicht zuletzt eine Frage der Begriffsbildung, das heißt abhängig davon, wie entfernte Bezüge auf Gesellschaft man als ausreichend ansieht, um ein Handeln als sozial zu klassifizieren. Jedenfalls muß es dabei auf die Sinnbestimmung durch den Handelnden selbst ankommen und nicht auf gesellschaftliche Bedingtheiten, die ein Beobachter feststellen könnte.

Einsames Handeln ist für alle älteren Gesellschaften selten und belanglos gewesen – schon weil das Haus und der sonstige Lebensraum wenig Möglichkeiten der Absonderung bot[45]. Erst im Laufe der Evolution entsteht ein Bereich, in dem einsames, interaktionsfreies, aber dennoch gesellschaftliches Verhalten vorbereitet wird und sich schließlich mit weittragenden gesellschaftlichen und semantischen Rückwirkungen durchsetzt: der Bereich des Schreibens und Lesens. Die Erfindung der Schrift gibt mithin einsamem sozialen Handeln die Chance, gleichwohl gesellschaftliches Handeln, gleichwohl Kommunikation zu sein. Man kann dann, selbst wenn niemand anwesend ist, an der Reproduktion von Gesellschaft mitwirken.

Auf die immense Bedeutung der durch Schrift und Druck bewirkten Extension des Kommunikationswesens hatten wir oben (Kapitel 4 VII) bereits hingewiesen. Hier geht es um eine Teilfrage, die jedoch dadurch von besonderer Bedeutung ist, daß sie sich auf die Differenz von Gesellschaft und Interaktion auswirkt. Schrift und Druck ermöglichen es, sich aus Interaktionssystemen zurückzuziehen und trotzdem mit weitreichenden Folgen gesellschaftlich zu kommunizieren. Zunächst geht es natürlich darum, daß man mehr Adressaten über längere Zeiträume hinweg erreichen kann, wenn man sich zur Kommunikationsform der Schrift entschließt, die ihrerseits einen Rückzug aus der Interaktion, wenn nicht erzwingt, so doch sehr nahelegt. Das Ausdifferenzieren dieser Kommunikationsweise aus Interaktionszusammenhängen hat aber nicht nur quantitative Bedeutung; es ermöglicht eine Wirkungsweise, die in der Interaktion nicht erreichbar wäre, und mit ihr eine Steigerung der Differenz von Gesellschaft und Interaktion, an der sich dann sowohl das Gesellschaftssystem als auch die Interaktionssysteme orientieren. Es zwingt andererseits dazu, die Nichtanwesenheit der Partner und der Gegenstände der Kommunikation durch einen standardisierteren, disziplinierteren Sprachgebrauch zu kompensieren und durch die Sprache viel von dem mitklarzustellen, was anderenfalls in der Situation evident gewesen wäre[46].

45 Dies gilt, wie oft betont wird, bis weit in die Neuzeit hinein. Zu Übergangslagen, die zumeist unter dem Gesichtspunkt der Ermöglichung intimer Interaktion diskutiert werden, vgl. Lawrence Stone, The Family, Sex and Marriage in England 1500-1800, London 1977, insbes. S. 253 ff.; Howard Gadlin, Private Lives and Public Order: A Critical View of the History of Intimate Relations in the United States, in: George Levinger/Harold L. Raush (Hrsg.), Close Relationships: Perspectives on the Meaning of Intimacy, Amherst 1977, S. 33-72.

46 Daß dies nach der Einführung des Buchdrucks ein sehr bewußt vollzogener Um-

Die wohl feinsten Analysen dieses Sachverhaltes sind am Beispiel der Verführung durch Briefe durchgeführt worden, und dies nicht in der Soziologie, sondern im Briefroman selbst. Der Brief ermöglicht, mit Hilfe einer Schatulle, Differenzierung bestimmter Beziehungen gegen häusliche Interaktion. Die Liebesbeziehung kann, und schon das wirkt verführerisch, geheimgehalten werden. Sie kann zu Zeitpunkten, die von jeder Interaktion, der häuslichen ebenso wie der unter den Liebenden, freigehalten sind, vorgenossen bzw. nachgenossen werden[47]. Der Brief ist gleichsam das symbolische Objekt, das Dauer (Wiederlesbarkeit) garantiert in einer Angelegenheit, die nach Theorie und Erfahrung nicht dauern kann. Die Romanliteratur des 18. Jahrhunderts fügt dem die wesentliche Einsicht hinzu, daß die Verführung selbst durch den Brief erfolgt, und zwar dadurch, daß die Dame ihn allein liest und allein beantwortet – einsam und nur ihrer eigenen Imagination überlassen. Es werden nicht in erster Linie die Mittel der körperlichen Anwesenheit benutzt: Blicke, Gesten, Seufzer, Rhetorik; der Brief bringt die Dame dazu, sich selbst zu verführen, weil sie, im Lesen und Schreiben alleingelassen, ihrer eigenen Imagination ausgesetzt ist und sich dagegen nicht mehr wehren kann[48]. Nachdem die stilisierte Verführungskunst des art d'aimer und der Galanterie bekannt gemacht, rezeptiert, gedruckt und copierbar geworden ist, setzt man Einsamkeit ein, um soziale Effekte zu erreichen bzw. zu verstärken. Dies wiederum wird als das Authentisch-Private durch den gedruckten Briefroman dem Copieren durch Leser anheimgestellt[49].

Ferner ermöglicht die Schrift (und erst recht der Druck) Vorgehensweisen, die man unter dem Titel einer Technik des fait accom-

stellungsprozeß gewesen ist, zeigt Michael Giesecke. ›Volkssprache‹ und ›Verschriftlichung des Lebens‹ im Spätmittelalter – am Beispiel der Genese der gedruckten Fachprosa in Deutschland, in: Hans Ulrich Gumbrecht (Hrsg.), Literatur in der Gesellschaft des Spätmittelalters, Heidelberg 1980, S. 39-70.

47 Um nur eines von zahllosen Beispielen zu nennen: Jean Regnault de Segrais, Les Nouvelles Françoises, ou les divertissements de la Princesse Aurélie, Paris 1657, Bd. 1, insbes. S. 93 ff.

48 Die wohl subtilste Darstellung dieses Vorgangs ist: Claude Crébillon (fils), Lettres de la Marquise de M. au Comte de R. (1732), zit. nach der Ausgabe Paris 1970. Vgl. auch Laurent Versini, Laclos et la tradition: Essai sur les sources et la technique des Liaisons Dangereuses, Paris 1968, insbes. S. 160 ff.

49 Eine der besten Analysen dieses Zusammenhangs von Privatheit, Gefühlsverstärkung und Breitenwirkung gibt Ian Watt, The Rise of the Novel: Studies in Defoe, Richardson and Fielding, London 1957, Neudruck 1967, S. 186 ff.

pli sammeln könnte. Man legt sich auf Standpunkte und Meinungen, die man in der Interaktion möglicherweise nicht initiieren oder nicht durchhalten könnte, vorher schriftlich fest. Ohne Thesenanschlag keine Reformation, ohne Preisschildchen kein reibungsloser Verkauf[50]. Man kann dann in den folgenden Interaktionen auf das Geschriebene verweisen, über das Geschriebene sprechen und daran Halt finden, besonders wenn man auf einen Konflikt hinauswill.
In diesem Zusammenhang lohnt schließlich ein Blick auf die (bereits im 16. Jahrhundert beginnende) Karriere einer Semantik des »natürlichen« Verhaltens im Kontrast zu einem steifen, formalen, gezwungenen Verhalten, das sich als Anwendung von Regeln zu erkennen gibt. Heute hat sich dies in einem schon nicht mehr auffallenden Maße durchgesetzt. Informalität, wenn nicht gar Formlosigkeit, ist soziale Norm geworden, gegen die dann wieder Etiketten-Bücher geschrieben werden, die auf Snob-appeal spekulieren. Mit »Natürlichkeit« oder »Informalität« ist keineswegs Absehen von Selbstdarstellung gemeint. Vielmehr wird damit bewußt und unter expressiver Selbstkontrolle, ja wiederum auf Grund einer sozialen Norm, zum Ausdruck gebracht, daß man sich in Interaktion genauso verhält wie allein. Unter dem Schein der Ungezwungenheit, der Nonchalance, des »carefully careless«, wird in der Interaktion eine Verhaltensgrundlage garantiert, die sich nicht der Interaktion verdankt und in ihr nicht variiert werden kann – analog zur Schrift gleichsam ein anthropologisches fait accompli. Das Prinzip der Unbeeinflußbarkeit des Verhaltens durch die Anwesenheit anderer galt in der Moralkasuistik geradezu als Echtheitszeugnis[51], und wahre Freundschaften wurden an dem Kriterium gemessen, ob man sich in Anwesenheit des Freundes genauso ungezwungen verhalten konnte wie allein[52]. Der Kontrapunkt des einsamen Verhaltens wird zur Norm und zur Garantie des sozialen Verhaltens in

50 Bei einem Versuch, mit einer Ladeninhaberin längere Verhandlungen über den Preis einer Tafel Schokolade zu führen, habe ich die Erfahrung gemacht, daß sie anstelle von Argumenten immer wieder auf das Preisschildchen verwies, auf dem der Preis deutlich sichtbar aufgeschrieben war.

51 So in den Sentenzen und Maximen des Herzogs von La Rochefoucauld.

52 Vgl. z. B. Christian Thomasius, Kurtzer Entwurff der politischen Klugheit, Dt. Übers. Frankfurt 1710, Neudruck Frankfurt 1971, S. 155 f. *Dieses* Freundschaftskriterium ist um so bemerkenswerter, als es sich implizit gegen die Überlieferung wendet, die eine Bewährung der Freundschaft in *außeralltäglichen* Situationen gefordert und

der Interaktion; aber dies ist natürlich nur möglich, weil man auch das Alleinverhalten immer schon moralisch, das heißt mit Bezug auf Gesellschaft angesetzt hat.

In diesen Veränderungen der sozialen Semantik mag man eine Reaktion auf die zunehmende Komplexität und die sachliche Diversifikation des gesellschaftlichen Interaktionsgefüges erkennen, auch einen Bedarf für mehr Geläufigkeit und mehr Tempo im Wechsel der Interaktionen, an denen man teilnimmt, und einen Bedarf für rascher verfügbare, vorkenntnisunabhängigere Sicherheitsgarantien. Was besonders auffällt, ist: daß dafür interaktionsfreies soziales Verhalten stärker in Anspruch genommen wird. Interaktionen müssen gleichsam in den Sand zahlloser ephemerer Einzelhandlungen gebettet werden. Lesen und Schreiben und auf die Uhr Schauen sind die vielleicht häufigsten Handlungssorten dieser Art, und es sind typische Handlungen, die ihrer Natur nach interaktionsneutral, ja interaktionsstörend ablaufen und am besten allein oder unbeobachtet vollzogen werden.

Dadurch, daß Handlungen dieser Art an Bedeutung gewinnen, wird auch die Differenz von Gesellschaft und Interaktion verschärft. Weniger als je zuvor kann man sich heute vorstellen, daß das Gesellschaftssystem aus Interaktionen zusammengesetzt sei, und weniger als je zuvor sind Theorien adäquat, die Gesellschaft als »commerce«, als Tausch, als Tanz, als Vertrag, als Kette, als Theater, als Diskurs zu begreifen suchen. Sowohl das Gesellschaftssystem als auch die Interaktionssysteme bleiben auf die Differenz von Gesellschaft und Interaktion angewiesen. Daß ein interaktionsfreier Bereich gesellschaftlichen Handelns entstanden ist und mit den Techniken der Massenkommunikation dieses Jahrhunderts von der Schrift auch auf Ton und Bild übergreift, ändert daran nichts, sondern zieht das Prozessieren der Interaktionen und die gesellschaftliche Evolution nur noch weiter auseinander. Die hohe Komplexität der Gesellschaft kann nur beibehalten werden, wenn das Gesellschaftssystem stärker als Gesellschaftssystem und die Interaktionssysteme stärker als Interaktionssysteme strukturiert werden: das Gesellschaftssystem als geschlossen-selbstreferentieller Kommunikationszusammenhang und die Interaktionssysteme als Prozessieren der Kontingenzen auf der Basis von Anwesenheit.

gerühmt hatte. Jetzt kommt es auf Alltagsfähigkeit an angesichts von Problemen, die in der Gesellschaft selbst entstehen und Interaktionen belasten.

Gesellschaft ist heute eindeutig Weltgesellschaft, – eindeutig jedenfalls dann, wenn man den hier vorgeschlagenen Begriff des Gesellschaftssystems zu Grunde legt. Die Kluft zwischen Interaktion und Gesellschaft ist damit unüberbrückbar breit und tief geworden (was wiederum den hohen Abstraktionsgrad der Theorie sozialer Systeme erzwingt). Die Gesellschaft ist, obwohl weitgehend aus Interaktionen bestehend, für Interaktion unzugänglich geworden. Keine Interaktion, wie immer hochgestellt die beteiligten Personen sein mögen, kann in Anspruch nehmen, repräsentativ zu sein für Gesellschaft. Es gibt infolgedessen keine »gute Gesellschaft« mehr. Die in der Interaktion zugänglichen Erfahrungsräume vermitteln nicht mehr das gesellschaftlich notwendige Wissen, sie führen wohlmöglich systematisch in die Irre. Auch die Interaktionsfelder, die sich unter irgendwelchen Gesichtspunkten zusammenfügen und aggregieren lassen, lenken die Aufmerksamkeit äußerstenfalls auf Funktionssysteme, vielleicht auch auf regionale Abgrenzungen (Nationen), nicht aber auf das umfassende System gesellschaftlicher Kommunikation.

In dieser Lage drängt sich die Frage nach den Möglichkeiten der *Selbstbeschreibung der Weltgesellschaft* auf[53]. Daß interaktionsnah gebildete Begriffe, so der alte Begriff der societas, nicht mehr ausreichen, ist in Europa seit etwa 1794 bewußt[54]. Es war eine der vielen Nebenwirkungen der französischen Revolution, jeder Beschreibung gesellschaftlicher Ereignisse die Differenz von Interaktion und Gesellschaft, von Intention und Geschehen aufzuzwingen. Hier liegt der verborgene Grund vieler Transformationen der Semantik, die soziale Phänomene zu fassen und in die gesellschaftliche Kommunikation wiedereinzuführen sucht.

Man denke zum Beispiel an die neue (und sogleich als neu beob-

53 Diese Frage stellt auch Peter Heintz, Die Weltgesellschaft im Spiegel von Ereignissen, Diessenhofen, Schweiz, 1982 – um sie dann mit der Darstellung eines in Zürich entwickelten »Codes« für empirische Forschung zu beantworten.

54 Zu laufenden Forschungen hierzu vgl. Hans Ulrich Gumbrecht, »Ce sentiment de douloureux plaisir, qu'on recherche, quoiqu' on s'en plaigne«: Skizze einer Funktionsgeschichte des Theaters in Paris zwischen Thermidor 1794 und Brumaire 1799, Romanistische Zeitschrift für Literaturgeschichte. (1979), S. 335-373; ders., Skizze einer Literaturgeschichte der Französischen Revolution, in: Jürgen von Stackelberg (Hrsg.), Europäische Aufklärung Bd. 3, Wiesbaden 1980, S. 269-328.

achtete) Mode, Begriffe mit konkreten Referenzen auf individuell Erfahrbares durch abstrakte Ideen zu ersetzen[55]. Reinhart Koselleck spricht von »Kollektivsingularen«. Das Wiedergewinnen des Konkreten, der Aufstieg vom Abstrakten zum Konkreten wird daraufhin zum Programm. Die Romantik versucht, Vernunftideen durch eine Metaphysik des Lebens zu unterbauen. Die Restauration befaßt sich mit der Wiederbefestigung sozialer Sicherheiten und Schranken, jetzt Institutionen genannt. Marx rekonstruiert die Gesellschaft, jedenfalls in den frühen Schriften, als Einheit von wirtschaftlichen und politischen Verhältnissen. Er kann sich dabei auf einen neuen Sinn von »Dialektik« stützen, nachdem Kant diesen Begriff aus seinem klassischen, interaktionsnahen Kontext herausgelöst hatte[56]. Dialektik ist jetzt, von Interaktion und Erfahrung her gesehen, nicht mehr die Kunstlehre der Diskussion bei konträren Meinungen, sondern sie behandelt auf den ersten Blick unbegreifliche Widersprüche, Sackgassen des direkten, alltäglichen Denklebens, die sich dann aber doch theoretisch nachkonstruieren lassen, wenn man darauf achtet, daß und wie Widersprüche sich operativ verselbständigen. Eine in diesem Sinne »dialektische« Gesellschaftstheorie wird zu einer Zumutung, die der politischen Unterstützung bedarf, um sich halten zu können. Nicht zuletzt ist an den Wertbegriff und die Wertemphase zu denken, die sich in der zweiten Hälfte des 19. Jahrhunderts durchsetzen – unter anderem mit der Neigung, der gleichzeitig aufkommenden Soziologie zu widersprechen, die sich denselben Ausgangsbedingungen einer unüberbrückbar gewordenen Differenz von Interaktion und Gesellschaft verdankt[57].

Unsere Leitfrage war: Eignet sich das, was auf diese Weise seman-

55 Für eine zeitgenössische Kommentierung vgl. Alexandre Vinet, Individualité, Individualisme, Semeur vom 13. April 1836, neu gedruckt in ders., Philosophie morale et sociale Bd. 1, Lausanne 1913, S. 319-335.

56 So in den Ausführungen über »transzendentale Dialektik« in der Kritik der reinen Vernunft B 349 ff.

57 In letzter Zeit wird vor allem Nietzsches Option gegen und Nietzsches Bedeutung für die Soziologie als symptomatisch für diese Situation diskutiert. Vgl. Eugène Fleischmann, De Weber à Nietzsche, Europäisches Archiv für Soziologie 5 (1964), S. 190-238; Horst Baier, Die Gesellschaft – ein langer Schatten des toten Gottes: Friedrich Nietzsche und die Entstehung der Soziologie aus dem Geist der decadence, Nietzsche-Studien 10/11 (1981/82), S. 6-33; Klaus Lichtblau, Das Pathos der Distanz: Präliminarien zur Nietzsche-Rezeption bei Georg Simmel, Ms. Zentrum für Interdisziplinäre Forschung Bielefeld 1982.

tisch zusammengekommen ist, als alltagsfähige operative Selbstbeschreibung der Gesellschaft? Die Antwort wird, wenn sie nicht eindeutig »nein« lautet, jedenfalls skeptisch ausfallen. Es fehlt zwar auch heute nicht an Wortgesten, die aufs Ganze zielen, aber ihr Diffusionserfolg scheint durch negative Konnotationen bedingt zu sein: Emanzipation (Aus der Hand Lassen), Krise, Unregierbarkeit. Lyotard hat die Postmoderne geradezu als das Ende aller »métarécits«, als »l'incrédulité à l'égard des métarécits« charakterisiert[58] (und das ist eine bessere Formel als die vom Ende der Ideologien, weil Ideologien dem gleichen Syndrom angehoren und schon eine Antwort darauf waren). Slogans treten an die Stelle von Bezeichnungen. Auch sie haben nur Erfolg, wenn sie verbreitete Erfahrungen summieren können. Es wäre falsch, zu sehr auf bodenlose Abstraktheit abzustellen, denn dann könnte man ihren appeal nicht erklären. Sie treten insofern durchaus in die Funktionsstelle Selbstbeschreibung des Gesellschaftssystems ein. Vielleicht kann man sogar so weit gehen zu behaupten, daß die Weltgesellschaft als Einheit ohne Selbstbeschreibung gar nicht existieren könnte, obwohl sie natürlich nicht nach Maßgabe einer Selbstbeschreibung geplant und angefertigt bzw. verbessert werden kann. Wenn das umfassende Kommunikationssystem ausdifferenziert ist, und sich von allen anderen unterscheidet, stimuliert dieser Tatbestand einen Bedarf für Selbstbeschreibungen, dem aber die operative Bestimmbarkeit fehlt und der daher ins Negative tendiert; denn Negativität ist die allgemeinste Form, in der Sinn verfügbar ist.

Besonders »Sinnverlust« ist heute eine Formel, mit der Erfahrbares in die Selbstbeschreibung der Gesellschaft eingearbeitet wird. Aber Sinn ist nach wie vor unvermeidliche Form des Erlebens und Handelns. Ohne Sinn würde die Gesellschaft, würde jedes Sozialsystem schlicht aufhören zu existieren. Was gemeint ist, wird durch diese Formel nicht zutreffend bezeichnet, sondern übersteigert, um die Gesellschaft für schuldig erklären zu können. Tatsache ist, daß keine Interaktion mehr in der Lage ist, für die Teilnehmer mit der Überzeugungskraft der Anwesenheit den Sinn der Gesellschaft zu vergewissern. Es ist diese Erfahrung, die die Formel des Sinnverlustes zu aktivieren – und zu mißbrauchen sucht. Gedeckt ist diese Formel durch nichts anderes als durch die historisch ungewöhnli-

58 Jean-François Lyotard, La condition postmoderne: Rapport sur le savoir, Paris 1979, S. 7 f.

che Differenzierung von Gesellschaftssystem und Interaktionssystemen. Es besteht kein Grund, darauf mit Kulturpessimismus zu reagieren.

Die Soziologie mag diese Szenerie als Raum für ihr eigenes Auftreten ansehen[59]. Es fehlt denn auch nicht an soziologischer »Räsonanz«. Die Soziologie darf dabei jedoch nicht übersehen, daß es ihre eigene Theorie war, die die Szene vorweg arrangiert hatte. Auch sie operiert als selbstreferentielles System. Wenn sie den Anspruch erhebt, als Reflexionswissenschaft des Gesellschaftssystems dessen Selbstbeschreibungen liefern oder doch kontrollieren zu können, müßte sie zunächst eine dafür geeignete Begrifflichkeit entwickeln, und sie müßte vor allem die Konsequenzen eines vorherrschend negativen Modus der Selbstbeschreibung erfassen und verantworten können.

VIII

Zusammenfassend läßt sich festhalten, daß durch die Differenz von Gesellschaft und Interaktion *Selektionsmöglichkeiten etabliert werden.*

Interaktionssysteme können und müssen laufend aufgegeben und neu begonnen werden. Das macht eine übergreifende Semantik, eine Kultur erforderlich, die diesen Vorgang in Richtung auf Wahrscheinliches und Bewährtes steuert. Insofern wirkt die Gesellschaft selektiv auf das, was als Interaktion vorkommt, ohne dadurch Widersprechendes und Abweichendes sicher auszuschließen. Die gesellschaftliche Selektion determiniert also nicht; sie lockt mit dem Leichten und Gefälligen, und das kann gerade auch im Abweichen vom offiziell angebotenen Muster liegen. Sie bietet Interaktion an si eis placet, und wenn sich daraufhin Muster durchsetzen, wird gerade dadurch das Abweichen attraktiv, interessant, profitabel. Die Kraft der Selektion liegt nicht in einer kausalgesetzlichen Mechanik, auch nicht im design oder in der Kontrolle der Komplexität; sie ergibt sich daraus, daß es um *an sich unwahrscheinliche Ordnungsmuster* geht, die *trotzdem,* aber nur unter *Bedingungen, wahrscheinlich funktionieren.*

Die Gesellschaft ist jedoch ihrerseits Resultat von Interaktionen.

59 So in der Tat Heintz a.a.O.

Sie ist keine Instanz, die unabhängig von dem, was sie seligiert, eingerichtet ist. Sie ist kein Gott. Sie ist gewissermaßen das Ökosystem der Interaktionen, das sich in dem Maße, als es Interaktionschancen kanalisiert, selbst verändert. Sie erreicht das, was Interaktion allein nie könnte: immer Unwahrscheinlicheres wahrscheinlich zu machen; aber sie erreicht es (mit den immer wichtiger werdenden Ausnahmen, die wir skizziert haben) nur durch Interaktion. Insofern kann man festhalten: die Gesellschaft seligiert die Interaktionen, die Interaktionen seligieren die Gesellschaft; und beides läuft im Sinne des Darwinschen Begriffs von Selektion, das heißt: ohne Autor. Die Selektion ist aber nicht einfach Selektion des passenden Systems durch die Umwelt, und sie ist auf Seiten des Systems nicht einfach Anpassung des Systems an die Umwelt[60]. Sie ist auf der Ebene sozialer Systeme eine *sich selbst konditionierende Selektion,* und die *Selektion der Selektion ist durch die Differenz von Gesellschaft und Interaktion in Gang gebracht.*

Die Differenz von Gesellschaft und Interaktion ist mithin Bedingung der Möglichkeit soziokultureller Evolution. Hierbei geht es nicht um eine Evolution lebender Systeme, also auch nicht um eine Evolution, die über reproduktive Isolierung von Populationen zu einer Differenzierung nach Arten und Gattungen führt. Außerdem ist die soziokulturelle Evolution, im Unterschied zur organischen Evolution, nicht von der Generationenfolge abhängig. Sie braucht nicht zu warten, bis sich neue, vielleicht mutierte Organismen bilden. Ein ungeheurer Tempogewinn ist die Folge. Neuartige Interaktionsideen können jederzeit in die Tat umgesetzt werden (wenngleich ältere Interaktionsteilnehmer oft weniger aufnahmebereit sein werden). Man denke an die feine Konversation, an die quasiwissenschaftliche Tagung, an Meditation und Jogging, an sit-ins bis hin zur Squatterisierung ganzer Stadtteile. Andere Ebenen der Evolution können hier nicht Schritt halten mit Ausnahme vielleicht von Viren, Bakterien oder einfachsten Insekten. Die soziokulturelle Evolution vereinfacht und beschleunigt und wirkt damit hochselektiv auf noch mögliche Evolution überhaupt. Die Selektion der Selektion reicht also über die Ebene der sozialen Systeme weit hinaus und treibt diese in eine ökologische Problematik hinein, der sie, vorerst jedenfalls, hilflos ausgeliefert sind.

60 Zu entsprechenden Modifikationen am Darwinschen Konzept vgl. auch Edgar Morin, La Méthode Bd. 2, Paris 1980, S. 47 ff.

Trotz all dieser Unterschiede von organischer und soziokultureller Evolution (die als Differenz ihrerseits die angedeuteten problematischen Folgen haben) handelt es sich auch bei der soziokulturellen Evolution um Evolution im strikten Sinne, nämlich um einen ohne Plan bewirkten Aufbau von hochunwahrscheinlicher Komplexität. Voraussetzung ist die Ausdifferenzierung von autopoietischen Systemen, die ihrerseits wiederum Resultat von Evolution sind. Die Einheit der Autopoiesis ist nichts anderes als ihre ständige Selbsterneuerung. Hierfür gibt es in jeder Lage einen mehr oder weniger großen Spielraum von Anschlußmöglichkeiten. Bei sozialen Systemen handelt es sich immer und nur um anschließbare Kommunikation (bzw. in der Selbstbeobachtung: um anschließbares Handeln). Die Anschließbarkeit ist durch die Selbstreferenz der Elemente und durch Erwartungsstrukturen gesichert. Innerhalb dieses Überschusses an Möglichkeiten bestehen unterschiedliche Wahrscheinlichkeiten, die im Sinnhorizont des Augenblicks fixiert sind und als Wahrscheinlichkeiten beobachtet werden können[61]. Dieser Spielraum kann, wenn er durch unterschiedliche Wahrscheinlichkeiten strukturiert ist, zugleich als Evolutionspotential begriffen werden. In ihm ist wahrscheinlich, daß hin und wieder auch das Unwahrscheinliche gewählt wird, wenn nur die Menge der Möglichkeiten und die Zeitspanne, die der Beobachtung[62] zu Grunde liegt, groß genug ist. Es sieht dann so aus, als ob das System hin und wieder auch in Extrempositionen gerät, deren Einnahme niemand (weder es selbst noch ein externer Beobachter) für wahrscheinlich halten würde und die eben deshalb weittragende Folgen auslösen. Man vermutet, daß auf diese Weise Atome entstanden sind, daß also die Materie sich selbst ihrer evolutionären Unwahrscheinlichkeit verdankt.

61 Man muß hier beachten, daß die Sprache des Textes selbst eine Beobachtungssprache ist, daß sie also auf der Ebene des Beobachtens von Beobachtungen liegt. Der Realvollzug der Autopoiesis ist immer ein faktischer Ablauf, der in bestimmter Weise und nicht anders geschieht. Von Wahrscheinlichkeiten (und auch: von Anschließbarkeit) kann man nur im Hinblick auf die Informationsbearbeitung durch einen Beobachter sprechen, wobei dies Beobachten selbst in den autopoietischen Prozeß wiedereingeführt werden kann und dann ihn mitbestimmt – sei es, daß er nun das Wahrscheinliche wählt oder daß er genau dies vermeidet und auf Neuheit, Riskanz, Unwahrscheinlichkeit abzielt.

62 Beobachtung hier bezogen auf den Standpunkt, der die Wahrscheinlichkeit des Unwahrscheinlichen sichtbar werden läßt.

Im Bereich sozialer Systeme wird die Einnahme von relativ unwahrscheinlichen Positionen dadurch erleichtert, daß das Risiko auf Interaktionssysteme verteilt wird. Interaktionen müssen ohnehin aufhören, also kann man sie auch zum Experimentieren benutzen. So mag man sich vorstellen, daß der Tausch oder auch das Übertragen von Nachrichten durch Boten, die Tabuierung von Sexualität in der unmittelbarsten Verwandtschaft und viele andere Elementarfiguren mit hohem institutionellem Anschlußwert zunächst interaktionsspezifisch eingeführt worden sind und sich dann gesellschaftlich bewährt haben. Es steht zunächst nur die Autopoiesis der Interaktion, nicht auch die Autopoiesis der Gesellschaft auf dem Spiel. Es mag sein, daß die riskante Neuerung kein Weiterhandeln mehr zuläßt, aber damit ist dann nur die Interaktion, nicht auch die Gesellschaft am Ende. Man variiert die Anwesenheitskulisse und beginnt mit neuen Interaktionen. Innerhalb des Interaktionssystems kann eine Neuerung schon ausprobiert werden – so angeblich die offene Kritik der Monarchie und des Klerus in den Freimaurerlogen des 18. Jahrhunderts[63]. Die Interaktionsstabilität des Unwahrscheinlichen ist eine unerläßliche Voraussetzung seiner Einführung in die Evolution (so wie auch Mutationen zumindest zellstabil sein müssen). Hier findet also eine erste Vorsortierung statt. Der erste Beweis der Möglichkeit wird dadurch gleich mitgeliefert. Aber die Selektion als evolutionäre Errungenschaft setzt weiter voraus, daß nicht allzu situationsspezifische Besonderheiten des ursprünglichen Interaktionssystems in Anspruch genommen wurden, sondern die Innovation, wenn einmal vorgeführt, auch anderswo überzeugt.

Ist dieses Grundmuster der soziokulturellen Evolution einmal akzeptiert, läßt sich Weiteres leicht hineinzeichnen. Man kann nun Hypothesen ableiten, die die Beschleunigung von Evolution betreffen. Zur Beschleunigung wird es beitragen, wenn sich relativ interaktionsfreie Kommunikationsmöglichkeiten bilden; denn dann kann ein gegen die Interaktion versetztes Innovationspotential aktiviert werden. Das geschieht durch die bereits behandelten Mecha-

63 Nach wie vor ist dieser Fall und seine Bedeutung für die Vorbereitung auf die Französische Revolution umstritten. Aber man kann sich gut vorstellen, wie sehr die eigentümliche Inszenierung der Interaktionen und der Kult des Geheimhaltens »beiläufige« Innovationen begünstigt haben, gerade weil sie nicht eigentlich den Sinn und Zweck des Beisammenseins betrafen.

nismen der Schrift und des Buchdrucks. Zur Beschleunigung wird es ferner beitragen, wenn die Differenz von Interaktionssystemen und Gesellschaftssystem verstärkt, das heißt die Autopoiesis der Gesellschaft von »wichtigen« Interaktionen unabhängiger wird[64]. Es ist leicht zu sehen, daß diese Hypothesen nicht ohne Seitenblick auf die faktisch offensichtlichen Temposteigerungen in der soziokulturellen Evolution gewählt sind.

Im Kontext dieser Evolutionstheorie und bei entsprechender Anreicherung der Begriffe Selektion und Anpassung gelangt man zu einer Neueinschätzung der (zunächst technischen) Erfindungen interaktionsfreier gesellschaftlicher Kommunikation; und ferner zur Neueinschätzung von Formen gesellschaftlicher Komplexität (zum Beispiel der Systemdifferenzierung, die nicht mehr durch Interaktion gefährdet werden können). Die größere Distanz zur Interaktion erzwingt, das ist leicht zu sehen, eine andere Art von Kultur – eine »höhere« Kultur (hat man zunächst gemeint), die auch dann noch funktioniert, wenn sie interaktionelle und interaktionsfreie Kommunikation befruchten muß. Darüber hinaus aber stellt sich die Frage, was dies für die Selektion der Selektion bedeuten mag. Hierzu sind derzeit nicht einmal ansatzweise Vorstellungen aufzutreiben. Die Literatur über »Massenmedien« wird man vergebens befragen. Geht man von der Annahme aus, daß speziell Interaktionssysteme für Interpenetration zuständig sind und im Ausprobieren von Schranken der Interpenetration ihren eigentlichen Beitrag leisten, wird man vermuten können, daß jetzt mehr und mehr Innovationen freigesetzt werden, die nicht mehr durch Interpenetration gedeckt sind – und trotzdem funktionieren. Nicht zufällig tritt in zahlreichen Varianten das Thema Entfremdung auf. Außerdem ist zu erwarten, daß die konditionierte Wahrscheinlichkeit von an sich unwahrscheinlichen Kommunikationen dadurch erneut gesteigert wird und sehr rasch die Grenze dessen erreicht, was ökologisch noch tolerierbar ist. Die Evolution scheint auf Bedingungen hinauszulaufen, die mit der menschlichen und der natürlichen Umwelt des Gesellschaftssystems nicht mehr abgestimmt sind, also hohen und beständigen Einfluß der Gesellschaft auf ihre Umwelt zur Anpassung der Umwelt an die Gesellschaft voraussetzen. Wir werden im folgenden Kapitel einen Begriff von Rationalität suchen, der genau darauf abgestellt ist.

64 Speziell hierzu: Niklas Luhmann, Interaktion in Oberschichten a.a.O.

Kapitel 11

Selbstreferenz und Rationalität

I

Als Resultat eines zweifachen Paradigmawechsels ist, damit hatten wir unsere Untersuchungen eingeleitet, die Figur der Selbstreferenz ins Zentrum der Systemtheorie gerückt. Welchen Sinn es haben könnte, Formen oder Objekte, die keinerlei Selbstreferenz aufweisen, als Systeme zu bezeichnen, können wir im Rahmen einer Untersuchung sozialer Systeme offen lassen[1]. Das gilt auch für die erkenntnistheoretische (bzw. sinntheoretische) Frage, ob sich Formen oder Objekte, die keine Selbstreferenz aufweisen, überhaupt beobachten lassen; oder ob man im Akt der Beobachtung immer schon unterstelle, daß das Beobachtete sich auf sich selbst beziehe, versuche, mit sich identisch zu sein und zu bleiben, und sich selbst von seiner Umwelt unterscheide. Fragen dieser Art liegen außerhalb unseres Untersuchungsbereichs. Soziale Systeme sind zweifelsfrei selbstreferentielle Objekte. Man kann sie als Systeme nur beobachten und beschreiben, wenn man dem Umstande Rechnung trägt, daß sie mit jeder Operation sich auch auf sich selbst beziehen[2].

Außerhalb der Systemtheorie sind sozialwissenschaftliche Stellungnahmen zu diesem Tatbestand ambivalent geblieben. Einerseits reserviert man, einer bedeutenden Tradition folgend, Selbstreferenz für das Bewußtsein der »Subjekte« (also gerade nicht für Objekte!) und interpretiert dann Subjekte als sich selbst individuierende Individuen. Selbstreferenz kommt danach ausschließlich im Bereich des

1 Eine allgemeine Systemtheorie hätte hier eine Entscheidung zu treffen, und es gibt jedenfalls Autoren, die den Mut haben, Objekte schlechthin durch Selbstreferenz zu definieren. So vor allem Ranulph Glanville, A Cybernetic Development of Epistemology and Observation, Applied to Objects in Space and Time (as seen in Architecture), Thesis, Brunel University, Uxbridge, Engl. 1975.

2 Unbestritten bleibt hiermit, daß man soziale Gegenstände auch anders beobachten und beschreiben kann; die gesamte Tradition hat dies getan. Im Text heißt es daher bewußt (und im Anschluß an eine entsprechende Unterscheidung bei Igor V. Blauberg et al., Systems Theory: Philosophical and Methodological Problems, Moskau 1977, S. 119 f.): *als Systeme* kann man sie nur beobachten und beschreiben, also: ihrer Eigenkomplexität nur Rechnung tragen, wenn man ihnen Selbstreferenz unterstellt.

Bewußtseins vor[3]. Beobachtung könnte danach nur unter Inanspruchnahme von Bewußtsein erfolgen und müßte sich Objekten gegenübersehen, denen man nicht in jedem Falle Bewußtsein unterstellen kann. Die Differenz von Subjekt und Objekt wird dadurch zur Prämisse aller weiteren Informationsbearbeitung. Andererseits stößt man gerade im Bereich der Sozialwissenschaften, und dies nicht zufällig, sondern systematisch, nicht gelegentlich, sondern immer, auf Sachverhalte, die sich dieser Differenz nicht eindeutig zuordnen lassen. Soziales läßt sich nie ganz auf individuelles Bewußtsein reduzieren; weder geht es ganz in ein Bewußtsein hinein, noch läßt es sich als Addition der Bewußtseinsinhalte verschiedener Individuen fassen und erst recht nicht als Reduktion der Bewußtseinsinhalte auf Bereiche des Konsenses. Die Erfahrung des Sozialen und mehr noch die praktische Betätigung in sozialen Sinnzusammenhängen gehen immer von dieser Nichtreduzierbarkeit aus. Nur deshalb kann man zum Beispiel täuschen bzw. fürchten, getäuscht zu werden, Informationen zurückhalten, gezielt mehrdeutig kommunizieren oder ganz allgemein um die Bedeutung des Nichtwissens wissen. Nur so wird die Zeitdifferenz im Informationsstand verschiedener Personen überhaupt relevant, nur so ist Kommunikation möglich. Die Erfahrung der Unreduzierbarkeit des Sozialen geht in die Konstitution des Sozialen ein. Sie ist nichts anderes als die Erfahrung der Selbstreferenz des Sozialen.

Selbstverständlich bleibt damit die Einsicht bewahrt, daß auch psychische Systeme selbstreferentielle Systeme sind. Sie prozessieren, wie in Kapitel 7 dargestellt, ihre Selbstreferenz in der Form von Bewußtsein. Psychologen stoßen auf solche Tatbestände zum Beispiel aus Anlaß einer Kritik des stimulus/response-Schemas oder einer Kritik des Konzepts unabhängiger Variabler[4]. Je präziser diese Forschungen sich auf ihre Art von Systemen beziehen, um so weniger wird es möglich sein, daraus direkte Folgerungen für die Selbstreferenz sozialer Systeme abzuleiten[5].

3 Geht man dagegen vom reinen Begriff der Selbstreferenz aus, ist man nach heutigem Erkenntnisstand zu einem mindestens biologischen (wenn nicht physikalischen) Subjektbegriff gezwungen. Die Biologisierung vollzieht Edgar Morin, La Méthode Bd. 2, Paris 1980, insbes. S. 162 ff.

4 Siehe etwa J. Smedslund, Meanings, Implications and Universals: Towards a Psychology of Man, Scandinavian Journal of Psychology 10 (1969), S. 1-15.

5 Der Vermittlungsbegriff ist hier, daran sei nochmals erinnert, der Begriff der Interpenetration.

Gibt man dies zu, hat man auf die Prämisse, das Bewußtsein sei das Subjekt der Welt, schon verzichtet. Die Duplikation empirisch/transzendental von Bewußtseinstatsachen erübrigt sich. Man kann, will man die Subjekt-Terminologie retten, noch sagen: ein Bewußtsein sei ein Subjekt der Welt, neben dem es andere Subjektarten gibt, vor allem soziale Systeme. Oder: psychische und soziale Systeme seien Subjekte der Welt. Oder: sinnhafte Selbstreferenz sei Subjekt der Welt. Oder: Welt sei ein Sinnkorrelat. In jedem Falle sprengen solche Thesen die klare cartesische Differenz von Subjekt und Objekt. Will man den Subjektbegriff von dieser Differenz her denken, wird er unbrauchbar, die Differenz wird sozusagen selbst subjektiviert. Das selbstreferentielle Subjekt und das selbstreferentielle Objekt werden isomorph gedacht – so wie eigentlich auch die Vernunft und das Ding an sich bei Kant. Und kommt man dann nicht mit dem einfachen Begriff der Selbstreferenz aus[6]?
Diese Umstellung führt freilich in Schwierigkeiten rein sprachlicher Art, die unsere bisherigen Analysen begleitet und belastet haben. Nicht nur die Philosophie des Bewußtseins, auch die Sprache handelt von Subjekten. Alle Verben setzen voraus, daß bekannt oder doch erkennbar ist, auf wen oder was sie sich beziehen, und Selbstbezüglichkeit, die die Weiterfrage nach dem Wer und Was abschneidet (es schneit, es lohnt sich, es ziemt sich), ist leider nur in wenigen Ausnahmen formulierbar. Viele Verben, deren Gebrauch wir weder vermeiden können noch vermeiden wollen, verweisen ihrem Alltagsverständnis nach auf einen bewußtseinsfähigen Träger der Operation; man denke z. B. an: Beobachten, Beschreiben, Erkennen, Erklären, Erwarten, Handeln, Unterscheiden, Zurechnen. Dies Alltagsverständnis ist jedoch theoretisch nicht gedeckt[7]. Wir

6 In einem weniger prinzipiellen Sinne und ohne Bezug auf die Konzeptualisierung von Selbstreferenz wird ein »Paradigmawechsel« von Descartes zur Systemtheorie auch von Jean-Louis Le Moigne, La théorie du système général: théorie de la modélisation, Paris 1977, zur Diskussion gestellt. Ähnlich Edgar Morin, La Méthode, Bd. 1, Paris 1977 (explizit z. B. S. 23).

7 Darauf hinzuweisen ist besonders deshalb wichtig, weil immer wieder reine Sprachgepflogenheiten als Sacherkenntnisse ausgegeben werden – so, wenn man immer wieder hören und lesen muß, daß »eigentlich« nur Einzelpersonen (Individuen, Subjekte) handeln können. Siehe z. B. (in Anwesenheit von Parsons, der es besser wußte) Wolfgang Schluchter, Gesellschaft und Kultur: Überlegungen zu einer Theorie institutioneller Differenzierung, in ders. (Hrsg.), Verhalten, Handeln und System: Talcott Parsons' Beitrag zur Entwicklung der Sozialwissenschaften, Frankfurt 1980, S. 106-149 (119 f.).

haben die Bewußtheitsprämisse der (Sprach-) Subjektreferenz solcher Verben aus theoretisch angebbaren Gründen eliminieren müssen. Sie müssen in diesem Text so gelesen werden, daß sie sich auf einen Träger beziehen, der als selbstreferentielles System beschrieben werden kann, aber nicht notwendigerweise ein psychisches System ist, also seine Operationen nicht notwendigerweise in der Form von Bewußtheit durchführt. Dies ergibt sich aus der Unterscheidung von psychischen und sozialen Systemen[8].

Der Begriff des selbstreferentiellen Systems ist weniger gut eingeführt, aber auch weniger mißbrauchsanfällig als der Begriff des Subjekts. Er setzt vor allem keine Zentrierung auf ein Subjekt (oder doch: eine Art von Subjekten) voraus, paßt also besser zum azentrischen Weltbild der heutigen Wissenschaften. Wir müssen jedoch den Sinn dieses Begriffs und damit seine Verwendungsgrenzen deutlich genug fixieren – nicht zuletzt, um ein Überschwappen der Subjekt-Terminologie nach Möglichkeit zu verhindern. Diese Klärung wird zu einer Unterscheidung mehrerer Arten von Selbstreferenz führen, die in sozialen Systemen nebeneinander vorkommen können. Deren genauere Darstellung wird den Hauptteil dieses Kapitels ausmachen und eine Stellungnahme zum Thema der Rationalität vorbereiten.

II.

Der Begriff der »Referenz« soll in einer Weise bestimmt sein, die ihn in die Nähe des Begriffs der Beobachtung rückt. Wir wollen damit eine Operation bezeichnen, die aus den Elementen der Unterscheidung und der Bezeichnung (distinction, indication im Sinne von Spencer Brown) besteht. Es handelt sich also um die Bezeichnung von etwas im Kontext einer (ebenfalls operativ eingeführten) Unterscheidung von anderem. Das Referieren wird zum Beobach-

8 Während man sich hier mit einem Umdirigieren des normalen Hintergrundverständnisses behelfen kann, sind andere Sprachprobleme sehr viel schwieriger zu lösen. Lästig ist vor allem, daß oft der operative Sinn von Substantivierungen nicht klargemacht werden kann. Man kann dann zwar von »Unterscheidung« auf »Unterscheiden« ausweichen, aber von »Unterscheiden« ist kein Plural möglich – eine gänzlich unsinnige Restriktion! Bevor Sprachwissenschaftler und Literaten sich über Terminologie, Fremdwortgebrauch und Unverständlichkeit wissenschaftlicher Prosa beklagen, sollten sie zunächst einmal diese grundlosen Unebenheiten sprachlicher Ausdrucksmöglichkeiten bereinigen.

ten, wenn die Unterscheidung zur Gewinnung von Informationen über das Bezeichnete benutzt wird (was im allgemeinen enger gefaßte Unterscheidungen erfordert). Normalerweise wird das Referieren durch ein Beobachtungsinteresse, also ein Informationsgewinnungsinteresse geleitet sein; wir wollen aber trotzdem die terminologische Trennung beibehalten, um die Möglichkeit zu haben, Begriffe wie Systemreferenz und Selbstreferenz ohne Implikation von Beobachtungsmöglichkeiten oder Beobachtungsinteressen verwenden zu können.

Die Begriffe Referenz und Beobachtung, also auch Selbstreferenz und Selbstbeobachtung, werden eingeführt mit Bezug auf das operative Handhaben einer Unterscheidung. Sie implizieren die Setzung dieser Unterscheidung als Differenz. In den Operationen des Systems kann diese Setzung als Voraussetzung gehandhabt werden. Mehr als ein Operieren mit dieser Voraussetzung ist normalerweise nicht erforderlich. Man will Tee zubereiten. Das Wasser kocht noch nicht. Man muß also warten. Die Differenzen Tee/andere Getränke, Kochen/Nichtkochen, Wartenmüssen/Trinkenkönnen strukturieren die Situation, ohne daß es nötig oder auch nur hilfreich wäre, die Einheit der jeweils benutzten Differenz zu thematisieren. Für den Sonderfall, daß man sich auch noch an der *Einheit der Differenz* orientiert, brauchen wir daher einen besonderen Begriff. Wir wollen ihn *Distanz* nennen. Systeme gewinnen, mit anderen Worten, Distanz zu Informationen (und eventuell: zu sich selbst), wenn sie die Unterscheidungen, die sie als Differenzen benutzen, sich als Einheit zugänglich machen können. Der Begriff soll es ermöglichen, Zusammenhänge zwischen Ausdifferenzierung von sozialen Systemen und Distanzgewinnung zu formulieren.

Will man die Einheit einer Differenz thematisieren, ist es notwendig, beide Seiten der Unterscheidung zu bestimmen. Es wäre unnütz und würde daher unterbleiben, wollte man etwas Bestimmtes mit irgend etwas anderem konfrontieren, das gänzlich unbestimmt bleibt. Die Einführung der Einheit einer Differenz in den Informationsgewinnungs- und -verarbeitungsprozeß erfordert also Einführung von Limitationalität als Bedingung der Ergiebigkeit von Operationen. Das vielleicht einfachste Verfahren läuft über Klassifikationen: Man unterscheidet eine Krankheit von anderen Krankheiten und kann nur deshalb, weil dies möglich ist, einen unbestimmbaren Gegenbegriff der Gesundheit akzeptieren, der seinerseits nicht in verschiedene Arten von Gesundheit aufgelöst werden kann[9]. Mit Hilfe dieser Technik kann man über Differenzen als Einheiten disponieren, man kann also entscheiden, ob man sich mit Gesundheit/Krankheit oder mit etwas anderem befaßt; und erst wenn dies möglich ist, kann man differenz-spezifische soziale Systeme bilden wie zum Beispiel Systeme, die sich mit Krankheiten befassen.

Dies klassifikatorische Verfahren ist nicht das einzig mögliche. Es gibt funktionale Äquivalente. Zu den anspruchsvollsten Formen gehören binäre Schematismen, innerhalb derer jede Bestimmung durch die Negation des Gegenteils, also Wahrheit zum Beispiel durch die Negation von Falschheit (und nicht durch Intuition oder durch Tradition!) gewonnen werden muß. Solche Schematismen haben im Vergleich zu Klassifikationen keinen sicheren Ausschließungseffekt. Sie produzieren ihr Material selbst. Sie postulieren, daß alles unter ihrem spezifischen Blickwinkel entweder den einen oder den anderen Wert annimmt. Sie erfordern daher auf sie spezialisierte geschlossene Funktionssysteme, die die ganze Welt mit je ihrem Schematismus auf Informationen absuchen und sich Indifferenz gegen alle anderen Schematismen leisten können.

Während Klassifikationen in rapidem Wechsel gehandhabt werden können und, weil sie zu konkret sind, auch so gehandhabt werden müssen, ist mit binären Schematismen eine Grundlage für die Ausdifferenzierung sozialer Systeme geschaffen, die sich entsprechend spezialisieren. So entsteht auf Grund der Unterscheidung verschiedener Krankheiten noch kein Sozialsystem für Krankenbehandlung. Dies ist erst dann möglich, wenn die Differenz von Krankheit und Gesundheit zum Anlaß genommen wird, ein bestimmtes System für zuständig zu halten und diesem System zugleich Indifferenz in anderen Hinsichten zu konzedieren.

Wenn die Differenzhandhabung in diese Anspruchsrichtung gesteigert wird – und offensichtlich ist dies eines der Merkmale moderner Gesellschaft – nimmt die Distanz zu den Phänomenen, zu den Quellen der Informationsgewinnung, zu den Kommunikationspartnern zu. Dieser Tatbestand ist in der Soziologie der professionellen Arbeit behandelt worden, er hat aber sehr viel allgemeinere Bedeutung. Er distanziert praktisch alle Funktionssysteme von le-

9 Vgl. zu diesem Beispiel Charles O. Frake, The Diagnosis of Disease Among the Subanun of Mindanao, American Anthropologist 63 (1961), S. 113-132.

bensweltlich praktizierten Differenzen (was Wechselwirkungen keineswegs ausschließt). So sieht ein Maler, der Kompositionsüberlegungen anstellt, andere Differenzen in die »Natur« als ein Lebensweltler. So ist die ökonomische Theorie genötigt (sie wäre sonst keine brauchbare Theorie), gegenüber der Differenz von reich und arm kühles Blut zu bewahren, für die sich sonst jeder, der an sich selbst denkt, brennend interessiert. So produziert die Wissenschaft an Hand der Differenz von wahr und falsch ein Wissen, das sie selbst möglicherweise nicht überleben wird.
Schlichte Gemüter wollen hier mit Ethik gegenangehen. Nicht viel besser Hegels Staat. Und nicht viel besser die Marxsche Hoffnung auf Revolution. Man sieht in der gesellschaftlichen Realität nicht viel Aussicht auf solche Zentralfusionen in einer letzten Einheit von Differenz, zu der dann keine Distanz mehr möglich ist, so daß jedermann aus Gemeinsinn einstimmt. Die Frage kann allenfalls sein, ob es möglich ist, Funktionssysteme dazu zu bringen, die von ihnen praktizierte Differenz von System und Umwelt als Einheit zu reflektieren. Das hieße: Distanz zu sich selbst zu gewinnen. Wir kommen unter dem Titel Rationalität (unter X) auf diese Frage zurück.

III

Die weitere Argumentation muß zunächst die Referenzverhältnisse innerhalb von Systemen klären. Referenz und Beobachtung sind, daran sei erinnert, Operationen, die im Rahmen einer Unterscheidung etwas bezeichnen. »Systemreferenz« ist dementsprechend eine Operation, die mit Hilfe der Unterscheidung von System und Umwelt ein System bezeichnet. Der Systembegriff steht (im Sprachgebrauch unserer Untersuchungen) immer für einen realen Sachverhalt. Wir meinen mit »System« also nie ein nur analytisches System, eine bloße gedankliche Konstruktion, ein bloßes Modell[10]. Der Bedarf für eine solche Ausdrucksweise wird mit dem Begriff

10 So jedoch ein sehr verbreiteter, vielleicht sogar vorherrschender Sprachgebrauch. Bezeichnend ist, daß die Texte, die sich auf diesen Sprachgebrauch verpflichten, ihn nicht durchhalten, sondern immer wieder auch von konkreten »Systemen«, also von realen Objekten als »Systemen« sprechen. Siehe statt vieler: Talcott Parsons, Zur Theorie sozialer Systeme, hrsg. von Stefan Jensen, Opladen 1976; Edgar Morin a.a.O., Bd. I (1977); I. V. Blauberg/V. N. Sadovsky/E. G. Yudin, Systems Theory: Philosophical and Methodological Problems, Moskau 1977.

der Systemreferenz befriedigt. Wir ersetzen, mit anderen Worten, die verbreitete, im Systembegriff aber unklare Unterscheidung von konkreten und analytischen Systemen durch die Unterscheidung von System und Systemreferenz. Dabei ist jedoch zu beachten, daß der Begriff der Referenz (ebenso wie der Begriff der Beobachtung) weiter gefaßt ist als der Begriff der Analyse und daß er keineswegs auf eine wissenschaftliche Operation beschränkt sein soll, also jede Orientierung an einem System (einschließlich Selbstreferenz) bezeichnet.

Auch »Selbstreferenz« ist im strengen Sinne Referenz, also Bezeichnung nach Maßgabe einer Unterscheidung. Die Besonderheit dieses Begriffsbereichs liegt darin, daß die Operation der Referenz in das von ihr Bezeichnete eingeschlossen ist. Sie bezeichnet etwas, dem sie selbst zugehört. Wohlgemerkt: es handelt sich nicht um eine Tautologie. Die Operation der Referenz bezeichnet nicht etwa sich selbst als Operation[11]. Sie bezeichnet, immer geführt durch eine Unterscheidung, etwas, mit dem sie sich identifiziert. Diese Identifikation und damit die Zuordnung der Selbstreferenz zu einem Selbst kann verschiedene Formen annehmen je nachdem, durch welche Unterscheidung das Selbst selbst bestimmt wird. Entsprechend sind drei verschiedene Formen von Selbstreferenz auseinander zu halten, und wir trennen sie auch terminologisch, um Verwechslungen und Verquickungen zu verhüten:

(1) Von *basaler Selbstreferenz* wollen wir sprechen, wenn die Unterscheidung von *Element* und *Relation* zu Grunde liegt. Im Falle basaler Selbstreferenz ist also das Selbst, das sich referiert, ein Element, zum Beispiel ein Ereignis, im Falle sozialer Systeme eine Kommunikation. Basale Selbstreferenz ist die Mindestform von Selbstreferenz, ohne die eine autopoietische Reproduktion temporalisierter Systeme nicht möglich ist. Das hatten wir, ausgehend vom Whitehead'schen Begriff des Ereignisses, oben[12] gezeigt. Basale Selbstreferenz ist somit zwar konstitutives Erfordernis der Bildung selbstreferentieller Systeme, ist aber keine Systemreferenz, da das bezeichnete Selbst als Element, nicht als System intendiert wird, und da die Leitunter-

11 Daß auch diese tautologische Form von Selbstreferenz, als Selbstreferenz der Selbstreferenz, unter den Begriff fällt, können wir zugestehen, ohne daß dies für unsere weitere Argumentation Konsequenzen hätte.

12 Vgl. Kapitel 8 III.

scheidung Element/Relation, nicht System/Umwelt lautet. Damit ist natürlich nicht geleugnet, daß der Elementbegriff ein System voraussetzt und umgekehrt; aber das hebt die Unterscheidung verschiedener Formen von Selbstreferenz nicht auf, sondern begründet nur die Erwartung, daß sie untereinander korrelieren.

(2) Von *Reflexivität* (prozessualer Selbstreferenz) wollen wir sprechen, wenn die Unterscheidung von *Vorher* und *Nachher* elementarer Ereignisse zu Grunde liegt. In diesem Falle ist das Selbst, das sich referiert, nicht ein Moment der Unterscheidung, sondern der durch sie konstituierte *Prozeß*. Ein Prozeß entsteht mit Hilfe der Vorher/Nachher-Differenz, wenn die Zusatzbedingung der Selektivitätsverstärkung erfüllt ist. So ist Kommunikation in der Regel Prozeß, nämlich in ihren Elementarereignissen bestimmt durch Reaktionserwartung und Erwartungsreaktion. Von Reflexivität soll immer dann die Rede sein, wenn ein Prozeß als das Selbst fungiert, auf das die ihm zugehörige Operation der Referenz sich bezieht. So kann im Vollzug eines Kommunikationsprozesses über den Kommunikationsprozeß kommuniziert werden. Reflexivität nimmt also eine Einheitsbildung in Anspruch, die eine Mehrzahl von Elementen (oft unzählige) zusammenfaßt und der die Selbstreferenz selbst sich zurechnet. Das heißt vor allem, daß die selbstreferentielle Operation ihrerseits die Merkmale der Zugehörigkeit zum Prozeß erfüllen muß, also im Falle eines Kommunikationsprozesses selbst Kommunikation (Kommunikation über Kommunikation), im Falle eines Beobachtungsprozesses selbst Beobachtung (Beobachtung von Beobachtung), im Falle eines Machtanwendungsprozesses selbst Machtanwendung (Anwendung von Macht auf Machthaber) sein muß. In diesem Sinne verstärkt und verdichtet Reflexivität die prozeßtypischen Merkmale.

(3) Von *Reflexion* wollen wir sprechen, wenn die Unterscheidung von *System* und *Umwelt* zu Grunde liegt. Nur im Falle der Reflexion erfüllt die Selbstreferenz die Merkmale der Systemreferenz, nur hier überschneiden sich die Bereiche dieser beiden Begriffe. In diesem Falle ist das Selbst das System, dem die selbstreferentielle Operation sich zurechnet. Sie vollzieht sich als Operation, mit der das System sich selbst im Unterschied von seiner Umwelt bezeichnet. Das geschieht zum Beispiel in

allen Formen von Selbstdarstellung, denen die Annahme zu Grunde liegt, daß die Umwelt das System nicht ohne weiteres so akzeptiert, wie es sich selbst verstanden wissen möchte.

Diesen drei Formen von Selbstreferenz liegt ein gemeinsamer Grundgedanke zu Grunde. Selbstreferenz ist Korrelat des Komplexitätsdrucks der Welt. Nirgendwo in der Welt kann deren Komplexität adäquat abgebildet, aufgearbeitet, kontrolliert werden, weil das diese Komplexität sogleich entsprechend steigern würde. Statt dessen bildet sich Selbstreferenz, die für den Umgang mit Komplexität dann respezifiziert werden kann. Es kommt so niemals zu einer Wiederholung, zu einer Widerspiegelung der Weltkomplexität in Systemen[13]. Es gibt auch keine Abbildung der »Umwelt« in Systemen. Die Umwelt ist der *Grund* des Systems, und Grund ist immer etwas *ohne Form*. Möglich ist nur die Einrichtung von Differenzen im System (etwa: eingeschaltet/ausgeschaltet bei Thermostaten, wahr/falsch in der Logik), die auf Differenzen in der Umwelt reagieren und dadurch für das System Information erzeugen. Um dies Verfahren anwenden und in Operationen umsetzen zu können, muß das System seine für beliebige Weltzustände offene Selbstreferenz einschränken können; es muß sie enttautologisieren können.

Systeme, die über basale Selbstreferenz gebildet sind und darin ihre Systemeinheit haben (= autopoietische Systeme), sind immer *geschlossene Systeme*. Dieser Begriff gewinnt hier aber, im Vergleich zur älteren Systemtheorie, einen neuen Sinn. Er bezeichnet nicht mehr Systeme, die (quasi) umweltlos existieren, also sich selbst (nahezu) vollständig determinieren können. Vielmehr ist nur gemeint, daß solche Systeme alles, was sie als Einheit verwenden (auf welcher Komplexitätsgrundlage immer), selbst als Einheit herstellen und dabei rekursiv die Einheiten benutzen, die im System schon konstituiert sind. Wie ist dies im Falle von Sinnsystemen und speziell im Falle sozialer Systeme vorstellbar?

Wir finden die Antwort auf diese Frage im Hinweis auf die »Öffnung« des Systems durch sprachliche Codierung und verstehen darunter die Doppelung aller Aussagemöglichkeiten durch eine Ja/Nein-Differenz. Damit schafft das System sich zusätzlich eine Negativfassung allen Sinnes, für die es in der Umwelt keine Ent-

13 Zur Kritik solcher Vorstellungen der Tradition vgl. Richard Rorty, Der Spiegel der Natur: Eine Kritik der Philosophie dt. Übers. Frankfurt 1981.

sprechungen gibt, über die also nur im Wege der Selbstberechnung des Systems verfügt werden kann. Diese Codierung strukturiert alle Operationen des Systems, welchen Inhalts immer, als Wahl zwischen Ja und Nein. Dabei impliziert jede Wahl die Negation der Gegenmöglichkeit. Diese Voraussetzung erfolgt auf Grund des Codes zwangsläufig; aber sie ist gleichwohl konditionierbar durch Bedingungen der Wahl zwischen Ja und Nein. Sie ist damit geschlossen und offen zugleich.

Die Geschlossenheit eines Sinnsystems läßt sich auf dieser Grundlage begreifen als *Kontrolle der eigenen Negationsmöglichkeiten bei der Herstellung der eigenen Elemente*. Jeder Übergang impliziert ein (wie immer unbestimmtes) Nein und ist in dessen Verwendung konditionierbar. Dessen Kontrolle führt zu einer rekursiven Berechnung der Berechnung, und Realität ist für ein solches System nichts anderes als die so laufende Reproduktion – weil sie gelingt, wenn sie gelingt (was Irrtümer, Fehler und deren Korrekturen einschließt)[14].

Dies allgemeine Konzept trifft auch im Falle sozialer Systeme zu. Auch hier ist Geschlossenheit konditionierbar als (und nur als) Kontrolle der eigenen Negationsmöglichkeiten bei der Herstellung der eigenen Elemente, also der anschließenden Kommunikationen. Die Negationsmöglichkeit ist hier aber entsprechend der doppelten Kontingenz gedoppelt präsent als double négation virtuelle[15], und entsprechend kompliziert sich der Kontrollaspekt: Er verweist nicht nur auf das, was Ego erreichen bzw. verhindern will, sondern zusätzlich auf die Möglichkeit, daß dies am Nichtverstehen oder an der Ablehnung durch Alter (was immer er als alter Ego erreichen oder verhindern will) scheitert. Kommunikation ist entsprechend codiert als (positiv oder negativ gefaßter) Sinnvorschlag, der verstanden oder nichtverstanden und angenommen oder abgelehnt werden kann. Es ist diese Doppelung und speziell diese Negativität des Nichtverstehens bzw. Ablehnens, deren Kontrolle rekursiv abläuft und so schon die Auswahl des Vorschlags bestimmt – und dies sowohl, wenn der Vorschlag auf Verständigung, als auch, wenn er

14 Vgl. hierzu und insbesondere zur Abwehr etwaiger »solipsistischer« Konsequenzen Heinz von Foerster, On Constructing a Reality, in Wolfgang F. E. Preiser (Hrsg.), Environmental Design Research Bd. 2, Stroudsbourg Pa. 1973, S. 35-46.

15 Eine Formulierung von Paul Valéry, Animalités, zit. nach: Œuvres (éd. de la Pléiade) Bd. 1, Paris 1957, S. 402.

auf Konflikt abzielt[16]. So entsteht ein Verstehbarkeitsabschätzungswissen, das jede Kommunikation kontrolliert und die Welt sozial repräsentiert (aber mit »Sprache« nicht zureichend bezeichnet ist), und im Anschluß daran ein kulturell codierter Gebrauch von symbolisch generalisierten Medien der Kommunikation. Zugleich wird damit verständlich, daß zur Handhabung dieser geschlossenen Selbstreferenz die Zeitbasis der Kommunikation verbreitert, das heißt das Erleben mit Zeithorizonten versehen werden muß; denn nur dadurch kann man Aussichten auf Verständigung und Annahmebereitschaft abschätzen.

Deshalb konstruiert ein soziales System seine Realität in Berechnung seiner Berechnung durch den Kommunikationsprozeß selbst, und zwar durch ein Kommunizieren über Kommunikation, mit dem getestet wird, ob eine Kommunikation durch Verstehen überhaupt zustandegekommen ist oder nicht. Diese Möglichkeit wird immer mitgeführt (sie liegt schon in der Kommunikation selbst[17]), ob sie nun aktuell benutzt wird oder nicht. Erst wenn sie ausgenutzt oder abgebrochen wird, besteht ein Anlaß, sich auf Ablehnung einzustellen und darauf zu reagieren – zum Beispiel durch Argumentation oder durch Drohungen. So ist Kommunikation die einzige Realitätsgarantie des sozialen Systems – aber dies nicht, weil sie die Welt, wie sie ist, richtig widerspiegelt oder zutreffend bezeichnet (was Zugang zu unabhängigen Kriterien bzw. den Gott Descartes' voraussetzen würde), sondern weil sie durch die Form ihrer Geschlossenheit konditionierbar ist und sich selbst damit Bewährungstests aussetzt[18].

Eine wichtige Konsequenz dieser Überlegungen ist, daß die bei aller Autopoiesis benötigte Selbstreferenz immer nur *mitlaufende Selbstreferenz* ist. Reine Selbstreferenz im Sinne eines »nur und ausschließlich sich auf sich selbst Beziehens« ist unmöglich. Käme sie vor, würde sie durch jeden beliebigen Zufall enttautologisiert

16 Daß *beides* möglich ist, beruht darauf, daß zwischen Verstehen und Annehmen (bzw. Nichtverstehen und Ablehnen) unterschieden werden kann. Daran, daß dies prinzipiell möglich ist, kann kein Zweifel bestehen. Dennoch könnte man, und das wäre eine empirische Untersuchung von hoher theoretischer Relevanz, der Frage nachgehen, unter welchen Umständen ein soziales System dazu tendiert, gerade diesen Unterschied zu verwischen und Ablehnung als Nichtverstehen zu behandeln.

17 Vgl. oben Kap. 4 II.

18 In der Schreibweise, die von Foerster und Morin benutzen, würde das heißen: computation ist im Falle sozialer Systeme Kommunikation.

werden[19]. Man könnte auch sagen: käme sie vor, wären alle Zufälle redundant und funktional äquivalent in Hinsicht auf die Bestimmung des Unbestimmten[20].

Faktisch kommt daher Selbstreferenz nur als ein Verweisungsmoment unter anderen vor. Das Selbstreferierien ist ein Moment am operativen Verhalten der Elemente, Prozesse, Systeme; es macht nie ihre Totalität aus. Das Selbst, sei es Element, Prozeß oder System, besteht nie nur aus reiner Selbstreferenz, so wenig wie die Selbstreferenz nicht nur sich selbst als Selbstreferenz bezeichnet. Das Selbst transzendiert die Selbstreferenz, um sie in sich aufnehmen zu können. So erschöpft sich der Sinn einer Handlung nicht darin, sich in den Folgehandlungen zu spiegeln und bestätigt zu sehen. Dies bleibt zwar ein konstitutives Moment, füllt aber nicht den Gesamtsinn des Handelns aus. Ein Herr bietet in einer überfüllten Straßenbahn einer Dame seinen Platz an: Zum Sinn dieses Handelns gehört dann auch, durch das Platznehmen der Dame belohnt und bestätigt zu werden, also richtiges, erfolgreiches Handeln gewesen zu sein. (Man kontrolliere dies gedanklich an einem abweichenden Ablauf: Die Dame setzt sich nicht, sondern legt ihre Handtasche auf den Platz!). Aber die entsprechende, erwartete Folgehandlung gehört ihrerseits mit zum Sinn des Handelns; schließlich geht es darum, daß die Dame nun sitzen kann. Das selbstreferentielle autopoietische Reproduzieren wäre ohne antezipierende Rekursivität gar nicht möglich; andererseits genügt die Schließung des Zirkels nicht, sondern es muß Zusatzsinn aufgenommen werden, um den Übergang von Ereignis zu Ereignis, von Handlung zu Handlung zu ermöglichen. Eben deshalb erfordert Selbstreferenz Bezeichnung und Unterscheidung, in unserem Beispiel: Sichselbstmeinen der Handlung in Beziehung auf eine andere, Elementsein und Element-einer-Relation-Sein.

Es ist wichtig, diese etwas pedantische Analyse genau mitzuvollziehen; denn aus ihr ergibt sich, daß und wie die Theorie selbstreferentieller Systeme die Differenz von geschlossenen und offenen Sy-

19 Siehe die entsprechenden Überlegungen zu »self-organization« bei W. Ross Ashby, Principles of the Self-organizing System, in: Walter Buckley (Hrsg.), Modern System Research for the Behavioral Scientist, Chicago 1968, S. 108-118 (114).

20 Vgl. auch Henri Atlan, Du bruit comme principe d'auto-organisation, Communications 18 (1972), S. 21-36.

stemen aufhebt[21]. Durch Selbstreferenz wird rekursive, zirkelhafte Geschlossenheit hergestellt. Aber Geschlossenheit dient nicht als Selbstzweck, auch nicht als alleiniger Erhaltungsmechanismus oder als Sicherheitsprinzip. Sie ist vielmehr Bedingung der Möglichkeit für Offenheit. Alle Offenheit stützt sich auf Geschlossenheit[22], und dies ist nur möglich, weil selbstreferentielle Operationen nicht den Gesamtsinn absorbieren, nicht totalisierend wirken, sondern nur mitlaufen; weil sie nicht abschließen, nicht zum Ende führen, nicht das telos erfüllen, sondern gerade öffnen.

Insofern ist in empirischen Systemen immer schon vorgesorgt für das, was den Logikern Sorge bereitet: für die »Entfaltung« reiner Tautologien zu komplexeren, inhaltlich gehaltvollen Selbstreferenz-Systemen[23]. Das »Selbst« der Selbstreferenz ist nie die Totalität eines geschlossenen Systems, und es ist nie das Referieren selbst. Es geht immer nur um Momente des Konstitutionszusammenhanges offener Systeme, die dessen Autopoiesis tragen: um Elemente, um Prozesse, um das System selbst. Die Berechtigung, hier von (partieller oder mitlaufender) Selbstreferenz zu sprechen, folgt daraus, daß es sich hier um die Bedingungen der Möglichkeit autopoietischer Selbstproduktion handelt.

Eine ernsthafte Diskussion des Verhältnisses der funktionalistischen Systemtheorie zur transzendentaltheoretischen und zur dialektischen Tradition könnte hier ansetzen. Der Ausgangspunkt für alle diese Theorie-Varianten liegt im Theorem der mitlaufenden Selbstreferenz; denn das würde wohl in keinem Falle bestritten werden. Es geht also um unterschiedliche Fassungen dieses Problems der Simultanverweisung auf sich selbst und anderes. Zum Transzendentalismus gelangt man, wenn man genau dies als Besonderheit des Bewußtseins auffaßt und das Bewußtsein deshalb (!)

21 Wir hatten darauf einführend unter dem Gesichtspunkt eines Paradigmawechsels der Systemtheorie hingewiesen.

22 »l'ouvert s'appuie sur le fermé«, heißt es im Kontext sehr schöner Analysen dieses Zusammenhanges bei Morin a.a.O., Bd. 1 (1977), S. 201.

23 Zu diesem »unfolding« als Aufbrechen der reinen Identität des auf sich selbst Bezug nehmenden Objekts vgl. im Anschluß an Tarski: Lars Löfgren, Unfoldment of Self-reference in Logic and in Computer Science, in: Proceedings of the 5th Scandinavian Logic Symposium (Hrsg. von Finn V. Jensen/Brian H. Mayoh/Karen K. Møller), Aalborg 1979, S. 205-229. Der bekannteste Ausweg der Logiker ist die Unterscheidung von Ebenen bzw. Typen, mit Bezug auf welche Aussagen verortet werden.

zum »Subjekt« erklärt[24]. Zur Dialektik gelangt man, wenn man sich angesichts dieses Gleichlaufs von Selbstverweisung und Fremdverweisung für die zu Grunde liegende Einheit interessiert (also letztlich auf die Identität von Identität und Differenz abstellt und nicht auf die Differenz von Identität und Differenz). Dialektik kann, muß aber nicht mit Transzendentaltheorie kombiniert werden. Wir halten die Transzendentaltheorie für eine falsche Verabsolutierung nur einer Systemreferenz (aber zugleich auch für ein gutes Modell für Selbstreferenztheorien) und die Dialektik für zu riskant im Hinblick auf unterstellte Identität (während die Übergänge und Anschlüsse in der Theorie doch immer von Differenz ausgehen müssen). Diese Distanzierungen zu den wichtigsten Theorieangeboten in diesem Problembereich führen zur funktionalistischen Systemtheorie. Sie behauptet, daß selbstreferentielle Systeme mit Hilfe der Differenz von Selbstverweisung und Fremdverweisung (kurz: mit Hilfe mitlaufender Selbstreferenz) Informationen gewinnen, die ihnen die Selbstproduktion ermöglichen.

IV

Die basale Selbstreferenz sozialer Systeme haben wir aus Anlaß der Diskussion des Handlungsbegriffes und im Ereignis/Struktur-Zusammenhang dargestellt. Das braucht hier nicht wiederholt zu werden. Nur zwei Gesichtspunkte müssen noch nachgeholt werden, um die Einschränkungen zu markieren, die von hier aus allen Systembildungen aufgenötigt sind.

Aus dem Erfordernis basaler Selbstreferenz ergeben sich vor allem Typenmerkmale der Systembildung. Die Reproduktion innerhalb geschlossener autopoietischer Systeme erfordert ein Mindestmaß an »Ähnlichkeit« der Elemente. Nur lebende Systeme können durch Leben reproduziert werden, nur Kommunikationssysteme durch Kommunikation. Es ist nicht möglich, chemische Ereignisse »autopoietisch« an Bewußtseinsereignisse anzuschließen oder umgekehrt, obwohl natürlich Kausalbeziehungen bestehen. Es ist des-

24 »in fulfilling transcendental synthesis the (conscious) subject exerts two kinds of activities, namely to refer to the object by intentionality and to refer to the mind by reflexivity«, heißt es bei Alfred Locker, On the Ontological Foundations of the Theory of Systems, in: William Gray/Nicholas D. Rizzo (Hrsg.), Unity Through Diversity: A Festschrift for Ludwig von Bertalanffy, New York 1973, Bd. 1, S. 537-571 (548).

halb wichtig, basale Selbstreferenz von Kausalität zu unterscheiden. Nur aus der Selbstreferenz, nicht aus der Kausalität, folgt der Realitätsaufbau als Emergenz unterschiedlicher Systemtypen. Der Typenzwang ist nichts anderes als die Limitation, unter der ein Element, etwa eine Kommunikation, zu operieren hat, wenn sie sich über anderes auf sich selbst zurückzubeziehen hat. Es gibt sehr wohl chemische Experimente und in diesem Zusammenhang auch Rückkopplung mit Erfahrungen des Handelnden im Verlauf des Experiments; aber dem liegt dann ein Bewußtseinsmodell des Handelnden zu Grunde, das die konditionierte Reproduktion von Handlungen vorsieht, oder ein Kommunikationssystem, das die Handlungen mehrerer koordiniert. Aber es gibt kein System, das ein selbstreferentielles Verhältnis doppelter Kontingenz zwischen chemischen und kommunikativen Ereignissen herstellen könnte.

Eine weitere Erläuterung ist besonders deshalb wichtig, weil sie verbreiteten Vorstellungen widerspricht. In voll temporalisierten Systemen, die Ereignisse als Elemente verwenden, kann es auf der Ebene der Elemente *keine kausale Zirkularität* geben. Theorien, die einer solchen Zirkularität grundlegende Bedeutung zusprechen, zum Beispiel Theorien kybernetischer Regulierung, übersehen die zeitliche »Nichtigkeit« der Elemente[25]. Ereignisse verschwinden, indem sie entstehen; sie stehen daher schon im nächsten Moment für eine Zurückwirkung nicht mehr zur Verfügung. Kausale Rückwirkung setzt Formen (oder For*mung* eines Ereignis*zusammenhanges*) eines höheren Ordnungsgrades voraus, die wiederum Ereignisse erst ermöglichen[26]. Ereignisse präsentieren im System die Irreversibilität der Zeit. Um Reversibilität zu erreichen, muß man Strukturen bilden.

25 Siehe z. B. Morin a.a.O., insb. S. 257 ff.; Werner Loh, Kombinatorische Systemtheorie: Evolution, Geschichte und logisch-mathematischer Grundlagenstreit, Frankfurt 1980 (insbes. S. 3 ff. als Ablehnung rein formaler, nicht-empirischer Interpretationen des kybernetischen Regelkreises); Arvid Aulin, The Cybernetic Laws of Social Progress: Towards a Critical Social Philosophy and a Criticism of Marxism, Oxford 1982, S. 51 ff.

26 In kausaltheoretischer Sprache formuliert Robert M. MacIver, Social Causation, Boston 1942, S. 129 f.: We look for the causation of events outside of the events but for the causation of processes inside of the processes«. Das zeigt deutlich die Schwierigkeiten, in die man gerät, wenn man sich die Alternative stellt, Ursachen entweder als vorherige Ereignisse oder als zeitlich nicht bestimmt lokalisierbaren übergreifenden Zusammenhang aufzufassen. Im ersteren Fall bringt die Kausalerklärung wenig ein, im zweiten ist sie rasch überlastet und reagiert durch Unschärfe.

Das ist eine Einsicht von weittragender Bedeutung, die unter anderem besagt, daß die Regelkreis-Kybernetik keine Grundlagenwissenschaft sein kann. Die evidenten Ordnungsvorteile zirkulärer Kausalität müssen gleichsam im Bodenlosen erst erarbeitet werden. Die basale Selbstreferenz bleibt in Sinnsystemen ohne kausalen Vollzug.

Es scheint deshalb einen tiefliegenden Zusammenhang zu geben zwischen der Irreversibilität der Zeit und der Genese von Sinn als Form der Informationsverarbeitung[27]. Ein System kann sich auf der Ebene seiner Elemente der Irreversibilität der Zeit nur öffnen, wenn es die dann auftretenden Probleme der basalen Selbstreferenz anders als kausal lösen, also auf der Ebene der Elemente auf kausale Zirkularität verzichten kann. Das System copiert in sich selbst durch Basierung auf Ereignissen die Irreversibilität der Zeit, es konstituiert sich selbst in seinen Elementen zeitbezogen; aber dies ist nur möglich, wenn sich trotzdem rekursive Beziehungen einrichten lassen, die eine wechselseitige Justierung der Elementarereignisse ermöglichen. Dies scheint auf der Ebene organischer Systeme durch »directive correlations«[28] vorbereitet gewesen zu sein. Erst die Genese von Sinn ermöglicht eine elegante Lösung dieses Problems. Zukunft und Vergangenheit werden als Horizonte in der Gegenwart zur Verfügung gestellt, und die Einzelereignisse können dann an Erinnerung bzw. Voraussicht und vor allem auch an Voraussicht von Erinnerung, also zirkulär, orientiert werden. Dies ist natürlich nur möglich, wenn ein hinreichend dichtes Netz von natürlichen »directive correlations« gegen allzu häufige Enttäuschungen absichert. Wenn dies der Fall ist, kann Sinn entstehen und eine Zeitdimension bilden, in die sich dann basale Selbstreferenzen einzeichnen lassen. Und dann kann auch die Zeitdauer der Elementarereignisse nahezu beliebig verkürzt werden. Das Resultat ist die uns geläufige Elementform Handlung.

Die evolutionäre Errungenschaft Sinn und die Möglichkeit sinnhaften Handelns sind mithin in der Irreversibilität der Zeit als ihr abgerungene basale Selbstreferenz fundiert. Nur so können Systeme sich auf voll temporalisierte Komplexität umstellen. Wenn der Sinn

27 Vgl. hierzu bereits Kapitel 1 III und Kapitel 2 VI.

28 Dieser Begriff hat zentrale Bedeutung bei Gerd Sommerhoff, Analytical Biology, London 1950. Vgl. S. 54 ff. Ferner ders., Logic of the Living Brain, London 1974, S. 73 ff.

für Sinn je verloren gehen könnte, würde er sofort reproduziert werden, weil eine nichtkausale basale Rekursivität anders nicht möglich ist.

V

Etwas ausführlicher müssen wir uns mit der prozessualen Selbstreferenz, also mit der Reflexivität der Prozesse sozialer Systeme befassen. Ihr Ansatzpunkt liegt immer in der Formtypik sozialer Prozesse, also in der Kommunikation. Es gibt natürlich auch in psychischen Systemen reflexive, auf sich selbst gerichtete Prozesse, zum Beispiel das Denken des Denkens oder das Genießen des Genusses[29]. In der Analyse sozialer Systeme muß man jedoch davon ausgehen, daß alle Prozesse Kommunikationsprozesse sind und daß alle Reflexivität als Kommunikation über Kommunikation gewonnen werden muß.

Dies ist nicht zuletzt eine Konsequenz der Bedingungen der Konstitution von Prozessen. Prozesse entstehen durch Selektionsverstärkung, also durch zeitliche Einschränkung der Freiheitsgrade von Elementen. Das erfordert Elemente gleicher Typik. Bloße Ereignissequenzen (Feuer, Aus-dem-Fenster-Springen, Beinbrechen, Ins-Krankenhaus-gebracht-Werden) sind in diesem Sinne keine Prozesse, und sie können auch nicht reflexiv werden. Ein solcher Geschehenszusammenhang kann erwartet und als Ganzes überschaut werden, er kann zum Beispiel dafür relevant sein, welche Versicherung die Kosten zu tragen hat; aber er kann nicht auf sich selbst angewandt, nicht reflexiv werden. Die Grundform aller prozessualen Reflexivität ist immer: Selektion von Selektion. Deshalb kann Reflexivität nur auf der Grundlage der selbstselektiven, Selektion durch Selektion verstärkenden Struktur von Prozessen entstehen.

Sobald Prozesse sich bilden, verliert das jeweils vorherige Ereignis an Erklärungswert, aber es gewinnt an Prognosewert. Das Ereignis kommt nur im Prozeß vor, weil es sein Zustandekommen der Se-

29 Daß man auf psychische Selbstreferenzen dieser Art aufmerksam wurde und sie in Theorieformulierungen einsetzte, also darüber kommunizierte, ist natürlich wiederum ein soziales Phänomen und im Kontext historisch-evolutionärer Semantik zu behandeln. Die auffällige Verdichtung des Interesses an solchen Figuren im 17. und im 18. Jahrhundert steht in deutlichem Zusammenhang mit dem Umbau der Gesellschaft in Richtung auf funktionale Differenzierung und mit der daraus folgenden Reformulierung personaler Individualität.

lektivität früherer und späterer Ereignisse verdankt. »The causation of events ... must be sought for not mainly in prior events but in the processes of which they are manifestations«[30]. Eben deshalb kann ein Beobachter Bewegungen sehen, Melodien folgen, im Moment erahnen, was jetzt gesagt werden wird. Der Prozeß wirkt bei hinreichender Verdichtung als Vorwarner, weil die Einzelereignisse zu unwahrscheinlich sind für isoliertes Auftreten. In diesem Sinne kommt der Einheit eines Prozesses für ihn selbst kausale Bedeutung zu. Seine Einheit, die aus unwahrscheinlichen Selektionsverknüpfungen besteht, benutzt diese Unwahrscheinlichkeit, um sie als Wahrscheinlichkeit zu bestätigen. So ist es die hohe Unwahrscheinlichkeit eines jeden bestimmten Bewußtseinsinhalts und ebenso die hohe Unwahrscheinlichkeit jeder bestimmten Kommunikation, die angesichts der temporalen Instabilität solcher Items faktisch dazu zwingt, sie als Moment eines Prozesses zu konstituieren. In Prozesse ist somit, zumindest ansatzweise, ein Moment der Selbstbeobachtung eingebaut, die Einheit des Prozesses kommt in ihm selbst nochmals zum Zuge und kann dann dessen innere Unwahrscheinlichkeit, nämlich die Unwahrscheinlichkeit seiner Einzelereignisse erhöhen.

Ein solches Wiedereintreten der Einheit des Komplexen in die Komplexität ist ein stärker oder schwächer ausgeprägtes Merkmal aller Prozesse. Anders bringen sie ihre Selektivitätsverstärkung nicht zustande. Von prozessualer Selbstreferenz oder Reflexivität wollen wir nur dann sprechen, wenn dieses Wiedereintreten in den Prozeß mit den Mitteln des Prozesses artikuliert wird[31]. Die Grenzen sind nicht scharf zu ziehen. Es müssen aber Einzelereignisse oder Prozesse im Prozeß vorliegen, die es übernehmen, den Prozeß in den Prozeß wiedereinzuführen, und die für diese Funktion ausdifferenziert sind. So müssen mindestens flüchtige Bezugnahmen auf die Kommunikation kommuniziert werden (»Wenn ich Sie richtig verstanden habe, meinen Sie ...«), damit man von Kommunikation über Kommunikation sprechen kann. Dieser Einschub kann aber natürlich zu einem eigenen Zwischenprozeß, zu einem Prozeß, der in den Prozeß interveniert, ausgebaut werden. Mit dem

30 Robert M. MacIver, Social Causation, New York 1964, S. 129.

31 Diese Unterscheidung fehlt in einer früheren Publikation zu diesem Thema: Niklas Luhmann, Reflexive Mechanismen, in ders., Soziologische Aufklärung Bd. 1, Opladen 1970, S. 92-112.

Begriff der Reflexivität fassen wir demnach die Ausdifferenzierung der Funktion, die Einheit des Prozesses im Prozeß zur Geltung zu bringen, und bezeichnen dies als Anwendung des Prozesses auf sich selbst[32].

Durch Ausdifferenzierung von Reflexiveinrichtungen läßt sich vor allem erreichen, daß der Prozeß auch sein eigenes Nichtstattfinden kontrollieren kann[33]. Man kann nun darüber kommunizieren, warum etwas nicht gesagt worden ist; man kann Unwahrheiten erkennen; man kann Schmerzen genießen; man kann Geld ausgeben oder nicht ausgeben; man kann mit Haß und Eifersucht Liebe beweisen; man kann entscheiden, nicht zu entscheiden; man kann auf Grund von Macht Machtbenutzung vermeiden. Reflexive Prozesse können deshalb als strukturändernde Prozesse eingesetzt werden, und ihre Entwicklung drängt sich dann auf, wenn ein hoher Bedarf für kontrollierte Strukturänderung besteht. Die Einbeziehung des Gegenfalls kann natürlich nur im Prozeß, also nur mit seiner eigenen Ereignistypik erfolgen. Wenn dies möglich ist, gewinnt der Prozeß damit höhere Freiheitsgrade, größere Reichweite der Anwendung, bessere Anpassungsfähigkeit.

Eine soziologische Analyse, die auf diesen Grundlagen ansetzt, könnte sich vor allem für die Frage interessieren, ob und unter welchen besonderen Bedingungen Reflexivverhältnisse dieser Art

32 Im Bereich der Bewußtseinsprozesse liegt hier ein Ausgangspunkt für die Klärung dessen, was mit »Unbewußtem« (im Unterschied zu: nicht Bewußtem) gemeint sein könnte. Von Unbewußtem könnte man immer dann sprechen, wenn das Bewußtsein nur als Prozeßform, aber nicht in ausdifferenzierter Reflexivität, sich selbst ermöglicht. Auch dann tritt die Einheitsform des Bewußtseinsprozesses als Prozeßform in den Prozeß ein, aber dies nicht im Sinne eines Bewußtseinsereignisses oder eines besonderen Subprozesses. Das Bewußtsein operiert mit Bewußtsein, aber es ist sich dessen nicht bewußt und etabliert insofern intern auch keine Bezugspunkte für kritische Steuerung und Selbstkontrolle.

33 Die sogenannte »Ethnomethodologie«, die bei diesem Problem ihren Ausgang nimmt, geht noch einen Schritt darüber hinaus. Für sie ist auch das Abschneiden der Reflexivität, das »taking for granted«, ein Fall von Reflexivität. Dafür muß dann das Reflexivieren reflexiv werden, so daß es auch die Nichtreflexivität einbeziehen und auf diese Weise Totalität erreichen kann. Vgl. dazu Beng-Huat Chua, On the Commitments of Ethnomethodology, Sociological Inquiry 44 (1974), S. 241-256. Das Resultat ist eine eigentümliche Radikalität – und Langweiligkeit der dies immer miteinbeziehenden Präsentation von Ethnomethodologie. Und auch dies wird noch reflektiert, wenn Ethnomethodologen bemerken, daß diese totale Reflexivität alltagspraktisch uninteressant ist. Vgl. hierzu auch Rolf Eickelpasch, Das ethnomethodologische Programm einer »radikalen« Soziologie, Zeitschrift für Soziologie 11 (1982), S.7-27.

normalisierbar und *steigerbar* sind. Kommt Kommunikation über Kommunikation in allen Gesellschaftsformationen und in allen Gesellschaftsbereichen gleich häufig vor oder korreliert, wie zu erwarten, das Vorkommen mit der Unwahrscheinlichkeit und dem Neuheitswert der Kommunikationsthemen und -beiträge? Wieviel Belastung durch Kommunikation über Kommunikation kann ein Kommunikationsprozeß verkraften, und variieren auch diese Belastungsgrenzen mit Gesellschaften und Gesellschaftsbereichen? Wie werden Übergänge von der Reflexivebene zur Normalebene kommunikativ behandelt? Gibt es Coupiertechniken, mit denen man das Reflexivwerden der Kommunikation erfolgreich (das heißt: unbeantwortbar) verhindern kann? Und welche Rückwirkungen hat häufige Kommunikation über Kommunikation auf die Art und Weise und die Tiefenschärfe, mit der Teilnehmer sich wechselseitig als Personen erfahren?

Eines dieser Pobleme greifen wir heraus, um es etwas ausführlicher vorzustellen. Man kann *Rituale* begreifen unter dem Gesichtspunkt des Coupierens aller Ansätze für reflexive Kommunikation[34]. Die Kommunikation wird als fixierter Ablauf versteift, und ihre Rigidität selbst tritt an die Stelle der Frage, warum dies so ist[35]. Die Elemente des Prozesses und ihre Reihenfolge werden unauswechselbar festgelegt, Worte wie Dinge behandelt, die Gegenwart zählt und ist weder im Hinblick auf die Zukunft noch an Hand jeweils angefallener vergangener Erfahrungen korrigierbar. Das Risiko des Symbolgebrauchs wird so gering wie möglich gehalten. Rituale sind vergleichbar den fraglosen Selbstverständlichkeiten des Alltagslebens, die ebenfalls Reflexivität ausschalten[36]. Aber sie erfüllen diese

34 Daß Rituale einen Code für eingeschränkte und alternativenlos gemachte Kommunikation darstellen, ist eine inzwischen geläufige These. Vgl. Mary Douglas, Natural Symbols: Explorations in Cosmology, London 1970; Roy A. Rappaport, The Sacred in Human Evolution, Annual Review of Ecology and Systematics 2 (1971), S. 23-44; ders., Ritual, Sanctity and Cybernetics, American Anthropologist 73 (1971), S. 59-76; Maurice Bloch, Symbols, Song, Dance and Features of Articulation: Is Religion an Extreme Form of Traditional Authority? Europäisches Archiv für Soziologie 15 (1974), S. 55-81. Sie betrifft zunächst das Abschneiden von sinnüblichen Verweisungen schlechthin. Das schließt das Coupieren von Reflexivität mit ein.

35 Dies entspricht, nur umgekehrt, der oben getroffenen Feststellung, daß die Unwahrscheinlichkeit der Ereignisse die Suche nach dem Sinn des Prozesses, in dem sie vorkommen, provoziert.

36 Vgl. Harold Garfinkel, Studies of the Routine Grounds of Everyday Activities,

Funktion auch in angespannteren Situationen, wo dies nicht mehr selbstverständlich ist, sondern Interessen oder Zweifel oder Ängste kleingehalten werden müssen; sie setzen für problematischere Situationen artifiziellere Mittel ein. Verstöße gegen das Ritual erscheinen deshalb auch nicht als Merkwürdigkeit, als persönliche Marotte, als Scherz, sondern als gefährliche Fehler; und statt nun dann doch auf Reflexivität umzuschalten, unterdrückt man den Fehler.

Ohne die Strenge des Rituals kann ein ähnlicher Effekt des Coupierens dadurch erzielt werden, daß man der Kommunikation eine feierliche Form gibt, die sich selbst betont. In der griechischen Geschichte scheint die Rhythmisierung von traditionstragenden Kommunikationen eine solche Funktion erfüllt zu haben[37]. Sie dient dazu, die gebundene Form als Überzeugungsmittel miteinzusetzen und Zweifel oder Rückfragen dadurch auszuschließen, und eine gleichwertige Funktion mag anfangs die schriftliche Fixierung erfüllt haben.

Auch wenn das soziale Leben mit Selbstverständlichkeiten, mit Ritualisierungen, mit gebundenen und mit besonders eleganten Formulierungen durchsetzt ist: mit Kommunikation über Kommunikation wird man immer rechnen müssen. Die damit verbundenen Vorteile und Probleme multiplizieren sich, wenn man zusätzlich die Frage aufwirft, ob und unter welchen besonderen Bedingungen Reflexivverhältnisse *spezialisierbar* sind. Sie müssen dann nicht Kommunikation schlechthin, sondern besondere Arten kommunikativer Prozesse regeln. Dafür gibt es deutliche Beispiele vor allem im Bereich funktional spezifizierter Kommunikation und besonders, aber nicht nur, in den Funktionsbereichen, die symbolisch generalisierte Kommunikationsmedien hervorgebracht haben. So ist Kommunikation in Liebesangelegenheiten durchweg reflexiv geworden: daß und wie über Liebe kommuniziert wird (und das schließt hier sehr entscheidend Körperverhalten ein), ist zugleich Beweis der Liebe; und es gibt keine Beweismöglichkeiten außerhalb dieser Selbstreferenz. Ein anderes Beispiel: Erziehung der Erzieher.

Social Problems 11 (1964), S. 225-250; auch in ders., Studies in Ethnomethodology, Englewood Cliffs N. J. 1967, S. 35-75. Dazu oben Anmerkung 33.

37 Hierzu Eric A. Havelock, Preface to Plato, Cambridge Mass. 1963. Vgl. auch Rudolf Kassel, Dichtkunst und Versifikation bei den Griechen. Vorträge der Rheinisch-Westfälischen Akademie der Wissenschaften G 250, Opladen 1981.

Der Erziehungsprozeß wird dadurch reflexiv, daß nur ausgebildete Erzieher ihn durchführen können und »geborene Erzieher« (Väter und Mütter) den Ansprüchen nicht mehr genügen. Tauschverhältnisse sind ein weiterer Fall. Sobald Geld eine Rolle spielt, werden Tauschverhältnisse reflexiv. In der Form von Geld tauscht man Tauschmöglichkeiten ein. Im Geldtausch kommuniziert man, ob man will oder nicht, über Tauschprozesse; und dies nicht etwa allgemein (indem man sie erwähnt!), sondern präzise und prozeßkonform so, daß man sie eintauscht. Für den Juristen gibt es, seitdem man Fallentscheidungen und präjudizierende Effekte unterscheiden kann und beides zugleich entscheiden muß (nur eine Fallentscheidung ist ein Präjudiz), einen ähnlichen Zwang zur Reflexivität im genauen Rahmen seiner Prozeßtypik Rechtsanwendung. Nicht zuletzt ist an Machtverhältnisse zu denken. Macht wird dadurch reflexiv, daß sie auf Macht angewandt wird, sich also präzise und genau darauf konzentriert, die Machtmittel anderer zu dirigieren. Das kann von oben nach unten, aber sehr viel feinsinniger auch von unten nach oben geschehen. Etwas allgemeiner gilt das gleiche für Einfluß[38].

Beim bloßen Belegsammeln fällt schon auf, daß die Beispiele nicht beliebig streuen. Sie beginnen sich in der frühen Neuzeit zu häufen, und es scheint, daß mit dem Reflexivwerden von Sonderprozessen die Ausdifferenzierung der entsprechenden Funktionsbereiche genutzt und weiter verstärkt wird. Anscheinend müssen Systembildungen hinzutreten[39], die der Prozeßspezifikation die notwendige Normalität und Wiederholbarkeit verleihen und zugleich die Eigenkomplexität, die Kontingenz und den Steuerungs- und Sicherheitsbedarf der entsprechenden Prozesse steigern. So erklärt sich, daß der Übergang zu einer primär funktionalen Differenzierung die Palette der Reflexivprozesse beträchtlich erweitert und daß diese Veränderung zahlreiche Transformationen der Semantik Alteuropas auslöst.

Wenn eine Theorie reflexiver Kommunikation ausgearbeitet wer-

38 Im höfischen System des absoluten Staates nannte man diesen Einfluß auf den Einfluß von Machthabern von unten nach oben »crédit« und verglich ihn mit den Möglichkeiten, Finanzmittel anderer zu benutzen, die heute noch Kredit heißen. Vgl. Charles Duclos, Considérations sur les mœurs de ce siècle (1751), zit. nach der Ausgabe Lausanne 1970, S. 269 ff.

39 Im Falle von Liebe angesichts der Flüchtigkeit solcher Systembildungen auch literarische Muster (ein bereits im 17. Jahrhundert durchschauter Sachverhalt).

den kann, die den oben skizzierten Angaben entspricht, könnte sich zeigen, daß auch das Coupieren von Ansätzen zur Reflexivität dem angepaßt wird. Die Entritualisierung der Religion macht Fortschritte und führt in das Problem der Glaubensgewißheit, das nach Kriterien beurteilt werden muß, die dann zur Spaltung der christlichen Religion führen. Dem folgt eine verstärkte Emphase auf Naturwissen; dem Menschen wird, man beachte die Reflexivität, ein natürlicher Zugang, ein natürliches (Erkenntnis- und Produktions-) Verhältnis zur Natur zugesprochen. Gewißheit wird auf individuelles Gewißheitserleben bzw. individuelle Erfahrung gestützt, und Selbstverständlichkeit im common sense wird als ein besonderer Wahrheitstypus, zeitweise sogar als Wahrheitskriterium schlechthin gesehen[40]. Man geht von einem gegebenen Sach- und Wissensstand aus und problematisiert – das ist eine Einschränkung! – unter dem Gesichtspunkt der Akkumulation und Verbesserung: Sehen kann man sowieso, besser Sehen kann man auf Grund der Optik mit Brillen, Fernrohren, Mikroskopen.

Mit diesem Kurzexkurs in die Geschichte soll nur verdeutlicht werden, daß dieser kommunikationstheoretische Ansatz nicht nur mikrosoziologische, sondern auch makrosoziologische Hypothesen bilden kann; daß er nicht nur auf Interaktionssysteme, sondern auch auf Gesellschaftssysteme anwendbar ist. Reflexivität ist ein sehr allgemeines Prinzip der Ausdifferenzierung und Steigerung. Sie ermöglicht Steuerungs- und Kontrolleistungen des Prozesses durch sich selbst. Sie setzt aber funktionale Spezifikation der Prozesse voraus und entwickelt sich daher nur, wenn und soweit die Evolution dafür hinreichende Anhaltspunkte bereitstellt[41]. Gesellschaften, die über viel Reflexivität verfügen, verbinden dann leichte und folgenreiche Störbarkeit mit hoher Rekuperationsfähigkeit. Das Geldwesen ist dafür das vielleicht eindrucksvollste Beispiel.

40 Ich denke hier an die schottische Moralphilosophie (ein Überblick hierzu bei S. A. Grave, The Scottish Philosophy of Common Sense, Oxford 1960), aber auch an parallel abgefaßte französische Schriften, insbes. an Claude Buffier, Traité des premières véritéz et de la source de nos jugements, Paris 1724.

41 Zur Funktion als Prinzip evolutionärer Selektion vgl. oben Kapitel 8 VII.

Durch Etablierung selbstreferentieller Zirkel in der Form doppelter Kontingenz ist jedes soziale System zur Selektion der eigenen Möglichkeiten gezwungen. Es öffnet sich damit zugleich für Konditionierungen. Daraus kann sich der Bedarf ergeben, diese Konditionierungen ihrerseits zu wählen und deren Auswahl nicht ganz dem Zufall zu überlassen. Diese höherstufige Kontrolle wird dadurch erreicht, daß soziale Systeme sich an sich selbst orientieren – an sich selbst in Differenz zu ihrer Umwelt. Diese Form von Selbstreferenz haben wir Reflexion genannt.

Als Reflexion bezeichnen wir somit den Fall, in dem Systemreferenz und Selbstreferenz zusammenfallen. Ein System orientiert die eigenen Operationen an der eigenen Einheit. Hierfür kommt als Leitdifferenz nicht das Vorher/Nachher der Prozesse in Betracht, sondern die Differenz von System und Umwelt. Nur innerhalb dieser Differenz ist es möglich, entweder das System oder die Umwelt zu bezeichnen und dadurch die Komplexität, die als System oder als Umwelt bezeichnet wird, als Einheit zu thematisieren. Reflexion erfordert, mit anderen Worten, die Einführung der Differenz von System und Umwelt in das System. Wenn dies unter dem Gesichtspunkt der Einheit dieser Differenz geschieht, wollen wir von Rationalität sprechen. Rationalität kann mithin nur über Reflexion erreicht werden, aber nicht jede Reflexion ist rational. Ich komme darauf unter X zurück.

Ähnlich wie Reflexivität entwickelt sich auch Reflexion auf der Grundlage des normalen operativen Verhaltens sozialer Systeme. Und ähnlich wie im Falle der Reflexivität handelt es sich auch hier nicht um eine allgemeine Eigenart aller sozialen Systeme, sondern um eine Sonderleistung, die nur unter bestimmten Voraussetzungen möglich ist. Vor allem Interaktionssysteme kommen normalerweise ohne Reflexion ihrer Einheit aus. Sie werden vornehmlich aus zwei Gründen zur Reflexion gebracht, nämlich (1) wenn sie als System handeln müssen, also einzelne Handlungen als das System bindend auszeichnen müssen; und (2) wenn sie den Kontakt der Anwesenden unterbrechen und ihr Wiederzusammentreffen einrichten, also ihre Identität über latente Phasen durchhalten müssen. Es muß also besondere Sachlagen geben, die nur mit Reflexion bewältigt werden können. Anderenfalls genügt das Konstitutions-

prinzip der Anwesenheit in seinem unmittelbaren Orientierungswert; es vertritt sozusagen die Einheit des Systems im System.
Da alles Umsetzen von doppelter Kontingenz in Operationen, alles Kommunizieren und alle Konstitution von Handlung Systemzuordnung mitproduziert, muß man davon ausgehen, daß alle sozialen Systeme über rudimentäre Verfahren der *Selbstbeobachtung* verfügen[42]. Jede Kommunikation deklariert, ob bewußt oder nicht, ob thematisch oder nicht, ihre Systemzugehörigkeit. Dies besagt nur, daß im Falle einer Rückfrage die Möglichkeiten, sich Systemen zuzuordnen, sich als schon eingeschränkt erweisen. Das gehört zu den notwendigen Sinnesimplikationen jeder Kommunikation. Im Kapitel über Kommunikation und Handlung hatten wir dargestellt, daß Kommunikation sich selbst in die (reduktive) Form zurechenbaren Handelns bringt, um eine Selbstbeobachtung des Kommunikationsprozesses, nämlich adressierte Reaktion von Kommunikationen auf Kommunikation zu ermöglichen[43]. In diesem rudimentären Sinne läuft Selbstbeobachtung – wie weit und bei wem bewußt, ist eine andere Frage – in allen sozialen Systemen mit; und sie hat nur als Kommunikation Realität.
Diese rudimentäre Selbstbeobachtung des Systems auf der Ebene seiner Operationen wird zur *Selbstbeschreibung*, wenn sie semantische Artefakte produziert, auf die sich weitere Kommunikationen beziehen können und mit denen die Einheit des Systems bezeichnet wird. Zu einer deutlichen Differenzierung von Beobachtung und Beschreibung (also auch: Selbstbeobachtung und Selbstbeschreibung) kommt es erst durch die Erfindung der Schrift. Eine Beschreibung kann dann aber auch mündlich vollzogen werden; sie setzt jedoch Textmuster voraus, die erst auf Grund der Schrift entwickelt werden, insbesondere lange, disziplinierte, weitgehend situationsunabhängig verständliche Texte. Wenn im Rahmen solcher Selbstbeschreibungen die Beteiligten von »wir« sprechen, oder wenn sie ihrer Verbindung einen Namen geben, so daß auch in anderen Zusammenhängen über sie gesprochen werden kann[44], hat

42 Vorsorglich wiederhole ich den Hinweis, daß *Selbst*beobachtung *sozialer* Systeme nur kommunikatives Geschehen sein kann und daß die psychisch-bewußte Beobachtung des sozialen Systems durch die Teilnehmer Fremdbeobachtung ist.

43 Vgl. oben, Kapitel 4 VIII.

44 Man könnte solche Namensgebung als De-indexikalisierung der Selbstbeschreibung bezeichnen, um damit anzudeuten, daß die primären Selbstbeschreibungen situa-

dies eine ganz andere Tragweite, als wenn damit nur eine Selbstbeobachtung wiedergegeben, ein Eindruck von Anwesenheit sozusagen kollektiviert wird. Selbstbeschreibungen erzeugen typisch eine Übervereinheitlichung, eine Kohärenzüberschätzung in der Beobachtung des Systems; und sie können in dieser Hinsicht auch externe Beobachter irreführen. Sowohl Selbstbeobachtung als auch Selbstbeschreibung lassen (wenn man diese Terminologie akzeptiert) offen, mit Hilfe welcher Differenzen die Informationsverarbeitung ermöglicht wird. Es mag sich auch um die Zuordnung eines Einzelvorkommnisses zu einem sinngebenden Ganzen handeln (hermeneutische Differenz) oder um die Differenz von bestimmt/unbestimmt oder um dies-und-anderes.

Reflexion ist demgegenüber ein engerer, anspruchsvollerer Fall, der formal aber auch unter die Begriffe Selbstbeobachtung und Selbstbeschreibung fällt. Hier wird die Leitdifferenz präzisiert auf eine Semantik, die das Verhältnis von System und Umwelt im System repräsentieren kann. Dies erfordert ein Mindestmaß an Ausdifferenzierung der Reflexionskommunikation im System, denn anders kann nicht klargestellt werden, daß es sich um eine im System praktizierte Unterscheidung handelt, die der Differenz von System und Umwelt einen Sinn gibt, der nicht ohne weiteres auch für die Umwelt gilt. Insofern sind Selbstbeschreibungen in der Form von »asymmetrischen Gegenbegriffen«[45] noch nicht eigentlich Reflexionsformeln. Weder Griechen/Barbaren noch corpus Christi/corpus diaboli reichen dazu aus. Es mußte die Entdeckung hinzukommen, daß die Heiden für sich selbst gar keine Heiden sind[46].

Ein System, das sich selbst reproduzieren kann, muß sich selbst beobachten und beschreiben können. Die neueren Überlegungen zu diesem Thema sind denn auch durch Untersuchungen über sich selbst reproduzierende Automaten ausgelöst worden. Die Ausgangsfrage war: ob die Konstruktion sich selbst reproduzierender Automaten auf einen logischen Widerspruch stoßen würde bzw.

tions- und systemrelativ angefertigt werden – sozusagen nur für den unmittelbaren Gebrauch.

45 Vgl. Reinhart Koselleck, Zur historisch-politischen Semantik asymmetrischer Gegenbegriffe, in ders., Vergangene Zukunft: Zur Semantik geschichtlicher Zeiten, Frankfurt 1979, S. 211-259.

46 Eine semantische Transformation, für die Europa Jahrhunderte gebraucht hat. Vgl. zu den Anfängen Volker Rittner, Kulturkontakte und soziales Lernen im Mittelalter, Köln 1973.

auf einen infiniten Regreß, nämlich auf die Forderung, daß der Automat eine vollständige Beschreibung seiner selbst in sich selbst enthalte. Vor allem John von Neumann[47] hat Wege gesucht, dies Problem zu umgehen. Wie dem auch sei, für soziale Systeme (und wohl für alle Systeme, die Ereignisse als Elemente verwenden) kann die Frage nur sein, in welche Richtung die Reproduktion durch eine vereinfachende Selbstbeschreibung bzw. Reflexion gesteuert wird. Zur abweichenden Reproduktion kommt es auf jeden Fall, such is life. Da aber Selbstbeschreibungen selektiv vereinfacht werden, also sich in einem gewissen Spielraum für andere Möglichkeiten kontingent festlegen, könnte es sein, daß über diese Festlegung die Entwicklung des Systems beeinflußt wird. Solche Zusammenhänge wären, wenn sie aufgedeckt werden könnten, für die Gesellschaftstheorie von hohem Interesse, so etwa für die Frage, was die von Europa ausgehende Moderne an Selbstbeschreibungen mitgenommen hat und wohin sie führen auf eine Weise, die vielleicht vermieden werden könnte.

Es gehört zu den Besonderheiten der Semantik des neueren Europas, daß Systemreflexion dieser Art ausgebaut wird und Theorieform annimmt. Von Reflexions*theorien* kann man sprechen, wenn die Identität des Systems im Unterschied zu seiner Umwelt nicht nur bezeichnet wird (so daß man weiß, was gemeint ist), sondern begrifflich so ausgearbeitet wird, daß Vergleiche und Relationierungen anknüpfen können. So entstehen seit dem 17. Jahrhundert Staatstheorien, orientiert an dem Problem, daß höchste politische Gewalt allen Kräften in einem Territorium überlegen sein und jeden Konflikt entscheiden können muß und trotzdem von willkürlichem Gebrauch abgehalten werden muß. Das Resultat ist die Theorie des modernen Verfassungsstaates, die ihre Einzelstücke, zum Beispiel Gewaltenteilung, demokratische Repräsentation, Grundrechtsschutz auf dieses Problem hin funktionalisiert[48]. Für das Wissenschaftssystem entstehen Erkenntnistheorien, später Wissenschaftstheorien, die zu erklären haben, wie Identität in der Differenz von Erkenntnis und Gegenstand überhaupt möglich ist – sei es als

47 Vgl. Theory of Self-reproducing Automata (Hrsg. von A. W. Burks), Urbana Ill. 1967.

48 Vgl. Niklas Luhmann, Politische Verfassungen im Kontext des Gesellschaftssystems, Der Staat 12 (1973), S. 1-22, 165-182; ders., Politische Theorie im Wohlfahrtsstaat, München 1981.

Selbstkonditionierung des transzendentalen Bewußtseins, sei es in der Form eines dialektischen Prozesses, sei es in Form einer bewährungsoffenen Pragmatik. Auch für das Erziehungssystem stellen sich seit der zweiten Hälfte des 18. Jahrhunderts systemeigene Reflexionsprobleme, die zum Beispiel die Differenz von Vollkommenheit und Brauchbarkeit als Erziehungsziel oder das Problem, wie man Freiheit bewirken könne, behandeln[49]. Für das Rechtssystem stellt sich vor allem die Frage, wie man nach Verabschiedung des Naturrechts die stets kontingente Geltung des positiven Rechts als notwendig begründen könne; um 1800 spricht man, genau darauf bezogen, von Philosophie des positiven Rechts (Feuerbach), heute von »Rechtstheorie«[50]. Im Wirtschaftssystem lösen seit den Physiokraten und seit Adam Smith systemspezifische Reflexionstheorien, abgeleitet aus Analysen von Tausch, Produktion und/oder Verteilung, die ältere Fürstenberatungsliteratur ab. Auch im Bereich der Intimbeziehungen beginnt man erst im 18. Jahrhundert auf der Basis älterer Vorstellungen des amour passion Konzepte für die Systemeinheit von Liebe und Ehe zu entwickeln; externe Beeinträchtigungen treten zurück, und man ist bereit zu akzeptieren, daß Liebe alles Glück und alles Unglück, das sie erfährt, sich selbst bereitet[51].

Auch diese Sammlung von Belegen wird in historisch so kurzer Zeit nicht zufällig zusammengekommen sein. Auch sie scheint, wie das Reflexivwerden funktionswichtiger Prozesse, zusammenzuhängen mit der verstärkten Ausdifferenzierung gesellschaftlicher Funktionssysteme. Zugleich hebt diese Ausdifferenzierung das kosmisch-hierarchische Ordnungsbewußtsein Alteuropas auf, das sich an einem Primat von Politik und/oder Religion orientieren konnte. Offenbar blockiert jetzt die hohe Autonomie der Funktionssysteme, von denen doch keines die Gesellschaft selbst zureichend repräsentieren kann, die Reflexion des Gesellschaftssystems. Jede

49 Vgl. hierzu Niklas Luhmann/Karl Eberhard Schorr, Reflexionsprobleme im Erziehungssystem, Stuttgart 1979.

50 Vgl. Niklas Luhmann, Selbstreflexion des Rechtssystems: Rechtstheorie in gesellschaftstheoretischer Perspektive, in ders., Ausdifferenzierung des Rechts: Beiträge zur Rechtstheorie und Rechtssoziologie, Frankfurt 1981, S. 419-450. Vgl. auch Raffaele de Giorgi, Scienza del diritto e legittimazione: Critica dell'epistemologia giuridica tedesca da Kelsen a Luhmann, Bari 1979.

51 Hierzu ausführlich: Niklas Luhmann, Liebe als Passion: Zur Codierung von Intimität, Frankfurt 1982.

Sachaussage wird auf dieser Ebene »ideologisch«, und allein in der Zeitdimension gelingen relativ überzeugende Formulierungen – sei es mit Hilfe eines Fortschrittsglaubens, mit Hilfe von Modernitätsbegriffen, mit Hilfe von Evolutionstheorien oder, heute zunehmend, mit Hilfe von Katastrophenangst. In jedem Falle werden Selbstthematisierungen dieser Art eher durch temporale Differenzen bestimmt – sei es durch Differenz zu einer ganz andersartigen Vergangenheit (traditionale vs. moderne Gesellschaft), sei es durch Differenz zu einer ganz andersartigen, sozusagen post-katastrophalen, wenn nicht postmundialen Zukunft. Reflexionstheorien im eigentlichen, auf die Differenz von System und Umwelt bezogenem Sinne zeichnen sich im gesamtgesellschaftlichen System nicht ab. Und das macht es, wie wir noch sehen werden, schwierig, die Rationalität und die Rationalitätsdefizite dieser Gesellschaft zu formulieren.

Welcher Grad an Raffinement auch immer erreicht wird in der Steigerung von Selbstbeobachtung, Selbstbeschreibung, Reflexion und Reflexionstheorie: es bleibt eine Instrumentierung von selbstbezogenen Operationen, von selbstbezogener Informationsverarbeitung. Wir verbinden mit dem Begriff der Selbstbeobachtung *nicht* die Vorstellung eines *privilegierten Zugangs* zu Erkenntnissen. Das würde einen ihr vorausliegenden Sachverhalt und Vergleichsmaßstäbe voraussetzen, an denen man (wer?) feststellen könnte, daß Introspektion besser abschneidet als externe Beobachtung. Die Besonderheit der Selbstbeobachtung hat einen anderen Grund: Das »Selbst« der Selbstreferenz muß *sich selbst als unaustauschbar behandeln*. Im Falle von Selbstbeobachtung muß es sich selbst mit dem Beobachteten identifizieren. In der cartesischen Tradition werden die besonderen Chancen dieser Lage herausgestellt; es wird betont, daß das Selbst eine privilegierte Position einnimmt, daß es einen besonderen Zugang zu sich selbst hat und daß daraus Erkenntnischancen resultieren, in die niemand sonst eintreten kann. Die Kehrseite aber ist: daß das Selbst in der Selbstbeobachtung zur Exklusivität gezwungen ist. Nur es selbst kann sich selbst beobachten. Alle Möglichkeiten, sich durch Parallelblicke anderer zu vergewissern, entfallen. Es kann sich nicht am berauschenden Wein des Konsenses stärken. Es bleibt mit sich selbst allein. Höchste Gewißheit also und höchste Ungewißheit.

Diese Bedingung bleibt in aller Steigerung von Reflexionsprozessen erhalten (sonst wären es keine). Alle begriffliche Artikulation, alles Theoretisieren, aller Einbau sonstigen Weltwissens ändert daran nichts. Es handelt sich um einen selbstreferentiell-geschlossenen Prozeß, dem die objektivierenden, Standpunkte neutralisierenden Qualitäten der Fremdbeobachtung notwendigerweise fehlen. Von daher müssen auch die Eigenarten gesamtgesellschaftlicher und funktionssystemspezifischer Reflexionstheorien verstanden werden. Bei allem »wissenschaftlichen« Anstrich, um den sich Evolutions- und Modernisierungstheorien, nationale Geschichtsschreibung, Pädagogik, Rechtstheorie, Wissenschaftstheorie, Politiktheorie, Wirtschaftstheorie usw. bemühen: wenn solches Gedankengut als Reflexionstheorie in Anspruch genommen und zur Ermöglichung von Selbstbeobachtung der entsprechenden Systeme benutzt wird, stellt sich die dafür typische Überspannung ein. Es entsteht mehr Gewißheit, als wissenschaftlich gerechtfertigt, und mehr Ungewißheit, als wissenschaftlich nötig. Seit dem 19. Jahrhundert wird dieser Effekt unter dem Gesichtspunkt der Ideologieanfälligkeit diskutiert, und er hat in der Soziologie bis zur Ablehnung von Gesellschaftstheorie oder gar von Soziologie schlechthin geführt[52]. Der Ideologiebegriff hilft hier analytisch jedoch nicht weiter; er dient nur der Entlarvung ungerechtfertigter Ansprüche auf Wissenschaftlichkeit. Auch bleibt die kritische Attitude unergiebig, weil sie Verbesserbarkeit impliziert in einer Sinnrichtung, die aus dem Reflexionszirkel herausführen müßte. Es kann sich aber in aller Reflexion nur darum handeln, ihn zu entfalten, ihn anzureichern, ihn mit Sinnqualitäten zu besetzen, die der immer schon mitlaufenden Selbstbeobachtung komplexer Systeme bessere (komplexitätsadäquatere) Chancen vermitteln.

VII

In all den behandelten Formen nimmt Selbstreferenz nie den Charakter einer Tautologie an und nie den Charakter einer vollständigen Duplikation des Sachverhalts, der jeweils als Selbst fungiert.

52 Vgl. z. B. Leopold von Wiese, System der Allgemeinen Soziologie, 2. Aufl. München 1933, insbes. S. 44 ff.; Friedrich H. Tenbruck, Emile Durkheim oder die Geburt der Gesellschaft aus dem Geist der Soziologie, Zeitschrift für Soziologie 10 (1981), S. 333-350; und mit besonderer Konsequenz: Helmut Schelsky, Die Arbeit tun die anderen: Klassenkampf und Priesterherrschaft der Intellektuellen, Opladen 1975.

Weder handelt es sich um das Prinzip der Identität A=A, noch um ein totales Referieren im Sinne einer vollständigen Wiedergabe des Gemeinten im Gemeinten. Mit solchen Formen wäre gerade das nicht zu gewinnen, worauf es für die autopoietischen Operationen des Systems ankommt: Information. Aus einer empirisch orientierten Analyse selbstreferentieller Systeme ergibt sich vielmehr, daß die Einheit des Systems, die letztlich im Vollzug der autopoietischen Reproduktion besteht, nur in der Form »mitlaufender« Selbstreferenz in das System wiedereingeführt wird. Das erfordert eine Operation, die wir gelegentlich schon als Selbstsimplifikation bezeichnet haben. Um als Einheit des Systems im System erscheinen zu können, muß die Komplexität reduziert und dann sinnhaft re-generalisiert werden. Die dafür angefertigte Semantik ist nicht das Ganze, aber sie referiert das Ganze als Einheit und stellt diese als einen immer mitzubenutzenden Verweisungsstrang allen Operationen zur Verfügung. Das System operiert stets, aber nicht nur, im Selbst-Kontakt. Es fungiert als offenes und als geschlossenes System zugleich.

Dieser auch für die systemtheoretische Literatur noch ungewohnte Gedanke soll jetzt mit wenigen Strichen am Beispiel von drei Funktionssystemen der modernen Gesellschaft illustriert werden. Bei der Wahl der Beispiele habe ich mich auch von der Absicht leiten lassen, die soziologische Fruchtbarkeit dieses Konzeptes selbstreferentieller Systeme zu verdeutlichen.

Selbstreferentielle Autonomie auf der Ebene der einzelnen gesellschaftlichen Teilsysteme wird erst im 17./18. Jahrhundert eingerichtet. Vorher hatte die religiöse Weltsetzung diese Funktionsstelle besetzt. Vielleicht kann man sagen, daß der allem Erleben und Handeln zugedachte Bezug auf Gott als heimliche Selbstreferenz des Gesellschaftssystems fungierte. Man sagte etwa, ohne den Beistand Gottes könne kein Werk gelingen. Damit waren zugleich gesellschaftliche und moralische Anforderungen fixiert. Die religiöse Semantik war jedoch nicht als Selbstreferenz der Gesellschaft, sie war (und ist auch heute) als Fremdreferenz, als Transzendenz formuliert.

Erst mit der Umstellung des Gesellschaftssystems von stratifikatorischer auf funktionale Differenzierung wird es nötig, die mitlaufende Fremdreferenz durch mitlaufende Selbstreferenz zu ersetzen, weil die neue Differenzierungstypik die hierarchische Weltordnung sprengt und die Funktionssysteme autonom setzt. Im *Wirtschaftssystem* der modernen Gesellschaft wird die mitlaufende Selbstreferenz durch kommunikative Verwendung von Geld realisiert. Die Quantifikation des Geldes macht dieses beliebig teilbar – nicht unendlich teilbar, aber beliebig in Anpassung an jeden Teilungsbedarf. Dadurch wird das Geld universell verwendbar, wie kompakt auch immer Wirtschaftsgüter gegeben sein mögen. Es kann jede Wirtschaftsoperation ausdrücken, insbesondere auch bei unteilbaren Objekten, für die man sonst schwer ein passendes Gegenstück zum Tauschen finden könnte. Geld ist das Dividuum par excellence, das sich jeder In-dividualität anpassen kann.

Das moderne Wirtschaftssystem hat seine Einheit im Geld. Es ist voll durchmonetarisiert. Das heißt: alle Operationen, die wirtschaftlich relevant sind, und nur Operationen, die wirtschaftlich relevant sind, nehmen auf Geld Bezug. Ihnen liegen Preise zu Grunde, eingeschlossen die Preise des Geldes selbst[53]. Der autopoietische Elementarvorgang, die letzte, nicht weiter dekomponierbare Kommunikation, aus der das System besteht, ist die Zahlung. Für sich genommen ist die Zahlung nichts anderes als die Ermöglichung einer weiteren Zahlung. Auf Zahlungen können aber auch Kommunikationen Bezug nehmen, die selbst keine Zahlungen sind, etwa Investitionsentscheidungen oder Entscheidungen über Zinssätze. Größere Mengen von Zahlungen lassen sich aggregieren und in die Form einer globalen Verwendungseinheit bringen – etwa in die Form eines Kapitalbestandes, in die Form eines Budgets, einer Bilanz. Auch für die Wirtschaft selbst könnten solche Einheitsausdrücke formuliert werden. Praktisch gewinnt die Einheit der selbstreferentiellen Reproduktion jedoch nicht in dieser Form Bedeutung, sondern in der Form von Geldwertveränderungen, seien es Inflationen oder Deflationen. Dies ist deshalb der Fall, weil die Elementaroperation des Zahlens (was miterfordert, daß Zahlungen angenommen werden) laufend motiviert werden muß, soll nicht das System von einem Moment zum anderen aufhören zu existieren. Hierin liegt auch eine sinnvolle Möglichkeit, die Preise und den Geldwert zu unterscheiden. Während die Preise Erwartungsprogramme sind, regelt der Geldwert die autopoietische Reproduktion des Systems.

53 Vgl. hierzu auch: Niklas Luhmann, Das sind Preise, Soziale Welt (1983), S. 153 bis 170.

Auf Grund von Zahlungen ist das Wirtschaftssystem ein geschlossen-selbstreferentielles System. Hier hat man immer schon die Metapher des Kreislaufs benutzt, eine Art Euphemismus für die in Wirklichkeit recht labyrinthischen Vorgänge. Aber damit ist nur die eine Hälfte des Operationssinns bezeichnet. Zahlungen erfordern immer auch eine Gegenbewegung des Transfers von Gütern oder Dienstleistungen oder anderer monetärer Größen. In dieser Hinsicht verweist der Operationssinn letztlich auf Umwelt: auf Dinge, Tätigkeiten, Bedürfnisse. Eine voll monetarisierte Wirtschaft ist ein ausgezeichnetes Beispiel für ein zugleich geschlossenes und offenes System. Letztlich ist es der *Bedingungszusammenhang von Geschlossenheit und Offenheit*, der die *Ausdifferenzierung des Wirtschaftssystems* bewirkt; und dies deshalb, weil die *Zwangskoppelung* von selbstreferentiellen und fremdreferentiellen Sinnverweisungen in *allen* wirtschaftlichen Operationen besondere strukturelle Bedingungen erfordert, für die es in der Umwelt des Systems keinerlei Entsprechungen gibt[54].

Im *Funktionssystem Politik* gibt es keine genaue Isomorphie, wohl aber genaue funktionale Äquivalente. Es gibt keine genaue Isomorphie, weil das Kommunikationsmedium Macht nicht die gleiche technische Präzision hat und nicht die gleiche hohe Integrationskraft besitzt wie das Geld. Machtgebrauch ist nicht eo ipso schon ein politisches Phänomen. Deshalb muß in diesem Funktionssystem die Einheit des Systems zusätzlich durch eine Selbstbeschreibung in das System eingeführt werden, um als Bezugspunkt für das selbstreferentielle Prozessieren von Informationen zur Verfügung zu stehen. Diese Funktion erfüllt der Begriff des *Staates*.

Trotz einer mehr als zweihundertjährigen Diskussion ist der Staatsbegriff ungeklärt geblieben. Das mag daran liegen, daß man eine Begrifflichkeit mit direktem (sei es empirischem, sei es »geistigem«) Sachbezug gesucht hat und bei der Betrachtung der für den Begriff wichtigen Sachverhalte (insbesondere: Staatsvolk, Staatsgebiet, Staatsgewalt) zu viel Komplexität und zu viel Heterogenität auf den Bildschirm bekam[55]. Das typische Produkt war denn auch (wenn

54 Ich sage bewußt: keinerlei »Entsprechungen«. Denn man darf nicht übersehen, daß ein Funktionieren dieser Ordnung sehr wohl abhängt von sehr speziellen rechtlichen und politischen Vorkehrungen.

55 Auch moderne »Staatslehren« referieren immer noch jene trinitarische Definition als bestehend aus Staatsvolk, Staatsgebiet und Staatsgewalt, ohne klarzustellen, wie die

man einmal Kant und besonders Hegel ausnimmt): Staatstheorien ohne Staatsbegriff. Die Schwierigkeiten wiederholen sich bei den Versuchen, die Begriffe Staat und Politik im Verhältnis zueinander zu klären, denn einerseits gibt es nicht dem Staat zugerechnete politische Aktivitäten und andererseits (nach heutigem Sprachgebrauch zumindest) keine Politik ohne Staat.

Das hier ausgearbeitete systemtheoretische Konzept ermöglicht zunächst eine Reformulierung des Problems mit Hilfe der Unterscheidung des Systems und seiner Selbstbeschreibung. Man verschiebt damit die erfolglos diskutierten Begriffsfragen in die Realität und kann dann sagen: der Staat ist die Selbstbeschreibung des politischen Systems. Er ist ein semantisches Artefakt, mit dem es möglich ist, die Selbstreferenz des politischen Systems zu konzentrieren, sie von der Beurteilung konkreter Machtlagen unabhängig zu machen und sie, ähnlich wie im Falle von Geld, zur mitlaufenden Sinnverweisung aller Operationen zu machen, die Anspruch darauf erheben, als Elemente des politischen Systems zu fungieren. Hierzu ist wichtig, daß der Staat als rechtsfähig, als juristische Zurechnungseinheit konstituiert wird, so daß hoheitliche und fiskalische Maßnahmen den Kernbestand aller politischen Operationen ausmachen; daß aber andererseits eine Politik möglich bleibt, die sich juristisch »von außen«, aber politisch im politischen System, um staatliche Aktivitäten oder ihre Verhinderung bemüht. In jedem Falle ermöglicht die Orientierung am Staat jene Geschlossenheit der Selbstreferenz, die im Wirtschaftssystem schon durch das Medium Geld gesichert ist, und koppelt sie zugleich an Entscheidungsanliegen, Interessen und Strukturveränderungen in der Umwelt des politischen Systems. Auch hier also ein Simultanprozessieren von Selbst- und Fremdreferenz und damit ein laufendes Reproduzieren von Ordnung auf der Basis von Ordnung und Unordnung.

Als letztes Beispiel dient uns das *Erziehungssystem*. Auch hier hat die Ausdifferenzierung eines eigenen Funktionssystems zum Simultanprozessieren von Selbst- und Fremdreferenz geführt, und

Einheit von so heterogenen Sachverhalten zu denken sei. Siehe z. B. Reinhold Zippelius, Allgemeine Staatslehre, 3. Aufl. München 1971, S. 33 ff.; Martin Kriele, Einführung in die Staatslehre: Die geschichtlichen Legitimitätsgrundlagen des demokratischen Verfassungsstaates, Reinbek 1975, S. 84 ff. Auch allgemeine Diskussionen über verschiedene Möglichkeiten, den Staatsbegriff zu bilden, füllen nur Buchseiten, aber helfen bei diesem Sachstand konkret nicht weiter.

auch hier gilt das im Prinzip für jede Operation, die als Erziehung dem System zugerechnet wird. Noch weniger als das politische System ist das Erziehungssystem in der Lage, diese Voraussetzungen schon durch ein symbolisch generalisiertes Kommunikationsmedium zu erfüllen. Es gibt kein auf Erziehung spezialisiertes Medium, weil Erziehung nicht nur erfolgreiche Kommunikation, sondern Personveränderung sein will. Hier entsteht jene zirkuläre Selbstreferenz dadurch, daß Lernleistungen typisch auch das Lernen selbst üben und fördern. Werden Zöglinge zum Lernen gebracht, lernen sie auch die dafür notwendigen Fähigkeiten. Sie lernen nicht nur das Lernen, aber der Rückbezug auf Lernfähigkeiten läuft mit. Im gleichen Sinne läßt sich, so hofft man zumindest, das Lehren methodisieren, so daß es seinerseits in seiner Praxis aus Fehlern lernen und sich selbst verbessern kann.

Dies Moment der mitlaufenden Selbstreferenz des Prozesses ist bereits um 1800 in der Ideenformierung der neuhumanistischen Pädagogik erfaßt und in den Begriff der *Bildung* übernommen worden. Bildung selbst wurde geradezu als Methodik des Könnens begriffen, und Lernen des Lernens war mindestens eine wesentliche Komponente. Nur diese Reflexivität konnte den Gedanken gestatten, das Individuum werde damit für die »Welt« ausgerüstet, also für alles, was immer es sich lernend aneignen und genießen wolle. Was Bildung ursprünglich sein sollte, nämlich »innere Form« (die noch nach Schichten differierte), wird nun individualisiertes Weltkorrelat[56].

Nimmt man »Bildung« als das hier zugeordnete Selbstbeschreibungsprogramm des Erziehungssystems, dann wird mitverständlich, daß die Formel, wie auch der Staatsbegriff, Züge der Überanstrengung und der Hypostasierung zeigt. Weil eine Reduktion der Komplexität des empirischen Systems, also eine Selbstsimplifikation den Ausgangspunkt bildet, und weil es sich um Selbstbeobachtung/Selbstbeschreibung/Reflexion handelt ohne Auswechselbarkeit des Trägers, wird die Formel ins Prätentiöse hochstilisiert – unbekümmert um die Niederlagen, die sie im organisatorischen Alltag täglich erlebt. Und fast kann man vermuten, daß die Euphorie der Staatsformel und der Bildungsformel, die in Theorie und Praxis um 1800 so auffällt, mit daraus zu erklären ist, daß diese Formel ihr Problem des Simultanprozessierens und der laufenden

56 Vgl. hierzu knappe Hinweise bei Luhmann/Schorr, a.a.O. S. 74 ff., S. 85, 134 ff.

Reproduktion von Selbst- und Fremdreferenz technisch nicht so glatt lösen können wie das Geld.

Betrachtet man rückblickend die semantische Karriere von Selbstbeschreibungskonzepten wie Kapital, Staat, Bildung, dann fällt auf, daß vor allem in der deutschen akademischen Tradition immer wieder Versuche unternommen worden sind, sich mit der Differenz nicht abzufinden, sondern sie im Namen einer Ganzheitsformel zu integrieren. Dazu bot sich für Deutschland, solange die nationalstaatliche Einheit noch nicht erreicht war, besonders der Staatsbegriff an; er bot, gerade weil er noch keine Erfahrungen produzierte, die dagegen sprechen konnten, einen Kristallisationspunkt für illusionäre Generalisierungen. Die von Humboldt, Voß, Fichte, Adam Müller und anderen gepflegte Idee des Kulturstaates suchte Staatlichkeit und Bildung zu übergreifen. Friedrich Lists Theorie einer staatlich geordneten Wirtschaft formulierte, genau analog dazu, den Staatsgedanken als übergreifende Einheit von Politik und Wirtschaft. Beide Gedanken konnten in der Außenabgrenzung deutlichere Konturen gewinnen als in der internen Artikulation. Der Kulturstaat war gegen die Französische Revolution gesetzt, gegen ihre Einheit von ideologischer Abstraktion und politischem Terror[57]; der Wirtschaftsstaat war gegen den »mikroökonomisch« fundierten, von individuellen Bedürfnissen ausgehenden englischen Liberalismus gesetzt[58]. Was in der Polemik ganz gut klang, erwies sich in der Realität dann aber doch als akademische Fehlspekulation. Die funktionale Differenzierung hatte sich durchgesetzt und ließ sich nicht mehr mit einer Ganzheitsidee übergreifen. Nur noch funktionsbezogene Formeln konnten als Selbstbeschreibungen wirklich funktionieren, wirklich in das System selbst und seine laufende Kommunikation eingegeben werden.

Dies hat zur Folge, daß sich kein Standpunkt mehr festlegen läßt, von dem aus das Ganze, mag man es Staat oder Gesellschaft nennen, richtig beobachtet werden kann. Wir hatten oben[59] bereits ausgemacht, daß es weder im naturalen noch im subjektiven Sinne eine

57 Siehe dazu sehr explizit Christian Daniel Voß, Versuch über die Erziehung für den Staat, als Bedürfnis unsrer Zeit, zur Beförderung des Bürgerwohls und der Regenten-Sicherheit, Halle 1799.

58 Siehe insb. Friedrich List, Das Nationale System der Politischen Ökonomie, Stuttgart 1841, zit. nach: Schriften/Reden/Briefe Bd. VI, Berlin 1930.

59 Kapitel 5 I.

selbstverständlich richtige Beobachtungsposition gibt. Oder anders formuliert: Systemreferenzen sind kontingent, sie müssen gewählt werden. Deshalb kann es Aufgabe einer Beschreibung sein, mitanzugeben, von welcher Position aus ein Beobachter das Beschriebene zu sehen hat. Die erörterten Selbstbeschreibungen moderner Funktionssysteme sind zunächst nur für deren Selbstbeobachtung verbindlich. Ob und wie weit auch externe Beobachter sich an ihnen orientieren, ob zum Beispiel das Steigen der Preise oder das Fallen der Bildung politisch Erfolg bzw. Mißerfolg indiziert, ist damit noch nicht ausgemacht; und es könnte von praktischer Bedeutung sein, wenn man sich bewußt macht, daß mit solchen Relevanzübernahmen Systemgrenzen überschritten werden.

Auch für diese Formen, mitlaufende Selbstreferenz einzurichten und mit Selbstbeschreibungen zu versehen, stellt sich die Frage, wohin die Zukunft des Gesellschaftssystems und der entsprechenden Funktionssysteme dadurch gelenkt wird. Man sieht heute, daß in dieser Trias Kapital, Staat und Bildung Steigerungsprinzipien stecken und daß deren Kumulation zu schwerwiegenden Problemen im Gesellschaftssystem und in dessen Umwelt führen kann. Man wird dies nicht mehr schlicht als bürgerliches Gedankengut abtun können in der Hoffnung, es dann durch Expropriation zu erledigen. Um so aufgeschlossener muß man aber sein für die Dramatik, auf die sich die Gesellschaft mit solchen Selbstbeschreibungen eingelassen hat; und vielleicht bietet deren Relativierung einen Ausgangspunkt für kontrollierteren Gebrauch.

Daß hier Kontingenzen und auch etwaige Unterschiede zwischen den einzelnen Funktionssystemen zu beachten sind, zeigt im übrigen, daß der Zusammenhang von Ausdifferenzierung eines Funktionssystems und Kopplung operativer Selbst- und Fremdreferenzen sich nicht aus einer Art Systemlogik heraus von selbst vollzieht. Die Realisierung erfordert hochselektive Bedingungen, die teils in der Art des Mediums, teils in einer mehr oder weniger artifiziellen Zusatzsemantik gefunden werden können. Die hierfür gefundenen Lösungen weisen nicht zuletzt auch regional erhebliche Unterschiede auf.[59a] Die hier vertretene Theorie kann also nur behaupten:

59a Vgl. z. B. Kenneth H. F. Dyson, The State Tradition in Western Europe: A Study of an Idea and Institution, Oxford 1980; Jürgen Schriewer, Pädogogik – ein deutsches Syndrom? Universitäre Erziehungswissenschaft im deutsch-französischen Vergleich, Zeitschrift für Pädagogik 29 (1983), S. 359-389.

eine Ausdifferenzierung kann nicht sehr weit getrieben werden, wenn es nicht gelingt, dieses Problem auf die eine oder andere Weise zu lösen.

VIII

Für jede Art von Selbstreferenz stellt sich, darauf hatten wir beiläufig immer wieder hingewiesen, das Problem des Unterbrechens eines nur tautologischen Zirkels. Das bloße Hinweisen des Selbst auf sich selbst muß mit Zusatzsinn angereichert werden. Der sich selbst und nichts weiter besagende Zirkel rekrutiert gleichsam solchen Zusatzsinn. Er ist ein Extremfall der Einheit von Geschlossenheit und Offenheit – ein Extremfall, der, wenn er real überhaupt vorkommt, sich sogleich verändert und in die Form mitlaufender Selbstreferenz bringt. Mit anderen Worten: selbstreferentielle Systeme sind genötigt, überschüssigen internen Informationsbedarf abzubauen und zu spezifizieren, in welchen Hinsichten sie umweltsensibel reagieren und wo sie sich Indifferenz leisten können.
Dieser Grundgedanke kann mit Hilfe des Begriffs der »Asymmetrisierung« und seiner Derivate (Externalisierung, Finalisierung, Ideologisierung, Hierarchisierung, punctuation usw.) weiter ausgearbeitet werden. Es geht dabei um eine Klärung der Form, in der Zusatzsinn rekrutiert und die Tautologie der reinen Selbstreferenz unterbrochen wird. Wir bewegen uns hier, um das nochmals zu sagen, in der Nachbarschaft der Typentheorie. In der hier gewählten Betrachtungsweise handelt es sich aber immer um einen systeminternen Prozeß und nicht nur um die Art und Weise, wie ein externer Beobachter seine Vorstellungen ordnet.
»Asymmetrisierung« dient uns als Grundbegriff. Er soll besagen, daß ein System zur Ermöglichung seiner Operationen Bezugspunkte wählt, die in diesen Operationen nicht mehr in Frage gestellt werden, sondern als gegeben hingenommen werden müssen. Obgleich ein solches Postulieren selbst die Funktion hat, Interdependenzen zu unterbrechen und Anschlußoperationen zu ermöglichen, schließt das System die Möglichkeit aus (zumindest: vorläufig aus, oder für die betroffenen Operationen aus), an Hand dieser Funktion nach Alternativen zu suchen. Die Asymmetrie wird nicht als Moment der Autopoiesis, sie wird als allopoietisch gegeben behandelt. Man mag dies prinzipiell oder pragmatisch rechtfertigen:

in jedem Falle ist dies ein Beispiel dafür, daß auch ein Durchschauen der Funktion, ja selbst ein Bewußtsein der Fiktionalität am Erfordernis eines solchen Verfahrens nichts ändern könnte.

Es gibt viele Möglichkeiten der Asymmetrisierung und entsprechend vielerlei Arten von Semantik, die ihr Deckung und Anschlußfähigkeit verleihen. Die Auswahl der Asymmetrieformen und ihrer Semantik variiert mit der gesellschaftlichen Evolution, und das gilt auch für die Frage, wie weit die entsprechenden Vorstellungen die Mitkommunikation ihrer Funktion vertragen oder dadurch korrodiert werden.

Sehr wichtige Möglichkeiten bieten sich im Anschluß an die Irreversibilität der Zeit. Die Irreversibilität der Zeit besagt an sich noch nicht, daß Vorhandenes hingenommen werden müßte; aber sie kann so gelesen werden. Man kann auf die Faktizität des Vorhandenen und auf die Schwierigkeiten seiner Änderung hinweisen und kann dieses Argument mit dem Mythos einer besonderen geschichtlichen Legitimation überhöhen. Entsprechend gilt das Verbot des venire contra factum proprium als eines der wichtigsten Interaktions- (und Rechts-) Gesetze.

Ebenfalls auf die Zeitdimension beziehen sich Finalisierungen. Hier macht das System die Wahl seiner Operationen von der Aussicht auf künftige Zustände abhängig – sei es, um sie zu erreichen, sei es, um sie zu vermeiden. Die Asymmetrie wird hier nicht der Unabänderlichkeit des Vergangenen, sondern der Unsicherheit des Zukünftigen abgewonnen. Gerade weil noch nicht feststeht, was sein wird, kann man eine Fülle gegenwärtiger Operationen durch eine Zukunftsperspektive ordnen. Die Ungewißheit der Zukunft wird zur Gewißheit, daß man gegenwärtig etwas tun muß, um sie zu erreichen – aber dieser Schluß funktioniert nur dann, wenn man Asymmetrie unterstellt und die Möglichkeit ausblendet, daß man sich auch andere Ziele setzen könnte.

Auch die Sachdimension bietet von ihr aus privilegierte Asymmetrien an. Sie schließen an die Differenz von Umwelt und System an; oder in etwas elaborierterer Form an die Unterscheidung von kontrollierbaren und nichtkontrollierbaren Umweltvariablen. Das System nutzt damit seine Abhängigkeit von der Umwelt aus, um interne Prozesse zu ordnen, und läßt außer Acht, daß bei andersartigen Strukturen auch andersartige Umweltabhängigkeiten gegeben wären.

Für die Sozialdimension haben lange Zeit Hierarchievorstellungen eine entsprechende Funktion erfüllt. Man ging davon aus, daß es Personen von besserer »Qualität« gebe als andere und daß diesen der Vorrang gebühre. Diese Annahme korrespondierte mit einem stratifikatorischen Gesellschaftsaufbau und ist mit ihm verschwunden. Man kann jedoch daraus nicht folgern, daß es in der Sozialdimension nun keinerlei Asymmetrien mehr gebe. Hierarchien sind in den Bereich formal organisierter Sozialsysteme überführt und dort als Kompetenzhierarchien reetabliert worden. Vor allem aber hat sich in jüngster Zeit eine ganz neue Art von Asymmetrisierung entwickelt: die Anerkennung des »Individuums« als Letztentscheider in allen Angelegenheiten, die es selbst in seiner Privatsphäre betreffen: seine Meinung, sein Interesse, sein Anspruch, seine Lust sind in vielen Fällen das letzte Wort, von dem alles Anschlußverhalten auszugehen hat[60].
Einfachere Gesellschaftssysteme handhaben solche Asymmetrien naiv. Sie unterstellen, etwa mit dem Begriff der Natur, eine Ordnung der Dinge, die ihnen solche Bezugspunkte vorgibt. Sie sehen darin keine Kontingenzen, keine Optionen, die auch anders laufen könnten. Die funktionsnotwendigen Asymmetrien sind durch fraglos hingenommene Selbstverständlichkeiten abgedeckt; und wenn jemandem Zweifel kommen, ist es kaum möglich, sie in die Kommunikation einzugeben. Wer das versuchte, müßte sich selbst seinen »Irrtum« vorhalten lassen. Erst die Transformation der traditionalen in die moderne Gesellschaft hat diese Selbstverständlichkeiten aufgelöst. Erst jetzt wird der Rückschluß von der Idee auf den, dem sie nützt, eine universelle Verdachtsfigur. Das heißt nicht, daß die Asymmetrien selbst aufgelöst und Selbstreferenzen unelaboriert betätigt werden können. Das Problem wird vielmehr jetzt auf einer höheren Reflexionsstufe durch *Ideologisierung* gelöst: Man macht die Funktion der Asymmetrisierungen transparent und rechtfertigt sie durch ihre Funktion[61]. Das entspricht dem besonders durch Wissenschaft und Wirtschaft geförderten Trend, alle

60 Evidenzerleben, Interesse und »plaisir« waren die Begriffe, mit denen man im 17. Jahrhundert begonnen hat, diese Anspruchs- und Refusiersemantik auszubilden; und es ist symptomatisch, daß diese Begriffe (im Unterschied etwa zu honneur, bienséance, amour, gloire) nicht mehr auf Schichtung Bezug nehmen.

61 Zu einem entsprechenden Ideologiebegriff vgl. Niklas Luhmann, Wahrheit und Ideologie, in ders., Soziologische Aufklärung Bd. 1, 4. Aufl., Opladen 1974, S. 54-65.

Elemente und alle Letztsicherheiten aufzulösen und die Tragfähigkeit in die Rekombination zu verlegen. Der Funktionsbegriff ersetzt, wie vor allem Ernst Cassirer gezeigt hat, den Substanzbegriff[62], und die beiden Figuren, die das logisch-empirische Wissenschaftsdenken vor allem geleitet haben, Deduktion und Kausalität, verlieren ihren grundbegrifflichen Rang; sie werden zu Begriffen, die ein Beobachter verwendet, um Unterscheidungen placieren zu können[63]. Ein selbstreferentielles System muß sich selbst beobachten können, um sich asymmetrisieren zu können, denn das erfordert, in welcher Ausformung immer, das Ansetzen einer Unterscheidung in Bezug auf sich selbst.

Dies alles mag als Hintergrund dienen, vor dem wir nochmals auf die These zurückkommen, daß Kommunikation als Handlung asymmetrisiert wird. Sozialsysteme sind zunächst Kommunikationssysteme, sie bauen aber in die selektiven Synthesen der Kommunikation eine Auslegung »der« Kommunikation als Handlung ein und beschreiben sich selbst damit als Handlungssystem[64]. Diese primäre Selbstbeschreibung ist Voraussetzung für alles weitere, zum Beispiel für die Einbeziehung nichtkommunikativen Handelns in soziale Systeme und für die Temporalisierung des Umweltbezugs im Schema Vor-dem-Handeln/Nach-dem-Handeln. Die allgemeinen zeitlich/sachlich/sozialen Bedingungen der Asymmetrisierung sind mithin zugleich Bedingungen der Selbstbeschreibung als Handlungssystem. Da diese Bedingungen, wie angedeutet, historisch variieren, muß man annehmen, daß erst recht das Handlungsverständnis historisch variiert in Abhängigkeit von einem evolutionären Wandel der Gesellschaftsstrukturen. Der Vorschlag eines »physikalischen« Handlungsverständnisses in Anlehnung an die Asymmetrie der Mechanik ist ein gewisser Anhaltspunkt dafür, daß es sich tatsächlich so verhält. Mit ihm hat das 17./18. Jahrhundert auf die sich ändernden gesellschaftlichen Verhältnisse reagiert.

62 Substanzbegriff und Funktionsbegriff, Berlin 1910.

63 So Heinz von Foerster, Cybernetics of Cybernetics, in: Klaus Krippendorff (Hrsg.), Communication and Control in Society, New York 1979, S. 5-8.

64 Vgl. oben Kapitel 4 VIII. Daß wir dort im Vorgriff auf Selbstreferenzverhältnisse bereits von »Selbstbeschreibung« gesprochen hatten, wird hier nachträglich begründet.

Beachtet man in dieser Weise die Selbstreferenz aller sozialen Systeme, so hat das weitreichende Konsequenzen für eine Theorie der Planung. Es geht hier nicht um das Vorherbedenken des Handelns und seiner Folgen, sondern um Systemplanung. Eine solche Planung fixiert bestimmte künftige Merkmale des Systems und sucht sie zu verwirklichen. Auch dies ist noch ein zu allgemeiner Begriff, der sehr verschiedenartige Problembereiche übergreift. Die uns interessierende Frage lautet, ob ein *soziales* System *sich selbst* planen kann und mit welchen Problemen man rechnen muß, wenn dies versucht wird.
Es ist bekannt, daß alle Planung *unzulänglich ist*; daß sie ihre Ziele nicht oder nicht in dem Maße erreicht, wie sie es sich wünscht, und daß sie Nebenfolgen auslöst, an die sie nicht gedacht hatte. Dazu nichts Neues. Das eigentliche Problem der *Selbst*planung *sozialer* Systeme ist: daß die Planung in dem System, das sich plant, *beobachtet wird*. Wie alles, was in einem System geschieht, kann auch Planung nur ein Prozeß neben anderen sein. Wäre das System nur Planung, gäbe es keine Planung; denn dann wäre nichts übrig, was geplant werden könnte. Das System hat deshalb immer Kapazität frei, um seine Planung beobachten zu können; und da Planung diskriminiert, ist es wahrscheinlich, daß diese Kapazität auch genutzt wird. Jede Planung erzeugt Betroffene – sei es, daß sie benachteiligt werden, sei es, daß nicht all ihre Wünsche erfüllt werden. Die Betroffenen werden wissen wollen und sie werden freie Kapazitäten der Kommunikation im System nutzen wollen, um zu erfahren und möglichst zu ändern, was geplant wird. Das System reagiert im Falle von Planung deshalb nicht nur auf die erreichten Zustände, auf Erfolge und Mißerfolge der Planung, sondern auch auf die Planung selbst. Es erzeugt, wenn es plant, Vollzug und Widerstand zugleich.
Dies wird noch deutlicher, wenn man überlegt, daß die Planung nur Prämissen für künftiges Verhalten festlegen kann, aber nicht dieses Verhalten selbst, das im Zeitpunkt der Planung ja noch gar nicht aktuell ist. Auch die Reaktion auf Geplantwerden hat also Zeit, sich vorzubereiten. Außerdem ist Planung als Systemplanung genötigt, sich irgendwie an der Komplexität des Systems zu orientieren. Sie muß sich selbst ein Modell des Systems anfertigen, nach dem sie

sich richten kann; sie muß also eine vereinfachte Version der Komplexität des Systems in das System einführen[65]. Diese zweite Komplexität, diese vereinfachte Zweitausgabe der Komplexität des Systems entsteht erst durch Planung. Sie wird durch Planung sichtbar gemacht; und da kein System eine vollständige Selbstbeschreibung anfertigen kann, ist es immer möglich, auf nicht berücksichtigte Aspekte hinzuweisen: Interessen sind übergangen, mögliche Folgen nicht beachtet, Risiken falsch eingeschätzt und vor allem: andere Prioritäten und Wertrangordnungen zurückgesetzt.

Vor allem die politische Theorie hat sich immer wieder mit diesen Fragen beschäftigt, seitdem Beobachter der Französischen Revolution auf die schrecklichen Folgen der Planung unter simplifizierenden Prämissen hingewiesen hatten[66]. Konservative Kritiker hatten daraufhin Rücksicht auf die gesellschaftlichen und politischen Verhältnisse gefordert[67]. Die liberale Theorie hatte die Lösung im Wechselbezug von öffentlicher Meinung, parlamentarischer Diskussion und bindender Entscheidung gesucht[68]. Heute tendiert man eher dazu, Planung und Konsensbeschaffung als verschiedenartige Anforderungen an Politik anzusehen und entsprechend auf Komplexitätsbewältigung in der einen Hinsicht und Legitimation in der anderen abzustellen[69]. Dann rückt aber die Konsensbeschaffung selbst unversehens in die Perspektive der Planung ein, und es handelt sich dann nur noch um ein mehrdimensionales Planungsproblem. Genau darauf wird dann wieder politisch reagiert.

65 Vgl. Roger S. Conant/W. Ross Ashby, Every Good Regulator of a System Must be a Model of That System, International Journal of System Science 1 (1970), S. 89-97.

66 Berühmt vor allem wegen seiner literarischen Qualitäten Edmund Burke, Reflections on the French Revolution, zit. nach der Ausgabe der Everyman's Library, London 1929. Vgl. auch Ernst Brandes, Über einige bisherige Folgen der französischen Revolution in Rücksicht auf Deutschland, Hannover 1792.

67 Burke beispielsweise sah angesichts der hohen Komplexität gesellschaftlicher Verhältnisse (»the objects of society are of the greatest possible complexity«, a.a.O. S. 59) die spezifische Schwierigkeit aller Planung darin, daß man Neuerungen nicht einfach einführen kann, sondern daß man sie, da man nicht alles auf einmal ändern kann, zu Fortbestehendem *in Beziehung setzen muß* (»at once to preserve and to reform . . .«, a.a.O. S. 164).

68 Siehe rückblickend Carl Schmitt, Die geistesgeschichtliche Lage des heutigen Parlamentarismus, 2. Aufl. München 1926.

69 Vgl. dazu und zur Frage der Wechselbeziehungen Fritz W. Scharpf, Planung als politischer Prozeß, Die Verwaltung 4 (1971), S. 1-30.

Diese Kette von Erfahrungen mit Formulierungen von Erfahrungen bestätigt nur, was man auch im Rahmen einer allgemeinen Theorie sozialer Systeme festhalten kann: Planung ist zunächst eine bestimmte Art der Anfertigung einer Selbstbeschreibung des Systems[70]. Im Falle von Planung wird diese Selbstbeschreibung an der Zukunft orientiert. Gerade das eröffnet immer auch die Möglichkeit, sich anders zu verhalten, als eine planmäßige Bestimmung es vorsieht, nämlich etwas Vorgesehenes, mit dem viele rechnen, gerade deshalb nicht zu wollen, es zu unterlaufen, zu boykottieren oder auch nur Profit daraus zu ziehen, daß man sich untypisch verhält. Man mag Planung weiterhin als »extension of choice«[71] begreifen; aber man muß dabei auch an den dadurch verursachten Komplexitätszuwachs denken und auch daran, daß das »extension of choice« nicht nur bei denen anfällt, die von den Planern dafür vorgesehen sind, sondern auch und vor allem bei denen, die von der Planung betroffen sind.

Ein System, das sich an seiner eigenen Komplexität orientiert und sie als Komplexität zu erfassen sucht, bezeichnen wir als *hyperkomplex*; denn allein schon der Versuch produziert, da er im System stattfinden und als Selbstbeschreibung festgelegt werden muß, mehr als nur sich selbst. Er erzeugt auch neuartige, nicht mitvorgesehene Reaktionsmöglichkeiten. Systemplanung erzeugt zwangsläufig Hyperkomplexität. Eine Planung, die dies erfährt, wird daher versuchen, auch dies noch einzuplanen, das heißt: sich selbst und ihre Effekte miteinzuplanen. So erzeugt Budgetplanung überzogene Bedarfsmeldungen, und dies kann der Planer mitberücksichtigen. Aber für eine reflexive Planung der Planung gilt wiederum dasselbe wie für Planung schlechthin: auch sie kann beobachtet werden und führt daher ihrerseits zu Möglichkeiten, auf die eigene

70 Heute sieht man, bescheidener geworden, zuweilen darin bereits den eigentlichen Sinn der Planung: »Planning in organizations has many virtues, but a plan can often be more effective as an interpretation of past decisions than as a program for future ones. It can be used as a part of the efforts of the organization to develop a new consistent theory of itself that incorporates the mix of recent actions into a moderately comprehensive structure of goals ...« (James G. March/Johan P. Olsen, Ambiguity and Choice in Organizations, Bergen 1976, S. 80). Vgl. auch William K. Hall, Strategic Planning Models: Are Top Managers Really Finding Them Useful?, Journal of Business Policy 3 (1973), S. 33-42.

71 So F. E. Emery/E. L. Trist, Towards a Social Ecology: Contextual Appreciation of the Future in the Present, London 1973, S. 8 ff.

Beobachtung der Planung zu reagieren, aber nicht so zu reagieren, wie eingeplant war.

Da diese Differenz von Planung und Beobachtung der Planung nicht eliminiert werden kann, wie sehr der Planer sich eine »invisible hand« wünschen mag, kann es im System für diese Differenz und für die durch sie erzeugten Spannungen keinen Ausgleichspunkt geben. Jede Bemühung um Ausgleich setzt sich selbst wiederum der Beobachtung aus. Wer immer als Sprecher und Repräsentant des Systems auftreten will, muß dies im System tun, weil er sich anders nicht an die Systemkommunikation und ihre selbstreferentielle Zirkulation anschließen kann. Auch insofern gilt also doppelte Kontingenz.

In hyperkomplexen Systemen wird mithin auch die Darstellung des Systems im System als kontingent erfahrbar. Sie muß, wenn und soweit eine andersartige Zukunft anvisiert ist, die fraglose und kriterienlose Sicherheit der Selbstbeobachtung aufgeben. Die Selbstbeobachtung führt als Planung zur Selbstbeschreibung und wird dadurch selbst beobachtbar. Alle festen Grundlagen müssen mithin aufgegeben, sie müssen als zureichender Konsens jeweils erarbeitet werden; und auch der Konsens unterliegt dem gleichen Gesetz der Beobachtbarkeit.

Heißt dies nun, daß Rationalität nicht mehr möglich ist? Oder heißt es nur, daß man über Rationalität anders denken muß als bisher?

X

Aus Selbstreferenz kann man nicht auf Rationalität schließen. Selbstreferenz ist Bedingung für Steigerungen, für Steigerung der Einschränkbarkeit, für Aufbau von Ordnung durch Reduktion von Komplexität. Zeitweise war diese Einsicht in der Form von natürlicher Selbstliebe, in der Form von sich selbst begründender Vernunft oder dann in der Form des Willens zur Macht, also in anthropologischen Verpackungen, an die Stelle des Rationalitätsprinzips getreten. Dies kann heute als eine spezifisch europäische Geste gesehen werden, die den parallellaufenden Zerfall der Rationalitätssemantik zu kompensieren versucht. Im Blick auf die problematischen Folgen des Steigerungswillens möchte man sich ein abschließendes Urteil über die Rationalität lieber offen halten.

Auch die damit geforderte Trennung von Selbstreferenz und Rationalitätsurteil hat Tradition. Ihrer Typik nach und zunächst bezogen auf das Verhältnis von Selbstliebe und Moral entstammt sie ebenfalls dem 18. Jahrhundert. Sie erfordert die Zwischenschaltung eines Zeitmoments. Selbstliebe ist natürlich-gut, hat aber je nach ihren Folgen moralisch positive oder negative Qualität[72]. Das führt zu der Feststellung, daß Selbstreferenz je nach Bedingungen und Auswirkungen ihrer Praxis rational oder irrational (oder mehr oder weniger rational) sein kann. Damit ist, wie immer man den Begriff der Rationalität bestimmen wird, die alteuropäische Tradition gebrochen, die die Welt für perfekt gehalten und Rationalität als ein Weltkontinuum vorausgesetzt hatte.

Dies Rationalitätskontinuum (in dem natürlich Korruptionen, Sünden, Fehlleistungen, Irrtümer usw. durchaus zugestanden waren) wird seit dem 17. Jahrhundert auf verschiedene Weise geknackt. Zunächst vor allem im Anschluß an Descartes durch Subjektivierung der Rationalität, seit dem 19. Jahrhundert dann zunehmend auch durch unterschiedliche Unterscheidungen, mit denen das Rationalitätsproblem binarisiert wird, also durch Diskontinuierung der Diskontinuierungen. Man verlagert zum Beispiel das Rationalitätsurteil aus den Prinzipien in die Richtung des historischen Prozesses, der dann als Fortschritt beschrieben wird. Man schematisiert nach rational/irrational. Man verlagert das Wesentliche in eine Sachregion, wo keine Rationalität es erreichen kann: in die Materie, in die Kleider, in die Amoralität des Willens zur Macht. Oder man denkt Rationalität nur noch als Handlungsrationalität, als Insel in einem Meer von anbrandenden Irrationalitäten und ruiniert dann diese Rationalität durch eine genauere Analyse des Entscheidungsvorgangs. Oder man interessiert sich weniger für die Rationalität als für die Schäden, die sie verursacht, für die Heterogonie der Zwecke oder für die schlimmen Folgen richtigen Handelns. Aus all dem resultiert die heute feste Überzeugung, daß das Faktische nicht selbst schon rational sei, sondern erst zur Rationalität gebracht werden müsse (was dazu führt, daß man zweifeln kann, ob dieser Prozeß der Rationalisierung denn nun rational sein kann).

Im Überblick erscheint diese Transformation der Rationalitätsse-

72 Rousseau ist hier der bekannteste Autor; es handelt sich aber um eine zu seiner Zeit bereits sehr verbreitete Einsicht, die mit der Generalisierung der Frage nach dem Nutzen, also mit dem Verfall einer spezifischen Adelsmoral, auf den Tisch gekommen war.

mantik als ein Zusammenbruch. Es scheint mit zu den eigentümlichen Ambivalenzen gesellschaftlicher Selbstreflexion zu gehören, daß die moderne Gesellschaft sich in besonderem Maße für rational hält und die dafür in Betracht kommende Semantik ruiniert. Was bleibt, ist eine formale Eigentümlichkeit, die man im Rationalitätsbegriff und in wohl keinem anderen Begriff findet: Der Begriff der Rationalität muß sich selbst unterstellt, er muß selbst rational gebildet werden, während zum Beispiel der Begriff der Wärme nicht warm sein kann, der Begriff der Energie nicht energisch gebildet oder gehandhabt werden muß, usw. Ist diese Anomalie bemerkenswert? Sie zumindest hat überlebt. Ist Rationalität danach ein Begriff für die Selbstreferenz des Begriffs? Und liegen darin Chancen für eine Reformulierung der Idee, die beim Umbau von stratifikatorischer in funktionale Differenzierung geändert werden mußte und ihre für die heutige Gesellschaft passende Form noch nicht gefunden hat?

Diese Fragen müßten besonders untersucht werden. Wir überspringen sie und stellen die Frage: Wenn dies so wäre, welche Konsequenzen hätte es im Kontext der hier formulierten Theorie selbstreferentieller Systeme?

Die Selbstreferenz des Begriffs der Differenz ist die Einheit der Differenz. Soziale Systeme können nicht nur über ihre Umwelt kommunizieren, sie können auch ihre Differenz zur Umwelt (zum Beispiel die Vorstellung ihrer Grenzen oder der besonderen Konstitutionsmerkmale ihrer Elemente) in der internen Kommunikation verwenden. Sie sind, anders gesagt, in der Lage, die System/Umwelt-Differenz in das System wiedereinzuführen und mit ihrer Hilfe Prozesse der Selbstbeobachtung, der Selbstbeschreibung, der Reflexion informativ durchzuführen. Damit allein ist der Titel der Rationalität noch nicht verdient. Selbstreferenz allein, haben wir gesagt, ist noch nicht rational. Rationalität ist erst gegeben, wenn der Begriff der Differenz selbstreferentiell benutzt, das heißt, *wenn auf die Einheit der Differenz reflektiert wird*. Die Forderung der Rationalität besagt mithin, daß Orientierungen an Differenzen auf ihre begrifflichen Selbstreferenzen hin kontrolliert und die daraus sich ergebenden Folgerungen gezogen werden[73]. Für Systeme

73 Dem Leser mag an dieser Stelle die Nähe zu dialektischen Figuren auffallen. Deshalb sei angemerkt, daß die Argumentation des Textes weder einen Begriff der Bewegung in Anspruch nimmt noch Übergänge in der Form von Negation vollzieht, ganz

heißt dies, daß sie sich selbst durch ihre Differenz zur Umwelt bestimmen und dieser Differenz in sich selbst operative Bedeutung, Informationswert, Anschlußwert verleihen müssen. Theoriegeschichtlich gesehen ist diese Einsicht und das daraus folgende Rationalitätskonzept die Konsequenz des einleitend vorgestellten Paradigmawechsels: der Überführung der System/Umwelt-Theorie in die Theorie selbstreferentieller Systeme.

Hierbei ist der Begriff der Umwelt genau zu nehmen, das erst klärt das Problem der Rationalität. Die Umwelt ist nicht als umfassendes System zu begreifen (obwohl es für viele Systeme umfassende Systeme geben kann, für Interaktionen zum Beispiel Gesellschaften, die Rationalitätsbedingungen weitgehend vorstrukturieren). Die Umwelt ist ein mit dem Innenhorizont korrespondierender Welthorizont. Daher kann die Rationalität eines Systems nicht durch Bezug auf ein übergeordnetes, umfassendes System geklärt werden[74]. Dies würde nur in die seit Pascal bekannte Paradoxie führen, daß die Rationalität des umfassenden Systems ihrerseits nur eingesehen werden kann, wenn man die Teile dieses Systems in Betracht zieht. Wir führen diese Paradoxie zurück auf die reine Form der Selbstreferenz, und wir sehen die Rationalität deshalb als Wiedereintritt der Differenz in das Differente, als Einbau einer offenen System/Umwelt-Differenz in das System, das sich durch diese Differenz selbst bestimmt.

Auch die Planungsproblematik (Abschnitt IX) rückt unter diesem Blickwinkel in ein anderes Licht. Der Planer wird sich mit seinen Beobachtern nie ganz über Wertrangordnungen der Ziele, wahrscheinliche Folgen, noch akzeptable Risiken usw. einigen. Schon daß er seine Pläne festlegen und der Beobachtung aussetzen

abgesehen von der Frage, ob nicht Übergänge (zumindest in der Theorie Hegels) jeweils die ganze Theorie implizieren. Rationalität wird hier (und das gleiche gilt für die Reflexionsleistungen Kapital/Staat/Bildung, die wir im Abschnitt VII behandelt haben) nicht als Teleologie eines dialektischen Prozesses begriffen, sondern als eine durch Selbstreferenz provozierte Unwahrscheinlichkeit.

74 Systemtheoretiker argumentieren oft unter dieser Voraussetzung – so z. B. wenn Russell L. Ackoff, Redesigning the Future: A Systems Approach to Societal Problems, New York 1974, S. 54 ff. von »environmentalization« spricht als »process of putting into a systems mind its relationship to the whole of which it is a part«. Vgl. auch George J. Klir, An Approach to General Systems Theory, New York 1969, S. 47 ff. Kritisch zu dieser Vorstellung, Rationalität sei durch Verweisung auf ein Supersystem zu gewinnen, Alessandro Pizzorno, L'incomplétude des systèmes, Connexions 9 (1974), S. 33-64; 10 (1974), S. 5-26.

muß, bringt ihn in eine ungünstige Situation. Weder Handlungsrationalität noch Wertrationalität bieten unter solchen Umständen die Chance gemeinsamer Rationalität. Man kann sich aber gleichwohl eine Art von Konvergenz vorstellen, wenn Planer und Beobachter beide die System/Umwelt-Differenz als Schema der Informationsgewinnung verwenden. Damit sind Wertungsdivergenzen und Interessenkonflikte nicht behoben; aber Rationalität kann für die eigene Position nur in Anspruch genommen werden, wenn sie berücksichtigt, daß das zu planende System sein Umweltverhältnis re-internalisieren muß.

Übersetzt man diese Idee in eine kausaltheoretische Sprache, dann besagt sie, daß das System seine Einwirkungen auf die Umwelt an den Rückwirkungen auf es selbst kontrollieren muß, wenn es sich rational verhalten will. Ein System, das über seine Umwelt verfügt, verfügt im Endeffekt über sich selbst[75]. Gewiß absorbiert die Umwelt zahllose Einwirkungen, ohne das System, von dem sie ausgehen, in den Kausalnexus wiedereinzubeziehen. Ohne diese Absorptionsleistung hätte es für das System wenig Sinn, System und Umwelt zu unterscheiden. Das zeigt, daß die Reflexion auf die Einheit der Differenz die Vorteile der Differenz nicht annullieren darf, es muß sie einbeziehen und in der Form der Selektion von Selektionen ausnutzen können. Es gibt also je nach Systemkapazitäten mehr oder weniger problematische Ausgangslagen für Rationalitätsansprüche. Erst die neuzeitliche Gesellschaft erzeugt für sie durchweg schwierige Rationalitätsbedingungen. Das mag miterklären, daß erst für sie die Rationalitätssemantik unter Anspruchsdruck gerät und zerfällt.

Dies läßt sich deutlicher zeigen, wenn man auf die in Kapitel 10 vorgestellte These zurückgreift, daß im Laufe der gesellschaftlichen Evolution die Differenz von Interaktionssystemen und Gesellschaftssystemen sich verschärft. Diese Differenzierung macht beide Systemarten leistungsfähiger und damit in ihrer Rationalität problematischer als zuvor mit der Folge, daß Rationalitätsansprüche mehr oder weniger auf organisierte Sozialsysteme verlagert werden, die

75 Vgl. Anthony Wilden, System and Structure: Essay in Communication and Exchange, London 1972, S. 207: »The system which disposes of its environment disposes of itself«. Zu den Problemen, die sich daraus für die klassische Systemtheorie ergeben, vgl. auch Eric Trist, The Environment and System-Response Capability, Futures 12 (1980), S. 113-127.

eine hochselektive und besser kontrollierbare Zwischenstellung einnehmen.
Interaktionssysteme haben kaum scharfe, sie gefährdende Rückwirkungen auf ihre natürliche Umwelt. Sie gefährden sich um so mehr dadurch, daß sie die psychische Bereitschaft der Teilnehmer beeinflussen, die Interaktion fortzusetzen oder abzubrechen. In diesem Sektor ihrer Umwelt haben sie den konzentriert-wichtigen Focus ihrer Rationalität. Mit der zunehmenden Herauslösung von personaler Interaktion aus gesellschaftsstrukturellen Bindungen verschob sich daher auch das Regelungsmotiv auf diese Frage der Annehmlichkeit, der complaisance, der Entstörung von Interaktion im Verhältnis zu ihren Teilnehmern. Das wird im 17. und 18. Jahrhundert durch eine Theorie der geselligen Konversation in Form gebracht[76]. Dabei war die psychologische Raffinierung zugleich Bedingung und Grund für die Wiederauflösung dieser Form von Rationalität. Einen wirklichen Einblick in die Abgründe des Psychischen, in ihren Hauptumweltbereich, vertrug sie nicht[77]. Wenn heute von »kommunikativer Verständigung« im Sinne eines Rationalitätsprinzips gesprochen wird, dann mit bewußter Ausklammerung psychischer Fragen[78]; es werden damit also Prämissen gesetzt, die vorab darauf verzichten, das Rationalitätsproblem im hier gemeinten Sinne überhaupt zu stellen.
Sehr anders ist die Ausgangslage für Rationalität, die im System der modernen Gesellschaft und dessen Umwelt erreicht ist. Die Fortsetzungsbereitschaft ist hier kein Problem, da alle Kommunikation Gesellschaft reproduziert. Man kann der Gesellschaft nicht entweichen. Um so wichtiger wird die Frage, wie die Auswirkungen der Gesellschaft auf ihre Umwelt auf die Gesellschaft zurückwirken. Durch funktionale Differenzierung des Gesellschaftssystems ist hier eine gewaltige Intensitätssteigerung erreicht worden. Die Medien einiger Funktionssysteme, vor allem wissenschaftliche Wahr-

76 Vgl. hierzu mit weiteren Hinweisen Christoph Strosetzki, Konversation: Ein Kapitel gesellschaftlicher und literarischer Pragmatik im Frankreich des 18. Jahrhunderts, Frankfurt 1978; Niklas Luhmann, Interaktion in Oberschichten: Zur Transformation ihrer Semantik im 17. und 18. Jahrhundert, in ders., Gesellschaftsstruktur und Semantik Bd. 1, Frankfurt 1980, S. 72-161.
77 Eine Ausnahme ist für die Literatur über Liebe zu konzedieren, die aber eben deshalb in der Frage der Rationalitätskontrolle mustergültig resigniert.
78 Vgl. für den derzeit umfassendsten Überblick Jürgen Habermas, Theorie des kommunikativen Handelns, 2 Bde. Frankfurt 1981.

heit und Geld, haben gegenüber allen natürlichen (selbstwüchsigen) physischen, chemischen, organischen, humanen Verhältnissen eine Auflösewirkung, die gegebene Interdependenzen unterbricht und damit Kausalitäten freisetzt, die mit dem begrenzten Planungs- und Rekombinationspotential der entsprechenden Systeme nicht kontrolliert werden können. Die Entlastung, die die Gesellschaft an einer durch Evolution immer schon ausgewogenen Umwelt hatte, wird mehr und mehr gefährdet. Das gilt besonders, weil die Rekombinationen (neue Produkte, neue Kombinationen von Handlungen in Organisationen) nicht etwa auf Wiederherstellung der gestörten Umweltstabilitäten zielen, sondern auf Neugewinn von kombinatorischen Möglichkeiten. Hinzu kommt, daß die schulförmige Erziehung riesiger (und der wichtigsten) Menschenmengen über sehr viele und wichtige Lebensjahre hinweg Kognitionen und Motivlagen formt, also die Umwelt der Gesellschaft hochgradig deformiert, ohne daß absehbar oder gar planbar wäre, wie die Gesellschaft dadurch betroffen wird. Daß Ausbildungspläne mehr oder weniger deutlich auf Arbeitsleistungen abgestellt werden, bietet sicher keinen ausreichenden Folgenschutz. Und erst recht liegt in den Selbstbeschreibungen des Erziehungssystems als Bildungssystem nichts, was dieses Problem auch nur erfassen könnte. Ähnlich wie in den Sektoren der Produktion und der Organisation materieller und humaner Artefakte werden nur spezifische Rekombinationen angestrebt unter Vernachlässigung derjenigen Kausalitäten, die durch die dafür nötigen Auflöseprozesse (man denke nur an die spezifischen Pressionen des Interaktionssystems Schulklasse) freigesetzt werden[79]. Natürlich nachwachsende Interdependenzen und Interdependenzunterbrechungen werden dadurch aufgelöst und nur partiell rekombiniert. Im Effekt wirkt das auf die Gesellschaft zurück. »La désorganisation de la nature pose le problème de l'organisation de la société«[80].

79 Das Thema »heimlicher Lehrplan« hat zwar auf die Latenz der Strukturwirkung aufmerksam gemacht, hat aber bisher zu allzu optimistischen Einschätzungen der Übereinstimmung mit den Strukturen der modernen Gesellschaft geführt. Vgl. insbes. Robert Dreeben, Was wir in der Schule lernen, dt. Übers., Frankfurt 1980. Die Klage über Schulstreß, die Faszination, die vom Zensurenwesen ausgeht, die straffe Führung von Vergleichen und vor allem die Reifeverzögerung sind Symptome, die bedenklich stimmen könnten. Und jedenfalls stehen Wirkungsauslösung und Effekte in eigentümlichem Kontrast zu allem, was Pädagogen zu erreichen oder zu verhindern suchen.

80 Morin a.a.O., Bd. 2 (1980), S. 92.

Gesellschaftliche Rationalität würde nunmehr erfordern, daß die durch die Gesellschaft ausgelösten Umweltprobleme, soweit sie die Gesellschaft rückbetreffen, im Gesellschaftssystem abgebildet, das heißt in den gesellschaftlichen Kommunikationsprozeß eingebracht werden. Dies kann in den einzelnen Funktionssystemen in begrenztem Umfange geschehen – so wenn Mediziner die durch sie selbst verursachten Krankheiten wieder zu Gesicht bekommen. Typischer ist jedoch, daß ein Funktionssystem über die Umwelt andere Funktionssysteme belastet. Vor allem aber fehlt ein gesellschaftliches Subsystem für die Wahrnehmung von Umweltinterdependenzen. Ein solches kann es bei funktionaler Differenzierung nicht geben; denn das hieße, daß die Gesellschaft selbst in der Gesellschaft nochmals vorkommt. Das Differenzierungsprinzip der modernen Gesellschaft macht die Rationalitätsfrage dringlicher – und zugleich unlösbarer. Jeder Rückgriff auf traditionelle Rationalitätssemantiken versagt angesichts dieser Situation. Manche fordern daraufhin eine Allzuständigkeit der Politik, andere wollen aussteigen. Beides ist nicht möglich. Es bleibt wohl nur die Möglichkeit, das Problem mit der nötigen Schärfe zu formulieren, die funktionssystemspezifischen Umweltorientierungen zu verbessern und die gesellschaftsinternen Rückbelastungen und Problemverschiebungen mit mehr Transparenz und Kontrollierbarkeit auszustatten.

Probleme dieser Art können hier nicht ausdiskutiert, ja nicht einmal sinnvoll andiskutiert werden. Sie müssen einer Gesellschaftsanalyse überlassen bleiben. Sie sind hier nur angeführt, um zu verdeutlichen, was es bedeuten würde, wenn die moderne Gesellschaft sich auf ihre Rationalität hin befragen würde. Der Problemaufriß der Rationalität besagt nicht, daß die Gesellschaft Probleme dieses Formats lösen müßte, um ihr Überleben zu sichern. Fürs Überleben genügt Evolution. Auch der viel benutzte Krisenbegriff ist inadäquat. Er suggeriert eine zeitliche Dringlichkeit tiefgreifender Strukturänderungen, und das kann jedenfalls nicht allein mit den offensichtlichen Rationalitätsdefiziten begründet werden. Der Rationalitätsbegriff formuliert nur die anspruchsvollste Perspektive der Selbstreflexion eines Systems. Er meint keine Norm, keinen Wert, keine Idee, die den realen Systemen gegenübertritt (was dann jemanden voraussetzt, der sagt, es sei vernünftig, sich danach zu richten). Er bezeichnet nur den Schlußpunkt der Logik selbstreferentieller Systeme. Führt man ihn in das System als Bezugspunkt der Selbstbeobachtung ein, wird er auf eigentümliche Weise ambivalent: Er dient dann als Gesichtspunkt der Kritik aller Selektionen und als Maß der eigenen Unwahrscheinlichkeit.

Kapitel 12

Konsequenzen für Erkenntnistheorie

I

Bei Arbeiten innerhalb des Wissenschaftssystems setzt man mit Recht eine Beschreibung zulässiger Operationen, eine Erkenntnistheorie voraus. Das System muß, wie jedes andere auch, seine Elemente (hier Erkenntnisgewinne) bestimmen und sie sich selbst zuordnen können. Spätestens seit dem 18. Jahrhundert wird diese Aufgabe als Sache einer besonderen Reflexionstheorie, einer Theorie des Systems im System, angesehen. Niemand sonst, nicht einmal die Philosophie, hat der Wissenschaft zu sagen, unter welchen Bedingungen Sinn als Erkenntnis oder gar als Erkenntnisgewinn zu behandeln sei. Auch in dieser Hinsicht ist die Wissenschaft autonom; man kann sagen: weltautonom und erst recht gesellschaftlich autonom. Sie erläßt ihre Gesetze selbst; und dies keineswegs (wie man immer wieder befürchtet hatte) beliebig, sondern unter Beachtung aller Sachkenntnis und aller Beschränkungen, die man auf sich zu nehmen hat, wenn man versucht, eine Selbstbeschreibung anzufertigen.

Fachvertreter der Wissenschaftstheorie treten nach wie vor als Gesetzgeber auf. Aber man kann sich trösten: Sie sind gewählt und können abberufen werden, wenn sich hinreichend breiter Gegenkonsens bildet. In Momentaufnahme erscheint das Verhältnis von Wissenschaftstheorie und Wissenschaft zwar als asymmetrisch, aber das liegt nur an der Ausschnitthaftigkeit der Betrachtung. Schon die Konsequenz, daß man, bevor man mit Forschungen beginne, sich erst einmal wissenschaftstheoretisch informieren müsse, wird generell verweigert. Und wissenschaftsgeschichtlich gesehen ist Wissenschaftstheorie auf alle Fälle ein Spätprodukt von Wissenschaft-in-Betrieb. Reflexionstheorien sind nicht nur Theorien, die Selbstreferenz als Identität des Systems reflektieren; sie sind selbst auch ein Moment selbstreferentieller Autopoiesis. Sie betreiben, was sie beschreiben, selbst.

Blickt man auf neuere Entwicklungen der Erkenntnistheorie, so fällt vor allem eine Abwendung von transzendentaltheoretischen Fundierungsversuchen und eine Rückkehr zu *naturalen Epistemo-*

logien auf[1]. Dies führt zu erheblichen Veränderungen in den üblichen erkenntnistheoretischen und methodologischen Fragestellungen[2]. Wohl unabhängig davon beginnt man einzusehen, daß Selbstreferenz nicht eine Eigentümlichkeit des Bewußtseins ist, sondern in der Erfahrungswelt vorkommt[3]. Für eine naturalisierte Epistemologie kann es dann auch nicht überraschend kommen, wenn sie auf ihre eigene Selbstreferenz stößt. Gerade wenn sie sich als Wissenschaft von natürlichen Prozessen versteht, hat sie sich darauf immer schon eingelassen; und genau damit unterscheidet sie sich als *post*transzendentale von den *prae*transzendentalen Erkenntnistheorien, die nur common sense bzw. Assoziiergewohnheit oder Vorstellungssicherheit als Grund von Erkenntnis anzugeben wußten.

Mit all dem ist jedoch noch nicht geklärt, in welcher Weise eine derart in die Welt zurückversetzte Erkenntnis ihre Aufgabe erfüllt; und erst recht nicht, wie eine Erkenntnis*theorie* kontrollieren kann, ob sie ihre Aufgabe erfüllt oder nicht. Als Reflexionstheorie des Wissenschaftssystems hat die Erkenntnistheorie es primär mit dem Verhältnis von Erkenntnis und Gegenstand, das heißt mit dem Realitätsbezug der Erkenntnis zu tun. Pure Selbstreferenz an dieser Stelle würde heißen: real ist, was die Erkenntnis als real bezeichnet. Diese Auskunft war immer und bleibt auch heute unbefriedigend. Man muß den Zirkel aber nicht vermeiden, man muß ihn durch Konditionierungen unterbrechen. Das ist die Funktion von Gründen. Sie transformieren den circulus vitiosus aber nur in einen infiniten Regreß, denn man muß jetzt nach den Gründen für die Gründe fragen. Daher wird der infinite Regreß mit Approximationshoffnungen ausgestattet, die letztlich in funktionierender

1 Die Formulierung bei Willard van O. Quine, Epistemology Naturalized, in ders., Ontological Relativity and Other Essays, New York 1969, S. 69-90. Die Tendenz läßt sich in reichem Maße belegen.

2 Besonders gut sieht man dies bei Donald T. Campbell, Natural Selection as an Epistemological Model, in: Raoul Naroll/Ronald Cohen (Hrsg.), A Handbook of Method in Cultural Anthropology, Garden City N. Y. 1970, S. 51-85. Ein Beispiel ist die Gewichtung des methodischen Prinzips der »convergent confirmation« und damit der funktionalen Äquivalenz. Vgl. dazu oben Kap. 1, Anm. 120.

3 »basically experiential«, heißt es zum Beispiel bei Roger E. Cavallo, The Role of Systems Methodology in Social Science Research, Boston 1979, S. 20. Bei Quine a.a.O. S. 75 f., 83 f., wird der Zusammenhang von »Naturalisierung« der Epistemologie und Akzeptieren von Zirkularität deutlich herausgestellt, aber es fehlt die Einsicht, daß die Realität auch unabhängig von Erkenntnis zirkulär strukturiert ist.

Komplexität rückversichert sind. Wenn man die Gründe wieder begründet und jede Etappe für Kritik offen und revisionsbereit hält, wird es immer unwahrscheinlicher, daß ein solches Gebäude ohne jeden Realitätsbezug hätte aufgeführt werden können. Die Zirkularität ist nicht eliminiert, sie ist in Gebrauch genommen, ist entfaltet, ist enttautologisiert. Ohne diesen basalen Selbstbezug würde jede Erkenntnis zusammenbrechen. Nur mit seiner Hilfe ist eine umweltsensible Struktur aufzuführen, die dem, was die Wissenschaft dann Realität (Gegenstände, Objekte usw.) nennt, Information abgewinnt.

Die erkenntnistheoretische Semantik des 18. Jahrhunderts hatte in dem Moment, als dieser Sachverhalt entstand, sich geweigert, ihn zu akzeptieren. Verständlicherweise! Er war zu neu. Nach der hochriskanten Ablehnung aller religiösen oder metaphysisch-kosmischen Instituierung von Erkenntnis konnte man nicht sogleich den nächsten Schritt tun und jeden Gedanken an eine letztgewisse Außenfundierung fahren lassen. Man kam diesem Schritt so weit wie möglich entgegen und verlegte das, was die Funktion einer Außenfundierung hatte, in das Bewußtsein. Dazu mußte Bewußtsein als ein über Empirizitäten hinausgehender »transzendentaler« Sachverhalt, als »Subjekt« der Welt begriffen werden. So konnte die Selbstreferenz des Bewußtseins, Subjekt genannt, als Quelle der Erkenntnis und als Quelle der Erkenntnis der Bedingungen der Erkenntnis zugleich in Anspruch genommen werden. Eine im Erkenntnisprozeß nicht mehr disponible Ebene kontrollierbarer Bedingungen war denkbar gemacht, und zugleich war jedem, der an Erkenntnis teilnehmen wollte, zugemutet, sie in sich selbst als unumstößliche Gewißheiten zu erfahren.

Ein geniales, höchst erfolgreiches, merkwürdiges Kompromiß zwischen Zugeständnis und Ablehnung von Selbstreferenz. Ein Apriori in Begründungsfunktion, als ob nicht schon das ein Widerspruch in sich selbst wäre. Die Überlieferung hat diesen Gedanken bewahrt, ausgebeutet und wiederholt revitalisiert. Er ist in der Tat, wenn man das Problem ernst nimmt, das er sich stellt, nicht zu überbieten. Aber der Plausibilitätsentzug schreitet unaufhaltsam fort. Man findet heute wohl kaum noch jemanden, der authentisch so denkt. Wer transzendentales Denken vertritt – und man kann das natürlich, wenn man Bücher schreibt oder Kongreßreferate hält –, begründet dies historisch mit Theoriewissen: mit Kant.

Die Wissenschaft und die Prämissentypik der Forschung haben sich seit Newton radikal geändert. Schon die gewaltige Akkumulation fällt ins Gewicht und die gewaltige Ausdehnung der Welt ins Große und ins Kleine. Vor allem aber löst der Verzicht auf alle letzten Elemente und alle historisch invarianten Gesetzmäßigkeiten einen Mentalitätswandel aus, dessen Durchschlagen in die Wissenschaftstheorie bevorzustehen scheint. Man muß wohl zugestehen, daß Atome und sogar subatomare Elemente hochkomplexe Systeme sind, die ihre Entstehung extrem unwahrscheinlichen Zufällen verdanken. Damit gewinnen Begriffe wie Emergenz, Selbstreferenz, Entropie/Negentropie eine Vorrangstellung, die auch in der Wissenschaftstheorie honoriert werden muß, weil sie Genese von Systemen und Genese von Beobachtbarkeit zugleich betrifft. Die Konsequenz ist: Diskriminieren (im Sinne des operativen Einführens und Handhabens einer Differenz) für den Grundvorgang zu halten und Interagieren und Beobachten als Varianten dieses Grundvorgangs anzusehen, wenn nicht mit ihm zu identifizieren.
Eine zweite Entwicklungslinie hat ähnliche Effekte. Es gehört zu den Eigenarten universalistischer Theorien, daß sie selbst in ihrem Gegenstandsbereich wieder vorkommen – und sei es nur als ein Sachverhalt unter vielen anderen. Daß Physiker Physik betreiben (mitsamt den Bedingungen und Grenzen, von denen das abhängt), ist auch ein physischer Vorgang[4]. Schon die physische Welt ist, so müßten Physiker konstatieren, entstanden »in order to see itself«[5]. Es wird nicht schwer sein und erst recht überzeugen, die Konse-

4 Auch für Naturwissenschaften ist demnach zu konstatieren, daß die herkömmliche Wissenschaftstheorie den epistemologischen Problemen von Universaltheorien nicht gerecht wird. Vgl. dazu C. A. Hooker, On Global Theories, Philosophy of Science 42 (1979), S. 162-179.

5 Physiker und Logiker! Das Zitat stammt von George Spencer Brown, Laws of Form, 2. Aufl. New York 1972, S. 105. Auf die epistemologischen Konsequenzen hat besonders Heinz von Foerster immer wieder hingewiesen. Vgl. z. B. Notes pour une épistémologie des objets vivantes, in: Edgar Morin/Massimo Piatelli-Palmarini (Hrsg.), L'unité de l'homme, Paris 1974, S. 401-417; ders., Kybernetik einer Erkenntnistheorie, in: Wolf D. Keidel/Wolfgang Händler/Manfred Spreng (Hrsg.), Kybernetik und Bionik, Berichtswerk über den 5. Kongreß der Deutschen Gesellschaft für Kybernetik. Nürnberg 1973, München 1974, S. 27-46; ders., The Curious Behavior of Complex Systems: Lessons from Biology, in: Harold A. Linstone/W. H. Clive Simmonds (Hrsg.), Futures Research: New Directions. Reading Mass. 1977, S. 104-113. Auch bei Gerhard Roth/Helmut Schwegler (Hrsg.), Selforganizing Systems: An Interdisciplinary Approach, Frankfurt 1981, ist dies ein durchgehendes Thema.

quenzen für chemische, biologische, psychische, soziale Prozesse zu ziehen. Die Konsequenz ist: Alle Asymmetrien, die dem Erleben und Handeln zu Grunde gelegt werden, sind in selbstreferentielle Zirkel hineinfingiert – sozusagen als künstlich-begradigte Strecken, die aus praktischen Gründen als endlich behandelt werden. Das gilt für Deduktion, das gilt für Kausalität. Aber Begradigung, Asymmetrisierung, Externalisierung und, wenn man so formulieren darf, Apriorisierung sind ihrerseits selbstreferentielle Prozesse, wie immer getarnt (damit das nicht herauskommt!) als Aussagen über Natur oder Bewußtsein. Alle »regulativen Ideen« bleiben daher Projektionen; sie gelten nur so, als ob sie gelten würden, und dies, weil dies als Notlösung benötigt wird.

Was schon für die physische Welt und für Physiker gilt, gilt erst recht, und mit höherer Verdichtung des Zusammenhangs, für Kommunikation. Eine Theorie der Kommunikation ist selbst nichts anderes als eine Anweisung für Kommunikation, und sie muß auch als Anweisung noch kommunizierbar sein. Sie muß sich also vorsehen, jedenfalls umsehen: Sie kann über ihren Gegenstand nichts behaupten, was sie nicht als Aussage über sich selbst hinzunehmen bereit ist.

Damit wird auch »epistemologisches Lernen«, auch Wissenschaftstheorieentwicklung ein selbstreferentieller Prozeß. Die ganze Forschung erscheint nun durchsetzt von feldbezogenen Selbstreferenzen. Wer Theorien über »das« Selbst entwickelt, entwickelt auch Theorien über »sein« Selbst[6]. Wer entdeckt, daß Beobachter und Handelnde unterschiedliche Attributionsprinzipien verwenden[7], muß einen Schock erhalten, wenn er bemerkt, daß er genau diese Erkenntnis auf eine eigene Beobachtung des Handelns anderer stützen wollte. Wenn man weiß, daß alle Urteile auf vorher festgelegten Kategorisierungen, also auf Vor-Urteilen beruhen, muß die Vorurteilsforschung sich als Forschung über sich selbst erkennen; sie kommt mit ihren eigenen Vor-Urteilen (oder Vorurteilen?) in ihrem eigenen Gegenstandsbereich vor; sie kann, und muß, die Grenze zwischen normalen und kritisierbaren (aufklärbaren, wegtherapierbaren) Vorurteilen an sich selbst testen. Wer die Ideolo-

6 Dazu Ray Holland, Self in Social Context, New York 1977.

7 Vgl. Edward E. Jones/Richard E. Nisbett, The Actor and the Observer: Divergent Perceptions of the Causes of Behavior, in: Edward E. Jones et al., Attribution: Perceiving the Causes of Behavior, Morristown N. J. 1971, S. 79-94.

gien anderer auf Interessenlagen und soziale Standorte zurückführt, muß seine Theorie partikularisieren oder sie auch auf sich selbst anwenden[8]. Der Historismus ist selbst ein historischer Begriff, und selbst für den Ausfluchtsbegriff der »posthistoire« dürfte das gelten. Systemforschung ist selbst ein System; sie kann ihren Grundbegriff gar nicht so formulieren, daß sie selbst nicht darunterfällt[9]. Die gleiche Konsequenz ergibt sich für eine Theorie symbolisch generalisierter Kommunikationsmedien; wollte sie Wahrheit (um ihrer eigenen Wahrheit willen) ausklammern, müßte sie ein Hausgesetz erlassen, das einen Widerspruch zum grundbegrifflichen Ansatz legitimiert, denn die begrifflichen Merkmale treffen an sich zu. Evolutionstheorie ist dann auch selbst ein Produkt von Evolution, Handlungstheorie könnte ohne Handlungen nie zustande kommen, und so weiter.

Zirkel dieser Art gelten den traditionellen Erkenntnistheorien als Grund für Verdacht auf Verfälschung, wenn nicht für Beliebigkeit der Aussagen. Das Gegenteil trifft zu. Sie zwingen sich auf. Man kann sie nicht vermeiden. Man kann sie als Paradox zuspitzen und so stehen lassen[10]. Man kann sie aber auch in die Wissenschaftstheorie selbst einbauen, denn sie enthalten genaue Anweisungen für eine Selbstkontrolle. Theorien müssen, das ist ein Minimalerfordernis, immer so formuliert sein, daß ihr Gegenstand Vergleichen ausgesetzt ist. Tauchen sie selbst unter ihren Gegenständen auf, setzen sie sich selbst Vergleichen aus. Sie müssen als ihre eigenen Gegenstände auch unter Vergleichsdruck noch funktionieren. Was für System, Selbst, Kommunikation und Kommunikationsmedien, Zurechnung, Handlung, Evolution etc. ermittelt wird, muß sich auch an der Theorie bewähren lassen, wie unbequem (zum Beispiel: relativierend) das Resultat des Selbstvergleichs ausfallen mag.

8 Hier ist die Exkulpationsformel für Intellektuelle zu bewundern, die Karl Mannheim vorgeschlagen hat: frei schwebende Intelligenz (was besagt: *sich selbst* von Bindungen unabhängig denken).

9 Darin hat Jürgen Habermas Anlaß zu Einwänden gegen den Universalitätsanspruch der Systemtheorie gesehen. Vgl. seinen Beitrag in: Jürgen Habermas/Niklas Luhmann, Theorie der Gesellschaft oder Sozialtechnologie: Was leistet die Systemforschung?, Frankfurt 1971, S. 142 ff., insb. S. 221 ff.

10 So, wenn es in einer ganz auf Problemlösung abstellenden Wissenschaftstheorie heißt: »unsolved problems generally count als genuine problems only when they are no longer unsolved« (Larry Laudan, Progress and Its Problems: Toward a Theory of Scientific Growth, Berkeley 1977, S. 18).

Hier mag eine Rolle spielen, daß das Wiedervorkommen der Theorie in ihrem Gegenstandsfeld verkleinernd und bedeutungsmindernd wirkt. Physiker sind, verglichen etwa mit Sonnen oder Atomen, physikalisch nicht besonders weltwichtig. Wahrheit ist nur eines von vielen Kommunikationsmedien, Sigmund Freuds Theorie der Sublimierung nur einer von vielen Versuchen der Sublimierung. Die Theorie sieht, wie in einem Spiegel, sich selbst und anderes und mag dann Anlaß haben, ihre Selbsteinschätzung zu revidieren. Ihr Selbstkonzept wird abhängig von einer Fülle mitzuverarbeitender Gegenstandserfahrungen, die constraints werden dadurch verschärft, die Unbefangenheit der Projektion nach außen gebrochen. Und je stärker die Auflöse- und Rekombinationsleistungen moderner Wissenschaft sich durchsetzen, desto schärfer wirken dann auch diese Beschränkungen auf sie selbst zurück.

II

Im Vergleich zu traditionellen Voraussetzungen der Erkenntnistheorie sind, so können wir zusammenfassen, zwei Neuerscheinungen zu registrieren. Die eine betrifft die Ausdehnung des Konzepts der Selbstreferenz auf Letztelemente jeglicher Art, die andere die Einsicht, daß Gegenstandsforschung bei universalistischen Theorien Forschung über sich selbst impliziert, so daß die Forschung sich nicht von ihrem Gegenstand ablösen kann. Unter diesen beiden Gesichtspunkten lassen sich die Angebote auf dem Markt der Erkenntnistheorien testen: Welche Theorieentwürfe können diesen Bedingungen Rechnung tragen?

Die Theorie autopoietischer Systeme kann ein Angebot vorlegen, das diesen Bedingungen Rechnung trägt – allerdings nur, wenn sie ihre Beschränkung auf lebende Systeme aufgibt und auf psychische und soziale Systeme ausgedehnt wird. Sie formuliert den Verlust jeder substantiellen, auf Letztelemente gegründeten Weltgemein-

11 Dazu instruktiv der Vergleich mit der entsprechenden Theorie für organische Systeme. Siehe dazu Gerhard Roth, Biological Systems Theory and the Problem of Reductionism, in: Gerhard Roth / Helmut Schwegler (Hrsg.), Self-organizing Systems: An Interdisciplinary Approach, Frankfurt 1981, S. 106-120. Für evolutionstheoretische Konsequenzen siehe auch ders., Conditions of Evolution and Adaptation in Organisms as Autopoietic Systems, in: D. Mossakowski/G. Roth (Hrsg.), Environmental Adaptation and Evolution, Stuttgart 1982, S. 37-48 (40 f.).

samkeit aller Systeme durch die These, daß Einheit jeglicher Art, auch die Einheit von Elementen, nur autopoietisch produziert werden kann. Es gibt keine andere Möglichkeit, Einheit in der Vielheit zu sehen, Mannigfaltiges zu synthetisieren, Komplexität auf Einheit zu reduzieren und dadurch Anschlüsse zu regulieren. Dadurch ist jede Einführung unkontrollierbarer Prämissen ausgeschlossen – und zwar auf der Ebene der »Gründe« ebenso wie auf der Ebene der »Elemente«. Autopoiesis ist ein rekursives, daher symmetrisches, daher nichthierarchisches Geschehen[11]. Alle Regulierung wird selbst reguliert, alle Kontrollen werden selbst kontrolliert. Nichts kann im geschlossenen System reproduziert werden, wenn es nicht diesen Bedingungen genügt. Man kann gewiß Asymmetrien, Grund/Folge-Beziehungen, Kausalitäten, Teleologien, Element/Aggregat-Beziehungen, Unterscheidung von abhängigen und unabhängigen Variablen und Ähnliches benutzen; aber das beruht dann immer auf einem Abblenden von Möglichkeiten, die dem System an sich zur Verfügung stehen. Erkenntnis ist eine nichthierarchische Qualität, die sich aus der rekursiven Absicherung im System ergibt[12].

Eine besonders wichtige Folgerung ist: daß die Annahme eines rekursiv-geschlossenen, alle benutzten Einheiten selbst produzierenden Systems eine direkte Beobachtung von Einheit von außen ausschließt. Alle Beobachtung ist darauf angewiesen, Einheit zu erschließen; und sie muß sich dazu an Differenzen orientieren, um feststellen zu können, was etwas im Unterschied zu anderem ist. Alle Beobachtung benutzt (das definiert den Begriff) ein Differenzschema. Dabei wird die Einheit der Differenz durch den Beobachter, nicht durch seinen Gegenstand definiert. Auch der Beobachter ist, wie käme er sonst zu dieser Einheit?, ein autopoietisches System. Er kann Differenzen verwenden, die dem Gegenstand selbst unzugänglich sind – etwa bewußt/unbewußt in Bezug auf psychische Systeme oder manifest/latent in Bezug auf soziale Systeme. Er kann in diesem Sinne aufklären, wobei die Aufklärung aber nur wirkt, wenn sie ein Differenzschema verwendet, das der Aufzuklärende übernehmen kann.

Differenzschemata enthalten, und das unterscheidet sie von der im-

12 Daß dies nicht auf gesicherte Konsistenz oder gar auf vollständige Interdependenz aller Erkenntnisse mit allen Erkenntnissen hinausläuft, versteht sich für die heutige Systemtheorie von selbst, sei aber vorsorglich nochmals angemerkt.

manenten Systemnotwendigkeit der Autopoiesis, immer ein Moment der Kontingenz. Das »andere« der Differenz, das »woraufhin« der Unterscheidung, muß gewählt werden und ist auch anders möglich. Man muß die Wahl des Beobachtungsschemas dem autopoietischen System des Beobachters überlassen. Daraus ergibt sich, gemessen an den Standarderwartungen der klassischen Wissenschaftstheorie in Hinsicht auf »intersubjektiv zwingende Gewißheit« ein Moment der Unsicherheit, der Relativität, ja der Willkür. Kann man trotzdem irgendwie gewährleisten, daß die Beobachtung, wenn sie Erkenntnis oder gar wissenschaftliche Erkenntnis zu sein beansprucht, Kontakt hält mit der Realität?

Ein erster Schritt in Richtung auf eine Antwort besteht darin, daß man nicht auf psychische, sondern auf soziale Systeme abstellt[13]. Soziale Systeme können in mehr oder weniger weitreichendem Umfange psychologisch dekonditioniert werden. Ihre Kommunikation kann von den Spezialbedingungen der Selbstkontinuierung individuellen Bewußtseins abgekoppelt und demgegenüber verselbstständigt werden, sofern es nur gelingt, Ersatzmotive (z. B. Reputation) bereitzustellen. Sie kann ferner eigenen Konditionierungen unterworfen werden, etwa in der Form von »Theorien« und »Methoden«[14]. Das Selektionsprinzip solcher Konditionierungen scheint für die neuzeitliche Wissenschaft im Gewinn *neuer* Erkenntnisse zu liegen. Mit all dem ist eine spektakuläre Erkenntnisentwicklung eingeleitet worden, der niemand, zumindest in unserer Gesellschaft niemand, Realitätskontakt absprechen wird.

Mit all dem ist freilich die entscheidende Frage der traditionellen Erkenntnistheorie nicht beantwortet und jedenfalls kein Ersatz für jene substantiellen Gemeinsamkeiten geschaffen, die die Metaphysik als Sein des Seienden vorausgesetzt hatte. Auch das Sozialsystem Gesellschaft und auch das Sozialsystem Wissenschaft sind nur sich selbst konditionierende autopoietische Systeme besonderer Art. Was sie beobachten und beschreiben, bleibt ihre Eigenleistung und

13 Schon dies trennt uns von Transzendentaltheorien, deren Technik darin bestanden hatte, im Bewußtsein psychischer Systeme transzendental gültige Erkenntnisgewißheiten ausfindig zu machen – sei es in der Form von Regeln, sei es in der Form von unmittelbaren »phänomenologischen« Gegenstandsgewißheiten.

14 Hierzu und zum evolutionären Kontext solcher Konditionierungen näher: Niklas Luhmann, Die Ausdifferenzierung von Erkenntnisgewinn: Zur Genese von Wissenschaft, in: Nico Stehr / Volker Meja (Hrsg.), Wissenssoziologie, Sonderheft 22 der Kölner Zeitschrift für Soziologie und Sozialpsychologie, Opladen 1981, S. 101-139.

hebt die prinzipielle Systemrelativität aller Beobachtungen und Beschreibungen, die sich auf die Systemabhängigkeit aller Autopoiesis gründet, nicht auf. Auf Fragen der Letztbegründung kann also nur noch innerhalb von selbstreferentiellen Theorien selbstreferentieller Systeme geantwortet werden. Die Antwort könnte dann in der Logik universalistischer Theorien liegen, die sie dazu zwingt, alles, was sie über ihren Gegenstand ausmacht, an sich selbst auszuprobieren.

Mit diesen Überlegungen gewinnt das Konzept des selbstreferentiellen Systems auch für die Wissenschaftstheorie zentrale Bedeutung. Hierbei geht es nicht nur um die Frage, ob Systemtheorie überhaupt eine wissenschaftliche Theorie ist und wie die Wissenschaftstheorie, wenn das bejaht wird, ihr Selbstverständnis ändern muß[15]. So begrenzt kann man nicht mehr ansetzen, nachdem die Systemtheorie den Explosivstoff Selbstreferenz in sich aufgenommen hat und ihn als Kern des Systembegriffs an die Wissenschaftstheorie weiterreicht. Dies hat nun Konsequenzen, die über ein bloßes Adaptieren des Theoriebegriffs an ersichtlich erfolgreiche Neuerscheinungen weit hinausgehen. Einerseits kann und muß, wenn man mit dem Konzept des selbstreferentiellen Systems arbeitet, auch die Wissenschaft und auch die eigene Forschung darunterfallen. Das zwingt zur Verabschiedung aller ontologischen Metaphysik und aller Aprioristik. Systeme mit eingebauter Reflexion sind gezwungen, auf Absolutheiten zu verzichten[16]. Und wenn die Wissenschaft diesen Sachverhalt in ihrem Gegenstandsbereich entdeckt, gilt er unabweisbar auch für sie selbst.

Außerdem wird mit der Theorie selbstreferentieller Systeme auch das soeben skizzierte Phänomen der Selbstbegegnung interpretierbar. Es beruht auf einer Differenzierung von Erkenntnis und Gegenstand und markiert im Gegenstandsbereich zugleich den Punkt der Re-identifikation. Vor allem aber kann jetzt die Logik und die Theorie der Selbstreferenz an der Systemforschung lernen. Die Suche nach Auswegen aus tautologischen Strukturen der Selbstreferenzbeziehung ist alt. Die Typentheorie ist ein Lösungsvorschlag,

15 Dies Problem behandelt Mario Bunge, The GST Challenge to the Classical Philosophy of Science, International Journal of General Systems 4 (1977), S. 29-37.

16 Die Entwicklung der Systemtheorie kann geradezu als eine Antwort auf diese Entdeckung betrachtet werden – so jedenfalls Allessandro Pizzorno, L'incomplétude des systèmes, Connexions 9 (1974), S. 33-64; 10 (1974), S. 5-26 (60 f.).

den man zuweilen auch den empirischen Wissenschaften zu oktroyieren versucht. Man ist sich einig darüber, daß man zwischen schädlichen und unschädlichen Formen von Selbstreferenz unterscheiden müsse, nämlich zwischen solchen, die zu Paradoxien führen, und solchen, bei denen das nicht der Fall ist[17]. Bei einer Analyse empirischer Systeme stößt man auf das Phänomen der gekoppelten, strukturell angegliederten, zwangsweise mitlaufenden Selbstreferenz, für das unter Hinweis auf die Trias Kapital, Staat, Bildung soziologisch relevante Beispiele gegeben wurden. Hieran zeigt sich, daß und wie Selbstreferenz in einen Bedingungs- und Steigerungszusammenhang von Geschlossenheit und Offenheit eingebaut werden kann. Eine Wissenschaftstheorie ist mit dieser Entdeckung gezwungen, sich zu fragen: Macht Wissenschaft das ebenso? Und wenn nicht: Warum nicht? Und wie denn anders?

Wie immer man diese Frage für das Wissenschaftssystem selbst beantworten wird: schon die Tatsache, daß es sich als selbstreferentielles System mit selbstreferentiellen Objekten befaßt, hat weitreichende Konsequenzen. Das Objektverhältnis der Wissenschaft ist dann seinerseits ein Verhältnis doppelter Kontingenz. Das Objekt kann nur dadurch erforscht werden, daß man seine Selbstreferenz in Bewegung setzt bzw. deren Eigenbewegung mitbenutzt[18]. Alle Transparenz, die zu gewinnen ist, ist dann Transparenz der Interaktion mit dem Objekt und der dazu nötigen Deutungen[19]. Doppelte Kontingenz (selbstreferentieller Systeme) erzwingt, das haben

17 Vgl. statt vieler C. P. Wormell, On the Paradoxes of Selfreference, Mind 67 (1958), S. 267-271.

18 Vorsorglich sei angemerkt, daß dies natürlich nur gilt, wenn das wissenschaftliche Interesse sich auf die selbstreferentielle Konstitution des Objektes richtet. Daneben bleiben natürlich immer auch traditionelle Klassifikations- und Meßverfahren möglich, die von Selbstreferenz abstrahieren und dafür den analytischen Bezugsrahmen ihrer eigenen Beobachtung substituieren. In genau diesem Sinne unterscheidet Gordon Pask (terminologisch nicht sehr glücklich) specialized observers and natural historians. Nur die letztgenannten achten auf Selbstreferenz und verstricken sich dadurch in »conversation« mit dem Objekt. Vgl. The Natural History of Networks, in: Marshall C. Yovits/Scott Cameron (Hrsg.), Self-organizing Systems, Oxford 1960, S. 232-260.

19 So auch Pask a.a.O. S. 234: »a natural historian cannot say anything precise about the way that elephants (or other systems) work. He makes comments only about his interaction«. Vgl. auch Ranulph Glanville, The Form of Cybernetics: Whitening the Black Box, in: General Systems Research: A Science, a Methodology, a Technology, Louisville, Kentucky, 1979, S. 35-42.

wir für zwischenmenschliche Beziehungen ausgiebig behandelt[20], die Emergenz einer neuen Realitätsebene.

Erkenntnis selbstreferentieller Systeme *ist* also eine *emergente Realität,* die sich nicht auf Merkmale zurückführen läßt, die im Objekt oder im Subjekt schon vorliegen (und um es nochmals zu versichern: was nicht ausschließt, daß Systeme ihre Umwelt auch mit selbstgemachten analytischen Schemata beobachten und kategorisieren können, zum Beispiel die Motorräder auf der Isle of Man zählen können). Diese Einsicht sprengt, ohne daß die Möglichkeit von vorgegebenen Merkmalen und von systemrelativen Umweltprojektionen bestritten würde (sie bleibt vielmehr vorausgesetzt), die Subjekt/Objekt-Schematik der Erkenntnistheorie. Es geht auch nicht um eine Erneuerung von Konstitutionslehren oder gar um eine Wiederholung der These, daß man nur erkennen könne, was man herstellen könne. Wir ziehen nur die Konsequenz auch für die Erkenntnistheorie aus der Einsicht, daß doppelte Kontingenz, wenn sie für selbstreferentielle Systeme zum Problem wird, autokatalytisch wirkt, das heißt bereitliegende »Materialien« auf einer emergenten Ebene der Realität neu organisiert. Von hier aus wird die Welt neu gesehen. Auf dieser Ebene gibt es dann wieder für sie spezifische Unsicherheiten und deshalb spezifische Techniken, Unsicherheiten durch Interaktion mit dem Objekt, und das heißt wiederum: durch Stimulierung seines selbstreferentiellen Prozessierens, zu reduzieren.

Es war unnötig gewesen, bei der Darstellung dieser Entwicklung von transzendentalen zu naturalen Epistemologien und ihrer Gründe besonders auf Soziologie Bezug zu nehmen. Ihr Fall liegt nicht prinzipiell anders als der anderer Wissenschaften. Die Schnittlinie verläuft auch nicht zwischen Naturwissenschaften und Geisteswissenschaften, sondern zwischen Theorien mit Universalitätsanspruch, die sich durch diesen Anspruch in Selbstreferenzprobleme verwickeln, und begrenzteren Forschungstheorien, die nur thematisch begrenzte Ausschnitte der Welt thematisieren. Mehr als andere Fachwissenschaften, in denen erst seit kurzem erkenntnistheoretische Fragen und Erkenntniszirkel aus fachspezifischen Forschungen aufsteigen[21], kann jedoch die Soziologie hier auf fachei-

20 Vgl. oben Kap. 3.

21 Für die Biologie siehe etwa Peter M. Hejl/Wolfram K. Köck/Gerhard Roth (Hrsg.), Wahrnehmung und Kommunikation, Frankfurt 1978; Francisco J. Varela,

gene Traditionen zurückblicken. Die »ideologische« Komponente von Gesellschaftstheorien ist ihr seit bald hundert Jahren bewußt. Daß Wissenssoziologie sich wahrheitsthematisch auf zirkuläre Strukturen gründet, ist ein Problem, dessen Diskussion nur mangels neuer Ideen versandet ist[22]. Daß Forschungsmethoden den Forscher in Beziehungen zu seinem Gegenstand verstricken, die Voraussetzungslosigkeit ausschließen und Objektivität zumindest erschweren, gehört zum Erfahrungsschatz des Faches und hat zahllose methodologische Überlegungen angeregt. Neuestens profitiert die Soziologie auch von der historisierenden Wende der Wissenschaftstheorie und kann zeigen, daß Theorieentwicklungen im Zeitlauf gesehen nicht unbeeinflußt von gesellschaftlichen, organisatorischen und alltagsweltlich-interaktionellen Bedingungen ablaufen. Dies alles wurde jedoch eher als Belastung, jedenfalls als ein problematischer Sachverhalt erfahren und nicht als Realitätsbefund, als Verifikation einer genau dies voraussagenden Theorie dargestellt. Modekonzepte, früher »Sozialapriori«, heute »Lebenswelt«, die aus der Philosophie importiert sind, dienen nur als Abschlußformeln, die den Platz besetzt halten, an dem eine solche Theorie zu formulieren wäre. Nur wenn man auch in der Soziologie allgemeine, universalistische Theorieansätze pflegt, ist hier eine Änderung zu erwarten. Eine soziale Epistemologie kann nur als Nebenprodukt einer solchen Theorieentwicklung entstehen.

Die Theorie selbstreferentieller sozialer Systeme beansprucht natürlich nicht, das einzig mögliche oder auch nur das mit Sicherheit beste Angebot zu sein; aber sie bringt für diese Aufgabe besondere Affinitäten mit. Dies liegt an der Zentralstellung, die sie dem Konzept der Selbstreferenz zuweist. Einer Theorie, die ihre Gegenstände als selbstreferentielle Systeme auffaßt, fällt es um so leichter,

Principles of Biological Autonomy, New York 1979; Rupert Riedl, Biologie der Erkenntnis: Die stammesgeschichtlichen Grundlagen der Vernunft, 3. Aufl., Berlin 1981; Humberto R. Maturana, Erkennen: Die Organisation und Verkörperung von Wirklichkeit, Braunschweig 1982.

An dieser Literatur fällt auf, daß epistemologische Verwicklungen zwingender und weittragender und »interessanter« werden, wenn die Ausgangstheorie selbst strenger wird. Dann erst werden zum Beispiel logische Probleme selbstreferentieller Verhältnisse relevant. Eine ähnliche Erfahrung steht der Soziologie bevor.

22 Einen nützlichen Überblick über deutsche Beiträge zu dieser Diskussion bieten Volker Meja/Nico Stehr (Hrsg.), Der Streit um die Wissenssoziologie, 2 Bde. Frankfurt 1982.

ihre eigene Selbstreferenz zu präsentieren. Dies und nichts anderes ist nach der Theorie zu erwarten, wenn die Theorie sich selbst in ihrem Gegenstandsfeld wiedererkennt als einer ihrer Gegenstände unter anderen. Theoriegeleitete (also auch: durch eine Theorie selbstreferentieller Systeme geleitete) Forschung kann selbst nichts anderes sein als ein selbstreferentielles Sozialsystem, und zwar eines unter vielen, ein Subsystem eines Subsystems eines Subsystems der Gesellschaft, also eines von sehr geringer gesamtgesellschaftlicher Tragweite. Wenn die Theorie selbstreferentieller Sozialsysteme generell funktioniert, spricht viel dafür, daß sie auch in diesem Fall funktioniert. Je elaborierter die allgemeine Theorie, desto reicher auch die Restriktionen, die daraus für eine Wissenschaftstheorie abzuleiten sind. So wird die Wissenschaftstheorie sich vor allem die allgemeine Einsicht zunutze machen können, daß auch ihre Selbstreferenz zufallsempfindlich angelegt ist und sich dann aber selbst konditioniert und damit strukturierte Komplexität aufbaut mit dem Ergebnis, daß das System in bezug auf seine Umwelt hohe Indifferenz mit spezifischer Sensibilität kombinieren kann.

Auf eigentümliche Weise sind auch in diesem Fall, und wiederum im Einklang mit dem Theoriekonzept selbst, Selbstreferenzen und Fremdreferenzen kombiniert. Es handelt sich um einen Fall mitlaufender Selbstreferenz – um einen unter vielen. Einerseits muß die Theorie damit rechnen, daß sie als ihr eigener Gegenstand auftaucht. Diese Selbstreferenz ist strukturell erzwungen, wenn man den Anspruch auf universelle Geltung erhebt. Andererseits entsteht diese Selbstreferenz nur, wenn das Theoriekonzept im logischen Sinne »entfaltet« ist, wenn es auch auf andere Gegenstände paßt, wenn es damit Fremdreferenzen aufnimmt, wenn es also Selbstreferenz und Fremdreferenz parallelprozessiert. Das Konzept des reentry (Spencer Brown) oder, wie wir lieber sagen, des Wiederauftauchens einer Differenz in ihrem Gegenstandsbereich ist einerseits schlichte Erfahrung, die man in der Arbeit mit universalistisch angesetzten Theorien tagtäglich macht; und andererseits eine Form für das, was nach Maßgabe der Theorie auch zu erwarten wäre: eine strukturbedingt zwangsläufige Kopplung von selbstreferentiellen und fremdreferentiellen Verweisungen bei allen Operationen des Systems. Großzügig gesonnene Wissenschaftstheoretiker könnten darin die Verifikation einer wissenschaftstheoretischen Hypothese sehen.

Derart intrikate Begriffsverhältnisse könnten auf Soziologen abschreckend wirken. Am Ende unserer Untersuchungen kann nicht noch ein Buch im Buch geschrieben und das damit angedeutete Programm einer Wissenschaftstheorie in plausible Aussagen umgesetzt werden[23]. Die Abschlußbemerkungen hier sollen nur die Anschlußstelle für solche Forschungen markieren, und sie sollen dem Einwand vorbeugen, man müsse zuerst die logischen und erkenntnistheoretischen Probleme eines Forschungsansatzes klären, bevor man mit Forschung beginne; man müsse wie beim Auslaufen aus dem Hafen Flagge zeigen, sich also einem der wissenschaftstheoretischen Ansätze zuordnen, damit über die Prämissen des eigenen Vorgehens Klarheit bestehe. Wir sind umgekehrt verfahren und können jetzt der Eule Mut zusprechen, nicht länger im Winkel zu schluchzen, sondern ihren Nachtflug zu beginnen. Wir haben Geräte, um ihn zu überwachen, und wir wissen, daß es um Erkundung der modernen Gesellschaft geht.

23 Vgl. speziell zu Problemen der Ausdifferenzierung von Wissenschaft und zur Differenz von Theorie und Methode Niklas Luhmann, Die Ausdifferenzierung von Erkenntnisgewinn: Zur Genese von Wissenschaft, a.a.O.

Register

Niklas Luhmann
im Suhrkamp Verlag

Ausdifferenzierung des Rechts. Beiträge zur Rechtssoziologie und Rechtstheorie. stw 1418. 459 Seiten

Das Erziehungssystem der Gesellschaft. Herausgegeben von Dieter Lenzen. Mit zahlreichen Faksimiles des Manuskripts. stw 1593. 236 Seiten

Funktion der Religion. stw 407. 324 Seiten

Die Gesellschaft der Gesellschaft. Zwei Bände. stw 1360. 1164 Seiten

Gesellschaftsstruktur und Semantik. Studien zur Wissenssoziologie der modernen Gesellschaft.
- Band 1. stw 1091. 319 Seiten
- Band 2. stw 1092. 294 Seiten
- Band 3. stw 1093. 458 Seiten
- Band 4. stw 1438. 185 Seiten

Ideenevolution. Beiträge zur Wissenssoziologie. Herausgegeben von André Kieserling. stw 1870. 258 Seiten

Die Kunst der Gesellschaft. stw 1303. 517 Seiten

Legitimation durch Verfahren. stw 443. 261 Seiten

Liebe. Eine Übung. Herausgegeben von André Kieserling. 94 Seiten. Gebunden

Liebe als Passion. Zur Codierung von Intimität. stw 1124. 231 Seiten

NF 126/1/8.12

Macht im System. Herausgegeben von André Kieserling. Gebunden. 156 Seiten

Die Moral der Gesellschaft. Herausgegeben von Detlef Horster. stw 1871. 402 Seiten

Paradigm lost: Über die ethische Reflexion der Moral. Rede von Niklas Luhmann anläßlich der Verleihung des Hegel-Preises 1989. Laudatio von Robert Spaemann: Niklas Luhmanns Herausforderung der Philosophie. stw 797. 73 Seiten

Die Politik der Gesellschaft. Herausgegeben von André Kieserling. stw 1582. 444 Seiten

Politische Soziologie. Herausgegeben von André Kieserling. Gebunden. 499 Seiten

Protest. Systemtheorie und soziale Bewegungen. Herausgegeben von Kai-Uwe Hellmann. stw 1256. 216 Seiten

Das Recht der Gesellschaft. stw 1183. 598 Seiten

Die Religion der Gesellschaft. Herausgegeben von André Kieserling. stw 1581. 368 Seiten

Schriften zu Kunst und Literatur. Herausgegeben von Niels Werber. stw 1872. 490 Seiten

Schriften zur Pädagogik. Herausgegeben und mit einem Vorwort von Dieter Lenzen. stw 1697. 278 Seiten

Soziale Systeme. Grundriß einer allgemeinen Theorie. stw 666. 675 Seiten

NF 126/2/8.12

Theorie der Gesellschaft. Neun Bände in Kassette. stw 2002. 5100 Seiten

Die Wirtschaft der Gesellschaft. stw 1152. 356 Seiten

Die Wissenschaft der Gesellschaft. stw 1001. 732 Seiten

Zweckbegriff und Systemrationalität. Über die Funktion von Zwecken in sozialen Systemen. stw 12. 390 Seiten

Niklas Luhmann/Peter Fuchs. Reden und Schweigen. stw 848. 227 Seiten

Niklas Luhmann/Karl Eberhard Schorr. Reflexionsprobleme im Erziehungssystem. stw 740. 390 Seiten

Niklas Luhmann als Herausgeber

Niklas Luhmann/Stephan H. Pfürtner. Theorietechnik und Moral. stw 206. 267 Seiten

Niklas Luhmann/Karl Eberhard Schorr. Zwischen Intransparenz und Verstehen. Fragen an die Pädagogik. stw 572. 325 Seiten

Zu Niklas Luhmann

Beobachter der Moderne. Niklas Luhmanns »Die Gesellschaft der Gesellschaft«. Herausgegeben von Hans-Joachim Giegel und Uwe Schimank. stw 1612. 343 Seiten

NF 126/3/8.12

GLU. Glossar zu Niklas Luhmanns Theorie sozialer Systeme. Von Claudio Baraldi, Giancarlo Corsi und Elena Esposito. stw 1226. 248 Seiten

Irritationen des Erziehungssystems. Pädagogische Resonanzen auf Niklas Luhmann. Herausgegeben von Dieter Lenzen. stw 1657. 235 Seiten

Luhmann und die Kulturtheorie. Herausgegeben von Günter Burkart und Gunter Runkel. stw 1725. 289 Seiten

Rezeption und Reflexion. Zur Resonanz der Systemtheorie Niklas Luhmanns außerhalb der Soziologie. Herausgegeben von Henk de Berg und Johannes F. K. Schmidt. stw 1501. 514 Seiten

Theorie der Politik. Niklas Luhmanns politische Soziologie. Herausgegeben von Kai-Uwe Hellmann und Rainer Schmalz-Bruns. stw 1583. 320 Seiten

Frithard Scholz. Freiheit als Indifferenz. Alteuropäische Probleme mit der Systemtheorie Niklas Luhmanns. 287 Seiten

NF 126/4/8.12

Soziologie und Systemtheorie im Suhrkamp Verlag Eine Auswahl

Dirk Baecker
- Die Form des Unternehmens. stw 1453. 288 Seiten
- Organisation und Management. stw 1614. 348 Seiten
- Organisation als System. stw 1434. 384 Seiten

Claudio Baraldi/Giancarlo Corsi/Elena Esposito. GLU. Glossar zu Niklas Luhmanns Theorie sozialer Systeme. stw 1226. 248 Seiten

Karl-Heinrich Bette. Systemtheorie und Sport. stw 1399. 307 Seiten

Günter Burkart/Gunter Runkel (Hg.). Luhmann und die Kulturtheorie. stw 1725. 289 Seiten

Elena Esposito
- Die Fiktion der wahrscheinlichen Realität. Aus dem Italienischen von Nicole Reinhardt. es 2485. 127 Seiten
- Soziales Vergessen. Formen und Medien des Gedächtnisses der Gesellschaft. stw 1557. 419 Seiten
- Die Verbindlichkeit des Vorübergehenden: Paradoxien der Mode. 192 Seiten. Kartoniert

Peter Fuchs
- Die Erreichbarkeit der Gesellschaft. Zur Konstruktion und Imagination gesellschaftlicher Einheit. 291 Seiten. Gebunden
- Intervention und Erfahrung. stw 1427. 160 Seiten
- Moderne Kommunikation. Zur Theorie des operativen Displacements. 248 Seiten. Gebunden

NF 125/1/3.08

- Die Umschrift. Zwei kommunikationstheoretische Studien: »japanische Kommunikation« und »Autismus«. stw 1216. 198 Seiten
- Das Unbewußte in Psychoanalyse und Systemtheorie. Die Herrschaft der Verlautbarung und die Erreichbarkeit des Bewußtseins. stw 1373. 240 Seiten

Peter Fuchs/Andreas Göbel (Hg.). Der Mensch – das Medium der Gesellschaft? stw 1177. 368 Seiten

Hans-Joachim Giegel/Uwe Schimank. Beobachter der Moderne. Niklas Luhmanns ›Die Gesellschaft der Gesellschaft‹. stw 1612. 352 Seiten

Matthias Grundmann (Hg.). Konstruktivistische Sozialisationsforschung. Lebensweltliche Erfahrungskontexte, individuelle Handlungskompetenzen und die Konstruktion sozialer Strukturen. Beiträge zur Soziogenese der Handlungsfähigkeit. stw 1429. 352 Seiten

Kai-Uwe Hellmann. Soziologie der Marke. stw 1679. 532 Seiten

Kai-Uwe Hellmann/Rainer Schmalz-Bruns. Theorie der Politik. Niklas Luhmanns politische Soziologie. stw 1583. 319 Seiten

André Kieserling
- Kommunikation unter Anwesenden. Studien über Interaktionssysteme. 520 Seiten. Gebunden
- Selbstbeschreibung und Fremdbeschreibung. Beiträge zu einer Soziologie des soziologischen Wissens. stw 1613. 306 Seiten

Bruno Latour

- Die Hoffnung der Pandora. Untersuchungen zur Wirklichkeit der Wissenschaft. Aus dem Englischen von Gustav Roßler. stw 1595. 386 Seiten
- Eine neue Soziologie für eine neue Gesellschaft. Aus dem Englischen von Gustav Roßler. Mit Abbildungen. 488 Seiten. Gebunden
- Das Parlament der Dinge. Für eine politische Ökologie. Aus dem Französischen von Gustav Roßler. 365 Seiten
- Wir sind nie modern gewesen. Versuch einer symmetrischen Anthropologie. Aus dem Französischen von Gustav Roßler. stw 1861. 205 Seiten

Dieter Lenzen (Hg.). Irritationen des Erziehungssystems. Pädagogische Resonanzen auf Niklas Luhmann. stw 1657. 236 Seiten

Niklas Luhmann

- Ausdifferenzierung des Rechts. Beiträge zur Rechtssoziologie und Rechtstheorie. stw 1418. 459 Seiten
- Das Erziehungssystem der Gesellschaft. Herausgegeben von Dieter Lenzen. stw 1593. 236 Seiten
- Funktion der Religion. stw 407. 324 Seiten
- Die Gesellschaft der Gesellschaft. Zwei Bände. stw 1360. 1164 Seiten
- Gesellschaftsstruktur und Semantik. Studien zur Wissenssoziologie der modernen Gesellschaft.
  Band 1. stw 1091. 319 Seiten
  Band 2. stw 1092. 294 Seiten
  Band 3. stw 1093. 458 Seiten
  Band 4. stw 1438. 185 Seiten
- Ideenevolution. Beiträge zur Wissenssoziologie. Herausgegeben von Andre Kieserling. stw 1870. 400 Seiten
- Die Kunst der Gesellschaft. stw 1303. 517 Seiten
- Legitimation durch Verfahren. stw 443. 261 Seiten

NF 125/3/3.08

- Liebe als Passion. Zur Codierung von Intimität. stw 1124. 231 Seiten
- Die Moral der Gesellschaft. Herausgegeben von Detlef Horster. stw 1871. 401 SeitenDie Politik der Gesellschaft. Herausgegeben von André Kieserling. stw 1582. 444 Seiten
- Protest. Systemtheorie und soziale Bewegungen. Herausgegeben und eingeleitet von Kai-Uwe Hellmann. stw 1256. 216 Seiten
- Das Recht der Gesellschaft. stw 1183. 598 Seiten
- Die Religion der Gesellschaft. stw 1581. 368 Seiten
- Schriften zur Kunst und Literatur. Herausgegeben und mit einem Nachwort von Niels Werber. stw 1872. 300 Seiten
- Schriften zur Pädagogik. Herausgegeben und mit einem Vorwort von Dieter Lenzen. stw 1697. 350 Seiten
- Soziale Systeme. Grundriß einer allgemeinen Theorie. stw 666. 675 Seiten
- Theorie der Gesellschaft. Neun Bände in Kassette. Die Kassette enthält: Soziale Systeme / Die Gesellschaft der Gesellschaft / Die Wissenschaft der Gesellschaft / Die Wirtschaft der Gesellschaft / Das Recht der Gesellschaft / Die Kunst der Gesellschaft / Die Politik der Gesellschaft / Die Religion der Gesellschaft / Das Erziehungssystem der Gesellschaft. Zusammen 5100 Seiten
- Die Wirtschaft der Gesellschaft. stw 1152. 356 Seiten
- Die Wissenschaft der Gesellschaft. stw 1001. 732 Seiten
- Zweckbegriff und Systemrationalität. Über die Funktion von Zwecken in sozialen Systemen. stw 12. 390 Seiten

Niklas Luhmann/Peter Fuchs. Reden und Schweigen. stw 848. 227 Seiten

Niklas Luhmann/Karl Eberhard Schorr. Reflexionsprobleme im Erziehungssystem. stw 740. 390 Seiten

NF 125/4/3.08

Niklas Luhmann/Karl Eberhard Schorr (Hg.). Zwischen Intransparenz und Verstehen. Fragen an die Pädagogik. stw 572. 325 Seiten

Niklas Luhmann/Stephan H. Pfürtner (Hg.). Theorietechnik und Moral. stw 206. 267 Seiten

Rudolf Maresch/Niels Werber (Hg.)
- Kommunikation – Medien – Macht. stw 1408. 450 Seiten
- Raum – Wissen – Macht. stw 1603. 309 Seiten

Richard Münch. Offene Räume. Soziale Integration diesseits und jenseits des Nationalstaats. stw 1515. 318 Seiten

Armin Nassehi. Der soziologische Diskurs der Moderne. 502 Seiten. Gebunden

Armin Nassehi/Gerd Nollmann (Hg.). Bourdieu und Luhmann. Ein Theorievergleich. stw 1696. 272 Seiten

Frithard Scholz. Freiheit als Indifferenz. Alteuropäische Probleme mit der Systemtheorie Niklas Luhmanns. 287 Seiten. Kartoniert

Rudolf Stichweh
- Der frühmoderne Staat und die europäische Universität. Zur Interaktion von Politik und Erziehungssystem im Prozeß ihrer Ausdifferenzierung im 16.-18. Jahrhundert. 427 Seiten. Gebunden
- Wissenschaft, Universität, Profession. Soziologische Analysen. stw 1146. 402 Seiten
- Theorie der Weltgesellschaft. Soziologische Analysen. stw 1500. 275 Seiten

NF 125/5/3.08

Helmut Willke

- Atopia. Studien zur atopischen Gesellschaft. stw 1516. 263 Seiten
- Dystopia. Studien zur Krisis des Wissens in der modernen Gesellschaft. stw 1559. 291 Seiten
- Heterotopia. Studien zur Krisis der Ordnung moderner Gesellschaften. stw 1658. 356 Seiten
- Supervision des Staates. 380 Seiten. Gebunden

NF 125/6/3.08